高等学校法学系列教材

刑 法 学

第七版

名誉主编◎ 苏惠渔

主　　编◎ 张明楷

副 主 编◎ 孙万怀

撰 稿 人◎（以撰写章节先后为序）

　　　　张明楷　 苏惠渔 　孙万怀

　　　　石亚淙　 曾文科　 钱叶六

　　　　冯卫国　 李　翔

中国政法大学出版社

2024·北京

图书在版编目（CIP）数据

刑法学 ／ 张明楷主编.—7版.—北京：中国政法大学出版社，2024.1（2025.7重印）
ISBN 978-7-5764-0476-0

Ⅰ.①刑…　Ⅱ.①张…　Ⅲ.①中华人民共和国刑法—法的理论　Ⅳ.①D924.01

中国版本图书馆CIP数据核字(2024)第007770号

出　版　者	中国政法大学出版社
地　　　址	北京市海淀区西土城路 25 号
邮　　　箱	fadapress@163.com
网　　　址	http://www.cuplpress.com (网络实名：中国政法大学出版社)
电　　　话	010-58908435(第一编辑部) 58908334(邮购部)
承　　　印	保定市中画美凯印刷有限公司
开　　　本	787mm×1092mm　1/16
印　　　张	48.25
字　　　数	1298 千字
版　　　次	2024 年 1 月第 7 版
印　　　次	2025 年 7 月第 2 次印刷
印　　　数	4001~8000 册
定　　　价	126.00 元

作者简介

苏惠渔（1934—2019）　华东政法大学功勋教授，中国刑法学会研究会顾问，上海市法学会副会长，上海市刑法学研究会总干事，享受国务院颁发的政府特殊津贴。主要著作有：《论国家刑权力》、《量刑与电脑——量刑公正合理应用论》、《刑法原理与适用研究》（主编）、《犯罪与刑罚理论专题研究》（主编）、《经济犯罪论》、《量刑方法研究专论》等，并有多部著作及论文获得市、部奖项。

张明楷　清华大学谭兆讲席教授、博士生导师。1982 年毕业于中南财经政法大学（原湖北财经学院）法律系。曾是日本东京大学客座研究员、日本东京都立大学客座研究教授、德国波恩大学高级访问学者和中南财经政法大学（原中南政法学院）教授。独著《诈骗罪与金融诈骗罪研究》、《刑法分则的解释原理》、《刑法的基本立场》、《法益初论》、《刑法格言的展开》、《刑法学》、《未遂犯论》、《刑法的基础观念》、《市场经济下的经济犯罪及对策》、《刑事责任论》、《犯罪论原理》等。

孙万怀　华东政法大学教授、博士生导师。兼任中国法学会案例法学研究会副会长，上海市法学会案例法学研究会会长，中国刑法学研究会常务理事。英国牛津大学访问学者。主持多项省部级重点学科课题，多次获得教育部与上海市哲社奖。在《法学研究》、《中国法学》等近法学刊物发表 100 余篇科研论文。主要著作：《刑事法治的人道主义路径》、《论国家刑权力》（与苏惠渔教授合著）、《刑法学基本原理的理论展拓》、《在制度和秩序的边际——刑事政策的一般理论》、《重申罪刑法定主义》、《刑事司法的内在道德》等。

钱叶六　华东师范大学法学院教授、博士生导师，中国刑法学研究会常务理事。中国人民大学法学博士，清华大学法学博士后，东京大学、台湾大学访问学者，在《法学研究》、《中国法学》等刊物上发表论文近 80 篇。主要著作有《共犯论的基础及其展开》、《犯罪实行行为研究》、《刑法总论讲义》（译著）等，主持国家级、省部级项目多项。

冯卫国　西北政法大学教授，博士生导师，刑事法学院院长。兼任中国犯罪学学会常务理事、中国刑法学研究会理事、中国法学会审判理论研究会理事；陕西省委政法委及新疆自治区人民检察院等机关专家咨询委员。主持完成两项国家社科项目及教育部、司法部等多项省部级课题。曾获陕西省优秀哲学社会科学成果二等奖、陕西省教学成果特等奖、全国刑法学优秀学术著作一等奖等。主要著作有：《行刑社会化研究》、《刑事执行与罪犯处遇新探索》、《反恐怖与去极端化前沿问题探究》、《刑法总则定罪量刑情节通释》等。

李　翔　华东政法大学教授、博士生导师。兼任上海公益诉讼研究中心主任、华东政法大学互联网企业反腐败与合规研究院院长。在全国各类法学核心期刊上独立发表专业论文 100 余篇，其中多篇被人大复印报刊资料全文转载。独著《情节犯研究》等 9 部，主编《刑法：案例与图表》、《刑事疑案探究》等教材以及合著、参著等 20 余部。主持教育部、司法部、上海市哲学社会科学等省部级课题及其他课题近 30 项。

曾文科 中国政法大学副教授、博士生导师、钱端升青年学者，刑法学研究所副所长。清华大学法学学士、法学硕士，日本早稻田大学法学博士。在《法学研究》、《环球法律评论》、《清华法学》、《法学》、《华东政法大学学报》等书刊上发表学术论文十余篇，并独译、合译日文文献多部（篇）。主持教育部霍英东教育基金会高等院校青年教师基金项目、北京市法学会市级法学研究课题等。

石亚淙 中国政法大学法律硕士学院讲师，硕士生导师，最高人民检察院控告申诉检察专家咨询库专家。日本早稻田大学法学博士，中国社会科学院法学研究所博士后。发表《污染环境罪中的"违反国家规定"的分类解读——以法定犯与自然犯的混同规定为核心》、《環境媒体を侵害する犯罪の保護法益》等中文、日文文章若干。主持参与"香港危害国家犯罪研究""立法刑法学的研究""完善我国法律职业伦理考试研究"等国社科、司法部项目。主持参与翻译《法曹の倫理》、《刑法各論》等著作。

第七版说明

　　本教材作为司法部高等政法院校规划课程教材，自 1994 年出版以来，一直受到一代代读者的欢迎和推崇。培养了众多的法学学子，也陪伴了刑法学涯的美好时光。最初的撰稿人苏惠渔教授、张明楷教授、张瑞幸教授、陈明华教授、赵长青教授、游伟教授为此书付出数年的心血。正是先辈的字字珠玑为本书赢得了众多的声誉奖项。在随后几十年中，又有孙万怀教授和冯卫国教授加盟，薪火相传，始终也保持了教材的本色。

　　虑世事之变，讨正法之本。随着我国刑事法治向纵深发展，本书经历了五次修订。但是随着我国刑罚体系的逐步完善，尤其是刑法学理论体系的逐步证成，教材不应该满足于仅仅是对法律条文的三段论式的注释，也不应该满足于对基本概念的程式化的归纳，而是应该在及时反映立法、司法成果的同时，更多反映学术的成果以及理论的观点和立场，以飨读者。

　　海不辞水，山不辞石。此次，为了我们对本书的体系进行了重新的整理，对其中的内容进行了大幅度的修订，尤其是对多年以来已经成为新的共识的理论以及主要理论争议进行了整体的归纳和新的切入，以求传承与创新并重。由此我们也邀请了李翔教授、钱叶六教授、石亚淙讲师、曾文科副教授这些科研与教学成果突出的学者加盟。

　　从一定意义上说，呈现大家面前的与其说是修订版本，毋宁说是全新的面目。这既是学术的迭代，也是学者的承继。

　　修订与补充分工如下：

张明楷　第一章、第二章、第九章、第十章、第十一章、第二十三章

苏惠渔　孙万怀　第三章、第四章、第五章、第二十二章第 1 至 5 节

石亚淙　第六章、第十九章、第二十五章 6 至 10 节、第二十八章、第二十九章

曾文科　第七章、第八章、第十四章、第二十四章

钱叶六　第十二章、第十三章、第二十五章第 1 至 5 节

冯卫国　第十五章、第十八章、第二十章、第二十一章、二十六章

李翔　第十六章、第十七章、第二十二章第 6 至 9 节、第二十七章

本书由张明楷、孙万怀统稿，感谢李珈博士协助统稿。

　　统稿时尽可能尊重作者的观点与表述。也许因为如此，本书在形式与内容方面都存在不协调、不统一乃至自相矛盾之处（如关于承继的共犯的理论）。这虽然是数人共同编写教材难以避免的现象，但主编理当承担不可推卸的责任。恳请读者理解并期待读者指教！

张明楷　孙万怀

2024 年 1 月

第六版说明

　　古语云："耳目唯有聪察，神彩弥加精明。颜与日而俱新，智将年而共远。"如果将中国的刑事立法比喻为"神彩"，将中国刑法学的理论发展比喻为"智慧"，则我国的刑法学教材可以表达为"颜色"。随着立法的更新，中国的刑法学教材也在不断"与日而俱新"。这也构成了当前刑法学教材的一个基本特征。

　　自本书第五版出版以来，已经有几个年头了。在此期间，社会发展迅速，矛盾日益突出，新情况、新问题大量涌现。刑事政策领域、刑事立法领域以及刑事司法领域发生了很大的变化，及时在教材中追加这些新的内容，无论对于学生的学习和对于刑事法治的传播，都显得十分必要。在我们看来，这些变化主要体现为以下几个方面：

　　第一，刑事政策方面的发展。党的十八届三中、四中全会对于刑事法治方面的政策十分重视。不仅于此，还重申和多次强调了一些紧扣刑事法治精髓的刑事理念，包括罪刑法定、限制死刑、疑罪从无、保障人权等指导性思想，对刑事法治的发展产生了重大影响。

　　第二，《刑法修正案（九）》在坚持宽严相济的刑事政策下，贯彻落实党的十八届三中、四中全会以及中央司法体制改革任务有关要求，对刑法进行了较大幅度的修改：削减死刑罪名，增设恐怖主义、网络犯罪等一系列新罪行等，修正多达52条。涉及社会各界关心的许多问题，出现了一些新的动向，对刑事法治的发展具有重要意义，并需要新的刑法理论进行演绎。此外，全国人大常委会重新启动刑事立法解释，仅2014年就发布了4个刑法立法解释。

　　第三，司法解释的发展。本书的一个特点是对一些司法解释通过注释的方式进行了明确申明。但是，一段时间以来，最高司法机关对司法解释进行了全面的清理，废除了大量的司法解释。同时，《刑法修正案（八）》之后的短短几年内，大量司法解释出台，且不乏一些对司法政策的重要变化影响深远的解释。这弥补了法律上的不足，对刑法理论和司法实践影响重大。不言而喻，在学习和实践中及时了解和掌握上述内容无疑十分必要。

　　第四，相关法律、法规有了新的发展。作为其他法律的保障法，刑法与其他法律具有千丝万缕的关系，亦随其变化而相应改变。近年来，许多前置性的法律法规发生了变化。譬如，《中华人民共和国反间谍法》《药品管理法》等大量前置法的出台和修改，都对刑法产生了间接甚至直接的影响。

　　基于以上理由，本书根据《刑法修正案（九）》修订了全文，增补了自本书第五版之后至2015年11月20号之前的立法解释、司法解释相关内容，并对废止的司法解释内容进行了清理，对相关法律法规的内容进行了修订，保证了本书内容的及时性、准确性、真实性、完整性。希望藉此能够更好地向修习刑法之人传递刑法的新变化、新情况，不致误人子弟。当然，随着时间的积淀，刑法适用规范本身必将卷帙浩繁；随着研究的深入，刑法学理论也必将博大精深。所以本教材的修订也会有一些疏漏，祈请读者谅解并提出宝贵意见。

　　本次修订由苏惠渔、孙万怀两位教授组织完成。

编　者

2015 年 11 月

第五版说明

　　处于转型时期的社会，是一种传统因素与现代因素共同作用的异质性社会，社会形态既不是纯粹传统的，也不是纯粹现代的，而是一种混合形态。在这一转型过程中，新的观念逐步被接受，优秀的传统被重拾，普适性的标准逐步被重视。但另一方面，现代化的一些不适应性逐渐显现，传统与现代的矛盾激化形成新的不安全因素，同时威胁着社会的公共安全。随着全球化的不断深入与中国社会转型的不断加快，传统因素与现代因素的冲突碰撞愈加频繁和激烈，公共安全受到严峻的挑战，社会对危险的焦虑感不断被强化。刑法作为最后手段法，势必要结合社会现实和社会观念的变化作出一种新的抉择。

　　正是在这样的背景下，2011 年 2 月 25 日第十一届全国人大常委会第十九次会议"以 139 票赞成、7 票反对、11 票弃权通过了《中华人民共和国刑法修正案（八）》"。至此，从 2010 年 8 月 23 日正式提交第十一届全国人大常委会第十六次会议讨论开始，长达近半年的关于《刑法修正案（八）》之内容的争论画上了一个休止符。

　　《刑法修正案（八）》之所以引起激烈的讨论、争论，是因为这是 1997 年以来修改最重大的一次。说其重大，是因为：首先，其修改条文最多。全国人大内务司法委员会委员戴玉忠告诉记者："此次刑法修改的规模最大，相当于前七次修改的总和，一共修改了 50 个条款，涉及 49 个问题。"其次，此次修改的内容开始涉足众多的刑法总则领域。戴玉忠表示："总则涉及的都是刑法的基本问题，此次修改的主要是其中的刑罚制度部分，修改了包括死刑缓期二年执行期满后改判有期徒刑，满 75 周岁老人一般案件免除死刑，未成年人免除前科报告义务等 19 个问题。"再次，这一修正案取消了包括盗窃罪在内的 13 个罪名的死刑。郎胜说："这 13 个罪名的死刑，主要是经济性、非暴力犯罪，占我国刑法死刑 19% 多，将近 1/5。应该说……我们迈出的步子是很大的。"对满 75 周岁老人犯罪的死刑也作出了极大限制。最后，增设了危险驾驶罪、拒不支付劳动报酬罪等社会关注度非常高的罪名。

　　这些修正具有十分重大的法治意义和社会意义。其既是宽严相济刑事政策落实为立法的一种体现，同时也是对"生刑过轻、死刑过重"现象进行修复的尝试。既是进一步重视刑法地位的结果，同时也有弥补刑法应对社会变化不足的努力。

　　自 1997 年刑法生效 14 年间，共颁行 1 个单行刑法和 8 个《刑法修正案》，平均 1 年半左右 1 次修正，涉及的条文数量也屡上新高。根据编者的统计，14 年来全国人大常委会通过修改或增加条（款、项）的方式对刑法分则 75 个条文进行了修正，约占刑法典全部条文的 16.5%，占分则条文总数的 21%。也正是因此，修正的方式存在一些争议。但无论如何，刑法的修正可以说为刑法带来了新的变化，及时对新的内容进行领会和掌握对于修习刑法之人应该说是必需的。这也是我们对本教科书进行最新修订的一个缘由。

　　本次修订由苏惠渔教授、孙万怀教授合作完成。

编　者

2011 年 5 月

第四版说明

法无定法。自 1997 年《刑法》修订以来，我国的刑事法治与刑法理论逐步向纵深发展，尤其是最近几年，刑事政策领域、刑事立法领域以及刑事司法领域都出现了一些新情况、新变化，作为对刑法进行解读和诠释的刑法学教材，与时俱进也是一种必然要求。

具体来说，最近一段时间，我国的刑事法治呈现出以下特征：

第一，2006 年 10 月 11 日中国共产党第十六届六次全会《中共中央关于构建社会主义和谐社会若干重大问题的决定》中第一次提出了实施宽严相济的刑事司法政策，由此宽严相济的刑事司法政策成为重要的刑事政策组成部分，对于刑事法治的发展产生了根本性的指导作用。譬如，近期修订的涉税犯罪、绑架犯罪就是政策现实化的体现。同时，刑事司法中也出现了一系列相关的改革措施。更为重要的是，刑罚宽和化倾向的逐渐明晰，有助于对刑法规范和制度的理解与适用。

第二，结合现实的发展和需要，法网进一步严密，最大限度地弥补了刑法的疏漏和滞后，体现了刑法的时代特征。譬如，对于贿赂犯罪，不仅通过刑法修正案的方式增加了新的罪名，还通过司法解释的方式明确界定了贿赂行为的表现形式，提高了刑法适用的水平和标准。

第三，进一步协调刑法的内在机制和规范，理顺了刑法体系内部的各种关系。譬如，刑法修正案的陆续出台，既反映了刑法的与时俱进，也满足了刑法内在协调的需要。又譬如加大了立法解释的力度，重视立法解释这一模式，弥补了司法解释的不足，解决了刑法适用中的困惑。

第四，针对法律适用过程中的技术环节进行了一系列的改进，解决了一些不必要的争论和矛盾。譬如，对于新增加的犯罪罪名加以释清，提高了法律适用的效率。

以上这些变化有些是带有指导性的，有些是带有实用性的。但无论如何，都应该在刑法学教科书中及时、如实地传达，否则就有误人子弟之嫌。这是本书修订的初衷和努力的方向。当然，法治发展带来的刑法制度和规范的快速更替，也为刑法学教科书的编写和修订带来了一系列难题，有时我们会有挂一漏万的感觉，有时我们还会有对于政策的解读是否准确的疑惑。所以，有编写疏漏之处，敬请读者原谅；有理解失误之处，敬请读者指正，以便我们在以后修订时加以改正。

本次修订由苏惠渔、孙万怀共同完成。

编 者
2009 年 6 月 3 日

第三版说明

　　本教材作为司法部高等政法院校规划课程教材，在出版以来受到广大读者的欢迎，并为法学教育事业做出了重要的贡献，但时势发展、理念创新、律令更替，教材也势必修正。

　　本教材最初出版是在 1994 年，1997 年根据新《刑法》的规定进行了某些修改，但基本援用了固有的体系。时光荏苒，今天对其进行系统的修订则已是进入 21 世纪。虽说在时间上只是寥寥数载，但是其间我国刑法的发展可谓精彩纷呈。例如，刑法修正案成为一种常行的法律修订方法，立法解释也得到进一步重视，大量新的司法解释出台等。这些刑法现象都是在依法治国和罪刑法定时代我国刑法进一步规范化、规格化的一种展现，由此我国的刑法也获得了新的成长空间。

　　就本教材的修订过程而言，首先是一种继承。文化的转变是渐进的，人的思想认知也是渐进的。刑法的原理源远流长，刑法的理念博大精深，这些都是继承和发展的结果。本教材不仅立足于继承原教材的一些优良特征，注重对于法条内容的严谨阐述，注重对于观点的权威性要求，注重对于通说的采集和运用，而且继承了刑法观念传承中的合理性内容。正是这些合理性决定了我们采取修订的模式而不是另起炉灶的方式。

　　本教材的修订也是一种发展和创新。教材本身的特点决定了我们必须紧扣时代发展的脉搏，根据社会和法治的发展需要，根据法律的实用性要求，对于过时的内容加以删除，对于发展的理论进行吸收，对于新增的法条进行归纳和分析，对于法律的适用进行有针对性的说明和解释。

　　本着这样的精神和方法，本修订教材重点在以下方面进行了重新编写：

　　第一，注重新颖性。本教材修订版在理论上对于国内最新的理论科研成果予以体现和吸收。

　　第二，注重实用性。对于最新的刑法修正案、立法解释、司法解释以及其他法律文件的重点内容予以明示，并编写一些典型案例，以案说法，因此具有较强的现实意义。

　　第三，注重学习性。在行文格式上，本书也采用了新的编排方法，为每章内容设置"学习目的和要求""思考题""参考书目"等，有助于读者对于学习内容的预习、总结和进一步研究，使得本教材既适用于课堂教学，也适用于自学；既有利于掌握基本理论，也便于进一步深入研究。

　　在编写过程中，我们深深感到刑法的理论和适用问题已经不是简单地对于法条本身的理解，甚至也已经不是简单地对于教科书本身的记忆，而是以教科书为切入点进行思考和实践。从这个意义上说，对于教科书的学习只是一个前提，纸上得来终觉浅，绝知此事要躬行。

修订作者及分工如下：

张明楷：第一、二、十、十二、十六、十七、二十二、二十六章；

苏惠渔：第三、四、五、六、十八、十九、二十、二十一章；

游　伟：第七、八、九、十一章；

孙万怀：第十三、十四、十五、二十五章；

冯卫国：第二十三、二十四、二十七、二十九章；

赵长青：第二十八、三十、三十一、三十二章。

本书修订由苏惠渔、孙万怀统稿。

编　者

2007 年 1 月

第二版说明

　　《中华人民共和国刑法》已由中华人民共和国第八届全国人民代表大会第五次会议于1997年3月14日修订。本教材在1994年版《刑法学》的基础上，根据修订后的《刑法》进行了全面、系统的修订和补充。因水平有限、时间仓促，难免有许多不周之处，欢迎读者批评指正。

　　修订和补充分工如下：

　　张明楷：第一、二、十、十二、十六、十七、二十二、二十六章；

　　苏惠渔：第三、四、五、六、十八、十九、二十、二十一章；

　　游　伟：第七、八、九、十一章；

　　张瑞幸：第十三、十四、十五、二十五章；

　　陈明华：第二十三、二十四、二十七、二十九章；

　　赵长青：第二十八、三十、三十一、三十三章。

　　本书由苏惠渔、游伟统稿。

编　者

1998 年 11 月

目　录

第一章　刑法学的研究对象、意义与方法

■ 学习目的和要求

　　理解刑法学的概念、研究对象，了解刑法学与邻近学科的关系，掌握刑法学的研究方法。

第一节　刑法学的研究对象与研究意义

一、刑法学的概念与研究对象

　　刑法学是以现行刑法为研究对象的学科。刑法学有广义与狭义之分。广义的刑法学是研究有关犯罪及其法律后果的一切问题的学科，其研究对象包括实体的刑法规范、犯罪的原因与刑事对策、刑事诉讼程序、刑罚的执行等。19世纪以前的刑法学就是这种广义的刑法学。此后，随着法学的发展，广义刑法学中的许多内容逐渐成为独立的学科，如犯罪学、刑事政策学[1]、刑事诉讼法学、刑事侦查学等相继分离出去成为独立的新学科，同时也就形成了狭义的刑法学，即仅研究实体刑法规范的学科。本书所指刑法学就是狭义的刑法学。[2]

　　刑法学虽是以刑法为研究对象的学科，但它除了解释现行刑法外，还要阐明解释的哲学基础；除了研究现行刑法的本质、目的与原则外，还要研究刑法的发展变化规律；除了研究现行刑法的政策依据与立法理由外，还要研究刑法的发展趋势；除了研究刑法规定本身之外，还要研究刑法的运用以及立法解释与司法解释等。具体地说，我国刑法学的研究对象是：①刑法的基本原理；②我国刑法的本质、任务、制定依据、基本原则及适用范围；③犯罪的概念、犯罪的成立条件、犯罪的特殊形态、共同犯罪、罪数；④犯罪的法律后果尤其是刑罚的本质、功能、种类、适用原则与方法；⑤各种具体犯罪的概念、特征与法律后果；⑥有关刑法的立法解释与司法解释、执行刑法的实践经验与问题以及刑法的适用规律。

　　刑法学体系与刑法体系有密切联系。刑法学的体系与刑法的体系基本相同，如刑法典分为总则与分则，刑法学也分为总论与各论；刑法学对基本问题的研究顺序也大体上与刑法规定相

---

　　[1] 刑事政策有不同意义：①指有关预防和抑制犯罪现象的一切方针策略，其中不仅包括刑事立法政策，而是包括其他一切犯罪对策，如刑罚政策、社会政策、教育政策等。②指通过对犯罪人以及有犯罪危险的人实行个别化的方法所采用的对策，这个意义上的刑事政策，虽然将社会政策排斥在刑事政策之外，但它并不限于刑罚政策，而是包含了刑罚以外的方针策略。③指有关犯罪的立法政策，至于作为立法内容的事项范围则没有受限定。④指直接作为犯罪对策的刑法以外的处分，这种刑事政策不一定限于立法政策，但将社会政策排斥在外，而且将刑法中的犯罪对策排斥在外。⑤指基于合目的的犯罪对策，对现存的犯罪对策进行批判、修正、补充，将刑法作为现存的犯罪对策的中心来理解。

　　[2] 刑法理论上还使用刑法教义学与刑法解释学的概念，如何理解二者的关系及其与刑法学的关系，还存在一些不同看法。其实，当今的刑法学都是以刑法解释学作为本体的，刑法解释学与刑法教义学没有区别，所以，刑法学、刑法解释学、刑法教义学三个概念只有用语差别，没有实质区别。

同。但是，刑法学体系与刑法体系又不完全相同，因为刑法学要照顾理论的内在联系，照顾到叙述的方便，难以完全按照刑法体系建立刑法学体系。

二、刑法学与邻近学科的关系

刑法学与以下邻近学科既有密切关系，又有明显区别。

1. 刑事诉讼法学。它是以刑事诉讼法为研究对象的学科。刑事诉讼法是规定刑事犯罪的侦查、起诉、审判与上诉等程序的法律，属于程序法；刑法则是实体法。刑事诉讼法学研究的是认定犯罪与适用刑罚的程序问题；刑法学研究的是认定犯罪与适用刑罚的实体规格、标准问题。只有将二者紧密结合起来，才能有效地惩罚犯罪、保障人权。

2. 刑事侦查学。它是以犯罪侦查的策略和技术为研究对象的学科。刑事侦查是适用刑法的前提；刑法又指导刑事侦查。刑事侦查学研究如何发现犯罪；刑法学研究如何认定和处理犯罪。二者也具有密切联系。

3. 犯罪学。它是以犯罪原因与对策为研究对象的学科。犯罪学的根本任务之一是研究犯罪产生的原因；刑法学的基本原理虽然离不开对犯罪原因的分析，但它一般不直接研究犯罪原因。从某种意义上说，刑法学本身也是一种犯罪对策，但它只是刑罚与保安处分方面的对策[1]；犯罪学则从更广的角度研究犯罪对策。犯罪学与刑事政策学的内容存在明显的交叉。

4. 监狱法学。它是以监狱法和劳动改造实践为研究对象的学科。监狱法学的主要任务是研究如何对受刑罚处罚的罪犯进行改造，因此可以说它是刑法学的延伸；另一方面，刑法学的基本原理要符合劳动改造的规律，如刑种、刑罚制度等都必须有利于对罪犯的改造。如果离开了改造罪犯的目的，刑法学就会成为一门研究如何惩罚犯罪的学科。

5. 中国刑法史学。它是以中国历史上各种类型的刑法和刑法思想为研究对象的学科。简言之，刑法学研究的是现行刑法；中国刑法史学研究的是中国历史上的刑法。但二者也有联系。"古为今用"，研究刑法史是为研究现行刑法服务的。法律文化有明显的继承性，可以通过刑法史来掌握刑法发展的规律，从而了解现行刑法的来龙去脉。

6. 外国刑法学。它是以本国以外的各国刑法为研究对象的学科，因而与研究我国现行刑法的刑法学有明显区别。但是，研究外国刑法，可以掌握各国刑法的基本特征与世界刑法的发展趋势，因而对我国刑法学研究具有借鉴意义。

7. 国际刑法学。它是以国家之间有关刑事问题的实体法与程序法为研究对象的学科，实际上包括国际刑法与国际刑事诉讼法的内容。了解国际刑法学，对于学习我国刑法学也具有重要意义，特别是对研究国内犯罪与国际犯罪的关系、刑法的适用范围具有重要作用。

三、研究刑法学的意义

无论是从历史还是现实的角度来考察，刑法学在法学体系中都是一门重要的学科，历来为国家、司法工作者和法学家所重视，研究刑法学具有重要意义。

（一）刑法学对刑事立法具有指导作用

刑事立法工作除了以司法实践经验为依据外，还需要刑法理论的指导。没有正确的刑法理论作指导，就不可能有理想的刑事立法。例如，怎样确定犯罪的概念，如何设置犯罪的构成要

---

〔1〕 保安处分，是指国家基于保护社会的秩序与安全的需要，对具有实施不法行为的危险性的特定行为人所适用的强制医疗、禁止驾驶、禁止执业等措施。保安处分的适用，不以行为人对不法行为具有责任为前提，例如，对于实施暴力行为的精神病人采取的强制医疗措施，就属于保安处分。关于保安处分与刑罚的关系，刑法理论上存在着一元论与二元论之争。一元论认为，刑罚与保安处分都是实现社会防卫目的的手段，二者没有本质区别。二元论认为，刑罚与保安处分存在本质区别，二者的适用条件不完全相同。二元论是通说与通行做法。

件，怎样界定故意、过失、犯罪预备、犯罪未遂、犯罪中止、共同犯罪，如何设定各种犯罪及其形态的处罚原则等，都需要有刑法理论的指导。刑法学通过对现行刑法的研究，又反过来提出一系列刑事立法观点，指导刑事立法的修改、补充与完善。我国的任何刑事立法工作都有刑法学者参与或者征求刑法学界的意见，这也表明了刑法理论对刑事立法具有重要意义。[1]

（二）刑法学对刑事司法具有指导作用

刑事司法是适用刑法的活动，但刑法本身简明扼要，不可能望文生义地适用。换言之，适用刑法以对刑法做出正确解释为前提。刑法学首先要解释现行刑法，阐明刑法条文的基本含义、立法精神与适用条件，这会对刑事司法活动起到重要的指导作用。同立法解释和司法解释相比，刑法学上的学理解释没有法律效力，但立法解释与司法解释只是对有限的一些问题做出解释，刑法学上的学理解释则是对刑法的所有问题做出解释。因此，只有以刑法学为指导，才能保证正确进行刑事司法活动。况且，立法解释与司法解释也要以刑法理论为指导。如果没有刑法学的指导，刑事司法活动的质量就不可能得到保证。例如，构成要件符合性、违法性、有责性的三阶层犯罪论体系，直接从刑法条文中是看不出来的，它是刑法学通过对刑法与司法实践进行研究总结后形成的理论。如果不掌握犯罪论体系，就不可能正确认定犯罪。

（三）刑法学对繁荣法学具有促进作用

刑法在法律体系中居于重要地位，故刑法学在整个法学体系中也占有重要地位。繁荣法学本身不是目的，但法学的繁荣有利于法学教育的发展，有利于公民法律意识的增强，有利于建设社会主义法治国家。自刑法公布施行以来，我国的刑法学工作者勇于探索、敢于创新、勤于研究，使刑法学发展取得了令人瞩目的成就，促进了我国法学的繁荣与发展。刑法学在法学教育中的地位十分重要，它是法律院系课程设置中的主干课程，是法治宣传的主要内容。这表明刑法学对于法学教育与法治宣传具有重要意义。

第二节　刑法学的研究方法

一、研究刑法学的根本方法

辩证唯物主义与历史唯物主义是研究刑法学的根本方法。运用这一根本方法研究刑法学时，应特别注意以下几个方面：

（一）运用新时代中国特色社会主义思想研究刑法

新时代我国社会主要矛盾是人民日益增长的美好生活需要和不平衡不充分的发展之间的矛盾，必须坚持以人民为中心的发展思想，不断促进人的全面发展、全体人民共同富裕。刑法要为坚持和发展中国特色社会主义，实现社会主义现代化和中华民族伟大复兴，建成富强民主文明和谐美丽的社会主义现代化强国服务。刑法学的研究活动与研究成果，都必须有利于社会发展，有利于满足人民群众对美好生活的向往，有利于社会主义国家综合国力的增强。只有把握这一宗旨，刑法学才具有生命力，才能实现应有的价值。刑法学的研究不可避免要借鉴国外的立法与学说，但不可能将国外的立法与学说当作判断我国刑法理论是否妥当的标准。刑法学的研究一定要解决中国问题、满足中国需求、保护国民利益、保障国民自由。

---

[1]　刑法学的本体是解释论，与解释论不同的是立法论。立法论的基本做法是批评现行成文刑法的缺陷，提出立法建议。在此意义上说，解释论不同于立法论。但是，刑法学完全可能通过扩大解释、缩小解释、补正解释等方法，克服成文刑法的部分缺陷，从而为新的刑事立法提供参考。例如，倘若刑法学认为《刑法》第237条中的"侮辱"与"猥亵"的含义相同，将来的刑事立法就可能删除"侮辱妇女"的规定。

（二）运用历史的、发展的观点研究刑法

辩证唯物主义与历史唯物主义认为，事物都是发展变化的，而不是静止、固定不变的。因此，我们应当以历史的、发展的观点研究刑法，即将现行的刑法规定与历史状况和未来前景结合起来进行研究。只有这样，才能深刻理解刑事立法精神，才能正确把握刑法的发展变化规律，才能促进刑法的完善。例如，社会情况变化了，刑罚的种类与适用方法也应随之发生变化。因此，在阐释刑法条文时，既要了解制定刑法的历史背景，也要使稳定的刑法条文符合现实需要。如果刑法条文确实不能适合现实需要，则要提出立法建议，促进刑法的修改、补充与完善。一旦离开历史的、发展的观点，就不可能区别不同类型的刑法，不能揭示刑法的发展规律，不能认清犯罪的本质与内容，不能运用刑法解决新情况与新问题。

（三）运用理论联系实际的方法研究刑法

辩证唯物主义与历史唯物主义认为，物质是第一性的，精神是第二性的。刑法学本身是一种理论，它来源于实践，受实践的检验。换言之，实践是刑法理论的源泉、发展动力与检验标准。刑法学是一门实践性很强的应用性学科，学习刑法学就是为了应用刑法理论，刑法理论也只有在具体运用中才能得到检验、丰富与发展。因此，要联系实际学习刑法学，具体要做到以下几点：①要联系中国国情学习刑法学，要充分考虑我国正在集中精力进行经济建设与构建和谐社会的现状以及经济发展不平衡的事实。只有这样，才能理解刑法的精神，才能理解犯罪现象的复杂性与变异性，才能提出适合中国国情的刑罚制度。②要联系中国的刑事立法学习刑法学。刑法学是以刑法为研究对象的学科，因此，不能离开我国的刑事立法。那种忽视我国的刑法规定，照搬外国刑法学说的做法是不可取的。③要联系中国的司法实践学习刑法学。我国的刑事司法实践积累了丰富的经验，刑法学应当对司法实践中正确的、行之有效的做法进行理论概括与论证，要运用刑法理论解决司法实践中的新情况与新问题。如果离开我国的司法实践，撇开我国人民与犯罪作斗争的具体经验，就不可避免地使刑法学成为没有实际意义的空洞理论，也不可能学好刑法学。④要联系人民群众的一般观念学习刑法学。刑法是人民群众意志的反映与体现，只有充分表述人民群众意愿的刑法学，才可能实现人民群众的意志，满足人民群众的需要。刑法学是一种价值判断，在学习刑法学的过程中，必须按照人民群众的一般观念判断各种结论是否妥当。

二、研究刑法学的具体方法

研究刑法学，除了正确运用上述根本方法以外，还要正确运用一些具体的研究方法。研究刑法学的具体方法很多，下面择其主要几点作些说明。

（一）注释研究法

注释研究法，是指对刑法条文进行文理分析、解释，使刑法的意义得以明确的方法，也称分析研究法。刑法学的研究在很大程度上是对现行刑法条文所作的分析与解释，但这种分析与解释又不可能脱离具体的案件事实。需要特别指出的是，对法条的注释以对法条目的的把握为前提；如果不明确法条的目的，就只能对法条作出字面含义的解释。但是，法条的字面含义并不等于法条的真实含义，而且语言的特点决定了法条可能具有多种字面含义。只有以法条的目的作为导向，才能揭示法条的真实含义。

（二）历史研究法

历史研究法，是指对刑法条文进行历史的分析与未来的展望，弄清刑法的来龙去脉，了解刑法的发展动向的方法。刑法不仅有鲜明的阶级性，同时又有明显的继承性。因此，研究以往刑法对同一问题的规定，有助于理解现行刑法的精神。刑法总是在一定的背景下制定的，了解制定刑法的背景，有利于把握现行刑法的立法精神。刑法具有相对的稳定性，一经制定就要在相当长的时期内实施。因此，分析国家未来的形势与发展需要，有利于将刑法适用于现在与未来。

（三）比较研究法

比较研究法，是指对不同国家的刑法和本国不同时期的刑法进行比较研究，剖析优劣，评述利弊，从而汲取精华，剔除糟粕的方法。不同国家的刑法，虽然性质与内容不同或不完全相同，但在许多规定上却有相同或相似之处，对它们进行比较研究，找出可供我国借鉴的法律文化成果，有利于我国刑法理论的发展。对本国不同时期的刑法规定进行比较研究，弄清刑法在不同时期不同规定的原因，有助于我们加深对现行刑法的认识。值得注意的是，不管是对不同国家刑法的比较，还是对本国不同时期刑法的比较，都应立足于本国的现实，本着洋为中用、古为今用的原则，正确对待其他国家及本国过去的刑法规范与刑法思想。

（四）社会学研究法

社会学研究法，是指对刑法与社会现象的关系、刑法的社会作用与效果进行考察，使刑法理论与社会发展相协调的方法。刑法不是孤立存在的，而是与其他社会现象并存的，因此，必须在各种社会现象中研究刑法学，使刑法理论与社会发展相符合。刑法具有改革与维护社会关系的作用与效果，因此，研究刑法学就必须把握社会现状，明确哪些社会关系需要改革、哪些社会关系需要维护，从而使刑法理论与社会发展相协调，并且促进社会的发展。如果对刑法进行孤立的研究，就可能得出阻碍社会发展的结论。

（五）案例研究法

案例研究法，是指运用典型刑事案例研究刑法理论的方法。刑法学的实践性相当强，刑法理论只有在具体运用中才能得到检验、丰富和发展。运用案例研究法，是理论联系实际的良好途径。运用典型案例研究刑法学，既可以更加牢固地掌握刑法理论，也可以检验刑法理论的妥当性，还可以通过疑难、复杂案例发展刑法理论，因为疑难案件往往促使刑法学者对刑法规定作出新的解释。在运用案例研究法时，不仅要以典型案例阐释刑法的基本理论，而且要以特殊案例、罕见案例证实各种学说的利与弊，以疑难案例反思现有理论，以新类型案例思考刑事立法趋势，从判决中抽象出一般规则。此外，还应当从具体判决中总结刑事司法的动态，评析判决的得失。

显然，对刑法学的学习与研究不可能仅采取上述一种方法，而是要综合运用上述研究方法。唯此，才能兼顾刑法的动态与静态、理论与实践，使刑法学的研究具体、全面、深入。

■ **思考题**

1. 刑法学的研究对象是什么？
2. 刑法学与刑事诉讼法学、犯罪学是什么关系？
3. 如何运用刑法学的研究方法？

■ **参考书目**

［德］卡尔·拉伦茨：《法学方法论》，黄家镇译，商务印书馆 2020 年版。

第二章 刑法的概念、性质与任务

■ 学习目的和要求

　　掌握刑法的概念与法律性质，理解刑法的机能，了解刑法的任务。

第一节 刑法的概念

　　一般来说，刑法是规定犯罪及其法律后果的所有法律规范。[1] 我国刑法是国家为了维护国家与人民利益，根据工人阶级与广大人民群众的意志，以国家名义颁布的，规定犯罪及其法律后果的所有法律规范。这个定义揭示了刑法的阶级本质与法律性质，表明了刑法的内容与范围。我国刑法是本质、内容与形式的统一。

　　1. 刑法是我国工人阶级和广大人民群众意志的反映，它既维护社会主义国家和人民群众的利益（法益），也保障行为人的自由不受国家机关的侵害。

　　2. 刑法所规定的内容是犯罪及其法律后果，即规定什么行为是犯罪（包括犯罪的概念、成立条件、表现形态等），各种犯罪应当承担什么样的法律后果。[2]

　　3. 刑法是关于犯罪及其法律后果的所有法律规范。从其形式上看有以下三种：①系统的刑事法律，即刑法典；②单行刑法（如《全国人民代表大会常务委员会关于惩治骗购外汇、逃汇和非法买卖外汇犯罪的决定》）；③非刑事法律中的罪刑规范，即附属刑法。[3] 广义的刑法是指所有的罪刑规范；狭义的刑法仅指刑法典。通常称狭义的刑法为普通刑法，称单行刑法与附属刑法为特别刑法。[4]

　　如果依照法律成立的来源将法律分为固有法与继受法，则刑法是固有法。我国刑法是根据我国的政治、经济、文化、治安等实际情况制定的，比较适合我国的国情。

　　如果依照法律规制的对象及法律后果的不同将法律分为刑事法与民事法（广义的），则刑法属于刑事法。刑事法是关于犯罪的侦查、追诉、认定、刑事责任以及刑罚的适用与执行的法律。刑法规制犯罪，其法律后果主要是刑罚，故刑法属于刑事法。

---

　　〔1〕 在国外，既有使用"刑法"（penal law, Strafrecht, droit penal）一词的，也有使用"犯罪法"（criminal law, Kriminalrecht, droit criminel）一语的。

　　〔2〕 许多教科书将刑法的内容表述为"犯罪及其刑事责任"，但刑事责任一词具有不同含义。刑事责任既可能指犯罪的法律后果，也可能仅指成立犯罪的一个条件。

　　〔3〕 真正的附属刑法，是指直接在经济法、行政法等法律中直接规定构成要件与法定刑的罪刑规范，我国目前还没有这种真正的附属刑法。其他法律中的"构成犯罪的，依法追究刑事责任"的规定，只是一种注意规定，不是真正的附属刑法。

　　〔4〕 刑法理论上还有形式刑法与实质刑法的称谓，形式刑法是从外形或名称上（形式上）便可得知其为刑法的法律，刑法典与单行刑法即是。实质刑法是指外形或名称上不属刑法，但其内容规定了犯罪与刑罚的法律或条款，附属刑法即是。

在公法与私法的分类中，一般认为刑法属于公法，[1] 因为定罪量刑是实施公权性质的行为。虽然国内外都存在刑事和解制度，似乎存在刑法私法化的倾向，但刑事和解仅限于部分轻微刑事案件，并且仍由司法机关主导，"和解"的内容与结局必须符合刑法规定。刑法的公法特点决定了刑事立法权与刑事司法权都受到严格限制。于是，罪刑法定成为刑法的生命。

如果依照法律规定的内容将法律分为实体法与程序法，则刑法是实体法。我国刑法仅指有关什么是犯罪、对犯罪追究何种刑事责任的实体规范，而不包括认定犯罪与追究刑事责任的程序规范。

如果依照法律效力的强弱将法律分为强行法与任意法，则刑法是强行法。我国刑法是关系国家、社会安宁的重要法律，它不因个人的主观意志而选择适用。

如果依照指导原理的不同将法律分为司法法与行政法，则刑法是司法法。一般认为，行政法的指导原理是法的目的性，司法法的指导原理是法的安定性。刑法是以后者为指导的，基本上属于司法法。刑法的安定性具有两种含义：一是刑法本身的安定性，即刑法是实定的、是制定法，习惯法不能成为刑法渊源；刑法是明确的，国民因此具有预测可能性；作为刑法的基础的事实，必须尽可能准确无误地予以确认；刑法是处理刑事案件的法律依据，对各种案件的处罚不受任何人的恣意左右；刑法是相当稳定的，不会轻易变更。二是通过刑法达成的安定性，即刑法的颁布与实施，不仅有利于国民的自由行动，而且能够预防犯罪、保护法益，维护人们的共同生活秩序。

第二节　刑法的法律性质

一、刑法与其他部门法的关系

国家有多种多样的法律，刑法只是国家法律体系中的一个部门法。刑法的法律性质，是指刑法区别于其他法律的特有属性。刑法的特有属性就在于它是规定犯罪与刑事责任的法律规范。

（一）刑法与其他部门法的区别

1. 调整与保护的社会关系的范围不同。其他部门法都只调整和保护某一方面的社会关系，如民法仅调整和保护财产关系以及部分与财产有关的人身关系；经济法仅调整一定范围的经济关系；婚姻法仅调整和保护婚姻家庭关系。而刑法调整和保护的社会关系则相当广泛，如政治的、经济的、财产的、婚姻家庭的、人身的、社会秩序的等许多方面的社会关系。可以认为，其他部门法所调整和保护的社会关系，刑法都要进行调整与保护。在这个意义上说，刑法不是"部门法"，而是综合性法律。

2. 强制性不同。其他部门法对一般违法行为也适用强制方法，如赔偿损失、警告、行政拘留等。这些强制方法显然并不那么严厉，而且在许多情况下，当事人之间可以自行和解，无需强制机关采取强制措施。而刑法是以追究刑事责任的方式对付犯罪，刑事责任的实现方式主要是刑罚，它不仅可以剥夺犯罪人的财产权利与政治权利，而且可以有期或无期地剥夺犯罪人的人身自由，甚至剥夺其生命。不仅如此，犯罪人与被害人之间通常还不能自行和解，只要行为构成犯罪，就要由国家强制机关依法强行追究刑事责任。

---

〔1〕　法国的法学理论认为，刑法经常针对侵犯个人权利的行为，个人因此有权求助于刑法，故刑法属于私法。可以肯定的是，刑法的公法性质与行政法等法律的公法性质存在差异。德国法学理论习惯于将法律分为公法、私法与刑法，但同时认为，刑法仍然属于广义的公法范畴。

（二）刑法与其他部门法的联系

刑法与其他部门法也有共通之处，它们都是建立在一定经济基础之上的上层建筑，都反映广大人民群众的意志，共同维护国家与人民群众的利益。刑法与其他部门法的关系极为密切，即刑法保障其他部门法的实施，其他部门法的实施有助于预防刑法所规定的犯罪。例如，刑法惩治妨害婚姻家庭方面的犯罪，就有利于婚姻法的贯彻实施；反过来，婚姻法的贯彻实施，有利于预防刑法所规定的妨害婚姻家庭罪。这是因为，其他部门法所规定的一般违法行为，可能转化为刑法所规定的犯罪行为，因此，其他部门法的贯彻实施，就能阻止一般违法行为转化为刑法上的犯罪。另一方面，其他部门法的强制方法轻微，如果仅有其他部门法而没有刑法，则不利于预防一般违法行为，更不能阻止一般违法行为向犯罪行为转化。有刑法作为其他部门法的后盾，对危害严重的违法行为以犯罪论处，就有利于其他部门法的贯彻实施。从这个意义上说，刑法是其他部门法得以有效实施的后盾与保障。

二、刑法的机能

刑法的机能是指刑法现实与可能发挥的作用，包括显在的机能与潜在的机能。刑法理论一般认为，刑法具有以下两个机能：

（一）法益保护机能

法益保护机能，是指刑法具有保护法益不受犯罪侵害与威胁的机能。刑法的目的与任务是保护法益，犯罪是侵害或威胁法益的行为，刑法禁止和惩罚犯罪，是为了保护法益并且能够保护法益。

（二）人权保障机能

人权保障机能（或自由保障机能），指刑法具有保障公民个人的人权不受国家刑罚权不当侵害的机能。根据罪刑法定原则，只要行为人的行为不构成刑法所规定的犯罪，他就不受刑罚处罚，这便限制了国家对刑罚权的发动；对犯罪人也只能根据刑法的规定给予处罚，不得超出刑法规定的范围科处刑罚，这便保障犯罪人免受不恰当的刑罚处罚。因此，刑法既是"善良人的大宪章"，又是"犯罪人的大宪章"。[1]

如何认识和处理法益保护机能与人权保障机能之间的关系，是刑法理论长期探索和争论的问题。因为法益保护机能主要依靠刑罚的宣示与适用来实现；人权保障机能则主要依赖限制刑罚的适用而实现。可以认为，刑罚的适用与保护法益成正比，与人权保障成反比。如何既最大限度地保护法益，又最大限度地保障自由，就成为难题。结局是，刑法必须在法益保护机能与人权保障机能之间进行调和。但这种调和没有明确的标准，只能根据适用刑法时的客观背景与具体情况，在充分权衡利弊的基础上，使两个机能得到充分发挥。可以肯定的是，只能在罪刑法定的限度内发挥刑法的法益保护机能。在此意义上说，人权保障机能优先于法益保护机能。但是，在符合罪刑法定原则的前提下，必须充分发挥和尽量实现刑法的法益保护机能。[2]

---

〔1〕《刑法》第1条规定，制定《刑法》是"为了惩罚犯罪，保护人民"。由于犯罪是侵犯法益的行为，所以，其中的"为了惩罚犯罪"，实际上是为了保护法益（法益保护机能）。"保护人民"则意味着保障人民行动自由（自由保障机能）。

〔2〕刑法理论还有一种观点认为，刑法具有行为规制机能，即刑法具有使对犯罪行为的规范评价得以明确的机能。其具体内容为，刑法将一定的行为规定为犯罪并给予刑罚处罚，表明该行为是被法律禁止的、不被允许的（评价的机能）；同时命令人们做出不实施这种犯罪行为的决定（决定的机能），据此防止犯罪的发生。但是，行为规制机能基本上只是法益保护机能的反射效果；行为规制机能与法益保护机能、人权保障机能并非并列关系。因为规制国民的行为，是为了保护法益，而不是为了单纯地限制国民的自由。所以，仅将刑法的机能归纳为法益保护机能与人权保障机能即可。其中，法益保护机能由来于刑法的目的与任务（法益保护主义）；人权保障机能的实现依赖罪刑法定主义、责任主义的贯彻，因为正是罪刑法定主义与责任主义从行为的客观面与主观面限制了刑罚权的恣意行使。

第三节 刑法的任务

刑法的任务是由刑法的性质决定，依靠刑法的机能完成的。《刑法》[1] 第2条规定："中华人民共和国刑法的任务，是用刑罚同一切犯罪行为作斗争，以保卫国家安全，保卫人民民主专政的政权和社会主义制度，保护国有财产和劳动群众集体所有的财产，保护公民私人所有的财产，保护公民的人身权利、民主权利和其他权利，维护社会秩序、经济秩序，保障社会主义建设事业的顺利进行。"据此，我国刑法的任务有以下四个方面：

第一，保卫国家安全、人民民主专政的政权和社会主义制度。国家安全、人民民主专政的政权和社会主义制度，是国家和人民群众利益的根本保证。如果犯罪行为危害了国家安全，推翻了人民民主专政的政权与社会主义制度，国家和人民群众将丧失其他一切利益。因此，刑法的首要任务，是用刑罚与危害国家安全的犯罪行为作斗争，以保卫国家安全，保卫人民民主专政的政权和社会主义制度。尽管危害国家安全的犯罪在实践中较少发生，但由于其危害特别严重，故刑法分则第一章便规定了此类犯罪。

第二，用刑罚惩罚经济犯罪与财产犯罪，保护社会主义的经济基础。社会主义的经济基础，是人民民主专政和社会主义制度的物质基础，是进行社会主义建设、提高人民群众物质文化生活水平和人民群众行使各项权利的物质保障。然而，各种经济犯罪与财产犯罪，却破坏了社会主义市场经济秩序，侵犯了全民所有的财产、劳动群众集体所有的财产及公民合法所有的财产，动摇了社会主义的经济基础。所以，我国刑法的任务之一是要保护社会主义的物质基础。刑法分则在第三章与第五章分别规定了"破坏社会主义市场经济秩序罪"与"侵犯财产罪"，对其中的严重犯罪也规定了较重的刑罚。

第三，用刑罚惩罚侵犯公民人身权利、民主权利和其他权利的犯罪，保护公民的人身权利、民主权利和其他权利。人身权利与民主权利是宪法赋予公民的最基本的权利，是我国人民通过革命斗争所取得的成果，保护公民的人身权利、民主权利和其他权利不受非法侵犯，是人民民主专政国家的根本任务之一。可是，杀人、重伤、强奸、拐卖人口等各种犯罪严重侵犯了公民的人身权利；破坏选举、报复陷害等犯罪严重侵犯了公民的民主权利。因此，我国刑法的任务之一，是要保护公民的人身权利、民主权利和其他权利。刑法分则第四章规定了"侵犯公民人身权利、民主权利罪"，并规定了相应的刑罚，对其中严重的犯罪还规定了较重的法定刑。

第四，用刑罚惩罚危害社会治安、破坏社会秩序的犯罪，维护社会秩序。这里的"社会秩序"包括治安秩序、生产秩序、工作秩序、教学科研秩序和人民群众的生活秩序。人民群众的生活与社会主义经济建设都需要良好的环境和安定的秩序。不过，大量的犯罪严重妨碍了公民的生活安全，扰乱了社会秩序，妨害了各项活动的正常进行。因此，刑法的任务之一是维护社会的正常秩序，从而保障社会主义物质文明和精神文明建设事业的顺利进行，促进社会的和谐发展。刑法分则第二章、第六章、第九章分别规定的"危害公共安全罪""妨害社会管理秩序罪"与"渎职罪"，就是为了维护社会秩序、生产秩序、工作秩序、教学科研秩序和人民群众生活秩序不受犯罪的侵犯。

从我国刑法对其任务的规定可以看出以下两点：①我国刑法的任务包括惩罚与保护两个方面，即用刑罚惩罚各种犯罪，保护国家利益与公民的合法权益。这两个方面密切联系，是一个

---

[1] 即《中华人民共和国刑法》。为了方便表达，本书中涉及我国法律无特指时，使用省去"中华人民共和国"字样的简称。

有机整体。只有用刑罚惩罚各种犯罪，才能保护国家利益与公民的合法权益；为了保护国家利益与公民的合法权益，必须有效地用刑罚惩罚各种犯罪。②我国刑法的任务是明确的、全面的。刑法任务的明确性，是由社会主义刑法学明确承认刑法的阶级性所决定的。刑法任务的全面性，是由刑法所调整和保护的社会关系的广泛性决定的。应当注意，刑法任务的全面性不等于要用刑法去处理一切违法行为，刑法只是通过惩罚犯罪来完成其任务，对一般违法行为不能适用刑法。如果扩大刑法的适用范围，则不利于刑法完成其任务。另外，刑法任务的全面性，不排斥在不同条件下刑法的任务有所侧重。

刑法的任务也可谓刑法的目的。《刑法》第 1 条以及第 2 条的规定告诉我们：刑法的目的就是保护法益，保护的方法是禁止和惩罚侵犯（包括侵害与威胁）法益的犯罪行为。惩罚与保护密切联系：不使用惩罚手段抑止犯罪行为，就不可能保护法益；为了保护法益，必须有效地惩罚各种犯罪；惩罚是手段，保护是目的。这就要求司法人员在适用刑法时，以保护法益为目的，决不能为惩罚而惩罚。

■ 思考题

1. 如何理解刑法的安定性？
2. 如何理解刑法与其他部门法的关系？
3. 如何处理刑法的法益保护机能与自由保障机能之间的冲突？

■ 参考书目

1. ［日］西原春夫：《刑法的根基与哲学》，顾肖荣等译，法律出版社 2004 年版。
2. 张明楷：《刑法学》，法律出版社 2021 年版。
3. 张小虎：《刑法的基本观念》，北京大学出版社 2004 年版。

第三章　新中国刑法的创制和发展

■ 学习目的和要求

　　掌握新中国刑法成长的过程，了解刑事政策与刑事法治的关系，了解刑法修正案的基本模式。

第一节　建国之初刑事法制的创制与政策冲动

　　新中国成立前夕，开始对旧的法制进行摧毁。认为国民政府时期的法律制度不应该成为新的法律的依据，而作为部门法存在的刑法自然也相应地不能成为新中国刑法的法源。

　　如何理解旧法制的摧毁？对此，有观点对此进行了精辟的论述："摧毁旧法制的直接后果是使中国从零开始它的漫长的法制建设历程。法律在非正常环境下生长，使法律的作用和形象受到扭曲。""在这种非正常情况下建立的阶级斗争法律，使得法制建设已开始不免粗线、片面、简化。我们知道一个社会法制的生长是个长期自然发展的过程。截断法源，又对一切法律文化、传统采取批判和蔑视的态度，新的法律怎么能够凭空产生呢？""废除旧法律也是造成法律长期依赖于政策的重要原因。""摧毁法制导致另一后果，就是对苏联法制和法学理论教条主义的全盘照搬。"[1]

　　马克思主义经典原理早就认为，任何一个统治职能都包括政治职能和社会职能，在法律中同样如此。伪法统与旧制度的政治职能密切关联，但这并不意味着，所有的旧法统所附属的具体法律制度都应该被不加甄别地予以废止。更不能将废除旧法统与废除《六法全书》等同起来。1956年，著名法学家杨兆龙先生在《华东政法学报》（《法学》月刊前身）第3期上发表了《法律的阶级性和继承性》一文，文中指出："法律的继承性只能理解为对过去的或先产生的法律，根据马克思主义的原则及国家的基本政策和纲领，结合具体情况与需要予以批判的有选择的吸收。这绝不意味着全盘地、机械地、无原则地抄袭或复制。这是毋庸详细解释的"。"即从旧的或不同的法律体系中所吸取来的法律规范在被吸收到新的或另一个法律体系内以后，尽管还保持着原来的形式，在新的社会经济及政治文化条件之下，是会失去它原来的内容的。"对于法律继承的重要性，他认为："新的法律或后产生的法律吸收旧的或先产生的法律"，"不是偶然的，而是必然的。因为在任何一个新政权建立后，不可能创出一套形式与内容都是新的法律及法律制度。这不但在新政权刚建立时是如此，就是在新政权建立很久以后也是如此"。"实际上当一个新政权建立以后，它只能制定一些主导性的或关键性的法律规范，但这些主导性或关键性的法律规范，也不一定是完全从'无'中创造出来的，很可能是参考过去的或别

---

　　[1]　蔡定剑："对新中国摧毁旧法制的历史反思——对建国以来法学界重大事件研究（五）"，载《法学》1997年第10期。

的国家的法律或受其启发而制定的。至于那些辅佐性或从属性的法律规范，其牵涉面很广，并且绝大部分是过去长期经验智慧累积的结果，如果因为是前人或别的国家有过的而一概摒弃，其结果将不堪设想"。[1]

国家不可没有刑事规范，但是主要的常行性的刑法规范被否定，刑事政策的领域必然会扩张。法制必须以社会的接受为前提，而这需要长期的磨合和适应，刑法对规范的伦理正当性的要求无疑是最高的，其磨合和适应更是一个漫长的过程。摧毁旧法制使得新的法制不可能很快形成，导致政策势必成为治理国家的重要方式。

现实时刻需要刑法来规范社会、防控犯罪、维护安全，而学习、移植的过程性客观上造成了刑法不可能在短时间内具有完整性、系统性和规范性。同时，新中国建立初期，社会阶级矛盾错综复杂，敌我斗争十分尖锐，颠覆破坏活动十分猖獗。为了保卫新生的人民政权，镇压敌对势力的反抗，在过去的刑事政策惯性之下，年轻的新中国相继开展了镇压反革命运动、"三反"运动和"五反"运动，使新生的人民民主专政政权得以巩固。

基于运用刑法手段同反革命及一切破坏新政权、新秩序的行为作斗争的现实性需要，刑事立法只能采取单行立法的方式。譬如，1950年的《政务院关于严禁鸦片烟毒的通令》《禁止珍贵文物图书出口暂行办法》；1951年的《中华人民共和国禁止国家货币出入国境办法》《妨害国家货币治罪暂行条例》《中华人民共和国惩治反革命条例》《保守国家机密暂行条例》；1952年的《中华人民共和国惩治贪污条例》《管制反革命分子暂行办法》；等等。但是，系统确立法律体系的想法也在推进，在单行条例之外，1950年7月25日前中央人民政府法制委员会就拟出了《中华人民共和国刑法大纲（草案）》，共12章157条。

1954年9月第一届全国人大一次会议前，法制委员会草拟出《中华人民共和国刑法大纲草案》《中华人民共和国刑法指导原则草案》等。1954年10月29日，彭真主持全国人大常委会机关干部会议，传达毛泽东关于"常委会的一项重要任务是立法"的指示，提出当前要"先起草刑法、民法、刑事诉讼法、民事诉讼法"。

会后，起草这4部法律的工作立即由全国人大常委会办公厅法律室负责进行。全国人大常委会办公厅法律室负责并开始起草刑法，至1957年6月28日，已经写出了22稿。并且这个稿子经过中共中央法律委员会、中央书记处审查修改，又经过人大法案委员会审议，并在一届人大四次会议上，发给全体代表征求意见。

这次会议曾作出决议：授权人大常委会根据人大代表和其他方面所提的意见，将22稿进行修改后，作为草案公布试行。[2] 但是刑法草案最终并没有公布。经过4年停顿之后，1961年10月再次开始了对《中华人民共和国刑法草案》的研究探讨。1962年3月22日，毛主席在法制工作会议上指出："现在是无法无天，没有法律不行，刑法、民法一定要搞。不仅要制定法律，还要编案例。"随后全国人民代表大会常务委员会法律室在有关部门的协同下，对1957年写出的《中华人民共和国刑法草案》第22稿进行了反复深入地研究修改和征求意见，11月12日，全国政法工作会议上，彭真讲了刑法立法的问题，强调不能无法无天，拘留、批准逮捕、逮捕、起诉、审判、劳改等，只能由法律规定的机关执行，要符合法律程序。

1963年7月，彭真将修改后的刑法草案第33稿报送中央政治局和毛泽东，建议经中央审

---

[1]　转引自铁犁、陆锦碧、杨黎明："1957年错批杨兆龙的《法律继承论》纪实——建国以来法学界重大事件研究（八）"，载《法学》1998年第1期。

[2]　"刑法为什么没能在'文革'前通过"，载《人民公安报》2008年10月23日，第4版。

查后送全国人大审议公布实施。[1] 但是，随着接踵而来的文化大革命，第33稿被束之高阁。

第二节　1979年《刑法》的制定和发展

随着党的政治路线、思想路线和组织路线的拨乱反正，走法制建设的道路成为一种内在要求，1978年11月，十一届三中全会关于民主法制思想的确立，更是成为此后包括刑法在内的立法工作的指导思想。

1978年5月29日，刑法草案获得中央政治局原则通过，随后在法制委员会全体会议和第五届全国人大常委会第八次会议上进行审议，审议中又作了一些修改和补充，最终形成刑法草案第38稿，并在1979年7月1日于第五届全国人大第二次会议上通过。7月6日正式公布，自1980年1月1日起施行。

1979年《刑法》的制定和实施，无疑体现了刑法的规范性目的，对于维护社会秩序、恢复正常的法制状态具有重要的保障作用。但由于受当时历史条件、立法经验和立法指导思想的局限，这部刑法在体系结构、规范内容、立法技术上，都还存在一些问题和缺陷。

随着改革开放逐步深入，社会、经济发展日新月异以及犯罪态势的不断变化，自1981年至1997年《刑法》通过前，全国人大常委会先后通过了25部单行刑法。国家立法机关还在107个非刑事法律中设置了数量可观的附属刑法规范。这些单行刑法和非刑事法律中的附属刑法规范，对1979年《刑法》作了一系列的补充和修改。在罪名上，1979年《刑法》只有130个罪名，经过单行刑法和附属刑法的不断补充，至1997年《刑法》通过之前，已增加到了263个罪名。

条文、罪名的补充以及法定刑的修改固然对于维护社会环境和经济环境起到了重要作用，甚至从一定意义上说，单行刑法的立法模式是应对变动不居的发展环境的一种富有效率的方式，譬如，基于改革开放的形势需要，经济领域罪名不断扩充。与国际领域的刑法联系开始加强。在单行刑法中，针对个别犯罪，引入了普遍原则的管辖方式。再譬如在单行刑法中，对于犯罪主体的范围进行了扩大，增加了某些罪的单位犯罪主体的规定。但是，不可忽视，从刑法的规范性角度来说，其存在着重大的缺陷，主要表现在：

第一，对于刑法原则性规定进行了突破。譬如，为了配合严打的需要，出现了一些与1979年《刑法》规定的从旧兼从轻原则不同的原则。再譬如，在《全国人民代表大会常务委员会关于处理逃跑或者重新犯罪的劳改犯和劳教人员的决定》中规定，只要是劳改刑满释放后重新犯罪的一律应当从重处罚，而刑法对一般累犯的规定则是将适用条件严格限制在3年以内再犯应当被判处有期徒刑以上刑罚之罪的。单行刑法显然在刑法规定之外很大程度上加重了被告人的刑事责任，与刑法的规定就出现了冲突。

第二，基于"严打"刑事政策的实施，刑法的力度开始加大，突出表现为死刑的罪名不断扩充。从而导致中国近在这一时期的刑事立法不断向重刑漫溯。譬如，受"从重从快"打击犯罪的政策观念的影响，单行刑法对刑法有关犯罪行为法定刑的修改，基本上都提高了法定刑幅度。再譬如，死刑的增加。1979年《刑法》共有15条、22种罪名涉及死刑，而到了1997年《刑法》颁布之前，死刑罪名已经达到了74个。作为绝对法定刑的死刑规定也开始出现，如《全国人民代表大会常务委员会关于严惩拐卖、绑架妇女、儿童的犯罪分子的决定》第1条

---

[1]　参见田西如："彭真与改革开放新时期法制建设的起步——新中国第一部刑法出台内幕"，载《百年潮》2009年第1期。

规定，"……情节特别严重的，处死刑，并处没收财产"，这些都是重刑思想的体现，罪刑相适应原则出现了失调。

第三，单行刑法与刑法的关系如何界定，没有明确的标准。譬如单行刑法中新规定了拐卖妇女、儿童罪以及相关的罪名，但刑法中仍然存在拐卖人口罪，二者之间的关系剪不断理还乱。譬如，刑法规定了投机倒把罪，但在单行刑法中也存在大量的经济犯罪。再譬如，1982年《全国人民代表大会常务委员会关于严惩严重破坏经济的罪犯的决定》第1条第4款规定，对走私、受贿等严重经济犯罪和与这些犯罪有关的包庇、窝藏、伪证和报复陷害等犯罪行为，"对犯罪人员和犯罪事实知情的直接主管人员或者仅有的知情的工作人员不依法报案和不如实作证的"，比照渎职罪的有关条文处罚，即规定了知情不举行为的刑事责任。然而，刑法并没有规定知情不举行为的刑事责任。

因此，单行刑法尽管应对性较强，但是立法随意性较大，这一方面是因为单行刑法多是一事一议，乃至于一罪一议，立法内容既缺乏理论的论证，也没有进行科学的规划，无法妥善处理和刑法的关系；另一方面是因为，单行刑法更多地体现的是政策，是政策法制化的结果，其对秩序考虑得较多，而对法律的规范性考察得较少。

1979年《刑法》实施后的很长一段时期之内，我国的刑事政策始终以严打为惩治刑事犯罪行为的基线，结合不断演化的犯罪态势，有针对性地对各类犯罪行为进行惩治和预防。可以这样说，"严打"刑事政策的贯彻执行极为强烈地体现了刑法的防卫社会功能，将刑法的应时性、应世性特征发挥得较为淋漓尽致。但是，在近二十年的严打整治中同样也有一系列值得总结的东西，并以此为今后刑事政策的制定和贯彻提供有价值的借鉴。

第一，结合"历年"严打的范围可以发现，刑事政策在始终不渝地严厉打击重大自然犯的同时，针对各个时期的社会现实，有针对性地打击法定犯。原因在以下几个方面：一是自然犯罪大多是针对公民的生命权、健康权以及重大的社会安全，同时上述权利属于人权的底线，所以刑法中对上述客体的保护至关重要。这是几类自然犯作为"严打"范围的原因。同时，上述客体在所有犯罪化与非犯罪化中是最具有稳定性的，这是几类自然犯始终作为严打范围的原因。二是法定犯的行政违法性特征决定了此类犯罪既依附于社会经济秩序，同时也依赖于相关法律的创制。相关法律的时代性、时期性特征决定了不同时期对法定犯"严打"范围的不同。但是，这只是就规范意义上而言的，在实际执行过程中，单极化的刑事政策往往导致个别化的政策占据着人民的思维高地，司法实践中也由此形成了宁重勿轻的"左"的观念，在规范冲突或竞合时选择重刑成为一种惯性。

第二，当然，宽大政策也有所显现。在严打整治初期，宽大的政策即被多次强调。例如，1985年4月3日《最高人民法院工作报告》提出"对具有自首或检举揭发、确有立功表现等从宽情节时，依法从宽处理，务必政策兑现。对判决生效以后，罪犯在检举揭发其他犯罪分子的罪行时，同时交代本人余罪可以不予加刑。主动交代出重罪、罪该处死的，可以不判死刑，检举重要案犯立功的，依法予以减刑，对多年流窜作案的要犯，只要自动归案或其家属、亲友动员归案，均可依法从宽处理。"

今天看来，其中一些规定显然超出了法律的范围，但对惩办与宽大相结合的要求可见一斑。针对2001年开始的"严打"整治，上海地区在执行这一刑事政策的同时，即十分注意贯彻宽大的方针。上海市高级人民法院等机关先后通过了《关于处理自首和立功具体应用法律若干问题的意见》和《关于严打整治期间对在押、收容人员兑现宽严政策的通告》，对刑法概括性的规定加以量化，较好地保护了犯罪行为人的合法权利。只不过这些规定是建立在"严打"的基础上的，至多只能说是对"严打"政策一定程度的缓和而已。

第三，总体来说，没有正面的数据说明其良好的效果。例如，1988 年以后，全国法院每年判决的犯罪人数迅速增加到了 45 万人以上。据此有观点认为，犯罪率的提高是对"严打"刑事政策的质疑，认为严打并未有效的降低犯罪率。1996 年"严打"之后的 1997 年，刑事立案数基本与 1996 年持平。但是，1998 年即增至 198 万起，1999 年为 224 万起，2000 年为 363 万起，2001 年为 445 万多起，犯罪量呈迅速上升趋势。[1] 在第三次"严打"结束之后，2003 年至 2005 年，全国法院一审审结刑事案件数量为 2063780 件，这三年的平均数 687927 件，远远高于 1998 年至 2002 年的平均数 566000 件。且从 2003 年到 2005 年增长速度有加快的趋势。[2] 严刑峻法之后虽然曾经换得了短暂的安宁（后期的"严打"甚至是否换来了短暂的安宁都值得质疑），但犯罪似乎很快死灰复燃。

第四，早期的"严打"政策在立法、司法等多个领域均被体现，后期的"严打"政策倾向于刑事司法实践活动中的依法性。1983 年，中共中央印发《关于严厉打击刑事犯罪活动的决定》，"严打"整治成为刑事政策的重心，由于"严打"被最直接地定位于罪名的扩展和刑罚的刚猛，"严打"的依据首先在立法领域得到体现，以单行刑法的方式将"严打"内容法律化。后期尤其是 1997 年《刑法》实施以后，"严打"政策主要已经演变为法律适用过程，即"严打"整治必须依法而行。落实到刑事实体法领域，就是严格按照刑法的具体规定、有效的司法解释以及法律的基本原则。"严打"政策由"变法严打"逐步演变为"依法严打"。

第三节　刑法的规范性逐步得到尊重

1997 年 3 月 14 日，第八届全国人民代表大会第五次会议修订了 1979 年《刑法》，并于 1997 年 10 月 1 日起施行。1997 年修订的《刑法》，蕴涵了刑法价值观念上的某种重大转变。这种转变，既是对以往犯罪化立法成果的固定，也是新的社会价值观念在刑法规范中的重新确立，更是对刑法规范性、系统性和明确性的一种追求。

刑法修正案模式，实际上意味着中国刑法立法出现了一种新的方向，而且这种立法模式正在成为一种常态。这是刑事立法模式的一个科学选择。首先，其弥补了单行刑法和附属刑法的不足和弊端。尤其是长期存在的单行刑法立法模式对于刑法的确定性、系统性和规范性造成的巨大的冲击。而刑法修正案则是完全依据《立法法》进行的一种立法修正，其不会对刑法的指导性原则产生冲击。其次，其维护了刑法统一性的需要，避免了刑法的内部平衡被打破，法律的适用标准仍然保存完好。

当然，也应该清楚地看到，对于现行刑事立法模式的应用同样也需要一定的规范性。刑法作为一部基本法律，其制定的主体是全国人民代表大会。但是，对于目前通过的刑法修正案而言，制定的主体是全国人大常委会。当前，全国人大常委会行使制定刑法修正案的权力，实际上是一种错位修改和补充。这里包含着一定的历史渊源，即长期以来，主要依据单行刑法来完成对刑法的修改，而单行刑法均是由全国人大常委会颁布和实施的，也就是说，全国人大常委会长期以来实际上在行使刑法的部分修正权。全国人大常委会对刑法修正案修改、补充（新增）罪名是于法有据的，但是权限应该被限定在对刑法基本原则、基本制度的信守上。其次，修订应该更加审慎，必须考虑到立法的现实性和必要性，必须考虑到新设定罪名本身的科学性和规范性，必须考虑到刑法相关罪名之间的协调关系。

---

〔1〕 康树华主编：《全面建设小康社会进程中犯罪研究》，北京大学出版社 2005 年版，第 91 页。
〔2〕 参见贾宇："从'严打'到'宽严相济'"，载《国家检察官学院学报》2008 年第 2 期。

结合刑法修正次数与条文来看（参见下表），所谓的积极性主要表现为以下几个方面：一是修正案从隐忍到张扬，大规模修法的冲动不断被强化。尤其是近年的第八、第九《刑法修正案》的条文数量占总数的59%；二是修改的范围不断拓展，从《刑法修正案（五）》开始，刑法修正案不再局限于某一领域或者某一罪名，而是触角开始蔓延，开始注重对刑法的实质修改，补充和完善的实体性条文已达100多个，尤其是新增的罪名达到50余个。不仅面广，而且不断冲击总则领域，不断突破刑法规范固有的体系性。

《刑法》历次修正的时间与条文

修正案	一	二	三	四	五	六	七	八	九	十	十一	十二
时间	1999	2001	2001	2002	2005	2006	2009	2011	2015	2017	2020	2023
条文数	9	1	9	9	4	21	15	50	52	1	48	8

如何看待刑事立法一直在路上？其中一种传播较为深远也可能对立法产生影响的观点是："在刑法观念逐步转向功能主义、刑法与政策考虑紧密关联的今天，刑法的谦抑性并不反对及时增设一定数量的新罪；刑罚早期化与转型中国社会的发展存在内在联系；意欲建设法治国家，就必须将限制、剥夺公民人身权利的处罚事项纳入刑事司法的审查范围。积极刑法立法观的确立有其社会基础，也更符合时代精神。与之相匹配，未来中国的刑法立法从技术层面需要考虑进行相当规模的犯罪化，"[1] 然而来自学界更多的观点则抱质疑的态度。例如，有学者认为："'过度刑法化'是我国当前社会治理中的一种病态现象，反映在立法、司法和思维多个层面。社会治理'过度刑法化'具有高度的社会风险与危害，它将改变国家权力与公民权利的结构，导致国家司法资源的不合理配置，削弱刑法的公众认同，阻碍社会的创新。"[2] 也有学者针对具体领域进行反思，认为象征主义刑事立法观开始抬头，提出认为恐怖犯罪、网络犯罪和环境犯罪的立法近年来存在着象征性立法的倾向，还有学者肯定象征主义倾向在中国成为一种趋势，虽然其认为"我国的象征性立法主要存在于破坏社会主义市场经济秩序罪和妨害社会管理秩序罪的领域"，[3] 但是这两个领域事实上已经囊括了刑法中的大部分罪名。虽然对于象征性立法的内涵存在不同看法。但理论中首要的疑问是——"相当规模的犯罪化"是否必要？是否应该成为一种必然？

理论的回应似乎没有得到立法者的充分重视和认可，从目前来看，通过刑法修正不断挑战人们既往的认知，积极立法成为一种现实。

第四节   如何看待积极主义的刑法立法观念

综合刑法修正案来看，立法的积极性不仅表现在形式上，而且表现在实质上，主要表现为：共犯行为正犯化、预备行为实行化、行政处罚刑罚化、民事侵权犯罪化，结果价值行为化和具体危险抽象化等等。"随着现代社会发展所导致法益侵害风险的增加，刑法不再耐心等待

---

〔1〕 周光权："积极刑法立法观在中国的确立"，载《法学研究》2016年第4期。

〔2〕 何荣功："社会治理'过度刑法化'法哲学批判"，载《中外法学》2015年第2期。

〔3〕 参见刘艳红："象征性立法对刑法功能的损害——二十年中国刑事立法总评"，载《政治与法律》2017年第3期；程红："象征性刑法及其规避"，载《法商研究》2017年第6期。

损害结果的出现，越来越多刑法规范着重于行为的非价值判断，以制裁手段恫吓、震慑带有社会风险的行为。"[1]

回溯立法，这些思路已经引起了司法标准的混乱，也在一定程度上引发了理论与司法的对峙。从法定刑的角度来看最为相似的就是危险驾驶行为的立法与司法的不断矫正。从该行为讨论是否入刑的争议过程中，笔者就表达了重重忧虑：其一，驾驶行为本身就是一个危险的行为，驾驶中可能伴随着诸多的会进一步增加风险的行为。对于醉驾、飙车的入罪，笔者当时就认为这是处罚的滥觞，只是简单的应时之需。果不其然，随后一定范围的超员、超速入罪、毒驾入罪，导致口袋不断扩大。其实类似的危险行为还有很多，譬如拨打手机、听音乐、看视频、疲劳驾驶乃至带病驾驶都可能是一种增加风险的行为，是否也都要入罪呢？尤其是货车超载似乎是最应该入罪的，但是基于多方面原因，目前并未入罪。其二，从司法实践来看，抽象危险犯的结论并未取得好的效果，随着司法陷入困局，抽象危险犯的思路已经被证实是不合适的。从 2011 年 5 月 1 日法律规定危险驾驶罪开始，每年处罚该罪的犯罪数量节节攀升。2019 年 7 月，最高人民法院公布了 2019 年上半年全国法院审判执行数据，在审结的刑事案件中，危险驾驶罪首次超越盗窃罪，排在第一位。按照 2020 年 5 月 25 日最高人民法院公布的《最高人民法院工作报告（2020）》，2019 年全国法院刑事案件审判涉及的罪名中危险驾驶罪超越盗窃罪成为排名第一的罪名，共计 31.9 万件。危险驾驶罪成为第一大罪令人匪夷所思，也令人始料未及。

为了解决这一问题，司法实践出现了不再将危险驾驶罪作为抽象危险犯的声音，并且寻找多种方式限缩范围，出现了司法非犯罪化或者进一步轻刑化的做法。主要表现在：其一，2017 年，最高人民法院印发《关于常见犯罪的量刑指导意见（二）（试行）》，对于情节显著轻微危害不大的，不予定罪处罚；犯罪情节轻微不需要判处刑罚的，可以免予刑事处罚。其二，在全国第二批试点法院对 8 个常见罪名进行量刑规范改革试点具体规定，在规定中对醉驾认定犯罪应当综合考虑被告人的醉酒程度、机动车类型、车辆行驶道路、行车速度、是否造成实际损害以及认罪悔罪等情况，准确定罪量刑。其三，一些地方司法文件进一步限缩。2019 年 10 月，浙江省公检法联合发布《关于办理"醉驾"案件若干问题的会议纪要》，其中提出，醉酒驾驶汽车，无从重情节，且认罪悔罪，符合缓刑适用条件的，可以依法适用缓刑；酒精含量在 170mg/100ml 以下，认罪悔罪，且无从重情节，犯罪情节轻微的，可以不起诉或者免予刑事处罚等。该规定甚至为了缩小打击面不惜对"道路"一词强行作出限缩解释。这虽然被学者们所诟病，但实属迫不得已。此外，上海、江苏、湖南、湖北等地纷纷出台相关规定，对"醉驾入刑"标准做出一系列调整。

类似的立法例还有很多，譬如骗取贷款罪的修正、生产销售假药罪的修正等，不一而足。仔细分析可以发现，立法者似乎大有将刑法作为核心的"社会管理法"看待的架势，很大程度上将触角延伸到了行政法乃至民法的领域，导致了一种规范取代趋势。其直接结果是造成对公民权利的侵犯，也导致了法律部门界限的模糊，进而导致司法的混乱和困惑。尽管近期立法对此也有所反思，予以了一定程度的回应和变通，但这只是修修补补。

虽然在各种讨论场合，积极主义立法观都不否认谦抑原则，但是，谦抑原则最为基本的要求是在充分适用民事、行政措施解决问题前，刑法不应轻易介入。我们不能一方面高喊着"刑法的最后手段性"，一方面又大量进行规范取代。

问题的核心还是一个对犯罪本质的认定问题。犯罪的本质到底是对规范的违反，还是对法

---

〔1〕　何荣功："社会治理'过度刑法化'法哲学批判"，载《中外法学》2015 年第 2 期。

益的侵害？传统的严重社会危害性的评判是否过时？法益概念是否具有批判立法的能力？约束立法能力是否依赖于从外部植入某种实质性的评价标准？一段时期以来，因为对于积极立法的反思未能从解构犯罪本质的角度入手，未能撼动积极立法观的价值基础，所以必须从积极立法观所推崇的法益概念为切入点展开分析。

　　萨克斯（Sax）、罗克辛、鲁道夫等学者开始逐步推动将宪法的原则作为法益的源泉，作为评论立法的基础，进而赋予所谓的法益的逻辑自洽："这种先于刑事立法而存在、但又能够对刑事立法产生约束力的价值决断，既不能像启蒙时代那样来自于某种超法规的自然法原则，也不能如冯·李斯特那样以先在于法的社会关系为依据。它只能存在于我们的宪法之中。"[1]这样的结论也成为我国法益理论正当性的庇护所。"法益必须与宪法相关联……什么样的利益上升为法益，取决于立法者的选择。但立法者不是随心所欲地选择的。从法律上说，立法者的选择必须具有宪法的根据。"[2]当代德国著名刑法学者罗克辛虽然坚持法益侵害说，但是并不是从宪法中寻找法益，其基本的根据还是损害或危害为中心。在他看来，"对于安全的、自由的、保障所有的人权和公民权的社会生活所必需的，或者对于建立在此目标上的国家制度的运转所必要的现实存在或者目的设定就是法益。"他虽然认同法益是一个可以批判立法的范畴，但却是通过罗列包括单纯的法律目的限定、单纯的违反道德（没有损害任何人的自由和安全）、单纯的违反人类尊严、感情的保护等等，来获取批判的合理性依据。[3]而哈赛默等人的"人的法益理论"（die personale Rechtgutslehre）实际上也只不过是权利侵害理论的另外一种表达方式。这些理论看似在回避规范学说，但是实际上并不能排除自然法规范的影响。因为权利与道德本身并不能区分，只不过作为法益考量的时候，被作为一种行为进入刑法视野的限制。例如，《德国基本法》第2条第1款规定："人人有自由发展其人格之权利，但以不侵害他人之权利或者不违犯宪政秩序或者道德规范者为限。"从这条规定可以看到，首先是法益无法排除道德，其次是权利行使的边界恰恰是最基本的"己所不欲，勿施于人"这一古老的道德规训。虽然罗克辛等法益论者致力于找到一个具有说服性的标准，但是其适用的方法似乎又是新康德主义的"规范论"。在这一点上，遵循自然法传统的富勒具有类似的观点，即采取了新康德主义方法二元论的路线，均认为刑法所依据的不是以存在的方式来加以构架，而是要从法律的"事业"或者法律的目的中去寻找，评价体系具有价值性。"刑法没有贯彻一种特定的宗教或者意识形态这样的任务，刑法的任务应当是保护公民享有一种有保障的和平的共同生活，享有能够与这个目标相一致的最大限度的人身自由。"[4]在相同的动机中，雅各布斯等人甚至明确指出，刑法的任务一开始就不是法益保护，而是证明规范的有效性不能从规范自身中获得。其起步于法律的外在道德——互惠关系中，实现于法律的内在道德。

　　除了遵循一般的伦理基础外，法律制定还必须遵循其内在的道德标准。由于伦理规范存在内在的张力，而这种张力会导致规范之间的矛盾。在上升到法律规范时，也需要进行归并和协调。富勒在《法律的道德性》一书中提出了法律内在道德的八项原则，即：一般性、公开性、未来性、清晰性、一致性、可实现性、稳定性、官方行为与公布的规则相一致。尽管哈特曾对此强烈质疑，但质疑是建立在割裂了外在道德和内在道德基础上的，所以并不具有说服力。实际上所谓的内在道德是对外在道德入律的一种限制和可行性的指导，因此其同时构成了立法的

〔1〕 Rudolphi, *Die verschiedenen Aspekte des Rechtsgutsbegriffs*, FS-Honig, 1970, S. 151（158）.
〔2〕 张明楷：《法益初论》，中国政法大学出版社2003年版，第167页。
〔3〕 ［德］克劳斯·罗克辛："刑法的任务不是保护法益吗？"，樊文译，载《刑事法评论》2006年第2期。
〔4〕 ［德］克劳斯·罗克辛："德国犯罪原理的分展与现代趋热"，王世洲译，载《法学家》2007年第1期。

一种程序性规则。在刑事立法领域，基于其独特属性因此又具有一些独特的原则和精神，如刑法的严厉性与底线伦理的关系，刑法的普遍性与谦抑性之间的关系。

对照我国当前的刑法修正过程，其中所遇到的问题基本上与这些原则具有高度的关联性。立法的清晰性与一致性是最为突出的问题，而这又与立法的稳定性、可实现性结合在一起。其似乎是一个老生常谈的问题，但又恰恰是争议的主要战场。

富勒认为："法律应当被视为一项有目的的事业，其成功取决于那些从事这项事业的人们的能量、见识、智力和良知。"[1] 刑事立法要遵循规范伦理，更要受到法律内在道德的制约与立法良知的制约，这是刑法成为良法的基本前提。同时，刑事法又因为涉及底线人权，所以其受到的制约应该是更为广泛和严格的。此外，刑法的修改不能也无法建立在期望其他法律配合的基础之上。作为保障法，其在处理与其他法律的关系的时候应当是审慎的。刑法还应该遵循其自身内在的体系性要求，平衡内部之间规范的关系。只有这样刑事立法的科学性才能够彰显。

■思考题

1. 作为刑事立法模式，刑法修正案与单行刑事法律有何主要区别？
2. 如何看待积极主义的立法趋势？

■参考书目

1. 高铭暄：《中华人民共和国刑法的孕育诞生与发展完善》，北京大学出版社 2012 年版。
2. 孙万怀："刑法修正的道德诉求"，载《东方法学》2010 年第 1 期。

---

[1] ［美］富勒：《法律的道德性》，郑戈译，商务印书馆 2005 年版，第 56 页。

第四章　刑法的基本原则

■ 学习目的和要求

　　了解刑法三大基本原则的内容，掌握罪刑法定原则的派生原则及其在我国刑法中的体现，掌握罪刑法定原则的实质精神，掌握罪责刑相适应原则的历史发展。

第一节　刑法的基本原则概述

　　著名法理学家朗·富勒认为，法的内在道德包含八项原则：①一般性，即普遍性。法律不是针对特定人的，而是对一般人都适用的，即法律面前人人平等。②公布。③非溯及既往。法律一般是适用于将来的，因此只应规定将来的某些行为。不能用明天的法律规则约束今天的行为。④清晰性。制定一个模糊不清、支离破碎的法律，也危害法治。⑤不矛盾。如果法律自相矛盾，人们将无所适从。⑥可为人遵守。法律不应当规定人们无法做到的义务，实现不可能实现的事情。⑦稳定性。频繁改变的法律和溯及既往的法律具有同样的危害性，二者都表明立法的动荡性。⑧官方行为与法律的一致性。[1]

　　所谓法的内在道德就是法律在制定和使用过程中必须遵循的最为基本的准则。这是法律的合法性或者说是正当性的标准。刑法作为一项最古老、最具备法律属性并且最有生命力的法律，一部具体实定刑法性质的善与恶无疑对于社会和人类的影响都是十分巨大的。所以坚守法律的内在道德十分重要。在富勒看来，"对八原则中任意一原则的严重破坏，其结果不仅仅导致了一种恶法体系，它甚至根本就不配称之为是法律体系。"[2] 所以八项原则也就成为评价善法和恶法的一个尺度。

　　这种内在道德实际上既是富勒对法律的原则一种普遍的解读，同时也为基本原则的合理性提出了基本依据。综合起来就是，法律的平等性、法定性、稳定性、协调性、普遍性和权威性。

　　刑法的基本原则如同法律的内在道德一样，是刑法的核心和精髓。作为基本原则，具有以下特征：其一，基本原则是确定善法还是恶法的基本标准，能体现刑法的根本精神。其二，指导刑事立法和刑事司法适用。无论是刑事立法还是刑事司法，由于实在法规范本身的局限性以及司法者认识的局限性，必然会导致善法在使用中出现恶的结果的可能性。此时对于基本原则的信守无疑将成为保持善法品质的底线。其三，作为一项基本原则，必须贯穿于一部刑法确立

---

　　[1]　具体内容可参考［美］福勒：《法律的道德性》，郑戈译，商务印书馆 2005 年版。
　　[2]　［美］艾伦·沃森：《民法法系的演变及形成》，李静冰、姚新华译，中国政法大学出版社 1992 年版，第122 页。

和实施的始终，如果说上述两个特征是基本原则的实质要件，则贯穿性是基本原则的形式要件。

世界各国有关刑法基本原则的表现模式主要有三种：一是直接规定的模式，即刑法的基本原则直接由刑法条文加以规定；二是援引的模式，即刑法的基本原则不是由刑法条文加以规定，而是由宪法或其他宪制性法律加以规定；三是推论的模式，即刑法的基本原则既不是由刑法条文加以规定，也不是由宪法或其他宪制性法律加以规定，而是由一些学者根据刑法的具体规定，从理论上进行归纳和总结并作出推论。

我国 1979 年《刑法》中没有对刑法基本原则作出规定，其他法律也没有这方面的规定，当时刑法基本原则均是由一些学者根据自己对刑法规定内容的理解从理论上推论出来的。由于各人对刑法条文的内容及其精神理解不会完全一样，推论的角度也不可能完全一致，因此，刑法的基本原则在各种教科书中的表述并不完全一样。这种情况的存在，显然不利于刑法基本精神的体现和刑法内容的正确贯彻。为此，1997 年我国在对《刑法》进行修订时，许多人提出应该将刑法的基本原则直接规定在刑法条文中，立法者最终采纳了这一观点，明确地将刑法基本原则规定在刑法条文中。从我国 1979 年《刑法》对基本原则采用推论的模式到 1997 年《刑法》采用直接规定的模式，这无疑是我国法治建设的又一重大成果。

第二节　罪刑法定原则

罪刑法定原则，又称罪刑法定主义。其基本含义包括认定行为人的行为是否构成犯罪、构成什么样的犯罪，以及应承担什么样的刑事责任并给予什么样的刑罚处罚，必须以刑法的明文规定为前提，如果刑法没有明文规定，即使行为危害很大，也不能认定犯罪、追究刑事责任和给予刑罚处罚。也即"法无明文规定不为罪、法无明文规定不处罚。"譬如在肖某投放虚假危险物质案中[1]，肖某行为的社会危害性是显而易见的，但是在当时《刑法》中尚未设置投放虚假危险物质罪这一罪名。而以危险方法危害公共安全罪，是指故意使用放火、决水、爆炸、投毒以外的方法危害公共安全的行为，这些其他危险方法是与放火、决水、爆炸、投毒的危险性质相当的，一经实施，就会同时造成不特定的多人死伤或者使公私财产遭受重大损失的危险方法。如果危害行为只具有引起这类危险的假象，在事实上根本不可能发生这类危险，不足以危害公共安全时，则不能认定为本罪。该法院的处理显然违背了罪刑法定原则。

一、罪刑法定原则的产生和发展

罪刑法定原则是现代世界各国和地区普遍认同的一个极为重要的刑法原则和国际法原则。这一原则从思想、口号、学说的产生，一直发展到成为刑法原则和国际法原则，经历了一个较为漫长的历史发展过程，其本身具有深刻的思想渊源。

对于罪刑法定原则究竟产生于何时的问题，理论上有多种说法，据考证，最早以文字形式记载这一原则的是拉丁文 "nullum crimen sine leqe, nulla poena sine lege"，即"适用刑罚必须依据法律实体"或"无法律即无刑罚"的格言。中国先秦时期也曾有强调法的渊源必须是成文法的法定化。但是，理论上认为，这不意味着古罗马法中就已经实行了罪刑法定原则。也即这些虽然与罪刑法定的内容有一些相类似的地方，但与现代罪刑法定原则相比，它们最多也只

---

〔1〕　2001 年 10 月 18 日，上海市金山区人肖某将两封装有食品干燥剂的物质冒充炭疽杆菌的邮件分别投寄到上海市市政府信访办以及东方电视台，引起了秩序的混乱和公众的恐慌情绪。2001 年 12 月，上海市第二中级人民法院根据《刑法》第 114 条以危险方法危害公共安全判处被告人肖某有期徒刑 4 年。

能称为罪刑法定的萌芽。

理论上一般认为，罪刑法定的最初思想渊源是英国 1215 年由英王约翰签署的《大宪章》，《大宪章》第 39 条规定："不经适合其身份的合法审判和国家法律，任何人不得被逮捕、监禁、没收财产或不得被驱逐、施暴和被剥夺法律保护。"[1] 这一规定（即"适当的法定程序"原则）虽然对于限制王权和保障人权开创了先例，具有了罪刑法定原则的某些实质内容，但从本质上说，它是维护封建制度的产物，因而还不是以保障权利和自由为目的的现代意义上的罪刑法定原则。随着资产阶级在同封建统治斗争中力量的壮大和本身的逐步成熟，包含在大宪章中的罪刑法定思想，通过 1628 年的《权利请愿书》、1679 年的《人身保护法》和 1689 年的《权利法案》逐渐成熟之后，这一思想又随着英国殖民主义在美洲的发展，同样在当地传播。在 1774 年北美费城 12 殖民地代表会议的宣言、1776 年弗吉尼亚州《权利宣言》以及 1787 年《美利坚合众国宪法》中得到了肯定和进一步完善。继美国革命之后被称为资产阶级革命最为彻底的法国资产阶级革命又把这一思想从美洲带到了欧洲大陆，并在法国的《人权宣言》中得到完全的表现，其第 8 条规定："法律只能规定确实需要和显然不可少的刑罚，不依据犯罪行为前制定、颁布并付诸实施的法律，不得处罚任何人。"罪刑法定从学说到刑法原则的转变，是在法国资产阶级革命胜利后才完成的。1789 年法国《人权宣言》第 5 条规定："法律仅有权禁止有害于社会的行为，凡未经法律禁止的行为既不应受到妨碍，而且任何人都不得被迫从事法律所禁止的行为。"在《人权宣言》原则的指导下，1791 年《法国刑法典》（草案）规定了体现罪刑法定原则的内容，1810 年《法国刑法典》第 4 条明确规定了罪刑法定原则："没有在犯罪行为时以明文规定刑罚的法律，对任何人不得处以违警罪、轻罪和重罪。"从此，该法典成为世界上大多数国家仿效的范本，形成了罪刑法定原则最直接的刑法渊源，为欧洲各国和世界其他国家所沿用，遵循罪刑法定主义成为各国刑事司法的通行做法。

时至今日，在七百多年的时间里，罪刑法定仍是各国刑法所不愿放弃的一项基本原则。据不完全统计，目前世界上公开反对罪刑法定原则的国家和地区已经不存在，大多数国家和地区均把罪刑法定原则规定在刑法条文中，也有些国家虽然没有在法律中加以规定，但理论和实践中均予以承认。特别是罪刑法定原则发展至今，已经从原来的国内刑法的原则，发展成宪法上的原则并进而演变成国际法上的一个重要原则。例如，1948 年 12 月 10 日通过的《世界人权宣言》第 11 条第 2 款对罪刑法定原则作出了明确规定："任何人的任何行为或不行为，在其发生时依国家法或国际法均不构成刑事罪者不得被判为犯有刑事罪，刑罚不得重于犯罪时适用的法律规定。"1950 年 11 月 4 日在罗马订立的《欧洲人权公约》第 7 条第 1 项，以及 1966 年 12 月 16 日通过的《公民权利和政治权利国际公约》第 15 条第 1 项都有类似的规定。一个法律的原则能够在这么长的时间内被不同国家、不同社会制度、不同民族的人们所广泛、持久地接受，这本身就足以证明罪刑法定原则具有强大的生命力和科学性。

二、罪刑法定原则的思想渊源

关于罪刑法定原则的思想渊源，理论上有不同的观点，但是通说认为罪刑法定原则主要有两大思想渊源。

其一，以资产阶级启蒙思想家卢梭等人为代表的"天赋人权""社会契约论"等学说。按照卢梭等人的观点，人人生而有自由、平等的权利。孟德斯鸠所指出的：从事物的性质来说，要防止滥用权力，就必须以权力约束权力。如果司法权与立法权合而为一，则将对公民的生命

---

[1]　转引自苏惠渔主编：《犯罪与刑罚理论专题研究》，法律出版社 2000 年版，第 56 页。

和自由施行专断的权力，因为法官就是立法者。〔1〕国家还必须通过制定法律来保证人的这种自由、平等的权利，而国家的法律实际上是国家和个人建立的一种社会契约。作为一种社会契约，签约的双方在签约之前对合约的内容应该了解得十分清楚，特别是涉及对人行为的禁止性规定，在契约颁布之前应该让人知道禁止性行为当中的具体内容，而且这些内容必须要明确不能含糊。这些观点反映在刑事法律上，表现为针对封建社会的罪刑擅断，提出罪刑法定主义，强调司法上的人权保障，必须是司法机关严格依照事先制定并实施的法律的明文规定来定罪处刑，不能超越法律规定，更不能在没有法律规定的情况下就给人的行为定罪判刑。另外，法律的制定要考虑到执法当中能确实可靠的执行，而要能保证法律确实可靠的执行，那么必须对法律条文当中的内容明确化、具体化，也即罪和刑要法定、要具体和明确。这是罪刑法定原则的第一个思想渊源。

其二，被奉为近代刑法鼻祖费尔巴哈的"心理强制说"。费尔巴哈认为，人人皆有比较痛苦与快乐、追求愉快、趋避痛苦的本性，人们对犯罪所得的快乐与受法律惩罚之痛苦比较与权衡之后，就会在心理上自动抑制犯罪。因此，按照费尔巴哈的观点，要有效地遏止犯罪，其中最关键的一点，就是人们在实施犯罪行为之前，应该让他们明确地知道，如果实施犯罪行为将可能给其带来的痛苦有多大，以使他们能够进行一下比较并作出权衡。在这种情况下，就会有很多人因为害怕受到这种痛苦而放弃犯罪。

笔者认为，罪刑法定主义与心理强制说纯属形式上的契合。心理强制说只是说明了法律正义性的底线，并不能归结为罪刑法定思想的价值性。罪刑法定的思想必然包含着法律的公布，但是罪刑擅断同样可能伴随着法律的成文与公布。罪刑法定思想是作为罪刑擅断的对立面出现的，是和人权的观念结合在一起的。心理强制说只是说明了法律公布的重要性，是法律的正义性或自由性的最低要求，是法律的内在道德要求之一，不能直接作为罪刑法定思想的渊源或理论基础而存在。

从历史渊源来分析，作为罪刑擅断观念对立面提出的并非只有罪刑法定原则，刑罚人道主义观念与罪刑擅断观念的对抗似乎更为直接。因为西方中世纪罪刑擅断观念的肆行同样有一定的规则基础，只不过这样的规则是建立在以教会为中枢的价值体系框架之内，以神意和宗教的名义对所谓的"异端"用刑，对人的思想进行钳制。所以对于理性的追求和对于信仰主义、经验主义的清算成为资产阶级革命的旗帜和目标。在刑法领域，通过弘扬人道主义刑法观进而否定罪刑擅断批判成为一种重要的方法。如果说罪刑法定主义是对罪刑擅断观念的形式批判，刑罚人道主义则是对罪刑擅断观念的实质批判。

在罪刑法定主义进入中国甫始，就在罪刑法定原则的形式理解上有些纠结。罪刑法定主义是自发的还是引入的问题就不无争议。其实无论是"断罪引律令"，还是"法无明文规定不为罪"，都具有相同的意思，并不能从根本上作出差别性的界定。尽管从实质角度来说可以找到两者之间的差异，但是毫无疑问，无论是古代的律令，还是当代的刑法，都具有心理强制性这一结论应当是没有争议的。要说明罪刑法定原则的时代性，还需要从罪刑法定原则之外来寻求原因。我们还是要回到贝卡里亚那里。罪刑法定原则确立之初，与罪刑等价原则、刑罚人道主义原则是三位一体的，尤其是刑罚人道主义原则更是罪刑法定原则的有效补充。单纯的罪刑法定原则尽管承担起了刑法的时代使命，但是实际上其并不能独自担此重任，尚需要其他原则的扶助。罪刑法定原则只是描述了罪刑关系的明确化、规格化和法定化要求，只是对于法律标准

---

〔1〕 〔法〕孟德斯鸠：《论法的精神》，商务印书馆1997年版，第156页。

至上的一种忠实追随。但并不能说明刑法以及刑法适用的时代价值，刑罚人道主义作为补充，则说明了刑法不仅需要形式正义，还需要实质正义。刑法规范只有具有符合人道主义的诉求，坚持罪刑法定原则才有意义。或者说只有从人道主义的角度出发，才能找到理解罪刑法定原则的有效方法。"法律往往因为符合了道德目的，条文才具有正当性"，[1] 而不是只要具有了明确性和不可溯及性，就自然获取了正当性。

三、罪刑法定原则在我国刑法中的具体表达

罪刑法定原则是我国刑法三大基本原则之一，是指某种行为是否构成犯罪，构成什么罪和处什么刑，均由法律明文规定，即所谓"法无明文规定不为罪，法无明文规定者不处罚"。由此派生出一些具体原则，如排斥习惯法、禁止类推适用、刑法的效力不溯及既往、禁止不定期刑等。[2] 我国 1979 年《刑法》由于遵循"宜粗不宜细"原则，《刑法》分则条文只有 103 条，有些严重危害社会的行为必须追究，法律又没有明文规定，不得不又规定了有条件的类推制度。随着刑事立法进一步向科学化、民主化方向的发展，修订以后的《刑法》分则条文从原来的 103 条增加到了 451 条，对各种犯罪作了进一步明确、具体的规定；加之 1979 年《刑法》自颁布实施以来，在实际办案中运用类推的案件数量甚微，故 1997 年《刑法》取消了类推制度，明文规定了罪刑法定原则。《刑法》第 3 条规定："法律明文规定为犯罪行为的，依照法律定罪处刑；法律没有明文规定为犯罪行为的，不得定罪处刑。"这是我国刑法立法史上第一次以条文化的形式，将罪刑法定原则规定下来，其意义是极其深远的。[3]

四、罪刑法定原则所导致的"文字困境"及对合理性的限缩

罪刑法定原则所注重的就是文字形式，追求文字规范的确定性。贝卡里亚认为："当一部法典业已厘定，就应该逐字遵守，法官唯一的使命就是判定公民的行为是否符合成文法律。"[4] 也就是说社会的稳定来源于法律的明确和公开，司法过程的实质就是通过法律来印证行为的符合性。当然，他实际上也看到了法典作为一种文字形式所表露出来的局限。他认为尽管这种"麻烦"不可避免，但是"严格遵守刑法文字所遇到的麻烦，不能与解释法律所造成的混乱相提并论。这种暂时的麻烦促使立法者对引起疑惑的词句作必要的修改，力求准确，并且阻止人们进行致命的自由解释，而这正是擅断和徇私的源泉"。[5]

由于人类的语言带有抽象性特征，文字作为一种语言的载体，同样也是抽象的，对法律的文字崇拜最终必然产生困顿，从而陷入"文字困境"。在罪刑法定成为刑法基本原则之后，对于如何理解、遵循罪刑法定原则，一些解释是否有违罪刑法定原则的争论从来就没有停止过，根本原因就在于法律规范作为语言本身抽象而充满歧义。在寻法的过程中，从最初类型化语言逐步向具体犯罪行为靠近的时候，文字的含义趋向于模糊不清。例如，被告人王某与被害人钱某于 1993 年结婚，后感情破裂。1997 年 10 月上海市人民法院应王某离婚诉讼请求判决准予离婚，但判决书尚未送达当事人。王某至钱某处拿东西，强行与钱某发生性关系。法院经审理后认为，王某行为已构成强奸罪。法院一审判处被告人王某有期徒刑 3 年，缓刑 3 年。在该案所引发的婚内强奸行为是否构成强奸罪的争论中，正方认为，婚内强奸被定罪不违背罪刑法定原

---

〔1〕 ［法］卡斯东·斯特法尼等：《法国刑法总论精义》，罗结珍译，中国政法大学出版社 1998 年版，第 29 页。

〔2〕 随着时代发展，罪刑法定原则的相对性也开始体现出来。例如，"刑法效力不溯及既往"现在一般被表述为"重法效力不溯及既往"；"禁止不定期刑"更大范围地被表现为"禁止绝对不定期刑"；禁止有罪类推。

〔3〕 当然对《刑法》第 3 条的表述也存在不同的理解。譬如有观点认为该条的前半段是积极的罪刑法定，后半段是消极的罪刑法定。

〔4〕 ［意］贝卡里亚：《论犯罪与刑罚》，黄风译，中国大百科全书出版社 1993 年版，第 12 页。

〔5〕 ［意］贝卡里亚：《论犯罪与刑罚》，黄风译，中国大百科全书出版社 1993 年版，第 12 页。

则，因为刑法并没有排除丈夫可以构成强奸罪的主体，反方则认为法律并没有规定丈夫可以构成强奸罪的主体，所以定罪是违背罪刑法定原则的。罪刑法定原则一时成了任人打扮的小姑娘。

刑法中"强奸"等词应当说内涵还属于相对明确的。但是落实到具体案件还是不够明确，所以才会产生理解的分歧。正如哈罗德·伯曼所言："人类的深谋远虑程度和文字论理能力不足以替一个广大社会的错综复杂情形作详尽的规定。"[1] 而绝对的罪刑法定强调了一般情况一般处理，却忽视了个别情况的个别处理，因而顾此失彼。"当法律遭遇个案，本来被认为'明确'的法律就可能变得不再明确，对于善于思考的法官来说尤为如此。"[2] 前不久发生的"火车是否属于机动车案"当是非常典型的诠释。[3]

如果我们基于人道的思考对于文字的字面理解进行一种扩张性的解释实际上很多问题也就迎刃而解。所以产生"文字困境"并不可怕，忽视从人道的角度对字面含义进行扩展才是误判的深层因素。判决固然要依据形式标准，但更应注重实质价值。在刑法中，这样的理解尤其重要，譬如，根据《刑法》第49条的规定，审判时怀孕的妇女不得适用死刑。如果仅就字面理解，"审判时"只是刑事案件的一个阶段，即法院受理案件到判决生效之前这段时间。但字面含义不能将此前羁押的怀孕妇女包含在内，结果显然是不人道的或者可能造成不人道的结果，故此，《刑法》生效之后不久，1998年8月7日《最高人民法院关于对怀孕妇女羁押期间自然流产审判时是否可以适用死刑问题的批复》中明确指出，羁押期间怀孕的妇女自然流产的，又因同一事实被起诉、交付审判的，视为"审判时"怀孕的妇女，不得适用死刑。这显然是对于文字字面含义的扩充，但因为打上了人道主义的烙印，所以毫无争议达成了共识。

对于"文字困境"所导致的消极后果，孟德斯鸠的认识十分深刻。其鲜明指出："没有比在法律的借口之下和装出公正的姿态所做的事情更加残酷的暴政了，因为在这样的情况下，可以说，不幸的人们正是在他们自己得救的跳板上被溺死的。"[4] 这句话通过富勒著名的"洞穴奇案"和"卡纳安德斯之板"的典故为我们进行了解说，而其最初的现实化考量就是英国著名的"达德利与斯蒂芬斯案"[5]。在法律的尽头，如果缺乏了人道主义的补足，现实的不幸会真正坠入法律的深渊。法律的确定化并不能带来公正，更何况法律的确定化永远是相对的。在文字与现实之间不可能畅通无阻，这实际上就是此岸世界与彼岸世界的隔阂。

那么如何架构这座桥梁呢？文字崇拜所显现出来的无奈和弊端又该如何来进行纠正呢？这需要立法者、司法者本着以人为本的信念来落实和实践法律规范，一个重要的出发点就是对规

---

〔1〕[美]哈罗德·伯曼编：《美国法律讲话》，陈若桓译，三联书店1988年版，第20页。

〔2〕[美]约翰·亨利·梅利曼：《大陆法系》，顾培东、禄正平译，法律出版社2004年版，第43页。

〔3〕江苏省南京市居民高荣梅的女儿下班途中不幸被火车撞死，案件经历了2次行政认定、5次司法裁判，都认为不属工伤。理由是，《道路交通安全法》对机动车是指以动力装置驱动或者牵引，在道路行驶、供人员乘用或者用于运送物品以及进行工程专项作业的轮式车辆，而火车不在道路行驶，所以不是机动车。后江苏省高院再审推翻原判决。

〔4〕[法]孟德斯鸠：《罗马盛衰原因论》，婉玲译，商务印书馆1962年版，第75页。

〔5〕在该案中，法官最后认为："我们经常被迫确立我们无法达到的标准，定下我们无法遵循的规则。但是，一个人没有权利主张诱因是一种犯罪借口，尽管他可能屈从于这种诱因；也不允许为了同情犯罪人而以任何方式改变或削弱犯罪的定义。因此我们的义务是，宣布本案在押人的行为是蓄意的谋杀；裁决中所陈述的事实不是杀人的正当理由；一致同意，依这一特殊裁决而在押的人，构成谋杀罪。"该案最终诉诸于女王赦免而达成了妥协。

范作出人道主义的理解，从以人为本的角度作出合乎普遍信念的理解。[1]

第三节　刑法的平等适用原则

一、刑法的平等适用原则与差异性的关系

平等适用是一个十分复杂的命题。尽管我国《宪法》第 33 条第 2 款规定："中华人民共和国公民在法律面前一律平等。"任何组织或个人"都必须遵守宪法和法律"，"都不得有超越宪法和法律的特权"。《中华人民共和国民事诉讼法》《中华人民共和国刑事诉讼法》等都规定，我国《刑法》第 4 条规定了平等适用刑法原则，该条明确规定："对任何人犯罪，在适用法律上一律平等。不允许任何人有超越法律的特权。"公民在法律适用上一律平等。但现实理解起来并不是那么简单。著名的许霆案的实质就是这一原则的朴素体现。保安员许霆到位于广州市西平云路上的一家商业银行的 ATM 取款机上取款，在取款过程中他发现取款机系统出现错误，本想取款 100 元，结果 ATM 出钞 1000 元，而银行卡存款账户里却只被扣除 1 元。于是，许霆连续用自己的借记卡取款 54 000 元。当晚许霆的同伴郭安山得知后，两人结伙频繁提款，等郭安山回住所拿了借记卡后，许霆再次用银行卡取款 16 000 元，随后两人离开现场。随后，两人第三次返回上述地点，本次许霆取款 10 万余元，连同前两次总计取款 17.5 万余元。案发后被一审判处无期徒刑，引起了社会的广泛关注和激烈辩论，成为近年来司法界的著名案例。2008 年 2 月 22 日，通过报请最高人民法院批准的方式，广州中院重审改判 5 年有期徒刑。2010 年 7 月 30 日因表现好假释出狱。该案件之所以引起巨大反响，实际上就是和刑法最基本的平等观联系在一起的。相比腐败犯罪的天价数额，许某案件引起公众平等观念挫折是必然的。

社会无往不在差异之中，一个完全均等的社会要么是乌托邦，要么是走向沉寂。差异注定了平等要求的模糊性。平等应该是反对特权，而特权必须是强势的，是与身份结合在一起的，

---

〔1〕　2006 年 6 月 25 日，美国联邦最高法院 5 票反对、4 票赞成裁定路易斯安那州判处强奸幼女案被告人帕特里克·肯尼迪（Patrick Kennedy）死刑违反宪法。这一裁决在美国社会引发极大争议。裁定文称，除叛国罪和间谍罪外，法庭在受害人没有死亡的情况下判处案犯死刑违反美国宪法，因为宪法禁止"残忍和特殊的"刑罚。投票反对死刑的最高法院大法官安东尼·肯尼迪在多数派投票意见中写道"对强奸幼童罪行而言，死刑判决并不适度。"该案的主要争议点就在于：对于强奸儿童的行为适用死刑是否违背了美国联邦宪法第八修正案禁止"残忍与异常刑罚"条款。最高法院的法理依据在于：联邦最高法院在 1910 年的 Weems v. United States 一案中已提到，对"残忍与异常的刑罚"条款的解释可以"不断更新，且不为陈腐的观念所束缚，随着公共舆论受到更为人道的正义观启迪而可能获得新的意义。"这一表述在 1958 年的 Trop v. Dulles 一案中由首席大法官厄尔·沃伦概括为"与时俱进的文明标准"。在这种人道主义标准框架下，联邦最高法院的裁定考察了绝大多数州对同类型案件所作出的实际判决，认为适用死刑的比例已经非常低，据此得出结论对于该罪行适用死刑是不人道的、残忍的。其裁决的基本逻辑是：死刑本身是否属于残忍的、异常的刑罚是一个不确定的命题，但针对具体的案件死刑是否属于残忍、不人道的应该有一定标准。这为我们理解刑罚人道主义提供了一个新的视角，即违背了罪刑均衡原则的刑罚处罚（尤其是轻罪重罚）就是异常的处罚。此思路的意义在于：①我们以前往往只是专注于考察静态的规范，执着于某个规范本身是否是残忍的、异常的或者说是不人道的，忽略了一点：对于静态的规范贴上一个标签往往是很困难的，因为不同的人会依据不同的价值观作出不同的理解。如果根据不同的环境事实、环境设计或重建对一个规范进行动态的考察，结论就比较容易达成一致。譬如，对于死刑是否人道无争议，但对盗窃罪以及经济犯罪适用死刑是否人道则比较容易得出结论。②既然罪刑均衡问题的一个重要标准是用刑是否异常，那么，刑罚人道主义就不仅成为罪刑法定原则的补足，也成为罪刑均衡（等价）原则的补足。确实，无论是历史还是现实中，大量的事例也已经说明了重刑轻罪（譬如"窃钩者诛""不教而诛"）往往都是国家权力不宽容或违背人道主义刑罚观的结果。③刑法中的"文字困境"永远是存在的，在普通法系国家，尽管司法权的运作更具有灵活性，但是司法同理，在其他法系的刑事司法过程中，也存在相似问题，因而也有相同的进路，尤其是强调忠诚于法律规范的司法制度中，"文字困境"更是一种常态，摆脱困境的合理方法就是付诸对刑法目的价值追求，追求和谐化、宽和化就是当代中国刑法价值的主导择向。

差别不是不平等的原因，身份引起的特权才是不平等的原因。对于弱势群体的权利补足不是特权而是平等的砖石。

在一个等级成为常态的社会中，在一个等级仍然能够被容忍的社会中，谈论法律的不平等是没有意义的，一个完全平等的要求也是不合理的。同样完全排除了公平的基本信条也是不可接受的，因为其已经超出了能够容忍等级社会存在的限度。因此在这样的社会中，包容着不平等和公平法律政策始终在社会中发挥着其有理性和有利性的一面，在相互的间奏中走向和谐。

在古代社会常态下，差别性的政策最大程度发挥了社会的伦理价值和社会秩序，通过另外一种方式阐释了刑罚的目的不是惩罚犯罪而是预防犯罪。根据不同的社会层次、背景、身份制定不同的惩罚，注重个别化手段防控犯罪，减少了刑罚效果的无意义。譬如，"准五服制罪"就是另外一个差异性原则的体现。所谓准五服制罪，就是亲属之间犯罪必须根据血亲关系的远近亲疏来确定刑罚的轻重，而亲属关系通过服制加以确定。所谓服制，是指以丧服规定亲属的亲等。根据丧服的布料和缝制样式以及丧服期限的不同，服制分为五种，即五服：斩衰、齐衰、大功、小功、缌麻，通过丧服的方式确定被告人与被害人之间的关系，进而确定刑事责任的轻重。这显然是建立在伦理纲常的基础之上的，尽管其带有封建色彩，但是不能否认其中带有人类的共同情感。"虎毒不食子"与其说是人类社会对于动物亲属关系的认识，不如说是人类对于自身关系的一种含蓄表达。只不过在古代社会，社会的道德要求要比现在走得远得多，当今需要对其质疑的问题是其极端性，对于差异性本身的存在似乎无法否定，也似乎很难从亲属关系导致的差异本身得出刑罚不平等的结论。

二、刑法平等保护的基本特征

（一）刑法意义上的平等是一种补足的平等

平等是一个有魅力的话题，在法学、哲学、政治学、伦理学、经济学等领域，莫不是核心内容。但其又令人困惑，如萨托利说："平等问题的复杂性——我把它称为迷宫。"[1] 如果我们将其放置于一个具体的领域，则有助于进行理解：

首先，平等不是平均，不是将人的刑法权利和刑事待遇进行等量的分配。平等是建立的在差别之上的，如果无视差别只会导致事实上的不平等。卢梭认为，不平等可以分为两种："一种，我把它叫做自然的或生理上的不平等，因为它是基于自然，由于年龄、健康、体力以及智慧或心灵的性质不同而产生的；另一种可以称为精神上的不平等，因为它是起因于一种协议，由于人们的同意而设定的，或者是它的存在为大家所认可的。第二种不平等包括某一些人由于损害别人而得以享受的各种特权，比如：比别人更富足，更光荣，更有权势，或者叫别人服从他们。"[2] 对于第一种不平等，必须给与一定的补足。譬如对于刑法中的未成年人刑事责任的问题。从客观的表现来看，刑法中的许多自然犯意义上的行为既可以由成年人实施，也可以由未成年人实施，许多刑法上犯罪结果可以由未成年人的行为实现，也可以由成年人的行为实现。也就是说，从形式上来看，平等的基本要求是同质同罪，同罪同罚。这是平等一般概念——实质平等——的基本要求。

但是这种实质平等的结果无疑是残酷的，最终导致的结果是对于弱者的不公，而对于弱者的不公就是对强者的放纵，毕竟丛林法则是自然界的生存法则，在人类社会中，不能被复制。人类社会必须通过另外一种形式的平等要求来加以补足，即分配上的平等，即必须赋予弱势群体以超过常人的待遇或法律权利。在刑法中，本质上的平等常常作为分配上平等的理论基础。

〔1〕 ［美］乔·萨托利：《民主新论》，冯克利、阎克文译，东方出版社1998年版，第159页。
〔2〕 ［法］卢梭：《论人类不平等的起源与基础》，李常山译，商务印书馆1962年版，第45页。

法律面前人人平等，是一种实质上的平等，在法律适用中本着实质平等的基本信念，尽量减少差异性。但是在刑事立法和对个案的处理中，也必须考虑到"分配的平等"，寻求个别化的对待。我国刑法中刑事责任的设置是以成年人为标准的，所包含的刑事权利也是以成人为标志的，故相对于儿童，必须给与区别化的待遇。这也是一种国际社会的普遍态度。《公民权利与政治权利国际公约》第 24 条就规定："每一儿童应有权享受家庭、社会和国家为其未成年地位给予的必要保护措施，不因种族、肤色、性别、语言、宗教、国籍或社会出身、财产或出生而受任何歧视。"基于这一精神，一些国家创设了特别刑法和独立的审判模式，体现着一种对于弱者的保护，这就是对于平等的补足。

在罗尔斯看来，平等是在无知之幕下签订的原始契约，即在所有个体都无法预知自己在社会中的环境、身份、财产、地位等的无知之幕下达成的一项旨在保护自己不因为可能成为弱者而被淘汰的合意。因为这种不可预知性，所以必须确立一些平等的规则："第一个正义原则：每个人对于所有人所拥有的最广泛平等的基本自由体系相容的自由都应有一种平等的权利（平等自由原则）。第二个正义原则：社会的和经济的不平等应该这样安排，使他们：①在与正义的储存原则一致的情况下，适合于最少受惠者的最大利益；②依系于在机会公平平等的条件下的职务和地位向所有人开放（机会的公开平等原则）"。[1]

因为平等是在无知之幕下形成，追求的是弱小者的平等权，甚至是以弱小者为基础的，所以必然排斥特权，所以刑法中平等有两极，其中一极是对于特权的排斥。平等原则的价值是要实现两个法律目标："保护我们的权利不受政府侵犯以及通过政府保护我们的权利不受其他公民侵犯"。[2] 作为刑事立法本身，必须建立在反对特权的基础之上。由此，平等在刑法中演化为两个准则：其一，防止被制裁者因受到特权的干涉而被不公平对待；其二，必须防止因为被制裁者拥有特权而逍遥法外或被轻纵，也就是说不能为权力设定超越一般法律准则的标准，就刑事立法的角度，不能优先考虑某些给予身份、地位而形成的利益。就刑事司法而言，裁决者必须做到同罪同罚，忠实履行自己的职责，这些都是民主国家的基本特征。卢梭对民主国家的平等所作的经典性的解释是："平等，这个名词决不是指权力与财富的程度应绝对平等；而是说，就权力而言，他应该不能成为任何暴力并且只有凭职位与法律才能加以行使；就财富而言，则没有一个公民可以富得足以购买另一人，也没有一个公民穷得不得不出卖自身。"诸如《公民权利与政治权利国际公约》第 5 条规定："本公约中任何部分不得解释为隐示任何国家、团体或个人有权利从事任何旨在破坏本公约所承认的任何权利和自由或对它们加以较本公约所规定的范围更广的限制的活动或行为。"公约的实质就是通过约定的方式限制各种公共权力被滥用，通过约定对于公共权力作出一定的限制，此为刑法平等保护的一极。

如果说平等一方面是针对权力而言，则另一方面是针对个人的权利而言。《公民权利与政治权利国际公约》第 26 条规定："所有的人在法律前平等，并有权受法律的平等保护，无所歧视。在这方面，法律应禁止任何歧视并保证所有的人得到平等的和有效的保护，以免受基于种族、肤色、性别、语言、宗教、政治或其他见解、国籍或社会出身、财产，出生或其他身份等任何理由的歧视。"同时，第 27 条规定："在那些存在着人种的、宗教的或语言的少数人的国家中，不得否认这种少数人同他们的集团中的其他成员共同享有自己的文化、信奉和实行自己的宗教或使用自己的语言的权利。"所以平等有的时候不是为了多数人的利益，而是为了少数

〔1〕 ［美］约翰·罗尔斯：《正义论》，何怀宏等译，中国社会科学出版社 1988 年版，第 60 页。

〔2〕 ［美］詹姆斯·M. 伯恩斯、杰克·W. 佩尔塔森、托马斯·E. 克罗宁：《民治政府》，陆震纶等译，中国社会科学出版社 1996 年版，第 112 页。

人的利益。

（二）刑法中的平等强调的是机会平等

所谓机会平等，是指在社会的生存和竞争中，应该具有同样的机会和起点，具有获取同等利益的可能性。机会的平等，必须具有一个同等的基础。每个人基于出生和环境的不同，个人禀赋不同，个人拥有的资源也有很大差别，所以必须赋予一定的保障才可能具有同样的平台。必须防止权力过分占有资源和使用资源，确立机会均等的前提。《公民权利与政治权利国际公约》第 14 条规定："所有的人在法庭和裁判所前一律平等。"在刑事责任的追究过程中，作为犯罪嫌疑人或被告人都应该有平等的权利，获得平等的机会，都应该有机会选择一个合格的、独立的和无偏倚的法庭，都有在判决以前被视为无罪的推定，都有资格享受刑事制裁的最低限度的保证，都不得被迫自证有罪，都有机会宽大处理。

刑事法的机会平等，实际上既是针对犯罪嫌疑人、被告人和罪犯而言的，也是针对社会公众而言的，因为机会平等是一种预期，罪刑法定原则对人们的法律责任加以确定，也就增加了平等处遇的机会。法律"深藏于府，则威不可测"的年代，人们所拥有的刑法上的机会是不可预知的，所以就没有平等可言。

（三）刑法的平等保护并不意味结果平等

"结果平等"或称"平等的结果"，其主张将社会资源对所有人进行平均地分配，强调每个结果之间的无差别。我们知道无差别的平等实际上就是一种平均。而这种平均永远都是一定程度上，绝对的平均只是一种设想中的状态。从经济角度来说，财富和收入的差异是幸福安宁的原因，而不是任何人穷困不幸的起因。对于刑法来说，过度追求结果的平等形似维护了刑法的原则，实际上却误读了刑法的确定性，甚至可能成为刑法平等缺失的原因。譬如，长久以来，人们已经将数额问题与罪行严重与否划上了等号，尽管盗窃罪的立法有所变化，但是在贪污罪等多数财产犯罪中，仍被如此理解。实际上，将数额视为最主要乃至唯一的标准，就是对于结果平等的追求。这种处理方式同样会使得罪刑相适应的原则受到冲击，从而也妨害了真正在司法中贯彻平等原则。曾经引起争议的"郑筱萸"案表面上是数额问题，是对结果平等的争议问题，实际上是对刑事审判中的法律和审理活动是否赋予了平等机会的问题。对于结果的平等性追求远远不及对于刑事法律机会平等性的追求。

机会平等必须意味着权利补足，在法律中直接表现为区别对待——同等条件同等对待，不同情况则区别对待。区别对待结果是为了地位的平等而不是造成一种对立或"隔离但平等"〔1〕。

第四节　罪刑相当原则

一、罪刑相当原则的核心内容

罪刑相当原则，也称罪刑相适应原则或罪刑均衡原则，是我国刑法基本原则之一。其基本含义主要是刑罚的轻重必须与犯罪的轻重相适应，不能重罪轻判，也不能轻罪重判。也即犯罪

---

〔1〕　普莱西诉弗格森（Plessey V. Ferguson）案：1890 年，路易斯安那州众议院通过了一项法案，其中规定："本州所有铁路公司在运送旅客时，都必须为白人和有色人种配备平等但隔离的设施。任何人不得使用不属于自己种族的座位。"1892 年，列车长见普莱西坐在白人车厢，便命令他回到黑人车厢。普莱西认为他享有美国公民享有的民主、自由、平等等权利。基于这种认识，普莱西向法院提起诉讼。该案几经各级法院审判，最后上诉至联邦最高法院。联邦最高法院的判决认为：路易斯安那州"隔离但平等"法案并未违反联邦宪法关于废除奴隶制的第 13 条修正案及第 14 条修正案第 1 款。参见焦洪昌、李树忠主编：《宪法教学案例》，中国政法大学出版社 1999 年版，第 37 页。

社会危害性程度的大小，是决定刑罚轻重的重要依据，犯多大的罪就处多重的刑，做到重罪重罚、轻罪轻罚，罪刑相当、罚当其罪。

需要说明的是，在我国刑法所确定的基本原则中，如果说罪刑法定原则是最核心的原则，平等适用原则更具有宣示的意义，而罪刑相当原则则更近似于辅助性的原则。

之所以说罪刑相当原则近似于辅助性原则，其原因是多方面的。

首先，罪刑相当原则在不同的刑罚价值观之下，往往具有不同的相当标准。当今的罪刑相当原则应当建立在刑罚人道主义诉求之下。罪刑相当的思想最早可以追溯到原始社会的同态复仇和奴隶社会的等量复仇。在人类社会发展历史上"以血还血，以眼还眼，以牙还牙"可以称之为罪刑相当思想最原始、最粗糙的表述形式。在这种方式中，相当性的标准显然主要是考虑了惩罚性和报应性的相当。"杀人者死、伤人及盗抵罪"也是相同的道理。

作为时代发展的另外一个极端，在当今废除死刑的国家，罪刑相当性中刑罚的阶梯已经祛除了死刑的位阶，即使最严重的罪恶与其相当的刑罚也与死刑不再对应了，这种新的均衡理念实则起源于近代以来的刑罚人道主义理念。

其次，罪刑相当原则与罪刑法定原则并不属于同一层次。尤其是在立法明确给定之后，不能以罪刑相当为理由违背法律的明确规定。在上述肖某投放虚假危险物质一案中，许多人认为"恶有恶报"是实打实的。但是也有人认为该案实打实的表象下面却掩藏着不少水分，就在人们为肖某得到"恶报"而感到欣慰的同时，我们的法治却被注了水。也就是说从恶与恶比较上，行为和惩罚是相适应的，是相当的。但是在当时法律没有明确入罪的情形下，罗织罪名是对罪刑法定原则的无视。

二、罪刑相当原则的历史发展与实质

罪刑相当的概念虽有其源远流长的历史，但它作为刑法基本原则却是在资产阶级革命胜利以后才确立的。罪刑相当的思想最早可以追溯到原始社会的同态复仇和奴隶社会的等量复仇。在人类社会发展历史上"以血还血，以眼还眼，以牙还牙"可以称之为罪刑相当思想最原始、最粗糙的表述形式。如《汉漠拉比法典》（约公元前 1776 年颁布）第 196 条规定："倘自由民损毁任何自由民之子之眼，则应毁其眼。"第 197 条规定："倘断自由民（之子）之骨，则应斩其骨。"《十二铜表法》（约公元前 450 年颁布）第 8 表第 2 条也规定："如果故意伤人肢体，而又未与（受害人）和解者，则他本人亦应遭受同样的伤害。"中国古代也有"罚必当暴"之学说。

然而在传统社会的多数时期，将刑罚与主观罪过相结合无疑也具有强大的生命力。无论是"君亲无将，将而必诛"，还是"原心定罪"，都十分注重考察人的主观恶性，由此便造就了大量的思想犯。"诛心"从形式上说是一种防患于未然，是对"以恶惩恶"缺陷的修补，但是因为缺乏客观的依据而走向了反动。

17、18 世纪的启蒙思想复归了客观主义刑法的理念。对罪刑擅断的抗争以及对非人道的刑罚进行了批判，罪刑相当原则成为一项重要的刑法基本原则。意大利著名刑法学家贝卡里亚系统地阐述了罪刑相当的思想。贝氏指出："遭受侵害的权利愈重要，犯罪的动机愈强烈，阻止他们犯罪的阻力就应当愈强大，这就是说，刑罚与犯罪应当相均衡。"启蒙思想家们所倡导的罪刑相当思想在资产阶级刑事立法中得到了充分的体现。例如，法国 1789 年的《人权宣言》第 8 条指出："法律应当制定严格的、明显的、必需的刑罚。"1793 年，法国宪法所附的《人权宣言》第 15 条规定："刑罚应与犯罪行为相适应，并应有益于社会。"从 1791 年到 1810 年的《法国刑法典》，虽然由绝对确定的法定刑改为相对确定的法定刑，但无疑都贯彻了罪刑相当原则，为后世刑事立法所借鉴。罪刑相当原则实际上与罪刑法定原则和刑罚人道主义原则一起成为资产阶级著名的三大刑事原则，为大多数欧美国家刑法所奉行。当今世界上各国和地区虽然对罪刑相当原则的理解有所差别，法律对犯罪与刑罚的规定也不完全相同，但是人们对于罪刑相当的理解和追求则基本相同。

罪刑相当原则完美体现为刑罚与已然之罪和未然之罪的相适应。也就是说首先是与行为所造成的社会危害相适应，以惩罚性为基础；其次是与人的主观恶性相适应，以预防为补充。

相当原则所相当的是一个罪与罚的问题，罚的相当性对应的是罪的相当。而罪又可以分为未然之罪和已然之罪，前者对应的是预防的观念，后者对应的是惩罚的观念。其中又可以间接对应主观恶性与客观危害性。在实践中往往遭遇到就是已然之罪与未然之罪的偏离，或者说是主观恶性与客观危害性的对立。此时如何界定相当性就变得不无分歧。譬如，被告人王斌余在宁夏中宁县亚泰公司打工期间，因工程承包人陈继伟扣其 2005 年的工资，诉诸法院。接待他的法官告诉他，若走诉讼程序要来这 5000 元钱，得等 3~6 个月。随后到石嘴山市惠农区人事劳动保障局投诉，调解未果。当日晚，被告人到惠农区河滨街钢电路 63 号吴新国的住处敲门索要生活费，双方隔着门发生争吵。吴新国打电话让被害人吴华过来劝走王斌余兄弟。随后，被害人和被告人发生争吵厮打。王斌余拔刀相向，导致 4 人死亡，1 人重伤的严重后果。王斌余于当日晚 11 时 55 分到公安机关投案自首，王斌余最终被判死刑立即执行。该案引起了社会的广泛关注。其根本原因在于，除了对民工境遇的同情之外（其实被害人也都是民工，同样应被同情），更多的是因为其行为虽然导致了严重后果，但主观恶性显然并不是极端的。其曾经诉诸于法院、政府，在无助的情形下，一个"被侮辱者"铤而走险。从起因来看，这起案件是基于债务纠纷而引发的的案件，与恶性的杀人存在很大区别，况且还存在自首的情节。从未然之罪的角度而言，显然适用死刑并不能体现罪刑相当。我们虽然强调以报应为基础，但绝对不是原始社会的同态复仇，如果刑罚失去了与主观恶性的相适应，那么此时的罪行相当原则距离同态复仇就不远了。

■ 思考题

1. 什么是刑法的基本原则？我国《刑法》是如何规定的？
2. 何为罪刑法定原则？我国刑法是如何体现罪刑法定原则的？
3. 简述罪刑法定原则的派生原则。
4. 何为罪责刑相适应原则？如何看点惩罚与预防的关系？

■ 参考书目

1. ［意］贝卡利亚：《论犯罪与刑罚》，黄风译，中国大百科全书出版社 1993 年版。
2. ［意］加罗法洛：《犯罪学》，耿伟、王新译，中国大百科全书出版社 1996 年版。
3. ［法］福柯：《规训与惩罚：监狱的诞生》，刘北成、杨远婴译，生活·读书·新知三联书店 1999 年版。
4. 白建军：《罪刑均衡实证研究》法律出版社 2004 年版。
5. 马荣春：《罪刑关系论》，中国检察出版社 2006 年版。
6. 陈兴良："罪刑法定的当代命运"，载《法学研究》1996 年第 2 期。
7. 邱兴隆："刑罚个别化否定论"，载《中国法学》2000 第 5 期。
8. 孙万怀："罪刑关系法定化困境与人道主义补足"，载《政法论坛》2012 年第 1 期。

第五章　刑法的体系与解释

■ 学习目的和要求

　　了解我国刑法的体系设置，掌握刑法解释的概念、分类以及解释主体，明确不同解释的差异性特征，解释的位阶与方法。

第一节　刑法的体系

　　刑法的体系是指刑法的组成和结构。其表现形式是法律条文在一个法典中有次序、有层次地排列，反映了国家对于犯罪治理的的意志在刑事法律上的表达方式。

一、我国刑法的表现形式

　　刑法的体系是国家对于犯罪现象进行谴责和追责的意志体现。我国刑法的表现形式具有多样化的特点，对于我国刑法的组成，有广义和狭义两种理解。广义的刑法，是指刑法规范的总称，刑法典是其最基本的表现形式，同时还包括了单行刑事法律、决定、规定和其他法律中有关刑法的规范；狭义的刑法仅指《中华人民共和国刑法》。

　　广义上的刑法，除《中华人民共和国刑法》（如 1979 年《刑法》、1997 年《刑法》）外，仅在 1981 年 6 月至 1995 年 10 月这段日子里，全国人大常委会为满足与刑事犯罪作斗争的实际需要，相继颁布了 23 个单行刑事法律，包括：《中华人民共和国惩治军人违反职责罪暂行条例》《关于处理逃跑或者重新犯罪的劳改犯和劳教人员的决定》《关于严惩严重破坏经济的罪犯的决定》《关于严惩严重危害社会治安的犯罪分子的决定》《关于惩治走私罪的补充规定》《关于惩治贪污罪、贿赂罪的补充规定》《关于惩治泄露国家秘密犯罪的补充规定》《关于惩治捕杀国家重点保护的珍贵、濒危野生动物犯罪的补充规定》《关于惩治侮辱中华人民共和国国旗国徽罪的决定》《关于禁毒的决定》《关于惩治走私、制作、贩卖、传播淫秽物品的犯罪分子的决定》《关于惩治盗掘古文化遗址古墓葬犯罪的补充规定》《关于严禁卖淫嫖娼的决定》《关于严惩拐卖、绑架妇女、儿童的犯罪分子的决定》《关于惩治偷税、抗税犯罪的补充规定》《关于惩治劫持航空器犯罪分子的决定》《关于惩治假冒注册商标犯罪的补充规定》《关于惩治生产、销售伪劣商品犯罪的决定》《关于严惩组织、运送他人偷越国（边）境犯罪的补充规定》《关于惩治侵犯著作权的犯罪的决定》《关于惩治违反公司法的犯罪的决定》《关于惩治破坏金融秩序犯罪的决定》《关于惩治虚开、伪造和非法出售增值税专用发票犯罪的决定》。

　　上述单行刑法规范随着 1997 年《刑法》的制定，其中的刑法条款被归并到了刑法典中，不再具有刑法效力。

　　1997 年《刑法》生效之后，全国人大常委会于 1998 年 12 月 29 日通过了《全国人民代表大会常务委员会关于惩治骗购外汇、逃汇和非法买卖外汇犯罪的决定》，这仍属于单行刑法的范畴。但随后，这种立法方式被修正案所替代。此外，全国人大常委会颁布的大量的民事、经济、行政管理等方面的非刑事法律中，也有许多刑法规范，这又被称之为附属刑法规范。如《中华人民共和国商标法》《中华人民共和国专利法》《中华人民共和国计量法》《中华人民共和国渔业法》《中华人民共和国证券法》《中华人民共和国海关法》《中华人民共和国进出口商品检验法》《中华人民共和国证券法》等非刑事法律中均规定了一些刑事责任规范。

狭义上的刑法，仅指《中华人民共和国刑法》。在有些场合，为了区别广义刑法和狭义刑法，对刑法二字加个书名号，以示在这里指的就是《中华人民共和国刑法》，即狭义刑法。当然在更多的情况下，不加书名号也是指狭义刑法。

二、我国刑法的体系

(一) 刑法的组成与结构形式

1997 年《刑法》的体系总体上分为总则、分则和附则三个部分。其中总则、分则各为一编，其编之下，再根据法律规范的性质和内容有次序地划分为章、节、条、款、项等层次。第一编总则分设五章，即刑法的任务、基本原则和适用范围，犯罪，刑罚，刑罚的具体运用以及其他规定。第二编分则设十章，即危害国家安全罪，危害公共安全罪，破坏社会主义市场经济秩序罪，侵犯公民人身权利、民主权利罪，侵犯财产罪，妨害社会管理秩序罪，危害国防利益罪，贪污贿赂罪，渎职罪，军人违反职责罪。刑法总则除第一章和第五章外，其余章下均设若干节。刑法分则大多数章下不设节，但由于第三章"破坏社会主义市场经济秩序罪"和第六章"妨害社会管理秩序罪"两章涉及具体犯罪众多、内容庞杂，因而该两章下均又分设若干节。刑法除总则编和分则编外，第三部分为附则。刑法附则部分仅有一个条文，即《刑法》第 452 条。该条的内容是：①规定修订后的刑法典开始施行的日期；②规定修订后的刑法典与以往单行刑法的关系，宣布在修订刑法典生效后某些单行刑法的废止以及某些单行刑法中有关刑事责任的内容之失效。刑法总则是关于犯罪、刑事责任和刑罚的一般原理原则的规范体系，这些规范是认定犯罪、确定责任和适用刑罚所必须遵守的共同规则。刑法分则是关于具体犯罪和具体法定刑的规范体系，这些规范是解决具体定罪量刑问题的标准。刑法总则与分则的关系是一般与特殊、抽象与具体的关系。总则指导分则，分则是总则所确定的原理、原则的具体体现，二者相辅相成。只有把总则和分则紧密地结合起来研究，才能正确地认定犯罪、确定责任和适用刑罚。

(二) 刑法条文的组成与结构形式

组成刑法的各项规范，不管是总则性的规范还是分则性的规范，"条"是我国刑法的基本单位，而且各编、章、节中的条文，由统一的顺序进行编号，不受编、章、节的影响。有的条文一条一段，有的条文下面以基数号码编排有项。对这些划分的名称，在刑法中没有明文规定，我们通常是沿用我国法律结构的先例。1959 年 12 月 20 日华东军政委员会转达政务院关于条文用语的指示和 1956 年 12 月 22 日《最高人民法院关于引用法律、法令等所列条、款、项、目顺序的通知》指出：条以下称"款"，款以下称"项"。在我国刑法中，条以下为款，没有编号，用另起一段的办法上下分开。例如，《刑法》第 6 条分三段，就是三款，引用第一段的就读作第 6 条第 1 款。款以下为项，是用基数号码编写。例如，《刑法》第 34 条第 1 款规定附加刑的种类分三项：罚金、剥夺政治权利、没收财产。也有的条文以下没有分款而直接分项的，如《刑法》第 33 条规定，主刑的种类分为：管制、拘役、有期徒刑、无期徒刑、死刑。对此，在引用时可直接读为第 33 条第几项。

条文的内容和结构形式，在我国刑法中有各种不同的表现。总则的条文按其内容分，有的是用来规定我国刑法一般原则的，有的是用来规定我国刑法上各种基本概念和制度的。按其结构形式看，有的条文在同一款中只包含一个意思，简单明了，但也有的条文在同一款中又可分为前段、后段，或者前段、中段、后段，即包含了两个甚至三个及三个以上的意思。例如，《刑法》第 51 条规定："死刑缓期执行的期间，从判决确定之日起计算。死刑缓期执行减为有期徒刑的刑期，从死刑缓期执行期满之日起计算。"这一条款就包含着两个意思。又如《刑法》第 53 条规定："罚金在判决指定的期限内一次或者分期缴纳。期满不缴纳的，强制缴纳。对于不能全部缴纳罚金的，人民法院在任何时候发现被执行人有可以执行的财产，应当随时追缴。如果由于遭遇不能抗拒的灾祸等原因缴纳确实有困难的，经人民法院裁定，可以延期缴纳、酌情减少或者免除。"这里就包含三个以上的意思。也有的条文前后的内容包含着相反的意思或者例外的情况，或者有限制性的规定，或者是对前面部分的补充。为了把这前后两部分的内容有机地组合在一起，通常是在中部加"但是"这个表示转折关系的连词加以连接。"但是"后面的部分，学理上称之为但书规定。我国刑法中的但书规定，大致有以下几种情况：①但书对前段表示相反的关系，如《刑法》第 13 条的规定，前面部分规定了什么是犯罪，但书部分则规定："情节显著轻微危害不大的，不认为是犯罪。"后面的但书对前面规定的内容表示了相反的意思。②但书对前段表示了例外关系，如《刑法》第 8 条规定："外国人在中华人民共和国领域外对中华人民共和国国家或者公民犯罪，而按本法规定的最低刑为 3 年以上有期徒刑的，可以适用本法，但是按照犯罪地的法律不受处罚的除外。"③但书对前段表示了限制关系，如《刑法》第 73 条第 1 款规定："拘役的缓刑考验期限为原判刑期以上 1 年以下，但是不能少于 2 个月。"第 2 款规定："有期徒刑的缓刑考验期限为原判刑期以上 5 年以下，但是不能少于 1 年。"④但书对前段表示了补充关系，如《刑法》第 37 条规定："对于犯罪情节轻微不需要判处刑罚的，可以免予刑事处罚，但是可以根据案件的不同情况，予以训诫或者责令具结悔过、赔礼道歉、赔偿损失，或者由主管部门予以行政处罚或者行政处分。"可见，我国刑法中但书的作用和意义是多种多样的。

《刑法》分则条文的结构与总则条文的结构不同，分则的绝大部分条文包含着具体的犯罪和刑罚。如《刑法》第 406 条规定："国家机关工作人员在签订、履行合同过程中，因严重不负责任被诈骗，致使国家利益遭受重大损失的，处 3 年以下有期徒刑或者拘役；致使国家利益遭受特别重大损失的，处 3 年以上 7 年以下有期徒刑。"前者称罪状，后者称法定刑。分则条文一般都是由这两部分组成，当然也有个别条文例外。

总的来说，我国刑法的体系反映了刑法的性质和任务，反映了我国刑法的特色。如我国刑法分则的体系，是在总结了我国长期以来同各种犯罪行为作斗争的经验的基础上确定的，并根据各种具体犯罪所侵犯的法益的不同，及其在法益统一体中的地位、作用和意义的不同，把我国目前所有的犯罪现象进行科学抽象，按照它们所侵犯的同类型的社会关系分成十种类型的犯罪，每类一章，组成十章，并按照犯罪的社会危害性大小依次排列。每一类犯罪中的各种具体犯罪的排列顺序，原则上也是根据犯罪行为侵犯法益的程度，同时又尽可能照顾各种罪之间的相互联系，从而建立的我国刑法分则的科学体系，体现了我国刑法体系的特色。

第二节 刑法的解释

一、刑法解释的概念

刑法的解释是指对刑法规范的法律术语的含义及其在司法工作中的具体应用问题的阐释。简而言之，就是对刑法规范含义的阐明。它是以刑法规范和刑法实施中的问题为解释对象的法律解释的一种。既要阐明刑法条文的内在含义，又可以及时弥补刑法立法中的某些不足，而且根据客观情况的变化，按照立法意图和刑事政策，还可以对某些条文赋予新的含义。因此，作为正确地阐明刑法规范的真实内在含义的刑法解释，对于指导司法实践、正确适用刑法处理刑事案件具有十分重要的意义。

（一）可以帮助人们正确理解刑法的立法精神和刑法规范的含义

立法的精神体现在刑法规范之中，经过抽象和概括表现为刑法条文，通过解释使之具体化，才便于人们正确理解。尤其在刑法中使用的一些概念、术语，有一些与日常生活中使用的相同词语在含义上不尽一致，为了避免理解上的混淆，通过刑法的解释，可以帮助人们加以区别并懂得其特定的含义。

（二）有利于刑法的统一正确实施

我国是一个疆域辽阔、民族众多，各地情况相差较大的单一制国家，为了保障刑法的统一正确实施，维护国家法制的统一，对于抽象的、概括的刑法规范进行解释也是很有必要的。通过解释可以使其含义具体化、明确化，使司法实践中易生歧义的刑法问题得到和立法精神统一的理解，从而指导司法实践，协调刑事司法工作，保持各地定罪量刑的综合平衡，使刑法的适用达到一体遵循。

（三）有利于及时弥补刑法立法中的某些不足

刑法规范不可能把一切复杂多变的犯罪形式都包罗无遗的作出详尽的规定。像我们这样一个发展中国家，政治、经济形势的发展变化特别快，犯罪现象纷繁复杂，千变万化，这就要求我们的刑法能跟上形势发展的需要，在惩治犯罪中发挥重要的作用。然而，刑法作为国家的基本法之一，一经制定颁行，需要保持相对的稳定性。因此，根据立法精神和刑事政策，进一步阐明刑法规范的含义，以弥补立法的不足就显得很必要了。

（四）有利于刑法的发展与完善

任何刑法经过一定时期实践以后，随着形势的发展变化，不断总结和积累经验，从部分到总体进行必要的修改，使之在宏观上最大限度地适应政治、经济、文化发展的需要，微观上达到内部的和谐统一，这是发展和完善刑法的必然。刑法的解释无疑是连接刑事立法与刑事司法的重要纽带与桥梁，对刑法的发展完善可以积累丰富的经验，对促进刑法研究的不断深入发展也有着重要的作用。

二、刑法解释的种类

刑法解释可以从不同的角度，按不同的标准进行分类。我国刑法学界通常从以下两个方面进行分类：①从解释的效力分类，将刑法的解释分为有权解释和学理解释。其中有权解释又可分为立法解释和司法解释。②从解释的方法分类，可以分为文理解释和论理解释，其中论理解释又包括扩张解释和限制解释。

（一）从解释的效力分类

1. 有权解释。又称法定解释、正式解释和有效解释，指的是由特定的国家机关依照宪法和法律赋予的职权，对刑法规范的含义及其具体应用中的问题所作的解释。根据《中华人民共和国宪法》和《全国人民代表大会常务委员会关于加强法律解释工作的决议》规定，有权解释刑法的国家机关有全国人大常委会、最高人民法院和最高人民检察院。

（1）立法解释。指国家立法机关所作的解释。《全国人民代表大会常务委员会关于加强法律解释工作的决议》规定："凡关于法律、法令条文本身需要进一步明确界限或作补充规定的，由全国人民代表大会常务委员会进行解释或用法令加以规定。"我们知道，全国人大常委会是国家立法机关的常设机关，因此，由它对刑法规范所作的解释，同刑法规范一样具有普遍的约束力，属于刑法立法的范围。立法解释在内容上不仅可以进一步阐明刑法条文本身的界限，以利于司法实践，而且在必要时还可以对刑法条文的有关规定在同刑法的基本原则不相抵触的情况下作某些补充或者修改。其解释的方式，归纳起来，有以下三种情况：

第一，在刑法中列入解释性条文。例如，《刑法》第91~99条，这9个条文是《刑法》本身规定的解释性条文，分别对《刑法》有关条文中所说的"公共财产""公民私人所有的财产""国家工作人员""司法工作人员""重伤""所称违反国家规定""首要分子""告诉才处理""以上、以下、以内"的范围和含义作出了明确的解释。

第二，国家立法机关在"法律的起草说明"中所作的解释。例如，第五届全国人民代表大会在1979年制定刑法时所作的《关于七个法律草案的说明》中对有关刑法规定所作的说明。又如，1997年3月第八届全国人大第五次会议上所作的《关于中华人民共和国刑法（修订草案）的说明》。本书的归纳采用了普遍性的观点。实际上这一观点存在一个问题，如果"在刑法中列入解释性条文"属于一种立法解释方式，则其主体应该还包括全国人民代表大会。

第三，在刑法施行过程中，对于发生歧义的问题，按照《宪法》的规定，全国人大常委会有权解释法律。

1997年《刑法》生效之后，刑法立法解释这一有权解释开始得到重视，迄今已经通过了多个刑法立法解释，例如：2000年4月29日《全国人大常委会关于〈中华人民共和国刑法〉第九十三条第二款的解释》（已被修改），对于"其他依照法律从事公务的人员"是否适用于村民委员会等村基层组织人员问题作出界定。2001年8月31日《全国人大常委会关于〈中华人民共和国刑法〉第二百二十八条、第三百四十二条、第四百一十条的解释》，对于土地管理犯罪中的规定进行了界定。2002年4月28日《全国人大常委会通过的关于〈中华人民共和国刑法〉第二百九十四条第一款的解释》，对组织、领导、参加黑社会性质组织罪以及它的法定刑进行了界定。2002年4月28日《全国人大常委会关于〈中华人民共和国刑法〉第三百八十四条第一款的解释》，对于挪用公款"归个人使用"的含义进行了界定。2002年8月29日《全国人大常委会关于〈中华人民共和国刑法〉第三百一十三条的解释》，对拒不执行法院判决裁定等问题进行了界定。2002年12月28日全国人大常委会通过的《关于刑法第九章渎职罪主体适用问题的解释》，对于渎职罪的主体范围进行了界定。其它解释包括全国人民代表大会常务委员会《关于〈中华人民共和国刑法〉有关信用卡规定的解释》、全国人民代表大会常务委员会《关于〈中华人民共和国刑法〉有关出口退税、抵扣税款的其他发票规定的解释》、全国人民代表大会常务委员会《关于〈中华人民共和国刑法〉有关文物的规定适用于具有科学价值的古脊椎动物化石、古人类化石的解释（草案）》的说明。

（2）司法解释。指国家司法机关所作的解释。《关于加强法律解释工作的决议》规定："凡属于法院审判工作中具体应用法律、法令的问题，由最高人民法院进行解释。凡属于检察院检察工作中具体应用法律、法令的问题，由最高人民检察院进行解释。最高人民法院和最高人民检察院的解释如果有原则性的分歧，报请全国人民代表大会常务委员会解释或决定。"《中华人民共和国人民法院组织法》第18条还规定："最高人民法院可以对属于审判工作中具体应用法律的问题进行解释。"以上是国家司法机关有权作司法解释的法律依据。同时也明确了我国《刑法》的司法解释机关只限于最高人民法院和最高人民检察院，解释的范围只限于审判工作和检察工作中如何具体应用刑法规范的问题。

我国《刑法》施行以来，最高人民法院和最高人民检察院就审判工作和检察工作中具体应用《刑法》的问题作过不少解释，有的是由最高人民法院对审判工作中如何具体应用刑法规范问题所作的审判解释，对全国的审判工作具有普遍的约束力；有的是由最高人民检察院对检察工作中如何具体应用刑法规范问题所作的检察解释，对全国的检察工作具有普遍的约束力；还有的是由最高人民法院和最高人民检察院，有时还会同有关部门共同对司法工作中如何具体应用刑法规范问题所作出的联合司法解释，对全国的审判工作和检察工作均有普遍约束力。这些对协调全国的审判工作和检察工作，统一认识以更好地适用刑法有着重要的作用。

2. 学理解释。又称非正式解释，指由国家宣传机构、社会组织、研究单位、教学部门或者法学专家、法律工作者对刑法规范所作的宣教性、学术性、知识性的解释。例如，教学单位的刑法教科书、专著、学术论文、专题报告乃至案例分析研究以及对刑法的学理注释等，都属于学理解释。其性质是属于理论性的探讨，因此，在法律上不具有约束力，更不能作为司法机关办案的依据。当然，正确的学理解释，对于促进立法和司法工作，对于培养法律专业人才，发展刑法科学，对于提高广大干部和人民群众的法律意识和法学水平，增强全民的法治观念也是很有作用的。

（二）从解释的方法分类

1. 文理解释。又称字面解释、文法解释，是对法律条文的字义，包括词句、术语、概念从字面含义到语法结构上所作的解释。如上面在立法解释中所提到的，《刑法》第 91~99 条这些解释性条文，如果从解释的方法分类，当属文理解释。例如，《刑法》第 94 条对"司法工作人员"所作的专门解释："本法所称司法工作人员，是指有侦查、检察、审判、监管职责的工作人员"，第 95 条对何谓"重伤"所作的专门解释，第 97 条对何谓"首要分子"所作的专门解释等。其主要特点是严格按照刑法条文字面上的含义进行解释，既不扩大，也不缩小。

2. 论理解释。是指按照立法精神和刑事政策，联系有关情况，从逻辑上所作的解释。其主要特点是，不拘泥于刑法条文的字面意义，从条文的内部结构关系及条与条之间的相互联系上，探求立法的意图，阐明立法的主要精神。

（1）扩张解释，又称扩大解释。是指将刑法条文作大于其字面含义范围的解释。例如，最高人民法院 1985 年 7 月 8 日在《关于惩治走私、制作、贩卖、传播淫秽物品的犯罪分子的决定》制定以前就曾批复：对于组织播放淫秽录像、影片、电视片、幻灯片等构成犯罪的，可直接依据《刑法》第 170 条的规定定罪判刑。从字面含义看，1979 年《刑法》第 170 条中的淫书淫画，并不包括淫秽录像、影片、电视片和幻灯片等。可见，上述批复就是对刑法有关条文的扩张解释。1997 年《刑法》生效之后，《最高人民法院关于对怀孕妇女羁押期间自然流产审判时是否可以适用死刑问题的答复》规定，这些妇女应被视为刑法中"审判时怀孕的妇女"，不适用死刑。这显然是通过解释将"审判"的概念进行扩张和延伸。

（2）限制解释，又称缩小解释。是指将刑法条文作小于其字面含义范围的解释。如 1983 年 11 月 17 日最高人民法院、最高人民检察院等联合发布的《关于查处破坏邮电通信案件工作的通知》中指出："邮电工作人员利用职务上的便利，从邮件中窃取财物，情节恶劣、后果严重的，应依照《刑法》第 191 条第 2 款的规定从重处罚。"这里用了"情节恶劣、后果严重"来限制对刑法上述条款的适用。可见，这是一种限制解释。再如 2005 年《最高人民法院、最高人民检察院关于赌博刑事案件具体应用法律若干问题的解释》中规定，组织我国公民 10 人以上赴境外赌博构成"聚众赌博"，这实际上是对"聚众"在人数上进行了限制解释。

三、关于解释位阶与解释方法问题的解决

在"让审理者裁判，让裁判者负责"的时代，裁判的说理必然成为一个重要的选项。尤其是逐步强调案例或判例的指导或参考作用之后，法学方法论的选择和适用无疑成为司法显学。而我们面临的现实是：一方面，刑事裁判因缺乏说理而一直被诟病；另一方面，刑法学界对于刑法解释的研究方兴未艾，但并未给实践带来足够的理论支撑。

从早期的刑法教科书沿袭至今，刑法解释一直是被作为专章设置和讲解的，这在法学的其他学科中并不多见。近些年来，关于刑法解释学方面的研究成果更是层出不穷，确实也促进了司法实践中案例分析的深入。但不可否认的是，有不少的研究似乎热衷于精细化、技术化层面的问题解决，注重"问题"意识，但忽视了"主义"的问题，对于解释的效力位阶的理解程式化，也导致一些理论似乎言之成理并且似乎为实践提出了有力的支撑，但却因忽视了解释本身的正当性依据而似是而非，刑法的解释似乎逐步奇技化，刑法的工具性弊病进一步蔓延。

"问题"主要来自于三个角度的争论：一是以传统的文义解释为边界的思路，这种方法往往特别强调位阶；二是以目的解释优越性为思路。这种观点尽管否定位阶，但却认为，在解释结果存在冲突的时候，目的性解释具有至上性。[1] 这样的观点实质上并没有否定位阶的存在。三是完全否定位阶，即认为各种解释方法本身并不存在先后和高下之分，只是依赖于法官对于处罚结果的选择而论定。[2] 这些分歧一定程度上也可以说是刑法形式解释观与实质解释观争议的延续。[3]

问题的症结可能是因为构筑了解释一元化的前提，将解释方法与解释效力、解释立场混同所导致的。"一个纯科学方向的解释，当然能使用每一种方法，且也应该这样做。当法律学者愿意，能够拥有纯历史学家的立场时，他也能够得出截然不同的客观观点，探寻制定法文本可能的内容，并表明他融入和赋予了理性的、合目的、现实的各种意义。然而，另一个问题是这个意义的内容，无论是历史的还是客观的，对于实践有多大的约束力"，[4] 只有将位阶与方法合理分割才有可能确定解释的约束力。

另一方面，关于刑法解释的合宪性问题已经逐步受到理论和实践的关注：一是作为一种对司法解释的合理性进行质疑的方法。二是在对刑事案件进行辩护时，强调指控的内容违宪也成为一个的辩护手段。此时，不再局限于征询刑法概念，而是在宪法意义上探讨权力边界的设置问题。合宪性解释纳入刑法解释的视野实际上为位阶的厘定提供了一个新的维度，尽管这还并不常见。

需要注意的是，近年来宪法学者也开始以宪法学科为背景解读刑事规范的运用。[5] 尽管论及的观点和见解存在不同，但都拥有一个共同的出发点——"基本权利是笼罩一切法体系的客观价值秩序"[6]。对于方法论的适用也必须回归于基本权利层面的分析，鉴于罪与罚涉及底线人权，回归本源无疑具有更为特殊的价值。

就刑法学研究本身而言，对于刑法规范运用的合宪性问题也有所涉猎，有从刑法哲学角度论述的，有从刑法基本原则角度展开的，也有以刑法个案为抓手的。[7] 但总体来看，大多数文章主要是提出了合宪性解释的合理性理由，在对于原则的必要性和重要性予以认可的同时，

〔1〕 参见张明楷：《刑法学》，法律出版社 2021 年版，第 42 页以下。

〔2〕 参见周光权："刑法解释方法位阶性的质疑"，载《法学研究》2014 年第 5 期。

〔3〕 具体可参考陈兴良："形式解释论的再宣示"，载《中国法学》2010 年第 4 期；张明楷："实质解释论的再提倡"，载《中国法学》2010 年第 4 期。

〔4〕 ［德］卡尔·恩吉施：《法律思维导论》，郑永流译，法律出版社 2014 年版，第 114 页。

〔5〕 如欧爱民："聚众淫乱罪的合宪性分析——以制度性保障理论为视角"，载《法商研究》2011 年第 1 期。张翔、田伟："'副教授聚众淫乱案'判决的合宪性分析"，载《判解研究》2011 年第 2 辑。尹培培："'诽谤信息转发500 次入刑'的合宪性评析"，载《华东政法学院学报》2014 年第 4 期。

〔6〕 欧爱民："聚众淫乱罪的合宪性分析——以制度性保障理论为视角"，载《法商研究》2011 年第 1 期。

〔7〕 梁根林："罪刑法定视野中的刑法合宪审查"，载《法律科学》2004 年第 1 期；陈鹏："'有利溯及之例外'条款的合宪性限定解释——基于牛玉强案的思考"，载《法学家》2012 年第 4 期；蔡道通："刑事法律的合宪性思考——一种审视民主的视角"，载《环球法律评论》2006 年第 4 期；姜涛："追寻理性的罪刑模式：把比例原则植入刑法理论"，《法律科学》2013 年第 1 期；时延安："刑法规范的合宪性解释"，载《国家检察官学院学报》2015 年第 1 期。当然也有宪法学者从宪法角度对刑事个罪进行解读的文章，如前述张翔与欧爱民关于聚众淫乱罪评析的文章。

似乎更为专注立法层面以及教义学层面，对于刑法解释的标准、路径和判断合理性问题应对不足，在事实和规范之间的穿梭不够，对当前其他学科所出现的新的法律适用的评价关注阙如。

刑法学界在相当长的一段时期内，缺少对解释路径和解释规范冲突的深入研究。在今天看来，传统教科书的归纳无疑是简单化和程式化的。简单化主要表现为在文理解释和论理解释中裹足不前。程式化表现为基于罪刑法定原则等同于罪从法定而确立了以文理解释明确性优先的规则，在含义不明确的时候，确立了论理解释优先的方法。然而，文理解释与论理解释的分类只是对解释特征的一种分类，对于确定解释路径没有任何意义，该如何限缩和扩展并没有给出也无法给出起码的理由。罪从法定只是确立了法律的稳定性特征，无法满足目的性要求。

近些年来，随着不断对其他理论的学习和借鉴，解释路径的理论逐步被中国刑法学者所接收。[1]并且将合宪性解释纳入解释位阶的范畴。总体而言，刑法解释位阶的确立过程可以体现为一个不断细化的过程：

文义——目的

文义——体系——目的

文义——历史——体系——目的

文义——历史——体系——目的——合宪性

这样表述的问题症结在于：

其一，历史解释本身就是合宪性解释及其纵深发展的路径，而不是位阶。其事实上并未摆脱客观主义与主观主义解释方法的窠臼。其二，合宪性解释到底是一种解释方法还是最终的位阶存在。

当前关于解释方法与位阶的争论很大程度上是因为将刑法解释论构筑了分类一元化的场景，将解释方法与解释效力、解释立场混同从而导致了方法论的循环。历史解释本身就是规范性解释及其纵深发展的路径，不是位阶。其事实上也并未摆脱客观主义与主观主义解释方法的窠臼。所谓的主观解释与客观解释与其说其是一种方法，不如说其是一种立场。不能将两类不同标准混为一谈。如果坚持从目的性角度出发进行解释，则选择客观主义的角度显然更有利于提升位阶的效力意义，避免循环论证。所谓体系性的解释只是涵摄过程中的一种类比，其本身并不是一个解释的方法，因为类比只不过是每一个涵摄方法中的一个步骤。合宪性解释形式上目前仍被归结为一种方法，但应当可以转化为刑法目的性的最高的一种理解方式。由此，刑法的解释次序必然依托于法规范的位阶，避免解释成为一种没有基础标准的纯粹的"商谈"，这是解释位阶的基础。这就形成了一个规范理解的合规范性、合刑性以及合宪性的阶梯。合规范性主要包括了文义本身的确定性以及分类内涵的客观性，合刑性主要是指解释必须符合刑法的基本目的性和体系协调性的要求，合宪性则是合法性的本体和基础。合宪性解释作为最高目标，尚需在解释意义上加以进一步细化，目前可以通过比例原则为基础形成责任主义的解释观念进行深入分析和实践，从而逐步将刑事法官释法填补法律漏洞功能具体化。

■ **思考题**

1. 刑法的解释方法有哪些？如何界定？
2. 立法解释有哪些类型？

---

[1]　如陈兴良教授认为刑法解释方法总的位阶关系是：文义解释→逻辑解释→体系解释→历史解释→比较解释→目的论解释。也有学者开始重视合宪性解释的方法，并且将其作为最高的程序。如梁根林教授就认为刑法解释应当依照文义解释→体系解释→历史解释→目的解释→合宪性解释的顺序进行。其中合宪性解释属于最高位阶。

3. 如何看待形式解释与实质解释？

■参考书目

1. ［德］汉斯–格奥尔格·加达默尔：《哲学解释学》，夏镇平、宋建平译，上海译文出版社 1994 年版。

2. 李希慧：《刑法解释论》，中国人民公安大学出版社 1995 年版。

3. 张明楷："实质解释论的再提倡"，载《中国法学》2010 年第 4 期。

4. 陈兴良："形式解释论的再宣示"，载《中国法学》2010 年第 4 期。

5. 孙万怀："刑法解释位阶的新表述"，载《学术月刊》2020 年第 9 期。

第六章　刑法的效力范围

■ 学习目的和要求

　　了解我国刑法的效力范围，掌握空间效力的各种学说以及其在我国刑法中的体现，掌握刑法关于溯及力问题的规定。

第一节　刑法的空间效力

一、刑法的效力范围的概念

　　刑法的效力范围，即刑法的适用范围，是指一国刑法适用于什么地域、什么人和什么时间，以及是否有溯及既往的效力、限时法效力等。正确理解和掌握刑法的效力范围，对于正确运用刑法同各种刑事犯罪作斗争，保证定罪量刑的准确性，保护国家和人民的利益，维护国家主权具有十分重要的意义。刑法的效力范围，根据其适用范围的具体内容，可分为空间效力和时间效力两部分。本节说明刑法的空间效力。

二、刑法空间效力的概念

　　刑法的空间效力，就是指刑法对地和对人的效力，也就是解决刑法适用于什么地域和适用于哪些人的问题。关于刑法在空间上的效力，世界各国的刑法典曾有过一些不同的规定，许多刑法学者提出过各种主张和学说。概括起来，有以下几种：

　　（一）属地原则

　　属地原则也称领土原则。该原则从维护国家领土主权出发，主张以地域为标准，凡在本国领域内犯罪，不论犯罪人是本国人还是外国人，都适用本国刑法。属地原则在具体内容上又分为主观的领土管辖原则（即行为地主义）、客观的领土管辖原则（即结果地主义）和行为结果择一原则。主观的领土管辖原则主张，由于犯罪是行为，故凡是在本国领域内发生的犯罪行为，不论其结果发生于何处，均适用本国刑法。客观的领土管辖原则主张，由于犯罪的实质是侵害或威胁法益，所以不论犯罪行为发生于何处，只要其结果发生在本国领域内，均适用本国刑法。作为客观的领土管辖原则的补充，还存在中间地说。中间地说是指，从犯罪的实行行为到结果发生中间的通过地中，对结果发生的危险起增加作用的场所，也就是结果发生地的一部分或者发生实害结果之前的危险结果发生地。行为结果择一原则是指只要犯罪行为和结果有一项发生在本国领域内，就适用本国刑法。属地原则的缺陷在于未能解决本国人在国外实施的犯罪或外国人在国外实施的危害本国国家或公民利益、危害各国共同利益的犯罪行为的刑法适用问题，所以单纯采取这一原则的国家很少。

　　（二）属人原则

　　属人原则也称国籍原则。这里的属人管辖原则，是指积极的属人管辖原则，即以行为人的国籍为标准，凡是本国公民，无论是在本国领域内还是领域外犯罪，都适用本国刑法。而外国人即使在本国领域内犯罪，也不适用本国刑法。属人原则是基于国家对其本国公民的属人优越权而产生的。但该原则与国家主权原则有所抵触，因而各国刑法在采用这一原则时，多加以限制。

（三）保护原则

保护原则也称安全原则。该原则主张以保护本国利益为标准，不论犯罪人的国籍，也不论犯罪发生在本国的领域内还是领域外，只要是侵犯了本国国家或公民的利益，都适用本国刑法。因侵犯本国国家利益而适用本国刑法的，称为国家保护原则；因侵犯本国公民利益而适用本国刑法的，称为国民保护原则（消极的属人管辖原则）。就保护本国利益而言，该原则较完善，但如果犯罪人是外国人，犯罪地又在国外，就涉及国与国之间的关系和刑事法律的冲突问题，因而各国刑法在采用这一原则时也多加以限制。

（四）普遍原则

普遍原则主张，不论犯罪人的国籍，不论犯罪地点在哪个国家的领域内，也不论犯罪行为侵害了哪一个国家和公民的利益，只要有犯罪行为发生，任何国家都有权根据刑法的共同原则加以处罚。该原则只是被少数国家如土耳其、意大利采纳，而且在司法实践中，由于各国的国家利益和政治、法律观点不同，对所有犯罪都实行普遍管辖权是不可能的。因此，目前较为通行的普遍原则的适用方式是，基于国际条约，在满足一定条件的前提下，例如，缔约国为犯罪地、缔约国为犯罪嫌疑人的国籍国、得到非缔约国的同意等，缔约国发现罪犯在其领域之内时，在承担的国际条约或国内法的义务范围内，行使刑事管辖权。

（五）永久居所或营业地原则

该原则是在 20 世纪 60 年代以后由民事管辖权的一个原则发展起来的。《东京公约》《海牙公约》和《蒙特利尔公约》把这一原则引进了刑事管辖权，这是对刑事管辖权的国际法原则的新发展。《东京公约》第 4 条第 2 款规定，若犯罪人或受害人在一个缔约国有永久居所，那么该缔约国对这类犯罪案件也有刑事管辖权。《海牙公约》第 4 条第 3 款和《蒙特利尔公约》第 5 条第 4 款规定，如果罪行是针对租来时不带机组的航空器或是在该航空器内发生的，而承租人的主要营业地，或承租人没有这种营业地，但其永久居所是在一个缔约国，那么该缔约国也可以对此种犯罪行为行使刑事管辖权。

根据上述原则，可见，就某一项单一原则而言，虽有它的优点，但也有它的局限性。因此，不能孤立地采用一个原则，这种单一型的刑事管辖权体制在世界范围来看几乎很少。从历史传统上看，英美法系国家多采取属地原则，大陆法系国家多采取属人原则。随着时间的推移，世界大多数国家的刑法，都是以采用属地原则为主，兼采其他原则。也就是说，凡是在本国领域内犯罪的，无论本国人还是外国人，一律适用本国刑法；本国人和外国人在本国领域外犯罪的，在一定的条件下，也适用本国刑法。这种结合型的刑事管辖权体制，既有利于维护国家主权，又有利于同犯罪行为作斗争，比较符合各国的具体情况和利益，所以能为大多数国家接受。我国刑法关于空间效力的规定，也是采取结合型的刑事管辖权体制。《刑法》第 6 条的规定属于属地原则，第 7 条的规定为属人原则，第 8 条为保护原则。

三、我国刑法的空间效力

（一）我国刑法的属地管辖权

我国《刑法》第 6 条第 1 款规定："凡在中华人民共和国领域内犯罪的，除法律有特别规定的以外，都适用本法。"这一规定从刑事司法管辖的角度表现了基于主权原则所产生的属地管辖权（也称属地优越权）。这是我国刑法在空间上的适用范围的基本原则。这里所说的我国"领域"，是指我国国境以内的全部区域，具体包括：①领陆，即国境线以内的陆地以及陆地以下的底土。《领海及毗连区法》第 2 条第 2 款规定，中华人民共和国的陆地领土包括中华人民共和国大陆及其沿海岛屿、我国台湾地区及其包括钓鱼岛在内的附属各岛、澎湖列岛、东沙群岛、西沙群岛、中沙群岛、南沙群岛以及其他一切属于中华人民共和国的岛屿。②领水，即内水（内河、内湖、内海以及同外国之间界水的一部分，这一部分通常以河流中心线为界，如果是可通航的河道，则以主航道中心线为界）和领海及其领水的水床及底土。根据《领海及毗连区法》第 3 条第 1 款的规定，中华人民共和国领海的宽度从领海基线起为 12 海里。第 4 条第 1 款规定，中华人民共和国毗连区为领海以外邻接领海的一带领域。毗连区的宽度为 12 海里。③领空，即领陆、领水之上的空间，它只及于空气空间，不包括外层空间。

刑法该条款中规定的"法律有特别规定"而不适用本法，主要是指：

1. 《刑法》第 11 条关于"对享有外交特权和豁免权的外国人"的特别规定。这是不适用中国刑法的情形。

2. 《刑法》第 90 条关于"民族自治地方不能全部适用本法规定的，可以由自治区或者省的人民代表大会根据当地民族的政治、经济、文化的特点和本法规定的基本原则，制定变通或者补充的规定，报请全国人民代表大会常务委员会批准施行"的规定。这是不适用中国刑法典部分条文的情形。

3. 刑法实施后国家立法机关所制定的特别刑法、附属刑法的规定。在 1979 年《刑法》制定以后，1997 年对它进行修订以前，曾有过许多此种规定：①单行刑事法律，如《全国人民代表大会常务委员会关于惩治骗购外汇、逃汇和非法买卖外汇犯罪的决定》。②在非刑事法律中设置有关追究刑事责任的附属性的刑事法律条款，如《海关法》《价格法》《证券法》等法律中有关的刑法条款。这也是不适用中国刑法典部分条文的情形。

4. 《香港特别行政区基本法》《澳门特别行政区基本法》所规定的，对于绝大部分的法律如民法、刑法、刑事诉讼法等都不适用于香港特别行政区和澳门特别行政区的规定。这是"一国两制"制度下刑事管辖权高度灵活性的具体体现，属于不适用大陆（内地）刑法（包括刑法典及其他仅在大陆适用的特别刑法）的情形。但当全国人民代表大会常务委员会决定宣布战争状态或因在香港或澳门特别行政区内发生香港或澳门特别行政区政府不能控制的、危及国家统一或安全的动乱而决定香港或澳门特别行政区进入紧急状态时，《刑法》将适用于香港或澳门特别行政区。

实际上，真正属于属地管辖原则例外的，只有上述"不适用中国刑法"一种情况。"不适用大陆（内地）刑法"的情况，不是属地管辖的例外，只是一种事实上的限制；"不适用中国刑法典部分条文"的情况，也不是属地管辖原则的例外，而是适用刑法典的例外。

按照国际惯例，国家主权除及于领土外，还及于"拟制领土"上。拟制领土，是为了从法律上解决管辖权问题而产生的一种假设，因而只是法律上的拟制，而不是真正的领土。拟制领土包括船舶和航空器，过去也有的称之为"浮动领土"。我国《刑法》第 6 条第 2 款规定："凡在中华人民共和国船舶或者航空器内犯罪的，也适用本法。"根据国际惯例，航行于公海或停泊于外国港口的我国军用船舰、军用飞机或者悬挂我国国旗、国徽等表明我国所有的标志的其他船舶、航空器，以及没有悬挂任何国家的国旗、国徽等标志但事实上属于我国国家、法人或者国民所有的船舶、航空器，主权应属于我国；在其内犯罪的，不论该船舶或航空器在何地点，我国均有刑事管辖权。国际列车、国际长途汽车，不属于我国领域。[1]

关于特殊的领域管辖问题，即犯罪地标准，各国的刑法及其理论均有不同的规定和学说，有的采用行为地主义，有的采取结果地主义，为了维护我国国家主权，我国刑法采取的是行为结果择一原则。我国《刑法》第6条第3款明确规定："犯罪的行为或者结果有一项发生在中华人民共和国领域内的，就认为是在中华人民共和国领域内犯罪。"[2] 据此，行为与结果均发生在我国领域内，或者仅（一部分）行为发生在我国领域内或仅（一部分）结果发生在我国领域内的，都适用我国刑法[3]。行为发生地，从犯罪形态上说，包括预备行为和实行行为；从共同犯罪上说，包括实行行为、教唆行为、帮助行为。教唆、帮助行为发生在我国国内，实行行为发生在国外的，根据共犯的从属性原理，如果根据当地刑法，实行行为无罪，则教唆、帮助行为也无罪，不依据我国刑法追究；如果根据当地刑法实行行为有罪，则教唆、帮助帮助者只要没有违法阻却事由，则构成犯罪，需要按照我国刑法追究。结果发生地，从犯罪形态上说，既包括实害结果发生地，也包括危险结果发生地，其中危险结果要求是现实具体的结果。例如，未遂犯中行为人希望、放任结果之地、可能发生结果之地。从共同犯罪上说，包括整体结果和部分共犯行为的结果。

此外，根据我国承认的1961年4月18日《维也纳外交关系公约》的规定，各国驻外大使馆、领事馆及其外交人员不受驻在国的司法管辖。因此，原则上凡在我国驻外大使馆、领事馆内犯罪的，也应适用我国刑法。[4]

在中华人民共和国领域内犯罪的，一般是中国人，即具有中华人民共和国国籍的公民，但也有少数外国人。我国刑法中所说的外国人，是指具有外国国籍的人或无国籍的人。根据《中华人民共和国出境入境管理法》第3条第2款的规定，外国人在中国境内，必须遵守中国法律，不得危害中国国家安全，损害社会公共利益，破坏社会公共秩序。我国是独立主权的国家，对在我国领域内的一切犯罪行为都有刑事管辖权，无论实施犯罪的是中国人还是外国人。

但是，对于犯罪的外国人适用我国刑法也有例外情况，这就是《刑法》第11条的规定："享有外交特权和豁免权的外国人的刑事责任，通过外交途径解决。"所谓外交特权和豁免权，是依照国际惯例，一个国家为保证驻在本国的外交代表机构及其工作人员正常执行职务而给予的一种特殊权利和优待。这种特权和优待是建交国家之间互相尊重主权和平等互利而做出的，一方面尊重了驻在国的主权和法律的尊严，另一方面又保障了派遣国的权利和两国之间的正常

---

〔1〕 2013年1月1日施行的《最高人民法院关于适用〈中华人民共和国刑事诉讼法〉的解释》第4条规定："在中华人民共和国领域外的中国船舶内的犯罪，由该船舶最初停泊的中国口岸所在地的人民法院管辖。"同法第5条规定："在中华人民共和国领域外的中国航空器内的犯罪，由该航空器在中国最初降落地的人民法院管辖。"同法第6条规定："在国际列车上的犯罪，根据我国与相关国家签订的协定确定管辖；没有协定的，由该列车最初停靠的中国车站所在地或者目的地的铁路运输法院管辖。"

〔2〕 2000年1月25日施行的《最高人民法院关于审理拐卖妇女案件适用法律有关问题的解释》第2条规定："外国人或者无国籍人拐卖外国妇女到我国境内被查获的，应当根据刑法第六条的规定，适用我国刑法定罪处罚。"

〔3〕 根据《最高人民法院、最高人民检察院、公安部关于办理电信网络诈骗等刑事案件适用法律若干问题的意见》电信网络诈骗犯罪案件中，"犯罪行为发生地"包括用于电信网络诈骗犯罪的网站服务器所在地，网站建立者、管理者所在地，被侵害的计算机信息系统或其管理者所在地，犯罪嫌疑人、被害人使用的计算机信息系统所在地，诈骗电话、短信息、电子邮件等的拨打地、发送地、到达地、接受地，以及诈骗行为持续发生的实施地、预备地、开始地、途经地、结束地。"犯罪结果发生地"包括被害人被骗时所在地，以及诈骗所得财物的实际取得地、藏匿地、转移地、使用地、销售地等。考虑到网络犯罪其结果可能发生在全世界的特点，或许需要对包括电信网络诈骗在内的网络犯罪的行为发生地与结果发生地进行一定限制。

〔4〕 2013年1月1日施行的《最高人民法院关于适用〈中华人民共和国刑事诉讼法〉的解释》第7条规定："中国公民在中国驻外使、领馆内的犯罪，由其主管单位所在地或者原户籍地的人民法院管辖。"

外交关系。

为了确定外国驻中国使馆和使馆人员的外交特权与豁免，便于外国驻中国使馆代表其国家有效地执行职务，第六届全国人民代表大会常务委员会于 1986 年 9 月 5 日通过了《中华人民共和国外交特权与豁免条例》。该条例详尽规定了外国使馆、外交代表享有的外交特权与豁免的内容[1]，其中包括享有外交特权和豁免权的外国人不受我国刑事管辖。当然，上述人员若在我国领域内犯罪，我国也并非无能为力，而是可以根据我国《刑法》第 11 条规定，通过外交途径，或建议派遣国依法处理；或宣布为不受欢迎的人，令其限期出境；罪行严重的也可以由政府宣布驱逐出境等。《刑法》第 11 条的规定，既维护了我国的主权和法律的尊严，又尊重了别国的主权，有利于协调国与国之间正常的外交关系。

（二）我国刑法的属人管辖权

我国《刑法》第 7 条规定了积极的属人管辖原则，即凡是中华人民共和国的公民，即使身在国外，也适用我国《刑法》。这是基于我国对本国公民的属人优越权而产生的。1979 年《刑法》第 4、5 条考虑到各国社会制度各异、法律规定不同，会产生事实上的刑事法律冲突，本着维护我国主权也尊重他国主权的原则，对我国公民在我国领域外的犯罪，不是一概都管辖，而是有选择、有重点地管辖。修订以后的《刑法》扩大了属人管辖的范围，规定了中国公民在境外犯我国《刑法》规定之罪的，适用我国《刑法》，但是按我国《刑法》规定的最高刑为 3 年以下有期徒刑的，可以不予追究，这属于有限制的属人管辖原则。对于国家工作人员和军人，由于他们身份特殊，如在境外犯罪，将带来更恶劣的影响和更大的危害。因此，修订后的《刑法》规定，国家工作人员和军人在领域外犯我国《刑法》规定之罪，均适用我国《刑法》。

《刑法》第 7 条规定的属人管辖并没有以双重犯罪为原则，即并不需要中国公民在国外实施的行为也触犯所在地国的刑法。但是，考虑到刑法预防犯罪机能的发挥，以及属人管辖具有的本国为外国代理处罚的性质，如果中国公民在国外实施的行为并没有触犯所在地国的刑法，也没有侵犯我国的国家与公民的法益，就应当类推适用《刑法》第 8 条但书的规定，没有必要再适用我国《刑法》。[2]

由于我国《刑法》第 7 条中的"中华人民共和国公民"，不限于"行为时"的中华人民共和国公民，也包括"裁判时"的中华人民共和国公民，因此，发现取得我国国籍的外国人在取得我国国籍前曾在国外实施犯罪的，只要没有超过追诉时效，也应当适用我国《刑法》。

关于中国人在领域外犯罪受到外国确定的刑事判决时我国是否承认，《刑法》第 10 条作了明确规定："凡在中华人民共和国领域外犯罪，依照本法应当负刑事责任的，虽然经过外国审判，仍然可以依照本法追究，但是在外国已经受过刑罚处罚的，可以免除或者减轻处罚。"这一规定表明，我国是一个独立自主的主权国家，有其独立的刑事管辖权，不受外国审判效力的

---

　　[1]　外国使馆享有的外交特权与豁免包括：①使馆及其馆长有权在使馆馆舍和使馆馆长交通工具上，使用派遣国的国旗或者国徽；②使馆馆舍不受侵犯；③使馆馆舍免纳捐税；④使馆的档案和文件不受侵犯；⑤使馆为公务目的的可以与派遣国政府以及派遣国其他使馆和领事馆自由通讯，通讯可以采用一切适当方法，包括外交信使、外交邮袋和明码、密码电信在内；⑥使馆来往的公文不受侵犯。外交代表享有的特权与豁免包括：①外交代表人身不受侵犯，不受逮捕或拘留；②外交代表的寓所不受侵犯，并受保护；③外交代表享有刑事管辖豁免；④外交代表免纳捐税；⑤外交代表免除一切个人和公共劳务以及军事义务。该条例还规定：①与外交代表共同生活的配偶及未成年子女，如果不是中国公民，享有与外交代表相同的特权与豁免；②使馆行政技术人员和与其共同生活的配偶及未成年子女，如果不是中国公民并且不是在中国永久居留的，也基本享有与外交代表相同的特权与豁免；③来中国访问的外国国家元首、政府首脑、外交部部长及其他具有同等身份的官员，享有该条例所规定的特权和豁免。

　　[2]　参见张明楷："国民对国家的忠诚与国家对国民的保护——属人主义的理解与适用"，载《社会科学》2008 年第 4 期。

约束；但同时考虑各国的实际情况，如果犯罪人已经在外国受到刑罚处罚，可以考虑免除或者减轻处罚。至于我国公民在国外犯罪应当受我国刑法处罚的或者在国内犯罪后潜逃国外的情况，由于我国同某些国家还没有签订引渡条约，有时会产生现实与法律错位的现象。在司法实践中，对于某些具体案件，通过同外国交涉与协商，曾经引渡过犯罪分子回国处理，但这远远不能适应我国涉外法律关系的巨大变化。对涉外刑事案件只能通过外交途径解决，不仅程序复杂，而且难以得到保障，不利于维护我国法律的尊严与国家及公民的合法权益。因此建立引渡制度势在必行。[1]

（三）我国刑法的保护管辖权

保护管辖权的实质意义在于保护本国利益。改革开放以来，我国公民因公、因私等出国数量剧增，在境外针对我国国家和公民利益的犯罪案件大幅度增加，而且由于种种原因在犯罪地往往得不到及时追究。为维护我国的安全和利益，保护我国公民的权益，我国《刑法》第 8 条规定："外国人在中华人民共和国领域外对中华人民共和国国家或者公民犯罪，而按本法规定的最低刑为 3 年以上有期徒刑的，可以适用本法，但是按照犯罪地的法律不受处罚的除外。"这一规定表明，外国人在我国领域外对我国国家或者公民犯罪，我国有刑事管辖权，但这种管辖权是有限制的：①所犯之罪按我国刑法规定的最低刑必须是 3 年以上有期徒刑；②按照犯罪地的法律也应受刑罚处罚。符合上述两个条件，我国《刑法》就有刑事管辖权。但由于犯罪人是外国人，犯罪地又在我国境外，如果犯罪人未被引渡也未被我国抓获，我国司法机关事实上无法对其进行刑事追究。

（四）关于普遍管辖权在我国刑法中的适用问题

我国 1979 年《刑法》关于空间效力的规定中，原本没有涉及普遍管辖权的内容。随着社会生活的不断变迁和国际关系的不断发展，为适应我国参与国际社会与某些国际犯罪共同进行斗争的需要，在我国刑法的空间效力中兼采普遍管辖原则势在必行。

新中国成立后，我国不仅明确承认 1946 年 12 月 11 日联合国大会《关于禁止和制裁反和平罪、战争罪和反人道罪的决议》，而且为此做出了积极的努力，其中包括根据该决议的精神对在华日本战犯的审判和惩处。1952 年 7 月 13 日我国承认了 1925 年《关于禁用毒气或类似毒品及细菌方法作战议定书》。1981 年 9 月 14 日，中国政府代表签署了《禁止或限制使用某些可被认为具有过分伤害力或滥杀滥伤作用的常规武器公约》。1983 年 9 月 14 日，中国加入了关于日内瓦四公约的 1977 年第一、第二议定书。根据这些公约的规定，中国承担了制裁反和平罪、战争罪、反人道罪、非法使用武器罪等战争犯罪的义务。我国于 1980 年 10 月加入了《海牙公约》和《蒙特利尔公约》，1987 年 6 月加入了《关于防止和惩处侵害应受国际保护人员包括外交代表的罪行的公约》。这些国际条约规定：各缔约国应将非法劫持航空器，危害国际民用航空安全，侵害应受国际保护人员等行为定为国内法上的罪行，予以惩处。有关缔约国应采取必要措施，对任何这类罪行行使刑事管辖权，而不论罪犯是否是其本国人，罪行是否发生在其国内。我国在批准或加入这些条约后，便承担了对犯有条约规定罪行的罪犯实施管辖的义务。例如《全国人民代表大会常务委员会关于禁毒的决定》第 13 条第 2 款对于犯走私、贩卖、运输、制造毒品罪的规定："外国人在中华人民共和国领域外犯前款罪进入我国领域的，我国司法机关有管辖权，除依照我国参加、缔结的国际公约或者双边条约实行引渡的以外，适用本决定。"这便是普遍管辖原则的体现。

---

[1]　当然，这也是一个比较复杂的问题。例如，引渡原则的遵守问题，由于各个国家的制度、法律各异，很难取得共识。

由于我国 1979 年《刑法》中的适用范围对此尚无规定，为了使我国因加入或批准一些条约而产生的国际义务同国内法的规定相衔接，第六届全国人大常委会第二十一次会议于 1987 年 6 月 23 日作出决定："对于中华人民共和国缔结或者参加的国际条约所规定的罪行，中华人民共和国在所承担条约义务的范围内，行使刑事管辖权。"这个决定从立法上对我国 1979 年全面修订前的刑法的空间效力范围作了一个极其重要的补充，也表明了我国对履行已承担的国际义务的严肃态度，同时也为我国在今后处理刑事管辖问题时提供了国内法依据。1997 年修订以后的《刑法》，吸收了上述单行法律的有关规定，专条规定了普遍管辖原则。修订后的《刑法》第 9 条规定："对于中华人民共和国缔结或者参加的国际条约所规定的罪行，中华人民共和国在所承担条约义务的范围内行使刑事管辖权的，适用本法。"再次明确表明了我国切实履行国际义务的严肃立场，同时也彻底解决了在刑事管辖上承担的国际义务同国内法有关规定的衔接问题。

根据该条的规定，我国行使刑事普遍管辖权必须具备以下条件：①必须是中华人民共和国缔结或者参加的国际条约所规定的罪行。主要是指一些性质严重的危害国际社会利益的犯罪，如反和平罪、战争罪、反人道罪、非法使用武器罪、劫持航空器罪、劫持人质罪、恐怖主义犯罪[1]等。②必须是在中华人民共和国所承担的条约义务范围内行使刑事管辖权。这主要是指我国在缔结或参加的国际条约中，同意承担的条约义务。如果是我国声明保留的条款中所规定的义务，则不在我国所承担的条约义务的范围内。③我国刑法也将这种行为规定为犯罪。因为对犯罪行为的追诉，需要依据行使管辖权国家的国内刑法，而不是直接依据国际条约，国际条约要求缔约国或参加国将国际条约所列的罪行规定为国内刑法上的犯罪，因此必须我国刑法中也规定有该犯罪。对于符合上述条件的外国人，不论其犯罪地在何处，只要进入我国领域，我国就有权依照我国刑法的有关规定追究其刑事责任。

由此可见，我国刑法目前在空间效力问题上以属地原则为主，兼采属人原则和保护原则，同时也明确规定了对普遍管辖原则的有条件的适用。

第二节　刑法的时间效力

一、刑法的时间效力的概念

刑法的时间效力，是指刑法的生效和效力终止的时间以及刑法对它生效前的行为是否具有溯及力。

（一）刑法的生效时间

根据我国刑事立法的实践，其大体上分为两种情形：①在立法的同时宣布新的法律当即生效，即从刑法被批准或公布之日起施行。新中国成立初期制定的一些单行刑事法规，一般也是从公布之日起施行。例如，《中华人民共和国惩治反革命条例》《中华人民共和国惩治贪污条例》《妨害国家货币治罪暂行条例》等，都是从条例公布之日起当即生效。②在新的法律公布后间隔一段时间再行生效实施。例如，我国《刑法》于 1979 年 7 月 1 日经第五届全国人大第二次会议通过，7 月 6 日公布，并按照第 9 条的规定，"本法自 1980 年 1 月 1 日起生效"。其间相隔半年时间。1997 年 3 月 14 日第八届全国人大第五次会议对刑法进行修订并公布，同时宣

---

〔1〕《反恐怖主义法》第 11 条规定："对在中华人民共和国领域外对中华人民共和国国家、公民或者机构实施的恐怖活动犯罪，或者实施的中华人民共和国缔结、参加的国际条约所规定的恐怖活动犯罪，中华人民共和国行使刑事管辖权，依法追究刑事责任。"

布："自 1997 年 10 月 1 日起施行"。其间又相隔半年多时间。《刑法》之所以作这样的规定，是因为刑法是国家基本法，涉及面广，内容较新，要求有一定时间的适应过程，以便于向群众和干部进行宣传教育，加强法制观念；同时也使执法机关有一个准备的过程，对干部有所培养、训练和提高，在思想上、组织上、业务上做好充分准备。

（二）刑法效力终止的时间

刑法效力终止的时间，即失效时间。其基本上有以下两种情况：①由立法机关明文宣布原有法律效力终止（或称明示废止）。这种情况，通常是在新法公布后，在新法的有关条文中或者在有关新法施行的法律中明文宣布予以废止，或者宣布与新法相抵触的原有法律即行失效等。②原有法律实际上效力终止即自然失效（或称默示废止）。这种情况，通常是由于新法代替了同类内容的原有法律，使原有的法律自行失去了效力，或者是由于原有的某种立法条件已经消失，使原有法律实际上已无法适用而失去效力。

我国 1979 年《刑法》公布后，对新中国成立后所颁布施行的一些单行刑事法规如何对待的问题，《刑法》本身没有做出明确回答。但是，全国人大常委会于 1979 年 11 月 29 日曾通过一项决议，规定新中国成立以来制定、批准的法律、法令，"除了同第五届全国人民代表大会制定的宪法、法律和第五届全国人民代表大会常务委员会制定、批准的法令相抵触的以外，继续有效"。根据这一规定的精神，我们可以认定：我国《刑法》施行前制定、批准的刑事法律、法令，由于其内容有的已被刑法所涵括，有的与《刑法》的规定相抵触，因此应该认定为均已失去了效力，对于《刑法》生效后所发生的犯罪行为，不得再引用它们作为定罪量刑的根据。1997 年修订后的《刑法》，则同时规定了两项附件：附件一规定了全国人大常委会制定的《中华人民共和国惩治军人违反职责罪暂行条例》等 15 项条例、补充规定和决定，已纳入修订后的《刑法》或者已不再适用，自修订后的《刑法》施行之日起，予以废止；附件二规定了全国人民代表大会常务委员会《关于禁毒的决定》等 8 项补充规定和决定予以保留，其中有关行政处罚和行政措施的规定继续有效。有关刑事责任的规定已纳入修订后的《刑法》，自该《刑法》施行之日起，适用该《刑法》规定。

（三）刑法的溯及力

又称刑法的溯及既往的效力，是指一个新的刑事法律实施以后，能否适用于其生效以前发生的未经审判或者判决未确定的行为。如果能够适用，新的刑事法律就有溯及力，否则就没有溯及力。刑法溯及力指的是未决案件，如果是已决案件，则不存在溯及力的问题。世界各国刑事立法对待刑法的溯及力的规定，主要有以下几种原则：①从旧原则。新法律一律不溯及既往，不论新旧法律刑罚之轻重如何，一概适用行为时的法律。②从新原则。新法律具有溯及既往的效力，凡过去未经审判或判决未确定的行为，不论新旧法的轻重如何，一律按新法律处理。③从新兼从轻原则。原则上适用判决时的新法律，但旧法律处罚较轻时适用旧法律。④从旧兼从轻原则。原则上适用行为时的旧法律，但新法律处罚较轻时适用新法律。从世界各国立法例看，大多数国家采取从旧兼从轻原则。

除以上四种原则之外，有些国家还有限时法。限时法是指在一定时期内实施的法律，属于一种特别法。限时法在时间效力上的特殊性表现在，对于在限时法规定的时间内实施的行为，在期限届满后（限时法的效力已终止）才发现时，通常仍应依照该限时法处理。

二、我国刑法关于溯及力问题的规定

我国刑事法律的溯及力问题，从新中国成立初期到 1979 年《刑法》的公布以及公布以后，都曾有过一些不同的规定。新中国成立初期公布施行的一些有代表性的单行刑事法律，采取的是从新原则，有溯及力。例如，1951 年公布施行的《惩治反革命条例》第 18 条规定："本条例施行以前的反革命罪犯，亦适用本条例之规定。"1952 年公布施行的《惩治贪污条例》，虽然在条文中没有关于溯及力的专门规定，但彭真同志在对这个条例草案所作的说明中明确提出："这个条例，对于过去犯本条例之罪的，是要加以追究的。追究的时限，应自中华人民共和国成立之日，即 1949 年 10 月 1 日算起。但对其中贪污或盗窃情节严重恶劣或民愤甚大者，可追查到各地大城市和省城解放之日。在中华人民共和国成立以后解放的地方，应自解放之日算起"。以上是新中国成立初期我国刑事立法中关于溯及力问题的规定。

1979 年《刑法》公布后，关于溯及力问题，按照《刑法》第 9 条的规定，采取的是从旧兼从轻的原则。1979 年《刑法》实施以后，为了适应不断发展变化的国内形势的需要，我国立法机关先后颁布了一些单行刑事法律。有些单行刑事法律在溯及力问题上较之 1979 年《刑法》第 9 条所采取的原则发生了一些变化，有一些新的规定形式。主要有以下几种：

（一）从旧原则

1981 年 6 月 10 日全国人大常委会颁布的《全国人民代表大会常务委员会关于处理逃跑或者重新犯罪的劳改犯和劳教人员的决定》第 4 条规定："本决定自 1981 年 7 月 10 日起施行。"这一规定说明此决定没有溯及既往的效力，对在此之前的行为，采取的是从旧原则。

（二）有条件的从新原则

1982 年 3 月 8 日通过的《全国人民代表大会常务委员会关于严惩严重破坏经济的罪犯的决定》第 2 条规定："本决定自 1982 年 4 月 1 日起施行。凡在本决定施行之日以前犯罪，而在 1982 年 5 月 1 日以前投案自首，或者已被逮捕而如实地坦白承认全部罪行，并如实地检举其他犯罪人员的犯罪事实的，一律按本决定施行以前的有关法律规定处理。凡在 1982 年 5 月 1 日以前对所犯的罪行继续隐瞒拒不投案自首，或者拒不坦白承认本人的全部罪行，亦不检举其他犯罪人员的犯罪事实的，作为继续犯罪，一律按本决定处理。"从这一规定可以看出，以犯罪分子是否在限期内投案自首或坦白检举，作为解决该决定有无溯及力问题的根据，且作为适用从新原则的条件。

（三）从新原则

1983 年 9 月 2 日《全国人民代表大会常务委员会关于严惩严重危害社会治安的犯罪分子的决定》在适用问题上，采用的是从新原则，该决定的第 3 条规定："本决定公布后审判上述犯罪案件，适用本决定。"最高人民法院于 1983 年 9 月 20 日作出的《最高人民法院关于人民法院审判严重刑事犯罪案件中具体应用法律的若干问题的答复》第 5 条中，进一步明确了对作出的决定中所规定的一些犯罪的法律适用问题。该答复明确指出：在上述决定公布后，对于决定所列的犯罪案件，人民法院进行第一审、第二审时，都适用这个决定；对于判决已经发生法律效力的案件，如果发现犯罪分子有漏罪需要审判时，也适用这个决定，并依照《刑法》第 65 条关于数罪并罚的规定，作出判决。但在这个决定公布前，已经发生法律效力的判决，如果发现确有错误，现在需要依照审判监督程序进行改判的，不适用这个决定，仍应适用刑法以及在这个决定之前通过的对刑法的补充和修改的规定。可见，该决定在溯及力问题上不同于 1979 年《刑法》第 9 条的规定，采用的是从新原则。当然，除该决定所列犯罪以外的其他犯罪，还是适用《刑法》第 9 条的有关规定。因此，上述决定不意味着对《刑法》第 9 条的废止。

（四）从旧兼从轻原则

例如，1988 年 1 月 21 日全国人大常委会通过的《全国人民代表大会常务委员会关于惩治走私罪的补充规定》和《全国人民代表大会常务委员会关于惩治贪污罪贿赂罪的补充规定》在法律适用问题上仍采用了 1979 年《刑法》第 9 条规定的从旧兼从轻的原则。在这两个规定中都有"本规定自公布之日起施行"的规定。为了正确执行这两个补充规定，最高人民法院、最高人民检察院于 1988 年 1 月 27 日发出如下通知：①对在两个"补充规定"公布施行后发生的案件，依照两个"补充规定"的规定办理；②在两个"补充规定"公布施行前发生的，已由人民法院依照当时的法律规定做出了发生法律效力的判决或裁定的案件，不再变动；③对在两个"补充规定"公布施行前发生，公布施行后尚未处理或者正在处理的案件，如何适用法律的问题，依照《刑法》第 9 条规定的原则办理。由此可见，两个"补充规定"在溯及力问题上与 1979 年《刑法》第 9 条的规定一样采取从旧兼从轻原则。

关于我国《刑法》[1] 的溯及力，1979 年《刑法》总则中的规定与后来公布的有关决定中的规定不尽一致，造成了适用法律标准不够统一，导致法律的完整性和公正性受到损害。1997 年《刑法》根据罪刑法定原则的要求，再次统一规定刑法溯及力采用从旧兼从轻的原则。根据修订后《刑法》第 12 条的规定，应当遵循以下原则：①行为时的法律不认为是犯罪的，不管修订后的《刑法》如何规定，都不能依据修订后的《刑法》追究，即刑法没有溯及力。如修订后《刑法》第 315 条规定的破坏监管秩序罪，以前的法律并不认为是犯罪，因此，就不能作为犯罪处理。②行为时的法律认为是犯罪，而修订后的刑法不认为是犯罪的，如果该行为未经审判或者判决尚未确定，即不认为是犯罪，也即刑法有溯及力。③当时的法律与修订后的刑法都认为是犯罪，且按照修订后《刑法》总则中关于时效的规定应当追诉的，[2] 原则上按照当时的法律追究；但如果修订后《刑法》处刑较轻的，应适用修订后的《刑法》。

对于继续犯、连续犯，行为跨越新旧法交替时，如果新旧法都认为是犯罪，无论新法处罚轻于旧法还是重于旧法，都适用新法。旧法处罚较轻的，在量刑时可以酌情考虑；如果旧法不认为是犯罪，新法认为是犯罪，就只追究新法生效后的部分。如果旧法认为是犯罪，新法不认为是犯罪，则不追究。

需要注意的是，"处刑较轻"是指刑法对某种犯罪规定的刑罚即法定刑比修订前刑法轻。法定刑较轻是指法定最高刑较轻；如果法定最高刑相同，则指法定最低刑较轻。如果《刑法》规定的某一犯罪只有一个法定刑幅度，法定最高刑或最低刑是指该法定刑幅度的最高刑和最低刑；如果《刑法》规定的某一犯罪有两个以上的法定刑幅度，法定最高刑或最低刑是指具体犯罪行为应当适用的法定刑幅度的最高刑或最低刑。同时，司法解释还规定：1997 年 10 月 1 日以后审理 1997 年 9 月 30 日以前发生的刑事案件，如果《刑法》规定的定罪处刑标准、法定刑与修订前刑法相同的，应当适用修订前《刑法》。[3]

对于正式的法律理解，即立法解释与司法解释，其效力适用于相关法律的施行期间。立法解释或者司法解释实施前发生的行为，行为时没有相关立法解释或者司法解释的，立法解释或者司法解释施行后尚未处理或者正在处理的案件，依照立法解释或者司法解释办理。而对于行

---

〔1〕 这里论述刑法的溯及力时，所称《刑法》也包含《刑法修正案》。

〔2〕 有关《刑法》关于追诉时效的规定是否有溯及力，刑法理论与司法实践上均有争议，立法解释与司法解释对此也观点不一。《最高人民法院关于适用刑法时间效力规定若干问题的解释》第 1 条、《公安部关于刑事追诉期限有关问题的批复》以及最高人民检察院发布的第 6 批指导案例中"马世龙（抢劫）核准追诉案"等 4 个指导性案例均体现了从旧兼从轻原则，而 2014 年 7 月 17 日全国人大法工委作出的《对刑事追诉期限制度有关规定如何理解适用的答复意见》、2018 年 10 月 10 日全国人大法工委发布的《对如何理解和适用 1997 年刑法第十二条第一款规定有关问题的意见》在追诉时效的问题上均坚持从新立场，2019 年最高人民法院研究室《关于如何理解和适用 1997 年刑法第十二条第一款规定有关时效问题征求意见的复函》则采取了从新与从旧兼具的原则。追诉时效是否具有溯及力，涉及追诉时效是刑事实体法问题还是刑事程序法问题。本书的观点是，诉讼时效主要是程序法问题，不受从旧兼从轻原则的限制。只要不是在 1997 年《刑法》施行前（按照 1979 年《刑法》有关规定判断）已超过追诉时效且不存在追诉时效延长事由的，就要按照 1997 年《刑法》刑法中的相关规定判断是否需要追诉。

〔3〕 1998 年 1 月 13 日施行的《最高人民法院关于适用刑法第十二条几个问题的解释》。

为时已经存在立法解释或者司法解释，之后相关解释发生变化的，司法实践通常也采取了从旧兼从轻的原则。如《最高人民法院、最高人民检察院关于适用刑事司法解释时间效力问题的规定》第3条指出："对于新的司法解释实施前发生的行为，行为时已有相关司法解释，依照行为时的司法解释办理，但适用新的司法解释对犯罪嫌疑人、被告人有利的，适用新的司法解释。"但正式解释也只是对刑法的解释，而并非刑法本身，不能因为正式解释不当，而对刑法作不当的适用。因此，正式解释不存在从旧兼从轻的问题，或者说正式解释应当具有溯及力，即对现行正式解释之前的行为，只要是在现行刑法施行之后实施的，就必须按正式解释适用刑法。如果旧的正式解释导致行为人误解刑法的，应当认为行为人没有违法性认识的可能性，不以犯罪论处，即以法律认识错误的处理原则进行救济。[1]

另外，修订后的《刑法》第12条第2款增加了"本法施行以前，依照当时的法律已经作出的生效判决，继续有效"的规定。这主要是指在按照审判监督程序重新审判案件时，不能因为修订后的刑法不认为是犯罪或者罪名变更、处刑较轻等而改变按当时的法律规定已经发生法律效力的判决、裁定。

■ 思考题

1. 我国《刑法》是如何规定属地管辖权的？
2. 我国《刑法》是如何设定属人管辖权的？
3. 刑法溯及力的规定主要有哪些原则？我国《刑法》是如何规定的？

■ 参考书目

1. ［英］詹宁斯等修订：《奥本海国际法》，王铁崖等译，中国大百科全书出版社1995年版。
2. 张明楷：《刑法学》，法律出版社2021年版。
3. 钊作俊：《刑法效力范围比较研究》，人民法院出版社2004年版。

[1] 参见张明楷：《刑法学》，法律出版社2021年版，第105~107页。

第七章　犯罪概说

■ 学习目的和要求

　　掌握犯罪的概念、特征，以及犯罪在理论上与立法上的分类。

第一节　犯罪的概念与特征

一、犯罪的概念

　　犯罪是一个耳熟能详的词语，但作为阶级社会中一种特有的社会、法律现象，它并不是自古就有的，它与国家和法的现象一样，也是一个历史的范畴。有些国家从犯罪的形式特征出发，认为犯罪仅仅是以刑事法律加以禁止或者以刑罚予以制裁的行为；也有一些国家注重犯罪的本质属性，从犯罪危害社会生存条件这一本质出发，认为犯罪首先是一种反社会的行为；还有些国家甚至没有在刑法中给出犯罪的概念，完全交由学说去讨论。与德国、日本等大陆法系国家或地区的刑法相比，我国刑法的一大特色表现为明文规定了犯罪的概念并坚持犯罪的实质内容与法律形式的统一，采用了一种混合的犯罪概念。《刑法》第 13 条从正面明确规定，"一切危害国家主权、领土完整和安全，分裂国家、颠覆人民民主专政的政权和推翻社会主义制度，破坏社会秩序和经济秩序，侵犯国有财产或者劳动群众集体所有的财产，侵犯公民私人所有的财产，侵犯公民的人身权利、民主权利和其他权利，以及其他危害社会的行为，依照法律应当受刑罚处罚的，都是犯罪"；同时又在但书中从反面确认，"情节显著轻微危害不大的，不认为是犯罪"。与此不同，在德国、日本等刑法没有明文规定犯罪概念的国家或地区，学理上一般认为犯罪是值得科处刑罚（即具有可罚性）的行为，并着眼于犯罪成立条件，将犯罪定义为该当构成要件、违法且有责的行为。[1] 这一定义反映出，首先，犯罪是客观的行为，而不是行为人主观的思想、心情；其次，犯罪行为必须具有构成要件该当性，即该行为要符合刑法中规定的某种具体的犯罪类型；再次，犯罪行为必须具有违法性，即客观上给社会带来不利影响、侵害法益；最后，行为人必须具有非难可能性，即可以就客观上出现的违法结果谴责行为人。

　　虽然《刑法》第 13 条着眼于犯罪的特征来定义犯罪，但这并不妨碍我们借鉴、参考大陆法系学理上的犯罪概念来理解我国刑法的规定、处理我国刑法适用中的问题。学理上的犯罪概念赋予了"犯罪"一词双重含义：其一，指具备了成立犯罪的全部条件的行为；其二，指该当构成要件且违法的行为，即不法行为。一方面《刑法》第 13 条可以说是在前一种含义上使用"犯罪"一词的。但是，我国刑法中确实也存在着在后一种含义上使用"犯罪"一词的情形。例如，《刑法》第 20 条第 3 款规定，"对正在进行行凶、杀人、抢劫、强奸、绑架以及其

---

〔1〕　参见［日］前田雅英：《刑法总论讲义》，曾文科译，北京大学出版社 2017 年版，第 16 页。

他严重危及人身安全的暴力犯罪，采取防卫行为，造成不法侵害人伤亡的，不属于防卫过当，不负刑事责任"。如果将这里的"犯罪"理解为上述第一种含义，那么对于精神病人杀人的，不能进行特殊正当防卫。因为精神病人不具有责任能力，欠缺成立犯罪的责任要件。如果将这里的"犯罪"理解为上述第二种含义，那么对于精神病人杀人的，也有成立特殊正当防卫的余地。因为责任能力只是责任要素，精神病人的杀人行为仍然属于该当故意杀人罪构成要件且违法的行为。为了充分保障防卫权利，后一种理解更妥当。因此，《刑法》第 20 条第 3 款中的"犯罪"不是《刑法》第 13 条意义上的犯罪，而是上述学理概念中后一种含义上的犯罪。

另一方面，《刑法》第 13 条但书提出了否定犯罪的一般性条件，"情节显著轻微危害不大"。其中，"危害不大"是指客观上造成的法益侵害程度较低或者说社会危害性不大，但"情节"的具体范围存在争议。首先，犯罪的实体是不法与责任，能够在实体上否定犯罪成立的情节一定是反映法益侵害程度较低或者非难可能性较小的情节。其次，根据《刑事诉讼法》第 16 条第 1 款第 1 项，符合《刑法》第 13 条但书的规定时，"不追究刑事责任，已经追究的，应当撤销案件，或者不起诉，或者终止审理，或者宣告无罪"。所以，但书不仅具有刑事实体法上的效果，而且能带来刑事程序上的不同处理结果。在刑事诉讼过程中考虑是否追诉犯罪人时，除了考虑实体上不法与责任的程度外，还应考虑犯罪人行为前后的表现等反映预防必要性的要素。所以，但书中的情节还包括影响预防必要性的情节。如此一来，"情节显著轻微"中就包括了"危害不大"这种情形，但书中的"情节显著轻微"与"危害不大"不是并列的两个条件，后者只是前者最为典型的一个示例而已。

值得讨论的问题是，审判中能否直接援引《刑法》第 13 条但书宣告无罪。传统观点重视但书的出罪机能，允许直接以"情节显著轻微危害不大"为由排除犯罪的成立。但也有观点看重但书对入罪的限制机能，主张符合但书规定的行为原本就不符合犯罪的成立条件，应当通过对具体的犯罪条件进行实质解释、以不具备某个犯罪成立条件为由宣告无罪，而不是直接根据但书宣告无罪。[1] 本书认为，实质解释的观点诚然值得提倡，但要将不具有可罚性的案件全都解释为不该当犯罪的构成要件，恐怕也存在难度。例如，日本学者前田雅英将不具有可罚的违法性的案件区分为绝对轻微型（如盗窃一块豆腐）与相对轻微型（如为了实现宪法保障的权利而罢工、游行以至于严重扰乱了社会秩序），前者可以通过实质解释排除构成要件该当性（如将刑法中的财物实质理解为具有一定经济价值以上的财产）达到出罪的目的，但后者则必须通过超法规的违法阻却事由（如权衡宪法权利的实现与秩序混乱的程度后认为保障了更为优越的利益）来出罪。[2] 当案件中不得不依靠超法规的违法阻却事由或责任阻却事由来否定犯罪成立时，法官由于缺少明确的法律规定往往犹疑不定、不敢直接宣告无罪。如果赋予法官直接援引《刑法》第 13 条但书以出罪的权限，给其提供一条可引用的"法律准绳"，或许更有利于推动法官做出合理的无罪判决。在此意义上，可以说但书具有宣示我国刑法承认存在超法规犯罪排除事由的作用。

二、犯罪的特征

从《刑法》第 13 条的规定中可以总结出犯罪的三大基本特征，即社会危害性（亦有的称为相当的社会危害性、严重的社会危害性等）、刑事违法性与应受刑罚惩罚性。[3] 传统观点认为，犯罪的三个基本特征紧密相联，并不是相互孤立、彼此割裂的，共同构成犯罪概念的总

---

〔1〕　参见张明楷：《刑法学》，法律出版社 2021 年版，第 119～120 页。
〔2〕　参见［日］前田雅英：《刑法总论讲义》，曾文科译，北京大学出版社 2017 年版，第 204～205 页。
〔3〕　参见高铭暄、马克昌主编：《刑法学》，北京大学出版社 2019 年版，第 42 页。

体，成为区分罪与非罪总的标准和尺度。社会危害性是具有决定性意义的犯罪本质特征，刑事违法性和应受刑罚惩罚性特征都是从这一本质特征中派生出来并由本质特征所决定的。也就是说，首先因为行为对社会造成了危害并达到了相当严重的程度，刑事法律规范才将其规定为犯罪并设立相应的刑罚处罚。但社会危害性又不是抽象和空洞的，其内容和范围要由刑事法律规范予以具体规定。如果没有刑法规范的具体规定，就无法界定犯罪的社会危害性，也没有相应的应受刑罚惩罚性可言。但是，上述理解未能将犯罪的基本特征与犯罪的成立条件对应起来，使得犯罪基本特征在处理具体犯罪时指导意义不大，或者说至多只能提供一个笼统、抽象的指导方向。为了融通我国刑法中规定的犯罪概念与大陆法系学理上的犯罪概念，从犯罪成立条件的角度重新理解犯罪的特征或许更加有益。

第一，可以将刑事违法性理解为构成要件该当性，即犯罪必须符合刑法规定的某种犯罪类型，才可能在形式上具有值得动用刑罚来应对的违法性。刑事违法性或构成要件该当性表明犯罪不仅是一种社会现象，也是一种法律现象。它不但包含着深刻的社会政治内容，而且具有明显的法律形式特征。强调犯罪认定上的法律特征，正是罪刑法定原则的重要体现。无论某种行为的社会危害性多么严重，当不具有刑事违法性或者说构成要件该当性时，即刑法没有将这种行为类型化地规定为犯罪时，就不能作为犯罪处理，否则违反罪刑法定原则的要求。

第二，应当客观地把握社会危害性，不考虑行为人主观上的"恶"（犯罪动机、目的、故意、过失等）或人身危险性，将其理解为对法益的客观侵害性（实质违法性）。根据受侵害法益的享有主体不同，可以区分为侵害个人法益的犯罪（如非法拘禁罪、盗窃罪等）、侵害社会法益的犯罪（如放火罪、妨害传染病防治罪等）与侵害国家法益的犯罪（如叛逃罪、滥用职权罪等）。对法益的侵害既可能表现为物质性的侵害，也可能表现为非物质性的侵害；既包括对法益的实际损害也包括对法益造成的危险。即便形式上具备了刑事违法性或构成要件该当性，但实质上没有对法益造成损害或危险的，不应当认定为犯罪。

第三，应受刑罚惩罚性则宜理解为行为人的非难可能性（有责性）。[1] 当行为具有构成要件该当性与法益侵害性后，尚不足以被认定为犯罪接受刑罚处罚，唯有具备非难可能性后才满足了犯罪的所有成立条件，此时国家才能发动刑罚权来清算其刑事责任。如此理解应受刑罚惩罚性，则其与德日刑法中所说的"可罚性"之间就存在着差异。可罚性是指犯罪能够被科处刑罚的属性，判断犯罪成立条件是否满足，实际上就是在判断犯罪是否具有可罚性。[2] 所以，可罚性的判断贯穿犯罪成立与否的判断始终，不仅体现在非难可能性的判断（即可罚的责任）上。如上所述，将不具有可罚的违法性的案件划分为绝对轻微型与相对轻微型，分别在构成要件该当性阶段通过实质解释否定犯罪成立与在违法性阶段通过法益衡量阻却犯罪成立，正是可罚性思想在构成要件该当性与违法性等有关法益侵害程度判断上的具体运用。

综上，刑事违法性、社会危害性、应受刑罚惩罚性分别对应于构成要件该当性、法益侵害性（实质违法性）、非难可能性（有责性），三者共同彰显了犯罪的可罚性这一基本属性。

---

〔1〕　参见黎宏：《刑法学总论》，法律出版社 2016 年版，第 50 页。如果认为预防必要性也是犯罪的成立条件之一，那么其与有责性的关系暂且不论，应当也划入应受刑罚惩罚性这一基本特征中。

〔2〕　关于可罚性概念的详细讨论，参见〔日〕松原芳博：《犯罪概念和可罚性：关于客观处罚条件与一身处罚阻却事由》，毛乃纯译，中国人民大学出版社 2020 年版，第 1 页。

第二节 犯罪的分类

犯罪的复杂性，决定了犯罪类别的多样化。我们可以采取不同的标准，对犯罪进行多种划分。例如，根据犯罪的结果可划分为实害犯与具体的危险犯、抽象的危险犯，根据犯罪的主观心态可划分为故意犯与过失犯，根据犯罪的完成形态可划分为预备犯、未遂犯、中止犯与既遂犯，等等。许多重要的犯罪分类在本书相应章节有具体、详细的论述，此处仅介绍较为重要却在后文较少涉及的犯罪分类。

一、理论上的分类

（一）重罪与轻罪

许多国家在立法上将犯罪分为重罪与轻罪，例如《德国刑法》第 12 条第 1、2 款规定，重罪是指法定最低刑为 1 年或 1 年以上有期徒刑的犯罪，轻罪是指法定最低刑为不满 1 年之有期徒刑或罚金的犯罪。我国《刑法》没有明确规定何谓重罪，何谓轻罪，所以我国重罪与轻罪的划分属于理论上的分类。需要注意的是，重罪与轻罪的划分不是以现实的具体犯罪为对象，而是以某一犯罪类型为对象，并以该罪的法定刑为标准。例如，《德国刑法》第 12 条第 3 款规定，"依本法总则规定或因情节特别严重或轻微而加重或减轻刑罚的，不影响重罪与轻罪的区分"。我国《刑法》第 7 条第 1 款规定，"中华人民共和国公民在中华人民共和国领域外犯本法规定之罪的，适用本法，但是按本法规定的最高刑为 3 年以下有期徒刑的，可以不予追究"；第 8 条规定，"外国人在中华人民共和国领域外对中华人民共和国国家或者公民犯罪，而按本法规定的最低刑为 3 年以上有期徒刑的，可以适用本法。"由此大体可以说，我国法定最低刑为 3 年以上有期徒刑的是重罪，其余的是轻罪。

（二）自然犯与法定犯

自然犯，又称刑事犯，是指违反公共善良风俗和人类伦理的传统型犯罪。如故意杀人、强奸、抢劫、盗窃、放火、爆炸等犯罪，其行为本身就自然蕴含着犯罪性，人们根据一般的伦理观念即可对其作出否定性评价。也就是说，此类犯罪成立的前提是对于人类基本良知与伦理的背离。法定犯，又称行政犯，是指违反经济、行政法规中禁止性规范的程度严重从而被刑法规定下来的犯罪。此类犯罪成立的基本前提是对于相应经济、行政类法规的违反，缺乏这一违法前提则难以构成犯罪。这类犯罪主要存在于刑法分则第三章破坏社会主义市场经济秩序罪与第六章妨害社会管理秩序罪中，如擅自设立金融机构罪、骗取出境证件罪等。简言之，自然犯本来就是一般观念中的犯罪，刑法只是"确认"其存在；法定犯则是由于刑法的"规定"，才具备了犯罪的属性。

但是，自然犯与法定犯的区分标准并不是绝对的，会随着时代的发展、道德伦理观念的变化而不断调整。例如，早年污染环境、滥伐林木等破坏环境资源保护的犯罪属于法定犯，但随着环境伦理的提倡、可持续发展的观念深入人心，渐渐地环境犯罪也具有了自然犯的色彩。反之，介绍卖淫罪等有关性风俗的犯罪在"性禁忌"观念强烈的时代，当然属于自然犯；但随着性观念的开放，这些犯罪也有可能被划入法定犯，甚至出现将其非犯罪化的主张。

我国刑法采取刑法典的模式，将自然犯与法定犯统归于刑法典及少量单行刑法中，没有真正意义上的附属刑法（即在行政法、经济法中直接确立罪刑规范，而不是仅仅提示"构成犯罪的，依法追究刑事责任"）。但国外一般采取刑法典主要规定自然犯，法定犯交由附属刑法或单行刑法来规定的模式。这主要是考虑到，法定犯受行政管理目的或经济政策的影响较大，较之自然犯具有更大的变动性，将法定犯直接规定在相应的行政法、经济法中，可以在一定程度上保障刑法典（仅规定与国民基本生活秩序相关的犯罪）的稳定性。

二、立法上的分类

（一）国事犯罪与普通犯罪

前者是指危害国家政权、社会制度及国家安全的犯罪；后者是指除国事犯罪以外的其他各类普通刑事犯罪。对国事犯罪，各国立法的表述各不相同，有的称为"国事罪""危害国家安全罪"，有的称为"反革命罪"。我国1979年《刑法》分则第一章称为"反革命罪"，1997年修订的《刑法》更名为"危害国家安全罪"，属于国事罪的范畴；其余第二章至第十章规定的各类犯罪，相对于"危害国家安全罪"而言，都是普通犯罪。但第十章军人违反职责罪在普通犯罪中又属于具有特殊性的一类犯罪，适用于军人违反职责危害国家军事利益的情形。

（二）自然人犯罪与单位犯罪

刑法规范的是人的行为，所有的犯罪实际上都是由自然人来实施的。以自然人为行为主体的犯罪，称为自然人犯罪；与此相对，以单位为行为主体的犯罪，即公司、企业、事业单位、机关、团体实施的危害社会的行为，是单位犯罪。根据《刑法》第30条，只有"法律规定为单位犯罪的"，才追究单位的刑事责任。刑法分则中对单位犯罪的规定有以下三种形式：

第一，将行为主体直接表述为单位。例如，《刑法》第161条违规披露、不披露重要信息罪规定，"依法负有信息披露义务的公司、企业向股东和社会公众提供虚假的或者隐瞒重要事实的财务会计报告，或者对依法应当披露的其他重要信息不按照规定披露，严重损害股东或者其他人利益，或者有其他严重情节的，对其直接负责的主管人员和其他直接责任人员，处5年以下有期徒刑或者拘役，并处或者单处罚金；情节特别严重的，处5年以上10年以下有期徒刑，并处罚金。"该罪的主体是"依法负有信息披露义务的公司、企业"，显然是单位犯罪。

第二，在规定某罪的条文中有专门规定单位犯罪的一款。例如，《刑法》第326条第1款规定，"以牟利为目的，倒卖国家禁止经营的文物，情节严重的……"；紧接着第2款规定，"单位犯前款罪的，对单位判处罚金，并对其直接负责的主管人员和其他直接责任人员，依照前款的规定处罚"。

第三，在某一类犯罪之后用专门的一条规定单位犯罪。例如，《刑法》第140~148条规定了生产、销售各种伪劣商品的犯罪，然后在第150条规定，"单位犯本节第140条至第148条规定之罪的，对单位判处罚金，并对其直接负责的主管人员和其他直接责任人员，依照各该条的规定处罚"。

（三）身份犯与非身份犯

在自然人犯罪中，需具有一定身份才能构成的犯罪，称为真正（构成）的身份犯。如成立贪污罪、受贿罪必须具有国家工作人员身份；成立滥用职权罪、玩忽职守罪必须具有国家机关工作人员身份；成立徇私枉法罪必须具有司法工作人员身份。不具有真正身份者，不能成立真正身份犯的直接正犯与间接正犯，只能与有身份者成立该罪的共犯。例如，根据《刑法》第382条第3款，与国家工作人员勾结伙同贪污的，以贪污罪的共犯论处。反过来看，如果任何人都能够成为某罪的直接正犯与间接正犯，那么该罪就不是真正的身份犯。例如，女性完全可以成为强奸罪的间接正犯，只是不能构成该罪的单独直接正犯而已，所以强奸罪并不是以男性为身份的真正身份犯。

成立犯罪虽然不需要具有一定的身份，但刑法明确规定某种身份影响刑罚的轻重时，称为不真正（加减）的身份犯。例如，任何人都可以成立非法拘禁罪，但根据《刑法》第238条第4款，国家机关工作人员利用职权犯非法拘禁罪的，从重处罚。在非法拘禁罪中，国家机关工作人员的身份就是不真正的身份。

身份不影响犯罪成立与否，且不属于法定的量刑事由时，是非身份犯，例如盗窃罪、诈骗罪、聚众斗殴罪等。

（四）基本犯、加重犯与减轻犯

基本犯是指刑法分则中不具有法定加重或减轻情节的犯罪，适用基本法定刑。与此相对，因具有刑法分则中法定的加重情节从而适用升格法定刑的，是加重犯；因具有刑法分则中法定的减轻情节从而适用较轻法定刑的，是减轻犯。加重犯中，当加重情节表现为超出基本犯结果的加重结果时，称为结果加重犯。例如，相较于故意伤害这一基本犯，故意伤害致人死亡就属于结果加重犯。又如，《刑法》第 263 条规定"以暴力、胁迫或者其他方法抢劫公私财物的"，构成抢劫罪的基本犯，适用"3 年以上 10 年以下有期徒刑，并处罚金"这一基本法定刑；但是符合第 5 项的规定，"抢劫致人重伤、死亡的"，适用"10 年以上有期徒刑、无期徒刑或者死刑，并处罚金或者没收财产"这一升格法定刑，属于结果加重犯。再如，《刑法》第 232 条规定故意杀人罪的基本犯的法定刑是"死刑、无期徒刑或者 10 年以上有期徒刑"；情节较轻时"处 3 年以上 10 年以下有期徒刑"，适用这一档法定刑的就属于故意杀人罪的减轻犯。

（五）亲告罪与非亲告罪

亲告罪是指告诉才处理的犯罪。根据《刑法》第 98 条，亲告罪一般由被害人提出告诉，但如果被害人因受强制、威吓无法告诉的，人民检察院和被害人的近亲属也可以告诉。刑法中只有侮辱罪（第 246 条）、诽谤罪（第 246 条）、暴力干涉婚姻自由罪（第 257 条）、虐待罪（第 260 条）与侵占罪（第 270 条）是亲告罪。但是，①严重危害社会秩序和国家利益的侮辱罪、诽谤罪，②致使被害人死亡的暴力干涉婚姻自由罪，③致使被害人重伤、死亡的虐待罪，不属于"告诉才处理"。这五个犯罪之外的，都是非亲告罪。

我国刑法中的亲告罪都属于侵害个人法益的犯罪。之所以规定为亲告罪，主要基于以下三点考虑：其一，由国家径自提起公诉反而会给被害人带来二次伤害，如侮辱、诽谤等侵害名誉的情形；其二，行为人与被害人之间具有较为亲密的关系，国家强行介入反而不利于双方关系的恢复，甚至完全违背被害人的意愿，如暴力干涉婚姻自由、虐待家庭成员以及侵占委托物的情形；其三，缺少被害人的告诉与配合往往难以发现案件、搜集证据，如侵占遗忘物的情形。

另外需注意的是，告诉才处理与自诉（《刑诉法》第 210 条）的法理根据不同，二者没有直接关系。告诉才处理是对国家追诉原则的限制，而自诉是国家追诉原则的例外，只是为了减轻追诉机关的负担。因此，告诉才处理并不意味着必须通过自诉的方式开启刑事审判程序，也就是说，亲告罪也完全存在被害人提起告诉后走公诉程序开启刑事审判的余地。[1]

■ **思考题**

1. 如何理解刑法中犯罪的基本特征？
2. 如何区分自然犯与法定犯、真正的身份犯与不真正的身份犯？

■ **参考书目**

1. 冯亚东：《理性主义与刑法模式：犯罪概念研究》，中国政法大学出版社 2019 年版。
2. ［日］曾根威彦：《刑法学基础》，黎宏译，法律出版社 2005 年版。

---

〔1〕 参见易延友：《刑事诉讼法：规则 原理 应用》，法律出版社 2019 年版，第 190~191 页。

第八章 犯罪论体系

■ 学习目的和要求

　　了解三种犯罪论体系的基本构造与区别，掌握本书采用的三阶层犯罪论体系。

第一节 犯罪论体系概述

一、犯罪论体系的概念

　　按照一定的指导理念有序排列构成犯罪的各要件及其具体要素，以判断犯罪成立与否的思考框架，称为犯罪论体系。换言之，犯罪论体系是通过合理组织判断犯罪各成立条件及其具体构成要素，以准确把握犯罪成立与否的一整套知识系统。正如不同的语言有不同的"语法"一样，在不同的历史时期、不同的国家领域，存在着有关犯罪成立与否的不同思考框架，即不同的犯罪论体系。具有代表性的，主要有苏联以及我国传统刑法学说支持的平面式犯罪论体系，以英美为代表的双层次犯罪论体系，以及以德日为代表、近年来也为我国刑法学界逐渐接受的阶层式犯罪论体系。

二、苏联平面式犯罪论体系

（一）平面式犯罪论体系的轮廓

　　我国传统刑法学中一般不使用犯罪论体系这一表述，而是习惯用"犯罪构成"这一用语。该用语来源于苏联刑法理论。苏联犯罪构成理论是社会主义国家犯罪构成学说的代表，批判地借鉴大陆法系刑法理论中的构成要件论而形成。1946年苏联出版了特拉伊宁教授撰写的专著《苏维埃刑法上的犯罪构成》，它是苏联第一部专门研究犯罪构成理论的著作。[1] 该书对犯罪构成的概念、要件、理论体系、意义及各相关问题，都作了十分全面、系统的论述，并对资产阶级犯罪构成理论的诸多方面观点提出了批判。苏联的犯罪构成理论有两个基本特点：①认为犯罪构成系说明行为的社会危害性的要件；②认为犯罪构成系犯罪的客体、犯罪的客观方面、犯罪的主体、犯罪的主观方面的统一体，因而犯罪构成本身即包含了上述成立犯罪所必需的所有要件。

　　我国的犯罪构成理论是20世纪50年代初期从苏联直接引进的，它是在吸收他国犯罪构成学说的内容、总结我国实践经验的基础上逐步建立起来的。在我国传统刑法学理论中，犯罪构成是由刑事实体法规定，决定某一行为社会危害性及其程度，并为成立该种犯罪所必需的客观要件和主观要件的总和。犯罪构成与犯罪概念具有密切的联系，就说明犯罪问题的功能作用来看，两者又有一定的差别，表现为抽象与具体、宏观与微观的关系。犯罪概念是确定犯罪的总

---

　　[1] 参见［苏联］特拉伊宁：《犯罪构成的一般学说》，薛秉忠等译，中国人民大学出版社1958年版。

标准，是犯罪特征的高度概括，犯罪构成解决犯罪的形成及法定条件问题，因而是犯罪概念的具体化；犯罪概念反映犯罪的基本特征，揭示犯罪的社会属性和法律性质，从而为犯罪构成的立法化提供了具体的界定尺度。由于犯罪的本质特征是行为具有严重的社会危害性，行为社会危害性的有无及其程度大小对于犯罪是否成立具有决定性的意义。又由于犯罪构成是犯罪概念的具体化，是认定犯罪的具体标准，因此犯罪构成要件的选择，就必须能在整体上体现犯罪的本质特征。只有这样，才能说符合犯罪构成的行为是犯罪。换言之，犯罪构成的各个要件从不同角度说明行为的社会危害性；犯罪构成的整体说明社会危害性达到了犯罪的程度。

具体而言，犯罪构成是一个有机的整体，是由各相互依赖、相互作用的主客观要件共同组成的。犯罪构成要件，是犯罪构成的基本单元，是犯罪构成整体的各个有机的组成部分。关于犯罪构成要件究竟包括哪些方面，我国刑法理论界历来存在着不同的观点，有所谓"四要件说""五要件说""三要件说"和"二要件说"等。[1] 其中"四要件说"是我国传统刑法理论的通说，认为犯罪构成包括犯罪客体、犯罪客观方面、犯罪主体和犯罪主观方面四个要件。[2] 犯罪构成的四个要件中：①犯罪客体是用以说明犯罪社会危害性有无的要件，它是犯罪本质特征在犯罪构成中的最集中反映，是我国刑法所保护而被犯罪行为所侵害的社会关系。②犯罪客观要件是用以说明我国刑法所保护的社会关系是通过行为人怎样的行为受到侵害，在怎样的情况下受到侵害，以及受到怎样的侵害的要件，包括危害行为、危害结果以及二者之间的因果关系等。③犯罪主体是用以说明构成犯罪之人的基本特性的要件，它不仅包括自然人和法人（单位）、自然人的刑事责任年龄和刑事责任能力状况，在一定条件下还包括了行为人的特殊身份与特定地位。④犯罪主观要件是用以说明行为人是在怎样的心理状态支配下实施危害社会行为的要件，包括罪过（犯罪故意和犯罪过失）以及某些特定的犯罪目的等，它是犯罪主观恶性的重要体现。

（二）平面式犯罪论体系的结构

我国传统学说认为，犯罪构成要件有一定的层次结构。所谓犯罪构成的层次结构，就是犯罪构成内部诸种要件的等级序列及其组合形式。一般认为，犯罪构成可以划分为以下四个层次：①犯罪构成本身，也就是由刑事实体法规定的、决定某一行为成立犯罪所必需的客观要件和主观要件的有机整体。它在犯罪构成中处于最高层次的地位。②犯罪构成系统的两个组成部分，即客观方面和主观方面。前者反映着行为人客观方面的基本特征；后者则反映着行为人主观方面的基本特征。③犯罪构成两大组成部分之下的四个构成要件。它们是犯罪构成客观要件和主观要件进一步划分的结果，包括犯罪客观方面下的犯罪客体和犯罪客观要件以及犯罪主观方面下的犯罪主体和犯罪主观要件。④犯罪构成四个要件的要件内部各自的进一步划分，是说明其内部组成的更为具体的事实特征。例如，在犯罪主体之下，有犯罪的一般主体、特殊主体（包括刑事责任年龄、刑事责任能力及其具有刑法意义的身份特征）和单位主体；在犯罪主观要件之下，又有犯罪的故意、过失和具有刑法意义的犯罪目的等；在犯罪客观要件之下，有犯罪危害行为、危害结果以及它们之间的因果联系；在犯罪客体之下，有各种具体的社会关系和我国刑法规定应予保护的部分。

尽管犯罪构成理论也具有上述"层次结构"，但这仅仅反映了不同层级概念间的包容关系，而不是同一层级的犯罪成立条件在判断上的逻辑关系。例如，在上述第三层级，关于犯罪构成四要件如何进行排列，传统刑法学理论一直存在不同的认识，有的主张依犯罪主体、犯罪

---

〔1〕 参见赵秉志主编：《刑法争议问题研究》，河南人民出版社 1996 年版，第 184 页以下。

〔2〕 参见高铭暄、马克昌主编：《刑法学》，北京大学出版社 2019 年版，第 48 页。

主观要件、犯罪客观要件、犯罪客体的顺序排列；有的主张依犯罪客体、犯罪客观要件、犯罪主观要件、犯罪主体的顺序排列；也有的主张依犯罪客体、犯罪客观要件、犯罪主体、犯罪主观要件的顺序排列等。上述意见分歧缘于学者们对"四要件"之间的逻辑联系及其在认定犯罪中的作用大小存在不同认识。但从另一个角度看，无论如何排列这四个要件，在案件处理结果上不会产生差别，因为犯罪的四个要件都是用以说明社会危害性有无及其程度的，相互之间存在着耦合关系，四个要件"一有俱有，一无俱无"。四个要件中任何一个要件的判断都不以另一个要件的存在为前提，甚至允许"客观（的社会危害性）不足主观（的社会危害性）来补"的做法。四个要件如同拼积木一般，同时具备了才属于"犯罪构成"，从哪个要件开始下手分析并没有太大影响。正是在这个意义上，肇始于苏联、后被我国传统刑法学说采用的犯罪构成理论，被称为平面式犯罪论体系，区别于犯罪各成立条件之间具有递进关系（即严格规定各条件的判断顺序，前一条件未满足时则无判断后一条件的必要；后一要件的判断也不影响前一要件的判断结论）的阶层式犯罪论体系。

三、英美双层次犯罪论体系

（一）双层次犯罪论体系的轮廓

与苏联平面式犯罪论体系仅着眼于犯罪实体层面的构造不同，以英美为代表的双层次犯罪论体系是在普通法的发展过程中，由法官总结刑事诉讼程序经验、提炼刑事判例规则而形成的。换言之，双层次犯罪论体系立足刑事程序，着眼于如何在对抗制诉讼模式下认定犯罪成立。可以说，双层次犯罪论体系正是英美对抗制刑事诉讼模式在刑事实体法上的投影。具体而言，在这种犯罪论体系下成立犯罪需要同时满足两个层次的条件。

第一层次是犯罪本体要件（或称为实体性犯罪构成要件），即存在罪行，由犯行（actus reus）与犯意（mens rea）两部分组成。其中，犯行又由行为（act）与意识（voluntariness）构成。为了限制国家权力、防止惩罚思想，只有有意识的行为才称得上刑法意义上的行为。从表现形式上看，犯行包括作为（action）、不作为（omission）以及某种事态（possession，如持有）。另外，犯行中要求行为（actus）引起有害结果（reus），即要求二者间具有因果关系（causation）。犯意，又称犯罪心态（guilty mind），是指行为人应受谴责的心理状态，表现为蓄意（intention）、明知（knowledge）、轻率（recklessness）以及疏忽（negligence）等。在犯意的认定上，英美刑法中的一大特色是对部分犯罪采取严格责任，即在具有犯行后，不要求行为人认识到所有的行为事实，即便只对刑法明确规定的部分行为事实有认识，也可以构成犯罪。

第二层次是责任充足要件（或称为程序性犯罪构成要件），即不存在抗辩事由（legal defense）。抗辩事由包括正当化事由（如正当防卫、紧急避险、执法行为等）与可宽恕事由（如未成年、胁迫、醉态、精神障碍等）。虽然两种抗辩事由都导致责任要件不充足，但"正当抗辩关注的是行为或结果的正当与否；可宽恕抗辩事由关注的是行为人"。[1] 一般而言，具备正当化事由的行为是正确的、甚至值得褒奖的；而只是具备可宽恕事由的行为仍应给予否定性评价，只是基于行为人的特殊原因不再动用刑法予以谴责。另外，由于抗辩事由总是与具体的案件紧密相连，所以一方面，抗辩事由本身非一成不变，而是呈现出开放姿态，随着判例的积累不断变动，允许超法规的抗辩事由；另一方面，即便是同样的抗辩事由，根据案情不同，对不同被告人刑事责任的影响也未必完全一致。

（二）双层次犯罪论体系的结构

之所以区分为上述两个层次，与英美法系中刑事案件的证明责任分配以及控辩攻防的展开

---

〔1〕 ［美］约书亚·德雷斯勒：《美国刑法纲要》，姜敏译，中国法制出版社 2016 年版，第 205 页。

形式紧密相关。首先，这两个层次的判断顺序不能颠倒，需要检察官先排除合理怀疑地证明行为人满足了犯罪本体要件（第一层次）。如果检察官不能排除合理怀疑地证明行为人满足了犯罪本体要件，那么当然不构成犯罪，没有讨论抗辩事由的余地。其次，当行为人被证明具备犯罪本体要件后，原则上就需要承担刑事责任，除非提出抗辩事由。再次，当行为人提出抗辩事由并予以一定程度证明后，检察官则需要进一步否定抗辩事由的存在，即证明责任充足要件（第二层次）。可见，第一层次的犯罪本体要件是任何一个刑事案件中成立犯罪都必须满足的要件；而第二层次的责任充足要件并不是每个案件中都必须证明存在的，仅在被告人与辩护人提出抗辩事由时，才有必要考虑该要件是否满足。

　　关于犯罪本体要件与抗辩事由的关系，还存在着不同看法。一种观点认为，如果存在抗辩事由则犯罪本体要件也就不存在，当然更不可能构成犯罪。按照这种理解，犯罪本体要件与抗辩事由虽然在诉讼进程中是分阶段展开的，但从实体法的角度来看，既然第一层次的最终结论取决于第二层次的判断结果，则说明二者是同一层次的判断。如此一来，双层次犯罪论体系仍然是平面式的。另一种观点则认为，即便存在有效的抗辩事由，犯罪本体要件仍然存在，即在承认犯罪本体要件充足的前提下仅仅否定最终犯罪的构成。按照这种理解，后一层次的判断不影响前一层次的判断结论，所以犯罪本体要件与抗辩事由不仅在刑事程序中呈现阶层性，在实体法上也是递进式的。如此一来，则可以说双层次犯罪论体系是阶层式的。究竟采用上述哪种观点，实际上取决于如何界定抗辩事由的范围。如果认为抗辩事由中包括被告人或辩护人为削弱甚至否定检察官就犯罪本体要件所作的证明而提出的抗辩，例如，通过事实认识错误的辩护主张误认为枪击的对象是铜像而不是活人，试图否定杀人罪的犯意时，那么抗辩事由当然与犯罪本体要件相关，上述第一种观点具有合理性。[1] 与此相对，如果认为抗辩事由仅限于与犯行、犯意无关的事由，那么仍然可以说检察官排除合理怀疑地证明了犯罪本体要件，只是因为存在司法实践中认可的抗辩事由而不构成犯罪，从而上述第二种观点更为妥当。由于"法律工作者一直在一种宽松意义上使用该词，这就使得辩护事由成了英美刑法中最扑朔迷离的一个词"，[2] 在未统一抗辩事由范围的情况下，上述两种观点的争议恐怕将继续存在下去。

四、德日阶层式犯罪论体系

（一）阶层式犯罪论体系的轮廓

　　德日刑法学中一般将犯罪定义为该当构成要件、违法且有责的行为。[3] 阶层式犯罪论体系与犯罪概念紧密相连，将犯罪的成立条件大体分为三个阶层，即构成要件该当性、违法性与有责性（责任）。其中，①构成要件该当性指案件事实是否符合了刑法预设的某种犯罪类型；构成要件该当性也被称为构成要件符合性（在本书中，该当性与符合性的含义完全等同）。②违法性指行为在实质上是否侵害法益或者违反了刑法规范的禁止或命令；③有责性则是指行为人对该当构成要件且违法的行为是否具有非难可能性。

　　在学说史上，不同学派对各犯罪成立条件下具体包括哪些要素，存在不同见解。首先，古典的犯罪论体系认为构成要件要素都是记述的构成要件要素（如"人""财物"），构成要件该当与否是纯粹的客观判断、事实判断，不包含主观的要素，也与价值判断无关；在违法性阶

---

　　〔1〕　严格来说，在这种理解下，抗辩事由中还包括与犯罪本体要件无关的抗辩事由，所以需要针对不同的抗辩事由分别判断其与犯罪本体要件的关系，使得双层次犯罪论体系同时具有平面式的一面与阶层式的一面。

　　〔2〕　陈兴良主编：《犯罪论体系研究》，清华大学出版社 2005 年版，第 103 页。

　　〔3〕　参见〔日〕山口厚：《刑法总论（第 3 版）》，付立庆译，中国人民大学出版社 2018 年版，第 23 页。

段，只承认法定违法阻却事由（如正当防卫）；主观的要素都放在责任阶段判断，采用心理责任论，判断行为人有无责任能力、有无故意或过失。其后，新古典的犯罪论体系在构成要件该当性阶段承认存在需要介入价值评判的规范的构成要件要素（如"淫秽""猥亵"），并承认主观的违法要素（如非法占有目的），从而构成要件该当性阶段不再是单纯的客观判断、事实判断；在违法性阶段从阻却违法的实质根据出发，承认超法规的违法阻却事由（如自救行为、正当业务行为），对违法性的判断更加实质化；在责任阶段，一方面继续维持故意、过失属于责任要素，另一方面则提出了期待可能性（客观的责任要素）的概念，并承认超法规的责任阻却事由（如欠缺违法性认识的可能性），使得心理责任论转向了规范责任论，从而责任阶段也不再单纯是事实判断，带有了规范判断的色彩。后来，随着目的行为论的兴起，故意、过失被确定为违法要素并作为主观的构成要件要素纳入构成要件该当性的判断中，如此一来，责任阶段的判断更集中地体现为非难可能性的评价，进一步凸显了规范判断的属性。[1] 晚近目的理性的犯罪论体系则试图打破"刑法是刑事政策不可逾越的藩篱"这一鸿沟，将刑事政策考虑纳入犯罪论体系中，从犯罪预防必要性的角度考察各个犯罪成立条件是否成立。例如，在德国与日本，刑法并没有像我国一样规定盗窃的数额必须达到较大的程度才构成犯罪，从而形式上盗窃一元钱的行为也该当了盗窃罪的构成要件。但对于轻微的财产犯罪，没有必要发动刑罚权、动用刑事司法资源来追诉、处罚，所以通过对"财物"的实质解释，将其限定为具有一定交换或使用价值的财物，从而在构成要件该当性阶段否定盗窃一元钱的行为构成犯罪。

（二）阶层式犯罪论体系的共识

阶层式犯罪论体系发展至今，虽然在各阶层的具体判断要素上存在分歧，但仍然可以总结出一些基本共识。

第一，严格区分不法与责任，因没有实质违法性而不构成犯罪还是因欠缺非难可能性而不构成犯罪，在刑法上是两种不同的评价。换言之，正当防卫时杀人（欠缺实质违法性）与10岁儿童杀人（欠缺非难可能性）虽然最终都不构成犯罪，但前者在刑法中应评价为合法行为，甚至是受鼓励的行为，而后者却不能说是合法的，仍应从正面承认其具有法益侵害的性质。

第二，判断犯罪是否成立时必须严格按照阶层顺序，不满足前一阶层的要素时应当否定犯罪的成立，不需要再考虑后一阶层的要素，更不能以后一阶层的某要素满足程度较高为由补足前一阶层本不具备的要素。例如，外甥为了继承舅舅的遗产劝舅舅雷雨天外出散步，希望舅舅被雷电击中，舅舅果然遭遇雷击而死的案件中，外甥并没有实施类型化的杀人行为，劝舅舅出门散步也没有增加日常生活中的风险，所以不能说本案中存在杀人的实行行为，从而客观构成要件不满足，不构成犯罪。既然客观构成要件都不满足，那么外甥主观上是否有犯罪故意就没有考察的必要了。不能因为知悉外甥劝舅舅出门散步的动机，考虑到其主观恶性很大，就以这种主观上的邪恶念头来补足其实行行为的欠缺。

第三，除了记述的构成要件要素外，还存在着规范的构成要件要素。构成要件该当性不是纯粹的事实判断，而是带有价值色彩的规范判断，构成要件具有违法推定机能。构成要件是立法者设定的具体犯罪类型，立法者不会将价值上好的行为规定为犯罪，只会将有害于公民、社会与国家的行为规定为犯罪，所以构成要件的设立本身已经反映了立法者的价值评判。行为该当构成要件时，原则上都推定具有违法性。

第四，违法性阶段不仅要从形式上判断是否违反了刑法规定或是否具备法定的违法阻却事

---

〔1〕 参见林钰雄：《新刑法总则》，元照出版有限公司 2018 年版，第 131~132 页。

由，而且要从实质违法性的角度出发承认存在超法规的违法阻却事由。虽然构成要件该当性的判断需要严格遵循罪刑法定原则，不能通过类推解释的方法创设不能为刑法文本所涵盖的新的犯罪类型，但超出刑法文本承认超法规的违法阻却事由却不存在违反罪刑法定原则的问题。这是因为，罪刑法定原则与超法规的违法阻却事由的作用方向是一致的，而不是相悖的。具体而言，罪刑法定原则的核心机能在于保障人权、保障国民的自由、保障预测可能性，均是有利于行为人的；而超法规的违法阻却事由也是朝着有利于行为人的方向发挥作用的，超法规的违法阻却事由越多，把行为人排除出犯罪的机会就越多。

第五，责任阶段采用以"期待可能性"为核心的规范责任论，不是单纯判断行为时事实上的主观心态，而是主要判断行为人是否值得谴责，是否具有非难可能性。

（三）阶层式犯罪论体系的争论

基于上述共识，阶层式犯罪论体系内部的争论主要集中于故意与过失的体系性定位这一问题上，即故意与过失究竟是违法要素还是责任要素。与此紧密相关的是如何界定实质违法性的问题，究竟是法益侵害还是规范违反，抑或二者需要同时考虑。而实质违法性的确定，又关系到如何把握超法规违法阻却事由的根据，如何理解未遂犯的处罚根据等等。例如，如果认为实质违法性指的就是对客观世界造成的损害，那么故意杀人与过失致人死亡的违法性就是一样的，只不过在故意杀害他人的场合要比在过失致人死亡的场合更严厉地谴责行为人，所以故意、过失只是责任要素。如果认为实质违法性指的是对刑法规范的违反，那么故意杀人时对刑法规范的违反、背离程度显然高于过失致人死亡的场合，所以故意、过失是彰显违法性程度高低的要素。又如，如果认为实质的违法性是指对法益的客观侵害，那么当侵害较小法益保护了更大法益时就应该阻却违法性，从而违法阻却事由的根据在于法益衡量。如果认为实质的违法性是指对规范的违反，那么当社会一般人都认可某种行为的存在时就不宜再说该行为突破了规范的要求，从而违法阻却事由的根据在于社会相当性。再如，如果强调处罚未遂犯时也需要有对法益的侵害或者危险，那么本着杀人故意却将子弹打入尸体的案件中，既不存在对生命的侵害也不存在对生命的现实危险，不成立故意杀人未遂。如果强调未遂犯的处罚根据在于透过客观上的行为反映出行为人违反刑法规范的态度，那么在上述射杀尸体的案件中，通过开枪这一举动就能够看出行为人试图突破刑法"禁止杀人"这一规范要求，所以即便客观上不存在对生命的侵害或危险，也要作为故意杀人未遂处理。可见，在阶层式犯罪论体系中各个阶层虽然有不同的判断任务，但三个阶层构成的是一个有机联系的整体。如何安排一个要素在体系中的位置，如何理解一个要素的内容，关系到许许多多刑法解释学具体问题的处理结论，可谓牵一发而动全身。

虽然德日刑法学通说采用的是构成要件该当性—违法性—责任这样的三阶层犯罪论体系，但也存在着二阶层与四阶层的见解。二阶层的观点一般认为构成要件该当性与违法性都是就行为是否侵害法益或违反刑法规范做判断，一个是从正面做判断，一个是从反面做判断，所以将二者整合为不法这一个阶层。[1] 四阶层的见解中有的是在构成要件该当性之前加入"行为"这一阶层的判断，认为倘若现实中发生的行为（如梦游时将人杀死的举动）根本称不上刑法中的行为时，就没有必要判断是否该当犯罪的构成要件，当然不构成犯罪；[2] 有的则是在责任阶段后再加入"可罚性"这一阶层，判断是否存在客观处罚条件或个人处罚阻却事由，或

---

〔1〕 我国采用这种做法的，参见张明楷：《刑法学》（上），法律出版社 2021 年版，第 130 页以下。

〔2〕 参见 ［日］ 曾根威彦：《刑法学基础》，黎宏译，法律出版社 2005 年版，第 180~181 页。

者判断行为是否达到了动用刑罚予以应对的程度。[1] 例如,《日本刑法》第 197 条第 2 款规定事前受贿罪,"将要成为公务员的人,就其将要担任的职务,接受请托,收受、要求或者约定贿赂,其成为公务员时,处 5 年以下惩役"。其中"成为公务员时"就属于客观处罚条件。又如,根据《日本刑法》第 244 条第 1 款,配偶、直系血亲或者同居的亲属之间犯盗窃罪的,免除刑罚。"配偶、直系血亲或者同居的亲属"这种身份关系被认为是个人处罚阻却事由。但无论采用三阶层、二阶层还是四阶层,在区分不法与责任,以及强调各阶层之间以及阶层内部各要素之间判断的先后顺序这两点上,是共通的。

第二节　犯罪论体系的比较

一、评价犯罪论体系的标准

我国传统刑法理论采用的是苏联平面式犯罪论体系,但晚近以来刑法学界出现了有关犯罪论体系是否需要重构的大讨论。犯罪论体系的选择关乎刑法学理论的根基,反映了学界有关刑法解释、刑法适用的基本立场,是个不容忽视的重要问题。关于这一问题,主要呈现出三种观点,第一种观点主张坚守、延续传统的平面式犯罪论体系;第二种观点提倡借鉴、吸收英美双层次犯罪论体系与德日阶层式犯罪论体系的部分内容,在不改变客观要件与主观要件二分的前提下,改造平面式犯罪论体系;第三种观点则倡导全盘引入德日犯罪论体系,在阶层式犯罪论体系中解决中国刑法面临的具体问题。

采用哪种犯罪论体系,受诸多因素的影响,如国家意识形态、国民文化传统、社会哲学思潮、司法实践习惯等。正如不能评判某一种语言的语法是对还是错一样,犯罪论体系也没有对错之分。但犯罪论体系毕竟不是单纯的思想体系,必须能用以指导实践中犯罪成立与否的具体判断,所以"是否好用"是选择犯罪论体系时最重要的一项指标。如解答立体几何题时,究竟是选择用建立坐标系的向量法还是构造辅助线的平面几何法,不取决于两种方法的对错,而取决于能否便捷、准确地得出答案。犯罪论体系正是解决犯罪成立与否的一整套方法,在判断其"是否好用"时,需要把握以下几个标准:其一,体系上的整合性,即犯罪论体系是否逻辑自洽,论证犯罪成立与否的思考过程是否清晰且可重复检验;其二,结论上的合理性,即能否准确反映犯罪的本质,符合刑法基本原则的要求,在解决典型案件之外能否有效解决疑难案件、临界案件;其三,判断上的经济性,即在判断犯罪成立与否的过程中是否存在无用功、不必要的判断。

二、阶层式犯罪论体系与双层次犯罪论体系的比较

德日阶层式犯罪论体系与英美双层次犯罪论体系有共通之处,即都强调判断的层次,而不是在一个平面排列各个要件,不承认各个不同要件之间存在互相补充的关系。在英美双层次犯罪论体系中,犯罪本体要件不满足时就不必考虑责任充足要件;无论犯罪本体要件得到满足的程度有多高,都不能据此否定抗辩事由的运用。在德日阶层式犯罪论体系中,倘若构成要件都不该当,那么就没有必要考虑违法阻却事由的问题;无论行为的实质违法性有多高,也不能据此认为行为人必然具有非难可能性。所以,苏联平面式犯罪论体系的思考模式与英美双层次犯罪论体系、德日阶层式犯罪论体系的思考模式之间存在本质区别。只要引入了分层次、分阶层的思考方法,那么"改造"传统平面式犯罪论体系与"重构"我国犯罪论体系的提法,并不

---

[1]　也存在着"行为—构成要件该当性—违法(阻却)—责任(阻却)—可罚性(阻却)"这种五阶层体系的观点,参见〔日〕高桥则夫:《刑法总论(第 3 版)》,李世阳译,中国政法大学出版社 2020 年版,第 56 页

会有本质上的差异。[1]

英美双层次犯罪论体系与英美刑事程序的展开以及判例的发展具有密不可分的关系。自沈家本修法以来，无论是民国时期的刑法理论还是新中国成立后效法苏联建立起来本土刑法理论，从根本上说还是大陆法系的刑法理论。全盘引入英美法系的犯罪论体系会对我国刑法理论传统造成过大冲击，我们也欠缺全面移植这套犯罪论体系的刑事法制土壤。例如，我国的刑事诉讼还不是当事人主义下的完全对抗制模式、我国不实行判例法制度、我国也没有英美普通法传统等。一方面英美犯罪论体系中区分层次的做法，在德日阶层式犯罪论体系中也得到了充分体现，后者在法系上与我国更为契合。另一方面，英美犯罪论第一层次的判断中区分犯行与犯意，但这两部分的判断基本上是事实判断，而不是规范判断、价值判断，在这一点上与苏联平面式犯罪论体系中客观方面、主观方面的判断具有相似性。而德日阶层式犯罪论体系中，除了历史上的古典犯罪论体系仍然坚持主客观二分法，采用"不法＝客观，责任＝主观"这一模式外，现在的阶层式犯罪论体系中都只强调不法与责任的分离，不坚持不法与客观、责任与主观的严格对应关系。甚至可以说，当下的阶层式犯罪论体系已经打破了主客观这种事实上的二分法，转而采用了不法与责任这种评价上的二分法。申言之，在阶层式犯罪论体系之下，构成要件该当性、违法性与有责性这三个犯罪成立条件都是对行为属性的评价，是一种有关行为性质的规范判断，而不是单纯的事实判断。在这一点上，可以说德日阶层式犯罪论体系与苏联平面式犯罪论体系、英美双层次犯罪论体系存在本质区别。换言之，德日阶层式犯罪论体系是从价值上去"评判"某个行为是否属于犯罪，是否值得国家发动刑罚权予以应对；而另两种犯罪论体系只是从事实上去"认识"某个行为，判断该行为是否具备一定的事实特征。

三、阶层式犯罪论体系与平面式犯罪论体系的比较

（一）平面式犯罪论体系的弊端

通过与另外两种犯罪论体系，尤其是德日阶层式犯罪论体系相比，可以看出我国传统的平面式四要件犯罪论体系存在诸多弊端。

第一，犯罪客体这个要件是指我国刑法所保护而为犯罪行为所侵犯的社会关系。但保护社会关系、保护法益应当是刑法的任务、机能所在。将刑法所欲保护的对象、刑法本应完成的任务、刑法所要追求的目的作为犯罪的组成部分，在逻辑上存在重大问题。

第二，平面式犯罪论体系采用的是整体判断的方法，通过"社会危害性"这一抽象的概念使得本来处于二元对立状态的主观要件与客观要件之间可以互相补足，即客观社会危害性即便不够，通过主观社会危害性的补充也能达到构成犯罪的程度。但是，这种"客观不足，主观来补"的做法在逻辑上是否行得通存在疑问。另外，这也导致四个要件之间并无先后判断的内在逻辑，不能保障从客观到主观认定犯罪，有招致主观定罪之虞，甚至因过分依靠口供来认定主观要件从而滋生刑讯逼供等严重侵犯犯罪嫌疑人、被告人正当权利的问题。

第三，在整体判断之下也不可能区分不法与责任，从而因没有实施杀人行为而不构成故意杀人罪，与没有达到责任年龄而不构成故意杀人罪在刑法上得不到不同的评价，最终都被归结为不具有社会危害性从而不构成犯罪。但这两类案件明显不同，因为没有实施杀人行为时不能

---

〔1〕 着眼于我国刑法在规定犯罪成立条件时既定性又定量的特点，主张"罪体—罪责—罪量"层式体系的观点，参见陈兴良：《规范刑法学》（上册），中国人民大学出版社 2017 年版，第 111 页；兼顾体系思考与原则/例外思考，主张"犯罪客观要件—犯罪主观要件—犯罪排除事由（违法阻却事由、责任阻却事由）"阶层式体系的观点，参见周光权：《刑法总论》，中国人民大学出版社 2016 年版，第 85 页以下；将传统四要件理论改造为"犯罪构成客观要件—犯罪构成主观要件"两层次的观点，参见黎宏：《刑法学总论》，法律出版社 2016 年版，第 66 页以下。

说被告人侵害了他人生命，而仅仅没有达到责任年龄时仍然要说行为人侵害了他人生命。这种不区分不法与责任的做法，也会在共同犯罪的处理上带来诸多难题。例如，甲（20岁）得知乙（10岁）想要杀害丙，于是为乙加油鼓劲，但乙根本没有实施杀人行为时，乙因为没有实施杀人行为不构成犯罪，甲当然也不能作为帮助犯（从犯）处理。倘若乙在甲的鼓励下杀害了丙，根据四要件理论，由于乙不构成犯罪，所以甲与乙也不构成共同犯罪，可是甲也达不到间接正犯的程度，最终难以合理地给甲定性。但采用阶层式犯罪论体系，共同犯罪是指客观不法层面的共同犯罪。由于乙已经实施了该当杀人罪构成要件的不法行为，而甲通过对乙心理上的帮助促进了丙死亡结果的出现，所以可以说甲与乙在杀人罪客观不法层面上构成共同犯罪，甲仍然要对丙的死亡结果负责。同时甲具备了杀人故意、责任能力与责任年龄等要素，即便乙最终因没有达到故意杀人罪的刑事责任年龄而不构成犯罪，仍然要将甲认定为故意杀人罪的帮助犯，且适用《刑法》第27条有关从犯的规定量刑。

第四，平面式犯罪论体系一方面认为犯罪的四个要件是决定犯罪成立与否的全部条件，另一方面又在四要件之外讨论正当防卫、紧急避险等正当化事由的问题。如此一来会产生疑问，正当防卫时将侵害人杀死的，究竟是否满足了四要件的要求。倘若认为正当防卫时也满足了犯罪的四个要件，那么四个要件就不是决定犯罪构成的充分条件；倘若认为正当防卫时不满足犯罪的四个要件，那么就应该将正当化事由反映到四个要件中去，如在客观方面讨论。传统刑法学理论在四要件之外又讨论正当化事由，实际上割裂了完整的违法性判断。

（二）阶层式犯罪论体系的优势

阶层式犯罪论体系是对可能成立犯罪的行为属性进行规范评价，层层递进，逐步筛选，不断缩小犯罪的成立范围。从这一点来看，阶层式犯罪论体系既是有关犯罪成立的体系，又是有关犯罪排除的体系。需要注意的是，阶层式犯罪论体系中"构成要件"不同于我国传统刑法理论中的"犯罪构成"。后者是在满足了成立犯罪的全部四个要件后得出的结论，犯罪构成意味着犯罪成立；而前者只是判断犯罪是否成立的第一步，行为具备构成要件该当性后，还需要进一步判断是否存在违法阻却事由、是否具备非难可能性。另外，阶层式犯罪论体系中的"责任"或"有责性"也不同于我国传统刑法理论中的"刑事责任"。"刑事责任"这一法律术语，在我国刑事法律中频繁出现，刑法典、单行刑法以及刑事诉讼法在多处使用过"刑事责任"概念。我国传统刑法理论采取"犯罪——刑事责任——刑罚"的模式，强调罪责刑相统一，认为刑事责任是沟通犯罪与刑罚的桥梁，既是犯罪的法律后果又是刑罚的发动根据，但刑事责任本身并不是犯罪的四个成立要件之一。[1] 与此相对，阶层式犯罪论体系中的"责任"或"有责性"则是犯罪的成立条件之一，针对该当构成要件且违法的行为判断行为人是否具有可谴责性，不具备该条件时根本就不构成犯罪。与平面式犯罪论体系相比，阶层式犯罪论体系具备诸多优势。

第一，阶层式的犯罪论体系与犯罪概念、刑法的基本原则大体存在对应关系，呈现出一种体系严密的美感。如前所述，德日一般将犯罪定义为该当构成要件、违法且有责的行为。这是从犯罪成立条件的视角确定的犯罪概念。而我国的犯罪概念与传统的四要件体系之间并不存在这种对应关系。此外，从刑法的基本原则来看，罪刑法定主义要求犯罪类型必须由法律明确规定下来，构成要件该当性具有保障罪刑法定主义得以实现的功能。从法益保护主义出发，要求犯罪行为必须是侵害法益的行为，所以不存在需要保护的法益或者保护了同等或更加优越利益的场合，不具有违法性。而责任主义则要求成立犯罪必须具有非难可能性，否定结果责任、团

---

〔1〕 参见高铭暄、马克昌主编：《刑法学》，北京大学出版社2017年版，第200页以下。

体责任，强调主观责任、个人责任，所以有责性成为了构成犯罪的必要条件。最后，刑法不处罚单纯的思想或意思，只处罚行为，所以行为主义要求成立犯罪的必须是行为。

第二，表明了犯罪的实体是不法（该当构成要件且违法）与责任，且严格区分二者，不至于陷入笼统的整体性判断。如此一来，行为是否违法不以责任为前提，无责任能力者（如严重的精神病人）实施的杀人行为仍然是违法的。此外，违法阻却事由（如正当防卫）与责任阻却事由（如欠缺责任能力）的区分也表明了刑法对两种不同情形的不同态度。

第三，在区分不法与责任的前提下，犯罪概念具有了相对性。在四要件体系中，四个要件"一有全有，一无皆无"，犯罪要么成立要么不成立。而在阶层式犯罪论体系中，可以区分出满足了所有要件后的犯罪概念与不法意义上的犯罪概念。如此一来，有助于合理解决具体的刑法解释问题，如将共同犯罪中的"犯罪"理解为不法意义上的犯罪，从而未达刑事责任年龄的人与达到刑事责任年龄的人也可以构成共同犯罪。

第四，判断顺序具有内在逻辑性，从而也保障了适用上的经济性。一方面坚持了从不法到责任，从客观到主观的判断顺序，能够有效防止主观归罪；另一方面则同时考虑了成立要件（原则）与阻却事由（例外），在构成要件该当性（积极的违法性）判断之后，在违法性阶段考虑违法阻却事由（消极的违法性），然后再在责任要件中既考虑积极的责任要素又考虑消极的责任要素。由于是递进式的判断，所以不需要同时判断所有的犯罪成立条件，不满足前一阶层的要素时就不必对后一阶层的要素进行判断。例如，客观上可以查明不存在对法益的侵害或危险时，就没有必要再去追问行为人究竟是出于何种主观心态实施行为这样的复杂问题，有助于提高判断的效率。

总而言之，比起苏联平面式犯罪论体系与英美双层次犯罪论体系，德日阶层式犯罪论体系更加值得借鉴参考。这种犯罪论体系更为精细，也更符合我国刑法的大陆法系属性，有利于高效、安定、合理地判断犯罪成立与否，尤其是有助于解决疑难案件。如果将平面式犯罪论体系比做物理学上的牛顿经典力学体系，那么阶层式犯罪论体系可以说相当于广义相对论。在解释日常生活中的力学现象时，牛顿力学足够了，不必用到复杂的相对论；可一旦涉及超越一般日常感知的世界，如天体的运动，那么牛顿力学就显得捉襟见肘，不得不依靠相对论来得出合理的解释结论。通过解释刑法来处理具体案件也是一样，平面式犯罪论体系或许可以解决百分之八九十的常见刑事案件，得出的最终结论与阶层式犯罪论体系没有差别；但剩下的百分之一二十案件，若要通过精确分析得出令人信服的结论，恐怕粗糙、笼统的平面式犯罪论体系就力有不逮了，需要倚靠更精致的阶层式犯罪论体系。

第三节 本书的犯罪论体系

本书采用三阶层犯罪论体系，认为犯罪的成立条件包括构成要件该当性、违法性与有责性这层层递进的三部分。[1]

一、四阶层体系的问题

首先，根据行为主义，犯罪评价的对象是客观的行为，而不是思想、性情或人身危险性等。而且，成为犯罪评价对象的行为必须"作用于"外部世界，存在行为人的主体性参与。所以，即便通过写日记表达了强奸的意图，但由于写日记的行为并没有与被害人之间发生作用关系，所以写日记的行为只是一种思想、意思的外在表露方式，并不能因为存在写日记这一行

[1] 采取相同体系的，参见付立庆：《刑法总论》，法律出版社 2020 年版，第 109 页以下。

为而追究该人强奸罪的刑事责任。又如，梦游时杀人的或者基于膝跳反射等身体的生理性反应伤人的，虽然也是通过客观的身体动作作用于了外部世界，与被害人之间发生了作用关系，但此时并不存在行为人的主体性参与，所以不是作为犯罪评价对象的行为。尽管刑法中的行为并非一切身体举动，但行为本身只是被评价的对象，属于事实范畴。无论是构成要件该当性，还是违法性、有责性，都是对这一评价对象的评价，属于价值范畴。将评价的对象（行为）与对评价对象的评价（构成要件该当性、违法性与有责性）同时列为犯罪的成立条件，并不合适。为了坚持犯罪论体系的规范属性，本书不采用行为—构成要件该当性—违法性—有责性这种四阶层犯罪论体系。

其次，在有责性阶段后加入"可罚性"这一阶层从而形成四阶层的做法也不为本书所取。一方面，通过将刑事政策的考虑纳入构成要件该当性、违法性与有责性的判断中，以实质解释的方式完全可以将没有预防必要性或者说不值得动用刑罚予以处罚的行为（如轻微的财产犯罪）在这三个阶层排除出犯罪，不必在形式地肯定构成要件该当性等后再通过笼统的可罚性来排除犯罪。况且我国刑法分则规定本来就以"数额较大""情节严重""情节恶劣"作为成立犯罪的条件，这些完全是构成要件该当性中有关行为、结果程度的判断，应当放在构成要件该当性中一并判断。另一方面，将客观处罚条件与个人处罚阻却事由作为可罚性的内容，从而为犯罪设定第四个要件的做法，也会面临不少质疑。

其一，难以说明客观处罚条件等与追诉时效、亲告罪中的告诉等诉讼条件究竟有何区别。

其二，部分被理解为客观处罚条件与个人处罚阻却事由的事项完全可以还原至违法性或有责性的评价中。例如，日本事前受贿罪中之所有要求行为人"成为公务员时"才处罚，是因为尚未成为公务员时，其受贿行为对公务公正性的危险还没有达到值得动用刑罚来处罚的违法性程度。又如，配偶、直系血亲或者同居的亲属之间犯盗窃罪的，在日本也只是绝对的免除刑罚，并不意味着不构成犯罪。此时之所以必须免除刑罚，也是考虑到具有这种身份关系时期待可能性类型化降低，行为人不具有值得动用刑罚来处罚的可谴责程度。[1]

其三，客观处罚条件等与犯罪行为本身无关，并不是对犯罪行为的规范评价，将其作为犯罪的成立条件，会使得行为概念丧失联结各犯罪成立条件的机能，同时也使得犯罪成立条件中包含与规范评价的性质完全不同的要件，有损犯罪论体系的统一性。换言之，即便承认存在不能还原至违法性或有责性之中的真正的客观处罚条件等，这些事项也未必纳入犯罪论体系中，完全可以理解为在通过犯罪论体系将行为评价为构成犯罪后仅仅用以调节处罚范围的事由。例如，国内有学者主张《刑法》第175条之一中的"给银行或者其他金融机构造成重大损失"属于骗取贷款罪的客观处罚条件；第196条中的"经发卡银行催收后仍不归还"属于恶意透支型信用卡诈骗罪的客观处罚条件。[2]但即便采取这种观点也会承认，当行为人"以欺骗手段取得银行或者其他金融机构贷款"的时点，骗取贷款罪已经既遂；当持卡人"以非法占有为目的，超过规定限额或者规定期限透支"的时点，信用卡诈骗罪已经既遂。既然在尚未出现客观处罚条件时就能认定犯罪已经成立且既遂，说明这些条件不应当纳入旨在为判断犯罪成立与否提供思考框架的犯罪论体系之中。

二、二阶层体系的问题

虽然构成要件该当性与违法性都必须与责任要件严格区分开来，二者都为行为的不法性奠

---

〔1〕 参见［日］松原芳博：《刑法总论重要问题》，王昭武译，中国政法大学出版社2014年版，第47页。

〔2〕 参见张明楷："骗取贷款罪的构造"，载《清华法学》2019年第5期，第22页以下；"恶意透支型信用卡诈骗罪的客观处罚条件——《刑法》第196条第2款的理解与适用"，载《现代法学》2019年第2期，第150页以下。

定基础，只是原则判断与例外判断、实质判断与更实质判断的关系，但仔细思考，仍然能够发现二者的显著区别。

第一，构成要件该当性主要是基于罪刑法定原则而设立的犯罪成立条件，而违法性主要是考虑到法益保护原则而设立的。

第二，虽然构成要件不是单纯的价值中立的行为类型，具有违法推定机能，构成要件该当性也是规范的价值判断，但只要通过刑法规制的行为侵害了刑法所欲保护的法益，就可以说该当构成要件了，至于是否同时保护了更加优越的利益，在所不问。反过来说，基于法益主体的同意放弃法益的或者根本没有侵害法益的，即法益阙如时才不该当构成要件。与此相对，在违法性阶层，不是基于法益阙如，而是在行为侵害了法益的前提下，通过法益衡量来判断是否存在违法阻却事由。也就是说，排除构成要件该当性与阻却违法性的原理、根据是不同的。

第三，某行为不满足构成要件该当性仅仅表明立法者认为这种行为类型没有必要纳入刑法评价的视野，没有侵害到值得动用刑法来保护的法益，但这种行为究竟在整体法秩序中是好是坏，尚未可知。与此相对，即便某行为该当了构成要件，可具备违法阻却事由时反映出该行为不违背整体法秩序，甚至是值得鼓励的。例如，拍死苍蝇的行为与吸食毒品的行为，都不符合刑法规定的犯罪类型，没有该当构成要件，当然不构成犯罪。但在构成要件该当性阶段被排除犯罪的行为，既有可能在其他法领域违法，也有可能在其他法领域不违法，只是刑法未作评判。拍死苍蝇的行为不仅不该当构成要件，而且在整体法秩序中都说不上是违法行为；而吸食毒品的行为虽然不该当犯罪的构成要件，但在行政法上仍然是违法行为。与此不同，正当防卫时将侵害人杀死的行为，虽然该当了杀人的犯罪类型，但因为具备违法阻却事由，不仅在刑法上是合法的，在其他法领域中也是合法的，甚至是整体法秩序中国家积极鼓励的行为。因此，如果不区分构成要件该当性与违法性，仅以不法要件来统括这两个层次的判断，那么拍死苍蝇的行为、吸食毒品的行为与正当防卫的杀人行为将在刑法中具有同样的意义，这令人难以接受。可以看到，即便是支持不法与责任二阶层犯罪论体系的学者，也大都在不法阶层里再细分构成要件符合性与违法阻却事由两个阶段来判断。[1] 既然如此，不如正面承认构成要件该当性与违法阻却事由的区别，将二者归入不同的阶层。因此，本书采取三阶层而不是二阶层犯罪论体系。

三、三阶层体系内部的要素安排

在三阶层体系内部，如何理解违法性的本质关系到如何安排故意、过失等主观要素的体系性位置。如果采取行为无价值论的立场，认为违法性的本质在于行为违反规范或在违反规范的同时客观上侵害了法益，那么故意反映了对规范的违反程度大小，被定位为违法要素或同时被定位为违法要素与责任要素。但本书采取结果无价值论的立场，认为违法性的本质在于客观的法益侵害，所以故意等主观要素不影响法益侵害程度的判断，仅影响行为人可谴责性的大小，当然是责任要素。[2] 另外，采取行为无价值论的立场将故意认定为违法要素的见解，基于构成要件的违法推定机能，当然会将彰显违法性的故意等主观违法要素放入构成要件当中，形成主观的构成要件要素。与此相对，采取结果无价值论的立场，既然故意等主观要素都是责任要素，就不必纳入构成要件当中，应当在判断完违法性之后再做判断。但是，也有结果无价值论的学者看重构成要件的犯罪个别化机能，为了在构成要件阶段将故意杀人与过失致人死亡这两

---

〔1〕 参见张明楷：《刑法学》（上），法律出版社 2021 年版，第 134 页以下。

〔2〕 参见张明楷：《行为无价值论与结果无价值论》，北京大学出版社 2012 年版，第 86 页以下。

种犯罪类型区分开来，将故意等主观要素放入构成要件中，形成主观的构成要件要素。[1] 但需要注意的是，在这种做法之下，故意等主观构成要件要素本质上仍然是责任要素而非违法要素，[2] 申言之，此时的构成要件就不再是违法类型了，而是违法有责类型。

本书认为，在构成要件阶段即便不能区分故意杀人与过失致人死亡两种犯罪类型，也不会造成任何不良影响，反而是将故意、过失等主观要素也纳入构成要件该当性的判断后，一方面会造成构成要件该当性阶段任务过重、过于臃肿，另一方面也不利于处理假想防卫等违法阻却事由的认识错误问题。例如，在误以为存在不法侵害而将假想的"侵害人"打成重伤的案件中，如果认定为故意犯罪显然不当，至多成立过失犯罪。可一旦在构成要件该当性阶段判断犯罪故意，由于此时仅对行为、结果等客观的构成要件要素进行了判断，故意的认识对象也只能是这些客观的构成要件事实。如此一来，行为人明确认识到自己的行为与行为将导致的重伤后果，并希望该结果出现时，就难以否定其具有犯罪故意。[3] 与此相对，如果将故意放在责任阶段判断，那么此时已经经过了违法性阶段的判断，可将对违法阻却事由前提事实的认识一并纳入故意的判断要素中。换言之，故意的认识内容既包括对客观构成要件事实的认识，也包括对行为实质违法性的认识。这种对故意的理解也符合《刑法》第14条的规定，即成立故意时要求行为人明知自己的行为会发生"危害社会"的结果。既然行为人误以为自己在实施正当防卫，那么就没有认识到行为危害社会的属性，从而不具备犯罪故意。因此，本书一方面认为应当在行为该当构成要件且不具备违法阻却事由后判断故意、过失等责任要素，另一方面则坚持构成要件是违法类型而不是违法有责类型，包括故意、过失在内的责任要素不应当同时作为主观的构成要件要素看待。

综上所述，本书采用的三阶层犯罪论体系如下所示：

第一阶层构成要件符合性。主要对行为主体、危害行为、行为对象、结果以及因果关系与结果归属进行判断。严格来说，因果关系与结果归属本身不是独立的构成要件要素，只是对危害行为与结果关系的表述，如果行为与结果之间不存在因果关系，或者结果不能归属于危害行为，那么就不能说案件中同时存在着某犯罪类型所要求的危害行为与结果。暂且不论是否允许将主观事项（如行为意思、目的等）作为判断素材纳入客观的构成要件要素（如作为客观结果的"危险"）的判断过程中，本书认为至少不应当承认独立的主观构成要件要素（如故意、过失等）。因此，构成要件符合性阶层判断的都是客观的构成要件要素。

第二阶层违法性。由于该当构成要件的行为原则上具有违法性，所以第二阶层主要是从反

---

〔1〕 参见 ［日］松原芳博：《刑法总论重要问题》，王昭武译，中国政法大学出版社2014年版，第40~41页；［日］前田雅英：《刑法总论讲义》，曾文科译，北京大学出版社2017年版，第29~30页。

〔2〕 也有部分结果无价值论学者承认所谓的"主观的违法要素"，如"以后行为为目的的目的犯"中的目的（如伪造货币罪中的流通或行使目的）、预备犯中为实行犯罪的目的、着手未遂时的行为意思等，但仍然认为故意与过失都是责任要素而非违法要素。参见 ［日］松原芳博：《刑法总论重要问题》，王昭武译，中国政法大学出版社2014年版，第84页以下。这种观点，实际上是在判断作为犯罪结果的"危险"这一客观的构成要件要素时，在某些场合下将具有主观性质的事实（如行为意思、目的等）作为了判断的素材。也就是说，这种观点中所说的"主观的违法要素"并没有获得独立的主观构成要件要素的地位，而是纳入客观的构成要件要素（作为结果的客观"危险"）中予以考虑。

〔3〕 将故意作为构成要件要素的学者为了处理这种问题，只能在构成要件该当性阶段承认存在作为构成要件要素的故意后，又在责任阶段否定所谓的责任故意。关于"二重故意"理论的详细讨论，参见蔡桂生："论故意在犯罪论体系中的双层定位——兼论消极的构成要件要素"，载《环球法律评论》2013年第6期。可是，将同一个故意拆分为构成要件故意与责任故意，未必合适。另外，既然最终起决定作用的是责任故意的认定，那么在构成要件该当性阶段认定行为人有故意实属多此一举。

面考虑是否存在阻却违法性的例外情形，即是否存在法定的违法阻却事由（如正当防卫、紧急避险）与超法规的违法阻却事由（如自救行为、义务冲突等）。

第三阶层有责性。首先从正面积极地判断是否存在故意或过失，以及刑法分则条文中特别规定的目的或动机等责任要素，然后从反面判断是否存在责任阻却事由，如欠缺责任能力、未达到责任年龄、不具有违法性认识的可能性以及缺乏期待可能性等。

经过上述三个阶层筛选后的行为，满足成立犯罪的条件，意味着"犯罪构成"，否则不构成犯罪。

■思考题

1. 如何评价某种犯罪论体系是否适合于我国？
2. 阶层式犯罪论体系的基本构造是什么？
3. 较之平面式犯罪论体系，阶层式犯罪论体系有何优势？

■参考书目

1. 周光权：《犯罪论体系的改造》，中国法制出版社 2009 年版。
2. 李立众：《犯罪成立理论研究——一个域外方向的尝试》，法律出版社 2006 年版。
3. 陈兴良主编：《犯罪论体系研究》，清华大学出版社 2005 年版。
4.［日］松原芳博：《犯罪概念和可罚性：关于客观处罚条件与一身处罚阻却事由》，毛乃纯译，中国人民大学出版社 2020 年版。

第九章   构成要件符合性

■ 学习目的和要求

　　掌握构成要件的概念、机能与分类，准确理解构成要件的各个要素的含义，把握不作为犯的条件，学会正确判断抽象危险与具体危险以及因果关系与结果归属。

第一节   构成要件概述

一、构成要件的概念

　　构成要件的概念，来源于中世纪意大利的纠问程序中的"corpus delicti"概念。起初，构成要件只具有诉讼法上的意义，将它运用到实体法上来，是斯鸠别尔（C. C. Stübel）与费尔巴哈的功劳；而真正形成构成要件理论，还是 20 世纪初的事情。[1]

　　构成要件是一个特殊的技术性概念。大体可以认为，构成要件是刑法规定的，行为成立犯罪所必须符合的违法类型。当人们问某个行为是否具备"构成要件符合性"时，需要审查的是，这个行为是否满足了刑法分则针对某个特定犯罪所规定的各种要素。例如，要回答行为人在法庭上撒谎的行为是否构成伪证罪的问题，就需要先判断其行为是否符合《刑法》第 305 条规定的要素，亦即行为是否"在刑事诉讼中"，行为人是否属于"证人、鉴定人、记录人、翻译人"，行为人是否"作虚假证明、鉴定、记录、翻译"，撒谎的内容是否"与案件有重要关系"，这些要素的总和就是构成要件。

　　首先，构成要件具有法定性。构成要件由刑法明文规定，我国刑法分则条文通常比较明确、具体地规定了各种犯罪的构成要件；有些犯罪由于众所周知，刑法没有详细描述其构成要件，但我们可以从刑法对简明罪状的规定中把握其构成要件。一般来说，司法人员容易识别刑法分则条文所规定的要素是不是构成要件要素。

　　其次，构成要件是表明行为具有违法性的全部前提条件，包括行为、结果、行为主体本身、特殊身份等要素；[2] 符合构成要件的事实是违法性的评价对象。所以，只有当行为具备构成要件符合性时，才需要进一步判断有无违法性。由于符合构成要件的行为通常具有违法性，所以，在行为符合构成要件后只需要判断是否存在阻却违法的事由。

　　最后，构成要件是成立犯罪所必须具备的条件。刑法实行罪刑法定原则，因此，即使客观行为侵害了法益，但如果不符合构成要件，也不能认定为犯罪。

---

　　〔1〕　18 世纪末，克莱因（E. F. Klein）在其《普通德国刑法纲要》一书中，将"corpus delicti"翻译成"Tatbestand"一词，日本学者将"Tatbestand"译为构成要件。

　　〔2〕　由于构成要件是表明行为具有违法性的要素，所以，哪些要素属于构成要件要素，取决于对违法性的理解不同，本书仅将客观要素纳入构成要件。

二、构成要件的机能

构成要件的机能，可以归纳为以下几个方面：第一是自由保障机能（罪刑法定主义的机能）。构成要件使得受刑罚处罚的行为具有明确的界限。只要不实施符合构成要件的行为，就不会受到国家刑罚的干预。在此意义上说，构成要件保障一般国民的自由。另一方面，刑罚只在符合构成要件的范围内适用，在此意义上说，构成要件又保障犯罪人不受不恰当的处罚。

第二是犯罪个别化机能。构成要件对于大多数犯罪都具有个别化的机能，换言之，构成要件使大多数犯罪具有自身的特点，因而与其他犯罪相区别。例如，盗窃罪、诈骗罪、放火罪的构成要件不同，不仅使这三个罪之间相区别，也使这三个罪与其他犯罪相区别。当然，在少数犯罪中，犯罪的个别化还依赖于责任要素。[1]

第三是故意规制机能。大体可以认为，故意是对符合构成要件的客观事实的认识、容认[2]，即构成要件的内容，就是故意的认识内容与意志内容。所以，构成要件规制了故意的认识内容与意志内容。[3] 当然，存在客观的超过要素，即构成要件的某个客观要素也可能不是故意的认识内容。

第四是违法性评价机能。只要行为符合构成要件且没有违法阻却事由，就意味着行为具有违法性。不仅如此，构成要件内容还反映出行为的违法程度差异。

三、构成要件的类型

对构成要件可以进行不同的分类，如基本构成要件与修正构成要件[4]、作为犯的构成要件与不作为犯的构成要件、危险犯的构成要件与实害犯的构成要件，如此等等。

构成要件可以分为单一的构成要件与复杂的构成要件。单一的构成要件，是指刑法对构成要件的各个要素仅规定了单一内容的构成要件。即当刑法规定的构成要件中只含单一行为、单一主体、单一对象、单一结果时，便是单一的构成要件。复杂的构成要件，是指刑法规定的构成要件中包含了两个以上的行为（不是罪数意义上的行为数量）、两种以上对象等情形。[5]后者主要表现为两类情况：一类是刑法规定了两种以上行为、对象、行为主体等，只要具体事实符合其中之一，便成立犯罪，如《刑法》第 305 条；另一类是刑法规定了两个以上的行为等，具体事实同时符合刑法规定时，才成立犯罪，如《刑法》第 263 条第 1 项。这两类现象也可能交织在一个构成要件中（如《刑法》第 285 条第 2 款），司法工作人员应特别注意哪些要件是可供选择的，哪些要件是必须同时具备的。

构成要件可以分为普通（基本）的构成要件、加重的构成要件与减轻的构成要件。一般认为，《刑法》第 263 条中的"以暴力、胁迫或者其他方法抢劫公私财物"，属于普通的构成要件，其后规定的"入户抢劫"等 8 种情形属于加重的构成要件。再如，《刑法》第 232 条中

---

〔1〕 例如，故意杀人既遂、过失致人死亡与故意伤害致死这三种犯罪的客观构成要件相同，都是客观行为造成被害人死亡。要区分这三种犯罪，就必须借助主观要素。

〔2〕 既然对符合构成要件的客观事实持容认态度时就是故意，持希望态度时当然也是故意。因此，没有将"希望"态度排斥在故意之外的含义；也可以说，类似这种场合的"容认"包含了"希望"。

〔3〕 虽然《刑法》第 14 条规定了故意的一般定义，但从《刑法》第 14 条以及刑法分则条文中，并不能明确各种具体犯罪的故意的认识内容与意志内容。具体犯罪的故意的认识内容与意志内容，依赖于构成要件。

〔4〕 一般认为，基本的构成要件是指是正犯的既遂犯为模式的构成要件。据此，只有实施了将他人的财物转移给自己或第三者占有的盗窃行为，并且已经取得了该财物的，才符合盗窃罪的基本构成要件。但是，刑法不仅处罚正犯，而且处罚共犯（教唆犯、帮助犯），不仅处罚既遂犯，而且处罚未遂犯、预备犯，于是，刑法理论认为，教唆犯、帮助犯、未遂犯、预备犯符合的是修正的构成要件。

〔5〕 这种分类来自苏联刑法理论。参见［苏联］A. H. 特拉伊宁：《犯罪构成的一般学说》，薛秉忠等译，中国人民大学出版社 1958 年版，第 87 页以下。

的"杀人"是普通的构成要件;"情节较轻的"是减轻的构成要件。据此,法定刑升格的条件,都是加重的构成要件;法定刑减轻的条件,则是减轻的构成要件。

本书的基本观点是,刑法分则条文单纯以情节(特别)严重、情节(特别)恶劣以及数额或数量(特别)巨大、首要分子、多次、违法所得数额巨大、犯罪行为孳生之物数量(数额)巨大作为升格条件时,只能视为量刑规则;刑法分则条文因为行为、对象等构成要件要素的特殊性使行为类型发生变化,进而导致违法性增加,并加重法定刑时,才属于加重的构成要件。相应地,当刑法分则条文因为行为、对象等构成要件要素的特殊性使行为类型发生变化,进而导致违法性减少,并减轻法定刑时,才属于减轻的构成要件。

情节严重、数额巨大、首要分子、多次(或者对多人实施)、犯罪行为孳生之物数量(数额)巨大、违法所得数额巨大,虽然是表明违法性加重的要素,但并不属于表明违法行为类型的特征。例如,盗窃他人2000元人民币、盗窃他人5万元人民币、盗窃他人50万元人民币的行为类型或特征是完全相同的,所不同的只是违法程度。[1]

区分量刑规则与加重的构成要件、减轻的构成要件具有重要意义,突出地表现在如何处理犯罪形态以及如何适用法定刑的问题上。[2] 加重的构成要件,可能存在未遂犯。例如,入户抢劫未遂的,适用入户抢劫的法定刑,同时适用刑法总则关于未遂犯的规定。再如,在公共场所当众强奸妇女未遂的,适用《刑法》第236条第3款规定的加重法定刑,同时适用刑法总则关于未遂犯的规定。但是,量刑规则是不可能存在未遂的。换言之,只有当案件事实完全符合某个量刑规定时,才能按照该规定量刑。例如,假定盗窃罪的数额较大、巨大与特别巨大的起点分别为3000元、6万元与50万元,甲潜入某博物馆,意图窃取价值40万元的一幅画,虽然已经着手,但由于意志以外的原因未得逞。对此,不应认定为盗窃数额特别巨大的未遂,只能认定为普通的盗窃未遂。[3]

反过来,也不能将加重的构成要件理解为量刑规则。如果将加重的构成要件理解为量刑规则,就会导致"一旦符合加重的构成要件,就没有未遂"的不当结论。例如,不能认为,一旦入户着手抢劫就构成入户抢劫的既遂。[4]

根据以上分析,刑法分则条文关于法定刑升格条件的规定,可以分为以下三类:①有的分则条文所规定的法定刑升格条件,仅属于量刑规则。如当刑法分则条文将情节严重、情节恶劣、罪行严重或者数额巨大等规定为法定刑升格条件时,它们属于量刑规则,而不属于加重的构成要件。②有的分则条文所规定的法定刑升格条件,属于加重的构成要件(参见《刑法》第121条)。③有的分则条文所规定的法定刑升格条件中,既包括了加重的构成要件,也包括了单纯的量刑规则。如上述《刑法》第263条。[5]

此外,不能将刑法分则规定的"情节较轻"的情形归入减轻的构成要件。例如,刑法理

---

〔1〕　其中的数额较大仍然是构成要件要素。

〔2〕　实际上还涉及一罪与数罪的区分、同种数罪与不同种数罪的区分问题。

〔3〕　在不适合以数额选择法定刑时,完全可以按照情节选择法定刑。例如,甲在博物馆窃取价值连城的国宝级文物,且在着手窃取时不小心碰掉到地上摔毁了文物。对此完全可以选择"情节特别严重"的法定刑,再适用未遂犯的规定。此时适用未遂犯的规定,不是指情节尚未达到情节特别严重,而是已经符合情节特别严重的要求,但由于意志以外的原因没有取得财物。

〔4〕　关于抢劫罪的法定刑升格情形,一种观点认为:"对于具有第263条规定的8种情节之一的抢劫罪,属于结果加重犯和情节加重犯,只要抢劫行为具有其中任何一情节,无论财物是否抢劫到手,都应视为抢劫既遂。"(高铭暄主编:《新编中国刑法学》(下册),中国人民大学出版社1999年版,第769页)。这种观点基本上将加重的构成要件理解为量刑规则,本书不赞成这种观点。

〔5〕　参见张明楷:"加重构成与量刑规则的区分",载《清华法学》2011年第1期。

论的通说与司法实践的做法是，将大义灭亲的杀人认定为《刑法》第232条规定的"情节较轻"的杀人。可是，从构成要件来说，情节较轻的杀人依然符合普通故意杀人罪的构成要件；从违法性的角度来说，大义灭亲的杀人与普通杀人没有区别，都是非法剥夺了他人的生命。大义灭亲之所以被认定为"情节较轻"的杀人，是因为其杀人动机导致责任减轻，进而使得特殊预防的必要性减少。既然如此，就不能认为刑法分则规定的"情节较轻"均属于减轻的构成要件。换言之，"情节较轻"其实也是量刑规则。

四、构成要件的要素

构成要件由具体要素组成。组成要件的要素，就是犯罪构成要件要素。例如，行为主体、特殊身份、行为、结果等都属于构成要件要素。

（一）记述的构成要件要素与规范的构成要件要素

记述的构成要件要素是能够进行感觉的理解的要素，即可以通过人的感官，运用实证的方法或者测算的方法来确定的要素，如"妇女""儿童""毒品""出售"等；规范的构成要件要素则需要精神的理解，即需要通过价值判断，或者由社会规范或者法律规范来确定的要素。规范的构成要件要素分为三大类：第一类是法律的评价要素，即需要根据法律、法规进行评价的要素，如"未成年人""公私财物""司法工作人员"等；第二类是经验法则的评价要素，即需要根据经验法则进行评价的要素，如"危险""危害公共安全""情节严重"等；第三类是社会的评价要素，即需要根据社会一般人的价值观念进行评价的要素，如"淫秽物品""猥亵"等。

规范的构成要件要素与记述的构成要件要素的区分具有相对性，或者说二者的差异不是质的差异。例如，故意杀人罪中的"人"、盗窃罪中的"财物"，一直被认为是记述的构成要件要素。但是，随着脑死亡概念的产生，大脑已经死亡但心脏还在跳动时是不是"人"，随着财产现象形式的复杂化，何种价值、何种形式的现象才是盗窃罪中的"财物"，也在一定程度上需要解释者与司法工作人员的评价的、规范的理解。

（二）积极的构成要件要素与消极的构成要件要素

通常的构成要件要素，是积极地、正面地表明成立犯罪必须具备的要素，这种要素就是积极的构成要件要素。否定犯罪成立的构成要件要素，便是消极的构成要件要素。例如，《刑法》第389条第3款规定："因被勒索给予国家工作人员以财物，没有获得不正当利益的，不是行贿。"这便是行贿罪中的消极的构成要件要素。消极的构成要件要素可以转换成积极的构成要件要素进行理解。即在因被勒索给予国家工作人员以财物的情况下，只有获得不正当利益的，才成立行贿罪。虽然消极的构成要件要素是因为规定方式不同而产生的，其意义与积极的构成要件要素没有本质区别，但二者对相关行为的评价存在细微差别。

（三）成文的构成要件要素与不成文的构成要件要素

成文的构成要件要素，是指刑法明文规定的构成要件要素。绝大多数构成要件要素都是成文的构成要件要素。不成文的构成要件要素，是指刑法条文表面上没有明文规定，但根据犯罪的本质、刑法条文之间的相互关系、刑法条文对相关要素的描述所确定的，成立犯罪所必须具备的要素。[1]

介于成文的构成要件要素与不成文的构成要件要素之间的是空白要素。所谓空白要素，是指刑法分则条文明文指出需要援引其他法律、法规的规定，并由这些法律、法规来确定要素内

---

〔1〕 例如，倘若认为，成立聚众淫乱罪必须以淫乱行为具有公然性为前提，那么，公然性就是不成文的构成要件要素。

容。例如，《刑法》第 136 条规定，成立危险物品肇事罪，以"违反爆炸性、易燃性、放射性、毒害性、腐蚀性物品的管理规定"为前提，这一要求是危险物品肇事罪的构成要件要素，但只能根据相关管理规定的具体内容判断，而不能直接根据刑法规定予以确定和判断。由于刑法没有具体规定这种构成要件要素的内容，故被称为空白要素；又由于刑法指明了援引其他法律、法规的规定，故不同于不成文的构成要件要素。[1]

五、整体的评价要素

将"情节严重""情节恶劣"作为某些犯罪的成立条件，是我国刑法分则的重要特色之一。本书所称整体的评价要素，就是指作为成立犯罪条件的"情节严重""情节恶劣"。[2]

构成要件所描述的事实的违法性，必须达到值得科处刑罚的程度。分析我国刑法分则的条文就会发现，当条文对罪状的一般性描述，不足以使行为的违法性达到值得科处刑罚的程度时，就会增加（或者强调）某个要素，从而使客观构成要件所征表的违法性达到值得科处刑罚的程度。但是，在现实生活中，有许多侵害法益的行为，虽然在一般情况下其违法性没有达到值得科处刑罚的程度，却又难以通过增加某个特定的要素使违法性达到值得科处刑罚的程度，或者难以预见具备哪些要素时，行为的违法性能够达到值得科处刑罚的程度，或者虽能预见但不能做简短表述。于是刑法条文作了一个整体性的规定，情节严重、情节恶劣，就以犯罪论处。亦即，当行为符合了构成要件中的基本要素后，并不意味着行为的违法性达到了值得科处刑罚的程度，在此基础上，还需要对行为进行整体评价。情节严重、情节恶劣就是这种整体的评价要素（以下仅以情节严重为例讨论）。

例如，《刑法》第 246 条第 1 款规定："以暴力或者其他方法公然侮辱他人或者捏造事实诽谤他人，情节严重的，处 3 年以下有期徒刑、拘役、管制或者剥夺政治权利。"显然，并不是任何侮辱、诽谤行为的违法性都达到了值得科处刑罚的程度。在认定行为是否构成侮辱、诽谤罪时，首先要考察行为人是否实施了侮辱、诽谤行为；其次要对侮辱、诽谤进行整体判断，得出情节是否严重的结论；如果得出否定结论，则不必进一步判断有责性；只有得出了肯定结论

---

[1] 此外，还可以将构成要件要素分为真正的构成要件要素与表面的构成要件要素。为违法性提供根据的要素，可谓真正的构成要件要素。构成要件要素，一般都是真正的构成要件要素。并不是为了给违法性提供根据，只是为了区分相关犯罪（包括同一犯罪的不同处罚标准）界限所规定的要素，属于表面的构成要件要素或虚假的构成要件要素，也可以称为分界要素。从实体法的角度而言，表面的构成要件要素不是成立犯罪必须具备的要素；从诉讼法的角度而言，表面的构成要件要素是不需要证明的要素。例如，《刑法》第 114 条规定："放火、决水、爆炸以及投放毒害性、放射性、传染病病原体等物质或者以其他危险方法危害公共安全，尚未造成严重后果的，处 3 年以上 10 年以下有期徒刑。""尚未造成严重后果"显然不是为违法性提供根据的要素，更非表明"倘若造成严重后果"便不构成犯罪之意，仅仅在于说明该条规定的违法程度轻于第 115 条规定的违法程度（故法定刑有区别），因而属于表面的构成要件要素。因此，如果放火等行为危害公共安全，即使不能查明是否造成了严重后果，也能适用《刑法》第 114 条。又如，《刑法》第 270 条第 1 款规定了委托物侵占罪的构成要件与法定刑，第 2 款规定："将他人的遗忘物或者埋藏物非法占为己有，数额较大，拒不交出的，依照前款的规定处罚。"倘若将该款所规定的构成要件改写为"将他人的物非法占为己有，数额较大，拒不交出"，其违法性不仅没有减少，反而会增加。那么，《刑法》第 270 第 2 款为什么要将行为对象限定为遗忘物与埋藏物呢？这是因为盗窃罪的对象必须是他人占有的财物，委托物侵占罪的对象是受委托而占有的他人财物，剩下的便是侵占脱离占有物了。换言之，《刑法》第 270 第 2 款之所以将行为对象限定为遗忘物与埋藏物，一方面是为了与盗窃罪相区别，另一方面也是为了与委托物侵占罪相区分。"遗忘"物、"埋藏"物这一构成要件要素，便是表面的构成要件要素。因此，即使行为人误将他人占有的财物当作遗忘物予以侵占的，也成立侵占罪。参见张明楷：《犯罪构成体系与构成要件要素》，北京大学出版社 2010 年版，第 255 页以下。

[2] 在本书看来，刑法分则的"情节严重"与"情节恶劣"的含义相同。换言之，不能认为"情节恶劣"是指主观责任的情节恶劣。

时，才需要进一步判断有责性。所以，情节严重这种整体的评价要素，也是一种构成要件要素。[1]

六、构成要件符合性的判断

犯罪的成立，首先要求行为符合构成要件。构成要件符合性，是指案件的客观事实符合刑法所规定的具体犯罪的构成要件。构成要件符合性的判断，并不是整体的判断。面对具体个案时，法官需要判断案件事实是否具备构成要件的各个要素，而不可能离开构成要件要素进行构成要件符合性的判断。某种事实"符合"构成要件，是指某种事实具备了构成要件所要求的要素及其内在联系，或者说，某种事实并不缺少构成要件所要求的内容。例如，倒卖伪造的国库券的行为，就符合了倒卖伪造的有价票证罪的构成要件。不能以国库券属于有价证券为由，否认其也属于有价票证。因为有价证券并不缺少《刑法》第227条的构成要件所要求的有价票证的内容。案件事实多于构成要件要素的，并不影响构成要件符合性，只是行为是否另触犯其他罪名的问题。例如，国家工作人员利用职务上的便利骗取他人财物的，并不影响诈骗罪构成要件的符合性，只是其利用职务上便利的行为是否同时触犯其他罪名的问题。不能因为案件事实多于构成要件要素，就否认构成要件符合性。例如，甲在盗窃他人桌上的苹果手机时，同时将自己的小米手机放置于他人桌上的，依然符合盗窃罪的构成要件。

构成要件符合性的判断，是一种价值关系的事实判断，或者说既是事实判断又是价值判断，既是形式判断又是实质判断。因为构成要件所描述的是禁止素材，故不可能离开违法性的实质判断构成要件符合性。构成要件符合性的判断，是一种类型的判断，或者说是用一种类型的基准进行的判断。因为构成要件是违法行为的类型，构成要件符合性的判断，就是看事实是否符合违法行为的类型，所以是一种类型的判断。

第二节　行为主体

一、自然人

(一) 自然人主体概述

行为主体，是刑法规定的实施犯罪行为的主体，首先是自然人。作为构成要件要素的行为主体，只要求是自然人，而不要求其他内容。法是人类共同体的规范，只有人的行为存在违法与否的问题。[2] 另一方面，只要自然人的行为符合构成要件，即使其没有达到法定年龄、不

---

〔1〕 存在争议的是，情节严重、情节恶劣中的"情节"是仅限于表明行为不法的情节，还是同时包括表明有责性的情节。不法与责任不是相加关系，而是阶层关系或者限制关系。所以，一方面，行为虽然符合构成要件且具有违法性，但只要行为人对不法行为没有非难可能性，其行为就不构成犯罪；另一方面，行为人仅对其中有非难可能性的不法承担责任，对于没有非难可能性的不法并不承担责任。所以，应当得出以下两个结论：其一，如果行为本身的不法没有达到值得科处刑罚的程度，那么，即便其主观上再值得谴责，也不应当认定为犯罪。其二，责任是对不法的责任，它必须与不法相关联（责任的不法关联性），并无在内容上独立于不法之外的责任。例如，单纯的动机卑鄙，无论如何都是不能作为定罪根据的。对情节严重也只能如此理解。亦即，因为只有当行为人对客观的侵害法益的严重情节具有非难可能性时，才能将该严重情节归责于他。既然如此，就不存在一种单纯的主观方面的情节严重的情形。质言之，作为构成要件要素的情节严重，是指表明法益侵害的客观情节严重。据此，动机卑鄙不属于情节严重。当然，根据责任主义的要求，在故意犯罪中，要求行为人对表明情节严重的前提事实具有认识；在过失犯罪中，要求行为人对表明情节严重的前提事实具有认识可能性。我国的司法解释大多会列举情节严重的具体表现，其中有些司法解释将表明行为人特殊预防必要性较大的事实（如受过行政处罚后再次实施某种行为）纳入情节严重。本书不赞成这种解释结论。

〔2〕 地震、海啸等自然现象以及动物会导致法益受到侵害，但不可能被评价为违法行为。

具有责任能力，也不影响对其行为违法性的评价。所以，法定年龄、责任能力不是构成要件要素，而是责任要素。

（二）特殊身份的意义

构成要件要求自然人具备特殊身份或者刑罚的加重减轻以具有特殊身份为前提的犯罪，称为身份犯。身份犯包括真正身份犯与不真正身份犯。真正身份犯，是指以特殊身份作为构成要件要素的犯罪。例如，刑讯逼供罪的主体必须是司法工作人员，所以，如果主体不是司法工作人员，其行为就不可能成立刑讯逼供罪。本节所讲的特殊身份，就是指这种作为构成要件要素的特殊身份，这种特殊身份，可称为构成的身份。[1] 不真正身份犯，是指特殊身份不影响定罪但影响量刑的情形，在这种情况下，如果行为人不具有特殊身份，其行为也成立犯罪，如果具有这种身份，则从重处罚或者从轻处罚。例如，国家机关工作人员这一身份，虽然不是诬告陷害罪的构成要件要素，却是从重处罚的根据。这种特殊身份也可称为加减的身份。作为构成要件要素的特殊身份，不包括加减的身份。

特殊身份是指行为人在身份上的特殊资格，以及其他与一定的犯罪行为有关的，行为主体在社会关系上的特殊地位或者状态。如男女性别、亲属关系、国籍、国家工作人员、司法工作人员、证人等。特殊身份必须是在行为主体开始实施犯罪行为时就已经具有的特殊资格，或者已经形成的特殊地位或状态，因此，行为主体在实施犯罪后才形成的特殊地位，不属于特殊身份。例如，在犯罪集团中起组织、策划、指挥作用的首要分子，不属于特殊身份。特殊身份是行为主体在人身方面的特殊资格、地位或状态，并具有一定的持续性，因此，特定犯罪目的与动机等心理状态，不宜归入特殊身份。特殊身份总是与一定的犯罪行为密切联系。例如，在叛逃罪中，国籍以及是不是国家工作人员与犯罪行为有密切联系，属于特殊身份；但在故意杀人罪中，国籍以及是不是国家工作人员与犯罪行为没有密切联系，因而不是特殊身份。

特殊身份既可能是终身具有的身份，也可能是一定时期或临时具有的身份。特殊身份既可能是由于出生等事实关系所形成的身份，如男女、亲属关系；也可能是由于法律规定所形成的身份，如证人、依法被关押的罪犯；还可能是同时由于事实关系与法律规定所形成的身份，对于年老、年幼、患病或者其他没有独立生活能力的人负有扶养义务的人，一方面有基于亲属关系所形成的自然身份，另一方面也有基于法律规定的法定身份。

作为构成要件要素的特殊身份，只是针对该犯罪的正犯而言。例如，受贿罪的行为主体必须是国家工作人员，但这只是就正犯而言。不具有上述特殊身份的人与上述人员相勾结伙同受贿的，成立受贿罪的共犯（教唆犯、帮助犯）。

（三）特殊身份的类别

根据刑法分则的规定，特殊身份主要包括以下几类：①以特定职务为内容的特殊身份，如国家工作人员、国家机关工作人员、司法工作人员等。②以特定职业为内容的特殊身份，如航空人员、铁路职工等。③以特定义务为内容的特殊身份，如纳税人、扣缴义务人等。④以特定法律地位为内容的特殊身份，如证人、鉴定人、记录人、翻译人等。⑤以持有特定物品为内容的特殊身份，如依法配备公务用枪的人员、依法配置枪支的人员等。⑥以患有特定疾病为内容的特殊身份，如严重性病患者。⑦以居住地和特定组织成员为内容的特殊身份，如境外的黑社会组织的人员。

以上都属于积极身份，此外还存在以不具有特定资格为内容的特殊身份，如未取得医生执

---

〔1〕构成要件中所讲的特殊身份，当然是表明行为的违法性的身份。但是，刑法理论上也有观点认为，特殊身份并不都是表明违法性的身份，而是也存在表明有责性的身份。据此，特殊身份可以分为违法身份与责任身份。

业资格的人。这种身份在刑法理论上称为消极的身份，即欠缺一定的身份。例如，《刑法》第336条规定的非法行医罪，就是为了禁止未取得医生执业资格的人行医；具有医生执业资格的人当然可以行医。但具有医生执业资格的人教唆或者帮助未取得医生执业资格的人非法行医的，仍然可能成立非法行医罪的共犯。[1]

二、单位

刑法不仅将自然人规定为行为主体，而且将单位规定为部分犯罪的行为主体。由单位作为行为主体所实施的犯罪，称为单位犯罪。

（一）单位犯罪的概念与特点

一般来说，单位犯罪，是指公司、企业、事业单位、机关、团体为本单位谋取非法利益或者以单位名义为本单位全体成员或多数成员谋取非法利益，由单位的决策机构按照单位的决策程序决定，由直接责任人员具体实施，且刑法明文规定单位应受刑罚处罚的犯罪。据此，单位犯罪具有以下特点：

1. 单位犯罪是公司、企业、事业单位、机关、团体犯罪，即是单位本身犯罪，而不是单位的各个成员的犯罪之集合，不是指单位中的所有成员共同犯罪。

2. 单位犯罪是由单位的决策机构按照单位的决策程序决定，由直接责任人员实施的。单位犯罪虽然是单位本身犯罪，但具体犯罪行为需要决定者与实施者。因此，单位犯罪中实际上存在两类主体：一是单位主体，二是单位内部的自然人主体[2]。盗用、冒用单位名义实施犯罪，违法所得由实施犯罪的个人私分的，或者单位内部成员未经单位决策机构批准、同意或者认可而实施犯罪的，或者单位内部成员实施与其职务活动无关的犯罪行为的，都不属于单位犯罪，应当依照刑法有关自然人犯罪的规定定罪处罚。

3. 单位犯罪一般表现为为本单位谋取非法利益或者以单位名义为本单位全体成员或多数成员谋取非法利益。为单位谋取合法利益的行为，不可能成立任何犯罪；仅仅为单位少数成员谋取非法利益的行为，也不成立单位犯罪。为本单位谋取非法利益，是指为单位本身谋取非法利益，违法所得由单位所有，但不排除以各种理由将非法所得分配给单位全体成员或多数成员享有。

但应注意的是，"为本单位谋取非法利益"这一特征只是为了区分单位犯罪与单位内部成员的个人犯罪，因而不是任何单位犯罪不可缺少的特征。换言之，一个单位完全可能为其他单位或者个人谋取非法利益而实施单位犯罪。例如，当甲单位为了乙单位的不正当利益，以甲单位的名义、使用甲单位的财物向国家工作人员行贿时，甲单位虽然不是为本单位谋取非法利益，但仍然构成单位行贿罪。

---

[1]　还有一些疑似特殊身份但并不是真正的特殊身份的情形。例如，生产者、销售者（《刑法》第140条）、公司发起人、股东（《刑法》第159条）、广告经营者、广告发布者（《刑法》第222条）、投标人（《刑法》第223条）等等。以生产、销售伪劣产品为例，任何人都可以直接从事生产、销售活动，因而都可以成为《刑法》第140条规定的生产者、销售者。在此意义上说，任何人都可以成为生产、销售伪劣商品罪的行为主体，并无特殊之处。但上述特殊身份则并非如此。以贪污罪为例，并不是任何人都可以依法从事公务、管理或经营国有资产，因而并非任何人都可以成为贪污罪的行为主体。此外，强奸罪也是疑似身份犯，而不是真正的身份犯，因为妇女可以成为强奸罪的正犯（共同正犯与间接正犯）。

[2]　包括直接负责的主管人员与其他直接责任人员。直接负责的主管人员，是在单位犯罪中起决定、批准、授意、纵容、指挥等作用的人员，一般是单位的主管负责人，包括法定代表人。其他直接责任人员，是在单位犯罪中具体实施犯罪并起较大作用的人员，既可以是单位的经营管理人员，也可以是单位的职工，包括聘任、雇佣的人员。但应当注意的是，根据我国的刑事政策以及单位犯罪的特点，在单位犯罪中，对于受单位领导指派或奉命而参与实施了一定犯罪行为的人员，一般不宜作为直接责任人员对待。

4. 单位犯罪以刑法明文规定单位应受刑罚处罚为前提。即只有当刑法规定了单位可以成为某种犯罪的行为主体时，才可能将单位认定为犯罪主体。公司、企业、事业单位、机关、团体等单位实施刑法规定的危害社会的行为，刑法分则和其他法律未规定追究单位的刑事责任的，对组织、策划、实施该危害社会行为的人依法追究刑事责任。

5. 单位犯罪的法律后果具有特殊性。即对于单位犯罪，除了处罚单位外，还要对单位直接负责的主管人员和其他直接责任人员定罪量刑，此即双罚制或两罚制。

由于刑法分则的不少条文针对自然人犯罪与单位犯罪规定了不同的法定刑，[1] 故区分自然人犯罪与单位犯罪具有重要意义。[2]

（二）处罚单位犯罪的基础理论

同一视理论认为，应当将特定的自然人的犯罪视为单位犯罪，进而处罚单位。例如，单位的法定代表人等实施逃税行为的，就应当视为单位逃税，从而追究单位的刑事责任。据此，单位犯罪以自然人犯罪为前提。组织模式理论认为，即使没有介入特定的自然人，也应当将单位本身作为处罚对象。例如，大型企业排出的废水污染环境，即使不能追究任何自然人的刑事责任，也可以追究单位的刑事责任。大体可以认为，同一视理论有利于处理单位经济犯罪，组织模式理论有利于处理单位公害犯罪；同一视理论有利于处罚小规模单位的犯罪，组织模式理论有利于处罚大规模单位的犯罪。

从前述单位犯罪的特点来看，我国刑法没有简单采取组织模式理论，因为刑法并没有规定仅处罚单位而不处罚自然人的单位犯罪。另一方面，我国刑法也没有完全采取同一视理论，《刑法》第30条关于单位犯罪主体的规定也能说明这一点。或许可以认为，我国《刑法》关于单位犯罪的规定，是同一视理论与组织模式理论的结合。其一，只有特定的自然人（直接负责的主管人员与其他直接责任人员）实施了刑法所禁止的行为，才可能成立单位犯罪，这是同一视理论的表现。其二，只有当特定的自然人的行为同时能够评价为单位行为时（如集体研究、以单位名义、为了单位的利益等），才能认定为单位犯罪（这又是组织模式理论的表现）。

（三）单位行为主体的一般要素

单位行为主体即单位犯罪的主体，必须是公司、企业、事业单位、机关、团体。

单位行为主体，必须是依法成立、拥有一定财产或者经费、能以自己的名义承担责任的公司、企业、事业单位、机关、团体。

---

〔1〕 例如，《刑法》规定了行贿罪与单位行贿罪，前者的最高刑为无期徒刑，而后者的最高刑为10年有期徒刑。

〔2〕 需要研究的是，在刑法分则仅规定处罚直接负责的主管人员与其他直接责任人员时，如何区分单位犯罪与自然人犯罪？刑法分则法条表述的行为主体是单位，但只处罚直接负责的主管人员和其他直接责任人员（有的法条规定仅处罚直接责任人员）的情形主要有三类：①并非为本单位谋取利益，而是以单位名义实施的私分国家资产、私分罚没财物罪，法条表述的主体是国家机关、国有公司、企业、事业单位、人民团体与司法机关、行政执法机关，但只处罚直接负责的主管人员与其他直接责任人员；②将部分过失犯罪的行为主体表述为单位（如《刑法》第137条表述的行为主体为建设单位、设计单位、施工单位、工程监理单位），但仅处罚直接责任人员；③虽然将行为主体表述为单位（《刑法》第161条表述的行为主体为依法负有信息披露义务的公司、企业），但因处罚单位会损害无辜者的利益，因而仅处罚直接负责的主管人员与其他直接责任人员。问题是，上述几种情形是属于单位犯罪但仅采取单罚制，还是否认单位犯罪仅认定为自然人犯罪？《刑法》第31条前段规定了双罚制，后段规定："本法分则和其他法律另有规定的，依照规定。"据此，上述情形似乎属于单位犯罪，只不过属于另有规定的情形不处罚单位而已。但是，人们判断一个行为是否构成犯罪，并不是只看法条对行为主体的表述，而是要看刑法是否针对该行为主体规定了刑罚。既然刑法没有针对单位规定法定刑，当然就意味着单位本身不构成犯罪。事实上，上述第1类情形主要是为了与贪污罪相区分，法条才将行为主体表述为单位；第2类情形从事实上看无法表述为个人；第3类情形的义务主体本身就是单位，也不可能表述为个人。所以，就上述只处罚直接负责的主管人员与其他直接责任人员的情形而言，即使刑法分则条文将行为主体表述为单位，也不宜认定为单位犯罪。

单位行为主体应是依法成立的组织，个人为进行违法犯罪活动而设立的公司、企业、事业单位实施犯罪的，或者公司、企业、事业单位设立后，以实施犯罪为主要活动的，不以单位犯罪论处，而应以共同犯罪论处。依法成立意味着单位成立的目的与宗旨合法，而且履行了规定的登记、报批手续。单位犯罪的主体必须能以自己的名义承担责任，这意味着单位必须有自己的名称、机构与场所，意味着单位能以自己独立的资产对外承担责任。

单位行为主体，必须是相对独立的公司、企业、事业单位、机关、团体。

单位是一个外延很广的概念。有些单位明显属于独立的单位，如××总公司、××制造厂、××大学、××厅（局）、××工会等。有些单位也明显具有相对的独立性，如××分公司、××分厂。这些具有相对独立性的单位，可以成为单位犯罪的主体。有些单位没有相对独立性，如工厂的车间、国家机关中的处室、学会中的分会等。本书认为，单位犯罪的主体，不包括没有相对独立性的"单位"。单位是否具有相对独立性，不能仅看有无自己的名称、机构与场所，更重要的是看其有无独立的财产与经费，有无独立的行为能力，能否以自己的名义承担责任；从处罚单位犯罪的目的与效果来看，是否为独立的核算单位，乃是衡量是否为相对独立单位的最重要标准。

需要说明的是，外国公司、企业、事业单位在我国领域内实施犯罪的，或者虽然在我国领域外实施犯罪应当适用我国刑法的，应依照我国刑法关于单位犯罪的规定定罪处罚。

（四）单位行为主体的特殊要素

单位不可能成为一切犯罪的行为主体；即使是单位可以成为行为主体的犯罪，也并非具备上述一般条件的单位都可以成为单位犯罪的行为主体；某些单位犯罪要求单位具备前述一般条件之外，还必须具备特殊条件，主要有以下情况：

一是要求单位具有特定的所有制性质。例如，《刑法》第 327 条规定的行为主体只能是国有的博物馆、图书馆等单位。再如，《刑法》第 387 条规定的单位受贿罪的主体仅限于国家机关、国有公司、企业、事业单位、人民团体。

二是要求单位具有特定的职能性质。如《刑法》第 330 条规定妨害传染病防治罪的行为主体之一就是"供水单位"。

三是要求单位具有特定义务。例如，《刑法》第 201 条规定的逃税罪的主体分别为纳税人与扣缴义务人，第 211 条又规定单位可以成为本罪的行为主体，这表明，只有负有纳税义务或者扣缴义务的单位，才能成为单位犯罪的行为主体。

（五）单位行为主体变更的处理

涉嫌犯罪的单位被撤销、注销、吊销营业执照或者宣告破产的，应当根据刑法关于单位犯罪的相关规定，对实施犯罪行为的该单位直接负责的主管人员和其他直接责任人员予以追诉，对该单位不再追诉。[1]

涉嫌犯罪的单位已被合并到一个新单位的，对原犯罪单位及其直接负责的主管人员和其他直接责任人员应依法定罪量刑。人民法院审判时，对被告单位应列原犯罪单位名称，但注明已被并入新的单位，对被告单位所判处的罚金数额以其并入新的单位的财产及收益为限。[2] 这样处理，既有利于防止单位犯罪后逃避法律制裁，也有利于避免株连新的单位。

---

〔1〕 2002 年 7 月 9 日发布的《最高人民检察院关于涉嫌犯罪单位被撤销、注销、吊销营业执照或者宣告破产的应如何进行追诉问题的批复》。

〔2〕 参见 1998 年 11 月 18 日《最高人民法院研究室关于企业犯罪后被合并应当如何追究刑事责任问题的答复》。

<h1 style="text-align:center">第三节　行　为</h1>

一、行为的概念与特征

犯罪是侵犯法益的行为。所以，作为犯罪的构成要件要素的行为也被我国刑法理论称为危害行为。但"危害行为"概念除了指作为构成要件要素的行为外，有时还用来指称符合法定犯罪构成的犯罪行为。后一种意义上的危害行为就是犯罪行为。本节探讨的是前一种意义的危害行为，即暂时排除责任要素的行为，仅有这种意义的行为还不能构成真正意义上的犯罪，但如果没有这种行为则不可能成立犯罪。

一般认为，行为概念具有多种功能。首先，行为概念具有界限功能。犯罪是行为，没有行为就没有犯罪；因此，任何举动，只要它不是行为，一开始便可以排除在刑法的考察范围之外。其次，行为概念具有定义功能（结合要素的机能）。例如，当人们说"犯罪是符合构成要件、违法且有责的行为"时，由行为概念将成立犯罪的三个条件结合在一起。最后，行为概念具有分类功能。一方面，刑法规定的具体犯罪类型，都以行为为其构成要件要素，行为不同，构成要件亦异，从而犯罪类型不同；另一方面，对犯罪的其他一些分类也离不开行为概念，如故意行为与过失行为，实行行为、教唆行为与帮助行为等。

刑法理论上存在不同的行为论。[1] 本书认为，行为定义必须概括出行为的本质与构成因素，从而使没有必要作为刑法评价对象的现象排除在行为概念之外，也使行为概念囊括形形色色的犯罪行为。另一方面，必须考虑到行为是作为主体的人与外界的连接点。所以，本书认为，刑法上的行为，是指行为主体实施的客观上侵犯法益的身体活动。这一定义实际上是上述自然行为论与社会行为论的结合。据此，行为具有两个基本特征：

第一，行为是人的身体活动，包括消极活动与积极活动。这是行为的客观要素（有体性）。由于行为是人的身体活动，故思想被排除在行为之外，随之被排除在犯罪之外。行为是客观的、外在的现象，它能改变客观世界，侵犯现实法益；思想是主观的、内在的东西，其本身不可能具有行为的功能。在通常情况下，容易区分行为与思想，难以区分的是有关言论的场合。[2]

第二，行为必须是客观上侵犯法益的行为，这是行为的实质要素（有害性）。构成要件所规定的行为，都是侵犯法益的行为。由于法益侵犯性是行为的实质要素，故没有侵犯法益的行为被排除在行为之外，因而被排除在犯罪之外。

当然，不可否认的是在绝大多数场合，行为都是基于人的意志实施的，即行为是主体有意识地实施的行为（有意性）。但需要指出的是，其一，行为意志既包括支配身体进行积极活动

---

〔1〕　刑法理论上对行为概念有因果行为论（包括自然行为论与有意行为说）、社会行为论、目的的行为论、人格行为论以及消极的行为概念。关于行为概念的争议意义是极为有限的。从理论上说，采取何种行为理论，并不必然决定采取何种犯罪论体系。从实务上说，通过否认行为性而宣告无罪的现象极为罕见，大多是因为否认构成要件符合性而宣告无罪。更为重要的是，不能单纯期待行为概念决定罪与非罪、此罪与彼罪。行为虽然是构成要件要素，但是，一个行为是否属于构成要件的行为，并不是行为概念本身可以解决的。

〔2〕　但可以肯定的是，发表言论也是一种行为。言论本身不是犯罪行为，但发表言论则是一种身体活动。发表有害的言论，意在实现其思想时，则符合行为的特征，可能构成犯罪。例如，在大庭广众之中发表言论，煽动群众暴力抗拒国家法律、行政法规实施的，或者诽谤他人的，就属于刑法上的实行行为。再如，一位女生见到男友正在拿刀砍人时，大喊"好！好！好！"使其男友砍人时劲头十足的，属于刑法上的帮助行为。由此可见，发表言论的行为可以构成犯罪。此外，"言论可以构成犯罪"的提法并不严谨。

的意志，也包括不使身体进行积极活动的意志，但不是指犯罪的故意与过失。其二，行为意志不以行为人具有责任能力为前提，所以，即使是《刑法》第18条第1款的没有责任能力的人所实施的举止，也可能是符合构成要件的行为。[1]

二、实行行为

由于刑法不仅处罚犯罪既遂、未遂行为，而且处罚预备行为，所以，广义的行为概念既包含实行行为，也包含预备行为。预备行为是指为了实行犯罪，准备工具、制造条件的行为。这里讨论的是实行行为。

实行行为是刑法理论上最重要的概念之一。一般来说，刑法分则所规定的构成要件行为是实行行为，[2]如故意杀人罪的实行行为就是"杀人"，盗窃罪的实行行为就是"盗窃公私财物"。刑法分则主要通过行为规定各种犯罪的构成要件。因此，实行行为是使各种犯罪的构成要件具有自身特色的最主要的要素。因果关系理论所要判断的是能否将某种结果归属于某种实行行为，即因果关系是实行行为与结果之间的引起与被引起的关系，而不是预备行为与结果之间的因果关系。

对于实行行为这一重要概念，不能仅从形式上认定，还必须从实质上考察。我国刑法理论的通说认为：犯罪的实行行为，是指"刑法分则中具体犯罪构成客观方面的行为"，如故意杀人罪中的杀害行为，抢劫罪中侵犯人身的行为和劫取财物的行为等。但这只是从形式上回答了什么是实行行为。犯罪的本质是侵犯法益，没有侵犯法益的行为不可能构成犯罪，当然也不可能成为实行行为。不仅如此，即使某种行为具有侵害法益的危险性，但这种危险程度极低，也不可能成为实行行为。

一方面，实行行为并不意味着形式上符合构成要件的行为，而是具有侵害法益的紧迫危险的行为（隔离犯的实行行为具有特殊性）。不可否认的是，实行行为必须是符合构成要件的行为，这是罪刑法定原则决定的。但问题在于如何判断何种行为符合刑法分则所规定的构成要件？例如，究竟何谓"杀人"？甲意欲杀乙，乙迅速逃离，甲在追赶途中，掏出手枪，然后瞄

---

[1] 将有意性作为行为特征，旨在将身体的反射动作、睡梦中的举动（梦游）等无意志的举止排除在行为之外。问题在于，将这种举止排除在行为之外的意义何在？一个回答是，这种举止根本不构成犯罪，刑法也不可能禁止这种举止，因此其在刑法上并无意义，没有必要作为行为对待。诚然，犯罪是行为，但不能因此认为刑法上的行为必须是犯罪行为，构成要件只是成立条件之一，其中的行为并不当然等于犯罪；刑法虽然不可能禁止这种举止，但需要由刑法对之做出评价，从而使一般人知道自己面对这种举止时应当如何处理。例如，倘若梦游举止侵害法益时，只有将其评价为违法行为，一般人才能予以阻止、制止。另一个回答可能是，可以尽早排除犯罪的成立。然而，所谓尽早排除犯罪的成立，只存在于观念上或者逻辑上，而不具有实际意义。例如，在司法实践中，当明显存在阻却犯罪成立的事由时，没有必要完全按照犯罪成立条件的顺序否认犯罪的成立。例如，当造成他人死亡结果的行为人只有12周岁时，人们不会按照三阶层体系逐一进行具体判断，而是直接以行为人没有达到法定年龄为由否认犯罪的成立。那么，当梦游者甲驾驶车辆造成乙死亡时，人们是说甲没有交通肇事行为而否认其构成犯罪呢？还是说没有责任而否认其构成犯罪呢？虽然结论都是无罪，但后者或许更妥当。因为甲的举止的确违反了交通运输管理法规，造成了交通事故并且致人死亡，就此而言完全符合了交通肇事罪的构成要件。再如，A不知道自己患有癫痫病，某日驾驶机动车时癫痫病发作，导致机动车驶入人行道，造成B死亡。A在癫痫病发作时完全没有意志。在这种场合，以A缺乏构成要件的行为或者缺乏责任得出无罪结论似乎没有明显区别。但是，倘若X知道自己患有癫痫病，某日驾驶机动车时癫痫病发作导致机动车驶入人行道，造成Y死亡，就不能以无罪论处。显然，X造成交通事故的举止及其具体情形与A完全相同，既然能够肯定X的举止是符合交通肇事罪构成要件的行为，就能够肯定A的举止也是符合交通肇事罪构成要件的行为。因为有无符合构成要件的行为，不是由有没有责任决定的，我们不能以X有责任为由肯定X的举止是符合构成要件的行为，以A没有责任为由否定A的举止是符合构成要件的行为。所以，将有意性作为行为的特征并不具有现实意义。

[2] 之所以表述为"一般来说"，是因为我国刑法分则的少数条文，事实上规定了预备行为。

准乙，接着开枪射击，但未能打中。司法机关应从何时起认定甲"杀人"或"剥夺他人生命"？对此不可能从形式上判断，而应以对法益的侵犯程度为依据。由于我国刑法规定处罚预备行为，故实行行为必然是侵害法益的危险性达到紧迫程度的行为。即预备行为与实行行为的实质区别，在于侵害法益的危险程度不同，而不是危险的有无不同，否则就不能说明犯罪预备的处罚根据。

至于某种行为是否具有侵害法益的紧迫危险，应以行为时存在的所有客观事实为基础，并对客观事实进行一定程度的抽象，同时站在行为时的立场，原则上按照客观的因果法则进行判断。在此需要指出的是以下几点：①减少或者避免了法益侵害的行为，不可能成为实行行为。[1] 例如，一块砖头正要砸中 B 的头部时，A 用木棍挡了一下砖头，使 B 头部受伤的程度减轻（纯粹的危险降低）。[2] 但是，先设定制造危险的因果过程，后改变该因果过程，总体上减少了危险，但未能消除全部危险时，仍然存在实行行为。制造了一种只有通过损害 A 法益才能避免对 B 法益的危险的因果过程的行为，也是实行行为。②对结果的发生没有做出贡献的行为，不可能成为实行行为。③行为虽然对结果的发生做出了贡献，但行为本身不具有发生结果的危险性的，不是实行行为。例如，甲将自己的斧头借给乙劈柴，乙在劈柴时不小心导致自己受伤的，不能认为甲借斧头的行为是伤害的实行行为。再如，A 劝乙坐火车旅游，乙在途中偶遇车祸身亡的，不能认为 A 的劝说行为是杀人罪的实行行为。④在法益本身存在危险时，不具有防止结果发生义务的人，只要没有增加危险，就不存在实行行为。但是，在法益本身存在危险时，增加了危险的行为，可能成为实行行为。

另一方面，实行行为并不是任何与法益侵害结果具有某种联系（或条件）的行为，而必须是类型性的法益侵害行为。例如，甲希望 A 死于航空事故劝 A 乘坐飞机，即使 A 碰巧在航空事故中死亡，也不能认为甲的劝说行为是杀人行为。再如，乙希望 B 跑步时摔死而劝 B 跑步，即使 B 跑步时碰巧摔死，也不能将乙的劝说行为认定为杀人行为。再如，丙希望 C 遭雷击身亡，而安排 C 在露天活动，即使 C 在露天遭雷击身亡，丙的行为也不属于杀人行为。[3]

实行行为是一种外部活动，离不开一定的时间与地点。[4] 时间与地点是行为的存在形式，没有时间与地点的行为是不存在的。但是，大多数犯罪不要求在特定的时间、地点实施；只有少数犯罪要求在特定时间、地点实施。显然，在后一种情况下，应当说不是对时间、地点的要求，而是对行为本身的要求，或者说是对行为存在形式的要求。[5]

---

〔1〕 当然，具有完全避免法益侵害义务与能力的人，只是部分地减少了法益侵害时，依然可能存在实行行为（不作为）。

〔2〕 人们常举的例子是，A 将 B 推到一边，使 B 的头部不会被上面落下的砖头砸中，但导致 B 的肩膀受伤了。A 的行为不是伤害罪的实行行为（危险替代）。但在此案中，A 的行为究竟是因为没有实行行为而不成立犯罪，还是具有违法阻却事由（基于推定的承诺）而不成立犯罪，还值得进一步研究。

〔3〕 关于这一点，以前的理由是甲、乙、丙的行为与被害人的死亡之间没有因果关系。但如果这样解释，就可以将甲、乙、丙的行为认定为杀人未遂行为，这显然不妥当。所以，现在不少学者将这种情况解释为缺乏实行行为性（或排除客观归责），因而不成立犯罪。至于客观上绝对不可能发生法益侵害结果的行为，则更不可能成为实行行为。例如，丁自认为将盐水给成年人饮用会导致死亡而实施的该行为，不是杀人行为。这种行为属于不可罚的不能犯（不构成未遂犯）。

〔4〕 刑法理论的传统观点一般将行为的时间、地点作为独立于行为之外的一种构成要件要素。本书不赞成这种观点，行为不可能独立于时间、地点而存在，也不存在没有行为的时间、地点。

〔5〕 当人们说要购买杭州清明节前生产的龙井茶时，其中的地点与时间无疑是对茶叶本身的要求，而不是对茶叶之外的某种要求。

行为是人的身体活动，离不开一定的方法或手段。[1] 方法事实上是对身体活动内容的描述，方法不同行为也就不同。例如，使用暴力方法迫使被害人交付财物的，是抢劫行为；以恶害相通告迫使被害人交付财物的，是敲诈勒索行为。因此，抢劫罪与敲诈勒索罪对行为方法的要求不同。不仅如此，在某种意义上说，方法或手段与行为甚至是同义语。[2]

实行行为一般表现为以行为人自身的直接、积极的身体活动去实行，这种情形称为作为的直接正犯，其实行行为性容易理解。通过支配他人进而支配犯罪事实的，属于间接正犯，将在共同犯罪一章中讨论。此外，有的情形是行为人以不作为方式实现犯罪，此乃不作为犯，其实行行为的实质的内容，需要特别考察。

三、不作为

（一）作为与不作为的区别标准

行为的表现形式多种多样，刑法理论将行为概括为两种基本形式：作为与不作为。

一般来说，作为是指行为人以积极的身体活动实施刑法所禁止的行为。从表现形式上看，作为是积极的身体活动；从违反法律规范的性质上看，作为直接违反了禁止性的罪刑规范。例如，通说认为，抢劫行为必须是积极的身体动作，它直接违反了严禁抢劫的罪刑规范。作为也有多种表现形式，如利用自己的四肢等实施的作为，利用物理工具实施的作为，利用动物实施的作为，利用自然现象实施的作为等，大多数犯罪行为表现为作为。

不作为，是指行为人在能够履行自己应尽义务的情况下不履行该义务。从表现形式上看，不作为是消极的身体动作；从违反法律规范的性质上看，不作为不仅违反了禁止性罪刑规范，而且直接违反了其他法律、法规中的义务性规范或命令性规范（要求行为人履行作为义务的法规范）。如拒不救援友邻部队罪中的不救援，不仅违反了《刑法》第429条的禁止性规范，而且直接违反了相关法律、法规中的义务性规范。由此可见，所谓"消极的身体动作"，不是指行为人没有任何身体活动，而是指行为人没有实施法所期待的行为（没有阻止构成要件的实现）。[3]

以行为是违反禁止性规范，还是违反命令性规范为标准区分作为与不作为，是一种传统的观点（禁止、命令规范违反说）。这种观点并没有过时，仍然具有重要意义。例如，持有毒品、持有枪支等行为，违反了禁止性规范，因而属于作为，而非不作为。[4] 除此标准之外，

---

〔1〕 刑法理论的传统观点一般将行为的手段、方法作为独立于行为之外的一种构成要件要素。本书不赞成这种观点，离开了手段、方法，行为就是一个空洞的、没有内容的概念。

〔2〕 例如，《刑法》第114条将放火、决水、爆炸、投放危险物质称为危险方法，我们也可以说它们是危险行为。当某些犯罪的成立要求特定的方法或手段时，是对行为本身的要求，而不是对行为之外的其他要素的要求。

〔3〕 不作为强调的是行为人没有履行作为义务。行为人在此期间实施的其他行为，并非不作为的内容，也不影响不作为的成立。例如，锅炉工在当班时，负有给锅炉加水的义务，但他没有加水，造成锅炉爆炸事故，这就成立不作为犯罪。至于锅炉工当班时实施了其他何种行为（如睡觉或外出游玩等）则并非不作为的内容，也不影响不作为的成立。

〔4〕 关于持有的性质，刑法理论上主要有三种观点：①作为说认为，法律规定持有型犯罪，旨在禁止行为人取得特定物品，故持有行为违反的是禁止性规范，属于作为。②不作为说认为，法律规定持有型犯罪，旨在命令持有人将特定物品上缴给有权管理该物品的部门，以消灭这种持有状态；如果违反该义务而不上缴该物品，就构成刑法禁止的不作为。③独立行为说认为，持有既有不同于作为的特点，也有不同于不作为的特点；作为具有动的特征，不作为具有静的特征，持有则具有动静相结合的特征；作为与不作为并不是A与非A的关系，将持有与作为、不作为相并列使之成为第三种行为形式并不违反逻辑规则。英美刑法理论一般认为持有是一种状态，大陆法系国家的刑法理论则没有争议地认为持有属于作为。

刑法理论还存在形形色色的区分标准。[1] 其实，作为与不作为的区分意义是有限的。例如，人们之所以争论主治医生故意关闭患者的呼吸器导致患者死亡的行为是作为还是不作为，是以主治医生的行为构成故意杀人罪为前提的，或者说是以医生具有救助患者的义务为前提的。如果患者的仇人关闭患者的呼吸器，则没有争议地将患者的仇人认定为故意杀人罪的作为犯。再如，厂主违反生产规则，未对受到炭疽菌污染的山羊毛杀菌消毒，就把山羊毛交给工人加工，导致几名工人因感染炭疽菌死亡（"山羊毛案"）。人们之所以争论厂主的行为是作为还是不作为，是因为不管得出什么结论，厂主的行为均构成过失犯。反之，如果与厂主有仇的某工人将已消毒的山羊毛掉换成未消毒的山羊毛，导致他人死亡的，则无疑认定为故意的作为犯。显然，在具体案件中，当行为主体具有保证人地位时，区分作为与不作为的意义不大；当行为主体不具有保证人地位时，只需要判断是否成立作为犯。

其实，作为与不作为的区别并不绝对，存在作为与不作为的竞合现象，即一个行为从一个角度来看是作为，从另一角度来看是不作为。例如，汽车司机在十字路口遇到红灯时，仍然向前行驶，导致行人死亡。从不应当向前行驶而向前行驶（不应为而为）来看，属于作为；从应当刹车而不刹车（应为而不为）的角度来看，则属于不作为。在这种情况下，如果能够肯定作为犯罪，原则上就不必考察行为是否符合不作为犯罪的成立条件（即不必认定为不作为犯罪）。换言之，应当独立地考察作为犯的成立与不作为犯的成立；通常首先判断行为是否符合作为犯的成立要件；在行为不符合作为犯的成立要件时，再判断行为是否符合不作为犯的成立要件。但是，在法益侵害结果事实上由作为与不作为共同造成时，则不能仅判断作为。

作为与不作为可能结合为一个犯罪行为。例如，抗税是逃避纳税义务的行为。在此意义上说，抗税行为包括了不作为。但是另一方面，抗税罪并非单纯的不履行纳税义务，还要求行为人实施了"抗"税的行为。根据《刑法》规定，以暴力、胁迫方法拒不缴纳税款的，是抗税。而上述手段行为只能表现为作为，故抗税行为同时包含了作为与不作为。即使在刑法没有明文规定的情况下，某些犯罪事实上也可能出现作为与不作为的结合。例如，值班医生不仅拒绝抢救患者，而且撤除患者身上的生命维持装置。可以认为，死亡结果要同时归属于拒绝抢救（不作为）与撤除装置（作为）两个行为。前述"山羊毛案"也是如此。

（二）不作为的类型

刑法理论将不作为犯区分为真正（纯正）不作为犯与不真正（不纯正）不作为犯。

第一，真正不作为犯，是指刑法分则条文明文规定了保证人与不作为内容的犯罪。认定真

---

〔1〕 ①能量说认为，向一定方向投入能量的是作为，不向一定方向投入能量的是不作为。例如，士兵因为听到"注意！"的命令而像柱子一样站立时，由于士兵使用了内部能量而直立，故属于作为；再如，医生撤除患者的生命维持装置的行为，意味着没有投入更多的能量，因而是不作为。②因果关系基准说有不同表述。有人认为，引起了结果的行为是作为；没有引起任何现象的是不作为。有人指出，作为犯时，行为与结果之间存在合法则的结合，具有自然的、物理的因果关系；不作为犯时，行为与结果之间不存在这种关系。有人提出，如果某一举止在条件公式或合法则的条件公式的意义上导致外界变更或者引起具体结果的，就是作为；如若某一举止任趋势发展或者对所发生的结果没有物理性的因果性，就是不作为。③义务内容说认为，如果行为人的义务内容是不作为，那么其行为就是作为，如果行为人的义务内容是作为，那么其行为就是不作为。例如，行为人应当踩刹车而不踩导致行人死亡的，其义务内容是作为，故属于不作为。④介入说认为，法益向好的方向发展时行为人介入的（如阻止医生救助他人），是作为；法益向恶的方向发展时行为人不介入的（如医生不救助患者），是不作为。⑤法益状态说认为，使法益状态恶化的是作为，没有使法益状态好转的是不作为。⑥社会意义说根据行为的社会意义是直接引起结果还是不防止结果来区分作为与不作为。例如，医生关闭患者的呼吸器的行为，在社会意义上是不防止死亡结果，因而是不作为。⑦非难重点说认为，在具体案件中，如果非难的重点是作为，就评价为作为犯；如果非难的重点是不作为，就评价为不作为犯。

正不作为犯,完全符合罪刑法定原则。但应注意的是,刑法规定的真正不作为犯存在两种类型:一类是对保证人只需要进行事实判断的真正不作为犯(可谓典型的真正不作为犯)。例如,《刑法》第311条规定:"明知他人有间谍犯罪或者恐怖主义、极端主义犯罪行为,在司法机关向其调查有关情况、收集有关证据时,拒绝提供,情节严重的,处3年以下有期徒刑、拘役或者管制。"本罪的保证人是明知他人有上述犯罪行为并受国家安全机关调查的人,对此只需要进行事实判断即可(行为人是否知道他人有上述犯罪并受国家安全机关调查),不作为内容是不提供有关情况与证据。另一类是需要对保证人进行规范判断的真正不作为犯(可谓非典型的真正不作为犯)。例如,《刑法》第261条规定的遗弃罪的主体是"对于年老、年幼、患病或者其他没有独立生活能力的人,负有扶养义务"的人,但是,对于保证人与被遗弃者之间是否必须具有家庭成员关系等问题(即如何确定保证人的范围),就存在明显的分歧。结局是,仍然要根据后述有关确定不真正不作为犯的保证人的原理进行规范的判断。

第二,不真正不作为犯,是指刑法分则没有规定保证人与不作为内容,但行为人以不作为实施了通常由作为实现构成要件的犯罪。虽然刑法理论认为,处罚这种不作为犯并不违反罪刑法定原则,但必须规范地确定保证人的范围,并说明具备什么条件才能认定行为符合构成要件。

不难看出,不真正不作为犯与非典型的真正不作为犯的共同点是,二者都需要法官规范地确定保证人的范围。不同点是,不真正不作为犯的保证人的确定,不会直接受到刑法分则用语的限制。例如,刑法分则关于故意杀人与放火罪的表述,都不可能直接限制这两个罪的保证人的确定。但是,非典型的真正不作为犯的保证人的确定,直接受到刑法分则用语的限制,从我国《刑法》第261条的规定就可以清楚地看出这一点。例如,对于年幼的人仅负有教育义务的人,就不可能成为遗弃罪的保证人。

(三) 不作为犯的成立条件

就不真正不作为犯而言,并不是只要不作为与构成要件的结果之间具有因果关系,就肯定构成要件符合性。例如,在儿童溺水的场合,并不是只有父母可以救助,其他在场人员都可以救助。所以,儿童溺水身亡时,并不是只有其父母的不作为与儿童的死亡之间具有因果关系,其他在场人员的不作为都与儿童的死亡之间具有因果关系。但是,如果认为所有可能救助溺水儿童的人的不作为都符合杀人罪的构成要件,就明显扩大了处罚范围。因此,刑法理论需要进一步判断儿童溺水身亡的结果应当归属于谁的不救助行为。结局是,只能将结果归属于基于保证人地位而具有救助义务的人,基于保证人地位的作为义务,便成为不真正不作为犯的成立要件。亦即,负有防止结果发生的特别义务的人称为"保证人",其中的特别义务就是作为义务。[1] 不难看出,不真正不作为犯实际上是身份犯。概言之,成立不作为犯罪,首先要求行为人具有"作为义务"。其次,虽然负有作为义务,但如果保证人不能履行作为义务,也不成立不作为犯。换言之,成立不真正不作为犯需要具备"作为可能性"。最后,即使保证人能够履行义务,但客观上不可能避免结果发生时,照样不得以不作为犯论处。易言之,成立不真正

---

[1] 关于保证人地位与作为义务的关系,一体说认为,对于保证人地位与作为义务,应当在社会观念上作一体化的理解,因为难以区分二者。分离说认为,保证人地位属于构成要件的内容,作为义务属于违法性的内容。本书赞成一体说。具有作为义务的人才是保证人,反之,保证人就是作为义务人。所以,刑法理论首先要确定哪些人是负有防止结果发生的特别义务的人,即确定特别义务来源于何处(作为义务的发生根据)。

不作为犯要求具备"结果回避可能性"。[1] 下面分别说明上述三个条件。

1. 作为义务。具有作为义务，是成立不真正不作为犯的第一个条件，具有作为义务的人就是保证人。什么样的人具有作为义务，要由处罚不作为犯的实质根据（保护法益免受侵害与威胁）来决定；与此同时，为了确保刑法的明确性，还需要从形式上进行限定。[2]。

由作为导致法益侵害的过程表现为：制造危险（行为制造了他人死亡的危险性）→危险增大（他人的死亡危险性增大）→危险的现实化即实害结果的发生（他人死亡）。要使不作为犯符合作为犯的构成要件，一方面，要求有危险的产生→危险增大→实害结果发生的过程，另一方面，由于危险不一定是行为人的行为产生的（先前行为除外），故只有当行为人处于阻止危险的地位时，才可能与作为相当，从而符合作为犯的构成要件。亦即，只有应当阻止危险但未排除或者控制既存的危险，才与作为相当。[3] 本书将不作为导致法益侵害结果的过程分为两种类型：其一，由危险源产生的危险→危险增大→实害结果的发生。在这一过程中，只有切断危险源，才能避免实害结果的发生。此即对危险源的监督义务。其二，由于某种原因（如人为的或者法益主体自身的原因等）法益处于无助（或者脆弱）状态，因而出现危险→危险增大→实害结果的发生。在这一过程中，法益的保护具体地依赖于特定人时，特定人就具有保护义务，此即对特定法益的保护义务。

然而，实质的法义务根据，只是说明了具备上述实质的法义务时，才能认定不作为导致了法益侵害结果，从而能够认定不作为符合构成要件。但是，其范围是不明确的，需要辅之以形式的标准。这种形式的标准必须起到两个方面的作用：其一，进一步表明实质的法义务的合理性（起限定作用），其二，使实质的法义务范围更加明确。

（1）对危险源的监督义务。危险源本身就是导致结果发生的原因，行为人处于控制危险源的地位，因而支配了结果发生的原因。但是，单纯的事实上可以控制危险源还不能成为作为义务的来源，还必须对危险源具有监督管理义务的形式根据。

第一，对危险物的管理义务。这里的危险物是广义的，包括危险动物、危险物品、危险设置、危险系统等。管理义务，既可能来自法规范，也可能源于制度或者体制，还可能源于条理。例如，动物园的管理者在动物咬人时具有阻止义务；矿山的负责人，对矿山的生产安全负有管理义务。

第二，对他人危险行为的监督义务。一般来说，他人的危险行为造成了法益侵害时，由其本人承担刑事责任。但是，在他人不可能承担刑事责任，而行为人基于法律规定、职业或者法律行为对他人负有监管、监护等义务时，要求行为人对他人的危险行为予以监督、阻止。例如，父母、监护人有义务制止年幼子女、被监护人的法益侵害行为。

第三，对自己的先前行为造成的法益侵害紧迫危险的防止义务。[4] 行为人的先前行为造成了法益侵害的紧迫危险时，具有保证人地位。①先前行为对刑法所保护的具体法益造成了危

---

〔1〕　真正不作为犯的认定并不存在特别障碍。在此意义上说，刑法总论主要应当探讨的是不真正不作为犯的成立条件。但是，非典型的真正不作为犯，也需要规范地确定保证人的范围；任何一种不作为犯的成立，都以保证人具有作为可能性和结果回避可能性为前提。所以，下列作为义务的发生根据，同样适用于非典型的真正不作为犯；作为可能性与结果回避可能性，则适用于全部不作为犯。

〔2〕　关于作为义务的来源，较早的教科书采取了形式的三分说（法律、职务与先前行为），近来的教科书采取的是形式的四分说（增加了法律行为）。但是，对作为义务仅作形式的探讨，既存在理论上的缺陷，也导致实践上确定的保证人范围有时过宽、有时过窄。

〔3〕　参见［日］山口厚：《从新判例看刑法》，付立庆、刘隽译，中国人民大学出版社2009年版，第38页以下。

〔4〕　参见张明楷："不作为犯中的先前行为"，载《法学研究》2011年第6期。

险。对不受刑法保护的利益造成的危险，不能成为作为义务的来源。②危险明显增大，如果不采取积极措施，危险就会立即现实化为实害。③行为人对危险向实害发展的原因具有支配性。[1] 例如，意外提供了有毒食物导致他人中毒后，提供者有救助义务；销售了危险产品的行为人具有召回产品的义务。

与此相适应，下列情形不能成为作为义务的来源：①行为并没有制造、增加危险的，不产生作为义务。例如，路人将路边的弃婴抱到民政机关门前的，高速公路上的司机将被前一车辆撞伤的被害人送到加油站后放置不管的，一同进餐的人将醉酒者送回其住处的，即使后来被害人因没有得到救助而死亡，行为人也不承担不作为犯的责任。特别需要指出的是，先前的行为并没有导致危险，而是被害人基于自主决定使自己陷入危险的，该先前行为不产生作为义务。例如，甲男与乙女谈恋爱，后来甲男提出分手，乙女声称如分手就自杀。尽管如此，甲男依然要与乙女分手。即使甲男看着乙女自杀而不制止，也不能认定他有作为义务。因为甲男与乙女谈恋爱以及提出分手的行为，都没有对法益造成现实的危险（没有先前行为）。②行为虽然制造、增加了危险，但是该危险并不紧迫或者微不足道的，不产生作为义务。例如，甲将自己的一把利刀递给乙观看时，乙突然持刀伤害丙。即使甲在现场，也不产生作为义务。③行为制造、增加的危险属于被害人的答责范围时，行为人不产生作为义务。例如，甲将吸食毒品的工具借给乙吸食毒品，乙因吸食过量造成身体伤害。对此，甲不承担不作为的故意伤害罪的责任。[2]

先前行为不要求行为人独立实施，行为人参与了奠定作为义务基础的先前行为时，就具有结果防止义务。例如，甲与乙共同以暴力抢劫丙女，在丙昏迷后乙准备对丙实施强奸行为，此时甲负有阻止义务，否则成立强奸罪的共犯。

一般来说，只要先前行为制造了法益侵害的危险，就会成为作为义务的来源。因为根据客观的违法性论，制造了法益侵害危险的行为就是违法行为。客观上实施了违法行为的人，有义务防止侵害结果的发生。尽管如此，先前行为也不以具有违法性为前提。[3] 例如，在阻却违法的紧急避险行为给第三者造成法益侵害的危险（紧急避险过当的危险）时，紧急避险人具有救助义务，但紧急避险行为本身并不违法。再如，X抢劫未遂后逃走，甲、乙、丙为了将X抓获归案而追赶，X在前方无路可逃时坠入深水中。甲、乙、丙的追赶行为并不违法，但的确给X的生命制造了危险，不能否认他们有救助义务。

---

[1] 危险虽然由先前行为人造成，但处于优势地位的保证人更有利于保护法益时，则不应认为先前行为人具有作为义务。例如，甲在高速公路上撞伤他人时，交通警察刚好就在身边，此时应当由警察处理相关事务（如将伤者送往医院抢救）。此外，行为人制造法益危险后，第三者基于自己的意志防止结果发生时（如甲意外撞伤丙后，乙迅速将丙送往医院抢救脱险），也不要求先前行为人履行结果防止义务。不过，在这种场合，并不是说甲没有救助义务，只是因为乙的自愿救助行为使甲丧失了对结果原因的支配。

[2] 如果甲给乙注射毒品后，乙的生命处于危险状态，则甲具有救助义务。

[3] 德国的有力学说认为，先前行为必须具有义务违反性（义务违反性要求说）。由于立法上的区别，本书不接受这种观点，首先，当先前行为成为作为义务的来源，进而肯定不作为构成犯罪时，并不是将先前行为作为处罚根据。既然如此，就没有理由将先前行为限定为违反义务的行为。其次，义务违反的界限并不明确。再次，要求先前行为违反义务，在很大程度上是为了将正当防卫排除在先前行为之外。但如下所述，在我国，正当防卫产生了过当的危险时，同样产生作为义务。最后，从我国的相关法律规定来看，行为人基于先前行为所引起的作为义务，并不以违反义务为前提。例如，《道路交通安全法》第70条第1款规定："在道路上发生交通事故，车辆驾驶人应当立即停车，保护现场；造成人身伤亡的，车辆驾驶人应当立即抢救受伤人员，并迅速报告执勤的交通警察或者公安机关交通管理部门……"显然，抢救受伤人员的作为义务，并不以驾驶人违反交通运输管理法规为前提。表面上看，抢救受伤人员的作为义务源于法律规定，但该法律规定的根据则是行为人的先前行为。

不作为能够成为作为义务的发生根据。例如，房屋主人没有留意屋顶所铺的瓦片是否稳固，瓦片掉落下来致人受伤的，主人有救助的义务。或许有人认为，在这种场合，仅以前一个作为义务（对危险源的监督义务）为根据得出行为人对受伤者有救助义务即可。事实上并非如此。瓦片砸伤被害人时，主人就需要对该伤害负责。对该伤害负责的根据，就是主人对屋顶瓦片掉落下来会砸伤人的监督义务。而瓦片砸伤他人后，在他人有生命危险时，则是基于先前的不作为产生的救助被害人的另一作为义务。对危险源的监督义务不能直接引申出主人有救助受伤者的义务。此外，倘若仅以前一作为义务说明主人有救助义务，容易得出主人仅有过失而无故意的结论。这显然不妥当。

过失犯罪应与过失的一般违法行为一样，能够成为作为义务的发生根据。既然刑法理论肯定过失的一般违法行为可以成为作为义务的发生根据，那么就没有理由否认过失犯罪可以成为作为义务的发生根据。例如，甲的过失行为造成了乙轻伤（尚不成立犯罪），同时产生了生命危险时，甲故意不救助而导致乙死亡的，成立不作为的故意杀人罪。再如，A的过失行为造成了B重伤（已经成立犯罪），同时产生了生命危险，A故意不救助而导致B死亡的，也应认定为不作为的故意杀人罪。倘若认为过失犯罪不是作为义务的发生根据，则意味着A的行为仅成立过失致人死亡罪。这显然与上例中将甲的行为认定为故意杀人罪不协调。当然，在这种情形下，需要考虑结果回避可能性的问题。

既然过失犯罪能使行为人产生作为义务，故意犯罪更能使行为人产生作为义务。[1]

承认故意犯罪可以成为作为义务的来源，有利于实现刑法的协调。例如，甲意外地导致乙重伤，明知不抢救乙就会死亡，但仍然不抢救，导致乙死亡。如果满足其他条件（具有结果回避可能性与作为可能性），甲的行为无疑成立不作为的故意杀人罪。A故意地导致B重伤，明知不抢救B就会死亡，但仍然不抢救，导致B死亡。如果否认故意犯罪可以成为先前行为，对于A就只能认定为故意伤害（致死）罪。可是，与甲相比，A的行为应当受到更为严重的否定评价和更为严厉的谴责。所以，只有肯定故意犯罪能成为先前行为，才能肯定A的行为也成立不作为的故意杀人罪，不致形成不协调的刑法评价。

承认故意犯罪可以成为作为义务的来源，有利于解决正当防卫问题。例如，行为人安装了定时炸弹，给法益造成了危险，具有拆除的义务，不拆除的行为就是不作为的违法行为，他人当然可以实施正当防卫，迫使其履行义务（说出炸弹所在位置或拆除炸弹）。如果认为先前安装定时炸弹的故意犯罪行为并不产生作为义务，那么，因为其作为方式的违法行为没有正在进行，难以进行正当防卫。

承认故意犯罪可以成为作为义务的来源，有利于解决共同犯罪问题。例如，甲以杀人故意将被害人乙砍成重伤，随后甲看到了乙躺在血泊之中的痛苦表情，顿生悔意，打算立即叫救护车。此时，无关的过路人丙却极力劝阻甲，唆使其放弃救助念头，乙因失血过多而死亡。如果否认故意犯罪可以成为作为义务的来源，就意味着丙不可能成立犯罪。因为不真正不作为犯实质上是身份犯，丙并不负有作为义务，不可能成立不真正不作为犯的正犯。只有认定甲的故意杀人行为引起了救助义务，其后来的不作为也属于杀人行为，才能认定丙教唆甲实施了不作为

---

[1]　一种观点认为，故意犯罪不产生作为义务。诚然，甲基于杀人的故意将被害人砍成重伤，任其流血过多死亡的，认定为作为的故意杀人罪即可。对此，没有必要讨论不作为的问题。但是，承认故意犯罪能够成为作为义务的来源，具有合理性与必要性。

犯罪，进而成立教唆犯。[1]

承认故意犯罪可以成为作为义务的来源，面临罪数问题。首先，可以肯定的是，如果案件事实中的作为与不作为应当评价为两个行为，行为侵害了两个法益，行为人对两个法益侵害事实都具有责任，就应当实行并罚。例如，行为人违反《森林法》的规定，非法采伐珍贵树木，树木倒下时砸着他人头部，行为人明知或者应知不立即救助他人就会导致死亡结果，但未予救助。非法采伐珍贵树木是《刑法》第 344 条规定的犯罪行为，但第 344 条并没有就该罪规定死亡结果，换言之，造成死亡的行为以及死亡结果不能评价在非法采伐国家重点保护植物罪中。在这种情况下，应当将非法采伐珍贵树木的犯罪行为，视为导致行为人负有抢救义务的先前行为，从而视案情认定为不作为的故意杀人罪或过失致人死亡罪，与非法采伐国家重点保护植物罪实行并罚。其次，当前阶段的作为与后阶段的不作为侵害的是同一法益，或者两个行为所侵害的法益具有包容关系时，仅认定一个重罪即可。如前阶段的作为杀人与后阶段的不作为杀人，侵害了同一个人的生命法益，只能认定为一罪。再如，故意伤害他人后，产生救助他人的作为义务；如果不履行作为义务，导致他人死亡，符合不作为犯的其他成立条件，且对死亡结果具有故意的，由于生命法益包含身体法益，即可仅认定为故意杀人罪。[2]

（2）基于与法益的无助（脆弱）状态的特殊关系产生的保护义务。法益处于无助或者脆弱状态的情形是经常可以见到的。在这种状态下，法益的保护依赖于可能保护法益的人。但是，仅此还不够。例如，落水儿童的生命虽然依赖于过路人，但过路人并不一定是保证人。只有因法规范、制度或体制、自愿接受，使法益保护具体地依赖于特定的人时，此人才具有保证人地位。

第一，基于法规范产生的保护义务。在法规范将法益保护托付给特定行为人时，行为人的不保护就成为结果发生的原因。例如，母亲对婴儿有哺乳义务；交通警察对交通事故中的被害人具有救助义务；父母见幼女被人猥亵时具有制止他人猥亵行为的义务；等等。

第二，基于制度或者体制产生的保护义务。当具体的制度、体制将法益保护义务托付给特定行为人时，行为人负有保护义务。例如，国家机关工作人员在其职责范围内对无助（脆弱）的法益负有相应的保护义务。再如，游泳教练对游泳学习者具有保护义务。

第三，基于自愿承担（合同与自愿接受等）而产生的保护义务。在法益处于无助或者脆弱状态时，行为人自愿承担保护义务，使法益的保护依赖于行为人时，行为人必须继续承担保护义务。例如，将他人遗弃的女婴抱回家之后，就必须尽抚养义务，而不能放置在家中不管。又如，将幼儿带入森林游玩或者带入水中游泳的人，有义务保护幼儿的生命、身体安全。再如，数人登山形成了危险共同体（意味着相互关照），只要没有除外的约定，就意味着各人自愿接受了保护他人的义务。但是，数人各签生死状（在自己遇险时，他人不必救助），则意味着各人没有自愿承担法益保护义务。所以，危险共同体本身不是当然的义务来源。

第四，基于对法益的危险发生领域的支配产生的保护义务。例如，自家的封闭庭院里突然闯入一个危重病人或者生活不能自理的儿童，他人不能发现和救助，庭院的支配者有义务救助

---

[1] 参见蔡圣伟：《刑法问题研究（一）》，元照出版公司 2008 年版，第 223 页。如果没有救助的甲离开现场后，过路人 A 准备救助乙，而第三者 B 劝说 A 不救助的，则 B 不成立任何犯罪。但是，如果 B 以暴力、胁迫等有形手段阻碍 A 的救助行为，则是独立的作为犯。

[2] 对此是否应当依然认定为故意伤害（致死），还值得进一步研究。德国刑法理论认为，在类似案件中，故意的作为犯与不作为犯属于"不纯正竞合"的关系。其中，有学者认为，二者属于法条竞合中的补充关系；有学者认为后者属于"共罚的事后行为"；有学者认为前阶段的作为与后阶段的不作为是一个单一的整体，属于行为单数。

（如将病人或儿童送往医院或者转移至他人可以发现的场所）。[1] 又如，幼女主动对男子实施猥亵行为时，由于危险发生在男子身体上，男子负有制止义务（保护义务）。男子不制止而任由幼女实施猥亵行为的，成立猥亵儿童罪。

2. 作为可能性。作为可能性，是指负有作为义务的人具有履行义务的可能性。法律规范与法律秩序只是要求能够履行义务的人履行义务，而不会强求不能履行义务的人履行义务。我国刑法分则的部分条文明确将作为可能性作为不作为犯的成立条件（参见刑法第 429 条、第 445 条）。

作为可能性的判断，既要以附随情况正常性与否为资料，也要以保证人的个人能力为资料。即使认为作为可能性是构成要件符合性的判断，因而只能以社会的一般观念为标准，也不可否认另需要根据保证人的个人能力做出判断。后者也可谓期待可能性的问题，将其作为责任要素或许是合适的。但是，由于作为可能性是对违法行为起限定作用的要素，故例外地将其纳入构成要件要素也是可以的。所以，行为人能否履行义务，应从行为人履行义务的客观条件与个人能力两方面进行判断。当履行义务面临一定危险时，不能要求行为人冒着生命危险去履行义务。履行作为义务的难易程度，表明了法益保护的难易程度，因而能够说明不作为的不法程度。

如果事实上具有作为可能性，但保证人没有认识到需要履行作为义务，或者一时未能想出作为可能性因而没有履行作为义务的，也不能否认不作为，只是阻却故意，因而可能成立过失犯。反之，如果事实上没有作为可能性，但保证人误以为有作为可能性进而没有作为的，则属于不能犯。

3. 结果回避可能性。结果回避可能性，不仅是不作为犯的成立条件，也是作为犯的成立条件。只不过在不作为犯中，这一点显得特别重要。换言之，在即使保证人履行作为义务也不可避免地发生结果的情况下，不能将保证人没有履行作为义务的行为认定为不作为犯。反过来说，行为人不履行作为义务，造成或可能造成侵害结果的，才可能成立不作为犯罪。或者说，只有当行为人履行作为义务可以避免结果发生时，其不作为才可能成立犯罪。至于是否具有结果回避可能性，只能进行事后判断。不作为之所以能成为与作为等价的行为，在于它造成或可能造成侵害结果。结果回避可能性，是不作为犯的第三个成立条件。例如，司机过失造成了交通事故，导致被害人头盖骨骨折，即使立即送往医院也不能挽救生命时，即使司机没有救助，也仅成立交通肇事罪，而不成立不作为的故意杀人罪。一方面在客观上具有结果回避可能性，而行为人误以为没有回避可能性因而没有履行作为义务导致结果发生的，一般成立过失的不作为犯；在客观上没有结果回避的可能性，而行为人误以为具有回避可能性，但没有履行作为义务的，因为其不作为不具有导致结果发生的危险性，而属于不能犯。另一方面，由于不作为也可能成立未遂犯，所以，认为只有当不作为已经造成了侵害结果时才构成犯罪的观点，存在疑问。

正因为不作为犯的成立以结果回避可能性为前提，故可以肯定不作为与结果之间的因果关系。[2] 如前所述，不作为不是单纯的什么也没有实施，而是没有实施法期待的作为。在保证人实施了法所期待的作为，就可以避免结果发生的情况下，没有实施法所期待的作为，当然与

---

〔1〕 如果病人、儿童的亲属或者监护人在场，则庭院的支配者没有救助义务。

〔2〕 关于不作为犯的因果关系，一直存在争议。在刑法理论上，有人完全否认不作为与结果之间的因果关系；有人完全肯定不作为与结果之间的因果关系，有人则肯定部分不作为与结果之间具有因果关系。参见韩忠谟：《刑法原理》，中国政法大学出版社 2002 年版，第 92 页以下。

结果之间具有因果关系，能够将结果归属于不作为。[1] 此外，如果认为不作为犯没有因果关系问题，就可能导致不作为犯没有未遂，因而不妥当。例如，负有作为义务的甲没有履行作为义务，但第三者的行为防止了结果的发生。如果否认不作为犯的因果关系，就可能认为甲构成犯罪既遂，但这一结论显然与作为犯不协调。

具备上述三个条件，只是意味着符合不作为犯的一般客观条件，并不直接成立犯罪。一方面，在司法实践中，要联系不作为可能构成的具体犯罪的构成要件进行具体判断，另一方面，在具备不作为犯的构成要件前提下，还需要进行违法性与有责性的判断。[2]

第四节　行为对象

一、行为对象的概念

行为对象也叫犯罪对象（行为客体），一般是指实行行为所作用的物、人、组织（机构）、制度等客观存在的现象。

首先，行为对象是物、人、组织、制度等客观存在的现象。其次，行为对象要么因为直接或者间接体现刑法所保护的法益（如法益的主体或者法益的物质表现）而成为构成要件要素，要么因为类型化的需要而成为构成要件要素。例如，法人的财物体现了法人对财物的占有、使用、收益、处分等权利，成为盗窃、诈骗等财产罪的行为对象。最后，行为对象必须被行为作用。物、人、组织、制度总是客观存在的，行为没有作用于它们时，它们不是行为对象；行为作用于它们时，它们才成为行为对象。"作用"的内容主要是使对象的性质、数量、结构、状态等发生变化。[3]

行为对象与组成犯罪行为之物不同。例如，贿赂是组成受贿罪、行贿罪之物，一般不认为是行为对象；再如，赌资是组成赌博罪之物，通常不认为是行为对象。行为对象与行为孳生之

---

〔1〕　不作为犯完全符合条件关系公式，亦即，如果没有行为人不履行义务的不作为（如果行为人履行义务），结果就不会发生。

〔2〕　《德国刑法》第13条要求不作为必须与作为具有等价性（同价值性）。我国刑法对此没有明文规定，但本书认为，等价性并不是具体的要求，而是不真正不作为犯的构成要件的解释原理，尤其是为实质意义的作为义务的发生根据提供基础、限制作为义务发生根据的指导原理。联系我国的刑法理论与司法实践，以下两点值得注意：其一，由于难以明确刑法分则的某些条文在描述行为时所使用的动词能否包括不作为，所以，在判断某种不作为是否成立犯罪时，需要特别慎重。例如，《刑法》第316条第1款规定："依法被关押的罪犯、被告人、犯罪嫌疑人脱逃的，处5年以下有期徒刑或者拘役。"行为人以作为方式从关押场所逃出的，无疑属于脱逃；问题是，基于正当原因离开关押场所（如因为表现好而获准回家过春节），而无故不返回关押场所的行为，是否属于脱逃？司法机关不仅要根据刑法用语判断该行为是否属于脱逃，而且应从实质上判断这种不作为对法益的侵犯程度。再如，行为人开车撞伤他人后便逃离现场，造成被害人死亡。在这种情况下，不能轻易得出"成立不作为的故意杀人罪或过失致人死亡罪"的结论，而应考虑法益基于何种原因（前行为）处于危险状态、危险的程度、法益对行为人的依赖程度、行为人履行义务的难易程度、行为人不履行义务是否造成结果的原因、将结果归责于前行为合适还是归责于"不作为"合适等，从而得出正确结论。其二，在保证人对他人的生命具有救助义务时，并不必然成立故意杀人罪，而有可能成立遗弃罪或者其他犯罪。值勤消防人员有扑灭火灾的义务，其不履行灭火义务的行为，并不必然成立放火罪，而可能成立玩忽职守罪或者其他犯罪。概言之，对不作为（尤其出于故意时）如何定罪，是罪刑各论需要研究的问题

〔3〕　就不少犯罪而言，如何表述行为对象的具体内容需要研究。例如，故意杀人罪的行为对象是人还是人的生命？故意伤害罪的行为对象是人还是人的身体？倘若认为应当分别具体表述为人的生命与人的身体，则两罪的行为对象不同，但两罪的行为对象与各自的保护法益相同；反之，则两罪的对象相同，但两罪的行为对象与各自的保护法益不同。再如，侵犯财产罪的行为对象是财产还是其他内容？不同的回答，也影响行为对象与保护法益的关系。例如，人们完全可以说，侵犯财产罪的行为对象是财产，保护法益也是财产。

物有别。行为孳生之物，是指犯罪行为所产生的物。例如，行为人伪造的文书、制造的毒品等，不是行为对象。因此，在走私、贩卖、运输、制造毒品罪中，相对于走私、贩卖、运输而言，毒品可谓行为对象，但对于制造行为而言，所制造的毒品属于行为孳生之物。行为对象与作为犯罪行为的报酬取得之物相异。例如，行为人杀人后从雇凶者处得到的酬金或者物品，不是行为对象。此外，行为对象与供犯罪行为使用之物不是等同概念。供犯罪行为使用之物主要是指犯罪工具。例如，使用伪造的信用卡进行诈骗时，伪造的信用卡是供犯罪行为使用之物，而不是信用卡诈骗罪的对象。[1]

有的犯罪只有一种行为对象，有的犯罪则有数种行为对象，这通常取决于行为是侵犯一个法益还是数个法益。在行为侵犯数个法益的情况下，其行为对象也必然有数种。例如，抢劫罪不仅侵犯财产，而且侵犯人身，其对象除了财物之外，还有被害人的人身。

二、行为对象的意义

行为对象在刑法上具有一定的意义。

特定的行为对象在大多数犯罪中是构成要件的要素之一，行为只有作用于特定的对象，才能构成犯罪。[2] 例如，《刑法》第262条的拐骗儿童罪，其行为对象只能是不满14周岁的未成年人。刑法之所以规定某些行为作用于特定对象才构成犯罪，往往是因为只有作用于特定对象的行为才值得科处刑罚。

当刑法分则基于法益的不同或者类型化的需要，针对不同行为对象规定了不同犯罪时，特定的行为对象影响此罪与彼罪的区分。例如，盗窃公私财物的行为侵犯了财产，构成盗窃罪；盗窃枪支、弹药的行为危害了公共安全，构成盗窃枪支、弹药罪；盗窃国家机关公文的行为侵犯了公文的公共信用，构成盗窃国家机关公文罪。三者的行为方式都是窃取，但窃取的对象不同，行为类型不同，罪名也不同。

行为的对象不同会影响罪行的轻重，因而影响量刑。许多犯罪虽不要求特定的对象，但行为人具体选择的对象不同或者对象的特点、数量等不同，对说明犯罪的法益侵犯程度起一定作用，从而影响量刑。例如，同是故意伤害罪，但伤害一般人与伤害孕妇、病人的危害程度就有所不同，量刑也因此有所区别。

三、行为对象与保护法益的关系

行为对象与保护法益的关系较为密切。行为对象与保护法益在某些场合也可能是同一的。

---

[1]　在许多犯罪中，如何确定行为对象还存在疑问。例如，在销售伪劣产品的犯罪中，究竟伪劣产品本身是行为对象，还是相应的合格产品是行为对象？在使用假币罪中，究竟假币是行为对象，还是相应的真货币是行为对象？理论上的看法并不一致。如果认为作为行为对象的物必须体现法益，就不能将犯罪行为对之施加了影响却不体现法益的物当作行为对象。据此，销售伪劣产品的行为，实际上是以伪劣产品冒充相应的合格产品，即以伪劣产品作用于合格产品，似应以合格产品作为行为对象。使用假币意味着以假币冒充真货币，即以假币作用于真货币，按理真货币才是行为对象，真货币才体现货币的公共信用。基于同样的理由，在假冒注册商标罪中，行为对象是他人已经注册的受法律保护的商标，而不是假冒的商标本身。但本书认为，行为对象虽然与法益相关联，但并不必然是体现法益的要素，有时是对行为定型的要求。联系故意的认识内容与事实（对象）认识错误来考虑，宜将上述犯罪中的伪劣产品、假币、假冒的注册商标认定为行为对象。例如，行为人误将假药作为一般伪劣产品予以销售的，属于抽象的事实认识错误；误将假币作为真币而持有的，缺乏持有假币罪的故意。倘若不将上述犯罪中的伪劣产品、假币、假冒的注册商标作为行为对象，就难以解决故意认识内容与事实认识错误问题。

[2]　对象的"特定"性是一个相对的概念。例如，故意杀人罪的对象是人（或人的生命），相对于其他犯罪而言，该对象是特定的；但只要是人就可以成为本罪的对象，在此意义上说，该对象又不具有特定性。再如，拐骗儿童罪的对象是特定的，仅限于不满14周岁的儿童（比故意杀人罪的对象更具有特定性），但只要是儿童便可以成立本罪的对象，在此意义上说，该对象又不具有特定性。

换言之，有些现象，从构成要件的角度来说是行为对象，但从刑法目的的角度来说则是保护法益。我国刑法理论一般认为，行为对象反映保护法益（犯罪客体），保护法益制约行为对象。但应注意的是，相同的对象在不同情况下，也会体现不同的法益。例如，故意杀人罪与故意伤害罪的行为对象是人或者人的身体，二者是相同的，但故意杀人罪的保护法益是人的生命，故意伤害罪的保护法益是人的身体健康。反之，保护法益相同时，行为对象也不一定相同。例如，假冒注册商标罪与销售假冒注册商标的商品罪，保护法益相同，但行为对象不同。

行为对象与保护法益具有明显区别：首先，一般来说，行为对象所呈现的是事物的外部特征；而保护法益则是内在本质。其次，特定的行为对象是许多犯罪的构成要件要素；[1] 但保护法益本身不是构成要件要素。再次，行为对象并非在任何犯罪中都受到侵害；而保护法益在一切犯罪中都受到了侵害。最后，行为对象不具有法益所具有的多种机能（法益具有刑事政策的机能、违法性的评价机能、解释论的机能、分类的机能等）。

第五节　结果

一、结果的概念与特征

刑法理论对结果（危害结果）存在不同的表述。从结果的范围来说，分歧在于行为造成的现实危险状态是不是结果。本书认为，结果是行为给刑法所保护的法益所造成的现实侵害事实与现实危险状态。

结果具有以下特点：①因果性。结果由行为造成，行为是原因，结果是原因引起的后果。结果固然是行为造成的，但不能认为任何行为都必然造成结果。②侵害性与危险性。结果是表明刑法所保护的法益遭受侵害或者威胁的事实，故可以分为侵害结果与危险结果。如果某种事实现象并不反映行为对法益的侵害与威胁，即使由行为所引起，也不是结果。③现实性。结果是行为已经实际造成的侵害事实与危险状态。行为本身的危险不是结果。根据因果法则与实践经验判断认为行为终了后将会出现的"结果"，只是一种推测，毕竟不是现实存在，不能归入结果。④法定性。作为构成要件要素的结果，是刑法分则条文所规定的结果，而不是泛指任何结果。例如，破坏交通工具的行为，"足以使火车、汽车、电车、船只、航空器发生颠覆、毁坏危险"时（参见《刑法》第116条），才能认为发生了危险结果。如果破坏行为客观上不可能发生这种危险，即使造成交通工具上的人员严重心理恐惧，也不能认定为造成了结果。⑤多样性。结果形形色色、多种多样，结果的多样性是由行为的多样性、法益的多样性、行为对象的多样性等决定的。但不论表现形式如何，只要已经出现的事实与状态是由行为造成的，并且说明行为对刑法所保护的法益的侵犯性，该事实与状态就是结果。所以，结果并不限于物质性结果。

---

〔1〕　是否任何犯罪都有行为对象，在刑法理论上存在争议，但不是一个重要问题。通说认为，并非任何犯罪都有行为对象。不可否认，一般犯罪都具有行为对象，有疑问的是脱逃罪，偷越国（边）境罪，组织、领导参加黑社会性质组织罪，组织、领导、参加恐怖活动组织罪。如果说任何犯罪都有行为对象，则可以认为，脱逃罪、偷越国（边）境罪的行为对象是行为人自身所处的状态，即行为人作用于自己身体所处的状态，或者说改变自己所处的状态，因而侵犯了相应的管理秩序，成立犯罪。组织、领导黑社会性质组织或恐怖活动组织的行为对象，应是被组织者、被领导者。参加黑社会性质组织或恐怖活动组织的行为对象，则是行为人的身份，即行为人由原本不具有某种组织成员的身份改变为具有某种组织成员的身份。概言之，如果将行为对象限定为物理的存在，那么，并非犯罪都有行为对象。如果认为行为对象不限于物理的存在，则任何犯罪都有行为对象。

二、危险的性质

"危险"是否属于结果，还存在争议。要解决这一问题，首先必须明确危险的含义。

总的来说，危险包括"行为人的危险"与"行为（广义）的危险"。前者是指行为人的人身危险性，也可以称为再犯可能性；后者是指行为客观上对法益造成侵害的危险。显然，危险犯中的"危险"是指后一种意义上的危险，即侵害法益的可能性与盖然性。后一种危险又可分为"行为的危险"与"作为结果的危险"。行为的危险，是指行为本身所具有的导致侵害结果发生的可能性，因而也可以称为行为的属性；作为结果的危险（危险结果），是指行为所造成的对法益的威胁状态。根据这种划分，行为的危险是行为的属性，不属于结果；作为结果的危险，是行为所造成的一种可能侵害法益的状态，因而属于结果。当然，在实践中有时难以对二者做出区分。[1] 但是，从理论上说，行为本身的危险和行为造成的危险状态是存在区别的。在许多案件中，尤其是在隔离犯中，能够而且应当区分行为本身的危险与行为造成的危险状态。[2] 从法律上说，也存在作为结果的危险。[3] 当然，也不能因为存在作为结果的危险，就否认行为本身的危险。刑法上的行为必须具有侵害法益的危险性，否则不是行为。

刑法理论的通说认为，结果是对法益的侵害或侵害的危险。显然，其中的"侵害的危险"不是指作为行为属性的危险，而是指作为结果的危险。以对法益的现实侵害作为处罚根据的犯罪属于侵害犯（实害犯），以对法益侵害的危险作为处罚根据的犯罪属于危险犯。危险犯还可以进一步分为具体的危险犯与抽象的危险犯，至于区分标准则并不一致。[4]

本书认为，具体的危险犯中的危险，是在司法上以行为当时的具体情况为根据，认定行为具有发生侵害结果的紧迫（高度）危险。例如，什么样的破坏行为具有足以使汽车发生倾覆、毁坏的具体危险，需要根据汽车所处的状态、破坏的部位、破坏的程度等得出判断结论。可以认为，在具体的危险犯中，没有造成实害只是一种偶然。抽象的危险犯中的危险不需要司法上的具体判断，只需要以一般的社会生活经验为根据，认定行为具有发生侵害结果的危险即可。[5] 抽象的危险实际上有不同的类型：其一，刑法分则条文类型化的紧迫危险。这种抽象的危险，实质上也是紧迫的危险，只不过不需要司法上的具体判断。[6] 例如，《刑法》第144条规定的销售有毒、有害食品行为，造成的都是紧迫危险，刑法条文将其类型化为抽象的危险犯，不需要司法上的具体判断，只需要以一般的社会生活经验为根据判断。再如，在道路上醉酒驾驶机动车的行为，具有类型化的紧迫危险。其二，刑法分则条文拟制的危险。这种抽象的

---

〔1〕 例如，在行为人持枪追杀被害人但没有击中这一过程中，难以区分行为的危险与作为结果的危险。

〔2〕 例如，A在甲地邮局寄送毒药，旨在杀害住在乙地的B。A在甲地寄送毒药时，具有行为的危险；只有当毒药已经寄送给B时，才产生作为结果的危险。

〔3〕 例如，根据《刑法》第332条的规定，"违反国境卫生检疫规定，引起检疫传染病传播或者有传播严重危险的"，构成犯罪。其中的"有传播严重危险"就是行为已经引起了传播的危险状态，因而是作为结果的危险。

〔4〕 第一种观点认为，具体的危险犯是以发生危险作为构成要件要素的犯罪；抽象的危险犯虽然也以发生危险作为处罚根据，但它是不以发生危险作为构成要件要素的犯罪。第二种观点认为，具体的危险犯与抽象的危险犯都是以对法益侵害的危险作为处罚根据的犯罪，但是，前者的危险是需要司法上具体认定的，后者的危险是立法上推定的。第三种观点认为，具体的危险犯中的危险是行为所导致的一种状态，即作为结果的危险；抽象的危险犯中的危险是行为本身的属性，即行为的危险。第四种观点认为，具体的危险犯与抽象的危险犯的区别在于危险程度的差异，如前者是紧迫的危险，后者是缓和的危险。

〔5〕 当然，也有一些抽象危险犯中的危险不需要司法人员进行任何判断，亦即，只要行为符合构成要件，就当然存在抽象危险。

〔6〕 《日本刑法》第108条规定："放火烧毁现供人居住或者现有人在内的建筑物、火车、电车、船舰或者矿井的，处死刑、无期或者5年以上惩役。"本条所规定的犯罪被公认为抽象的危险犯，但其对人的生命的危险是紧迫的，而不是缓和的。

危险既可能是紧迫的危险，也可能是比较缓和的危险，但由于难以预测和具体判断，刑法对其同等看待。例如，盗窃、抢夺枪支、弹药罪属于抽象的公共危险犯，该危险既可能是紧迫的，也可能比较缓和，但《刑法》第 127 条将任何情形下的盗窃、抢夺枪支、弹药的行为，都拟制为具有公共危险的行为。[1] 其三，预备犯的危险，也可能被称为抽象的危险，这种危险是比较缓和的危险。上述三类抽象危险表明，抽象危险也是一种构成要件的结果，主要表现为行为侵害了法益安全存在的条件或者法益主体自由支配所必要的条件。需要说明的是，虽然抽象的危险是不需要司法工作人员具体判断的危险，但是，如果具体案件中的特别情况导致行为根本不存在任何危险，则不能认定为抽象的危险犯。例如，危险驾驶罪中的在道路上醉酒驾驶机动车的行为属于抽象的危险犯。但是，如果行为人醉酒后深夜在没有车辆、行人通行的道路上驾驶机动车，不可能造成他人伤亡的，不应认定为危险驾驶罪。

在我国，危险犯与侵害犯不是就罪名而言，而是就犯罪的具体情形而言。例如，故意杀人既遂是侵害犯，但故意杀人未遂则是危险犯；《刑法》第 114 条所规定的放火等罪属于具体的危险犯，但《刑法》第 115 条规定的放火等罪则属于侵害犯。当人们说放火罪是具体危险犯时，是就第 114 条规定的放火罪而言，即只有发生具体的危险才可能成立《刑法》第 114 条的放火罪。《刑法》第 115 条规定的放火罪，则是在具备具体危险的前提下发生了严重后果的侵害犯。

三、结果与构成要件类型

以上根据法益的侵害、危险的形态，将犯罪分为侵害犯与危险犯。事实上，结果与构成要件类型具有密切关系。

（一）行为犯、结果犯与结果加重犯

1. 行为犯与结果犯的区分。行为犯是行为与结果同时发生的犯罪，因果关系不成其为问题；结果犯则是行为与结果之间具有时间间隔的犯罪，需要认定行为与结果之间的因果关系。[2]

需要说明的是，行为犯既可能是侵害犯，也可能是危险犯。例如，非法侵入住宅罪既是行为犯也是侵害犯。再如，倘若认为伪证罪的保护法益是刑事司法的客观公正性，那么，伪证罪就既是行为犯也是危险犯。[3]

2. 结果加重犯。结果加重犯，亦称加重结果犯，是指法律规定的一个犯罪行为（基本犯罪），由于发生了严重结果而加重其法定刑的情况。故意伤害致死是其适例。结果加重犯的法定刑过重，是世界范围内的普遍现象。但过重的法定刑不一定具有合理的根据，故本书主张严

---

〔1〕 甚至可以认为，抽象的危险犯还包括刑法拟制的实害。例如，侮辱、诽谤罪一般会造成被害人名誉的贬损，但由于这种实害无法具体判断，所以，刑法理论一般认为，侮辱、诽谤罪是抽象的危险犯。其实，这种情况下的拟制不是对危险的拟制，而是对实害的拟制。

〔2〕 关于行为犯与结果犯的区分，刑法理论上有不同观点。第一种观点即以往的通说认为，两者的区分标准在于构成要件要素中是否包含结果，因此，构成要件中只规定了行为内容或者行为进程的犯罪为行为犯，构成要件中规定了结果内容的就是结果犯。第二种观点认为，行为犯与结果犯的区别在于行为终了与结果发生之间是否具有时间上的间隔；结果犯在行为的终了与结果的发生之间具有时间上的间隔，而行为犯则没有间隔。第三种观点认为，行为犯与结果犯的区别在于行为是否侵害了特定的行为对象，对特定行为对象的侵害属于构成要件要素的犯罪就是结果犯，对特定行为对象的侵害不是构成要件要素的犯罪便属行为犯。第四种观点反对行为犯的概念，认为只有结果犯，没有行为犯。我国刑法理论通常是在讨论犯罪既遂的标准时说明行为犯与结果犯的区分。一般认为，行为犯，指以法定犯罪行为的完成作为既遂标志的犯罪；结果犯，指不仅要实施具体犯罪构成客观要件的行为，而且必须发生法定的犯罪结果才构成既遂的犯罪。

〔3〕 如若认为伪证罪的保护法益是司法过程的纯洁性，那么，伪证罪既是行为犯也是侵害犯。

格限制结果加重犯的成立范围。[1]

(1) 实施基本犯罪行为，但造成了加重结果。根据结果加重犯的构造，结果加重犯应是对基本犯罪行为对象造成加重结果。例如，只有对故意伤害对象造成死亡的，才属于故意伤害致死。加重结果，并不是泛指不同于基本犯结果的任何结果，而是在程度与性质上重于基本犯结果的结果。在我国，加重结果主要表现为以下几种情形：其一，基本犯为抽象的危险犯，而行为导致抽象的危险发展为侵害结果时，该结果可能成为基本犯的加重结果。生产、销售有毒、有害食品，对人体健康造成严重危害结果的，属于这种情形。其二，基本犯为具体的危险犯，而行为导致具体的危险发展为侵害结果时，该结果是基本犯的加重结果。放火致人死亡的，属于这种情形。其三，基本犯为实害犯，行为导致性质相同且更为严重的实害时，该严重实害是基本犯的加重结果。伤害行为造成重伤或者死亡的，属于这种情形。其四，基本犯为实害犯，行为造成了性质更为严重的结果（对更重要的法益造成了侵害）时，该严重结果可能属于基本犯的加重结果。强奸、抢劫致人重伤、死亡的，属于这种情形。

(2) 加重结果不仅应当归属于基本犯罪行为，而且与基本犯罪行为之间具有直接性关联。结果加重犯的成立，不仅要求加重结果与基本犯罪行为之间满足后述因果关系与结果归属的要求，而且要求加重结果是基本行为的高度危险的直接现实化。如果具有高度危险的基本行为没有直接现实化为加重结果，即使产生了加重结果，也不能认定为结果加重犯。例如，《刑法》第 117 条规定："破坏轨道、桥梁、隧道、公路、机场、航道、灯塔、标志或者进行其他破坏活动，足以使火车、汽车、电车、船只、航空器发生倾覆、毁坏危险，尚未造成严重后果的，处 3 年以上 10 年以下有期徒刑。"第 119 条规定："破坏……交通设施……造成严重后果的，处 10 年以上有期徒刑、无期徒刑或者死刑。"显然，后者是前者的结果加重犯。从两条的表述就可以看出，只有当破坏交通设施的行为产生了使交通工具发生倾覆、毁坏的危险，这种危险现实化为他人的重伤、死亡等严重后果时，才能适用第 119 条的规定。如果破坏交通设施的行为虽然产生了使交通工具发生倾覆、毁坏的危险，但这种危险并没有现实化，或者现实所发生的实害并不是因交通工具发生倾覆、毁坏危险所致，则不成立破坏交通设施罪的结果加重犯。[2]

总的来说，就致死类型的结果加重犯而言，要以致命性的实现的有无作为标准进行判断。如果是后行为或者其他因素导致基本行为与加重结果缺乏直接性关联的，不能认定为结果加重犯。其一，行为人在实施基本行为之时或之后，被害人自杀、自残或因自身过失等造成严重结果的，因缺乏直接性要件，不能认定为结果加重犯。例如，强奸行为引起被害人事后自杀身亡的，不应认定为强奸致人死亡。又如，行为人对被害人实施轻伤行为，被害人在逃跑过程中不慎从二楼窗户掉下摔死的，不成立故意伤害致死。其二，基本行为结束后，行为人的其他行为导致严重结果发生的，不应认定为结果加重犯。例如，行为人对他人实施暴力造成重伤后，随手将烟头扔在地上引起火灾将被害人烧死。基本行为与被害人的死亡之间不存在因果关系，不能认定为故意伤害致死，只能认定为故意伤害罪与失火罪（或过失致人死亡罪）。其三，在故意伤害等暴力案件中，伤害行为仅造成轻伤结果，但由于医生的重大过失行为导致死亡的，或者虽然伤害行为造成了重伤结果，但由第三者的故意或者过失行为直接造成被害人死亡的，不

〔1〕 参见张明楷："严格限制结果加重犯的范围与刑罚"，载《法学研究》2005 年第 1 期。

〔2〕 例如，甲在使用铁锤毁坏铁轨时，导致螺丝钉砸中行人乙的头部，造成乙的死亡结果。可以肯定的是，甲破坏交通设施的行为造成了乙死亡的加重结果。但是，该结果并不是由于交通工具倾覆、毁坏所致，因此，对甲不能适用《刑法》第 119 条，而只能认定为破坏交通设施罪的基本犯与过失致人死亡罪的想象竞合。

能认定前行为与加重结果之间具有直接性关联。例如，甲重伤乙后潜逃，并无通谋的甲的亲属阻止乙的亲属救助乙，导致乙流血过多而死亡的，甲的行为不成立故意伤害致死。其四，非法拘禁、拐卖妇女或儿童等行为，必然引起警方的解救行为，故正常的解救行为造成被害人伤亡的，应将伤亡结果归责于犯罪人。但是，如果警方由于判断失误，导致其解救行为造成被害人死亡的（如误将人质当作犯罪人而射击），则不能认定为结果加重犯。同样，在放火案件中，放火行为必然导致消防人员的灭火行为，故消防人员正常的灭火行为仍然不能避免消防人员死亡的，具备直接性要件，应认定为放火致人死亡。但是，如果消防人员对情势判断失误，异常灭火行为导致自身死亡的，则不能将该死亡结果归责于放火者。

（3）对基本犯罪具有故意或者过失，对加重结果至少有过失。首先，行为人对基本犯罪一般持故意。但对基本犯罪持过失时，也可能是结果加重犯。从理论上说，没有理由将基本犯罪限定为故意犯罪。从刑法规定来看，也存在对基本犯持过失的结果加重犯（如《刑法》第132条）。就对基本犯持故意的结果加重犯而言，行为人必须对为基本行为的高度危险性提供基础的事情具有认识。例如，行为人原本是想以木棒实施轻微的殴打行为，但实际上所使用的是锐利的凶器，进而导致被害人死亡。再如，行为人对被害人的身体进行轻微的冲撞，但背后是很陡的台阶，被害人跌倒后造成死亡结果。如果行为人没有认识到自己使用了锐利的凶器、没有认识到被害人背后有很陡的台阶时，即使对伤害行为自身具有故意，也不能认定为故意伤害致死的结果加重犯，只能认定为故意伤害罪的基本犯与过失致人死亡罪的想象竞合。

其次，对加重结果至少有过失（预见可能性）。[1] 其中，部分结果加重犯要求对加重结果持过失，如故意伤害致死。如果行为人对死亡结果持故意，则成立故意杀人罪，而不是故意伤害罪的结果加重犯。部分结果加重犯对加重结果既可以是过失也可以是故意，如抢劫致人重伤、死亡的，属于结果加重犯，行为人对重伤、死亡既可能是过失，也可能是故意。[2] 这需要根据犯罪的性质以及法定刑、犯罪之间的关系进行判断，得出正确结论。在行为人对加重结果持故意的情况下，如果没有发生加重结果，就成立结果加重犯的未遂。

（4）刑法就发生加重结果加重了法定刑。加重法定刑，是相对于基本犯罪的法定刑而言，即结果加重犯的法定刑高于基本犯罪的法定刑。如果刑法没有加重法定刑，结果再严重也不是结果加重犯。例如，遗弃行为致人重伤或死亡的，因为没有加重法定刑，不成立结果加重犯。再如，绑架致人死亡的，因为没有加重法定刑，也不成立结果加重犯。

由于刑法对结果加重犯规定了加重的法定刑，故对结果加重犯适用加重的法定刑，而不能实行数罪并罚。需要注意以下两点：其一，司法解释虽然没有将结果加重犯确定为独立的罪名，导致结果加重犯与基本犯的罪名相同，但刑法分则完全可能将原本应属于结果加重犯的情形规定为另一种独立的犯罪。例如，刑讯逼供过失致人死亡的，原本应属于结果加重犯，但《刑法》第247条将其拟制规定为故意杀人罪。其二，在对加重结果既可以持过失也可以持故意的情况下，如果行为人故意造成加重结果的，成立结果加重犯与加重犯罪的想象竞合。例

---

〔1〕 诚然，要在司法实践中贯彻"对加重结果至少有过失"的原则，还存在障碍。尽管如此，刑法理论与司法实践仍应坚持"对加重结果至少有过失"的原则。首先，由于责任主义是不可动摇的原则，所以，对于行为人没有过失所造成的加重结果当然不能归责于行为人，如同对意外事件不以犯罪论处一样。在伤害行为造成了死亡结果但行为人对死亡结果没有预见可能性的情况下，认定为故意伤害罪并适用重伤的法定刑，符合责任主义原则。其次，虽然刑法分则所规定的结果加重犯限于基本行为通常可能导致加重结果的情形，但不排除行为人在特殊情况下不能预见加重结果的发生。所以，司法机关仍需具体判断行为人是否对加重结果有过失。

〔2〕 本书认为，不应存在对基本犯罪持过失，而对加重结果持故意的结果加重犯；否则会造成罪刑不协调的现象。

如，为了抢劫财物故意杀人后立即取走财物的，是抢劫罪的结果加重犯与故意杀人罪的想象竞合。

（二）即成犯、状态犯与继续犯

从结果的发生与犯罪的终了的关系，可以将犯罪分为即成犯、状态犯与继续犯（均从既遂角度而言）。即成犯，是指一旦发生法益侵害结果，犯罪便同时终了，犯罪一终了法益就同时消灭（法益受到侵害但违法状态没有继续）的情况。故意杀人罪便是如此。状态犯，是指一旦发生法益侵害结果，犯罪便同时终了，[1] 但法益受侵害的状态仍在持续的情况。如盗窃罪、故意伤害罪。继续犯（持续犯），是指在法益侵害的持续期间，实行行为在持续进行，或者结果在持续地发生，或者说构成要件符合性在持续的情况。非法拘禁罪是其适例。[2] 在继续犯的场合，犯罪既遂并不等于犯罪终了。这种犯罪的分类，对于共犯与罪数的认定，以及追诉时效的计算等都具有意义。

四、结果的种类与地位

由于结果具有多样性，故有必要对其进行分类，以便深入理解结果的内涵与意义。

（一）侵害结果与危险结果

侵害结果，是指行为对法益造成的现实侵害事实。如死亡是杀人行为的侵害结果，身体的伤害是伤害行为的侵害结果。危险结果，是指行为对法益造成的现实危险状态。如杀人行为使被害人的生命处于危险状态，就意味着杀人行为发生了危险结果。在大多数情形下，结果是指侵害结果。刑法条文中的结果，多数是指侵害结果。例如，《刑法》第24条第1款规定："在犯罪过程中，自动放弃犯罪或者自动有效地防止犯罪结果发生的，是犯罪中止。"这里的"犯罪结果"一般是指侵害犯中的侵害结果。[3]

（二）物质性结果与非物质性结果

物质性结果，是指现象形态表现为物质性变化的结果，它往往是有形的，可以具体认定和测量。如致人死亡、致人伤害、毁损财物等，都是物质性结果。非物质性结果，是指现象形态表现为非物质性变化的结果，它往往是无形的，不能或难以具体认定和测量。如对名誉的毁损、对司法客观公正性的妨害等，属于非物质性结果。应当注意的是，非物质性结果也是行为造成的现实侵害事实或危险状态。不过，对非物质性结果的认定常常具有拟制或推定性质。例如，侮辱行为是否造成了毁损他人名誉的结果，几乎不可能测量，故只要行为人实施了一定的侮辱行为，就会认定发生了毁损他人名誉的结果。司法机关应当充分认识到，非物质性结果也是构成要件结果。例如，不能说侮辱罪没有结果，不能认为受贿罪没有结果，不能认为伪证罪没有结果。

（三）严重结果与非严重结果

根据刑法分则条文的规定，严重结果，通常是指致人重伤、死亡或者使公私财产遭受重大损失，以及使其他重大法益遭受严重损害。严重结果既可能表现为严重犯罪的基本结果（如故意杀人罪中的致人死亡），也可能表现为基本犯罪的加重结果（如抢劫罪中的致人死亡）。过失行为造成严重结果的，才构成犯罪。非严重结果，一般是指致人轻伤，使公私财产遭受较小

---

〔1〕 这一点并不绝对。例如，故意伤害时，一般来说造成了伤害结果时就成立既遂，犯罪也同时终了。但是，在行为人使他人服用伤害身体的毒药，虽然行为终了且造成了伤害结果时，如果毒药继续发挥作用使伤害结果扩大或者加重时，可以认为故意伤害罪尚未终了。参见 ［日］西田典之:《刑法总论》，弘文堂2010年版，第87页。

〔2〕 一般认为，甲将乙拘禁在某房间后，即使其离开现场或者丧失了意识，也应认为其非法拘禁的实行行为在持续。这一点，既可以用甲一直不履行释放乙的作为义务来说明，也可以用侵害结果一直在持续发生来说明。

〔3〕 在本书中，如无特别说明，"结果"一般是指侵害结果，但不排除有时包含危险结果，恳请读者合理判断。

损失以及使其他一般法益遭受损害。当然，结果是否严重，还要联系具体犯罪进行分析。在故意犯罪中，结果是否严重，既可能影响犯罪的成立，也可能影响法定刑是否升格，当然也影响在同一法定刑内的量刑。同样的结果，相对于此罪而言是严重结果，相对于彼罪而言可能被认为是非严重结果。

（四）作为选择法定刑根据的结果与在法定刑内影响量刑的结果

在一切犯罪中，结果对量刑都起影响作用。因为结果是反映法益侵害程度的事实现象，当然会影响量刑（以行为人对结果具有责任为前提）。就与法定刑的关系而言，结果对量刑的影响作用表现为两种情况：一是作为选择法定刑幅度的根据。例如，《刑法》第 234 条根据伤害行为造成的结果不同，规定了三个幅度的法定刑。法官应根据伤害程度选择不同的法定刑。二是在既定的法定刑范围内影响量刑。当刑法没有将结果规定为法定刑升格或者降低条件时，结果的轻重便是酌定量刑情节。例如，同是过失损毁国家保护的珍贵文物，甲使大量的珍贵文物遭受损毁，乙使少量的珍贵文物遭受损毁（以构成犯罪为前提），这便是法官在量刑时应斟酌考虑的情节。

第六节　因果关系与结果归属

一、因果关系概述

一般来说，因果关系是指危害行为与危害结果之间的一种引起与被引起的关系。我国传统刑法理论将哲学上的因果关系理论运用到刑法中来，形成了必然因果关系说与偶然因果关系说的争论。必然因果关系说认为，当危害行为中包含着危害结果产生的根据，并合乎规律地产生了危害结果时，危害行为与危害结果之间就是必然因果关系；只有这种必然因果关系，才是刑法上的因果关系。偶然因果关系说的基本观点是，当危害行为本身并不包含产生危害结果的根据，但在其发展过程中偶然介入其他因素，由介入因素合乎规律地引起危害结果时，危害行为与危害结果之间就是偶然因果关系，介入因素与危害结果之间是必然因果关系；必然因果关系与偶然因果关系都是刑法上的因果关系。

国外刑法理论上存在形形色色的因果关系学说。

条件说认为，行为与结果之间存在着"没有前者就没有后者"的条件关系时，前者就是后者的原因。条件说认为，条件关系是指实行行为与结果之间的关系，因此，即使预备行为产生了结果，也不存在因果关系。[1]

相当因果关系说认为，根据一般社会生活经验，在通常情况下，某种行为产生某种结果被认为是相当的场合，行为与结果之间就具有因果关系。"相当"是指该行为产生该结果在日常生活中是一般的、正常的，而不是特殊的、异常的。相当因果关系说具有两个特色：一是排除条件说中不相当的情况，从而限定刑法上的因果关系范围；因为相当因果关系的认定，是在行为与结果之间具有条件关系的前提下，附加了"相当性"的要求。二是以行为时一般人的认识为标准判断行为与结果之间是否具有相当性。

---

〔1〕　由于条件说扩大了因果关系的范围，原因说主张以某种规则为标准，从导致结果发生的条件中挑选出应当作为原因的条件，只有这种原因与结果之间才存在因果关系。如有人主张最后的一个条件是原因，有人认为异常的行为是原因，有人提出决定结果发生方向的条件是原因，有人提倡最有力的条件是原因，如此等等。但是，要从对结果起作用的诸多条件中挑选一个条件作为原因，不仅是极为困难和不现实的，而且会导致因果关系认定的随意性。况且，结果的发生，并非总是依赖于一个单纯的条件，在不少情况下，应当承认复数条件竞合为共同原因。所以，原因说在大陆法系国家刑法理论中已经没有地位。

重要说明确区分由条件说认定的因果关系与具体结果的发生在法律上的重要性。重要说不像相当因果关系说那样，将因果关系限定在相当的范围内，而是在承认条件说所确定的条件关系的基础上，按照具体的构成要件的意义与目的，以及构成要件理论的一般原理，确定结果归责的范围。换言之，因果关系包含两个问题，一是行为与结果之间的因果关系，根据条件说确定；二是该因果关系是否具有法的重要性，由具体的构成要件确定。重要说区分了因果的思考与归责的思考：根据条件说判断有无因果关系，根据一定的标准判断应否实行客观归责。这与后述的客观归责理论采取了相同的态度。但由于重要说仅将构成要件作为客观归责的标准，因而受到了客观归责理论的批判。

客观归责理论将因果关系与归责问题相区别，因果关系以条件说为前提，在与结果有条件关系的行为中，只有当行为制造了不被允许的危险，而且该危险是在符合构成要件的结果中实现（或在构成要件的保护范围内实现）时，才能将该结果归责于行为。所以，实行客观归责必须具备三个条件：一是行为制造了不被允许的危险；二是行为实现了不被允许的危险；三是结果没有超出构成要件的保护范围。[1]

不难看出，条件说只是一种事实判断，而其他学说则是以事实判断为前提，然后进行了价值判断。

本书主张在构成要件符合性一章中，分别讨论各种构成要件要素（行为主体、实行行为、行为对象、结果、因果关系等），同时将传统刑法理论所讨论的因果关系分为两个部分——因果关系与结果归属。其中的因果关系，是基于存在论的事实判断；结果归属则是基于刑法目的的规范判断。不过，由于案件与判断的复杂性，很难将二者完全分离。事实上，因果关系的判断就可能包含规范判断，规范判断中也可能包含因果关系的判断。[2]

二、因果关系的判断

(一) 基本前提

因果关系所讨论的是实行行为与法益侵害结果之间的因果关系。行为本身是否具有造成法益侵害结果的危险性，是对实行行为的判断，原则上不应当作因果关系的判断。[3] 换言之，因果关系中的原因，只能是类型化的实行行为，而不包括预备行为。[4] 因此，如果行为本身不具有法益侵害的危险甚至减少了法益侵害的危险，就不是实行行为，其与结果之间的关系就不是刑法上的因果关系。基于同样的理由，因果关系的判断以具有结果回避可能性为前提。如果缺乏结果回避可能性，就可以直接否认实行行为，因而可以直接否认因果关系。[5]

另一方面，因果关系中的"结果"是指具体的、特定样态、特定规模、特定发生时间与

---

〔1〕 英美刑法理论采取的是事实因果关系与法律因果关系说。该学说对因果关系的判断分为两步：第一步是判断事实因果关系，第二步是判断法律因果关系。事实因果关系主要以条件关系作为判断标准，在适用条件关系不能得出妥当结论时，则补充适用实质因素标准。例如，在多因一果（并发原因或者共同原因）的场合，要根据生活经验与常识判断哪一个因素对结果的发生起到了实质作用（实质因素标准），进而肯定该行为与结果之间具有事实因果关系，将没有意义的"条件"排除在事实因果关系范围之外。法律因果关系，是法律确认的作为行为人对其行为所造成的结果承担刑事责任的客观根据的因果关系。换言之，法官要从引起结果的事实原因中，根据法律的标准挑选出应当承担刑事责任的部分。其中的基本标准是近因原则，亦即，与结果发生相接近的原因才能承担刑事责任。参见〔美〕约书亚·德雷斯勒：《美国刑法精解》，王秀梅等译，北京大学出版社 2009 年版，第 167 页以下。

〔2〕 由于"因果关系"有广义与狭义之分，本书在其他场合所称的因果关系也可能包含结果归属，恳请读者识别。

〔3〕 但事实上，某些情形下因果关系的判断已经包含了对实行行为的判断。

〔4〕 当然，此罪的预备行为可能是彼罪的实行行为。

〔5〕 从《刑法》第 16 条关于不可抗力的规定也可以看出，结果回避可能性是成立犯罪的前提。

地点的法益侵害结果（具体结果观），而不是抽象意义上的结果。例如，即使是被害人死亡，也要分清是毒死还是渴死，是流血过多死亡还是窒息死亡，是被合法处死还是被非法杀害，如此等等。

在整个客观世界中，各种现象普遍联系，相互制约，形成了无数的因果链条。一种现象相对于被它引起的结果而言是原因，而它本身又是被某种现象引起的结果。所以，在认定因果关系时，一方面要善于从无数因果链条中抽出行为与结果这对现象；另一方面又不能割断事物之间的联系。例如，司法机关发现某种结果时，要查出谁的行为引起了该结果，先研究这一孤立的行为与结果之间的因果关系。但仅此还不够，还要注意普遍联系，查明该行为是否由他人的行为引起，查明该结果是否导致了其他结果。

在客观事物不断更替的运动中，一般表现为原因在先，结果在后，结果不可能在原因之前存在。[1] 因此，司法机关只能在结果发生之前的行为中寻找原因。

因果关系总是特定条件下的客观联系，故不能离开客观条件认定因果关系。例如，甲在协和医院门前造成了乙濒临死亡的伤害，但由于抢救及时，乙幸免于难。A 在荒山野外对 B 造成的伤害明显轻于乙受到的伤害，但由于抢救不及时而死亡。显然，不能否认 A 的行为与 B 的死亡之间具有因果关系。严格地说，被害人的特殊体质，并不是介入因素，而是行为时已经存在的特定条件。因此，由于被害人存在某种疾病或属于特殊体质，行为人所实施的通常情形下不足以致人死亡的暴力，导致了被害人死亡的，也应当肯定因果关系。例如，甲对乙实施伤害行为，虽然伤害行为本身不足以致乙死亡，但伤害行为导致乙心脏病发作而死亡的，应当肯定甲的行为与乙的死亡结果之间具有因果关系。[2] 再如，A 刺伤 B，伤势并不严重，但 B 因为患血友病而不治身亡，应当肯定 A 的行为与 B 的死亡结果之间具有因果关系。至于行为人是否认识到或者是否应当预见被害人存在疾病或者具有特殊体质，只是有无故意、过失的问题，不影响因果关系的判断。[3]

（二）具体判断

行为与结果之间有无因果关系首先要以条件说为标准进行判断。亦即，当能确定没有实行行为就没有侵害结果时，就可以肯定二者之间具有因果关系。[4] 例如，最高人民检察院 2008 年 11 月 6 日印发《关于加强查办危害土地资源渎职犯罪工作的指导意见》，就做好查办危害土地资源渎职犯罪案件工作指出："实施人员、监管人员明知决策者决策错误，而不提出反对意见，或者不进行纠正、制止、查处，造成国家土地资源被严重破坏的，应当视其情节追究渎职

---

〔1〕 事实上存在原因与结果同时出现、同时存在的情况。

〔2〕 需要指出的是，在此例中得出具有因果关系的结论，并不意味着甲的行为成立故意伤害致死。因为结果加重犯的成立需要具备直接性要件。换言之，即使进一步肯定应当将死亡结果归属于甲的行为，甲也可能仅成立故意伤害罪与过失致人死亡罪的想象竞合，而不成立故意伤害（致死）罪。

〔3〕 附带说明的是，在判断行为人对死亡具有故意、过失时，不以行为人认识或者可能认识到被害人的具体疾病为前提，而应综合各种情况进行判断。例如，对老年人实施伤害行为时，当然应当预见到被害人可能因为某种疾病的诱发而死亡，可以肯定故意伤害（致死）罪的成立。又如，行为人与被害人发生争吵时，或者对被害人实施暴力时，发现被害人生理反应异常。此时，行为人至少应当预见甚至已经预见实施或者继续实施暴力会造成被害人死亡。如果行为人实施或者继续实施暴力导致有特殊体质的被害人死亡的，应视具体情形认定为故意伤害（致死）罪或者故意杀人罪。

〔4〕 当然，条件说公式事实上是以人们已经认识到行为与结果之间的合法则关系为前提的。例如，当甲射击的子弹击中乙的心脏导致乙死亡时，人们之所以得出"如果没有甲的射击行为乙就不会死亡"的结论，进而肯定因果关系，是因为人们根据经验法则乃至科学法则知道子弹击中心脏是造成死亡的原因。然而，当 A 将花生给 B 吃导致 B 死亡时，如果不查明死亡的具体原因，人们不可能得出"如果没有 A 的行为 B 就不会死亡"的结论。

犯罪责任。"这实际上采取的就是条件说。

如果没有条件关系，则应否定因果关系。因果关系的断绝便是如此。亦即，前条件对某一结果还没有起作用时，与此无关的后条件导致了该结果的发生的，前条件与结果之间的因果关系被切断，前条件不是结果的原因。例如，甲以杀人故意向丙的食物中投放了足以致死的毒药，丙虽然吃了食物，但在该毒药还没有起作用时，乙开枪杀死了丙。一方面，乙的行为合法则地造成了丙的死亡，具有因果关系。另一方面，甲的行为与丙的死亡之间，不存在没有前者就没有后者的条件关系，更不存在合法则的条件关系，所以没有因果关系。

值得讨论的是以下几种情形：

1. 假定的因果关系。假定的因果关系，一般是指虽然某个行为导致结果发生，但即使没有该行为，由于其他情况也会产生同样结果。例如，死刑犯乙下午1时被执行死刑，在执行人扣动扳机的瞬间，被害人的父亲甲推开执行人，自己扣动扳机击毙了乙。是否承认甲的行为与乙的死亡结果之间具有因果关系，在理论上还存在争议。可以肯定的是，死刑犯是由甲开枪打死的，亦即，开枪行为合法则地引起了死亡结果（此时此地被非法处死的结果），对此，即使不适用条件关系的公式，也可以直接肯定因果关系。如果采用具体的结果观，适用没有前者就没有后者的条件关系公式，也能肯定因果关系。

2. 可替代的充分条件。A想杀死C，便在C准备进行穿越沙漠长途旅行的前夜，悄悄地溜进C的房间，把C水壶里的水换成无色无味的毒药。B也想杀死C，于同一夜里的晚些时候，溜进了C的房间，在C的水壶底部钻了一个小洞。次日晨，C出发了，他没有发现水壶上的小洞。两小时之后，C在沙漠中想喝水，但水壶是空的。由于没有其他水源，C在沙漠中脱水而死。这种情形与假定的因果关系并不完全相同（也有学者将其归入假定的因果关系）。如果以抽象的结果观适用条件关系的公式，A与B的行为都不是C死亡的原因，但这种结论难以被人接受。客观归责论以B没有在整体上恶化被害人的状况为由，仅将死亡结果归责于A。但本书认为，C是因脱水而死，这一具体结果是由B的行为合法则地造成的，故应当肯定B的行为与C的死亡之间具有因果关系。[1] 相反，A的行为与C的死亡之间没有因果关系。此外，客观归责论的观点也不可能在刑事诉讼活动中得到贯彻。这是因为，如果说C是被A毒死的，就需要有被毒死的证据（如C的体内存在有毒物质），但事实上却并非如此。

3. 合义务的择一的举动。合义务的择一的举动，是指虽然行为人实施违法行为，造成了结果，但即使其遵守法律，也不能避免该结果的情形。德国曾有如下判例：被告人甲在一条笔直的6米宽的道路上驾驶着汽车，右侧的乙朝着相同的方向骑着自行车。按规则，汽车与行人应当保持1.5米的距离，但甲在只保持了0.75米距离的情况下超越骑自行车的乙，乙被车后轮轧死。事后查明，由于乙当时酩酊大醉，即使甲使汽车与乙保持法定距离，发生同样事故的盖然性仍然很高。于是，法院否认甲的行为与乙的死亡之间具有因果关系。但刑法理论上对此存在肯定说与否定说。否定说的理由是，即使甲保持法定距离，乙也会被轧死，因而不存在条件关系。本书倾向于赞成肯定说。其一，如果甲不超车，乙就不会死亡，故存在条件关系；其二，就具体的特定时间地点的死亡而言，甲的行为合法则地造成了乙死亡。其三，甲原本可以放弃超车，因而存在事实上的结果回避可能性。当然，就本案而言，既可能通过否认结果归属（乙的死亡结果与甲违反注意义务的行为之间缺乏关联性）来否认甲的行为构成犯罪，也可能以甲缺乏过失为由而不追究其刑事责任。

---

[1] 需要说明的是，由于B的行为不只是客观上防止了C被毒死，而且导致C脱水而死，故B的行为也不是偶然防卫。

4. 二重的因果关系（择一的竞合）。两个以上的行为分别都能导致结果的发生，但在行为人没有意思联络的情况下，竞合在一起导致了结果的发生。例如，甲与乙没有意思联络，都意欲杀丙，并同时向丙开枪，且均打中了丙的心脏。在这种情况下，即使没有甲的行为或者没有乙的行为，丙都会死亡。否定说认为，甲、乙的行为与丙的死亡之间没有条件关系，因而没有因果关系。条件关系修正说或者整体考察说认为，应当对条件关系公式进行修正，即在数个行为导致一个结果的情况下，如果除去一个行为结果将发生，除去全部行为结果将不发生，则全部行为都是结果发生的条件。[1] 显然，这只是为了将结果归属于各人的行为而做出的修正，缺乏修正的根据与理由。根据合法则的条件说，只有证明了行为人发射的子弹或者所投放的毒药对被害人的死亡起到了作用，才能认定有因果关系。因此，至少可以肯定的是，如果存在时间先后关系，一方的行为对死亡并没有起作用，则应否定因果关系。例如，A 与 B 没有意识联络，都向 C 的食物中投放了致死量的毒药。如果证明 B 投放的毒药还没有起作用时 C 已死亡，就只能认为 A 的行为与 C 的死亡结果之间具有因果关系。

5. 重叠的因果关系。两个以上相互独立的行为，单独不能导致结果的发生（具有导致结果发生的危险），但合并在一起造成了结果时，就是所谓重叠的因果关系。例如，甲、乙二人没有意思联络，分别向丙的食物中投放了致死量 50% 的毒药，二人行为的重叠达到了致死量，丙吃食物后死亡。在这种情况下，由于甲、乙二人的行为分别都对丙的死亡起作用（可谓多因一果），故应肯定存在合法则的因果关系。

6. 因果关系的回溯禁止。争论的问题是，第三人或者被害人有意识地或者企图共同促进结果的发生时，前行为人的行为所促成的对结果具有原因力的因果关系，是否由于第三人或者被害人的行为而中断。例如，甲给丙注射了一剂毒药，在毒药刚开始发作时，乙对丙实施暴力，丙由于中毒而无力逃避乙的暴力，因而死亡。一种观点认为主张因果关系的回溯禁止，亦即，在判断因果关系时，不得追溯至前行为人的行为。据此，甲的行为与丙的死亡之间没有因果关系。另一种观点则反对因果关系的回溯禁止，因为如果禁止回溯，就不可能正确解释因果关系。[2] 在上例中，如果不考虑丙因中毒而导致身体虚弱这一条件，就不能解释乙为什么能顺利造成丙的死亡。换言之，正是因为甲的行为使丙身体变得虚弱，才使乙能顺利导致丙的死亡。[3] 在本书看来，因果关系的回溯禁止，只是一种人为的设定。根据条件关系的公式与具体的结果观，完全可以肯定甲的行为与丙的死亡之间具有条件关系。[4]

7. 救助性因果流程的中断。已经存在的某种条件原本可能阻止结果的发生时，行为人消除这种条件，导致结果发生的，称为救助性因果流程的中断。应当认为，中断救助性因果流程的行为，与结果之间具有因果关系。例如，一个救生圈正漂向落水的被害人，被害人可以马上抓住这个救生圈，但行为人拿走了救生圈，被害人溺死身亡。对此，应肯定拿走救生圈的行为与死亡结果之间具有因果关系。

8. 流行病学的因果关系。流行病学是研究疾病的流行、群体发病的原因与特征，以及预防对象的医学分支学科。其对原因的解明有助于刑法上因果关系的认定。根据流行病学理论，

---

〔1〕　Vgl., H. Welzel, Das Deutsche Strafrecht, 11. Aufl., *Walter de Gruyter & Co.*, 1969, S. 41.

〔2〕　"回溯禁止"有旧学说与新学说之分。旧学说是从因果关系的角度展开讨论的，新学说是从结果归属的角度讨论的。此处是从因果关系的角度所做的说明。

〔3〕　参见［德］乌尔斯·金德霍伊泽尔：《刑法总论教科书》，蔡桂生译，北京大学出版社 2015 年版，第 84~85 页。

〔4〕　需要注意的是，这里只是讨论事实上的因果关系，显然不能据此直接得出甲对丙的死亡承担故意杀人既遂的刑事责任的结论。

符合以下四个条件，就可以肯定某种因子与疾病之间具有因果关系；其一，该因子在发病的一定期间之前起作用；其二，该因子的作用程度越明显，患病率就越高；其三，该因子的分布消长与流行病学观察记载的流行特征并不矛盾；其四，该因子作为原因起作用，与生物学并不矛盾。概言之，某种因子与疾病之间的关系，即使在医学上、药理学上得不到科学证明，但根据大量的统计、观察，能说明该因子对产生疾病具有高度的盖然性时，就可能肯定其因果关系。虽然流行病学因果关系是根据经验法则认定的因果关系，但它与科学法则并不矛盾，所以，也属于合法则的因果关系。因此，流行病学的这种因果关系论，也可以运用于公害犯罪因果关系的认定中。例如，某企业在一段时间内排放污水，随后附近居民开始患某种疾病；排放量越大，患疾病的人越多或者越严重。只要排放污水与居民患病之间的关系，与流行病学、生物学等科学法则不相矛盾，就可以认定排放污水的行为与居民患病之间具有合法则的因果关系。

三、结果归属的判断

结果归属是一种规范评价，建立在事实的因果关系基础之上。当行为与结果之间具有前述因果关系时，需要再进行结果归属的判断。只有当结果应当归属于实行行为时，行为人才对结果负责。

（一）一般规则

1. 危险的现实化。只有当行为与结果之间具有条件关系，而且行为的危险已经现实化为侵害结果时，才能将该侵害结果归属于行为。

首先，没有结果回避可能性时，不能将结果归属于行为。如护士在注射抗生素时没有为患者做皮试，患者因注射抗生素而死亡。但事后查明，即使做皮试也不能查出患者的特殊反应。由于结果不具有回避可能性，故不能将死亡结果归属于护士的行为。[1]

其次，危险没有现实化时，不能将结果归属于行为。例如，甲以杀人故意用枪将被害人打伤后，被害人在医院遇到火灾被烧死。在此，枪杀的危险并没有现实化，故不能将死亡结果归属于枪杀行为。在这种死因不同（中枪身亡与烧死）的案件中，只要采用具体的结果观（如毒死与渴死是两种不同的死亡结果），就容易判断行为的危险是否现实化。再如，A 将水性不好的 C 推入水库后离开现场，但 C 立即就能够抓住身边的可以保住性命的木板，此时与 A 没有意思联络的 B 迅速拿走了这块木板，导致 C 溺水身亡。不能认为 A 的行为的危险性已经现实化，而应将死亡结果归属于 B 的行为。

最后，行为没有引起注意规范的保护目的所指向的结果时，不能将结果归属于行为。亦即，行为虽然违反了注意规范，但所造成的结果并不是注意规范所禁止的结果时，排除结果归属。例如，A 酒后在封闭的高速公路上驾驶机动车，撞死了突然违章横穿高速公路的 B。禁止酒后驾驶的规范，是为了防止因丧失或减轻控制车辆的能力而造成伤亡结果，所以，不能将 B 死亡的结果归责于 A 的酒后驾驶行为。[2]

2. 构成要件的效力范围。在某种意义上说，构成要件效力范围的判断，实际上是对实行

---

[1]　一种观点认为，缺乏结果回避可能性意味着缺乏条件关系。如果采取合法则的条件关系说，则应肯定具有条件关系。

[2]　当然，在这类案件中，究竟是结果归属的问题还是实行行为的问题，还值得进一步研究。例如，当刑法分则条文所规定的构成要件行为以违反注意规范为前提时，要判断一个行为是否符合构成要件，就必须判断该行为是否违反注意规范；而在判断该行为是否违反注意规范时，就必须考虑注意规范的保护目的。所以，注意规范的保护目的，完全可以作为实行行为的内容来把握。如果仅当作危险是否实现的问题来考虑，则可能将一些原本没有实行行为的案件认定为犯罪未遂，这可能不合适。当然，也不排除另一种可能，即行为是否违反注意规范是实行行为的问题，而注意规范的保护目的则是结果归属时应当判断的问题。

行为与结果本身的判断。

首先，在防止结果的发生属于他人负责的领域时，该结果不能归属于行为人的行为。例如，机动车驾驶者甲撞伤乙后，警察立即将具有救助可能性的乙送往医院，但途中发生事故导致乙死亡。由于防止死亡结果的救助义务已经属于警察负责的范围，故不能将死亡结果归属于甲的行为。[1]

其次，在结果不是构成要件禁止内容时，排除结果归属。例如，刑法规定强奸罪是为了保护妇女的性行为自主权，所以，强奸行为造成的社会影响不是强奸罪构成要件禁止的内容，因而不能将社会影响归属于强奸行为。

（二）具体判断

在通常情况下，结果归属并不存在特别疑问。值得讨论的问题是，在案件存在介入因素的场合，如何判断结果归属。总的来说，需要考虑四个方面的因素：①行为人的实行行为导致结果发生的危险性大小；②介入因素异常性大小；[2] ③介入因素对结果发生的作用大小；④介入因素是否属于行为人的管辖范围。例如，在同样是介入了医生的重大过失引起被害人死亡的案件中，如果先前的行为只是导致被害人轻伤，则不应将死亡结果归属于先前行为；如果先前行为导致被害人濒临死亡的重伤，则能够将死亡结果归属于先前行为。但是，在被害人受伤后数小时，他人故意开枪杀死被害人的，则不能将死亡结果归属于先前的伤害行为。再如，如果A的行为已经导致C濒临死亡的重伤，B后来对C实施殴打，只是导致C的死亡时间略微提前的，也应将死亡结果归属于A的行为（当然，也可能同时将C的死亡结果归属于B的行为）。但是，如果B开枪射杀已经受伤的C，即便C不受伤也不能避免枪杀的，则只能将C的死亡结果归属于B的行为，而不能归属于A的行为。介入情况的异常与否，对判断因果关系也具有意义。前行为必然导致介入情况、前行为通常导致介入情况、前行为很少导致介入情况、前行为与介入情况无关这四种情形，对判断因果关系所起的作用依次递增。但是，如果介入因素是行为人的管辖范围，那么，通常能够将结果归属于行为人的行为。值得详细讨论的是以下三种介入类型：

1. 介入被害人行为的情形。在不少案件中，被告人实施行为后介入了被害人的行为，导致了结果的发生。在这种场合，要综合考虑上述四个方面的因素，得出妥当结论。①被告人实施的行为，导致被害人不得不或者几乎必然实施介入行为的，或者被害人实施的介入行为具有通常性的，即使该介入行为具有高度危险，也应当肯定结果归属。例如，甲点燃乙身穿的衣服，乙跳入水中溺死的，甲对乙的住宅放火，乙为了抢救婴儿而进入住宅内被烧死的；甲在楼梯上对乙实施严重暴力，乙在急速下楼逃跑时摔倒，头部受伤死亡的；甲欲杀乙，在山崖边导致乙重伤昏迷后离去，乙苏醒过来后，刚迈了两步即跌下山崖摔死的；均应将乙的死亡结果归属于甲的行为。②被告人实施的行为，导致被害人介入异常行为造成了结果，但考虑到被害人的心理恐惧或者精神紧张等情形，其介入行为仍然具有通常性时，应当肯定结果归属。例如，数个被告人追杀被害人，被害人无路可逃跳入水库溺死，或者不得已逃入高速公路被车撞死的，应当将死亡结果归属于追杀行为。再如，A向站在悬崖边的B开枪，B听到枪声后坠崖身

---

[1] 如果采取具体的结果观，也可以认为缺乏条件关系与合法则的条件关系。

[2] 《刑法》第229条第3款规定，承担资产评估、验资、验证、会计、审计、法律服务等职责的中介组织的人员，"严重不负责任，出具的证明文件有重大失实，造成严重后果的，处3年以下有期徒刑或者拘役，并处或者单处罚金"。可以肯定的是，在通常情况下，并不是出具失实证明文件的行为本身造成严重后果，而是其他人以该证明文件为根据实施的相关行为（介入行为）造成严重后果。这足以说明，介入行为的正常性不会影响结果归属。

亡的；A 瞄准湖中的小船开枪，船上的 B 为躲避而落入水中溺死的；应将 B 的死亡归属于 A 的行为。③虽然介入了被害人不适当或者异常的行为，但是，如果该异常行为属于被告人的管辖范围之内的行为，仍然能够将结果归属于被告人的行为。例如，在深水池与浅水池没有明显区分的游泳池中，教练员没有履行职责，不会游泳的练习者进入深水池溺死的，练习者的死亡要归属于教练员的行为。④虽然介入被害人不适当行为并造成了结果，但如果该行为是依照处于优势地位的被告人的指示而实施的，应当将结果归属于被告人的行为。例如，非法行医的被告人让身患肺炎的被害人到药店购买感冒药治疗疾病，导致被害人没有得到正常治疗而死亡的，应当将被害人的死亡结果归属于被告人的非法行医行为。但是，如果被告人并不处于优势地位，被害人自我冒险导致结果发生的，则不能将结果归属于被告人。例如，在寒冷的冬天，甲为了取乐将 100 元扔入湖中，乙为了得到 100 元而跳入湖中因而死亡的，不得将乙的死亡归属于甲的扔钱行为（当然也能否定实行行为）。⑤被告人实施行为后，被害人介入的行为对造成结果仅起轻微作用的，应当肯定结果归属。例如，甲伤害乙后，乙在医院治疗期间没有卧床休息，因伤情恶化而死亡的，乙在旅途中被甲打伤，乙为了尽快回原居住地，导致治疗不及时而死亡的，应将乙的死亡归属于甲的行为。⑥如果介入了被害人对结果起决定性作用的异常行为，则不能将结果归属于被告人的行为。例如，甲杀乙，乙仅受轻伤，但乙因迷信鬼神，而以香灰涂抹伤口，致毒菌侵入体内死亡。再如，一般来说，加害行为引起被害人自杀身亡的，不能将死亡结果归属于加害行为。[1] 甲毁损了乙的容貌后，乙自杀身亡的，不能将死亡结果归属于甲的行为。又如，生气的妻子在寒冷的晚上不让丈夫进屋，丈夫原本可以找到安全场所，但为了表示悔意一直站在门外而被冻死。冻死的结果显然不是妻子不让丈夫进屋的危险的现实化（此时并无杀人的实行行为）。

2. 介入第三者行为的情形。在结果的发生介入了第三者行为的案件中，也应综合考虑前述四个因素进行合理判断，但最重要的是判断谁的行为对结果发生起到了决定性作用，同时也要考虑第三者介入的可能性与盖然性；不能简单地采取回溯禁止的理论，[2] 亦即，不能简单地认为，"凡是第三者故意介入造成结果的，就不能将结果归属于前行为"。①与前行为无关的介入行为导致结果发生的，不得将结果归属于前行为。前述因果关系的断绝的情形便是如此。②当被告人的伤害行为具有导致被害人死亡的高度危险，介入医生或者他人的过失行为而未能挽救伤者生命的，依然应当将死亡结果归属于伤害行为。但是，如果被告人的伤害行为并不具备致人死亡的高度危险，医生或者他人的严重过失导致被害人死亡的，不得将死亡结果归属于伤害行为。③被告人实施危险行为后，通常乃至必然会介入第三者的行为导致结果发生的，应当肯定结果归属。例如，被告人突然将被害人推倒在高速公路上，或者在道路上将被害人推下车，导致被害人被随后的其他车辆轧死的，应当将被害人的死亡结果归属于被告人的行

---

〔1〕 但是，一方面，自杀是加害行为的当然结果时，可以将死亡结果归属于加害行为，但这种情形极为罕见。另一方面，在我国司法实践中，一般将并不特别异常的自杀结果归属于国家工作人员的渎职行为，作为渎职罪的结果予以认定。参见张明楷："论缓和的结果归属"，载《中国法学》2019 年第 3 期。此外，司法实践中也存在将自杀结果认定为结果加重犯中的加重结果的现象（例如，拐卖行为造成被拐卖者亲属自杀身亡的，司法实践大多认定为《刑法》第 240 条第 1 款第 7 项规定的"造成被拐卖的妇女、儿童或者其亲属重伤、死亡或者其他严重后果"）。但本书不赞成这样的做法，因为对结果加重犯的认定应当进行严格限制，只有当行为的高度危险直接现实化时，才能认定为结果加重犯中的加重结果。

〔2〕 结果归属角度的回溯禁止理论存在不同观点与表述。例如，有人认为，如果前行为人是过失，后行为人故意地介入时，就不得将结果归属于前行为。有人指出，如果前行为人是按照他的社会角色行事，第三者制造了不被允许的风险，那么，就不得将结果归属于前行为人。

为。再如，甲将爆炸物扔到乙的身边，乙立即踢开爆炸物，导致附近的丙被炸死的，应当将丙的死亡归属于甲的行为。④被告人实施危险行为后，介入了有义务防止危险现实化的第三者的行为时，如果第三者能够防止但没有防止危险，不能将结果归属于被告人的行为。例如，甲伤害乙后，警察赶到了现场。警察在将乙送往医院的途中车辆出故障，导致乙失血过多死亡的，不得将乙的死亡结果归属于甲的行为。⑤被告人的前行为与第三者的介入行为均对结果的发生起决定性作用的，应当将结果归属于二者。例如，甲与乙分别向丙开枪，都没有击中要害部位，但由于两个伤口同时出血，导致丙失血过多死亡。对此，应当将死亡结果同时归属于甲与乙的行为。再如，甲刺杀了儿童丙后逃离，丙的母亲乙发现后能够救助而不救助，导致丙因失血过多而死亡的，应当将丙死亡的结果同时归属于甲的作为与乙的不作为。

3. 介入行为人行为的情形。如果行为人的前行为与后行为（介入行为）实际上是一个实行行为，那么，理当将结果归属于该行为。例如，甲用石块反复击打被害人乙的头部，在乙没有任何反应之后，为了确认乙是否死亡，再次用木棒击打乙的头部。由于后行为也是杀人行为，而且与前行为属于同一个实行行为，所以，不需要查明是前行为还是后行为造成死亡，就能将死亡结果归属于甲的一个杀人行为。但是，行为人的前行为与介入行为不是一个实行行为的情况下，需要判断的是将结果归属于前行为，还是归属于后行为。这在前行为与后行为的主观心理状态不同的场合，以及前后行为的性质不同的场合，具有重要意义。①在故意的前行为具有导致结果发生的高度危险，后来介入了行为人的过失行为造成结果时，应当将结果归属于前行为。例如，甲以杀人故意对乙实施暴力，导致乙休克；甲以为乙已死亡，为了毁灭罪证，将乙扔入水库溺死。对此，应将死亡结果归属于故意的前行为。②在故意的前行为具有导致结果发生的高度危险，后来介入了行为人故意实施的另一高度危险行为时，如果能够查明结果由哪一行为造成，就将结果归属于哪一行为；如果不能够查明结果由哪一行为造成，由可以将结果归属于前一行为。例如，甲以杀人故意向被害人乙砍了几刀，导致乙丧失反抗能力后，为了毁灭罪证而对乙的住宅放火，但不能查明乙是被砍死还是被烧死。对此，可以认定为故意杀人既遂与放火罪。[1]③在过失的前行为具有导致结果发生的高度危险，后介入的故意或者过失行为直接造成结果时，应当将结果归属于后行为。例如，甲过失导致乙重伤，为了逃避刑事责任故意开枪杀死乙。对此，应认定为过失致人重伤罪与故意杀人罪。[2]④故意或者过失的前行为具有导致结果发生的高度危险，后介入的故意或者过失行为并不对结果起决定性作用的，应当将结果归属于前行为。⑤在后行为对结果的发生具有决定性作用，而前行为通常不会引起后行为时，应当将结果归属于后行为。⑥在前后均为过失行为，两个过失行为的结合导致结果发生时，应当将两个过失行为视为构成要件的行为（过失并存说）。

4. 两种以上介入并存的情形。在司法实践中，还会发生介入两种以上行为的情形。例如，甲将丁推入高速公路，乙开车撞倒丁，乙将丁送往医院后，医生丙的治疗行为存在过失，丁最终死亡。对此，也应综合考虑前述四个因素，得出合理结论。需要说明的是，将结果归属于一个行为，并不必然否定对另一个行为的结果归属。换言之，一个结果完全可能由数个行为造成，一个结果完全可能同时归属于两个以上行为。反之，一个行为也可能造成数个结果，而数个结果可能只归属于一个行为。

〔1〕对此可能存在争议，持相反观点的学者会认为应当认定为故意杀人未遂与放火致人死亡。
〔2〕至于是认定为包括的一罪，还是实行数罪并罚，刑法理论上可能存在不同观点。

■思考题

1. 规范的构成要件要素的特点与类型是什么？
2. 如何判断构成要件符合性？
3. 单位犯罪的成立条件是什么？
4. 不作为的成立条件是什么？
5. 行为对象与保护法益是什么关系？
6. 如何区分具体危险犯与抽象危险犯？
7. 结果加重犯的成立条件是什么？
8. 如何判断因果关系与结果归属？

■参考书目

1. 张明楷：《犯罪构成体系与构成要件要素》，北京大学出版社 2010 年版。
2. 李金明：《不真正不作为犯研究》，中国人民公安大学出版社 2008 年版。
3. 陈璇：《刑法归责原理的规范化展开》，法律出版社 2019 年版。

第十章 违法性

■ **学习目的和要求**

理解有关违法性的基本理论与学说，正确掌握正当防卫、紧急避险的正当化根据与成立条件，了解其他违法阻却事由的成立条件。

第一节 违法性的基本理论

一、违法性的意义

构成要件是违法类型，符合构成要件的行为通常具有违法性。所以，违法性的判断并不是积极的判断，而是消极的判断。亦即，不是判断行为是否具有违法性，而且判断是否存在阻却（排除）违法性的事由。换言之，在行为符合构成要件的前提下，只要没有违法阻却事由，该行为就具有违法性。[1] 但是，要讨论违法阻却事由，首先必须明确违法性的含义。

犯罪行为必须是实质上为法律所不允许的行为，即必须是违法的行为。如果客观上不存在违法性，就不会存在对违法行为的非难，因而不可能成立犯罪。这是将违法性与有责性分别论述的意义之所在。所谓违法，就是指行为违反法律，即行为为法律所不允许（这只是一般性定义，需要联系后述违法性的实质来理解）。

刑法分则的某些条文，有时也使用"违法""非法"概念。对此，应当分为不同情形：其一是对违法性的例示，如《刑法》第238条的"非法拘禁他人"。在这种场合，分则条文原本可以仅表述为"拘禁他人"。因为刑法所禁止的当然是非法拘禁他人的行为。分则条文之所以特别例示，也是因为客观上存在合法拘禁他人因而并不构成犯罪的情形（在此意义上说，是对可能存在违法阻却事由的提示）。这种例示同时表明，符合构成要件的行为都是具有违法性的行为。其二是要求行为违反国家规定或者行政法规的情形。例如，《刑法》第155条规定，"直接向走私人非法收购国家禁止进口物品的，或者直接向走私人非法收购走私进口的其他货物、物品，数额较大的"，以走私罪论处。其中的"非法"就是指违反海关法规，其与刑法上的违法性不是等同概念。[2] 其三是属于责任要素的情形，如"非法占有目的"属于主观要素，而不是客观违法性的要素。[3]

二、形式的违法性与实质的违法性

形式的违法性，意指行为违反法规范，违反法的禁止或命令。换言之，形式的违法性，是从形式上将违法定义为违反实定法。根据形式的违法性论，在德国、日本的三阶层体系中，只

---

〔1〕 在刑法理论上，行为符合构成要件并且不具有违法阻却事由，就被称为不法。

〔2〕 与此相似的表述是"违反……法规""违反国家规定"等，它们与刑法上的违法性也不是等同概念。

〔3〕 当然，非法占有目的中的"非法"也要求客观上具有非法性。

要行为符合构成要件，而又不具备法定的违法阻却事由，即具有违法性。

将违法性解释为违反实定法规，是最容易被人们理解的。但是，形式的违法性论没有说明违法性的实体，没有回答法律为什么禁止实施某种行为、命令实施某种行为、允许实施什么行为等问题。另一方面，形式的违法性论，只承认刑法明文规定的违法阻却事由，否认了超法规的违法阻却事由。这显然不当。[1] 于是，出现了实质的违法性论，它是用"违反实定法规"以外的实质的根据来说明违法性的。[2] 实质的违法性，有利于考察行为的违法程度，有利于对构成要件的解释及其符合性的判断，还有利于合理确定正当化事由的根据与范围。

现在，关于实质的违法性的理解，主要是法益侵害说与规范违反说的争论。规范违反说认为，违法性的实质是违反法规范或者违反法秩序。其中可以分为两种学说：一种是伦理规范违反说，另一种是法规范违反说。伦理规范违反说的特色，在于用违反道义秩序、缺乏社会的相当性等说明法规范违反的内容。法规范违反说认为，违法性的实质是对法规范的违反。详言之，犯罪人之所以受到谴责，是因为他虽然有能力遵守却没有遵守法规范。其中的法规范，既不是指社会伦理规范，也不限于刑法规范，而是作为一般人行动基准的行为规范。

根据我国《刑法》的规定，刑法的任务与目的是保护法益。反过来，对法益的侵害或者威胁，也就成为刑法禁止的根据。换言之，刑法之所以以刑罚禁止某种行为，是因为它侵害或者威胁了法益。所以，侵犯法益是违法性的实质。本书采取法益侵害说。

三、客观的违法性与主观的违法性

客观的违法性论将法律理解为客观的评价规范，不管行为人的主观能力如何，只要客观上违反法律就具有违法性。这样，无责任能力人的侵害行为也具有违法性，对之应当允许进行正当防卫。

主观的违法性论将刑法规范理解为对行为人的命令性规范，因此，违反刑法规范的人必须是能够理解规范内容的人，只有能够做出意思决定的人的行为，才谈得上有无违法性（命令说）；违法性的有无，只能就有责任能力人的行为而言。于是，不能将精神病患者等无责任能力人的行为认定为违法行为。

本书采取客观的违法性论。首先，违法性的实质是对法益的侵害与威胁，而行为是否侵害或者威胁了法益，与行为人的主观能力以及有无故意、过失没有关系。如前所述，精神病人杀害他人的行为与正常人杀害他人的行为，在侵害了他人生命这一点上没有任何差异。其次，采取客观的违法性论，有利于合理区分违法性与有责性，不至于单纯从总体上判断行为是否构成犯罪。再次，客观的违法性论有利于解决刑法的诸多问题。例如，采取客观的违法性论，对精神病患者的杀人、伤害等行为就可以顺理成章地制止乃至防卫。最后，即使承认主观的违法要素（如目的、未遂犯的故意等），也不影响客观的违法性论的成立。因为在将行为人的上述内心作为违法判断的对象时，不是从责任评价的观点进行评价的，而是从有无法益侵害及其危险这种事实进行评价的。

四、结果无价值与行为无价值

结果无价值论与行为无价值论，是关于违法性实质（实体、根据）的对立。对于行为现实引起的对法益的侵害或者威胁（危险）所作的否定评价，称为结果无价值（Erfolgsunwert）；

---

[1] 例如，刑法并没有规定自救行为、义务冲突等违法阻却事由，但不能否认这些行为的合法性。
[2] 形式的违法性与实质的违法性不一定是相对立的概念，将二者相结合有利于说明违法性的本质。

对于与结果切断的行为本身的样态所作的否定评价，称为行为无价值（Handlungsunwert）。[1] 结果无价值论将重点放在被害人，即判断行为是否违法的重点，在于被害人的法益是否遭受侵犯；行为无价值论将重点放在行为人，即判断行为是否违法的重点，在于行为本身是否违反规范。

结果无价值论的基本立场是，刑法的目的与任务是保护法益，违法性的实质（或根据）是法益侵害及其危险；没有造成法益侵害及其危险的行为，即使违反社会伦理秩序，缺乏社会的相当性，或者违反了某种行为规则，也不能成为刑法的处罚对象；应当客观地考察违法性，主观要素原则上不是违法性的判断资料，故意、过失不是违法要素而是责任要素；违法评价的对象是事后查明的客观事实。结果无价值中的"结果"，不仅指现实的法益侵害，还包括法益侵害的危险。

行为无价值有多种含义。首先是评价基准问题，即"无价值"是什么含义？主要存在三种观点（也可谓行为无价值论的三个发展阶段）：①行为"无价值"，是指行为违反社会伦理秩序；②行为"无价值"，是指行为缺乏社会的相当性；③行为"无价值"，是指行为违反法规范，或者违反了保护法益所需要遵守的行为规范。其次是评价对象问题，即"行为"是什么含义？"一种观点将故意犯罪里的行为无价值等同于主观的不法要素，将行为无价值理解为纯粹的'意图无价值'……与此相反，另一种观点却认为，通过相应的行为实现犯罪企图主要也包括在行为无价值中。"[2] 所以，行为无价值中的"行为"基本上是指行为本身以及行为人的主观内容。正因为如此，行为无价值论主张，故意是主观的违法要素。

本书倾向于结果无价值论的立场。结果无价值论的基本优势在于：①刑法的目的具有明确性：任何行为，只要没有侵害、威胁刑法所保护的法益，刑法就不得干预。换言之，结果无价值论不至于使用刑法推行伦理，从而有利于保障国民的行为自由。②什么行为具有违法性，什么要素影响违法性，显得非常清晰。根据结果无价值论，违法判断的内容及违法要素的范围，必须由该刑罚法规所预定的规制目的、保护目的予以限定。③由于客观地判断违法性，否认故意、过失是违法要素，从而使违法性的判断更为客观，将有责性的判断建立在违法性的基础之上，既有利于实现法益保护原则，也有利于贯彻责任主义。④结果无价值论在违法阻却事由、未遂犯、共犯等问题上，都可以妥当地处理相关难题。

五、可罚的违法性

可罚的违法性的理论认为，某种行为即使在形式上符合构成要件，并且不具有违法阻却事由，但如果不具有可罚的违法性，也不成立犯罪。

根据《刑法》第13条的规定，危害社会的行为情节显著轻微危害不大的，不成立犯罪。所以，依照刑法应受刑罚处罚的行为，原本就必须具备一定程度的违法性。在此意义上说，可罚的违法性是一个不必要的概念。因为刑法上的违法性是判断行为是否值得处罚的要件，所以，具有刑法上的违法性，也就具有了值得科处刑罚的违法性，没有必要再使用可罚的违法性的概念。此外，只要对构成要件进行实质的解释，可罚的违法性概念就是多余的。而且，可罚

〔1〕 行为无价值与结果无价值是日本学者根据德语翻译而成。有学者认为，译为行为反价值与结果反价值比较合适。但约定俗成的缘故，现在一般使用行为无价值与结果无价值的概念。所要注意的是，行为无价值与结果无价值并不只是分别说，行为、结果没有什么价值或者价值中立，而是分别说，行为、结果是恶的。行为无价值即行为"恶"，结果无价值即结果"恶"。那么，违法性的根据究竟是行为恶还是结果恶，便成为行为无价值论与结果无价值论争论的焦点问题。
〔2〕 ［德］冈特·施特拉滕韦特、洛塔尔·库伦：《刑法总论I：犯罪论》，杨萌译，法律出版社2006年版，第109页。

的违法性概念，引起了许多混乱。[1]

第二节　违法阻却事由概述

一、违法阻却事由的概念

不法的判断成为两个客观事实的判断：是否存在符合构成要件的事实与是否存在违法阻却事由。换言之，不法可以分为两个问题：一是刑法禁止什么？二是在法益之间发生冲突时，刑法允许什么优先？例如，刑法是否应当禁止公然猥亵（如裸体站在马路旁）行为？有人认为这种行为没有侵害法益，故不应禁止；有人认为这种行为侵犯了社会伦理秩序，故应予禁止。这种对立属于第一个问题，与构成要件及其解释相对应。[2] 又如，倘若刑法将公然猥亵规定为犯罪，那么，当特定的公然展示裸体的行为具有高度艺术性时，是否应当以艺术性优先，例外地允许这种行为？这属于第二个问题，与违法阻却事由相对应。再如，刑法规定了侮辱罪，旨在禁止贬损他人名誉的行为。这属于第一个问题。而当报道活动侵害了他人名誉时，在什么情况下该报道活动被允许因而不违法？这属于第二个问题。

如果认为构成要件是形式的、记述的类型，则上述两个问题都是构成要件符合性判断之后的实质违法性的判断问题。但是，由于构成要件是违法类型，符合构成要件的行为原则上具有违法性，所以，不需要在构成要件事实之外寻找违法性的根据。否则，必然违反罪刑法定原则。换言之，构成要件之外的违法性判断，仅仅是有无违法阻却事由的判断。

二、违法阻却事由的根据

符合构成要件的行为在什么情况下阻却违法，是违法阻却事由的根据问题。显然，违法性阻却的根据与违法性的实质，是一个问题的两个方面。所以，一方面要以实质的违法性为指导解释构成要件，另一方面要以实质的违法性为根据理解和认定违法阻却事由。所以，对违法性的理解决定了对违法阻却事由根据的理解，理论上便存在不同学说。[3]

由于违法性的实质是法益侵害，故只能将法益侵害的否定作为违法阻却事由的根据。一方面，如果由于特别原因或情况，不存在值得保护的法益（缺乏法益保护的必要性）时，行为就没有侵害法益，因而阻却违法性（法益性的阙如）。[4] 典型的如，基于被害人的承诺或推

---

〔1〕　对于情节显著轻微危害不大的行为（如为了谋取不正当利益给予国家工作人员少量财物），应当解释为不符合构成要件的行为，而不是解释为符合构成要件的行为，再以不具备可罚的违法性为由排除犯罪的成立。

〔2〕　在刑法没有规定公然猥亵罪的情况下，这一问题在于刑法分则应否规定公然猥亵罪的构成要件及其法定刑。在刑法分则已有规定的情况下，这一问题在于如何解释构成要件。例如，《刑法》第301条规定的聚众淫乱罪，是否意味着禁止数名成年人秘密实施的换偶行为？这便是如何以违法性指导对构成要件进行解释的问题。

〔3〕　目的说认为，如果行为是为了达到国家承认的共同生活的目的而采取的适当手段，则例外阻却违法。其中，衡量型目的说主张，"为了正当目的而采取的适当手段"，是指目的的客观价值与手段所产生的法益侵害之间的比较衡量。衡量型目的说与法益衡量说（结果无价值论）相差无几。重视手段型目的说强调手段的反伦理性，不管目的如何正确，如果手段不被允许时，则不能认为是正当化事由。重视手段型目的说接近社会的相当性说（行为无价值论）。但是，究竟什么是为了正当目的而采取的适当手段，则并不明确，而且容易导致以国家目的制约个人权利。社会相当性说认为，在历史地形成的社会伦理秩序的范围内，被这种秩序所允许的行为（社会的相当行为），就是正当的。由于超出了社会相当性的法益侵害才具有违法性，社会相当性便成为阻却违法的一般原理。但是，社会相当性概念很不明确，即缺乏判断社会相当性的具体标准，尤其不能确定是应重视历史性还是应重视现实性。如果重视历史性，则现实中许多不成立犯罪的行为并不具有社会相当性，导致没有先例的行为都不阻却违法性，这便明显不当；如果注重现实性，则由于社会的复杂化、人们价值观念的多元化，导致难以判断哪些行为是社会的相当行为。

〔4〕　虽然不是法益性的阙如，而是法益性的减少，但如果减少后该法益不值得刑法保护时，也可能属于违法阻却事由。

定的承诺而阻却违法的事由。另一方面，对某种法益的损害是保护另一法益所必需的手段时，对相关法益（所保护的法益与所损害的法益）进行衡量（法益衡量），在整体上的评价结论是，所保护的法益与所损害的法益相等或者优于所损害的法益时，便阻却行为的违法性（同等利益、优越利益的保护）。典型的如，正当防卫、紧急避险以及自救行为等。

法益性阙如的情形，也可能被认为阻却构成要件符合性。因为构成要件原本就是对"引起法益侵害或者危险"的违法行为的类型化。既然不存在值得保护的法益，就可以认为行为不符合构成要件。例如，盗窃罪的成立，以转移财物占有的行为违反被害人的意志为前提，如果被害人同意将财物转移给行为人占有，行为人的行为就不可能符合盗窃罪的构成要件。再如，经妇女真实同意而与之性交的行为，不可能符合强奸罪的构成要件。在此意义上说，法益性阙如时，不仅阻却违法性，而且阻却构成要件符合性。不过，在这样的场合，因为不可能形成刑事案件，一般不会进行构成要件符合性的判断。当行为人客观上损害了被害人的利益，而该利益又不值得保护时，仍然有可能认为该行为符合构成要件，只是阻却违法性。例如，甲征得了乙的同意毁坏了乙价值数十万元的财物。在这样的场合，仍然可以说，甲的行为虽然符合故意毁坏财物罪的构成要件，但由于乙放弃了自己的利益（不需要刑法保护），故阻却行为的违法性。不难看出，在法益性阙如的场合，既可能认为阻却构成要件符合性，也可能认为阻却违法性。虽然对构成要件应当进行实质解释，但由于构成要件符合性的判断是一种类型性的判断，上述甲的行为客观上的确毁坏了乙的财物，所以，将上述征得乙同意的行为作为违法阻却事由处理。

法益衡量的情形，没有争议地被认为是违法阻却事由。对此，有几点需要说明：其一，法益衡量以法益之间的冲突为前提。法益冲突不仅存在于事实关系中，而且存在于规范关系中。例如，为了避免洪水造成多数人伤亡，而不得已采取淹没农田的分洪措施（紧急避险），可谓事实关系中的法益冲突。再如，甲在对乙实施不法侵害时，虽然与第三者丙不存在冲突关系，但是，当丙基于规范的允许性对甲进行正当防卫时，则应当认为丙与甲存在规范关系中的法益冲突。其二，当行为保护的法益大于（优越于）所损害的法益时，法益衡量的结论必然是阻却违法性。不仅如此，当行为保护的法益等于所损害的法益时，意味着没有造成法益侵害，同样阻却违法性。其三，法益衡量并不意味着仅考虑行为的结果、法益的价值，而是主张同时考虑事态的紧迫性、行为的必要性。因为法益必须尽可能受到保护，在事态并不紧迫，或者存在其他侵害性更低的替代手段时，原则上不应当采取符合构成要件的行为。其四，如后所述，虽然在正当防卫情况下，即使防卫行为所造成的损害似乎大于所避免的损害，也可能阻却违法性，但并不能由此否认法益衡量说。换言之，在正当防卫的场合，如果综合考虑各种因素，防卫行为所造成的损害并没有大于所避免的损害。

三、主观的正当化要素

主观的正当化要素，意味着由于存在正当化的认识、意思，而使行为正当化的要素。具体来说，正当防卫时的防卫意识、紧急避险时的避险意识，就是主观的正当化要素。但是，正当化事由的成立，是否以行为人主观上具有正当化要素为前提，存在争论。

行为无价值论肯定主观的正当化要素。基本理由是，一种行为只有在既不存在行为无价值，也不存在结果无价值时，才是合法的。行为人以犯罪故意实施的行为符合正当防卫、紧急避险的客观条件时（如后述偶然防卫），至少存在行为无价值，所以不能正当化。[1]

结果无价值论否认主观的正当化要素。当一种行为客观上没有侵犯法益，或者在损害法益的同时保护了另一同等或者更为优越的法益时，这种行为便没有违法性。即使行为人在实施这种行为时具有犯罪的故意，也不能仅仅根据其故意内容认定犯罪，否则便是主观归罪。即使认为故意是主观的违法要素，但故意的违法性以客观行为的违法性为前提，仅有故意不能肯定违法性的存在。如果将故意的规范违反性作为处罚根据，就意味着犯意本身成为处罚根据，这显然不合适。换言之，基于事后的判断，如果没有发生违法结果的危险性，客观上又存在正当化事实时，因为缺乏法益侵害及其危险，便阻却行为的违法性。刑法关于违法阻却事由的规定也可能属于行为规范，但是，这种行为规范并不是禁止规范与命令规范，只是允许性规范。亦即，正当防卫的规定告诉一般人，面对正在进行的不法侵害时可以进行正当防卫，而不是禁止或者命令一般人进行正当防卫。一个人碰巧做了法律上允许的事情时，即使他不知道该事情被法律所允许，或者不知道该事情的真相，也不应当以其主观内容为根据否认其行为被法律所允许。

四、违法阻却事由的分类

刑法理论可以根据不同的标准对违法阻却事由进行不同的分类。例如，依照违法阻却的根据，可以将违法阻却事由分为基于法益性阙如（不法阙如）原理的违法阻却事由与基于优越的利益原理（法益衡量）的违法阻却事由。前者如基于被害人的承诺的行为、基于推定的承诺的行为等，后者如正当防卫、紧急避险。[2] 根据违法阻却事由是否具有刑法的明文规定，可以将违法阻却事由区分为法定的违法阻却事由与超法规的违法阻却事由。前者如正当防卫、紧急避险；后者如基于推定的承诺的行为。

我国刑法明文规定了正当防卫、紧急避险两种违法阻却事由，但除此之外，事实上还存在其他公认的违法阻却事由。例如，被害人的承诺、推定的承诺、假定的承诺、自损行为等，虽然没有刑法的明文规定，但属于因法益性的阙如阻却违法的事由（也可以说是基于自己决定权的违法阻却事由）；再如，法令行为、正当业务行为、治疗行为、自救行为、义务冲突等，虽然也没有刑法的明文规定，但属于基于法益衡量阻却违法的事由。以下先论述刑法明文规定的

---

〔1〕　例如，井田良教授指出："如果对通常的积极的构成要件要素缺乏故意，就不能认定存在故意犯的严重的规范违反性；与此完全相同，就作为消极的构成要件要素的违法阻却事由而言，为了看到与之相应的法的效果，也必须将其纳入行为人的认识、行为人的实现意思中。倘若认为违法阻却事由也属于行为规范，那么，如果不是认识到属于违法阻却事由的事实而实施行为，就不能阻却行为不法。即使行为人没有认识到这种事实而偶然地造成了正当化的结果，也仅因为行为人主观上纯然的规范违反的事实，就可以肯定其故意的规范违反性。倘若行为人对违法阻却事由没有认识，仅仅因为客观上实现了正当化事情，就否定其规范违反性，那么，行为不法的有无，就由对行为人而言属于偶然的事项来左右，因而不可能期待通过给予制裁产生规范维持的效果（亦即，从一般预防的观点来看是逆机能的）。"例如，井田良教授指出："如果对通常的积极的构成要件要素缺乏故意，就不能认定存在故意犯的严重的规范违反性；与此完全相同，就作为消极的构成要件要素的违法阻却事由而言，为了看到与之相应的法的效果，也必须将其纳入行为人的认识、行为人的实现意思中。倘若认为违法阻却事由也属于行为规范，那么，如果不是认识到属于违法阻却事由的事实而实施行为，就不能阻却行为不法。即使行为人没有认识到这种事实而偶然地造成了正当化的结果，也仅因为行为人主观上纯然的规范违反的事实，就可以肯定其故意的规范违反性。倘若行为人对违法阻却事由没有认识，仅仅因为客观上实现了正当化事情，就否定其规范违反性，那么，行为不法的有无，就由对行为人而言属于偶然的事项来左右，因而不可能期待通过给予制裁产生规范维持的效果（亦即，从一般预防的观点来看是逆机能的）。"[日] 井田良：《刑法总论的理论构造》，成文堂 2005 年版，第 140 页。

〔2〕　要对违法阻却事由进行分类，首先必须明确哪些事由是违法阻却事由，哪些事由是责任阻却事由（消极的责任要素）。一般来说，二者是容易区分的，存在争议的是紧急避险。应当认为，紧急避险既可能是违法阻却事由，也可能是责任阻却事由，但我国刑法没有明文区分这两种情形，故本书在本章一并探讨紧急避险。

正当防卫与紧急避险，然后分别论述其他因法益性的阙如阻却违法的事由和基于法益衡量阻却违法的事由。

第三节 正当防卫

一、正当防卫概述

根据《刑法》第 20 条的规定，正当防卫，是指为了保护国家、公共利益、本人或者他人的人身、财产和其他权利免受正在进行的不法侵害，采取对不法侵害人造成或者可能造成损害的方法，[1] 制止不法侵害的行为。刑法理论的通说认为，正当防卫分为两种：一般正当防卫（《刑法》第 20 条第 1 款）与特殊正当防卫（《刑法》第 20 条第 3 款）。后者是针对正在进行的严重危及人身安全的暴力犯罪所进行的防卫，不存在防卫过当的问题；前者是针对正在进行的其他不法侵害所进行的防卫，具有防卫限度，因而存在防卫过当的问题。

《刑法》第 20 条规定，正当防卫"不负刑事责任"。显然，这里的不负刑事责任，并不是指正当防卫行为违法但不具备有责性。换言之，上述"刑事责任"是指作为犯罪法律后果的刑事责任，而不是指作为犯罪成立条件的有责性（责任）。

正当防卫的特点是制止正在进行的不法侵害、保护法益，处理与正当防卫有关的一切问题时，都要把握这一特点。单纯从正当防卫行为损害了不法侵害者的利益这一点来看，正当防卫符合某些犯罪的构成要件，但是，正当防卫保护了更为优越（至少同等）的法益，刑法也明文允许正当防卫，所以，正当防卫既不具备形式违法性，也不具备实质违法性。

由于正当防卫的成立不以其造成的损害小于所避免的损害为前提，所以，刑法理论一直讨论正当防卫的正当化根据。换言之，为什么防卫行为造成的损害大于所避免的损害时，也不违法？[2]

既然违法性的实质是对法益的侵害或者威胁，那么，对正当防卫的正当化根据就应当采取法益衡量说。一方面，如果防卫行为所造成的损害与不法侵害可能造成的损害悬殊，无论如何也不能认定为正当防卫，如为了保护笼中一鸟而杀害盗窃犯的，不管具有多大的必要性也不得认定为正当防卫。这是法益衡量决定的。另一方面，正当防卫是在紧急状态下实施的行为，在面临紧迫的不法侵害的情况下，防卫人没有退避的义务（具有在现场自由活动的权利），因为"法（正当）没有必要向不法（不正当）让步"；不法侵害者的法益虽然没有被完全否定（并非法益性的阙如），但在正与不正的冲突中只能通过损害不法侵害者的利益来解决冲突，故不法侵害者利益的保护价值在防卫的必要限度内被否认（法益性的减少或者保护性的降低），于

---

〔1〕 不法侵害正在进行时，通过造成不法侵害者的身体伤害从而制止不法侵害的，当然是正当防卫；与此同时，防卫人面临重大侵害时，向不法侵害人开枪但没有打中的行为，也是正当防卫。

〔2〕 德国的通说以个人的保全与法的确证两个原理来说明。个人的保全原理，是指法律允许个人采取各种必要的防卫性保护措施，或者说，受到不法侵害行为攻击的人可以采取必要手段保全自己。据此，个人受到不法侵害行为攻击时，没有退避义务。法的确证原理，是指对不法侵害的防卫，可以实现"法的恢复"（维护"法"本身，表明不法侵害行为被法所禁止），使国民的规范意识得以维持和强化或者抑制不法行为（参见张明楷：《外国刑法纲要》，法律出版社 2020 年版，第 121 页以下）。个人的保全虽然具有一定的合理性，但与我国刑法的规定不相符合。因为个人的保全原理意味着不能针对侵害公法益的行为进行防卫，而我国刑法允许为了国家利益、公共利益进行防卫。法的确证原理实际上将正当防卫作为对不法行为的报应与一般预防的手段。可是，正当防卫在性质上与适用条件上并不同于刑罚措施（如刑罚以行为人具有责任为前提，但正当防卫并不以不法侵害者具有责任为前提）。此外，法的确证原理只不过是一种循环论证，而且其内容也不明确，导致极度不成比例的防卫行为（如将执意窃取少量财物的小偷击毙）也可能成立正当防卫。

是，应受保护的法益优越于不法侵害者的利益（也可以说，不法侵害者的利益实质上受到了缩小评价）。此外，在事实上，不法侵害人不仅侵害了其原本正在侵害的法益，而且通常都会针对防卫行为本身实施新的侵害行为。如果考虑到不法侵害人的双重侵害，防卫人在正当防卫限度内所造成的损害，并没有大于不法侵害人所造成的侵害。概言之，如果全面地进行综合判断，正当防卫所造成的损害并不大于其所避免的损害，人们通常所说的"正当防卫所造成的损害大于所避免的损害"只是一种表面现象。所以，正当防卫的正当化根据依然可以用优越的利益原理来说明。

正当防卫是法律赋予公民的权利。司法机关要准确理解和把握正当防卫的法律规定和立法精神，对于符合正当防卫成立条件的，坚决依法认定。要切实防止"谁能闹谁有理""谁死伤谁有理"的错误做法，坚决捍卫"法不能向不法让步""正不能向不正屈服"的法律精神。要立足防卫人防卫时的具体情境，综合考虑案件发生的整体经过，结合一般人在类似情境下的可能反应，依法准确把握防卫的时间、限度等条件。要充分考虑防卫人面临不法侵害时的紧迫状态和紧张心理，防止在事后以正常情况下冷静理性、客观精确的标准去评判防卫人。在认定是否构成正当防卫、是否防卫过当以及对防卫过当裁量刑罚时，要注重查明前因后果，分清是非曲直，确保案件处理于法有据、于理应当、于情相容，符合人民群众的公平正义观念，实现法律效果与社会效果的有机统一。

二、一般正当防卫

（一）正当防卫的条件

公民在进行正当防卫的时候，不得不当地损害其他法益，否则就会造成新的不法侵害。因此，实施正当防卫必须符合一定条件。[1]

1. 必须存在现实的不法侵害行为。正当防卫以存在现实的不法侵害为前提。现实的不法侵害，是正当防卫的起因条件。

（1）不法性。不法侵害的"不法"即违反法律，但与刑法理论上的符合构成要件且违法意义上的"不法"，不是等同概念。可以认为，不法侵害既包括犯罪行为，也包括其他一般违法行为，但又不是泛指一切违法犯罪行为。首先，不法侵害包括犯罪行为与其他一般违法行为。不法侵害既包括侵犯生命、健康权利的行为，也包括侵犯人身自由、公私财产等权利的行为；不应将不法侵害不当限缩为暴力侵害或者犯罪行为。其次，并非对任何违法犯罪行为都可以进行防卫，只是对那些具有攻击性、破坏性、紧迫性、持续性的不法侵害，在采取正当防卫可以减轻或者避免法益侵害结果的情况下，才宜进行正当防卫。例如，对于非法限制他人人身自由、非法侵入他人住宅等不法侵害，可以实行防卫。反之，对于不履行合同的民事违法行为，不应进行正当防卫。又如，假冒注册商标罪、重婚罪、贿赂罪等虽然是犯罪行为，却不能对之进行正当防卫。基于同样的理由，对于单位犯罪本身一般不能进行正当防卫（当然也有例外）。此外，对于轻微的不法侵害，对于处于被保护、被监护地位的人的一般不法侵害，对于非暴力的敲诈勒索行为，对于自己所引发的一般侵害行为等，不宜实行正当防卫。在此意义上说，正当防卫以必要性为前提。最后，不法侵害既包括针对本人的不法侵害，也包括危害国家、公共利益或者针对他人的不法侵害。例如，对于窃取、刺探国家秘密的行为可以进行正当防卫；对于正在进行的拉拽方向盘、殴打司机等妨害安全驾驶或者破坏交通工具、交通设施等

---

[1]　对于以防卫为名行不法侵害之实的违法犯罪行为，要坚决避免认定为正当防卫或者防卫过当。

危害公共安全的违法犯罪行为，可以实行防卫。[1]

对合法行为不得进行正当防卫是不言而喻的。因此，对正当防卫、紧急避险（除有特别的说明外，指阻却违法的紧急避险）行为不能实行正当防卫。

对于未达到法定年龄、不具有责任能力的人的侵害，能否实施正当防卫，是我国刑法理论颇有争议的问题。根据客观的违法性论，认为未达到法定年龄、不具有责任能力的人的法益侵害行为同样属于不法侵害，应当允许对其进行正当防卫。另一方面，正当防卫并非对不法侵害行为的制裁，而是针对不法侵害所采取的法益保护手段，故不能像制裁犯罪与其他一般违法行为那样，要求正当防卫所针对的不法侵害同时具备有责性。不过，由于法益应当尽可能受到全面保护，在对未达到法定年龄、无责任能力的人的不法侵害采取回避措施并不存在特别负担的情况下，不宜进行正当防卫。[2]

不法侵害不限于故意的不法侵害，对于过失的不法侵害，只要符合其他条件的，也可以进行正当防卫。诚然，过失行为只有造成了侵害结果时才成立犯罪，过失犯罪成立之时，也是不法侵害结束之时，似乎不能对其进行正当防卫。然而，过失犯罪也有实行行为，实行行为与结果的发生之间会有时间上的间隔。虽然行为人在实施过失行为时没有预见结果发生或者虽然已经预见但轻信能够避免，但有些过失行为在客观上包含着造成结果的极大可能性甚至必然性。在这种情况下，没有理由禁止正当防卫。[3] 同样，对于无过失的不法侵害行为，符合其他条件的，也可以进行正当防卫。例如，甲利用无过失的乙实施紧迫的不法侵害行为时，对乙可以实施正当防卫。[4] 至于是否存在防卫的必要以及如何确定防卫的限度，则是另外的问题。

（2）侵害性。作为防卫对象的侵害，一般是指对法益的威胁。[5] 即只有当行为威胁法益时，才能对之进行正当防卫。

不法侵害不限于作为的不法侵害。对于不作为的不法侵害，如果只能由不作为人履行义务的，也可以进行正当防卫。例如，对进入自己的住宅、要求其退出而拒不退出的人，使用强力将其推出门外，导致其受轻伤的行为，成立正当防卫。再如，父亲见幼女落入水中，有能力救助却不救助，他人使用暴力、胁迫手段迫使父亲救助幼女的，成立正当防卫。

对自己招致的不法侵害能否进行正当防卫，也需要讨论。如后所述，防卫挑拨不成立正当防卫。而且，以不法行为引起对方的侵害行为时，对方的侵害行为本身可能构成正当防卫，对正当防卫不能再进行正当防卫。不法侵害系因行为人的重大过错引发，行为人在可以使用其他手段避免侵害的情况下，仍故意使用足以致人重伤或者死亡的方式还击的，不应认定为防卫行

---

〔1〕 当然，在国家机关针对正当进行的不法侵害已经采取相关措施的情况下，公民没有必要也不应当进行防卫。否则，反而不利于保护法益。

〔2〕 2020年8月28日最高人民法院、最高人民检察院、公安部《关于依法适用正当防卫制度的指导意见》指出：成年人对于未成年人正在实施的针对其他未成年人的不法侵害，应当劝阻、制止；劝阻、制止无效的，可以实行防卫。明知侵害人是无刑事责任能力人或者限制刑事责任能力人的，应当尽量使用其他方式避免或者制止侵害；没有其他方式可以避免、制止不法侵害，或不法侵害严重危及人身安全的，可以进行反击。

〔3〕 例如，聋哑人甲在狩猎时，误将前方的A当作野兽正在瞄准即将射击；与甲一同狩猎、处在甲身后较远处的乙发现了甲的行为，于是向甲开枪，打伤其胳膊，保护了A的生命。对乙的行为应评价为正当防卫。再如，对假想防卫也可以进行正当防卫。

〔4〕 根据结果无价值论的观点，故意、过失只是责任要素，而不是违法要素，所以，即使是没有故意、过失的法益侵害行为，也是不法侵害，受侵害者或者第三者当然可以进行正当防卫。但是，如果认为故意、过失是违法要素，那么，对于没有故意与过失的侵害行为，就不能实行正当防卫。

〔5〕 侵害与威胁具有相对性。在不法行为已经致人死亡的情况下，显然不能防卫；但在杀人行为已经造成身体伤害却仍然对生命存在威胁的情况下，可以进行防卫。

为。但是，如果轻微过失甚至无过错地引起了对方的侵害，或者预想只会引起对方的轻微反击，对方却对重大法益进行侵害时，仍有实行正当防卫的余地。

在野生动物侵害法益时，理当可以进行反击，但不属于正当防卫，可能成立紧急避险；[1] 在饲主唆使其饲养的动物侵害他人的情况下，动物是饲主进行不法侵害的工具，打死打伤该动物的，属于以造成不法侵害人财产损失的方法进行正当防卫。基于同样的理由，如果由于饲主的过失行为导致动物侵害他人，打死打伤该动物的行为，也成立正当防卫。问题是，动物自发地侵害他人，饲主对此没有过失时，能否进行正当防卫？这便是所谓（狭义的）对物防卫问题。[2] 依照我国《刑法》的规定，正当防卫只能针对"不法侵害人"。但是，根据客观违法论的立场，在动物自发侵害他人时，即使管理者（如饲主等）主观上没有过失，也是其客观疏忽行为所致，仍应认为管理者存在客观的侵害行为（不作为），打死打伤该动物的行为，属于对管理者的正当防卫。

对于显著轻微的不法侵害，行为人在可以辨识的情况下，直接使用足以致人重伤或者死亡的方式进行制止的，不应认定为防卫行为。

（3）现实性。不法侵害必须是现实存在的。客观上并无不法侵害，但行为人误认为存在不法侵害，因而进行所谓防卫的，属于假想防卫。假想防卫不是正当防卫，符合过失成立条件的，以过失犯罪论处；如果没有过失，则按意外事件处理。至于故意针对合法行为进行"反击"的，则不是假想防卫，而是故意的犯罪行为（如不构成犯罪，则是故意的一般违法行为）。

2. 不法侵害必须正在进行（紧迫性）。不法侵害正在进行时，才令法益处于紧迫的危险之中，从而使防卫行为成为保护法益的必要手段。不法侵害正在进行，是指不法侵害已经开始且尚未结束。

关于不法侵害的开始时间，刑法理论上有进入侵害现场说、着手说、直接面临说与综合说（一般以着手为标准判断，特殊情况以直接面临为标准判断）。[3] 着手说、直接面临说与综合说在通常情况下是没有明显区别的学说。但是，由于着手是相对于具体犯罪而言，而直接面临是相对于被害人面临的危险而言，在一些情况下，直接面临说与着手说的结论可能存在差异。对此，应当根据正当防卫的目的与正当化根据进行判断。例如，刑法理论一般认为，在持枪杀人案件中，瞄准被害人时就是杀人的着手。但是，当不法侵害者为了杀人而拿出手枪时，就可

---

〔1〕 这里也存在限度问题，例如，在国家保护的珍贵野生动物侵害较小法益时，仍然需要进行法益衡量。

〔2〕 部分行为无价值论者，因为主张故意、过失是违法要素，否认物是违法主体，因而否认对物防卫。但是，法律不可能认为，在动物侵害人的生命、身体时，人只能忍受。所以，这些学者主张对动物的反击成立紧急避险。按理说，国民在面对人的侵害与面对动物的侵害时，对于后者的反击理当更容易成立违法阻却事由。然而，主张成立紧急避险的观点却相反：针对人的侵害行为可以实施条件较为缓和的正当防卫；而针对动物的侵害只能进行条件更为严格的紧急避险。这显然难以被人接受。正因为如此，部分行为无价值论者不得不承认对物防卫。有的行为无价值论者认为对物防卫属于民法规定的防御性紧急避险，所以在刑法上阻却违法。本来，既然最终承认对物防卫是刑法上的违法阻却事由，就应当直接在刑法上寻找根据。但是，这种观点采取了奇怪的逻辑：刑法不承认对物防卫是违法阻却事由，但民法承认，所以将民法承认的违法阻却事由适用于刑法。结果无价值论者承认对物防卫是正当防卫或者准正当防卫。这不仅与其客观的违法性相协调，而且避免了将对物防卫认定为紧急避险造成的法秩序冲突。

〔3〕 参见赵秉志主编：《刑法争议问题研究》，河南人民出版社1996年版，第525页以下。首先，进入侵害现场说存在缺陷，因为进入侵害现场，并不意味着法益已经受到紧迫威胁。其次，在通常情况下，着手说与直接面临说并无明显区别。可以肯定的是，如果不法侵害人已经着手实行不法侵害，就应当认定不法侵害正在进行。然而，所谓"在不法侵害的现实威胁十分明显、紧迫，待其着手实行后来不及减轻或者避免结果时，也应认为不法侵害已经开始"的直接面临说，通常情况下也可以归入着手说。这是因为，既然现实威胁十分明显、紧迫，就表明不法侵害已经着手。最后，综合说实际上是综合各种情况判断法益是否面临紧迫危险。

以进行防卫，而不是等到瞄准时才能防卫，否则就不能达到正当防卫的目的。就这种特殊案件而言，应当采取直接面临说。[1] 亦即，对于不法侵害已经形成现实、紧迫危险的，应当认定为不法侵害已经开始。不过，应当注意的是，对不法侵害者拿出手枪的行为进行防卫，与对不法侵害者正在开枪射击的行为进行防卫，在必要限度上可能存在差异。对此虽然不能绝对化，但需要根据具体情况进行判断。一般来说，对预备行为不能进行正当防卫，但值得注意的是，甲罪的预备行为，可能是乙罪的实行行为。在这种情况下，应当认为乙罪的不法侵害已经开始，可以进行正当防卫。例如，为了杀人而侵入他人住宅的，在不法侵害人开始侵入他人住宅时，就可以针对已经开始的不法侵入住宅的行为进行正当防卫（不是针对杀人行为的防卫）。

　　不法侵害已经结束，是指法益不再处于紧迫、现实的侵害或威胁之中，或者说不法侵害行为已经不可能（继续）侵害或者威胁法益。不法侵害已经结束与犯罪既遂不是等同概念。①在即成犯的情况下，不法侵害已经结束，是指不法侵害行为已经结束，主要表现为以下几种情况：不法侵害人已被制伏，不法侵害人已经丧失了侵害能力，不法侵害人已经自动中止了不法侵害，不法侵害人已经逃离现场，不法侵害已经造成了侵害结果并且不可能继续造成更严重的结果，等等。②在财产性不法侵害（状态犯）的情况下，行为虽然已经既遂（结束），但通过追赶、阻击等措施能够追回财物的，可以视为不法侵害仍在进行，可以实行正当防卫。[2] 换言之，不法侵害财产的行为人，在被当场发现并同时受到追捕时，其不法侵害行为一直延续到其将所取得的财物藏匿至安全场所为止；在此之前，追捕者可以使用强力将财物取回。[3] 例如，抢劫犯使用暴力强取财物后，抢劫罪虽已既遂，但在当场对抢劫犯予以暴力反击夺回财物的，属于正当防卫。但是，这并不意味着可以将不法侵害已经结束笼统解释为不法侵害状态已经结束。例如，不法侵害人已经离开现场将财物转移到自己家中后，就不可能针对其前面的盗窃行为进行正当防卫。[4] ③不法侵害属于持续犯时，只要行为仍在持续，不法侵害就没有结束，因而在持续过程中均可进行正当防卫。④在隔时犯的场合，即使客观行为已经实施终了，但只要结果还没有发生，就有可能进行正当防卫。例如，对于已经安置了定时炸弹的人，可以通过防卫行为迫使其说出炸弹的准确位置或者解除炸弹装置。[5] ⑤在不法侵害表现为不作为的场合，只要不法侵害者履行义务就能够避免或者减轻结果的发生，便可以通过正当防卫迫使不法侵害者履行义务。

　　关于不法侵害正在进行的认定，除了掌握不法侵害的开始时间与结束时间外，还应注意以下几点：①在某种法益已经受到了侵害的情况下，如果其他法益仍然面临着不法侵害的危险，应当认为不法侵害正在进行，可以进行正当防卫。②对于不法侵害虽然暂时中断或者被暂时制止，但不法侵害人仍有继续实施侵害的现实可能性的，应当认定为不法侵害仍在进行；在连续进行的不法侵害过程中，即使表面上某段时间停止了不法侵害，但从整体上看侵害行为正在进

---

〔1〕　如果认为拿出手枪时就是杀人的着手，则直接面临说与着手说也没有差异。

〔2〕　在这种场合，或许可以认为，不法侵害正在进行，既包括不法侵害行为正在进行，也包括不法侵害状态正在进行。

〔3〕　参见［德］卡尔·拉伦茨：《德国民法通论》（上册），王晓晔等译，法律出版社 2003 年版，第 361 页。

〔4〕　如果所有权人知道真情后要求不法侵害者退回财物，不法侵害者拒不退回财物的，即使认为可以进行正当防卫（根据本书观点，只能判断是否成立自救行为），也只是针对不退回财物的不作为进行防卫，而不是针对先前的盗窃行为进行正当防卫。

〔5〕　对此，也可以用另一原理说明。亦即，在作为方式的不法行为已经结束，但因此产生了作为义务，不作为方式的不法侵害正在进行时，也有正当防卫的余地。

行时，仍然可以进行正当防卫。例如，三名不法侵害人以暴力轮奸妇女，其中一名侵害人奸淫后，因为担心被他人发现，三名不法侵害人强行将被害人带往另一地点，欲继续实施侵害行为。在不法侵害人将被害人带往另一地点期间，被害人与第三者均可以针对强奸行为进行正当防卫。③防卫人是否预见到不法侵害的发生，以及防卫人事先是否准备或者携带了某种可用于防卫的工具，不影响不法侵害正在进行的认定；换言之，只要是客观上正在进行的不法侵害，不管防卫人事先是否已经预见，事先是否做好防卫准备，都可以进行正当防卫。因为不法侵害行为的紧迫性，是一种客观事实，并不取决于防卫人是否已经预见与是否准备防卫工具。④对于不法侵害是否已经开始或者结束，应当立足防卫人在防卫时所处情境，按照社会公众的一般认知，依法作出合乎情理的判断，不能苛求防卫人。对于防卫人因为恐慌、紧张等心理，对不法侵害是否已经开始或者结束产生错误认识的，应当根据主客观相统一原则，依法作出妥当处理。

需要研究的是，设立防卫装置防卫将来可能发生的不法侵害的，是否属于正当防卫？本书认为，行为人在安装时，尚不存在现实的不法侵害，当然不是正当防卫；设立后，没有遇到不法侵害，防卫装置没有起到制止不法侵害的作用时，也不是正当防卫；设立后，由于某种特殊原因损害了无辜者的合法权益的，同样不是正当防卫。但是，设立防卫装置后，遇到了正在进行的不法侵害，该装置针对正在进行的不法侵害发挥了作用、制止了不法侵害，并且没有超过必要限度时，就应认为是正当防卫。当然，设立防卫装置的行为所造成的风险应由设立者承担。例如，防卫装置导致无辜者伤亡的，行为人应承担相应的刑事责任。

在不法侵害尚未开始或者已经结束时进行所谓"防卫"的，称为防卫不适时。防卫不适时包括事前加害与事后加害两种情形。传统观点认为对防卫不适时应以故意犯罪论处。然而，防卫不适时并不限于明知不法侵害尚未开始或已经结束而进行"防卫"的情况，还包括对不法侵害尚未开始或已经结束，应当预见但因为疏忽大意而没有预见以及完全不能预见的情况，因此，对于防卫不适时，可能分三种情况处理：一是故意犯罪，即明知不法侵害尚未开始或已经结束，而故意对不法侵害人造成侵害；二是过失犯罪，应当预见不法侵害尚未开始或者已经结束，因为疏忽大意而没有预见，对不法侵害人造成侵害；三是意外事件，客观上不能预见不法侵害尚未开始或者已经结束，因而对不法侵害人造成损害。

应当指出的是，在不法侵害虽然已经结束，但不法侵害结束后的防卫行为与结束前的防卫行为属于一体化的防卫行为时，不应认定为防卫不适时。如果没有超过必要限度的，应认定为正当防卫；如果超过了必要限度，应认定为防卫过当。首先，对于防卫人而言，判断不法侵害是否已经结束，在许多情况下是一件相当困难的事情。例如，有的不法侵害人表面上停止了不法侵害，实际上是在伺机进行更严重的不法侵害。由于这样的现象屡见不鲜，所以，不能要求防卫人随时停止防卫行为。其次，基于对不法侵害行为的愤怒等原因，在不法侵害结束后的短暂时间内持续实施防卫行为，可谓人之常情，法律不能对防卫人提出苛刻的要求。如果对此一概以故意犯罪论处，明显不利于保护防卫人的利益，也不符合常理。最后，防卫人基于一个行为意志发动的防卫行为，只要在客观上具有持续性或者连续性，就可以评价为一体化的防卫行为，而不应当进行人为的分割。如果将在不法侵害结束后的防卫行为独立地认定为故意犯罪，明显不利于防卫人进行正当防卫。所以，对于在不法侵害结束后短暂时间内实施的一体化的防卫行为，不应认定为独立的犯罪，充其量只能认定为防卫过当（量的过当）。至于是否属于一体化的防卫行为，则应根据不法侵害人的表现、防卫行为的样态或方式，防卫人的意思等方面进行判断。例如，乙持铁棒对甲实施不法侵害，甲为了保护自己的身体而持刀砍乙，在乙受伤倒地后，甲继续用刀砍乙，导致乙死亡。由于甲的防卫行为样态、行为意思具有连续性与同一性，宜认定为一体化的防卫行为。但由于造成了不应有的损害，应认定为防卫过当，而不能认定为独立的普通故意杀人罪。〔1〕在不能查明过当结果是由哪一行为造成时，更应当认定为防卫过当。

3. 关于防卫意识（主观的正当化要素）。现实的不法侵害正在进行时，就可以实施正当防卫。我国刑法理论的通说认为，具有防卫意识（所谓主观的合法性要素）时，才可能成立正当防卫。《关于依法适用正当防卫制度的指导意见》指出："正当防卫必须是为了使国家、公共利益、本人或者他人的人身、财产和其他权利免受不法侵害。对于故意以语言、行为等挑动对方侵害自己再予以反击的防卫挑拨，不应认定为防卫行为。"

一般来说，防卫意识包括防卫认识与防卫意志。防卫认识，是指防卫人认识到不法侵害正在进行；防卫意志，是指防卫人出于保护国家、公共利益、本人或者他人的人身、财产和其他权利免受正在进行的不法侵害的目的。但是，防卫意识的重点在于防卫认识。换言之，只要行为人认识到自己的行为是与正在进行的不法侵害相对抗，就应认为具有防卫意识。这样理解，有利于将基于兴奋、愤怒等进行的防卫行为认定为正当防卫。

与防卫意思相关的是防卫挑拨、相互斗殴、偶然防卫问题。

防卫挑拨，是指为了侵害对方，故意引起对方对自己进行侵害，然后以正当防卫为借口，给对方造成侵害的行为。这种行为之所以成立故意犯罪，不仅因为其主观上具有犯罪故意，而且因为其行为起先引起了对方的攻击行为，后来又造成了法益侵害事实。况且，挑拨行为往往本身就是不法侵害，是行为人的犯罪行为的一部分；防卫行为在客观上是一种避免法益受到侵害的行为，故防卫挑拨在客观上就不属于防卫行为。此外，对方的攻击行为大多属于正当防卫，对正当防卫当然不能再进行正当防卫。〔2〕可见，防卫挑拨并非仅仅由于行为人不具有防卫意识而成立故意犯罪。〔3〕

相互斗殴，是指双方以侵害对方身体的意图进行相互攻击的行为，相互斗殴的双方都不是正当防卫。一方面，在相互斗殴中，由于相互同意他人的殴打，因而对方的殴打行为是基于承诺的行为，不具有侵害对方人身法益的违法性，故任何一方都不是针对不法侵害所实施的正当防卫。另一方面，在相互斗殴中，双方的行为在客观上都不是制止不法侵害、保护法益的行为，故不成立正当防卫。但是，在斗殴中，也可能出现正当防卫的前提条件，因而也可能进行正当防卫：其一，在相互斗殴中，一方明显且实际停止斗殴乃至求饶或者逃走，另一方继续侵害的，"斗殴"事实上已经结束，前者可以进行正当防卫。双方因琐事发生冲突，冲突结束后，一方又实施不法侵害，对方还击，包括使用工具还击的，一般应当认定为防卫行为。不能仅因行为人事先进行防卫准备，就影响对其防卫意图的认定。其二，在一般性的轻微斗殴中，甲方突然使用杀伤力很强的凶器，乙方生命受到严重威胁的，由于乙方并不承诺对生命和身

〔1〕 日本刑法理论的通说与判例认为，不法侵害结束后，防卫人继续反击的行为属于"量的过当"，作为防卫过当处理，适用刑法有关减免处罚的规定（参见张明楷："防卫过当：判断标准与过当类型"，载《法学》2019年第1期）。

〔2〕 我国刑法理论所称的防卫挑拨，并不同于对正当防卫情形负有责任的一切情形（参见［德］乌尔斯·金德霍伊泽尔：《刑法总论教科书》，蔡桂生译，北京大学出版社2015年版，第174页以下）。阻却正当防卫的防卫挑拨，客观上表现为引起了理性的第三者或一般人会实施反击的挑拨行为，主观上是为了借正当防卫之名进行更为严重的攻击。因此，甲轻微的不法侵害意外地引起乙的严重攻击时，不属于防卫挑拨，甲仍然具有正当防卫的余地，但在防卫的必要性与防卫限度方面会受到限制。

〔3〕 关于否认防卫挑拨成立正当防卫的理由，国外刑法理论主要存在以下观点：①权利滥用说；②原因中的违法行为理论；③挑拨行为＝着手实行说；④不法侵害的紧迫性否定说；⑤防卫意识否定说；⑥必要限度否定说；⑦社会相当性说；⑧个人保全原理与法确证原理。

体的重大侵害，甲方的行为属于不法侵害，乙方可以进行正当防卫。其三，因琐事发生争执，双方均不能保持克制而引发打斗，对于有过错的一方先动手且手段明显过激，或者一方先动手，在对方努力避免冲突的情况下仍继续侵害的，还击一方的行为一般应当认定为防卫行为。

防卫行为与相互斗殴具有外观上的相似性，准确区分两者要坚持主客观相统一原则，通过综合考量案发起因、对冲突升级是否有过错、是否使用或者准备使用凶器、是否采用明显不相当的暴力、是否纠集他人参与打斗等客观情节，准确判断行为人的主观意图和行为性质。

特别需要指出的是，不能将防卫行为认定为相互斗殴。例如，甲与乙发生争吵或者纠纷时，还不存在不法侵害。但如果此时甲突然殴打乙，就属于不法侵害。只要甲可能继续殴打乙，就必须认定乙的反击属于正当防卫，不得认定为相互斗殴。换言之，在二人客观上表现为相互攻击的场合，必须查明谁先发起攻击行为。先发起攻击的属于不法侵害，先遭受攻击的人就可以进行正当防卫，先发起攻击的人就必须忍受对方的防卫行为。如果先发起攻击的人再次攻击，则属于新的不法侵害，对方可以继续进行正当防卫。如果不能查明谁先发动攻击，就只能根据存疑时有利于被告人的原则处理（双方都可能无罪）。

偶然防卫，是指故意或者过失侵害他人法益的行为，符合了正当防卫客观条件的情况。如甲故意枪击乙时，乙刚好正在持枪瞄准丙实施故意杀人行为，但甲对乙的行为一无所知。刑法理论对此存在诸多争议，根据结果无价值论，偶然防卫行为不成立犯罪或者充其量成立未遂犯；[1] 根据行为无价值论的观点，偶然防卫行为成立未遂犯或者既遂犯。[2]

事实上，在大多数场合，防卫人都具有防卫意识。在有关防卫意识方面，还需要注意以下几点：其一、防卫人事前与对方有矛盾（包括先前存在的矛盾）、发生争吵等，与防卫意识无关，不影响正当防卫的认定。有矛盾、争吵、拉扯等，还未形成不法侵害，也不意味着丧失防卫条件。当对方先动手对防卫人实施暴力时，不能因为该暴力由矛盾、争吵等引起，就否认其

---

〔1〕 如果偶然防卫人的行为与故意是针对无辜者，而偶然造成不法侵害者伤亡时，则是需要另外讨论的问题。例如，逃犯甲、乙均持枪瞄准追逃的警察丙开枪射击，但甲的子弹射中了乙。在这种情况下，虽然甲对乙的行为属于偶然防卫，不成立犯罪，但由于甲是瞄准警察丙开枪的，其行为具有杀害警察丙的危险性，因而对丙成立故意杀人未遂。此外，结果无价值论说偶然防卫无罪，只是就偶然防卫行为本身而言。所以，并不排除偶然防卫之前的行为成立犯罪预备。例如，甲为了杀害乙而事前准备了凶器，调查了乙的行踪。后来杀害乙时，乙正在杀害丙。说偶然防卫无罪，只是说甲杀害乙的"实行行为"无罪。至于甲此前实施的预备行为，当然可能成立杀人预备。

〔2〕 参见张明楷："论偶然防卫"，载《清华法学》2012年第1期。结果无价值论主张无罪的理由是，虽然行为人主观上具有犯罪故意，但其客观行为没有侵犯刑法所保护的法益，相反刑法还允许以造成损害的方式保护另一法益。概言之，偶然防卫行为缺乏法益侵害性（类似于不可罚的不能犯）。按照结果无价值的观点，在上例中，在甲开枪射击的情况下，无辜的丙不被杀害，正在故意杀人的乙遭受枪击，甲无罪。退一步而言，从《刑法》第20条的表述来看，防卫意识似乎是正当防卫的必要条件；但这并非意味着不具有防卫意识的行为必然成立犯罪。换言之，即使认为偶然防卫不成立正当防卫，也不能因为它不是正当防卫便直接以犯罪论处。基于同样的理由，过失乃至意外行为制止了不法侵害的，也成立正当防卫。这是因为，虽然行为人主观上具有犯罪故意，但其客观行为没有侵犯刑法所保护的法益，相反刑法还允许以造成损害的方式保护另一法益。概言之，偶然防卫行为缺乏法益侵害性（类似于不可罚的不能犯）。按照结果无价值的观点，在上例中，在甲开枪射击的情况下，无辜的丙不被杀害，正在故意杀人的乙遭受枪击，甲无罪。退一步而言，从《刑法》第20条的表述来看，防卫意识似乎是正当防卫的必要条件；但这并非意味着不具有防卫意识的行为必然成立犯罪。换言之，即使认为偶然防卫不成立正当防卫，也不能因为它不是正当防卫便直接以犯罪论处。基于同样的理由，过失乃至意外行为制止了不法侵害的，也成立正当防卫。例一，甲因为疏忽（或者意外）误以为受到野兽的袭击而开枪，实际上袭击甲的不是野兽，而是人。例二，丙正在非法杀丁时，在附近擦猎枪的乙因为疏忽（或者意外），枪支走火打中了丙，保护了丁的生命。根据结果无价值论的无罪说，甲、乙的行为属于正当防卫，不成立犯罪。

属于不法侵害（一般的故意杀人、故意伤害案件原本大多由矛盾引起）；同样，也不能因为先前的矛盾、争吵等而使遭受暴力侵害的人丧失防卫条件。其二，在防卫人与对方发生争吵时，对方试图对防卫人实施暴力，防卫人警告对方"不要动手，否则我对你不客气"，但对方仍然先动手对防卫人实施暴力的，防卫人仍然可以防卫。这种情况下，应当肯定防卫人具有防卫意识，而不能认定为相互斗殴。其三，在防卫人事先预见到他人将要进行不法侵害而做好防卫准备的案件中，当防卫人的预见变为现实，亦即他人正在进行不法侵害时，也应肯定防卫人具有防卫意识，而不能认为防卫人有相互斗殴的意识。即使认为事先做好防卫准备的行为同时具有攻击意识，也应当肯定其防卫意识与攻击意识并存，而不能否认防卫意识。

4. 必须针对不法侵害人本人进行防卫。防卫行为必须足以制止不法侵害、保护法益，在此意义上，防卫行为应当以必要性为前提。但是，防卫行为不以补充性为要件，并非只有不得已时才能实施防卫行为。当公民面临不法侵害时，不应当要求公民首先报告单位或者司法机关（在不法侵害尚未发生时，即使报告司法机关，司法机关也无能为力；在不法侵害正在进行时，即使报告司法机关也无济于事），更不得要求公民容忍不法侵害。

防卫行为本身既可能已经给不法侵害人的人身或者财产造成了实际损害，也可能只具有造成损害的危险。根据《刑法》第 20 条第 1 款的规定，似乎只有"对不法侵害人造成损害的"才成立正当防卫。但根据当然解释，既然造成损害时都是正当防卫不构成犯罪；那么，没有造成损害时更不成立犯罪，理当属于正当防卫。不过，也不要认为符合正当防卫前提条件的行为都是正当防卫。刑法之所以规定正当防卫，就是因为孤立地进行判断时，正当防卫符合某些犯罪的构成要件，或者说与某些犯罪的客观行为相似，所以需要将其排除在犯罪之外。行为人在面临正在进行的不法侵害时，实施了某种行为，也制止了不法侵害，但当其行为在客观上根本不可能被视为犯罪的客观行为时，可以直接否认犯罪的成立，不需要利用正当防卫这一违法阻却事由。例如，甲为了盗窃财物于夜间不法侵入乙的住宅，乙发现后喊了一声"谁"，甲便逃走了。显然没有必要认定乙的行为是正当防卫。

防卫行为并不是"单纯避免"不法侵害的行为，也不限于"单纯制止"不法侵害的行为。例如，在不法侵害人持刀伤人时，不能将防卫行为限定为使用物品逃避伤害结果的行为，也不能将防卫行为限定为单纯夺刀的行为。事实上，在对方进行不法暴力侵害时，只有通过更为严重的暴力才能制止其不法侵害，而不可能通过比对方更为轻微的暴力制止对方的暴力侵害。例如，在乙先动手对甲胸部击一拳时，如果要求甲也使用相同力量对乙胸部反击一拳，那么，结局只能让二人一直持续相互拳击，而不可能制止不法侵害。只有当甲反击的力量大于乙的力量，或者使用有效工具压制乙的行为，才可能保护自己的法益。所以，将正当防卫理解为"单纯避免"或者"单纯制止"不法侵害是不符合生活常识的。从刑法上说，造成伤亡才需要通过正当防卫排除违法性，单纯制止不法侵害而没有造成伤亡的行为，原本就不符合任何犯罪的客观构成要件，根本不需要适用正当防卫排除违法性。

防卫行为制止了不法侵害时，当然属于正当防卫；但正当防卫的成立并不以防卫行为现实地排除了不法侵害为前提。换言之，只要具有排除不法侵害的可能性与必要性，即使客观上没有排除不法侵害，也依然成立正当防卫。例如，对正在进行的抢夺行为进行攻击的，即使不法侵害人仍然夺走了财物，攻击行为也成立正当防卫。

防卫行为只能针对不法侵害人本人进行，这是正当防卫的特点决定的。正当防卫是制止正在进行的不法侵害、保护法益的行为，不法侵害是由不法侵害人直接实施的，针对不法侵害人进行防卫，使不法侵害人不再继续实施不法侵害行为，才可能制止不法侵害、保护法益。针对不法侵害人以外的第三者进行防卫，就不可能制止不法侵害、保护法益。即使在面对共同不法侵害的情况下，也只能对客观上正在进行不法侵害的人或者具有义务防止侵害结果发生的人进行防卫。例如，A 在幕后唆使 B 杀害 C，在 B 正在杀害 C 的过程中，只能对 B 实施正当防卫。再如，甲唆使乙杀害丙，乙致丙重伤后逃离现场。在甲还在现场的情况下，丁使用暴力、胁迫方法强制甲救助丙的，是针对甲的不作为的防卫，而不是针对甲先前的教唆行为的防卫。

针对不法侵害人进行防卫通常包括两种情况：一是针对不法侵害人的人身进行防卫，如束缚不法侵害人的身体、造成不法侵害人伤害乃至死亡。二是针对不法侵害人的财产进行防卫，如不法侵害人使用自己的财产作为犯罪工具或者手段时，如果能够起到制止不法侵害、保护法益的作用，则可以通过损毁财产进行正当防卫。

对于针对第三者进行所谓防卫的，或者防卫行为造成第三者法益的损害的，应视不同情况处理。①如果故意针对第三者进行所谓防卫，应作为故意犯罪处理；如果误认为第三者是不法侵害人而进行所谓防卫的，则作为假想防卫处理。②甲追杀乙，乙将丙所有的花瓶砸向甲，导致花瓶毁损的，宜认定为紧急避险。③甲非法将丙所有的花瓶砸向乙的头部，乙用手或者工具挡开花瓶，导致花瓶毁损时，根据因果关系与结果归属的原理，应当直接将花瓶毁损的结果归属于甲的行为，没有必要认定乙的行为是正当防卫与紧急避险。[1] 同样，甲将丙推向乙，乙将丙推开，导致丙受伤的，也应当直接将丙的受伤结果归属于甲的行为。

问题是，防卫行为导致第三者伤亡时应当如何处理？例如，乙侵害甲，甲为了反击而向乙投掷石块，但没有击中乙而是导致丙受伤，或者在击中乙的同时也击中丙，使丙受伤。甲的行为针对乙而言，无疑是正当防卫。就对丙的伤害而言，国外刑法理论上存在不同观点。[2] 本书的看法是，甲的行为原则上成立假想防卫。因为丙没有实施不法侵害，但甲的防卫行为导致了丙的伤害结果，所以应视为一种假想防卫，阻却故意责任。[3] 但在甲（职务上、业务上负有特定责任的人除外）"不得已"实施防卫行为的情况下，对丙的伤害属于紧急避险。

5. 必须没有明显超过必要限度造成重大损害。1979 年《刑法》第 17 条第 2 款规定："正当防卫超过必要限度造成不应有的危害的，应当负刑事责任；但是应当酌情减轻或者免除处

---

〔1〕 倘若要归入违法阻却事由，也应认定为正当防卫。因为花瓶虽然并非不法侵害者甲所有，却是甲进行不法侵害的工具，刑法不可能禁止防卫人针对侵害工具进行正当防卫。将这种情形认定为正当防卫，或许不符合《刑法》第 20 条关于"对不法侵害人造成损害"的规定，但如前所述，防卫行为并不是必须造成不法侵害人的人身损害，只要防卫人的行为表现为符合构成要件且客观上是可能制止不法侵害的行为，就是正当防卫。

〔2〕 ①甲对丙也是正当防卫。因为丙的伤害是由甲的正当防卫行为引起的结果；即使正当防卫行为对第三者产生了违法结果，也不使其丧失正当性。而且，既然甲的行为是正当防卫，就应当将所发生的全部结果作为整体进行评价。这种观点背后的观念是，不能认为甲的行为既是合法的（对乙而言）又是违法的（对丙而言）。但是，根据这种观点，没有实施不法侵害的丙必须忍受甲的防卫行为，这缺乏合理性。②甲的行为成立紧急避险。因为甲的行为不是对不法侵害本身的反击，而是对无关的第三者的反击，完全符合紧急避险的条件。但是，紧急避险与正当防卫的条件不同，将甲的行为一概认定为紧急避险也有疑问。③如果甲对丙的伤害符合紧急避险条件，就认定为紧急避险；否则便成立故意犯或者过失犯。但这种观点缺乏实际意义。④甲的行为成立假想防卫。因为丙没有实施不法侵害，但甲的防卫行为导致了丙的伤害结果，所以应视为一种假想防卫，阻却故意责任。

〔3〕 如果将这种情形作为事实认识错误来处理，不管是采取具体符合说还是法定符合说，也都只能在存在过失的前提下认定为过失犯。

罚。"针对这一规定，理论上对正当防卫的必要限度提出了不同学说，[1] 司法实践上对正当防卫必要限度的认定采取了较为严格的态度，使公民正当防卫的积极性受到了挫伤。有鉴于此，现行《刑法》第 20 条第 2 款与第 3 款放宽了正当防卫的限度。

《刑法》第 20 条第 2 款规定："正当防卫明显超过必要限度造成重大损害的，应当负刑事责任，但是应当减轻或者免除处罚。"这是关于防卫过当的一般规定。根据《关于依法适用正当防卫制度的指导意见》，认定防卫过当应当同时具备"明显超过必要限度"和"造成重大损害"两个条件，缺一不可。防卫是否"明显超过必要限度"，应当综合不法侵害的性质、手段、强度、危害程度和防卫的时机、手段、强度、损害后果等情节，考虑双方力量对比，立足防卫人防卫时所处情境，结合社会公众的一般认知作出判断。在判断不法侵害的危害程度时，不仅要考虑已经造成的损害，还要考虑造成进一步损害的紧迫危险性和现实可能性。不应当苛求防卫人必须采取与不法侵害基本相当的反击方式和强度。通过综合考量，对于防卫行为与不法侵害相差悬殊、明显过激的，应当认定防卫明显超过必要限度。"造成重大损害"是指造成不法侵害人重伤、死亡。造成轻伤以及以下损害的，不属于重大损害。防卫行为虽然明显超过必要限度但没有造成重大损害的，不应认定为防卫过当。

联系当前的司法现状，关于正当防卫必要限度的认定应当特别注意以下几点：

第一，不能过分要求手段相适应，进而将正当防卫认定为防卫过当。例如，不法侵害人没有使用刀具等凶器，而防卫人使用了刀具等工具，造成不法侵害者伤害的，并不意味着防卫行为超过了必要限度。

第二，在判断防卫行为是否超过必要限度时，不能仅将不法侵害者已经造成的侵害与防卫人造成的损害进行比较，还必须对不法侵害者的侵害行为可能造成的侵害与防卫人造成的损害相比较。这是因为，不法侵害者可能造成而没有造成的侵害，正是防卫人实施防卫行为的结果。所以，仅从法益衡量的角度来说，只要防卫人造成的损害没有明显超过不法侵害者可能造成的侵害，就不可能属于防卫过当。

第三，不能忽视不法侵害者在被防卫过程中实施的新的暴力侵害，不能仅将防卫行为及其造成的损害与不法侵害人先前的不法侵害进行对比，而应当将防卫行为及其造成的损害与不法侵害者原有的不法侵害、新的暴力侵害、可能继续实施的暴力侵害进行比较。

第四，不能误解《刑法》第 20 条第 1 款与第 3 款的关系，亦即，不能认为，只要不法侵害不属于《刑法》第 20 条第 3 款规定的情形，防卫行为造成了不法侵害者伤亡，就属于防卫行为超过必要限度。如前所述，正当防卫所造成的损害可以大于不法侵害所造成的损害。例如，身体法益明显重于财产法益，但是，防卫行为导致正在盗窃的人轻伤乃至重伤的，也可能成立正当防卫。同样，即使不法侵害者的行为仅可能造成轻微伤时，防卫人对不法侵害者造成轻伤的，或者即使不法侵害者的行为仅可能造成轻伤时，防卫人对不法侵害者造成重伤的，也不应当认定为防卫过当。不可认为，只要造成伤亡，而不法侵害又不属于正在行凶等严重危及

---

〔1〕 基本相适应说认为，正当防卫的必要限度，是指防卫行为必须与不法侵害相适应，相适应不意味着二者完全相等，而是指防卫行为所造成的损害从轻重、大小等方面来衡量大体相适应（参见杨春洗等：《刑法总论》，北京大学出版社 1981 年版，第 174 页）。必需说认为，应从防卫的实际需要出发进行全面衡量，将有效地制止不法侵害的客观实际需要作为防卫的必要限度。只要防卫在客观上有必要，防卫强度就可以大于、也可以小于、还可以相当于侵害强度（参见曾宪信、江任天、朱继良：《犯罪构成论》，武汉大学出版社 1988 年版，第 133 页）。适当说认为，防卫的必要限度，是指防卫人的行为正好足以制止侵害人的不法侵害行为，而没有对不法侵害人造成不应有的危害，并认为应将基本相适应说与必需说结合起来进行判断（参见高铭暄主编：《中国刑法学》，中国人民大学出版社 1989 年版，第 152 页以下）。

人身安全的暴力犯罪，就属于防卫过当。[1]

以上说明了正当防卫的必要限度的含义，但并非凡是超过必要限度的，都是防卫过当。只有"明显"超过必要限度造成重大损害的，才是防卫过当。①明显超过必要限度，意味着防卫行为明显超过了防卫的客观需要，即根据所保护的法益性质、不法侵害的强度与紧迫程度等，防卫行为显然缺乏必要性。所以，轻微超过必要限度的不成立防卫过当，只有能够被清楚、容易地认定为超过了必要限度时，才可能属于防卫过当。②造成重大损害，意味着防卫行为所造成的损害与不法侵害可能造成的损害悬殊、明显失衡，或者说，与不法侵害可能造成的损害相比，防卫行为造成的损失过于重大；另一方面也意味着造成一般损害的不成立防卫过当，只有造成不法侵害人死亡、重伤时，才可能属于防卫过当。③关于防卫过当的必要限度不适用针对严重危及人身安全的暴力犯罪所进行的防卫。

（二）防卫过当

如上所述，对于不属于"严重危及人身安全的暴力犯罪"的不法侵害进行防卫的，才存在防卫过当问题；即对于不属于"严重危及人身安全的暴力犯罪"的不法侵害进行防卫，明显超过必要限度造成重大损害的，成立防卫过当。

防卫过当不是独立罪名。对于防卫过当应根据其符合的犯罪构成确定罪名，而不能定所谓"防卫过当罪""防卫过当致人死亡罪""防卫过当致人重伤罪"等罪名。从《刑法》第20条关于防卫过当的规定来看，通常只有在造成不法侵害人重伤或者死亡时，才存在防卫过当问题；造成他人轻伤以及针对一般财产进行防卫的，不存在防卫过当问题。因此，对防卫过当确定罪名的关键，是正确认识防卫过当的责任形式。[2]

如果形式地理解构成要件与故意，即如果认为正当防卫符合犯罪的构成要件，故意是对符合构成要件的事实的认识与容认，那么，正当防卫时就具有犯罪的故意，防卫过当理所当然也属于故意犯罪。但是，这种形式的故意概念被我国《刑法》第14条所否认。所以，不能一般认为防卫过当都是故意犯罪。

对防卫过当的责任形式的讨论，必须明确以下三点：其一，刑法上的故意与一般生活意义上的"故意"不可等同，正当防卫的"故意"不是刑法上的犯罪故意，故不能认为防卫过当都是故意犯罪。其二，必须区分量的过当与典型的事前加害和事后加害。[3] 不能因为典型的事前加害与事后加害通常出于直接故意，就认为防卫过当也是直接故意。其三，应当根据防卫人对过当结果的心理态度确认防卫过当的责任形式。所以，总的来说，只要行为人对过当结果具有认识与希望或者放任态度，就成立故意的防卫过当；如果对过当结果仅有过失则成立过失的防卫过当。但是，由于防卫人是否具有防卫意识会影响故意、过失的认定，故有必要区分有

---

〔1〕 参见张明楷："故意伤害罪司法现状的刑法学分析"，载《清华法学》2013年第1期。

〔2〕 我国刑法理论上有以下不同主张：①防卫过当既可以是过失，也可以是故意（包括直接故意与间接故意）；在防卫强度违反了自我约束性造成过当时，可以是过失与间接故意；在防卫行为违反了随时随地终止性的情况下，就是直接故意（参见金凯："试论正当防卫与防卫过当的界限"，载《法学研究》1981年第1期）。②防卫过当既可以是过失，也可以是间接故意，但不能是直接故意（参见陈兴良：《正当防卫论》，中国人民大学出版社2006年版，第177页以下）。③防卫过当只能是间接故意，因为现行刑法规定，明显超过必要限度造成重大损害的，才是防卫过当。这表明了防卫人也清楚地认识到自己的行为超过了防卫限度，在这种情况下仍然实施其过当防卫行为，就是间接故意（参见王政勋：《正当行为论》，法律出版社2000年版，第195页）。④防卫过当只能是过失，不存在故意（参见曾宪信、江任天、朱继良：《犯罪构成论》，武汉大学出版社1988年版，第134页以下）。⑤防卫过当只能是疏忽大意的过失（参见利子平："防卫过当罪过形式探讨"，载《法学评论》1984年第2期）。

〔3〕 本书认为，事前加害不可能成立量的过当。

无防卫意识以及假想防卫过当三种情形。

第一，防卫人确实具有防卫意识，其行为又明显超过了必要限度造成了重大损害时，一般宜认定为过失，特殊情况下认定为故意。主张"一般宜认定为过失"的理由是：这类防卫过当的行为人在实施防卫行为时，认识到了不法侵害正在进行，并出于保护法益的意图实施防卫行为。认定防卫人因为疏忽大意或者过于自信进而造成了防卫过当，与防卫意识相协调。另一方面，将具有防卫意识的防卫过当认定为过失，可以避免不当地限制公民的防卫权，有利于充分保护法益。[1] 所以，防卫过当致人死亡或者重伤的，一般应分别成立过失致人死亡罪与过失致人重伤罪。"特殊情况下认定为故意"，是指行为人虽有防卫意识，但同时对过当结果具有认识与希望或者放任的态度的情形。防卫意识与犯罪的故意完全可能并存。例如，面对他人实施盗窃行为时，防卫人明知只要将对方造成轻伤即可制止不法侵害、保护财产法益，却故意以造成重伤的防卫行为保护财产法益。对此，应认定为故意的防卫过当。在量的过当的场合，如果防卫人明知不法侵害者已经丧失侵害能力仍然防卫导致过当的，应认定为故意的防卫过当。如果不法侵害行为已经结束，但防卫人误以为不法侵害人会继续实施侵害行为，则应认定为过失的防卫过当。

第二，如果行为人没有防卫意识，同时肯定偶然防卫也是正当防卫，则偶然防卫过当的责任形式既可以是过失，也可以是故意（包括直接故意）。例如，行为人过失实施的重伤行为，客观上符合了正当防卫的前提条件（如他人正在实施盗窃行为），但即使行为人认识到了事实真相，其行为也明显超过必要限度造成了重大损害，此时宜认定为过失的防卫过当。又如，行为人在故意实施杀人行为时，客观上符合了正当防卫的前提条件（如他人正在实施伤害行为），但即使行为人认识到了事实真相，其行为也明显超过了必要限度造成了重大损害，此时宜认定为故意的防卫过当。

第三，虽然假想防卫本身要么仅成立过失犯罪，要么属于意外事件，但假想防卫过当（本来不存在正在进行的不法侵害，行为人却误认为存在而实施防卫行为，但即使所误想的侵害是真实的侵害，防卫行为也过当）同样既可能是过失，也可能是故意。例如，将他人的正当行为误认为盗窃行为，即使他人是在实施盗窃行为，也只需造成轻伤，但行为人因为疏忽大意或者过于自信造成重伤的，成立过失的假想防卫过当；如果行为人故意造成重伤的，则成立故意的假想防卫过当。

无论防卫人对过当是故意还是过失，对于防卫过当均应酌情减轻或者免除处罚。量刑时，要综合考虑案件情况，特别是不法侵害人的过错程度、不法侵害的严重程度以及防卫人面对不法侵害的恐慌、紧张等心理，确保刑罚裁量适当、公正。对于因侵害人实施严重贬损他人人格尊严、严重违反伦理道德的不法侵害，或者多次、长期实施不法侵害所引发的防卫过当行为，在量刑时应当充分考虑，以确保案件处理既经得起法律检验，又符合社会公平正义观念。一般认为，之所以减免刑罚，是因为违法性与有责性的减少，同时出于刑事政策的考虑。

对于假想防卫过当能否适用《刑法》第20条第2款关于防卫过当的减免处罚规定，还值得进一步研究。由于假想防卫过当并不符合《刑法》第20条第2款的防卫过当，故不能直接

---

〔1〕 上述关于防卫过当责任形式的第二种观点具有一定合理性。因为行为人在出于制止不法侵害的意图而进行防卫时，完全可能放任自己的行为造成重大损害。如同一般的间接故意犯罪，完全可能在追求正当目的的同时，放任结果的发生。但是，直接故意与间接故意在刑法上同属于故意，性质完全相同；在防卫人具有防卫意识而防卫过当的情况下，将间接故意的防卫过当适用刑法关于防卫过当的规定，而对直接故意的防卫过当不适用刑法关于防卫过当的规定，有悖刑法上故意概念的统一性。基于同样的理由，本书也不赞成前述第三种观点。

适用该款减免处罚的规定。但由于假想防卫过当与防卫过当具有部分类似性，也可能类推适用刑法第 20 条第 2 款的部分规定。[1]

另需说明的是，上述对防卫过当责任形式的讨论，是以具体案件中的防卫人存在故意或者过失为前提的。倘若防卫行为虽然过当，但防卫人对过当没有故意与过失，当然不成立犯罪，只能认定为意外事件。例如，行为人不能预见过当事实的，或者一旦防卫就必然过当但又不得不防卫的，因为行为人缺乏有责性而不承担责任。

三、特殊正当防卫

《刑法》第 20 条第 3 款规定："对正在进行行凶、杀人、抢劫、强奸、绑架以及其他严重危及人身安全的暴力犯罪，采取防卫行为，造成不法侵害人伤亡的，不属于防卫过当，不负刑事责任。"这便是特殊正当防卫，可以称为无过当防卫。

特殊正当防卫与一般正当防卫在成立条件上有两个区别：①特殊正当防卫所针对的只能是正在进行行凶、杀人、抢劫、强奸、绑架以及其他严重危及人身安全的暴力犯罪；而一般正当防卫所针对的是需要防卫的任何犯罪与其他一般违法行为（以需要防卫为前提）。因此，只有保护人身安全时，才可能属于特殊正当防卫；保护其他法益时，不得进行特殊正当防卫。②特殊正当防卫没有必要限度，因而不存在防卫过当；一般正当防卫具有必要限度，因而存在防卫过当。正因为如此，需要正确掌握特殊正当防卫的条件。

特殊正当防卫最重要的前提条件是，对正在进行行凶、杀人、抢劫、强奸、绑架以及其他严重危及人身安全的暴力犯罪进行防卫。如何理解这一前提条件，不仅取决于如何理解"严重危及人身安全"，也取决于如何理解本款的"造成不法侵害者伤亡的，不属于防卫过当"。显而易见的是，认为人身安全仅指生命安全，与认为人身安全包括身体安全，对前提条件的解释会不同。显然，不能对这一前提条件作过于宽泛的解释，否则会导致特殊防卫与一般正当防卫等同。另一方面，由于"伤亡"既包括伤害也包括死亡，所以，对上述前提条件宜作不同解释。现在，刑法理解基本上是着眼于造成"死亡"来解释前提条件的，这可能不妥当。总的来说，当防卫行为造成伤害时，对于上述前提条件（尤其是"行凶"）没有必要进行限制解释；反之，当防卫行为造成死亡时，则上述前提条件应适当进行限制解释。大体而言，需要注意如下几点：

第一，对于非暴力犯罪、一般违法暴力行为、轻微暴力犯罪以及一般暴力犯罪实施的防卫，不适用特殊正当防卫的规定，仍然存在防卫过当问题；只是对严重危及人身安全的暴力犯罪进行防卫，才不存在防卫过当（但不意味着对此外的暴力犯罪进行防卫造成死亡的必然过当，换言之，即使防卫行为造成了不法侵害者伤亡，也可能成立一般的正当防卫）。

第二，在通常情况下，"行凶"包含了杀人与伤害界限不明、但有很大可能造成他人严重的重伤（重大伤害）或者死亡的行为。下列行为应当认定为"行凶"：①使用致命性凶器，严重危及他人人身安全的；②未使用凶器或者未使用致命性凶器，但是根据不法侵害的人数、打

---

[1]　本书的初步看法如下：①如果行为人对不法侵害事实与过当事实都没有过失，当然不成立犯罪。②如果行为人对不法侵害事实没有过失，但对过当事实有过失，应认定过失犯罪，同时类推适用《刑法》第 20 条第 2 款减轻或者免除处罚的规定。③如果行为人对不法侵害事实有过失、对过当事实有故意，应认定为故意犯罪，同时类推适用《刑法》第 20 条第 2 款减轻处罚的规定，但不能免除处罚。④如果行为人对不法侵害事实没有过失，但对过当事实有故意，应认定为故意犯罪，同时类推适用《刑法》第 20 条第 2 款减轻处罚的规定，但不能免除处罚。⑤如果行为人对不法侵害事实与过当事实均有过失，应认定为过失犯罪，同时类推适用《刑法》第 20 条第 2 款减轻处罚的规定，但不能免除处罚。⑥如果行为人对不法侵害事实有过失，对过当事实没有责任，只能作为通常的假想防卫处理，同时类推适用《刑法》第 20 条第 2 款减轻处罚的规定，也不能免除处罚。

击部位和力度等情况，确已严重危及他人人身安全的。虽然尚未造成实际损害，但已对人身安全造成严重、紧迫危险的，可以认定为"行凶"。

第三，条文中的杀人、抢劫、强奸、绑架主要是对暴力犯罪的列举，是指具体犯罪行为而不是具体罪名。在实施不法侵害过程中存在杀人、抢劫、强奸、绑架等严重危及人身安全的暴力犯罪行为的，如以暴力手段抢劫枪支、弹药、爆炸物或者以绑架手段拐卖妇女、儿童的，可以实行特殊防卫。有关行为没有严重危及人身安全的，应当适用一般防卫的法律规定。

第四，"其他严重危及人身安全的暴力犯罪"，应当是与杀人、抢劫、强奸、绑架行为相当，并具有致人重伤或者死亡的紧迫危险和现实可能的暴力犯罪。

第五，并不是对于行凶、杀人、抢劫、强奸、绑架等暴力犯罪进行防卫的都不存在防卫过当，只有当这些暴力犯罪严重危及人身安全时，才适用特殊正当防卫的规定。对此，也要区分不同情形进行判断。当暴力犯罪严重危及生命与重大身体安全时，防卫行为造成不法侵害者死亡的，应当适用特殊正当防卫的规定。当暴力犯罪严重危及一般身体安全时，防卫行为造成不法侵害者伤害（包括重伤）的，也应适用特殊正当防卫的规定。例一：不法侵害者以抢劫故意采用麻醉方法取得他人财物的，属于抢劫罪，但这种行为并非严重危及生命与重大身体安全，对之进行防卫造成不法侵害者死亡的，不适用特殊正当防卫的规定。例二：在抢劫犯取得财物后，现场还能挽回财产损失而实施防卫行为时，如果抢劫犯只是逃避，而没有新的严重危及生命与重大身体安全的暴力行为时，对之进行防卫造成不法侵害者死亡的，不能适用特殊正当防卫。例三：以一般暴力行为实施绑架，但并不以杀害或者重大伤害相威胁，没有严重危及生命与重大的身体安全，对之进行防卫造成不法侵害者死亡的，不适用特殊正当防卫的规定。但在上述三例中，如果防卫行为只是造成不法侵害者重伤的，仍有可能适用特殊防卫的规定（也可能适用一般正当防卫的规定），认定为正当防卫。需要说明的是，本书并不是将"行凶、杀人、抢劫、强奸、绑架以及其他严重危及人身安全的暴力犯罪"作过于宽泛的解释后，再提出防卫限度。因为《刑法》第20条第3款所规定的特殊防卫原本不存在防卫限度与防卫过当。但是，由于《刑法》第20条第3款规定的防卫结果包括造成不法侵害者伤害与死亡，所以，应当针对不同的防卫结果提出不同的前提条件。这样处理，一方面旨在说明，不能将《刑法》第20条第1款与第3款理解为对立或者相互独立的关系；另一方面旨在防止过度限制"严重危及人身安全的暴力犯罪"的范围，进而以造成伤亡为由将正当防卫认定为防卫过当。

第六，严重危及人身安全的暴力犯罪，是指符合构成要件且违法的行为，而不要求不法侵害者具备有责性。但是，应当严格限制对缺乏有责性的暴力犯罪的特殊正当防卫。

第七，即使是严重危及人身安全的暴力犯罪，但在暴力犯罪已经结束的情况下，不得因为防卫行为原本针对的是严重危及人身安全的暴力犯罪，而继续进行所谓"防卫"直至不法侵害者死亡。例如，在杀人犯已被防卫人制伏的情况下，防卫人应停止防卫行为；防卫人对杀人犯实施新的侵害行为的，不能适用特殊正当防卫的规定。当然，如果后行为并非独立的新的侵害行为，而是一体化的防卫行为，则仍然可以适用特殊正当防卫的规定。

第八，对于不符合特殊防卫起因条件的防卫行为，致不法侵害人伤亡的，如果没有明显超过必要限度，也应当认定为正当防卫，不负刑事责任。

第四节 紧急避险

一、紧急避险的概念与性质

紧急避险，是指为了使国家、公共利益、本人或者他人人身、财产和其他权利免受正在发生的危险，不得已损害另一较小或者同等法益的行为。分洪是紧急避险的适例。

紧急避险的特点是避免现实危险、保护较大或同等法益。紧急避险行为虽然造成了某种法益的损害，但联系到具体事态、行为的整体来考虑，该行为没有侵害法益。

紧急避险观念的产生晚于正当防卫。与正当防卫一样，紧急避险也是一种紧急行为。二者最大的区别在于：正当防卫是对不法侵害的防卫，即所谓"正对不正"；而紧急避险是两个法益之间的冲突，即所谓"正对正"。在"正对正"的情况下之所以阻却违法，也是因为它保护了更大或至少同等的法益。

关于紧急避险的性质，在刑法理论上存在争议。[1] 本书原则上将紧急避险作为违法阻却事由处理。首先，紧急避险通常以通过损害较小的法益保护更大的法益，故从法益衡量角度来看，阻却了违法性。其次，在不得已的情况下，即使避险行为所损害的法益与保护的法益价值相等，也表明其没有造成法益侵害，因而阻却违法。最后，不得已通过侵害生命保护其他生命的避险行为（应设置更为严格的条件），既可能成立违法阻却事由，也可能成立责任阻却事由（在此一并讨论）。我国《刑法》第21条第1款关于紧急避险的规定，并没有将紧急避险限定为违法阻却事由，所以，对紧急避险原则上采取违法阻却事由说，例外地承认责任阻却事由，似乎并不存在法律障碍。但是，联系本条第3款的规定就会发现，本条第1款规定的紧急避险仅限于阻却违法的紧急避险。因为职务上、业务上负有特定责任的人，在自己的生命面临紧迫危险时采取紧急避险行为的（如持枪歹徒射杀没有持枪的警察时，警察闯入民宅躲避），虽然不阻却违法（不能适用《刑法》第21条第1款），但因为没有期待可能性而能够阻却责任，对此只能理解为超法规的责任阻却事由。

二、紧急避险的条件

紧急避险是通过损害一种法益保护另一种法益，故其成立条件比正当防卫更为严格。

（一）必须发生了现实危险

必须发生了现实危险，是指法益处于客观存在的危险的威胁之中，或者说，法益处于可能遭受具体损害的危险之中。危险的来源有：大自然的自发力量造成的危险；动物的袭击造成的危险；疾病、饥饿等特殊情况形成的危险；人的危害行为造成的危险；等等。

面临危险的既可能是国家利益、公共利益，也可能是本人或者他人的人身、财产和其他权利。但是，如果他人愿意使自己有权处分的法益遭受危险，则不能进行紧急避险。换言之，不

---

〔1〕　①责任阻却事由说认为，紧急避险行为侵害了法益，因而是违法行为，但由于没有其他方法可以避免危险，不能期待行为人采取其他方法避免危险（不具有期待可能性），因而排除了行为人的责任。但这种观点存在疑问。首先，当行为人为了他人的利益而进行紧急避险时，不能用缺乏期待可能性来说明。其次，当行为人为了保护较小利益而损害较大利益时，也可能没有适法行为的期待可能性，如果采取责任阻却事由说，就应承认该行为阻却责任，但这与紧急避险要求严格的法益均衡并不一致。最后，如果认为紧急避险行为具有违法性，便对此行为可以进行正当防卫，这也不妥当。②违法阻却事由说认为，在两种法益产生冲突、没有其他方法可以避免的情况下，通过权衡法益而损害较小法益，就阻却了实质的违法性。③二分说分为原则上阻却违法的二分说与原则上阻却责任的二分说。原则上阻却违法的二分说（德国的通说）又有不同观点。一种观点认为，在避险行为保护较大法益损害较小法益时，是违法阻却事由；在避险行为所保护的法益与损害的法益价值相同时，是责任阻却事由。另一种观点认为，紧急避险原则上是违法阻却事由，但不得已以牺牲生命保护生命、以伤害身体保护身体时，则是责任阻却事由。原则上阻却责任的二分说认为，紧急避险原则上阻却责任，但在冲突的利益之间存在显著差异（所保护的法益明显优于损害的利益）时，属于违法阻却事由。

能为了保护他人自愿放弃的法益而实行紧急避险。[1]

争议问题是，对自己招致的针对本人的危险（即甲的行为引起了对甲本人生命、身体等的危险）能否实行紧急避险?[2] 本书的基本观点是，应根据具体情况判断是否允许紧急避险。意图利用紧急状态而招来危险时，理当不允许实行紧急避险。但是，对因偶然的事情而招来的危险（既包括过失自招的危险，也包括故意自招的危险），应当允许实行紧急避险。换言之，对于行为人有意识地制造自己与他人的法益之间的冲突，引起紧急避险状态的，可以认为制造者放弃了自己的法益，既然如此，就不存在对自己"法益"的紧迫危险，因而不能允许制造者实施紧急避险。但是，当行为人虽然故意、过失或者意外实施了某种违法犯罪行为，但不是故意制造法益之间的冲突，却发生了没有预想到的重大危险时，存在紧急避险的余地。在这种情况下，对自己招致的危险能否进行紧急避险，要通过权衡法益、考察自己招致危险的情节以及危险的程度等进行综合评价。

至于对自己招致的针对他人的危险，应允许紧急避险。例如，甲的行为导致对乙的生命产生危险，甲便可以通过适当地损害丙的利益避免对乙的生命造成危险。当然，其中也存在行为人对招致危险的违法行为应否承担责任的问题（原因中的违法行为的法理）。

现实危险不包括职务上、业务上负有特定责任的人所面临的对本人的危险。例如，执勤的人民警察在面临罪犯对自己进行侵害时，不能进行紧急避险；发生火灾时，消防人员不能为了避免火灾对本人的危险，而采取紧急避险（当然，不能将通常的灭火方法视为紧急避险行为）。[3] 因此，《刑法》第21条第3款规定："第1款中关于避免本人危险的规定，不适用于职务上、业务上负有特定责任的人。"这是相对于阻却违法的紧急避险而言。但是，在职务上、业务上负有特定责任的人，为了保护自己的生命而实施紧急避险行为时，也可能以缺乏期待可能性为由而阻却责任。

---

[1] 在他人自杀的情况下能否实行紧急避险，是值得研究的问题。首先，在他人自杀的情况下，不得已损害其本人的其他法益挽救其生命的，应当排除违法性，即成立紧急避险。其次，不得已损害第三者的较轻法益挽救自杀者生命的，也可能成立紧急避险（如不得已强行让驾驶车辆的人将自杀者送往医院）。

[2] ①肯定说认为，虽然不允许滥用紧急避险，但只要符合其他条件，对自招的危险也应允许紧急避险。因为法律并没有将危险限定为必须不是自己招致的危险，而且对于避险这种本能的行为应当宽容。此说受到的批判是，当行为人由于重大过失招来的危险侵害轻微的法益时，招致危险的人在一定范围内有忍受的义务，否则就是不公平的。②否定说认为，对危险的概念应理解为偶然的事实，不能包括由自己的故意、过失导致的危险。但不少人批判指出，如果行为人由于轻微的过失招来了对自己生命的危险，并且损害他人的轻微利益避免了危险时，应当认为是紧急避险。而且，自己招来的危险的事态、受侵害的种类、性质各不相同，不能一概否认对自己招致的危险进行紧急避险。③以原因中的违法行为的法理处理的学说认为，行为人招致危险进而实行避险行为时，其避险行为符合紧急避险条件的，虽然成立紧急避险因而阻却违法，但是，如果招致危险的行为是违法的，与避险行为造成的结果之间具有因果关系时，应当根据招致危险时的责任内容定罪量刑。④形式的二分说认为，故意招致危险时，应否定紧急避险；过失招致危险时，应肯定紧急避险。但上述对肯定说与否定说的批判，也适用于形式的二分说。⑤实质的二分说分为两种观点。其中一种观点指出，招致危险的行为与避险行为不具有紧密的因果关联时，成立紧急避险。例如，当甲向狗投掷石块，招致狗的袭击时，甲为了避免紧迫的危险而逃入乙的住宅时，符合紧急避险的要件，原则上成立紧急避险。但是，在招致危险的行为与避险行为的因果关联很强，可以视为整体上的一连串行为时，应例外地否认紧急避险的成立。因为在这种场合，在行为人实施招致危险的行为时刻，就可以评价为避险行为的开始，故可以认为反击行为并不是"为了避免危险"的行为。另一种相当说认为，应根据具体情况判断是否允许紧急避险。意图利用紧急状态而招来危险时，理当不允许实行紧急避险。但是，对因偶然的事情而招来的危险（既包括过失自招的危险，也包括故意自招的危险），应当允许实行紧急避险。

[3] 这并不意味着业务上负有特定责任的人，在任何情况下都必须履行特定义务，只是意味着不能实行紧急避险。因为履行特定义务也以具有履行义务的可能为前提。例如，当具体的灭火行为对消防员本人的生命存在显著危险时，不能要求消防员实施该灭火行为。

如果事实上并不存在危险，而行为人误认为存在危险，实施所谓避险行为的，属于假想避险。对于假想避险，适用假想防卫的处理原则。

（二）必须是正在发生的危险

现实危险正在发生时，才能实行避险行为。危险正在发生，是指危险已经发生或迫在眉睫并且尚未消除，其实质是法益正处于紧迫的威胁之中，这要根据当时的具体情况进行综合判断。在危险尚未发生或者已经消除的情况下实行避险的，属于避险不适时，适用防卫不适时的处理原则。

（三）必须出于不得已损害另一法益

必须出于不得已，是指在法益面临正在发生的危险时，没有其他合理办法可以排除危险，只有损害另一较小或者同等法益，才能保护面临危险的法益（补充性要件）。换言之，在当时的紧急状态下，被牺牲的法益处于作为保护另一法益的手段的地位。或者说，被牺牲的法益属于危险转嫁的对象。因此，当濒临死亡的患者需要植入肾脏时，医生不得从偶尔来医院救诊的人身上摘出肾脏植入到患者身上。从行为当时来看，如果即使牺牲某种法益也不能保护其他法益时，也不得实施紧急避险。[1] 这样要求是因为，法益均受法律保护，如果能以不损害法益的方法保护法益，就不允许以损害一种法益的方法保护另一法益。这是紧急避险与正当防卫的重要区别。在可以或者具有其他合理方法避免危险的情况下，行为人采取避险行为的，应视行为的具体性质、情节以及行为人的责任形式分别认定为故意犯罪、过失犯罪或者意外事件。

损害另一法益，通常是指损害第三者的法益。但是否仅限于损害第三者的法益，还需要研究。例如，在遭遇持枪歹徒追杀的情况下，不得已破门闯入他人住宅藏匿的，固然属于紧急避险；但在同样的情况下，如果为了避险不得已破门闯入持枪歹徒的住宅，不使歹徒进入的，认定为紧急避险较为合理。[2]

（四）关于避险意识

避险意识由避险认识与避险意志构成。避险认识，是指行为人认识到国家、公共利益、本人或者他人的人身、财产和其他权利面临正在发生的危险，认识到只有损害另一法益才能保护较大或同等法益，认识到自己的避险行为是保护法益的正当行为。避险意志，是指行为人出于保护国家、公共利益、本人或者他人的人身、财产和其他权利免受正在发生的危险的目的。主张正当防卫需要防卫意识的，都会肯定紧急避险中的避险意识；主张正当防卫不需要防卫意识的，均会否认紧急避险中的避险意识。但无论如何，故意引起危险后，以紧急避险为借口侵犯他人法益的，是故意犯罪，而不是紧急避险。没有避险意识，其故意或者过失实施的侵害行为符合紧急避险客观要件的，属于偶然避险，与偶然防卫的处理原则相同。本书认为，偶然避险属于紧急避险。

（五）必须没有超过必要限度造成不应有的损害

由于紧急避险是损害一种法益来保护另一种法益，故不允许通过对一种法益的无限制损害来保护另一法益，只能在必要限度内实施避险行为。

我国传统刑法理论认为，紧急避险的必要限度，是指紧急避险所引起的损害小于所避免的损害，即凡是避险行为所引起的损害小于所避免的损害时，就没有超过必要限度。本书认为，

---

〔1〕 当然，这并不意味着失败的避险均成立犯罪。

〔2〕 德国刑法理论将紧急避险分为防御性紧急避险与攻击性紧急避险，前者是指针对危险源实施的避险行为（如杀害正在袭击人的野生动物，或者伤害无故意过失的侵害者），后者是指针对与危险源无关的第三者的法益实施的避险行为。

紧急避险的必要限度，是指在所造成的损害不超过所避免的损害的前提下，足以排除危险所必需的限度。由于紧急避险是两种法益之间的冲突，故应以尽可能小的损害去保护另一法益，即必须从客观实际出发，既保护一种法益，又将对另一法益的损害控制在最小限度内。因此，首先，避险行为造成的损害小于所避免的损害时，也可能超过了必要限度。例如，在发生森林火灾，为了防止火灾蔓延，不得已砍伐树木形成隔离带时，如果根据当时的客观情况，只要有 10 米宽的隔离带即可，行为人却下令大量砍伐树木形成 50 米宽的隔离带。尽管所保护的森林面积远远大于所砍伐的森林面积，但不能认为没有超过必要限度。其次，不得已损害同等法益的，也不一定超过了必要限度。即在甲法益与乙法益等值的情况下，如果保护甲法益的唯一方法是损害乙法益，那么，充其量只能认为，这种避险行为没有实质意义。因为紧急避险制度并非旨在保护相互关爱的伦理，而是从功利主义的角度防止社会整体利益减少的制度。在上例中，从整体上说，法益并没有受到侵害。既然如此，就不宜将这种行为认定为犯罪。可见，紧急避险的必要限度与正当防卫的必要限度，存在重大区别。

法益价值的判断是一个重要问题。大体可以肯定，生命法益重于身体法益、身体法益重于财产利益，但现在还难以形成一般的、具体的标准，只能根据社会的一般观念进行客观的、合理的判断。此外，进行法益衡量时，还要考虑危险的紧迫性与重大性、危险源的具体情况、损害行为的程度、当事人的忍受义务等等。在进行法益衡量时，首先要通过刑法分则规定的法定刑判断所损害的法益与所保护的法益在刑法中的地位（性质）。其次，在同一种法益产生冲突时，要判断可能遭受损害的数量（为了保护财产而牺牲他人财产时，只能通过财产的数量进行法益价值的判断）。最后，要比较被避免的危险与避险行为对法益的危险程度。例如，如果具有抽象危险的醉酒驾驶行为挽救了他人的生命或者避免了他人身体的重大危险，就应当阻却违法。[1]

至于能否牺牲一个人的生命以保护其他人的生命，是有重大争议的问题。如果说生命是等价的，那么，就可以用牺牲生命的方法来保护等价的生命，尤其是可以用牺牲一个人生命的方法保护多数人的生命。可是，生命是人格的基本要素，其本质是不可能用任何尺度进行比较的，法秩序不允许将人的生命作为实现任何目的的手段。例如，在一个人的肝脏可以供五个肝病患者进行肝脏移植进而挽救五个人的生命时，也不能任意取出一个人的肝脏进行移植。[2] 在此意义上说，将生命作为手段的行为都是违法的。然而，如果不允许以牺牲一个人的生命保护更多人的生命，则意味着宁愿导致更多人死亡，也不能牺牲一个人的生命，这难以为社会一般观念所接受，也不一定符合紧急避险的社会功利性质。在本书看来，虽然所有人的生命是等价的，但也要区分不同情形进行综合判断，对生命的紧急避险（对"不得已"的判断应当极为严格），既有可能成立违法阻却事由，也有可能成立责任阻却事由。

本书初步认为，下列情形大体成立违法阻却事由：其一，被牺牲者同意牺牲自己以保护他人生命时，对之实施紧急避险的；其二，被牺牲者已被特定化，即使不对之实施紧急避险也会立即牺牲时，对之实施紧急避险的；其三，被牺牲者客观上不可能行使自主决定权，尤其是不可能行使防卫权时，对之实施紧急避险的；其四，被牺牲者死亡的危险性大于其他人，如果不

〔1〕 参见〔德〕乌尔斯·金德霍伊泽尔：《刑法总论教科书》，蔡桂生译，北京大学出版社 2015 年版，第 184 页。

〔2〕 也有学者认为，如果事实果真如此，医生取出一个人的肝脏进行移植的行为也是紧急避险。只不过在 99.9% 的情况下，都不存在这种"不得已"的情形（参见〔日〕西田典之：《刑法总论》，弘文堂 2019 年版，第 151 页）。

实施紧急避险，被牺牲者首先牺牲时，对之实施紧急避险的；其五，被牺牲者成为导致他人死亡的危险源时，对之实施紧急避险的；其六，为了保护多数人的生命而牺牲少数有过错地使自己的生命处于危险状态的人。在现实案件或者事例中，一个案件往往会同时存在上述几种情形。

三、避险过当

避险行为超过必要限度造成不应有的损害的，成立避险过当。避险过当不是独立的罪名，故不能定"避险过当罪"，也不能定"避险过当致人重伤罪""避险过当致人死亡罪"等罪名；只能根据避险行为所符合的犯罪构成确定罪名。对于避险过当的责任形式，应与防卫过当的责任形式作相同理解。对于避险过当的，应当酌情减轻或者免除处罚。

第五节　因法益性的阙如阻却违法的事由

一、被害人承诺

（一）被害人承诺的一般概念

符合一定条件的被害人承诺，可以排除损害被害人法益的行为的违法性。罗马法上就有"得承诺的行为不违法"（Volenti non fit injuria）的格言，但不能望文生义地予以适用。被害人请求或者许可行为人侵害其法益，表明其放弃了该法益，放弃了对该法益的保护。既然如此，法律就没有必要予以保护；损害被放弃的法益的行为，就没有侵害法益，因而没有违法性。但这并不意味着只要行为得到了被害人的承诺就不成立犯罪。有些承诺并不影响犯罪的成立。如拐卖儿童的行为，即使得到儿童的承诺，也成立拐卖儿童罪。有些承诺是犯罪（如国外的得承诺杀人罪）的成立条件。由此可见，只有在以违反被害人意志为前提的犯罪中，被害人的承诺才可能阻却违法，如侵犯通信自由罪、故意毁坏财物罪等。此处讨论的仅限于这种情况。[1]

（二）被害人承诺的有效条件

经被害人承诺的行为符合下列条件时，才阻却行为的违法性（在某些情况下也可能是阻却构成要件符合性）：

1. 承诺者对被侵害的法益具有处分权限（承诺范围）。对于国家利益、公共利益与他人利益，不存在被害人承诺的问题，故只有承诺侵害自己的法益时，才有可能阻却违法。但即使是承诺侵害自己的法益，也有一定限度。如经被害人承诺而杀害他人的行为，仍然成立故意杀人罪。此外，承诺虽然原则上只能由法益主体做出，但在某些情况下，也可能代理承诺。就财产处理而言，只要存在民法上的有效授权，就可以代理承诺。在涉及治疗行为时，如果儿童或者丧失意志决定能力的人不能做出承诺时，其监护人或者法定代理人可以做出承诺。

---

[1] 德国、日本的部分学者主张，被害人的同意阻却构成要件符合性，被害人的承诺阻却违法。例如，经被害妇女同意与之性交的，阻却强奸罪的构成要件符合性；经被害人承诺而毁坏其财物的，则阻却故意毁坏财物罪的违法性。但是，一方面，如果经被害人同意的行为不可能符合构成要件，就没有必要另作为阻却构成要件符合性的事由予以讨论。另一方面，在许多情况下，二者的区分又是相当困难的。例如，甲应乙的请求，将乙的电视机扔到垃圾堆的行为，既可以被评价为不符合构成要件的行为，也可能评价为符合构成要件但阻却违法的行为。这是因为，在"违反被害人意志"属于构成要件要素时，被害人承诺就意味着行为不符合构成要件；在"违反被害人意志"不属于构成要件要素时，被害人承诺只能成为违法阻却事由。但是，刑法分则一般没有将"违反被害人意志"规定为构成要件要素，刑法理论只是在部分犯罪中将"违反被害人意志"解释为构成要件要素。于是，在没有明确"违反被害人意志"是否属于构成要件要素的一些犯罪中，被害人承诺既可能是阻却构成要件符合性的事由，也可能是违法阻却事由。基于上述考虑，本书没有严格区分被害人同意与被害人承诺，在此一并讨论（当然主要讨论阻却违法的被害人承诺）。

2. 承诺者必须对所承诺的事项的意义、范围具有理解能力（承诺能力）。可以肯定的是，没有辨认控制能力的精神病人，缺乏承诺能力。就未成年人而言，不能单纯以年龄划定绝对的界限，必须联系承诺的事项（法益侵害的种类、程度等）进行判断。例如，17周岁的人对自己的财物以及治疗行为具有承诺能力，但不应当认为其对出卖自己的器官具有承诺能力。

3. 承诺者不仅承诺行为，而且承诺行为的结果（承诺对象）。只有当法益主体承诺法益侵害的结果时，才能认为其放弃了自己的法益。如果只是承诺了被告人的行为，但没有承诺该行为造成的法益侵害结果，则不能认为其放弃了自己的法益。例如，甲明知乙酒后驾驶，仍然坐在甲的车上，乙交通肇事导致甲重伤。对此，不能认定为被害人承诺。当然，如果某种行为必然导致结果或者具有导致结果发生的高度盖然性，被害人对行为的承诺就意味着对结果的承诺。

4. 承诺必须出于被害人的真实意志，戏言性的承诺、基于强制或者威压做出的承诺，不阻却违法。值得讨论的是基于错误的承诺的效力，[1] 本书认为，原则上应当采取法益关系错误说。至于法益关系错误的范围，则需要联系具体犯罪的法益做出判断。一般来说，欺骗行为使被害人对于法益的有无、性质与范围产生错误而做出承诺的，该承诺无效。例如，欺骗行为使被害人误以为不会导致法益侵害而承诺，但事实上造成了法益侵害的，该承诺无效。又如，欺骗行为使被害人误以为只会造成轻微的法益侵害而承诺，但事实上造成了严重的法益侵害的，该承诺无效。再如，欺骗行为使被害人误以为仅损失财产，但事实上造成人身伤害的，该承诺无效。是否存在法益关系的错误，还需要考虑被害人承诺的重要目的是否得到实现。法益主体处分某种法益时，常常是为了保护、救助另一法益。如果其保护、救助另一法益的重要目的没有得到实现，就应当认定为法益关系的错误，难以认为其承诺有效。例如，甲欺骗乙向地震灾区捐款，乙为了救济灾民而捐款，但甲将所得捐款据为己有。乙的承诺无效，甲的行为构成诈骗罪。再如，甲欺骗乙，声称其子女需要移植眼角膜，乙献出了眼角膜，但甲将乙的眼角膜改作他用。乙的承诺无效，甲的行为成立故意伤害罪。此外，如果欺骗行为事实上使被害人不可能行使自己决定权，因而不可避免地陷入错误时，应认为承诺无效。因为在这种情况下，被害人事实上没有行使自主决定权。例如，谎称存在紧急避险情形，使被害人做出承诺的，该承诺无效。如甲谎称乙饲养的狗是疯狗，使乙承诺甲捕杀该狗的，乙的承诺无效。再如，欺骗行为使被害人误以为不论自己同意与否法益都会受侵害而承诺的，该承诺无效。如电梯司机在被害人进入电梯后，突然将电源关闭，谎称电梯事故，使被害人同意自己被关在电梯内的，不阻却拘禁行为的违法性。[2]

5. 必须存在现实的承诺。刑法理论对此存在意思方向说与意思表示说之争：前者认为，只要被害人具有现实的承诺，即使没有表示于外部，也是有效的承诺；后者认为，承诺的意思

---

〔1〕 全面无效说认为，任何因欺骗行为而引起的承诺，都是无效的。本质错误说（重大错误说、决定性动机错误说）认为，如果被害人没有陷入错误（或者知道真相）就不会做出承诺时，或者说，因欺骗行为引起了决定性的动机错误时，该承诺无效。法益关系错误说认为，如果仅仅是关于承诺动机的错误，应认为该承诺具有效力，阻却违法；如果因为受骗而对所放弃的法益的种类、范围或者危险性发生了错误认识（法益关系的错误），其所做出的承诺则无效。例如，为灾区募捐的行为人欺骗乙，导致乙捐款数额远远高于其他人的捐款数额。根据全面无效说，乙的承诺可能是无效的；但根据本质错误说与法益关系错误说，乙的承诺是有效的。又如，行为人欺骗丙将一个肾脏摘出后移植给丙的女儿，但事实上移植给他人。根据全面无效说、本质错误说，丙的承诺是无效的；根据法益关系错误说，丙的错误仅仅与承诺的动机有关，故不影响其承诺效力。

〔2〕 需要说明的是，行为人虽然没有实施欺骗行为，但同时明知被害人由于表达或者书写错误做出了一个违背本人意志的错误承诺时，仍然按照该错误承诺对被害人实施侵害行为的，应当认定为故意犯罪。

必须以语言、举动等方式向行为人表示出来。行为无价值论一般主张意思表示说（但也有例外），本书采取结果无价值论，主张意思方向说。因为承诺本身是自我决定权的表现，只要存在于行为人的内心即可。相关的问题是，是否要求行为人认识到被害人的承诺？理论上也存在必要说与不要说的对立。本书认为，既然被害人同意行为人的行为与法益损害结果，就不存在受保护的法益，故不必要求行为人认识到被害人的承诺。

6. 承诺至迟必须存在于结果发生时，被害人在结果发生前变更承诺的，原来的承诺无效。换言之，法益主体在结果发生前的任何时间内都可以自由撤销承诺。[1] 事后承诺不影响行为成立犯罪（可能影响量刑），否则国家的追诉权就会受被害人意志的任意左右。

7. 经承诺实施的行为不得超出承诺的范围。例如，甲同意乙砍掉自己的一个小手指，而乙砍掉了甲的两个手指。这种行为仍然成立故意伤害罪。

符合上述条件的，阻却行为的违法性，即行为人对所承诺的法益造成损害的行为不具有违法性。但是，经承诺所实施的行为是否侵犯其他法益因而构成其他犯罪，则是另一问题。例如，即使妇女同意数人同时对其实施淫乱行为，但如果数人以不特定或者多数人可能认识到的方式实施淫乱行为时，虽不构成强奸罪，但不排除聚众淫乱罪的成立（就此罪而言，妇女已不再是被害人，而是犯罪主体）。

二、推定的承诺

现实上没有被害人的承诺，但如果被害人知道事实真相后当然会承诺，在这种情况下，基于对被害人意志的推定所实施的行为，就是基于推定的承诺的行为。如发生火灾之际，为了避免烧毁被害人的贵重财产，闯入屋内搬出贵重物品的行为，就是基于推定的承诺的行为。

基于推定的承诺的行为，必须具备以下条件：①被害人没有现实的承诺。但应注意的是，推定的承诺具有补充性，只有在不可能得到被害人的现实同意时才能考虑适用推定的承诺。换言之，只要有可能通过各种途径询问被害人的意志，就不允许推定被害人承诺。②推定被害人知道真相将承诺。由于起决定性作用的是被害人（法益主体）自身的价值观念，所以，当有事实根据表明被害人的价值观念不同于一般人的价值观念时，应当根据被害人的价值观念推定其意志。只有在无法确定被害人自身的价值观念时，才能按照一般人的价值观念推定。③一般是为了被害人的一部分法益牺牲其另一部分法益（不排除为了自己或第三者的利益而牺牲被害人的利益[2]），但所牺牲的法益不得大于所保护的法益。④必须针对被害人有处分权限的个人法益实施行为。[3]

---

〔1〕 如果法益主体在侵害结果发生前撤销承诺，即使行为人的行为已经造成部分损害或者危险的，也阻却违法性，不能以犯罪未遂论处。

〔2〕 例如，邻居家的水管破裂浸害了自己或者第三者的家具时，砸坏邻居家的门进入邻居家中修复水管的行为，也属于基于推定承诺的行为。

〔3〕 问题是，被害人知道真相也不承诺的，应当如何处理？换言之，事后判断推定并不成立时，是否阻却违法性？一种观点认为，只要是以合理的一般人意志为标准所做的推定，即使事后违反被害人的实际意志，也不违法。另一种观点则认为，既然推定的承诺以被害人的自我决定权为核心，那么，在事先不能知道被害人是否承诺的场合，也只能从事后的立场确认被害人的真实意志。如果事后证明行为人的介入行为违反法益主体的真实意志，就不能否认这种行为的违法性。例如，楼上的被害人因装修房屋在卫生间进行闭水试验时外出，楼下的行为人误以为被害人家没有关闭水龙头，为了防止被害人的财产遭受损失而撬门进入被害人住宅。在这种情形下，不能否认侵入住宅行为的违法性，只能作为事实认识错误处理，否认行为人具有故意，因而不成立犯罪。再如，在没有亲属的患者昏迷不醒，不立即截肢就有生命危险的情况下，基于推定的承诺而截肢，患者清醒后反对截肢的，虽然也应当肯定医生的行为具有伤害罪的构成要件符合性，但是，要么可能成立紧急避险，进而否认违法性；要么通过否认医生具有伤害故意与过失宣告无罪。行为人为了自己的利益而推定被害人会承诺所实施的行为，也是如此。

此外还需要说明的是，有些案件不需要作为推定的承诺处理。例如，部分推定的承诺完全可以归入现实的承诺（默示的承诺）。例如，店员暂时离开商店时，顾客按照标明的售价将现金置于柜台内将商品拿走。对于这样的行为，不需要认定为推定的承诺，而是应当认定为现实的承诺（默示的承诺）。再如，被害人住宅发生火灾时，行为人侵入住宅抢救卧病在床的老人的，可归入紧急避险。因为，住宅主人没有同意老人死亡的权利，因而不可适用推定的承诺。

三、假定的承诺

假定的承诺（假定的同意），一般是指在治疗过程中，医生没有充分向患者履行告知说明义务，没有得到患者的承诺，便实施相关的治疗行为。但事后查明，即使医生向患者履行告知说明义务，患者也会同意该治疗行为。例如，外科医生甲在给患者乙做肩胛骨手术时，不小心将钻针折断并遗留在乙的体内，只有再次手术才能取出钻针。但是，甲隐瞒了这一事实，向乙谎称第一次手术引起了并发症，需要第二次手术才能完全康复，因而获得了乙的同意。此处所要讨论的问题是，第二次手术行为是否构成故意伤害罪?[1]

本书的初步看法是，在假定的承诺的场合，行为人原本能够取得被害人的承诺，被害人在事先原本能够做出承诺，因此，被害人实际上并不存在法益关系的错误，而且医生实施的治疗行为完全符合患者的目的，客观上也保护了更为优越的法益，故应阻却行为的违法性。

四、自损行为

自损行为，是指自己损害自己法益的行为，如自伤、自己毁损自己所有的财物等，这些行为阻却违法（当然，在许多情形下阻却构成要件符合性）。但是，当自损行为同时危害国家、社会或他人法益时，则并不阻却针对国家、社会与他人法益的违法性。如军人战时自伤的，放火烧毁自己的财物但危害公共安全的，依然成立犯罪。附带说明的是，在未成年人实施自损行为时，负有保护义务的保证人不履行保护义务的，可能成立不作为犯罪。

五、危险接受

广义的危险接受，大体分为三种类型：

其一，狭义的自发的自己危险化：被害人在认识到自己的行为对自己的法益具有危险的情况下，仍然实施该行为，进而给自己造成了实害。在这种场合，只有被害人实施了与其法益遭受侵害之间具有因果关系的行为。例如，被害人认识到摔伤的危险却爬树采果实，果真摔成重伤。显然，这种案件本身不具有刑法上的意义，[2] 故不需要讨论。

其二，自己危险化的参与：被害人意识到并实施了危险的行为，而且遭受了侵害结果，但被告人的参与行为与被害人的侵害结果之间具有物理的或者心理的因果性。简言之，被告人参与了被害人的自发的自己危险化。例如，德国曾发生如下案件：被害人是海洛因的持有人，让被告人将注射器给其使用，被害人利用该注射器注射海洛因，被害人死亡。

其三，基于合意的他者危险化：虽然给被害人造成侵害结果的是他人的行为，但被害人认识到并且同意被告人行为给自己带来的危险（即被害人仅承诺了危险，而没有承诺侵害结果）。如德国的梅梅尔河案：在狂风暴雨之际，两位乘客不顾船工的"危险"警告，要求船工运送其过河。船工在运送乘客过河时，渡船翻沉导致乘客死亡。

---

〔1〕　在德国，相当多的学者认为，由于医生没有履行告知说明义务，所以侵害了患者的自我决定权；这种假定的承诺不足以事后阻却第二次手术行为的违法性。但有判例认为，由于患者知道真相后原本会同意，同意的表述并不重要，故医生的行为并不违法。还有少数学者认为，医生的行为仅成立犯罪未遂（参见［德］乌尔斯·金德霍伊泽尔：《刑法总论教科书》，蔡桂生译，北京大学出版社 2015 年版，第 198 页以下）。

〔2〕　当然，需要区分被害人的自己危险化是自发的还是由他人的行为引起的。总的来说，如果被告人的行为对被害人产生了物理的或者心理的强制，导致被害人实施自己危险化的行为时，就不能认定为自发的自己危险化。

自己危险化的参与的最大特征是，被害人的行为是导致侵害结果发生的直接原因，或者说，被害人自己支配了侵害结果的发生，被告人只是参与了被害人的自己危险化。本书的基本观点是，对于自己危险化的参与，只要符合危险接受的前提条件，就不能将侵害结果归属于被告人的行为（被告人的行为不成立犯罪）。换言之，可以通过否认构成要件符合性，并运用共犯从属性的原理，得出自己危险化的参与不构成犯罪的结论。例如，在校大学生甲、乙、丙相约来到一河边渡口游泳，丙提出到水最深的地方看河水到底有多深，甲、乙表示同意。因害怕危险，三人决定手牵手试水，由于三人手未拉稳，一起掉了下去，他人听到呼救赶到时，丙被冲向沙滩边，自己爬上岸，乙被人救起，而甲则沉入水中，直到次日下午尸体才被发现。在本案中，三人手牵手试水的行为，对各自都是一种危险行为，但死者甲的行为并不符合过失致人死亡罪的构成要件。既然如此，实施了参与行为的丙、乙，就不可能成立过失的教唆犯与帮助犯。

基于合意的他者危险化与自己危险化的参与存在区别。本书的观点是，对于基于合意的他者危险化，也只能从是否具备构成要件符合性、违法性的角度展开分析。就构成要件符合性而言，由于行为人造成了他人的重伤或者死亡，客观上完全符合过失致人死亡罪或者过失致人重伤罪的构成要件。即使采取客观归责理论，也不能认为基于合意的他者危险化行为，没有制造不被允许的危险，更不能否认危险的现实化，同样不能认为超出了构成要件的保护范围。在违法性层面，基于合意的他者危险化，也并没有保护更为优越的利益，因而并不存在违法阻却事由。[1] 既然如此，基于合意的他者危险化，就没有排除犯罪成立的理由。

例如，某年冬天，甲与乙（女）驾驶夏利牌轿车到某水库南侧游玩。为近距离观赏野鸭子，甲查看冰层约有30公分，又在冰面上向前走了大约七八十米，便提议驾车穿过冰面到对岸，乙表示同意。甲即驾驶该车载乙向水库北岸行驶，当车行至河岔中心偏北侧时，汽车落入冰下水中，乙溺水死亡。本书认为，甲的行为构成过失致人死亡罪。诚然，被害人乙可以不坐入车内，但是，不能因为乙有这个决定权，就认定她自己引起了导致死亡结果的危险，更不能认定她自己造成了死亡结果。无论如何都应当认为，甲的行为引起了发生死亡结果的危险，并且使危险现实化。换言之，乙虽然认识到了行为的危险，但是，危险完全掌控在甲手中，甲的过失行为支配了侵害结果的发生。由于甲的行为符合过失致人死亡罪的构成要件，也不具备违法阻却事由与责任阻却事由，故应认定其行为构成过失致人死亡罪。

但是，如果表面上看是被告人的行为造成了法益侵害结果，而实际上被害人是间接正犯时，就不能肯定构成要件符合性，被告人便不对结果负责。亦即，虽然表面上看由被告人实施了导致结果发生的行为，但被告人处于被害人的压倒性的意思支配之下，实质上可以评价为被害人自己导致结果发生的场合，被告人不对结果负责。[2] 因为当被害人自己成为侵害自己法益的间接正犯时，其行为并不符合任何犯罪的构成要件，根据共犯从属性说的原理，被告人的参与行为也就不可能符合构成要件。这主要表现为两种情形：

第一，被害人对被告人实施强制行为，支配了因果发展进程。例如，某日下午，派出所的警察在公路上设卡进行交通检查，被告人甲无证驾驶无牌照摩托车路经此处，被警察乙扣留，乙责令甲驾驶该车搭载乙前往派出所接受处理。甲驾驶该车时车速过快，操作不当，致使该车与路边石块相撞，致乙受重伤（一级伤残）。在本书看来，甲的行为并不构成犯罪。在甲无证驾驶被查处的情况下，正在行使交通检查职权查处违章行为的警察乙，明知甲无驾驶资格仍然

---

[1] 如果像治疗行为那样保护更为优越的利益，则是另一回事（不必作为危险接受案件处理）。

[2] [日] 曾根威彦：“过失犯中的危险接受”，载《早稻田法学》第 73 卷（1997 年）第 2 号，第 54 页。

要求其继续驾驶并搭乘自己，应当评价为一种强制行为。换言之，在当时的情况下，甲不可能拒绝乙的要求。既然如此，就应当认为乙的行为支配了结果的发生。乙自己使自己受伤的行为并不符合过失致人重伤罪的构成要件，根据共犯从属性说的原理，甲的行为也不成立犯罪。反之，如果本案甲身受重伤，乙反而应当承担刑事责任。

第二，被害人对危险行为具有优越的知识，支配了因果发展进程。日本千叶赛车案可谓适例：被害人有7年的赛车经验，发现初学赛车的被告人技术低劣，在被告人练习时，被害人要求坐在车上对被告人进行技术指导。被告人按照被害人的指示，在练习赛车时错误操作，致使赛车失去控制，撞到防护栏后翻车，防护栏的支柱刺穿被害人一侧的窗户，导致同乘的被害人死亡。法院宣告被告人的行为不构成犯罪。在本案中，被害人不仅认识到了赛车竞技运动的危险性，而且基于优越的知识，通过对被告人的建议、指示，在很大程度上掌控了危险，形式上是被告人造成了侵害结果，实质上被害人处于间接正犯的地位。换言之，实质上是被害人的自己侵害行为造成了自己的死亡。由于该行为并不符合任何犯罪的构成要件，根据共犯从属性说的原理，被告人的行为也不符合任何犯罪的构成要件。

第六节　基于法益衡量阻却违法的事由

一、法令行为

法令行为，是指基于成文法律、法令、法规的规定，作为行使权利或者承担义务所实施的行为。由于法令行为是法律本身所允许乃至鼓励的、形成法秩序的一部分的行为，因而是合法行为，不是犯罪行为。但有的法令行为从形式上看，与某些犯罪的客观行为具有相似之处，故将法令行为作为违法阻却事由。

一般认为，法令行为包括四类行为：一是法律基于政策理由阻却违法的行为，即某类行为本来会侵害法益，但法律基于政策上的考虑（也可谓法益的衡量），将其中的某种行为规定为合法行为。如发行彩票本来可谓赌博行为，但基于财政政策等理由，有关法律允许特定机构以特定形式发行彩票，这种行为便不成立犯罪。二是法律有意明示了合法性条件的行为，即某类行为本来具有犯罪性，但法律特别规定，符合一定条件时属合法行为。[1] 三是职权（职务）行为，即公务人员根据法律行使职务或者履行职责的行为。既包括基于法律的直接规定实施的行为，也包括基于上级的职务命令实施的行为。[2] 如司法工作人员对犯罪嫌疑人实行逮捕。四是权利（义务）行为，即在法律规定上作为公民的权利（义务）的行为，如一般人扭送现行犯。

法令行为是基于法律、法令、法规的规定所实施的行为，因此，如果行为人所实施的行为没有法律、法令、法规的根据，或者虽有一定根据但在实体上或程序上违反了法律、法令或法规的规定，则不属于法令行为，相反可能构成犯罪。

二、正当业务行为

正当业务行为，是指虽然没有法律、法令、法规的直接规定，但在社会生活上被认为是正当的业务上的行为。业务是指基于社会生活中的地位反复实施的行为。但并非因为是"业务"

---

〔1〕　如在规定了堕胎罪的国家，其优生法往往规定符合一定条件的堕胎行为不成立堕胎罪。在我国也可能找到类似的情形。

〔2〕　我国刑法理论一般将执行上级命令的行为，作为独立于法令行为之外的排除犯罪事由，这未尝不可。但下级执行上级命令本身也是有法律根据的，上级命令也必须以法律为根据，故可以将执行上级命令的行为归入法令行为。

就不成立犯罪，而是因为"正当"才阻却违法。"正当"意味着行为本身是维持或保护正当利益的行为。因此，只有正当业务中的正当行为才是违法阻却事由，超出正当范围的行为依然可能成立犯罪。例如，一般来说，记者的采访报道活动属正当业务行为，但记者捏造事实诽谤他人的，并不阻却违法。正当业务行为没有固定的种类。职业性的体育活动，属于正当业务行为；遵守了体育规则的行为，即使造成了他人伤害，也不成立故意伤害罪。律师的辩护活动也是正当业务行为。医生基于患者的承诺或推定的承诺，采取医学上所承认的方法，客观上伤害患者身体的治疗行为，可谓正当业务行为，但其阻却违法的条件更为严格：治疗行为在医学上是被承认的方法，其实质是具有安全性、有效性与必要性；必须有患者的承诺或推定的承诺。[1] 人体实验不属于正当业务行为。

三、自救行为

自救行为，是指法益受到侵害的人，在通过法律程序、依靠国家机关不可能或者明显难以恢复的情况下，依靠自己的力量救济法益的行为。[2] 例如，盗窃罪的被害人，在盗窃犯即将毁损所盗物品或者逃往外地等场合，来不及通过司法机关挽回损失，使用暴力等手段迅速从盗窃犯手中夺回财物的，就是自救行为。显然，自救行为是一种事后救济行为，在近代法治国家受到严格限制。自救行为必须符合以下条件：①法益已经受到了违法侵害，不问该侵害是刚刚结束还是经过了一定时间。换言之，法益侵害行为虽然已经结束，但法益受侵害的状态仍然存在。这是自救行为与正当防卫的关键区别。②行为人具有需要实现的请求权。③通过法律程序、依靠国家机关不可能或者明显难以恢复受侵害的法益，或者说不能及时获得公权力的救助。这表明，通过自救行为可以恢复受侵害的法益。债权人在债务人没有偿还债务的情况下，窃取债务人财物的，不成立自救行为，相反构成盗窃罪。④救济行为的手段具有适当性，所造成的侵害与救济的法益具有相当性。

四、义务冲突

一般认为，义务冲突，是指存在两个以上不相容的义务，为了履行其中的某种义务，而不得已不履行其他义务的情况。其实，义务冲突的实质是利益冲突。例如，律师为了在法庭上维护被告人的法益，不得已泄露他人的隐私。再如，两个幼儿坠入急流中，父亲只能救助其中一个幼儿（两个作为义务之间冲突）。[3] 义务冲突与紧急避险有相似之处，但一般来说，紧急避险是一种作为的形式，义务冲突是一种不作为的形式。就紧急避险而言，本人法益面临危险时，如果愿意忍受危险，可以不实行紧急避险；就义务冲突而言，负有义务的人必须履行其中的某项义务。

阻却违法的义务冲突必须具备两个基本条件：首先，存在两个以上的作为义务，[4] 或者说存在两个利益之间的冲突。其次，必须权衡义务的轻重（义务的轻重只能根据履行义务所保护的法益的轻重进行判断），即必须是为了履行重要义务，放弃非重要的义务，否则可能成立

---

〔1〕　关于治疗行为的地位与正当化根据，在国外刑法理论上存在激烈争论。有人认为治疗行为阻却构成要件符合性，有人认为治疗行为阻却违法性。关于阻却违法性的根据，主要存在患者同意说、结果说（如优越利益说、价值衡量说等）与行为说（如社会相当性说）。

〔2〕　即使民法不承认自救行为，也不妨碍将自救行为作为阻却刑事违法性的事由。

〔3〕　德国学者所举之例：家庭专职医生确诊丈夫感染艾滋病，但丈夫没有打算将此事告诉不知情和无防备的妻子。一方面，医生基于与妻子的治疗关系，有义务保护妻子的生命与健康，因而有义务告诉妻子，否则成立杀人罪或伤害罪；另一方面，从职业上的信赖保护来看，医生有义务保守丈夫私生活的秘密，否则成立侵害他人秘密罪。这两种义务相冲突，但医生必须履行其中一项义务。这是作为义务与不作为义务的冲突。

〔4〕　作为义务与所谓不作为的义务之间一般不可能产生冲突。

犯罪（也可能阻却责任）。[1] 但是，如果两种义务具有等价性，即履行两种义务所保护的法益具有等价性，则履行其中任何一种义务都阻却违法。在权衡法益时，不必考虑伦理的因素。例如，一名医生面临两个受伤者，甲是事故的被害人，乙是事故的制造者，在两个受伤者的受伤程度相同而医生只能抢救其中一人的情况下，医生没有义务考虑谁对紧急状态有过错，换言之，即使医生抢救事故的制造者，也阻却违法。

在义务冲突的情况下，如果行为人没有履行任何义务，应当对违反哪一义务的不法承担责任呢？[2] 本书认为，行为人应当对其中的一个最重的不法承担责任。

此外，如果义务冲突由负有义务的人造成，则不能将义务冲突作为违法阻却事由。例如，夜晚值班的医生 A 擅离职守，第一个受伤者 B 被送到医院半小时后，A 才回到值班室，此时另一受伤者 C 被送到医院。原本只要半小时就可以抢救受伤者，不会形成义务冲突。如果 A 只抢救了 B 而导致 C 流血过多死亡的，则 C 的死亡应当归属于 A 的行为，而不能阻却违法。

■思考题

1. 如何理解违法性的相对性？
2. 行为无价值与结果无价值的含义是什么？
3. 正当防卫的正当化根据与成立条件是什么？
4. 紧急避险的正当化根据与成立条件是什么？
5. 被害人承诺的成立条件是什么？

■参考书目

1. 贾宇主编：《刑事违法性理论研究》，北京大学出版社 2008 年版。
2. 张明楷：《行为无价值论与结果无价值论》，北京大学出版社 2012 年版。
3. 陈璇：《正当防卫：理念、学说与制度适用》，中国检察出版社 2020 年版。
4. 钱叶六主编：《出罪事由的理论与实践》，法律出版社 2019 年版。

---

〔1〕 例如，男子在发生火灾之际，原本可以救助年迈的母亲，却救出了即将与自己结婚的女友。倘若男子对女友没有刑法上的救助义务，就应当肯定男子的行为具有构成要件符合性与违法性，只能从期待可能性的角度判断其是否有责。

〔2〕 有人主张仅对最轻的不法承担责任，有人主张对所有不法承担责任。但是，这两种观点都存在缺陷。

第十一章　有责性

■ 学习目的和要求

　　领会责任的基础与本质，掌握故意、过失的概念与种类，掌握有关事实认识错误与法律认识错误的理论，学会判断具体案件的责任形式，理解犯罪目的、动机以及期待可能性的概念与意义。

第一节　有责性概述

一、有责性的概念

　　有责性也称责任,[1] 是指对符合构成要件的不法行为的非难可能性。[2] 这种非难可能性，并不是指一般意义上的主观恶性，也不是指人身危险性（再犯罪可能性），而是针对不法事实所进行的法的谴责（责任的不法关联性）。因此，责任以客观上存在不法事实为前提。与不法事实没有关系的主观内容，不是责任的内容。例如，犯罪后潜逃的，并不意味着责任严重。

　　"没有责任就没有刑罚"（责任主义）是近代刑法的一个基本原理。具体地说，即使某种行为符合刑法条文规定的构成要件，给法益造成了侵害或者危险，但仅此并不能科处刑罚，科处刑罚还要求对行为人具有非难可能性。不仅如此，刑罚的量也应与责任相当。简单地说，不具备责任就不成立犯罪（责任是犯罪成立条件），刑罚的量不能超出责任的程度（责任是量刑的基准）。

　　将责任作为犯罪成立要件，是尊重人的基本要求。对于人类的普遍尊重，是一种终极的态度。尊重人首先意味着将人作为自在目的，而不能作为实现其他任何目的的手段。在不能期待行为人实施合法行为的情况下，对其实施的不法行为追究责任，无非是为了通过惩罚这种行为

---

　　〔1〕　这里的"责任"不同于作为犯罪法律后果的刑事责任，而是指作为犯罪成立条件之一的非难可能性。

　　〔2〕　我国传统刑法理论将故意与过失统称为"罪过"，言下之意，只要行为人具有故意或过失，就存在罪过。这是心理责任论的观点。本书使用的"责任"概念源于德语的 Schuld。德语的 Schuld 一词有不同含义，在刑法上使用时，作为犯罪成立的第三个条件，被日本学者翻译为"责任"或"有责性"（台湾地区的一些学者译为"罪责"），我国学者根据日本学者的翻译也直接使用"责任"一词。其实，将 Schuld 一词翻译为汉语的"罪过"似乎更合适。首先，Schuld 既在法律上具有归责、罪责的意思，又在宗教上具有罪过、罪孽的意思；在汉语中，"罪过"一词刚好可以与 Schuld 的意思等同。其次，在日本刑法理论中，"责任曾经一直是在与故意、过失相同的意义上使用的，但随着客观违法性论下的违法性与责任的区分，责任便作为故意、过失的上位概念来理解。"（[日]西田典之、山口厚编：《刑法的争点》，有斐阁 2000 年版，第 56 页）我国刑法理论也是将"罪过"作为故意、过失的同义词或者故意、过失的上位概念来理解。这说明，我国刑法理论中的"罪过"相当于日本刑法理论中的"责任"，因而相当于德国刑法中的 Schuld。概言之，本书主张在非难可能性意义上理解"罪过"概念。但由于我国刑法理论仅将"罪过"作为故意与过失的上位概念，而本书采用的是规范责任论，故一般没有使用"罪过"概念。

以达到防止这种行为的目的，这便将行为人作为实现目的的手段对待了，背离了尊重人的基本观念。将责任作为犯罪成立要件，是实质的正义的基本要求。正义的理念要求犯罪构成与法律效果之间具有实质的适合关系。刑罚是对行为人的犯罪行为进行的非难，这种非难理所当然以具有非难可能性为前提。将责任作为犯罪成立条件，也是刑罚目的的基本要求。因为处罚没有责任的行为，不可能抑止在将来的同样状况下发生相同的"犯罪"行为（不存在预防犯罪的效果）。刑罚是以痛苦为本质内容的，但单纯的痛苦并不是刑罚的目的，包含在刑罚中的对行为的否定评价，由刑罚传达给行为人与一般人，从而抑止未然的犯罪。因此，对在刑罚不可能产生影响的心理状态下实施的行为处以刑罚，就收不到刑罚的效果。换言之，刑法通过对法益侵害行为的预告、制裁，使国民产生不犯罪的动机（对犯罪产生反对动机），只有当国民能够产生不犯罪的动机，即只有当国民在行为的当时可以选择其他合法行为时，对犯罪的预防才是有效的。概言之，只有当国民具有实施其他合法行为的可能性时，才能对其实施的不法行为给予法的非难。如果国民在行为的当时不可能选择其他合法行为，而对之给予法的非难，国民就只是因为运气不佳、命运不好而受到处罚。这不仅违背国民的法感情，而且不能实现刑罚的目的。

二、责任的本质

（一）行为责任论、性格责任论与人格责任论

在责任非难的对象（或责任的基础）是什么这一点上，存在行为责任论与性格责任论的对立。

行为责任论认为，责任非难的对象是各个犯罪行为，是指向各个犯罪行为的意思，因而又称个别行为责任论、意思责任论。行为责任论认为，应受处罚的不是行为人，而是行为，或者说，被追究责任的是行为，而不是其背后的性格、人格。这也是本书的立场。

性格责任论则认为，责任非难的对象不是各个犯罪行为，而是行为人对社会的危险性格。责任是应当被科处社会防卫处分的地位。据此，应受处罚的不是行为，而是行为人。但是，从人权保障的观点来看，如果仅有危险性格就成为处分对象，是不妥当的。所以，只有当具有危险性格的人现实地实施了犯罪行为时，他才能成为社会防卫处分的对象。犯罪行为只具有征表危险性格的意义。由于理论根基的不当，性格责任论已经退出了学术舞台。

人格责任论着眼于上述两种立场的缺陷，认为具有主体性的行为人的人格是责任的基础。此说认为，人格分为由素质、环境宿命地形成的部分和由行为人有责地形成的部分，只能就后一部分对行为人人格进行非难。有责的人格形成责任，是由日常生活的行状导致的，只要这种行状是可以改变的，就可能对行为人的人格进行非难。根据人格责任论的观点，犯罪行为是行为人人格的主体的实现，故责任的第一次基础是犯罪行为，但人格一方面是受素质、环境制约，同时又是行为人主体性形成的，故在行为责任的背后，存在第二次的责任基础，即对人格形成的责任。换言之，犯罪行为是第一次基础，人格形成是第二次基础。但是，人格责任论存在缺陷。现实上能否区分宿命地形成的人格与行为人有责地形成的人格，就是一个根本的疑问。即使能够进行区分，而提出有关犯罪人生活的全部经历的证据，不仅在诉讼程序上是不可能的，而且如此介入个人生活也是不妥当的。此外，追溯人格形成的全过程，只能对社会的弱者起到不利作用。

（二）心理责任论与规范责任论

作为责任内容的要素，其性质是什么？对此形成了心理责任论与规范责任论。

心理责任论认为，责任的实体是行为人的心理关系，基于心理关系不同，将责任分为故意与过失，行为人在具有责任能力之外，还具有故意、过失时，就能追究行为人的责任。这一学

说在 19 世纪末 20 世纪初占统治地位。

规范责任论的特色在于，在与法律规范的关系上把握责任。法律规范终究是以对个人的命令、禁止表现出来的，这种命令、禁止就行为人一方而言，只有在能够遵从即能够实施犯罪行为以外的行为时，才是适当的。也即，为了给予责任非难，仅仅具有故意、过失的心理要素并不够，还必须是能够期待行为人在具体情况下实施其他适法行为（具有期待可能性），只有在这种场合，才能考虑责任非难。换言之，行为人原本可以不实施符合构成要件的不法行为，却实施了这种行为时，才是值得谴责的。所以，责任的重要内容是，"不应当实施不法行为"的规范性评价（非难）。根据规范责任论的观点，在具体情况下，即使认定了具有故意、过失的心理事实，也存在不能给予非难的情形。规范责任论是当今的通说。

《刑法》第 16 条的规定，包含了规范责任论的思想。该条规定："行为在客观上虽然造成了损害结果，但是不是出于故意或者过失，而是由于不能抗拒或者不能预见的原因所引起的，不是犯罪。"不可抗力具有三个特征：一是行为在客观上造成了损害结果，二是行为人主观上没有故意与过失，三是损害结果由于不能抗拒的原因所引起。所谓不能抗拒，是指行为人虽然认识到自己的行为会发生损害结果，但由于当时主客观条件的限制，不可能防止结果的发生。显然，不可抗力缺乏期待可能性，因而不能对行为人做出"不应当实施不法行为"的规范性评价。[1] 虽然《刑法》第 16 条的字面含义，似乎意味着不可抗力与意外事件中的行为人不具有故意与过失，但也可以认为，期待可能性是责任的前提或者基础。据此，我国刑法采取了规范责任论。

在本书看来，规范责任论并不是对心理责任论的否认，而是在行为人具有心理责任的前提下，进一步将违法性认识的可能性与期待可能性作为责任要素。所以，心理责任论与规范责任论不是对立关系，心理责任是从事实层面而言，规范责任则是从规范评价层面而言。[2]

（三）道义责任论与法律责任论

关于责任非难的根据，存在道义责任论与法律责任论之分。

道义责任论认为，犯罪是基于人的自由意志实施的行为；具有责任能力的人，是具有自由意志的；故意、过失实际上是对基于自由的意志活动所实施的犯罪的认识要件；基于这种自由意志活动而实施犯罪行为时，才能受到伦理上的非难，对行为人处以作为报应的刑罚才是正当的。换言之，人都是有理性的，既然行为人以自己的意志去实施犯罪，就应当承担责任，这是人类当然的伦理要求。正是在此意义上，使用"道义的"责任这一用语。

法律责任论认为，责任非难是一种法律上的非难，而不是一种道德审判与伦理评价。因此，只能根据法律判断行为人是否具有责任，而不能根据伦理道德判断行为人是否具有责任。这也是本书的立场。

三、责任的基础

责任可谓非难可能性，因而需要考虑在何种场合具有非难可能性。对此，因是否承认意志

---

〔1〕　诚然，不可抗力之所以不成立犯罪，也可能通过"缺乏结果回避可能性因而不能将结果归属于行为"来说明。但是，仅作如此说明，有可能认为不可抗力成立未遂犯，但本书不接受这一结论。

〔2〕　此外，功能责任论认为，"责任与预防具有共同的本质，它们都是由行为人是否忠诚于法规范在何种程度上忠诚于法规范所决定的。责任和预防只是同一个事物的不同侧面。行为人曾经是否忠诚于法规范是责任问题，行为人将来是否忠诚于法规范还是责任问题，但是，行为人是否忠诚于法规范也决定了行为人将来是否犯罪，还会影响一般公众今后对法规范的态度，因此，也是预防问题。"冯军："刑法中的责任原则——兼与张明楷教授商榷"，载《中外法学》2012 年第 1 期，第 56 页。

自由而出现了不同的立场。[1] 在此意义上说，意志自由问题是责任论的基础。

本书采取相对的意志自由论（相对的非决定论）。人的意志受到环境、生理等各方面的制约和影响，不可能是完全自由的。但是，具有辨认控制能力的人，具有接受法律规范的要求、实施合法行为的可能性，因而具有相对的意志自由。具有相对的意志自由的人，如果不接受法律规范的要求，实施了符合构成要件的不法行为，就能够对之进行非难。之所以采取这一立场，是因为刑法上的责任概念，原本就是以自由意志为前提而形成的。如所周知，确定体系性意义中的责任概念、对责任刑法的展开做出重大贡献的，是启蒙思想家 S·普芬道夫（Samuel Pufendorf，1632~1694）。他将人作为具有理性、基于自由意志而行为的存在来把握，认为只有可以基于自由意志决定实施好行为或者恶行为的人，才能对自己基于自由意志实施的行为具有责任。普芬道夫将行为理解为自由意志的产物，使自由意志占据归责中心的观点，对其后的学说产生了很大影响。在刑法上，普芬道夫"由意思自由的前提出发，得出责任只有在具备归责能力和辨认能力的情况下才成立，由此创设出责任刑法的一个新学说。国家目的中合道德性的设立，限制了教育和威慑作为刑法的目的，预防代替了复仇。普芬道夫刑罚威慑的道德强制思想走在了费尔巴哈的心理强制学说的前面"。[2] 可以认为，倘若不以行为人具有自由意志为前提，刑法学上恐怕难以存在当今的责任概念。

概言之，责任与自由意志不可分离，没有自由意志就没有选择，没有选择就没有责任。"责任归属以'意志自由'为前提。尽管在哲学上有许多争论，实际上，意志自由的设定毫无疑问地进入了我们日常世界的相互作用和机制体制之中。例如，我们总是对他人行为的意图、而不只是对其后果作出愤恨或感激的反应"。[3] "当人的意志能够选择为或者不为该种行为时，意志的作用便是使人的行为受到称赞或者责难的惟一原因"。[4] 选择与责任成为高度统一的哲学范畴。因为人是在特定的社会关系、特定的法律秩序范围内进行选择的，人的选择必然给社会关系带来某种影响，做出选择的人应当对此影响负责。如果行为及其实害不是人选择的结果，就不可能追究其刑事责任。

---

〔1〕 决定论认为，人的所有意志决定与行为，都是遵从因果法则的原因的结果，因而是被决定的，人没有意志自由。换言之，人的意志决定由素质、环境来决定。因此，责任是对于具有社会危险性格的人，应当接受为了防卫社会而采取的一定处分的地位。非决定论认为，人可以自由地决定其意志。人的意志，不仅可以遵从因果法则引起某种结果，而且具有自主性、创造性。因此，责任的实质内容在于，行为人具有他行为可能性，即能够实施其他合法行为却实施了不法行为。在决定论与非决定论之间，还存在形形色色的观点。例如，有的学者否定"只有当一个人本来能够以其他的方式行为时，他才对他所做的事情负有道德责任"的观点，但肯定"只有当一个人本来可以履行一个给定的行为时，他才能对没能履行那个行动负有道德责任"的论断。再如，有的学者虽然采取决定论，但并不否认人的意志自由。亦即，人的意志决定及其行为，虽然从原理上说是能够通过因果法则来说明、预测的（被决定的），但不能据此否认人的自由以及作为非难的责任。换言之，在决定论之下才能考虑自由与责任。这种主张决定论与自由、责任可以两立的观点，被称为缓和的决定论。大体而言，关于决定论、非决定论以及意志是否自由的问题，可以作如下归纳：首先可以将不同观点分为两立论（相容论）与非两立论（不相容论）；两立论大体上是指缓和的决定论，亦即，决定论与自由意志是可以相容而同时存在的，所以，即使采取决定论，也可以追究行为人的责任；非两立论包括认可决定论的立场（强硬的决定论）与否认决定论的立场；否认决定论的立场又包括两种观点：其一是承认意志自由，其二是否认意志自由（非决定论的自由意志否定说）。

〔2〕 ［德］格尔德·克莱因海尔、［德］扬·施罗德主编：《九百年来德意志及欧洲法学家》，许兰译，法律出版社 2005 年版，第 345 页。

〔3〕 ［美］乔治·恩德勒等主编，汪淼洋译文主编：《经济伦理学大辞典》，李兆雄、陈泽环译，上海人民出版社 2001 年版，第 540 页。

〔4〕 布莱克斯顿（Blackstone）语，转引自 ［英］哈特：《惩罚与责任》，王勇等译，华夏出版社 1989 年版，第 166 页。

四、责任的要素

责任要素，是指刑法规定成立犯罪必须具备的，表明行为的非难可能性的各种要素。按照本书的观点，责任要素包括故意、过失、目的与动机、责任能力、违法性认识的可能性以及期待可能性。[1] 如前所述，责任的基础，是具有辨认控制能力的人，具有接受法律规范的要求、实施合法行为的可能性，却不接受法律规范的要求，实施了符合构成要件的不法行为。所以，除了故意、过失外（在某些犯罪中还需要特定目的与动机），还有三个方面的责任要素，其一，要对行为主体进行法的谴责，就要求行为主体能够认识其行为的内容、社会意义与危害结果，并能够控制自己不实施法律所禁止的行为。所以，如果行为主体不具有辨认控制能力（责任能力），就不能对之进行非难。其二，在行为主体认识到或者可能认识到自己的行为是刑法禁止的行为时（违法性认识的可能性），就应当产生反对动机。如果行为主体不可能认识到自己的行为是刑法禁止的行为而实施时（合理地认为自己的行为符合刑法时），就不能对行为主体进行非难。其三，只有在行为主体客观上可以实施法律所允许的行为（他行为可能性），却不实施法律所允许的行为时，才能对行为主体进行非难（期待可能性）。

基于刑法的规定方式与司法现状，可以将责任要素分为积极的责任要素与消极的责任要素。所谓积极的责任要素，是需要司法机关积极证明的责任要素。例如，故意、过失、目的与动机，就是积极的责任要素。所谓消极的责任要素，是指不需要司法机关积极证明该要素的存在，但如果行为人缺乏该要素，则表明行为人不具有责任。例如，《刑法》第18条并不是规定只有当行为人具有责任能力时才追究刑事责任，只是规定如果没有责任能力则不负刑事责任。在司法实践中，检察机关不需要证明行为人具有责任能力。但是，如果有证据证明行为人在行为时没有责任能力，则表明行为没有责任。

第二节　故意

一、故意的概念

《刑法》第14条第1款规定："明知自己的行为会发生危害社会的结果，并且希望或者放任这种结果发生，因而构成犯罪的，是故意犯罪。"据此，故意犯罪是故意实施的犯罪。故意，则是指明知自己的行为会发生危害社会的结果，并且希望或者放任这种结果发生的心理态度。故意是一种基本的责任形式。

故意由两个因素构成：一是认识因素，即明知自己的行为会发生危害社会的结果；二是意志因素，即希望或者放任危害结果的发生。

首先，这两个因素必须是现实的、确定的。易言之，在没有认识的情况下，不管具有怎样的认识可能性，也不能认为存在故意的认识因素；如果行为人还没有确定实现何种内容，就缺乏故意的认识因素与意志因素。例如，甲在与乙发生冲突时，立即取出手枪，但究竟只是威胁乙，还是要伤害抑或杀害乙，尚处于未决定的状态，而此时子弹便射中乙，造成死亡结果。这种现象虽在理论上称为"未确定的故意"，但实际上并不存在故意，不仅不成立故意杀人既遂，也不成立故意杀人未遂与预备，只能认定为过失致人死亡罪。其次，这两个因素必须有机统一起来，才形成故意。"有机统一"有两个意思：一是任何犯罪的故意都必须同时存在认识因素与意志因素；二是认识因素与意志因素之间具有内在联系，突出地表现在行为人所认识到的结果

---

〔1〕 有的学者将故意、过失、目的归入主观的违法要素，有的学者承认故意的双重地位，即故意包括构成要件故意与责任故意。

与所希望或者放任发生的结果必须具有法定的同一性（刑法规范意义上的同一性，而不是具体的同一性），而且意志因素以认识因素为前提。因此，认识内容不同，故意内容就会不同。[1]

由于故意的认识内容是对构成要件事实的认识，而行为人可能发生事实认识错误。事实认识错误可能阻却故意的成立，但它本身并不是积极的责任要素。所以，本书在故意之后讨论事实认识错误（也可谓故意阻却事由）。

二、关于故意的学说

关于故意的学说，实际上是关于故意内容或本质的学说。由于对故意内容的认识与对过失的认识密切联系，因而也是关于故意与过失的界限的学说。[2]

我国刑法采取了容认说，即行为人明知自己的行为会发生危害社会的结果，并且希望或者放任这种结果发生时，就成立故意。首先，在行为人认识到危害结果的发生时还放任其发生，就表明其不只是消极地不保护法益，而是积极地对法益持否定态度，与希望结果发生没有本质区别。其次，容认说将非难可能性明显小于间接故意的过于自信的过失排除在故意之外，同时将间接故意归入故意之中，使故意的范围适度。最后，放任具有心理实质，即行为人同意、认可危害结果的发生，从而反映出行为人对法益的蔑视态度。

现行刑法实施以来，由于某些犯罪的责任形式难以确定，有的学者提出了复合罪过说。亦即，同一罪名实际上包含了跨越故意（限于间接故意）与过失的两种责任形式。例如，滥用职权罪和玩忽职守罪的责任形式，既可能是故意，也可能是过失。[3] 再如，食品监管渎职罪的责任形式，应当是既包括故意（通常为间接故意）也包括过失（一般为过于自信的过失）。间接故意和过于自信的过失不仅在主观恶性程度上具有相当性，而且在司法实践中也具有模糊性，不容易区分，适用同一法定刑具有合理性。但直接故意的主观恶性远远大于间接故意与过失，故食品监管渎职罪不能出于直接故意。[4] 复合罪过说虽然使部分犯罪容易处理，但存在缺陷。其一，复合罪过说大体上是基于对现实案件的分析，存在以事实替代规范之嫌。其二，过失犯的处罚以《刑法》分则有明文规定为限，复合罪过说可能导致将分则没有规定的过失行为以犯罪论处，因而不合适。其三，我国刑法将共同犯罪限定为共同故意犯罪，而不处罚对过失犯的教唆、帮助和过失的教唆与帮助，因而必须明显区分故意与过失，复合罪过说显然不利于处理共同犯罪现象。其四，在我国刑法中，直接故意与间接故意具有等质性，过于自信的过失与疏忽大意的过失具有等质性，但复合罪过说导致责任分为直接故意、间接故意与过于自

---

〔1〕 有观点认为，故意除了认识因素与意志因素外，还应当有情绪因素。其实，情绪也是基于某种认识的决定，换言之，情绪只是一种附属物，在故意中没有独立的价值。

〔2〕 关于故意的本质，历来有意志说与认识说之争。即意欲实现构成要件内容才成立故意的学说为意志说（希望说），只要对构成要件事实有认识就成立故意的学说为认识说（表象说）。前者强调故意的意志因素，后者强调故意的认识因素。如果彻底依意志说，没有意欲的心理便排斥在故意之外，这就缩小了故意的范围；如果完全依认识说，则有认识的过失都会全部归入故意，这便扩大了故意的范围。除此之外，还有诸多学说。盖然性说以认识说为基础，也是只从认识因素方面区分故意与过失，即行为人认识到结果发生的盖然性（较大的可能性）时是故意，只认识到结果发生（或客观构成要件的实现）的可能性时是过失。风险理论认为，如果行为人的某个决定与法秩序的风险原则不相容，那么，其行为就是故意的。客观化的意志说认为，应当从客观上判断某种心理状态是故意还是过失，如果从客观上进行评价得出的结论是，结果与行为人的计划相符合，则认定为故意；否则即为过失。回避意志说主张，通过对实现结果的意志（实现意志）与回避结果的意志（回避意志）进行比较，看行为人实现了何种意志，来区分故意与过失。如果认定行为人具有实现意志，就认定为故意；如果认定行为人具有回避意志，就认定为过失；如此等等。

〔3〕 参见储槐植、杨书文："复合罪过形式探析——刑法理论对现行刑法内含的新法律现象之解读"，载《法学研究》1999 年第 1 期。

〔4〕 参见储槐植、李莎莎："食品监管渎职罪探析"，载《法学杂志》2012 年第 1 期。

信的过失、疏忽大意的过失三种责任形式，因而不符合我国《刑法》总则的规定。

总之，在我国，过失与故意不具有等质性，应当严格区分故意与过失。故意与过失这两种责任形式的界限，是同时按照两个标准来区分的：一是行为人对自己的行为造成危害结果有无认识以及认识程度如何；二是行为人对危害结果的态度如何。只有同时依据这两个标准，才能说明不同责任形式所反映的非难可能性程度差异。当然，为了正确地理解和认定故意，在学理上也可能根据其他标准对故意进行分类。

三、故意的种类

(一) 故意的种类概述

不管《刑法》是否规定故意的种类，刑法理论都可以根据不同标准对故意进行不同分类。

1. 根据故意的认识内容的确定程度可以将故意分为确定故意与不确定故意。一般认为，认识到犯罪的实现（发生结果）是确定的，就表明有确定的故意。"意图"与"确知"就是确定的故意（直接的故意）。意图是指行为人将犯罪结果作为目的的情况，不要求行为人认识到结果确实要发生。确知指行为人认识到结果确实要发生的情况，不要求行为人以犯罪结果为目的。例如，在用枪支射击距离较远的人时，行为人就具有杀人的意图与非法持有枪支的确知。

不确定的故意包括未必的故意、概括的故意、择一的故意。认识到结果可能（而非确实）发生（不是确知），并且不是积极希望结果发生（不是意图）的，属于未必的故意。换言之，发生结果本身是不确实的，但认识到或许会发生结果，而且认为发生结果也没有关系的，是未必的故意。

概括的故意主要包括两种情形，其一，行为人认识到结果发生是确实的，但结果发生的行为对象不特定，即行为对象的个数以及哪个行为对象发生结果是不确定的。例如，向一群人投掷炸弹的行为人，对因爆炸而死亡的具体范围是不确定的。倘若将这种行为认定为故意杀人罪，那么，行为人对死者承担故意杀人既遂的责任，对受伤者以及其他具有死亡危险的人承担故意杀人未遂的责任。行为人事先没有确定行为对象的（没有将行为对象限定为特定人或物），也不影响故意的成立。例如，在电话亭里放置加入了毒药的饮料，导致饮用者死亡的，成立故意杀人罪。其二，行为人不清楚自己的第一个行为是否导致结果发生，为了确保结果发生，又实施第二个行为以确保结果发生。例如，甲向悬崖边的乙开枪射击，但不确定倒地后的乙是否死亡，于是将乙推至悬崖下。事后查明，乙中枪的当时并没有死亡。在这种情况下，没有疑问地肯定甲对具体的死亡结果具有故意。

行为人认识到数个行为对象中只有一个对象会发生结果，但不确定哪个行为对象发生结果时，就是择一的故意。不管如何理解故意的本质，择一的故意都是值得特别研究的一种重要现象。与概括的故意不同，择一的故意认识到结果只发生于一个行为对象上。例如，逃犯甲的手枪只有一发子弹，警察乙带着警犬在后面追捕，甲认识到回头射击既可能只打中警察，也可能只打中警犬，但不可能同时击中警察与警犬。客观方面则存在多种可能：①仅打中警犬；②仅打中警察；③既没有打中警察，也没有打中警犬（其中，又可能存在打死警察的危险大、打死警犬的危险大等情形）；④同时打中了警察与警犬。对此，国外刑法理论存在不同观点。[1] 本

---

[1] 一种观点认为，甲只对已经实现的构成要件成立既遂。据此，在上述第一种情况下，甲仅承担故意毁坏财物罪的责任，而不承担故意杀人未遂的责任；在上述第三种情况下，甲不承担任何责任。这显然不合适。另一种观点认为，只处罚一个（既遂或者未遂的）重罪。据此，在上述第四种情况下，仅认定为故意杀人罪，而不能评价毁坏财物的事实。更为重要的是，将上述案例稍加改变，追捕逃犯的是两名警察，逃犯甲一枪打死两名警察时（即行为人所欲实现的是两个相同的构成要件时），不能确定孰轻孰重德国的通说认为，甲对已经实现的构成要件成立既遂，对未实现的构成要件成立未遂，二者构成想象竞合（参见［德］乌尔斯·金德霍伊泽尔：《刑法总论教科书》，蔡桂生译，北京大学出版社2015年版，第149～150页）。

书的解释是，在择一的故意的场合，不可否认行为人对两个构成要件结果都有认识，既然如此，当行为导致两个结果发生时，行为人理当要对两个结果承担故意责任；同理，当行为仅导致轻罪结果发生但存在发生重罪结果的危险时，行为人也必须同时对重罪的未遂犯承担责任。在这种场合，并不是说行为人有数个故意，而是说行为人对数个结果均有故意。但由于行为人只实施了一个行为，所以按想象竞合犯处理。

2. 根据故意是否依附于一定条件可以将故意分为无条件故意与附条件故意。前者是指行为人决意无条件地实施实行行为；后者是指行为人决意在具备一定条件之后便实施实行行为，由于"条件成熟就实施实行行为"的意思是确定的，故仍然成立故意。但是，对犯罪的认定，还必须考虑实行行为的有无与性质，考虑行为人是否具有实行的故意。例如，A 意欲强奸 B 女，但内心打算是，如果 B 长相难看就不奸淫。A 着手实施暴力行为后发现 B 长相难看，便放弃了奸淫行为。对此，可认定为强奸中止（有人主张认定为强奸未遂）。再如，甲在与乙见面前准备了手枪，内心打算是，如果乙拒绝自己的要求就杀害对方，但在乙的态度并不确定时，手枪走火导致乙死亡。由于甲没有实施杀人罪的实行行为的故意，对其行为只能认定为故意杀人（预备）罪与过失致人死亡罪的想象竞合。

3. 根据所认识和希望、放任的结果形态，可以将故意分为侵害故意与危险故意。前者认识到了行为对一定法益的侵害，而且希望或者放任其发生。后者认识到了行为对一定法益的危险状态，而且希望或者放任危险状态的发生。换言之，侵害犯的故意，就是侵害故意；危险犯的故意，就是危险故意。例如，成立《刑法》第 114 条规定的放火罪，就只需要认识到放火行为可能发生具体的公共危险，而不要求认识到放火行为会导致他人死亡的结果，这便是危险故意。但是，这并不意味着未遂犯的故意都是危险故意，未遂犯必须有导致法定结果发生的意志因素。

4. 根据犯罪形态，可以将故意分为既遂犯的故意与未遂犯的故意。在前一种场合，存在与故意内容完全对应的客观构成要件事实，或者说，故意的内容已经完全现实化。在后一种场合，不存在与意志因素相对应的构成要件事实（如希望死亡结果发生但死亡结果没有发生），所以，意志因素成为主观的超过要素。

5. 我国刑法根据故意的认识因素与意志因素的内容，将故意分为直接故意与间接故意。

（二）直接故意

直接故意，是指明知自己的行为会发生危害社会的结果，并且希望这种结果发生的心理态度。直接故意是认识因素与意志因素的统一。

1. 认识因素。直接故意的认识因素是明知自己的行为会发生危害社会的结果。"明知自己的行为会发生危害社会的结果"与"认识到危害结果会发生"不是等同的含义，因为明知自己的行为会发生危害结果，意味着行为人认识到自己以何种行为对何种对象造成危害结果。换言之，不能简单地认为直接故意的认识内容就是认识到危害结果发生，而应认为认识内容包括明知自己行为的内容、社会意义与危害结果等。

（1）直接故意的一般认识内容。根据《刑法》第 14 条的规定，直接故意的一般认识内容包括以下几个方面：

第一，明知自己行为的内容与社会意义。行为人对自己行为的认识，并不只是对外部行为的物理性质的认识，而是必须认识到行为的社会意义。对行为内容与社会意义的认识，实际上是对刑法所欲禁止的实体的认识。例如，贩卖淫秽物品时，只有认识到自己所贩卖的物品具有淫秽性，才属于对行为内容与社会意义的认识。如果不识外文的行为人认识到自己在贩卖外文书籍，但根本没有认识到该外文书籍是淫秽小说，就缺乏对行为的社会意义的认识，因而不具有贩卖淫秽物品的故意。

第二，明知自己的行为会发生某种危害结果（包括侵害结果与危险结果）。对危害结果的认识不要求很具体，只要求认识到是构成要件的结果。例如，故意杀人时，只要求认识到会有人死亡即可，不要求具体认识到死亡者是谁，也不要求认识到死亡的具体时刻。对危害结果的明知包括明知危害结果必然发生与可能发生。

需要进一步讨论的是，所谓"明知自己的行为会发生危害社会的结果"，是指行为人必须认识到结果是"危害社会的"，还是只要认识到结果，而该结果被一般人或法官评价为"危害社会的"即可？例如，甲认识到自己拘禁行为的结果是吸毒者乙的自由被剥夺，但同时认为该结果并不危害社会，而是有利于社会。在这种情况下，能否认定甲具有非法拘禁罪的故意？一般来说，只要行为人认识到自己行为的社会意义，就能够认识到自己行为的结果是危害社会的。而且，故意的认识内容是构成要件事实，并不要求行为人对事实予以评价。某种结果是有利于社会还是不利于社会，不能由行为人评价，只能根据刑法规定予以评价。"明知自己的行为会发生危害社会的结果"，实际上是指行为人明知自己的行为会发生符合构成要件的法益侵害结果或者危险结果。[1] 既然甲认识到自己的行为发生了剥夺他人自由的结果，就表明他认识到了自己的行为发生的是法益侵害结果，因而具备了故意的认识要素。

第三，某些犯罪的故意还要求行为人认识到刑法规定的特定事实，如特定的行为时间、地点、方法、行为对象、特定的主体身份等。例如，成立掩饰、隐瞒犯罪所得罪，要求行为人明知自己掩饰、隐瞒的是犯罪所得。再如，行为人本来患有严重性病，但误认为自己没有患性病而卖淫或者嫖娼的，虽然其行为符合犯罪的构成要件，但由于没有认识到自己的特殊身份，因而没有认识到行为的社会意义与危害结果，不具有犯罪故意，不成立犯罪。

由上可见，我国刑法中的故意是一种实质的故意概念，即并不是认识到行为与结果的单纯事实（外部形态）就成立故意，还必须认识到行为的社会意义与法益侵害（危险）结果。可以认为，故意的成立要求行为人认识到实质的违法性。至于故意的成立是否需要认识到行为的形式违法性，以及事实认识错误对故意的影响，是下面要讨论的问题。

（2）规范的构成要件要素的认识。就符合记述的构成要件要素的事实而言，行为人在认识到单纯事实的同时，就能认识行为的社会意义，进而认识行为的实质违法性乃至形式违法性。例如，行为人在认识到自己向他人胸部开枪时（单纯事实的认识），必然认识到这是杀人行为（社会意义的认识），进而认识到杀人行为是侵害他人生命的违法行为（实质的违法性的认识），甚至认识到其行为是违反《刑法》条文规定的行为（形式违法性的认识）。

就符合规范的构成要件要素的事实而言，行为人在认识到单纯事实的同时，却不一定能够认识行为的社会意义，因而不一定认识到行为的实质违法性。例如，行为人认识到自己在贩卖某种书画（单纯事实的认识），却不一定认识到自己贩卖的是淫秽物品（社会意义的认识），因而不一定认识到了行为的法益侵犯性。这是因为规范的构成要件要素是需要根据法律法规、经验法则或者一般人的价值观念做出判断的要素，行为人的价值观不同于法律法规或者不同于一般人的价值取向时，就可能得出不同结论。例如，某种书画，一般人均认为是淫秽物品，而行为人却不认为是淫秽物品。再如，行为人认识到自己毁灭了印有文字的纸张，却不一定认识到自己毁灭了国家机关公文。在这种情况下，如果仅要求行为人具有单纯事实的认识（即只要认识到自己贩卖了书画、毁灭了纸张），就成立故意犯罪，显然不合适。例如，根本不识外文的人客观上贩卖了淫秽的外文小说，如果他没有被告知为淫秽物品，自身也没有认识到是淫秽

---

〔1〕 由于构成要件的结果多种多样，所以，《刑法》第14条用"危害社会的结果"来表述各种构成要件的结果。

物品，则因为没有认识到自己行为的社会意义，而不能认定其行为成立故意犯罪。所以，故意的成立要求行为人认识到自己行为的社会意义；但如果要求行为人认识到刑法上的规范性概念（如淫秽物品概念），也会不当缩小刑法的处罚范围，而且导致处罚的不公平。另一方面，由于表述规范的构成要件要素的是规范性概念，所以，行为人完全可能没有认识到规范性概念的法律意义（规范意义）。例如，行为人可能不认识《刑法》所规定的"淫秽"二字，也不理解刑法上的"淫秽"概念的规范意义。所以，倘若认为只有当行为人认识到了"淫秽"概念的规范意义时，才认定其认识到行为的社会意义，才以故意犯罪论处，就会不当缩小处罚范围。换言之，就故意犯罪而言，不能要求行为人像法学家或者法官那样理解规范的要素。[1] 于是，外国学者提出了后述"行为人所属的外行人领域的平行评价"理论。不过，这一理论针对的主要是社会的评价要素。

本书认为，就法律的评价要素而言，只要行为人认识到作为评价基础的事实，一般就能够认定行为人认识到了规范的要素。例如，只要行为人认识到自己的财产处于国家机关管理、使用、运输中，就应认定行为人认识到了该财产属于公共财产（参见《刑法》第91条第2款）。又如，只要行为人认识到警察持逮捕证逮捕嫌疑人，就可以认定行为人认识到了警察在"依法"执行职务。

就经验法则的评价要素而言，只要行为人认识到了作为判断基础或者判断资料的事实，原则上就应当认定行为人认识到了符合规范的构成要件要素的事实。例如，只要行为人认识到了自己的行为会使大量的对象物燃烧，或者认识到火势会蔓延到其他对象物，就能肯定行为人认识到自己的行为会"危害公共安全"。再如，只要行为人认识到自己所破坏的是正在使用中的公共汽车的关键部位（如刹车等），就可以肯定其认识到了自己的行为"足以使汽车发生倾覆、毁坏危险"，因而具有破坏交通工具罪的故意。同样，只要行为人认识到自己破坏的是正在使用中的轨道上的枕木，就可以认定其明知自己的行为"足以使火车发生倾覆、毁坏危险"，因而具有破坏交通设施罪的故意。

问题在于社会的评价要素。[2] 在本书看来，在行为人不明知"淫秽"的法律概念，不确定其贩卖的是"淫秽"物品，但认为其贩卖的是黄色物品、下流物品、毛片，客观上贩卖的确实是淫秽物品时，可以适用"外行人领域的平行评价"理论，认定行为人认识到了自己贩卖的是淫秽物品。上述解释已经能够说明这一点。再如，当行为人不明知《刑法》第246条的"侮辱"的规范意义，却认识到自己实施的是"使他人很难堪"的行为时，也能认定行为人具有侮辱的故意。但是，还存在另外的情形：行为人不认为其贩卖的是淫秽物品，也不认为其贩卖的是黄色物品、下流物品，甚至认为是具有科学价值的艺术作品，但认识到一般人可能将其贩卖的物品评价为淫秽物品，客观上贩卖的确实是淫秽物品时，难以用"外行人领域的平行评

---

〔1〕 否则，只有具备良好的法律知识的人才能成立故意犯罪，这显然不合适。

〔2〕 德国学者麦茨格尔在宾丁之后发展和完善的"行为人所属的外行人领域的平行评价"理论，一直得到普遍承认和适用。该理论认为，在规范的构成要件要素的场合，不要求行为人了解规范概念的法律定义，只要行为人以自己的认识水平理解了具体化在规范概念中的立法者的评价即可。换言之，对行为的社会意义的认识，不要求以刑法上的规范概念进行认识，只要认识到规范概念所指示的与犯罪性相关的意义即可；还可以说，只要行为人的认识内容与规范概念的实质相当即可。据此，当一般人将刑法上的淫秽物品理解为不能公开的黄色物品时，只要行为人认识到自己所贩卖的是黄色物品，那么，他就具有贩卖淫秽物品的故意。也有学者认为，在这种场合，法官对于行为人的语言必须"理念化"，对于法律的语言必须"一般化"；或者说，法官必须使行为人的日常语言世界与刑法的专业语言世界相联系，穿梭于民众的语言与法律的语言之间，从而进行判断。例如，当一般人使用"毛片"表述淫秽影片时，只要行为人认识到自己所贩卖的是"毛片"，就可以肯定行为人认识到了自己所贩卖的是淫秽影片，因而成立故意犯罪。

价"理论进行归责。本书认为，在这种情况下，由于规范的构成要件要素（社会的评价要素）需要根据一般人的价值观念或者社会意义进行精神的理解，所以，应根据行为人在实施其行为时所认识到的一般人的评价结论，判断行为人是否具有故意。换言之，即使行为人自认为其贩卖的不是淫秽物品，也不是黄色物品、下流物品，甚至认为是具有科学价值的艺术作品，但只要行为人认识到了一般人会认为其贩卖的为淫秽物品，且事实上也是淫秽物品时，就可以认定行为人认识到了自己所贩卖的是淫秽物品，进而成立故意犯罪。

（3）无违法阻却事由的认识。当行为人认识到自己的行为存在违法阻却事由时，不可能存在犯罪故意。因为故意虽然是对构成要件事实的认识与容认，但由于构成要件是违法类型，构成要件事实是违法事实，所以，故意实际上是对为违法性提供根据的事实的认识与容认。当行为人认识到自己的行为存在正当化事由时，就没有认识到为违法性奠定基础的事实，当然不能以故意犯罪论处。换言之，故意的成立要求行为人认识到自己的行为侵害或者威胁了法益，当行为人认识到存在正当化事由时，意味着行为人要么认识到法益性的阙如，要么认识到自己的行为保护了更为优越或者至少同等的法益，因而缺乏对实质违法性的认识，所以，不具备故意的非难可能性。例如，行为人以为对方正在进行不法侵害时，对之进行防卫的，属于假想防卫，不存在犯罪故意。在这类认识到存在违法阻却事由的场合，行为人没有认识到为自己行为的违法性提供根据的事实，故应作为事实错误阻却故意的成立。再如，一般认为，强奸罪的成立，要求行为人认识到自己的行为违反妇女意志，这一认识既是对符合构成要件要素的认识，也是对没有正当化事由的认识。总之，只有当行为人认识到前述构成要件事实，同时认识到并无违法阻却事由时，才能认定行为人具有犯罪的故意。

（4）不需要认识的内容。故意的成立并不要求行为人认识到所有的客观事实。例如，结果加重犯中的加重结果，属于不需要认识的内容，即不需要行为人已经认识到结果加重犯中的加重结果，但要求具有认识的可能性。当某些结果加重犯对加重结果仅要求过失时，如果行为人对加重结果具有认识，则可能不以结果加重犯处理，而是按更重的犯罪论处。例如，故意伤害致死的成立，不需要行为人认识到死亡结果；如果行为人认识到自己的行为会发生他人死亡的结果并实施该行为的，构成故意杀人罪。当对加重结果既可以持过失也可以持故意时，行为人是否认识到加重结果，不影响结果加重犯的成立。例如，行为人实施抢劫行为时，不管是否认识到死亡结果，都不影响抢劫致人死亡的成立，只是影响量刑。至于除结果加重犯中的加重结果外，是否还存在其他不需要认识的客观要素，在理论上还存在争议。[1]

此外，当刑法分则条文使用的"非法"一词只是对违法性的提示（或者说提示可能存在违法阻却事由）时，不要求行为人认识到自己的行为"非法"。例如，《刑法》第 238 条第 1 款前段规定："非法拘禁他人或者以其他方法非法剥夺他人人身自由的，处 3 年以下有期徒刑、拘役、管制或者剥夺政治权利。"本条中的"非法"只是对违法性的提示，不是故意的认识内

---

〔1〕　德国、日本刑法理论中，存在"客观处罚条件"的概念，即在一些情况下，行为具有构成要件符合性、违法性、有责性时，并不能据此处罚行为人，还要求具备刑法所规定的一定的处罚条件，即客观处罚条件。我国刑法中也存在类似条件，但这样的条件是作为客观处罚条件，还是作为不需要认识的构成要件要素，还需要研究。例如，依法配备公务用枪的人员，丢失枪支不及时报告的行为，其违法性还没有达到值得科处刑罚的程度，故刑法要求"造成严重后果"。"造成严重后果"也是丢失枪支不报罪的构成要件要素，但不需要行为人对之有认识。因此，依法配备公务用枪的人员，认识到自己丢失枪支后故意不及时报告的，即使没有认识到会造成严重后果（当然应具有认识的可能性），也不希望或者放任严重结果的发生，但如果客观上造成了严重后果，也成立丢失枪支不报罪（张明楷："'客观的超过要素'概念之提倡"，载《法学研究》1999 年第 3 期；张明楷：《犯罪构成体系与构成要件要素》，北京大学出版社 2010 年版，第 218 页以下）。

容。换言之，只要行为人认识到自己的行为剥夺了他人的人身自由，也无违法阻却事由的认识，就具备了故意的认识因素。

2. 意志因素。直接故意的意志因素是希望危害结果的发生。这里的"危害结果"是指行为人已经明知的结果。"希望"是指行为人积极追求结果发生；发生结果是行为人实施行为直接追求的结局；行为人主观上没有介入其他独立意识，不是为了实现其他意图而实施该行为；行为人主观上只有一个意志——追求危害结果的发生，除此之外，没有其他任何意图（当然会有犯罪动机）。正因为如此，才将这种故意称为直接故意。"希望"虽然意味着追求结果发生，但也有程度上的差异，强烈、迫切的希望与不很强烈、迫切的希望，都属于希望危害结果发生。

（三）间接故意

间接故意，是指明知自己的行为可能发生危害社会的结果，并且放任这种结果发生的心理态度。间接故意也是认识因素与意志因素的统一。

1. 认识因素是明知自己的行为可能发生危害社会的结果。与直接故意一样，间接故意的成立要求行为人认识到行为的内容、社会意义与危害结果，认识到刑法规定的特定事实。但是，间接故意只要求行为人认识到自己的行为可能发生危害社会的结果。行为人自认为可能发生危害结果并放任这种结果发生，而客观上必然发生危害结果的，也仅成立间接故意。

2. 意志因素是放任危害结果发生。这里的"危害结果"是指行为人已经明知可能发生的构成要件结果。"放任"是对结果的一种听之任之的态度。即行为人为了追求某种目的而实施一定行为时，明知该行为可能发生某种结果；行为人既不是希望结果发生，也不是希望结果不发生，但仍然实施该行为，也不采取措施防止结果发生，而是听任结果发生；结果发生与否，都不与行为人的意志相冲突。[1] 换言之，只要行为人在心理上接受、认可结果的发生，就属于放任。[2]

（四）直接故意与间接故意的关系

直接故意与间接故意都是认识因素与意志因素的统一，但各自的认识内容与意志内容不同。就认识因素而言，直接故意的行为人是认识到危害结果发生的必然性与可能性；而间接故意的行为人只要求认识到危害结果发生的可能性。就意志因素而言，直接故意表现为希望危害结果发生；而间接故意表现为放任危害结果发生。

直接故意与间接故意虽然存在区别，但二者不是对立关系，而且二者在法律上的地位是相同的，故区分二者的意义极为有限。换言之，应当注重直接故意与间接故意的统一性。其一，不可认为，"《刑法》分则条文规定的某些具体犯罪只能由间接故意构成，不能由直接故意构成"。因为既然间接故意都能成立，直接故意更能成立；事实上也不存在"某种行为出于直

---

〔1〕有学者将放任表述为对危害结果漠不关心；有学者则批判这种表述，而认为放任并不意味着对结果的发生与不发生采取半斤八两的态度，间接故意是"放任结果发生"，而非"放任结果不发生"（参见王作富：《中国刑法研究》，中国人民大学出版社1988年版，第162页以下）。在本书看来，上述两种观点并无区别。

〔2〕间接故意犯罪主要发生在以下两种情况：①为了实现某种非犯罪意图而放任危害结果的发生。如狩猎人为了击中野兽，对可能击中他人持放任态度。②为了实现某种犯罪意图而放任另一危害结果的发生。其中又可以分为两种情况：一是为了追求某种危害结果而对同一对象可能造成的另一危害结果持放任态度。例如，为了抢劫他人财物而使用暴力，对暴力致他人死亡持放任态度。二是对此对象实施犯罪行为时，放任对彼对象造成危害结果。例如，丈夫为了杀妻，在妻子的食物中投放毒药，明知孩子可能分食有毒食物，由于杀妻心切而放任孩子死亡。此外，还有一种在瞬间情绪冲动下，不计后果地实施危害行为，放任危害结果发生的情况。正是由于间接故意的行为人并不直接追求结果的发生，主观上介入了其他因素，故称其心理态度为间接故意。

接故意时成立此罪、出于间接故意时成立彼罪"的情况。其二，也不可轻易说，"某种犯罪只能由直接故意构成，不能由间接故意构成"。因为在《刑法》分则中，凡是由故意构成的犯罪，《刑法》分则条文均未排除间接故意；当人们说某种犯罪只能由直接故意构成时，只是根据有限事实所作的归纳，并非法律规定。其三，只要查明行为人认识到了构成要件事实，并且对结果具有放任态度，即使不能查明行为人是否希望结果的发生，或者不能查明行为人是否认识到结果必然发生，也能认定为间接故意。而不能以事实不清为由，宣告行为人没有犯罪故意。

四、事实认识错误

（一）事实认识错误概述

故意是认识因素与意志因素的统一，因此，对客观事实的认识错误可能影响故意（有时仅影响犯罪的既遂与未遂）。错误是指行为人的认识与实际情况不一致，并不一定意味着行为人产生了错误的认识。刑法理论总是在与故意犯的关联上讨论认识错误，并不是在与过失犯的关联上讨论认识错误。[1] 于是，错误论与故意犯的关系，就成为重要问题。[2]

可以认为，错误论是故意论的反面。这是因为，刑法学中所讨论的事实认识错误，并非主观面与客观面之间存在不一致的所有情形，而是限于故意犯的成立与否存在疑问的情形。客观面发生了某种重大的事项（如发生了致人死亡的结果），主观面对一定的事态具有认识时，主观面的这种认识，能否成为与该客观事实相对应的故意（如故意杀人罪的故意），才是刑法中的事实认识错误理论的问题。[3] 显然，认识错误与故意是表里关系，对认识错误的处理在于解决行为人对于构成要件事实是否具有故意责任。

正因为错误论与故意论是表里关系，所以，行为人的主观认识与客观事实在何种程度上一致，既是故意的认识内容问题，也是错误论的问题。可以肯定的是，只有当行为人所认识的事实与实际发生的事实，在"构成要件的范围内"相符合时，才能在此限度内肯定故意的既遂犯。换言之，应当以构成要件为基准，判断某种事实是否属于作为故意的认识对象（或内容）的重要事实；如果对重要事实存在认识错误，就阻却故意的既遂犯；反之，则肯定故意的既遂犯。但问题在于，如何理解"构成要件"与"相符合"？如后所述，刑法理论上存在不同观点。

事实认识错误分为具体的事实认识错误与抽象的事实认识错误，此外，对于违法阻却事由的认识错误，也需要说明。

（二）具体的事实认识错误

具体的事实认识错误，也称具体的事实错误，是指行为人认识的事实与实际发生的事实虽然不一致，但没有超出同一犯罪构成的范围，即行为人只是在某个犯罪构成的范围内发生了对事实的认识错误，因而也被称为同一犯罪构成内的错误。刑法理论一般认为，具体的事实错误主要包括对象错误、打击错误与因果关系的错误。对于具体的事实错误，主要存在具体符合说与法定符合说的争论。前者认为，行为人所认识的事实与实际发生的事实具体地相一致时，才成立故意的既遂犯；后者认为，行为人所认识的事实与实际发生的事实，只要在犯罪构成范围内是一致的，就成立故意的既遂犯。此外还存在其他学说。

1. 对象错误。具体的事实错误中的对象错误，是指行为人误把甲对象当作乙对象加以侵

---

〔1〕 例如，行为人误以为是自己的财物而毁坏，但实际上毁坏了他人财物。这不是错误论所解决的问题。

〔2〕 认识错误本身显然既不是故意的要素，也不是责任的要素。

〔3〕 例如，行为人原本想到厨房拿一把菜刀杀人，却错拿了一把斧头杀人的，不属于事实认识错误。

害，而甲对象与乙对象处于同一犯罪构成内，行为人的认识内容与客观事实仍属同一犯罪构成的情况。[1] 例如，行为人本欲杀甲，黑夜里误将乙当作甲予以杀害。根据法定符合说，刑法规定故意杀人罪是为了保护人的生命，而不只是为了保护特定的甲或者特定的乙的生命，因此，只要行为人主观上想杀人，且客观上又杀了人，那么就符合故意杀人罪的犯罪构成，成立故意杀人既遂。具体符合说也认为，这种对象错误并不重要，因而不影响故意犯罪既遂的成立。因为在行为的当时，行为人想杀的是"那个人"，且事实上也杀了"那个人"，因而属于具体的符合，成立故意杀人既遂。所以，就这种对象错误而言，具体符合说与法定符合说的结论完全相同。

2. 打击错误。打击错误也称方法错误，是指由于行为本身的差误，导致行为人所欲攻击的对象与实际受害的对象不一致，但这种不一致仍然没有超出同一犯罪构成。[2] 例如，A举枪射击甲，但因没有瞄准而击中了乙，导致乙死亡。显然，A的主观认识（对甲射击）与客观事实（乙死亡）并不一致。[3]

关于打击错误，具体符合说认为，由于客观事实与行为人的主观认识没有形成具体的符合，所以，在上例中，A对甲承担杀人未遂的责任，对乙承担过失致人死亡的责任；由于只有一个行为，故二者属于想象竞合犯，从一重罪处罚。显然，具体的符合说重视法益主体的区别，要求故意的认识内容包括对具体的法益主体的认识。但是，具体符合说存在诸多缺陷。

本书赞成法定符合说。在故意致人死亡存在方法错误的情况下，行为人客观上的杀人行为导致了他人死亡，主观上也具有杀人故意，二者在故意杀人罪的犯罪构成内是完全一致的，因而成立故意杀人既遂。显然，法定符合说重视法益的性质，但并不重视法益主体的区别。

采取法定符合说，有利于平等地保护法益。当A意欲杀X时，即使造成Y死亡，或者同时造成X与Y死亡，均应认定为故意杀人既遂，从而使X的生命与Y的生命得到平等保护，而不致因为行为人的认识错误影响了刑法对被害人生命的保护程度。

采取法定符合说符合责任的本质，有利于实现刑罚目的。责任的本质是就符合构成要件的不法行为对行为人的非难。一方面，行为人A故意向X开枪击中了X，与行为人B故意向X开枪却击中了Y相比较，二者的责任非难程度不应当有区别。因为A与B不仅认识的事实相同，而且犯罪动机形成的可能性完全相同，合法行为的期待可能性也没有区别。在此意义上

---

〔1〕 行为人误将非犯罪对象当作犯罪对象加以侵害的（如行为人本欲杀害甲，黑夜里误将一只有害野兽当作甲杀死），或者，行为人误将犯罪对象当作非犯罪对象加以侵害的（如行为人本欲杀死有害野兽，黑夜里误认为邻人为野兽而开枪射击致人死亡），虽然也存在认识错误，也可谓对象错误，但主要属于未遂犯与不能犯、过失与意外事件的问题。

〔2〕 我国传统刑法理论所说的手段错误（如行为人所使用的手段本来会发生结果，但行为人误认为不会发生结果；或者行为人本欲使用会发生结果的手段，但由于认识错误而使用了不会发生结果的手段；或者行为人所使用的手段不可能导致结果，但行为人误认为可以导致结果发生），虽然也可谓一种认识错误，但分别属于过失犯、未遂犯与不能犯的问题。

〔3〕 打击错误中的主观认识，是指犯罪的故意；客观事实，是指符合构成要件的事实（结果）。因此，其一，如果行为人主观上没有犯罪的故意，即使客观上发生了构成要件的结果，也不是方法错误的问题。例如，行为人本欲开枪杀死疯狗，但因为没有瞄准而射中了他人。由于行为人主观上没有犯罪的故意，因而不是方法错误，只是过失犯与意外事件的区分问题。基于同样的理由，如果行为人本欲开枪打死疯狗，但黑夜里误将他人当作疯狗而开枪射击，导致他人死亡的，也不是对象错误，而是过失犯与意外事件的区分问题。其二，如若行为人主观上具有犯罪的故意，但客观上没有造成构成要件的结果，也不是方法错误。例如，行为人本欲开枪杀害他人，但因为没有瞄准，射中了一条疯狗。由于没有发生构成要件的结果，故不属于方法错误，只是未遂犯的问题（如不具有杀害他人的危险性，则是不可罚的不能犯）。基于同样的理由，如果行为人本欲开枪射击他人，但黑夜里误将疯狗当作他人而开枪射击，导致疯狗死亡的，也不是对象错误，而是不能犯与未遂犯的区分问题。

说，行为人对死亡结果是否具有故意，由其行为时的认识内容与意志内容决定，而不能根据事前或者事后的想法确定。另一方面，采取法定符合说有利于预防故意犯罪。亦即，对于以杀害 X 的犯罪故意开枪射击他人的行为人，即使其因为方法错误造成了 Y 死亡，其预防必要性也未减少。如若采取具体符合说，对 B 以故意杀人未遂论处，便与其预防必要性不协调；采用法定符合说以故意杀人既遂论处，正好与预防必要性相适应。[1]

不可否认的是，法定符合说也面临难题。例如，A 本欲杀甲，但因为行为差误，同时导致甲与乙死亡的，应如何处理？根据具体符合说，A 对甲成立故意杀人既遂，对乙成立过失致人死亡罪。这一结论具有合理性，能够被人接受。法定符合说中的一故意说认为，以一个故意（杀甲的故意）杀死甲、乙二人时，只成立对甲的故意杀人既遂和对乙的过失致人死亡罪，因为对甲的杀害目的已实现，对乙的死亡结果属于过剩结果，不能用故意去说明，只能认定为过失。然而，一故意说受到了诘难。例如，A 意欲杀甲，但一枪导致甲受重伤和乙死亡，根据一故意说，A 首先对乙成立故意杀人既遂，由于只有一个故意，对甲只成立过失致人重伤罪，一些人难以接受这样的结论。因为 A 原本对甲有杀人故意，一故意说的结论却是对甲仅成立过失致人重伤罪。再如，A 瞄准甲开枪射击，但子弹没有打中甲，却将乙、丙两人同时打死。一故意说面临的难题是，A 对乙、丙中的谁成立故意杀人既遂？还如，A 雇请 Y 杀害甲，但 Y 错将乙当作甲杀害后，发现错杀了人，后寻找时机杀害了甲。按照一故意说，Y 在杀害乙时，A 便成立故意杀人既遂，因而对甲的死亡只能认定为过失致人死亡。但这样的结论也极不自然。

法定符合说中的数故意说认为，在 A 本欲杀甲却导致甲与乙死亡时，A 对甲与乙都成立故意杀人既遂。但是，数故意说也存在疑问。[2] 既然 A 只想杀甲，没有想杀乙，就不能认为 A 有数个故意。再如，张三为了抢劫财物而向李四开枪，结果不仅打伤了李四，而且打伤了王五，由于意志以外的原因没有取得财物。按照数故意说，张三对李四与王五均成立抢劫杀人未遂，再以想象竞合犯处理。可是，张三对王五根本没有抢劫故意。概言之，数故意说面临的最大难题是，既然行为人只有一个故意，就不能认定有数个故意，否则便违反了责任主义。

尽管数故意说存在缺陷，但在各种学说均有缺陷的情况下，可以认为法定符合说的数故意说是缺陷最少的，所以，本书采取数故意说。据此，A 想杀甲但仅杀死乙时，对甲成立杀人未遂、对乙成立杀人既遂；A 想杀甲但同时杀死甲与乙时，对甲与乙均成立杀人既遂；A 想杀甲但导致甲死亡乙伤害时，对甲成立杀人既遂、对乙成立杀人未遂；A 想杀甲但导致甲伤害乙死亡时，对甲成立杀人未遂、对乙成立杀人既遂；A 想杀甲但造成甲与乙伤害时，对甲与乙均成立杀人未遂；A 想杀甲但仅造成乙丙死亡时，对甲成立杀人未遂、对乙丙成立杀人既遂。在此有三点需要说明：其一，所谓的数故意说，并不是说行为人有数个故意，只是意味着行为人对数个结果均有故意。例如，A 昨天杀害甲，今天杀害乙。对此应认定其有两个故意。反之，A 认识到一枪能同时杀害甲与乙，且事实上也杀害了甲与乙。对此应认为 A 只有一个故意，但对两个人的死亡结果都有故意。所以，数故意说虽然认为行为人要对数个结果承担故意责任，是因为行为人对数个结果具有故意，而不是说行为人有数个故意。其二，从定罪角度来说，采取数故意说并不意味着最终要实行数罪并罚，而是按想象竞合犯处理。其三，在量刑时，应当将

---

[1]　即使认为故意是违法要素，打击错误的违法性、一般预防与特殊预防的必要性也没有丝毫减少。

[2]　具体符合说中也存在一故意说与数故意说之争。例如，行为人以为卫生间里只有一人正在使用，出于杀害一人的意思投掷了炸弹，事实上炸死了里面的两人。具体符合说面临的难题是，行为人明明只想杀死一人，却要认定成立两个杀人既遂；倘若仅认定一个杀人既遂，则不可能确定故意的对象究竟是谁。

这种导致数人死亡的想象竞合犯与其他杀害数人的同种数罪相区别。例如，倘若在量刑实践上对于故意杀害二人以上的，判处死刑，那么，对于基于方法错误而导致二人以上死亡的想象竞合犯，则不宜判处死刑。

3. 因果关系的错误。一般认为，因果关系的错误，是指侵害的对象没有错误，但造成侵害的因果关系的发展过程与行为人所预想的发展过程不一致，以及侵害结果推后或者提前发生的情况。因果关系的错误主要有三种情况：即狭义的因果关系的错误、事前的故意（结果的推迟发生、Weber 的概括的故意）与结果的提前发生（构成要件的提前实现）。

（1）狭义的因果关系的错误。狭义的因果关系的错误，是指结果的发生没有按照行为人对因果关系的发展所预见的进程来实现的情况。例如，甲以杀人的故意用刀刺乙的心脏，乙为血友病患者，因流血过多而死亡。再如，甲为了使乙溺死而将乙推入井中，但井中没有水，乙摔死在井中。又如，甲以杀人故意向乙开枪射击，乙为了避免子弹打中自己而后退，结果坠入悬崖身亡。要解决因果关系的认识错误问题，关键是要明确因果关系的发展过程是不是故意的认识内容。可以认为，行为与结果之间的因果进程，并不是故意的独立认识内容，只是对结果的认识的附属内容；至于因果关系发展的具体样态，则更不是故意的认识内容。因为只要行为人认识到行为的内容与社会意义及其危害结果，就能说明行为人对法益的保护所持的背反态度。所以，指向同一结果的因果关系发展过程的错误，在构成要件的评价上并不重要。既然行为人具有实现同一结果的故意，现实所发生的结果与行为人所实施的行为也具有因果关系，就必须肯定行为人对现实所产生的结果具有故意，因而成立故意犯罪既遂。概言之，所谓狭义的因果关系错误，并不影响故意的成立。[1]

（2）事前的故意。事前的故意，是指行为人误认为第一个行为已经造成结果，出于其他目的实施第二个行为，实际上是第二个行为才导致预期结果发生的情况。[2] 例如，甲以杀人故意对乙实施暴力（第一个行为），造成乙休克。甲以为乙已经死亡，为了隐匿罪迹，将乙扔至水中（第二个行为），实际上乙是溺死于水中。刑法理论上对这种情况有多种处理意见。[3]

---

〔1〕 狭义的因果关系错误，以行为与结果之间具有因果关系（包括结果归属）为前提，如果行为与结果之间没有因果关系，则不存在错误问题。例如，甲出于杀人故意用刀砍乙导致乙受伤，乙在前往医院途中被交通肇事的车辆轧死。由于甲的行为与乙的死亡之间没有因果关系，故不存在因果关系的认识错误问题。

〔2〕 与事前故意有联系的是事后故意，即行为人没有故意地实施了可能造成结果的行为后才产生故意，其后放任事态的自然发展，导致了结果发生。例如，医生开始动手术后，对患者产生了杀人的故意，中途停止手术放置不管，导致患者死亡。这实际上是不作为犯罪问题。

〔3〕 ①概括的故意说（单一行为说）认为，概括地看行为的全序列，与单纯的杀人故意而实现杀人结果的情况完全相同，所以，作为整体成立一个故意犯。但这种学说在德国 19 世纪被否认。②纯粹的因果经过错误说，将第二个行为作为介入事情，在可能预见的场合，第二个行为与结果处于相当因果关系的范围内，因果经过的错误并不重要，因此，能够肯定故意杀人既遂。③行为计划说主张以行为人的计划为基准进行判断。如果行为人有意图地实施第一个行为，就意味着其计划实现了，成立故意杀人既遂；如果行为人是以未必的故意或消极容认的态度实施第一个行为（如为了强奸而施加暴行，以未必的故意使被害人"死亡"，在误以为妇女死亡的情况下实施第二个行为），由于行为人希望回避其结果的发生，故不再是行为计划的实现，不能认定为杀人既遂。④未遂犯·过失犯合罪说认为，在概括的故意事例中，行为人不是仅实施了一个行为，而是实施了两个行为，所以，不能援用因果关系的错误说，而应认为第一个行为是未遂犯，第二个行为是过失犯，实行数罪并罚（也有学者认为是想象竞合）。⑤原因中有故意的行为说认为，在原因行为成为结果行为的原因的场合，采用类似原因自由行为的法理，对第一个杀人行为的责任非难，为对第二个行为的责任非难提供根据。换言之，由于没有第一个行为就没有作为死亡原因的第二个行为，所以，对不实施第二个行为的期待，与对不实施第一个行为的期待是相同的。⑥相当因果关系说认为，应通过相当因果关系解决问题。如果第一个行为与结果具有相当因果关系，则认定为故意杀人既遂；否则只能认定为故意杀人未遂与过失致人死亡的想象竞合。⑦客观的归责说认为，如果第二个行为处于第一个行为的客观归责可能性的范围内，就成立故意杀人既遂；如果在客观归责可能性范围外，则成立故意杀人未遂。

根据本书的观点，因果关系的错误并不阻却故意的成立，事前的故意属于客观的因果关系的认定与结果归属的判断问题。在这种场合，由于第一个行为具有导致结果发生的重大危险（既然被害人已经休克，而且丧失反抗能力，表明第一个行为具有导致死亡结果发生的重大危险），介入行为人的第二个行为也不异常，应肯定第一个行为与结果之间的因果关系，能够将结果归属于第一个行为，[1]而且现实所发生的结果与行为人意欲实现的结果完全一致，故应以故意犯罪既遂论处。[2]

（3）结果的提前发生。结果的提前发生，是指提前实现了行为人所预想的结果。例如，甲准备使乙吃安眠药（前一行为）熟睡后将其绞死（第二行为），但未待甲实施绞杀行为时，乙由于安眠药过量而死亡。倘若认为甲在实施前一行为时，还没有认识到该行为会致人死亡，因而不能认定甲对死亡具有故意，就不能认定为故意杀人既遂，只能认定为过失致人死亡。[3]倘若甲在实施前一行为时没有过失，则只能认定为意外事件。这一观点虽然具有一定的合理性，但难以被人接受。本书的看法是，对此问题的处理，既要考虑到故意与结果的关联性，也要坚持行为与责任同时存在的原则。易言之，要认定甲成立故意杀人罪既遂，就必须证明甲在实施前一行为时已经认识到了死亡结果。对此，可以从两个方面展开说明。其一，当行为人计划的两个行为都具有致人死亡的危险性时，可以将两个行为作为一个整体来把握。因而可以认为，行为人在实施前一行为时，对该行为与结果之间的关联性就具有认识。其二，只有能够认定行为人实施前一行为时就已经着手实行犯罪，才可能符合行为与责任同时存在的原则。换言之，上述行为是否成立故意犯罪既遂，关键在于行为人的前一行为是否已经着手实行（是否存在具体危险）或者说是否存在类型化的实行行为，以及行为人是否具有实行的意思。如果能得出肯定结论，则应认定为故意犯罪既遂。对于上例可以认定甲已经着手实行犯罪，并且有实行的意思，故应认定为故意杀人既遂。如果前一行为不能评价为着手实行，则只能认定为犯罪预备与过失致人死亡的想象竞合。例如，妻子为杀害丈夫，准备了有毒咖啡，打算等丈夫回家后给丈夫喝。在丈夫回家前，妻子去超市购物。但在妻子回家之前，丈夫提前回家喝了有毒咖啡而死亡。由于妻子还没有着手实行的意思，只能认定该行为同时触犯了故意杀人预备与过失致人死亡罪，从一重罪处罚。

（三）抽象的事实认识错误

抽象的事实认识错误，也即抽象的事实错误，是指行为人所认识的事实与现实所发生的事实，分别属于不同的构成要件的情形。或者说，行为人所认识的事实与所发生的事实跨越了不同的构成要件，因而也被称为不同犯罪构成间的错误。抽象的事实错误只有对象错误与打击错误两种情况：前者的情形是，行为人误把甲对象当作乙对象加以侵害，而甲对象与乙对象分属不同的构成要件。例如，行为人本欲盗窃普通财物，却误将枪支当作普通财物实施盗窃。这种认识错误超出了构成要件的范围，行为人所认识的事实（盗窃财物）与现实所发生的事实（盗窃枪支）分别属于不同的构成要件。后者的情形是，由于行为本身的差误，导致行为人所

---

〔1〕 一般来说，如果第一个行为没有导致结果发生的重大危险，行为人就不会误以为第一个行为已经造成结果。所以，能够将最终结果归属于第一个行为。即便认为存在不将结果归属于第一个行为的情形，这种情形也是极为罕见的。对于这种罕见情形，或许只能认定第一个行为是故意犯罪未遂，第二个行为成立过失犯罪，对二者实行数罪并罚。

〔2〕 倘若甲的暴力致乙休克后，甲以为乙已经死亡，让丙将乙扔至水中，实际上乙是溺死于水中，甲也应承担故意杀人既遂的责任（丙的行为可能同时触犯过失致人死亡罪与帮助毁灭证据罪，成立想象竞合犯）。

〔3〕 德国部分学者认为，甲继而实施绞杀行为时成立杀人未遂，与前面的过失致人死亡成立想象竞合（参见〔德〕乌尔斯·金德霍伊泽尔：《刑法总论教科书》，蔡桂生译，北京大学出版社2015年版，第262~263页）。但是，在甲没有实施第二行为时，不可能成立杀人未遂。而且，即使实施了第二行为，也可能属于不可罚的不能犯。

欲攻击的对象与实际受害的对象不一致，而且这种不一致超出了同一构成要件。例如，行为人本欲射击乙，但因没有瞄准，而将乙身边价值近万元的宠物打死。同样，行为人所认识的事实（杀人）与现实所发生的事实（毁坏财物）分别属于不同的构成要件。

对抽象的事实错误的处理，存在抽象符合说与法定符合说的争论。[1] 本书赞成法定符合说，主张在具有归责可能性的范围内认定犯罪。详言之，不能仅根据行为人的故意内容或仅根据行为的客观事实认定犯罪，而应在故意内容与客观事实相符合的范围内认定犯罪。抽象的事实错误实际上存在两种类型：一是故意内容重而不法内容轻，即行为人本欲犯重罪，客观上却是轻罪的犯罪事实，本欲杀人却打死宠物就是如此。二是故意内容轻而不法内容重，即行为人本欲犯轻罪，客观上却是重罪的犯罪事实，本欲毁坏财物却杀害他人就是如此。[2]

首先，就上述第一种类型而言，在行为人故意犯重罪，而且对该重罪的未遂犯的处罚重于轻罪的既遂犯的情况下，应认定为重罪的未遂犯。例如，甲以杀人故意向乙开枪，但由于没有瞄准，而将丙的宠物打死。在这种场合，只能认定为故意杀人未遂（甲对毁坏财物仅有过失，而过失毁坏财物不成立犯罪，故不能认定为一个行为触犯两个罪名）。但是，我国的司法实践并非处罚所有的未遂犯。倘若行为人本欲实施的重罪并不处罚未遂犯，或者行为人根本不可能实现重罪的构成要件（不能犯），或者在重罪的未遂犯的处罚轻于轻罪的既遂犯的处罚的情况下，如果重罪与轻罪同质，则在重合的限度内认定为轻罪的既遂犯。所谓重罪与轻罪同质，应是指两个罪的保护法益相同，或者两个罪的保护法益之间具有包容性（一个罪的法益能够包含另一个罪的法益）。所谓重合的限度内，是指两个罪的构成要件与责任要素具有重合性（事实上，只要构成要件具有重合性，那么，故意内容就必然具有重合性）。在不法内容是轻罪，故意内容是重罪的案件中，要判断行为人对重罪的主观认识，是否包含了对轻罪的主观认识，如果得出肯定结论，就应认定为轻罪的既遂犯。例如，甲误以为乙的提包内装的是枪支而实施抢夺行为，但取得的只是数额较大的普通财物。客观事实显然符合抢夺罪的构成要件，因为枪支也可以评价为财物，所以，甲抢夺枪支的故意实际上包含了抢夺财物的故意，所以，对甲应认定为抢夺罪。[3] 再如，A误以为自己销售的是假药，实际上却是劣药，且对人体健康造成了严重危害。倘若认定为销售假药罪的未遂犯，对其处罚就会轻于销售劣药罪既遂犯的处罚，[4] 那么，在这种情况下，由于两罪的保护法益相同，而且可以将销售假药的故意评价为销售劣药的故意，故应以销售劣药罪的既遂犯论处。

其次，就上述第二种类型而言，要判断重罪的客观事实能否评价为轻罪的客观事实。如果

---

〔1〕 抽象的符合说认为，在行为人所认识的构成要件事实与现实发生的构成要件事实相一致的限度内，承认故意犯的既遂。其中又有不同的主张，但抽象的符合说大多违反了责任主义原理。法定符合说认为，不同犯罪构成之间的错误原则上阻却故意的成立或者仅成立故意犯罪未遂。例如，甲本欲杀害宠物但实际上却致人死亡。根据法定符合说，甲虽然具有毁坏财物的故意，但对人的死亡充其量是过失；如果故意毁坏财物罪不处罚未遂，那么，只能成立过失致人死亡罪。反之，乙本欲杀人但实际上却打中了他人身边的宠物。乙具有杀人的故意与行为，行为也具有导致他人死亡的危险性，但客观上没有致人死亡；而过失毁坏财物不具有可罚性，故成立故意杀人未遂。法定符合说还认为，即使犯罪构成不同，但如果犯罪是同质的，那么，在重合的限度内，成立轻罪的故意既遂犯。

〔2〕 这里的重罪与轻罪，是就行为所"触犯"的两罪之间的比较而言，与犯罪的分类没有关系。

〔3〕 在这种场合，所谓抢夺枪支的行为并不成立未遂犯（因为根本不存在枪支），而是不可罚的不能犯（对象不能犯），结局只是判断甲的行为是否符合抢夺罪的构成要件与责任要素。

〔4〕 销售假药或者劣药对人体健康造成严重危害的，法定刑均为"3年以上10年以下有期徒刑"。

得出肯定结论，就应认定为轻罪的既遂犯。[1] 例如，A 出于盗窃财物（轻罪）的故意实际上却盗窃了枪支（重罪）时，由于主观上没有盗窃枪支的故意，不能认定为盗窃枪支罪；A 实施了盗窃行为，所窃取的枪支同时具有财产价值，因而可以评价为财物，A 也具有盗窃罪的故意，于是，A 的行为同时符合了盗窃罪的构成要件，并具备盗窃罪的责任要素，故应认定为盗窃罪。又如，B 将他人占有的财物误认为是遗忘物而据为己有。B 虽然在客观上实施的是盗窃行为（重罪），具有盗窃罪的违法性，但主观上仅具有侵占遗忘物（轻罪）的故意，缺乏盗窃罪的责任要素，只有认定为侵占罪，才符合责任主义原则。[2] 再如，C 以为是尸体而实施奸淫行为，但事实上被害人当时并未死亡。行为虽然符合强奸罪（重罪）的构成要件，但主观上仅有侮辱尸体（轻罪）的故意，只能认定为侮辱尸体既遂。[3]

顺便指出的是，一般来说，容易判断是否存在事实认识错误，在存在事实认识错误的情况下，也不难区分属于哪种认识错误，但我国《刑法》分则的规定与罪名确定的特点，需要司法人员明确以下几点：①对于不可能影响故意的认定与犯罪形态的所谓错误，不需要作为事实认识错误处理。例如，原本想使用钱包中的伪造的信用卡，但客观上使用（冒用）了他人真实的信用卡骗取财物的，对成立信用卡诈骗既遂没有任何影响，不必作为事实错误处理。②发生在选择性罪名内的错误，宜作为具体的事实错误，按照法定符合说处理，不影响故意的认定与既遂的成立。例如，误以为是枪支而盗窃，但客观上盗窃了弹药的，应认定为盗窃弹药既遂（可谓具体的对象错误）。③同一犯罪的不同加重构成要件之间的认识错误，宜作为具体的事实认识错误，按照法定符合说处理，也不影响故意的认定与加重法定刑的适用。例如，误将抢险物资当作军用物资，或者误将军用物资当作金融机构资金抢劫的，不影响加重法定刑的适用（可谓具体的对象错误）。④同一犯罪的普通构成要件与加重构成要件之间的认识错误，应作为抽象的事实认识错误处理。例如，以为是普通财物而抢劫，但事实上抢劫了军用物资的，只能认定为普通抢劫罪，而不能适用加重的法定刑。反之，以为是军用物资而抢劫，但事实上抢劫了普通财物的，也只能认定为普通抢劫罪。

（四）违法阻却事由的认识错误

违法阻却事由的认识错误，也称为正当化事由的认识错误，是指尽管不存在正当化事由（违法阻却事由）的事实前提，但行为人误以为存在的情形。假想防卫、假想避险就是正当化事由的错误。

本书认为，关于正当化事由的错误是一种事实错误，因而阻却故意。虽然违法性认识的可能性是与故意不同的责任要素，却不能据此得出正当化事由的错误是违法性的错误的结论。如前所述，成立故意犯罪的前提是行为人没有认识到违法阻却事由的存在，这是因为，故意实际上是对为违法性提供根据（奠定基础）的事实的认识与容认，当行为人认识到自己在实施正当行为（如正当防卫）时，就意味着其没有认识到为违法性提供根据的事实，因而不存在犯罪的故意。所以，对假想防卫、假想避险不能以故意犯罪论处。这一观点存在的疑问是，甲明知乙在假想防卫时而故意"帮助"乙的，应当如何处理？根据法律效果的限制责任论，由于

---

[1]《唐律·名例律》规定："其本应重而犯时不知者依凡论，本应轻者听从本。"这里的"本"实际上指犯罪客观事实。据此，犯罪的客观事实构成重罪，但行为人没有认识到重罪事实时，以一般犯罪即轻罪论处；如果犯罪的客观事实构成轻罪，则不问行为人认识到的是轻罪事实还是重罪事实，都依轻罪论处。

[2] 由于遗忘物中的"遗忘"是表面的构成要件要素，所以，他人占有的财物也可以评价为侵占罪的对象（参见张明楷：《犯罪构成体系与构成要件要素》，北京大学出版社 2010 年版，第 255 页以下）。

[3] 将强奸行为评价为侮辱行为不存在障碍。此外，既然奸淫真正的尸体都成立侮辱尸体罪，那么，没有理由认为本案成立侮辱尸体未遂。况且，人体与"尸体"具有重合的要素，只不过人体存在多于"尸体"的要素。

乙具有构成要件的故意，故甲依然成立帮助犯。根据本书的观点，甲一般是故意利用他人过失行为的间接正犯。但是，如果甲客观上不符合间接正犯的条件，也能成立故意的帮助犯。因为成立帮助犯仅以正犯（假想防卫者）实施符合构成要件的不法行为为前提，而故意并不是构成要件要素与违法要素。

第三节　过失

一、过失概述

（一）过失的概念

《刑法》第 15 条第 1 款规定："应当预见自己的行为可能发生危害社会的结果，因为疏忽大意而没有预见，或者已经预见而轻信能够避免，以致发生这种结果的，是过失犯罪。"据此，过失犯罪是指过失实施的犯罪。犯罪过失，则是指应当预见自己的行为可能发生危害社会的结果，因为疏忽大意而没有预见或者已经预见而轻信能够避免，以致发生这种结果的心理态度。过失是责任的另一种形式。

（二）过失与故意的关系

过失与故意均属于责任形式，故二者具有相同之处，如过失与故意都说明行为人对法益的保护所持的背反态度。但是，过失与故意又是两种不同的责任形式，各自的具体内容不同，过失所反映的非难可能性明显小于故意，所以刑法对过失犯罪的规定不同于故意犯罪。首先，过失犯罪不存在未遂、中止与预备形态。其次，刑法以处罚故意犯罪为原则、以处罚过失犯罪为例外。最后，刑法对过失犯罪规定的法定刑明显轻于对应的故意犯罪的法定刑。[1]

从故意与过失的关系来说，不管是认为故意犯比过失犯的不法重（行为无价值论的观点），还是认为故意犯比过失犯的责任重（结果无价值论的观点），都只是表明二者是一种阶段关系或位阶关系，而不说明它们是对立关系。因为从不法角度来说，结果回避可能性是故意与过失的共同要件；从责任角度来说，他行为可能性是故意与过失的共同前提（或基础）。换言之，回避可能性是故意与过失的基础概念。所以，故意与过失之间的关系，是回避可能性的高低度关系，是责任的高低度关系，也是刑罚意义的高低度关系，因而是一种位阶关系。

《刑法》规定"因为疏忽大意而没有预见"与"轻信能够避免"只是为了使过失犯罪与故

---

〔1〕　我国刑法明文规定了故意与过失的定义。如果按照刑法的字面含义理解，故意与过失似乎是一种对立关系。但是，如若从规范意义上理解刑法的规定，认识到表面的责任要素的存在，则应认为故意与过失是位阶关系而非对立关系。首先，根据《刑法》第 15 条的规定，只有当行为人"应当预见"且"没有预见"时，才是疏忽大意的过失。如果按字面含义理解，那么，在具有预见可能性的情况下，既不能证明行为人已经预见，也不能证明行为人没有预见时，就既不能认定为故意犯罪也不能认定为过失犯罪，形成明显的处罚漏洞。所以，只有认为"因为疏忽大意而没有预见"是一种不需要具备的表面的责任要素，才能避免这种漏洞。其次，根据《刑法》第 15 条的规定，只有当预见了危害结果的行为人"轻信能够避免"时，才是过于自信的过失。如果按字面含义解释，在查明行为人已经预见的前提下，既不能证明其希望或者放任结果发生，也不能证明其轻信能够避免时，就既不能认定为故意犯罪，也不能认定为过失犯罪，这明显不合适。同样，只有认为"轻信能够避免"是表面的责任要素，才能将该行为认定为过于自信的过失犯罪。

意犯罪相区别，而不是为过失犯提供处罚根据。[1] 当案件事实表明行为人至少有过失，但又不能证明行为人具有故意时，当然只能以过失犯论处。这并不是意味着，一个犯罪的责任形式既可以是故意，也可以是过失，只是意味着故意与过失不是对立关系，而是位阶关系，可以将故意评价为过失。显然，承认故意与过失是位阶关系，是以承认"因为疏忽大意而没有预见"与"轻信能够避免"属于表面的责任要素为前提的。

（三）过失犯处罚的例外性

《刑法》第14条与第15条规定了故意与过失两种责任形式，其中，第14条第2款与第15条第2款分别规定："故意犯罪，应当负刑事责任""过失犯罪，法律有规定的才负刑事责任"。上述两款规定表明，刑法以处罚故意犯罪为原则，以处罚过失犯罪为例外；分则条文仅描述客观构成要件、没有规定责任形式的犯罪，只能由故意构成；只有当"法律"对处罚过失犯罪"有规定"时，才能将该犯罪确定为过失犯罪。[2]

所谓"法律有规定"，是指"法律有文理的规定"。即法律条文虽然没有"过失""疏忽""失火"之类的"明文规定"，但根据具体条文的文理，能够合理认为法律规定了过失犯的构成要件时，就属于"法律有规定"，因而处罚过失犯（以下简称"文理规定说"）。一方面，以成文刑法规定犯罪与刑罚，是罪刑法定主义的基本要求。"一个刑罚法规的目的，必须在它实际使用的语言中去寻找，根据它明显的和清晰的含义来解释。"[3] 所以，应当根据法条文字及其文理，确定某种犯罪是否属于"法律有规定"的过失犯罪。另一方面，"法律有规定"并不一定指明文规定。刑法要以简短的语言表述罪刑规范，当分则条文对一个方面的表述足以表明另一方面的含义时，往往省略对另一方面的明文规定。所以，"法律有规定"既包括明文的规定，还包括隐含的规定。例如，《刑法》第400条第1款规定了私放在押人员罪（故意犯罪），第2款虽然没有使用"过失"概念，但从其使用的"严重不负责任"的表述，要求"造成严重后果"的规定，以及较轻的法定刑来看，[4] 应认为其规定了过失犯罪。否则，就不可能说明第2款与第1款的关系。

根据上述分析，可以得出以下结论：其一，分则条文使用"过失"概念的，其规定的犯罪无疑属于"法律有规定"的过失犯罪。其二，分则条文使用"严重不负责任"表述的，一般应确定为"法律有规定"的过失犯罪。其三，分则条文使用的"发生……事故"之类的表述，虽然是对构成要件要素的规定，但通常也能表明该犯罪属于"法律有规定"的过失犯罪。因为在日常用语中，"事故"一般是指过失或者意外造成的事件，而且分则条文对"发生……事故"的犯罪，往往规定了较轻的法定刑。其四，分则条文使用的"玩忽职守"一词，首先是对行为的描述，同时也表明该犯罪属于"法律有规定"的过失犯罪。

---

〔1〕 从实质角度来说，"因为疏忽大意而没有预见"与"轻信能够避免"并不是表明行为人具有非难可能性的因素，更不是表明非难可能性严重的因素，只是与故意相区别的要素。如果说没有预见是表明行为人值得谴责的要素，那么，故意犯罪时因为已经预见，责任就应更轻了，但事实上并非如此。应当认为，故意责任的本质是认识到了构成要件事实，但仍然以希望或者放任结果发生的心理状态实施行为；过失责任的本质是具有认识构成要件事实的可能性，原本可以不实施行为却实施了行为。所以，在具有预见可能性的情况下，即使没有查明行为人是否没有预见，在已经预见的前提下，即使没有查明行为人是否轻信能够避免，也不表明行为人缺少过失犯的非难可能性。

〔2〕 参见张明楷："罪过形式的确定刑法 第15条第2款'法律有规定'的含义"，载《法学研究》2006年第3期。

〔3〕 Jane C. Ginsburg, *Legal Methods*, 2nd ed, Foundation Press, 2003, p. 271.

〔4〕 不能直接将法定刑较轻的犯罪理解为"法律有规定"的过失犯罪。例如，危险驾驶罪与代替考试罪是法定刑很轻的犯罪，但它们不是过失犯罪，而是故意犯罪。

二、过失犯的构造

过失犯的实体也是不法与责任。[1]

1. 没有履行结果回避义务，是过失犯的客观构成要件。成立过失犯以行为发生法益侵害结果为条件，除此之外，与故意犯罪一样，还要求有实行行为与结果回避可能性。

在结果发生的情况下，首先要判断是否具有过失犯的实行行为。不可否认的是，过失犯的实行行为定型比故意犯的实行行为定型要缓和得多，这是因为刑法往往并没有严格规定过失犯的实行行为。但不能据此否认实行行为也是过失犯的构成要件要素。例如，村长甲号召农民冒雨抢救粮食，农民乙在抢救粮食过程中遭雷击身亡。即使甲对结果具有预见可能性，但因为缺乏过失犯的实行行为，并不成立过失致人死亡罪。

过失犯的实行行为同样可以分为作为与不作为。例如，甲以 120 公里的时速在限速 60 公里的路段驾驶车辆，撞死了路边的行人。应当认为，甲成立过失的作为犯，而不能以行为人没有将速度控制在 60 公里之内为由认定为过失的不作为犯。因为在上述路段以 120 公里的时速行驶就是具有导致结果发生的紧迫危险的行为。另一方面，过失的不作为犯以具有作为义务为前提，而不能简单地将过失犯的结果回避义务理解为作为义务，否则会不当扩大过失犯的处罚范围。这是因为，既然对故意犯的作为义务都需要从形式上与实质上进行限制，那么，对于过失犯的作为义务也需要进行同样的限定。显然，仅以行为人违反行政管理法规为由直接认定为过失犯，明显不当。相反，应当注重判断过失犯的结果回避义务是否符合作为义务的产生根据。

由于过失犯的实行行为缺乏定型性，所以，在具体案件中，将什么样的行为认定为过失犯的实行行为就成为争议问题。例如，汽车司机甲饮酒后开车，没有注意前方而轧死了人。过失阶段说（最接近过失说）认为，只有离结果最近的最后的行为是过失犯的实行行为，甲没有注意前方就是实行行为，其他行为都不是实行行为。与此相对，过失并存说则认为，对发生结果起作用的数个不注意的行为，全部作为一个过失行为。甲的饮酒与没注意前方加起来是过失的实行行为。但是，饮酒本身并不是直接导致结果的行为，过失并存说没有从结果发生的危险性上限定过失的实行行为。本书认为，只要是对结果的发生具有紧迫危险的行为，都属于实行行为。在上例中，酒后且不注意前方的驾驶行为，是过失犯的实行行为。再如，货车司机马虎装货，后来在高速公路上野蛮行驶，导致货物落下来砸死了后面的汽车司机。由于没有把货物装好，即使适当行驶也同样会出现事故。所以，马虎装货与野蛮行驶一并成为过失犯的实行行为。

顺便要指出的是，由于构成要件是违法性的存在根据，所以，当过失行为保护了优越的法益或者损害了没有保护必要的法益时，并不成立过失犯。例如，过失行为符合正当防卫、紧急

---

〔1〕 刑法理论上存在所谓旧过失论与新过失论之争。旧过失论的特点是重视结果的预见可能性。只要行为客观上造成了危害结果，就考察行为人有无结果预见可能性，如果得出肯定结论，便成立过失犯罪。过失、故意不影响客观的法益侵害性，故不是构成要件符合性与违法性阶段的问题，而是两种并列的责任形式。新过失论认为旧过失论扩大了处罚范围，对旧过失论进行了批判。根据新过失论的观点，即使对结果有预见可能性，但如果履行了结果回避义务，就不成立过失犯。新过失论重视结果回避义务；而且，将结果回避义务作为客观的行为基准而设定成客观的注意义务，使之成为违法要素。新过失论认为，过失的核心在于不符合一定的行为基准，所以，其背后是规范违反说与行为无价值论。新过失论基本上将过失犯理解成了不作为犯，结果回避义务就相当于不作为犯中的作为义务。其实新过失论对旧过失论的批判，基本上是对古典犯罪论体系（如条件说、心理责任论）的批判，而不是对旧过失论本身的批判。新旧过失论的重心不同，但并非对立的两种学说。严格地说，旧过失论是关于过失本身的理论，而新过失论是关于过失犯的理论，应当称为"新过失犯论"（参见张明楷："论过失犯的构造"，《比较法研究》2020 年第 5 期）。

避险条件的，也应认定为正当防卫、紧急避险，因而阻却违法性，而不能以过失犯论处。换言之，不仅存在偶然的正当防卫与紧急避险，也存在"过失"的正当防卫与"过失"的紧急避险，而且均阻却违法性。

结果的回避可能性是故意犯罪与过失犯罪的共通前提。行为人虽然具有结果回避义务，但由于不可能采取措施避免结果发生，或者即便采取了避免结果发生的措施也不可能避免结果发生时，既不能认定为过失犯罪，也不能认定为故意犯罪。

但需要注意的是，即使行为人在靠近结果发生的时刻（A点）不可能避免结果的发生，但在此之前的时刻（B点）具有避免结果的可能性时，如果B点的行为具有危险性，则仍然可能认定为过失。例如，甲没有驾驶执照，却在马路上驾驶汽车；行至一急转弯处时，因为缺乏驾车技能，而未能避免事故的发生。在这种情况下，不能以甲没有能力避免结果为由否认过失犯罪的成立；因为甲在没有驾驶执照的情况下驾驶汽车（B点）本身就具有危险性，而且甲完全可以不驾驶汽车，也不应当驾驶汽车，事实上只要他不驾驶汽车就不会发生事故，所以，甲的行为成立过失犯罪。再如，乙持有驾驶执照，但在极度疲劳时驾驶汽车；行至一急拐弯处，因为无力控制汽车而发生交通事故。由于在极度疲劳时驾驶汽车本身（B点）就具有危险性，故不能以事后无力控制汽车（A点）为由而否认其行为成立交通肇事罪。又如，丙持有驾驶执照，在驾驶面包车时，让6岁的儿童坐在副驾驶位上。行至某商店门前，丙停车购物，但没有熄灭发动机，6岁儿童便驾驶面包车前行。行人发现后大叫，丙急忙从商店跑出试图避免结果发生，但由于车速过快，丙不能采取有效措施，导致他人死亡。丙在靠近结果发生的时刻（A点）确实不能避免结果的发生，但他在购物时不熄灭发动机的行为（B点）就具有过失，而且该行为在当时的具体环境下具有危险性，因而也不能以丙当时没有能力避免事故为由而否认其行为构成过失犯罪。

2. 对结果具有预见可能性，是过失犯的主观要素。对结果具有预见可能性，是疏忽大意的过失与过于自信的过失的共同要件。易言之，如果没有结果预见可能性，就不可能有过失，也不可能有故意。《刑法》第16条"由于……不能预见的原因所引起的，不是犯罪"的规定，充分说明了这一点。或许有人认为，在过于自信过失的场合，将结果的预见可能性作为其成立条件是不合适的。其实，过于自信过失的行为人，虽然预见过结果的发生，但是，他因为过于自信又否认了结果的发生。显然，之所以谴责过于自信过失的行为，仍然是因为他可能预见到结果的发生。由于故意与过失存在位阶关系，过失的核心是具有预见可能性，故意的成立以"已经明知"为前提。

三、过失的种类

刑法理论对过失做出了不同分类。例如，理论上有普通过失与业务过失之分。前者是指日常生活或一般社会交往中的过失；后者是指业务活动中的过失。业务过失犯罪重于普通过失犯罪，仅从责任的轻重来说，前者的法定刑应重于后者。理论上还有重过失与轻过失之分，按照本书的观点，应当以结果预见可能性的大小以及回避结果发生的难易程度为标准区分重过失与轻过失。我国刑法根据行为人是否已经预见危害结果，将过失分为疏忽大意的过失与过于自信的过失。

（一）疏忽大意的过失

1. 疏忽大意过失的成立条件。依照《刑法》第15条的规定，疏忽大意的过失，是指应当预见自己的行为可能发生危害社会的结果，因为疏忽大意而没有预见，[1] 以致发生这种结果的责任形式。这种典型的过失被称为无认识的过失。

"应当预见"意味着行为人有预见义务，这种义务不仅包括法律、法令、职务与业务方面的规章制度所确定的义务，而且包括日常生活准则所提出的义务。但是，刑法只是要求有能力履行义务的人履行义务。义务规范为一般人所设，毋需具体确定；而能否预见则因人而异，需要具体判断；如果法律法令、规章制度、生活准则赋予一般人预见义务，属于一般人之列的行为人能够预见，那么便是应当预见的。因此，认定疏忽大意的过失时，关键在于判断行为人是否具有结果的预见可能性。换言之，"应当预见"实际上是指"能够预见"（《刑法》第16条的规定，也表明了这一点）。预见可能性的判断，包括对能够预见的对象以及能否预见结果的判断。

第一，我国刑法要求疏忽大意过失犯罪的行为人能够预见自己的行为可能发生危害社会的结果，但"危害社会的结果"是一个外延极广的概念，我们只能在法律规定的范围内理解。因为过失犯罪的成立要求发生构成要件的结果，故这里的危害社会的结果，只能是《刑法》分则对过失犯罪所规定的作为构成要件要素的具体结果。一方面，能够预见的对象只需要在构成要件层面上加以把握，不需要更为具体的预见可能性。例如，过失致人死亡时，只要能够认识到他人的死亡即可，不要求对死者是谁具有预见可能性；只要能够认识到自己行为与死亡结果之间的作为构成要件要素的因果关系即可，不需要对具体的因果进程有预见可能性。另一方面，具体结果又是相对的，在危害公共安全的过失犯罪中，行为人所能够预见的结果不一定很具体，但必须是《刑法》分则所要求的结果。

第二，应当分清判断基础、判断方法与判断基准来解决行为人能否预见结果的问题。

其一，判断基础（或资料）包括主客观方面的事实，即应当把行为人的知能水平与行为本身的危险程度以及行为时的客观环境相结合判断能否预见。有些行为人，按其本身的知能水平，能够预见危险程度高的行为可能发生结果，但不能预见危险程度低的行为可能发生结果；有些行为人，在一般条件下能够预见某种行为可能发生结果，但在特殊情况下，由于客观环境的限制，却不能预见某种行为可能发生结果；在相同客观环境下或对于危险程度相同的行为，有的行为人知能水平高因而能够预见，有的行为人知能水平低因而不能够预见。可见，离开行为本身的危险程度与行为时的客观环境，仅仅考虑行为人的知能水平，是难以得出正确结论的；只有将这些主客观事实结合起来进行判断，才能得出正确结论。

其二，判断方法（或过程）应坚持从客观到主观，把客观要求同行为人的知能水平相结合进行判断。法律法令、规章制度、生活准则针对一般人提出了客观要求，判断行为人能否预见结果，就要将行为人的知能水平与这种客观要求联系起来，看行为人所具有的主观能动性，是否达到了足以符合客观要求的程度。离开了这些要求，就失去了衡量的标准，不可能得出正确答案。只有从这些要求出发，对照行为人的知能条件，才能相对认定他有无适应客观要求的能力，进而判断其对于结果的发生能否预见、应否预见。[2]

---

[1] 如前所述，"没有预见"只是表面的责任要素，而不是真正的责任要素。《刑法》第15条的规定只是为了使疏忽大意的过失与故意相区分；在行为人是故意还是过失存在疑问的场合，只要认定行为人"没有预见"，就表明行为人没有故意；在已经排除故意的场合，"因为疏忽大意而没有预见"就不是疏忽大意过失的真正要素。

[2] 参见曾宪信、江任天、朱继良：《犯罪构成论》，武汉大学出版社1988年版，第98页以下。

其三，关于结果预见可能性的判断基准，国外刑法理论上存在争议。[1] 本书认为，对于过失责任应当从知能水平到规范能力进行判断。从知能水平来说，只能采取主观的标准。由于每个人的知能水平不同，所以不能采取一般人的标准。但是，在司法实践中，可以按照从客观标准到主观标准的顺序判断行为人是否具有预见可能性。亦即，在行为导致了结果发生的情况下，应首先考察行为人所属的一般人或像行为人这样的一般人（而不是抽象的一般人）能否预见结果的发生。如行为人为普通农民，则首先考察一般的普通农民能否预见类似结果的发生；如果行为人为医生，则首先考察像行为人这样的医生能否预见类似结果的发生；如此等等。其次，考察行为人的知能水平是高于一般人还是低于一般人。如果一般人能够预见，但行为人的知能水平低于一般人，则不宜认定行为人具有过失；反之，一般人能够预见，而行为人的知能水平并不低于甚至高于一般人，则宜认定行为人具有过失。基于同样的理由，如果一般人不能预见，但行为人的知能水平明显高于一般人，则可能认定为过失（当然，将这种情形认定为过失犯，应当特别慎重）。不过，如果由于行为人一直粗心大意、马马虎虎就认为他不能预见结果的发生，进而否认过失，也是不合适的。因为过失责任表明的是行为人对法益的不保护、不尊重态度，法律对每一个人的法益所持的保护、尊重态度的要求必须是相同的，不能因为行为人一直对法益持不保护、不尊重的态度就否认其过失责任。所以，在规范能力方面必须采取一般人的标准。倘若行为人具有一般人对法益的保护、尊重态度就能预见结果发生时，便应认定行为人具有过失责任。总之，生理的方面应当采取主观的标准；规范心理的方面应当采用客观的标准。

2. 疏忽大意过失与意外事件的区别。认定疏忽大意的过失，最关键的是要将其与意外事件相区别。行为在客观上虽然造成了损害结果，但是不是出于故意或者过失，而是由于不能预见的原因引起的，不是犯罪。这便是意外事件。[2]

意外事件具有三个特征：一是行为在客观上造成了损害结果；二是行为人没有故意与过失；三是损害结果由不能预见的原因所引起。[3] 例如，某汽车司机在雨夜行车，从农民放在公路上的稻草上驶过，轧死了睡在稻草下的一瘦小精神病人。在当时的情况下，司机不可能预

---

〔1〕 主观说认为，是否具有结果预见义务，应以具体的行为人的注意能力为标准。因为对行为人进行非难，不应超过其注意能力的范围。客观说认为，是否具有结果预见义务，应以抽象的一般人的注意能力为标准。折中说有不同的表述，有人指出，刑法以一般的当为为基础，但只能在行为人可能的范围内实行归责；有人提出，如果行为人的注意能力低于通常人的注意能力，则仍应采取主观说，只是在行为人的注意能力高于通常人的注意能力时，才采取客观说（即仍依通常人的注意能力为标准决定有无注意义务）。能力区别说认为，作为心理作用的"注意"本来是以通常人为标准的，但作为其结果的"预见"，则应考虑行为人的身体条件、知识、经验、认识能力，采取主观的标准。根据此说，即使同等程度的紧张意识，也不可避免地因为人的身体条件等区别导致认识范围不同，故应以各人为基准判断预见可能性。有的学者则认为，疲劳、酩酊、兴奋等生理的方面，应采取主观的基准，规范心理的方面则应采取客观的基准。这种见解旨在说明，不能因为行为人在日常生活中粗心大意、丢三落四而免除其过失责任。

〔2〕 刑法理论一般将《刑法》第16条规定的情况统称为意外事件。由于"意"一词具有意料、心愿（意志）、意思等多种含义，不能预见的原因所引起的事件可以说是意料之外的事件，不能抗拒的原因引起的事件可以说是一种意志以外的事件，故将上述二者统称为意外事件也未尝不可。但是，这种称谓意味着对一个概念中的同一词必须做出两种不同解释。从与其他法律的协调性来看，意外事件并不包括不可抗力。例如，《民法通则》第106条与第107条分别规定了意外事件与不可抗力，民法理论通常也是分别论述的。《刑法》第16条事实上也是分别规定的，并没有统称为意外事件。因此，本书将《刑法》第16条规定的两种情况分别称为不可抗力与意外事件。

〔3〕 第三个特征只是第二个特征的进一步说明，所回答的问题是，为什么行为人没有故意与过失却造成了构成要件的结果。从因果关系的角度来说，损害结果当然是由行为人的行为所引起，而不是其他原因所致。

见到有人雨夜睡在稻草下，因而是意外事件。[1]

意外事件与疏忽大意的过失犯罪有相似之处，表现在客观上都发生了结果，但前者是不能够预见，后果是能够预见。在这个问题上，应根据前述判断基础、判断方法与判断标准，全面、客观、准确地判断行为人能否预见，从而正确区分意外事件与疏忽大意的过失犯罪。尤其应注意以下几点：

（1）由于事件已经发生，行为与结果之间的因果关系的发展过程已清楚明了，故司法人员不应由此逆推行为人能够预见。这种做法容易扩大疏忽大意过失犯罪的范围。正确的方法是，根据行为本身的危险程度、行为的客观环境以及行为人的知能水平，判断行为人在当时的情况下能否预见结果的发生。例如，行为本身的危险程度越高，行为人预见结果的可能性就越大；行为在通常（或异常）环境下发生结果的可能性大，行为人在该通常（或异常）环境下实施行为时，其预见结果的可能性就越大；行为人的知能水平越高，其预见结果的可能性就越大。

（2）不能因为结果严重就断定行为人能够预见。行为人能否预见结果发生与实际发生的结果是否严重，具有一定联系；但不能由此认为，凡是结果严重的，行为人就能够预见。只要结果严重就千方百计以犯罪论处的做法，是结果责任的残余，违反责任主义。

（3）行为人在实施不道德、一般违法乃至犯罪行为时，有时也会发生行为人所不能预见的其他结果，不能因为行为人实施的是不道德、一般违法乃至犯罪行为，就断定他能够预见自己行为的一切结果。特别是不能因为行为人的行为本身不构成犯罪，就针对其不能预见的结果追究疏忽大意过失犯罪的责任。

（4）行为人不知道自己的生理缺陷，在实施行为时由于突发的生理缺陷（包括疾病）的作用导致结果发生的，应认定为意外事件。但是，如果行为人知道自己的生理缺陷，仍然实施某种行为造成结果，则应当认定为过失犯罪。例如，行为人知道自己患有癫痫病却驾驶汽车，在驾驶过程中癫痫病突发导致交通事故的，成立过失犯罪（不排除在某些情形下成立故意犯罪）。

（二）过于自信的过失

1. 过于自信的过失的特征。依照《刑法》第15条的规定，过于自信的过失，是指已经预见自己的行为可能发生危害社会的结果，但轻信能够避免，以致发生这种结果的责任形式。过于自信的过失被称为有认识的过失。

应当注意的是，这里的"已经预见"并不是真正的有认识，只是行为人曾经预见过结果的发生。由于行为人后来（或同时）否认了结果的发生，因而从结局或者整体上说，仍然是没有认识结果的发生。但是，行为人也能够预见结果可能发生。从一般意义上说，"轻信能够避免"是导致行为人实施该行为的主观原因。详言之，行为人在预见到结果可能发生的同时，又凭借一定的主客观条件，否认结果的发生（相信自己能够避免结果的发生），只是所凭借的主客观条件并非真实可靠。轻信能够避免主要表现为以下几种情况：一是过高估计自己避免结果的能力；二是过高估计了相关人员（如共同作业人员、被监督者等）避免结果的能力；[2]三是不当地估计了现实存在的客观条件对避免结果的作用；四是误以为结果发生的可能性很

---

[1] 根据《刑法》第16条的规定，某种犯罪只能由故意构成时，如果行为人过失实施了该行为的（如过失毁坏公私财物），虽然不构成犯罪，但也不属于意外事件。

[2] 如医生做手术时误以为护士会主动采取某项措施避免结果发生，而没有向护士履行告知义务，但护士能力有限，没有主动采取某项措施，因而导致结果发生。

小，因而可以避免结果发生。但是，如前所述，"轻信能够避免"只是过于自信的过失与故意的分界要素或者表面要素，而不是真正的责任要素。

2. 过于自信的过失与间接故意的关系。过于自信的过失与间接故意有相似之处，而且处于位阶关系，但二者的成立条件明显不同。从本质上说，间接故意所反映的是对法益的积极蔑视态度，过于自信的过失所反映的是对法益消极不保护的态度。这种本质上的差别，又是通过各自的要素体现出来的。首先，成立间接故意要求行为人放任结果的发生，结果的发生符合行为人的意志；但成立过于自信的过失不要求行为人放任结果发生。其次，一般来说，间接故意的行为人是为了实现其他意图而实施行为，主观上根本不考虑是否可以避免结果的发生；过于自信过失的行为人之所以实施其行为，是因为考虑到可以避免结果的发生。[1] 最后，间接故意的行为人在行为时"明知"结果发生的可能性；过于自信过失的行为人是暂时地"预见"结果发生的可能性，在行为时又否认了结果发生的可能性。[2] 一般来说，如果行为人认识到结果发生的可能性很大，就不会再否认结果发生的可能性。在此意义上，前述盖然性说具有参考意义。

就典型案件而言，不管如何认识"放任"，都容易区分间接故意与过于自信的过失。就不典型的案件而言，人们总会得出不同结论。例如，甲、乙二人站在山顶，见山下有一老人，甲对乙说："你说将这块石头推下去能否砸着那老头？"乙说："能有那么巧？"于是二人合力将一块石头滚下山，结果将老人砸死。有学者认为，由于甲、乙对于老人死亡结果的发生与不发生都持认可态度，故属于间接故意。但有的学者则认为，"对本案或许认定为过失更合理。理由是：直接故意的意志因素是希望，与它对应的一极是'不希望'，疏忽大意过失和轻信过失都符合'不希望'的特征，在希望和不希望之间，是听任、放任等摇摆不定的意志因素。但是，间接故意的'放任'并不完全等同于听任，而是在认真地估算之后所作的'听任'。如果没有进行认真估算就贸然行动，即使表面上看像'听任'结果发生，也不能评价为放任。"[3] 本书则认为，直接故意的意志因素是希望发生结果，与它对应的并非"不希望发生结果"。[4] 在希望发生结果与希望不发生结果之间，就是放任。上述甲、乙二人虽然不是希望发生结果，但也不是希望不发生结果，因而是放任结果发生，成立间接故意。换言之，在对结果的态度（意志）上，直接故意投了赞成票，间接故意投了弃权票，过失没有投票或者投了反对票。[5] 投弃权票的人，或者对投票结果漠不关心，或者内心决定随从多数人的投票结果。在间接故意的场合，行为人或者对结果的发生与否漠不关心，或者内心决定结果发生与否由决意实施的客观行为任意确定。在上例中，甲、乙或者对结果持漠不关心的无所谓态度，或者内心决定由推石头的客观行为任意决定老人死亡与否。无论哪一种情形，甲、乙都接受了老人死亡的结果，故应认定为间接故意。

---

〔1〕 客观上是否采取防止结果的措施，是判断行为人是间接故意还是过于自信过失的重要资料。一般来说，客观上没有采取结果防止措施的，既可能是间接故意也可能是过于自信的过失；但如果行为人明显采取了结果防止措施的，不宜认定为间接故意。

〔2〕 有的学者认为，间接故意是明知危害结果发生的现实可能性，过于自信的过失则是预见到危害结果发生的假定可能性（参见王作富：《中国刑法研究》，中国人民大学出版社1988年版，第174页以下）。

〔3〕 周光权："论放任"，载《政法论坛》2005年第5期，第78~79页。

〔4〕 因为"不希望发生结果"既可能指希望结果不发生，也可能指对结果发生不持希望态度。

〔5〕 一般来说，过失犯的行为人既不希望也不放任结果的发生，而是反对结果的发生。在此意义上说，过失应当投的是反对票。但这种说法是以故意与过失处于对立关系为前提的，也并不严谨。事实上，在已经排除了故意的前提下（如不能证明行为人已经明知结果的发生），过失的成立只以预见可能性为要件，并不需要判断行为人对结果是否希望或者是否放任。

四、过失犯的认定

（一）过失犯与信赖原则、危险分配法理

根据信赖原则，在行为人合理信赖被害人或第三者将采取适当行为时，如果由于被害人或第三者采取不适当的行为而造成了侵害结果，行为人对此不承担责任。信赖原则起先主要适用于交通领域。从事交通运输的人，在遵守交通规则而实施其行为时，只要没有特殊情况，就可以信赖其他有关人也会遵守交通规则；如果其他人不遵守交通规则，造成了事故，遵守交通规则的行为人就不承担责任。现在，不仅在交通事故领域，而且在企业活动与医疗活动及其他活动中，也适用信赖原则。

信赖原则的适用条件是：①行为人信赖他人将实施适当的行为，而且这种信赖在社会生活上是合理的；②存在着信赖他人采取适当行为的具体状况或条件，自己的行为不违法。据此，行为人不能信赖幼儿、酩酊者、身体障碍者会遵守规则、采取适当行为；在他人有采取不适当行为的具体先兆时，也不应当信赖他人采取适当行为；在自己实施违法行为时，不能信赖他人采取适当行为。

信赖原则与过失犯的客观构成要件相关联。亦即，当客观上存在合理信赖他人实施适当行为的条件时，就限定了结果回避义务的内容。例如，在封闭的高速公路上驾驶车辆的人，合理地信赖行人不会横穿公路，因此，驾驶者的结果回避义务就限定为避免与其他车辆的冲撞。信赖原则与过失犯的预见可能性也具有密切关系。在合理信赖被害人或第三者会采取适当行为时，通常应认为行为人不能预见被害人或第三者会采取不适当的行为。换言之，在合理信赖被害人或第三者会采取适当行为时，缺乏预见可能性或者预见可能性很低，因而不能追究过失责任。

与信赖原则密切相关的是危险分配的法理。危险分配的法理所讨论的是，在认定过失犯时，对加害人与被害人应分别提出什么注意义务。如果对加害人提出的义务范围较广，被害人的注意义务范围就会较窄；反之亦然。因此，基于现实社会的要求，应当对危险进行适当的分配。[1] 显然，当危险完全分配给了被害人时，既意味着行为人的行为不可能具有实行行为性，行为人没有结果回避义务，也意味着行为人对结果缺乏预见可能性。当危险部分分配给了被害人时，意味着行为人的行为的危险性减少，结果回避义务减少，对结果的预见可能性也减少。

（二）监督过失

由于业务及其他社会生活上的关系，在特定的人与人之间、人与事项之间形成了一种监督与被监督关系。监督者对被监督者的行为，在事前要进行教育、指导、指示、指挥，在事中要进行监督，在事后要进行检查；对自己所管理的事项，要确立安全的管理体制。进行这种监督与管理，是监督者的义务或职责。如果监督者不履行或者不正确履行自己的监督或者管理义务，导致被监督者产生过失行为引起了结果，或者由于没有确立安全管理体制，而导致结果发生，监督者主观上对该结果就具有监督过失。监督过失可以分为两种类型：一是因缺乏对被监督者的行为的监督所构成的狭义的监督过失，二是由于没有确立安全管理体制所构成的管理过失。

在狭义的监督过失中，存在着被监督者的过失行为。即被监督者的过失行为直接造成了结果，但监督者对被监督者的行为负有监督义务，即有义务防止被监督者产生过失行为，却没有

---

〔1〕 例如，日本在第二次世界大战前，有专用轨道的火车、电车对行人造成事故时，行人负担危险的范围就相当广；而一般道路上的汽车对行人造成事故时，基本上是由驾驶员一方负担危险，但是在 20 世纪 50 年代以后，社会的复杂化，则增加了行人对危险的负担。

履行这种义务（如没有对被监督者做出任何指示，或者做出了不合理的指示），导致了结果发生。例如，在外科手术时，医生对护士的行为有监督义务，如果因护士的过失导致事故的发生，医生同样应对这种事故承担监督过失的责任。由此可见，狭义的监督过失，实际上是二人以上的过失竞合，即被监督者的一般过失与监督者的监督过失竞合在一起导致了结果的发生。但是，并不是客观上没有履行监督义务就必然成立过失犯罪，还需要行为人主观上具有过失，亦即，能够预见不履行监督义务的行为可能造成法益侵害结果。例如，存在合理信赖的条件时，原则上应否认监督者的过失责任。反之，如果被监督者已经存在实施过失行为的先兆，就不能以信赖原则为根据否认监督者的过失责任。

在管理过失中，行为人因为过失没有采取必要的防范措施，或者没有指示他人采取防范措施，导致了结果发生，或者由于自然原因或第三者的意外行为导致了结果发生。例如，工厂负责人随意决定将贵重设备堆放在露天，由于雷电起火而烧毁了设备。该负责人客观上存在没有确立安全管理体制的客观行为，主观上存在管理过失。

监督过失并不是独立于疏忽大意过失与过于自信过失之外的一种过失，而是分别符合疏忽大意过失与过于自信过失的基本特征。①狭义的监督过失与疏忽大意的过失。在一般疏忽大意过失的情况下，行为人能够预见自己的行为可能直接造成危害社会的结果，表现为"自己的行为→结果"。在监督过失的情况下，监督者能够预见自己不履行或者不正确履行监督义务的行为可能引起被监督者的过失行为，从而发生结果。这里存在一个中间项（被监督者的过失行为），表现为"自己的行为→中间项→结果"。事实上二者没有本质区别。②狭义的监督过失与过于自信的过失。在一般的过于自信过失的情况下，行为人往往因为轻信自己的技术、经验等而轻信能够避免结果的发生；在监督过失的情况下，监督者是轻信了被监督者不会有过失行为，这也符合过于自信过失的特征。③管理过失与一般过失。在管理过失的情况下，监督人能够预见自己没有确立安全管理体制的行为，可能造成结果或者可能由于自然因素或第三者的意外行为导致结果发生，或者已经预见而轻信能够避免。行为人可能轻信自己所确立的管理体制是安全的，也可能是轻信不会有自然因素与第三者的意外行为造成结果。[1]

我国的司法实践，一直追究监督过失的责任，许多具体的玩忽职守罪实际上表现为监督过失；现行刑法事实上也肯定了监督过失（参见《刑法》第135条、第138条、第139条等）。在日本，监督过失的行为人所成立的犯罪，与被监督者的过失犯罪相同。但是，在我国的司法实践中，监督过失既可能成立玩忽职守等与被监督者不同的过失犯罪，也可能成立与被监督者相同的过失犯罪。[2] 这需要根据《刑法》分则所规定的构成要件与责任要素进行合理判断。

（三）过失向故意的转化

认定过失犯罪时，还应注意过失转化为故意的情况。即行为人的过失行为导致对某种法益产生危险，但故意不消除危险，希望或者放任结果发生。例如，行为人不慎将烟头扔在仓库里，具有发生火灾的危险，行为人能够及时消除危险，但想通过造成火灾陷害仓库保管员，故意不消除危险，导致火灾发生。这便由一般过失转化为犯罪故意，应认定为放火罪而不是失火罪。再如，甲系乙聘请的家庭保姆，负责处理家务和照顾乙两岁多的儿子丙。某日下午五点半左右，甲给丙喂桂圆时，不料桂圆核卡住丙喉咙无法吐出，甲随即将丙送往附近药店救治。甲

---

[1] 需要说明的是，不管是管理过失还是狭义的监督过失，都以行为人对结果具有具体的预见可能性为前提，不能以抽象的、一般的危惧感为根据认定过失责任。

[2] 应否以及如何区分这两种情形（什么情形属于职务过失，成立玩忽职守等罪，什么情形属于监督过失，成立与被监督者相同的过失犯罪），还值得进一步研究。

怕承担责任，向药店工作人员隐瞒了丙被桂圆核卡住咽喉的事实。返回乙家后，甲又向赶来的120 急救医护人员隐瞒真相，致医护人员无法采取针对性急救措施，延误抢救时机。丙被送往某市儿童医院，经抢救无效于同日晚十点半因异物吸入、窒息、脑疝、多器官功能衰竭死亡。甲将有核的桂圆喂给丙吃，导致桂圆核卡住丙的喉咙无法吐出时，就对丙的生命产生了危险。如果甲对医护人员说出真相仍然未能避免死亡结果发生，甲成立过失致人死亡罪。但本案的甲因为怕承担责任，没有说出真相，虽然他并不希望死亡结果发生，但对结果持放任态度，应认定为间接故意的不作为犯罪（故意杀人罪）。

基于同样的理由，过失行为虽然已经造成了基本结果（成立基本的过失犯），但在能够有效防止加重结果发生的情况下（既有履行义务的能力，也有回避结果的可能性），行为人具有防止加重结果发生的义务却故意不防止的，对加重结果成立故意犯罪。如汽车司机甲于黑夜在车辆较少的道路上违反交通法规过失将三人撞成重伤后，下车查看情况，本可以将三人送往医院抢救，但想到被害人死亡也无所谓，便立即逃走，三名被害人后来全部死亡。甲的行为是只成立一个交通肇事罪，还是成立一个故意杀人罪，抑或成立数罪？甲的过失行为致三人重伤，本身就能成立交通肇事罪。甲下车后认识到如果不救助被害人就会死亡却逃走，导致了死亡结果的发生，是否成立不作为的故意杀人罪？如果三名被害人是濒死的重伤，即使救助也必然死亡，就只成立交通肇事罪。换言之，如果即使救助也不能防止死亡结果，就可以将死亡结果评价为先前的过失行为造成的结果，而不另成立不作为的故意犯罪。但是，如果被告人将三名被害人送往医院，就可以救助其生命，而被告人故意不救助的，则可能另成立不作为的故意犯罪。

第四节　目的与动机

一、主观的超过要素概述

就既遂犯罪而言，行为人一般存在与客观事实相对应的主观内容。例如，故意杀人既遂的客观要素为杀人行为致人死亡；与此相对应，故意内容是认识到自己的行为会致人死亡，并且希望或者放任死亡结果发生。[1] 不难看出，客观上完全存在与行为人主观故意相对应的事实。但是，在某些犯罪中，主观要素仅存在于行为人的内心即可，不要求有与之相对应的客观事实。目的犯中的目的以及某些犯罪的动机就是如此（存在个别例外情形）。例如，根据《刑法》第 152 条第 1 款的规定，只要行为人以牟利或者传播为目的走私淫秽物品即可构成走私淫秽物品罪，而不要求有牟利或者传播淫秽物品的客观事实。再如，根据《刑法》第 399 条第 1款的规定，只要司法人员出于徇私动机追诉明知是无罪的人，即可构成徇私枉法罪，而不是要求有徇私的客观事实。这种目的与动机，是某些犯罪的责任要素，[2] 却是主观的超过要素。

---

[1] 杀人未遂时，行为人虽然对死亡结果具有希望或者放任的态度，但死亡结果并没有发生，所以，故意的意志因素便成了超出客观要素范围的要素，因而也被称为主观的超过要素。但应注意的是，即使将未遂犯中的故意的意志因素视为主观的超过要素，它也与目的犯中的目的这一主观的超过要素具有明显区别。前者仍然是故意的构成因素，后者则是故意内容之外的因素。

[2] 目的究竟是违法要素还是责任要素，一直存在争议。行为无价值论一般主张目的是违法要素，结果无价值论者既可能认为目的是违法要素，也可能认为目的是责任要素。本书暂且将目的作为责任要素。事实上，即使认为某些目的表明法益侵害因而是违法要素，但至少有部分目的与法益侵害没有直接关联，应当作为责任要素。

二、目的

（一）目的概述

目的（犯罪目的），是指犯罪人主观上通过犯罪行为所希望达到的结果（不限于法益侵害结果，包括犯罪行为所形成的状态等），即是以观念形态预先存在于犯罪人大脑中的犯罪行为所预期达到的结果。特定的目的，不是指直接故意的意志因素，[1] 而是故意的认识因素与意志因素之外的对某种结果、利益、状态、行为等的内在意向；它是比直接故意的意志因素更为复杂、深远的心理态度；其内容也不一定是观念上的危害结果。

从目的与刑法规定的关系来看，目的犯中的目的表现为两种情形：一是《刑法》分则明文规定的目的（分别存在"目的""意图"两种表述），如《刑法》第 152 条、第 175 条、第 192 条、第 305 条等；二是《刑法》分则虽无明文规定，但根据条文对构成要件的表述以及条文之间的关系，而为成立犯罪所必须具备的目的，如《刑法》第 194 条至 198 条规定的几种金融诈骗罪，条文本身虽未标明"以非法占有为目的"，但根据金融诈骗罪的特征及其与相关犯罪的关系，该目的实际上属于金融诈骗罪的责任要素。

从目的与行为的关系考察，目的犯的目的表现为三种情形：其一，不属于主观的超过要素的目的，亦即存在与目的相对应的客观事实的情形。例如，《刑法》第 175 条第 1 款前段规定："以转贷牟利为目的，套取金融机构信贷资金高利转贷他人，违法所得数额较大的，处 3 年以下有期徒刑或者拘役，并处违法所得 1 倍以上 5 倍以下罚金。"显然，转贷牟利目的与客观上的"转贷他人""违法所得数额较大"的构成要件要素相对应，亦即，转贷牟利目的并非存在于行为人内心即可，因而不属于主观的超过要素。[2] 其二，只要实施了符合构成要件的行为就可以（但非必然）实现的目的。例如，只要实现了贷款诈骗罪的构成要件，就可以实现非法占有贷款的目的。这种目的犯称为断绝的结果犯。其三，实施符合构成要件的行为后，还需要行为人或第三者实施其他行为才能实现的目的。如实施了走私淫秽物品的行为，还不能直接实现牟利或者传播的目的，只有在走私行为完成之后实施其他相关行为，才能实现牟利或者传播目的。这种目的犯称为短缩的二行为犯。

短缩的二行为犯的基本特点是，"完整"的犯罪行为原本由两个行为组成，但刑法规定，只要行为人以实施第二个行为为目的实施了第一个行为（即短缩的二行为犯的实行行为），就以犯罪（既遂）论处，而不要求行为人客观上实施第二个行为；与此同时，如果行为人不以实施第二个行为为目的，即使客观上实施了第一个行为，也不成立犯罪（或者仅成立其他犯罪）。在此意义上说，短缩的二行为犯实际上是将二行为犯或复行为犯缩短为一行为犯或单行为犯。[3] 短缩的二行为犯的目的实现与否，既不影响犯罪的成立，也不影响犯罪既遂的认定。换言之，短缩的二行为犯的既遂与未遂，应以第一个行为的结果发生与否为标准。

在断绝的结果犯中，行为人必须具有确定的目的；在短缩的二行为犯中，只要行为人知道或许有谁实施实现目的的行为就够了。如违规制造枪支罪，行为人以非法销售为目的，制造无号、重号、假号的枪支时，不要求具有确定的非法销售目的，只要知道可能有谁非法销售所制

---

〔1〕 人们习惯于将直接故意中的意志因素，即行为人对自己的行为直接造成结果的希望，称为犯罪目的。如说"某某被告具有杀人目的"。在一般意义上说，希望他人死亡就是行为人的犯罪目的，但这种目的不是目的犯中的目的。

〔2〕 从立法论上说，可以删除本条中的"以转贷牟利为目的"的规定。

〔3〕 从这个角度来说，短缩的二行为犯减少了客观要件要素。但从另一角度来说，也可谓限制了处罚范围。例如，添加牟利或者传播目的，就限制了走私淫秽物品罪的处罚范围。此外，有的犯罪要求特定目的，不仅是对处罚范围的限定，而且限定了行为的性质（参见《刑法》第 192 条、第 193 条、第 319 条）。

造的无号、重号、假号的枪支这种未必的意思即可。短缩的二行为犯中的目的，不以实行犯本人实现为限。例如，行为人走私淫秽物品时，不问走私者是意图亲自传播淫秽物品，还是意图以他人为媒介或者由他人传播淫秽物品，都不影响走私淫秽物品罪的成立。

（二）目的犯的存在范围

我国刑法理论的传统观点认为，目的犯只能由直接故意构成；易言之，如果刑法将某罪规定为目的犯，那么，该罪就不可能由间接故意构成。但本书认为，间接故意犯罪也可能是目的犯。

从规范层面而言，《刑法》总则规定的故意犯罪包括直接故意犯罪与间接故意犯罪，因此，只要《刑法》分则所规定的犯罪为故意犯罪，那么，就既可以由直接故意构成，也可以由间接故意构成。目的犯在《刑法》分则中都属于故意犯罪，当然也可以由间接故意构成。刑法将某种犯罪规定为目的犯时，并不表明该罪为直接故意犯罪，只是将不具有特定目的的行为排除在犯罪之外，而不是将间接故意行为排除在犯罪之外。例如，立法者通过牟利或者传播目的限制走私淫秽物品罪的处罚范围，因此，即使行为人具有直接故意，但如果缺乏牟利或者传播目的，也不成立走私淫秽物品罪；反之，即使行为人仅具有间接故意，但如果具有牟利或者传播目的，也应当以走私淫秽物品罪论处。

从心理事实来说，当行为人所放任的结果与行为人所追求的目的不具有同一性时，即二者分别为不同的内容时，二者完全可能并不矛盾地存在于行为人的主观心理中。以短缩的二行为犯为例：第一个行为的结果与行为人实施第二个行为的目的并不相同，因此，对第一个行为的结果的放任与对第二个行为的目的完全可以并存。刑法理论公认，间接故意犯罪的发生情形之一是，行为人为了实现另一犯罪目的，而放任此种犯罪结果的发生。这正好说明间接故意的犯罪中可能存在目的。

（三）目的的机能

作为责任要素的目的具有两个方面的机能：其一，在部分犯罪中具有区分罪与非罪的机能。例如，不以营利为目的的侵犯著作权的行为、不以营利为目的的聚众赌博行为，不构成犯罪。其二，在部分犯罪中具有区分此罪与彼罪的机能。例如，就传播淫秽物品的行为而言，如果能认定行为人具有牟利目的，就应认定为传播淫秽物品牟利罪；否则，就只能认定为传播淫秽物品罪（参见《刑法》第363条、第364条）。再如，是否具有非法占有目的，是区分贷款诈骗罪与骗取贷款罪的关键要素。责任要素之外的目的，虽然不影响犯罪的成立，但可能对量刑产生影响。

三、动机

动机（犯罪动机），是指刺激、促使犯罪人实施犯罪行为的内心起因或思想活动，它回答犯罪人基于何种心理原因实施犯罪行为，故动机的作用是发动犯罪行为，说明实施犯罪行为对行为人的心理愿望具有什么意义。产生犯罪动机需要具备两个条件：一是行为人内在的需要和愿望；二是外界的诱因与刺激。

传统观点认为，只有直接故意犯罪具有动机。其实，哪些犯罪存在动机，取决于对动机的认识。如果认为动机是犯罪性动机，或者说是刺激犯罪人积极实施犯罪行为以达到犯罪目的的内心起因，似乎只有直接故意犯罪才存在犯罪的动机。如果认为动机不是犯罪性动机，只是事后回答行为人基于何种心理原因实施了犯罪行为，则除了疏忽大意的不作为犯罪（忘却犯）以外，其他犯罪都有动机。因为不管是故意犯罪还是过失犯罪（忘却犯除外），行为人都不会无缘无故地实施行为，相反都会有实施行为的心理动因；这些动因也能说明行为人非难可能性的大小。例如，汽车司机超速行驶致人死亡时，一定有超速行驶的内心起因；对于为了逃避法律责任而超速行驶，与为了将危重病人送往医院而超速行驶，其量刑结果必然不同。如果不将这种内心起因归入动机，则需要有另外的概念；而人们在否认其为动机的同时，并没有提出另外的概念，这会导致司法实践上忽视内心起因对量刑的影响。因此，本书认为，没有必要人为地限定动机存在的范围，可以将动机作后一种理解。

当特定的动机是犯罪的责任要素时，不具有特定的动机，就不成立犯罪。例如，"徇私"动机，是徇私枉法、徇私舞弊不移交刑事案件等罪的责任要素；"贪生怕死"动机是投降罪的责任要素。责任要素之外的动机，虽然不影响犯罪的成立，但可能对量刑产生影响。

第五节　责任能力

一、责任能力的概念

行为人不具备有责地实施行为的能力时，不能对其进行法的非难。进行责任非难所要求的行为人的能力，就是责任能力。刑法并不是直接积极地规定责任能力，即不是直接规定犯罪的成立要求行为人具有责任能力，而是消极地规定无责任能力与限定责任能力。在具体案件中，不需要证明行为人具有责任能力，而是当行为人不具有责任能力时不得追究其刑事责任。

能力，是人的自觉能动性的表现，是人认识现实世界与支配现实世界的特征。刑法上的责任能力，由辨认能力与控制能力组成。辨认能力，是指行为人认识自己特定行为的内容、社会意义与结果的能力，因而也可以称为认识能力。能够认识自己行为的内容、社会意义与结果的，就具有辨认能力（会有程度的差异）；反之，则没有辨认能力。控制能力，是指行为人支配自己实施或者不实施特定行为的能力。行为人在犯罪时，总是处于既可以实施、也可以不实施的状态，行为人在认识到特定行为的内容、社会意义与结果后，能够控制自己实施或者不实施该行为时，就是有控制能力（会有程度的差异）；反之，则没有控制能力。控制能力与心理学上所讲的作为意志品质的自制力不是等同概念。自制力是控制自己的情感、爱好和冲动的能力，在道德体系中，自制力是可贵的品质。有自制力的人都具有控制能力，但有控制能力的人不一定有自制力。许多人是在有控制能力的情况下因缺乏自制力而实施了犯罪行为，故不可将控制能力与自制力相混淆。

一般认为，辨认能力是控制能力的基础与前提，没有辨认能力就谈不上有控制能力。控制能力则反映人的辨认能力，有控制能力就表明行为人具有辨认能力。但有辨认能力的人可能由于精神病而丧失控制能力，刑法认为这种情况不具有实施犯罪的能力。换言之，刑法要求行为人同时具备辨认能力与控制能力，只具有其中一种能力的，属于没有责任能力。[1]

---

〔1〕 责任能力是责任的要素，还是责任的前提，这是国外刑法理论争论的问题。将责任能力作为责任前提的观点认为，责任能力是被作为责任前提的主体的适格性进行规定的，因此，责任能力应与其他责任要素相区别，必须先对责任能力进行判断，所以说是责任的前提。如果是无责任能力者，则并不判断有无故意过失，便认定为无罪。但这一观点存在疑问。因为责任能力在程度上存在差别（如存在因精神病而导致责任能力减弱的情形），这种差别对行为的非难可能性程度产生影响，故责任能力并不单纯是责任的前提。将责任能力作为责任要素的观点认为，责任能力虽是作为非难可能性前提的人格的适格性，但责任能力同时是能否辨认各个行为的是非善恶以及依据这种辨认实施行为的问题，所以，责任能力并不只是非难的前提，而且是对行为的意思形成的非难性本身。这并不意味着无责任能力与无违法性认识的可能性相混同，因为无责任能力是欠缺辨认控制能力所致，而无违法性认识的可能性则是由其他原因所致。据此，无责任能力也可谓责任阻却事由。

关于责任能力的性质，国内外刑法理论上存在不同观点。[1] 根据我国刑法的规定，责任能力，是指对"自己行为"的辨认控制能力，这应是指犯罪行为能力；在行为时具有犯罪能力，当然也就表明行为人有承担责任的能力。但在认定行为人是否具备责任能力时，司法机关所要考虑的就是行为人对所实施的特定行为有无辨认控制能力，并不是直接考虑他有无刑罚适应能力，故应认为责任能力就是犯罪能力。

二、责任能力的判断

（一）责任能力的判断概述

责任能力与法定年龄是既统一又矛盾的关系，有的人虽然达到了法定年龄但由于患精神病而没有辨认控制能力，这就需要在法定年龄之外就精神病的责任能力做出特别规定。换言之，由于达到了法定年龄的人通常具有责任能力，故刑法仅从消极角度规定责任能力，即除因精神病而导致没有责任能力的以外，其他达到法定年龄的人都是具有责任能力的人。于是，在通常情况下，对于达到法定年龄的人，司法机关毋需举证证明其具有责任能力；只是在行为人患有精神病时，才需判断其是否因为精神病而无责任能力。基于同样的理由，如果行为人没有达到法定年龄，便可直接否认其行为构成犯罪，不必判断其有无辨认控制能力。在此意义上说，对于责任能力的判断以行为人达到法定年龄为前提。

需要注意的是，有精神病并不等于无责任能力。精神病的种类很多，既可能导致行为人无责任能力，也可能仅导致责任能力减弱，还可能对责任能力没有影响。

（二）责任能力的判断标准

责任能力的判断，实际上是无责任能力的判断。对于无责任能力的判断，在整个世界范围内都还没有找到令人满意的方法与标准。[2] 我国《刑法》第18条第1款采取的是混合的方法："精神病人在不能辨认或者不能控制自己行为的时候造成危害结果，经法定程序鉴定确认的，不负刑事责任"。如上所述，由于精神病的种类繁多，一些精神病并不导致行为人丧失辨认控制能力，如果单纯采取生物学的方法，则会导致一些具有辨认控制能力的人可以随意实施符合构成要件的不法行为而不承担责任；反之，如果单纯采取心理学的方法，则会因为缺乏明确标准，导致对冲动犯罪、激情犯罪等不能追究责任。

根据《刑法》第18条第1款的规定，对责任能力要经过法定程序进行医学与法学判断：

---

[1] 旧派认为，责任能力的本质是有责行为能力、意思能力或犯罪能力。责任能力问题实质上是意志自由的问题。人在具有从善去恶的意志自由的前提下，不决意从善，却决意从恶，因而应负责任。但并不是任何人都具有意志自由，具有意志自由的先决条件是，行为人能够认识其行为的价值或行为的是非善恶；具有这种认识能力的人，才产生对自己行为的责任，法律才认为其具有责任能力。所以，责任能力是辨别是非善恶的能力，或者说是意思能力。又由于具有这种能力的人，才能实施犯罪，故责任能力是犯罪能力；无责任能力，则是无犯罪能力。新派认为，责任能力是刑罚适应能力。行为人并不能自由地决定自己的意志，犯罪是人的素质与环境的产物。刑法的机能是针对犯罪人将来再犯罪的可能性即性格的危险性，对社会进行防卫。旧派所谓的有能力之人与无能力之人，就其行为对社会应负的责任而言，在实质上并没有区别；只是法律因对象不同而采取不同的处罚方法，都是为了防卫社会。对于具有通常能力的人科处通常的刑罚，便足以实现刑罚的目的；对于精神异常的人或年幼者，因其不能适应刑罚而采取其他办法，并不是因为他们不应负责任。所以，责任能力是刑罚适应能力，即是被科处刑罚的一种资格。我国有一种观点认为，责任能力是犯罪能力与刑罚适应能力的统一（参见赵秉志：《犯罪主体论》，中国人民大学出版社1989年版，第26页）。

[2] 多数国家刑法与司法实践采取的做法是，由于精神障碍而导致没有辨认是非善恶的能力，没有依据辨认能力控制行动的能力时，就是没有责任能力。这种做法以精神障碍的要素、辨认是非的能力及据此控制行为的能力为核心。在刑法上只规定精神障碍要素的方法称为生物学的方法；只规定辨认控制能力的方法称为心理学的方法；将二者相结合的方法称为混合的方法，即先确定影响责任能力的生理原因，再标明由此原因所致的影响责任能力的心理状态。

首先判断行为人是否患有精神病，其次判断行为人是否因为患有精神病而不能辨认或者不能控制自己的行为。前者由精神病医学专家鉴定，鉴定结论应说明行为人是否具有精神病以及精神病种类与程度轻重。后者由司法人员判断，但他们不应当否认精神病医学专家对有无精神病以及精神病的种类、程度所做出的结论（如果司法人员对原鉴定结论有合理怀疑，可以按照《刑事诉讼法》的规定，再次送请鉴定），只能在精神病医学专家的鉴定基础上进一步判断行为人是否具有辨认与控制自己行为的能力。如果精神病医学专家的鉴定结论是行为人没有患精神病，司法人员就必须肯定行为人具有责任能力；如果精神病医学专家的鉴定结论是行为人患有精神病，司法人员则应在此基础上进一步判断行为人是否具有责任能力。只有这样，才是坚持了医学标准与法学标准的统一，才能正确判断行为人是否具有辨认控制能力。[1]

（三）责任能力判断的注意事项

哪些疾病属于精神病是根据精神病医学认定的。司法人员在判断精神病人有无责任能力时，除了以精神病医学专家的鉴定结论为基础外，还应注意以下几点：

1. 要审查精神病的种类以及程度轻重，因为精神病的种类与程度轻重对判断精神病人是否具有责任能力具有极为重要的意义。

2. 要在精神病人的左邻右舍调查其言行与精神状况，如果有足够证据表明该精神病人平时不能正确认识自己行为的性质、社会意义与结果，不能有意识地选择和控制自己的行为，则能作为精神病人没有责任能力的有力证据。

3. 要进一步判断精神病人所实施的行为与其精神病之间有无直接联系。因为精神病人的精神结构不一定完全错乱，它可能在某些方面是正常的。所以，要判断精神病人实施构成要件行为是否起因于精神病。如果精神病人所实施的行为与其精神病没有直接联系，就不能认为他没有责任能力。只有当他所实施的行为起因于精神病时，才可能认定他没有责任能力。所以，责任能力是就行为人已经实施的符合构成要件的特定行为而言，并非就一般行为而言。这里特别要注意对部分责任能力的判断。部分责任能力，是指行为人由于精神障碍对某一类犯罪没有责任能力，但对其他犯罪具有责任能力的情形。这里的"某一类犯罪"不是指严重犯罪，而是与其精神障碍有联系的某一类犯罪。例如，具有好诉妄想的偏执狂患者，对诬告陷害罪没有责任能力，但对与好诉妄想无关的犯罪，则具有责任能力。又如，癔病患者因某种刺激产生异常的环境反应时，对由这种反应所表现出来的侮辱、伤害等行为没有责任能力，但对与此无关的其他犯罪则具有责任能力。所以，一方面，不能因为精神病人对某些犯罪具有责任能力，就认定其对所有犯罪都具有责任能力；另一方面，也不能因为精神病人对某种犯罪没有责任能力，就认定其对一切犯罪都没有责任能力。

4. 行为人虽然患有某种精神病，但如果该精神病对其辨认与控制能力没有任何影响，就属于有完全责任能力的人，该精神病不能成为责任阻却事由。值得注意的是间歇性精神病人的责任能力判断问题。《刑法》第18条第2款规定："间歇性的精神病人在精神正常的时候犯罪，应当负刑事责任。"据此，间歇性精神病人实施行为的时候，如果精神正常、具有责任能力，当然应对自己的行为承担责任；即使实施行为后精神不正常，也应承担责任。反之，如果实施行为的时候精神不正常、不具有责任能力，便阻却责任，该行为不成立犯罪，即使实施行为后

---

〔1〕 可是，我国司法实践上的通常做法是，完全由精神病专家鉴定行为人是否具有责任能力，即精神病鉴定专家直接得出有无责任能力的结论，检察官与法官不再作任何判断，完全采纳精神病专家的鉴定结论。其结局是，要么由精神病鉴定专家同时进行了医学与法学的判断，要么仅由精神病鉴定专家进行医学判断而没有法学判断。显然，这种做法严重违反了《刑法》第18条的规定，需要改正。

精神正常，也不应承担责任。由此可见，间歇性精神病人的行为是否成立犯罪，应以其实施行为时精神是否正常、是否具有责任能力为标准，而不是以侦查、起诉、审判时精神是否正常为标准。对间歇性精神病人的责任能力的判断方法仍然是，首先由司法精神病鉴定人员鉴定其有无精神病以及精神病是否具有间歇性等，其次由司法人员判断其实施行为时精神是否正常。此外，间歇性精神病人在尚未完全丧失辨认控制能力时犯罪的，应当承担责任。

问题是，间歇性精神病人在精神正常的情况下决定并着手实行犯罪，在实行过程中精神病发作丧失责任能力的，应当如何处理？例如，被告人起先用铁锤殴打被害人但没有致人死亡，由此陷入无责任能力状态，在无责任能力状态下继续实施殴打行为导致被害人死亡。[1] 首先，可以肯定的是，行为人在精神正常的情况下实行终了时，即便在结果发生阶段精神不正常（无责任能力），也应当承担既遂犯的责任。例如，甲以杀人故意将有毒饮料交给乙后突发精神病，丧失责任能力，乙喝了毒药后死亡，应认定甲的行为成立故意杀人既遂。其次，虽然实行行为尚未终了，行为人在实施后半部分行为时精神不正常，但只要开始实施实行行为时具有责任能力，并且对全部实行行为及其结果具有故意、过失，丧失责任能力后所实现的是同一构成要件，而且结果应当归属于行为人的行为，即使结果是在其丧失责任能力的情况下发生，行为人也应负既遂责任，而不宜认定为犯罪未遂。例如，A 以抢劫故意对 B 实施暴力压制其反抗后丧失责任能力，仍然强取 B 的财物的，成立抢劫既遂。但是，如果开始实施实行行为时具有责任能力与故意、过失，然后丧失责任能力，在无责任能力阶段实现的是另一构成要件行为，由后一行为导致结果发生的，则行为人仅对前行为承担未遂犯的责任（当然，如果前行为已经既遂，行为人当然承担既遂犯的责任）。例如，甲以强奸故意对妇女实施暴力，随后丧失责任能力强取妇女财物的，只能认定为强奸未遂。

三、醉酒人的责任能力与原因自由行为

（一）醉酒人的责任能力

醉酒是酒精中毒的俗称，分为生理性醉酒与病理性醉酒两种情况。

生理性醉酒即普通醉酒不是精神病，其引起的精神障碍属于非精神病性精神障碍。刑法理论一般认为，生理性醉酒的行为人具有责任能力，故对其实施的犯罪行为应当承担责任；即使其责任有所减弱，但由于醉酒由行为人自己造成，也不得从轻或者减轻处罚（其中具有刑事政策的理由）。《刑法》第 18 条第 4 款规定的"醉酒的人犯罪，应当负刑事责任"，当然意味着生理性醉酒的人应当负刑事责任。

病理性醉酒则属于精神病状态，多见于通常并不饮酒或对酒精无耐受性，或并存感染、过度疲劳、脑外伤、癫痫症者，在偶然一次饮酒后发生。病理性醉酒人的行为紊乱、记忆缺失、出现意识障碍，并伴有幻觉、错觉、妄想等精神病症状，且其行为通常具有攻击性。一般认为，病理性醉酒属于精神病，醉酒人完全丧失责任能力。既然如此，在行为人没有意识到的首

---

〔1〕 对此问题，国外学者提出了三个解决途径：一是适用后述原因自由行为的法理。因为行为人在实施与结果有直接因果关系的行为时已经没有责任能力，所以与原因自由行为的事例相同。但是，实行中途丧失责任能力不同于原因自由行为，不应当适用原因自由行为的法理。二是将具有责任能力时的实行行为与陷入无责任能力后的实行行为作为"一体"或"一个"行为来考虑，从而肯定行为人对陷入无责任能力时的引起结果发生的行为也具有责任能力。可是，为什么将二者作为"一体"或者"一个"行为来考虑，还缺乏充分理由；而且如何判断一体性、一个行为，也是不明确的。三是作为因果关系的错误（或客观归责）问题来解决。即在陷入无责任能力状态前，就已经存在犯罪的未遂。对行为人是否适用既遂的刑罚，就取决于无责任能力状态的出现，是否表现为因果关系的非重大偏离。如果因果关系的偏离重大，行为人便不承担既遂责任。但一般来说，在上述场合，因果关系的偏离并不重大，行为人应负既遂的责任。

次病理性醉酒导致结果发生时，不能认定为犯罪。但行为人在得知了自己有病理性醉酒的历史，预见到自己饮酒后会实施攻击行为，造成结果的情况下，故意饮酒造成结果，或者由于饮酒过失导致结果发生的，则应当承担责任。这属于原因自由行为的一种情形。应当认为，《刑法》第18条第4款的规定，也能包含这种情形。

（二）原因自由行为

原因自由行为（actiolibera in cause），是指具有责任能力的行为人，故意或者过失使自己一时陷入丧失或者尚未完全丧失（《刑法》第18条第3款）责任能力的状态，并在该状态下实施了符合构成要件的违法行为。使自己陷入丧失或者尚未完全丧失责任能力状态的行为，称为原因行为；在该状态下实施的构成要件行为，称为结果行为。由于行为人可以自由决定自己是否陷入上述状态，故称为原因自由行为。例如，明知自己有病理性醉酒史，饮酒后会实施暴力行为，造成他人伤亡结果，却故意饮酒，随即实施暴力行为造成伤亡结果的，即属原因自由行为。[1] 由上述定义可知，广义的原因自由行为分为四种情况：故意陷入丧失责任能力状态、过失陷入丧失责任能力状态、故意陷入尚未完全丧失责任能力的状态、过失陷入尚未完全丧失责任能力的状态。下面着重讨论前两种情况。

根据责任主义，责任能力必须存在于行为时，行为人只对在具有责任能力的状态下所实施的行为及其结果承担责任，不能追究其丧失责任能力状态下所实施的行为及其结果的责任。这便是"行为与责任同时存在"的原则（简称同时存在原则）。而在贯彻这一原则时，对原因自由行为产生了疑问：既然行为人在实施构成要件行为时，没有责任能力，怎么能够追究其责任呢？否定说的基本理由是，实施行为时处于无责任能力状态的人，其以前（原因行为时）的意识与行为时（结果行为时）的心理联系已经完全断绝；一个人不可能在丧失责任能力时，按照其在正常精神状态下所作的决定实施行为；如果能够按照原来的决定实施行为，就表明行为人在实施行为时具有责任能力，理当追究责任。因此，所谓原因自由行为的理论本身就自相矛盾。但现在一般肯定原因自由行为的可罚性。因为原因自由行为完全可能存在，如扳道工为了使火车与汽车相撞，在火车到来之前，故意使自己陷入丧失责任能力状态而不放下栏杆，导致火车与汽车相撞；证人为了作伪证，在出庭作证前服用精神药品，导致其在麻醉状态下作伪证；汽车司机在具有明显过度疲劳征兆的情况下继续驾驶车辆，以致在睡眠状态下将车开到人行道上，导致行人死亡。既然结果行为为不作为时应当承担责任，那么，在结果行为是作为时，就没有理由否认行为人的责任。从一般人的法感情考虑，由于醉酒等原因一时性地使自己陷入丧失辨认控制能力的状态时，其所实施的法益侵害行为仍然为社会所不能容忍，有追究刑事责任的必要。

---

〔1〕 我国刑法理论与司法实践没有将因吸毒产生幻觉的情形认定为精神病。对于因吸毒产生幻觉而实施构成要件行为的，要从两个方面进行判断。首先，要判断行为人因吸毒产生幻觉是否属于原因自由行为；其次，在不属于原因自由行为的情况下，判断幻觉对故意、过失的影响。例如，杨某经常吸毒，而且毒瘾越来越大。某日，杨某吸毒后产生了有人来伤害自己的幻觉。为防止被攻击便找来铁棍、菜刀、木椅等，并用打火机将塑料盆、床单和窗帘点燃。邻居见其房间冒出火烟赶来救火，却遭到杨某阻止和威胁，后警察赶到才将大火扑灭。某法院认定杨某构成放火罪。倘若杨某吸毒时明知自己吸毒后会产生幻觉进而实施放火行为，认定杨某的行为构成放火罪是妥当的。但是，若杨某没有这样的经历，吸毒后第一次产生幻觉实施上述行为的，应当承认幻觉对故意认定的影响，即认定为过失才是合适的。

为了说明原因自由行为的可罚性根据，刑法理论提出了各种不同主张。[1] 本书的初步看法是，责任能力、故意、过失与行为同时存在的原则必须得到维护，不能为了说明原因自由行为的可罚性而承认该原则有例外。因为如果承认该原则的例外，则往往会因为例外的理由与范围不确定而导致在其他场合也承认例外，从而违反责任主义。此外，如果承认有例外，就必须有法律的特别规定，但我国并无特别规定。[2] 在本书看来，对于同时存在原则中的"行为"则不宜狭义地理解为着手后的行为，而宜理解为与结果的发生具有因果关系的行为。因为在故意犯罪的场合，行为人都会利用因果关系造成法益侵害结果；在过失犯的场合，则是行为符合因果法则地造成法益侵害结果。至于结果能否归属于行为人的行为，则是法官进行规范评价形成的结论，而不是由行为人决定。所以，只要行为人开始实施与结果的发生具有因果关系的行为时具有责任，就能够对之进行谴责。在行为人起先没有实施暴行等结果行为的意思，但由于饮酒等原因行为而产生了该意思时（非连续型），由于如果没有原因行为就没有结果行为，故可以肯定原因行为与结果之间存在因果关系。在行为人事先就有实施结果行为的意思，出于鼓起勇气等动机而饮酒导致丧失责任能力，进而在该状态下实施了结果行为时（连续型），也可以肯定原因行为与结果之间的因果关系。既然行为人在实施与结果的发生具有因果关系的行为时具有责任能力，而且具有故意或者过失，就具有非难可能性。[3]

需要注意的是，在故意的原因自由行为的场合，要使行为人对结果承担责任，要求其结果行为实现了故意内容。例如，甲想杀 A 而使自己陷入无责任能力状态，在无责任能力状态下实施了杀害 A 的行为，导致 A 死亡。在这种情况下，甲应对 A 的死亡承担故意杀人既遂的责任。再如，乙想以暴力抢劫 B 的财物而使自己陷入无责任能力状态，但其结果行为却是强奸行为。不管乙在实施暴力行为时是否具有责任能力，但如果实施奸淫行为时没有责任能力，对乙只能

---

〔1〕 可以分为构成要件模式与例外模式。其中，构成要件模式主要有以下几种学说：间接正犯类似说认为，设定原因的行为具有实行行为性，这就坚持了行为与责任同时存在的原则。即该原则中的行为，与未遂犯成立要件中的实行行为是同义的。因为责任能力不仅包括辨认行为是非的能力，而且包括相应的控制行为的能力，实行行为本身当然是受到这种控制所实施的行为。在原因自由行为中，行为人在实施通常的犯罪行为形态中的定型实行行为时，处于无责任能力的状态。因此，为了贯彻同时存在原则，只好把设定原因的行为解释为定型的实行行为。正犯行为说认为，正犯与实行的"同一性"虽然是共犯论的基底，但应当承认二者的分离，只要正犯行为时具有责任能力，即使实行行为时没有责任能力，也应认为符合行为与责任同时存在的原则，应当追究责任。在原因自由行为的场合，原因行为是正犯行为，但这种正犯行为还不是实行行为，只有当行为人实施结果行为时，正犯行为才具有发生结果的具体危险，进而成为实行行为。于是，正犯行为与责任同时存在，因而既维护了行为与责任同时存在的原则，也说明了原因自由行为的可罚性。相当原因行为说将具有责任能力的原因行为作为问责的对象，认为只要原因行为与结果行为及结果之间具有相当因果关系和责任关联（故意、过失），就可以追究原因自由行为的责任。原因行为时支配可能性说认为，原因自由行为时的实行行为是结果行为，但行为人在实施原因行为时，对结果行为具有支配可能性，所以，应对结果行为承担责任。意思决定行为时责任说，行为开始时的最终的意思决定，贯穿至结果发生的行为整体，因此，只要在最终的意思决定时具有责任能力，即使于现实的实行行为即结果行为时丧失责任能力，也不妨认为有责任能力而追究责任。例外模式认为，原因行为不是实行行为，但与结果行为具有密切关联，原因行为是责任非难的根据。换言之，责任非难的根据不在于无责任能力状态下实现构成要件的行为，而在于行为人有责地实施原因行为。处罚原因自由行为虽然不符合实行行为与责任同时存在的原则，但该原则不必严格适用于原因自由行为，即原因自由行为是同时存在原则的例外。

〔2〕 如果认为我国《刑法》第 18 条第 4 款的规定为例外说提供了法律根据，似乎也可以采取例外说。但是，即便如此，也只能解决部分问题而不能解决全部问题。例如，当原因行为为吸毒行为时，便不可能引用《刑法》第 18 条第 4 款的规定。

〔3〕 从立法论上来看，由刑法条文肯定例外说，似乎可以解决一切问题。但是，责任主义源于人的尊严，宪法保护人的尊严不受侵犯，因而可以说责任主义是宪法原则。既然如此，刑法就不得设置违反宪法原则的例外规定。

认定为抢劫未遂。又如，丙想以造成 C 重伤的手段实施抢劫行为，进而使自己陷入无责任能力状态，不管丙后来在实施暴力行为时是否具有责任能力，如果丙造成 C 重伤，就成立故意伤害罪与抢劫未遂的想象竞合；倘若暴力行为没有造成伤害，丙仅承担抢劫未遂的责任。需要说明的是，原因自由行为的认识错误发生在同一构成要件内的，不影响犯罪既遂的认定。例如，A 意欲强奸 X 而故意使自己陷入无责任能力状态，但在陷入无责任能力状态后强奸了 Y。如果说 A 的行为属于对象错误，那么，成立强奸既遂；如果说属于方法错误，根据法定符合说也成立强奸既遂（根据具体符合说成立强奸未遂）。

此外，根据原因自由行为的法理，对于故意或过失导致自己陷入限定责任能力状态进而实施犯罪的，应当追究责任，而且不能适用从轻或者减轻处罚的规定。

四、责任能力的程度

责任能力可能因精神病或生理缺陷而减弱。[1]

行为人因精神病而使责任能力减弱，但又尚未完全丧失责任能力的情形，在刑法理论上称为限定责任能力。《刑法》第 18 条第 3 款规定："尚未完全丧失辨认或者控制自己行为能力的精神病人犯罪的，应当负刑事责任，但是可以从轻或者减轻处罚。"首先，精神病的种类很多，不可认为精神病人都没有责任能力，因此，虽然患有精神病，但如果尚未完全丧失辨认控制能力，就表明还具有一定的自由意志，在其行为符合犯罪构成的情况下，应当承担刑事责任。其次，"尚未完全丧失辨认或者控制自己行为的能力"，表明行为人对自己实施的行为具有一定的辨认控制能力，只是由于精神病而有所减弱而已。如果虽然患有精神病，但对其实施的行为具有与正常人相同的辨认控制能力，或者完全不具有辨认控制能力，则不能适用《刑法》第 18 条第 3 款的规定。最后，对于责任能力减弱的精神病人犯罪的，只是"可以"从轻或者减轻处罚，而不是"应当"从轻或者减轻处罚。因此，如果所实施的犯罪与辨认控制能力减弱具有直接联系，就得从轻或者减轻处罚；如果没有联系，则可以不从轻或者减轻处罚。

行为人因为生理缺陷，丧失听力和语言表达能力以及丧失视力的情形，也可谓责任能力的减弱。一方面，这些生理缺陷会导致行为人的辨认能力降低；另一方面，这些生理缺陷导致行为人受教育的机会减少，进而会间接导致行为人的控制能力下降。如前所述，只有因为精神病而导致丧失辨认和控制能力的，才没有责任能力，故丧失上述生理机能的，仍然具有责任能力。但是，上述生理机能的丧失，也会对责任能力产生影响，即导致责任能力减弱。所以，《刑法》第 19 条规定："又聋又哑的人或者盲人犯罪，可以从轻、减轻或者免除处罚。"据此，又聋又哑的人或者盲人，由于生理机能丧失导致对具体犯罪行为的辨认控制能力有影响时，得从轻、减轻或者免除处罚；如果没有影响，则可以不从轻、减轻或者免除处罚。又聋又哑，一般应是先天性的又聋又哑，至少是自幼聋哑；盲人，应是指双目失明的人。因为先天性聋哑、自幼聋哑与双目失明，才限制其自幼接受教育与参加社会活动的机会，使得其责任能力低于一般人，故对其犯罪可以从轻、减轻或者免除处罚。

五、责任能力与法定年龄

（一）法定年龄的概念

法定年龄（责任年龄），是指刑法所规定的，行为人实施刑法禁止的犯罪行为所必须达到的年龄。如果没有达到法定年龄，其实施的行为就不可能成立犯罪，故法定年龄可谓犯罪

---

〔1〕 应当注意的是，责任能力程度的差别只能分为两种情形：通常的责任能力与减弱的责任能力，不存在加强的责任能力。因此，不存在因为责任能力加强而导致非难可能性加重的情形

年龄。

任何成年人，只要没有精神病，就认定其具有责任能力（不可反证）。但人的责任能力并非与生俱来，而是随着身心发育、通过接受教育和参加社会实践逐渐增长，这是一个很长的过程。所以，刑法主要规定法定年龄的起点，刑法理论主要研究从无责任能力到有责任能力的过渡阶段。

显然，对法定年龄的确定不可随心所欲，而应以本国公民在通常情况下达到多大年龄时具有责任能力为标准。要确定这一点，就必须考虑很多因素。例如，要考虑本国儿童的身心发育状况，而儿童的身心发育状况与本国的地理、气候条件密切相关。再如，要考虑儿童接受教育的情况，而儿童接受教育的情况与本国的文化教育发展水平、儿童教育的实施条件密切联系。又如，要考虑对儿童越轨行为的政策，而这与本国的政治体制、经济发展水平等具有密切关系。

（二）法定年龄的规定

我国刑法基于我国的政治、经济、文化的发展水平、少年儿童接受教育的条件，依据我国的地理、气候条件，根据国家对少年儿童的政策，对法定年龄作了如下规定：

1. 不满 12 周岁的人不承担责任（绝对无责任时期或完全无责任时期）。换言之，对不满 12 周岁的人所实施的符合构成要件的不法行为，不以犯罪论处。这是对《刑法》第 17 条的规定进行解释得出的当然结论。

2. 已满 12 周岁不满 14 周岁的人，犯故意杀人、故意伤害罪，致人死亡或者以特别残忍手段致人重伤造成严重残疾，情节恶劣，经最高人民检察院核准追诉的，应当负刑事责任。这是对于特定情形下，经特别程序，对法定最低刑事责任年龄作出的个别下调。

3. "已满 14 周岁不满 16 周岁的人，犯故意杀人、故意伤害致人重伤或者死亡、强奸、抢劫、贩卖毒品、放火、爆炸、投放危险物质罪的，应当负刑事责任。"这是《刑法》第 17 条第 2 款的明文规定。这一时期为相对负责任时期。刑法之所以这样规定，是基于以下理由：①已满 14 周岁不满 16 周岁的人，对严重犯罪行为已具有辨认控制能力，所以已满 14 周岁不满 16 周岁的人，实施《刑法》所列举的上述犯罪行为的，应当承担责任。已满 14 周岁不满 16 周岁的人实施此外的行为的，不成立犯罪。这一规定既有辨认控制能力程度的根据，也有刑事政策的理由。②《刑法》列举上述几种犯罪，除考虑犯罪的严重性外，还考虑了犯罪的常发性，即已满 14 周岁不满 16 周岁的人通常实施的严重行为的范围。事实上还有许多犯罪的严重性并不轻于上述几种犯罪，但由于已满 14 周岁不满 16 周岁的人往往难以甚至不能实施，故《刑法》未作规定。③《刑法》对已满 14 周岁不满 16 周岁的人承担责任的范围，不作概括性规定而予以明确具体规定，既是罪刑法定原则的明确性要求，又有利于更有效、更准确地处罚严重危害社会的犯罪，减少司法实践中的分歧，还充分体现了国家对有越轨行为的未成年人重教育、轻处罚的刑事政策。

《刑法》的这一规定也是严格的、绝对的，不允许超出这一规定的范围追究行为人的责任。值得注意、需要研究的是以下几点：

（1）上述规定中的"故意杀人"与"故意伤害致人重伤或者死亡"，包括《刑法》分则所规定的以故意杀人罪、故意伤害罪（达到重伤程度）论处的情形。例如，已满 14 周岁不满 16 周岁的人非法拘禁他人的，并不构成犯罪；但是，如果他们在非法拘禁的过程中，使用暴力致人重伤或者死亡的，应以故意杀人、故意伤害致人重伤论处（参见《刑法》第 238 条）。

（2）上述规定中的"强奸"除了包括普通强奸外，也包括奸淫幼女行为。因为根据《刑法》第 236 条的规定，对奸淫幼女的以强奸论，从重处罚。但是，在确定应否承担责任时，必须注意案件的特殊情况。已满 14 周岁不满 16 周岁的男少年，与幼女交往密切，双方自愿性交的，便不宜以犯罪论处。

（3）上述规定中的"抢劫"是否应限于抢劫财物的犯罪（即抢劫罪）？换言之，是否包括抢劫枪支、弹药、爆炸物、危险物质？[1] 本书认为，这里的"抢劫"宜包含抢劫枪支、弹药、爆炸物、危险物质的行为。首先，枪支、弹药、爆炸物、危险物质事实上也属于财物，刑法考虑到抢劫这类物品的行为更为严重，所以将其从普通抢劫罪中分离出来予以特别规定。易言之，抢劫枪支、弹药、爆炸物、危险物质的行为原本属于普通抢劫罪。其次，如后所述，第 17 条第 2 款所规定的是具体犯罪行为，故将抢劫枪支、弹药、爆炸物、危险物质的行为包含在"抢劫"之中，在用语上不存在障碍。再次，将抢劫枪支、弹药、爆炸物、危险物质的行为包含在第 17 条第 2 款中，不会超出国民的预测可能性范围。最后，将抢劫枪支、弹药等行为包含在第 17 条第 2 款中，有利于处理事实认识错误，避免定罪处罚的不公正。例如，行为人以为是普通财物而实施抢劫行为，但客观上抢劫的是枪支、弹药，对此应认定为普通抢劫罪。既然如此，行为人故意抢劫枪支、弹药的，更应承担责任。即使认为已满 14 周岁不满 16 周岁的人仅对属于"抢劫罪"罪名的抢劫行为承担责任，对其故意实施的抢劫枪支、弹药的行为，也可以认定为抢劫罪。

（4）上述规定中的"抢劫"是否包括《刑法》第 269 条规定的准抢劫和第 267 条第 2 款规定的拟制性抢劫？对此存在不同的司法解释与理论观点，[2] 本书持肯定回答。因为《刑法》第 269 条规定的是抢劫罪，而《刑法》第 17 条第 2 款规定了已满 14 周岁不满 16 周岁的人对抢劫负责任。况且，《刑法》第 269 条所规定的准抢劫罪并不是身份犯，不应将其中的"犯盗窃、诈骗、抢夺罪"解释为完全符合盗窃、诈骗、抢夺罪的全部要件。基于同样的理由，对于已满 14 周岁不满 16 周岁的人携带凶器抢夺的，也应以抢劫罪论处。

（5）上述规定中的"投放危险物质"包括投放毒害性、放射性、传染病病原体等物质。已满 14 周岁不满 16 周岁的人故意实施放火、爆炸、投放危险物质的行为，符合《刑法》第 114 条的构成要件，即使没有致人重伤、死亡或者使公私财产遭受重大损失的，也应以犯罪论处。

（6）2002 年 7 月 24 日《全国人民代表大会常务委员会法制工作委员会关于已满十四周岁不满十六周岁的人承担刑事责任范围问题的答复意见》指出："刑法第 17 条第 2 款规定的 8 种犯罪，是指具体犯罪行为而不是具体罪名。"其实，问题并不在于该款规定的 8 种犯罪是具体犯罪行为还是具体罪名，因为两种不同观点所得出的结论也可能完全相同。本书的看法是，只要已满 14 周岁不满 16 周岁的人所实施的行为，能够评价为第 17 条第 2 款规定的犯罪，就应当适用该款的规定追究刑事责任。换言之，只要已满 14 周岁不满 16 周岁的人所实施的行为包含

---

[1] 一种观点认为，《刑法》第 127 条规定的抢劫枪支、弹药、爆炸物、危险物质，在性质上比第 263 条的抢劫财物更为严重，其违法性和社会危害性更为明显，更容易为青少年所认识，应将其包含在第 17 条第 2 款的"抢劫"中。另一种观点认为，《刑法》第 127 条规定的抢劫枪支、弹药、爆炸物、危险物质罪不属于抢劫罪，故不能包含在《刑法》第 17 条第 2 款的"抢劫"中。

[2] 2006 年 1 月 11 日发布的《最高人民法院关于审理未成年人刑事案件具体应用法律若干问题的解释》第 10 条第 1 款规定："已满 14 周岁不满 16 周岁的人盗窃、诈骗、抢夺他人财物，为窝藏赃物、抗拒抓捕或者毁灭罪证，当场使用暴力，故意伤害致人重伤或者死亡，或者故意杀人的，应当分别以故意伤害罪或者故意杀人罪定罪处罚。"做出这种规定的理由可能是，已满 14 周岁不满 16 周岁的人不能犯盗窃、诈骗、抢夺罪，所以，也不能犯准抢劫罪。2003 年 4 月 18 日《最高人民检察院研究室关于相对刑事责任年龄的人承担刑事责任范围有关问题的答复》指出："相对刑事责任年龄的人实施了刑法第 269 条规定的行为的，应当依照刑法第 263 条的规定，以抢劫罪追究刑事责任。但对情节显著轻微，危害不大的，可根据刑法第 13 条的规定，不予追究刑事责任。"

了上述 8 种犯罪行为，就应以犯罪论处。例如，已满 14 周岁不满 16 周岁的人在绑架过程中故意杀人的，应评价为故意杀人，行为人应当负刑事责任。再如，已满 14 周岁不满 16 周岁的人在拐卖妇女、儿童的过程中，强奸妇女或者奸淫幼女的，[1] 应以强奸罪论处。概言之，对于已满 14 周岁不满 16 周岁的人所实施的包含了《刑法》第 17 条第 2 款规定的罪行的，应按照《刑法》第 17 条第 2 款的规定确定罪名。[2]

（7）《刑法》第 17 条第 2 款所规定的已满 14 周岁不满 16 周岁的人"犯……罪"的，应当负刑事责任，宜限于正犯（包括共同正犯与间接正犯）以及应以主犯论处的教唆犯，而不宜包括帮助犯。该款就毒品犯罪仅规定"贩卖毒品"便说明了这一点。走私、运输、制造毒品的行为完全可能同时是贩卖毒品的帮助行为。如果认为第 17 条第 2 款包含了帮助犯，就意味着已满 14 周岁不满 16 周岁的人对走私、运输、制造毒品的行为也要作为贩卖毒品的共犯承担刑事责任，但这明显不符合该款的规定。

4. "已满 16 周岁的人犯罪，应当负刑事责任。"这是《刑法》第 17 条第 1 款的明文规定，意指已满 16 周岁的人对一切犯罪承担责任（完全负责任时期）。

此外，《刑法》第 17 条第 4 款规定："对依照前三款规定追究刑事责任的不满 18 周岁的人，应当从轻或者减轻处罚。"刑法理论通常称为减轻责任时期。这样规定，一方面是因为这些人还属于未成年人，身心发育不十分成熟，辨认控制能力比成年人要差一些，故其非难可能性低于犯罪的成年人。另一方面，未成年人的可塑性较大，比较容易接受教育改造。所以，根据罪刑相适应原则与刑罚目的的要求，对未成年人犯罪应当从轻或者减轻处罚。另外，我国一直关怀青少年的成长，重视对青少年的教育，这也是对未成年人犯罪从宽处罚的政策理由。

《刑法》第 17 条之一规定："已满 75 周岁的人故意犯罪的，可以从轻或者减轻处罚；过失犯罪的，应当从轻或者减轻处罚。"显然，这一规定并不是因为已满 75 周岁的人的责任能力减少，而是基于人道主义与刑事政策的理由（特殊预防的必要性减少）。

（三）法定年龄的认定

1. 法定年龄的计算。根据有关司法解释，刑法所规定的年龄，是指实足年龄，刑法特别使用"周岁"一词，旨在限定为实足年龄，而不是指虚岁。实足年龄以日计算，并且按公历的年、月、日计算。[3] 例如，已满 14 周岁，是指过了 14 周岁生日，从第二天起，才是已满 14 周岁。[4]

2. 法定年龄计算的基准。即法定年龄是以实施行为时为基准进行计算、还是以结果发生时为基准进行计算？在行为与结果发生在同一天的情况下，这个问题没有意义；但在行为与结果不发生在同一天的情况下，则直接影响责任的有无与轻重。例如，行为人在实施行为时不满

---

〔1〕　这种行为完全符合奸淫幼女类型的强奸罪的犯罪构成，当然可以评价为强奸罪。

〔2〕　2003 年 4 月 18 日发布实施的《最高人民检察院研究室关于相对刑事责任年龄的人承担刑事责任范围有关问题的答复》指出："相对刑事责任年龄的人实施了刑法第 17 条第 2 款规定的行为，应当追究刑事责任的，其罪名应当根据所触犯的刑法分则具体条文认定。对于绑架后杀害被绑架人的，其罪名应认定为绑架罪。"但是，这种解释有违反罪刑法定原则之嫌。因为这种解释导致定罪时评价了刑法不允许评价的部分。

〔3〕　参见 2006 年 1 月 11 日发布的《最高人民法院关于审理未成年人刑事案件具体应用法律若干问题的解释》。

〔4〕　此外，根据 2000 年 2 月 21 日发布实施的《最高人民检察院关于"骨龄鉴定"能否作为确定刑事责任年龄证据使用的批复》，犯罪嫌疑人不讲真实姓名、住址，年龄不明的，可以委托进行骨龄鉴定或其他科学鉴定，经审查，鉴定结论能够准确确定犯罪嫌疑人实施犯罪行为时的年龄的，可以作为判断犯罪嫌疑人年龄的证据使用。如果鉴定结论不能准确确定犯罪嫌疑人实施犯罪行为时的年龄，而且鉴定结论又表明犯罪嫌疑人年龄在刑法规定的法定年龄上下的，应当依法慎重处理。

14 周岁，但结果发生时已满 14 周岁；或者在实施行为时不满 16 周岁，但结果发生时已满 16 周岁。[1] 由于犯罪是行为，辨认控制能力是辨认与控制自己"行为"的能力，因此，辨认控制能力也必须是"行为时"的辨认控制能力；行为与结果虽然密切联系，但二者毕竟可能分离，一般的行为概念并不包含结果，结果概念也不包含行为。因此，法定年龄应以行为时为基准进行计算。但是，如果行为人在发生结果时具有防止结果发生的义务，则可能根据不作为犯罪的时间进行计算。例如，行为人在不满 14 周岁的时候安放了定时炸弹，而发生爆炸时，行为人已满 14 周岁。如果认定构成犯罪，就应认为，行为人已满 14 周岁后，对自己在不满 14 周岁时所安放的定时炸弹具有撤除的义务，或者说有义务防止自己的先前行为造成危害结果。问题是，对自己没有达到法定年龄时的危险行为是否具有防止结果发生的义务？本书持肯定回答。因为作为义务来源的先前行为本身并非等于犯罪行为，因而不必具备有责性。

3. 关于跨法定年龄阶段的犯罪问题。①行为人已满 16 周岁后实施了某种犯罪，并在已满 14 周岁不满 16 周岁期间也实施过相同的行为。至于应否一并追究责任，则应具体分析。如果在已满 14 周岁不满 16 周岁期间所实施的是《刑法》第 17 条第 2 款规定的特定犯罪，则应一并追究责任；否则，只能处罚已满 16 周岁以后的犯罪行为。②行为人在已满 14 周岁不满 16 周岁期间，实施了《刑法》第 17 条第 2 款规定的特定犯罪，并在未满 14 周岁时也实施过相同行为，对此不能一并追究责任，只能处罚已满 14 周岁后实施的特定犯罪行为。③如果行为从未达到法定年龄时一直持续到达到法定年龄时的，应当对达到责任年龄后的犯罪事实承担责任。例如，行为人在将满 16 周岁时开始非法拘禁他人，并持续拘禁到已满 16 周岁之后，行为人应对已满 16 周岁后的非法拘禁承担责任。④就敲诈勒索、诈骗这类犯罪而言，行为人在未达到法定年龄时实施恐吓、欺骗行为，达到法定年龄后取得财物的，不应认定为敲诈勒索、诈骗罪（不排除成立侵占罪的可能性）。

第六节　违法性认识的可能性

一、违法性认识可能性的概念

违法性认识，是指对自己的行为违反刑法的认识，即认识到自己的行为是违法的。违法性认识的可能性，是指行为人在实施构成要件行为时，能够认识到自己的行为是违法的。成立犯罪是否需要违法性的认识（可能性）、违法性的认识在犯罪论上处于何种地位，是存在争议的问题。违法性的认识问题，大多是作为违法性的错误（禁止的错误）问题从反面展开讨论的。违法性的错误，是指没有事实错误，但不知道其行为在法律上是不被允许的，或者错误地以为其行为被法律所允许的情形。违法性的错误可以分为两种情形，一是可以回避的违法性的错误，在此情形下，行为人具有违法性认识的可能性；二是不可回避的违法性的错误，于此情形下，行为人没有违法性认识的可能性。

二、违法性认识的对象

要明确成立犯罪是否需要违法性认识（可能性），首先必须明确违法性认识的对象。"违法性认识的对象"所讨论的是指违法性认识中的"违法性"的含义。对此，刑法理论上存在

---

[1] 对此，有一种观点认为，行为与结果是一个不可分割的整体，在这种情况下，为了保护国家与人民利益，应以结果发生的时间为基准进行计算。参见何秉松："关于犯罪主体的几个问题"，载《河北法学》1987 年第 2 期。

不同学说，[1] 其中最重要的问题在于，违法性的认识是仅指对刑法违反的认识，还是包括对刑法违反以及刑罚处罚程度（可罚的刑法违反）的认识？

在通常情况下，刑法违反的认识与刑事可罚性的认识总是联系在一起。但是，行为人对法定刑的认识错误不应当影响其责任。例如，根据《刑法》规定，对入户抢劫本应适用加重法定刑，但行为人在行为时误以为对入户抢劫仅适用基本法定刑。如果认为违法性认识包括可罚的刑法违反的认识，那么，倘若行为人的上述认识错误不可避免，就只能适用基本法定刑。但这种观点难以被人接受，[2] 故本书认为，即违法性的认识是对刑法的禁止规范或者评价规范违反的认识，换言之，违法性的认识，是对形式的刑事违法性的认识。

说"违法性"是认识的对象时，并不是指只要行为人认识到"抽象的禁止"就够了，而是要求行为人认识到作为各构成要件的具体的违法。例如，甲盗窃了博物馆里禁止出口的珍贵文物，然后将该珍贵文物私自赠送给外国人。甲知道其行为属于盗窃，但没有也不可能认识到其行为违反了《刑法》第325条关于禁止私自向外国人赠送禁止出口的珍贵文物的规定。根据违法性认识的不可分性理论，即使甲对将珍贵文物私自赠送给外国人存在违法性的认识错误，但由于甲能够通过认识自己的行为属于盗窃来抑制其行为，故甲也应对非法向外国人赠送珍贵文物罪承担责任。根据违法性认识的可分性理论，行为人不是有责地实现抽象的违法性，而是有责地实现特定的构成要件时，才能进行非难。换言之，行为人有责地实现了此构成要件时，并不意味着他已经或者能够认识另一构成要件行为的违法性。所以，应当承认违法性认识的可分性。据此，如果甲不可能认识到其私自将珍贵文物赠送给外国人的行为违反刑法，就只能承担盗窃罪的责任。本书赞成违法性认识的可分性说。

三、违法性认识（可能性）的地位

一方面，故意犯罪的成立不要求行为人现实地认识到形式的违法性，或者说不要求行为人现实地认识到自己的行为被刑法所禁止（以下所说违法性均指形式的违法性）。理由如下：

第一，当行为人认识到自己行为的内容、社会意义与危害结果，并希望或者放任这种结果发生时，就反映出行为人积极侵犯法益的态度；并不是只有认识到违法性时，才能反映这种态度。将这种态度认定为故意，不会扩大故意犯罪的处罚范围。另一方面，构成要件具有故意的规制机能，形式的违法性并不是构成要件要素，当然也不可能成为故意的认识对象。

第二，形式违法性是法益侵犯性的法律表现，既然要求行为人认识到行为的法益侵害结果，就没有必要还要求行为人认识到形式违法性。[3]

---

〔1〕 第一种观点将违法性的认识理解为前法律的规范违反的认识，即只要具有"反条理的认识""反社会的认识""道德危害性的认识""违反作为法规范的基础的国家、社会的伦理规范的认识"，就具有违法性的认识。本书不赞成这种观点。第二种观点将违法性的认识理解为"行为在法律上是不被允许的认识""行为被法所禁止的认识"。其中的法与法律，并不限于刑法；换言之，对违反其他法律的认识，也属于违法性的认识。这种观点以违法一元论为根据，不符合我国法律体系的现状。第三种观点认为，违法性的认识是对刑法的禁止规范或者评价规范违反的认识，但不包括刑罚可罚性、法定刑的认识。换言之，对刑罚可罚性、法定刑的认识错误，不属于法律认识错误，不影响责任的程度。这种观点以违法相对论为前提。第四种观点将违法性的认识理解为可罚的刑法违反的认识，认为违法性的认识，不仅包括刑法违反的认识，而且包括可能被作为具体的可罚的违法的认识这种意义上的"可罚的刑法违反的认识"。

〔2〕 当然，对适用加重法定刑时，可以从轻处罚。

〔3〕 有学者认为，"大义灭亲"时"行为人认为自己行为是正义行为，有益于社会，应该说行为人没有认识到社会危害性，但是，行为人知道杀人犯法，应该说行为人认识到违法性。"有学者认为，"大义灭亲"时"行为人认为自己行为是正义行为，有益于社会，应该说行为人没有认识到社会危害性，但是，行为人知道杀人犯法，应该说行为人认识到违法性。"（冯军："论违法性认识"，载赵秉志主编：《刑法新探索》，群众出版社1993年版，第263页）。以此说明，故意的成立要求行为人认识到形式的违法性。然而，刑法仅将具有法益侵犯性的行为规定为犯罪，既然认识到形式的违法性，就表明认识到了实质的违法性。因为任何人都知道法律禁止的行为是侵犯法益的行为，立法者不可能禁止对社会有利的行为。称"大义灭亲"为正义行为，只是看到了其中的一面，但这种行为的法益侵害性质可谓有目共睹，行为人不可能没有认识到。因此，认识到了形式的违法性时，不可能没有认识到行为的实质违法性。

第三，如果要求故意的成立以形式违法性的认识为前提，那么，司法机关一方面根据行为人对行为及结果的认识与意志来区分故意与过失，另一方面又要根据对形式违法性的认识来区分故意与过失，当二者存在冲突时便难以认定责任形式。例如，甲、乙均为严重性病患者，都明知自己卖淫的行为有传播性病的危险。根据前述故意的认识是违法性的认识以及故意的认识包含违法性认识的观点，如果甲知道该行为违法便成立犯罪；如果乙以为该行为不违法，但具有违法性认识的可能性，则属于过失传播性病。可是，传播性病罪的成立以故意为必要，结局是乙的行为不成立犯罪。这可能缺乏合理性。

第四，在特殊情况下，如果行为人由于不知法或者由于对法的误解而不能认识行为的社会意义与危害结果，进而不成立故意时，并不是因为缺乏违法性的认识而不成立故意，而是因为缺乏对行为的社会意义与危害结果的认识而不成立故意。例如，某种行为（如捕杀麻雀）历来不被法律禁止，人们历来不认为该行为是危害行为、该行为的结果是危害结果；但后来国家颁布法律宣告禁止实施该行为（将麻雀列入国家保护的鸟类）；在这种情况下，如果行为人由于某种原因确实不知该法律，不知自己的行为是违法的，也就不可能明知自己的行为会发生危害社会的结果，因而不具备故意的认识因素，不成立故意。

另一方面，违法性认识的可能性，是故意与过失之外的独立的责任要素，而且是故意犯与过失犯都必须具备的责任要素；但在具体案件中，不需要积极地证明行为人具有违法性认识的可能性（消极的责任要素）；如果行为人缺乏违法性认识的可能性，意味着没有责任，因而也可谓责任阻却事由。[1]

违法性认识的可能性是责任要素，但不是故意的内容；实施了符合违法构成要件的违法行为的行为人不具有违法性认识的可能性时，不能对其进行法的非难（限制责任说）。一方面，具有违法性认识的可能性时，才能产生反对动机（才能产生遵从法的动机），对行为人而言才具有他行为可能性，法律才能要求他放弃实施构成要件行为，进而才具有非难可能性；不可能

---

〔1〕　英美法以往一直坚持不知法律不免责的原则，即故意的成立不要求行为人认识到行为的违法性。英美刑法判例主要反映出三个理由：①这一原则是维护公共政策的必要。公共政策的原则之一是，负有遵守法律义务的人，不得主张不知法律。②这一原则是维护公共利益的必要。为了维护公共利益，任何人都必须遵守法律，否则公共利益就得不到保障。③这一原则是刑法得以有效实施的必要。如果否认这一原则，则意味着检察机关必须证明行为人是否不知法律，这不利于刑法的实施。英美刑法理论也一直赞同这一原则。理论上提出的理由是：具有辨认控制能力的人，都应当知道法律；如果不知法律是免责事由，事实上又难以证明行为人是否知道法律，必然导致裁判无法进行；法秩序具有客观性，当法律的客观含义与个人的信念相对立时，法律居于优先地位。正因为如此，在相当长时间内，不知法律不免责一直是英美法系国家审判实践上的铁则。但进入20世纪后，美国出现了承认这一原则的例外的判例。这种例外限定在基于相当理由完全不知法律存在的场合，以及信赖有关权威机关的意见的场合；不知法律也仅限于不知行政刑罚法规（行政刑罚）；而且，能否成为抗辩事由，还取决于法院具体的、实质的认定。在美国，之所以有限地承认不知法律不免责存在例外，是因为社会的复杂化与行政刑罚法律的膨胀以及行政机关的决定权的扩大；尤其是那些信赖具有权限的行政机关的意见的人，与其说具有违反法律的意图，不如说具有遵守法律的意思，故不能因为行政机关意见的错误而将行为人认定为犯罪人。在大陆法系国家，关于成立犯罪是否需要行为人具有违法性认识或者违法性认识的可能性，以及故意与违法性认识的关系问题，存在不同学说。违法性认识不要说认为，违法性的认识不是故意的要件，即使存在违法性的错误也不阻却故意，不影响犯罪的成立。同样，违法性认识的可能性也不是责任要素。严格故意说认为，违法性的认识是故意的要素。因此，要认定故意，就必须现实地存在违法性的认识。自然犯、法定犯区别说主张，就自然犯而言，不必将违法性的认识作为故意的要素，但法定犯要求将违法性的认识作为故意的要素。限制故意说认为，故意的成立不要求现实的违法性认识，但要求违法性认识的可能性。责任说将违法性认识的可能性解释为与故意相区别的责任要素，因此，违法性的错误与故意的成立无关，但该错误不可能回避时阻却责任；可能回避时只能减轻责任。责任说又分为严格责任说与限制责任说，前者将正当化事由的错误（如假想防卫）理解为违法性的错误（认为假想防卫时成立故意犯罪），后者将正当化事由的错误理解为事实错误（认为假想防卫时成立过失犯罪或者意外事件）。

知道自己的行为被法律禁止的人，不能产生反对动机，不能从法律上要求他放弃该行为，因而不能追究其责任。唯有如此，才能保障行为人的行动自由。另一方面，刑法具有不完整性，且实行罪刑法定原则，侵犯法益的行为并不一定被刑法规定为犯罪。因此，即使在行为人认识到自己的行为侵犯了某种法益（具有故意），但合理地相信自己的行为并不被刑法所禁止时，亦即违法性的错误不可回避时，也不具有非难可能性。这一道理，不仅适用于故意犯，也适用于过失犯。换言之，违法性认识的可能性，是独立于故意、过失之外的，故意犯与过失犯共同的责任要素；缺乏违法性认识的可能性时，不阻却故意、过失，但阻却责任。

四、违法性错误的类型、判断与后果

（一）违法性错误的类型

违法性的错误，是指行为人认识到了符合构成要件的事实，但不知道自己的行为被法律所禁止的情形，也称为禁止的错误（行为原本被法律禁止，但行为人误以为不被法律禁止）。违法性的错误存在以下类型：

1. 直接的禁止的错误，即就禁止规范的存在有认识错误的情形。如误以为违法行为是合法行为而实施。

2. 间接的禁止的错误，即行为人虽然认识到行为被法律所禁止，但错误地认为，在其具体案件中存在正当化规范，因而不违法。其中又包括两种情形：一是对法秩序并不承认的正当化规范的存在本身的错误（允许的错误）[1]；二是对法秩序承认的正当化规范的界限作扩大解释的情形（允许界限的错误）[2]。

3. 涵摄的错误（包摄的错误），即错误地解释构成要件要素，误以为自己的行为不符合构成要件要素的情形。显然，这是一种解释的错误。涵摄的错误不是事实认识错误，并不阻却故意。但是，涵摄的错误只是在某些场合可能成为禁止的错误。例如，向主管机关询问后得到允许而以为其行为不符合构成要件的，就应认定为禁止的错误。

4. 有效性的错误，即行为人知道禁止规范，但误以为该规范无效的情形。

（二）回避可能性的判断

如前所述，行为人不可能认识到行为的违法性时，或者说不可避免地产生违法性的错误时，属于责任阻却事由。那么，以什么基准、如何判断违法性认识的"可能性"？这与缺乏违法性的认识"是否不可回避"是本质相同的问题。本书认为，不能对此作过于严格的解释，否则就会返回到"法的不知有害"的思想。因此，只要缺乏违法性的认识具有"相当的理由"，行为人认为其行为被法律允许具有"可以接受的理由"，就阻却责任。

要认定存在违法性错误的回避可能性，必须具备以下条件：①行为人具有认识违法性的主观能力；②行为人具有对其行为的法的性质进行考察的具体契机；③可以期待行为人利用向其提供的认识违法性的可能性。回避可能性的判断基准，不是"一般人"，而是具体状况下的"行为者个人的能力"。由于是责任的判断，所以，不能以平均人能否回避为基准。即使在涉及特殊的社会领域中的专门性法律的场合，也不能采取所谓规范化的、一般人的标准，只能采取主观的、个别化的标准。

要避免违法性的错误，就需要进行法的状况的确认。大体而言，下列三种情形提供了对法

---

〔1〕 例如，行为人误以为任何人都可以拘禁吸毒者，便对吸毒者实施了拘禁行为，但法律根本不承认这种正当化事由。

〔2〕 例如，法律允许任何公民将通缉在案的人扭送公安司法机关，但行为人误以为法律允许任何公民杀害通缉在案的人，于是杀害了后者。这便将刑事诉讼法承认的"扭送"这一正当化规范做出了超出允许界限的扩大理解。

的状况进行确认的契机：①对法的状况产生了疑问时。行为人对法的状况产生疑问，意味着对行为的违法性产生疑问，但行为人没有真正地考虑该疑问，而是轻率地相信其行为具有合法性时，存在违法性的错误，而且该错误是可能避免的，行为人具备有责性。②知道要在法的特别规制领域进行活动时。行为人要在法的特别规制领域从事活动时，没有努力收集相关法律信息的，其违法性的错误原则上属于可能避免的错误，不阻却责任。例如，从事证券业务的人员，对证券犯罪具有违法性认识的可能性。③知道其行为侵害基本的个人、社会法益时。行为人认识到自己的行为侵害他人或者公共的安全时，即使具有违法性的错误，该错误也是可能避免的，不阻却责任。例如，私自关押他人的行为人，具有违法性认识的可能性。

（三）违法性认识的法律后果

在违法性认识方面，大体存在四种情形，法律后果存在区别。

1. 行为人没有认识到自己行为的违法性，并且认为自己的行为不违法（存在违法性的错误），也不具有违法性认识的可能性（违法性的错误不可避免）。在这种情况下，行为人没有责任，对其行为不能以犯罪论处。

2. 行为人没有认识到自己行为的违法性，并且认为自己行为不违法（存在违法性的错误），但具有违法性认识的可能性（违法性的错误可以避免）。在这种情况下，行为人具有责任，但非难可能性有所减少，应当从轻处罚。[1] 在决定从轻程度时，应进一步判断违法性的错误的回避可能性的程度。因为越是难以避免违法性错误的，非难可能性就越小。

3. 行为人没有认识到自己行为的违法性，但具有违法性认识的可能性，也没有误以为自己的行为不违法（行为人没有思考行为的违法性）。在这种情况下，并不存在违法性的错误，但也可以从轻处罚。

4. 行为人已经认识到自己行为的违法性。这种情形属于知法犯法或者明知故犯，显然存在于故意犯罪，但不应作为从重处罚的酌定情节。首先，就故意的自然犯而言，知法犯法实际上是常态。因为一般人虽然不知道具体的刑法条文，但通常知道哪些行为是刑法所禁止的犯罪。例如，杀人犯、放火犯、强奸犯、抢劫犯、盗窃犯、诈骗犯、贿赂犯等都是明知故犯，都是知法犯法。如果因此而从重处罚，就意味着对所有的自然犯都要从重处罚。这显然不妥当。其次，就故意的行政犯或者法定犯而言，如果将明知故犯、知法犯法作为增加责任刑的情节，实际上是因为行为人知法而受到较重处罚，不知法却可以受到较轻的处罚。这显然难以被人接受。

五、违法性错误与事实错误的界限

从事实的错误到违法性的错误之间，大致存在五种情形：①自然的物理的事实的错误，如将人误认为狗而杀害的情形。这是最明显的事实的错误，阻却杀人故意。对此没有任何争议。②社会意义的错误，如不识外文的行为人本来在贩卖淫秽小说，但误以为其贩卖的是普通小说。这种错误也属于事实的错误。但是，由于对事项的社会意义的认识，只要有行为人所属的外行人领域的平行评价就足够了，所以，只有在对这样的平行评价存在错误时（以为其他人都认为该文书不属于淫秽文书时），才是社会意义的错误。③规范的事实的错误，是指对由《民法》《行政法》等提供意义的事实的错误。例如，对盗窃罪的构成要件中的"他人"这一要

---

〔1〕 从理论上说也可能减轻处罚，但在我国缺乏减轻处罚的法律根据（当然可能适用《刑法》第 63 条第 2 款的规定）。

素，[1] 如果不进行法的性质的理解就不可能得出正确结论。行为人的所有物在国家机关管理之下时，根据法律规定属于公共财物，行为人误以为是自己的财物而取回的，究竟是事实的错误还是违法性的错误，还存在争议。④规范的评价的错误，即行为人对其行为的违法评价存在错误的情形，是典型的违法性的错误。⑤法的概念的错误（涵摄的错误）。例如，行为人将他人的笼中小鸟放出，但误以为其行为不属于"毁坏财物"。这种情形不影响毁坏财物罪的故意。再如，误以为共同占有的物不是"他人的财物"而出卖的，也不影响盗窃罪的成立。所以，这种错误并不具有重要意义。

关于事实的错误与违法性的错误的区分基准，理论上存在不同学说。[2] 应当认为，只能根据行为人是对事实产生认识错误还是对规范的评价产生认识错误来区分二者。从形式三段论的角度来说，如果是对小前提产生误解，就是事实认识错误；如果是对大前提产生误解，就是法律认识错误。[3] 换言之，如果行为人的认识错误是通过对事实的认真观察、仔细判断就可能克服的，那么，这种认识错误就是事实的错误；如果行为人的认识错误是通过对刑法规范的进一步了解就可能克服的，那么，这种认识错误就是违法性的错误。[4] 据此，关于构成要件该当事实、违法阻却事由的前提事实的错误，是阻却故意的事实的错误；关于规范的评价的错误与法的概念的错误，是不阻却故意的违法性（法律）的错误。至于规范的事实的错误，则应当区分是对前提事实的认识错误，还是对规范评价的认识错误。[5]

作为故意内容的、对客观构成要件事实的认识，不是单纯的自然事实的认识，而是必须对事实的社会意义具有认识。社会意义的认识，不是一般性的"行为被禁止的认识"（违法性的认识），而是对具体的构成要件要素的一般的、社会的认识。据此，可以得出以下结论：①即使不知道构成要件要素中记述的概念本身，但知道其要素的形状、机能、效果、法益侵害性时，也能认定故意。例如，即使不知道"甲基苯丙胺"这一名称，但知道其形状、性质，知道

---

[1] 盗窃行为只能是窃取"他人"占有的财物，而不可能窃取自己占有的财物；而"他人"的含义是由法律确定的，并不是从一般意义上理解的。

[2] ①通过刑罚法规的错误与非刑罚法规的错误进行区别的学说。刑罚法规的错误不阻却故意（责任），但非刑罚法规的错误是事实的错误，阻却故意。②以严格责任说为根据的见解，可以分为形式说与实质说。形式说认为，根据严格责任论，形式上，关于构成要件该当事实的错误阻却故意，但对行为不被允许的错误是禁止的错误，该错误具有相当性时，阻却责任。实质说认为，关于构成要件该当事实的错误中应当唤起违法性的意识的事实（作为违法性的前提的符合构成要件的客观事实）的错误，是事实错误；关于行为在法律上不被允许的错误，是违法性的错误。③通过对于理当具有违法性意识的事实有无认识内容、如果具有该事实认识是否同时错误地以为不违法进行区别的学说。本说立足于故意说，认为在事实错误的场合，一般人大体上本来不能产生违法性的意识；与此相对，法律的错误是，本来对能够期待其唤起违法性意识的事实具有认识，但由于错误而认为不违法。④将违法性的意识的可能性在实质的故意中消解的学说。本说将否定故意的错误，限定于关于犯罪事实的重要部分的错误，将其称之为实质的故意概念，具有"如果是一般人就可能意识到该犯罪类型的违法性的认识"就是故意，即只要对可能予以故意非难的犯罪事实具有认识，就具有故意。据此，违法性意识的可能性，在故意论中消解，丧失独自的存在意义。⑤根据是事实的错误还是规范的评价的错误予以区别的学说。此说根据是关于构成要件该当事实与违法阻却事由的事实前提的事实的错误或者法律的事实的错误，还是关于规范的评价的错误，来区别是阻却故意的事实的错误，还是不阻却故意的违法性（法律）的错误。

[3] 以奸淫幼女为例。大前提是：奸淫不满14周岁的幼女的，以强奸罪从重处罚；小前提是：甲奸淫13周岁的乙女；结论是：对甲应以强奸罪从重处罚。倘若甲以为乙女已满14周岁，则是事实认识错误；倘若甲认为只有奸淫不满13周岁的幼女才构成强奸罪，则是法律认识错误。

[4] 以前注为例。甲要避免事实认识错误，就必须对乙女的年龄进行认真观察、仔细判断；甲要避免法律认识错误，就必须进一步正确了解刑法的规定。

[5] 行为人可能同时存在事实认识错误与法律认识错误。例如，甲误为乙是越狱逃跑的犯人，同时误认为法律规定对越狱逃跑的犯人可以格杀勿论，于是杀害了乙。

它是"滥用后会形成身体的、精神的依赖，可能对个人、社会带来重大恶害的药物"，就可以认定故意。②就规范的构成要件要素而言，对法律的事实本身的错误，属于事实认识错误，对自己行为的规范评价属于法律认识错误。例如，行为人认识到自己的所有物在国家机关管理之中，但以为可以随时擅自取回该物便擅自取回该物的，没有事实认识错误（即具备盗窃罪的故意），但存在法律认识错误。如果行为人没有认识到其所有物在国家机关管理之中的，则属于事实认识错误。③假想防卫、假想避险等对正当化事由前提事实的认识错误，是一种事实认识错误；倘若误认为存在某种正当化事由的法律规范（事实上不存在），或者误解了有关正当化事由的法律规范的界限，则是法律认识错误。

值得讨论的是行政犯中与行政管理法规相关的认识错误。一般来说，行为人对符合行政法规定的禁止事项的认识错误，属于事实认识错误；对禁止事项的评价错误，属于法律认识错误。但是，考虑到行政犯的特点以及我国刑法关于犯罪故意的明文规定，如果因为误解行政管理法规，导致对行为的社会意义与法益侵害结果缺乏认识的，应认定为事实认识错误，阻却故意的成立。例如，《刑法》第340条规定："违反保护水产资源法规，在禁渔区、禁渔期或者使用禁用的工具、方法捕捞水产品，情节严重的，处3年以下有期徒刑、拘役、管制或者罚金。"行为人事实上在禁渔期捕捞水产品，但他记错了行政管理法规规定的禁渔期间，以为自己不是在禁渔期捕捞水产品。对此，应认定为事实的认识错误，亦即，行为人没有犯罪的故意。反之，如果行为人对行为的社会意义与法益侵害结果具有认识，只是误以为自己的行为并不违反行政管理法规因而不构成犯罪，或者误以为自己的行为仅违反《行政法》而不被《刑法》所禁止的，则是法律认识错误，不影响故意的成立。例如，行为人拒绝按照卫生防疫机构提出的卫生要求，对传染病病原体污染的污水、污物、粪便进行消毒处理，引起了甲类传染病传播的严重危险；行为人主观上也认识到了上述危险，但误以为自己的行为并没有违反《传染病防治法》的规定。对此，应认定为法律认识错误，不阻却故意的成立。

第七节　期待可能性

一、期待可能性的概念

所谓期待可能性，是指根据具体情况，有可能期待行为人不实施不法行为而实施其他适法行为。期待可能性的理论认为，如果不能期待行为人实施其他适法行为，就不能对其进行法的非难，因而不存在刑法上的责任。期待可能性不仅存在着有无的问题（是否阻却责任），而且还存在程度问题（是否减轻责任）。

我国刑法理论上的期待可能性，实际上有不同含义。最为典型的是，有时在责任的基础意义上使用期待可能性概念，此时的期待可能性实际上是他行为可能性；有时是在责任要素的意义上使用期待可能性概念。[1] 显然，本文所讨论的应当是后者。

期待可能性不是故意的构成要素，换言之，故意的成立不以具有期待可能性为前提。例如，被拐卖的已婚妇女被迫与他人形成事实婚姻的，虽然缺乏期待可能性，但不能否认其有重婚罪的故意。期待可能性虽然是独立于故意、过失之外的责任要素，但是，由于一般人在行为时具有期待可能性，故并非在任何案件中都要积极证明；只是在例外情况下，才需要判断行为人是否缺乏期待可能性以及期待可能性是否减少。换言之，在具体案件中，不需要积极的判断行为人具有适法行为的期待可能性，但如果行为人没有期待可能性则没有责任（也可谓责任阻

---

[1]　参见张明楷："期待可能性理论的梳理"，载《法学研究》2009年第1期。

却事由）；如果期待可能性减少则使责任减轻。另一方面，由于刑法条文大多将缺乏期待可能性的行为排除在犯罪之外，[1] 所以，在刑法明文规定之外因缺乏期待可能性而阻却责任的情形，并不多见。再者，期待可能性的概念比较模糊，其要件与界限并不明确，如果将缺乏期待可能性作为一般性的责任阻却事由，会导致法的不安定性。因此，只是在比较特殊的案件中以缺乏期待可能性为由，排除犯罪的成立。例如，行为人为配偶、近亲属作伪证的，帮助配偶、近亲属（当事人）毁灭、伪造证据的，或者窝藏、包庇犯罪的配偶或近亲属的，行为人原本无罪，在被司法机关错误关押后单纯脱逃的，均应认为缺乏期待可能性，不以犯罪论处。

二、期待可能性的判断标准

所谓期待可能性的判断标准，是指判断行为人在实施符合构成要件的违法行为时是否具有适法行为的期待可能性的标准。这是期待可能性理论中争议最大的问题。

行为人标准说主张，以行为时的具体状况下行为人自身的能力为标准。如果在当时的具体状况下，不能期待该行为人实施适法行为，就表明缺乏期待可能性。可是，如果行为人本人不能实施适法行为，就不期待其实施，那么就没有法秩序可言。而且，这一学说不能说明确信犯的责任，因为确信犯大多认为自己的行为是正当的，倘若以行为人为标准，这些人就缺乏期待可能性，因而不能承担责任，但事实上并非如此。平均人标准人说认为，如果对处于行为人状态下的通常人、平均人，能够期待其实施适法行为，则该行为人也具有期待可能性；如果对处于行为人状态下的通常人、平均人，不能期待其实施适法行为，则该行为人也不具有期待可能性。但是，此说没有考虑到对平均人能够期待而对行为人不能期待的情况，这就不符合期待可能性理论的本意。法规范标准说或国家标准说主张，以国家或者国家的法秩序的具体要求为标准，判断是否具有期待可能性。因为所谓期待，是指国家或法秩序对行为人的期待，而不是行为人本人的期待，因此，是否具有期待可能性，只能以国家或法秩序的要求为标准，而不是以被期待的行为人或平均人为标准。然而，期待可能性的理论本来是为了针对行为人的人性弱点而给予法的救济，所以，应考虑那些不能适应国家期待的行为人，法规范标准说则没有考虑这一点；而且究竟在什么场合国家或法秩序期待行为人实施适法行为，是一个不明确的问题，因此，法规范标准说实际上没有提出任何标准。

其实，上述三种学说只是把握了期待可能性判断标准的部分侧面，其对立并无重要意义。换言之，行为人标准说，侧重于判断资料；平均人标准说，侧重于判断基准；法秩序标准说，侧重于期待主体。因此，三者是可以并无矛盾地适用的。

就行为人身体的、心理的条件等能力而言，必须以具体的行为人为基准，而不可能以一般人为基准，但这并不意味着，以"因为是这个行为人所以没办法"为由而阻却责任。"平均人"也不意味着统计学意义上的平均人，而是具有行为人特性的其他多数人，是判断行为人是否具有期待可能性的技术性概念，因为只有与他人比较，才能判断特定的行为人是否具有期待可能性。所以，所谓行为人与平均人之间不一定有实质的差别。法秩序标准说与个人标准说也不是对立的。因为期待可能性的判断，并不是单纯从行为人一方的他行为可能性的观察就可以得出合理结论，而是要考虑法秩序的需要。换言之，期待可能性的判断，是对个人与法秩序之间的紧张关系的一种判断。

结局只能是，站在法益保护的立场，根据行为人当时的身体的、心理的条件以及附随情况，通过与具有行为人特性的其他多数人的比较，判断能否期待行为当时的行为人通过发挥其

---

　〔1〕　例如，《刑法》第 307 条第 2 款规定："帮助当事人毁灭、伪造证据，情节严重的"，成立犯罪。显然，当事人毁灭、伪造证据的并不成立犯罪。之所以如此，是因为当事人毁灭、伪造证据的行为缺乏期待可能性。

能力而不实施违法行为。以已婚妇女的事实重婚为例，以下情形没有期待可能性，不应以重婚罪论处：结婚后因遭受自然灾害外流谋生，与他人形成事实婚姻的；因配偶长期外出下落不明，造成家庭生活严重困难，又与他人形成事实婚姻的；因强迫、包办婚姻或因婚后受虐待外逃，与他人形成事实婚姻的；已婚妇女在被拐卖后，与他人形成事实婚姻的。但是，上述妇女又与他人前往婚姻登记机关登记结婚的，并不缺乏期待可能性。

三、期待可能性的认识错误

一般来说，狭义的期待可能性的认识错误，属于对客观的责任要素的认识错误，主要存在两种情形。

（一）积极的错误

积极的错误，是指原本并不存在丧失期待可能性的事情，但行为人误以为存在。对此，刑法理论上存在许多学说。[1] 本书认为，对此应当区分为两种情形考虑：

其一，当刑法因为缺乏期待可能性而不处罚，而在构成要件中所规定的是不缺乏期待可能性的场合，积极的错误实际上是构成要件的错误，阻却故意的成立。例如，行为人甲误将他人的犯罪证据当作自己的犯罪证据而毁灭的，应当如何处理？不可否认，毁灭自己犯罪证据的行为，因为缺乏期待可能性，而不可能成立犯罪。在此意义上，刑法是从责任角度将"帮助当事人毁灭"的要素纳入构成要件的。然而，一旦纳入构成要件，就应当认为是构成要件要素而不是责任要素。倘若不是如此，而是将"当事人"按照责任要素处理，那么，由于故意的成立不需要认识到责任要素，于是，误将自己的犯罪证据当作他人的犯罪证据而毁灭的，也因为不能肯定责任的减少，而具有可罚性。这显然违反《刑法》第 307 条第 2 款的规定。既然《刑法》第 307 条将构成要件表述为"帮助当事人毁灭"证据，就意味着要求行为人认识自己所毁灭的是他人的犯罪证据。在甲没有认识到自己毁灭的是他人的犯罪证据，以为毁灭了自己犯罪证据的情况下，就缺乏构成要件的故意，当然不成立犯罪。当然，严格地说，这种认识错误，已经不是期待可能性的认识错误，而是构成要件的事实认识错误。

其二，期待可能性的积极错误与故意无关时，宜采取上述第五种观点，在期待可能性的判断内部予以解决。例如，乙误认为自己的生命存在紧迫危险，误认为唯一办法是针对他人的生命实施紧急避险，进而杀害他人。如果能够期待行为人当时不产生这种错误，那么，就不能阻却责任，应认定其行为成立故意杀人罪。反之，如果不能期待行为人当时不产生这种错误，就

---

〔1〕 第一种观点认为，积极的错误阻却故意。倘若认为，故意的认识内容（认识对象）包含有责的事实，那么，这种观点便具有合理性。但是，故意是对符合构成要件的违法事实的认识与容认，期待可能性本身并不是故意的认识内容，而是故意之外的责任要素。倘若认为，故意的认识内容（认识对象）包含有责的事实，那么，这种观点便具有合理性。但是，故意是对符合构成要件的违法事实的认识与容认，期待可能性本身并不是故意的认识内容，而是故意之外的责任要素。第二种观点认为，对于期待可能性的积极错误，应当像禁止的错误一样处理：如果该错误不可避免，则阻却责任。这种观点虽然提出了处理原则，但缺乏根据。第三种观点认为，如果行为人对其陷入认识错误具有过失，便成立过失犯。这种观点也认为，缺乏期待可能性是责任阻却事由，但是，既然在行为人具有故意、过失与责任能力时，原则上就具有期待可能性，那么，在确定行为人已经具有故意或者过失后，再以期待可能性的错误影响故意与过失的成立，显然不当。第四种观点认为，在有关期待可能性的积极错误的场合，应当直接就行为人的心理状态本身判断有无期待可能性。亦即，不是以对错误是否有过失、错误是否可以避免为基准，而是应以是否存在足以否定期待可能性的心理状态为基准。因此，在有关期待可能性的积极错误的场合，应当认为已经在规范的责任的层面上，阻却或者减弱了责任。但是，一概承认期待可能性的积极错误阻却或者减弱责任，会导致不当扩大责任阻却的范围，损害刑法的安定性。第五种观点认为，期待可能性的积极错误，虽然使行为人缺乏期待可能性，但是，如果行为人发挥自己的主观能力，就可以认识到存在期待可能性时，应认为存在期待可能性。因此，对于期待可能性的积极错误，宜在期待可能性的判断内部予以解决。

阻却责任。

（二）消极的错误

消极的错误，是指原本存在丧失期待可能性的事情，但行为人误以为不存在。例如，行为人以为自己窝藏的是与自己没有亲属关系的犯罪人，实际上窝藏的是自己出走多年的儿子。既然客观上存在缺乏期待可能性的事情，理当阻却责任。另一方面，由于实际上存在缺乏期待可能性的事情，就没有对行为人进行特殊预防的必要性；又由于这种消极的错误极为罕见，因而也缺乏一般预防的必要性，故不能进行非难。

■ **思考题**

1. 什么叫规范责任论？
2. 故意的概念与特征是什么？
3. 法定符合说与具体符合说各自的理由与缺陷是什么？
4. 过失的概念与特征是什么？如何区分过于自信的过失与间接故意？如何区分疏忽大意的过失与意外事件？
5. 刑法对刑事责任年龄的具体规定是什么？
6. 如何判断行为人是否具有责任能力？
7. 如何判断违法性的错误能否避免？
8. 如何判断行为人是否具有期待可能性？

■ **参考书目**

1. 贾宇：《犯罪故意研究》，商务印书馆 2020 年版；
2. 柏浪涛：《错误论的新视角》，中国民主法制出版社 2020 年版；
3. 付立庆：《主观违法要素理论：以目的犯为中心的展开》，中国人民大学出版社 2008 年版；
4. 李波：《过失犯中的规范保护目的理论研究》，法律出版社 2018 年版；
5. 童德华：《刑法中的期待可能性论》，法律出版社 2015 年版。

第十二章　故意犯罪的特殊形态

■ 学习目的和要求

　　了解故意犯罪过程中的具体特殊形态；掌握犯罪预备、犯罪未遂与犯罪中止的概念、特征和处罚原则；理解各种犯罪形态的具体差异。

第一节　概　述

一、故意犯罪特殊形态的意义

　　犯罪形态是刑法预设的犯罪行为在其发展过程中出现的某种终局性状态。通常而言，犯罪表现为一个明显的犯罪过程，即要经过犯意的产生、犯罪的准备、实行，直至犯罪的完成。但是，并非任何犯罪行为的进展过程都很顺利，直至发展到犯罪既遂。从实践来看，有的人为了实行犯罪而准备工具，制造条件，但由于意志以外的原因而未能着手实行；有的人着手实行犯罪以后，由于意志以外的原因而未能完成犯罪；有的人在犯罪过程中自动放弃犯罪或者自动有效地防止结果发生。与开始实施犯罪直至犯罪完成的既遂形态相对，这些在故意犯罪的过程中由于各种主客观原因而使得犯罪出现的不同停顿状态，理论上称之为故意犯罪的特殊形态。

　　从刑法规定来看，犯罪的既遂形态是《刑法》分则各条文确立的犯罪基准形态，而特殊形态是《刑法》总则中确定的修正形态，其含有对《刑法》分则各条规定的犯罪基准形态补充、扩张的意味，具体包括犯罪预备（《刑法》第22条）、犯罪未遂（《刑法》第23条）和犯罪中止（《刑法》第24条）。

　　关于犯罪的特殊形态，理解时应注意以下几个问题：

　　第一，犯罪的特殊形态是犯罪过程中出现的一种终局性的停顿状态。首先，犯罪的特殊形态只能出现在犯罪过程中，在犯罪过程以外出现的某种状态，不是犯罪的特殊形态。因此，产生犯意又打消犯意的，由于犯罪尚未开始，不可能出现犯罪的特殊形态；盗窃他人财物后又将之送回原处的，是犯罪既遂之后所实施的返还财物行为，不可能再形成犯罪中止。其次，犯罪的特殊形态是在犯罪过程中由于某种原因停止下来所呈现的状态。这种停顿下来的状态不是暂时性的停顿，而是终局性的停止。亦即，这种停顿状态不是因为条件不具备或者为了等待最佳时机而暂时地停顿下来，等条件具备、时机成熟后再实施犯罪，而是彻底性、终局性地停止。也就是说，当特定犯罪行为呈现出终局性状态之后，就不会再继续发展下去了。照此说来，就同一犯罪行为而言，出现了一种犯罪形态之后，不可能再成立另外一种犯罪形态。例如，在出现预备形态后，不可能再有未遂形态或者中止形态发生；特定犯罪行为出现犯罪未遂形态后，就不可能再有中止或者既遂形态的发生。

　　第二，犯罪的特殊形态只能存在于故意犯罪中。刑法以处罚故意犯为原则，以处罚过失犯为例外，并且，刑法只对故意犯罪做了扩张处罚未完成罪的规定，对于过失行为，仅仅在对法益造成已然损害的程度即发生法定危害结果才追究刑事责任。所以，只有故意犯罪才有特殊形态，至于过失犯罪，只有成立与否的问题，而不存在犯罪预备、未遂与中止形态的问题。

第三，关于间接故意犯罪是否存在犯罪特殊形态的问题。否定说认为，犯罪的特殊形态仅仅存在于直接故意犯罪中。对于间接故意犯罪也只有成立与否的问题，而不存在预备、未遂和中止形态。[1] 究其理由，有学者指出，间接故意犯罪只有在行为人"放任"的损害结果既成事实即已然发生的场合，才追究刑事责任。"放任"的损害结果没有发生的，通常不认为是犯罪。在这点上，损害结果对于过失行为和间接故意行为的法律意义相同。[2] 从实务来看，在结果尚未发生的场合，间接故意行为的危害事实上没有造成，要证明行为人的犯罪形态、证明行为的犯罪性存在现实困难。因此，认为间接故意只有成立与否的问题，而不存在预备、未遂和中止形态，是一种务实的态度。[3] 否定说在我国是多数说。与此相对，肯定说则认为，间接故意中亦存在犯罪的特殊形态。主要理由在于：其一，司法实践中确实存在行为人放任危害结果的发生，结果却没有发生，且值得科处刑罚的情况；从规范意义上说，间接故意犯罪与直接故意犯罪没有质的区别，没有理由只处罚直接故意犯罪未遂，而不处罚间接故意犯罪未遂。其二，直接故意犯罪人与间接故意犯罪人可以成立共同犯罪。在共同犯罪未遂的情况下，没有理由仅仅处罚直接故意的行为人而不处罚间接故意的行为人。至于在间接故意犯罪未遂的情况下，有无证据证明行为人放任危害结果的发生，则是具体个案的判断问题，而不是否定间接故意存在犯罪特殊形态的理由。[4] 其三，认为间接故意犯罪不存在犯罪特殊形态的通说观点具有过分强调犯罪主观因素的嫌疑。按照通说观点，在向牵着名贵的狗散步的人所在方向射击，子弹从人和狗中间穿过的场合，如果射击的目的是杀人而放任狗死亡的结果发生的话，那么该行为就是故意杀人罪未遂；相反，如果射击的目的是杀狗而放任人死亡的结果发生的话，那么，该行为就是故意毁坏财物罪（未遂，不处罚）。但是，行为人的主观目的固然不同，但行为所引起的客观危险结果（子弹从人和狗之间近距离穿过，客观上对人的生命造成现实的威胁）却没有任何差别。因此，即使是出于射击狗的目的而射击，由于存在致人死亡的现实危险，应构成（间接）故意杀人罪的未遂。[5] 我们赞同肯定说的观点，但只是在犯罪预备的场合，行为人主观上是为了实行犯罪，并以具有确定的犯意为前提，因此，间接故意犯罪不存在犯罪预备形态。

二、犯罪过程、犯罪阶段与犯罪形态

通常而言，故意犯罪行为表现为一个过程。在犯罪过程中，行为人为实行犯罪而进行的准备活动，属于预备行为。以是否开始实施实行行为为基点，实施犯罪预备行为的过程是预备阶段。开始实施实行行为以后的犯罪过程是实行阶段。在某些情况下，虽然作为实行行为的身体动静已经结束，但经过一段时间才可能发生结果，形成既遂状态，仍然可以认为这一阶段属于实行阶段，没有必要认为在实行阶段之外还有一个"实行后阶段"。[6] 由此，整个故意犯罪的过程是由相互连接的预备行为和实行行为组成。

犯罪形态与犯罪阶段相互依存，相互制约。在犯罪的预备阶段只能出现预备形态和中止形

---

〔1〕　高铭暄、马克昌主编：《刑法学》，北京大学出版社、高等教育出版社 2016 年版，第 145 页；刑法学编写组：《刑法学（上册·总论）》，高等教育出版社 2019 年版，第 210 页。

〔2〕　阮齐林、耿佳宁：《中国刑法总论》，中国政法大学出版社 2019 年版，第 196 页。

〔3〕　周光权：《刑法总论》，中国人民大学出版社 2016 年版，第 266 页。

〔4〕　参见张明楷：《刑法学》（上），法律出版社 2021 年版，第 429 页。

〔5〕　参见黎宏：《刑法学各论》，法律出版社 2016 年版，第 224 页。

〔6〕　参见张明楷：《刑法学》（上），法律出版社 2021 年版，第 429 页。

态。在实行阶段，只能出现未遂形态、中止形态和既遂形态。犯罪形态与犯罪阶段又相互区别。前者是终局性的行为状态，后者是动态的发展过程。前者没有先后连续性，后者具有连续性；一个故意犯罪不可能出现几种形态，但可能经过几个阶段。

第二节　犯罪预备

一、犯罪预备的概念和特征

《刑法》第22条第1款规定："为了犯罪，准备工具，制造条件的，是犯罪预备。"根据这一规定，为了实行犯罪，准备工具，制造条件，但由于行为人意志以外的原因而未能着手实行犯罪的，是预备犯。预备犯是犯罪的特殊形态之一，成立预备犯需要具备以下三个要件：

（一）主观上为了实行犯罪

成立预备犯，要求行为人主观上是为了实行犯罪，即行为人准备工具，制造条件是为了实行犯罪。

1. 犯意表示不是犯罪预备行为。犯意表示，是以口头、书面或者其他方法，单纯地将自己的犯罪意图表现于外部的行为。虽然犯意表示已经通过一定的形式将自己的犯罪意图表现于外部，但由于仅仅是单纯地表露犯罪意图的行为，客观上不可能为犯罪的实行创造便利条件，也不会对法益构成任何威胁，因而不属于刑罚处罚的对象。例如，只是告诉他人说自己将要实施某种犯罪行为，是犯意表示，而非犯罪预备。但在告诉他人将要实施某种犯罪行为的同时，劝诱对方与自己共同实施的，则属于"勾结共犯"的行为，性质上属于制造主体条件的犯罪预备行为。

2. 这里的"为了犯罪"，应理解为"为了实行犯罪"。"为了犯罪"的字面含义包括为了预备犯罪与为了实行犯罪，但预备行为是为实行犯罪制造条件的行为，实行预备行为就是为了进一步实施实行行为。所以，为预备行为实施的"准备"行为，不能认定为犯罪预备。[1]

（二）客观上实施了准备工具、制造条件等犯罪的预备行为

预备行为是为了犯罪的实行创造某种便利条件，以利于发生危害结果的行为，这种行为是整个犯罪行为的一部分，如果不是由于某种原因停顿下来，预备行为就会进一步地发展为实行行为，从而导致危害结果的发生。所以，预备行为已经对刑法保护的法益形成了一定的威胁；但同时，预备行为还只是为犯罪的实行创造便利条件，只要该行为不发展到实行阶段，就不可能直接引起危害结果的发生。相较于犯罪未遂而言，犯罪预备行为对法益的侵害程度轻微，社会危害性明显要小。

从类型上，犯罪预备行为包括两类，即准备工具与制造条件。

1. 准备工具，是指准备实行犯罪的工具。从实践来看，准备工具主要表现为：制作犯罪工具；购买某种物品作为犯罪工具；改装物品使之适应犯罪需要；租借他人物品作为犯罪工具；盗窃、抢劫他人物品作为犯罪工具；等等。

2. 制造条件。从广义上来讲，准备工具，实际上也属于制造条件的行为，只因是最常见的预备行为，刑法才专门将其作为犯罪预备行为的一种类型加以独立规定。制造犯罪条件的行为主要表现为：①制造实行犯罪的客观条件。如练习犯罪的技能；筹措用于犯罪的资金或者其他物品；事先调查犯罪场所和被害人行踪，如盗窃之前的踩点，杀人之前了解被害人的生活规律等情况；前往犯罪场所或诱骗被害人至犯罪现场；追踪被害人行踪或守候被害人的到来；排

---

〔1〕　张明楷：《刑法学》（上），法律出版社2021年版，第431页。

除实行犯罪的障碍，如盗窃之前先把人家的看门狗给毒死。②创造实行犯罪的主体条件。如勾结犯罪同伙，寻找共犯人，等等。③制造实行犯罪的主观条件。商议或者拟订犯罪的计划和犯罪后逃避侦查和追究的计划等。

（三）必须在犯罪预备阶段停顿下来而未能着手实行犯罪

犯罪预备终结于预备阶段，即客观上未能着手实行犯罪。如果已经着手实行了犯罪，此种情况下，先前的预备行为被后来的实行行为所吸收，因而也不可能再出现表现为停顿状态的犯罪预备。

（四）行为人未能着手实行犯罪是由于行为人意志以外的原因

行为人本欲继续实施预备行为，进而着手实行犯罪，直至引起意欲发生的结果，但是，由于出现了违背行为人意志的原因，使得行为人客观上不可能继续实施预备行为，或者客观上不能着手实行犯罪，或者使得行为人认识到自己客观上已经不可能继续实施预备行为或者着手实行犯罪而停止了犯罪的实施。需要注意的是，刑法虽未明文规定要求犯罪预备是基于行为人意志以外的原因而未能着手，但刑法规定了犯罪过程中自动放弃犯罪的，成立犯罪中止，因而，如果行为人自动放弃犯罪预备行为，或者自动不再着手实行犯罪，则属于犯罪中止；只有由于意志以外的原因不能继续实施预备行为或者未能着手实行犯罪的，才是犯罪预备。

二、预备行为的实行化

刑法将原本属于某种犯罪的预备行为规定为构成要件行为，从而使之成为一种独立的犯罪，可谓预备行为的实行行为化，或者预备犯的既遂化，这在理论上称之为"独立预备罪"。[1] 之所以要规定独立预备罪，主要是因为，受保护法益之重大，如若待其受侵害后才加以保护为时已晚，立法有必要独立处罚该预备。刑法上最典型的立法例就是《刑法》第120条之二第1款规定的准备实施恐怖活动罪。该款规定："有下列情形之一的，处五年以下有期徒刑、拘役、管制或者剥夺政治权利，并处罚金；情节严重的，处五年以上有期徒刑，并处罚金或者没收财产：（一）为实施恐怖活动准备凶器、危险物品或者其他工具的；（二）组织恐怖活动培训或者积极参加恐怖活动培训的；（三）为实施恐怖活动与境外恐怖活动组织或者人员联络的；（四）为实施恐怖活动进行策划或者其他准备的。"该款规定的行为原本是恐怖活动的预备行为，但该款特别地将之作为独立的犯罪加以规定，并配置具体的法定刑。显而易见，分则的特别规定意味着对于为实施恐怖活动而进行预备的，应直接依照《刑法》第120条之二的规定予以定罪处罚，而无需再适用《刑法》总则关于预备犯的处罚规定。

关于独立预备罪的适用需要注意以下两个问题：其一，教唆或者帮助他人实施独立预备罪的行为的，应成立教唆犯或者帮助犯。例如，教唆他人"组织恐怖活动培训"的，应以准备实施恐怖活动罪的教唆犯论处。其二，为实行独立预备罪而进行预备的，应否作为独立预备罪的预备犯加以处罚，不可一概而论，而是要判断该预备行为是否值得作为预备犯处罚。

三、预备犯的处罚

《刑法》第22条第2款规定："对于预备犯，可以比照既遂犯从轻、减轻处罚或者免除处罚。"

（一）预备犯的处罚范围相当有限

从理论上讲，我国刑法总则规定了预备犯的处罚原则，这似乎表明刑法原则上处罚犯罪预

---

〔1〕　与此相对，刑法将预备行为作为基本犯罪构成要件行为（实行行为）之前的行为加以规定的情形，则属于从属预备罪。在我国，从属预备罪不是由分则规定，而是由总则规定。例如，《刑法》第232条规定的是故意杀人罪的既遂犯，对于作为故意杀人的预备行为，应适用刑法总则关于预备犯的处罚规定。

备行为。但是，由于犯罪预备行为一般表现为日常生活行为，且距离犯罪的既遂还很远，仅仅具有侵犯法益的抽象危险性，其社会危害性尚未达到值得刑罚处罚的程度，鉴此，基于刑法谦抑性的原理，预备犯的成立范围应予严格的限制，即只有针对那些一旦发展到实行阶段，必然或者将可能造成重大法益或者大规模法益侵害的预备行为，才有予以刑罚处罚的必要，一般限于处罚以下几类犯罪的预备行为：①危害国家安全的犯罪；②严重危及公共安全、妨害社会稳定、民生安宁的犯罪；③严重危及公民生命安全的犯罪。[1] 从我国司法实践来看，对犯罪预备的处罚一般也采取极为谨慎的态度。

（二）预备犯的处罚原则

对于预备犯，可以比照既遂犯从轻、减轻处罚或者免除处罚。可见，我国刑法对预备犯采取的是"得减免"的处罚原则。一般情况下，对于犯罪预备应比照既遂犯从轻、减轻或者免除处罚。但在特殊情况下，如行为人准备实行特别重大的犯罪，预备行为已经形成了重大危险时，则可以不予从轻、减轻或者免除处罚。

第三节　犯罪未遂

一、犯罪未遂的概念和成立条件

犯罪未遂，是指犯罪分子已经着手实行犯罪，由于其意志以外的原因而未能达到犯罪既遂的一种未完成犯罪形态。犯罪未遂的成立条件如下：

（一）已经着手实行犯罪

刑法理论一般认为，着手是犯罪预备阶段的结束，同时也是犯罪实行行为的起点，是犯罪行为进入实行阶段的标志，但这不是绝对的。的确，着手标志着犯罪预备阶段已经结束，但着手不是预备行为的终点，而是划定未遂犯的处罚时期的概念。[2] 因为，有些场合犯罪在预备行为实施终了之后，已经进入实行行为阶段，但由于还不具有侵害法益的紧迫危险，因而不能认定为着手。例如，甲趁同办公室的乙出差之际，在乙的酒馆中投放了毒药，此种情况下，虽然甲的投毒行为已经终了，但是只有在乙将要喝有毒药酒时，才会产生杀人的紧迫危险。在这里，作为处罚对象的实行行为是甲投放毒药的行为。但是，着手时期应该是产生危险结果之时。由此，着手并非犯罪预备行为的终点，也非实行行为的起点，但是可以将着手作为未遂犯加以处罚的起点。

1. 着手的判定标准。关于实行的"着手"，我国刑法理论界存有争议，主要表现出"形式的客观说"和"实质的客观说"的对立。

我国传统刑法理论坚持形式的客观说，主张所谓"着手"，是指行为人已经开始实行《刑法》分则规范里具体犯罪构成的犯罪行为。[3] 一方面，该观点着眼于开始具体犯罪的客观构成要件行为这一点，可谓客观说。另一方面，该说又是从形式的角度考察，将行为人开始实施《刑法》分则所规定的客观构成要件行为看作为"着手"。应当说，从客观的角度来讨论着手的标准，其方向是正确的。但是，该说存在如下疑问：

首先，何为符合《刑法》分则规定的具体犯罪的客观构成要件行为，有时并不明确，难以将犯罪未遂和犯罪预备区分开来。比如，从口袋中掏出枪杀人的行为，在什么阶段上可以作

---

〔1〕　参见钱叶六：《犯罪实行行为着手研究》，中国人民公安大学出版社 2009 年版，第 105~160 页。

〔2〕　参见张明楷：《刑法学》（上），法律出版社 2021 年版，第 439 页。

〔3〕　参见高铭暄、马克昌：《刑法学》，北京大学出版社、高等教育出版社 2016 年版，第 153 页。

为开始实施杀人罪的构成要件行为，在形式上难以确定。

其次，可能使着手的认定过于提前，从而扩大未遂犯的处罚范围。如《刑法》第243条规定的诬告陷害罪的客观要件为捏造犯罪事实，向有关机关告发，按照形式的客观说，行为人开始捏造犯罪事实的时候就是着手。但这明显使得着手过于提前。

最后，有时还有可能使着手的认定变得延迟，从而缩小未遂犯的处罚范围。例如，开枪杀人的场合，按照形式的客观说，行为人开始扣动扳机时才是着手。但实际上，行为人开始瞄准的时候，就具有侵害法益的现实、紧迫危险，因而就可认定为着手。

实质的客观说认为，未遂犯是具体危险犯，犯罪未遂只能是具有侵害法益的紧迫危险的行为，故侵害的危险达到紧迫程度时，才是着手。[1] 这是因为，犯罪的本质是侵犯法益，故没有侵犯法益的行为不可能构成犯罪，当然也不可能成立未遂犯。不仅如此，即使某种行为具有侵害法益的危险，但这种危险非常微小时，刑法也不可能给予处罚。因此，犯罪未遂只能是具有侵害法益的紧迫危险的行为，故侵害法益的危险达到紧迫程度，就是着手。如就诬告陷害罪而言，其侵害的法益是他人的人身自由。所以，什么样的行为能够对他人的人身自由产生紧迫的危险，什么样的行为就是诬告陷害罪的着手。显而易见，仅仅捏造他人犯罪事实的，尚不足以对他人的人身自由产生紧迫的危险，因而不可能是诬告陷害罪的着手；只有在捏造犯罪事实后并向有关机关告发的，才具有对他人的人身自由产生紧迫的危险，因而才是诬告陷害罪的着手。因此，着手实行的点，就是《刑法》分则具体条文所要保护的法益受到现实威胁的点，此时才是着手。如果没有达到这个点，没有现实的危险，而只是一种抽象的危险时，就不应认为是着手。

我们认为，实质客观说总体上是妥当的。但是，实质的客观说，只有在形式的实行行为前提的基础上，再对实行行为的具体危险进行判断，才是合理的。如果不受形式的实行行为限制，而单纯地做实质判断，则可能会使未遂的范围扩张。[2] 例如，三个湖北农民合谋到南京抢劫出租车，途经武汉时购买对折刀两把、安眠药30粒。到南京后又购买了尼龙绳、毛巾等物，并将安眠药碾碎。三人携带上述物品，在南京火车站附近搭乘一辆出租车，要求出城前往安徽某地。因为三人形迹可疑，且目的地不甚明确，司机在车行至道路检查站时，打开应急灯，并停车报警，三人遂被抓获。该案被法院认定为抢劫的着手，认定为抢劫的未遂。[3] 但是，在本案中三被告携带对折刀、尼龙绳、碾碎的安眠药等作案工具上车之时，因他们携带凶器，且已在出租车这个狭小的空间里接近被害人，因而可以说，作为犯罪对象的司机的人身及其财产安全已面临现实的侵害威胁。但由于三被告人一直都是在车中等待合适时机以有效地实施抢劫，很显然，这种伺机抢劫的行为并不属于抢劫行为本身，不符合抢劫罪构成要件的定型性，在性质上应是制造条件的预备行为。从实践来看，有指导案例明确对类似的抢劫出租车案认定为抢劫的预备。[4]

鉴此，我们认为，在着手的判断上，首先应坚持实质的客观标准，即只有行为人实施的行为对刑法分则具体条文所要保护的法益产生了紧迫的危险，才可能称之为着手。但是，实质的客观标准要受到构成要件的限制，也就是说，行为人实施的对法益产生紧迫的危险的行为还必

---

〔1〕 参见张明楷：《刑法学》（上），法律出版社2021年版，第441页；黎宏：《刑法学各论》，法律出版社2016年版，第229页；付立庆：《刑法总论》，法律出版社2016年版，第264页。

〔2〕 陈兴良：《教义刑法学》，中国人民大学出版社2010年版，第599~600页。

〔3〕 参见李传松："从抢劫出租车案看犯罪着手行为的认定"，载《法学杂志》2003年第4期，第78~79页。

〔4〕 参见最高人民法院刑事审判第一庭、第二庭编：《刑事审判参考》（第11辑，总第22辑），法律出版社2001年版，第10~11页。

须是符合某种犯罪的构成要件行为。如只有行为人开始着手对被害人实施暴力、胁迫或者其他手段时，才能成立抢劫罪的着手。在上述抢劫出租车案件中，假如司机没有及时察觉，采取上述有力的措施制止了犯罪的进一步发展，而是把车开到了他们指定的地方。三被告拿出刀子对司机说："滚开!"那么这时可以认为已经着手抢劫了，或者说开始了抢劫的实行行为，因为他们此时的行为已经相当于开始了法律规定的胁迫行为。假如这时恰逢巡警赶到将他们一并拿下，就是抢劫的未遂。

需要说明的是，着手是具体犯罪的着手，而犯罪是主客观要件的统一，作为故意犯罪过程中的一个环节的"着手"，其认定必须考虑行为人的主观故意。例如，为了盗窃枪支而伸手接近枪支的行为，相对于盗窃枪支而言，是具有导致犯罪结果发生的现实危险的行为。但是对于意图取得枪支后再行抢劫的犯罪来说，该行为就不是具有引起财物被抢的现实危险的行为。所以，在判断行为是否具有导致某种具体犯罪结果发生的现实危险时，必须考虑行为人的故意，否则无法认定是何罪的着手。当然，如果无法查明行为人的主观故意，应坚持"存疑有利于被告"的原则处理。

2. 特殊犯罪类型的着手。

(1) 间接正犯的着手。在这个问题上，刑法理论上主要有两种见解：一是利用行为说。主张利用人开始实施诱使被利用人实施犯罪行为的时候，就是着手。二是被利用行为说。主张被利用者开始实施具有侵害法益的现实危险时，才是着手。从未遂犯是具体危险犯的立场出发，只有在行为对法益侵害的危险达到紧迫程度、具有发生结果的危险时，才是着手，因此，被利用行为说是妥当的。例如，在甲令5岁小孩乙窃取邻家财物的场合，当甲对小孩乙说，"你将邻居家抽屉里的钱包拿来"，显然不具有侵害法益的紧迫危险。只有当乙现实地开始实施盗窃行为时，才具有侵害财产的紧迫、现实危险。

(2) 原因自由行为的着手。和间接正犯的情形一样，刑法理论上也存在着原因行为说和结果行为说的分歧。对此，我们认为，应采用结果行为说。例如，在借酒壮胆，意欲醉酒后杀人的场合，应以行为人开始实施结果行为时为着手，而不是开始实施原因行为时为着手。因为，作为原因行为的饮酒行为并非相应犯罪的实行行为，在客观上不具有侵害法益的紧迫危险性。

(3) 隔离犯的着手。以通过邮局向被害人邮寄有毒食品为例，其着手的判断主要有发送时说、到达时说和个别化说的主张。发送时说认为，只要行为人将有毒食品交付邮局时，就是着手。到达时说认为，仅仅将有毒食品交付邮局邮寄时，尚不具有侵害他人生命法益的紧迫危险，因而还不是着手。只有当有毒食品到达被害人手中，从而处于其可食用状态之时，才是实行的着手。个别化说认为，原则上应采"到达说"。但对于类似以杀人故意邮寄爆炸物的案件中，也不能一概采用"到达主义"。例如，行为人从甲地邮寄爆炸物至乙地，如果爆炸物随时可能爆炸，那么，就应认为邮寄时是着手。

我们认为，着手的判定应立足于行为是否实施了具有侵害法益的紧迫危险的构成要件行为这一点来加以判断。一般而言，发送行为是实行行为，但仅此还不能认定着手。只有到达对方可食用的状态时才会对法益产生紧迫的危险，此时才是实行的着手。但是，在邮寄爆炸物的场合，考虑到爆炸物在邮寄途中有随时爆炸的现实危险，此种情况下，应认为发送时就是着手。

(4) 不真正不作为犯的着手。应以不履行义务的行为导致法益产生了紧迫的危险时为着手认定的时点。如母亲基于杀意而不给婴儿授乳时，并非故意杀人罪的着手。只有不授乳的行为具有引起婴儿死亡危险之时，才是故意杀人罪的着手。

（二）犯罪未得逞（没有既遂）

成立犯罪未遂的第二个条件是"未得逞"，即犯罪未达到既遂状态，或者说是未完成犯罪而停止下来。这是犯罪未遂与犯罪既遂相区别的重要标志。关于"是否得逞"的标准，一般以"具体犯罪构成的客观要件齐备与否"，其显著标志就是看《刑法》分则具体犯罪构成所要求的犯罪客观要件完备与否，而不是说没能发生任何具体的危害结果。[1]

但是，"犯罪构成要件齐备说"存在的缺陷很明显。其一，该说过于讲求形式而难以准确认定"未得逞"的问题。例如，对于行为犯如脱逃罪，显然不能认为只要行为人实施符合构成要件的脱逃行为就已经得逞，就成立既遂，而必须是脱离监管人员的控制，否则便只能是脱逃未遂。其二，该说忽视了具体犯罪的"未得逞"必须结合行为人的主观面的判断。例如，在行为人对女性被害人实施暴力但被制止的场合，如果不具体结合行为人的主观意图的话，根本无法判断究竟是何罪（如强奸罪、抢劫罪、绑架罪、拐卖妇女罪等罪）的未遂问题。

主张从未得逞的反面即既遂的标准来讨论未得逞标准的观点认为，犯罪未得逞是指犯罪没有既遂。未得逞本来就是一个消极要件。换言之，只要已经着手，既不是自动中止犯罪，又没有既遂的，就属于犯罪未遂。在此意义上说，争论何为"未得逞"没有重要意义。讨论具体犯罪的既遂标准，才是意义所在。至于具体犯罪的既遂标准应是行为人所希望或者放任的、具体行为的犯罪性质所决定的构成要件结果。这需要结合行为人所实施的犯罪行为的类型进行具体判断。[2] ①行为犯的场合。只要求行为实行到一定的程度（发生了一定的侵害后果）则为既遂。如劫持航空器以行为人实际控制了航空器为既遂，至于是否离境或者飞往既定地点，在所不问。又如，对于脱逃罪，以摆脱看守人员的监视、控制为既遂标志，至于最终是否脱逃成功，不影响既遂的成立；强奸罪的既遂以男性生殖器进入女性生殖器为标准，是否射精不影响既遂的成立。②抽象危险犯的场合。应以行为是否实施完成为标准。完成行为就标志着风险的出现，从而应认定为既遂。如就盗窃、枪支、爆炸物罪而言，只有在行为人控制了枪支、弹药、爆炸物的场合，才成立犯罪的既遂。否则，便是未得逞。③具体危险犯的场合。应以行为对具体犯罪所要保护的法益形成现实、具体的危险状态为既遂。否则，便是未遂。以放火罪为例，其既遂的标准应以放火对象目的物是否能够独立燃烧为标准。行为人用点火物点燃目的物，并引起目的物独立燃烧的，就具有危害公共安全的现实、具体的危险，因而是放火罪的既遂。如果行为人刚点燃目的物之后就被他人扑灭的，就不具有危害公共安全的危险，因而属于未得逞。对于《刑法》分则中既规定了具体危险犯（基本犯），又规定了其结果加重犯的犯罪（如《刑法》第114与《刑法》第115条第1款、《刑法》第116条和第119条规定的情形），在具体危险状态发生后，实害结果发生之前，行为人采取有效措施，防止加重结果发生的，应认为是在加重结果发生之前的自动终止，成立结果加重犯的中止。照此说来，行为人在铁道上放置了障碍物，在火车即将到来之际，又主动将该障碍物挪走，或者行为人点火并引起目的物独立燃烧之后又主动扑灭火苗的，或者在村里公用水井里投毒，立马又告知村民真相的，应成立破坏交通工具罪、放火罪和投放危险物质罪的结果加重犯的中止犯。④结果犯的场合。应以法定的构成要件结果发生为既遂成立的标准。如故意杀人罪的既遂标准是造成他人死亡的结果

---

〔1〕参见刑法学编写组：《刑法学》（上册·总论），高等教育出版社2019年版，第217页；赵秉志：《犯罪未遂形态研究》，中国人民大学出版社2008年版，第123页。

〔2〕有观点认为，犯罪未得逞是指没有实现行为人所追求的、作为某种犯罪构成要件的结果。参见黎宏：《刑法学各论》，法律出版社2016年版，第234页。本书认为，该观点否认间接故意犯罪的未得逞问题，并不妥当。在向牵着狗的人的方向开枪射击，结果子弹从人和狗中间穿过的场合，即使行为人主观目的是杀狗，但因该行为具有打死人的现实危险，因而应构成（间接）故意杀人罪的未遂。

发生。实施杀人行为而未造成他人死亡的，便属于未得逞。盗窃罪，其既遂标准应以取得对他人财物的占有为标准。盗窃他人财物而未实现占有的，属于未得逞。⑤结果加重犯的场合。应以加重结果的发生作为结果加重犯的标准。实施基本犯罪行为，发生加重结果的，属于结果加重犯的既遂；否则便属于未遂。例如，甲对妇女乙实施奸淫，且造成了妇女乙重伤结果的场合，应构成强奸罪的结果加重犯的既遂，在《刑法》第236条第3款的范围之内量刑处罚。需要注意的是，对于结果加重犯，可能存在基本犯未遂，但加重结果发生的情形，如果上述案例中的甲奸淫妇女乙而未完成奸淫（基本犯罪未遂），但在抑制乙的反抗过程中，致其重伤（发生加重结果）的场合，应当根据强奸罪的结果加重犯的法定刑从轻或者减轻处罚。

（三）犯罪未得逞是由于犯罪人意志以外的原因

这是区分未遂犯和中止犯的重要标志。所谓"犯罪人意志以外的原因"，是指违背犯罪人本意，客观上使得犯罪不能完成，或者使犯罪人认为不可能既遂从而被迫停止犯罪的原因。

首先，导致犯罪未完成的原因，必须是违背行为人本意的原因。即在犯罪未遂的场合，行为人希望、放任发生侵害结果的意志并没有改变。之所以没有发生行为人所希望或者放任的结果，并非是由于行为人放弃犯罪，而是由于某种原因使得行为人希望或者放任的结果没有发生。

其次，这种犯罪人意志以外的原因，必须是"足以阻止犯罪完成的原因"。亦即违背犯罪人的犯罪意愿、并能够足以阻止犯罪行为达到既遂状态的各种主客观因素。是否达到"足以阻止"犯罪完成的程度，应坚持客观的判断，具体地说，应根据行为当时实际存在的障碍以及犯罪人当时对客观障碍的认识情况，从一般人的见地出发，判断该情况是否成为阻止犯罪结果发生的意外原因。对于存在影响犯罪完成的轻微不利影响的因素而停止犯罪的，如着手实行犯罪后，由于存在被害人轻微的反抗，善意的劝告，苦苦哀求，严厉的斥责等情况，行为人停止犯罪的，宜以中止论处。例如，通常而言，被害人怀孕或者处于例假时期，并不足以阻止强奸犯完成犯罪；被害人是熟人，也不足以阻止强奸犯完成强奸行为。但是，在有各种证据证明，行为人具有洁癖，看见血就产生恶心，或者被害人具有某种迷信心理，担心和行经中的妇女性交会染上晦气或者胆量极小害怕熟人举报，被迫抑制其犯罪意念进而停止犯罪的，也属于能够足以阻止犯罪完成的原因。

最后，需要注意的是，在行为人对是否存在完成犯罪的不利因素发生主观认识错误时，应以行为人对外部障碍有无认识的事实为素材，从一般人的见地来考察，是否属于意志以外的原因。具体地说，行为人自认为不能完成犯罪（实际上能够完成犯罪）而停止犯罪的，应认定属于意志以外的原因。如行为人在盗窃保险柜过程中，同伙告诉他里面空无一文（实际上里面放有巨额现金），因而停止盗窃的，应成立未遂。在客观上不能完成犯罪的场合，但行为人误认为能够完成犯罪，而基于自己意志而放弃犯罪，如行为人误认为保险柜里藏有巨额现金而撬保险柜，但在撬保险柜过程中想到盗窃会受到刑罚处罚，因此放弃犯罪的，属于基于己意而放弃犯罪，而非属于因意志以外的原因而停止犯罪，应认定成立中止。

另外，貌似发生了行为人希望或者放任的、行为性质决定的构成要件结果，但如果该结果与行为人的行为之间不存在因果关系，也不成立既遂，而只能成立未遂。例如，诈骗罪、抢劫罪、敲诈勒索罪对行为结构的因果发展进程有特殊要求，只有满足了特定的发展过程才可能认定为犯罪既遂，否则只能认定为未遂。

二、未遂犯的刑事责任

《刑法》第23条第2款规定："对于未遂犯，可以比照既遂犯从轻或者减轻处罚。"从该规定来看，我国刑法关于未遂犯的处罚没有采取"必减主义"，而是"得减主义"。未遂犯虽然没有造成结果的发生，但是，具有造成危害结果发生的危险，故而有必要加以处罚。但是，考虑到未遂犯终究还是没有造成结果的发生，因而有必要予以从宽处理。但在未遂犯的场合，未完成犯罪是基于犯罪人意志以外的原因，而非基于犯罪人本人意愿，相较于基于己意放弃犯罪的中止情形，其主观恶性要大，因此，对于未遂犯只是可以比照既遂犯从轻、减轻处罚。而所谓"可以"从宽，从字面上来看，当然也可以不予从宽处罚。但由于从宽处罚是刑法规定的一种倾向性要求，即对未遂犯原则上要从轻或者减轻处罚，只有在极少数情况下，才可以不从轻或者不减轻处罚，事实上，这也是我国司法实践中的一般做法。

第四节　犯罪中止

一、犯罪中止的概念和类型

犯罪中止是犯罪的特殊形态之一，在大陆法系国家，犯罪中止通常是未遂的表现形式之一，但在我国，则是区别于犯罪未遂的一种独立的特殊形态。我国《刑法》第 24 条第 1 款的规定，犯罪中止是指在犯罪过程中，自动放弃犯罪或者自动有效地防止结果发生的情形。根据该规定，犯罪中止有两种类型：

一是未实行终了的中止。包括在预备阶段自动放弃犯罪的中止和虽然已经着手实行，但是在实行行为未实行终了的场合，自动放弃犯罪的中止。前一种情形如甲带着枪前往被害人乙家的路上，见到沿途贴着的"严打"标语，心中感到害怕，放弃了犯罪的继续实施。后一种情形如甲用枪瞄准乙，且手指已经放在手枪的扳机上，但见乙苦苦哀求放过他，心生不忍，放弃杀人行为的继续实施。

二是实行终了的中止。这是指实行行为已经完成但结果尚未发生前的中止。此种情况下，由于实行行为已经完成，要成立中止，单纯放弃犯罪还不够，还需要行为人积极采取措施，自动有效地避免结果的发生。例如，甲向乙开枪，致乙身受重伤，甲见乙流血不止顿心生悔悟，便将乙送往医院，经抢救脱险。

二、刑罚减免的根据

刑法何以对中止犯减免处罚，亦即，刑法上"优待"中止犯的根据何在，刑法理论上确是众说纷纭，大体上存在政策说、法律说和刑罚目的说的分歧。

政策说（奖励说）着眼于刑事政策的角度来讨论中止犯的减免根据。认为之所以要给中止犯刑罚减免的"优待"，其旨在为犯罪人架起一座回归的"黄金桥"。[1] 即通过给予中止犯必要性减免这一特殊恩惠，目的是让行为人产生中止犯罪的动机，迷途知返，从而避免更为严重的法益损害。该说面临的主要批评是：其一，在多数人并不知晓刑法中存在中止犯减免规定的情况下，中止的奖励意义有限。其二，政策说本身并不存在减轻刑罚还是免除刑罚的选择标准；如果满足于基于刑事政策理由的说明，这无异于刑罚理论的自我放弃。作为法律后果的刑罚，是达到一般预防和特殊预防这种刑事政策的手段，而作为刑罚之对象的犯罪，是通过违法、责任这种形式而得以理论化。如此说来，即使中止犯的减免处罚根据最终仍然在于刑事政策目的，理想的做法仍然在于，尽可能地从刑法理论的视角整理中止犯的法律性质，并为其提供理论根据。[2] 正因为如此，法律说应运而生。

法律说将中止犯减免的根据与犯罪的成立条件联系在一起，着眼于从规范的角度来论证中

---

〔1〕　参见［德］李斯特：《德国刑法教科书》，徐久生译，法律出版社 2006 年版，第 346 页。

〔2〕　［日］松原芳博：《刑法总论重要问题》，王昭武译，中国政法大学出版社 2014 年版，第 262 页。

止犯减免刑罚的根据，具体存在违法减少说，责任减少说和违法、责任减少说的分歧。其中，同样是违法性减少说，根据学者所持的违法观，其具体理由不尽相同。规范违反说认为，中止行为反映了行为人对反规范态度的撤销，并表现出合规范的态度，因而规范违反性态度减弱。法益侵害说则认为，中止行为本身实施了防止结果发生的行为，使得法益侵害的具体危险得以消灭，因而违法性得以减少。责任减少说多是基于规范责任论的视角，认为在中止犯的场合，行为人使得自己规范意识觉醒而减轻了责任非难的程度。但是，批评者认为，单纯地将违法与责任的减少单独作为根据难以全面地说明中止犯减免的根据。因为，中止行为使得既遂的具体危险性消灭，因而违法性减少。同时，由于是基于自己的意思而中止犯罪，行为人应受到的责任非难降低。可见，犯罪中止作为故意犯罪的一种特殊形态，在法律层面减免的刑罚根据是违法和责任的双重减少。[1]

刑罚目的说认为，应以"一般预防"或者"特殊预防"的必要性为根据来说明中止犯减免的根据。中止行为所表现出来的规范意识的恢复意味着责任非难的必要性变小，在此限度内，就可以说预防的必要性变小使得应当作为量刑基础的责任的变小。[2]

我们认为，单单从某一个视角来讨论中止犯刑罚减免的根据，均具有一定片面性。有必要综合运用以上多种学说，从不同角度对该中止犯的减免根据作出说明。首先，虽然多数人不知晓中止犯的规定，因而在政策意义上其奖励意义有限，但也不能据此就绝对地否定中止犯刑罚减免规定可能会起到鼓励犯罪人中止犯罪的效果。其次，从规范评价的角度来看，中止行为导致结果没有发生，使得行为的违法性程度降低，同时由于是基于己意而放弃犯罪，导致行为人的可非难性程度降低即责任的减轻，因而有必要予以减免处罚；最后，从预防犯罪的刑罚目的论角度来讲，由于中止犯是行为人基于己意而回到合法性的立场，导致特殊预防必要性的丧失；同时，对中止犯适用减免处罚，对于预防社会一般人实施犯罪，也具有积极意义。

三、犯罪中止的成立条件

根据《刑法》第24条的规定，成立犯罪中止，必须满足如下几个条件：

（一）时间性条件：必须发生在犯罪过程中

这是犯罪中止成立的时间条件。所谓"在犯罪过程中"，即从犯罪预备行为的开始直至犯罪达到既遂状态之前的过程中。行为人产生犯意，后来放弃了犯意的，由于犯罪行为尚未开始实施，谈不上犯罪的成立，因而也就不涉及犯罪中止的认定。行为人希望或者放任的犯罪结果已经出现，属于犯罪的既遂形态，不具备犯罪中止成立的时间条件。如盗窃犯把盗得的赃物送回原处的，由于行为人已经实际控制了对他人财物的占有，此时盗窃就已经既遂，因而不存在中止成立的余地。至于将盗得的赃物送回原处的，属于犯罪既遂后的悔罪情节，可以在量刑时酌情考虑从宽处罚。

（二）自动性条件：必须是基于行为人自己的意思

中止的自动性，亦称中止的任意性，是指行为人基于自己的意愿，选择放弃了犯罪的继续实施，或者有效地防止结果的发生。这是犯罪中止与犯罪预备、犯罪未遂在主观上的区分标志。

如何理解中止的自动性，主要存在着主观说、客观说和限定主观说的分歧。

主观说认为，犯罪中止的成立与否取决于行为人主观上所认识到的事实是否足以对犯罪停

---

〔1〕 付立庆：《刑法总论》，法律出版社2020年版，第278页。

〔2〕 ［日］松宫孝明：《刑法总论讲义》，钱叶六译，（第4版补正版），中国人民大学出版社2013年版，第184页。

止动机的形成产生影响，其判断基准就是"弗兰克公式"：能达目的而不欲的场合，就是中止；欲达目的而不能的场合，是未遂。其中能否达到目的，是按照行为人主观的标准，而非客观的标准。因此，在外部的客观障碍实际不存在，而行为人误以为存在而停止犯罪的场合，基于行为人主观上的认识，这属于"欲达目的而不能"，因而构成未遂。相反，在外部的客观障碍实际存在，但行为人误以为不存在而放弃实施的场合，基于行为人主观上的认识，这属于"能达目的而不欲"，应成立中止。这一学说面临的问题是：其一，以行为人主观上认为能否达成犯罪目的作为判断中止自动性的标准，可能导致过于依赖行为人的口供，这容易导致中止的成立范围过于扩大。其二，在客观上"能"但伦理上"不能"的，如何处理？并不明确。例如，儿子原本在黑夜里抢劫他人财物，但实施暴力后发现对方是自己父亲而放弃的，是能达目的而不欲，还是欲达目的而不能？难以判定。[1]

客观说认为，根据社会上的一般观念对未达犯罪既遂的原因（引起行为人放弃犯罪或者防止结果发生的现象）进行客观评价。如果当时的情况对一般人的意思决定产生强制性影响，即一般人在当时的情况下也会放弃犯罪时，行为人放弃了继续实施犯罪的，就是犯罪未遂。如果当时的情况对一般人不会产生强制性影响，即一般人处于该种情况下不会放弃犯罪的，而行为人了放弃了犯罪继续实施的，就是犯罪中止。但是，是否具有自动性的判断原本是对行为人放弃犯罪的主观意愿的判断，而客观说将这种主观要素交由一般人来判断，会忽视行为人的真实意思，并不妥当。

限定主观说认为，只有行为人基于悔悟、同情、怜悯等对自己的行为持否定评价的规范意识、感情或者动机而放弃犯罪时，才能认定具有自动性，因而成立中止。其他场合都是未遂。的确，从责任减少说的立场出发，在由于"后悔、悔悟、怜悯"而中止的场合，能够确认责任的减少。但是，一方面，我国《刑法》第 24 条只是规定了"自动"，而没有要求行为人必须具有"悔悟、同情、怜悯"等善良动机，因而限定主观说缺乏教义学上的根据。另一方面，该种见解将中止的自动性和伦理性相混淆，过于缩小了犯罪的中止犯的成立范围。

我们认为，在自动性的判定上，应在主观说的基础上考虑社会上的一般观念对导致没有既遂的客观原因进行评价，本书谓之为以主观说为基础的折中说。联系导致犯罪预备、犯罪未遂和犯罪中止的原因来看，犯罪预备与犯罪未遂都是由于犯罪人意志以外的原因，故不属于犯罪人意志以外的原因而导致未着手实行犯罪或者未得逞的都符合自动性的要求，均应成立犯罪中止。[2] 而所谓"意志以外的原因"，是指客观上使得犯罪行为不能着手或者既遂，或者犯罪人基于自己的错误判断而认为不可能着手或者既遂的原因。因此，对于中止的自动性就应解释为，行为人认识到客观上可能继续实施犯罪或者可能既遂，但自愿放弃原来的犯罪意图。具体包括两种情形：一是客观上能够继续犯罪直至犯罪既遂，行为人自愿放弃犯罪或者有效地防止结果的发生；二是客观上不可能继续犯罪或者既遂，但行为人自以为能够继续犯罪或者既遂，但自愿放弃犯罪的实施。具体来说，认定中止的"自动性"时，可以考虑以下思路：

1. 在不存在外部事实影响的情况下，自动性的判断应采用"弗兰克公式"。这里的"能达目的而不欲"中的"能"与"不能"的判断，应以行为人的认识为标准进行判断，即只要行为人主观上认为可能继续实施犯罪或者可能既遂的，即使客观上不可能着手或者既遂，也成立中止。相反，如果行为人认为不可能继续着手犯罪或者既遂而停止犯罪的继续实施的，即使客观上能够着手或者既遂，也应认定为预备或者未遂。因为此种情况下，尽管并不存在阻止行为

〔1〕　张明楷：《刑法学》（上），法律出版社 2021 年版，第 470 页。
〔2〕　参见张明楷：《刑法学》（上），法律出版社 2021 年版，第 471~472 页。

人继续犯罪的客观障碍，但由于行为人产生了错误认识，其主观上已经形成了心理障碍，难以将犯罪继续下去，不得已停止了犯罪的继续实施，因而不能认为具有自动性。行为人在盗窃过程中，听见警车的警笛声，误以为是自己的行为被发现，于是放弃本次盗窃的，即是适例。

需要说明的是，自动性的成立不以行为人具有真诚悔悟、同情、怜悯的动机为必要，而只要行为人完全放弃该次特定犯罪的犯意即可。行为人基于真诚悔悟、同情或者怜悯的动机而停止犯罪的，是犯罪中止成立的理想情景。但由于刑法没有对此作出明文规定，所以，在中止的自动性判断上，不宜背离刑法规定而提出其他过多的要求。

2. 在外部事实障碍和行为人的中止行为同时存在的场合，所采用的判断标准是：以行为人本人认识的情况为基础，以一般人的立场为标准，判断该种程度的外部事实是否足以影响犯罪的完成。如果得出肯定结论的话，就属于犯罪预备或者犯罪未遂；反之，则成立犯罪中止。

（1）客观上存在影响犯罪继续实施的外部障碍，但从一般人的立场来看，该外部障碍不足以阻止犯罪的进行或者完成，行为人基于自己的意愿放弃继续实施犯罪的场合，应认定具有"自动性"，成立中止。反之，应认定成立未遂。例如，意图杀人而掐住被害人的脖子致其昏迷的时候，被正在放学回家的被害人的 8 岁孩子看见，于是放开被害人而离开现场的，宜认定成立故意杀人罪的中止。再如，在甲携带凶器拦路抢劫，黑夜中遇到乙实施暴力，乙发现是自己的熟人甲，便喊甲的名字，甲一听就住手，还向乙道歉说："对不起，认错人了"的场合，从社会上一般人的观念出发，发现抢劫的对象是熟人，一般不会再继续实施抢劫，故属于犯罪未遂。还如，在实施抢劫、强奸、绑架、杀人、伤害等犯罪过程中，因遭到被害人的斥责、警告或者哀求而停止犯罪的，宜认定为中止。因为，从一般人的立场来看，被害人的斥责、警告或者哀求并不足以阻止犯罪的继续实施或者完成。但是，如果能够查实行为人当时是基于害怕被害人事后告发而停止犯罪的，就不宜认定为"自动"中止。

（2）客观上存在阻止犯罪继续的严重的外部障碍，但行为人并未认识到这一点而放弃本次犯罪的场合，属于"自动"中止。如妻子将过期农药（但妻子对农药已经过期这一点完全不知情）投放到丈夫的饭碗当中，意图杀死丈夫，但后来改变主意，在丈夫准备吃饭的时候，将该饭碗换掉。这属于犯罪人自认为可能既遂而放弃犯罪的继续实施的情形，应认定具有自动性，成立故意杀人罪的中止。再如，行为人在撬保险柜的过程中，想到盗窃会受到刑罚处罚，便停止了撬保险柜的行为。但实际上，接到报警的警察已经快到现场。此种情况下，应认定行为人系基于己意而停止犯罪，成立犯罪中止。

（三）中止的客观性

中止不只是一种内心状态的变化，而是应有放弃犯罪的客观表现，这是中止的客观性表现。在认定中止的客观性时，需要注意以下几点：

1. 中止的客观性根据情况表现为两种情形：一是自动放弃犯罪行为；二是自动有效地阻止犯罪结果的发生。通常而言，在犯罪行为未实行终了，只要不继续实施犯罪就不会发生犯罪结果时，中止行为表现为放弃继续实施犯罪行为；在实行终了，不采取措施就会发生犯罪结果时，中止行为表现为积极采取措施有效地阻止结果的发生。如果犯罪人仅有后悔之意，而在客观上并无放弃犯罪或者阻止危害结果发生的行为，不能认为是中止。例如，妻子意欲毒杀其夫，见丈夫中毒后痛苦挣扎心生悔意而离开，结果因为毒药分量不够，丈夫没有死亡。妻子后来为此感到庆幸，但由于妻子缺乏中止行动，不能认定成立故意杀人罪的中止。

2. 中止的客观性还要求行为人必须是真实地放弃犯罪行为，而不是等待时机继续实施该行为。当然，只要行为人当时是真实地放弃犯罪行为，即使犯罪人在将来又萌生了犯罪意图，不影响此次犯罪中止的成立。

3. 在放弃能够重复实施的侵害行为的场合，如甲本来可以向被害人开数枪，但第一次开枪未打中被害人，本有可能再次开枪射击，但突然改变主意，不再射击。此种情况下，一般认为，对甲的行为进行整体考察的话，可以认为甲的整个犯罪实行行为并未终了，预期的危害结果尚未发生，其完全有条件继续实施犯罪。在能够进一步实施侵害的情况下，甲基于本人意志，自动中止了实行行为，或者在预期的危害结果发生之前，自动有效地避免了结果的发生，因此应构成故意杀人罪的中止。

（四）中止的有效性

《刑法》第24条第1款规定："在犯罪过程中，自动放弃犯罪或者自动有效地防止犯罪结果发生的，是犯罪中止。"对于未实行终了的中止，由于行为人的行为还不具备导致结果发生的可能，这时只需自动放弃犯罪的实施，犯罪结果当然就不会发生；而在实行行为已经终了，结果可能发生的场合，单纯放弃犯罪的继续实施已不足以避免结果的发生，这时就必须要求行为人采取有效的措施来避免结果的发生。

在认定中止行为是否具有有效性时，需要注意以下几点：

第一，这里的"有效防止结果发生"，是指行为人在实行行为实施终了以后，犯罪结果发生之前，行为人积极采取措施，有效地防止了行为人所追求的、行为性质所决定的犯罪结果的发生，而不是指没有发生任何结果。例如，甲基于杀乙的故意砍了乙一刀，乙身受重伤后跪地求饶，甲心生怜悯，及时将乙送往医院救治，乙最终免于一死。此种场合，乙虽然受了重伤，但甲仍然成立犯罪中止。

第二，行为人采取的措施原本能够有效地防止结果的发生，即使发生了行为人原先追求的犯罪结果，也能肯定犯罪中止的成立。例如，甲向乙的食物中投放毒药，乙食用后痛苦难耐，甲心生怜悯，开车将乙送往附近的医院，但因车速过快发生交通事故导致乙死亡。由于甲及时送乙去附近的医院就医，原本乙能够获得及时救助，但因交通事故这一异常事态的出现而导致了乙的死亡，对此，应认为此种事态不能否定甲原本所采取的措施可能起到防止结果发生的效果。换言之，也就不能将乙的死亡结果归责于甲的投毒行为的危险的现实化，因而不应承认故意杀人的既遂，而宜认定为故意杀人的中止。只是乙的死亡结果是由于甲的肇事行为所导致，应同时认定成立交通肇事罪。

第三，只要行为人付出了足以防止结果发生的努力，即使是由于其他人的协力行为，共同防止了结果的发生，也能成立犯罪中止。例如，妻子甲向丈夫乙的食物中投毒，乙食用后中毒，痛苦万分，甲心生怜悯，叫来邻居丙帮忙，二人一起将乙送往医院，乙经抢救脱险。乙应成立故意杀人的中止。但是，如果行为人的行为不足以防止结果的发生，则不能认定符合中止自动性条件，甚至说不能认定为中止行为。如本案中甲不是赶紧叫来邻居，而是跑到父母家将真相告诉父母。邻居丙发现后将乙送至医院，经抢救脱险。甲未为防止结果的发生付出诚挚的努力，因而不应成立犯罪中止。

由上分析可见，《刑法》第24条要求"有效地防止犯罪结果发生"，表面上要求行为与结果没有发生之间存在因果关系，事实上是只要求犯罪结果没有发生，要求行为人采取有效的措施、做出诚挚的努力即可，而无需要求中止行为与侵害结果没有发生之间存在因果关系。[1]

四、中止犯的处罚

《刑法》第24条第2款规定："对于中止犯，没有造成损害的，应当免除处罚；造成损害的，应当减轻处罚。"这一规定的核心问题在于，如何理解这里的"损害"？

---

〔1〕 张明楷：《刑法学》（上），法律出版社2021年版，第476~478页。

1. 这里的"损害"，并不是指行为人实施故意犯罪时所意欲或者放任的危害结果，而是该种危害结果之外的其他危害结果。例如，甲使用暴力强奸妇女乙，在奸淫之前实施了猥亵行为，后来放弃奸淫行为的，应认定为"造成损害"。又如，A 投毒杀人，被害人中毒后，A 积极抢救，使被害人得以脱险，但被害人因此受重伤，这属于故意杀人意欲追求的结果之外的危害结果，应认定为"造成损害"。但是，如果某种结果并非属于刑法规范禁止的结果[1]或者侵犯了一个刑法所不保护的利益，不属于这里造成的损害。[2] 例如，实施敲诈勒索行为，被害人产生了恐惧心理，但后来行为人放弃犯罪的，就不宜认定存在"损害"。

2. 这里的"损害"不限于物质性结果，也包括非物质性结果。例如，甲向大型商场投放了爆炸物，胁迫商场交付金钱，后来又基于己意放弃勒索行为，不要求商场交付金钱。但编造虚假恐怖信息的行为已造成严重扰乱商场秩序的结果，且该结果属于刑法规范禁止的结果，因而应认定造成了"损害"。

3. 这里的"损害"仅限于对他人造成的损害，而不包括对自己的损害。例如，甲欲杀乙，泡了两杯咖啡，并在其中的一个杯中下了毒。后又心生悔意，偷偷地倒掉了下了毒的咖啡，重新给乙泡了一杯。但事实上，甲倒掉的是没有下毒的咖啡，有毒的咖啡在其自己手中，后来甲喝了这杯咖啡后中毒，被乙送往医院，经抢救脱险。此种情况下，应认定甲的行为未造成"损害"。

■ 思考题

1. 间接故意是否存在犯罪特殊形态？
2. 犯罪未遂的条件有哪些？
3. 关于着手的学说有哪些？
4. 如何理解中止犯减免处罚的根据？
5. 犯罪中止的成立条件有哪些？
6. 如何理解中止的"自动性"？
7. 犯罪预备、犯罪未遂与犯罪中止的联系与区别是什么？
8. 如何认定放弃可以重复侵害行为的犯罪形态？

■ 参考书目

1. 张明楷：《未遂犯论》，中国法律出版社、日本成文堂 1997 年联合出版。
2. 钱叶六：《犯罪实行行为着手研究》，中国人民公安大学出版社 2009 年版。

---

[1]　参见张明楷：《刑法学》（上），法律出版社 2021 年版，第 489 页。
[2]　参见付立庆：《刑法总论》，法律出版社 2020 年版，第 278 页。

第十三章　共同犯罪

■ **学习目的和要求**

　　了解共犯的含义和种类；理解共同犯罪的本质、共犯的处罚根据和共犯的从属性原理；重点掌握正犯与共犯的区分标准，共同正犯的成立条件和间接正犯的本质与类型，教唆犯和帮助犯的成立条件；掌握主犯、从犯、胁从犯的概念及其处罚原则；掌握共犯与身份、共犯的未遂与中止、承继的共犯、共犯关系的脱离、片面共犯和不作为的共犯等共犯特殊样态的认定。

第一节　共同犯罪的基础理论

　　本书到此为止的论述，基本上都是关于一个人单独实施犯罪的解释和讨论。事实上，为数不少的犯罪是由多人一起共同参与实施的。这种由多人共同参与实施犯罪的情形（刑法上称之为共同犯罪现象），除了实施了符合构成要件的违法行为的参与人之外，并不能肯定其他参与人的行为亦具备构成要件符合性和违法性。但是，考虑到这些参与者的行为亦促进或助力了犯罪的实行，对结果具有贡献，从预防犯罪的角度来说有禁止和处罚的必要。特别是，一些犯罪单凭个人的力量难以完成，造成的危害后果也会有限，而在由多数人共同参与完成犯罪的场合，法益侵害后果更容易发生，其危害性程度要远远高于单独犯罪，因而，更有处罚这些参与者的必要。在此意义上说，《刑法》总则规定共同犯罪制度，就是要解决共同犯罪参与人特别是没有直接实施《刑法》分则规定的构成要件行为的参与人的刑事责任问题。

一、共犯的含义和种类

　　我国刑法虽然没有明确采用正犯的概念而是使用主犯、从犯的概念，但在解释论上可以认为，我国《刑法》分则中对单独犯的规定就是关于正犯的规定；《刑法》总则第 29 条关于教唆犯、第 27 条关于帮助犯等参与人类型的规定，也从反面肯定了正犯的概念。由此，我国刑法关于共犯人（参与人）种类的规定包括共同正犯、教唆犯和帮助犯等，这种对共犯人类型的区分，旨在解决各共犯人的定性及其关系问题，其属于本来意义上共犯人的类型。至于主犯、从犯或者胁从犯，并非是对参与人类型的界定，而是对不同类型的共犯人（共同正犯、教唆犯、帮助犯）在共同犯罪中的参与程度或者所起的作用大小的揭示和说明，旨在解决其量刑问题。

　　刑法理论上经常使用"共犯"一词，但共犯一词有不同的含义。①最广义的共犯。它是指两个人共同实施犯罪的情形，可以分为任意的共犯和必要的共犯。任意共犯，是指《刑法》分则条文预设由一人实施的犯罪而由二人以上共同实施的情形。例如，甲教唆乙、丙二人去仓库盗窃，丁接受乙、丙二人的邀请，帮助他们运送赃物，乙、丙实施了盗窃的情形，就属于任意的共犯。其中，乙、丙二人属于共同正犯，亦称共同实行犯；甲属于教唆犯，丁属于帮助犯。这种任意的共犯及其处罚原则由《刑法》总则做出规定，是刑法总论所要研究的内容。必要的共犯是指刑法预设由二人以上实施，犯罪才能成立，而一个人不可能实施该种犯罪的情形。具体包括对向犯、聚众性共同犯罪和集团共同犯罪三种类型。②广义的共犯。具体包括任意共犯中的共同正犯、教唆犯和帮助犯。③狭义的共犯。具体是指教唆犯和帮助犯两种。本书在使用"共犯"这一概念时，通常是在狭义共犯的意义上使用，特指教唆犯和帮助犯。

二、必要共犯的类型

必要共犯，是指刑法上预设必须由数个行为人实施犯罪，而一个人不可能实施该种犯罪的情形。在我国，必要的共犯，主要包括三种形式：

（一）对向犯

对向犯，是指以存在二人以上相互对向的行为为成立条件的犯罪。具体可分为双面对向犯和片面对向犯。所谓双面对向犯，是指刑法分则处罚双方行为的对向犯类型。如非法买卖枪支、弹药、爆炸物罪，重婚罪，代替考试罪，行贿罪和受贿罪，等等。所谓片面对向犯，是指《刑法》分则规定只处罚一方行为的情形。如贩卖淫秽物品牟利罪，刑法只处罚贩卖者，而不处罚购买者。值得研讨的是，对于片面对向犯，能否直接根据《刑法》总则的规定将立法上未规定予以处罚的购买者作为共犯（教唆犯或者帮助犯）加以处罚？对此，我们认为不能一概而论。一般而言，从刑法规定来看，双面对向犯的参与双方之所以都具有可罚性，是因为两方行为的违法性都达到了值得处罚的程度。而就片面对向犯来看，其中的另一方参与行为之所以不处罚，是因为该方行为的违法程度低，不值得刑罚处罚。既然如此，司法上也就不能随意地将之作为共犯加以处罚。例如，对于贩卖淫秽物品牟利罪立法上定型化处理的是贩卖行为，至于单纯的购买行为，刑法规定不罚，所以，对凡是可以包含在"购买"含义中的行为，例如，预付现金、让对方提供淫秽物品供自己选择、与对方联络让其送货上门等，都是"购买"行为的一部分，这些都不能被评价为贩卖淫秽物品牟利罪的帮助犯。

但是，需要注意的是，在片面对向犯的可罚性问题上，有时需要考虑实质性标准，亦即，在刑法规定不受罚的一方参与行为违法性程度高的情况下，其有被作为受罚一方的共犯加以处罚的余地。

（二）聚众共同犯罪

聚众共同犯罪，是指首要分子组织、策划、指挥众人所实施的共同犯罪。聚众犯罪包括两类：一类是属于共同犯罪的聚众犯罪。例如《刑法》第317条第2款规定的聚众持械越狱罪，其首要分子、积极参加者与其他参加者都构成共犯。这种聚众共同犯罪，是典型的必要共犯。但是，对于聚众犯罪，刑法不一定处罚所有的参与者。例如《刑法》第292条规定的聚众斗殴罪，仅仅规定处罚首要分子和积极参加者。这种情况下，不能根据《刑法》总则规定将其他参加者作为共犯加以处罚。立法之所以不处罚其他的一般参与者，是因为旨在限定处罚范围。另一类是聚众犯罪，但是否属于共同犯罪，则需依具体案件的具体情况而定。例如，第291条规定的聚众扰乱公共场所秩序、交通秩序罪，只处罚首要分子，而不处罚其他参与人。只有在首要分子为二人以上，共同组织、策划、指挥聚众犯罪时，方成立共同犯罪。当首要分子只有一人时，聚众犯罪不成立共同犯罪。可见，聚众犯罪不一定是共同犯罪。当然，单纯地从共同犯罪是二人以上参与违法行为的角度来说，也可以说其是一般意义上的共犯。

（三）集团共同犯罪

集团共同犯罪，也称集团犯罪、有组织的共同犯罪，是指三人以上建立起组织形式的共同犯罪。集团共同犯罪既可能是必要的共犯，也可能是任意的共犯。例如，第120条规定的组织、领导、参加恐怖组织罪，组织、领导、参加黑社会性质组织罪，属于必要的共犯，直接根据《刑法》分则规定的法定刑处罚各个参与人。但对于类似集团性的拐卖、集团性的强奸等，性质上属于任意的共犯。在处罚任意的集团犯罪的各参与人时，应当依照《刑法》总则关于共同犯罪的规定，区别首要分子、首要分子以外的主犯、从犯和胁从犯，然后分别予以相应的处罚。

集团犯罪是犯罪集团实施的共同犯罪，认定集团犯罪的关键在于认定犯罪集团。我国《刑法》第26条第2款规定："3人以上为共同实施犯罪而组成的较为固定的犯罪组织，是犯罪集团。"据此，成立犯罪集团必须符合以下条件：①主体数量的众多性。二人共同实施犯罪的，只能成立一般的共同犯罪。犯罪集团的人数往往众多，至少要求三人。但在实践中，只有三人的，是极为个别的情况。②犯罪目的的明确性。犯罪集团总是以实施某一种或者某几种犯罪为目的而形成的，这种犯罪目的的明确性是区分犯罪集团与其他共同犯罪的重要标志。例如，现实中几个人在追求低俗的生活方式方面形成小团体，或者基于对某一事项不满而纠合在一起，但并非以实施犯罪为目的的，就不能被认定为犯罪集团。③犯罪活动的组织性。犯罪集团具有较强的组织性，集团重要成员基本固定，犯罪集团内部具有领导与被领导的关系。其中有明显的首要分子、骨干分子，还有一般成员。当然，犯罪集团的性质不同，其组织的严密程度不完全一样，但只要在内部结构上具有较强的组织性，就可以认为具备了构成犯罪集团的组织性条件。④犯罪成员的稳定性。犯罪集团是为了在较长的时间里多次实施犯罪活动而组成的，而不是偶尔进行犯罪之后就散伙，在实施一次犯罪后，其内在联系和组织形式仍然存在，以便继续实施犯罪。当然，这里的较为固定，是就犯罪集团成员的主观意愿而言的，并不以该组织体事实上长期存在为必要（即便出于一定的原因而解散的，也可能被认定为犯罪集团）。所以，实施一次犯罪即被查获的，只要查明共同犯罪人是以实施多次或不定次数的犯罪为目的而建立组织，即可认为具有固定性。⑤社会危害程度的严重性。犯罪集团成员众多，往往可以形成一个集体的行动力量。这种力量使得犯罪集体可能实施单个人或者一般共同犯罪人难以实施的重大犯罪；犯罪集团的形成使得犯罪活动的计划严密，易于得逞，从而给法益造成重大损害；犯罪后也易于转移赃物、消灭罪证、逃避侦查，因此危害程度更为严重。

需要注意的是，司法实践中也会使用犯罪团伙或团伙犯罪概念。严格来说，犯罪团伙或者团伙犯罪，都不是法律上的概念，更多的是犯罪学意义上的概念。实践中办理团伙犯罪时，要依法认定其犯罪性质。凡其中符合犯罪集团基本特征的，应按照犯罪集团处理；不符合犯罪集团基本特征的，应根据其事实和情节，按照一般共同犯罪来处理。

三、正犯与共犯的区别

我国刑法虽然没有采用正犯与狭义的共犯的概念，但在解释论上可以认为，我国《刑法》分则关于单独犯的规定就是对正犯的规定。《刑法》总则第29条关于教唆犯、第27条关于帮助犯的规定，也从反面肯定了正犯现象。由此，我国刑法对共犯人实际上同时采用了分工分类（正犯、组织犯、教唆犯和帮助犯）和作用分类（主犯、从犯、胁从犯）两种不同的分类标准。就两种分类标准下的共犯人的关系来看，正犯只是在行为的分工或者类型上与组织犯、教唆犯、帮助犯等犯罪形态相区别，涉及的领域主要是构成要件问题，旨在解决共犯人的定性及其二者之间的关系。与此相对，主、从犯的划分主要揭示的是共犯人在共同犯罪中的参与程度或者所起的作用大小，其旨在解决共犯人的量刑问题。所以，在正犯与共犯的区分上，应坚持实行行为说。[1] 也就是说，所谓正犯，是指实施了具有实现《刑法》分则规定的具体犯罪的基本构成要件行为（实行行为）的现实危险的犯罪类型；其中亲自直接实施犯罪的是直接正犯，如 A 基于杀人的故意用刀子捅死了 B，那么，A 是直接正犯；在 A 的帮助下，如在 A 提供了一把刀子给 B，B 捅死了 C，这里的 B 是故意杀人罪的直接正犯，至于提供刀子的 A，是我们后面要讲到的帮助犯；把他人当作道具加以利用或者支配，能在规范的层面上评价为如同自己亲自动手实施犯罪的是间接正犯。在间接正犯的场合，行为人并不是单纯地引起他人的犯罪意思或者说为他人提供方便，而是根据自己的意思，将他人作为自己的犯罪工具加以利用，以实现自己的犯罪目的。这种假他人之手实现自己犯罪目的的行为，和自己亲手实施犯罪的行为之间没有任何差别。所以，也是正犯。教唆精神病人杀人的，实际上是将精神病人当做犯罪工具来使用，因而是间接正犯。共同正犯是共同实施或者分担具体犯罪的基本构成要件行为，从而共同引起法益侵害后果的犯罪类型。例如，A 和 B 同时向 C 开枪，这里的 A 和 B 就是故意杀人罪的共同正犯。与正犯相对的概念是共犯。它是指通过实行行为以外的教唆行为、帮助行为等对正犯的实行行为予以协力、加功，间接地引起法益侵害后果的犯罪类型。如前面所举的例子，A 提供了一把刀子给 B，B 杀死了 C，这里的 A 通过自己提供刀子为 B 的杀人行为给予协力，帮助 B 完成了杀人行为，那么，这里的 A 便是帮助犯，其没有直接实施杀人行为，而是通过对 B 的行为给予协力，间接地惹起了法益侵害后果，此即所谓的间接引起法益侵害后果的犯罪类型。同样，A 教唆 B 去杀害 C，A 通过自己的唆使行为引起 B 的犯意，使得 B 杀死了 C，这种情况下，A 同样没有直接实施杀人的实行行为，而是通过诱使 B 产生杀人犯意，使得 B 完成了犯罪。这里的 A 也是间接引起法益侵害后果的类型。这就是所谓的共犯。由于共犯行为不直接侵犯法益，而是通过正犯行为间接地实现对法益的侵害，因此可以说，正犯是第一次的责任类型；而与正犯相对，以正犯的存在为前提，作为从属的参与类型的共犯是第二次的责任类型，共犯的认定依赖于正犯的认定。在理论上，教唆犯和帮助犯属于狭义的共犯。广义的共犯则包括共同正犯、教唆犯和帮助犯。

四、共同犯罪的本质

共同犯罪的本质所涉及的问题是，二人以上共同地实施什么或者说在什么方面共同才成立共同犯罪。刑法理论上存在两种对立的观点，即犯罪共同说和行为共同说。

（一）犯罪共同说

犯罪共同说认为，共同犯罪必须是二人以上共同实施特定的犯罪，或者说二人以上只能就相同的犯罪成立共同犯罪。该说具体可分为完全犯罪共同说和部分犯罪共同说。

1. 完全犯罪共同说。完全犯罪共同说，亦称严格的犯罪共同说。该说认为，只有在数人共同实行或者加功以实现"同一的故意犯"时，才能成立共同犯罪（罪名的同一性说）。各自以不同犯罪的意思来实施犯罪，就不成立共犯。该说主要存在以下缺陷。

第一，导致共同犯罪成立范围的不当限缩。依照完全犯罪共同说，即便二人以上共同实施违法行为，但如果二人不是基于同一的故意来实施，也不能成立共犯，而应分别予以定罪处

---

〔1〕 参见马克昌主编：《犯罪通论》，武汉大学出版社 1999 年版，第 546 页；陈兴良：《本体刑法学》，商务印书馆 2001 年版，第 527 页。关于正犯与共犯的区别，中外刑法学界争议较大，主要有形式客观说、实质客观说和主观说等学说的分歧。实质客观说内部又有必要性理论、同时性理论、优势理论、危险性程度说、犯罪事实支配理论和重要作用说）等学说的争议。在我国，目前的有力说是犯罪事实支配理论。但考虑到我国刑法在对共同犯罪的参与人从行为分工的角度区分为正犯和（狭义共犯）教唆犯、帮助犯等类型的基础上，为了解决共同犯罪参与人的量刑问题又规定了主犯、从犯和胁从犯，有关正犯与狭义共犯的区分标准也就只能采用实行行为说。具体详见钱叶六：《共犯论的基础及其展开》，中国政法大学出版社 2014 年版，第 23 页。

罚。但是，这种将本属一体，共同实施的犯罪行为孤立地加以考虑，进而作为单独犯处理的做法，明显忽视了数行为人共同实施侵害法益的事实，容易导致共犯成立范围的不当限缩，从而有放纵犯罪之嫌。例如，X 欲入室抢劫，但欺骗 Y 说是入室盗窃，并邀 Y 为其望风。Y 应邀为之望风，X 入室实施了抢劫行为。依照完全犯罪共同说的逻辑，由于设例中的 X 和 Y 不具有同一的犯罪故意，因而不能成立共同犯罪，而应分别定罪处罚。但是，脱离了正犯 X 的实行行为，单独地考察 Y 的行为，难以认定 Y 成立犯罪。因为要认定 Y 成立单独的盗窃犯，就必须要求 Y 实施了盗窃罪的实行行为，但 Y 事实上并没有实施盗窃罪的实行行为即窃取他人财物的行为。果真如此，就造成了如下的荒谬逻辑：如果 X 仅仅实施了盗窃行为，Y 构成盗窃罪的共犯；而在 X 实施了更为严重的犯罪即抢劫罪时，Y 反倒无罪，这显然是对犯罪的放纵，难以令人接受。

第二，导致对法益的保护不力。依照完全犯罪共同说的逻辑，在甲、乙分别以杀人的故意、伤害的故意共同对丙实施暴力，结果甲打击到丙的要害致其死亡的案件中，由于甲和乙不具有同一犯罪的故意，因而应否定共犯的成立，对甲和乙只能作为单独犯处理，即应分别依照故意杀人罪和故意伤害罪定罪处罚。但是，作为单独犯，不论是甲还是乙，要对丙死亡的结果负责的前提是，他们的行为和丙的死亡结果之间的因果关系必须清楚明了。在本案中，尚且能够查明是甲的打击行为导致丙死亡后果的发生，因而，即便对甲和乙分别定罪处罚，也有人对丙死亡结果负责。但问题是，假定事后无法查明究竟是甲的行为还是乙的行为造成被害人丙死亡的致命伤之时，根据存疑有利于被告人的原则，就只能分别认定甲、乙二人成立故意杀人罪的未遂和故意伤害罪的未遂。如此一来，涉案人均无需对被害人死亡的结果负责，但是，在本事案中，分明是甲、乙二人共同施暴致丙死亡，最终却谁也不对该结果负责，这不仅不利于保护刑法法益，而且有违国民的处罚感情。另一方面，假定甲不是出于杀人的故意，而是与乙同样出于伤害的故意，根据完全共同犯罪说，甲、乙二人构成故意伤害罪的共同正犯。此时，即便无法查明是谁的行为惹起的结果，也应根据"部分实行、全部责任"的共犯归责原理，认定甲、乙二人对该结果负责。但现在甲是出于更重的杀人故意，结局反倒是无人对死亡结果负责。两相比较，结论明显失衡，同样难以让人接受。

2. 部分犯罪共同说。我国多数学者坚持部分共同犯罪说。[1] 该说认为，共同犯罪的成立，不要求数人所实施的犯罪完全相同，而是只要具有部分一致即为已足。亦即，数人所共同实行或者加功的虽属于不同的构成要件，但在不同的犯罪构成要件之间，如若存在犯罪构成要件的重合时，则在此重合的限度内，肯定共犯的成立。同时，对于其中有人超出重合的部分的行为，则另行单独定罪处罚。例如，在甲、乙分别以杀人的故意、伤害的故意共同对丙实施暴力，结果甲打击到丙的要害致其死亡的场合，甲和乙只能在故意伤害罪的范围内成立共同正犯。但由于甲具有杀人的故意和行为，对甲应认定为故意杀人罪。

首先，部分犯罪共同说只回答了"共同犯了同一种罪"这样并无实际意义的问题。依照部分犯罪共同说的主张，上述案例中，甲、乙在故意伤害罪的范围内成立共同正犯，但结局依然是对甲认定为故意杀人罪，对乙认定为故意伤害（致死）罪。显然，认定"甲、乙在故意伤害罪的范围内成立共同正犯"并没有什么实际意义。事实上，只要根据甲、乙二人共同造成他人死亡的违法事实而认定成立共同正犯（违法层面的共犯），进而对应于甲、乙各自的故

〔1〕 参见周光权：《刑法总论》（第二版），中国人民大学出版社 2011 年版，第 209 页；赵秉志主编：《当代刑法学》，中国政法大学出版社 2009 年版，第 216 页；郑泽善：《共犯论争议问题研究》，中国书籍出版社 2019 年版，第 27 页；付立庆：《刑法总论》，法律出版社 2020 年版，第 290～293 页。

意，便可得出最终的处理结论。

　　其次，有时会导致参与人定性上的困难。拿前述的甲、乙二人分别以杀人的故意、伤害的故意共同对丙施暴致其死亡的案例来说，在无法查明究竟是因甲的暴力行为还是因乙的暴力行为导致丙死亡结果发生的场合，依照部分共同犯罪说的主张，甲和乙在故意伤害（致死）罪范围内成立共同正犯，同时，由于甲是基于杀人的故意而实施暴力行为，根据存疑有利于被告人的原则，对甲最终只能按照故意杀人罪（未遂）论处。但问题在于：一方面，将二人共同造成死亡的结果归责于甲，认定其成立故意伤害致死罪；另一方面，又认为甲构成故意杀人罪的未遂犯，无需对结果负责，其问题的分析过程和结论充斥着矛盾，进而导致陷入对甲的行为究竟是认定为故意杀人罪抑或故意伤害罪的困境：倘若认定甲构成故意杀人罪的未遂，所面临的问题是无法回答"为何最终的死亡结果只由具有轻罪故意的乙承担，具有重罪的杀人故意的甲反而只承担未遂的责任"；倘若认定甲成立故意伤害（致死）罪，则是对甲主观上存在的杀人故意的无视，不符合责任原则。

　　最后，忽视了共同犯罪是客观归责的本质，混淆了共犯的成立条件和共犯的责任之间的界限。共同犯罪的立法和理论所要解决的问题是，二人以上的行为的客观归责问题。亦即，只要二人以上的行为共同惹起了法益侵害结果，就肯定存在共犯关系（即共同犯罪是一种违法形态），从而就法益侵害结果归责于所有的参与人，这正是违法连带性的表现。至于各参与人是否具有责任及其责任情况如何，则是责任问题。而责任具有个别性，不可能连带，也不可能共同，应在解决客观违法归责之后根据参与人的固有情况加以个别判断。

　　（二）行为共同说

　　行为共同说，亦称事实共同说，认为所谓共犯，就是通过共同地实施行为来实现各自的犯罪。因而，二人以上的行为在造成构成要件实现过程中的违法（侵害法益）事实这一点上具有共同性，即可成立共同犯罪。由于该说主张只要参与人通过共同的行为实现各自的犯罪意思，就成立共同犯罪。因此，它坚持的是罪名独立性说，也就是说共同犯罪人之间的罪名可以不一致。

　　第一，符合罪责自负原则。罪责自负原则的基本要义在于：个人仅仅就自己所实施的犯罪行为承担责任，而不对他人实施的犯罪行为承担责任。行为共同说关于共同犯罪本质的理解，比较彻底地贯彻了该原则。依照行为共同说，共犯系各个共同犯罪人为实现各自的目的而相互协作、相互利用，补充他人的行为的同时，亦将他人的行为视作自己行为的延长线而纳入自己的行为，以惹起法益侵害之结果。例如，在甲以杀人的故意、乙以伤害的故意共同施暴致丙死亡的事案中，甲、乙分别利用对方的行为来实现自己的犯罪目的，在规范意义上来看，对方的行为可被看作是自己的实行行为的延伸，具体地说，二人通过共同的实行行为引起了他人死亡的违法结果，所以，结论是，甲和乙在引起他人死亡结果这一客观违法层面上形成了共同正犯关系，然后再按照责任个别原则，对甲、乙分别以故意杀人罪和故意伤害（致死）罪追究他们的刑事责任。如此看来，在规范意义上，各参与人在本质上仅仅就自己的行为承担责任，而非对他人的行为承担责任。由此，罪责自负原则在共犯论中得以彻底地贯彻。

　　第二，行为共同说是坚持因果共犯论（惹起说）的逻辑归结。根据因果共犯论，共犯被理解为是参与正犯（就教唆、帮助而言）或者和其他共同者一起（就共同正犯而言），共同地惹起违法事实或者法益侵害结果，并就该共同的违法事实或者结果在各自的责任范围内承担责任，如此一来，共犯现象就能理解为是"数人所实施的（各自的固有的）数罪"，而非"数人共同实施一罪"。简言之，共犯规定就是将正犯或者是其他共犯者所引起的事实、结果（只要是能肯定共犯的因果关系）也可归责于共犯人的规定，而此点正是行为共同说的基本主张。

第三，采用行为共同说在我国不存在实定法上的障碍。我国《刑法》第 25 条规定："共同犯罪是指二人以上共同故意犯罪。二人以上共同过失犯罪，不以共同犯罪论处；应当负刑事责任的，按照他们所犯的罪分别处罚。"就此，不应理解为二人以上"共同故意"犯罪，而应理解为二人以上共同（去）"故意犯罪"。这样，共同犯罪的成立不要求数人故意共犯一罪，而是数人故意共犯数罪。

需要注意的是，所谓共同犯罪中的"共同"，必须是受到犯罪构成要件限制的"行为"或者"违法事实"的共同，如此也就不会造成共同犯罪成立范围的无限扩大。例如，类似在杀人和故意伤害（致死）、盗窃和抢劫、强奸和抢劫之间，由于可能存在着暴力致死、非法占有财物或者暴力、胁迫行为等违法事实的共同，因此，才有承认成立共同犯罪的余地。但在杀人与盗窃、强奸与盗窃之间，由于不具有构成要件行为的共同或者违法事实的共同，因而也就不存在成立共同犯罪的余地。例如，X 欺骗朋友 Y 说要入室盗窃，邀 Y 为其望风，但 X 入室是为了强奸，并实际上实施了强奸行为，因盗窃行为和强奸行为之间不具有任何违法事实上的共同，从而难以认定 X 和 Y 之间在盗窃罪和强奸之间形成共犯关系。要说有共同，也只能认为 X 和 Y 之间在非法侵入住宅这一违法事实上存在共同性。因此，对于此案，只能认为 X 构成强奸罪。就 Y 而言，至多认定其成立非法侵入住宅的帮助犯。由此看来，在共同犯罪的成立，要求具有违法事实共同这一点上，行为共同说与部分犯罪共同说相接近，但从对责任原则的贯彻、共犯的处罚根据（因果共犯论）和限制从属原则等诸方面来考虑，行为共同说更具妥当性。

第二节 正犯

正犯是直接实行构成要件行为、惹起法益侵犯之人，或者将他人当作像刀、枪一样的工具加以利用或者支配，以实现犯罪构成要件行为之人。一人单独实行构成要件行为，且无他人实施教唆、帮助的，是单独正犯；二人以上同时针对同一对象实施犯罪，彼此的行为不存在任何因果性的场合，属于同时正犯。对于同时正犯，应按单独犯罪的处罚原则对同时实施犯罪的各行为人分别定罪处罚。

一、共同正犯

（一）共同正犯的性质

二人以上共同实行犯罪的，属于共同正犯。我国刑法理论一般称之为"简单共同犯罪"。共同正犯的性质，亦即共同正犯究竟是正犯的类型抑或是共犯的类型，刑法学界存在争议。第一种观点认为，共同正犯和间接正犯一样，也是正犯的一种形式。[1] 第二种观点认为，共同正犯虽然具有实行犯的特征，但是，共同正犯的共犯性是其主要方面，对它的认识和处罚的依据，应当是共同犯罪的原理和规定。[2] 第三种观点认为，共同正犯是介于正犯与共犯之间的中间类型，既有正犯的属性，也有共犯的属性。单纯将其归为一种类型无法全面说明其特性。[3] 我们赞同第三种观点。的确，从不同的侧面考察，共同正犯确有不同属性的存在。一方面，在共同正犯的场合，各行为人共同实施或者分担实施了导致法益侵犯后果的构成要件行

---

〔1〕 参见［德］汉斯·海因里希·耶塞克、［德］托马斯·魏根特，徐久生译：《德国刑法教科书（下）》，中国法制出版社 2017 年版，第 913 页。

〔2〕 参见林亚刚："共同正犯相关问题研究"，载《法律科学（西北政法学院学报）》2000 年第 2 期。

〔3〕 陈家林：《共同正犯研究》，武汉大学出版社 2004 年版，第 38 页。

为,从而应肯定其正犯性。另一方面,从因果共犯论的角度出发,确实难以否认共同正犯具有"共犯"属性的一面。即共同正犯的各参与人并非独立地实现犯罪的基本构成要件,而是以他人的行为为媒介,相互协作、相互利用,也补充他人的行为,共同惹起法益侵害结果的发生。在即使部分共同没有满足基本的构成要件却要处罚或者说在因他人的行为惹起结果而需承担责任这一点上,共同正犯与教唆犯、帮助犯是相同的,因此被统称为"广义的共犯"。正因如此,对于共同正犯,应适用与狭义的共犯一样的处罚根据。立足于行为类型或者样态来区分不同类型的参与人的角度,共同正犯具有共同实施或者分担实施构成要件行为且直接侵害具体犯罪所要保护的法益的特点,因而正犯性是其根本属性。

(二) 共同正犯的归责原则

如果分别考察,当各行为人仅仅实施了部分的实行行为时,就只需承担部分责任。但在共同正犯的场合,由于各正犯者在相互协作、相互利用,补充其他人行为的同时,将他人的行为当作自己行为的一部分,进而共同地惹起侵犯法益的结果。因此,即使只是分担了一部分实行行为的正犯者,也要对共同实行行为所导致的全部结果承担正犯的责任。例如,A、B、C 三人基于共同杀甲之犯意,同时向甲开枪,结果只有 A 击中了甲的要害,致其死亡。这种场合,尽管 B、C 未击中甲,但仍要承担杀人既遂之责。由此看来,不同于单独犯罪场合下的"一人做事一人当",在成立共同正犯的场合,共同者不仅要对自己的行为负责,而且还要对其他共同者所实施的、在规范意义上能够评价为自己行为的其他人的行为负责,此即所谓的"部分实行,全部责任"。需要注意的是,这里的"全部责任"既不是指主观责任,也不是指作为法律后果的刑事责任,而是指对结果的客观归属。简言之,应对共同惹起的结果负责。[1] 在这一前提之下,进一步考察各共同者的主观责任的有无、轻重及在共同犯罪中所起的作用,以决定是否追究刑事责任以及刑事责任的轻重程度。

(三) 共同正犯的成立条件

1. "二人以上"。共同正犯与单独正犯之间,最直观的不同就在于参与犯罪的人数为二人(含二人)以上。关于"二人以上"中"人"的理解,我国传统观点认为,共同正犯的成立仅限于有责任能力者之间,不具有刑事责任能力的人与有刑事责任能力共同实行犯罪的,不能成立共同正犯。但这实际上是一种关于共同犯罪要求责任共同的观点,有违责任个别作用原理。我们认为,"共犯是一种违法形态",而"责任是个人的",共同犯罪的成立与各共犯人的责任之判断具有阶层属性,亦即,共同犯罪的成立的判断应在违法性阶段解决。在此基础上,进一步地结合各参与人的个人责任情况,决定其刑事责任的有无或者轻重。例如,15 周岁的谢某与 13 周岁的岑某拦住一名放学回家的 10 岁女学生,二人共同对该女实施了奸淫。就此,应认定谢某、岑某二人成立共同正犯,在客观上他们不仅要对自己同时也要对对方的行为及其惹起的结果负责。因此,本案中,对于 15 周岁的谢某适用轮奸的法定刑,至于 13 周岁的岑某,因其未达法定年龄,因而不负刑事责任。再如,16 周岁的甲和 15 周岁的乙基于共同盗窃的故意实行盗窃,甲窃取了 2000 元,乙窃取了 1000 元,甲、乙二人成立盗窃罪的共同正犯,二人共同盗窃的数额为 3000 元。但只是因乙未达法定责任年龄,而不予追究刑事责任。这同样是"违法是连带的,责任是个别"原则的贯彻。

2. 共同实行的意思。所谓共同实行的意思,是指二个以上的人具有共同实行犯罪的意思(意思联络),即在实施犯罪时,各行为者之间在主观上具有相互协作、相互利用、相互补充对方行为的主观意思。从因果共犯论的角度来看,如果二个以上的人彼此都与对方不存在共同

---

〔1〕 张明楷:《刑法学》(上),法律出版社 2021 年版,第 547 页。

实行意思，就意味着，他们之间的行为不存在任何因果性的联系，也就不具有成立共同正犯的前提。

在共同实行的意思的认定上，应注意以下几点：第一，我国传统刑法理论多是基于共犯的本质在于"犯罪的共同"的立场，主张共同实行的意思是指共同实行同一犯罪的意思。二人以上不是基于同一犯罪的故意实施不同的罪的，不能成立共同正犯。我们以为，共同犯罪的本质在于"行为的共同"或者"违法事实的共同"，而非在于"犯罪的共同"，只要二人以上共同地实施同一违法事实，就可认定共同犯罪的成立，从而将共同实施的违法事实、惹起的结果归责于他人。所以，共同正犯人之间完全可能基于不同的犯罪意思而各自构成不同的犯罪。

第二，共同实行的意思，一般表现为通过明示方式即相互沟通、彼此联络产生，但不以此为限；默示的方式，若根据当时的情形可认定足以形成共同实行犯罪的默契的，同样也可以认定具有共同的意思。

第三，对他人单方面地分担犯罪实行的事实根本不知情的，即便客观上同他人共同完成了犯罪，但由于与对方不具有共同的意思，因而不能肯定行为人与对方成立共同正犯，但对于基于加功另一方的行为而实施犯罪的，则可以考虑成立片面的共犯。例如，甲得知乙将要到丙家抢劫，便事先将被害人丙麻醉，并锁在房间里，乙进屋后轻松取得财物。此种场合，甲单方面地基于和乙共同抢劫的意思，分担了抢劫的实行行为，并利用乙的行为完成了对被害人丙的财产利益的侵犯，因而构成抢劫罪的共同正犯。但对乙而言，因主观上不具有与甲共同实行的意思，因此其只能就本人的行为承担单独犯的刑事责任。鉴于甲虽具有强行占有财产的故意，但客观上并无强占财产的违法事实（这同趁对方昏迷、熟睡或者重病之际通过平和的手段占有财物的情形并无本质上的不同），所以，只需承担盗窃罪的刑事责任。

3. 共同实行的事实。要成立共同正犯，除了要求二人以上具有共同实行的意思之外，还需要二人以上共同实行犯罪的事实。而所谓共同实行的事实，是指二人以上基于分工合作关系，相互利用、相互补充，共同实施具有导致结果发生的现实危险的实行行为。在分工合作的形式上，一般认为包括两种形式：一是二人以上的行为各自均具有实现某种犯罪构成要件的现实危险性，理论上一般称之为"并进的共同正犯"。如甲、乙基于共同杀害丙的犯意，同时向丙开枪，致丙死亡的，即是适例；二是独立地看，各自分担的行为不具有独立地实现某种犯罪构成要件的现实危险性，但从整体来看，则具备了这种现实的危险性。换言之，由于共同正犯的成立以各参与人分担犯罪的实行行为即为已足，因而无需要求每个人都完整地实现《刑法》分则规定的具体犯罪的构成要件行为。理论上一般称之为"分担的共同正犯"。例如，甲、乙和丙共谋抢劫，三人在某市某公交站牌前站成一排，围住坐在站牌边的长椅上一边等车一边玩手机游戏的丁，甲对丁说，把手机借给哥们"用下"，丁不从。乙、丙便走上前恶狠狠地瞪眼看着丁。丁一见"来者不善"，便将手机递给了甲。甲取下手机卡扔给丁后，与乙、丙扬长而去。这种场合，分别考察他们的行为，均不能独立地符合抢劫罪的构成要件。但从整体上看，基于这种分工协作，相互利用、相互补充对方行为的关系，则完全符合了抢劫罪的构成要件。因而，三人构成抢劫罪的共同正犯。

二、间接正犯

所谓间接正犯，是指将他人作为工具来利用，支配犯罪进程，以实现犯罪的目的，例如，唆使不具有责任能力的精神病人杀人以及教唆五六岁的幼儿偷拿邻居家的财物，就是典型的间接正犯的情形。

（一）间接正犯的正犯性

一方面，间接正犯与教唆犯具有类似的行为构造，即和教唆犯一样，都具有间接性的特征，都是间接惹起侵犯法益的类型。具体言之，两者都不亲自实行犯罪，而是身处中介者的背后，对中介者的违法行为有意提供原因力，即利用、诱致他人，以他人为中介侵犯法益，进而实现自己的犯罪目的，从而区别于直接正犯、共同正犯。另一方面，间接正犯又不同于教唆犯，其原本是本来的正犯、固有的正犯，是一次责任而非二次责任，其与直接正犯的实行行为性没有质的不同，二者之间的差异不过是将自己的身体或者器具、动物作为工具加以利用或者支配，还是将他人当作工具加以利用或者支配。在侵害法益的立场看来，这种区别体现在是和最终的法益侵害结果之间具有明确的、重要的、不可替代的原因力，还是仅起到促进作用。[1]可见，在有媒介者介入实施犯罪的场合，背后者究竟是成立间接正犯抑或成立共犯，应以在规范意义上可否将介入的他人评价为"犯罪工具"而被背后者所利用或者支配为标准进行判断。而在具体判断上，可考虑"规范障碍"的概念。所谓规范障碍，就是"行为人具有规范意识或者了解犯罪事实，具有形成抑制违法行为之反对动机的可能性。"[2]详言之，对于具有辨别、认识违法性能力的人，在其了解到犯罪事实的情况下，法秩序会期待他回避违法行为而选择合法行为（规范的责任论）。从法秩序之立场，可认为具有这一期待可能之人系犯罪实现的"规范的障碍"。[3]如果一个人欠缺是非辨别能力、不了解事实或者意思自由完全受到强制，法秩序就不能期待他回避违法行为而实施合法行为，从而可认为该人欠缺"规范障碍"。利用这种人犯罪，就如同利用器具或者动物实施犯罪一样，应肯定利用者成立间接正犯；相反，在利用具有"规范障碍"的他人实施犯罪的场合，由于被利用者难以被评价为背后的利用者的犯罪道具，所以背后者就不能成立间接正犯，而应构成共犯。

由于间接正犯亦是正犯，是一次的责任类型，其判断是第一位的，具有优先性，应首先根据间接正犯的正犯性原理来判断是否成立（间接）正犯。具体地说，在问题的思考方式上应是：间接正犯的判断是积极的判断，而不是消极的判断。[4]只有在不成立正犯的情况下，才根据共犯的成立只需要正犯行为具备构成要件符合性和违法性之限制从属性说，考虑共犯的成立，而不是相反，即并非基于"共犯的成立要求正犯行为具备构成要件符合性、违法性且有责"这样的极端从属性说，认为"不能以共犯处罚的就认定为间接正犯"。[5]

（二）间接正犯的类型

从间接正犯在于将他人当做犯罪工具一样予以支配犯罪事实的角度来看，间接正犯一般表现为以下几种情形：

1. 利用无责任能力者的身体活动的场合。例如，张三唆使精神病人强奸妇女，张三是强奸罪的间接正犯；又如，在父母唆使 6 岁的儿童偷窃超市里的相机的场合，应认定父母的行为成立盗窃罪的间接正犯。但是，一名 14 周岁的未成年人，受成年人唆使实施盗窃行为，对于该种情形，由于 14 周岁的人已经基本具备是非辨别能力和行为控制能力，难以认为其成为工具而被背后的利用者进行了操控，因而一般难以认定成立间接正犯。在不成立正犯的前提下，根据共同犯罪是一种违法形态，应认定教唆者与被教唆者成立盗窃罪的共犯；然后再根据责任个别作用的原理，只是由于被教唆者未达法定年龄，不具有责任，因而不承担刑事责任。

2. 利用不知情者的身体活动的场合。例如，医生将毒针交给护士，吩咐其给病人注射，

〔1〕 参见付立庆：《刑法总论》，法律出版社 2020 年版，第 308 页。
〔2〕 黎宏：《刑法总论问题思考》，中国人民大学出版社 2007 年版，第 102 页。
〔3〕 ［日］曾根威彦：《刑法总论》（第四版），成文堂 2008 年版，第 236 页。
〔4〕 参见付立庆：《刑法总论》，法律出版社 2020 年版，第 308 页。
〔5〕 参见钱叶六：《共犯论的基础及其展开》，中国政法大学出版社 2014 年版，第 51 页。

护士不知情而照办。医生是故意杀人罪的间接正犯，对于护士而言，如果其主观上不存在过失，便是无罪。存在过失的话，则成立过失致人死亡罪。再如，对出租车司机说候车站台上的（他人的）行李是自己的，让出租车司机把行李搬上车拿走的，由于出租车司机主观上不存在盗窃的故意，不构成盗窃罪，但利用者构成盗窃罪的间接正犯。

3. 利用他人实施其他犯罪的故意的场合。例如，甲不知道丙坐在高档穿衣镜后面，而乙知道，乙为了杀死丙，唆使甲向穿衣镜开枪，结果穿衣镜被打碎，丙也中弹身亡。甲构成故意毁坏财物罪和过失致人死亡罪的想象竞合；乙成立故意杀人罪的间接正犯。当然，甲、乙同时在故意毁坏财物罪范围内成立共同犯罪。

4. 利用所谓的"有故意的工具"的场合。刑法当中，有的犯罪的成立除了要求行为人具有故意之外，还要求行为人必须具有特定的目的，或者要求行为人具有一定的身份。所谓利用有故意的工具，是指被利用者虽然有责任能力且具有故意，但缺乏目的犯中的目的，或者不具有身份犯中的身份。在利用有故意的工具的场合，背后者是否成立间接正犯，应联系间接正犯的本质与我国刑法的相关规定来判断。以下分别论述。

一是"利用无目的的有故意的工具"的情形。例如，具有牟利目的的甲利用没有牟利目的的乙传播淫秽物品，此种场合下，根据共同犯罪是一种违法形态的原理，应认定二者成立共同犯罪，但是，根据责任个别的原则，甲成立传播淫秽物品牟利罪的教唆犯，乙构成传播淫秽物品罪的直接正犯。不过，如果甲强制乙实施传播，那么，甲可能构成传播淫秽物品牟利罪的间接正犯。

二是"利用无身份的有故意的工具"的情形，常举的例子就是具有国家工作人员身份的丈夫利用不具有国家工作人员身份的妻子来收受贿赂。对此，我们认为，就受贿罪而言，行为人只有具备了国家工作人员这一违法身份，才有可能直接侵害职务行为不可收买性这一保护法益。由于妻子不具备国家工作人员身份，故不能成立正犯。从规范的观点上看，"收受贿赂"的行为本质上是由作为"交易主体"的丈夫实施和完成的，妻子只不过是代为丈夫收下贿赂而已，是一种纯粹的协力、代劳或者帮助行为，在本质上其不能收受作为"公务的对价"的贿赂，因而在参与类型上就只能属于帮助犯。但对于丈夫而言，宜认定成立受贿罪的直接正犯，理由在于：丈夫虽然没有直接收受贿赂，但受贿罪的构成要件并不是单纯地接受财物，而是要求利用职务上的便利，或者说要求财物与职务行为的可交换性。因而，在本质上，可以认为是丈夫的行为直接侵犯了对职务行为不可收买性的侵害。[1]

5. 压制被利用者的自由意思，使之犯罪的场合。犯罪行为应是行为人意志支配下的举止，因而，在受到他人的强制而达到完全丧失按照自己意志行事的自由的场合，其实际上就成为强制者的犯罪工具，强制者成立间接正犯，其在不自由状态下实施的行为及其惹起的结果就不能归责于受强制者。例如，几个歹徒将刀架在甲的脖子上，迫使其强奸被害妇女 X 或者杀害被害人 Y。这种场合，由于甲当时受到丧失生命的严重暴力强制和威胁，应肯定歹徒支配了犯罪过程，因而应认定歹徒构成强奸罪或故意杀人罪的间接正犯，而作为被支配的甲，则不负刑事责任。就甲不承担罪责的根据来看，除了考虑在暴力的绝对强制之下，丧失了自由意志之外；在强制他人强奸妇女的场合，甲为了避免本人的生命危险，而不得已侵犯妇女的性权利，符合紧急情况下保全优势利益的要求，可以以紧急避险为由排除该行为的违法性。而就强制杀人的情形而言，通过牺牲他人生命来保全自己生命这一点虽不能阻却行为的违法性，但是，在当时的紧急状态下，国家或者社会难以期待行为人不去实施这种违法行为。因此可以认为，行为人的

[1] 参见张明楷：《刑法学》（下），法律出版社 2021 年版，第 528~529 页。

行为属于阻却责任的紧急避险。

6. 利用被害人实施自损行为的场合。当利用者使被害人丧失自由意志，或者使被害人对结果缺乏认识或产生其他法益关系的错误，导致被害人实施了自损行为时，利用者成立间接正犯。例如，欺骗他人上吊以让其吓唬闹离婚的妻子，同时答应到时将对其进行施救，结果在其上吊时故意不予施救，致其死亡的，以及将毒药说成是营养药，或者将毒药交给被害人，通过暴力强制手段，使其喝下毒药的，即属于此种情形。另外，实践中，邪教组织通过对其成员施加精神控制，组织、策划、煽动、教唆、帮助、胁迫其成员自杀的，应以故意杀人罪（间接正犯）论处。

第三节 狭义的共犯

一、共犯的处罚根据

作为狭义共犯的教唆犯或者帮助犯，其并没有直接实施符合构成要件、惹起法益侵犯结果的行为，为何却要对他人的犯罪结果承担责任，或者说，《刑法》为何将分则关于各罪处罚的规定扩张到未实施构成要件行为的教唆犯、帮助犯，并使之成为处罚的扩张类型，这便是共犯处罚根据论的问题。有关共犯处罚根据的学说，主要有责任共犯论、违法共犯论和因果共犯论三种学说。

（一）责任共犯论

责任共犯论，亦称"堕落说"，主张共犯之所以要受处罚，是因为其使正犯堕落或变坏，制造出了"正犯"，并使之陷入罪责和刑罚的境地。该说是着眼于教唆犯和正犯者之间存在的"腐蚀与被腐蚀"关系来寻求共犯处罚根据的理论，责任共犯论的集大成者、德国学者 H. 迈耶（Hellmuth. Mayer）指出，教唆者是通过"双重方法"实施犯罪，亦即"引起了犯罪行为，且诱惑了正犯"。虽然教唆犯对法益攻击的程度还没有达到被称为杀人的强烈程度，但是，教唆犯毕竟制造出了杀人犯，因而"教唆者应当和正犯负同等的责任"[1]。在迈耶看来，"正犯实行了杀人行为，而教唆犯则是制造了杀人犯。"这一表述充分表明正犯和共犯在犯罪性质上完全不同。

日本学者庄子邦雄指出，一方面，教唆犯不亲自动手，只是惹起正犯的行为。因而，相对于正犯所实施的行为而言，其法益侵犯程度也较轻微；但是，另一方面，教唆犯在诱惑正犯堕落，使其实施犯罪行为的这一点上，具有承担比正犯更重的责任的可能。如若认为犯罪的本质是违反伦理秩序，而非重视外部法益损害的惹起的话，可以说，诱惑他人犯罪比客观上侵犯法益更为严重。因此，强调诱惑这一点的话，教唆犯是和正犯具有同样的犯罪性的类型。虽说教唆犯不是杀人犯，但由于其诱惑杀人犯使其杀人，因此，教唆犯可以和正犯作同等的评价。[2]

但是，因责任共犯论存在如下缺陷，不能被赞同。

第一，从责任共犯论的基本要义来看，共犯之所以受罚，主要是因为其使得一个好人堕落、变坏，从而制造出了"犯罪人"。这实际上是一种侧重从违反伦理秩序的角度强调教唆犯使正犯堕落、变坏这一特性的观点。依照该说的逻辑，甲教唆乙，让乙杀了丙。处罚甲的理由在于，甲使得乙变成了杀人罪的犯罪人而受到刑罚处罚，这实际上是一种从诱惑正犯，使对方变得堕落这种心情、伦理的评价角度来寻求共犯处罚根据的理论。但是，乙虽然受到了甲的教

---

〔1〕 参见 ［日］丰田兼彦：《共犯的处罚根据与客观归责》，成文堂 2009 年版，第 6~7 页。

〔2〕 参见 ［日］庄子邦雄：《刑法总论》，青林书院新社 1969 年版，第 717 页。

唆，但最终乙是基于自己的意思实施了犯罪行为，认为该事例中的被害人不是丙，而是乙，并将乙作为刑法的保护对象，这完全不符合常理。另一方面，从如今一般认为犯罪的本质在于侵犯了法益的角度观之，既然共犯是犯罪参与的一种形态，那么，其在本质上，也应当是侵犯了法益而受到处罚。和正犯相比，只不过是在参与犯罪的形式或类型上表现不同而已，析言之，正犯是直接实施了符合构成要件的违法行为而侵犯了法益，而共犯是通过参与正犯的符合构成要件的违法行为而间接地引起了法益侵害。

第二，从刑法教义学的角度来分析，倘若认为教唆犯是因为使得原本是好人的正犯"堕落"或"变坏"而受罚，那么，教唆犯在性质上便属于以被教唆者的自由、名誉、社会地位等概括性利益作为保护法益的"堕落罪"，而与被教唆人行为的犯罪性质无关。照这样来理解的话，刑法原本就该将这种"堕落罪"作为独立的犯罪类型规定于分则之中，并配置相应的法定刑。然而，刑法都是将教唆犯、帮助犯作为基本构成要件的修正形式规定在总则中，且教唆犯、帮助犯之刑都是依各个基本构成要件的法定刑而定。之所以如此规定，理由无非是，正如伤害罪的教唆犯同伤害罪的正犯一样，以身体的完整性作为保护法益；盗窃罪的教唆犯与盗窃罪的正犯一样，也是以财产作为保护法益。可见，教唆犯、帮助犯与正犯的保护法益是相同的。[1] 所以，作为未实施构成要件行为之教唆犯、帮助犯何以受处罚的问题，立足其参与、协力、加功正犯者行为进而惹起了法益侵害后果这一点进行探寻，才是共犯教义学的正确解释方向。可见，基于使正犯堕落、变坏的立场来论证共犯处罚根据的理论，并不能从实定法上获得教义学的根据。

第三，依照责任共犯论的逻辑，在请求或嘱托对方杀害自己而未遂的场合，仅凭请求者、嘱托者诱使对方堕落而变成了"杀人犯"这一点，就已经具备了对其按照故意杀人罪的教唆犯加以处罚的理由。但是，一方面，以唆使他人侵害了自己的法益为由而最终处罚被害人，违背了"自己侵害自己的法益不应受处罚"这一刑法中不成文的法理。另一方面，处罚这里的请求者、嘱托者也不符合实定法的规定。实际上，几乎没有哪个国家或地区的刑法会处罚这里的请求者或嘱托者。

第四，要想使一个人因教唆而走向堕落或者变坏，前提必须是这个人有责任能力，如此一来，偏重于从伦理秩序违反的角度强调"使正犯堕落"之二重性说的理论归结就是，即使正犯满足了构成要件符合性和违法性要件，也不能成立共犯。要成立共犯，还必须要求正犯具有责任（由此，也就采纳了极端从属性说）。但这一结论与"责任的判断是对实施违法行为的人之法的非难，而这种非难的有无和程度因人而异"之责任个别作用原则相抵牾。[2] 从责任判断的个别性原理出发，虽然因正犯没有责任，因而未制造出所谓的"犯罪人"，但只要参与他人的行为而实现了违法事态，就应当作为共犯加以处罚，[3] 正犯充足责任要件并非共犯成立的必要条件。[4]

在德国1943年部分修订《刑法》时，其中第50条规定："数人共同参与一个行为时，各参与人分别依照自己的罪责受处罚，而无需考虑他人的责任。"从而宣示了责任个别原则，至此一度作为有力说的责任共犯论便逐渐走向没落。同样，目前在日本，作为共犯处罚根据论的责任共犯论亦几无学者正面支持。而在我国，虽少有学者明确表示主张责任共犯论，但有关

〔1〕 参见［日］松原芳博，王昭武译：《刑法总论重要问题》，中国政法大学出版社2014年版，第307页。
〔2〕 参见［日］内藤谦：《刑法讲义总论》（下·Ⅱ），有斐阁2002年版，第1324页。
〔3〕 ［日］林干人：《刑法总论》（第2版），东京大学出版会2008年版，第375页。
〔4〕 参见［日］山口厚，付立庆译：《刑法总论》（第三版），中国人民大学出版社2018年版，第308页。

"教唆犯是造意犯"的观点在学界尚是有力，从而大体上表现出支持责任共犯论的倾向。然而，随着基于法益侵害说解释犯罪本质的教义学的日渐兴盛和责任个别作用原则日益被接受，责任共犯论正遭到越来越多的批评而日渐式微。

（二）违法共犯论

违法共犯论，是在批判和修正责任共犯论的基础上发展起来的理论。该说在维持堕落说关于正犯与共犯的本质或实体存在差异性之基本思想的同时，为了与限制从属性说保持协调，主张教唆犯之所以要受处罚，并非因为其诱使正犯堕落，陷入罪责和刑罚之中，而是设定了其意欲的符合构成要件的违法行为，使得他人卷入与社会的对立状态之中或者借此通过他人破坏了社会和平状态。借用支持该说的德国学者施特拉藤韦特的表述，就是正犯违反的是"不要杀人"的规范，而共犯违反的是"不要诱发他人杀人"的规范。但是，因该说存在以下缺陷而不能为共犯的处罚根据奠定理论基础。

首先，这种强调共犯的处罚根据在于其诱使正犯实施违法行为，使其卷入与社会的对立状态或者破坏社会和平状态的观点，同样是着眼于教唆犯对正犯者的诱使、腐蚀这一点（而非立足犯罪的本质在于侵犯了法益）来论及共犯的处罚根据。由于该说仍然疏远了共犯行为与具体法益侵害之间的关联性，同样导致特定犯罪的教唆犯所侵犯的法益的暧昧性、抽象性和不明确性。

其次，按照违法共犯论的逻辑，在请求或者嘱托杀人的场合，由于违反了"不要诱使他人杀人的规范"，即诱使他人实施了杀人的未遂行为，因而应当成立杀人未遂的教唆犯，但这种结论明显不合理，[1] 不仅违背了"自己侵害自己法益不受处罚"的不成文法理，也不符合各国实定法的规定。

（三）因果共犯论

因果共犯论，也称惹起说，着眼于共犯和正犯共同地惹起了对《刑法》分则各罪构成要件所要保护法益的侵害或者危殆的后果之统一理由来加以解释，其中，正犯之所以要受处罚，是因为其亲自实施了符合构成要件的行为，直接地惹起了具体的侵犯法益的危害后果；而共犯之所以要受处罚，在于其通过正犯行为间接地使得法益受到侵犯。由于共犯是通过参与正犯的违法行为间接地实现对法益的侵害，所以，共犯的不法以正犯的不法为基础，即具有从属于正犯的不法的部分。反映在要素从属性问题上，坚持的是限制从属性的立场。亦即，若正犯不具备构成要件符合性、违法性，共犯就不能成立。例如，教唆他人自伤的场合，由于自伤的行为不具有伤害罪构成要件的符合性和违法性，因而，教唆者的行为不违法。但问题是，即便有正犯的不法，就共犯而言，有时也不一定能够引起违法事项。[2] 换言之，正犯惹起的结果对共犯来说可能是不属于符合构成要件的违法结果，或者说正犯侵犯的法益于共犯而言有时不是受刑法保护之法益。此种情况下，应例外地否定共犯的违法性。由此可见，对于共犯而言，有必要惹起的，不仅仅是正犯的违法结果，同时也要惹起对于共犯而言的一种违法结果。例如，甲女教唆乙男强奸丙女，结果乙误将甲当成丙实施了强奸的场合，对于正犯乙而言，应当成立强奸罪的既遂。但刑法关于妇女的性的自主权的保护并非是对自己而言的，所以，甲无需对自己被强奸的违法结果负责。基于同样的道理，在 X 教唆 Y 偷窃 Z 的摩托车，结果 Y 误将停放在 Z 摩托车旁边的、X 的摩托车给偷了的场合，Y 应构成盗窃罪的既遂。但对于 X 来说，并没有惹起作为盗窃罪的构成要件结果——"他人财物"被盗的后果，因而，X 无需对自己的车被偷的

〔1〕　参见张明楷：《刑法学》（上），法律出版社 2021 年版，第 548 页。
〔2〕　参见郑泽善：《共犯论争议问题研究》，中国书籍出版社 2019 年版，第 8 页。

结果担责。但是，行为时因 Z 的摩托车就在 X 的摩托车旁边，因此 Z 的摩托车有被盗的现实危险，因而对于 X 的行为考虑成立盗窃犯的未遂（教唆）。

但是，需要注意的是，承认共犯的违法性对正犯的从属及其原则上的连带，并不意味着承认责任的从属或者连带。这是因为，责任是对实施符合构成要件的违法行为的行为人之非难，其有无及轻重程度应根据行为人的各自情况（如责任能力、故意或过失及合法行为期待可能性、违法性认识可能性）因人而异地加以判断。例如，犯罪的人在犯罪以后教唆他人对自己实施窝藏、包庇等妨害司法行为的，虽然被教唆的他人构成窝藏、包庇罪。但是，对于作为教唆者的犯罪人本人而言，因缺乏合法行为的期待可能性这一超法规的责任阻却事由，因而不成立犯罪。

二、共犯的性质

共犯的性质所涉及的问题是作为狭义共犯之教唆或者帮助行为是否具有独立的实行行为性，即共犯的成立是否要求正犯已经着手实行犯罪的问题，这直接关系到《刑法》第 29 条第 2 款中关于"被教唆人没有犯被教唆的罪"的解释问题。对此，刑法理论上存在截然对立的两种观点，即共犯独立性说和共犯从属性说。

共犯独立性说是新派的主观主义刑法理论的见解。主观主义的理论基础是犯罪征表说，该说将通过犯罪的外部行为和作为结果的实际损害中征表出来的行为人的性格、人格、动机等反社会的性格或者人身危险性作为刑法的评价对象。从此一立场出发，由于教唆行为、帮助行为等本身是法益侵害意欲的征表，所以其本身就属于实行行为，教唆行为或者帮助行为的开始实施就是实行行为的着手。依此逻辑，共犯的成立以及未遂以有教唆、帮助行为为足，至于被教唆人及被帮助人是否现实地实行犯罪，并不重要。如此一来，《刑法》第 29 条第 2 款中的"被教唆人没有犯被教唆的罪"就包括失败的教唆或者无效的教唆的情形。具体地说，失败的教唆，是指教唆他人犯罪，但被教唆人拒绝接受教唆的情形；无效的教唆则是指被教唆人虽然当时接受了教唆人的教唆，但随后又打消了犯罪意念，并未进行任何犯罪活动。

与此相对，共犯从属性说以旧派之客观主义理论为基础，主张教唆行为、帮助行为并非属于符合构成要件行为的实行行为，在实质上不具有侵害法益的直接、现实的危险性，或者说侵害法益的危险还不充分，故仅此还不足以构成犯罪，只有在被教唆者、被帮助者实行了犯罪的场合，一般才成立共犯。如此一来，《刑法》第 29 条第 2 款中的"被教唆的人没有犯被教唆的罪"指的是被教唆人已经着手实行犯罪而中止或者未遂的情形。

我们认为，共犯从属性说是可取的。主要理由有以下几点：

第一，是因果共犯论的当然归结。与正犯一样，共犯的处罚根据在于引起了法益侵害的危险性，这一点得到了广泛的认同。那么，共犯的处罚根据与正犯的处罚根据就是相同的。对于共犯在什么阶段可以作为未遂犯处罚这一问题的回答，与对于正犯在什么阶段可以作为未遂犯处罚这一问题的回答，应当是相同的。[1] 因此，将正犯着手实行犯罪作为处罚教唆犯的条件，意味着发生了法益侵害结果的具体的、紧迫的危险才处罚，这不仅没有不妥之处，而且理所当然。据此，只有当被教唆人着手实行犯罪，使法益受到具体的、紧迫的侵害危险时，才处罚教唆犯。这正是教唆犯从属性的结论。

第二，从属性说是对刑法条文进行体系性解释的归结。《刑法》第 29 条第 1 款规定："教唆他人犯罪的，应当按照他在共同犯罪中所起的作用处罚。教唆不满 18 周岁的人犯罪的，应当从重处罚。"第 2 款规定："被教唆的人没有犯被教唆的罪，对于教唆犯，可以从轻或者减轻

---

〔1〕 张明楷：《刑法学》（上），法律出版社 2021 年版，第 549~550 页。

处罚。"理论上，一般认为，第 1 款属于教唆犯成立与处罚的一般规定，第 2 款是教唆犯罪的减轻（未遂）形态的特殊规定，对于第 2 款的解释应当在第 1 款原则的指导下适用。但是，根据独立性说的逻辑，即便被教唆人没有犯被教唆之罪的，也要成立教唆犯。如此一来，就会和《刑法》第 29 条第 1 款关于教唆犯的成立条件发生冲突。因为，第 29 条第 1 款所作的"教唆他人犯罪的，应当按照他在共同犯罪中所起的作用处罚"之规定明示了"共同犯罪"是教唆犯的存在与否的前提，并且对教唆犯的处罚，应当按照其在共同犯罪中所起的作用加以处罚。但是，在仅有教唆人的教唆行为，而没有被教唆人着手实行特定犯罪的情况下，怎么会有作为对教唆者处罚的参照标准的共同犯罪呢？这样一来，就只能根据其在虚拟的共同犯罪中的作用加以处罚，这显然是荒唐的。[1] 鉴于此，对于教唆犯的成立标准，应坚持刑法规范的体系性解释。详言之，教唆犯作为一种犯罪样态，其成立标准应是唯一的，而不应当是双重的。不论是第 29 条第 1 款中的教唆犯，还是第 2 款中的教唆犯，其成立原则都必须是以正犯着手实行犯罪为前提。

第三，从属性说能够妥当地说明身份犯之共犯的成立条件，不至于出现无身份者独立构成身份犯的不当结论。如前所述，按照独立性说所主张的第 29 条第 2 款属于独立的教唆犯的逻辑，无身份者教唆有身份者实施真正身份犯的场合，即便有身份者未实施任何行动，无身份者也构成真正身份犯的共犯。但是，仅有无身份之人的教唆行为，不仅其法益侵害性微弱，不值得处罚；而且，无身份之人能够独立侵犯身份犯之法益的结论是非常荒谬的。相反，从实行从属性说的立场出发，就不至于产生这种荒谬的结论。具体地说，无身份者虽不能独立侵犯身份犯之法益，但其完全可以通过参与有身份者的实行行为，间接地实现对身份犯的法益侵害。由此，只有在有身份者实施了身份犯的实行行为的情况下，无身份者才因其实施的参与行为而作为共犯受罚。举个例子来说明，在唆使国家工作人员贪污的场合，如果国家工作人员尚未着手实施贪污行为，显然不能认为教唆者成立贪污罪的教唆犯。

总之，共犯独立性说在很大程度上是主观主义刑法立场在教义学上的具体体现。如将这种解释论应用到实践中，难免会有侵犯人权的危险，因而为我们所不取。实际上，《刑法》第 29 条第 2 款中的"被教唆的人没有犯被教唆的罪"，完全可以从另一个角度加以理解，即应理解为被教唆人未犯被教唆的既遂之罪，具体是指，被教唆人着手实行犯罪后由于意志以外的原因未得逞（未遂）或者自动放弃犯罪或有效地防止结果发生（中止）。[2] 上述两种情形下，可以从轻或者减轻处罚。

需要指出的是，对于教唆他人犯罪，但他人未能着手实行犯罪而止于预备的情形，鉴于实践中对预备犯一般采取极为限缩的态度，因而对于预备犯的教唆，通常也就更没有处罚的必要。但是，如果教唆他人实施严重犯罪如杀人、绑架、抢劫、强奸或者劫持航空器等，结果被教唆人实施了预备活动，只是由于意志以外的原因止于预备阶段的话，则有处罚的必要。

三、教唆犯

根据《刑法》第 29 条的规定，所谓教唆，是指唆使没有犯罪意图的人产生犯罪意图，进而使之实行犯罪。教唆犯作为一种共犯人类型，具有以下几个特征：

第一，教唆的对象。如前所述，教唆的对象只要求事实上具有责任能力即可。因此，对于教唆十二三岁的人实施抢劫、盗窃的，一般而言，教唆者成立教唆犯。但在教唆者对被教唆的

---

〔1〕 黎宏：《刑法学》，法律出版社 2012 年版，第 268 页。

〔2〕 参见张明楷：《刑法学》（上），法律出版社 2021 年版，第 555~556 页；黎宏：《刑法学总论》（第二版），法律出版社 2016 年版，第 299 页。

刑事未成年者具有强制性、抑压了其意志的场合，宜认定成立间接正犯。此外，类似教唆六七岁的儿童实施盗窃的，或者教唆精神病人强奸妇女的，应分别构成盗窃罪或者强奸罪的间接正犯。

第二，必须有教唆行为。教唆行为必须引起他人实施符合构成要件之违法行为的意思，进而使之实行犯罪。行为人故意地导致他人实施过失犯罪的，原则上成立间接正犯。

第三，教唆故意。教唆故意，旨在唆使他人，使他人产生犯罪决意进而实施犯罪。所以，构成教唆犯，行为人必须出自故意。过失教唆不可能成立教唆犯。教唆故意的内容是行为人明知自己的教唆行为会惹起危害结果，而希望或者放任危害结果的发生。因此，基于使他人犯罪归于未遂的意图而实施教唆的（即未遂的教唆），因不存在对危害结果发生的希望或者放任，一般可认定为不存在教唆故意，不构成教唆犯。

四、帮助犯

关于帮助犯的认定，需要注意以下几点：①帮助犯对共犯的实行行为具有从属性。一般而言，帮助犯的成立以正犯实施了犯罪的实行行为为前提。在正犯未实施实行行为的情况下，无所谓"在共同犯罪中起辅助作用"，因而不能成立帮助犯。②凡是对犯罪的实行根本不起作用的帮助，就无所谓帮助犯的成立。即便行为人主观上具有援助正犯的故意，也不能肯定帮助犯的成立，充其量构成不可罚的帮助的未遂。例如，在为了帮助正犯完成抢劫杀人行为而在地下室为正犯望风，但正犯对此并不知情（欠缺心理上的因果性），并且正犯变更了杀人场所，因而也就不存在物理上的因果性的场合，就不能认定帮助者的帮助行为与正犯的杀人行为之间有因果性，从而应否定帮助犯的成立。③从实质上来看，如若某一帮助行为没有达到作为刑法规制对象的"帮助"的程度，也不能认定为帮助犯。例如，行为人为抢劫犯提供了一副墨镜，或者赌徒在他人的赌场开张之时，为增添喜庆气氛放一挂鞭炮的，一般不宜认定成立帮助犯。

关于帮助犯的认定，最后还需要注意的一个问题是中立的帮助行为。具体涉及的是，外表无害的日常交易行为，即所谓的中立行为客观上帮助了正犯时，是否成立帮助犯？例如，五金店店主向形迹可疑的人销售螺丝刀，结果该人用螺丝刀撬锁而入室盗窃的，该店主是否成立盗窃罪的帮助犯？又如，出租车司机将戴着墨镜的一伙人运送至银行门口，结果他们抢劫了该银行的，司机是否成立抢劫罪的帮助犯？

对此，我们认为，促成正犯的犯行并非都是刑法意义上的帮助。客观上促进正犯犯行实施的某一日常行为，究竟是属于不可罚的中立的行为还是可罚的帮助行为，要看该行为是否逸脱日常生活行为的范围而达到可以作为刑法规制对象之帮助的程度。一般而言，商品的销售或者出租车运送等服务行为本质上没有超出日常的交易活动范围，因而，即便行为人认识到可能为犯罪人所利用，也不构成帮助。但是，在具备以下情形时，应否定日常生活行为的性质而肯定达到可罚的帮助行为之程度：第一，该行为特别地适合于正犯的犯罪计划或者助益于正犯的犯罪实行的，因而在客观上深度地参与了正犯行为的场合。例如，五金店店主应盗窃犯之邀，为其制作特殊钥匙的，由于店主制作、销售的钥匙特别地适合用于入室盗窃，因而可以说属于盗窃的帮助；行为人在网上公开了制造炸药的配方，结果被他人用来制造了炸弹用于恐怖行为的场合，也应认定属于对恐怖活动犯罪的帮助。第二，正犯的犯行十分紧迫，该行为的介入显著提高了法益侵害的危险性或者使得法益侵害现实化的场合。例如，盗窃犯正在眼前溜门撬锁之际而向其提供螺丝刀的，或者 A 和 B 正在自家五金店门前激烈地争吵，突然 A 气势汹汹地冲进来要买菜刀，而店主予以销售的，这些都可以考虑成立对正犯的帮助。

第四节　共同犯罪的其他问题

一、共犯与身份

(一) 概述

关于共犯与身份问题主要涉及以下两个问题：一是在真正身份犯的场合，非身份者与有身份者以及不同身份者共同犯罪时，该如何处理？这具体又可分为无身份者与有身份者之间的共同犯罪和不同身份者之间的共同犯罪两种情形。二是在不真正（加减）身份犯的场合，对无身份者如何处理？我国《刑法》总则未就共犯与身份问题明确做出规定，只有分则当中存在一些规定。尽管如此，在学理上也能探寻出有关解决共犯与身份的一般性理论。

(二) 无身份者与有身份者共同犯罪

在无身份者与有身份者共同实施真正身份犯的场合，需要讨论以下两个问题：

第一，无身份者在共同犯罪中的参与类型定位。对此，理论上毫无争议的是，无身份者能够成立真正身份犯的共犯。这是因为，《刑法》分则所规定的特殊身份这一构成要件要素，仅仅是就正犯而言的，无特殊身份者不能构成以一定身份为构成要件要素的身份犯之正犯。尽管如此，无身份者完全可以通过参与有身份者的实行行为，间接地侵犯身份犯所要保护的法益，从而构成身份犯的共犯。换言之，无身份者虽然不能单独侵害真正身份犯的保护法益，但可以作为共犯，通过对有身份者的教唆或者帮助，和有身份者一道，共同引起侵害法益的效果。[1] 实际上，这一点也已经为我国刑事立法所明确。如我国《刑法》第 382 条第 3 款规定，与国家工作人员或者国有单位委托管理、经营国有财产的人员勾结，"伙同贪污的，以共犯论处"，其中对于伙同者没有身份的规定，自然也包括无国家工作人员身份的人在内。

值得研讨的是，无身份者能否成为真正身份犯的共同正犯？对此，理论上见解不一。肯定说认为，从因果共犯论的立场，共同正犯本质上是以他人的行为为中介扩张自己行为的影响，这和教唆犯、帮助犯并无本质差别，而仅是在因果性的强弱上不同而已，从而无身份者也能通过有身份者的行为，参与对真正身份犯的法益侵害，成为真正身份犯的共同正犯。[2] 否定说从更强调构成要件定型性的角度出发，认为共同正犯也是正犯而非狭义共犯。在真正身份犯的场合，由于身份本身是构成要件要素，所以无身份者不但不能单独构成犯罪，而且也不能构成"共同正犯"。无身份者不能单独侵害身份犯罪的法益，但可以通过对有身份者行为的加功，间接产生法益侵害的效果，从而构成身份犯的狭义共犯。[3]

本文赞同否定说的观点。如前所述，从因果共犯论的角度出发，确实不能否认共同正犯所具有的共犯性一面，也正因为如此，即使部分共同正犯者没有满足基本的构成要件，也要对其他共同者的行为惹起的法益侵害结果承担责任。但是，共同正犯与教唆犯、帮助犯一起作为广义的共犯的范畴，二者之间的主要区别在于参与共同犯罪的行为构造或者类型的不同。具体言之，共同正犯是二人以上共同实施符合构成要件行为，惹起侵犯法益后果的犯罪类型。个别地看，共同正犯者各自实施的是符合构成要件的行为，或者说各自的行为均直接侵害了具体犯罪所要保护的法益；教唆犯、帮助犯则是通过参与、协力正犯的构成要件行为，惹起侵犯法益后

---

〔1〕　参见张明楷：《刑法学》（上），法律出版社 2021 年版，第 594 页；黎宏：《刑法学各论》（第二版），法律出版社 2016 年版，第 300~301 页。

〔2〕　参见黎宏：《刑法学各论》（第二版），法律出版社 2016 年版，第 300~301 页；

〔3〕　付立庆：《刑法总论》，法律出版社 2020 年版，第 321 页。

果的犯罪类型。由于特定的身份是真正身份犯的构成要件（违法）要素，无身份者不可能以正犯者的身份实施构成要件行为，进而侵害此类犯罪所要保护的法益。因此，无身份者也就不能和有身份者一起构成真正身份犯的共同正犯。例如，具有国家工作人员身份的丈夫以权谋私，为他人谋取利益，妻子收受贿赂的场合，由于妻子不具有国家工作人的身份，因而不可能以共同正犯者而只能以帮助犯的身份和丈夫一起构成共同受贿。

第二，如何确定共同犯罪的性质。对此，实践中的一般做法是按照主犯的犯罪性质定罪。但是，该观点存在以下问题：一是主犯、从犯的认定旨在确定参与人在共同犯罪中的作用的大小，进而解决他们的刑事责任的轻重，而不能作为定性的依据；根据主犯来确定罪名，实际上先确定量刑情节然后再定罪。二是如果有身份者和无身份者或者不同身份者在共同犯罪中起相同的主要作用时，便无法确定罪名。

应当认为，司法实务中上述做法实际上是以共同犯罪是"数人共犯一罪"之犯罪共同说为前提的。我们以为，在无身份者与有身份者，或者不同身份者相互协作、共同实施犯罪的场合，妥当地处理问题的路径，应综合运用身份犯和行为共同说来加以解决。以国家工作人员甲与本单位以外的人乙相互勾结，并利用职务上经手、管理公共财物之便协助乙窃取该公共财物的情形为例，根据行为共同说的基本原理，由于甲、乙二人共同非法占有了甲单位的公共财产的事实，从而应认定二人具有共犯关系，将该非法占有公共财产的违法结果归属于他们。在此基础上，再进一步地确定他们的刑事责任。从甲的角度来说，其行为属于贪污罪的正犯和盗窃罪的帮助犯的想象竞合；从乙的角度来看，其行为则构成盗窃罪的正犯和贪污罪的帮助犯的想象竞合。所以，甲、乙二人的具体刑事责任的承担，应依照处理想象竞合犯时所采取的择一重罪处断原则来解决。从这一点来看，有身份者与无身份者存在罪名不同的可能性。

需要注意的是，有身份者只是单纯地教唆或者帮助无身份者实施犯罪，而没有为其提供身份之便的场合，由于有身份者的特定身份不具有实际意义，因而有身份者仅仅成立非身份犯的共犯。例如，邮政工作人员只是单纯教唆他人实施非法开拆、隐匿、毁弃他人信件等行为，而未对方提供职务之便的，邮政工作人员和非邮政工作人员仅仅构成侵犯通信自由罪的共同犯罪，前者构成侵犯通信自由罪的教唆犯，后者构成侵犯通信自由罪的正犯。

（三）此身份者与彼身份者共同实施犯罪

在此身份者和彼身份者利用各自的身份共同实施犯罪的场合，应同样按照行为共同说和想象竞合犯的原则处理。例如，公司、企业或者其他单位中，不具有国家工作人员身份的人与国家工作人员勾结，分别利用各自的职务便利，共同将本单位的财产非法据为己有的，首先，根据行为共同说，在肯定二人在非法占有单位的公共财产的事实形成共犯关系的基础上，依据想象竞合犯的原理，认定前者构成职务侵占罪的正犯和贪污罪的共犯，后者构成贪污罪的正犯和职务侵占罪的共犯，并依照从一重罪处断的原则追究各自的刑事责任。

同样需要注意的是，此身份者教唆、帮助彼身份者实施身份犯情形的犯罪性质认定问题。例如，在公司、企业或者其他单位中的不具有国家工作人员身份的A，教唆或者帮助具有国家工作人员身份的B利用其职务之便侵占本单位公共财物的场合，由于在共同犯罪过程中A的身份不具有实际意义，也就是说A的身份没有实际发挥作用，因而这与无身份者加功于有身份者的情形本质上并无二致，应认定甲成立贪污罪的共犯。同样的道理，如果只是B单纯地教唆或者帮助A利用其职务便利实施侵占本单位的财物的，由于B的国家工作人员身份并未实际发挥作用，换言之，仅凭非国家工作人员利用其身份侵占公共财物的行为，无论如何都不会对贪污罪的保护法益产生侵害，所以，B仅仅成立职务侵占罪的共犯。

（四）不真正身份犯的共同犯罪

在不具有加减身份的人与具有加减身份的人共同实施不真正身份犯时，固然成立共同犯罪，但刑法关于刑罚加减的规定仅适用于具有加减身份的人，而不适用于不具有加减身份的人。例如，国家机关工作人员伙同他人诬告陷害的，二人应构成诬告陷害罪的共犯。在刑罚的适用上，按照《刑法》第 243 条第 2 款对国家机关工作人员从重处罚，而对其他人则只能判处通常之刑。

二、共同犯罪的停止形态

共同犯罪同样存在着既遂、未遂、中止和预备等犯罪停止形态。在共同犯罪的犯罪停止形态认定上，一般性的原则是，应依据"部分实行，全部责任"和"共犯的形态从属于正犯"的原理来把握。为什么说共犯的形态要从属于正犯呢？原因其实很简单，因为教唆犯、帮助犯作为共犯，其不可能引领犯罪进程。在此举例说明，甲教唆乙、丙、丁杀害张三，乙负责用车辆将丙丁送到作案地点，丙、丁共同持刀刺杀张三，丙刺中张三的胳膊，丁刺中了张三的心脏致其死亡。在本案中，丙、丁是共同正犯，应根据"部分实行全部责任"的原理，两人构成故意杀人罪之共同正犯的既遂。甲是教唆犯、乙是帮助犯，根据"共犯从属性"原理，甲乙二人亦成立故意杀人罪的既遂。我们不能认为，乙仅仅是开车送人所以是预备犯，也不能认为丙仅仅刺中张三的胳膊而认定其仅仅构成未遂。实际上，认定甲、乙、丙构成既遂这一点，也是因果共犯论的归结。当然，在认定共犯整体既遂的基础上，应当进一步地根据各共犯人在共同犯罪中所起的作用区分主从犯，以做到罚当其罪，彰显罪刑均衡原则。当然，如果各参与人中有未达法定责任年龄的，应根据责任个别原则，阻却责任。

根据上述原理，在任一共犯人已经着手实行犯罪但因意志以外原因而导致整个共同犯罪停止的场合，所有共犯人都构成未遂。同样地，在任一个共犯人的行为止于预备而导致整个共同犯罪停止的场合，所有共犯人都构成预备犯。

在共同犯罪的停止形态认定上，复杂的是存在中止的情形。关于共犯中止的认定，应坚持以下两个原则：

1. 共犯人要成立中止，必须具备有效性要件。相对于单独犯而言，共犯人要成立中止，必须是有效地阻止共同犯罪结果的发生。例如，甲、乙、丙三人共谋去一家商场盗窃，后来甲害怕，不仅自己放弃犯罪，而且还打电话报警，警察及时赶到将乙丙抓获。甲的行为有效地防止了共犯结果的发生，因而甲成立犯罪中止。反之，部分共犯人虽然中止犯罪，但未有效地阻止结果发生的，则不能成立犯罪中止。如本案中，甲如果只是消极地退出，而没有采取有效措施阻止结果的发生，就不能成立犯罪中止。即便甲为制止结果的发生作出了积极的努力如报警，但在警察赶到之前，乙、丙盗窃既遂并携带赃物离去，甲中止未奏效，也不能成立犯罪中止。但考虑到甲为阻止共同犯罪的结果的发生采取了积极的措施，可以作为酌定从宽情节加以考虑。

2. 部分共犯人的中止效力不及于其他共犯者。部分共犯人自动放弃犯罪、有效防止共同犯罪结果发生的，可以独立于其他共犯人成立犯罪中止，且中止的效力不及于其他共犯人。甲男、乙女长期通奸，后来甲为了达到和乙女长相厮守的目的，唆使乙女毒杀亲夫，并提供了毒药给乙女。乙女回家后心生悔意，未给丈夫下毒的，乙女构成预备阶段的中止，但对于教唆犯甲来说，乙的中止属于"因意志以外的原因而未发展到实行阶段"，构成故意杀人的预备（也就是说乙的中止不及于共犯甲）。假定乙在丈夫的饮料中下了毒，丈夫饮用之后，毒性发作，非常痛苦。乙女心生怜悯，便将丈夫送到医院，丈夫因此免于一死。此种情况下，乙女构成杀人的中止。根据中止的效力不及于其他共犯者的原理，甲构成故意杀人的未遂。

　　由上可见，在共犯人中没有人成立犯罪中止的情况下，各个共犯者的犯罪停止形态都是一致的。一人既遂整体既遂，要么整体都是未遂。如果共犯人中的一人着手实行犯罪，其他共犯人就不可能再成立犯罪预备了。某个共犯人的行为若想认定为犯罪中止，必须达到有效阻止共同犯罪结果发生的效果。否则，其行为不能认定为犯罪中止。在部分共犯成立中止的场合，该中止因素对其他共犯人而言，属于"犯罪分子意志以外的原因"，因此其中止的效力不及于其他共犯人。

　　需要指出的是，在共同犯罪过程中，如果部分共犯中途退出，并消除了自己的行为和其他共犯者行为所惹起的结果之间的关系的话，虽然发生了结果，也应根据因果共犯论的原理否定结果的归责性，然后根据中途退出的原因相应地认定犯罪停止形态，这属于本书后述的共犯关系的脱离问题。

三、承继的共犯

　　承继的共犯，是指在先行为人着手实行之后犯罪终了之前，后行为人参与进来，与先行行为人基于合意共同完成犯罪的情形。例如，甲基于抢劫的目的杀害了丙，乙知情后也参与犯罪，并协助甲从丙身上取得财物。承继的共犯所涉的法律问题是，后行为人是否需要就对其参与之前的先行行为人的犯罪事实及其惹起的结果承担责任，进而就整个犯罪事实成立共同正犯或者帮助犯。对此，刑法理论上主要存在全面承继说、限定承继说和承继否定说的分歧。

　　全面承继说认为，只要中途参与进来的后行为者对先行事实存在认识或者容认，就应对包括先行事实在内的所有犯罪承担罪责。支持该观点的一个重要理由就是，如果在介入当时对先行事实存在认识或容认，或者与先行行为人之间存在意思联络，在法律价值上就可以等视为事前存在意思联络，从而在人格态度上具有和先行者被追究同样责任的理由。由此，上述案例中的乙构成抢劫（致人死亡）罪的共同正犯。但该说遭到了学者们的有力批判。第一，不论后行为人的人格态度如何值得非难，也不应让后行者对于与自己的行为没有因果关系的行为承担责任。……从抵抗不能的人那里取得财物，是盗窃而非抢劫。所以，甲使得丙陷入不能抗拒的状态之后，乙加入进来共同拿取财物之时，乙难道不只是承担盗窃罪的责任吗？[1] 第二，以对于该后行为人无法左右的过去事实的认识或者容认，作为对过去的事实承担责任的根据，这属于心情刑法的做法，有违行为主义。第三，意思联络只有为心理因果性奠定基础，才可能具有刑法上的意义，而针对过去事实的意思联络，与心理因果性毫无因果关系。[2] 所以，将先行者甲的行为惹起的丙死亡之结果归责于乙完全背离了因果共犯论的旨趣。

　　近期有力的学说是限定承继说。该说认为，在利用先行者的行为效果的限度之内，可以认定成立承继的共犯。依照该说，上述案例中的乙虽然利用了反抗压制状态但没有利用死亡结果，因而构成抢劫罪的共同正犯。但是，该说也明显存有疑问。

　　第一，利用先行行为所造成的状态或者效果的，不能等同于是对引起该种状态或效果的行为之利用。这种直接对行为的"效果"的利用，直接推导出对引起该效果的"行为"的归责，这无疑是一个巨大的跳跃。

　　第二，对效果的"利用"，不能替代"因果性"。亦即，在被害人所处的被压制状态，与后行者的行为不存在任何因果性的情况下，就不能简单地以对效果的利用为由肯定前行为引起的状态与后行为的行为之间存在因果性。

　　第三，认为后行为者成立承继共犯的观点，实际上是一种先入为主，结论先行并反制解释

---

　　〔1〕　参见［日］平野龙一：《刑法总论Ⅱ》，有斐阁1975年版，第382~383页。

　　〔2〕　参见［日］松原芳博，王昭武译：《刑法总论重要问题》，中国政法大学出版社2014年版，第320页。

结论的倾向。所以，只要不放弃因果共犯论，在后行为人没有形成对构成要件事实整体参与的情况下，就不能肯定承继的共犯。[1]

第四，即使是自己的行为也不能被自己承继，毋宁说是承继他人的行为了。例如，X 在杀害 A 之后，产生非法占有财物的意思，于是从 A 尸体上拿走了财物。一般认为，本案中的 A 不成立抢劫罪，而是成立故意杀人罪和侵占罪或者盗窃罪（如果承认死者的占有）。既然连自己的行为都不能承继，那么，要认定对他人的先行行为的承继就变得困难。

基于上述，应当支持承继否定说。该说认为，按照因果共犯论和责任主义原则，后行为人只对参与后的行为和结果承担责任。的确，共同犯罪是各个参与人相互利用、相互补充，共同实施具有导致结果发生的现实危险的实行行为。从因果共犯论的角度来看，作为奠定共犯处罚基础的该参与人的行为和构成要件结果之间必须存在因果性，这具体体现在参与人通过其自己的行为直接地惹起危害结果或者通过参与、协力或利用正犯的行为间接地惹起危害结果。显而易见，案例中的乙虽然和甲共同实施了占有财产的行为，但由于丙的死亡并非其与甲一起共同造成的结果，而是由甲的行为单独所致。亦即，乙的行为与甲的杀人违法事实及其惹起的被害人被压制状态既无物理上的因果性，亦无心理上的因果性，故而不能归责于乙，让其承担抢劫罪的刑事责任。总之，凡是能够归责于后行者的必须是其参与进来之后自己或者与他人共同实施的违法行为及其惹起的违法结果。对先行者的行为引起的效果或者状态的利用，不能等同于是对引起该种状态或效果的行为之利用，从而也就不能将该结果归责于后行者。

按照上述观点，在先行者基于抢劫的故意而致使被害人处于不能反抗、不敢反抗、不知反抗的状态，后行者中途参与进来，取得财物的场合，由于先行者对被害人实施的强制行为不能被评价为后行为人的行为，因而不能与后行者成立共同犯罪，而仅仅成立盗窃罪的共同正犯。在先行者基于诈骗、敲诈勒索罪的故意使得被害人陷入错误认识或者恐惧状态，后行者参与进来，只是单纯地接受了财物的场合，由于不能将先行者的欺骗、恐吓行为归责于先行者，因而不能认定其成立诈骗罪、敲诈勒索罪的共同正犯。[2] 在先行者对后行者实施暴力的过程中，后行者参与进来一同实施暴力行为，但被害人是因后行者参与之前的先行者的暴力行为而受伤，后行者并未造成新的伤害或者更重的伤害的，后行者不能成立故意伤害罪的共同正犯。如果不能查明被害人究竟是因后行者参与之前的暴力还是因参与之后的暴力而受伤的，结论亦同。

但是，在先行者基于强奸的故意对妇女实施暴力或者胁迫行为，压制了妇女的反抗，后行者参与进来实行奸淫行为的场合，这正如妇女处于重病、醉酒、昏迷或者被他人捆绑之际，行为人利用该状态对妇女实施奸淫，属于违背妇女意志的强奸行为一样，在先行者造成妇女不能反抗、不敢反抗或者不知反抗的状态，后行者参与进来，与该妇女性交的，性质上也属于违背妇女意志的强奸行为，应认定二者成立强奸罪的共同正犯。先行者非法拘禁、绑架被害人，后行者中途参与进来的，应认定其与先行者成立共犯关系，至少应就参与时点之后的犯罪行为成立共犯。

四、共犯关系的脱离

---

[1]　参见 [日] 山口厚，付立庆译：《刑法总论》（第二版），中国人民大学出版社 2011 年版，第 354 页。
[2]　需要注意的是，如果中途参与进来的后行者并非只是实施单纯的取财行为，而是在参与进来之后进一步地强化或者加剧了对被害人的压制、胁迫或者欺骗的，就可以认定后行者和先行者构成抢劫罪、敲诈勒索罪或诈骗罪的共同正犯。

（一）共犯关系脱离的意义及成立条件

共犯关系的脱离涉及的问题是，在二人以上实施共同犯罪的过程中，有的参与人停止对犯罪的协力、加功而从共犯关系中脱离或者退出，对于由其他共犯所实施的其后的犯罪行为及其后果，脱离者该承担何种程度的罪责呢？

关于共犯关系脱离的处理，还得求诸共犯的因果性理论。因果共犯论的基本要义在于，共犯受处罚的根据在于自己的行为与正犯或者其他共犯者所惹起的结果之间存在因果性。从此立场出发，如果部分共犯中途退出，并消除了自己的行为和其他共犯者行为所惹起的结果之间的关系，虽然发生了结果，也要否定其对其后由其他共犯者的行为所惹起的结果的归责性。例如，甲受邀为乙的抢劫行为望风，在前往犯罪现场的途中，甲担心抢劫会受到处罚，于是便折返回家，乙一人完成抢劫。这种场合，甲中途折返而退出的行为表明他消除了自己的行为与结果之间的因果性，因而成立共犯关系的脱离，无需对结果负责。同时由于甲是主动脱离共犯关系，因此，构成抢劫罪预备阶段的中止。

要成立共犯关系的脱离，需要具备以下条件：

1. 物理因果性和心理因果性必须同时消除。共犯的因果性的内容表现为物理的因果性和心理的因果性两个方面，在共犯者的贡献仅限于通过意思联络而对其他共犯者施加心理性的影响或作用时，那么，该共犯者只要消除了这种因果性，就应肯定共犯关系的脱离。例如，甲、乙、丙三人共谋盗窃，在前往犯罪现场的途中，甲心里想到盗窃会受到刑罚处罚，于是便折返回家，这种场合，就应认为甲消灭了其行为对乙、丙的心理上的作用和影响，因而认定成立共犯关系的脱离；又如，教唆他人盗窃，在他人盗窃之际，又成功劝说他人放弃盗窃的实施的场合，也应肯定共犯关系的脱离。因为，被教唆人听从教唆人的劝说，同意放弃犯罪的行为，便表明教唆人的教唆行为所引起的危险因被教唆人同意放弃犯罪而消失，亦即，原来的因果性因此而消除，这种情况下，鉴于被教唆人没有开始着手实施盗窃行为，根据实行从属性的原理，一般不需要追究教唆人的刑事责任。至于被教唆人后来又产生盗窃犯意，并基于该犯意实施盗窃行为的，由于该盗窃行为与教唆人此前的教唆行为无关，因而，不能将该结果归责于此前实施教唆行为的教唆人。但需要注意的是，如果教唆人劝说失败，被教唆人仍然执意实行犯罪的场合，除非教唆人采取了向被害人或者警察通报的措施来阻止犯罪的完成，否则，就难以消除自己的行为和其他共犯人继续实施犯罪之间的因果性，从而也就不能承认共犯关系的脱离。[1]

但是，在共犯的行为和正犯行为及其结果之间存在物理的因果性的场合，仅有脱离的意思还不够，行为人还必须同时消除其参与行为对正犯行为的物理因果性以及由此产生的心理上的因果性，换言之，在这种场合，尽可能地消除自己制造的"犯罪力"的真挚努力是必要的，否则不属于共犯关系的脱离。例如，在与他人共谋杀人，并且提供凶器给对方的场合，行为人要成立共犯关系的脱离，仅仅表示放弃或者不前往犯罪现场等行为，虽然在一定程度上减弱或者消除了其对其他共同者的心理上的鼓励作用或者影响，但由于行为人没有收回其提供的犯罪工具，因而还不能说其切断了与共同者的行为及其惹起的结果之间的物理因果性以及因此而生的强化对方犯意的心理上的因果性。又如，在事先将配好的别人家的钥匙提供给盗窃犯，要成立共犯关系的脱离，收回其所交付给对方的钥匙是必要的。并且，即便行为人收回其钥匙，但如果盗窃犯事先配制了该把钥匙，进而成功地实施了盗窃，就不能认为行为人切断了自己的行为与结果的因果性，因而对盗窃犯罪分子的行为所造成的盗窃结果承担既遂之罪。再如，丙欠

---

〔1〕　这种场合，即便其他共犯者惹起了法益侵害的结果或者完成了犯罪，也认为是犯罪的因果进程中的异常现象，因而否定其间存在因果关系。

甲债不还，甲便找到朋友乙商量计策。乙建议将丙带出来殴打一顿，甲表示同意。二人遂找到丙，将丙带至甲的住所，对丙实施殴打。约半小时之后，乙对甲说，"我走了"。乙走后，甲继续实施暴力，致丙死亡。此种情况下，乙的贡献不仅在于同甲一起将丙带回甲的住所、共同对丙实施暴力的物理性贡献，而且还存在着因此而生的对甲的心理的强烈影响。因而，要成立共犯关系的脱离，单纯地离开现场、放任事态进一步恶化的可能是不够的，相反，采取特别的防止措施以消除此危险是必要的。

2. 因果性消除判断的客观性。因果关系是事物之间的一种引起与被引起的关系，这种关系本身是客观存在的，不以任何人的意志为转移。所以，刑法上的因果关系的有无，只能根据危害行为和危害结果之间的客观联系进行判断。同样地，在共犯的因果性消除的判断上，也应坚持客观的标准。照此说来，即便行为人主观上具有消除因果性的强烈意思，甚至采取了一定的行动，但如若事实上没有切断自己的行为与结果之间的因果性联系，或者说没有消除自己的行为对犯罪的促进作用，就不能承认共犯关系的脱离。只要行为人的行为与正犯行为及其惹起的结果之间的因果性客观上被消除，即便这一点是违背行为人意愿的，也应承认共犯关系的脱离，亦即，任意性的有无并非判断脱离成立与否的决定性因素。[1] 例如，X、Y 邀少年 Z 在他们夜间盗窃时为其望风，Z 表示同意。但 Z 的父亲事后知悉了他们的犯罪计划，到了夜间，将其子 Z 捆绑了起来。X 和 Y 虽然未见 Z 达到现场，但还是进屋实施了盗窃。在设例中，虽然 Z 未能参与望风的行为系因意志以外的原因（父亲的有力干预）导致，但由于其行为与盗窃既遂结果之间的因果性客观上被切断，所以，应认定成立共犯关系的脱离。

3. 必要时需承担一定的犯行阻止义务。从因果共犯论出发，共犯关系的脱离的认定以行为人的脱离行为消除了与其他共犯人及其结果之间的因果性为足，而不应一般性地施加脱离人阻止犯罪的义务，否则就是将单独犯中止的成立标准适用于共犯脱离的判断，这是对脱离人过于苛刻的要求，有悖共犯关系脱离理论提出的初衷。[2] 换言之，只要脱离人切切实实地消除了自己的行为对其他共犯人的行为及其惹起的结果之间的因果性，即便行为人没有阻止他人犯罪，也不应否定共犯关系的脱离。例如，在答应于他人盗窃时帮忙望风的人，在正犯着手之前通知对方不去望风的，由于表示放弃望风这一行为就足以消除自己的行为与正犯行为及其结果之间的因果性，从而应承认共犯关系的脱离。但是，在不阻止其他共犯人继续实施犯罪就不足以消除其行为和结果之间的因果联系或者说无法消除自己所制造的犯罪力或提供的原因力的场合，那么，承担一定的犯行阻止义务就成为必需。不负责任的置之不顾，放任事态的发生是不被允许的。例如，为盗窃犯提供万能钥匙的帮助犯表示放弃犯罪，并要求对方返还犯罪工具，但对方不予返还的场合，就有必要采取通知被害人或者警察，或者亲自阻止正犯的犯罪继续实行等措施。否则，就难以成立共犯关系的脱离。虽未阻止犯行，但在为了尽可能地消除已经提供的"犯罪力"而对其他共犯人施加负的作用力，从而制造了与未加功共犯之类似状况的，也应承认共犯关系的脱离。如在不能收回为盗窃犯提供的别人家大门钥匙，而事先将别人家的大门钥匙弄坏，致使该钥匙无法正常开启的场合，即便盗窃犯用其他方法打开了大门，顺利窃取了盗窃，也应当承认共犯关系的脱离。

（二）共犯关系之脱离的处理

共犯关系的脱离与共犯的中止相关联，但两者并非同一问题。首先，共犯中止的场合，以"任意性"为要件，即以行为人自动放弃犯罪或者自动有效地阻止结果发生为要件。而共犯关

---

〔1〕 参见陈洪兵：《共犯论思考》，人民法院出版社 2009 年版，第 199 页。
〔2〕 参见陈洪兵：《共犯论思考》，人民法院出版社 2009 年版，第 202 页。

系的脱离的场合，脱离人的行为与结果之间的因果性联系的切断，未必是基于脱离人的真实意思，有时可能是基于脱离人的意志以外的因素而导致；其次，共犯的中止场合，以"有效性"为要件，即要求中止者通过真挚的努力，有效地防止犯罪结果的发生，而在共犯关系的脱离的场合，以消除自己的行为与结果之间的因果性为必要，而无需行为人有效地阻止结果的发生。由此，一旦发生了结果，即便行为人作出了真挚的努力，也没有成立中止犯的余地，而仅仅存在适用共犯关系的脱离的空间。

如前所述，脱离就意味着共犯关系的解除，因而，脱离人仅需对到脱离为止的行为承担罪责，而无需对脱离后的其他共犯的行为及其惹起的结果承担罪责，这是因果共犯论的基本结论。至于具体的处理结论，应根据脱离者是否存在脱离任意性，相应地认定成立中止犯或者预备犯、未遂犯。这可以从着手前脱离和着手后脱离两种情形加以讨论：

第一，在着手前脱离的场合，因其他人后续实施的行为及其惹起的结果与自己无关，即不存在因果性，所以，脱离人仅需对预备行为负责，而无需对其他人此后实施的行为负责（如果系自动脱离，则是预备阶段的中止犯）；如若不处罚预备犯，该脱离者就无需承担责任。如事前答应为他人盗窃犯罪行为望风，但届时因病无法前往的场合，就属于着手前的共犯关系的非任意脱离，因而构成盗窃的预备，一般无处罚的必要。

第二，在着手后脱离的场合，由于脱离人切断了自己的行为和结果之间的因果关系，即在正犯着手之后消除了其行为对既遂结果可能具有的因果影响力，所以，即便正犯既遂，脱离人也不承担既遂犯之罪责，而只需在未遂的限度内承担责任（如果系自动脱离，则成立中止犯）。例如，甲、乙二人欲强奸丙妇女，甲在路上拦截并控制了丙，胁迫丙脱掉衣服，丙苦苦哀求，甲于是对乙说"算了，放过她吧"，乙不同意。甲上前阻止，遭到乙的猛击，倒地昏迷。乙随后强行将丙奸淫。在本设例中，甲属于着手后的自动脱离，因而对其脱离后乙独立实施的强奸既遂行为不负刑事责任，而只需承担强奸罪的中止犯的刑事责任。

五、片面共犯

(一) 片面共犯的意义和处罚根据

片面共犯，是指行为人单方面地故意对另一方实施的犯罪予以协力、加功，另一方却不知情的情形。在片面共犯的场合，一方有共同犯罪的意思，另一方没有共同犯罪的意思，但有单独犯罪的意思，而有共同犯罪意思的一方对没有共同犯罪意思一方的行为进行了协力、加工或者补充，即暗中参与了他人所实施的犯罪。需要讨论的问题是，是否应当承认片面的共犯，以及在什么范围内承认片面共犯。

从共犯受处罚的根据在于共犯者通过与正犯共同实施符合构成要件的违法行为（指共同正犯）或者教唆、帮助正犯实施符合构成要件的违法行为（指教唆犯、帮助犯），惹起法益侵害的结果这一点来看，只要一方参与人与其他参与人的行为及其惹起的结果之间存在因果性，就能成立共犯。至于被协力、加功的一方是否知情，在所不问。所以结论是，片面的共犯现象应予承认。例如，X 看到 Y 在追杀 Z，但始终追不上，由于 X 与 Z 有仇，便暗中设置障碍物将 Z 绊倒，从而 Y 追上了 Z，将 Z 杀死。此种场合下，X 的暗中帮助对 Y 杀死 Z 起到了助力作用，应肯定 X 的行为和 Z 的死亡之间的因果性，应认定成立帮助犯。在此意义上说，《刑法》第 25 条中的"共同故意犯罪"不仅包括行为人之间具有犯意沟通或联络之全面的"共同故意"，还包括行为人仅具有单方面认识的片面"共同故意"。全面共同故意和片面共同故意之间并不是主观联系有无的区别，而只是主观联系方式的区别。对单方面具有共同故意的人，追究其共同犯罪的刑事责任，完全符合共同犯罪的成立条件。

（二）片面共犯的类型

1. 片面的教唆。教唆犯的本质在于，使没有犯罪意思的人产生犯罪意图，并使之实行犯罪。诚然，教唆人教唆他人犯罪和被教唆人意识到对方在教唆自己犯罪，是教唆人参与共同犯罪的常态。但实际情况未必都是这样，实践中，被教唆人没有意识到他人在教唆自己犯罪但被教唆人实际在心理上受到了影响的情形也可能发生。如甲欲杀害乙妻丙，便将丙与其他男人通奸的照片及一把枪放在乙的桌子上，乙见后倍感耻辱，便拿起桌子上的枪打死了丙，即是适例。对此，不可否认的是，甲的教唆行为确实促成了他人的犯意的形成，并使其基于该犯意实施了杀人行为，所以，不能否定其间心理因果性的存在。由此看来，只要故意地使原本没有犯罪意思的人产生了犯罪意思，就可以认定教唆犯的成立，至于被教唆人是否意识到对方在教唆自己犯罪，并不重要。

2. 片面的帮助。帮助的因果性表现在对已有犯罪决意的人提供援助或者强化其犯罪意念，以促进正犯行为的实行和完成。但这种对正犯行为的促进不一定要求介入正犯的心理，而完全可能是单纯地通过对正犯行为的物理的促进或影响而与违法结果产生因果关系。例如，乙看见经常入室盗窃的朋友甲欲翻墙进入丙家盗窃，便主动地站在墙外为其望风。此时，恰巧丙回家。乙赶紧将其拉住和其攀谈，直至甲得手离开，乙才让丙回屋的这种场合，由于乙的行为客观上为甲的盗窃行为的完成提供了方便，或者说起到了实际的作用，所以，应肯定乙的望风行为与甲的盗窃行为的实施和完成之间存在因果性，应当论之为盗窃罪的帮助犯（片面共犯）。又如，在 M 拿着砍刀追杀 P 的场合，一直想谋杀 P 的 N 见此情景，便悄悄地堵住了 P 的唯一逃生通道（但 M 对此并不知情），结果 M 顺利地杀死了 P。这种场合，将 N 评价为故意杀人罪的片面帮助犯较为妥当。但需要注意的是，虽然承认片面的帮助犯，但在是否成立帮助犯的判定上，还必须要求暗中相助的行为对正犯行为惹起的违法结果起到了实际的作用，即存在因果性。如果暗中相助的行为对正犯的行为实施未能起到实际作用的，就不能认定成立片面帮助犯。

3. 片面的共同正犯。由于共同正犯是共同实施违法行为，进而惹起违法结果，因而认为"意思的联络"作为保证其共同性的必要的特别要件这样的解释更能让人接受。但这并不能否定，只要片面参与的一方基于参与的意思与他方协作，共同地惹起了违法结果，就应肯定片面参与的一方成立片面的共同正犯。例如，甲得知乙要抢劫丙，遂事前用麻醉的方法致使丙昏迷，乙赶到丙家后见丙昏迷，便拿取了丙家的贵重财物。应当认为，甲的暗中"相助行为"分担实行了抢劫罪的手段行为，构成抢劫罪的片面共同正犯。

（三）片面共犯的刑事责任

既然是片面共犯，那么，对知情的一方适用共同犯罪的处理原则，即既要对自己的行为惹起的结果负责，也要对在规范意义上可以归责于自己的他人的行为负责。而对不知情的一方来说，则追究其单独犯的刑事责任。当然，在追究片面共犯场合下的各参与人的刑事责任时，应遵循责任主义原则。例如，在抢劫犯甲追赶被害人始终无法追上之际，乙暗中绊倒被害人致其重伤，甲因此顺利得手的场合，鉴于乙有意地对甲实施的抢劫行为单方面地施加了物理上的因果性，因而应肯定片面的共同正犯的成立，应承担的是抢劫（致人重伤）罪之罪责。但对于甲而言，因同乙的行为及其惹起的结果不仅不存在物理上的因果性，也不存在心理上的因果性，因而无需对被害人重伤的结果负责，其只需承担抢劫罪的基本犯的刑事责任。又如，在 X 入室抢劫，Y 在 X 不知情的情况下主动为其望风（但 Y 误以为 X 是入室盗窃），并确实地起到了望风作用的场合，尽管 Y 客观上帮助 X 完成了抢劫行为，但由于 Y 主观上仅有帮助盗窃的故意，因而，X 构成抢劫罪的正犯，而 Y 仅仅构成盗窃罪的片面帮助犯；又如，甲明知乙（二人无通谋）将要入室抢劫丙的财物，便提前下药致乙昏迷致死；乙进入丙家后，便不费吹灰之力窃取了财物。此种场合，甲单方面地参与了乙的抢劫行为，因而成立片面的共犯，应以抢劫（致人死亡）罪的片面共同正犯论处。但于乙而言，其主观上虽有抢劫的故意，但由于没有实施强取财物的行为，且对甲的"暗中相助"也根本不知情，故而，对乙只需以盗窃罪论处。

六、不作为与共犯

关于不作为与共犯的关系问题，主要区分针对不作为犯的共犯和不作为方式的共犯两种情形加以讨论。

（一）针对不作为犯的共犯

针对不作为犯的共犯，是指对他人的不作为犯罪的参与，如教唆或者帮助。不作为犯的特色在于其主体在法条上或是在解释上有所限定，亦即，只有负有特定义务的人即保证人，其不履行义务的行为才能成为不作为犯。[1] 例如，《刑法》第 261 条规定的遗弃罪，必须是对年老、年幼、患病或者没有独立生活能力的人负有扶养义务的人才能成立。在此意义上说，不作为犯是一种身份犯，而且是一种真正身份犯。[2] 而身份犯中的身份是对正犯而言的，教唆犯与帮助犯的成立并不以具有特殊身份为前提。照这样的理解，即便是不具备保证人地位的人，如果教唆或者帮助该保证人不履行特定义务，惹起侵犯法益的后果的话，便成立相应的不作为犯的共犯。例如，第三者教唆对于年老者负有赡养义务而不赡养，情节恶劣的，第三者成立遗弃罪的教唆犯。

（二）不作为方式的共犯

所谓不作为方式的共犯，是指通过不作为的行为参与正犯的犯罪。显而易见，要对不作为的参与或者贡献承担罪责，首先必须认定该人处于保证人地位（存在作为义务）。[3] 例如，第三人对自己的子女实施伤害，母亲具有阻止的作为义务。如果母亲具有阻止的能力和可能性而不阻止的，就属于以不作为的方式构成对他人实施的伤害的参与。[4] 但问题是，保证人不阻止他人犯罪的，究竟是成立不作为的共同正犯还是不作为的帮助？对此，一般认为，在不作为地参与的场合，作为义务的内容不再是直接防止和回避结果发生的义务，而是阻止正犯犯行的义务，在如果对此懈怠而正犯的实行就会变得容易的场合，可理解为成立不作为的帮助。理由在于，犯罪实现与否的决定权掌握在作为直接实施构成要件行为的正犯者手中，而对于作为身处正犯背后的负有特定义务的保证人来说，只是因其不履行作为的义务，对犯罪结果的实现与否施加间接的影响而已。但是，如果负有履行特定义务的保证人的不作为本身符合具体犯罪的构成要件行为，或对犯罪事态进程存在支配的话，应肯定不作为的正犯。例如，在歹徒非法拘禁被害人，警察接到报警赶赴现场，发现被害人是自己的仇人，便又离开现场的。此种情况下，该警察成立非法拘禁罪的不作为的帮助和滥用职权罪的正犯的想象竞合，应择一重罪处罚。由此看来，以不作为的形式参与他人作为犯罪的场合，不作为犯的帮助犯和作为的正犯之间罪名可以不相同。再如，甲将乙的女儿丙推进河里离去，尽管乙可以很容易地对丙实施救

---

〔1〕 参见［日］山口厚，付立庆译：《刑法总论》（第三版），中国人民大学出版社 2018 年版，第 385~386 页。

〔2〕 参见［日］山口厚，付立庆译：《刑法总论》（第三版），中国人民大学出版社 2018 年版，第 385~386 页；［日］松原芳博，王昭武译：《刑法总论重要问题》，中国政法大学出版社 2014 年版，第 361~362 页；张明楷：《刑法学》（上），法律出版社 2016 年版，第 437 页。

〔3〕 参见［日］山口厚，付立庆译：《刑法总论》（第三版），中国人民大学出版社 2018 年版，第 386 页；［日］松原芳博，王昭武译：《刑法总论重要问题》，中国政法大学出版社 2014 年版，第 363 页。

〔4〕 需要注意的是，负有特定的作为义务的人有时候不具备不履行作为义务的可能性，例如，穷凶极恶的歹徒持刀强奸自己的女儿，母亲见此情形，不敢上前阻止的，应考虑欠缺合法行为的期待可能性，认定阻却责任。

助,却放任不管致其死亡的,此种场合,由于事态进程已经处于乙的控制之下,因而乙就成立不作为的故意杀人的共同正犯。

另外,在以不作为的方式参与他人的正犯行为的场合,如果正犯和参与者同属负有特定义务的保证人,性质上就属于两个以上具有特定作为义务的保证人共同不履行作为义务,构成犯罪的,应成立不作为犯与不作为犯的共同正犯。例如,婴儿的父母 A 和 B 经过共谋,放弃抚养女儿,将其饿死的,A 和 B 成立不作为的故意杀人的共同正犯。

第五节　共犯人的处罚

我国《刑法》第 26~29 条规定了主犯、从犯、胁从犯的处罚原则,同时还特别规定了教唆犯的处罚原则。很显然,从我国《刑法》第 29 条第 1 款关于"教唆他人犯罪的,应当按照他在共同犯罪中所起的作用处罚"的规定来看,对教唆犯的处罚,要么按照主犯,要么按照从犯甚至胁从犯。本部分所称"共犯人的处罚",不限于狭义的共犯,而是指广义的共犯。

一、主犯

我国《刑法》第 26 条第 1 款规定:"组织、领导犯罪集团进行犯罪活动的或者在共同犯罪中起主要作用的,是主犯。"据此,主犯包括两种情况:

第一,是组织、领导犯罪集团进行犯罪的犯罪分子。组织、领导犯罪集团进行犯罪活动的犯罪分子,即犯罪集团的首要分子。在刑法理论上,一般将其称为"组织犯"。这种主犯具有以下两个特征:其一,以犯罪集团的存在为前提条件。因为这种主犯只有在犯罪集团这一特殊的共同犯罪中才存在,故没有犯罪集团,也就没有这种主犯存在的空间。其二,必须实施了组织、领导犯罪集团进行犯罪活动的行为。这通常表现为:负责组建犯罪集团,网罗犯罪集团成员,制定犯罪活动计划,布置犯罪任务,指挥犯罪集团的成员进行具体的犯罪活动,等等。需要说明的是,一个犯罪集团的首要分子,可能是一人,也可能不止一人。关于这类主犯的处罚,我国《刑法》第 26 条第 3 款规定:"对组织、领导犯罪集团的首要分子,按照集团所犯的全部罪行处罚。"据此,犯罪集团的首要分子不仅应对自己实施的犯罪负刑事责任,而且要对犯罪集团其他成员按照集团的预谋实施的犯罪承担刑事责任。当然,需要注意的是,"集团所犯"的全部罪行不等于"集团成员所犯"的全部罪行。亦即,犯罪集团的首要分子,应当按照集团所犯的全部罪行处罚,而不是按"全体成员"所犯的全部罪行处罚。换言之,集团成员超出集团犯罪计划,独自实施的犯罪行为,不属于集团所犯的罪行,首要分子对此不承担责任。

第二,是在共同犯罪中起主要作用的犯罪分子。具体包括:①犯罪集团中的骨干分子;②聚众犯罪中,起组织、策划、指挥作用的犯罪分子(首要分子)和积极参加者;③一般共同犯罪中起主要作用的犯罪分子。我国《刑法》第 26 条第 4 款规定,对于犯罪集团首要分子以外的主犯,应当按照其所参与的或者组织、指挥的全部犯罪处罚。可见,对于共同犯罪人应予承担刑事责任的归责范围及其处罚的规定,体现了共犯的因果性原理。亦即,凡是可归责于共同犯罪参与人行为之结果,都由该参与人承担责任。反之,就不应承担责任。

二、从犯

(一) 从犯的表现形式

《刑法》第 27 条第 1 款规定:"在共同犯罪中起次要或者辅助作用的,是从犯。"根据该规定,从犯主要包括两种类型。

一是在共同犯罪中起次要作用的犯罪分子。所谓起次要作用的犯罪分子,显然是相对于主犯的主要作用而言的。在行为类型上，具体包括次要的实行犯（或者说是次要的正犯）和次要的教唆犯。前者是指虽然参与了犯罪构成要件行为的实行，但在犯罪过程中所起的是次要作用。一般地说，次要的从犯在共同犯罪活动中处于从属地位，实际参与程度不深，其行为未直接引起危害结果的发生或者对危害结果所起的作用较小；次要的教唆犯，是指虽然实施了教唆行为，但所起的作用较小，如在共同犯罪中对从犯进行教唆的人，或者多人教唆他人犯罪的场合，所起作用较小的人。

二是在共同犯罪中起辅助作用的犯罪分子。所谓起辅助作用的犯罪分子，是指未直接参与犯罪的实行，但为正犯实行犯罪创造便利条件的犯罪分子。这实际上指的就是帮助。关于帮助行为，从类型上看，包括物理上的帮助和心理上的帮助。提供犯罪工具、提供被害人行踪信息、事先到犯罪现场踩点、排除犯罪障碍、打探和传递有利于犯罪实施和完成的信息等都是物理上的帮助。后者如为正犯出主意、提供建议、撑腰打气、站台助威、事前应允帮助窝藏共犯人、窝赃或者销赃等都是心理上的帮助。

（二）从犯的刑事责任

《刑法》第 27 条第 2 款规定："对于从犯，应当从轻、减轻处罚或者免除处罚。"这是因为从犯在共同犯罪中所起的作用较主犯小，其社会危害性和人身危险性都比主犯轻，故对于从犯，理应宽大处理。对于从犯，我国刑法采取了"必减原则"。

三、胁从犯

根据我国《刑法》第 28 条的规定，胁从犯是指被胁迫参加犯罪的人，即在他人威胁下不完全自愿地参与共同犯罪，通常在共同犯罪中所起的作用较小。一般认为，行为人是被胁迫参加犯罪，期待其实施合法行为的期待可能性低。所以，即使其客观上在共同犯罪中起较小作用，也只能按照胁从犯处罚。当然，如果行为人一开始是被胁迫参加犯罪，但后来发生变化，积极主动实施犯罪行为，在共同犯罪中起主要作用，则应按照主犯处罚。需要注意的是，被胁迫者如果受到暴力强制，丧失了意志自由而实施犯罪的，则不能认定为胁从犯。如在前述的歹徒将刀子架在行为人的脖子上，强迫其强奸妇女的场合，行为人不构成强奸罪的胁从犯。考虑到胁从犯是不完全自愿犯罪，同时在共同犯罪中所起作用较小，因此，对于胁从犯，根据其犯罪情节减轻处罚或者免除处罚。

四、教唆犯

《刑法》第 29 条对教唆犯规定了以下三个处罚原则：

第一，《刑法》第 29 条第 1 款前段规定："教唆他人犯罪的，应当按照他在共同犯罪中所起的作用处罚。"根据该规定，教唆犯如果在共同犯罪中起主要作用，就以主犯论处；教唆犯如果在共同犯罪中起次要作用，则以从犯论处。如果是受胁迫而教唆他人的，可以考虑成立胁从犯。

第二，《刑法》第 29 条第 1 款后段规定："教唆不满 18 周岁的人犯罪的，应当从重处罚。"这是因为未成年人还不具备完全的辨别是非和控制自己行为的能力，具有很大的可塑性。选择不满 18 周岁的未成年人作为教唆对象，本身就既说明行为人的主观恶性严重，可谴责性更强；又表明教唆行为的腐蚀性大，社会危害性严重，故具有从重处罚的政策理由。需要注意的是，"不满 18 周岁的人"包括教唆不满 14 周岁的刑事未成年者实施违法行为而不应被评价为间接正犯的情形。[1]

第三，《刑法》第 29 条第 2 款规定，如果被教唆的人没有犯被教唆之罪，对于教唆犯，可

---

〔1〕　付立庆："违法意义上犯罪概念的实践展开"，载《清华法学》2017 年第 5 期。

以从轻或者减轻处罚。根据实行从属性原理，这里的"没有犯被教唆之罪"是指被教唆者实行犯罪但是没有既遂。换言之，是指被教唆人已经着手实行犯罪，但因放弃了犯罪或有效地防止了结果的发生，或者由于意志以外的原因而未能完成犯罪，这在理论上属于未遂犯的教唆，鉴于刑法对于此种情形做了特别规定，直接按照《刑法》第 29 条第 2 款处罚即可。

■思考题

1. 什么是必要的共犯？必要的共犯有哪些类型？
2. 犯罪集团的成立条件有哪些？
3. 如何区分正犯与狭义的共犯？
4. 犯罪共同说与行为共同说的区别是什么？
5. 共同正犯的性质是什么？其成立条件有哪些？
6. 间接正犯有哪些类型？
7. 教唆犯的成立条件是什么？
8. 有关共犯处罚根据的学说有哪些？
9. 主犯有哪些类型？
10. 共犯关系脱离的成立条件有哪些？
11. 关于承继的共犯的主要学说有哪些？
12. 片面共犯的处罚根据是什么？片面共犯有哪些类型？

■参考书目

1. 马克昌主编：《犯罪通论》，武汉大学出版社 1999 年版。
2. 钱叶六：《共犯论的基础及其展开》，中国政法大学出版社 2014 年版。
3. 陈家林：《共同正犯研究》，武汉大学出版社 2004 年版。
4. 陈洪兵：《共犯论思考》，人民法院出版社 2009 年版。

第十四章 罪 数

■ 学习目的和要求

　　了解罪数的区分标准与方法，掌握各种具体罪数形态的特征与处罚原则。

第一节 罪数的区分

　　罪数论是联结犯罪论与刑罚论的纽带，是贯穿《刑法》总论与分论的问题，同时也是理论上最混乱的部分。[1] 原则上一个行为构成一个罪，只受一个处罚；数个行为构成数个罪，应当并罚。但也会出现许多例外情形，有的行为貌似数罪实为一罪，将一罪认定为数罪，就不仅在定罪上出现了错误，而且会带来量刑上的偏差；反之，有的行为貌似一罪实为数罪，将数罪认定为一罪，也导致定罪与量刑上的错误。这些情形就是罪数论需要讨论的对象。罪数论主要解决以下两个问题：第一，一个或数个行为能否评价为一罪。评价上的一罪包括单纯的一罪与包括的一罪。对于评价上的一罪，只适用一个法条进行评价。与此相对，评价上的数罪包括科刑的一罪与并罚的数罪。对于评价上的数罪，需要适用多个法条进行评价，且需要在裁判文书中逐一明示宣告。第二，评价上的数罪是否要并罚。评价上的一罪当然只会受到一个处罚，不会并罚。评价上的数罪则区分为需并罚的与不并罚的两类。需并罚的评价上的数罪就是并罚的数罪，不并罚的评价上的数罪即科刑的一罪。

　　学者们对罪数形态的区分标准与方法不尽相同。[2] 本书认为，首先应根据社会一般观念下自然意义上的行为个数区分出是一行为还是数行为，其次考虑作为一罪还是数罪评价更为合适，然后判断是科刑上的一罪还是数罪，最后考察给予一个处罚还是数个处罚。根据以上步骤：①一个行为在评价上与在科刑上都是一个罪，且最终只受到一个处罚的，是单纯的一罪；②数个行为在评价上与在科刑上都是一个罪，且最终只受到一个处罚的，是包括的一罪；③一个行为在评价上是数罪，但在科刑上是一罪，最终只受到一个处罚的，如想象竞合犯，属于科刑的一罪；④数个行为在评价上是数罪，但在科刑上是一罪，最终只受到一个处罚的，如牵连

---

　　〔1〕 传统的罪数理论借鉴了日本的刑法学资源，近年来随着德国的犯罪竞合理论被介绍到我国，在罪数论内部争议外，又添加了一层有关竞合论与罪数论关系的探讨。参见张明楷："罪数论与竞合论探究"，载《法商研究》2016年第1期。

　　〔2〕 例如，曲新久主编：《刑法学》，中国政法大学出版社2016年版，第173页，将一罪区分为实质的一罪（继续犯、想象竞合犯、结果加重犯）、法定的一罪（转化犯、结合犯、惯犯）与处断的一罪（连续犯、吸收犯、牵连犯），将数罪区分为同种数罪与异种数罪；周光权：《刑法总论》，中国人民大学出版社2016年版，第370页，则区分为一行为的犯罪竞合（法条竞合、想象竞合）与多行为的犯罪竞合（事前、事后行为，数罪），又在"一行为"下讨论复合行为、继续犯、选择行为、连续犯等情形。

犯，也属于科刑的一罪；⑤数个行为在评价上与科刑上都是数罪，需数罪并罚的，是并罚的数罪。

第二节　单纯的一罪

单纯的一罪，是指一个行为在评价上与在科刑上都是一个罪，且最终只受到一个处罚的情形。例如，甲一枪将乙击毙，构成故意杀人罪，这是典型的单纯的一罪。又如，甲向乙发射散弹，造成乙身上多处轻伤与重伤的，认定为一个故意伤害（重伤）即可。[1] 另外，继续犯与法条竞合也属于单纯的一罪。

一、继续犯

从结果的发生与犯罪终了的关系来看，可以将犯罪分为即成犯、状态犯与继续犯。即成犯，是指一旦发生法益侵害结果，犯罪便同时终了，犯罪一终了法益就同时消灭的情形。故意杀人罪属于典型的即成犯。状态犯，是指一旦发生法益侵害结果，犯罪便同时终了，但法益受侵害的状态仍在持续的情形。盗窃罪属于典型的状态犯。行为人窃取他人财物后，犯罪行为便终了了，但行为人非法占有他人财物或者他人丧失对财物的控制的状态仍然持续。继续犯，也称持续犯，是指在法益侵害的持续期间，实行行为在持续进行或者说结果在持续发生的情形。非法拘禁罪、绑架罪属于典型的继续犯。对于继续犯，不论其持续时间的长短，均应以一罪论处。因为，持续行为是在一个罪过心理支配下实施的，并且是针对同一对象侵犯同一法益，因而符合一个犯罪构成。规定继续犯的犯罪构成，也预定了该罪行为会持续一定时间，故犯罪行为的持续性包含在犯罪构成所预定的范围内。例如，甲把乙关押在地下室中长达一年之久，这一年的关押行为在刑法上只评价为一个持续性的行为，而不是按天计算认定为 365 个拘禁行为。既然只有一个行为，甲也只构成一个非法拘禁罪。

继续犯必须是犯罪行为在一定时间内（成立继续犯所需的时间内）不间断地持续存在。一方面，继续犯的犯罪行为必须具有时间上的继续性，即在一定时间内持续，持续时间的长短不影响继续犯的成立，但瞬间性的行为不可能构成继续犯；另一方面，犯罪行为必须没有间断，即从开始到结束一直没有间断。此外，继续犯必须是犯罪行为与不法状态同时继续，而不仅仅是不法状态的继续。这是继续犯与状态犯的主要区别。换言之，继续犯时，行为人对法益的侵犯在持续，行为的构成要件符合性在持续。状态犯时，发生侵害法益的结果后，行为人行为的构成要件符合性没有持续（没有持续地"窃取"他人财物）。继续犯在刑法中存在如下不同于即成犯与状态犯的效果。

第一，在刑法的时间适用范围上，继续犯的持续时间跨越新旧两法时，一概适用新法，不存在"从旧兼从轻"的问题。[2] 例如，张三从 1995 年起关押李四直至 1998 年才释放的，对张三当然适用现行《刑法》，而不是适用旧《刑法》，也不用去比较非法拘禁的行为按照旧《刑法》与现行《刑法》处理孰轻孰重。这是因为，继续犯属于单纯的一罪，本质上是一个行为，既然横跨新旧两法，说明这一个行为的"行为时"处于新法施行之后，不再满足《刑法》第 12 条第 1 款中"中华人民共和国成立以后本法施行以前的行为"这一前提条件。

---

[1] 认为这种情形属于包括的一罪的观点，参见张明楷：《刑法学》（上），法律出版社 2021 年版，第 641 页。

[2] 1998 年 12 月 2 日《最高人民检察院关于对跨越修订刑法施行日期的继续犯罪、连续犯罪以及其他同种数罪应如何具体适用刑法问题的批复》中指出，"对于开始于 1997 年 9 月 30 日以前，继续到 1997 年 10 月 1 日以后终了的继续犯罪，应当适用 修订刑法一并进行追诉"。

第二，在继续犯既遂后但行为持续期间参与犯罪的，仍然可以成立共同正犯或者帮助犯。对于即成犯与状态犯而言，犯罪一旦既遂，就不可能再成立共犯。换言之，即成犯与状态犯只有在既遂之前才可能存在承继的共犯，而继续犯在既遂之后仍然可能存在承继的共犯。例如，甲把乙杀害后，丙前来帮着甲抛尸的，丙不构成故意杀人罪的共犯，只能单独构成帮助毁灭证据罪。甲盗窃乙的珠宝后，丙前来帮着甲销赃的，丙不构成盗窃罪的共犯，只能单独构成掩饰隐瞒犯罪所得罪。甲关押乙1个月后，丙前来帮着甲继续关押乙3个月的，丙与甲构成非法拘禁罪的共同犯罪。

第三，根据《刑法》第89条，继续犯的犯罪既遂并不等于犯罪终了，追诉时效从犯罪行为终了之日起计算。例如，绑架他人时，本着勒索财物的目的剥夺或限制他人人身自由时犯罪就既遂了，但直至被绑架人重获自由或死亡时犯罪才终了了，此时开始起算追诉时效。而即成犯或状态犯的追诉期限从犯罪之日起计算（连续犯的情形除外）。

二、法条竞合

（一）法条竞合的类型

法条竞合，是指一个行为同时该当了数个法条，但鉴于数个法条之间的关系，只能适用其中一个法条而排除其他法条适用的情形。根据一个行为所该当的数个法条之间的关系，法条竞合可以分为两种类型，即特别关系与补充关系。

1. 特别关系。特别关系包括以下四种情形：

第一，加重构成要件。例如强奸罪（《刑法》第236条）与强制猥亵罪（《刑法》第237条），抢劫军用物资（《刑法》第263条第8项）与抢劫普通财物（《刑法》第263条），较之后者，前者属于加重构成要件。当构成强奸罪时，不再认定为强制猥亵罪；当可以评价为抢劫军用物资适用升格法定刑时，不再适用抢劫普通财物的基本法定刑。

第二，减轻构成要件。例如伪造国家机关证件罪（《刑法》第280条第1款）与伪造身份证件罪（《刑法》第280条第3款），较之前者，后者属于减轻构成要件。构成伪造身份证件罪时，不再按照伪造国家机关证件罪处理。

第三，结合犯。结合犯是指数个原本独立的犯罪行为被刑法结合成为一个犯罪的情形，国外刑法中常表现为"甲罪+乙罪=丙罪"，我国刑法中一般表现为"甲罪+乙罪=甲罪"（如杀害被绑架人的情形中，《刑法》第239条第2款将绑架罪与杀人罪结合为绑架罪）。[1] 结合犯必须要有法律的明确规定，否则应当以数个独立的犯罪并罚。例如，单纯的绑架是犯罪，单纯的杀人也是犯罪，绑架后将被绑架人杀死的，不数罪并罚而是评价为一罪来处理，此时罪名仍然确定为绑架罪。虽然绑架他人后故意杀害他人的被规定为结合犯，不实行数罪并罚，但对绑架他人后强制猥亵他人的，没有被规定为结合犯，应以绑架罪与强制猥亵罪并罚。常见的结合犯规定还有，拐卖妇女后又强奸妇女的，只以拐卖妇女罪（《刑法》第240条第1款第3项）处理；在走私毒品过程中，以暴力方法抗拒检查、拘留、逮捕，情节严重的，只以走私毒品罪（《刑法》第347条第2款第4项）处理；在组织他人偷越国（边）境过程中，以暴力、威胁方法抗拒检查的，只以组织他人偷越国（边）境罪（《刑法》第318条第1款第5项）处理；在运送他人偷越国（边）境过程中，以暴力、威胁方法抗拒检查的，只以运送他人偷越国（边）境罪（《刑法》第321条第2款）处理等。但是，以暴力、威胁方法抗拒缉私（走私毒品外）的，以相应的走私犯罪和妨害公务罪（《刑法》第277条）数罪并罚。

---

〔1〕　认为我国刑法中没有结合犯的观点，参见曲新久主编：《刑法学》，中国政法大学出版社2016年版，第181页。

第四，加重责任要素。例如传播淫秽物品牟利罪（《刑法》第 363 条第 1 款）与传播淫秽物品罪（《刑法》第 364 条第 1 款），前者比后者多了牟利目的的要求，该目的属于加重处罚的责任要素。当构成传播淫秽物品牟利罪时，不再按照传播淫秽物品罪处理。

2. 补充关系。例如，《刑法》第 151 条规定了走私武器、弹药罪，走私核材料罪，走私假币罪，走私文物罪，走私贵重金属罪，走私珍贵动物、珍贵动物制品罪，走私国家禁止进出口的货物、物品罪；第 152 条规定了走私淫秽物品罪、走私废物罪；第 347 条规定了走私毒品罪；第 153 条（走私普通货物、物品罪）则规定，"走私本法第 151 条、第 152 条、第 347 条规定以外的货物、物品的，根据情节轻重，分别依照下列规定处罚……"。可见，《刑法》第 153 条是对第 151 条、第 152 条、第 347 条的补充，前者与后三者之间是补充法条与基本法条的关系。实际上，补充关系与特别关系大多没有实质区别，主要是由于观察视角不同而形成了两种关系。如果将《刑法》第 153 条看作普通法条，那么可以说《刑法》第 151 条、152 条与第 347 条是特别法条。

（二）法条竞合的条件

数个条文之间若要形成特别关系，需满足以下三个条件，不满足其中任何一个条件的，只能认定为想象竞合。[1]

第一，条文之间具有逻辑上的包容性。例如，身份证件当然属于国家机关证件，伪造身份证件当然也能评价为伪造国家机关证件，所以伪造国家机关证件罪与伪造身份证件罪满足逻辑上的包容性。与此相对，诈骗罪与招摇撞骗罪并不存在逻辑上的包容性，至多只能说这两个法条之间存在交叉关系。也就是说，并非所有的诈骗行为都以"冒充国家机关工作人员"为条件，也并非所有的招摇撞骗行为都骗取了数额较大的财物，只有冒充国家机关工作人员骗取了数额较大财物的，才同时该当这两个罪。当两个条文只是交叉关系时，不应认定为法条竞合，而应认定为想象竞合。[2]

第二，数个条文所保护的法益具有同一性或包容性。一般而言，《刑法》分则不同章节所规定的犯罪基本上不可能是法条竞合。例如，生产、销售伪劣产品罪（保护的是市场经济秩序）与诈骗罪（保护的是公私财产），盗伐林木罪（保护的是环境资源）与盗窃罪（保护的是公私财产），都不是法条竞合，在具体案件中同时触犯这些罪名的，应认定为想象竞合。另外，一个行为针对不同法益主体产生侵害时，只能认定为想象竞合。换言之，法条竞合关系出现在一个行为侵害同一法益主体的情形中。例如，一个行为导致甲死亡的，可以说该行为既该当故意杀人罪又该当故意伤害罪，但故意杀人罪与故意伤害罪是法条竞合关系，仅认定为故意杀人罪即可（不需要再认定对甲还构成故意伤害罪）；可是，一个行为导致甲死亡（对甲有杀意）与乙重伤（对乙只有伤害的故意）的，尽管最终也是按照故意杀人罪处理，但由于甲乙是独立的两个法益主体，此时是想象竞合，而非法条竞合，需要先分别认定对甲构成故意杀人罪、对乙构成故意伤害罪，再从一重罪处理。

第三，当一个法条能充分、全面评价行为的不法内容时，才能认定为法条竞合关系。例如，即便认为一般情况下保险诈骗罪与诈骗罪是法条竞合关系，但当保险诈骗数额特别巨大，

---

〔1〕 更为详细的论证，参见张明楷："法条竞合与想象竞合的区分"，载《法学研究》2016 年第 1 期。另外，主张淡化法条竞合与想象竞合的区分，提倡大竞合论的观点，参见陈洪兵："不必严格区分法条竞合与想象竞合——大竞合论之提倡"，载《清华法学》2012 年第 1 期；陈洪兵："再论'不必严格区分法条竞合与想象竞合'"，载《国外社会科学前沿》2020 年第 5 期。

〔2〕 认为法条间存在交叉关系时也构成法条竞合的观点，参见陈兴良：《规范刑法学》（上册），中国人民大学出版社 2017 年版，第 279 页；付立庆：《刑法总论》，法律出版社 2020 年版，第 328 页。

依照保险诈骗罪最高判处有期徒刑 15 年仍不足以做到罪刑相适应，唯有按照诈骗罪判处无期徒刑才能完全评价案件中的不法内容时，应当认定此时是想象竞合，从一重罪（诈骗罪）论处。又如，走私国家禁止进出口的货物、物品罪（基本法条）最高刑是 15 年有期徒刑，走私普通货物物品罪（补充法条）最高刑是无期徒刑。当走私国家禁止进出口的货物、物品情节特别严重，不判处无期徒刑不能做到罪刑相适应时，应认为《刑法》第 151 条第 3 款与第 153 条不再是法条竞合关系，而是想象竞合关系，从一重罪（走私普通货物、物品罪）处理。[1]

（三）法条竞合的处理

处于特别关系的数个法条竞合时，处理原则是按照特别法条处理，不与普通法条并罚。同理，处于补充关系的数个法条竞合时，处理原则是按照基本法条处理，不与补充法条并罚。例如，走私毒品时，只按照《刑法》第 347 条（基本法条）处理，不再与《刑法》第 153 条（补充法条）并罚。当《刑法》分则对法条竞合的处理有特殊规定时，则应当遵循该特殊规定。例如，根据《刑法》第 149 条，不构成第 141 条至第 148 条之罪（生产、销售特定伪劣商品的犯罪），但构成第 140 条之罪（生产、销售伪劣产品罪的）的，适用第 140 条；构成第 141 条至第 148 条之罪，又构成第 140 条之罪的，从一重罪处罚。生产、销售伪劣产品罪与其他生产、销售特定伪劣商品犯罪之间是法条竞合关系，《刑法》第 140 条是普通法条，但《刑法》第 149 条确立的是"重法优于轻法适用"的特殊处理规则，所以按照《刑法》第 140 条才能处罚或处罚更重时，应当以生产、销售伪劣产品罪定罪处罚。问题是，当不存在诸如《刑法》第 149 条这样的特殊规定时，如何妥善处理特别法条或基本法条内容不周全的情形？

第一，当刑事立法并非为了限制处罚范围而出现特别法条或基本法条内容不周全时，应按照普通法条或补充法条处理。例如，故意泄露国家秘密罪（《刑法》第 398 条第 1 款）与故意泄露军事秘密罪（《刑法》第 432 条第 1 款，行为主体必须是现役军人）是普通法条与特别法条的关系，现役军人泄露国家秘密，但该秘密不属于军事秘密的，应当按照故意泄露国家秘密罪（普通法条）追究刑事责任，而不能以不符合故意泄露军事秘密罪（特别法条）为由当然地否定犯罪成立。

第二，当刑事立法为了限制处罚范围而使特别法条或基本法条内容不周全时，对不符合特别法条或基本法条的行为不得依普通法条或补充法条处理。例如，《刑法》第 280 条第 1 款（普通法条）规定了伪造、变造、买卖或者盗窃、抢夺、毁灭国家机关的公文、证件、印章的行为，共六种行为方式；该条第 3 款（特别法条）则规定了伪造、变造、买卖居民身份证、护照、社会保障卡、驾驶证等依法可以用于证明身份的证件的行为，一方面法定刑比第 1 款的轻，另一方面只规定了三种行为方式。可见，立法者从国家机关证件中将身份证件挑选出来单独规定罪刑规范，是为了限制、减轻对身份证件相关犯罪的处罚范围。所以，虽然身份证件可以评价为国家机关证件，但不能按照《刑法》第 280 条第 1 款（普通法条）处罚盗窃、抢夺、毁灭身份证件的行为。否则会出现对盗窃、抢夺、毁灭身份证件行为的处罚，比对伪造、变造、买卖身份证件行为的处罚更重这一不协调的局面。对于盗窃、抢夺、毁灭身份证件的行为，只能考虑是否构成普通的财产犯罪。又如，针对恶意透支型信用卡诈骗行为，《刑法》第 196 条第 2 款以"经发卡银行催收后仍不归还"来限制信用卡诈骗罪的处罚范围。所以，行为人恶意透支后银行一直未催收的，既不能根据作为特别法条的《刑法》第 196 条以信用卡诈骗

---

[1] 这种做法在传统观点看来，实际上是通过把原本法条竞合的情形认定为想象竞合，从而实现适用重法而非（轻的）特别法条的目的。主张在法条竞合的情形下，除有特别规定外，不能滥用"重法优于轻法"原则的观点，参见黎宏：《刑法学总论》，法律出版社 2016 年版，第 317 页。

罪处理，也不能根据作为普通法条的《刑法》第266条以诈骗罪处理。

第三，因司法解释导致特别法条或基本法条内容不周全时，可以适用普通法条或补充法条。例如，保险诈骗罪（金融诈骗罪之一种，特别法条）的追诉数额起点是1万元，诈骗罪（普通法条）的追诉数额起点是3000元。当行为人诈骗保险公司获得8000元时，不能直接按照保险诈骗罪认定为无罪，对此应分情况讨论。如果行为人实施金融诈骗行为时，主观上打算、客观上也足以骗取数额较大甚至巨大的财物，但由于意志以外的原因未得逞的，应以相应金融诈骗罪（特别法条）的未遂犯定罪处罚。如果行为人实施金融诈骗时，主观上没有打算骗取金融诈骗罪所要求的数额较大的财物，客观上所骗取的财产数额没有达到相应金融诈骗罪追诉标准，但达到了诈骗罪追诉标准的，应认定为诈骗罪既遂（普通法条）。[1] 所以，上述案件中，如果行为人是打算骗取保险公司1万元以上的保险金，但因意志以外的原因只骗取到8000元的，应认定为保险诈骗罪（特别法条）未遂；如果行为人仅打算骗取保险公司8000元且客观上也只骗取了8000元的，则应认定为诈骗罪（普通法条）既遂。

第三节　包括的一罪

包括的一罪，是指多个行为多次侵害同一法益，通过适用一个法条就可以包括地进行评价的情形。包括的一罪在评价上与在科刑上都是一个罪，且最终只受一个处罚。

一、连续犯

连续犯，是指基于同一的或者概括的犯罪故意，连续实施性质相同的数个行为，触犯同一罪名的情形。其基本特征如下：

第一，连续犯必须是行为人基于同一的或者概括的犯罪故意。同一的犯罪故意，是指行为人具有数次实施同一犯罪的故意；概括的犯罪故意，是指行为人主观上具有只要有条件就实施特定犯罪的故意。这两种心理状态没有本质区别。

第二，必须实施性质相同的数个行为。只实施一次行为的，不可能成立连续犯。数个行为是指二个以上的行为。每次行为是否独立构成犯罪在所不问。换言之，连续犯的数次行为，应包括数次行为都独立构成犯罪，数次行为都不独立构成犯罪，数次行为中有的独立构成犯罪、有的不独立构成犯罪三种情况。例如，行为人连续诈骗，每次诈骗都数额较大的，每次诈骗都没有达到数额较大但整体上达到数额较大的，数次中有的达到数额较大、有的没有达到数额较大的，都宜认定为诈骗罪的连续犯。这样认定，一方面可以防止行为人逃避刑罚处罚，另一方面有利于正确计算追诉时效。我国传统刑法理论习惯把连续实施同一种行为，但每次都不独立构成犯罪，只有这些行为的总和才构成犯罪的连续犯情形特别地称为徐行犯。例如，丙为了杀害丁，每天向丁的饮用水中投放少量毒药，一个月后体内毒素积少成多导致丁器官衰竭死亡的，丙属于徐行犯。虽然可以把丙每次投毒都看作自然意义上的杀人行为，但由于丙自始至终只该当了一次故意杀人的构成要件、只侵害了一次生命法益，所以用一次故意杀人罪的条文即可完整评价该案中的全部事实。[2]

第三，数次行为具有连续性。是否具有连续性，应从主客观两个方面进行判断。既要看行

---

[1]　与此相对，有观点认为在行为属于特别法条所规范的行为类型时排斥普通法条适用，从而主张未达到保险诈骗罪（特别法条）的追诉标准时不能以诈骗罪（普通法条）追究刑事责任（周光权："法条竞合的特别关系研究——兼与张明楷教授商榷"，载《中国法学》2010年第3期）。

[2]　徐行犯与继续犯不同，后者可以说在自然意义上就是一个行为，而前者在自然意义上可以区分为多个行为。

为人有无连续实施某种犯罪行为的故意，又要通过分析客观行为的性质、对象、方式、环境、结果等来判断是否具有连续性。

第四，数次行为必须触犯同一罪名。触犯同一罪名，是指数次行为触犯同一具体罪名，而不包括触犯同类罪名的情况。一般来说，《刑法》分则的不同条文保护不同的法益，既然连续犯只触犯同一具体罪名，那么，必然只侵害同一法益。问题是，同一法益是指"同一个法益"（同一法益说），还是"同一种法益"（同种法益说）？这又与法益性质（专属性法益与非专属性法益）相关联。例如，如果采取同一法益说，连续伤害3个不同人的，不成立连续犯；按照同种法益说，仍然成立连续犯。本书认为，对于个人专属法益的犯罪，尤其是其中法定刑较低的犯罪，宜采取同一法益说，否则难以做到罪刑相适应。例如，对于连续故意造成3个不同人轻伤的行为，宜认定为同种数罪且实行并罚。对于侵犯非专属法益的犯罪如侵犯财产罪，则宜采取同种法益说。例如，连续盗窃、诈骗不同被害人的财物的，可认定为连续犯，以一罪论处。值得注意的是，有的条文规定了不同的具体犯罪，因此，触犯同一条文的，不等于触犯同一罪名。例如，行为人先非法剥夺公民宗教信仰自由，后侵犯少数民族风俗习惯的，虽然只触犯了《刑法》第251条，但成立两个独立的犯罪，不是连续犯，应当并罚。

另外，根据《刑法》第89条第1款后段，连续犯的追诉期限从犯罪行为终了之日起计算。对于开始于新刑法或刑法修正以前，连续到新刑法或刑法修正以后的连续犯罪，应当适用新的或修正后的刑法规定一并进行追诉。[1]

二、集合犯

集合犯包括常习犯、职业犯与营业犯。这些都是立法者在行为类型上预定了数个同种类行为的犯罪。行为类型上规定具有常习性的行为人反复多次实施行为的，是常习犯。我国刑法没有规定常习犯，外国刑法中有常习赌博罪、常习盗窃罪等。行为类型上规定将一定的犯罪作为职业或者业务反复实施的，是职业犯，如《刑法》第336条第1款非法行医罪中规定的未取得医生执业资格的人将行医作为一种业务而反复从事的行为。如果不是将行医作为一种业务，则不成立本罪。行为类型上规定以营利为目的反复实施一定犯罪的，是营业犯，如《刑法》第303条赌博罪中规定的"以赌博为业"的行为。以赌博为业意味着行为人以营利为目的，反复实施赌博行为。每次赌博行为本身并不构成独立的赌博罪，刑法将反复实施的赌博行为包括地评价为一个赌博罪。

营业犯与职业犯具有相同点，主要表现在：①都要求行为人主观上具有反复、多次实施犯罪行为的意思。②都将犯罪行为作为一种业务、职业而反复多次实施。但只要性质上是要反复、继续实施的，或者只要行为人是以反复、继续实施的意思实施犯罪活动的，其第一次实施犯罪行为时，就可能被认定为营业犯或者职业犯。③都不要求行为人将犯罪行为作为唯一职业，行为人在具有其他职业的同时，将犯罪行为作为副业、兼业的，也不影响营业犯、职业犯的成立。④都不要求具有不间断性，只要行为具有反复实施的性质，即使具有间断性，也不影响对营业犯、职业犯的认定。营业犯与职业犯的关键区别在于，刑法是否要求行为人主观上出于营利目的。要求具有营利目的的，属于营业犯；不要求具有营利目的的，属于职业犯。

三、多次犯与情节犯

多个行为累计后才满足"多次""情节严重"从而构成犯罪的，对这多个行为包括地评价为一罪来处理。

---

[1] 参见1998年12月2日《最高人民检察院关于对跨越修订刑法施行日期的继续犯罪、连续犯罪以及其他同种数罪应如何具体适用刑法问题的批复》。

立法者在设置法定刑时，除了考虑有责的法益侵害程度（或者说与之相应的报应）外，还要考虑某种行为类型的预防必要性大小。具体而言，在每次法益侵害程度都不太严重，但通过多次反复实施某行为表现出特殊预防必要性较大时，也作为犯罪处理，配置与侵害法益达到值得动用刑罚处罚程度的行为相同的法定刑。例如，根据《刑法》第 153 条第 1 款第 1 项，构成走私普通货物、物品罪的，除了"走私货物、物品偷逃应缴税额较大"外，还可以是"一年内曾因走私被给予二次行政处罚后又走私"；又如，根据《刑法》第 264 条、第 267 条、第 274 条，构成盗窃罪、抢夺罪或敲诈勒索罪的，除了"数额较大"外，还可以是"多次盗窃""多次抢夺"或"多次敲诈勒索"。这里的"多次"就属于成立犯罪的条件。尽管每次行为都没有达到数额较大的程度，仍然能够包括地评价为一个盗窃罪处理。有时，刑法也会规定某种行为情节严重时可构成犯罪，而多次实施是常见的严重情节。[1] 例如，根据《刑法》第 383 条第 1 款第 1 项、第 386 条，贪污或受贿数额较大或者有其他较重情节的，构成贪污罪或受贿罪。2016 年 4 月 18 日发布的《最高人民法院、最高人民检察院关于办理贪污贿赂刑事案件适用法律若干问题的解释》第 1 条规定，贪污或者受贿数额在 3 万元以上不满 20 万元的，属于"数额较大"；贪污数额虽然没有达到较大程度，但在 1 万元以上不满 3 万元，且"曾因贪污、受贿、挪用公款受过党纪、行政处分"或者"多次索贿"的，属于有"其他较重情节"。

四、不并罚的同种数罪

数罪既可能是同种数罪，也可能是异种数罪。例如，甲杀害乙后，又强奸了丙的，前后两次犯罪的罪名不同，属于异种数罪；甲非法拘禁乙 3 个月，两年后又非法拘禁丙 6 个月的，前后两次犯罪的罪名相同，属于同种数罪。异种数罪的处理较为简单，必须并罚。同种数罪原则上并罚，例外情况下不并罚。同种数罪时，该当同一罪名的多个行为必须单独都能构成犯罪，但不要求多个行为间存在连续关系，故不同于连续犯。此外，多个具有连续关系的行为构成连续犯时，只被认定为"一次"犯罪；而多个不具有连续关系的同种数罪，可能因"多次"而符合犯罪的成立条件（如多次盗窃）或法定刑升格条件（如多次抢劫）。

同种数罪之所以例外地不并罚，主要是由于出现了以下两种情况，使得用一个《刑法》分则的条文就能完整地评价多个同种的犯罪行为。

第一，刑法分则对多次实施某种犯罪规定了升格法定刑时，同种数罪不并罚，依照升格的法定刑处理。例如，甲某年 1 月初、6 月初、9 月初分别强奸一名妇女，属于"强奸妇女多人"，根据《刑法》第 236 条第 3 款第 2 项，不按照三个强奸罪并罚，而是以一个强奸罪升格法定刑处理，可以判处甲 10 年以上有期徒刑、无期徒刑甚至死刑。倘若数罪并罚，即按照三个强奸罪的基本法定刑并罚，最高只能判处甲 20 年有期徒刑。这种做法形式上架空了强奸罪中强奸妇女多人时升格法定刑的规定，有违罪刑法定原则，实质上也埋没了立法者通过升格法定刑加重处罚强奸妇女多人的旨意。需注意的是，此类不并罚的同种数罪是由于因"多次"实施而"法定刑升格"，而不是由于"多次"实施才构成基本犯，所以不同于上述多次犯、情节犯。

第二，数额犯或数量犯中，同种数罪不并罚，累计计算数额或数量。与德日等大陆法系国家的刑法相比，我国刑法的一大特色是对犯罪不仅在行为类型上有定性要求，而且在结果程度上有定量要求，分则中规定了大量数额犯、数量犯，即成立犯罪时要求数额或数量达到一定标准。从与法益侵害的关系来看，数额或数量有时直接体现了法益侵害的程度，如财产犯罪中；

---

[1]　当然，将笼统的"情节严重"规定为成立犯罪的条件，再通过司法解释将"多次实施"理解为情节严重，这种做法是否违背罪刑法定原则下的明确性要求，另当别论。

有时仅仅是表征法益侵害程度的替代结果，如经济犯罪、职务犯罪中。

我国《刑法》在许多条文中明确规定，未经处理的应当累计数额或数量处罚。例如，《刑法》第 153 条第 3 款，"对多次走私未经处理的，按照累计走私货物、物品的偷逃应缴税额处罚"；又如，根据《刑法》第 201 条第 3 款，对纳税人或扣缴义务人多次实施逃税行为，未经处理的，按照累计数额计算；再如，《刑法》第 347 条第 7 款规定，"对多次走私、贩卖、运输、制造毒品，未经处理的，毒品数量累计计算"；还如，根据《刑法》第 383 条第 2 款、第 386 条，对多次贪污或受贿未经处理的，按照累计贪污或受贿数额处罚。《刑法》分则条文关于"累计"的规定只是注意规定，即使没有规定"累计"时，数额犯或数量犯中的多次行为构成同种数罪的，也应当累计计算数额或数量后以一罪论处，而不是数罪并罚。例如，甲生产、销售伪劣皮带（销售金额 7 万元）半年后，又生产、销售伪劣皮鞋（销售金额 8 万元）的，应以一个生产、销售伪劣产品罪（累计销售金额 15 万元）处罚，不并罚。另外，根据数量、数额的程度规定了升格法定刑时，更应当累计计算后以升格的法定刑处理。例如，甲有 20 次独立的盗窃行为，每次盗窃数额均为 25 万元，单独看每次盗窃行为分别达到了盗窃数额巨大的标准，倘若按数罪并罚处理，对甲最多判处 25 年有期徒刑；可一旦累计数额，按照盗窃 500 万元追究甲盗窃数额特别巨大的刑事责任，则最高可判处无期徒刑。由于甲上述行为的可罚性并不比一次盗窃 500 万元的情形轻，不存在以同种数罪并罚的方式使甲享受较轻量刑的实质根据，所以对甲应当累计数额以一个盗窃罪论处。

需注意的是，数额犯或数量犯中的"未经处理"，仅指达到追诉标准但未经过刑事处理的情形。单次行为本身未达到追诉标准时，无论是否已经过行政处理，基于禁止间接处罚原则，不能认定为刑法上的"未经处理"从而累计该次行为的涉案数额或数量追究刑事责任。例如，甲先诈骗乙 1000 元一次，一个月后又诈骗丙 500 元一次，两个月后再诈骗丁 2000 元一次的，尽管累计三次行为的数额达到了诈骗罪的追诉标准，但由于每一次单独来看都没有达到追诉标准，本来就不构成犯罪。通过累计数额追究甲诈骗罪刑事责任的做法，使得本没有达到追诉标准的行为可能因行为后出现其他同种行为等情况而成为刑事制裁的对象，导致间接处罚，这种做法不可取。为了不纵容"小恶不断"的现象，其实刑法中已有应对之策，即当多次行为构成连续犯、多次犯或情节犯等包括的一罪时，哪怕单独来看其中自然意义上的行为每次都没有达到追诉标准，仍然可以累计数量或数额计算，在总和达到追诉标准时追究该评价上一罪的刑事责任。反过来看，当多次行为分别没有达到追诉标准且不符合连续犯的条件，刑法又没有将多次实施某行为类型化为犯罪的成立条件时（如刑法没有将"多次诈骗"规定为构成诈骗罪的情形），说明立法者做出了"此种小恶不断的现象尚不需通过刑法予以应对，予以行政处理等即可"的政策判断。绝不能通过间接处罚等肆意的司法适用架空这一立法者的判断。

五、共罚的事前与事后行为

共罚的事前行为与共罚的事后行为，是指事实上有数个不同的行为，其中一行为吸收其他行为，仅成立吸收行为所触犯的一个罪名的情形。由于犯罪预备、犯罪未遂与犯罪既遂具有同一犯罪发展形态上的先行后续关系，所以针对同一法益构成犯罪既遂时，不再处罚之前的犯罪预备（预备行为）与犯罪未遂（着手却未得逞的行为）。这种情形称为共罚的事前行为。例如，甲为了杀害乙，在不同时间、地点多次殴打乙，最终致其死亡的，认定为一个故意杀人罪既遂即可。也就是说，相对于杀人既遂而言，之前的杀人未遂与杀人预备是共罚的事前行为，不再单独处罚，也不与杀人既遂并罚。[1]

共罚的事后行为，是指在状态犯的场合，利用该犯罪结果的行为可被综合评价在该状态犯中，没有必要另外评价为独立犯罪与之并罚的情形。换言之，之所以不将前后两行为并罚，是由于后行为对法益侵害性可以纳入前行为所该当的犯罪中一并评价。例如，盗窃他人财物后又故意毁坏该财物的，只定盗窃罪，故意毁坏财物的行为作为共罚的事后行为不再定罪处罚。这是因为，盗窃已经造成了财物相对于被害人效用的减损状态，毁坏财物的结果可以纳入盗窃的结果中一并评价。又如，以盗窃枪支的故意偷到枪支后又非法持有该枪支的，仅以盗窃枪支罪论处，不与非法持有枪支罪并罚。因为非法持有枪支所造成的公共安全危险，完全可以在盗窃枪支罪中予以评价。

认定一个行为在罪数上是另一个行为的共罚的事后行为，前提是前后两个行为本身都该当了某罪的构成要件。如果事后的行为本身不该当构成要件，本来就不是犯罪，也就谈不上与前行为的罪数问题了。例如，杀人之后自行将凶器销毁的，前面的杀人行为构成故意杀人罪，但销毁凶器的行为本身不符合帮助当事人毁灭证据罪的构成要件，且对杀人犯而言也不具有期待可能性，不另外构成犯罪。所以，相对于之前的杀人行为，杀人犯销毁凶器的行为被称为不可罚的事后行为，而不是共罚的事后行为。以往的学说往往混用不可罚的事后行为与共罚的事后行为这两个概念，[2]但严格来说，二者并不相同。不可罚的事后行为是构成要件的解释问题，意在说明事后行为本身不该当构成要件，不构成犯罪；共罚的事后行为则是罪数的问题，意在说明虽然事后行为该当构成要件，构成犯罪，但可以在事前行为所该当的犯罪中一并评价事后行为的违法性。

共罚的事后行为只针对实施了前行为的人而言，仅参与事后行为的人依然要按照事后行为所该当的犯罪处罚。因为对仅参与事后行为的人而言，其参与事后行为的违法性不可能被其未参与的事前行为一并评价。例如，甲偷了乙的电脑后发现并不好用，与丙一起将该电脑砸毁的，对甲只定盗窃罪（故意毁坏财物属于共罚的事后行为），但对丙仍然要认定故意毁坏财物罪（丙没有参与先前的盗窃行为，不需对盗窃的结果负责，其毁坏财物的违法性也就不能放在盗窃罪中一并评价）。[3]如果事后行为侵犯了新的法益，不能为前行为的法条所包括评价，则应认定为数罪。例如，甲偷了乙家中的明代古玉后，谎称为唐代古玉卖给丙的，应当以盗窃罪（被害人为乙）与诈骗罪（被害人为丙）对甲数罪并罚。又如，甲在车站行窃时盗得一提包，回家一看才发现提包内仅有一支手枪。因为担心被人发现，甲便将手枪藏在浴缸下。甲只有盗窃普通财物的故意，所以偷枪的行为只能定盗窃罪，而不是盗窃枪支罪；由于不能将非法持有枪支罪的法益侵害评价在盗窃罪中，所以甲非法持有枪支的行为不属于共罚的事后行为。对甲应以盗窃罪与非法持有枪支罪并罚。

与共罚的事前与事后行为类似的，还有共犯的竞合现象。共犯的竞合是指在一个共同犯罪中，行为人既有正犯行为又有共犯行为，或者既有教唆行为又有帮助行为的情形。在我国，对于共犯人的处罚是按照其在共同犯罪中所起作用来确定的，共犯人的所有行为均成为认定其在共同犯罪中所起作用的事实根据，对这些行为不并罚。可以把共罚的事前与事后行为以及共犯

---

[1]　诸如临时起意用菜刀将对方一击毙命的，由于只存在一个行为，属于单纯的一罪，而不是包括的一罪（共罚的事前行为）。

[2]　参见周光权：《刑法总论》，中国人民大学出版社 2016 年版，第 384 页。

[3]　这一点在事后不可罚的行为中也一样。例如，乙抢夺他人手机后，交由丙代为销赃的，对乙本身而言，只以抢夺罪论处，事后的销赃行为不该当掩饰、隐瞒犯罪所得罪的构成要件，是不可罚的事后行为；对丙而言，虽然不构成抢夺罪，但其行为完全满足掩饰、隐瞒犯罪所得罪的成立条件，应以该罪论处。

的竞合统称为吸收的一罪。

六、混合的包括一罪

数个行为触犯数个不同罪名，但数个行为之间具有紧密的关联性，且仅侵害一个法益（或者一个法益能够包含另一法益）的，称为混合的包括一罪，从一重罪论处。例如，本来打算伤害对方，但在伤害的过程中产生杀意进而杀死对方的，仅以一个故意杀人罪论处。又如，甲盗窃乙的电脑后，在乙要求返还时使用暴力手段迫使其免除返还债务的，前一行为构成盗窃罪（被害对象是电脑），后一行为构成抢劫罪（被害对象是债权），但由于是针对同一被害人实施的财产犯罪，被害人最终也只遭受了一次损失，故仅以抢劫罪论处即可。需注意的是，此时不能将后行的抢劫作为共罚的事后行为处理，因为抢劫行为侵害的法益不能为先行的盗窃行为所涵盖。否则会出现重罪（抢劫罪）被轻罪（盗窃罪）吸收的不协调现象。另外，也不宜将先行的盗窃行为作为共罚的事前行为处理，因为本案中的盗窃与抢劫并不具有同一犯罪发展形态上的先行后续关系。

第四节　科刑的一罪

科刑的一罪，是指存在评价上的数罪，但仅按其中较重犯罪的法定刑处罚的情形，主要包括想象竞合犯与牵连犯。

一、想象竞合犯

想象竞合犯，是指一个行为在评价上是数罪，但在科刑上是一罪，最终只受到一个处罚的情形。想象竞合又称观念竞合，具有以下两个特征：第一，行为人只实施了一个行为；第二，一个行为必须触犯数罪名。例如，对突发事件中正在依法履行职责的红十字会工作人员实施暴力使之受伤的，同时触犯了妨害公务罪与故意伤害罪，构成想象竞合。对于侵害个人专属法益的犯罪，承认同种类的想象竞合；与此相对，对于侵害非个人专属法益的犯罪，没有必要承认同种类的想象竞合。例如，甲开枪射击乙，结果子弹射穿乙的身体将丙也射死的，由于生命属于个人专属法益，所以按照具体符合说或法定符合说中的一故意说，甲构成对乙的故意杀人既遂与对丙的过失致人死亡的想象竞合；按照法定符合说中的数故意说，甲属于针对乙的故意杀人既遂与对丙的故意杀人既遂想象竞合。与此相对，甲扒窃乙口袋里的财物，既偷到了乙的现金又偷到了乙暂时替身旁的丙装在口袋里的手机（即乙是丙手机的占有辅助人）的，由于财产属于非个人专属法益，所以直接累计现金与手机的数额作为甲盗窃罪的犯罪数额，评价为一个盗窃罪处理即可。

想象竞合不同于法条竞合之处在于，想象竞合具有明示机能，即为了对案件事实进行全面评价，在判决中应当明示被告人的行为触犯数个罪名。与此相对，在法条竞合中，只需说明行为人触犯的特别法条或基本法条所对应的罪名，无需指出普通法条或补充法条所涉罪名。

想象竞合犯的处理原则是从一重罪（从重）处罚。《刑法》分则的某些条文肯定了这一处理原则。例如，《刑法》第329条第1款规定了抢夺、窃取国有档案罪，第2款规定了擅自出卖、转让国有档案罪，第3款接着规定"有前两款行为，同时又构成本法规定的其他犯罪的，依照处罚较重的规定定罪处罚"。如果窃取的档案是国家秘密，则同时触犯了窃取国有档案罪与非法获取国家秘密罪（《刑法》第282条）；如果擅自出卖、转让的档案是国家秘密，则同时触犯了擅自出卖、转让国有档案罪与故意泄露国家秘密罪（《刑法》第398条）或者为境外非法提供国家秘密罪（《刑法》第111条）。在这种情况下，按其中的一个重罪定罪处罚。当一个行为触犯的数个罪名的法定刑相同时，按照事实情节较重的犯罪的法定刑处罚。此外，从一重罪量刑时，不得低于较轻犯罪的法定最低刑（这称为轻罪的封锁效果）。轻罪有并科的附加刑，重罪没有时，必须同时并科轻罪的附加刑。例如，危险驾驶罪（《刑法》第 133 条之一）与交通肇事罪（《刑法》第 133 条）想象竞合时，以交通肇事罪（重罪）论处，但仍应依《刑法》第 133 条之一（轻罪）并处罚金。

根据从一重罪（从重）处罚的原则，想象竞合时在判决中明示被告人的行为所触犯的数个罪名，虽然存在重复评价之嫌，但不存在重复处罚的问题，不违背刑事法基本原理。至于不以数罪并罚的根据，刑法理论上存在不同观点。第一种观点认为，对想象竞合犯科处一个刑罚，是刑罚适用上的合目的性的要求；第二种观点认为，对想象竞合犯科处一个刑罚，是因为行为人只实施了一个行为，作为评价对象的只有一个行为；第三种观点认为，之所以存在想象竞合犯的观念，是因为对行为进行了重复评价，实际上只存在一个违法行为；第四种观点认为，对想象竞合犯科处一个刑罚，是因为行为人只是基于一个或者准一个意思活动而实施行为，只是一次突破规范意识。本书认为，上述几种观点并不一定冲突，但客观上的一个行为与主观上的一个或准一个意思活动，应是科处一个刑罚的最主要根据。

二、牵连犯

牵连犯，是指具有手段行为与结果行为，或者目的行为或原因行为关系的数个行为分别触犯不同罪名，在评价上是数罪，但在科刑上是一罪，最终只受到一个处罚的情形。与想象竞合犯一样，牵连犯也具有明示机能，在判决中应当明示被告人的行为触犯数个罪名。牵连犯的处理原则也是从一重罪（从重）处罚。

关于牵连关系，在理论上有不同主张：①客观说认为，只要客观上二种行为之间具有手段行为与目的行为、原因行为与结果行为之间的关系，就具有牵连关系；②主观说认为，只要行为人主观上将某种行为作为目的行为的手段行为或者作为原因行为的结果行为，就存在牵连关系；③折中说认为，只有在行为人主观上与客观上都具有牵连关系时，才具有牵连关系；④类型说认为，根据刑法规定与司法实践，将牵连犯的手段与目的、原因与结果的关系类型化，只有具有类型化的手段与目的、原因与结果的关系时，才存在牵连关系。本书采取类型说，认为只有当某种手段通常用于实施某种犯罪，或者某种原因行为通常导致某种结果行为时，才宜认定为牵连犯。

常见的牵连关系有：①刑法明确规定实施某行为是以其他行为为目的时（如短缩的二行为犯），目的行为（计划中的第二行为）与手段行为（计划中的第一行为）之间构成牵连犯。例如，《刑法》第 239 条规定绑架罪"以勒索财物为目的"，绑架人质后向其家属勒索财物的，绑架行为与敲诈勒索财物行为构成牵连犯，最终只从一重罪按绑架罪处罚。②非法侵入住宅行为与侵入后实施的其他犯罪行为之间构成牵连犯。例如，非法侵入住宅实施杀人等犯罪的，构成牵连犯，按照故意杀人罪处罚。③伪造证件、提供虚假材料的行为，与利用这些证件、材料的所实施的其他犯罪行为之间构成牵连犯。为招摇撞骗而伪造国家机关公文的，属于牵连犯，按照伪造国家机关公文罪与招摇撞骗罪中较重的处罚，而不是并罚两罪。④伪造货币并出售或者运输伪造的货币的，伪造货币罪与出售假币罪或运输假币罪构成牵连犯，按伪造货币罪从重处罚（《刑法》第 171 条第 3 款）。⑤承担资产评估、验资、验证、会计、审计、法律服务、保荐、安全评价、环境影响评价、环境监测等职责的中介组织的人员故意提供虚假证明文件，同时索取他人财物或者非法收受他人财物构成犯罪的，提供虚假证明文件罪与非国家工作人员受贿罪或受贿罪构成牵连犯，依照处罚较重的规定定罪处罚（《刑法》第 229 条第 2 款）。⑥司法工作人员收受贿赂，有徇私枉法等行为的，受贿罪与徇私枉法罪构成牵连犯（《刑法》第

399 条第 4 款），依照处罚较重的规定定罪处罚。[1]

如果手段行为与目的行为，或者原因行为与结果行为不具有类型化的牵连关系，即便在行为人的计划中构成手段—目的或原因—结果关系，也不能认定为牵连犯。例如，行为人为了杀人而盗窃枪支，后用盗得的枪支杀人的，由于盗窃枪支不是类型化的杀人手段行为，所以应以盗窃枪支罪与故意杀人罪数罪并罚。又如，试图盗窃他人包中现金，结果包中只有一把手枪，后一直将该手枪藏在家中的，也不构成牵连犯，应以盗窃罪与非法持有枪支罪数罪并罚。

第五节　并罚的数罪

数个行为该当数个犯罪，有必要运用多个条文（包括多次运用同一条文）来评价这些行为，且最终应当并罚的情形，称为并罚的数罪。数罪包括异种数罪与同种数罪，数罪原则上应当并罚。但例外地存在不并罚的同种数罪，此类情形由于只运用一个条文就能评价多个同种行为，被归入了包括的一罪中。异种数罪都必须并罚，自不待言；尤其需要注意的是以下情形中的同种数罪必须并罚：[2]

第一，犯罪只有一个幅度的法定刑时。例如，遗弃罪只规定了一档法定刑（5 年以下有期徒刑、拘役或者管制），倘若行为人有两个遗弃行为，既遗弃老母亲，又遗弃刚生下的女婴，分别都达到情节恶劣程度的，应当以两个遗弃罪数罪并罚；如此才能做到罪刑相适应。否则，有十多个遗弃行为的最终也按一个遗弃罪处理，最高只能判处 5 年有期徒刑，这明显不妥当。

第二，犯罪虽有多个幅度的法定刑，但同种数罪不能成为法定刑升格的理由时。例如，伤害罪中有三档法定刑，造成轻伤的，"处 3 年以下有期徒刑、拘役或者管制"；致人重伤的，"处 3 年以上 10 年以下有期徒刑"；致人死亡或者以特别残忍手段致人重伤造成严重残疾的，"处 10 年以上有期徒刑、无期徒刑或者死刑"。但是，分 10 次将 10 人分别打成轻伤的，也不可能适用致人重伤或死亡的法定刑。倘若此时不数罪并罚，则意味着最高只能判处 3 年有期徒刑，不满足罪刑相适应的要求。因此，刑法没有特别规定时，侵害个人专属法益（生命、身体、自由与名誉）的同种数罪应当并罚，上述案件中应当以 10 个故意伤害罪（轻伤）并罚。

第三，一个罪名之下包含两种不同类型的犯罪时。《刑法》分则中有不少罪名之下实际上包括了类型完全不同的多种行为，例如，《刑法》第 128 条第 2 款规定的"依法配备公务用枪的人员，非法出租、出借枪支"的行为，与同条第 3 款规定的"依法配置枪支的人员，非法出租、出借枪支，造成严重后果"的行为，在罪名上都是"非法出租、出借枪支罪"，但构成犯罪时对行为主体、行为对象与危害结果等方面的要求截然不同。所以，行为人两个行为分别该当《刑法》第 128 条第 2 款与第 3 款的行为类型时，应当数罪并罚。

第四，行为人个人实施某种犯罪，同时作为单位犯罪的直接负责的主管人员或者其他直接责任人员承担刑事责任时。例如，甲自己作为投保人故意虚构保险标的骗取保险金后，又以自己为法人代表的某公司为投保人故意虚构保险标的骗取保险金的，尽管前后两行为都构成保险诈骗罪，但前者是单纯的自然人犯罪，后者是单位犯罪，前后两个行为中甲承担刑事责任的根据并不相同，应当对甲按照两个保险诈骗罪并罚。

---

〔1〕　认为这种情形不属于牵连犯，而是法律拟制的观点，参见张明楷：《刑法学》（下），法律出版社 2021 年版，第 1651 页。

〔2〕　同种数罪是否并罚，存在着许多需灵活处理的情形，详细的讨论参见张明楷："论同种数罪的并罚"，载《法学》2011 年第 1 期。

■思考题

1. 如何区分评价上的一罪与评价上的数罪？
2. 如何区分法条竞合与想象竞合？
3. 如何认定与处理连续犯、共罚的事后行为与牵连犯？
4. 如何区分并罚的同种数罪与不并罚的同种数罪？

■参考书目

1. 柯耀程：《刑法竞合论》，中国人民大学出版社 2008 年版。
2. 庄劲：《犯罪竞合：罪数分析的结构与体系》，法律出版社 2006 年版。
3. 陈洪兵：《中国式的刑法竞合问题研究》，中国政法大学出版社 2016 年版。

第十五章　刑罚概述

第一节　刑罚的概念与特征

一、刑罚的概念

刑罚是指刑法规定的，由国家审判机关适用、由特定机关执行的剥夺或限制犯罪人一定权益的强制性制裁措施。犯罪与刑罚是刑法中两个最为核心的概念，二者具有密不可分的联系，犯罪是刑罚的前提，刑罚是犯罪的法律后果，也是实现刑事责任的最重要、最普遍的方式。刑罚具有以下基本特征：

（一）惩罚性

惩罚性是古今中外刑罚制度所共有的基本属性。刑罚的内容表现为对犯罪人一定权益的剥夺或限制，必然会给受刑人带来一定的痛苦体验，无论是刑罚的威慑功能还是教育功能，无论主张刑罚目的是报应还是预防，其实现都是建立在惩罚性的前提和基础之上的。另外，刑罚作为针对犯罪行为的制裁手段，体现着国家对犯罪人最为强烈的责难，其同行政制裁、民事制裁等法律制裁手段以及刑事诉讼上的强制方法相比，具有严厉性的特点，刑罚不仅可以剥夺犯罪人的财产权，还可以剥夺犯罪人的政治权利、人身自由乃至生命，而作为行政制裁的罚款、警告、记过、开除等，作为民事制裁的赔偿损失、恢复原状、支付违约金或赔偿金等，则不涉及政治权利、人身自由，更不涉及生命。至于行政制裁中的拘留及刑事诉讼上的拘留、逮捕等强制措施，虽然也涉及公民的人身自由，但其持续时间相对较短，制裁强度相对较轻，远不如刑罚严厉，所引起的其他法律后果也有所不同。也正是由于刑罚的惩罚性最为严厉这一特性，决定了刑罚同其他法律制裁手段在适用的主体、对象、依据与程序等方面，存在诸多差别，对刑罚的适用要求更为严格。

尽管相对于其他制裁或强制手段而言，刑罚最为严厉，但从刑罚制度演变的历史大视野看，随着人类文明的不断进步，刑罚总体上呈现轻缓化的趋向，不断由野蛮走向文明、由残酷走向缓和。不过，不能因此而否认刑罚的惩罚属性，过度地强调刑罚的人道精神，给予犯罪人不切实际的宽松待遇，这样不仅有损刑罚的公正性，也不利于刑罚目的的实现。

（二）法定性

法定性是现代社会中刑罚必须具备的法律属性。法定性主要包括三层意思：第一，基于罪刑法定原则的要求，对于某一行为是否适用刑罚，适用何种刑罚，如何适用刑罚，都必须由刑法作出明确规定，严禁法外用刑。第二，刑罚适用与执行的主体、对象都只能是法定的特定主体。在我国，有权适用刑罚的主体只能是国家审判机关，即人民法院；有权执行刑罚的主体包括监狱、社区矫正机构、公安机关及人民法院。除上述法定机关外，任何其他的机关、单位、团体、个人，都无权适用或执行刑罚。另一方面，只有犯罪行为的实施者（包括自然人或单位）才能成为刑罚的承担者，"无犯罪则无刑罚"，不构成犯罪的人绝不可能成为刑罚制裁的对象。第三，刑罚的适用与执行必须严格遵循法律要求，包括实体上的要求和程序上的要求。对此，我国《刑法》《刑事诉讼法》《监狱法》《社区矫正法》等法律及相关司法解释都有具体的规定和要求。

（三）目的性

"作为人类理性建构的产物，法律惩罚制度必然有其目的"〔1〕。所谓刑罚的目的性，是指刑罚适用与执行的根本目的不是惩罚犯罪，而是预防和减少犯罪。在人类历史上，曾经长期奉行单纯报应或者重刑威慑的刑罚观念，导致为了惩罚而惩罚，非理性地虐待和折磨犯罪人成为普遍现象。在现代刑法理念之下，虽然承认刑罚的惩罚属性，但惩罚不再是刑罚的唯一属性，更不是刑罚适用与执行的最高目标，惩罚只是一种手段，在惩罚的前提下，应当追求刑罚的人道、公正、效益等多重价值，注重刑罚的教育、矫正等各种机能的发挥，把预防犯罪、促进社会的稳定和谐作为刑罚的终极目标。〔2〕

二、刑罚与相关概念的关系

理解刑罚的概念和特性，要注意把握其同几个相关概念的关系。一是刑罚权，二是刑事责任，三是保安处分。

刑罚权，是指国家运用刑罚的权力。刑罚权是刑罚得以产生的前提。刑罚权在本质上是专属于国家的一种公刑权。在人类社会的早期，私人复仇、部落复仇曾是解决社会冲突的普遍方式。国家出现之后，逐步垄断了对犯罪进行惩罚的权力，但在古代及近代社会中，还大量存在私人复仇现象，当时的各个国家在一定范围内容忍这种现象的存在。现代法治国家完全排斥私刑权，因为如果允许私人惩罚，势必造成冤冤相报的结局，引发社会秩序的混乱。正如马克思所说，"公众惩罚是用国家理性去消除罪行，因此，它是国家的权利"，任何个人"既不能从国家获得实行公众惩罚的私人权利，他本身也没有任何实行惩罚的权利"。〔3〕从刑罚运行过程来看，可分为制刑、求刑、量刑、行刑四个阶段；相应地，可把刑罚权分为制刑权、求刑权、量刑权与行刑权四个方面，这四个方面彼此联系，相辅相成，同时存在一定范围的相互制约关系。制刑权，即创制刑罚的权力，属于立法权范畴。在我国，行使制刑权的机关是国家最高立法机关，即全国人民代表大会及其常务委员会。国务院及其各部委、设区的市以上地方各级人民代表大会虽有权在一定范围内制定行政法规、行政规章或地方性法规，但无权制定刑罚。求刑权也就是起诉权，即请求审判机关对犯罪人判处刑罚的权力。在我国，求刑权的行使

---

〔1〕 王立峰：《惩罚的哲理》，清华大学出版社 2006 年版，第 258 页。

〔2〕 与刑罚的目的性相联系的一个问题，是刑罚的正当根据问题。西方学者对此问题的立场和看法曾长期处于论争状态。刑事古典学派主张报应刑论，即刑罚是为了实现社会正义而施加于犯罪人的一种必要的恶害。在报应刑论内部，又存在道义报应与法律报应、相对报应与绝对报应的争论。刑事近代学派则主张目的刑论（也称功利刑论、预防刑论），认为刑罚的意义在于追求一定的目的，即通过惩罚犯罪人而达到预防犯罪、保卫社会的效果，惩罚本身不是目的。在目的刑的基础上，又产生了教育刑等刑罚理念。由于报应刑论与目的刑论均存在一定局限，不能圆满解释刑罚的正当根据问题，一些学者提出了融报应与预防于一体的并合主义的论点，作为一种折中的解决方案，将刑罚的正当根据由单一发展为多元，这一论点已在西方理论界取得优势地位，并对一些国家的刑事立法及司法实践产生了较大影响。在我国，刑罚的正当根据是报应与预防相统一的论点，也逐步为多数学者所认同。

〔3〕 中共中央马克思恩格斯列宁斯大林著作编译局编译：《马克思恩格斯全集》（第 1 卷），人民出版社 1995 年版，第 277 页。

主要表现为检察机关提起公诉的形式，部分案件可以采取个人提起自诉的形式。量刑权，即决定是否判刑及判处何种刑罚的权力，在我国，只有人民法院享有量刑权。行刑权即根据生效刑事裁判执行刑罚的权力，我国行使行刑权的机关包括监狱、社区矫正机构、公安机关和人民法院。

刑事责任，是犯罪人因实施犯罪行为而导致的法律后果。刑事责任是犯罪人接受刑罚处罚的前提；同时，刑事责任的大小决定着刑罚的轻重。刑罚与刑事责任的主要区别是，刑事责任是法律责任的一种，它主要是从观念形态上对犯罪与犯罪人进行否定评价和谴责，具有一定的抽象性；刑罚则是针对犯罪的具体制裁措施。刑事责任与刑罚产生的时间不同和所处的层次不同。刑事责任产生于犯罪之时，犯罪行为一发生，刑事责任便同时产生；而刑罚只能在人民法院作出生效的刑罚判决时才产生。尽管两者都属于犯罪的法律后果，但刑事责任在前，刑罚在后，刑事责任是联结犯罪与刑罚之间的纽带。此外需注意，判处刑罚虽然是实现刑事责任的基本方式，但并非唯一方式，对于一些轻微的刑事案件，仅做有罪宣告或者在免于刑事处罚同时适用非刑罚处理措施，也可以实现刑事责任。我国《刑法》第 37 条规定了训诫、责令具结悔过、赔礼道歉、赔偿损失、建议有关部门给予行政处罚或行政处分等非刑罚处理措施。在司法实践中，应当重视对非刑罚处理措施的适用，推进轻微犯罪的非刑罚化，体现刑法的谦抑精神，降低刑事司法成本。

保安处分是大陆法系刑法理论的一个概念，是指对具有实施犯罪或其他类似反社会行为的特别危险性的人，以防止这种危险、预防对社会秩序的侵害为目的，而给予的处分。[1] 保安处分与刑罚都表现为对行为人的人身自由等权利的一定限制，但二者的性质不同。[2] 保安处分关注的重点不是已然的危害行为及其后果，目的也不在于惩罚或者威慑，而是着眼于行为人的人身危险性，通过采取一定的预防性措施来防止危险、保卫社会安全。一些国家在刑法典中或者通过单行法规定了保安处分措施。我国现行相关立法中虽然没有采用保安处分这一术语，但事实上存在一些相关的制度和措施。正如有学者指出，"我国现行法律中虽无保安处分的概念，但在刑法中已实质性地存在保安处分，其与刑罚共同构成刑法所规定的法律后果，由此形成'隐性双轨制'的格局"[3]。如《刑法》第 17 条规定的对因不满 16 周岁而不予刑事处罚的人采取的专门矫治教育措施，《刑法》第 18 条规定的对依法不负刑事责任的精神病人采取的强制医疗措施、《刑法》第 38 条及第 72 条规定的禁止令、《刑法》第 37 条之一规定的从业禁止，以及《反恐怖主义法》中规定的安置教育措施[4]等，都有类似于西方的保安处分的性质。

第二节　刑罚的功能

刑罚的功能，是指国家创制、适用和执行刑罚的活动可能会对社会产生的积极影响和作

---

[1] 张明楷：《外国刑法纲要》，法律出版社 2020 年版，第 387 页。
[2] 在国外，关于保安处分与刑罚的关系，曾存在一元论与二元论的论争。一元论认为保安处分与刑罚都是实现社会防卫目的的手段，并无本质区别，二者应该一元化，不应并存于刑事立法中。二元论则认为保安处分与刑罚具有本质的区别，应当并存。现在在刑法中规定保安处分的国家基本上采用二元论的，即实行保安处分与刑罚双重制裁体系。参见樊凤林主编：《刑罚通论》，中国政法大学出版社 1994 年版，第 689 页。
[3] 时延安："隐性双轨制：刑法中保安处分的教义学阐释"，载《法学研究》2013 年第 3 期。
[4] 根据《反恐怖主义法》的相关规定，安置教育，是指因恐怖活动罪犯和极端主义罪犯被判处徒刑以上刑罚的，经评估仍具有社会危险性的刑满释放人员，由法院决定适用的一种强制性的教育管控措施。

用。刑罚的对象虽然只能是犯罪人，但刑罚在运行过程中，也会对犯罪人以外的被害人以及其他社会成员产生一定的积极影响，而针对不同对象所产生的具体效果和作用是有所不同的。下面从犯罪人、被害人和其他社会成员三个层面，探讨刑罚的功能问题。

一、刑罚对犯罪人的功能

（一）剥夺或限制再犯能力功能

这是刑罚的一项基础性功能，是刑罚的本质属性即惩罚性的体现。刑罚的基本内容表现为对犯罪人一定权益的剥夺或限制，刑罚的适用和执行在客观上可以消除或限制犯罪人再犯罪的条件。例如，死刑立即执行能够使罪犯的再犯能力彻底丧失；无期徒刑、有期徒刑和拘役等监禁刑的执行，使罪犯在一定期限内丧失人身自由，除了个别有可能在狱内实施的犯罪外，绝大多数犯罪在押罪犯是无法实施的；管制、缓刑等限制人身自由的刑罚措施，要求罪犯依法接受社区矫正，其行为受到严格的管束，因而再犯罪的机会大大降低；作为财产刑的罚金与没收财产，其适用对象主要是经济犯罪或其他贪利性犯罪，而这些犯罪的实施常常借助于一定的物质资本和经济条件，通过适用罚金或者没收财产，打掉犯罪赖以滋生的经济基础，会在一定程度上减少其再次实施相关犯罪的可能性。

（二）个别威慑功能

刑罚的适用与执行，表达着国家对犯罪行为严厉的否定性评价，同时对罪犯相关权益的剥夺必然使其承受一定的精神痛苦，基于趋利避害的人类自然本性出发，许多罪犯会产生对刑罚的畏惧心理，当其再次面临犯罪的诱惑时，就可能因为惧怕刑事制裁而悬崖勒马，从而阻断再犯罪的发生。不过，个别威慑功能是因人而异的，对某些主观恶习很深、人身危险较大的罪犯，如累犯、惯犯以及恐怖主义、极端主义罪犯等，刑罚的威慑作用是有限的。

（三）教育矫正功能

教育矫正也被称为教育改造，[1] 是指刑罚所具有的转变犯罪人的错误思想、矫正其人格缺陷、促进其再社会化的积极作用。从某种意义上讲，惩罚本身也具有一定的教育作用，刑罚作为施加于犯罪人的一种恶害，会使罪犯在经受痛苦的同时认清自己行为的性质，进而产生一定的警示、反省作用。但这里讲的教育矫正是相对于惩罚而言的，可以说是刑罚的一项附加功能，不是通过单纯的刑罚裁量与执行就能发挥作用的，而需要有关方面进一步的努力和投入，需要专门机关和社会力量的协同配合。从历史上看，教育矫正也并非刑罚与生俱来的功能，而是近代以来随着教育刑理论的发展而逐步确立的。时至今日，多数国家都把教育矫正犯罪人、促使其回归社会作为刑罚的基本目标，如意大利《宪法》第 27 条第 3 款规定：刑罚不能有与人道相悖的处遇，必须以对被判刑人的再教育为目的。一些人权公约及国际刑事司法准则也积极倡导教育矫正理念。如《公民权利和政治权利国际公约》第 10 条第 3 款指出，监狱制度的宗旨应以争取囚犯改造和社会复员为基本目的。

在我国，基于"人是可以改造的"这一马克思主义哲学命题，刑事领域一直奉行"挽救人、改造人、造就人"的刑事政策，注重对犯罪人的教育改造，尽可能给其重新做人的机会。教育矫正首先体现在刑罚的适用过程中。我国刑事审判奉行寓教于审的原则，审判活动本身也

---

〔1〕 刑事领域的"矫正"一词源于西方，是指通过各种教育、矫治手段，转变罪犯的不良心理和行为恶习，以消除其反社会性的活动。我国的传统提法是罪犯改造，但 20 世纪 90 年代以来，矫正一词被我国行刑理论与实践所接受，但改造一词也继续沿用，出现了矫正和改造两个词混用的情况。不过，我国所讲的罪犯矫正或矫正，同西方讲的罪犯矫正在目标侧重上有所不同，我国重视对罪犯的思想改造，将改造的中心放在人生观、价值观的转化上，西方则强调宗教教诲、心理治疗等，回避改造思想的提法。

是对犯罪人进行普法教育的过程，通过参加庭审，有助于犯罪人认清自己行为的性质，了解法律的相关规定，亲身感受对被害人、对国家和社会造成的损害，促进其明辨是非、认罪悔罪，进而树立尊法守法的意识和习惯。司法实践中，很多法官在刑事案件庭审结束后，还对被告人进行"判后寄语"，结合其所犯罪行释案说法，进行有针对性的劝导教育，这在未成年人刑事案件的审理中是普遍做法。当然，法庭的教育矫正功能是有限的，这毕竟不是审判活动的重点所在，加之时间、空间等因素的限制，这种教育活动很难系统、深入地展开。

在刑罚执行阶段，教育矫正则成为工作的重点。我国《监狱法》第1条规定了监狱工作的基本宗旨，即"正确执行刑罚，惩罚和改造罪犯，预防和减少犯罪"，该法第3条明确了监狱行刑的基本原则，即"监狱对罪犯实行惩罚和改造相结合、教育和劳动相结合的原则，将罪犯改造成为守法公民"。这表明，我国监狱工作的中心任务，就是改造罪犯，实现罪犯的再社会化。《监狱法》对教育改造作了专章规定，要求监狱应当对罪犯进行思想教育、文化教育与职业技术教育，并组织有劳动能力的罪犯进行适当的劳动，使其矫正恶习，养成劳动习惯，学会生产技能。近年来，罪犯教育矫正的方法不断创新发展，心理矫治、文化改造等新兴手段得以普及和应用。2003年启动的社区矫正工作，是我国刑事司法改革与罪犯改造工作取得的重大进展。在2019年底通过的《社区矫正法》总则第1条和第3条中，指明该法的立法宗旨之一，就是"促进社区矫正对象顺利融入社会""帮助其成为守法公民"；该法在立法的许多具体制度设计中，也都贯穿了教育矫正理念，将培养健康人格、健全公民作为社区矫正工作的基本任务。如第36条规定，社区矫正机构根据需要，对矫正对象进行法治、道德等教育，增强其法治观念，提高其道德素质和悔罪意识。再如第42条明确公益活动的目的在于"修复社会关系，培养社会责任感"。

需要指出，刑罚的教育矫正功能集中体现在自由刑的执行中。有些刑罚类型如财产刑、资格刑，由于执行的内容和方式相对比较单一，因而教育矫正的功能并不明显；还有的刑罚措施如死刑立即执行，从再社会化的角度看，实际上并没有教育矫正的功能，因为对生命的剥夺意味着罪犯不可能再有改过自新的机会。另外，在自由刑的执行中，要注意处理好惩罚和改造的关系。应当在惩罚的前提下坚持改造，既要反对片面强调惩罚而忽视改造，也要反对离开惩罚而片面地强调改造，如果罪犯感受不到刑罚的痛苦，无助于改造效果的实现。

（四）感化功能

这是指通过对犯罪人落实区别对待、宽大处理的刑事政策、刑罚制度以及人道主义待遇，促使其产生积极的思想变化和情感体验，从而认罪服法，自觉接受改造。我国《刑法》规定了自首、缓刑、减刑、假释以及死缓等刑罚制度和一系列从轻、减轻或者免除处罚的情节；《刑事诉讼法》规定了暂予监外执行等制度；《监狱法》和《社区矫正法》都体现了"把罪犯当人看"的政策，高度重视罪犯权利保护，不仅严禁体罚、虐待罪犯和侮辱罪犯人格，还关注对罪犯基本生存条件的保障，如《监狱法》及司法部相关规章对在押罪犯的膳食、住宿、医疗、卫生等方面都有具体要求，《社区矫正法》则规定了各种帮扶措施，并规定社区矫正对象可以按照国家有关规定申请社会救助、参加社会保险、获得法律援助，社区矫正机构应当给予必要的协助。在实践中切实贯彻有关法律规定，使罪犯切身感受到国家和社会的宽大之恩和人文关怀，能够起到唤醒罪犯良知，促进教育矫正的作用。

二、刑罚对被害人的功能

刑罚对被害人的功能主要表现为安抚功能。这里的被害人应从广义上理解，除了遭受犯罪行为直接侵害的人，也包括其近亲属等关系密切的人。犯罪的实施不仅会侵犯被害人的人身、财产等各种权利，还往往造成一定的精神创伤，使其陷于痛苦、恐惧、愤怒、仇恨等不良情绪体验之中。此时，如果国家不及时伸张正义，将犯罪人绳之以法，满足被害人要求惩罚犯罪的强烈愿望，就容易引发新的不稳定因素，甚至有可能导致被害人的私刑复仇现象，使得社会秩序遭受犯罪引发的二次破坏。因此，及时、公正地适用惩罚，可以使被害人得到精神上的安抚和慰藉，纾解和平息其激愤情绪，增强被害人对刑事司法的信赖感，从而促进社会的安定。

三、刑罚对其他社会成员的功能

刑罚的颁行、适用与执行，也会在一定程度上对犯罪人以外的其他社会成员产生积极影响。这主要体现在以下方面：

（一）一般威慑功能

是指刑罚对潜在犯罪人亦即社会上的不稳定分子发生的威吓、震慑，使之不敢犯罪的作用。心理学研究表明，相当一部分犯罪人之所以敢于以身试法，是存有"有罪不受罚"的侥幸、冒险心理。如果对已然发生的罪行，能够提高惩处概率，及时适用刑罚，就会促使潜在犯罪人在头脑中强化罪与刑之间的联系，认识到刑罚是犯罪的必然的、不可避免的后果，从而避免侥幸心理，打消犯罪意念。这被称为司法威慑。刑罚的威慑功能不仅体现在刑罚的个案适用和具体执行中，在立法上也有一定程度的体现，这被称为立法威慑，即国家通过制定和颁布《刑法》，明确规定各种犯罪及其法定刑，有犯罪倾向的人了解到犯罪的后果和代价后，就有可能望而却步，放弃犯罪行为的实施。

（二）一般教育功能

这是指发挥刑罚对普通公民的引导和教育作用，从而预防和减少犯罪的发生。不少人之所以走上犯罪道路，重要原因在于缺乏法律知识，不了解自己行为的犯罪性质。因此，加强普法教育十分必要，而刑罚的颁布、适用和执行本身，都能起到一定的法制宣传教育的作用，帮助公民明确犯罪行为的表现及其法律后果，把握合法行为与违法犯罪之间的界限，从而提高遵纪守法的自觉性，远离犯罪渊源。同时，对于那些懂法、守法的公民而言，刑罚的准确、高效的适用和执行，有助于强化其守法意识和对刑事司法的信心，鼓励其积极地同犯罪行为作斗争。

以上所论述的刑罚功能，都是针对刑罚的积极作用而言的。但应当看到，刑罚制度并不是完美无缺的，作为犯罪治理不可或缺的重要手段，虽然其发挥着诸多积极作用和效能，同时也存在一定的缺陷和负面作用，正如德国刑法学家耶林所说："刑罚如双刃之剑，用之不当，则国家与个人两受其害。"各种刑罚措施的短板和不足各有不同。例如，死刑存在误判难纠、不具有可分割性、缺乏改造功能等弊端；罚金刑存在对贫穷者执行难、对富裕者惩戒力差的问题；适用最为广泛的监禁刑，其存在的负面作用也是最大的，如执行成本高、容易引发犯罪交叉感染等，而最大的问题在于，罪犯被关押的时间越长，将来出狱后越难以适应社会，在日新月异的现代社会中，这一问题尤为突出。所以，在刑罚的适用与执行中，应当关注刑罚的负面作用，在选择最适合犯罪人的刑罚措施的同时，要采取一切可能的举措，最大程度地避免或减少刑罚的负面作用，努力实现刑罚适用的最佳效果。

第三节　刑罚的目的

一、刑罚目的的概念

刑罚的目的，是指国家创制、裁量和执行刑罚所预期达到的效果。刑罚的目的与刑罚的功能是两个密切相关的概念，刑罚的功能是刑罚的目的存在的根据和前提，也是刑罚的目的得以实现的手段和途径，刑罚功能发挥的程度，直接决定着刑罚目的实现的程度。另一方面，刑罚的目的指导和制约着制刑、求刑、量刑、行刑等刑罚运作的全过程，可以说是整个刑罚制度赖以建立和有效运行的出发点和归宿。无论是立法上设置刑罚体系和种类、确立刑罚裁量和执行的一般原则和方法，还是实践中具体适用和执行刑罚，都应当符合刑罚的目的。

在刑法理论及实务中，刑罚目的一直是备受关注的一个问题。在西方，关于刑罚目的的看法可谓观点林立，先后出现了报应论、威吓论、特别预防论、一般预防论（又分为消极的一般预防论与积极的一般预防论），以及同时承认一般预防与特殊预防的综合预防论（也称双面预防论）等。

在我国，同样存在关于刑罚目的理论争议，最具代表性的观点有：①惩罚说。认为适用刑罚的目的在于限制或剥夺犯罪人的某些权利，使他们感受到压力和痛苦，从而遏制犯罪的发生。②改造说。认为刑罚的目的不是报复或惩罚，而是通过对犯罪人的惩罚来改造犯罪人，使其重新做人。③预防说。认为我国刑罚的目的是预防犯罪，具体包括针对罪犯本人的特殊预防和针对其他社会成员的一般预防。此外，还有一些折中的理论，如双重目的说、三重目的说、根本目的与直接目的说等。[1] 这些理论的共同之处都是意图调和、整合上述有关刑罚目的的某些论点，从而形成多元的刑罚目的论，但在具体包含的内容、彼此之间的关系及所处的层次上，看法不一。目前，预防说是我国刑法学界的通说，本书亦持此种观点。我们认为，研究和确定刑法的目的，不能将刑罚的属性、刑罚的功能与刑罚目的相混淆。刑罚目的应是统领刑罚运行各环节的最高理念，具有全局性、根本性的意义。惩罚是刑罚的基本属性，教育改造是现代刑罚的重要功能，但都不是刑罚的终极目的。我国刑罚的目的应当是预防犯罪，包括特殊预防和一般预防两个方面。

二、特殊预防

特殊预防也称个别预防，是指通过对犯罪人适用与执行刑罚，预防其再次犯罪。特殊预防实现的途径主要包括以下三个层面：一是通过剥夺或限制再次犯罪的能力和条件，使罪犯不能犯罪；二是通过发挥刑罚的个别威慑功能，使罪犯感受到犯罪的代价和惩罚的痛苦，从而不敢犯罪；三是开展系统性的教育矫正活动，纠正罪犯错误的人生观、价值观，矫治其不良的心理结构和行为方式，促进罪犯转变为守法公民，从而不想犯罪。

对于极个别罪大恶极的罪犯判处死刑立即执行，是我国刑罚中一种特殊形式的特殊预防。仅就预防再犯罪的实际效果而言，这种情形的特殊预防可以说是最有效的，因为生命被剥夺意味着罪犯永远、彻底地丧失了再犯罪的能力和机会。然而，死刑的缺陷和弊端也是显而易见的，其中之一就是不具有教育矫正的功能。我国《刑法》对死刑适用附加了极为严格的限制条件，死刑的实际执行更是极少数的情况，在惩罚的前提下教育矫正罪犯，通过促进其实现再社会化，这是实现我国刑罚特殊预防目的的主要路径。

三、一般预防

一般预防，指国家通过制定、适用和执行刑罚，对犯罪人以外的其他社会成员起到威慑或教育作用，从而预防减少犯罪行为的发生。一般预防的对象是犯罪人以外的其他社会成员，其实现的路径同特殊预防有所不同，主要依靠刑罚的一般威慑和一般教育功能。

一般预防的重点对象是社会上的不稳定分子，也就是具有一定的人身危险性和犯罪倾向人，这些人一旦遇到某种不良刺激、影响，或者出现有利于犯罪的时机、条件时，就很可能实施犯罪行为。例如，屡教不改的违法人员，尚未得到有效改造的刑满释放人员，因发生矛盾纠纷而扬言伤害他人、报复社会的人员，具有黄赌毒等不良嗜好的人员，个性偏狭、思维极端、具有暴力攻击倾向的人员等。国家颁布刑事立法，并对已经实施犯罪的人依法追究刑事责任，

---

〔1〕 参见樊凤林主编：《刑罚通论》，中国政法大学出版社1994年版，第92页。

可以对社会上的不稳定分子起到警示、震慑作用，使他们因忌惮刑事追究而不至于铤而走险。

对于社会上广大守法公民来说，一般预防主要体现在制刑、量刑、行刑等活动产生的正向引导与激励效能，即引导公民明辨行为性质、增强法治意识，鼓励他们积极配合国家专门机关同犯罪作斗争。在现实生活，各种有关刑事法律的宣讲、展览活动、各种媒体主办的相关法治栏目，公民旁听刑事案件庭审，以及一些单位组织的进监狱开展"警示教育"活动等，实际上都是针对普通民众开展的一般预防活动。在我国刑事立法修改趋于频繁、新罪名尤其是法定犯（行政犯）不断增加的背景下，加强面向公众的普法教育、提升一般预防效果十分必要。

四、一般预防与特殊预防的关系

刑罚的特殊预防与一般预防是对立统一的关系，二者相互依存、相互促进、相互制约。从刑罚适用与执行的层面看，没有特殊预防，也就不存在一般预防，特殊预防实现较好，自然会产生一般预防的效果；另一方面，特殊预防也在一定程度受到一般预防的制约。

特殊预防与一般预防的关系是动态变化的，在刑罚运作的不同阶段，二者的主次关系是不尽相同的。在刑罚创制阶段，应重点考虑一般预防，兼顾特殊预防。刑罚创制属于立法活动，考虑的是社会上的一般情况，具有对事不对人的特点，故应当以一般预防为主，根据一般预防的要求来设置刑罚的体系、种类和各种犯罪的法定刑。同时，立法上对特殊预防的需要亦有所体现。例如，刑法规定对首要分子、累犯等情节作出从重处罚，对自首、坦白、立功、犯罪中止等情节从轻处罚，就是基于人身危险性考量和特殊预防需要而作的制度安排。在刑罚适用与刑罚执行阶段，应重点考虑特殊预防，兼顾一般预防。刑罚适用即法院的量刑活动，针对的是具体个案与特定的犯罪人，必然要考虑犯罪的性质与犯罪人的人身危险性大小，以落实罪责刑相适应原则的要求；同时也适度注意一般预防的需要，这样才能实现良好的刑罚适用效果。在刑罚执行阶段，教育矫正罪犯是首要任务，特殊预防自然是占主导地位的，但要注意不能完全脱离一般预防的制约。例如，根据《刑法》规定，减刑后实际执行的刑期，判处管制、拘役、有期徒刑的，不能少于原判刑期的 1/2；判处无期徒刑的，不能少于 13 年。减刑制度最低服刑期的规定，就出于一般预防的考虑，如果不规定减刑的限度，可以无限制地减轻原判刑罚，会削弱刑罚的一般威慑功能，社会上的不稳定分子就会感到刑罚不足畏惧，从而影响刑罚一般预防目的的实现。

在司法实践中，如果不能把握好特殊预防与一般预防的关系，可能带来二者的冲突问题，影响刑罚运行的整体效果。例如，有的刑事案件在审理中，法官过分看重民愤、治安形势等反映一般预防需要的因素，而对被告人判处了超出其罪责程度和特殊预防需要的刑罚，导致被判刑人因判刑过重而产生抵触情绪，影响到教育矫正的质量，甚至于有人出狱后变本加厉，借机报复社会。还有一些案件中，司法人员过度考虑被告人自首、立功、认罪悔罪态度、退赃退赔表现等体现特殊预防的因素，刑罚适用偏轻乃至不适当地适用非刑罚处理方式，结果损害到一般预防的效果。

为有效地实现刑罚预防犯罪的目的，无论是从特殊预防还是从一般预防角度看，首要一点在于确保刑罚的公正性。公正是刑罚制度的生命线。刑罚的适用和执行都必须坚守公正底线，既不能用刑苛厉，执法过度；也不能法外施恩，宽大无边。如果量刑明显失衡，罚不当罪，执行中存在腐败和滥用权力的问题，犯罪人受到不公正的对待或者得不到应有的惩处，会助长其对法律的敌对情绪或漠视心态，不仅其本人难以做到认罪服法，悔过自新，影响特殊预防的效果，也会破坏整个刑事司法的公信力，不利于培养民众对法律的敬畏之心，有损一般预防目的的实现。另一方面，刑罚的及时性对于刑罚目的的实现也十分重要。如果案件久侦不破、久拖不决，犯罪人作案后长期逍遥法外，得不到及时的刑罚制裁，就可能助长犯罪人以及潜在犯罪人的侥幸心理，同样使得刑罚的效果大打折扣。正如古典学派刑法学家、意大利学者贝卡利亚所言："刑罚的有效性不在于刑罚的残酷性，而在于刑罚的及时性和不可避免性。"

■思考题

1. 什么是刑罚？刑罚具有哪些基本特征？
2. 简述刑罚的功能。
3. 试论我国刑罚的目的。

■参考书目

1. 马克昌主编：《刑罚通论》，武汉大学出版社 1999 年版。
2. 邱兴隆：《关于惩罚的哲学：刑罚根据论》，法律出版社 2000 年版。
3. 苏惠渔、孙万怀：《论国家刑权力》，北京大学出版社 2006 年版。
4. 高铭暄、赵秉志主编：《刑罚总论比较研究》，北京大学出版社 2008 年版。
5. 张明楷：《责任刑与预防刑》，北京大学出版社 2015 年版。

第十六章　刑罚的体系和种类

■ 学习目的和要求

　　了解刑罚的体系，主刑与附加刑的区别、分类及其具体规定，重点掌握我国《刑法》关于死刑的限制性内容，剥夺政治权利的内容、期限和计算方法，非刑罚处理方法的类别。

第一节　我国的刑罚体系和种类

一、刑罚体系的概念

　　刑罚体系，是指国家为充分发挥刑罚的功能、实现刑罚的目的，基于刑法明文规定而形成的、由一定刑罚种类按其轻重程度组成的序列。刑罚体系以现行刑事立法为基础。世界各国对刑罚体系的立法大致分为两种类型，一种是刑罚一元论的刑罚体系，另一种是刑罚与保安处分二元论的刑罚体系。我国刑罚分为主刑和附加刑，均分别按照程度从轻到重的顺序进行规定。依据不同的角度，刑罚可以分为不同的种类。例如，以刑罚内容为视角的分类，可以将刑罚分为生命刑、自由刑、财产刑、资格刑等；以刑罚的轻重为视角的分类，可以将刑罚分为重刑、轻刑等；以司法适用的普遍性角度的分类，可以将刑罚分为主刑和附加刑（从刑）。主刑在刑罚体系中居主要地位，只能独立适用，不能附加适用，且对一罪只能适用一个主刑，不能同时适用两个以上主刑。主刑包括管制、拘役、有期徒刑、无期徒刑和死刑。附加刑既可以附加于主刑适用，亦可以独立适用，对一罪有时可以同时附加适用数个附加刑（如罚金和剥夺政治权利可同时附加适用）。附加刑包括罚金、剥夺政治权利、没收财产，对犯罪的外国人，还可以适用驱逐出境。

　　刑罚体系的设置应当以有利于发挥刑罚的积极功能、实现刑罚目的为宗旨，各个刑种之间应当存在紧密的关联和合理的衔接，各刑种既相互独立又彼此关联，互为补充，形成逻辑严密的体系。刑罚体系的设置往往与刑事政策紧密关联，刑事政策对刑罚体系的设置具有重要的影响，刑罚体系和结构的调整往往依据本国刑事政策运行进行调整。"刑罚的规模应当同本国的状况相适应。在刚刚摆脱野蛮状态的国家里，刑罚给予那些僵硬的心灵的印象应该比较强烈和易感。为了打倒一头狂暴地扑向枪弹的狮子，必须使用闪击。但是，随着人的心灵在社会状态中柔化和感觉能力的增长，如果想保持客观与感受之间的稳定关系，就应该降低刑罚的强度。"[1] 犯罪不是鼓励的现象，而是社会形态和社会结构以及社会经济发展运行中存在的现象，设置合理的刑罚体系有利于控制犯罪现象的急剧上升。但是，对刑罚的运用还要防止过分依赖的思维，刑罚被滥用，其"恶"不亚于犯罪本身。因此，科学合理的刑罚体系设置有赖

　　〔1〕　［意］贝卡利亚：《论犯罪与刑罚》，黄风译，中国大百科全书出版社 1993 年版，第 44 页。

于对刑事政策的准确把握，将惩治与教育的理念贯穿于刑罚体系中，同时要体现人权保障的精神，从本国实际出发，制定出符合本国惩治犯罪和治理社会需要的刑罚体系。

二、我国刑罚体系的特点

（一）体系完备、结构合理

我国刑罚体系由主刑和附加刑构成一个完整的刑罚体系，分别包括若干刑种，每个刑种所造成的惩罚性痛苦的内容不同，可以根据不同犯罪状况给予不同犯罪分子有效、合适的制裁。主刑与附加刑相互补充、相得益彰，避免了单一刑种的局限性，各种刑罚方法全部由轻到重排列，主次分明，结构合理严谨，在刑期上亦能实现良好的衔接。

（二）宽严相济、适合比例

各种刑罚种类从轻到重有序排列，宽与严相互协调。比如主刑中从限制但并不剥夺人身自由的管制刑到剥夺生命的死刑，附加刑中从处罚一定数量的罚金刑到收缴个人财产的没收财产刑，无一不体现出立法者意图做到宽严相济的良苦用心，在贯彻"惩罚与教育相结合"方针的基础上实现刑法的特殊预防和一般预防的目的。

（三）内容适当、方法人道

在内容方面，整个刑罚体系无论是在刑种的选择、分类还是具体设置上都与我国国情相适应。既排斥肉刑等残酷刑罚，也不涉及对人格侮辱或者精神折磨的刑罚。有些刑种（如管制）还具有一定的中国特色，各个刑罚都包含惩罚与教育改造的机制，以自由刑为主，适当扩大罚金刑等的适用范围，与国际通行的立法方式相契合，特别是近年来的《刑法》修订，尤其突出扩大适用财产刑。在刑罚的人道性方面，除死刑立即执行外，所有的刑罚都旨在使犯罪分子接受惩罚和教育改造、认罪悔罪、重新做人，每种刑罚都能使犯罪分子感受到与其造成的社会危害程度相当的剥夺性痛苦，但又不以造成剧烈痛苦为目的，在死刑的适用方面也秉持着谨慎的态度，从实体和程序两方面严格控制死刑的适用。

第二节　主刑

一、管制

管制是指对犯罪分子不实行关押，但限制其一定自由，由社区矫正部门依靠群众监督而执行的刑罚方法。管制是最轻的主刑，是我国特有的一种刑罚。管制刑创立于民主革命时期，新中国成立后，管制刑主要适用于"那些可以不判徒刑，但须剥夺一定时期的一部或全部政治权利并加以改造的罪犯"[1]。在司法实践中，在建国初期，对某些反革命分子和贪污分子，采用这一制裁方法，后逐步扩大到其他刑事犯罪分子。1964 年 8 月 28 日，最高人民法院、最高人民检察院、公安部《关于管制适用的对象和管制的法律手续问题的联合通知》规定：管制作为对敌专政的一种手段，应当只适用于敌我矛盾性质的犯罪分子，不适用于人民内部矛盾性质的犯罪分子。而我国当前刑法体系中，则是将管制作为轻刑适用于轻微犯罪分子。

管制刑是否有存在的必要性，在我国刑法理论界存在争论，废除论者认为，管制刑作为特定历史条件下的产物，当时主要是在革命战争年代无法对罪犯实施监管而不得已采取的一种权宜之计，现在管制刑适用的历史条件已经不存在了，因此，管制刑没有保留的必要，废除论者还认为，管制刑在执行的过程中，由于各种客观条件的限制，使得管制刑有名无实，没有起到刑罚应有的惩罚或者威慑的作用。保留论者认为，管制刑是"群众路线"在刑罚制度上的具

---

〔1〕　1952 年政治法律委员会：《关于中华人民共和国惩治贪污条例草案的说明》。

体体现，对于犯罪较轻的犯罪分子复归社会具有很好的效果，也符合国际社会上所倡导的刑罚执行开放化的发展方向，对于刑罚体系的科学配置有很好的匹配作用。我们认为，我国当前刑罚体系中保留管制刑仍具有重要意义。一方面，管制刑的存在对于刑罚体系的轻重配置具有导向性作用，取消管制刑容易造成刑罚体系过于严苛的总体架构；另一方面，管制刑的合理运用有利于缓解关押压力和降低对犯罪人的改造成本，但是，管制刑在执行中存在的流于形式等问题，可以通过完善执行方式，更好地实现管制刑设置的目的。

根据我国《刑法》的规定，管制刑具有以下特点并主要包括以下内容：

（一）限制人身自由

管制限制但并不剥夺犯罪分子的人身自由，对适用管制刑的犯罪分子不关押，只是限制其人身自由，有利于行刑社会化理念的实现。管制刑的刑期为3个月以上2年以下，数罪并罚最高不能超过3年，刑期从判决执行之日起计算，判决执行前被采取刑事拘留、逮捕等剥夺人身自由的，羁押1日折抵刑期2日。管制期间限制人身自由的内容为：被判处管制的人，必须遵守法律、行政法规，服从监督，未经执行机关批准，不得行使言论、出版、集会、结社、游行、示威自由的权利，按照执行机关规定报告自己的活动情况，遵守执行机关关于会客的规定，离开所居住地市、县或者迁居，应当报经执行机关批准。

（二）适用对象

管制适用于罪行轻微、不需要予以关押的犯罪分子。在我国当前《刑法》中，设置管制刑的犯罪所占比例较小。但是，管制刑作为不关押的一个刑种，在完善刑罚体系过程中是一个创新性的尝试，有利于行刑社会化理念的贯彻，改变传统对犯罪人关押基础上的改造模式。从立法设计上看，管制刑针对轻微的犯罪设置。具体到司法适用中，从刑罚适用对象上考虑，必须是人身危险性小，不关押不至于危害社会的犯罪分子。从改造的目标上看，更有利于实现其复归社会。不关押，还有利于减少在关押过程中可能存在的"交叉感染"的消极现象，借助社会和家庭力量实现对犯罪人的教育改造。对于未成年人犯罪、初犯、偶犯、过失犯罪、老年人犯罪、被害人存在明显过错的犯罪、涉案金额较小的经济性犯罪等尽可能采用管制刑。

（三）依法实行社区矫正

对判处管制的犯罪分子，依法实行社区矫正，《刑法修正案（八）》将原来规定的"由公安机关执行"修改为"依法实行社区矫正"，在实行社区矫正的过程中，除了司法部门的社区矫正办公室承担相应社区矫正工作外，公安机关仍承担着重要的监管职责。在英美法系的国家，也存在限制自由刑，对于适用限制自由刑的犯罪分子，判处其社会服务，从事无偿劳动。我国的社区矫正实施，由司法行政部门具体负责，监督其执行。

（四）管制执行期间犯罪分子特殊的规定

判处管制可以根据犯罪情况，同时禁止犯罪分子在执行期间从事特定活动，进入特定区域、场所，接触特定的人。没有附加剥夺政治权利的，在管制期间仍然享有政治权利。之所以要对判处管制刑的犯罪分子禁止从事特定活动，禁止进入特定区域、场所，接触特定的人，主要是从犯罪预防的角度出发，防止其再次犯罪，因此所禁止的内容，往往与诱发犯罪成因紧密关联。例如，未成年人因为上网诱发犯罪，可以根据其犯罪情况，禁止其在刑罚执行期间进入网吧等场所。

（五）管制适用结果

管制期满，执行机关应即向本人和其所在单位或者居住地的群众宣布解除管制，被判处管制的犯罪分子在管制执行期间实施一般违法或者违反有关监督管理规定的行为，尚未构成犯罪的，应当依法予以治安处罚，并继续执行管制，实施犯罪行为的，应当依法定罪量刑。

二、拘役

拘役是剥夺犯罪分子短期人身自由，就近实行劳动改造的刑罚方法。拘役是一种短期自由刑，在世界上很多国家，都有短期自由刑的设置，有 10 日、30 日、2 个月等。刑法理论界关于短期自由刑的利弊和存废有较大的争议。例如，有论者认为，短期自由刑由于关押时间短，难以实现刑罚的惩罚和改造目的，也不能体现刑罚惩罚性的本质特征，威慑性有限，而将其与其他罪犯一起关押，可能还会导致犯罪人交叉感染，无论对于一般预防还是特殊预防目的都难以实现。但是，短期自由刑从民主革命时期就已经存在，1979 年《刑法》将短期自由刑（拘役）作为自由刑之一规定在我国刑罚体系中，1997 年《刑法》全面修订，仍然保留了拘役刑。我们认为，在我国保留短期自由刑有其必要性。首先，从罪刑相适应的角度看，我国《刑法》中规定了大量轻罪甚至微罪，特别是近年来，在积极主义刑法立法观指导下，我国《刑法》多次修订中都增加了大量轻微犯罪，如果废除短期自由刑，就不利于在立法上实现罪刑相适应原则；其次，短期自由刑虽然存在一些弊端，但是，这和其他任何刑种都一样，没有哪一个刑种是完美无缺的，我们可以针对其可能存在的弊端，例如执行上的问题，采取有针对性的完善措施，尽可能发挥其长处，减少其短处，如果废除短期自由刑，还会和废除管制刑一样带来我国刑法体系结构上的明显趋重，这样就不是一个科学合理的刑罚体系。最后，完善短期自由刑的配套措置，例如在刑事诉讼上的便利原则，对可能判处短期自由刑的犯罪设置快速办理程序，对于判处短期自由刑的犯罪人设置单独关押场所，减少其在看守所与其他犯罪嫌疑人接触的时间，减少或者避免"交叉感染"现象。总之，短期自由刑不仅在当前有存在的必要性，而且要长期存在，以发挥其特定的作用。

根据我国《刑法》的相关规定，拘役包括以下特点和内容：

（一）短期剥夺人身自由

不同于管制，拘役将短期剥夺犯罪分子的人身自由，对犯罪分子进行关押，关押的刑期为 1 个月以上 6 个月以下，数罪并罚不得超过 1 年。刑期从判决执行之日起计算，判决执行以前先行羁押的，羁押 1 日折抵刑期 1 日。

（二）适用对象

拘役适用于罪行较轻但需要短期关押改造的犯罪分子。我国《刑法》中设置拘役刑的犯罪在全部犯罪中所占比例较大，在具体适用过程中，除了考虑行为人实施犯罪的客观社会危害性，还应考虑犯罪人的人身危险性和主观恶性。不关押可能会影响社会稳定，但是又不需要长期关押。

（三）由公安机关就近执行

拘役由公安机关在就近的拘役所、看守所或其他监管场所执行，执行期间，犯罪分子每月可以回家 1~2 天，参加劳动的，可以酌量发给报酬。从执行的效果上看，设置专门的拘役所最有利于分类改造，但是，设置专门拘役所需要一定的人力物力财力等，改造成本会急剧上升，因此，很多地方都是在看守所执行剩余刑期。也有的地方在其他的监管场所执行。对于执行拘役的罪犯，都要全部参加生产劳动，原则上应该分管、分押，并积极创造条件，使他们能够就近参加劳动，同时委托生产劳动单位对其进行必要的监督，对于就近参加其他单位劳动的，仍然要在看守所或者拘役所住宿，早出晚归。同时，对于拘役的罪犯给予其每月回家 1~2 天的探亲，也是借助家庭力量对其进行感化改造，使其能更好复归社会，是行刑社会化的一种表现。同时，参加劳动的，酌量发给其劳动报酬，仍然体现对其劳动的尊重，要求其参加劳动，是使其不好逸恶劳，以劳动改造其身心，这也是体现刑罚的改造功能，而不仅仅是惩罚功能。

三、有期徒刑

有期徒刑是剥夺犯罪分子一定期限的人身自由，对其实行强制劳动改造的刑罚方法，有期徒刑具有刑期跨度最大、适用面最广的特点，故而在我国刑罚体系中居于中心地位，《刑法》分则绝大多数条文中都设置了有期徒刑，只有极少数犯罪，例如危险驾驶罪、代替考试罪等没有设置有期徒刑。与其他刑种相比，有期徒刑具有非常明显的优点：有期徒刑刑期跨度大，适用性广，刑期的可分性强，既可以适用社会危害大的严重犯罪，又可以适用于中性的犯罪，还可以适用于相对较轻的犯罪，能体现刑法个别化原则。在一定期限内对犯罪分子进行关押，能明显地体现出对犯罪行为的否定性评价，同时反映出对犯罪分子的惩罚性，克服了短期自由刑的一些弊端，更有利于改造罪犯，实现刑罚目的。当然，有期徒刑，特别是时间较长的有期徒刑会使犯罪分子在改造过程中出现消极悲观的情绪，长期的关押使其与社会隔离时间较长，复归社会的难度较大，在长期的关押过程中，对社会变化的适应存在一定障碍。但是，我国刑罚执行制度中的减刑制度和假释制度可以有效减少上述有期徒刑的弊端，因此，有期徒刑仍然是当前以及将来较为合适的刑罚方法。

我国《刑法》规定的有期徒刑主要包括以下内容：

（一）剥夺人身自由

有期徒刑属于自由刑，区别于生命刑、财产刑或者资格刑，刑期为 6 个月以上 15 年以下。数罪并罚时：有期徒刑总和刑期不满 35 年的，最高不能超过 20 年；总和刑期在 35 年以上的，最高不能超过 25 年。刑期从判决之日起计算，判决执行以前先行羁押的，羁押 1 日折抵刑期 1 日。

（二）适用对象

有期徒刑的刑期幅度大，故其适用范围和对象较广，既可以作为重刑适用于罪行严重的犯罪分子，亦可以作为中等刑罚适用于罪行居中的犯罪分子，还可以作为轻刑适用于罪行较轻但仍需剥夺其自由的犯罪分子。由于有期徒刑适用的范围比较广，所以，应考虑对有期徒刑的法定刑幅度进行必要的调整，缩小有的跨度较大的法定幅度。

（三）执行机关为监狱或其他监管机关

被判处有期徒刑的犯罪分子，在监狱或者其他执行场所执行。这里的"在其他执行场所执行"，根据《监狱法》的规定，是指罪犯在被交付执行刑罚前剩余刑期在 3 个月以下的，由看守所代为执行，对未成年犯在未成年犯管教所执行刑罚，未成年犯年满 18 周岁时，剩余刑期不超过 2 年的，仍可以留在未成年犯管教所执行剩余刑期。根据《刑法》规定，凡有劳动能力的，都应当参加劳动，接受教育和改造。该规定旨在使被判处有期徒刑的犯罪分子通过劳动摒弃恶习、接受教育改造，成为遵纪守法的社会新人。

四、无期徒刑

无期徒刑是剥夺犯罪分子终身自由，将其关押在一定场所，对其实行强制劳动改造的刑罚方法。无期徒刑是自由刑中最严厉的刑罚，因此只适用于罪行严重但不需判处死刑的犯罪分子。无期徒刑是剥夺终身自由的刑罚，故判决确定前先行羁押的时间不能折抵刑期，无期徒刑不能孤立适用，对于被判处无期徒刑的犯罪分子，应当附加剥夺政治权利终身。与有期徒刑一样，被判处无期徒刑的犯罪分子，在监狱或者其他执行场所执行，凡具有劳动能力的，应当参加劳动，接受教育和改造。

无期徒刑因为在形式上容易被理解为终身关押，直至死亡，具有明显报应刑的特征，所以最能体现对犯罪分子惩罚性的特征。无期徒刑是有效惩处犯罪分子的有力武器，我国《刑法》中设置无期徒刑往往与死刑相并列，近年来，我国《刑法》多次修订涉及废除部分犯罪的死刑，特别是经济犯罪的死刑，到《刑法修正案（九）》已经全面废除经济犯罪死刑，但是被废除死刑的犯罪仍然保留了无期徒刑的设置。无期徒刑的设置针对人身危险性大、主观恶性强的犯罪，因此，我国《刑法》中全部是针对故意犯罪进行设置，无期徒刑的设置基础都是情节加重犯、结果加重犯等。无期徒刑因其终身关押的特点，导致犯罪分子在改造的过程容易产生对抗情绪，缺乏改造动力，缺少改造的积极性和主动性，甚至自暴自弃。但是，我国刑罚执行制度中的减刑制度和假释制度可以有效克服上述问题。无期徒刑在理论上的存废之争直接推动了世界各国立法，有些国家在立法上废除了无期徒刑。我们认为，我国当前还存在部分严重犯罪，在严格限制死刑适用的背景下，无期徒刑在打击严重犯罪、保护社会方面发挥不可替代的作用。我国台湾学者韩忠谟也指出："实则无期徒刑绝非死刑之缺乏回复性可比，近来假释制度办理完善，无期徒刑人犯，如有悛悔实据，在一定期间之执行后，得许假释，故受刑者并非永无出狱之望，而依此假释制度，更可促使犯人改悔，所谓无期徒刑过于残酷，易使受刑人自暴自弃云云，似属无据。且无期徒刑之严重隔离作用，有代替死刑之功能，在盛唱废止死刑之今日，不失为极有价值之刑罚，更无可废之理。"[1]

五、死刑

（一）死刑的概念

死刑，又称为"生命刑"，是剥夺犯罪分子生命的刑罚方法，是刑罚体系中最严厉的刑种。死刑是刑罚史上最古老的刑罚种类，伴随人类社会数千年。17 世纪以来，以英国哲学家洛克，法国启蒙思想家孟德斯鸠、卢梭等为代表的一大批思想家提出天赋人权、社会契约论等思想，受到近代人权理论的影响，意大利著名刑法学家贝卡利亚在其名著《论犯罪与刑罚》中提出死刑的正当性疑问，他指出："在一个组织优良的社会里，死刑是否真的有益和公正？人们可以凭借怎样的权利来杀死自己的同类呢？"[2] 由此，在世界范围内拉开了死刑存废之争的序幕，理论上的争论直接影响到了各国立法实践，根据联合国预防与控制委员会的统计，世界上废除死刑的国家或者在近十年内没有实际适用死刑的国家有 90 个左右，保留并执行死刑的国家有 93 个。我国是保留死刑的国家，但是，我国对待死刑的立场是，保留死刑，但是严格限制死刑的实际适用。在我国死刑的执行包括死刑立即执行和缓期二年执行两种情况。我国《刑法修正案（八）》和《刑法修正案（九）》两次修订分别废除了部分犯罪的死刑，特别是《刑法修正案（九）》完全废除了经济犯罪的死刑。

（二）死刑的适用

正因为死刑是剥夺犯罪人生命的最严厉的刑罚，故在适用死刑时应格外谨慎，我国《刑法》坚决贯彻"保留死刑、严格控制死刑"的政策。在民主革命时期，针对当时农村土改运动中出现滥杀现象，毛泽东同志在《关于目前党的政策中的几个问题》中指出："必须坚持少杀，严禁乱杀。主张多杀乱杀的意见是完全错误的，它只会使我党丧失同情，脱离群众，陷于孤立。"[3] 建国初期，毛泽东同志再次强调，凡应杀分子，只杀有血债者，有引起群众愤恨的其他重大罪行者……，其余，一律采取判处死刑，缓期二年执行，在缓刑期内强制劳动，以观后效的政策。保留死刑，严格控制死刑的政策一直是我国长期坚持的基本死刑政策。2007 年最高人民法院、最高人民检察院、公安部、司法部《关于进一步严格依法办案确保办理死刑案件质量的意见》中指出："依法严厉打击严重刑事犯罪，对极少数罪行极其严重的犯罪分子，

---

〔1〕　韩忠谟：《刑法原理》，台湾雨利美术印刷有限公司 1981 年版，第 408 页。
〔2〕　[意] 贝卡利亚：《论犯罪与刑罚》，黄风译，中国大百科全书出版社 1993 年版，第 45 页。
〔3〕　《毛泽东选集》（第 4 卷），人民出版社 1991 年版，第 1271 页。

坚决依法判处死刑。我国现在还不能废除死刑，但应逐步减少适用，凡是可杀可不杀的，一律不杀。办理死刑案件，必须根据构建社会主义和谐社会和维护社会稳定的要求，严谨审慎，既要保证根据证据正确认定案件事实，杜绝冤错案件的发生，又要保证定罪准确，量刑适当，做到少杀、慎杀。"具体设计上，从实体和程序两个大的方面对死刑的适用予以严格限制：

1. 坚持罪刑法定原则。只有对《刑法》分则明文规定可以判处死刑的犯罪才能适用死刑。任何人不能擅自创设死刑，对法条没有明文规定的犯罪适用死刑。我国《刑法》中设置死刑的罪名都是针对严重危害国家安全、国防建设、政治安全以及严重危害人民生命健康财产安全的严重犯罪。即使规定了死刑的罪名，也不意味着就一定要适用死刑。《刑法》总则规定得相对比较抽象，分则规定了死刑的罪名需要确定适用死刑的具体情节，这些情节不宜做任意扩大解释。

2. 严格控制死刑的适用范围。死刑只适用于罪行极其严重的犯罪分子。罪行极其严重，是指在客观上对国家和人民利益造成严重危害，情节特别恶劣，并且犯罪人人身危险性极大，主观恶性极深，对于应当判处死刑的犯罪分子，如果不是必须立即执行的，可以判处死刑同时宣告缓期二年执行。"罪行极其严重"的司法判断，要结合《刑法》分则规定的具体罪名中的具体构成要件要素，比如犯罪动机极其卑劣，手段极其残忍，后果极其严重，社会影响极其恶劣等要素。"罪行极其严重"是具体的判断，不是抽象的判断。

3. 犯罪的时候不满18周岁的人和审判的时候怀孕的妇女，不适用死刑。审判的时候已满75周岁的人，不适用死刑，但以特别残忍的手段致人死亡的除外。这里的"不得适用死刑"，既包括死刑立即执行，也包括死刑缓期二年执行。犯罪时的具体年龄，应当按公历的年、月、日计算，且是否满周岁，应从生日的第二天起算。"审判的时候怀孕的妇女"既包括在人民法院审判时被告人是怀孕的妇女，也包括在审判前的羁押阶段已经是怀孕妇女，对案件起诉到人民法院以前，被告人在羁押期间做人工流产的，应视为审判时怀孕的妇女，不能判处死刑。怀孕妇女因涉嫌犯罪在羁押期间自然流产后，又因同一事实被起诉、交付审判的，应视为审判的时候怀孕的妇女，依法不适用死刑。在羁押期间已经怀孕的被告人，无论其怀孕是否属于违反国家计划生育政策，也不论其是否自然流产或者经人工流产以及流产后移送起诉或者审判期间的长短，都不应适用死刑，更不能为了判处死刑而强制怀孕的被告人做人工流产，法律之所以作出上述规定，是基于人道主义立场，对怀孕的妇女给予人道主义关怀。关于审判时候已满75周岁的老人不适用死刑，是《刑法》修订的时候新增的规定，体现刑罚人道主义，中国古代就有"恤老"的刑罚精神，因此修法的时候有人提出，对于75周岁以上的老人，不适用死刑。但是在讨论过程中，有人提出，以特别残忍的手段致人死亡的，应保留适用的可能性。这里规定的"以特别残忍手段致人死亡"，既包括故意杀人罪中的杀人手段极其残忍，也应该包括其他犯罪中的极其残忍手段。例如，抢劫罪中，行为人在抢劫过程中，使用了极其残忍的手段致人死亡；故意伤害罪中，行为人虽然故意内容是"伤害"，但是手段极其残忍并致人死亡，等等。

4. 死刑核准程序的限制。死刑除依法由最高人民法院判决的以外，都应当报请最高人民法院核准。中级人民法院判处死刑的第一审案件，被告人不上诉的，应当由高级人民法院复核后，报请最高人民法院核准，高级人民法院判处死刑的第一审案件，被告人不上诉的，以及判处死刑的第二审案件，都应当报请最高人民法院核准。死刑缓期二年执行的，可以由高级人民法院判决或者核准，违反上述法定程序适用死刑的，应认为是非法适用死刑。

5. 不得任意采用死刑执行方法。目前，执行死刑采用枪决或注射两种方法。采用枪决、注射以外的其他方法执行死刑的，应当事先层报最高人民法院批准。

（三）死刑缓期二年执行

死刑缓期二年执行（以下简称"死缓"）是我国特有的刑罚制度。《刑法》第 48 条规定："对于应当判处死刑的犯罪分子，如果不是必须立即执行的，可以判处死刑同时宣告缓期二年执行。"关于适用死刑立即执行还是适用死刑缓期 2 年执行，"两高两部"《关于进一步严格依法办案确保办理死刑案件质量的意见》中指出，依法严厉打击严重刑事犯罪，对极少数罪行极其严重的犯罪分子，坚决依法判处死刑。我国现在还不能废除死刑，但应逐步减少适用，凡是可杀可不杀的，一律不杀。对死刑案件适用刑罚时，既要防止重罪轻判，也要防止轻罪重判，做到罪刑相当，罚当其罪，重罪重判，轻罪轻判，无罪不罚。对罪行极其严重的被告人必须依法惩处，严厉打击；对具有法律规定"应当"从轻、减轻或者免除处罚情节的被告人，依法从宽处理；对具有法律规定"可以"从轻、减轻或者免除处罚情节的被告人，如果没有其他特殊情节，原则上依法从宽处理；对具有酌定从宽处罚情节的也依法予以考虑。

1. 死缓的适用条件。根据上述条款的规定，死缓的适用须同时具备两个条件：一是"应当判处死刑"，即根据犯罪分子所犯罪行的严重程度理应处死；二是"不是必须立即执行"，即虽然罪该处死，但还不是必须立即执行。之所以设定死缓制度，是为了贯彻严格控制死刑的政策，给罪行严重的犯罪分子一个改过自新的机会。对于罪行极其严重的犯罪分子，论罪应当判处死刑的，要坚决依法判处死刑。要依法严格控制死刑的适用，统一死刑案件的裁判标准，确保死刑只适用于极少数罪行极其严重的犯罪分子。拟判处死刑的具体案件定罪或者量刑的证据必须确实、充分，得出唯一结论。对于罪行极其严重，但只要是依法可不立即执行的，就不应当判处死刑立即执行。

2. 死缓的适用后果。死缓执行期间，如果没有故意犯罪，2 年期满后，减为无期徒刑。没有故意犯罪就当然减为无期徒刑，即使有过失犯罪，也要减为无期徒刑。死缓执行期间，如果确有重大立功表现，2 年期满后，减为 25 年有期徒刑。执行期间，如果故意犯罪，情节恶劣的，报请最高人民法院核准后执行死刑。对于故意犯罪未执行死刑的，死刑缓期执行的期间重新计算，并报最高人民法院备案。《刑法修正案（八）》对于死刑缓期二年执行的法律后果进行了修订，将原来规定的"有重大立功表现，二年期满以后，减为十五年以上二十年以下有期徒刑"修改为"减为二十五年有期徒刑"。《刑法修正案（九）》将"如果故意犯罪，查证属实的，由最高人民法院核准，执行死刑"修改为"如果故意犯罪，情节恶劣的，报请最高人民法院核准后执行死刑"。这样的修改，明确了以下的立法精神：一是延长羁押时间，拉大被判无期徒刑减为有期徒刑和被判死缓减为有期徒刑之间的差距，更准确体现罪责刑相一致的原则，二是对死刑缓期二年执行转变为死刑立即执行采取更加谨慎的态度，即使是故意犯罪，也不一定要执行死刑，必须是情节恶劣的故意犯罪才考虑执行死刑。

3. 死缓的限制减刑。对被判处死刑缓期执行的累犯以及因故意杀人、强奸、抢劫、绑架、放火、爆炸、投放危险物质或者有组织的暴力性犯罪被判处死刑缓期执行的犯罪分子，人民法院根据犯罪情节等情况可以同时决定对其限制减刑。这里限制减刑适用的对象不限于所列的这几种犯罪，而是应当包括所有对人实施的暴力性犯罪，例如劫持航空器罪、破坏交通工具罪等。限制减刑，是指在量刑时同时适用的制度，即根据犯罪分子所实施犯罪的社会危害性及其人身危险性所做出的判断，而不是在执行过程中根据犯罪分子的表现重新裁定。限制减刑制度的设置目的，也是限制死刑实际适用，对于原来可能适用死刑立即执行的犯罪分子，可以通过适用限制减刑制度，在实际上减少死刑立即执行，但是，又考虑到行为人所实施犯罪的客观社会危害性以及人身危险性，加大监禁刑的适用力度，延长实际关押时间，限制减刑制度虽然不是死刑立即执行的替代制度，但是，确实可以通过适用限制减刑制度既达到刑罚处罚和教育改造的目的，又可以减少死刑的实际适用。

4. 死缓的期限计算。死刑缓期执行的期间，从判决确定之日起计算，死刑缓期执行减为有期徒刑的刑期，从死刑缓期执行期满之日起计算。

第三节　附加刑

一、罚金

罚金是由人民法院判决的、强制犯罪分子向国家缴纳一定数额金钱的刑罚。罚金刑是财产刑的一种，旨在从经济上给犯罪分子以制裁。世界各国对罚金刑在刑罚体系中的地位安排不尽相同，有的国家是将罚金刑作为主刑，例如，意大利、瑞士等国；有的国家则是将罚金刑作为附加刑。在对附加刑的具体适用上，又存在不同的立法规定，有的国家规定作为附加刑的罚金刑只能附加适用，不能单独适用。例如 1950 年的《捷克斯洛伐克刑法典》；有的国家则规定既可以附加适用，也可以单独适用。我国属于既可以附加适用也可以单独适用。罚金刑从法律属性上看，是一种刑罚方法，因此，罚金只能适用于犯罪的人，适用主体上也只能由人民法院依据法定程序进行，在本质上不同于行政罚款。罚金刑作为财产性的一个种类，在世界各国刑法中都有规定。罚金刑具有自由刑所不具备的特点，例如，罚金刑可以避免在关押过程中的"交叉感染"，避免因对于犯罪人的关押而导致其与社会隔离从而使其复归社会存在障碍，在执行的方法上相对简便易行，并且可以在案件出现错误的情况下及时纠正。我国近年来的几次《刑法》修订中，都增加了罚金刑的适用范围。当然，罚金刑也有其自身的缺陷，罚金刑是以犯罪分子在一定期限内缴纳一定金钱为内容的刑罚，所以可能会导致行为人因为其自身财富的多寡而在效果上有所差异，富有的人缴纳一定数额的罚金，其对刑罚的惩罚性感受远远不如贫穷的人的刑罚惩罚感知度，容易给社会民众造成刑罚适用不平等的感觉。刑罚预防的效果也会截然不同，甚至相反，对于富有的人甚至会产生"犯罪只要交钱就可以了"的错觉。罚金刑与刑罚目的可能在一定程度上还存在冲突，刑罚的主要目的在于预防犯罪，而罚金刑一方面通过让受刑人缴纳金钱以体现出对其惩罚，而另一方则表现出"一罚了之"的特性，缺乏教育性，反映出罚金刑"重罚轻教"的特点。此外，对于司法实践中的"流动人口"犯罪，罚金刑的执行也存在一定困难，过分注重罚金刑适用，还可能会导致出现"以罚代刑"的倾向。

我国《刑法》中罚金刑主要包括以下内容：总体上从《刑法》分则的相关规定上看，存在"并处罚金""选处罚金""单处罚金"和"并处或者单处罚金"。《刑法》规定"并处"罚金的犯罪，人民法院在对犯罪分子判处主刑的同时，必须依法判处相应的财产刑；《刑法》规定"可以并处"罚金的犯罪，人民法院应当根据案件具体情况及犯罪分子的财产状况，决定是否适用财产刑。

（一）罚金的适用对象

罚金刑的适用对象在世界上也存在不同，有的适用于轻罪，有的主要适用于轻罪，有的既可以适用于轻罪，也可以适用于重罪。我国的罚金刑的适用对象是经济犯罪、财产犯罪等贪利性犯罪，不考虑犯罪本身的轻重，对自然人犯罪和单位犯罪均可以判处罚金，其中对于单位犯罪，只能适用罚金刑。在《刑法》分则的规定中，主要集中在破坏社会主义市场经济秩序犯罪、侵犯财产犯罪、妨害社会管理秩序犯罪、贪污贿赂犯罪。罚金可以单处，亦可与其他主刑和附加刑并处。犯罪情节较轻，适用单处罚金不致再危害社会并具有下列情形之一的，可以依法单处罚金：①偶犯或者初犯；②自首或者有立功表现的；③犯罪时不满 18 周岁的；④犯罪预备、中止或者未遂的；⑤胁迫参加犯罪的；⑥全部退赃并有悔罪表现的；⑦其他可以依法单处罚金的情形。

（二）罚金的数额

《刑法》第 52 条规定："判处罚金，应当根据犯罪情节决定罚金数额。"因此，人民法院应综合考虑犯罪事实、情节、社会危害程度以及犯罪分子的主观恶性和人身危险性后再确定罚金的具体数额。判处罚金的数额不能以行为人富有还是贫穷来确定，而是应当根据罪责刑相一致的原则来确定。特别是在《刑法》确定了"随时追缴制度"以后，不必担心罚金刑空判或者无法执行的情况。在《刑法》确定"随时追缴制度"以前，法院判处罚金数额往往会考虑到实际执行的可能性，因此或多或少地会考虑到犯罪人的实际财产状况，事实上，犯罪分子的财产多寡，不是罪责的要素，不能以此作为判断依据。另外，《刑法》分则对罚金数额的规定主要采取以下几种方式：①明确规定罚金的上下限数额；②倍比罚金制，即对罚金数额规定一定的倍数或比例；③对数额未作具体规定，只在条文中规定"单处或并处罚金"。法院在确定罚金数额时，应按照罪刑法定原则，严格依据法条来进行，对于没有确定具体数额的，人民法院应当根据犯罪情节，如违法所得数额、造成损失的大小等，并综合考虑犯罪分子缴纳罚金的能力，依法判处罚金。《刑法》没有明确规定罚金数额标准的，罚金的最低数额不能少于 1000 元。对未成年人犯罪应当从轻或者减轻判处罚金，但罚金的最低数额不能少于 500 元。依法对犯罪分子所犯数罪分别判处罚金的，应当实行并罚，将所判处的罚金数额相加，执行总和数额。

（三）罚金的缴纳

罚金的缴纳主要有四种情形：一次缴纳、分期缴纳、强制缴纳以及随时追缴。犯罪分子既可以在判决指定的期限内一次性全部缴纳，也可以在指定期限内分期缴纳，期满不缴纳的，还可以由法院依法采取查封、拍卖等方式强制缴纳。对于不能全部缴纳罚金的，人民法院在任何时候发现被执行人有可以执行的财产，应当随时追缴。由于遭遇不能抗拒的灾祸等原因缴纳确实有困难的，经人民法院裁定，可以延期缴纳、酌情减少或者免除。"由于遭遇不能抗拒的灾祸等原因缴纳确实有困难的"，主要是指因遭受火灾、水灾、地震等灾祸而丧失财产；罪犯因重病、伤残等而丧失劳动能力，或者需要罪犯抚养的近亲属患有重病，需支付巨额医药费等，确实没有财产可供执行的情形。具有"可以酌情减少或者免除"事由的，由罪犯本人、亲属或者犯罪单位向负责执行的人民法院提出书面申请，并提供相应的证明材料。人民法院审查以后，根据实际情况，裁定减少或者免除应当缴纳的罚金数额。罚金刑由第一审人民法院执行。犯罪分子的财产在异地的，第一审人民法院可以委托财产所在地人民法院代为执行。

二、剥夺政治权利

剥夺政治权利，是指剥夺犯罪分子参与国家管理和政治活动权利的刑罚方法。在革命根据地时期，使用"褫夺公权"的称谓，在新中国成立以后的 1950 年底改称"剥夺政治权利"并沿用至今。剥夺政治权利作为一种刑罚方法，适用对象只能是犯罪分子，并且只能由人民法院依照法定程序适用，其内容是剥夺犯罪分子参加管理国家的权利和一定社会生活权利。从立法设置上看，剥夺政治权利作为附加刑适用的时候，往往适用于比较严重的犯罪，单独适用的时候，往往适用于较轻的犯罪。剥夺政治权利在我国《刑法》总则和分则中都有相应的规定。在《刑法》总则中规定了"应当剥夺政治权利"的情形以及"可以剥夺政治权利"的情形。在具体适用罪名时，还要根据《刑法》分则的规定加以适用，不得任意适用。

（一）剥夺政治权利的内涵

我国剥夺政治权利的内涵，在不同历史时期，具有不同的内容。根据《刑法》第 54 条的规定，剥夺政治权利是剥夺下列权利：一是选举权和被选举权。我国《宪法》规定：中华人民共和国年满 18 周岁的公民都有选举权和被选举权，这是我国公民的基本权利，直接体现了我国公民参与管理国家的权利，宪法中同时规定，"依照法律被剥夺政治权利的人除外"，所以《刑法》将其作为剥夺政治权利的首要内容加以规定。二是言论、出版、集会、结社、游行、示威自由的权利。上述权利应主要体现在其内容的"政治性"，例如剥夺言论、出版权利，并不是说完全剥夺犯罪分子口头或者文字表达的权利，更不是剥夺了其说话的权利，而是剥夺其通过口头或者文字发表涉及"政治性"的权利，对于非"政治性"的权利不能加以剥夺，说话自由和文字表达自由是人的基本权利，不应加以剥夺，只有涉及"政治性"的表达，才加以剥夺，这也是宪法的基本精神。再例如，剥夺集会、结社的权利，也是指剥夺"政治性"的集会、结社的权利，并不是所有的集会、结社自由都要剥夺，如果行为人参与非"政治性"的集会、结社则不应该加以禁止。但是游行、示威本身就具备与生俱来的政治性，因此，不存在非政治性的游行、示威。三是担任国家机关职务的权利。国家机关是依照法律设立对国家政治、经济社会生活等进行管理的组织，我国的国家机关包括权力机关、行政机关、司法机关、军事机关以及中国共产党各级委员会和人民政协各级委员会，在这些机关担任职务，本身就意味参与管理国家和社会，剥夺犯罪分子担任国家机关职务的权利，就是要使其不能参加管理国家的权利，需要强调的是，这里不仅仅是禁止其担任国家机关领导职务，还包括一般公职人员的职务（身份）。四是担任国有公司、企业、事业单位和人民团体领导职务的权利。我国的国有公司、企业、事业单位和人民团体虽然不是国家机关，但是在我国具有非常特殊的地位，总体上都是纳入财政预算的组织，在这些组织中担任领导职务，在某种程度上说，也是参与管理国家和社会经济文化生活，因此，剥夺政治权利中包括了剥夺在上述组织中担任领导职务的权利，但是不禁止其在上述组织中从事其他一般工作的权利。剥夺政治权利，是指将上述四项政治权利同时剥夺，而不是剥夺其中某一项的权利。

（二）剥夺政治权利的适用对象

1. 应当附加剥夺政治权利。根据《刑法》总则的规定，以下两种情况应当附加剥夺政治权利：其一，对于危害国家安全的犯罪分子应当附加剥夺政治权利；其二，对于被判处死刑、无期徒刑的犯罪分子应当附加剥夺政治权利。危害国家安全的犯罪分子，就是指行为人实施了《刑法》分则第一章所规定的"危害国家安全罪"，对于这类犯罪，无论主刑如何规定，一律设置剥夺政治权利。关于被判处死刑、无期徒刑的犯罪分子是否应当适用剥夺政治权利，我国台湾地区有学者指出："有谓宣告死刑，生命既绝，公权即无从附丽。无期徒刑囚禁终身，自亦无从享有公权，似无再行宣告褫夺公权之必要云云。"[1] 我们认为，对于被判处死刑的犯罪分子附加剥夺政治权利，在一定程度上体现了一种宣示性的否定性评价，另外，我国存在死刑缓期二年执行的制度，对于被判处死刑缓期二年执行的犯罪分子，如果不剥夺其政治权利，就意味着其仍然享有政治权利，对于无期徒刑的犯罪分子也是同样的问题，因此，剥夺政治权利仍然是有意义的。

2. 可以附加剥夺政治权利。对于故意杀人、强奸、放火、爆炸、投毒、抢劫等严重破坏社会秩序的犯罪分子，可以附加剥夺政治权利，是否附加剥夺，则要综合犯罪情节和被告人的基本情况由法院依法裁量。法律规定可以附加剥夺政治权利，并不是意味着也可以不剥夺政治权利。这里的"可以"应当理解为"没有特殊情况就应当"的意思。这里所列举的严重犯罪，虽然不是危害国家安全的犯罪分子，也不是被判处死刑或者无期徒刑的犯罪分子，但是都是严重破坏社会秩序的犯罪分子，社会危害性大，人身危险性高，主观恶性大，对其剥夺政治权

---

〔1〕 高仰止：《刑法总则之理论与实用》，台湾五南图书出版公司 1986 年版，第 474 页。

利，也体现对其政治性的否定评价。但是，考虑到犯罪分子可能是未成年人的情况，所以，《刑法》中规定了"可以"而不是"应当"，人民法院可以根据具体犯罪人的情况，综合加以考虑。最高人民法院也通过司法解释的形式指出，对于未成年人犯罪，原则上不适用剥夺政治权利。

3. 独立适用剥夺政治权利。独立适用剥夺政治权利的，依照《刑法》分则的规定，一般适用于罪责较轻或情节较轻的犯罪。在《刑法》分则中主要集中在危害国家安全犯罪、危害国防利益犯罪、侵犯公民人身权利民主权利犯罪以及妨害社会管理秩序犯罪等四章中的较为轻微的犯罪。

（三）剥夺政治权利的期限和执行

剥夺政治权利的期限和执行，归纳起来共有以下几种情况：

1. 对于被判处死刑、无期徒刑的犯罪分子，应当剥夺政治权利终身，其刑期从主刑执行之日开始执行。

2. 对于死刑缓期执行减为有期徒刑或者无期徒刑减为有期徒刑的，应当把附加剥夺政治权利的期限改为3年以上10年以下，其刑期从有期徒刑执行完毕之日或者从假释之日起计算，且剥夺政治权利的效力当然及于主刑执行期间。

3. 独立适用剥夺政治权利或者被判处有期徒刑、拘役附加适用剥夺政治权利的期限，为1年以上5年以下，独立适用的，从判决执行之日起计算，附加适用的，从徒刑、拘役执行完毕之日或者从假释之日起计算，且剥夺政治权利的效力当然及于主刑执行期间。

4. 被判处管制附加剥夺政治权利的，剥夺政治权利的期限与管制的期限相同，同时执行。需要注意的是，被判处有期徒刑、拘役、管制而没有附加剥夺政治权利的犯罪分子，在刑罚执行期间仍然享有政治权利。

三、没收财产

没收财产，是指法院判决将犯罪分子个人所有财产的全部或者一部分强制无偿收归国有的刑罚方法，至于没收一部分还是全部，要视犯罪情节和犯罪分子的个人情况而定。没收财产和罚金刑同为财产刑，具有很多相似之处，但是，没收财产与罚金还是存在较大的区别，具体表现在：罚金刑是强制犯罪分子缴纳一定的财物作为刑罚内容，不考虑犯罪分子的实际所有财产，而没收财产则是以犯罪分子个人所有的合法财产作为没收对象，犯罪分子如果没有合法财产，则无法判处没收财产，但是仍然可以判处罚金；从没收财产的立法设置上看，主要是针对严重犯罪设置该刑种，在执行方法上一次性执行，不像罚金那样有多种执行方法。同时，还要注意没收财产和没收违法所得的区别。《刑法》第64条规定，犯罪分子违法所得的一切财物，应当予以追缴或者责令退赔；对被害人的合法财产，应当及时返还；违禁品和供犯罪所用的本人财物，应当予以没收。没收的财物和罚金，一律上缴国库，不得挪用和自行处理。

刑法规定"并处"没收财产的犯罪，人民法院在对犯罪分子判处主刑的同时，必须依法判处相应的财产刑；刑法规定"可以并处"没收财产的犯罪，人民法院应当根据案件具体情况及犯罪分子的财产状况，决定是否适用财产刑。2000年最高人民法院《关于适用财产刑若干问题的规定》中指出，"一人犯数罪依法同时并处罚金和没收财产的，应当合并执行；但并处没收全部财产的，只执行没收财产刑"。我们认为这样的规定在理论上有讨论的空间。从一般观念出发，会认为没收财产特别是没收全部财产比罚金刑要重，因此，根据吸收原理，将没收全部财产吸收罚金，只执行没收全部财产。但是，从没收财产和罚金刑的执行方法上看，上述观点并不成立，因为没收财产是一次性执行，而且以犯罪分子个人所有的合法的现实的财产为执行对象，而罚金刑规定了"随时追缴制度"，不考虑犯罪分子个人实际所有的合法财产状况，这就完全可能出现罚金数额超过没收全部财产的数额，如果用没收财产吸收罚金刑，没有很好体现罪责刑相适应的原则，因此，无论没收部分财产还是全部财产，都应该先执行没收财产的数额，再执行罚金刑的数额，在犯罪分子没有可供执行的财产时，在任何时候发现有可供执行的财产，随时追缴罚金数额。

没收财产只能针对分则中明文规定可以适用没收财产的犯罪，且从分则条文来看，目前只能对自然人判处没收财产，对单位不能没收财产，只能判处同为财产刑的罚金刑。没收的财产范围只能是犯罪分子本人合法所有的财产，不得没收属于犯罪分子家属所有或者应有的财产，这是罪责自负原则的体现，没收全部财产的，应当对犯罪分子个人及其抚养的家属保留必要的生活费用。另外，对于没收财产以前犯罪分子所负的正当债务，需要以没收的财产返还的，经债权人请求，应当返还，这充分体现了国家对公民合法债权的优先保护。关于民事责任先行原则，应遵守以下条件：一是没收财产以前犯罪分子所负的正当债务。这里是指犯罪分子在判决生效前所负他人的合法债务，包括在诉讼过程中聘请律师所需要支付的律师费等。二是要经债权人请求。如果债权人不请求，则在理论上存在债权人放弃债权的情形，人民法院不主动以职权提出民事责任先行问题，因此，债权人必须在判决前主张自己的债权。三是需要以没收财产偿还。无论是没收全部财产还是没收部分财产，只要是需要以没收财产偿还的，都应当以没收财产偿还合法的债务。

四、驱逐出境

驱逐出境是将犯罪的外国人驱逐出中国国（边）境的刑罚方法。驱逐出境的适用对象是犯罪的外国人，包括具有外国国籍的人和无国籍人。与其他附加刑一样，驱逐出境既可以独立适用，也可以附加适用。独立适用的，从判决确定之日起执行，附加适用的，从主刑执行完毕之日起执行。

第四节　非刑罚的处理方法

《刑法》第 37 条规定非刑罚的处理方法，对于犯罪情节轻微不需要判处刑罚的，可以免予刑事处罚，但是可以根据案件的不同情况，予以训诫或者责令具结悔过、赔礼道歉、赔偿损失，或者由主管部门予以行政处罚或者行政处分。非刑罚处理方法是否为刑事责任实现的方式，理论界存在争议，我们认为，适用非刑罚处理方法的前提是"对于犯罪情节轻微不需要判处刑罚的，可以免予刑事处罚"。这就意味着适用非刑罚处理方法也需要以行为人构成犯罪为前提，只是不需要判处刑罚，这就说明非刑罚处理方法也是实现刑事责任的方式，是刑罚以外的刑事责任实现方法，与刑罚形成互补关系。非刑罚处理方法，与我国刑罚目的相一致，教育改造犯罪，且在我国民主革命时期就已经存在，在长期的司法实践中行之有效。在当今世界重视教育改造罪犯，倡导非刑罚化的背景下，非刑罚处理措施的法定化与世界刑法发展趋势不谋而合，在今后的司法实践中应该更加重视并加大适用力度。

训诫，是指人民法院对免予刑罚处罚的犯罪分子当庭予以批评或者谴责，对其行为予以否定性评价，责令犯罪分子认罪悔过并改正，促使其不再犯罪的惩戒方法。训诫应在法庭公开进行，一般以口头的方式进行，结合案件具体情况，指出其犯罪行为的社会危害性，责令其改正，不再重犯，同时告知其行为不再适用其他刑罚。在今后的训诫方式上，还可以考虑在其社区或者工作单位以口头方式公开进行训诫，并以书面的形式保留训诫内容，使广大人民群众参与监督其改正情况，更加有效实现训诫的效果。责令具结悔过，是指人民法院根据犯罪情况责令犯罪分子以书面的方式认识到自己犯罪的社会危害性，真诚悔改，并保证不再犯罪。这主要是从预防犯罪的角度出发，促使那些实施轻微犯罪的犯罪分子从内心认识到自己犯罪给国家、社会或者他人带来的危害，检讨分析其中的原因，这对于特殊预防起到很重要的作用。赔礼道歉，是指人民法院责令犯罪分子公开向被害人当面承认错误，表示道歉，获得被害人的谅解。这是在国家司法强制力的背景下实施的，也反映了国家对犯罪行为的否定性评价和非难性的谴责，对于恢复被犯罪人破坏的社会关系具有很大的益处。对于赔礼道歉的过程，司法机关应该记录在案，必要时，可以邀请犯罪分子所在单位或者居住的社区的人参加见证，以监督其改正。赔偿损失，是指人民法院依法责令犯罪人对其犯罪行为所造成的物质损失予以赔偿。这里的损失，是犯罪行为所造成的物质性损失。特别是在轻微的侵财类犯罪中，责令犯罪分子赔偿损失是一种很重要的措施。需要说明的是，判处赔偿损失，是指在判处犯罪分子刑罚以外，再判处其赔偿损失，而责令赔偿损失，是不需要判处刑罚的情况下，责令犯罪人赔偿损失。

此外，《刑法》第 37 条之一还规定了从业禁止。因利用职业便利实施犯罪，或者实施违背职业要求的特定义务的犯罪被判处刑罚的，人民法院可以根据犯罪情况和预防再犯罪的需要，禁止其自刑罚执行完毕之日或者假释之日起从事相关职业，期限为 3 年至 5 年。被禁止从事相关职业的人违反人民法院依照前款规定作出的决定的，由公安机关依法给予处罚；情节严重的，依照《刑法》第 313 条（拒不执行判决、裁定罪）的规定定罪处罚。其他法律、行政法规对其从事相关职业另有禁止或者限制性规定的，从其规定。

第十七章 量 刑

■ 学习目的和要求

　　了解量刑的概念、特征和量刑方法，法定情节和酌定情节。掌握累犯、自首、立功的概念和特征，数罪并罚的方法，理解缓刑制度。

第一节 量刑的概念与基本原则

一、量刑的概念和特征

量刑，即刑罚裁量，是指人民法院依据案件事实和刑法规定，对被告人决定刑罚的审判活动。量刑的前提是定罪。量刑具有以下几个特征：

量刑的主体是人民法院。根据法律规定，任何人未经审判不得被确定有罪。而量刑则是在定罪基础上的审判活动。人民检察院可以根据案件情况，在犯罪嫌疑人签署认罪认罚具结书的基础上，提出量刑建议。

量刑的基础是经过法庭审理确定的案件事实。法院只有在查明了案件事实的基础上，才能确定定罪和量刑。所有的量刑活动都必须建立在查明的案件事实基础上进行，司法机关既要查明犯罪分子影响定罪的事实，也要查明影响量刑的事实。

量刑的依据是《刑法》规定。人民法院在查明案件事实，对案件的性质进行准确界定以后，依据《刑法》的相关规定，最终确定刑种和刑期等。量刑的本质是人民法院审判活动，根据《刑事诉讼法》的规定，基层人民法院不能确定无期徒刑或者死刑。

二、量刑的原则

量刑原则，是指人民法院根据《刑法》规定的法定刑范围，决定对犯罪分子是否适用刑罚以及处刑轻重的指导思想或者原则。确定量刑原则，应体现出我国的刑事政策，结合刑法的任务和刑法的原则，最终实现刑罚目的。根据《刑法》规定和最高人民法院、最高人民检察院《关于常见犯罪的量刑指导意见（试行）》（以下简称《量刑指导意见》）的有关规定，可以确定以下几种量刑原则：

（一）以事实为根据以法律为准绳原则

《刑法》第61条规定，量刑应当以事实为根据，以法律为准绳，根据犯罪的事实、性质、情节和对于社会的危害程度，决定判处的刑罚。这个原则可以认为是量刑的基本原则。所有的量刑都必须建立在查明的犯罪事实基础上进行，在《刑法》规定的范围内量刑。查清犯罪事实，是公正量刑的前提，只有在查清犯罪事实的基础上，才能准确地认定犯罪性质，进而确定与犯罪性质相匹配的法定刑幅度。在此基础上，全面厘清量刑情节，确定了犯罪性质，只是确定了量刑的幅度，但是，具体如何量刑，还要根据不同情节来确定，这些情节中包括法定情节和酌定情节等。以法律为准绳，就意味着必须依照刑事法律（包括各种刑法解释）关于如何量刑的规定来准确把握刑罚裁量，除了根据《刑法》规定确定法定刑种类和法定刑幅度以外，还要根据《刑法》规定选择从轻、减轻、从重的规定来调节刑罚，同时根据《刑法》规定的各种量刑制度（例如，累犯制度、自首制度、立功制度、数罪并罚制度、缓刑制度等）进行进一步量刑。

（二）罪责刑相一致原则

量刑既要考虑被告人所犯罪行的轻重，又要考虑被告人应负刑事责任的大小，做到罪责刑相适应，实现惩罚和预防犯罪的目的。刑罚适用是否得当，影响到刑罚目的最终能否实现。刑法裁量，应当以犯罪人的犯罪行为所造成的社会危害性以及犯罪人的人身危险性大小以及再犯可能性综合考量。刑事责任实现的主要途径是刑罚，所以，刑罚与犯罪相称，既要考虑客观性，又要考虑公正性。

（三）宽严相济原则

量刑应当贯彻宽严相济的刑事政策，做到该宽则宽，当严则严，宽严相济，罚当其罪，确保裁判政治效果、法律效果和社会效果的统一。宽严相济刑事政策中的从"严"，主要是指对于罪行十分严重、社会危害性极大，依法应当判处重刑或死刑的，要坚决地判处重刑或死刑；对于社会危害大或者具有法定、酌定从重处罚情节，以及主观恶性深、人身危险性大的被告人，要依法从严惩处。宽严相济刑事政策中的从"宽"，主要是指对于情节较轻、社会危害性较小的犯罪，或者罪行虽然严重，但具有法定、酌定从宽处罚情节，以及主观恶性相对较小、人身危险性不大的被告人，可以依法从轻、减轻或者免除处罚；对于具有一定社会危害性，但情节显著轻微危害不大的行为，不作为犯罪处理；对于依法可不监禁的，尽量适用缓刑或者判处管制、单处罚金等非监禁刑。

（四）因时因地原则

量刑并不是一成不变的，我国幅员辽阔，全国各地区存在差别，相同的行为，在不同时期，也会体现出不同的社会危害性。量刑要从实际出发，要客观、全面把握不同时期不同地区的经济社会发展和治安形势的变化，确保刑罚任务的实现；对于同一地区同一时期案情相似的案件，所判处的刑罚应当基本均衡。例如，当前和今后一段时期，对于集资诈骗、贷款诈骗、制贩假币以及扰乱、操纵证券、期货市场等严重危害金融秩序的犯罪，生产、销售、提供假药、劣药、妨害药品管理，生产、销售有毒有害食品等严重危害食品药品安全的犯罪，走私等严重侵害国家经济利益的犯罪，造成严重后果的重大安全责任事故犯罪，重大环境污染、非法采矿、盗伐林木等各种严重破坏环境资源的犯罪等，要依法从严惩处，维护国家的经济秩序，保护广大人民群众的生命健康安全。

（五）刑罚个别化原则

这一原则是罪刑相适应原则的具体化，例如，对未成年罪犯适用刑罚，应当充分考虑是否有利于未成年罪犯的教育和矫正，对未成年罪犯量刑应当依照《刑法》第 61 条，并充分考虑未成年人实施犯罪行为的动机和目的、犯罪时的年龄、是否初次犯罪、犯罪后的悔罪表现、个人成长经历和一贯表现等因素，对符合管制、缓刑、单处罚金或者免予刑事处罚适用条件的未成年罪犯，应当依法适用管制、缓刑、单处罚金或者免予刑事处罚。对于较轻犯罪的初犯、偶犯，应当综合考虑其犯罪的动机、手段、情节、后果和犯罪时的主观状态，酌情予以从宽处罚。对于犯罪情节轻微的初犯、偶犯，可以免予刑事处罚；依法应当予以刑事处罚的，也应当尽量适用缓刑或者判处管制、单处罚金等非监禁刑。

第二节　量刑方法

量刑方法，是指人民法院（法官）在查明犯罪事实的基础上，结合《刑法》规定，最终确定犯罪分子适用什么刑种或者刑期等的具体裁量方法。适用合理的量刑方法，能够有效实现罪刑均衡的价值追求，量刑方法越科学，越能实现罪刑均衡。在我们目前，量刑方法归纳起来大约有以下几种方法：

一、估堆量刑法

这是在革命根据地时期以及新中国成立之后较长的一段时间内长期采用的一种量刑方法。这种量刑方法很接近于生活中的场景，例如，在中国北方的冬天，大街上卖白菜、土豆、萝卜等，不是按"斤""两"的方法出售，而是论"堆"出售，一"堆"多少钱，不是一"斤"多少钱。估堆量刑法是一种形象的比喻，即"大致""差不多"，反映了早期量刑方法上比较粗犷，缺乏精细化的量刑思维。

二、经验量刑法

这也是一种传统的量刑方法，在古今中外的司法实践中都有存在。这是指面对纷繁复杂的案件，法官根据自己多年的司法实践经验，对犯罪分子做出量刑的方法。实践证明，经验量刑法在量刑上能够起到很大的作用，特别是在案件平衡中，发挥着重要的作用，但是，经验量刑法常常与法官个人的经历、教育背景、社会常识、从业时间长短，甚至个人的好恶等密切相关，主观主义的色彩较为浓厚。

三、人工智能辅助量刑法

人工智能发展正在突飞猛进，借助科技发展，通过大数据分析，提炼出一些常见犯罪的量刑情节，设定一定的基准刑，在基准刑基础上，结合案件中的从重、从轻、减轻等量刑情节，根据一定的比例上浮或者下浮。人工智能辅助量刑，有利于解决量刑精准化分析的问题，具有一定的合理性。但是，人工智能永远只能"辅助"量刑，而不能期待用人工智能取代法官量刑。

四、定性分析为主，定量分析为辅量刑法

这是我国各级人民法院当前适用的主要量刑方法，量刑时，应当以定性分析为主，定量分析为辅，依次确定量刑起点、基准刑和宣告刑。具体的做法是，①根据基本犯罪构成事实在相应的法定刑幅度内确定量刑起点；②根据其他影响犯罪构成的犯罪数额、犯罪次数、犯罪后果等犯罪事实，在量刑起点的基础上增加刑罚量确定基准刑；③根据量刑情节调节基准刑，并综合全案情况，依法确定宣告刑。

第三节　量刑情节

一、量刑情节的概念

量刑情节，是指在某种行为已经构成犯罪的前提下，人民法院对被告人裁量刑罚时应当考虑的，据以决定量刑轻重或者免除刑罚处罚的各种情况。量刑情节是定罪事实以外的事实，与犯罪人的人身危险性和行为的危害社会程度密切相关，需要注意的是，①量刑情节必须是在某种行为已经构成犯罪的前提下，在量刑时应考虑的各种情况，因此，量刑情节是不具有犯罪构成事实意义、不能说明犯罪基本性质的事实情况，如果它本身属于犯罪构成要件的内容，则是区分罪与非罪、此罪与彼罪的事实因素，而不是量刑情节。②量刑情节是反映犯罪的违法性、

有责性以及行为人的人身危险程度，从而影响刑罚轻重的各种情况。③量刑情节是选择法定刑与决定宣告刑的依据，在一个犯罪具有几个层次的法定刑时，人民法院应当根据《刑法》规定的情节选择法定刑。量刑情节是选择法定刑以及决定宣告刑的依据，既包括客观的事实，也包括主观的事实。量刑时应当充分考虑各种法定和酌定量刑情节，根据案件的全部犯罪事实以及量刑情节的不同情形，依法确定量刑情节的适用及其调节比例。《量刑指导意见》中指出，对黑恶势力犯罪、严重暴力犯罪、毒品犯罪、性侵未成年人犯罪等危害严重的犯罪，在确定从宽的幅度时，应当从严掌握；对犯罪情节较轻的犯罪，应当充分体现从宽。具体确定各个量刑情节的调节比例时，应当综合平衡调节幅度与实际增减刑罚量的关系，确保罪责刑相适应。

二、量刑情节的分类

我国刑法中量刑情节繁多，可以根据不同标准从不同角度对其进行不同分类。[1]

（一）法定情节与酌定情节

以刑法有无明文规定为标准，可以将量刑情节分为法定情节与酌定情节。前者是刑法明文规定在量刑时应当予以考虑的情节，后者是刑法未作明文规定，根据刑法精神与有关刑事政策，在量刑时需要酌情考虑的情节。以刑法是否就法定情节的功能作出绝对性规定为标准，可以将法定情节分为应当型与可以型情节。前者是指刑法明文规定的，对量刑应当产生从宽或从严影响的情节，如中止犯与累犯，后者是指刑法规定的，对量刑可能产生从宽影响的情节（刑法没有规定对量刑可能产生从严影响的情节），如未遂犯。法定量刑情节既包括刑法总则规定的对各种犯罪公共适用的情节，也包括依照刑法分则规定的对特定具体犯罪适用的情节。刑法总则中规定量刑情节，例如，"又聋又哑的人或者盲人犯罪，可以从轻、减轻或者免除处罚""正当防卫明显超过必要限度造成重大损害的，应当负刑事责任，但是应当减轻或者免除处罚"。刑法分则规定的量刑情节只适用于各具体犯罪，散见于分则的各具体条文规定，不能适用于其他犯罪。例如，《刑法》第243条规定的诬告陷害罪，捏造事实诬告陷害他人，意图使他人受刑事追究，情节严重的，处3年以下有期徒刑、拘役或者管制；造成严重后果的，处3年以上10年以下有期徒刑。国家机关工作人员犯前款罪的，从重处罚。这里的"国家机关工作人员"就是法定的从重处罚的量刑情节，这个量刑情节的规定，只适用诬告陷害罪。酌定情节缺乏具体明确的依据，法律未作明确规定，也正是由于刑法上没有做出明确规定，再加之范围十分广泛，如何准确适用酌定情节以发挥其在量刑中的作用则显得意义特别重大。酌定情节包括酌定从宽处罚情节和酌定从重情节，酌定从宽情节包括未造成危害后果或者危害后果比较轻微的，在数额犯中的犯罪数额较小，或者退赔退还的，犯罪人与被害人达成谅解协议的，被害人在犯罪中有过错的，等等；酌定从重情节包括犯罪对象特殊反映出社会危害性比较大的，例如针对未成年人、老年人、社会弱势群体等实施故意伤害他人身体健康或者实施侵财类犯罪的，有能力赔偿拒不赔偿或者犯罪后认罪态度差未获得被害人谅解的，犯罪动机卑劣、预谋犯罪民愤较大的，因为刑事政策调整在当时当地需要从重处罚的，等等。

（二）从宽情节与从严情节

以情节对量刑产生的轻重性质为标准，可以将量刑情节分为从宽情节与从严情节。前者是指对犯罪人的量刑产生从宽或有利影响的情节，包括免除处罚情节、减轻处罚情节与从轻处罚情节，后者是对犯罪人的量刑产生从严或不利的情节，即从重处罚情节。从宽处罚情节，是反映出犯罪人实施行为客观社会危害性和人身危险性程度较小，主观恶性不大的情节，具体包括从轻、减轻或者免除处罚三个档次。从严处罚情节，是表明行为的社会危害性和人身危险性较

---

〔1〕　马克昌主编：《刑罚通论》，武汉大学出版社1999年版，第331页。

大，主观恶性较深的情节，具体包括从重处罚和加重处罚两个档次。我国《刑法》中对于加重处罚的情节都是立法者通过刑事立法加以明确规定，目前，在司法上没有加重处罚的情节。

（三）影响责任刑的情节与影响预防刑的情节[1]

以情节与报应、预防的关系为标准，可以将量刑情节分为影响责任刑的情节与影响预防刑的情节。例如，犯罪的结果，是影响责任刑的情节，犯罪人的一般表现，是影响预防刑的情节。

（四）案中情节与案外情节

以情节与犯罪行为在时间上的关系为标准，可以将量刑情节分为案中情节与案外情节。前者是犯罪过程中出现的各种情节，如犯罪手段、犯罪动机，后者是在犯罪行为之前或之后出现的情节，如犯罪人的一贯表现、犯罪后的态度。一般来说，案中情节是影响罪行轻重程度的情节，案外情节是影响行为人的人身危险性的情节。案中情节，是与犯罪行为密切相关的在犯罪过程中表现出来的影响行为社会危害性和行为人的人身危险性大小的事实。案外情节，是指犯罪行为实施前就已经存在的影响行为人的人身危险性状况或者犯罪行为实施完毕以后行为人对已经实施的犯罪的认识或者所持的态度。

（五）单功能情节与多功能情节

以同一情节对量刑影响的功能为标准，可以将量刑情节分为单功能与多功能情节。前者对量刑的影响只有一种可能性，如与犯罪行为有密切联系的一贯表现，却是量刑时应当考虑的因素，因为这种因素也反映行为人的人身危险程度。例如，两个盗窃相同数额财物的罪犯，一个平时经常有小偷小摸行为，一个没有不良表现，对于前者的量刑就应当重于后者。

三、从重、从轻、减轻与免除处罚情节

（一）从重与从轻处罚情节

《刑法》第62条规定，犯罪分子具有本法规定的从重处罚、从轻处罚情节的，应当在法定刑的限度以内判处刑罚。从重处罚，是指在法定刑的限度内判处较重的刑罚。从轻处罚，是指在法定刑的限度内判处较轻的刑罚。对于如何理解"从重"或者"从轻"处罚，在刑法理论界存在不同的理解。一种观点认为，从重处罚就是在法定刑幅度内平均刑期即"中线"以上判处刑罚，从轻处罚则是在法定刑幅度内平均刑期以下判处刑罚；另一种观点认为，从重处罚就是在法定刑范围内选择较重的刑种或者选择较长的刑期，从轻处罚就是在法定范围刑范围内对犯罪分子适用较轻的刑种或者适用较短的刑期；还有一种观点认为，从重处罚就是最高刑顶格判，从轻处罚就是判处最低刑。我们认为，从轻或者从重处罚都是相对于行为人在不具备该种从轻或者从重处罚情节情况下的对比，即只要在原来量刑基础上体现出从轻或者从重就可以了，我们也可以把这种量刑法称为"二次量刑法"。总体上，各种观点中的共同点都认为，从重处罚与从轻处罚，都必须是在法定刑的限度内判处刑罚，而不能高于法定刑或者低于法定刑判处刑罚。但是，我们认为，从重处罚并不意味着在法定刑的"中间线"以上判处刑罚，从轻处罚也不意味着在法定刑的"中间线"以下判处刑罚。从重处罚是相对于既没有从重处罚情节又没有从轻处罚情节的一般情况下所应判处的刑罚而言，即比没有上述情节时的刑罚要相对重一些；从轻处罚也是相对于既没有从轻处罚也没有从重处罚的一般情况下所应判处的刑罚而言，即比没有上述情节时的刑罚要相对轻一些。因此，从重处罚不是一律判处法定最高刑，从轻处罚也不是一律判处法定最低刑。

[1]　张明楷：《刑法学》（上），法律出版社2021年版，第724页。

（二）减轻处罚与免除处罚

根据《刑法》第63条第1款的规定，犯罪分子具有本法规定的减轻处罚情节的，应当在法定刑以下判处刑罚；《刑法修正案（八）》增加规定，本法规定有数个量刑幅度的，应当在法定量刑幅度的下一个量刑幅度内判处刑罚。《刑法》第99条规定，本法所称以上、以下、以内，包括本数。但是我们认为《刑法》第63条这里的"以下"不应该包括本数，否则就造成了与"从轻处罚"之间的不平衡，减轻处罚应当是低于法定刑最低刑判处刑罚。减轻处罚有两种情况：一是具有法定的减轻处罚情节时予以减轻处罚；二是犯罪人虽然不具有刑法规定的减轻处罚情节，但是根据案件的特殊情况需要减轻处罚时，经最高人民法院核准，也可以减轻处罚。"减轻处罚实际是'二次量刑'的过程"。[1] 关于减轻处罚，有这样两个重要问题需要加以讨论：一是当具有数个减轻处罚情节的时候，能否在法定刑以下减两档量刑。例如，《刑法》133条规定，违反交通运输管理法规，因而发生重大事故，致人重伤、死亡或者使公私财产遭受重大损失的，处3年以下有期徒刑或者拘役；交通运输肇事后逃逸或者有其他特别恶劣情节的，处3年以上7年以下有期徒刑；因逃逸致人死亡的，处7年以上有期徒刑。行为人某甲犯交通肇事罪，并且"因逃逸致人死亡"，根据《刑法》规定，应当适用"处7年以上有期徒刑"，同时行为人有自首情节和立功情节，根据案件具体情况，对于自首情节，在"可以从轻或者减轻处罚"中决定适用减轻处罚，对于立功情节，在"可以从轻或者减轻处罚"中也决定适用减轻处罚，那么这时候能否对甲适用"处3年以下有期徒刑或者拘役"的刑罚？一种观点认为，在具有两个减轻情节的情况下，应该适用减两档量刑。另一种观点认为，无论行为人有几个减轻处罚情节，都只能"在法定量刑幅度的下一个量刑幅度内判处刑罚"，不能跳"刑格"减轻处罚。我们认为，在数个减轻处罚的情节中，如果都只有"减轻处罚"而没有"免除处罚"的情节的，只能"在法定量刑幅度的下一个量刑幅度内判处刑罚"，不能跳"刑格"减轻处罚。但是，如果数个减轻处罚的情节中，有包含了"免除处罚"的情节时，可以"减两档"量刑。因为在同时有数个减轻处罚情节中存在"免除处罚"时，司法机关可以选择直接适用免除处罚，因此，也可以当然适用"减两档"量刑，需要强调的是，必须是同时存在数个减轻处罚情节，如果仅仅只有一个情节，即使包含了"减轻处罚"和"免除处罚"，也不可以减两档量刑。另一个需要讨论的问题是，在法定刑设置中存在有期徒刑和拘役并列的两个刑种时，在不具备减轻处罚情节的情况下，适用有期徒刑，那么在具有减轻处罚情节的时候，能否减轻至适用拘役刑？我们认为，减轻处罚，可以选择适用较轻的刑种适用，特别是有期徒刑和拘役之间原本在刑期上就是首尾相接的，在有期徒刑以下（6个月）量刑，选择适用拘役，是可以的。

免除处罚，也称"免除刑罚处罚""免予刑事处罚"，是指对行为作有罪宣告，但对行为人不判处任何刑罚。《刑法》第37条规定："对于犯罪情节轻微不需要判处刑罚的，可以免予刑事处罚。"适用免予刑事处罚的前提仍然是认定行为人的行为构成犯罪，但是犯罪情节轻微，不需要判处刑罚。这里的免予刑事处罚，只是免除了刑罚的处罚，并不是免除所有处罚，人民法院可以根据案件的不同情况，予以训诫或者责令具结悔过、赔礼道歉、赔偿损失，或者由主管部门予以行政处罚或者行政处分。

〔1〕 李翔："论我国刑法中的减轻处罚——兼评修正后《刑法》第63条第1款"，载《中国刑事法杂志》2012年第9期。

第四节　量刑制度

一、累犯

累犯制度是刑罚裁量制度中从重处罚的制度，基于行为人人身危险性和再犯可能性设置的制度。累犯制度的设置，还有刑事政策上的考虑，着眼于刑罚目的中特殊预防的视角。累犯之所以从重处罚，就是因为行为人对其此前犯罪的刑罚感受度不深，没有实现刑罚预防再次犯罪的目的，这里的从重处罚，只是对新犯罪从重处罚，并不是对原来犯罪的再一次评价。在不同历史时期，世界各国基于刑事政策的不同以及刑罚理论的不同，存在不同的累犯概念。我国《刑法》中的累犯，是指被判处一定刑罚的犯罪人，在刑罚执行完毕或者赦免以后，在法定期限内又犯一定之罪的情况。根据《刑法》第 65 条第 1 款的规定，对累犯应当从重处罚。累犯分为一般累犯与特殊累犯。

（一）一般累犯

根据《刑法》第 65 条第 1 款，被判处有期徒刑以上刑罚的犯罪分子，刑罚执行完毕或者赦免以后，在 5 年以内再犯应当判处有期徒刑以上刑罚之罪的，是累犯，应当从重处罚，但是过失犯罪和不满 18 周岁的人除外。据此，一般累犯的成立条件如下：

1. 前罪与后罪都必须是故意犯罪。这是累犯成立的主观条件。如果前后两罪或者其中一罪是过失犯罪，就不成立累犯。从这个角度出发，我们认为我国累犯制度的设置考虑了行为人主义的刑罚理论，强调构成累犯的行为人人格及人身危险性。故意犯罪，反映出行为人反社会的性格特征，在前罪中如果有数罪，只要有一个罪为故意犯罪就可以具备"故意犯罪"的条件，但是后罪中如果有数罪，只能是故意犯罪的那个罪才能适用累犯从重的后果，具体确定刑种和刑期以后，再与其他犯罪实行数罪并罚，而不能将累犯从重的后果适用于后罪中的任何一个罪并从重处罚。行为人主义的侧重点是行为人主观要素，所以将人身危险性状况作为累犯成立的必备条件之一。

2. 前罪被判处有期徒刑以上刑罚，后罪也应当判处有期徒刑以上刑罚。因此，如果前罪被判处的是拘役、管制或者单处附加刑，无论后罪多么严重，也不成立累犯，反之，前罪被判处有期徒刑以上刑罚，后罪应当判处拘役、管制或单处附加刑的，也不成立累犯。这是累犯成立的刑种条件，反映出行为人犯罪的社会危害性较大。如果前罪为数罪并罚，只要数罪中有一个罪为故意犯罪且被判处有期徒刑以上刑罚，就具备了累犯成立的前罪条件。同样，在后罪为数罪的情况下，只有对后罪中的那个可能判处有期徒刑以上刑罚的才能适用"从重处罚"。需要说明的是，对后罪是否决定有期徒刑的刑期，应根据后罪的社会危害性和人身危险性等综合判断，不宜将前罪作为后罪社会危害性或者人身危险性的判断依据。

3. 后罪发生的时间，必须在前罪所判处的刑罚执行完毕或者赦免以后的 5 年之内。上述 5 年的期限，对于被假释的犯罪人，应从假释期满之日起计算，由于累犯的成立以前罪"刑罚执行完毕或者赦免以后" 5 年内再犯罪为条件，故被假释的犯罪人在假释考验期内再犯新罪的、被判处缓刑的犯罪人在缓刑考验期内再犯新罪的，以及被判处缓刑的犯罪人在缓刑考验期满后再犯新罪的，都不成立累犯。此外，刑罚执行完毕是指主刑执行完毕，附加刑是否执行完毕不影响累犯的成立。"刑罚执行完毕"，是指刑罚执行到期应予释放之日。认定累犯，确定刑罚执行完毕以后"5 年以内"的起始日期，应当从刑满释放之日起计算。关于缓刑犯在考验期满后 5 年内再犯应当判处有期徒刑以上刑罚之罪应否认定为累犯的问题，"两高"批复认为，被判处有期徒刑宣告缓刑的犯罪分子，在缓刑考验期满后 5 年内再犯应当判处有期徒刑以上刑罚之罪的，因前罪判处的有期徒刑并未执行，不具备《刑法》第65条规定的"刑罚执行完毕"的要件，故不应认定为累犯，但可作为对新罪确定刑罚的酌定从重情节予以考虑。对于如何理解"5年内再犯罪"，我们认为，这里的犯罪应当是指5年内着手实施犯罪，而不要求犯罪必须是在5年内完成或者既遂。

4. 实施前罪的犯罪主体必须要满18周岁。这是《刑法修正案（八）》修订增加的内容，体现了对未成年人犯罪"教育、感化、挽救"的方针和处罚从宽的刑事政策。行为人犯前罪不满18周岁，犯后罪已满18周岁，也不构成累犯。

（二）特殊累犯

根据《刑法》第66条的规定，危害国家安全犯罪、恐怖活动犯罪、黑社会性质的组织犯罪的犯罪分子，在刑罚执行完毕或者赦免以后，在任何时候再犯上述任何一类犯罪的，都以累犯论处，据此，特殊累犯的成立条件如下：

1. 前罪和后罪都必须是危害国家安全犯罪、恐怖活动犯罪、黑社会性质的组织犯罪，如果前后有一罪不是上述犯罪，则不成立特殊累犯。这里并不要求前罪和后罪的犯罪性质相同，只要是三类犯罪中的任意一类犯罪就可以了。例如，前罪是危害国家安全犯罪，后罪既可以是危害国家安全的犯罪，也可以是恐怖活动犯罪或者黑社会性质的犯罪。此外，这三类犯罪都是概括性的表述，不是三个罪名。

2. 必须是在刑罚执行完毕或者赦免以后再犯罪，因此，如果前罪是免予刑罚处罚也不存在赦免问题的，就不成立特殊累犯，因为免予刑罚处罚时，不存在刑罚执行完毕的问题，至于前罪所判处的刑罚种类，后罪应当判处何种刑罚，以及前罪与后罪的相隔时间，都不影响特殊累犯的成立。由此可知，《刑法》规定特殊累犯并对其成立条件作一定放宽，是因为基于刑事政策上的考虑，危害国家安全犯罪、恐怖活动犯罪、黑社会性质的组织犯罪是比较严重、比较危险的犯罪，需要坚决、严厉打击。对于前罪或后罪为数罪的情况下，只要前罪和后罪中都有这三类犯罪就可以认定为特殊累犯。需要讨论的是，对于前罪为数罪，在执行数罪并罚时，涉及这三类犯罪的刑罚未被实际执行时，如何理解"刑罚执行完毕或者赦免"？例如甲所犯前罪中有两个罪名，一个是故意伤害罪被判两年有期徒刑，一个是参加恐怖组织罪被判拘役4个月，根据数罪并罚原理，对甲实际执行2年有期徒刑。在刑罚执行完毕后，甲又犯参加黑社会性质组织罪，对甲能否认定为特殊累犯？我们认为，对甲执行有期徒刑是基于《刑法》关于数罪并罚的有关规定而做出的，尽管对甲执行了有期徒刑，不能认为没有执行拘役，而应视为拘役被执行完毕，只是执行的方式是与有期徒刑合并执行了，所以，对甲仍然应当认为符合特殊累犯，而不宜以"刑罚未被执行"而否定甲的特殊累犯成立，否则也不符合刑法当然解释的原理以及实质正义的追求。

（三）累犯的法律后果

累犯是基于对行为人人身危险性和主观恶性考察基础上设置的刑罚制度，在某种程度上被认为是前罪刑罚执行效果的不理想，因此，对累犯应采取从重处罚的价值取向。无论是一般累犯还是特殊累犯，都采取从重处罚。最高人民法院《关于贯彻宽严相济刑事政策的若干意见》中指出，要依法从严惩处累犯。凡是依法构成累犯的，即使犯罪情节较轻，也要体现从严惩处的精神。尤其是对于前罪为暴力犯罪或被判处重刑的累犯，更要依法从严惩处。根据2021年最高人民法院、最高人民检察院《关于常见犯罪的量刑指导意见（试行）》，对于累犯，综合考虑前后罪的性质、刑罚执行完毕或赦免以后至再犯罪时间的长短以及前后罪罪行轻重等情况，应当增加基准刑的10%~40%，一般不少于3个月。

二、自首

根据《刑法》第67条规定，自首是指犯罪人在犯罪以后自动投案，如实供述自己罪行，或者被采取强制措施的犯罪嫌疑人、被告人和正在服刑的罪犯，如实供述司法机关还未掌握的本人其他罪行的行为。自首可以分为一般自首与特别自首。

（一）一般自首

一般自首，是指犯罪以后自动投案，如实供述自己的罪行的行为，其成立条件如下：

1. 自动投案。自动投案，一般是指犯罪事实尚未被发现或者犯罪嫌疑人尚未受到讯问、未被采取强制措施时，直接向公安机关、人民检察院或者人民法院投案，从而将自己置于司法机关的合法控制下，接受司法机关的审查与裁判的行为。自动投案体现了犯罪嫌疑人投案的主动性和自愿性。

犯罪嫌疑人向其所在单位、城乡基层组织或者其他有关负责人员投案的；犯罪嫌疑人因病、伤或者为了减轻犯罪后果，委托他人先代为投案，或者先以信电投案的；罪行尚未被有关部门、司法机关发觉，仅因形迹可疑，被有关组织或者司法机关盘问、教育后，主动交代自己的罪行的，应当视为自动投案，但有关部门、司法机关在其身上、随身携带的物品、驾乘的交通工具等处发现与犯罪有关的物品的，不能认定为自动投案。犯罪后逃跑，在被通缉、追捕过程中，主动投案的；经查实确已准备去投案，或者正在投案途中，被公安机关捕获的，应当视为自动投案。并非出于犯罪嫌疑人主动，而是经亲友规劝、陪同投案的；公安机关通知犯罪嫌疑人的亲友，或者亲友主动报案后，将犯罪嫌疑人送去投案的，也应当视为自动投案。犯罪嫌疑人被亲友采用捆绑等手段送到司法机关，或者在亲友带领侦查人员前来抓捕时无拒捕行为，并如实供认犯罪事实的，不能认定为自动投案，但可以参照法律对自首的有关规定酌情从轻处罚。犯罪嫌疑人自动投案后又逃跑的，不能认定为自首。

根据最高人民法院《关于处理自首和立功若干具体问题的意见》规定，犯罪嫌疑人具有以下情形之一的，也应当视为自动投案：①犯罪后主动报案，虽未表明自己是作案人，但没有逃离现场，在司法机关询问时交代自己罪行的；②明知他人报案而在现场等待，抓捕时无拒捕行为，供认犯罪事实的；③在司法机关未确定犯罪嫌疑人，尚在一般性排查询问时主动交代自己罪行的；④因特定违法行为被采取劳动教养、行政拘留、司法拘留、强制隔离戒毒等行政、司法强制措施期间，主动向执行机关交代尚未被掌握的犯罪行为的；⑤其他符合立法本意，应当视为自动投案的情形。

交通肇事后保护现场、抢救伤者，并向公安机关报告的，应认定为自动投案，构成自首的，因上述行为同时系犯罪嫌疑人的法定义务，对其是否从宽、从宽幅度要适当从严掌握。交通肇事逃逸后自动投案，如实供述自己罪行的，应认定为自首，但应依法以较重法定刑为基准，视情决定对其是否从宽处罚以及从宽处罚的幅度。

2. 如实供述。如实供述，即犯罪嫌疑人自动投案后，如实交代自己所犯的全部罪行，"如实"的实质是既不缩小也不扩大自己的罪行，强调"客观"表述。如实供述自己的罪行，除供述自己的主要犯罪事实外，还应包括姓名、年龄、职业、住址、前科等情况。犯罪嫌疑人供述的身份等情况与真实情况虽有差别，但不影响定罪量刑的，应认定为如实供述自己的罪行。犯罪嫌疑人自动投案后隐瞒自己的真实身份等情况，影响对其定罪量刑的，不能认定为如实供述自己的罪行。犯罪嫌疑人多次实施同种罪行的，应当综合考虑已交代的犯罪事实与未交代的犯罪事实的危害程度，决定是否认定为如实供述主要犯罪事实。虽然投案后没有交代全部犯罪事实，但如实交代的犯罪情节重于未交代的犯罪情节，或者如实交代的犯罪数额多于未交代的犯罪数额，一般应认定为如实供述自己的主要犯罪事实。无法区分已交代的与未交代的犯罪情节的严重程度，或者已交代的犯罪数额与未交代的犯罪数额相当，一般不认定为如实供述自己的主要犯罪事实。犯罪嫌疑人自动投案时虽然没有交代自己的主要犯罪事实，但在司法机关掌握其主要犯罪事实之前主动交代的，应认定为如实供述自己的罪行。犯有数罪的犯罪嫌疑人仅如实供述所犯数罪中部分犯罪的，只对如实供述部分犯罪的行为，认定为自首。共同犯罪案件中的犯罪嫌疑人，除如实供述自己的罪行，还应当供述所知的同案犯，主犯则应当供述所知其他同案犯的共同犯罪事实，才能认定为自首。犯罪嫌疑人自动投案并如实供述自己的罪行后又翻供的，不能认定为自首；但在一审判决前又能如实供述的，应当认定为自首。

（二）特别自首

特别自首，也称"准自首"，是指被采取强制措施的犯罪嫌疑人、被告人和正在服刑的罪犯，如实供述司法机关尚未掌握的本人其他罪行的行为。这里的"其他罪行"，是指与司法机关已掌握的或者判决确定的罪行属于不同种罪行。其成立的条件如下：

1. 特别自首的主体只能是已经被采取强制措施的犯罪嫌疑人、被告人或者是正在服刑的罪犯。

2. 必须如实供述司法机关还未掌握的本人其他罪行。根据司法解释，其中的"司法机关还未掌握的本人其他罪行"包括两种情形：一是指与司法机关（其他办案机关）掌握的或者判决确定的罪行属不同种罪行，二是司法机关或其他办案机关所掌握线索针对的犯罪事实不成立，在此范围外犯罪分子交代同种罪行的。根据《关于处理自首和立功若干具体问题的意见》的规定，犯罪嫌疑人、被告人在被采取强制措施期间，向司法机关主动如实供述本人的其他罪行，该罪行能否认定为司法机关已掌握，应根据不同情形区别对待。如果该罪行已被通缉，一般应以该司法机关是否在通缉令发布范围内作出判断，不在通缉令发布范围内的，应认定为还未掌握，在通缉令发布范围内的，应视为已掌握；如果该罪行已录入全国公安信息网络在逃人员信息数据库，应视为已掌握。如果该罪行未被通缉、也未录入全国公安信息网络在逃人员信息数据库，应以该司法机关是否已实际掌握该罪行为标准。犯罪嫌疑人、被告人在被采取强制措施期间如实供述本人其他罪行，该罪行与司法机关已掌握的罪行属同种罪行还是不同种罪行，一般应以罪名区分。虽然如实供述的其他罪行的罪名与司法机关已掌握犯罪的罪名不同，但如实供述的其他犯罪与司法机关已掌握的犯罪属选择性罪名或者在法律、事实上密切关联，如因受贿被采取强制措施后，又交代因受贿为他人谋取利益行为，构成滥用职权罪的，应认定为同种罪行。

（三）单位自首

作为量刑制度，自首制度能否适用于单位，在理论研究以及司法实践中都较大的争议。我们认为应当肯定单位能够构成自首。[1] 单位犯罪案件中，单位集体决定或者单位负责人决定而自动投案，如实交代单位犯罪事实的，或者单位直接负责的主管人员自动投案，如实交代单位犯罪事实的，应当认定为单位自首。单位自首的，直接负责的主管人员和直接责任人员未自动投案，但如实交代自己知道的犯罪事实的，可以视为自首；拒不交代自己知道的犯罪事实或者逃避法律追究的，不应当认定为自首。单位没有自首，直接责任人员自动投案并如实交代自己知道的犯罪事实的，对该直接责任人员应当认定为自首。

（四）自首的法律后果

《刑法》第 67 条第 1 款中规定："对于自首的犯罪分子，可以从轻或者减轻处罚。其中，犯罪较轻的，可以免除处罚。"因此，对于自首的犯罪人应分清不同情况区别处理：

---

〔1〕　李翔："单位自首正当性根据及其认定"，载《法学家》2010 年第 4 期。

1. 犯罪以后自首的，无论罪行轻重，均可以从轻或者减轻处罚，犯罪以后自首，犯罪较轻的，可以免除处罚，这是因为自首反映出犯罪人的再犯可能性有所减小，也使得司法机关能够尽快审查与裁判，节约司法成本。

2. 犯罪以后自首的，只是"可以"从宽处罚，不是"应当"从宽处罚。因为有些犯罪的情节特别恶劣，罪行特别严重，如果从结局上从宽处理，必然不符合罪刑相适应原则，自首不以悔过自新为必要，因此，规定只是"可以"从宽处罚，能够防止犯罪人恶意利用自首制度达到其不正当目的。但是，这里的"可以"，是指没有特殊情况就应当的意思。也就是说，犯罪以后自首的，如果没有对其适用从宽处罚，应当充分说明理由。对于自首的被告人，除了罪行极其严重、主观恶性极深、人身危险性极大，或者恶意地利用自首规避法律制裁者以外，一般均应当依法从宽处罚。对于具有自首情节的犯罪分子，应当根据犯罪的事实、性质、情节和对于社会的危害程度，结合自动投案的动机、阶段、客观环境，交代犯罪事实的完整性、稳定性以及悔罪表现等具体情节，依法决定是否从轻、减轻或者免除处罚以及从轻、减轻处罚的幅度。[1]

3. 一人犯数罪时，犯罪人仅对其中部分犯罪自首的，自首的上述法律效果只适用于其中自首的犯罪，对于没有自首的犯罪，不得以自首为由从宽处罚。

4. 二人以上共同犯罪时，自首的法律效果只适用于自首的共犯人，不能适用于没有自首的其他共犯人。

三、坦白

坦白，是指犯罪嫌疑人被动到案后，如实供述自己罪行的行为。原来坦白只是酌定从宽处罚情节，《刑法修正案（八）》修订增加坦白作为法定从宽处罚的内容，对于坦白，可以从轻处罚；因其如实供述自己罪行，避免特别严重后果发生的，可以减轻处罚。如实交代犯罪事实，有下列情形之一的，可以酌情从轻处罚：①办案机关掌握部分犯罪事实，犯罪分子交代了同种其他犯罪事实的；②办案机关掌握的证据不充分，犯罪分子如实交代有助于收集定案证据的。犯罪分子如实交代犯罪事实，有下列情形之一的，一般应当从轻处罚：①办案机关仅掌握小部分犯罪事实，犯罪分子交代了大部分未被掌握的同种犯罪事实的；②如实交代对于定案证据的收集有重要作用的。如何理解"避免特别严重后果发生"，在理论和实践上认识不同。通常认为，是指行为人如实供述的内容对于避免特别严重后果发生起到关键性作用，例如，在爆炸类案件中，行为人被动到案后，如实供述了自己安放炸弹的具体位置，使排爆专家顺利找到爆炸物并予以拆除，并不要求行为人本人自己拆除。但是，对于财产类犯罪、经济类犯罪、职务类犯罪等，行为人的退赃退赔一般不应理解为本款规定的内容。对于《刑法》分则中有特别规定的，依照特别规定。例如，非法吸收公众存款罪，在提起公诉前积极退赃退赔，减少损害结果发生的，可以从轻或者减轻处罚。

四、立功

（一）立功的概念

立功，是指犯罪分子有揭发他人犯罪行为，经查证属实；或者提供重要线索，从而得以侦破其他案件，以及其他有利于查处或者预防犯罪的情形。

---

〔1〕 根据 2021 年最高人民法院、最高人民检察院《关于常见犯罪的量刑指导意见（试行）》"三、常见量刑情节的适用"中第（六）款的有关规定，对于自首情节，综合考虑自首的动机、时间、方式、罪行轻重、如实供述罪行的程度以及悔罪表现等情况，可以减少基准刑的 40% 以下；犯罪较轻的，可以减少基准刑的 40% 以上或者依法免除处罚。恶意利用自首规避法律制裁等不足以从宽处罚的除外。

（二）立功的条件

《刑法》第 68 条和相关司法解释，对立功的具体含义和条件及其处罚等作了规定，从这些具体的规定中可以看出，构成立功必须具备以下条件：

1. 时间条件。作为量刑制度的立功，应当发生在犯罪分子实施犯罪行为而实际到案后至人民法院判处刑罚前，如若在此之后犯罪分子有立功表现的话，则是刑罚执行中的问题。

2. 主体条件。立功者只能是犯罪分子。犯罪分子检举、揭发他人对自己的犯罪，或者协助司法机关将针对自己实施犯罪的犯罪分子查获，也应认定为立功。

3. 实质条件。根据刑法规定，立功行为有其特定的内容，这些特定的内容构成立功必须具备的实质条件。根据《刑法》第 68 条和最高人民法院《关于处理自首和立功具体应用法律若干问题的解释》，立功包括一般立功和重大立功两种情况。一般立功的内容包括：①检举揭发他人犯罪行为，查证属实的；②提供案件的重要线索，使案件得以侦破的；③阻止他人犯罪活动的；④协助司法机关抓捕其他犯罪嫌疑人的；⑤其他有利于国家和社会的突出表现的。其中，犯罪分子具有下列行为之一，使司法机关抓获其他犯罪嫌疑人的，属于"协助司法机关抓捕其他犯罪嫌疑人"：①按照司法机关的安排，以打电话、发信息等方式将其他犯罪嫌疑人（包括同案犯）约至指定地点的；②按照司法机关的安排，当场指认、辨认其他犯罪嫌疑人（包括同案犯）的；③带领侦查人员抓获其他犯罪嫌疑人（包括同案犯）的；④提供司法机关尚未掌握的其他案件犯罪嫌疑人的联络方式、藏匿地址的，等等。犯罪分子提供同案犯姓名、住址、体貌特征等基本情况，或者提供犯罪前、犯罪中掌握、使用的同案犯联络方式、藏匿地址，司法机关据此抓捕同案犯的，不能认定为协助司法机关抓捕同案犯。

重大立功的内容包括：①犯罪分子有揭发他人重大罪行，查证属实的；②提供侦破重大案件的重要线索，经查证属实的；③阻止他人的重大犯罪活动的；④协助司法机关缉捕其他重大犯罪嫌疑人的；⑤对国家和社会有其他重大贡献等突出表现的。这里所说的"重大案件""重大犯罪嫌疑人""重大罪行"的标准，一般是指犯罪嫌疑人、被告人可能被判处无期徒刑以上刑罚或者在本省、自治区、直辖市或在全国范围内有较大影响的案件等情况。可能被判处无期徒刑以上刑罚，是指根据犯罪行为的事实、情节可能判处无期徒刑以上刑罚。案件已经判决的，以实际判处的刑罚为准。但是，根据犯罪行为的事实、情节应当判处无期徒刑以上刑罚，因被判刑人有法定情节经依法从轻、减轻处罚后判处有期徒刑的，应当认定为重大立功。

4. 不能认定为立功的情况。实践中通常有以下几种情况：①虚假的检举揭发和案件线索；②检举揭发和案件线索是人所共知的事实；③犯罪分子仅供述自己的犯罪事实，在一般的情况下只能构成坦白；④据以立功的线索、材料来源有下列情形之一的，不能认定为立功：本人通过非法手段或者非法途径获取的；本人因原担任的查禁犯罪等职务获取的；他人违反监管规定向犯罪分子提供的；负有查禁犯罪活动职责的国家机关工作人员或者其他国家工作人员利用职务便利提供的。

（三）立功的法律后果

《刑法》第 68 条对立功的从宽处罚，按不同情况分别规定为两种：①有立功表现的，可以从轻或者减轻处罚；②有重大立功表现的犯罪分子，可以减轻或者免除处罚。

对具有立功情节的被告人是否从宽处罚、从宽处罚的幅度，应当考虑其犯罪事实、犯罪性质、犯罪情节、危害后果、社会影响、被告人的主观恶性和人身危险性等，还应考虑检举揭发罪行的轻重、被检举揭发的人可能或者已经被判处的刑罚、提供的线索对侦破案件或者协助抓捕其他犯罪嫌疑人所起作用的大小等。犯罪集团的首要分子、共同犯罪的主犯检举揭发或者协助司法机关抓捕同案地位、作用较次的犯罪分子的，从宽处罚与否应当从严掌握，如果从轻处罚可能导致全案量刑失衡的，一般不从轻处罚；如果检举揭发或者协助司法机关抓捕的是其他案件中罪行同样严重的犯罪分子，一般应依法从宽处罚。对于犯罪集团的一般成员、共同犯罪的从犯立功的，特别是协助抓捕首要分子、主犯的，应当充分体现政策，依法从宽处罚。

五、数罪并罚

（一）数罪并罚的概念及特点

数罪并罚，是指刑法规定的一人犯有数罪而由审判机关依照刑法规定的原则和方法合并处罚的制度。从数罪并罚的概念中可以看出，数罪并罚具有以下特点：

1. 一人犯数罪。一个人犯两个或两个以上的罪是实行数罪并罚的前提。如果没有数罪，则不存在并罚的问题。

2. 数罪发生在法定期间内，即数罪并罚中的数罪，均是发生在刑罚执行完毕以前，过了此期间的所谓数罪，就不是此处并罚的数罪了，数罪可以是发生在判决前，也可以是在刑罚执行过程中犯新罪或者是在刑罚执行过程中发现漏罪。如果刑罚实行完毕，则不存在并罚问题，例如累犯，其似乎含有数罪的问题，但是，对其只需从重处罚即可。

3. 并罚方法，即先对犯罪人所犯数罪分别定罪量刑，后根据法定原则和方法决定合并执行的刑罚，因此，从数罪并罚的结局看，审判机关对数罪作出的是一个判决结果，不能是几个相互独立的判决结果。而所谓的一个判决结果，不是一种数个犯罪的量刑的简单相加，而是数罪分别定罪量刑后根据一定的原则和方法决定合并执行的刑罚种类或刑期。

（二）我国刑法规定的数罪并罚的原则

《刑法》第69条规定："判决宣告以前一人犯数罪的，除判处死刑和无期徒刑的以外，应当在总和刑期以下、数刑中最高刑期以上，酌情决定执行的刑期，但是管制最高不能超过三年，拘役最高不能超过一年，有期徒刑总和刑期不满三十五年的，最高不能超过二十年，总和刑期在三十五年以上的，最高不能超过二十五年。数罪中有判处有期徒刑和拘役的，执行有期徒刑。数罪中有判处有期徒刑和管制，或者拘役和管制的，有期徒刑、拘役执行完毕后，管制仍须执行。数罪中有判处附加刑的，附加刑仍须执行，其中附加刑种类相同的，合并执行，种类不同的，分别执行。"据此，我国《刑法》中的数罪并罚，根据不同的刑罚方法采用了不同的原则：

1. 吸收原则。对一人犯数罪被判处死刑和无期徒刑的，即数罪中有一个罪或者几个罪被判处死刑的，只执行死刑，其他主刑不再执行。数罪中有一个罪或者几个罪被判处无期徒刑的，只执行无期徒刑，其他主刑就不再执行。数罪中有判处有期徒刑和拘役的，执行有期徒刑。

2. 限制加重原则。对一人犯数罪被判处有期徒刑、拘役、管制的，在确定刑期的时候，在总和刑期以下确定最高刑，还要受到不同刑种并罚的法定最高刑限制。例如，管制最高不能超过3年，拘役最高不能超过1年，有期徒刑总和刑期不满35年的，最高不能超过20年，总和刑期在35年以上的，最高不能超过25年。同时，还要体现出"加重"，即在数个宣告刑中，选择最高的那个宣告刑作为最低刑。例如，甲因盗窃罪被判处有期徒刑2年，因故意伤害罪被判处有期徒刑3年，根据数罪并罚的限制加重原则，对甲应在3年以上5年以下判处刑罚。

3. 对一人犯数罪被判处附加刑的，采用并科（分别执行或者相加）原则，即一人犯数罪被分别判处几个附加刑的，附加刑都要执行。数罪中有判处有期徒刑和管制，或者拘役和管制的，有期徒刑、拘役执行完毕后，管制仍须执行。这个规定，也是并科的表现。

（三）数罪并罚的三种情况

1. 判决宣告以前一人犯数罪的并罚。判决宣告以前，一个人犯有数罪的，应当对所犯各罪分别量刑，然后按照《刑法》第69条规定的原则和方法，决定应当执行的刑罚。

2. 刑罚执行完毕以前发现漏罪的并罚。判决宣告以后、刑罚执行完毕以前，发现被判刑的犯罪分子在判决宣告以前还有其他罪没有判决的，先对新发现的罪作出判决，然后把前后两个判决所判处的刑罚，在数罪最高刑期以上、总和刑期以下，决定应当执行的刑罚。这就是数罪并罚计算刑期的"先并后减"方法。具体来说：首先，对漏罪进行判决；其次，确定漏罪的执行刑期；再次，与前罪判决的执行刑期合并计算总和刑期，决定数罪并罚的执行刑期；最后，减去前罪已经执行完毕的刑罚，剩下就是犯罪分子还应当执行的刑期。

3. 刑罚执行完毕以前又犯新罪的并罚。判决宣告以后、刑罚执行完毕以前，被判刑的犯罪分子又犯新罪的，应当对新犯的罪作出判决，把前罪没有执行的刑罚与新罪所处的刑罚，在数罪最高刑期以上、总和刑期以下，决定应当执行的刑罚，这就是数罪并罚计算刑期的"先减后并"方法。对犯新罪的犯罪分子的数罪并罚，是采用把前罪未执行完毕的刑罚与后罪的刑罚合并决定执行刑期，已执行刑期不计算在新决定执行的刑期之内，与发现漏罪的数罪并罚的计算方法不同，按照这种计算方法，犯罪分子实际被执行刑罚的最高期限有可能超过20年或者25年，体现对新犯罪的从重处罚的刑事政策。

六、缓刑

（一）缓刑的概念

缓刑，是指对判处一定刑罚的犯罪分子，在其具备法定条件下，在一定期间附条件地不执行原判刑罚的一种制度。缓刑不是独立的刑罚种类，只是一种量刑制度，或者是执行的方法。缓刑以判处一定的刑罚为前提，其特点在于判处刑罚同时宣告暂缓执行，但是又保留在一定期限内、一定条件下执行原判刑罚的可能性。缓刑制度的设计，是行刑社会化的表现。缓刑制度的产生与自由刑的广泛适用密切相关，起源于英国。我国新民主主义革命时期，由于受到当时的条件所限，未设立缓刑制度，新中国成立以后，中央人民政府司法部规定了缓刑适用的对象为"对社会危害性较小、处刑较短且依据具体情况又暂不执行为宜的徒刑犯"。

（二）缓刑适用条件

根据《刑法》第72条和第74条的规定，适用缓刑必须具备三个条件：

1. 适用缓刑的前提条件：被判处拘役或者是3年以下有期徒刑的犯罪分子。在这里需注意：①这里所说的判处拘役或者3年以下有期徒刑，是就宣告刑而言，而不是指法定刑；②对被判处管制或者单处附加刑的，不能适用缓刑；③如果一人犯数罪，实行数罪并罚后，决定执行的刑罚为3年以下有期徒刑或者拘役的，原则上也可以适用缓刑。

2. 适用缓刑的实质条件：必须根据犯罪分子的犯罪情节和悔罪表现，只有认为对其适用缓刑不致再危害社会的才可适用缓刑。具体而言，同时符合下列条件的，可以宣告缓刑，对其中不满十八周岁的人、怀孕的妇女和已满七十五周岁的人，应当宣告缓刑：①犯罪情节较轻；②有悔罪表现；③没有再犯罪的危险；④宣告缓刑对所居住社区没有重大不良影响。

3. 适用缓刑的限制条件：必须不是累犯和犯罪集团的首要分子。对于累犯和犯罪集团的首要分子，不适用缓刑。犯罪分子的主观恶性和人身危险性程度是评价犯罪分子社会危害性的重要依据。累犯和犯罪集团的首要分子往往具有较大的主观恶性和较强的人身危险性，因而其社会危害性较之初犯、偶犯来说显然更大。

最高人民检察院《未成年人刑事检察工作指引（试行）》第214条规定，对于具有下列情形之一，依法可能判处拘役、三年以下有期徒刑，有悔罪表现，宣告缓刑对所居住社区没有重大不良影响，具备有效监护条件或者社会帮教措施，适用缓刑确实不致再危害社会的未成年被告人，人民检察院应当建议人民法院适用缓刑：①犯罪情节较轻，未造成严重后果的；②主观恶性不大的初犯或者胁从犯、从犯；③被害人同意和解或者被害人有明显过错的；④其他可以适用缓刑的情形。"两高"《关于办理职务犯罪案件严格适用缓刑、免予刑事处罚若干问题的意见》中指出，具有下列情形之一的职务犯罪分子，一般不适用缓刑或者免予刑事处罚：①不如实供述罪行的；②不予退缴赃款赃物或者将赃款赃物用于非法活动的；③属于共同犯罪中情节严重的主犯的；④犯有数个职务犯罪依法实行并罚或者以一罪处理的；⑤曾因职务违纪违法行为受过行政处分的；⑥犯罪涉及的财物属于救灾、抢险、防汛、优抚、扶贫、移民、救济、防疫等特定款物的；⑦受贿犯罪中具有索贿情节的；⑧渎职犯罪中徇私舞弊情节或者滥用职权情节恶劣的；⑨其他不应适用缓刑、免予刑事处罚的情形。

（三）缓刑考验期

缓刑考验期，是指被判处拘役或者 3 年以下有期徒刑的罪犯被宣告缓刑的法律规定的期间。《刑法》规定的缓刑考验期根据原判刑罚的不同分为两种：①拘役的缓刑考验期限为原判刑期以上 1 年以下，但是不能少于 2 个月；②有期徒刑的缓刑考验期限为原判刑期以上 5 年以下，但是不能少于 1 年。缓刑考验期限，从判决确定之日起计算。

（四）缓刑的考察

被宣告缓刑的犯罪分子，应当遵守下列规定：①遵守法律、行政法规，服从监督；②按照考察机关的规定报告自己的活动情况；③遵守考察机关关于会客的规定；④离开所居住的市、县或者迁居，应当报经考察机关批准。对宣告缓刑的犯罪分子，在缓刑考验期限内，依法实行社区矫正。宣告缓刑，可以根据犯罪情况，同时禁止犯罪分子在缓刑考验期限内从事特定活动，进入特定区域、场所，接触特定的人。被宣告缓刑的犯罪分子，如果被判处附加刑，附加刑仍须执行。

（五）缓刑的法律后果

宣告缓刑的犯罪分子，根据刑法规定，有三种法律后果：

1. 对宣告缓刑的犯罪分子，在缓刑考验期限内，依法实行社区矫正，如果没有在缓刑期限内犯新罪或者发现漏罪，缓刑考验期满，原判的刑罚就不再执行，并公开予以宣告。

2. 被宣告缓刑的犯罪分子，在缓刑考验期限内犯新罪或者发现判决宣告以前还有其他罪没有判决的，应当撤销缓刑，对新犯的罪或者新发现的罪作出判决，把前罪和后罪所判处的刑罚，依照数罪并罚原则，决定执行的刑罚。

3. 被宣告缓刑的犯罪分子，在缓刑考验期限内，违反法律、行政法规或者国务院有关部门关于缓刑的监督管理规定，或者违反人民法院判决中的禁止令，情节严重的，应当撤销缓刑，执行原判刑罚。

"两高两部"《社区矫正法实施办法》规定，社区矫正对象在缓刑考验期内，有下列情形之一的，由执行地同级社区矫正机构提出撤销缓刑建议：①违反禁止令，情节严重的；②无正当理由不按规定时间报到或者接受社区矫正期间脱离监管，超过 1 个月的；③因违反监督管理规定受到治安管理处罚，仍不改正的；④受到社区矫正机构两次警告，仍不改正的；⑤其他违反有关法律、行政法规和监督管理规定，情节严重的情形。

（六）战时缓刑制度

战时缓刑制度，是指《刑法》第 449 条的规定："在战时，对被判处三年以下有期徒刑没有现实危险宣告缓刑的犯罪军人，允许其戴罪立功，确有立功表现时，可以撤销原判刑罚，不以犯罪论处"。战时缓刑与一般缓刑都属于缓刑制度的范畴，因此也被人们称作"特殊缓刑"，其和一般缓刑相比较，存在明显的区别，其中最为核心的区别是，战时缓刑的法律后果，对于确有立功表现的，可以撤销原判刑罚，不以犯罪论处。

第十八章　刑罚的执行与消灭

■ 学习目的和要求

　　了解刑罚执行的原则、各种刑罚的执行主体和执行方法。重点掌握减刑与假释的条件、时效的具体规定以及计算方法。了解特赦制度的概念、特点和意义。

第一节　刑罚的执行

一、刑罚执行的概念与特点

　　刑罚执行，是指具有刑罚执行权的国家机关将人民法院已生效的判决、裁定所确定的刑罚付诸实施的活动[1]。在刑法理论上，刑罚执行一词有广义与狭义两种理解。广义的刑罚执行，是指所有刑罚的执行，包括生命刑、自由刑、财产刑、资格刑等刑罚的执行。狭义的刑罚执行，特指自由刑的执行。本节所指的刑罚执行，属于广义的理解。

　　刑罚执行是刑事法律运行的最后一个阶段，也是刑事法治不可或缺的重要环节，只有通过规范、高效的刑罚执行工作，刑罚的目的和刑事司法的正义才能最终得以实现。

　　同侦查、起诉、审判等刑事诉讼活动相比，刑罚执行具有以下特点。

　　（一）刑罚执行的主体只能是具有刑罚执行权的国家机关

　　根据我国《刑法》《刑事诉讼法》《监狱法》《社区矫正法》等法律的规定，刑罚执行机关包括监狱、社区矫正机构、人民法院和公安机关。监狱负责被判处有期徒刑、无期徒刑和死刑缓期二年执行的罪犯的执行。社区矫正机构负责被判处管制、宣告缓刑、假释和暂予监外执行的罪犯的执行。[2] 人民法院负责死刑立即执行、没收财产和罚金的执行。公安机关负责拘役、剥夺政治权利、驱逐出境的执行。除上述法定主体外，其他任何单位和个人都无权执行刑罚。

---

　　〔1〕　与刑罚执行紧密联系的一个概念是刑事执行。关于何谓刑事执行，在我国学界有着不同的理解。本书认为，刑事执行是比刑罚执行外延更广的一个概念，人民法院所有刑事判决、裁定的执行都属于刑事执行。除了刑罚执行之外，刑事执行还包括刑事裁判所确立的某些预防性措施（如禁止令、从业禁止）的执行、各种非刑罚方法的执行、对依法不负刑事责任的精神病人的强制医疗措施的执行、对因不满16周岁不予刑事处罚的未成年人的专门矫治教育措施的执行等，甚至免除刑罚的判决与无罪判决也有一定的执行内容。由于刑罚执行是刑事执行的核心内容和主体部分，因而在多数情况下，两个概念可以交替使用。

　　〔2〕　关于缓刑的执行是否属于刑罚执行，在我国理论及实务界一直存在争论。2003年最高人民法院、最高人民检察院、公安部、司法部联合发布的《关于开展社区矫正试点工作的通知》中，曾将包括缓刑在内的社区矫正定义为"非监禁刑罚执行活动"。2019年出台的《社区矫正法》，出于回避理论分歧以及其他考虑，对社区矫正的性质定位在表述上有所变化，未再使用"刑罚执行"一词。但本书认为，缓刑在我国虽然不是独立刑种，且其基本特点是附条件地不执行原判的监禁刑，但对缓刑犯的监督考察本身构成对其人身自由的限制，具有刑罚执行的属性。

（二）刑罚执行的对象是被人民法院定罪判刑的罪犯

无罪的人不负刑事责任，自然不存在刑罚执行的问题。虽然被判决有罪，但未被判处刑罚的人，也不可能成为刑罚执行的对象。

需要强调，罪犯不仅是刑罚执行的对象，亦属于刑罚执行法律关系的主体，而不是单纯的被惩罚和改造的客体。除了依法被剥夺或限制的权利之外，罪犯依然享有宪法和法律所规定的其他公民权利，即使是不具有我国公民身份的外籍犯，也享有有关人权公约所确立的基本人权。

（三）刑罚执行的依据是人民法院已生效的刑事判决及裁定

刑罚的执行必须以刑事裁判为依据，这是罪刑法定原则在刑罚执行领域的具体要求，但这并不意味着刑罚的执行只能一成不变地服从刑罚的裁判内容。我国《刑法》《刑事诉讼法》规定了刑罚变更执行制度，在具体执行过程中，有关执行机关可以根据实际情况，依法对刑罚的判决作必要和适当的调整，如根据罪犯在服刑中的具体表现或某些特殊情况，予以减刑、假释、监外执行或者特赦等。

二、刑罚执行的原则

刑罚执行的原则，是指刑罚执行工作必须遵循的基本准则。根据我国《刑法》《刑事诉讼法》《监狱法》《社区矫正法》等相关法律的精神，我国的刑罚执行活动应当坚持以下原则。

（一）行刑法治化原则

行刑法治化原则，是指刑罚执行必须依法进行，刑罚执行的主体、对象、内容、方式、程序等都必须受法律规制，必须防止法外用刑、执法腐败、违背程序等滥用行刑权力的现象。

行刑法治化首先体现在立法层面，即刑罚执行活动必须有相对完备的立法依据，对此，除了《刑法》《刑事诉讼法》的原则性规定外，我国还先后出台了两部专门的刑罚执行方面的法律，一部是1994年通过、2012年修正的《监狱法》，该法主要规范监狱机关的刑罚执行工作，另一部是2019年12月通过、2020年7月1日生效的《社区矫正法》，该法主要规范管制、缓刑、假释及暂予监外执行等非监禁刑罚措施的执行；此外，有关主管部门还出台了一系列相关的部门规章或司法解释，如司法部制定的《监狱提请减刑假释工作程序规定》《监管改造环境规范》《罪犯改造行为规范》《司法部关于计分考核奖罚罪犯的规定》《监狱教育改造工作规定》等，最高人民法院发布的《关于办理减刑、假释案件具体应用法律若干问题的规定》等。这些相关的立法、部门规章及司法解释，共同构筑起规范刑罚执行的法律体系，为行刑法治化原则的贯彻奠定了立法基础。行刑法治化原则在执法层面的体现，就是刑罚执行活动从实体到程序，都必须遵循立法规定和刑事裁判，不得逾越法律的边界。

在刑罚执行活动中，罪犯作为接受惩罚与改造的主体，一定意义上具有弱势群体的属性，其权利容易受到忽视乃至侵犯。同时，行刑机构尤其是监狱具有相对的封闭性，容易滋生腐败行为。因此，加强对行刑权的监督制约，是保障行刑公正、实现行刑法治的重要途径。为此，我国立法上进行了相应的制度设计，以促进行刑权的规范、公正运作。例如，保障罪犯的申诉、控告、检举权利；推行刑罚执行事务公开制度，涉及刑罚变更、罪犯奖惩等影响罪犯利益的重大事项，在一定范围内予以公开，以接受罪犯及其家属和社会的监督；执行机关提出减刑、假释的意见，都必须经人民法院审理裁定；人民检察院依法对刑罚执行活动进行监督，如发现存在违法的情况，有权通知执行机关予以纠正；对于行刑机关工作人员的违纪违法行为，视其情节轻重予以行政问责或者刑事追究。

（二）行刑人道性原则

行刑人道性原则，是指刑罚执行中应当把罪犯当人看，给予其人道主义待遇，切实保障其权利和其他正当利益。行刑人道性原则是人类刑罚文明演进的产物。在古代专制社会中，罪犯根本不具有法律主体资格，不享有任何法定权利，而是被视为"国家的奴隶"，备受折磨和虐待。进入 18 世纪以后，受资产阶级启蒙运动的影响，西方国家兴起了监狱改良运动，罪犯待遇问题逐步引起人们的关注。二战以后，在联合国的倡导和推动下，一系列有关的国际公约或者国际刑事司法准则相继出台，如《囚犯待遇最低限度标准规则》（1955 年）、《公民权利与政治权利国际公约》（1966 年）、《禁止酷刑和其他残忍、不人道或有辱人格的待遇或处罚公约》（1984 年）、《囚犯待遇基本原则》（1990 年）等，各国日益重视罪犯权利保障问题。时至今日，一个国家如何对待罪犯，其对罪犯权利保护的状况和程度，已经成为衡量该国社会文明与民主法治发达程度的重要尺度。

基于行刑人道性原则，刑罚执行中对罪犯权利的剥夺或限制应以法律规定和刑事裁判为限，对于法律上未剥夺或限制的罪犯权利，执行机关应当予以尊重和保护，要坚决杜绝体罚、虐待、侮辱人格等非法行为。

（三）行刑平等性原则

行刑平等性原则，是指在刑罚执行过程中，执行机关在相同的情况下应给予罪犯平等的对待，既不允许任何罪犯享有超越法律规定的特权，也不允许对任何罪犯进行歧视，所有罪犯都应当履行刑事裁判所确定的刑事义务，严格遵守行刑机构的管理规定；同时，所有罪犯的正当权益平等地受法律保护。

平等是法治的基本精神。我国宪法规定了法律面前人人平等的原则，《刑法》第 4 条、《刑事诉讼法》第 6 条又分别对这一原则在刑事领域的贯彻予以进一步强调。平等原则贯穿于刑事法律运作的整个过程，作为刑事法治的"最后一公里"，在刑罚执行过程中坚守平等原则十分重要，定罪平等、量刑平等并不能完全保证刑事司法的平等，执行中的不平等同样会损害刑事法律的权威和公正。在刑罚执行中落实平等性原则，要求行刑机关及其工作人员必须破除特权思想、消除偏见，严格依法管理、规范管理，确保各种规章制度落实到位，对罪犯做出的各种处遇措施、奖惩措施，都应当于法有据。

（四）行刑个别化原则

行刑个别化原则，是指在刑罚执行过程中，应当合理、适度地考虑罪犯个体情况的特殊性和差异性，采取有针对性、实效性的教育矫正措施。每一名罪犯的犯罪原因、个性特征、改造表现都是有所不同的，罪犯的刑罚适应能力、服刑中的表现也都存在差异。因此，监督管理和教育改造措施不能"一刀切"，应当因人而异，根据罪犯的具体情况和表现，采取合适、妥当的管教措施，以取得最佳的教育改造效果。需注意，行刑个别化原则同前述的行刑法治化及行刑平等性原则并不矛盾。坚持行刑法治化与行刑平等性原则，并不否定合理的区别对待，前提是这种区别对待必须是在法律允许的范围内，且有助于刑罚目的的实现。

（五）行刑社会化原则

行刑社会化原则，是指刑罚执行应当以教育矫正罪犯、促进其再社会化为宗旨和目标，在刑罚执行尤其是监禁刑的执行过程中，要注重培养罪犯的社会适应能力，同时尽可能发动社会力量教育和矫正罪犯。行刑社会化原则的理论基础是现代教育刑思想。从报应刑走向教育刑，是刑罚思想演变的一个总体趋向。教育刑思想把教育和矫正视为刑罚的基本功能，适用和执行刑罚不是为了单纯地惩罚罪犯，而是通过促使罪犯改恶从善、重新适应社会，进而实现预防犯罪的刑罚目的。教育刑理论的兴起，促进了社区矫正的发展，也使监狱由过去的消极关押犯人的"人身保管场"逐步变成对罪犯进行教育矫正的场所。如前所述，我国《监狱法》和《社区矫正法》都贯彻了行刑社会化的理念，把教育矫正罪犯成为守法公民，帮助其重新融入社会作为刑罚执行的基本宗旨；同时，鼓励社会各界力量参与对罪犯的帮教工作，包括党政机关、人民团体、企事业单位、基层群众自治组织、社会组织、罪犯家属、专业社会工作者、社会志愿者等。

需要指出，由于死刑立即执行并不具有教育改造罪犯的功能，其执行一般也不存在依靠社会力量的问题，因此，行刑社会化原则对死刑立即执行并不适用。但是，随着死刑立即执行的适用在我国受到越来越严格的限制，同时监狱工作社会化和社区矫正迅速发展，有必要将行刑社会化提升为刑罚执行的一个重要原则，而这一原则的倡导，也有助于推动我国刑罚体系与结构的进一步完善，包括助推死刑的限缩乃至最终走向废除。

三、各类刑罚措施的执行

（一）管制与缓刑的执行

管制属于限制自由刑，是我国刑罚体系中最轻的一个主刑刑种。缓刑是附条件地不执行原判刑罚的制度，在我国不是独立的刑种，属于短期监禁刑的一种替代措施。管制和缓刑虽然在刑罚体系中的定位有所不同，但二者的表现形式和执行方式比较接近，都属于限制人身自由的刑罚措施，立法对这两种刑罚措施的适用对象设置了相同的义务规则，二者都被纳入社区矫正的范围。《社区矫正法》对管制与缓刑的执行做了具体规定。

根据《社区矫正法》的规定，管制与缓刑的执行包括监督管理和教育帮扶两大任务，具体由县级社区矫正机构负责，司法所根据社区矫正机构的委托承担相关工作。社区矫正工作应坚持专门机关与社会力量相结合的原则，充分发动基层群众组织、相关单位和学校以及社会工作者、志愿者等各方面力量广泛参与。被适用管制与缓刑的人员称为社区矫正对象。社区矫正机构接收社区矫正对象后，应当核对法律文书、核实身份、办理接收登记、建立档案，并进行入矫宣告。社区矫正对象在社区矫正期间应当遵守法律、行政法规，履行判决、裁定确定的义务，遵守国务院司法行政部门关于报告、会客、外出、迁居、保外就医等监督管理规定，服从社区矫正机构的管理。社区矫正机构应当根据矫正对象的具体情况，制定有针对性的矫正方案，实现分类管理、个别化矫正；同时应当确定矫正小组，负责落实相应的矫正方案。社区矫正机构可以通过通信联络、信息化核查、实地查访等方式，了解掌握社区矫正对象的活动情况和行为表现。对于符合法定条件、有一定危险倾向的社区矫正对象，经批准可以使用电子定位装置进行监管。社区矫正机构可以根据社区矫正对象的个人特长，组织其参加公益活动。社区矫正对象矫正期满或者被赦免的，社区矫正机构应当向其发放解除社区矫正证明书。社区矫正对象被裁定撤销缓刑、假释，被决定收监执行，或者社区矫正对象死亡的，社区矫正终止。对未成年人的社区矫正，应当与成年人分别进行，并采取符合未成年人身心特点针对性的矫正措施。

（二）拘役的执行

拘役是一种短期剥夺自由的刑罚。被判处拘役的罪犯，应在公安机关就近设置的拘役所执行，没有建立拘役所的，可以在就近的看守所执行。但在看守所执行的，应当将其与其他监管人员分押。在拘役执行期间，罪犯每月可以回家1~2天。参加劳动的，可以酌量发给报酬。在拘役执行期间，犯人因患严重疾病需要保外就医的，或者是怀孕，或正为自己婴儿哺乳的，可以暂予监外执行。确有悔改或者立功表现的，可以依法予以减刑。拘役期满后，由执行机关发给刑满释放证。

（三）有期徒刑、无期徒刑、死缓的执行

这三种刑罚措施都由监狱负责执行。有期徒刑与无期徒刑作为刑法规定的两个主刑刑种，都属于典型的监禁刑。死缓虽然理论上属于死刑制度的组成部分，但从执行的角度看，其实质上属于死刑的替代措施，被判处死缓的罪犯在两年考察期满后绝大多数会获得减刑机会，减为无期徒刑或者有期徒刑，因而其更接近于监禁刑性质。根据《刑法》第46条的规定，被判处有期徒刑、无期徒刑的罪犯，在监狱或者其他执行场所执行；凡有劳动能力的，都应当参加劳动，接受教育和改造。我国《监狱法》对上述三种刑罚措施的执行进行了系统规定。根据《监狱法》的相关规定，监狱对罪犯实行惩罚和改造相结合、教育和劳动相结合的原则，将罪犯改造成为守法公民。监狱对罪犯应当依法监管，根据改造罪犯的需要，组织罪犯从事生产劳动，对罪犯进行思想教育、文化教育、技术教育。监狱对成年男犯、女犯和未成年犯实行分开关押和管理，对未成年犯和女犯的改造，应当照顾其生理、心理特点。女犯由女性人民警察直接管理。对未成年犯应当在未成年犯管教所执行刑罚，并实行教育为主、惩罚为辅的原则。监狱根据罪犯的犯罪类型、刑罚种类、刑期、改造表现等情况，对罪犯实行分别关押，采取不同方式管理。对符合条件的罪犯，可以适用减刑、假释或者暂予监外执行等刑罚执行变更措施。罪犯服刑期满，监狱应当按期释放并发给释放证明书。

被判处死刑缓期二年执行的罪犯，在死缓期间应当参加劳动，接受教育改造。死刑缓期执行的期间，从判决确定之日起计算。死刑缓期执行减为有期徒刑的刑期，从死刑缓期执行期满之日起计算。

（四）死刑立即执行的执行

我国《刑事诉讼法》第261条至263条规定了死刑的执行程序和方式。死刑的执行由人民法院负责。核准的死刑立即执行的判决，应由最高人民法院院长签发执行死刑的命令。下级人民法院接到最高人民法院执行死刑的命令后，应当在7日以内交付执行。但如果在执行前发现判决可能有错误或罪犯正怀孕，即应停止执行，并且把停止执行的原因书面报告最高人民法院作出裁定。经过查证，如果判决确有错误，就应重新审判；如果判决并无错误，仍必须报请最高人民法院院长再签发死刑执行令才能执行。由于罪犯怀孕而停止执行的，应当报请最高人民法院依法改判。

人民法院在交付执行死刑前，应当通知同级人民检察院派员临场监督。死刑采用枪决或者注射等方法执行。死刑可以在刑场或者指定的羁押场所内执行。指挥执行的审判人员，对罪犯应当验明正身，讯问有无遗言、信札，然后交付执行人员执行死刑。在执行前，如果发现可能有错误，应当暂停执行，报请最高人民法院裁定。执行死刑应当公布，不应示众。执行死刑后，在场书记员应当写成笔录。交付执行的人民法院应当将执行死刑情况报告最高人民法院。执行死刑后，交付执行的人民法院应当通知罪犯家属。

（五）罚金、没收财产的执行

罚金和没收财产都属于财产刑，都由人民法院负责执行。根据我国《刑法》第53条的规定，罚金的执行有一次缴纳和分期缴纳两种方式。所谓一次缴纳，是指在判决所确定的期限内，强制犯罪人一次性地将判决所确定的罚金全部缴齐；所谓分期缴纳，是指在判决所确定的期限内，分多次让犯罪人缴齐判决所确定的罚金。前者主要适用罚金数额不大，或者数额虽然较大，但缴纳并无困难的；后者则主要适用罚金数额较大，无力一次缴纳的。如果罪犯确有经济能力却拒不缴纳罚金时，应由人民法院强制缴纳。对于不能全部缴纳罚金的犯罪人，人民法院在任何时候发现被执行人有可以执行的财产，应当随时追缴。如果由于遭遇不能抗拒的灾祸等原因缴纳确实有困难的，经人民法院裁定，可以延期缴纳、酌情减少或者免除。

关于没收财产的执行，根据我国《刑法》规定，没收财产只限于没收罪犯个人所有的财产的一部分或全部。因此，在执行没收财产时，应该首先确定哪些财产属于罪犯个人所有。对于罪犯所占有的财产中，如有属于其他公民享有所有权的财产，这一部分财产不能没收，而应返还。对于罪犯与其家庭成员共有的财产，应该进行分割，即只能没收罪犯所应有的份额。即使属于罪犯所有的财产，在没收时应当对罪犯分子个人及其扶养的家属保留必需的生活费用。没收财产以前犯罪人所负的正当债务，需要以没收的财产偿还的，经债权人请求，应当偿还。

（六）剥夺政治权利的执行

剥夺政治权利属于资格刑。根据《刑事诉讼法》的规定，剥夺政治权利由公安机关负责执行。单独判处剥夺政治权利的，应从判决确定之日起开始执行；判处无期徒刑、死刑附加剥夺政治权利终身的，从主刑执行之日起执行；判处有期徒刑、拘役附加剥夺政治权利的，从主刑执行完毕之日或从假释之日起执行，剥夺政治权利的效力当然适用于主刑执行期间。判处管制附加剥夺政治权利的，与管制同时执行，管制期满，政治权利同时恢复。在死缓或无期徒刑减为有期徒刑时，附加剥夺政治权利终身也应随之减为 3 年以上 10 年以下。在有期徒刑减刑时，对附加剥夺政治权利的刑期可以酌减，但酌减后的剥夺政治权利的期限，最短不得少于 1 年。剥夺政治权利执行期满，应当由执行机关（即公安机关）通知本人，并向群众公开宣布恢复政治权利。

第二节　减刑与假释

一、减刑

（一）减刑的概念

关于减刑的概念，理论上有狭义与广义之分。狭义减刑即《刑法》第 78 条所规定的自由刑的减刑。广义减刑则在狭义减刑的基础上，还包括《刑法》第 50 条规定的死刑缓期 2 年执行的减刑、《刑法》第 53 条规定的罚金刑的减刑以及主刑变更时的附加刑的减刑。这里讨论的是狭义减刑，具体是指对于被判处管制、拘役、有期徒刑、无期徒刑的罪犯在执行期间确有悔改或立功表现的，适当减轻其原判刑罚的制度。减刑不同于改判，改判是对原来错判案件的纠正，而减刑是以维护原审判决为前提的，并非改正原来错误的判决。减刑也不同于减轻处罚，减轻处罚属于量刑情节，发生在判决前的刑罚裁量过程中，其依据是行为人的犯罪事实及犯罪前后的有关情况和表现，减刑则发生在判决生效后的刑罚执行过程中，其依据是罪犯在服刑中的表现。

减刑制度是具有中国特色的一项行刑奖励制度，是宽严相济刑事政策在刑事执行阶段的体现。这一制度具有激励罪犯积极改造、悔过自新的功能，在行刑实践中被广泛适用。

（二）减刑的条件

根据《刑法》第 78 条规定，适用减刑须符合以下条件：

1. 对象条件。减刑只适用于被判处管制、拘役、有期徒刑、无期徒刑的罪犯。减刑的适用范围比较广泛，原则上可适用于所有的自由刑，但也有例外。《刑法修正案（九）》增设了针对贪污受贿犯罪的终身监禁制度，即被判处死缓的严重贪污受贿犯罪，人民法院可酌情决定在其死刑缓期执行二年期满依法减为无期徒刑后，终身监禁，不得减刑、假释。因此，这部分罪犯是被排除在减刑对象范围之外的。另外，根据 2016 年最高人民法院发布的《关于办理减刑、假释案件具体应用法律的规定》（以下简称《减刑假释规定》），被判处拘役或者 3 年以下有期徒刑，并宣告缓刑的犯罪分子，一般不适用减刑。在缓刑考验期内有重大立功表现的，可以参照《刑法》第 78 条的规定予以减刑，同时应当依法缩减其缓刑考验期。也就是说，被适用缓刑的社区矫正对象，司法解释对其减刑的条件作了严格限制，只有在具有重大立功表现的情况下，才有可能予以减刑。

2. 时间条件。减刑只适用于刑罚执行期间。因为减刑针对的是原判决确定执行的宣告刑，是对罪犯未执行之刑的减轻。在人民法院作出有罪判决之前，或者在判决未发生法律效力或刑罚尚未执行时，不存在减刑问题。

3. 实质条件。根据《刑法》第78条的规定，减刑的实质条件分为可以减刑的条件和应当减刑的条件两种情形。

可以减刑的条件包括：一是认真遵守监规，接受教育改造，确有悔改表现的；二是有立功表现的。只要具备其中之一，就可以减刑。根据《减刑假释规定》，对于"可以减刑"条件的案件，在办理时应当综合考察罪犯犯罪的性质和具体情节、社会危害程度、原判刑罚及生效裁判中财产性判项[1]的履行情况、交付执行后的一贯表现等因素。"确有悔改表现"是指同时具备以下四个条件：认罪悔罪；认真遵守法律法规及监规，接受教育改造；积极参加思想、文化、职业技术教育；积极参加劳动，努力完成劳动任务。罪犯在刑罚执行期间的申诉权利应当依法保护，对其正当申诉不能不加分析地认为是不认罪悔罪。对职务犯罪、破坏金融管理秩序和金融诈骗犯罪、组织（领导、参加、包庇、纵容）黑社会性质组织犯罪等罪犯，不积极退赃、协助追缴赃款赃物、赔偿损失，或者服刑期间利用个人影响力和社会关系等不正当手段意图获得减刑、假释的，不认定其"确有悔改表现"。"立功表现"是指具有下列情形之一的：①阻止他人实施犯罪活动的；②检举、揭发监狱内外犯罪活动，或者提供重要的破案线索，经查证属实的；③协助司法机关抓捕其他犯罪嫌疑人（包括同案犯）的；④在生产、科研中进行技术革新，成绩突出的；⑤在抢险救灾或者排除重大事故中表现积极的；⑥对国家和社会有其他较大贡献的。"技术革新"或者"其他较大贡献"应当由罪犯在刑罚执行期间独立或者为主完成，并经省级主管部门确认。

应当减刑的实质条件是罪犯在刑罚执行期间有重大立功表现。根据《减刑假释规定》，"重大立功表现"是指具有下列情形之一：①阻止他人实施重大犯罪活动的；②检举监狱内外重大犯罪活动，经查证属实的；③协助司法机关抓捕其他重大犯罪嫌疑人的；④有发明创造或者重大技术革新的；⑤在日常生产、生活中舍己救人的；⑥在抗御自然灾害或者排除重大事故中，有突出表现的；⑦对国家和社会有其他重大贡献的。"发明创造"或者"重大技术革新"应当是罪犯在刑罚执行期间独立或者为主完成并经国家主管部门确认的发明专利，且不包括实用新型专利和外观设计专利；第⑦项中的其他重大贡献应当由罪犯在刑罚执行期间独立或者为主完成，并经国家主管部门确认。

在把握减刑的实质条件时还应注意以下问题：①对在报请减刑前的服刑期间不满18周岁，且所犯罪行不属于《刑法》第81条第2款规定情形的罪犯，认罪悔罪，遵守法律法规及监规，积极参加学习、劳动，应当视为确有悔改表现。对上述罪犯减刑时，减刑幅度可以适当放宽，或者减刑起始时间、间隔时间[2]可以适当缩短，但放宽的幅度和缩短的时间不得超过《减刑假释规定》中相应幅度、时间的三分之一。②老年罪犯、患严重疾病罪犯或者身体残疾罪犯减刑时，应当主要考察其认罪悔罪的实际表现。对基本丧失劳动能力，生活难以自理的上述罪犯减刑时，减刑幅度可以适当放宽，或者减刑起始时间、间隔时间可以适当缩短，但放宽的幅度和缩短的时间不得超过《减刑假释规定》中相应幅度、时间的三分之一。

4. 限度条件。减刑是在原判刑罚的基础上适用的，因此减刑要适当，不能没有限度，减

---

〔1〕 "财产性判项"是指判决罪犯承担的附带民事赔偿义务判项，以及追缴、责令退赔、罚金、没收财产等判项。

〔2〕 "减刑间隔时间"，是指前一次减刑裁定送达之日起至本次减刑报送之日的期间。

得过少，不利于激励罪犯改造的积极性；减得过多，会削弱刑罚的惩罚与改造功能，损害刑事司法的公正性和权威性。根据《刑法》第 78 条第 2 款的规定，减刑以后实际执行的刑期不能少于下列期限：①判处管制、拘役、有期徒刑的，不能少于原判刑期的 1/2；②判处无期徒刑的，不能少于 13 年；③依法判处限制减刑的死刑缓期执行的罪犯，缓期执行期满后依法减为无期徒刑的，不能少于 25 年，缓期执行期满后依法减为 25 年有期徒刑的，不能少于 20 年。

5. 程序条件。减刑应由执行机关向中级以上人民法院提出减刑建议书。人民法院应当组成合议庭进行审理，对确有悔改或者立功事实的，裁定予以减刑。非经法定程序不得减刑。2014 年，最高人民法院出台《最高人民法院关于减刑、假释案件审理程序的规定》，对减刑、假释案件的审理程序进行了规范，确立了案件审理的公示程序，明确了公开审理与书面审理相结合的审理方式，明确了开庭审理的范围和要求，并要求相关的裁判文书上网。

（三）减刑的起始、间隔时间与幅度

《减刑假释规定》对各类罪犯减刑的起始、间隔时间与幅度等作了明确规定。主要内容如下：

被判处有期徒刑的罪犯，不满 5 年有期徒刑的，应当执行 1 年以上方可减刑；5 年以上不满 10 年有期徒刑的，应当执行 1 年 6 个月以上方可减刑；10 年以上有期徒刑的，应当执行 2 年以上方可减刑。有期徒刑减刑的起始时间自判决执行之日[1]起计算。确有悔改表现或者有立功表现的，一次减刑不超过 9 个月有期徒刑；确有悔改表现并有立功表现的，一次减刑不超过 1 年有期徒刑；有重大立功表现的，一次减刑不超过 1 年 6 个月有期徒刑；确有悔改表现并有重大立功表现的，一次减刑不超过 2 年有期徒刑。被判处不满 10 年有期徒刑的罪犯，两次减刑间隔时间不得少于 1 年；被判处 10 年以上有期徒刑的罪犯，两次减刑间隔时间不得少于 1 年 6 个月。减刑间隔时间不得低于上次减刑减去的刑期。罪犯有重大立功表现的，可以不受上述减刑起始时间和间隔时间的限制。

被判处无期徒刑的罪犯执行 2 年以上，可以减刑。减刑幅度为：确有悔改表现或者有立功表现的，可以减为 22 年有期徒刑；确有悔改表现并有立功表现的，可以减为 21 年以上 22 年以下有期徒刑；有重大立功表现的，可以减为 20 年以上 21 年以下有期徒刑；确有悔改表现并有重大立功表现的，可以减为 19 年以上 20 年以下有期徒刑。无期徒刑罪犯减为有期徒刑后再减刑时，减刑幅度依照该规定第 6 条的规定执行。两次减刑间隔时间不得少于 2 年。罪犯有重大立功表现的，可以不受上述减刑起始时间和间隔时间的限制。

被判处管制、拘役的罪犯，以及判决生效后剩余刑期不满 2 年有期徒刑的罪犯，符合减刑条件的，可以酌情减刑，减刑起始时间可以适当缩短，但实际执行的刑期不得少于原判刑期的二分之一。

根据《减刑假释规定》，对符合减刑条件的某些犯罪性质严重或者人身危险性较大的罪犯，减刑的起始时间、间隔时间以及幅度要从严把握。这些罪犯包括：被判处死缓的罪犯减为无期徒刑或有期徒刑的，被限制减刑的死缓罪犯减为无期徒刑或有期徒刑的，职务犯罪罪犯，破坏金融管理秩序和金融诈骗犯罪罪犯，组织、领导、参加、包庇、纵容黑社会性质组织犯罪罪犯，危害国家安全犯罪罪犯，恐怖活动犯罪罪犯，毒品犯罪集团的首要分子及毒品再犯，累犯，因故意杀人、强奸、抢劫、绑架、放火、爆炸、投放危险物质或者有组织的暴力性犯罪被判处 10 年以上有期徒刑的罪犯，确有履行能力而不履行或者不全部履行生效裁判中财产性判项的罪犯等。2019 年，最高人民法院又通过了《关于办理减刑、假释案件具体应用法律的补

---

[1]　"判决执行之日"，是指罪犯实际送交刑罚执行机关之日。

充规定》（以下简称《减刑假释补充规定》），对《刑法修正案（九）》施行后依照《刑法》分则第八章贪污贿赂罪判处刑罚的原具有国家工作人员身份的罪犯的减刑、假释，进一步予以限制。具体内容可参见上述司法解释的相关规定。

二、假释

（一）假释的概念

假释起源于十八世纪末、十九世纪初的英属澳州殖民地，被作为累进制的最后阶段，即将罪犯提前释放，当时名为"释放票"制度。后来该做法传到英国本土和美国，逐渐与保护观察制度相结合，在世界范围内取得了长足发展。目前，假释已成为各国通行的一项刑罚执行制度。

我国《刑法》中的假释，具体是指被判处有期徒刑或无期徒刑的罪犯，在执行一定刑期之后，确有悔改表现，不致再危害社会，附条件地将其提前释放的刑罚制度。

假释同减刑一样，都有激励罪犯努力改造、降低监狱行刑成本、缓解监狱拥挤现象等积极功效。此外，假释还发挥着独特的"桥梁功能"，即为罪犯从完全监禁到完全自由提供了一个缓冲期，有助于罪犯平稳地复归社会。[1]

假释不同于释放。假释是附条件地提前释放，被假释的罪犯仍有可能收监执行剩余刑期；释放则是无条件的，无论是因宣告无罪而释放、因刑罚执行完毕而释放或者因特赦而释放，都不存在执行余刑的问题。

假释不同于缓刑。二者都属于非监禁的刑罚措施，都被列入社区矫正的对象范围，但在适用的对象、依据和程序等方面，二者都有很大的不同，其关键区别是，假释是刑罚执行过程中的一种刑罚变更制度，是附条件地不执行剩余的刑罚；缓刑则是在判决的同时宣告的，是有条件地不执行全部原判刑罚，虽然缓刑也涉及执行的内容，但首先是一种量刑制度。

假释不同于减刑。其主要区别：①适用对象不同。假释只适用于被判处有期徒刑或者无期徒刑的罪犯；减刑则适用面更宽，所有的自由刑都可以适用，包括管制、拘役、有期徒刑、无期徒刑甚至被宣告缓刑的罪犯。②假释是附条件地提前释放，罪犯假释后即恢复人身自由；减刑只是将原判刑罚减轻。在服刑期满以前，仍在执行场所服刑。③假释只能宣告一次，而且附有考验期限，如在这一期限内再犯新罪、发现漏罪或者违反法律、法规及有关规定，则依法撤销假释；减刑则无这种限制，又没有考验期，对于被减的刑罚不存在撤销问题。

假释不同于监外执行。区别在于：①适用的法律依据不同。假释的依据是刑法；监外执行的依据是刑事诉讼法。②适用条件不同。假释的条件主要是罪犯认真遵守监规，接受教育改造，确有悔改表现，没有再犯罪的危险；监外执行的条件是具有严重疾病需要保外就医、女性罪犯怀孕等法定的不适宜在监内执行的事由。③后果不同。假释考验期满，剩余的刑罚不再执行；而监外执行的事由一旦消失，罪犯还须回监继续执行剩余的刑罚。

（二）假释的条件

根据《刑法》第 81 条的规定，适用假释须具备以下条件：

1. 对象条件。假释只适用于被判处有期徒刑或者无期徒刑的犯罪分子。这是由假释的特点所决定的。假释是对已经关押一定期限的罪犯附条件地提前释放，故只能适用于那些被剥夺人身自由且期限较长的罪犯。管制本身不存在关押问题，不存在假释问题；拘役虽属于监禁

---

[1] 当前，我国行刑实践中假释适用率偏低是一个突出的问题，相比之下，减刑的适用相当广泛，减刑成为罪犯出狱的主要途径。但假释所具有的"桥梁功能"是减刑制度无法比拟的。因此，进一步完善相关立法和配套机制，提高假释使用率，激发假释制度的功效，是当前刑事司法领域受到关注的一个问题。

刑，但刑期较短，一般最高刑为 6 个月，数罪并罚也不超过 1 年，没有必要适用假释。

2. 刑期条件。假释只适用于已经执行了一定期限刑罚的罪犯。因为只有经过一定期限刑罚的执行，司法机关才能考察出罪犯是否确有悔改表现，是否不致再危害社会；同时，也有助于维护刑事判决的稳定性和严肃性。根据《刑法》规定，被判处有期徒刑的罪犯，执行原判刑期 1/2 以上，被判处无期徒刑的罪犯，实际执行 13 年以上，如果认真遵守监规，接受教育改造，确有悔改表现，没有再犯罪的危险的，可以假释。如果有特殊情况，经最高人民法院核准，可以不受上述执行刑期的限制。这里的"特殊情况"，是指有国家政治、国防、外交等方面特殊需要的情况。另根据《减刑假释规定》，被判处有期徒刑的罪犯的假释，执行原判刑期二分之一以上的起始时间，应当从判决执行之日起计算，判决执行以前先行羁押的，羁押一日折抵刑期一日。被判处无期徒刑的罪犯假释时，《刑法》中关于实际执行刑期不得少于 13 年的时间，应当从判决生效之日起计算。判决生效以前先行羁押的时间不予折抵。被判处死刑缓期执行的罪犯减为无期徒刑或者有期徒刑后，实际执行 15 年以上，方可假释，该实际执行时间应当从死刑缓期执行期满之日起计算。死刑缓期执行期间不包括在内，判决确定以前先行羁押的时间不予折抵。

3. 实质条件。适用假释的罪犯必须认真遵守监规，接受教育改造，确有悔改表现，假释后不致再危害社会。"确有悔改表现"，与减刑的内容相同。"没有再犯罪的危险"，除符合《刑法》第 81 条规定的情形外，还应根据犯罪的具体情节、原判刑罚情况，在刑罚执行中的一贯表现，罪犯的年龄、身体状况、性格特征，假释后生活来源以及监管条件等因素综合考虑。

根据《减刑假释规定》，对下列罪犯适用假释时可依法从宽掌握：①过失犯罪的罪犯、中止犯罪的罪犯、被胁迫参加犯罪的罪犯；②因防卫过当或者紧急避险过当而被判处有期徒刑以上刑罚的罪犯；③犯罪时未满 18 周岁的罪犯；④基本丧失劳动能力、生活难以自理，假释后生活确有着落的老年罪犯[1]、患严重疾病罪犯[2]或者身体残疾罪犯[3]；⑤服刑期间改造表现特别突出的罪犯；⑥具有其他可以从宽假释情形的罪犯。罪犯既符合法定减刑条件，又符合法定假释条件的，可以优先适用假释。

4. 限制条件。根据《刑法》有关规定，对累犯以及因故意杀人、强奸、抢劫、绑架、放火、爆炸、投放危险物质或者有组织的暴力性犯罪被判处 10 年以上有期徒刑、无期徒刑的罪犯，以及因贪污罪、受贿罪被判处死缓同时适用终身监禁的罪犯，不得假释。另根据《减刑假释规定》，因上述情形和犯罪被判处死缓的罪犯被减为无期徒刑、有期徒刑后，也不得假释。对于生效裁判中有财产性判项，罪犯确有履行能力而不履行或者不全部履行的，也不予假释。依照《刑法》第 86 条规定被撤销假释的罪犯，一般不得再假释。此外，根据《减刑假释补充规定》，对以贪污贿赂罪判刑的原具有国家工作人员身份的罪犯，在刑罚执行过程中拒不认罪悔罪的，或者确有履行能力而不履行或者不全部履行生效裁判中财产性判项的，不予假释。

5. 程序条件。假释与减刑适用相同的程序。

(三) 假释的考验期与监督考察

假释是附条件地释放，罪犯被适用假释后，仍具有收监执行的可能，因此需要规定适当的考验期，对被假释人员进行监督和考察。根据《刑法》第 83 条规定，有期徒刑的假释考验期

---

〔1〕 "老年罪犯"是指报请减刑、假释时年满 65 岁的罪犯。

〔2〕 "患严重疾病罪犯"，是指因患有重病，久治不愈，而不能正常生活、学习、劳动的罪犯。

〔3〕 "身体残疾罪犯"，是指因身体有肢体或者器官残缺、功能不全或者丧失功能，而基本丧失生活、学习、劳动能力的罪犯，但是罪犯犯罪后自伤致残的除外。

为没有执行完毕的刑期；无期徒刑的假释考验期为 10 年。假释考验期限从假释之日起计算。

对假释的罪犯，在考验期限内依法实行社区矫正。根据《刑法》第 84 条的规定，被宣告假释的罪犯，应当遵守下列规定：①遵守法律、行政法规，服从监督；②按照监督机关的规定报告自己的活动情况；③遵守监督机关关于会客的规定；④离开所居住的市、县或者迁居，应当报经监督机关批准。如果没有发生《刑法》第 86 条规定的情形，假释考验期满，就认为原判刑罚已经执行完毕，并公开予以宣告。罪犯被假释后，原判有附加刑的，附加刑仍须继续执行。

（四）假释的撤销

根据《刑法》规定，撤销假释有三种情况：

1. 再犯新罪。罪犯在假释考验期限内犯新罪，应当撤销假释，依照《刑法》第 71 条的规定实行数罪并罚。

2. 发现漏罪。在假释考验期限内，发现被假释的罪犯在判决宣告以前还有其他罪没有判决的，应当撤销假释，依照《刑法》第 70 条的规定实行数罪并罚。

3. 实施违法违规行为。罪犯在假释考验期限内，有违反法律、行政法规或者国务院公安部门有关假释的监督管理规定的行为，尚未构成新的犯罪的，应当依照法定程序撤销假释，收监执行未执行完毕的刑罚。

第三节　时效和赦免

一、时效

（一）时效的概念和意义

刑法上的时效，是指经过一定的期限，对犯罪不得追诉或者对所判刑罚不得执行的一项刑事法律制度。时效制度实际上是从时间角度，对刑事追诉权或刑罚执行权进行的一种限制。

刑法理论上将时效分为追诉时效和行刑时效。追诉时效，是指依法对犯罪人追究刑事责任的有效期限。在法律规定的期限内，司法机关有权追究犯罪人的刑事责任。超过法定期限，除法律有特别规定的以外，就不能再对犯罪人提起诉讼。行刑时效，是指对被判处刑罚的罪犯执行刑罚的有效期限。刑事判决生效后，如果在一定期限内没有执行刑罚，过期后刑罚就不再执行。我国《刑法》只有追诉时效的规定，尚没有行刑时效的规定，这主要是考虑到实践中法院判处刑罚而未予执行的现象极为少见，规定行刑时效实际意义不是很大。但随着时代发展，从刑事法治进一步完善的需要看，有必要考虑将来在《刑法》中增设行刑时效制度。

追诉时效制度的主要意义在于：一是督促公安司法机关及时履行职责，尽快立案、侦查、起诉和审判，以抓住办案的最有利时机，避免时过境迁而带来的取证难、处理难现象；同时，也有利于有关机关摆脱陈年旧案的拖累，集中精力打击现行犯罪活动，从而实现司法资源的合理配置，提高刑事司法的效能。二是给犯罪人以悔过自新的机会，有利于刑罚目的的实现。如果行为人在犯罪后的相当长时间内没有再犯罪，说明他已转变为守法公民，刑罚预防犯罪的目的实际上已经实现，没有再追究其刑事责任的必要。三是有利于社会稳定。犯罪发生后经过一定时间，被犯罪破坏的社会关系逐渐得以恢复，被害人遭受的伤痛可能随着时间的流逝而消解，此时旧案再诉，积怨重提，反而会引发新的不稳定因素，扰乱相关人员的正常生活。

（二）追诉时效的期限

我国《刑法》是以刑罚为标准来确定追诉时效的期限的。这是因为刑罚的轻重是与犯罪行为的社会危害性大小成正比的。社会危害性大，法定刑就重，追诉期限就应长些；反之，社会危害性小，法定刑就轻，追诉期限就应短些。根据《刑法》第 87 条的规定，犯罪经过下列期限不再追诉：①法定最高刑为不满 5 年有期徒刑的，经过 5 年；②法定最高刑为 5 年以上不满 10 年有期徒刑的，经过 10 年；③法定最高刑为 10 年以上有期徒刑的，经过 15 年；④法定最高刑为无期徒刑、死刑的，经过 20 年。如果 20 年以后认为必须追诉的，须报请最高人民检察院核准。

准确把握"法定最高刑"，是正确计算追诉期限的关键。根据有关司法解释，所谓法定最高刑，是指根据所犯罪行的危害轻重，分别适用《刑法》规定的不同条款或相应的量刑幅度，按其法定最高刑来计算追诉期限。虽然案件尚未开庭审判，但经过认真审查案卷材料和必要的核实案情，在基本事实查清的情况下，也可估量刑期，计算追诉期限。具体而言，可以按照以下三种情况处理：

1. 在一个条文中只有一个量刑幅度时，即按此条的法定最高刑计算追诉期限。例如，《刑法》第 258 条对重婚罪只规定了一个量刑幅度，即"2 年以下有期徒刑或者拘役"，最高刑为 2 年有期徒刑，故重婚罪的追诉期限为 5 年。

2. 在同一条文中有几个量刑幅度时，按其罪行应当适用的量刑幅度的法定最高刑计算追诉期限。例如，《刑法》第 133 条对交通肇事罪规定了三个量刑幅度："3 年以下有期徒刑或者拘役""3 年以上 7 年以下有期徒刑""7 年以上有期徒刑"。法定最高刑分别为 3 年有期徒刑、7 年有期徒刑、15 年有期徒刑，故交通肇事罪的追诉期限分别为 5 年、10 年、15 年。在交通肇事罪的个案处理中，应根据案件的具体情节和危害程度，选择相应的量刑幅度，进而根据对应的法定最高刑确定追诉期限。

3. 如果行为人所犯罪行的刑罚，分别规定在《刑法》中的几个条款时，应按其罪行选择适当的条或款的法定最高刑来计算追诉期限。例如，对放火罪的处罚分别规定在《刑法》第 114 条、第 115 条中，量刑幅度为"3 年以上 10 年以下有期徒刑""10 年以上有期徒刑、无期徒刑或者死刑"，最高刑分别为 10 年有期徒刑、死刑，追诉期限分别为 15 年和 20 年。在实践中计算放火罪的追诉期限，应根据个案属于危险犯还是实害犯，选择相应的刑法条文来确定追诉期限。

（三）追诉期限的计算

根据《刑法》第 89 条的规定，追诉时效的计算有三种情况：

1. 在一般情况下，追诉期限从犯罪之日起计算。关于"犯罪之日"的含义，学界存在不同理解，有的认为是指犯罪成立之日，有的认为是指犯罪行为实施之日，有的认为是指犯罪行为完成之日，还有的认为是指犯罪行为停止之日。本书认为将"犯罪之日"理解为犯罪成立之日较为妥当，即行为符合犯罪构成之日。就既遂犯罪而言，就是指抽象危险犯（或称行为犯）的危害行为实施之日，结果犯的法定危害结果发生之日。对于预备犯、未遂犯、中止犯来说，就是犯罪预备、犯罪未遂、犯罪中止成立之日。

2. 犯罪行为有连续或者继续状态的，追诉期限从犯罪行为终了之日起计算。所谓"犯罪行为有连续或者继续状态的"，就是指连续犯和继续犯。这两种形态的犯罪行为在时间上都有一定的跨度，其追诉期限的计算，应从整个连续犯罪行为或持续犯罪行为全部终了之日开始起算。

3. 在时效中断的情况下，前罪追诉期限从犯后罪之日起计算。所谓时效中断，是指在追诉期限内，因犯罪分子又犯新罪而使前罪所经过的时效期间归于无效的制度。根据《刑法》第 89 条第 2 款的规定，在追诉期限以内又犯罪的，不论新罪的性质、轻重如何，前罪所经过的时效期间归于失效，对前罪的追诉期限应从犯后罪之日起重新计算。

为了防止犯罪人利用时效制度逃避法律制裁，《刑法》第88条规定了时效延长制度，即在追诉期限内，因发生法定事由而导致追诉期限的限制被取消。具体包括两种情形：一是在人民检察院、公安机关、国家安全机关立案侦查或者人民法院受理案件以后，逃避侦查或者审判的。这种情况是考虑到行为人的人身危险性，以更好地维护国家和社会利益。二是被害人在追诉期限内提出控告，人民法院、人民检察院、公安机关应当立案而不予立案的。这两种情形都不再受追诉期限的限制，也就是说，不论行为人逃避侦查或者审判的状态持续多久，也不论应当立案而不予立案的状态持续多久，有关机关均可对行为人进行追诉。这种情况是为了更好地保障被害人的权利，防止因有关机关的工作失职致使犯罪人逃脱法网。

二、赦免

（一）赦免的概念及种类

赦免是各国普遍实行的一种刑法制度，指国家对于犯罪人宣告免予追诉或者免除执行刑罚的全部或者一部分的法律制度。赦免分为大赦和特赦两种。

大赦是指对于某一时期内犯有一定罪行之不特定的犯罪人免予追诉或免除其刑罚执行的制度。大赦的适用范围很广泛，其不仅可以赦免一定时期犯有一定罪行的全部犯罪人，而且赦免的效力及于罪和刑两个方面。另外，大赦不仅针对已受罪刑之宣告者，且还针对未受罪刑之宣告者。已受罪刑宣告的，宣告归于无效，已受追诉而未受罪刑宣告的，追诉归于无效。

特赦是指对于某一时期内犯有一定罪行的特定的犯罪人，免除其刑罚的全部或一部分的制度。

大赦与特赦通常在国家举行重大庆典之际实行，或者根据政治、社会形势的需要实行。一般由国家元首根据最高权力机关的决定以颁布大赦令、特赦令的形式宣布。

大赦与特赦的具体内容各国法律规定不一，通常讲其主要区别在于：①大赦的对象是不特定的；特赦的对象则是特定的。②大赦既赦刑又赦罪；特赦则仅赦刑不赦罪。③大赦后行为人再犯罪没有累犯问题；特赦后再犯罪则有可能构成累犯。④大赦既可免除刑罚的执行，也可以免除刑事追诉；特赦则仅能免除刑罚的执行，即只适用判决已确定之犯罪。

（二）我国的特赦制度

赦免制度在我国有悠久的历史传统。在中国2000年的帝制中，历朝皇帝总共大赦了1000多次，约每3年必有一次恩赦，其形式有大赦、降罪、录囚等，其内容基本包括免罪和免刑两类。[1] 中华人民共和国成立后，1954年《宪法》即规定了赦免制度。自1959年至1975年，我国先后实行过7次特赦。除了第一次特赦既对战争罪犯也对反革命罪犯和普通刑事罪犯实行之外，其余六次都是只对战争罪犯实行的。

在我国，现行的《宪法》《刑法》《刑事诉讼法》中，都有涉及赦免制度的相关规定。但我国现行法律未规定大赦制度，法律上所指的赦免，实际上仅就特赦而言。根据现行《宪法》的规定，特赦由全国人民代表大会常务委员会决定，并由国家主席发布特赦令。

我国的特赦制度是宽严相济刑事政策的体现，有助于激励罪犯改恶从善，重新做人；有助于节约监管资源，提升刑罚效益；也有助于彰显国家政治自信，弘扬社会主义核心价值观与人道主义精神，增进社会和谐。

1975年以后的将近40年间，我国未实行过特赦，该制度基本上处于虚置状态，直到2015年才重新被启用。2015年8月，为纪念中国人民抗日战争暨世界反法西斯战争胜利70周年，第十二届全国人大常委第十六次会议决定，对依据2015年1月1日前人民法院作出的生效

---

〔1〕 参见陈俊强：《皇权的另一面——北朝隋唐恩赦制度研究》，北京大学出版社2007年版，第4页。

判决正在服刑，释放后不具有现实社会危险性的四类罪犯实行特赦。[1] 2019 年 6 月，在中华人民共和国成立 70 周年之际，我国再次进行特赦。第十三届全国人大常委会第十一次会议决定，对依据 2019 年 1 月 1 日前人民法院作出的生效判决正在服刑的 9 类罪犯实行特赦。[2] 新时期进行的这两次特赦活动，都取得了良好的政治效果、法律效果和社会效果。

赦免制度既有传统文化的积淀，也符合现代法治精神，应当在完善有关立法基础上，逐步使赦免制度常态化，以更好地发挥该制度的积极效能。

■思考题

1. 减刑与假释的主要区别是什么？
2. 我国假释制度的适用须具备哪些条件？
3. 追诉时效制度有什么意义？我国《刑法》是如何规定追诉时效的？
4. 试述大赦与特赦之间的区别。

■参考书目

1. 徐静村主编：《减刑、假释制度改革研究》，中国检察出版社 2011 年版。
2. 王平：《刑罚执行现代化：观念、制度与技术》，北京大学出版社 2017 年版。
3. 谭世贵等：《刑事执行制度的原理与改革》，清华大学出版社 2018 年版。
4. 吴宗宪主编：《刑事执行法学》，中国人民大学出版社 2019 年版。
5. 吴宗宪主编：《社区矫正导论》，中国人民大学出版社 2020 年版。
6. 阴建峰、王娜：《现代赦免制度重构研究》，中国人民公安大学出版社 2011 年版。

---

〔1〕 此次特赦的四类罪犯是，①参加过中国人民抗日战争、中国人民解放战争的；②中华人民共和国成立以后，参加过保卫国家主权、安全和领土完整对外作战的，但犯贪污受贿犯罪，故意杀人、强奸、抢劫、绑架、放火、爆炸、投放危险物质或者有组织的暴力性犯罪，黑社会性质的组织犯罪，危害国家安全犯罪，恐怖活动犯罪的，有组织犯罪的主犯以及累犯除外；③年满 75 周岁、身体严重残疾且生活不能自理的；④犯罪的时候不满 18 周岁，被判处 3 年以下有期徒刑或者剩余刑期在 1 年以下的，但犯故意杀人、强奸等严重暴力性犯罪，恐怖活动犯罪，贩卖毒品犯罪的除外。

〔2〕 此次特赦的九类罪犯是，①参加过中国人民抗日战争、中国人民解放战争的；②中华人民共和国成立以后，参加过保卫国家主权、安全和领土完整对外作战的；③中华人民共和国成立以后，为国家重大工程建设做过较大贡献并获得省部级以上"劳动模范""先进工作者""五一劳动奖章"等荣誉称号的；④曾系现役军人并获得个人一等功以上奖励的；⑤因防卫过当或者避险过当，被判处 3 年以下有期徒刑或者剩余刑期在 1 年以下的；⑥年满 75 周岁、身体严重残疾且生活不能自理的；⑦犯罪的时候不满 18 周岁，被判处 3 年以下有期徒刑或者剩余刑期在 1 年以下的；⑧丧偶且有未成年子女或者有身体严重残疾、生活不能自理的子女，确需本人抚养的女性，被判处 3 年以下有期徒刑或者剩余刑期在 1 年以下的；⑨被裁定假释已执行 1/5 以上假释考验期的，或者被判处管制的。

第十九章　罪刑各论概说

■ 学习目的和要求

　　了解罪刑各论的研究对象与意义，明确我国刑法分则体系的特点，理解刑法分则的条文结构，学会区别注意规定与法律拟制。

第一节　罪刑各论的研究对象与意义

一、罪刑各论的研究对象

罪刑各论，也称罪刑分论、刑法各论、刑法分论，其研究内容是具体犯罪及其法律后果。因此，罪刑各论的研究对象是规定具体犯罪及其法律后果的法律规范；这种规范又分为三类：刑法典分则、单行刑法与附属刑法。

刑法典分则即《刑法》的第二编，较为系统地规定了具体犯罪及其刑事责任。总则与分则是抽象与具体、一般与个别、普遍与特殊的关系。总则以分则为依托，同时又指导、补充分则。例如，对具体犯罪的构成要件、责任要件以及法定刑的理解与确定，都必须以总则规定为指导；当分则条文没有完整地规定犯罪成立的全部要素时，例如没有规定责任要素时，应以总则规定予以补充。

单行刑法一般只是规定具体犯罪及其法律后果，较少有总则性规定。可以认为，单行刑法与刑法典分则基本上处于平行并列地位，均应以刑法典总则为指导和补充。《刑法》第 101 条规定："本法总则适用于其他有刑罚规定的法律，但是其他法律有特别规定的除外。"可见，单行刑法原则上要以刑法典总则为指导和补充。但是，单行刑法是特别法，刑法典属普通法，根据特别法优于普通法的原则，行为同时触犯单行刑法与刑法典分则时，或者单行刑法有总则性的特别规定时，应适用单行刑法。

真正的附属刑法都是关于具体犯罪及其法律后果的规定，具体适用也应以刑法典总则为指导和补充。附属刑法也属于特别刑法，当它修改、补充了刑法典分则时，同样适用特别法优于普通法的原则。

二、罪刑各论的研究意义

研究罪刑各论对于刑事司法、刑事立法与刑法理论，都具有十分重要的意义。

（一）对具体案件的正确定罪与量刑具有重要意义

司法机关在办理具体案件时，首先要区分罪与非罪。刑法总则虽然对犯罪概念、犯罪构成作了一般规定，但仅仅根据总则的规定还不能完全解决罪与非罪的问题。因为案件总是具体的，要区分罪与非罪，就必须把握各种具体犯罪的概念和特征，掌握具体犯罪与非罪的界限。刑法分则对犯罪的规定，包含了区分罪与非罪的具体标准。例如，根据《刑法》第 303 条第 1 款的规定，是否以营利为目的，是区分赌博罪与一般赌博行为的标准之一；根据《刑法》第

257 条的规定，是否采用暴力，是区分暴力干涉婚姻自由罪与一般违法行为的标准。可见，研究罪刑各论有助于掌握罪与非罪的具体标准，从而正确认定犯罪。

区分此罪与彼罪是定罪的重要内容之一。刑法总则不可能规定区分此罪与彼罪的具体标准，只有研究罪刑各论，明确各种具体犯罪的概念与构成要件，并且比较相关犯罪的构成要件，才能把握此罪与彼罪之间的区别，做到正确定罪。例如，故意杀人罪与故意伤害罪、抢劫罪与抢夺罪、盗窃罪与贪污罪、诈骗罪与假冒注册商标罪等，其区别就在于相关条文保护的法益不同，因而构成要件不同。此外，刑法分则还对一些此罪与彼罪的区分作了特殊规定。例如，刑讯逼供行为如果致人伤残、死亡的，应以故意伤害罪、故意杀人罪论处；没有造成这种结果的，便只能认定为刑讯逼供罪。如果不研究罪刑各论，就不可能进行正确区分。

定罪包含了对犯罪行为的否定评价和对行为人的谴责，但对大多数犯罪来说，定罪只是量刑的基础与前提，司法机关在正确定罪之后，还必须做到正确量刑。刑法总则仅规定了刑罚的种类和量刑的一般原则，根据总则的规定还不能对具体犯罪正确裁量刑罚。只有研究罪刑各论，才有助于正确量刑。因为刑法分则根据各种具体犯罪的危害程度，规定了相应的法定刑；分则的不少条文对一种犯罪规定了几个量刑幅度，并且指明了适用各个量刑幅度的基本条件。罪刑各论主要研究分则对法定刑的规定、适用各个量刑幅度的基本条件，以及各种具体情节对量刑的意义。深入研究罪刑各论，才能判处与犯罪相适应的刑罚。

（二）对刑事立法的修改与完善具有重要意义

罪刑各论以广义的分则规范为研究对象。对罪刑各论的研究，除了解释分则规范外，还包括说明各项规范的立法理由、哲学根据；当法律条文存在表述不当等缺陷时，可以进行合理的补正解释。根据大陆法系国家的经验，对刑法的合理补正解释常常被下次刑事立法所吸收。这表明，对罪刑各论的研究，有利于刑法分则的完善。

（三）对理解和发展总论具有重要意义

总论研究犯罪与刑事责任的一般原理，但一般只能在个别中存在，只能通过个别而存在。人类的认识过程总是由认识具体的、个别的事物，逐步扩大到认识抽象的、一般的事物；然后再以这种一般认识为指导，进一步认识各种具体的、个别的事物，又反过来丰富和发展一般认识。人类的认识总是这样循环往复地进行，而每一次按照科学方法进行的循环往复都可以使人类的认识提高一步，使人类的认识不断地深化。

研究罪刑各论，首先要以总论的原理为指导，认识具体犯罪的规律、特征及法律后果，从而加深对总论的理解。例如，研究了具体犯罪的概念、构成要件、形态等问题，就能加深对总论中的犯罪概念、犯罪构成、犯罪形态等原理的理解；研究了具体犯罪的法定刑与量刑原则，就能加深对总论中的刑罚体系、种类、量刑原则等原理的理解。

不仅如此，研究罪刑各论还有助于丰富和发展总论的基本原理。总论本身是在研究罪刑各论的基础上形成的，在以总论为指导进一步研究罪刑各论时，必然有助于丰富和发展总论，从而使整个刑法理论不断发展。

第二节　刑法分则的体系

一、刑法分则体系的概念

刑法分则体系，是指分则对犯罪的分类及排列次序。分则规定具体犯罪及其法律后果，而具体犯罪的种类繁多，这就需要以一定标准将具体犯罪分为若干类（类罪），再以一定标准对类罪进行合理排列，同时对各类罪中的具体犯罪进行排列，从而形成分则体系。由此可见，分则体系实际上是犯罪分类问题。

犯罪分类是罪刑法定主义的要求。罪刑法定主义要求以成文刑法明确规定犯罪的成立条件与法律后果。只有对社会生活中发生的各种犯罪进行合理分类，进而规定各种犯罪的成立条件，才能实现罪刑法定主义的要求。如果不对犯罪进行分类，就意味着没有具体犯罪的成立条件与法律后果，意味着《刑法》规定"凡犯罪者处……"就够了，这便违反了罪刑法定主义。

类罪划分及其在刑法分则中的排列顺序，体现了各国刑法的价值取向。德国、日本等大陆法系国家刑法与刑法理论，一般以犯罪侵犯的法益为标准，采取二分法或三分法。二分法将犯罪分为侵犯公法益的犯罪与侵犯私法益的犯罪；三分法将犯罪分为侵犯国家法益的犯罪、侵犯社会法益的犯罪与侵犯个人法益的犯罪。第二次世界大战前，大陆法系国家刑法与刑法理论一般将侵犯国家法益的犯罪放在首位，侵犯个人法益的犯罪放在最后。但二战后，无论刑法分则是将对个人利益的犯罪调整至刑法分则之首还是继续维持传统，将对国家法益的犯罪置于刑法分则之首，刑法理论中对罪刑各论的研究，一般将侵犯个人法益的犯罪放在首位，将侵犯国家法益的犯罪放在最后。这反映了刑法价值取向的转变。

犯罪分类有利于司法机关正确定罪量刑。不仅具体犯罪的分类具有这种意义，类罪划分也具有这种意义。因为社会生活中发生的犯罪比较复杂，司法机关总是先认定现实犯罪属于哪一类犯罪，然后再进一步认定属于该类犯罪中的哪一种具体犯罪。可见，类罪的划分具有现实意义。

二、刑法分则体系的特点

我国刑法典的分则将具体犯罪分为十类，每一章规定一类犯罪，其排列顺序依次为：危害国家安全罪，危害公共安全罪，破坏社会主义市场经济秩序罪，侵犯公民人身权利、民主权利罪，侵犯财产罪，妨害社会管理秩序罪，危害国防利益罪，贪污贿赂罪，渎职罪，军人违反职责罪。刑法分则体系就是根据上述分类建立起来的，其特点如下：

第一，原则上依据犯罪的同类法益对犯罪进行分类。[1] 不同种类的犯罪所侵犯的法益不同，因而其危害程度不同。根据犯罪的同类法益对犯罪进行分类，有利于把握各类犯罪的性质、特征与危害程度，有利于贯彻区别对待的政策，有利于司法机关正确定罪量刑。

第二，总体上依据各类犯罪的危害程度对类罪进行排列。类罪的排列反映了刑法的矛头所向与打击重点，反映了立法者对各类犯罪的认识与态度。我国《刑法》基本上以各类犯罪的危害程度为依据，按照由重到轻的顺序进行排列。[2]

第三，大体上依据犯罪的危害程度以及犯罪之间的内在联系对具体犯罪进行安排。刑法分则在安排各类犯罪中的具体犯罪时，首先考虑的是具体犯罪危害程度的大小，如将背叛国家罪、放火罪、故意杀人罪、抢劫罪等分别规定在各章之首，就是因为这些犯罪在各章之中最为严重。与此同时，刑法分则又考虑了具体犯罪之间的内在联系，如在故意杀人罪之后规定过失致人死亡罪，在重婚罪之后规定破坏军婚罪，就是照顾到它们之间的内在联系。

第四，基本上依据犯罪侵犯的主要法益对犯罪进行归类。一些犯罪同时侵犯了两种以上的法益的，刑法分则根据该犯罪侵犯的主要法益将其归入不同的类罪。例如，将抢劫罪归入侵犯财产罪，将合同诈骗罪归入破坏社会主义市场经济秩序罪，等等。

---

〔1〕 将妨害婚姻家庭的犯罪归入"侵犯公民人身权利、民主权利罪"，将"贪污贿赂罪"独立规定为一种类罪，就难以说是按同类客体进行的分类。

〔2〕 这种由重到轻的排列，只是就总体而言，并不意味着后面一类犯罪中的所有具体犯罪，都比前一类犯罪轻微。

第三节　刑法分则的条文结构

刑法分则条文通常由罪状（假定条件）与法定刑（法律后果）构成。例如，《刑法》第236 条第 1 款规定："以暴力、胁迫或者其他手段强奸妇女的，处 3 年以上 10 年以下有期徒刑。"前一句是罪状，其中包含了罪名，后一句是法定刑。

一、罪状

罪状是分则罪刑规范对犯罪具体状况的描述，指明适用该罪刑规范的条件，行为只有符合某罪刑规范的罪状，才能适用该规范。罪状的标志是，刑法分则各本条中的"处……"之前的"……的"。当一个刑法条文中表述了两种以上的罪状时，只有出现"的，"才表示对一种罪状的表述已经完结；否则，后面的补充或者递进规定，通常也要适用于前面罪状的内容。[1]

（一）罪状的表现形式

罪状可以分为两大类：①对具体犯罪构成特征的描述（基本罪状）；②对加重或减轻法定刑的适用条件的描述（加重、减轻罪状）。例如，前述《刑法》第 236 条第 1 款、第 2 款规定的罪状，就是基本罪状，它是对强奸罪的构成特征的描述，不符合这种基本罪状的，就不可能构成强奸罪。该条第 3 款规定的"强奸妇女、奸淫幼女情节恶劣"等 5 项内容则属于加重罪状，是对法定刑升格条件的描述。再如，《刑法》第 232 条前半段规定的是基本罪状，后半段规定的"情节较轻"，就属于减轻罪状，它也不是对故意杀人罪构成特征的描述，而是对法定刑降格条件的描述。刑法分则对任何犯罪都规定了基本罪状，但并非任何犯罪都有加重、减轻罪状。刑法分则对两种罪状又有不同的描述方式。

1. 基本罪状。一般认为，分则条文对基本罪状的描述方式，可以分为四种情况，即简单罪状、叙明罪状（说明罪状）、引证罪状、空白罪状（参见罪状）。

（1）简单罪状仅写出犯罪名称，没有描述具体犯罪特征。例如，《刑法》第 232 条中的"故意杀人的"，第 233 条的"过失致人死亡的"等，都是简单罪状。之所以采取简单罪状的方式，往往是因为这些犯罪的特征为众人所知、无需具体描述。简单罪状的特点是，简单概括，避免烦琐。

（2）叙明罪状的特点是在罪刑规范中对具体犯罪的构成特征作了详细的描述。例如，《刑法》第 305 条规定："在刑事诉讼中，证人、鉴定人、记录人、翻译人对与案件有重要关系的情节，故意作虚假证明、鉴定、记录、翻译，意图陷害他人或者隐匿罪证的，处 3 年以下有期徒刑或者拘役；情节严重的，处 3 年以上 7 年以下有期徒刑。"它对伪证罪的主体要件、客观要件与主观要件都作了较为详细的描述，属于叙明罪状。之所以采取叙明罪状的方式，常常是因为这些犯罪的构成具有特殊性，不为一般人所知，也难以从总则的规定中予以把握，需要作详细规定。叙明罪状的特点是，要件明确，避免歧义。

（3）引证罪状表现为引用刑法的其他条款来说明和确定某一犯罪的构成特征。例如，《刑法》第 124 条第 1 款规定了破坏广播电视设施、公用电信设施罪的罪状与法定刑，其第 2 款规

---

[1]《刑法》第 385 条规定："国家工作人员利用职务上的便利，索取他人财物的，或者非法收受他人财物，为他人谋取利益的，是受贿罪。"由于"或者非法收受他人财物"之前，已经使用了"的，"，故索取他人财物构成受贿罪的，不以"为他人谋取利益"为要件。与之相对，《刑法》第 291 条之一规定："投放虚假的爆炸性、毒害性、放射性、传染病病原体等物质，或者编造爆炸威胁、生化威胁、放射威胁等恐怖信息，或者明知是编造的恐怖信息而故意传播，严重扰乱社会秩序的，处 5 年以下有期徒刑、拘役或者管制；造成严重后果的，处 5 年以上有期徒刑。"根据"的，"这一标识，本条所规定的三种行为，都只有"严重扰乱社会秩序"时，才成立犯罪。

定："过失犯前款罪的，处 3 年以上 7 年以下有期徒刑；……"该款便是引用第 1 款的罪状，来说明和确定过失破坏广播电视设施、公用电信设施罪的罪状。之所以采取引证罪状的方式，是因为某些犯罪的特征在刑法条文中已有规定，无需重复描述。引证罪状的特点是，条文简练，避免重复。

（4）空白罪状没有具体说明某一犯罪的构成特征，但指明了必须参照的其他法律、法令，规定空白罪状的法条也被称为空白刑法或白地刑法。从它没有具体说明犯罪的构成特征来说，是空白罪状；从它指明了必须参照的法律、法令而言，是参见罪状。不过，我国的《刑法》分则中，没有典型的空白罪状。因为被称为空白罪状的条文，在指明了参照法规的同时，也描述了部分构成要件要素。例如，《刑法》第 345 条第 2 款前段规定"违反森林法的规定，滥伐森林或者其他林木，数量较大的，处 3 年以下有期徒刑、拘役或者管制，并处或者单处罚金"，其中的罪状便属于空白罪状。之所以采用空白罪状的方式，是因为这些犯罪首先以触犯其他法规为前提，行为的具体特征在其他法规中已有规定，刑法条文又难以作简短表述。空白罪状的特点是，参照其他法规，避免复杂表述。

应当注意的是，刑法分则有些条文规定了两种以上的行为，其中有的是一个犯罪有供选择的几个基本罪状（《刑法》第 347 条），有的则是几个犯罪的基本罪状（《刑法》第 247 条），这是研究罪刑各论所不能忽视的。此外，有些分则条文采用了两种以上的罪状描述方式，主要表现为同一基本罪状中既有空白罪状，又有叙明罪状。

2. 加重、减轻罪状。加重、减轻罪状分为加重罪状与减轻罪状。

（1）加重罪状。刑法分则对加重罪状的规定有三种情况：①设专条规定加重罪状与法定刑，如第 119 条；②设专款规定加重罪状与法定刑，如第 257 条第 2 款；③在基本罪状与法定刑之后，紧接着在同款内规定加重罪状与法定刑，如第 254 条。

加重罪状的内容即加重法定刑的条件主要有，特殊身份、特殊对象、造成严重后果、致人重伤死亡、情节严重、情节特别严重、情节恶劣、情节特别恶劣、犯罪数额巨大、犯罪数额特别巨大等。

（2）减轻罪状。刑法分则对减轻罪状的规定，一般设立在规定基本罪状与法定刑的同一条款内，没有设专条或专款规定减轻罪状。减轻罪状的内容都是"情节较轻"。

（二）罪状与犯罪构成的关系

罪状是构成要件理论得以产生与发展的基础与根据。大陆法系国家刑法理论所说的构成要件，基本上是指罪状。由于罪状大多仅限于客观方面的要素，故构成要件理论起先认为构成要件仅包括客观的要素。由于罪状也规定了目的与内心倾向等主观要素，后来的构成要件理论开始承认主观的构成要件要素。但由于我国的犯罪论体系不同于大陆法系国家，故在我国，罪状与犯罪构成是既有联系又有区别的两个概念。

可以肯定的是，基本罪状与犯罪构成具有密切联系，这主要表现在，基本罪状实际上是对具体犯罪的特有犯罪构成的描述。例如，前述《刑法》第 305 条规定的伪证罪的基本罪状，实际上是伪证罪的特有犯罪构成。《刑法》第 236 条规定的强奸罪的基本罪状，实际上是强奸罪的特有犯罪构成。但是，基本罪状通常并没有完整地描述具体犯罪的全部犯罪构成，即便叙明罪状也是如此，较多的基本罪状只是描述具体犯罪的客观的构成要件要素的部分内容。这是因为行为主体的一般要件在刑法总则中已有规定，分则只需规定特殊主体要件；犯罪的故意与过失的含义在总则中已有规定，人们可以根据总则的规定以及分则所描述的行为特征，概括出具体犯罪的故意与过失的内容，分则只需就特定的目的进行规定；责任能力与责任年龄在刑法总则中已有规定，分则无需再作规定。由此可见，只有将刑法分则规定的基本罪状与总则的规定结合起来，才能确定具体犯罪的全部犯罪构成。

虽然基本罪状没有规定某一犯罪的全部犯罪构成，但如果没有刑法分则对基本罪状的规定，就不可能形成某一犯罪的全部犯罪构成。换言之，对任何具体犯罪犯罪构成的确定，都要以分则对基本罪状的描述为核心，然后根据总则的规定以及构成要件之间的相互关系确定具体犯罪的全部犯罪构成。即使分则对罪状的描述相当详细，也要联系总则规定与相关条文确定其全部犯罪构成。如前述伪证罪，分则对其特征描述得比较具体，但是否任何证人都能成为本罪主体，则应根据《刑法》总则第 17 条的规定予以确定。未满 16 周岁的人可能成为证人，却不能成为伪证罪的主体。联系《刑法》第 306 条来考虑时，还应得出以下结论：刑事诉讼中的辩护人与诉讼代理人，教唆他人作伪证的，不成立伪证罪的教唆犯，而成立辩护人、诉讼代理人妨害作证罪。因此，在我国现行犯罪论体系之下，认为罪状与犯罪构成无关或者罪状等同于犯罪构成的观点，是值得质疑的。

加重、减轻罪状则与犯罪构成没有直接关系，它们只是加重或减轻法定刑的适用条件。换言之，基本罪状指导定罪与量刑两个方面，而加重、减轻罪状只指导量刑。例如，《刑法》第 232 条规定："故意杀人的，处死刑、无期徒刑或者 10 年以上有期徒刑；情节较轻的，处 3 年以上 10 年以下有期徒刑。""情节较轻的"属于减轻罪状，它只是选择较轻法定刑的条件，不影响故意杀人罪的构成，即不管故意杀人的情节是较重还是较轻，都构成故意杀人罪。只是在构成故意杀人罪的前提下，情节较轻的，可以选择较轻的法定刑。加重罪状也是如此。在我国，基本犯、加重犯与减轻犯都成立一个罪名。无论是减轻罪状还是加重罪状，都既可能是减轻或加重的犯罪构成，也可能只是量刑规则。[1]

二、罪名

（一）罪名的概念与功能

罪名就是犯罪名称，是对具体犯罪本质的或主要特征的高度概括。由于基本罪状都对具体犯罪本质或主要特征进行了描述，故可以认为，罪名以罪状为基础，包括在罪状之中。在简单罪状的情况下，对罪状的表述就是罪名。

罪名虽是犯罪的名称，但它并非仅起一种称呼作用，而是具有重要的功能，具体表现为：

1. 概括功能。犯罪现象形形色色、千姿百态。罪名将千姿百态的犯罪现象进行高度的概括，使人们能够明确刑法上规定了多少种类的犯罪，能够通过罪名来把握各种具体犯罪，从而正确区分罪与非罪、此罪与彼罪。这里的概括有两层意思：①将犯罪学上的各种具体犯罪类型概括成刑法上的一个罪名。例如，入室盗窃、扒窃、顺手牵羊式的窃取等，在犯罪学上是不同的犯罪类型，但刑法上用"盗窃罪"这个罪名来概括这些行为，使这些行为在刑法上成为一种具体犯罪。②在罪状的基础上概括成一个罪名。例如，《刑法》第 116 条规定："破坏火车、汽车、电车、船只、航空器，足以使火车、汽车、电车、船只、航空器发生倾覆、毁坏危险，尚未造成严重后果的，处 3 年以上 10 年以下有期徒刑。"该罪状中所描述的都是对交通工具进行破坏的行为，故将其概括为破坏交通工具罪。

2. 个别化功能。罪名一方面将形形色色的犯罪行为概括成一个犯罪，同时它又使各个罪名产生独特的含义，使罪与罪之间具有严格区别。如前所述，罪名主要是概括罪状而形成的，但罪状通常只是对行为的描述，故罪名一般也表现为对行为特征的表述，如放火罪、破坏交通设施罪、盗窃罪、抢劫罪等，都是从行为特征上揭示犯罪本质的，同时这种概括也使它们与其他罪区别开来。如果对行为特征的概括还不能使该罪与其他犯罪区别开来，就要通过表明主观

---

〔1〕　参见张明楷：《刑法分则的解释原理》（上），中国人民大学出版社 2011 年版，第 181 页。

特征或者其他要素来使罪名具有个别化功能。例如，一般认为，伤害罪这样的罪名不能表明是故意伤害还是过失伤害，因此在确定罪名时，就分别表述为故意伤害罪与过失致人重伤罪。罪名的个别化功能，使得人们能够区别此罪与彼罪、一罪与数罪。

3. 评价功能。罪名不仅能揭示犯罪的本质内容，起到个别化作用，还能起一种评价作用，即体现国家对某种危害行为的否定评价以及对触犯该罪名的犯罪主体的谴责。例如，非法拘禁罪就是国家对非法拘禁他人或者以其他方法非法剥夺他人人身自由的行为的否定评价，同时也表明国家对实施该犯罪行为的犯罪主体的谴责。不仅如此，一般公民也能利用罪名评价某种行为，即如果某种行为触犯了某种罪名，人们就能评价这种行为是为刑法所禁止的危害行为。

4. 威慑功能。罪名的评价功能引申出其威慑功能。因为罪名体现了国家对某种犯罪行为的否定评价和对行为人的谴责，它告诉犯罪人及一般公民：实施任何行为都要避免触犯罪名，这实际上是给人们提供了一个行为准则，因而起到了一般预防与特殊预防的作用。

特别需要指出的是，罪名本身并不是确定和解释该犯罪具体构成要件的依据；换言之，在确定具体犯罪的构成要件时，应以刑法分则明文规定的罪状、总则条文的相关规定以及其他相关条文的内容为依据，而不能直接以罪名为依据确定具体构成要件。尤其是在罪名的确定没有反映犯罪的本质与结构时，根据罪名确定构成要件会导致偏差。例如，如果忽视《刑法》第360条的规定，直接根据"传播性病罪"的罪名确定该罪的犯罪构成，就会要求行为人客观上引起了性病传播或者有引起性病传播的具体危险，主观上具有引起性病传播的故意；如果根据《刑法》第360条的规定确定该罪的犯罪构成，则可以得出该罪实际上是抽象的危险犯，客观上不要求有引起性病传播的实害结果或具体危险，主观上也无需对这样的实害结果或者危险有故意。

（二）罪名的分类

这里讲的罪名分类，不是指刑法分则规定了哪些具体的罪名，而是归纳出现存罪名的类型，从而进一步明确罪名的含义，正确适用罪名。一般来说，罪名可分为以下几类：

1. 类罪名与具体罪名。类罪名是某一类犯罪的总名称。在我国《刑法》中，类罪名是以犯罪的同类法益为标准进行概括的，共有10个类罪名，如危害国家安全罪、危害公共安全罪、破坏社会主义市场经济秩序罪等。类罪名之下，包括了具有该类性质的所有具体罪名。因此，理解类罪名有助于理解该类具体犯罪的性质。在刑法分则中，类罪名是章的标题，没有具体的罪状与法定刑，刑法对其犯罪构成与责任要素也没有明确规定。但刑法理论仍然能够根据其性质，抽象出类罪的共同构成要件与责任要素，形成类罪的犯罪构成。所以，理解类罪名，也有利于理解该类具体犯罪的犯罪构成。由于现实中的犯罪都是具体的，故类罪名不能成为定罪援引的根据，不能根据类罪名定罪。

具体罪名是各种具体犯罪的名称。每个具体罪名都有其定义、犯罪构成与法定刑。例如，《刑法》第263规定的抢劫罪、第258条规定的重婚罪等，都是具体罪名，它们都有其犯罪构成与法定刑。这种规定具体罪名与法定刑的分则规范，是典型的罪刑规范。具体罪名是定罪时援引的罪名，即只能根据具体罪名定罪。

事实上，还可能存在一种介于类罪名与具体罪名之间的罪名（可谓小类罪名），如刑法分则第三章与第六章的类罪名之下，分别存在若干小类罪名。刑法理论也可以将类罪名之下的具体罪名进行分类，形成小类罪名，如将刑法分则第四章的具体犯罪分为侵犯公民人身权利罪、侵犯公民民主权利罪与侵犯公民其他权利罪等。

2. 单一罪名与选择罪名、概括罪名。单一罪名是指所包含的犯罪构成的具体内容单一，只能反映一个犯罪行为，不能分解拆开使用的罪名。例如，故意杀人罪、故意伤害罪、非法拘捞水产品罪等，它们所表示的是具体犯罪行为，不可能对它们进行分解。行为触犯一个单一罪名的，毫无疑问地构成一罪。我国《刑法》分则中的大部分罪名是单一罪名。

选择罪名是指所包含的犯罪构成的具体内容复杂，反映出多种犯罪行为，既可概括使用，也可分解拆开使用的罪名。例如，拐卖妇女、儿童罪，它是一个罪名，但它包括了拐卖妇女的行为与拐卖儿童的行为，于是可以分解为两个罪名。当行为人只拐卖妇女时，定拐卖妇女罪；当行为人仅拐卖儿童时，定拐卖儿童罪；当行为人既拐卖妇女又拐卖儿童时，定拐卖妇女、儿童罪，不实行数罪并罚。选择罪名大致分以下三种情况：①行为选择，即罪名中包括了多种行为，因而形成选择罪名。例如引诱、容留、介绍卖淫罪，包括了三种行为，可以分解成多个罪名。②对象选择，即罪名中包括了多种对象，因而形成选择罪名，如上述拐卖妇女、儿童罪。③行为与对象同时选择，即罪名中包括了多种行为与多种对象，因而形成选择罪名，如非法制造、买卖、运输、邮寄、储存枪支、弹药、爆炸物罪，包括五种行为和三种对象，可以分解成诸多罪名。选择罪名的特点是可以包括许多具体犯罪，又避免具体罪名繁杂。

概括罪名是指其包含的犯罪构成的具体内容复杂，反映出多种犯罪行为，但只能概括使用，不能分解拆开使用的罪名。例如信用卡诈骗罪，包括了使用伪造的信用卡或者使用以虚假的身份证明骗领的信用卡、使用作废的信用卡、冒用他人信用卡、恶意透支等数种行为。不管行为人是实施其中一种还是数种行为，都定信用卡诈骗罪。例如行为人只是恶意透支的，定信用卡诈骗罪，而不是定恶意透支罪；行为人既使用伪造的信用卡，又冒用他人信用卡的，仍定信用卡诈骗罪，一般不实行数罪并罚。由此可见，概括罪名是介于单一罪名与选择罪名之间的一种罪名。从罪名本身没有选择余地的角度来看，它具有单一罪名的特点；但从其包含了多种行为，只要实施其中之一就构成犯罪而言，它具有选择罪名的特点。

这里需要注意的是，数行为触犯一个选择性罪名的，或者数行为触犯一个概括性罪名的，并不是都不实行数罪并罚，而应以罪刑相适应为目的，根据罪数原理决定是否实行数罪并罚。例如，如果符合连续犯、想象竞合犯或者牵连犯的成立条件，则按照一罪处理；但如果是无法用连续犯、想象竞合犯或者牵连犯处理的数罪的情况，则不可直接以属于选择性罪名或概括性罪名为由一概认定为一罪。实际上，如果同种数罪也应当以并罚为原则，[1] 就更没有理由排除选择性罪名或概括性罪名并罚的可能性。因为根据行为责任论，行为人实施了一次符合构成要件的违法行为时，就应当针对这一违法行为判断行为责任；即使行为人再次实施的违法行为与前一违法行为属于选择性罪名或同一个概括性罪名，也应当重新判断行为责任。而且，一个选择性罪名或一个概括性罪名下的数次违法行为，完全可能具有不同的量刑情节，将其笼统作为一罪处理，不利于量刑精准化。这种情况下，何时应当并罚，何时无需并罚，何时应当灵活处理，可以参照同种数罪是否应当并罚的原则处理。[2]

（三）罪名的确定

罪名的确定有两个含义：①司法机关对已经发生的犯罪行为如何定罪，即对某种犯罪行为适用何种罪名；②如何根据刑法分则的规定概括各种具体犯罪的罪名。例如，对《刑法》第238条的规定，是概括成非法拘禁罪，还是概括成非法剥夺人身自由罪？当然，这两个问题又是密切联系的。这里主要侧重于对后一种含义进行讨论。

不管现实中发生的犯罪行为如何，我们都可以事先根据刑法分则的规定，概括出各种具体

---

〔1〕 参见张明楷：《刑法学》（上），法律出版社 2021 年版，第 654~656 页。

〔2〕 有关判决宣告前一人犯同种数罪的是否应当并罚的处理原则，参见张明楷：《刑法学》，法律出版社 2016 年版，第 603~606 页。

犯罪的罪名。如果事先概括出的具体罪名是正确的，司法机关在定罪时就应适用这种罪名，不能随意进行变更。在此意义上说，事先根据《刑法》的规定概括出各种具体犯罪的罪名，是司法机关正确定罪的前提之一，因而具有十分重要的意义。

罪名确定实际上包含两个方面的内容：①确定刑法分则的某一条款所规定的是一个罪名还是数个罪名。例如，《刑法》第277条规定的是一个犯罪（一个罪名）还是五个犯罪（五个罪名）？《刑法》第415条规定的是一个犯罪还是数个犯罪？这方面的确定不仅直接影响一罪与数罪，而且也会间接影响此罪与彼罪。②确定每一个具体犯罪的名称。例如，《刑法》第360条第1款所规定的犯罪，是概括成传播性病罪合适，还是概括成性病患者卖淫、嫖娼罪合适？

根据《刑法》规定与司法实践，确定罪名时应注意罪名的合法性、科学性与概括性。

1. 所谓合法性，是指确定罪名要以《刑法》的规定为依据，符合立法精神，具体包括以下内容：①刑法条文规定的是简单罪状时，由于它并没有超出罪名的范围，故应将该罪状作为罪名使用，不得另立罪名。②凡叙明罪状、引证罪状、空白罪状中提示了罪名的，就使用所提示的罪名。③不得将类罪名作为具体罪名予以使用。例如，侵犯财产罪、渎职罪等都是类罪名，不能将它们作为具体罪名使用。④不能将《刑法》总则中规定的某些情况当作罪名使用。例如，《刑法》第17条第2款中的"故意伤害致人重伤或者死亡"不是一个罪名，不应将它作为罪名使用。⑤《刑法》分则有些条文规定的是单一罪名，有的条文规定的是选择性罪名，有的条文规定的是几个罪名。确定罪名时，对不同的规定必须作正确理解。

2. 所谓科学性，是指罪名必须鲜明地反映具体犯罪的性质与基本特征，正确显示犯罪的数量，准确反映出此罪与彼罪的区别。这就需要我们认真分析具体犯罪的构成要件，找出其本质特征，科学地概括其罪名。应注意的是，除法律有特别规定的以外，犯罪的情节只影响量刑，故不能根据情节确定罪名，如不能使用"报复杀人罪""抢劫致死罪""强奸未遂罪"之类的罪名。

3. 所谓概括性，是指罪名必须高度地概括具体犯罪的所有表现形式，而且必须精练、简明，不能烦琐、冗长。

现行《刑法》颁布后，刑法理论上对部分罪名的确定存在分歧。1997年12月9日最高人民法院通过了《关于执行〈中华人民共和国刑法〉确定罪名的规定》，1997年12月25日最高人民检察院通过了《关于适用刑法分则规定的犯罪的罪名的意见》，2002年至2021年，最高人民法院与最高人民检察院相继通过了七个《关于执行〈中华人民共和国刑法〉确定罪名的补充规定》。在罪名以司法解释形式确定之后，理论上对罪名的争论已经平息。尽管如此，司法解释所确定的某些罪名，仍有值得研究的余地。

三、法定刑

（一）法定刑的概念

所谓法定刑，是指《刑法》分则及其他刑事法律中的分则性规范对各种具体犯罪所规定的刑种与刑度（刑罚的幅度）。《刑法》总则规定了管制、拘役、有期徒刑、无期徒刑、死刑五种主刑和罚金、剥夺政治权利、没收财产、驱逐出境四种附加刑。《刑法》分则及其他刑事法律的分则性规范中的法定刑，是依照《刑法》总则的规定，根据具体犯罪的危害程度与预防需要而确定的刑种与刑度。

法定刑与刑种不是等同概念，一个法定刑中既可能只有一个刑种，也可能包括几个刑种。例如，《刑法》第232条规定的故意杀人罪，共有两档法定刑，前一档法定刑为"死刑、无期徒刑或者10年以上有期徒刑"，其中包含了三个刑种，但应认为只是一个法定刑，而不能认为其中有三个法定刑。因此，当适用这一法定刑减轻处罚时，只能判处10年以下有期徒刑的刑罚。判处死缓、无期徒刑或者 10 年以上有期徒刑时，不属于减轻处罚。

法定刑首先反映出国家对犯罪行为的否定评价和对犯罪人的谴责态度。犯罪是刑法所禁止的行为，刑法是通过法定的刑种与刑度来禁止犯罪行为的。法定刑还反映出国家对犯罪的危害程度的评价。因为具体犯罪法定刑的确定，是以通常情况下该犯罪的危害可能达到的最高程度和最低程度为依据的。如果国家认为某种犯罪的危害程度较大，就会规定较重的法定刑；反之，就会规定较轻的法定刑。如果形势发生变化，某种犯罪的危害程度也随之产生变化，原来的法定刑显得过重或者过轻，国家就会修改法定刑，使重新确定的法定刑与该罪的危害程度相适应。因此，国家对具体犯罪规定的法定刑，实际上是从刑事立法上实践罪刑相适应的原则。法定刑也体现了国家对犯罪的一般预防的考虑。例如，盗窃罪的法定刑重于故意毁坏财物罪，并非因为盗窃罪的危害程度重于故意毁坏财物罪，而是因为盗窃罪的一般预防必要性较高。至于特殊预防的必要性，由于涉及具体犯罪人，通常由法官在量刑中考量，在规定法定刑时不再考虑。法定刑中通常预留一定的幅度，就是为了可以让法官具有一定的自由裁量权，在量刑中考虑具体案件的犯罪情节与特殊预防必要性。

刑事立法上的罪刑相适应，是刑事司法上的罪刑相适应的前提。这一方面表明，如果法定刑与犯罪不相适应，刑事司法上就不可能做到罪刑相适应；另一方面表明，法定刑是法官量刑的法律依据，即在通常情况下，法官只能在法定刑的范围内选择与犯罪相适应的刑种与刑度。在法律有减轻处罚的特别规定时，法官的量刑可以低于法定刑，但这种减轻仍应以法定刑为依据，而不是摆脱法定刑任意减轻。

（二）法定刑的种类

根据立法实践与刑法理论，以法定刑的刑种、刑度是否确定以及确定的程度为标准，可以将法定刑分为绝对不确定的法定刑、绝对确定的法定刑、相对确定的法定刑与浮动法定刑。

1. 绝对不确定的法定刑。绝对不确定的法定刑，是指在条文中不规定刑种与刑度，只笼统规定对某种犯罪应予惩处。如对具体犯罪只规定"依法制裁""依法严惩""依法追究刑事责任"等，至于如何具体处刑，完全由审判机关决定。这种法定刑没有统一的量刑幅度，实际上没有提供处刑标准，不利于贯彻罪刑相适应的原则，也不利于法制的统一。设立、承认绝对不确定的法定刑，与法治精神相抵触。在实行罪刑法定原则的前提下，不得承认绝对不确定的法定刑；易言之，当刑法只是规定对某种行为依法追究刑事责任，而事实上没有规定法定刑，也没有可以援引的法定刑时，对该行为不得以犯罪论处。所以，我国《刑法》没有规定这种法定刑。值得指出的是，1979 年《刑法》第 138 条对诬告陷害罪也没有规定刑种与刑度，而是规定"参照所诬陷的罪行的性质、情节、后果和量刑标准给予刑事处分"。从形式上看，这似乎是绝对不确定的法定刑，但实际上并非如此。因为该条规定了参照所诬陷的罪行的量刑标准予以处罚，即参照所诬陷的犯罪的法定刑给予处罚，而所诬陷的罪行是有相对确定的法定刑的。因此，该条实际上规定的是一种援引法定刑，而被援引的法定刑是相对确定的法定刑。[1]另外，我国行政法律法规、经济法律法规中的刑事责任条款大多只规定"依法追究刑事责任"，但这并非绝对不确定的法定刑。因为刑法典对上述条款中所规定的犯罪，已经规定了罪状与相对确定的法定刑，上述条款只是重申刑法典的规定，而不是一种法定刑。

2. 绝对确定的法定刑。绝对确定的法定刑，是指在条文中只规定单一的刑种与固定的刑度。例如，1951 年颁布的《惩治反革命条例》第 5 条规定，"持械聚众叛乱的主谋者、指挥者

---

〔1〕　援引法定刑是指刑法条文对某些犯罪规定援引其他条款的法定刑处罚。它不是根据刑种、刑度是否确定的标准而形成的概念，而是根据规定方式形成的概念。

及其他罪恶重大者处死刑", 这就是绝对确定的法定刑。由于这种法定刑缺乏灵活性, 法官没有自由裁量的余地, 难以针对案件的具体情况判处轻重适当的刑罚, 不利于贯彻区别对待的政策, 故我国 1979 年《刑法》没有规定这种法定刑。此后的单行刑法也大多没有采取这种法定刑。但是, 有的单行刑法少量地规定了绝对确定的法定刑。现行《刑法》也规定了少量的绝对确定的法定刑。例如,《刑法》第 121 条规定:"以暴力、胁迫或者其他方法劫持航空器的, 处 10 年以上有期徒刑或者无期徒刑; 致人重伤、死亡或者使航空器遭受严重破坏的, 处死刑。"应当认为, 该条后段规定的是绝对确定的法定刑。但是, 一方面, 它只是针对劫持航空器罪中"致人重伤、死亡或者使航空器遭受严重破坏"的情形而言, 并不是针对该种犯罪的所有情形; 另一方面, 它不是出于对法官的不信任, 而是因为立法者认为对劫持航空器并发生上述结果的犯罪, 应当而且只能判处死刑。从这个意义上说, 它有别于一般意义上的绝对确定的法定刑。

3. 相对确定的法定刑。相对确定的法定刑是指在条文中规定一定的刑种与刑度, 并明确规定最高刑与最低刑。其特点是立法上有确定的刑种与刑度, 司法上有具体裁量的余地。这种法定刑适应我国的实际情况, 有利于法制的协调统一; 适应惩罚犯罪的需要, 有利于贯彻区别对待的政策; 适应具体犯罪的不同情况, 有利于实践罪刑相适应的原则; 适应犯罪的危害程度的变化, 有利于刑法的相对稳定。由于我国《刑法》分则通常规定的是相对确定的法定刑, 有必要对这种法定刑再作具体分类。

(1) 规定最高限度的法定刑。分则规范只规定刑罚的最高限度, 刑罚的最低限度根据刑法总则的规定确定。例如,《刑法》第 433 条第 1 款前段规定"战时造谣惑众, 动摇军心的, 处 3 年以下有期徒刑", 该款只规定了有期徒刑这一刑种, 最高刑期为 3 年。依据《刑法》第 45 条的规定, 有期徒刑的最低期限为 6 个月。因此, 法官应在 6 个月以上 3 年以下的幅度内裁量刑罚。依照《刑法》第 99 条的规定,"以上""以下"包括本数。

(2) 规定最低限度的法定刑。分则规范只规定刑罚的最低限度, 刑罚的最高限度根据刑法总则规定确定。例如,《刑法》第 133 条交通肇事罪中规定"……因逃逸致人死亡的, 处 7 年以上有期徒刑", 这里也只规定了有期徒刑这一刑种, 最低刑期为 7 年。依据《刑法》第 45 条的规定, 单一犯罪中有期徒刑的最高刑期为 15 年。所以, 法官应在 7 年以上 15 年以下的幅度内裁定刑期。

(3) 规定最高限度与最低限度的法定刑。即分则规范同时规定了刑罚的最高刑期与最低刑期, 无需再根据刑法总则的规定确定最高刑期与最低刑期。例如,《刑法》第 118 条规定:"破坏电力、燃气或者其他易燃易爆设备, 危害公共安全, 尚未造成严重后果的, 处 3 年以上 10 年以下有期徒刑。"显然, 法官应在此幅度内决定刑期。

以上三种相对确定的法定刑主要是针对有期徒刑而言的, 因为死刑与无期徒刑没有刑度问题, 拘役、管制以及剥夺政治权利的期限幅度较小, 无需在分则条文中详细规定, 直接根据刑法总则规定的期限进行裁量即可。

(4) 规定两种以上主刑或者规定两种以上主刑并规定附加刑的法定刑。由于规定了两种以上的主刑, 法官不仅有刑期的选择权限, 而且有刑种的选择权限。在其规定的两种以上的主刑中, 对有期徒刑又可分为前述三种情况。例如,《刑法》第 304 条规定:"邮政工作人员严重不负责任, 故意延误投递邮件, 致使公共财产、国家和人民利益遭受重大损失的, 处 2 年以下有期徒刑或者拘役。"该条规定了两种主刑, 对其中的有期徒刑又规定了最高限度。法官在量刑时酌情选择其中一种主刑; 选定一种主刑后, 再根据有关规定确定具体刑期。再如,《刑法》第 275 条前段规定:"故意毁坏公私财物, 数额较大或者有其他严重情节的, 处 3 年以下有期徒刑、拘役或者罚金……"该条规定了两种主刑和一种附加刑，法官在量刑时可以在这三种刑罚中选择其一。由于这种法定刑有可供选择的几种刑罚，故法理上称之为选择法定刑。应当注意的是，许多分则规范虽然规定的刑种相同，但排列顺序有异，如有的规定"处 10 年以上有期徒刑、无期徒刑或者死刑"，有的规定"处死刑、无期徒刑或者十年以上有期徒刑"。二者的差别在于：前者意味着法官在量刑时应首先考虑 10 年以上有期徒刑，再依次考虑无期徒刑与死刑；后者意味着法官在量刑时应首先考虑死刑，再依次考虑无期徒刑与 10 年以上有期徒刑。当然，这里的"考虑"还应以案情为依据。

4. 浮动法定刑。浮动法定刑，也称浮动刑、机动刑，是指法定刑的具体期限或具体数量并非确定，而是根据一定的标准升降不居，处于一种相对不确定的游移状态。例如，《刑法》第 227 条规定，对犯倒卖车票、船票罪，情节严重的，并处或单处票证价额 1 倍以上 5 倍以下罚金。浮动法定刑具有以下特点：①只见之于罚金刑，这显然是因为罚金刑的数额可以根据《刑法》规定的某种事实标准予以确定的缘故；②只适用于经济犯罪、财产犯罪，对其他犯罪难以甚至不可能规定浮动法定刑；③刑罚（罚金）的具体幅度（数量）要根据案件的一定事实确定。这是浮动法定刑与相对确定法定刑的区别。在《刑法》规定相对确定的法定刑时，不管案件发生与否，人们可以事先得知刑罚的具体幅度；《刑法》规定浮动法定刑时，只有查清了《刑法》规定的特定事实，才能得知刑罚的具体幅度。所以，浮动法定刑不同于相对确定的法定刑。也必须肯定的是，浮动法定刑与相对确定的法定刑，在既限制司法权力、又允许法官根据案件的具体情况进行一定的自由裁量这一实质上，是相同的。又由于浮动法定刑中的浮动的幅度是相对确定的，在此意义上，也可以认为浮动法定刑属于相对确定的法定刑。

将罚金刑规定为浮动刑，具有以下优点：①有利于体现罪刑相适应原则。决定罚金数额时，应以犯罪情节为根据，而犯罪数额是经济犯罪、财产犯罪的一个重大情节。根据犯罪数额确定罚金的幅度，在此幅度内再考虑其他情节，就能做到罪刑相适应。②有利于考虑犯罪人的经济状况。罚金刑的缺陷之一在于其效果因贫富之差而完全不同，这就决定了确定罚金数额时，必须考虑犯罪人的经济状况以实现罚金刑的实质公平性。浮动的罚金刑则有利于法官考虑犯罪人的经济状况。③有利于刑法的稳定。刑法的相对稳定性要求法条能够适应社会形势变化后的各种情况。各国立法者都对罚金数额的规定感到棘手，即使好不容易规定了相对确定的罚金数额，但出现通货膨胀后，原来规定的罚金数额必然显得过低，不得不修改刑法。浮动的罚金刑不存在上述问题，因而有利于刑法的稳定。

从立法上看，法定刑经历了三个阶段：①与罪刑擅断相适应的绝对的专断刑主义（绝对不确定的法定刑）。在这里，没有法治可言。②绝对的法定刑主义（绝对确定的法定刑）。这显然是出于对法官的不信任，是形式法治的表现。在这种情况下，法官不能应情科处相应刑罚，难以实现实质正义。③相对的法定刑主义（相对确定的法定刑，浮动法定刑）。一方面，这表现为对法官的限制，旨在避免法官恣意量刑；另一方面，也给予了法官充分的自由裁量权，因为立法有局限性，因此必须依靠法官的具体裁量实现量刑的公平与合理。这是形式法治与实质法治统一的表现。同样，禁止不定（期）刑也不只是对司法机关的要求，同样是对立法机关的限制。一方面，立法机关不能笼统规定"犯……罪的，处以刑罚"（不定刑），如果出现这样的规定，则应认为其规定的行为并不成立犯罪，因为"没有刑罚就没有犯罪"；另一方面，立法机关不能规定"犯……罪的，处徒刑"（不定期刑），如果出现这样的规定，则应认为其规定无效，因为违反罪刑法定主义所要求的明确性原则。基于同样的理由，法官在判决时，必须宣告具体的刑罚，而不能宣告不定（期）刑。

（三）法定刑与处断刑、宣告刑、执行刑的区别

处断刑是在对具体犯罪适用刑罚时，对法定刑的修正。也就是说，对法定刑本身进行加重与减轻后所形成的刑罚幅度，就是处断刑。例如，日本刑法规定，对累犯要在加重后的法定刑幅度内量刑，加重的幅度是相应犯罪所规定的惩役的最高刑期的 2 倍以下。如果行为人所犯之罪的法定刑是 3 年以上 10 年以下惩役，其又是累犯，则对行为人的量刑应当在 3 年以上 20 年以下的幅度内进行。这里的"3 年以上 20 年以下"就是处断刑。

我国没有真正意义上的处断刑，但存在类似处断刑的现象。例如，由于对审判时怀孕的妇女不得适用死刑，因此在其触犯所有法定刑中含有死刑的罪名时，对其的量刑，实际上是在对法定刑本身进行减轻后的幅度内进行的；再如，数罪并罚的场合，根据限制加重原则，应当在总和刑期以下、数刑中最高刑期以上量刑，这也相当于对法定刑本身的幅度进行了调整；又如，当某罪因为具有加重情节而被法律规定按照另一罪定罪处罚时，如果另一罪的法定最低刑低于该罪，则量刑时的下限，应当是该罪的法定最低刑，而不是另一罪的法定最低刑，否则有违罪刑相适应原则。[1]

宣告刑是法官对具体犯罪判决宣告的应当执行的刑罚。法定刑不同于宣告刑：法定刑是立法机关在制定刑法时确定的；宣告刑是司法机关在审理具体案件时确定的。法定刑有可供选择的刑种与刑度；宣告刑只能是特定的刑种与刑度。但宣告刑必须以法定刑为依据，即使从轻、从重、减轻处罚时，也要以法定刑为依据。可见，法定刑是立法上的规定，宣告刑是司法中的适用。

执行刑是犯罪分子实际执行的刑罚。执行刑与法定刑有明显区别：法定刑是刑法规定的刑种与刑度，执行刑是犯罪分子实际执行的刑罚。由于宣告刑所宣告的是犯罪分子应当执行的刑罚，故宣告刑是执行刑的根据。执行刑既可能与宣告刑相等，也可能由于减刑、赦免而低于宣告刑，甚至低于法定最低刑。例如，某罪的法定刑为 3 年以上 10 年以下有期徒刑，法官判处犯罪人 4 年有期徒刑。在刑罚执行过程中，由于犯罪人有悔改和立功表现，依法减刑 2 年，这样，执行刑便是 2 年，低于宣告刑，也低于法定最低刑。

第四节　刑法分则的注意规定与法律拟制

刑法分则中存在这样一类规定，其文言特征为，没有明确规定某种行为构成何罪、具有怎样的法律后果，而是采用援引参照的表述，规定该种行为适用其他法条规定的罪名与法律后果。这样的一些规定，就是刑法中的注意规定或者法律拟制。

一、注意规定的概念与特征

注意规定是对已经存在的刑法规定的重申，该已经存在的刑法规定通常称为基本规定。注意规定意在提醒司法人员注意不要忽略该基本规定。即使不设置该规定，遇到此类情形也应按照基本规定处理。例如，《刑法》第 163 条第 3 款规定："国有公司、企业或者其他国有单位中

---

〔1〕例如，根据《刑法》第 333 条第 2 款的规定，强迫卖血造成他人重伤的，要按照故意伤害罪定罪量刑。然而，故意伤害致人重伤的法定刑为 3 年以上 10 年以下有期徒刑，而强迫卖血罪的法定刑为 5 年以上 10 年以下有期徒刑，并处罚金。强迫卖血没有致人重伤的，按照强迫卖血罪定罪处罚，可以判处 5 年以上 10 年以下有期徒刑，并处罚金；强迫卖血致人重伤的，按照故意伤害罪定罪处罚反而只能处 3 年以上 10 年以下有期徒刑，这显然不合理。因此，这种情况下，合理的做法是，依照故意伤害罪定罪量刑，但量刑时所判处的刑罚不得低于强迫卖血罪的法定最低刑。也就是说，要在 5 年以上 10 年以下有期徒刑的法定刑内判处刑罚。这里的"5 年以上 10 年以下有期徒刑"，就类似于处断刑，因为这是通过强迫卖血罪的最低刑对故意伤害罪法定刑本身所做的调整。

从事公务的人员和国有公司、企业或者其他国有单位委派到非国有公司、企业以及其他单位从事公务的人员有前两款行为的，依照本法第 385 条、第 386 条的规定定罪处罚。"该规定是对《刑法》中已经规定的受贿罪的犯罪构成的重申，旨在提示司法人员，如果是本款规定的主体实施收受或索取贿赂行为的，不能认定为本条前两款规定的非国家工作人员受贿罪，而要认定为《刑法》第 385 条规定的受贿罪。

刑法分则中关于"明知"的规定，基本都属于注意规定。因为既然刑法总则中已经存在对故意的规定，因此所有的故意犯罪都需要对构成要件事实有"明知"；某些分则条文再规定"明知"，显然就是对总则故意规定的重申了。而之所以做这样的重申，就是因为在一些情况下，行为人是否有故意需要特别注意，因此要以注意规定的形式提醒司法人员不要忽略。例如，《刑法》第 144 条规定，"在生产、销售的食品中掺入有毒、有害的非食品原料的，或者销售明知掺有有毒、有害的非食品原料的食品的，处五年以下有期徒刑，并处罚金……"这里之所以要在销售掺有有毒、有害的非食品原料的食品时特别规定"明知"，是因为如果是行为人在生产、销售食品过程中自己掺入有毒、有害非食品原料的，则毫无疑问行为人具有故意；但是，在并非自己掺入有毒、有害食品的场合，行为人很可能并不知道自己销售的是掺有有毒、有害的非食品原料的食品，因此需要以注意规定的形式，提醒司法人员在这种情况下，要特别关注行为人是否具有故意。

基于注意规定的概念，可以总结出注意规定具有如下特征。

第一，注意规定只是对基本规定的重申，因此，即便不存在注意规定，也存在可以适用的法律依据，即基本规定。例如，即便没有《刑法》第 163 条第 3 款的规定，对于国有公司、企业或者其他国有单位中从事公务的人员和国有公司、企业或者其他国有单位委派到非国有公司、企业以及其他单位从事公务的人员的收受或索取贿赂的行为，也依旧可以依据《刑法》第 385 条、第 386 条的规定，认定为受贿罪。

第二，能适用注意规定的情况必然是本就可以适用基本规定的情况，因此，注意规定不会将原本不符合基本规定的行为也按照基本规定论处。例如，虽有《刑法》第 163 条第 3 款的存在，但受贿罪的成立范围并没有被扩大，也就是说，能以受贿罪论处的，仍然是完全符合《刑法》第 385 条受贿罪成立条件的行为。《刑法》第 163 条第 3 款中所描述的行为，原本就是符合《刑法》第 385 条犯罪构成的行为。

二、法律拟制的概念与特征

法律拟制的核心在于"拟制"。所谓"拟制"，即将原本不符合某种规定的行为按照该规定处理。之所以存在法律拟制，是因为两种行为具有相同或相似的法益侵害性，出于法律经济性的考虑，为避免重复规定，就直接将其中一种行为视同为另一种行为。例如，《刑法》第 267 条第 2 款规定，携带凶器抢夺的，依照本法第 263 条的规定定罪处罚。也就是说，携带凶器抢夺的，认定为抢劫罪。携带凶器抢夺也是抢夺，而不是抢劫，因此《刑法》第 267 条第 2 款是将原本不符合抢劫罪构成要件的行为也规定为了抢劫罪。之所以如此规定，是因为携带凶器抢夺的法益侵害程度，与抢劫的法益侵害程度相当，为了避免再次重复规定抢劫罪，就进行了这样的拟制。

本质上，法律拟制是一种基于某种理由的法律的例外规定，因此法律拟制不能"类比适用"。例如，不能认为，既然法律规定了携带凶器抢夺的成立抢劫罪，因此携带凶器盗窃的也成立抢劫罪。《刑法》267 条第 2 款只针对携带凶器抢夺的情况，不能将其类比适用到其他场合。

基于法律拟制的概念，可以总结出法律拟制具有如下特征。

第一，法律拟制不同于基本规定，如果不存在法律拟制，则相关行为不能适用基本规定。例如，如果没有《刑法》第267条第2款的规定，则携带凶器抢夺的行为，除非因为使用凶器或显示凶器达到了抢劫罪中暴力、胁迫的程度，否则一定不能认定为抢劫罪。

第二，法律拟制将原本不符合基本规定的行为也按基本规定处理，扩大了基本规定的适用范围。例如，如果没有《刑法》第267条第2款，则抢劫罪的规定只能适用于通过暴力、胁迫等手段压制被害人反抗取得财物的行为，而因为有了《刑法》第267条第2款，则即便没有使用暴力、胁迫等手段压制被害人的反抗，携带凶器抢夺的行为，也可以适用抢劫罪的规定，这显然扩大了作为基本规定的抢劫罪的适用范围。

三、注意规定与法律拟制的区分意义与区分方法

（一）区分意义

正是因为注意规定与法律拟制有类似的文言特征但却具有截然不同的适用条件与适用效果，因此必须区分刑法中的援引参照规定究竟是注意规定还是法律拟制，也就是要判断一个援引参照规定，究竟是对基本规定的重申，还是已经变更了基本规定。这对于犯罪的认定有直接影响。

例如，《刑法》第248条规定了虐待被监管人罪，其中规定，虐待被监管人"致人伤残、死亡的，依照本法第234条、第232条的规定定罪从重处罚"。也就是说，虐待被监管人致人伤残死亡的，要按照故意伤害罪、故意杀人罪的规定定罪处罚。如果将该规定理解为注意规定，则要求虐待被监管人致人伤残死亡的，只有在完全符合故意伤害罪、故意杀人罪的犯罪构成时，才能按照故意伤害罪、故意杀人罪定罪处罚。如果虐待被监管人过失造成被监管人伤残死亡的，无论如何不能认定为故意伤害罪、故意杀人罪。而如果将该规理解为法律拟制，则无需只有在完全符合故意伤害罪、故意杀人罪的犯罪构成时才可认定为故意伤害罪、故意杀人罪，虐待被监管人过失造成被监管人伤残死亡的，由于具有与故意伤害罪、故意杀人罪程度相当的法益侵害性，所以完全可以将其"拟制"为故意伤害罪、故意杀人罪。

（二）区分方法

由于注意规定与法律拟制在文言表述上具有相似性，因此，必须从实质上区分两者。

第一，该规定的内容有无特殊性？是否与基本条款的内容完全相同？如果该规定与基本条款的内容完全相同，则该规定是注意规定；如果该规定具有特殊内容，变更了基本条款的规定，则该规定属于法律拟制。例如，《刑法》第183条第2款规定，国有保险公司工作人员和国有保险公司委派到非国有保险公司从事公务的人员，利用职务上的便利，故意编造未曾发生的保险事故进行虚假理赔，骗取保险金归自己所有的，应当认定为贪污罪。与《刑法》第382条贪污罪第1款与第2款的表述相比，《刑法》第183条第2款只是将犯罪领域具体为了国有保险公司，与《刑法》第382条贪污罪第1款与第2款规定的内容实际上完全相同，因此《刑法》第183条第2款只是注意规定。与此相对，《刑法》第269条规定，犯盗窃、诈骗、抢夺罪，为窝藏赃物、抗拒抓捕或者毁灭罪证而当场使用暴力或者以暴力相威胁的，依照《刑法》第263条抢劫罪的规定定罪处罚。与《刑法》第263条规定的罪状相比，《刑法》第269条不再需要先压制被害人反抗再取得财物，而是可以先取得财物再压制被害人反抗，这明显变更了作为基本规定的《刑法》第263条抢劫罪的内容，因此《刑法》第269条是法律拟制。

第二，在该情形下，是有设立注意规定的必要，还是有做出法律拟制的理由？如果在该种情况下，司法机关没有忽略基本规定的可能，则该规定基本不是注意规定；如果在该种情况下，对基本规定进行变更没有法益侵害相似性方面的理由，则该规定不能理解为法律拟制。例如，如果携带凶器抢夺的过程中使用了凶器或者显示了凶器从而压制了被害人的反抗，则司法

机关不可能忽略抢劫罪的适用，因此将《刑法》第 267 条第 2 款理解为注意规定就不合适。再如，《刑法》第 259 条第 2 款规定："利用职权、从属关系，以胁迫手段奸淫现役军人的妻子的，依照本法第 236 条的规定定罪处罚。"如果认为该条属于法律拟制，则只要利用职权、从属关系奸淫现役军人的妻子，即便不符合强奸罪的犯罪构成，也应当按照强奸罪处理。但是，即便是现役军人的妻子，没有侵害其性的决定权的行为，无论如何也不可能与侵害妇女性的决定权的奸淫行为具有相同或相似的法益侵害性，因此，不能将该规定理解为法律拟制，而应该将其理解为注意规定，即该规定意在提醒司法人员，这种情况下不要认定为破坏军婚罪，而要认定为强奸罪。

概言之，要从规定内容入手，结合规定适用的具体情况、法益侵害程度等，区分注意规定与法律拟制。

■思考题

1. 我国刑法分则体系的特点是什么？
2. 罪状有哪些种类？各种罪状与犯罪构成是什么关系？
3. 法定刑有哪些种类？什么样的法定刑符合罪刑法定原则？
4. 如何区分注意规定与法律拟制？

■参考书目

张明楷：《刑法分则的解释原理》，中国人民大学出版社 2011 年版。

第二十章　危害国家安全罪

■ 学习目的和要求

　　掌握危害国家安全罪的概念与一般特征。了解本章所包括的 12 个具体罪名的主要特征，重点把握叛逃罪，间谍罪，为境外窃取、刺探、收买、非法提供国家秘密、情报罪的构成特征，罪与非罪的区分以及与相关犯罪的界限。

第一节　危害国家安全罪概述

一、危害国家安全罪的概念和法益

　　危害国家安全罪，是指故意危害中华人民共和国的国家主权、领土完整、国家统一、国家政权和社会主义制度等国家根本利益的行为。[1]

　　本章的保护法益是我国的国家安全。为了适应新形势下有效维护国家安全的需要，2014 年 4 月，习近平总书记在第一次国家安全委员会会议上，首次提出了总体国家安全观，并对其基本内容进行了系统阐述。总体国家安全观作为新时期我国维护国家安全的指导思想，其内容十分丰富，大大拓展了传统的国家安全的内涵和外延，既包括政治安全、国土安全、军事安全等传统安全，也包括经济安全、文化安全、社会安全、科技安全、信息安全、生态安全、资源安全、核安全、生物安全等非传统安全。以总体国家安全观为指导，我国于 2015 年出台了新的《国家安全法》，对国家安全的定义进行了如下界定：国家安全是指国家政权、主权、统一和领土完整、人民福祉、经济社会可持续发展和国家其他重大利益相对处于没有危险和不受内外威胁的状态，以及保障持续安全状态的能力。需要指出，作为本章保护法益的国家安全，较之《国家安全法》中的国家安全定义外延要小，侧重于传统意义的国家安全，主要是政治安全、国土安全及军事安全，具体内容包括：国家主权和独立、领土完整和安全、国家统一、人

---

　　〔1〕　我国现行《刑法》规定的危害国家安全罪，由 1979 年《刑法》中的"反革命罪"一章修改而来。"反革命罪"一词政治色彩较为浓厚，随着国际、国内形势的变化，继续沿用该称谓已不合时宜，现行《刑法》将其修改为"危害国家安全罪"，使得立法表述更为严谨、科学。从国外刑事立法看，"危害国家安全罪"是普遍的称谓。也有一些国家在具体表述上有所不同，如日本、韩国、泰国等称之为"内乱罪""外患罪"，英国称之为"反对国王和政府罪"，还有的国家称之为"国事罪"等。

民民主专政的政权和社会主义制度的稳定等。[1]

二、危害国家安全罪的犯罪构成

(一) 构成要件

构成要件的内容为行为主体实施的各种危害国家安全的行为。

本章犯罪中，除了资助危害国家安全犯罪活动罪自然人、单位均可构成外，其他犯罪的主体都限于自然人。另外，本章大多数犯罪的主体属于一般主体，不论是中国人、外国人或无国籍人，都可以构成该类犯罪。但也有个别犯罪的主体属于特殊主体，如叛逃罪的主体必须是国家机关工作人员或者掌握国家秘密的国家工作人员。还有的犯罪虽然在刑法条文中没有明示属于特殊主体，但从具体犯罪的性质上看，实际上要求行为人必须具备特定的身份或其他条件，如背叛国家罪、投敌叛变罪的主体只能是中国公民，即具有中华人民共和国国籍的人。

《刑法》第 102~112 条规定了 12 种具体的危害国家安全的行为。如果行为人虽有错误、反动的思想，但并未具体实施危害国家安全的行为，不能对其治罪。对于发表言论的行为能否构成危害国家安全罪，不可一概而论。如果行为人只是通过言论形式（如写在日记本上、与亲戚朋友聊天等）将某种危害国家安全的思想表露出来，并未利用这种言论向他人和社会施加影响，那么其言论仍属思想范畴，不能以犯罪论处；但若行为人将其危害国家安全的言论有意向他人灌输或者向社会扩散，旨在影响他人和社会，则属于行为的范畴，如在公众场合发表演讲、张贴大小字报、拉横幅标语、散发传单、在互联网上发帖子等，这就属于危害国家安全的行为，有可能构成犯罪。本章中的煽动分裂国家罪、煽动颠覆国家政权罪等，就主要表现为言论的形式[2]。

本罪各罪均属于抽象危险犯。只要行为人故意实施了危害国家安全的行为，不管是否造成实际损害后果，即可构成犯罪既遂。

(二) 责任要素

本章的所有犯罪均属于故意犯罪，过失不能构成危害国家安全罪。行为人只要故意实施了危害国家安全的行为，即可构成犯罪。至于其出于何种具体动机，如贪财还是恋色等，并不影响犯罪成立。

对于危害国家安全罪的故意是否包含间接故意，理论界存有争议。有的持否定说，认为构成危害国家安全罪的各种具体犯罪都属于直接故意，不存在行为人放任危害结果发生的问题。有的则持肯定说，认为某些危害国家安全犯罪，可以由间接故意构成。我们认为，大多数危害国家安全罪只能由直接故意构成，但不排除此类犯罪中的个别罪名也可以由间接故意构成。例

---

[1] 我国《刑法》分则第七章"危害国防利益罪"和第十章"军人违反职责罪"，实际上也具有危害国家安全的性质，国防利益和军事安全属于传统意义上的国家安全，只是立法者出于立法技术等因素的考虑，将这两类犯罪单独设章。另外，《刑法》分则第二章"危害公共安全罪"规定的一些罪名，如涉及恐怖主义犯罪的系列罪名，也同国家安全密切相关。在刑法典的其他章节之中，还有不少罪名涉及广义上的国家安全即非传统安全的内容，如走私核材料罪关系到核安全，伪造货币罪关系到经济安全，非法侵入计算机信息系统罪关系到信息安全，污染环境罪关系到生态安全等。

[2] 煽动型的危害国家安全犯罪同言论自由的界限，在国外也是学界关注的问题。普遍的看法是，言论自由是有边界的，不存在绝对的言论自由，超出一定范围的言论要受到法律限制，甚至可以刑事追责。在许多国家的刑法中，都可以找到一些与此相关的罪名，如《德国刑法典》规定的散发违宪组织的宣传品罪、使用违宪组织的标志罪、对联邦军队或者公共安全机构施加敌视宪法的影响罪、诽谤联邦总统罪、侮辱国家及其象征罪等，就是一些以言论或者文字进行宣传的形式来实施的危害国家安全罪。在对言论自由的保护与禁止之间，当今世界比较一致的基本标准是，允许批评政府的错误，但是不许激起对国家的不满。参见王世洲："危害国家安全罪的信条学考察"，载《中国刑事法杂志》2012 年第 8 期。

如，为境外窃取、刺探、收买、非法提供国家秘密、情报罪，行为人有可能是为了追求金钱、美色等利益而实施上述行为，放任危害国家安全的结果发生。

三、危害国家安全罪的类型

本章规定了 12 个具体罪名，按其表现特征可归纳为以下三类：

1. 危害政权、分裂国家方面的犯罪，包括背叛国家罪，分裂国家罪，煽动分裂国家罪，武装叛乱、暴乱罪，颠覆国家政权罪，煽动颠覆国家政权罪，资助危害国家安全犯罪活动罪。

2. 叛变、叛逃方面的犯罪，包括投敌叛变罪，叛逃罪。

3. 间谍、资敌方面的犯罪，包括间谍罪，为境外窃取、刺探、收买、非法提供国家秘密、情报罪，资敌罪。

四、危害国家安全罪的处罚

鉴于危害国家安全行为极其严重的社会危害性，《刑法》对本章犯罪规定了较之普通刑事犯罪更为严厉的刑罚，这主要体现在以下方面：

1. 本章是刑法中死刑罪名所占比例最高的一章。根据《刑法》第 113 条规定，除煽动分裂国家罪、颠覆国家政权罪、煽动颠覆国家政权罪、资助危害国家安全犯罪活动罪、叛逃罪 5 个罪名之外，其他 7 个罪名都可以判处死刑。须注意，这 7 个挂有死刑的罪名，只是在行为对国家和人民危害特别严重、情节特别恶劣的情况下，才可以判处死刑。

2. 《刑法》对本章犯罪没收财产刑的适用作了专门规定。根据《刑法》第 113 条的规定，犯本章危害国家安全罪的，可以并处没收财产。

3. 刑法对本章犯罪重视资格刑的适用。根据《刑法》第 56 条规定，对于危害国家安全的犯罪分子应当附加剥夺政治权利。此外，本章第 103~105 条、第 107 条、第 109 条、第 111 条都有独立适用剥夺政治权利的规定。

第二节　危害政权、分裂国家犯罪

一、背叛国家罪

背叛国家罪是指勾结外国或与境外机构、组织、个人相勾结，危害我国的主权、领土完整和安全的行为。

本罪的保护法益是我国的主权、领土完整和安全，这是国家安全的最基本的内容。国家主权，是指一个国家独立自主地处理其内外事务的至高性的、排他性的权力。领土完整，是指保持一国领土不被分割、侵占的状态。

本罪行为主体只能是中国公民，主要是那些掌握党和国家重要权力或者具有一定社会地位和影响的人。外国人和无国籍人不能单独构成本罪，但可以成为本罪的共犯。所谓"勾结"，是指进行联络、沟通、通谋、商议、策划等行为。这里的"境外"，其范围大于"国外"，除了其他的国家和地区，也包括我国的香港、澳门特别行政区及台湾地区。根据有关法规的规定，"境外机构、组织"，包括境外机构、组织在我国境内设立的分支（代表）机构和分支组织；"境外个人"，包括居住在我国境内不具有我国国籍的人。[1] 危害国家主权、领土完整和安全的表现主要有，与外国签订丧权辱国的条约，出卖国家主权；非法割让国家领土，破坏国家领土完整；与外国通谋制造国际争端，使外国向我国提出领土要求；勾引外国对我国进行侵略；策划建立受别国操纵的傀儡政权等。对外勾结与危害国家主权、领土完整和安全，二者密

---

〔1〕　参见 2017 年国务院公布的《反间谍法实施细则》第 3 条规定。

切联系，前者是后者的前提与手段，后者是前者的特定内容与目的。

根据《刑法》第 102 条及第 113 条第 1 款的规定，犯本罪的，处无期徒刑或者 10 年以上有期徒刑；对国家和人民危害特别严重、情节特别恶劣的，可以判处死刑。依照《刑法》第 113 条第 2 款的规定，犯本罪的，可以并处没收财产。

二、分裂国家罪

分裂国家罪，是指组织、策划、实施分裂国家、破坏国家统一的行为。

本罪中的"组织"，是指为分裂国家而召集、拉拢他人、发展成员；"策划"，是指为分裂国家而暗中密谋、筹划，如制定计划、方案；"实施"，是指将策划的内容付诸行动，如宣布某一地方"独立"，脱离中央政府领导，进行所谓"民族迁徙""民族回归"等非法越境行动等。组织、策划、实施是分裂国家行为的不同形式及发展阶段，都属于法律明确禁止的程度不同的实行行为。"分裂国家、破坏国家统一"，是指窃据地方权力，抗拒中央领导，脱离中央，搞地方割据或地方独立；或者制造民族矛盾和民族分裂，破坏统一的多民族国家，包括破坏祖国大陆与台湾地区的统一。

本罪属于抽象危险犯，行为人只要具有组织、策划、实施分裂国家、破坏国家统一的行为，不论是否得逞、是否造成实际后果，都构成犯罪既遂。

在认定本罪时须注意，对于某些人出于狭隘民族主义或地方主义情绪，在思想上附和、倾向于民族或地方分裂分子，但没有参加组织、策划、实施分裂国家、破坏国家统一的活动的；或者由于对国家的民族政策、地方政策不理解，而实施一些错误、过激行为，但其主观上并无分裂国家、破坏国家统一的目的，均不应认定为犯罪。

根据《刑法》第 103 条第 1 款、第 106 条、第 113 条的规定，犯本罪的，对首要分子或者罪行重大的，处无期徒刑或者 10 年以上有期徒刑；对积极参加的，处 3 年以上 10 年以下有期徒刑；对其他参加的，处 3 年以下有期徒刑、拘役、管制或者剥夺政治权利；对国家和人民危害特别严重、情节特别恶劣的，可以判处死刑。犯本罪的，可以并处没收财产。与境外机构、组织、个人相勾结，实施本罪的，从重处罚。

三、煽动分裂国家罪

煽动分裂国家罪，是指煽动分裂国家、破坏国家统一的行为。

所谓"煽动"，是指以语言、文字、图像等方式对他人进行鼓动、引诱、怂恿、激励、教唆，意图使他人接受某一思想或看法，并实施相关的行为。煽动的具体方式是多种多样的，如书写、张贴、散发标语、传单；撰写文章、印发刊物；投寄匿名信；当众发表演讲、呼喊口号；以及利用信息网络发布相关信息等。根据有关司法解释及文件，明知出版物中载有煽动分裂国家、破坏国家统一的内容，而予以出版、印刷、复制、发行、传播的，以本罪定罪处罚。[1] 利用突发传染病疫情等灾害，制造、传播谣言，煽动分裂国家、破坏国家统一的，以本罪定罪处罚。[2] 利用新型冠状病毒感染肺炎疫情，制造、传播谣言，煽动分裂国家、破坏国家统一的，以本罪定罪处罚。[3]

只要行为人实施了煽动分裂国家的行为，不论采用何种具体煽动方式，也不论是否产生了

---

〔1〕 参见 1998 年最高人民法院发布的《关于审理非法出版物刑事案件具体应用法律若干问题的解释》（以下简称《非法出版物案件解释》）第 1 条规定。

〔2〕 参见 2003 年最高人民法院、最高人民检察院联合发布的《关于办理妨害预防、控制突发传染病疫情等灾害的刑事案件具体应用法律若干问题的解释》（以下简称《传染病案件解释》）第 10 条第 2 款规定。

〔3〕 参见 2020 年最高人民法院、最高人民检察院、公安部、司法部联合发布的《关于依法惩治妨害新型冠状病毒感染肺炎疫情防控违法犯罪的意见》（以下简称《新冠疫情案件解释》）第 2 部分第 6 项规定。

实际后果，即可构成本罪且成立犯罪既遂。

犯本罪，根据《刑法》第 103 条第 2 款、第 106 条、第 113 条第 2 款之规定处罚。

四、武装叛乱、暴乱罪

武装叛乱、暴乱罪，是指组织、策划、实施武装叛乱或者武装暴乱的行为。

所谓"武装叛乱"，是指以投靠或意图投靠境外组织或敌对势力为背景，采取武装对抗的形式，公开反叛国家和政府的行为。所谓"武装暴乱"，是指采取武装形式，进行暴力骚乱，同政府进行对抗的行为。无论武装叛乱还是武装暴乱，都是采用武装对抗的形式，即叛乱者或暴乱者携带或者使用枪、炮等武器，与政府进行对抗。如果行为人没有携带或者使用武器，只是使用一般性暴力工具，如棍棒、石块等，则不属于武装叛乱或者武装暴乱。

武装叛乱和武装暴乱在表现形式上有很多相同之处，如聚众武力冲击、占领国家机关、军事重地；占领交通要道或重要公共场所，与军队、警察、民兵进行武力对抗，并常常伴有杀人、放火等严重暴力行为。但二者仍有所不同，其主要区别在于，行为人是否有投靠境外组织或境外敌对势力的意图。武装叛乱是投靠或意图投靠境外组织或敌对势力，具有投敌叛变的性质；武装暴乱主要是针对政府，同政府武力对抗，并未与境外的敌对势力相勾结，也没有投靠境外敌对势力的意图。

本罪属于必要共犯，往往是多人或众人所为，如某一组织或集团所为，单个人是不可能进行此种犯罪活动的。

在实践中，应注意划清本罪与群体闹事事件的界限。群体闹事有时也会出现聚众冲击国家机关、殴打国家工作人员、毁坏财物等情况，但它不是采用武装形式同政府对抗。行为人闹事的原因，多是因对国家的政策不理解，或者所提出的某些要求未得到满足，但参与闹事的多数人并不具有推翻国家政权的目的，尽管可能有个别具有危害国家安全意图的人混入其中，但应将他们同参与闹事的一般群众区分开来。

犯本罪的，根据《刑法》第 104 条、第 106 条、第 113 条之规定处罚。

五、颠覆国家政权罪

颠覆国家政权罪，是指组织、策划、实施颠覆国家政权、推翻社会主义制度的行为。

所谓"颠覆"，是指以非法手段推翻或篡夺国家政权，包括我国各级权力机关、司法机关、军事机关、中央和地方人民政府在内的整个政权。颠覆的手段多种多样，有秘密的，也有公开进行的；有使用暴力的，也有非暴力的。例如，非法建立旨在颠覆国家政权、推翻社会主义制度的政党、社团，非法建立以政变为目标的武装力量，组织非法的游行、示威、集会、"请愿"；冲击国家机关，策划武装政变，建立伪政府等。

犯本罪的，根据《刑法》第 105 条第 1 款、第 106 条、第 113 条第 2 款之规定处罚。

六、煽动颠覆国家政权罪

煽动颠覆国家政权罪，是指以造谣、诽谤或者其他方式煽动颠覆国家政权、推翻社会主义制度的行为。

本罪的煽动行为表现为造谣、诽谤或者其他方式。"造谣"，是指无中生有，制造政治谣言迷惑公众；"诽谤"，是指散布有损于党和政府的言论，诋毁、损害国家政权的形象。"其他方式"，是指造谣、诽谤以外的其他鼓动、引诱、怂恿他人的方法。具体形式包括发表演讲，张贴大小字报，散发传单，投寄材料，在网上发帖等。明知出版物中载有煽动颠覆国家政权、推翻社会主义制度的内容，而予以出版、印刷、复制、发行、传播的，以本罪处罚。[1] 利用

---

〔1〕　参见《非法出版物案件解释》第 1 条规定。

突发传染病疫情等灾害，制造、传播谣言，煽动颠覆国家政权、推翻社会主义制度的，以本罪定罪处罚。[1] 利用新型冠状病毒感染肺炎疫情，制造、传播谣言，煽动颠覆国家政权、推翻社会主义制度的，以本罪定罪处罚。[2]

行为人只要具有煽动颠覆国家政权、推翻社会主义制度的行为，不管其所煽动的对象是否相信或接受其所煽动的内容，也不管其是否去实施所煽动的颠覆活动，均不影响本罪的成立。

认定本罪应划清罪与非罪的界限。实践中，有些公民没有恶意地造谣、诬蔑，而是对一些党政机关及其工作人员工作中的缺点和失误发表正常的批评，即使有过激之处，也不能以犯罪论处。另外，一些群众由于对国家法律、政策一时不理解，发表一些不满言论，或者因一时不明真相而轻信、误传"小道消息"的，也不能作为犯罪处理。

犯本罪的，根据《刑法》第105条第2款、第106条、第113条第2款之规定处罚。

七、资助危害国家安全犯罪活动罪[3]

资助危害国家安全犯罪活动罪，是指境内外机构、组织或者个人资助他人实施危害国家安全犯罪的行为。

本罪是本章犯罪中唯一可以由单位主体构成的罪名，但对单位实施本罪的，《刑法》规定实行单罚制，只追究直接责任人员的刑事责任。行为表现为资助他人实施《刑法》第102~105条规定的犯罪的行为。"资助"是指从经济上提供帮助，如给予经费、物资、交通工具、通信工具或提供场所等。仅在精神、舆论宣传等方面给予帮助、支持的，不能视为资助。资助的对象是境内外的任何组织或者个人。

犯本罪的，根据《刑法》第107条、第113条第2款之规定处罚。

第三节　叛变、叛逃犯罪

一、投敌叛变罪

投敌叛变罪，是指中国公民意图危害国家安全而投奔敌人，或者在被捕、被俘后投降敌人的行为。

本罪主体限于中国公民。外国人策动或帮助中国公民投敌叛变的，应以本罪的共犯论处。

行为具体表现：①投奔到境外的敌对国家及其控制区；②投奔国内的敌对方面；③通过与境外敌对国家或敌方联络，成为敌方助手，实际上已背叛国家；④在战争状态下投奔或投靠已进入境内的敌方，或者被捕、被俘后投降敌人。

犯本罪的，根据《刑法》第108条、第113条之规定处罚。

二、叛逃罪

叛逃罪，是指国家机关工作人员在履行公务期间，擅离岗位，叛逃境外或在境外叛逃，以及掌握国家秘密的国家工作人员叛逃境外或在境外叛逃的行为。

本罪主体是特殊主体，主要是国家机关工作人员，如中国驻外使领馆的外交人员，国家机关赴境外访问的代表团成员，国家机关派驻境外进行公务活动或者执行专项任务的人员等。根据《刑法》第109条第2款规定，掌握国家秘密的国家工作人员，如国有企业、事业单位中从事公务的管理人员，也可以成为本罪主体。

---

〔1〕 参见《传染病案件解释》）第10条第2款规定。
〔2〕 参见《新冠疫情案件解释》）第2部分第6项规定。
〔3〕 本罪经《刑法修正案（八）》修订。

叛逃行为具体有两种形式：一是"叛逃境外"，即行为人在境内产生叛逃意图后，非法出境，叛逃到境外的某一国家或地区；二是"在境外叛逃"，即行为人合法出境后，在境外实施叛逃行为。

在一般情况下，构成本罪要求具备"履行公务期间、擅离岗位"这一前提条件。"履行公务期间"，是指行为人为履行其工作职责而进行各项活动的过程中，如因公在境外国家或地区访问、考察，或者在驻境外机构工作期间等。如果相关行为发生在休假、自费出国旅游、自费留学、出国探亲访友等与公务无关的活动期间，不构成本罪。但是，如果行为人属于掌握国家秘密的国家工作人员，则不受上述条件的限制，即使在非履行公务期间实施叛逃行为的，也可构成本罪。

本罪的责任形式为故意。如果国家工作人员在境外期间，由于受到境外机构、组织或个人的阻挠、胁迫等，或者出现了战乱、严重自然灾害等难以克服的客观障碍，而被迫暂时滞留境外的，因其不具有危害我国国家安全的故意，不能以犯罪论处。

犯本罪的，根据《刑法》第109条第1款、第113条之规定处罚。另据《刑法》第109条第2款规定，掌握国家秘密的国家工作人员叛逃境外或者在境外叛逃的，依照第1款的规定从重处罚。

第四节　间谍、资敌犯罪

一、间谍罪

间谍罪，是指参加境外的间谍组织，或者接受境外间谍组织及其代理人的任务，或战时为敌人指示轰击目标，危害国家安全的行为。

间谍组织，是指外国政府或境外敌对势力建立的旨在收集我国政治、经济、科技、军事、外交等情报，进行颠覆、分裂、渗透、破坏活动，危害我国国家安全的机构和组织。间谍组织的"代理人"，是指受间谍组织或者其成员的指使、委托、资助，进行或者授意、指使他人进行危害我国国家安全活动的人。间谍组织和间谍组织代理人，由国家安全部依法确认[1]。"参加间谍组织"，是指行为人履行一定的加入手续（如挑选、登记、专门训练等），或者在非常情况下虽未按常规正式加入，但事实上已作为该间谍组织的成员进行活动。"接受间谍组织及其代理人的任务"，是指行为人受间谍组织（不管其是否正式加入）及其代理人的命令、派遣、指使、委托为间谍组织服务，进行危害国家安全的活动。实践中，境外间谍组织既有直接在我国境内秘密设立活动网点，直接派遣，又有大量通过境外其他机构如公司、记者站、商会等在境内设立分支机构或办事处，安插或委托具有合法身份的人作为其代理人进行活动。接受间谍组织"代理人"的任务，虽不是直接从间谍组织处受领任务，实际上与接受间谍组织的任务并无本质区别，只是多了一个"中间环节"，这正是间谍活动隐蔽性的体现。参加间谍组织或者接受间谍组织及其代理人的任务的，不论其情节轻重，也不论是否实施了所接受的任务，都应构成间谍罪。根据《反间谍法》第55条的规定，在境外受胁迫或者受诱骗参加敌对组织、间谍组织，从事危害国家安全的活动，及时向我国驻外机构如实说明情况，或者入境后直接或者通过所在单位及时向国家安全机关、公安机关如实说明情况，并有悔改表现的，可以不予追究。

"为敌人指示轰击目标"，这种行为是指在战时为交战敌对国或敌方用画图、文字、信号、

---

〔1〕　参见《反间谍法实施细则》第4条规定。

标记等手段向敌人明示所要轰击的我方目标。这种行为具有变相地为敌人提供情报的性质。

犯本罪的，根据《刑法》第 110 条、第 113 条之规定处罚。

二、为境外窃取、刺探、收买、非法提供国家秘密、情报罪的处罚

（一）为境外窃取、刺探、收买、非法提供国家秘密、情报罪的概念和犯罪构成

本罪是指为境外的机构、组织、人员窃取、刺探、收买、非法提供国家秘密或者情报的行为。本罪的具体法益是国家的保密制度和信息安全。

1. 本罪行为对象是国家秘密或者情报。根据我国《保守国家秘密法》的规定，"国家秘密"，是指关系国家的安全和利益、依法定程序确定、在一定时间内只限于一定范围的人员知悉的事项，包括国家重大事务决策、国防建设和武装力量活动、外交和外事活动、国民经济和社会发展、科学技术、维护国家安全活动和追究刑事犯罪活动方面以及其他经国家保密工作部门确定应当保守的国家秘密事项。政党中的秘密事项，法律有规定的，也属于国家秘密。国家秘密分绝密、机密、秘密三个密级。犯罪对象的密级不同，对国家安全和利益造成的危害程度也不同。在审理涉及本罪的刑事案件过程中，需要对有关事项是否属于国家秘密以及属于何种密级进行鉴定的，由国家保密工作部门或者省、自治区、直辖市保密工作部门鉴定。

"情报"，是指除国家秘密以外的关系国家安全和利益、尚未公开或者依照有关规定不应公开的事项。[1] 虽然不对外公开的单位内部情况或个人信息，如果不涉及国家安全和利益，不应理解为这里的"情报"。

2. 行为表现为为境外的机构、组织、人员窃取、刺探、收买、非法提供国家机密或者情报的行为。所谓"境外"，既包括国外，也包括我国的香港、澳门及台湾地区。"窃取"，是指使用秘密手段盗窃属于国家秘密或情报的行为；"刺探"，是指通过各种途径和手段，非法探听、询问甚至威胁、逼迫知悉国家秘密或情报的人，以取得国家秘密或情报的行为；"收买"，是指用金钱、色情或其他利益，向有关人员换取国家秘密或情报的行为；"非法提供"，是指将自己持有或知悉的国家秘密或情报非法交付、告知或出卖给境外机构、组织和人员的行为。行为人通过互联网将国家秘密或者情报非法发送给境外的机构、组织、个人的，依照本罪定罪处罚。

行为人实施窃取、刺探、收买、非法提供四种具体行为之一的，就构成犯罪。实施上述行为时被抓获，实际上未能最终获取国家秘密或情报，或者未能完成非法提供的行为时，则构成犯罪未遂。

3. 责任形式为故意，包括直接故意和间接故意。本罪故意中的"明知"，并不要求行为人确切地知道所涉及的国家秘密的密级，何况有些情况下有关事项尚未标明密级。根据有关司法解释，只要行为人知道或者应当知道没有标明密级的事项关系国家安全和利益，而为境外窃取、刺探、收买、非法提供的，即可认定行为人存在故意，并以本罪定罪处罚。[2]

（二）为境外窃取、刺探、收买、非法提供国家秘密、情报罪的认定

1. 罪与非罪的界限。根据《保守国家秘密法》第 30 条的规定，在对外交往与合作中需要向对方提供国家秘密事项的，经过国家有关部门依照严格程序审批，有限度地将某些国家秘密予以开放，同境外机构、组织、人员互换情报、交流资料，属于合法行为，不应认定为本罪。

2. 本罪与间谍罪的界限。在间谍罪中，行为人亦往往实施窃取、刺探、收买、非法提供

---

〔1〕 参见 2001 年最高人民法院发布的《关于审理为境外窃取、刺探、收买、非法提供国家秘密、情报案件具体应用法律若干问题的解释》（以下简称《国家秘密、情报案件解释》）第 1 条第 2 款的规定。

〔2〕 参见《国家秘密、情报案件解释》第 5 条规定。

国家秘密或情报的行为，故间谍罪与本罪在行为方式上有近似之处。二者的主要区别在于：①本罪的行为人是为境外非间谍性质的机构、组织、人员或者虽为间谍性质的机构、组织、人员，但行为人在不知晓的情况下为其窃取、刺探、收买、非法提供国家秘密或情报；间谍罪中提供情报的行为是明确服务于间谍组织的。②本罪的行为只限于窃取、刺探、收买、非法提供国家秘密或情报；间谍罪除可表现为接受间谍组织及其代理人的间谍活动任务，为其窃取、刺探、收买、非法提供国家秘密或情报的行为外，还包括参加间谍组织，接受间谍组织及其代理人的其他破坏、危害国家安全和利益的任务以及为敌人指示轰击目标等危害国家安全的活动。

（三）为境外窃取、刺探、收买、非法提供国家秘密、情报罪的刑事责任

根据《刑法》第 111 条、第 113 条的规定，以及《最高人民法院关于审理为境外窃取、刺探、收买、非法提供国家秘密、情报案件具体应用法律若干问题的解释》，犯本罪的，处 5 年以上 10 年以下有期徒刑；情节特别严重的，处 10 年以上有期徒刑或者无期徒刑；情节较轻的，处 5 年以下有期徒刑、拘役、管制或者剥夺政治权利。犯本罪，可以并处没收财产。实施上述行为，对国家和人民危害特别严重、情节特别恶劣的，可以判处死刑，并处没收财产。

所谓"情节特别严重"，是指：①为境外窃取、刺探、收买、非法提供绝密级国家秘密的；②为境外窃取、刺探、收买、非法提供 3 项以上机密级国家秘密的；③为境外窃取、刺探、收买、非法提供国家秘密或者情报，对国家安全和利益造成其他特别严重损害的。

有下列具体情形之一的，处 5 年以上 10 年以下有期徒刑，可以并处没收财产：①为境外窃取、刺探、收买、非法提供机密级国家秘密的；②为境外窃取、刺探、收买、非法提供 3 项以上秘密级国家秘密的；③为境外窃取、刺探、收买、非法提供国家秘密或者情报，对国家安全和利益造成其他严重损害的。

三、资敌罪

资敌罪是指在战时供给敌人武器装备、军用物资资敌的行为。

本罪行为表现为战时无偿或有偿地供给国内敌人和国外敌人武器装备、军用物资的行为。根据《刑法》规定，"战时"是构成资敌罪的前提条件，只有在战时的资敌行为，才构成本罪。所谓战时，是指国家宣布进入战备状态、部队受领作战任务或者遭受敌人突然袭击时。根据我国《宪法》第 62 条的规定，决定战争与和平问题，宣布国家进入战争状态，是全国人民代表大会的职权之一，在全国人民代表大会闭会期间，遇有国家遭受武装侵犯或必须履行国际共同防止侵略的条约的情况，则由全国人大常委会决定战争状态的宣布。如果国家在非战争状态下，与邻国发生局部边界冲突时，该地区的部队受领作战任务的，该地区也应属于处在"战时"。

"武器装备"主要是指各种武器弹药、坦克车、装甲车、飞机、舰艇、军用通信设备及各种军用车辆。"军用物资"主要是指除武器装备以外的其他军用物品、装备器材，如军粮、军用被服、车辆、油料、器材及军事经费等。

认定本罪时要注意同资助危害国家安全犯罪活动罪的区分。其主要区别：①资助的对象不同。前者资助的是敌对国家或者敌对阵营；后者资助的是实施背叛国家、分裂国家、颠覆国家政权等犯罪活动的行为人。②资助的物品不同。前者资助的是武器装备、军用物品；后者资助的主要是金钱、通信器材、交通工具等普通物品。

犯本罪的，根据《刑法》第 112 条、第 113 条之规定处罚。

■思考题

1. 什么是危害国家安全罪？此类犯罪有哪些主要特征？

2. 如何把握煽动型的危害国家安全犯罪同公民言论自由的界限?

3. 叛逃罪与背叛国家罪及投敌叛变罪有何主要区别?

4. 间谍罪在客观方面有哪些法定的行为方式?

5. 试述为境外窃取、刺探、收买、非法提供国家秘密、情报罪的构成特征。

■参考书目

1. 邓超英、叶小琴主编:《危害国家安全罪办案一本通》,中国长安出版社 2007 年版。

2. 王世洲、郭自力、张美英主编:《危害国家安全罪研究》,中国检察出版社 2012 年版。

3. 赵秉志主编:《危害国家安全罪暨相关犯罪的法律适用》,中国法制出版社 2015 年版。

第二十一章　危害公共安全罪

第一节　危害公共安全罪概述

一、危害公共安全罪的概念和法益

　　危害公共安全罪，是指故意或者过失地实施危害不特定或多数人的生命、健康以及重大公私财产的行为。

　　本章的保护法益是公共安全。这是本章犯罪区别于刑法分则中其他各类犯罪的本质特征。关于公共安全的理解，理论上存在不同的见解。本书认为，公共安全是指不特定或多数人的生命、健康以及重大公私财产的安全。所谓"不特定"，是指犯罪行为可能危害到的对象，不是特定的某个人或某项财物，行为人对实际危害后果（包括实害结果或危险状态）不仅事先难以预料，而且事中也难以控制。这正是此类犯罪巨大的危险性与危害性之体现。"不特定"主要包含两种情形：一是行为指向的对象本身是不特定的，也就是作案目标具有一定的随机性，这种情况下造成的危害结果当然也是不特定的；二是行为虽然指向特定的对象和目标，但行为人并没有或者不能够把损害控制在一定范围内，行为实际危害到的对象是不特定的。总之，"不特定"关键应从后果意义上理解，不管犯罪行为针对的对象是否特定，只要造成的危害后果是不特定的，就属于这里讲的"不特定"。在现实中，如果行为人采取放火、投放危险物质等方法，侵害的是特定对象，并有意识地把损害控制在一定范围内，则不构成危害公共安全罪，而应定侵犯人身权利的犯罪或侵犯财产权利的犯罪，如故意杀人罪、故意毁坏财物罪等。如果行为人使用的是危害公共安全的方法，尽管其主观上追求的是侵害特定对象和目标，而客观上实际损害对象范围是不特定的，仍属于危害公共安全罪。

二、危害公共安全罪的犯罪构成

（一）构成要件

　　构成要件的内容为危害或足以危害公共安全的行为，包括作为和不作为。这类行为包括两个方面：①已经造成严重后果的行为；②虽未造成严重后果，但足以威胁不特定或多数人的人身安全及重大财产安全的行为，即该行为本身包含着在一定条件下造成不特定或多数人伤亡以及重大公私财产损失的可能性与危险性。由于这类犯罪的社会危害性很大，所以法律并不要求行为都必须是造成实际危害后果才构成犯罪；行为人只要实施了法律规定的行为，尽管没有实际造成危害后果，但足以造成危害公共安全的严重后果的，即可构成犯罪。不过就过失危害公共安全的行为而言，按照法律规定只有在造成严重后果的情况下才成立犯罪。

行为主体多数是自然人一般主体。少数犯罪是特殊主体，要求由从事特定业务或具有特定职务的人员构成，如丢失枪支不报罪，非法出租、出借枪支罪，重大飞行事故罪，铁路运营安全事故罪等。有些犯罪的主体既可以由自然人构成，也可以由单位构成，如非法制造、买卖、运输、邮寄、储存枪支、弹药、爆炸物罪。还有个别犯罪只能由单位构成，如违规制造、销售枪支罪等。

（二）责任要素

本章犯罪的责任形式既有故意也有过失。过失犯罪在本章犯罪中占有很大比重，其中，有的是普通过失犯罪，如失火罪、过失爆炸罪；也有一些属于业务过失犯罪，如重大责任事故罪、工程重大安全事故罪等。

二、危害公共安全罪的类型

本章犯罪共有 37 个条文，54 个罪名。这些罪名可归纳为以下几类：

（一）以危险方法危害公共安全的犯罪

本类罪名包括放火罪，决水罪，爆炸罪，投放危险物质罪，以危险方法危害公共安全罪，失火罪，过失决水罪，过失爆炸罪，过失投放危险物质罪，过失以危险方法危害公共安全罪，共 10 个罪名。

（二）危害交通运输、公用设施、设备安全的犯罪

本类罪名包括破坏交通工具罪，破坏交通设施罪，破坏电力设备罪，破坏易燃易爆设备罪，破坏广播电视、公用电信设施罪，过失损坏交通工具罪，过失损坏交通设施罪，过失损坏电力设备罪，过失损坏易燃易爆设备罪，过失损坏广播电视、公用电信设施罪，共 10 个罪名。

（三）实施恐怖危险活动的犯罪

本类罪名包括组织、领导、参加恐怖组织罪，帮助恐怖活动罪，准备实施恐怖活动罪，宣扬恐怖主义、极端主义、煽动实施恐怖活动罪，利用极端主义破坏法律实施罪，强制穿戴宣扬恐怖主义、极端主义服饰、标志罪，非法持有宣扬恐怖主义、极端主义物品罪，劫持航空器罪，劫持船只、汽车罪，暴力危及飞行安全罪，共 10 个罪名。

（四）违反枪支、弹药、爆炸物、危险物质管理的犯罪

本类罪名包括非法制造、买卖、运输、邮寄、储存枪支、弹药、爆炸物罪，非法制造、买卖、运输、储存危险物质罪，违规制造、销售枪支罪，盗窃、抢夺枪支、弹药、爆炸物、危险物质罪，抢劫枪支、弹药、爆炸物、危险物质罪，非法持有、私藏枪支、弹药罪，非法出租、出借枪支罪，丢失枪支不报罪，非法携带枪支、弹药、管制刀具、危险物品危及公共安全罪，共 9 个罪名。

（五）造成重大责任事故危害公共安全的犯罪

本类罪名包括重大飞行事故罪，铁路运营安全事故罪，交通肇事罪，危险驾驶罪，妨害安全驾驶罪，重大责任事故罪，强令、组织他人违章冒险作业罪，危险作业罪，重大劳动安全事故罪，大型群众性活动重大安全事故罪，危险物品肇事罪，工程重大安全事故罪，教育设施重大安全事故罪，消防责任事故罪，不报、谎报安全事故罪，共 15 个罪名。

第二节　以危险方法危害公共安全的犯罪

一、放火罪

（一）放火罪的概念和犯罪构成

放火罪，是指故意以制造火灾的方法危害公共安全的行为。

构成要件的内容为实施放火行为并危害公共安全。放火，就是行为人使用引火物直接点燃等方式使对象物燃烧、制造火灾的行为。本罪既可以是作为方式，也可以是不作为方式。例如负责电路检修的电工，明知某处发生故障有短路危险，却故意不加维修以致引起火灾的，即属于不作为的放火行为。基于放火罪的社会危险性极大，立法将本罪设置为具体危险犯，只要放火行为足以危害公共安全的，就构成本罪并成立犯罪既遂；至于是否造成严重后果，只应作为一个量刑情节予以考虑。如果行为人实施了放火行为，但根据案件具体情况，不足以危害公共安全的，不应以放火罪论处；情节严重的，可考虑以故意毁坏财物罪等罪名论处。行为人放火焚烧自己的房屋或其他财物，如果危害或足以危害公共安全的，也可以构成放火罪。

行为主体为自然人一般主体。已满14周岁不满16周岁的人犯本罪应当负刑事责任。

责任形式为故意，即行为人明知自己的行为会引起火灾危及公共安全，而希望或放任这种结果发生。至于出于何种动机，如为了毁灭罪迹、报复泄愤还是嫁祸于人等，不影响犯罪成立。

（二）放火罪的认定

1. 本罪与以放火方式实施的其他犯罪的界限。

（1）区分放火罪与故意杀人罪、故意伤害罪的界限。如果行为人以放火为手段杀害或伤害特定的人，不足以危害公共安全的，只能构成故意杀人罪或故意伤害罪；如果行为人虽以放火为手段杀伤特定的人，但引起火灾并危及公共安全的，属于想象竞合犯，应从一重罪处罚。

（2）区分放火罪与故意毁坏财物罪的界限。如果行为人以放火为手段毁损公私财物，尚未危及公共安全的，应以故意毁坏财物罪论处；如果行为人放火烧毁公私财物，危及公共安全的，属于想象竞合犯，应从一重罪处罚。

2. 区分放火罪的既遂与未遂的界限。关于放火罪既遂与未遂的区分标准，理论上有三种意见：①点火说，认为只要行为人实施了点火行为，即使目标物还没有被点燃，其行为也构成放火罪既遂；②烧毁说，认为只有当焚烧的对象被全部或部分烧毁，放火行为才构成既遂；③独立燃烧说，认为必须是焚烧的对象开始独立燃烧，才构成放火罪既遂，否则即为未遂。本书赞同独立燃烧说，只要行为人着手实施了放火行为，已将目的物点燃，有造成严重后果的危险性，足以危害公共安全，即属放火罪既遂；如果放火行为因行为人意志以外的原因而未得逞的，如行为人刚要点火而被他人阻止，或者因风吹、下雨等自然力原因未能引燃目标物的，应以放火罪未遂论处。

（三）放火罪的处罚

根据《刑法》第114条、第115条的规定，犯本罪，尚未造成严重后果的，处3年以上10年以下有期徒刑；致人重伤、死亡或者使公私财产遭受重大损失的，处10年以上有期徒刑、无期徒刑或者死刑。这里的"尚未造成严重后果"包括两种情况：①放火行为没有造成任何实际损害后果；②放火行为造成了一定的实际损害后果，但并不严重。

二、决水罪

决水罪，是指故意破坏水利设施、制造水患，危害公共安全的行为。本罪既可以是作为，也可以是不作为。前者如掘毁堤坝、堵塞水道、破坏水闸、破坏防水设备等；后者如洪水来临时，水库管理人员不及时开放泄洪闸，或者不关闭防水堤坝的闸门。决水的具体手段多种多样，如使用各种工具或机械挖掘，用爆破的方法破坏等。不管是何种行为，都必须足以发生重大水患，危害公共安全，否则不构成本罪。行为主体属于自然人一般主体，且刑事责任年龄为已满16周岁。本罪的责任形式为故意。本罪的刑事责任同放火罪。

三、爆炸罪

爆炸罪，是指故意使用爆炸方法危害公共安全的行为。本罪构成要件的内容表现为用引发爆炸物或其他方法制造爆炸，危害公共安全的行为。爆炸物品包括炸弹、手榴弹、地雷、各种炸药、雷管、导火索、雷汞等起爆器材和各种自制的爆炸装置和炸药包、炸药瓶等。实施爆炸的具体方法多种多样，有的在室内安装炸药包，在室内或者室外引爆；有的将爆炸物直接投入室内爆炸；有的利用技术手段，使锅炉、设备发生爆炸；有的使用液化气或者其他方法爆炸。行为人如对特定的人或物实施爆炸行为，并有意识地把破坏的范围限定在特定的局部范围，不足以危害公共安全的，不应定爆炸罪，应以故意杀人罪、故意毁坏财物罪等其他犯罪论处。行为主体属于自然人一般主体。已满14周岁不满16周岁的人犯本罪的，应当负刑事责任。本罪的责任形式为故意。本罪的刑事责任同放火罪。

四、投放危险物质罪

投放危险物质罪，是指故意投放危险物质，危害公共安全的行为。危险物质包括毒害性、放射性、传染病病原体等物质。所谓"毒害性"物质，主要是指能对人或动物产生毒害的有毒物质，包括化学性有毒物质、生物性有毒物质和微生物类有毒物质。其中，化学性有毒物质，也称人工合成有毒物质，如砒霜、鼠药、氰化物等；生物性有毒物质又可分为植物性有毒物质，如野蘑菇等，以及动物性有毒物质，如河豚等；微生物类有毒物质，如肉毒杆菌等。所谓"放射性"物质，主要是指铀、镭、钴等能对人或动物产生严重辐射危害的物质，包括可以产生裂变反应或聚合反应的核材料。所谓"传染病病原体"不属于毒性物质，而是通过在人体或者动物体内适当的环境中繁殖从而给身体造成危害的传染病菌种、毒种，如霍乱弧菌、天花病毒、艾滋病毒、炭疽菌、肝炎病毒、结核杆菌等。

投放行为的常见方式：将危险物质投放于供不特定或多数人饮食的食品或饮料中；将危险物质投放于供人、畜等使用的河流、池塘、水井、自来水等中；将毒气、传染病病原体等释放于一定场所等。本罪属于具体危险犯，只要行为人投放上述危险物质，足以危害公共安全，即可构成犯罪且为既遂。

行为主体为自然人一般主体。已满14周岁不满16周岁的人犯本罪，应当负刑事责任。本罪的责任形式为故意。

本罪的刑事责任同放火罪。

五、以危险方法危害公共安全罪

以危险方法危害公共安全罪，是指故意使用放火、决水、爆炸、投放危险物质以外的其他危险方法，危害公共安全的行为。所谓"其他危险方法"，是指那些与放火、决水、爆炸、投放危险物质等方法的危险性相当，具有广泛杀伤力或破坏性，足以造成不特定或多数人伤亡及公私财产重大损失的行为。"其他危险方法"是一种概括性、兜底性的规定，这一规定有利于严密法网，更有效地维护公共安全。但需注意，在实践中认定"其他危险方法"，应当结合立法主旨从严解释，坚持危险方法认定的"相当性"标准和行为的"危害公共安全"特性，不能作无限制的扩大解释，随意扩大本罪的适用范围。[1] 从司法实践来看，常见的"其他危险方法"有传播传染病病毒、非法架设电网、破坏矿井下的通风设备、驾驶汽车向人群冲撞、向人群随意开枪等。本罪主体是自然人一般主体，且只有已满16周岁的人才能实施。本罪的责任形式为故意。

根据有关司法解释，故意传播突发传染病病原体，危害公共安全的，依照本罪论处。[2] 故意传播新型冠状病毒感染肺炎病原体，具有下列情形之一，危害公共安全的，依照本罪论：①已经确诊的新型冠状病毒感染肺炎病人、病原携带者，拒绝隔离治疗或者隔离期未满擅自脱离隔离治疗，并进入公共场所或者公共交通工具的；②新型冠状病毒感染肺炎疑似病人拒绝隔离治疗或者隔离期未满擅自脱离隔离治疗，并进入公共场所或者公共交通工具，造成新型冠状病毒传播的。[3]

行为人明知酒后驾车违法、醉酒驾车会危害公共安全，却无视法律醉酒驾车，特别是在肇事后继续驾车冲撞，造成重大伤亡，说明行为人主观上对持续发生的危害结果持放任态度，具有危害公共安全的故意。对此类醉酒驾车造成重大伤亡的，应依法以以危险方法危害公共安全罪定罪。[4]

盗窃、破坏人员密集往来的非机动车道、人行道以及车站、码头、公园、广场、学校、商业中心、厂区、社区、院落等生产生活、人员聚集场所的窨井盖，足以危害公共安全的，以本罪论处。[5]

本罪的刑事责任同放火罪。

六、失火罪

失火罪，是指行为人由于过失引起火灾，造成严重后果，危害公共安全的行为。本罪主体是一般主体，即年满16周岁且具有刑事责任能力的自然人。本罪的责任形式为过失。

在认定本罪时，首先要注意查明引起火灾的原因。如果是由于自然力的原因引起的火灾，不是人为原因造成的，不构成失火罪。其次，还要看行为人主观上有无过失。即使是由于人为因素引起了火灾，但行为人对危害结果的发生无法预见或无法抗拒的，属于意外事件，亦不构成犯罪。最后，要看失火行为是否造成了严重后果。在由于行为人的过失引起火灾的情况下，只有造成严重后果的才构成犯罪；仅有失火行为，而没有造成严重后果的，也不构成本罪。

根据《刑法》第115条第2款的规定，犯本罪的，处3年以上7年以下有期徒刑；情节较轻的，处3年以下有期徒刑或者拘役。

七、过失决水罪

过失决水罪，是指行为人由于过失而引起水灾，造成严重后果，危害公共安全的行为。构

---

〔1〕 司法实践中有明显扩大本罪适用范围的倾向，一些学者对此提出质疑。相关论点参见孙万怀："以危险方法危害公共安全罪何以成为口袋罪"，载《现代法学》2010年第5期；张明楷："论以危险方法危害公共安全罪"，载《国家检察官学院学报》2012年第4期；陈兴良："口袋罪的法教义学分析：以以危险方法危害公共安全罪为例"，载《政治与法律》2013年第3期；劳东燕："以危险方法危害公共安全罪的解释学研究"，载《政治与法律》2013年第3期。
〔2〕 参见2003年最高人民法院、最高人民检察院联合发布的《关于办理妨害预防、控制突发传染病疫情等灾害的刑事案件具体应用法律若干问题的解释》（以下简称《传染病案件解释》）。
〔3〕 参见2020年最高人民法院、最高人民检察院、公安部、司法部联合发布的《关于依法惩治妨害新型冠状病毒感染肺炎疫情防控违法犯罪的意见》。
〔4〕 参见2009年最高人民法院发布的《关于醉酒驾车犯罪法律适用问题的意见》。
〔5〕 参见2020年最高人民法院、最高人民检察院、公安部发布的《关于办理涉窨井盖相关刑事案件的指导意见》（以下简称《涉窨井盖案件指导意见》）第2条第1款规定。

成本罪必须已经造成法定的严重后果，即致人重伤、死亡或者公私财产遭受重大损失。如果造成的危害后果不严重，或者未造成危害后果，不构成本罪。严重后果必须是由过失行为所引起的，也就是二者之间需存在因果关系。本罪的责任形式为过失。

八、过失爆炸罪

过失爆炸罪，是指行为人出于过失引起爆炸事故，造成严重后果，危害公共安全的行为。构成本罪，必须造成严重后果，即致人重伤、死亡或者使公私财产遭受重大损失。本罪的责任形式为过失。

九、过失投放危险物质罪

本罪是指由于过失投放毒害性、放射性、传染病病原体等物质，造成严重后果，危害公共安全的行为。虽有过失投放危险物质的行为，但未有造成危害公共安全的严重后果的，不构成本罪。本罪主体为一般主体，即已满16周岁具有刑事责任能力的自然人。本罪的责任形式为过失。

十、过失以危险方法危害公共安全罪

本罪是指行为人出于过失，以引起火灾、决水、爆炸、投放危险物质以外的其他危险方法危害公共安全，造成严重后果的行为。所谓"其他危险方法"，是指引起火灾、决水、爆炸、投放危险物质等行为以外的，但与这些行为的危险性相当，足以危害公共安全的方法。患有突发传染病或者疑似突发传染病而拒绝接受检疫、强制隔离或者治疗，过失造成传染病传播，情节严重，危害公共安全的，按照本罪定罪处罚。[1] 本罪的责任形式为过失。

第三节　危害交通运输、公用设施、设备安全的犯罪

一、破坏交通工具罪

（一）破坏交通工具罪的概念和特征

本罪是指故意破坏火车、汽车、电车、船只、航空器，已经造成严重后果或者足以使火车、汽车、电车、船只、航空器发生倾覆、毁坏危险，危害公共安全的行为。本罪的保护法益为交通运输安全。

本罪的行为对象限于正在使用中的火车、汽车、电车、船只和航空器。航空器是指飞机和其他空中飞行的航空工具。由于这些现代化交通工具具有机动性强、速度快、运载量大等特点，对其破坏都会对公共安全带来危害。破坏简单的交通工具，如马车、自行车、三轮车、手推车、农用拖拉机等，一般不会危及公共安全，因而不构成本罪。但如果破坏的对象是用作交通运输的大型拖拉机，足以危害公共安全的，也可构成本罪。

本罪行为表现为对正在使用中的上述交通工具进行破坏，已经造成严重后果或足以使交通工具发生倾覆、毁坏危险的行为。所谓正在使用，是指正在行驶中或交付使用、停机待用。本罪属于具体危险犯，法律并不要求必然发生交通工具倾覆或毁坏的结果，行为人实施了破坏行为，只要足以使交通工具发生倾覆、毁坏危险，即可构成犯罪并成立既遂。所谓"倾覆"，是指翻车、船只翻沉、航空器坠落。所谓"毁坏"，是指使交通工具完全毁坏，如烧毁、坠毁，或者严重损坏而不能安全行驶。所谓危险，是指具有使交通工具倾覆、毁坏的可能性。

对"足以使交通工具发生倾覆、毁坏危险"的认定，应结合破坏的手段、部位等进行综合分析判断，必要时可聘请有关专家进行技术鉴定。一般来说，破坏交通工具的重要部件，如

---

〔1〕　参见《传染病案件解释》第1条第2款规定。

刹车、变速器等，可认定破坏行为足以使交通工具发生倾覆、毁坏危险，从而以本罪论处。对于破坏交通工具的非重要部位或次要部件，不影响安全运行，不足以使其发生倾覆或毁坏危险的，不应按本罪论处。例如，破坏公共汽车的玻璃、门窗、座椅或者其他不影响安全行驶的辅助设施的，不能定破坏交通工具罪。但对其中数额较大或情节严重的，可定故意毁坏财物罪。

本罪的责任形式为故意。犯罪动机各种各样，如出于泄愤报复、嫁祸他人或其他个人利益。对出于贪利动机偷拆上述特定交通工具的机件、设备，数额较大且不足以危害公共安全的，应以盗窃罪论处。例如，窃取汽车备用轮胎的行为，应定盗窃罪。

（二）破坏交通工具罪的处罚

根据《刑法》第116条、第119条第1款的规定，犯本罪，尚未造成严重后果的，处3年以上10年以下有期徒刑；造成严重后果的，处10年以上有期徒刑、无期徒刑或者死刑。

二、破坏交通设施罪

本罪是指故意破坏轨道、桥梁、隧道、公路、机场、航灯、灯塔、标志或者进行其他破坏活动，足以使火车、汽车、电车、船只、航空器发生倾覆、毁坏危险，或者已经造成严重后果，危害公共安全的行为。

犯罪对象限于与行车、行船、飞行安全有直接关系的交通设施。破坏交通工具本身，或者破坏与交通运输安全无关的设施，如正在修理的、库存或废置不用的设备等，不能定为本罪。行为人盗窃库存或备用的各种交通器材且数额较大的，应以盗窃罪论处。破坏的具体方法很多，如拆卸铁轨、拔掉道钉、枕木，在机场跑道上挖掘坑穴，炸毁船标、灯塔等。所谓"破坏"，不仅是指使交通设施本身遭到毁损或毁坏，还包括使交通设施丧失正常的功能，如故意挪动灯塔、航标的位置，或者搬动道岔。无论用何种方法对上述交通设施进行破坏，只要足以使交通工具发生倾覆或毁坏危险，就构成犯罪。所谓"足以"，是指行为人对交通设施破坏的程度，已达到可以使交通工具发生倾覆或毁坏的危险。如果实际上已造成上述交通工具的倾覆、毁坏的严重后果时，则应按《刑法》第119条第1款适用更重的量刑幅度。根据有关司法解释，盗窃、破坏正在使用中的社会机动车通行道路上的窨井盖，足以使汽车、电车发生倾覆、毁坏危险，以本罪论处。[1]

本罪的责任形式为故意。行为人出于贪财而偷割铁路专用电话线、偷扒枕木，足以使交通工具发生倾覆或毁坏危险的，构成本罪。

根据《刑法》第117条、第119条第1款的规定，犯本罪，尚未造成严重后果的，处3年以上10年以下有期徒刑；已经造成严重后果的，处10年以上有期徒刑、无期徒刑或者死刑。

三、破坏电力设备罪

本罪是指故意破坏电力设备，对公共安全造成严重威胁或者发生严重后果的行为。本罪行为对象是处于运行、应急等正在使用中的电力设备；已经通电使用，只是由于枯水季节或电力不足等原因暂停使用的电力设备；已经交付使用但尚未通电的电力设备，如各种公用水力、火力发电设备、输电设备、变电设备、供电设备等。不包括尚未安装完毕，或者已经安装完毕但尚未交付使用的电力设备。盗窃电力设备，危及公共安全，但不构成盗窃罪的，以本罪论处；同时构成盗窃罪和破坏电力设备罪的，依照《刑法》处罚较重的规定处罚。[2]

根据《刑法》第118条、第119条第1款的规定，犯本罪，尚未造成严重后果的，处3年以上10年以下有期徒刑；造成严重后果的，处10年以上有期徒刑、无期徒刑或者死刑。

---

〔1〕　参见《涉窨井盖案件指导意见》第1条第1款规定。

〔2〕　参见2007年最高人民法院发布的《关于审理破坏电力设备刑事案件具体应用法律若干问题的解释》。

四、破坏易燃易爆设备罪

破坏易燃易爆设备罪，是指故意破坏燃气设备或其他易燃易爆设备，已经或足以造成严重后果，危害公共安全的行为。

本罪行为对象是正在使用的燃气设备或者其他易燃易爆设备，如各种燃气发生、净化、输送、储存设施设备，以及易燃易爆的石油、化工设备和氧气、蒸汽装置等。这里的"燃气"，包括煤气、天然气、液化气等可燃气体。"其他易燃易爆设备"，主要是指除燃气设备以外其他生产、贮存和输送易燃易爆物质的设备，如石油罐、石油管道、液化石油罐、汽油加油站等。只有破坏正在使用中的上述设备，才有可能危及公共安全，因而才能构成本罪。如果行为人破坏的是正在制造中或库存的上述设备，因其不直接危害公共安全，不构成本罪，情节严重的，可以故意毁坏财物罪论处。根据有关司法解释，在实施盗窃油气等行为过程中，破坏正在使用的油气设备，具有下列情形之一的，应当认定为属于"危害公共安全"：①采用切割、打孔、撬砸、拆卸手段的，但是明显未危害公共安全的除外；②采用开、关等手段，足以引发火灾、爆炸等危险的。[1]

根据有关司法解释，盗窃油气或者正在使用的油气设备，构成犯罪，但未危害公共安全的，以盗窃罪定罪处罚。在实施盗窃油气等行为过程中，采用切割、打孔、撬砸、拆卸、开关等手段破坏正在使用的油气设备的，以本罪论处。[2] 盗窃油气同时构成盗窃罪和破坏易燃易爆设备罪的，依照处罚较重的规定定罪处罚。[3]

五、破坏广播电视设施、公用电信设施罪

本罪是指故意破坏广播电台、电视台设施以及公用电信设施，危害公共安全的行为。本罪行为对象只能是正在使用中的各种广播电视和公用电信设施。"公用电信设施"，是指用于社会公用事业的通信设施、设备及其他公用通信设施，如国家电信部门、航空轮渡交通工具设施中使用的电信设施。破坏尚未安装、调试、交付使用的或者已经报废的广电、公用电信设施，以及破坏单位内部的闭路电视系统，不会危及公共安全，不构成本罪，但可能构成故意毁坏财物罪。

本罪中破坏的具体方法多种多样，如拆卸、毁坏设备，剪割缆线，删除、修改、增加有关设备系统中存储、处理、传输的数据和应用程序，非法占用频率等。破坏行为只要足以干扰广电活动和公共通讯活动正常进行，危害到公共安全，就构成本罪，否则不构成本罪，是否"危害公共安全"，应根据破坏的对象、手段、部位和实际造成的后果等因素综合分析判断。对此，有关司法解释有相应的规定。例如，造成救灾、抢险、防汛和灾害预警等重大公共信息无法发布的；造成 2000 以上不满 10 000 用户通信中断 1 小时以上的，等等。[4] 对于非法使用"伪基站"设备干扰公用电信网络信号，危害公共安全的，应以破坏公用电信设施罪追究刑事

---

〔1〕　参见 2018 年最高人民法院、最高人民检察院、公安部联合发布的《关于办理盗窃油气、破坏油气设备等刑事案件适用法律若干问题的意见》。

〔2〕　参见 2006 年最高人民法院、最高人民检察院制定的《关于办理盗窃油气、破坏油气设备等刑事案件具体应用法律若干问题的解释》（以下简称《盗窃油气案件解释》）。

〔3〕　参见 2006 年《盗窃油气案件解释》。

〔4〕　参见 2011 年最高人民法院《关于审理破坏广播电视设施等刑事案件具体应用法律若干问题的解释》（以下简称《广电设施案件解释》）第 1 条规定、2004 年最高人民法院发布的《关于审理破坏公用电信设施刑事案件具体应用法律若干问题的解释》（以下简称《电信设施案件解释》）第 1 条规定。

責任。[1]

本罪的责任形式为故意。行为人可能出于报复、泄愤等动机，也可能出于贪利动机，如为了非法获利而偷割通讯电线电缆、偷拆通信设备零部件等。

如果盗窃广电设施、公用电信设施的行为同时符合盗窃罪和本罪的构成条件的，应作为想象竞合犯，依照处罚较重的规定定罪处罚。破坏正在使用的广电设施、公用电信设施，未危及公共安全，但造成财物损失数额较大或有其他严重情节的，以故意毁坏财物罪定罪处罚。

根据《刑法》第124条第1款规定，犯本罪的，处3年以上7年以下有期徒刑，造成严重后果的，处7年以上有期徒刑。

六、过失损坏交通工具罪

本罪是指过失损毁火车、汽车、电车、船只、飞机等交通工具，造成严重后果的行为。本罪以造成不特定多数人重伤、死亡或者重大公私财产重大损毁的严重后果为前提。本罪的责任形式为过失。

根据《刑法》第119条第2款的规定，犯本罪的，处3年以上7年以下有期徒刑；情节较轻的，处3年以下有期徒刑或者拘役。

七、过失损坏交通设施罪

本罪是指过失破坏轨道、桥梁、隧道、公路、机场、航道、灯塔、标志等交通设施，造成严重后果的行为。过失损毁交通设施但未造成严重后果的，不构成本罪。本罪的责任形式为过失。根据有关司法解释，过失损坏正在使用中的社会机动车通行道路上的窨井盖，足以使汽车、电车发生倾覆、毁坏危险，造成严重后果的，以本罪论处。[2]

八、过失损坏电力设备罪

本罪是指过失损坏电力设备，危害公共安全，造成严重后果的行为。本罪以造成严重后果为前提。本罪的责任形式为过失。

九、过失损坏易燃易爆设备罪

过失损坏易燃易爆设备罪，是指过失损毁燃气或者其他易燃易爆设备，危害公共安全的行为。构成本罪，必须"造成严重后果"，即行为人因过失行为导致上述设备发生火灾、爆炸事故或造成重大损毁等。本罪的责任形式为过失。

十、过失损坏广播电视设施、公用电信设施罪

本罪是指过失损坏广播电视设施、公用电信设施，造成严重后果，危害公共安全的行为。构成本罪必须以造成严重后果为前提。本罪的责任形式为过失。根据有关司法解释，建设、施工单位的管理人员、施工人员，在建设、施工过程中，违反广播电视设施保护规定，过失损毁正在使用的广播电视设施，构成犯罪的，以过失损坏广播电视设施罪论处。[3]

根据《刑法》第124条第2款规定，犯本罪的，处3年以上7年以下有期徒刑；情节较轻的，处3年以下有期徒刑或者拘役。

---

[1] 参见2014年最高人民法院、最高人民检察院、公安部、国家安全部《关于依法办理非法生产销售使用"伪基站"设备案件的意见》。

[2] 参见《涉窨井盖案件指导意见》第1条规定。

[3] 参见《广电设施案件解释》第4条规定。

第四节　实施恐怖危险活动的犯罪

一、组织、领导、参加恐怖组织罪

（一）组织、领导、参加恐怖组织罪的概念和犯罪构成

本罪是指以进行恐怖主义活动为目的，组织、领导、参加恐怖活动组织的行为。

根据我国《反恐怖主义法》的规定，"恐怖主义"，是指通过暴力、破坏、恐吓等手段，制造社会恐慌、危害公共安全、侵犯人身财产，或者胁迫国家机关、国际组织，以实现其政治、意识形态等目的的主张和行为；"恐怖活动组织"，是指3人以上为实施恐怖活动而组成的犯罪组织。恐怖活动组织和人员的认定由国家反恐怖主义工作领导机构依法认定。有管辖权的中级以上人民法院在审判刑事案件的过程中，可以依法认定恐怖活动组织和人员。

根据《反恐怖主义法》等法律法规的规定，我国认定恐怖组织和恐怖分子的具体标准是：①以暴力恐怖为手段，从事危害国家安全，破坏社会稳定，危害人民群众生命财产安全的恐怖活动的组织（不论其总部在国内还是国外）。②具有一定的组织领导分工或分工体系。③符合上述标准，并具有下列情形之一：曾组织、策划、煽动、实施或参与实施恐怖活动，或正在组织、策划、煽动、实施或参与实施恐怖活动；资助、支持恐怖活动；建立恐怖活动基地，或有组织地招募、训练、培训恐怖分子；与其他国际恐怖组织相勾结、接受其他国际恐怖组织资助、训练、培训，或参与其活动。[1]

本罪包含组织、领导、参加三种行为。"组织"行为，是指行为人首倡、鼓动、发起、召集有恐怖主义倾向的人结合成为一个团体的行为。"领导"行为，是指恐怖组织的领导者所实施的策划、指挥、布置、协调恐怖活动的行为。"参加"行为分为积极参加和其他参加两种情况。积极参加，是指自愿加入恐怖组织，并且积极参加谋划、实施恐怖活动；其他参加，是指行为人不是积极主动的，甚至不是完全自愿的，而是在被拉拢、引诱下盲目加入或者在被裹挟下被迫加入。

行为人实施了组织、领导或参加三种行为之一的，就应构成本罪，是否从事其他具体的恐怖活动并非本罪成立的条件。如果行为人组织、领导或参加恐怖活动组织的同时，又进行杀人、抢劫、绑架等其他犯罪活动的，应分别定罪，实行数罪并罚。

本罪的责任形式为故意，并且以进行恐怖活动为目的。如果行为人确实不知道某一组织属于恐怖活动组织，而在完全被蒙蔽、欺骗的情形下参加，发现该组织的真实性质后及时退出，未参与实施其他犯罪行为的，不应以犯罪论处。

（二）组织、领导、参加恐怖组织罪的处罚

根据《刑法》第120条规定，组织、领导恐怖活动组织的，处10年以上有期徒刑或者无期徒刑，并处没收财产；积极参加的，处3年以上10年以下有期徒刑，并处罚金；其他参加的，处3年以下有期徒刑、拘役、管制或者剥夺政治权利，可以并处罚金。犯上述罪并实施杀人、爆炸、绑架等犯罪的，依照数罪并罚的规定处罚。

---

〔1〕 2003年12月15日，我国公安部公布了首批认定的4个恐怖组织，包括"东突厥斯坦伊斯兰运动"（"东伊运"）、"东突厥斯坦解放组织"（"东突解放组织"）、"世界维吾尔青年代表大会"和"东突厥斯坦新闻信息中心"（"东突信息中心"）。

二、帮助恐怖活动罪[1]

本罪是指资助恐怖活动组织、实施恐怖活动的个人，或者资助恐怖活动培训的行为。本罪属于"帮助行为正犯化"的立法模式，目的在于切断实施恐怖活动的资金来源及其他赖以生存、发展的帮助渠道。2001年我国签署了联合国《制止向恐怖主义提供资助的国际公约》，本罪的设立体现了国际法的国内化。本罪的设立也使得反恐刑事法网更趋严密，因为按照共同犯罪的规定去处罚这类行为，需要证明帮助犯同实行犯之间的共同故意与犯意联络，而现实中一些案件的证明难度很大。所谓"资助"，是指提供各种形式的物质帮助，如筹集、提供经费，提供食品药品、器材、设备、交通工具、武器装备等物质条件，以及提供场所和其他物质便利。为恐怖活动组织、实施恐怖活动或者恐怖活动培训招募、运送人员的，依照本罪处罚。如果行为超出了资助的范围，与恐怖活动组织或者个人共同故意组织、领导恐怖组织，策划、实施恐怖犯罪活动，应以相关犯罪的共犯论处。本罪行为主体是一般主体，包括自然人和单位。

本罪的责任形式为故意，行为人必须明知对方是恐怖活动组织或实施恐怖活动的个人，而实施资助行为。

根据《刑法》第120条之一的规定，犯本罪，处5年以下有期徒刑、拘役、管制或者剥夺政治权利，并处罚金；情节严重的，处5年以上有期徒刑，并处罚金或者没收财产。单位犯本罪的，对单位判处罚金，并对其直接负责的主管人员和其他直接责任人员依照上述规定处罚。

三、准备实施恐怖活动罪[2]

本罪是指准备实施恐怖活动的行为。本罪实际上将犯罪的预备行为规定为独立犯罪，以适应从严惩治恐怖主义犯罪的需要。行为方式具体表现为：①为实施恐怖活动准备凶器、危险物品或者其他工具的；②组织恐怖活动培训或者积极参加恐怖活动培训的；③为实施恐怖活动与境外恐怖活动组织或者人员联络的；④为实施恐怖活动进行策划或者其他准备的。本罪的责任形式为故意。

根据《刑法》第120条之二规定，犯本罪的，处5年以下有期徒刑、拘役、管制或者剥夺政治权利，并处罚金；情节严重的，处5年以上有期徒刑，并处罚金或者没收财产。有前款行为，同时构成其他犯罪的，依照处罚较重的规定定罪处罚。

四、宣扬恐怖主义、极端主义、煽动实施恐怖活动罪[3]

本罪是指以制作、散发宣扬恐怖主义、极端主义的图书、音频视频资料或者其他物品，或者通过讲授、发布信息等方式宣扬恐怖主义、极端主义，或者煽动实施恐怖活动的行为。所谓"极端主义"，是指以歪曲宗教教义或者其他方法煽动仇恨与歧视、鼓吹暴力等的主张和行为。[4] 极端主义包括宗教极端主义、民族极端主义、种族极端主义等。极端主义与恐怖主义有所区别，但又存在密切联系。恐怖主义本质在于其具有较为明确的政治指向性，而极端主义强调的是价值理念的极端性，极端主义不以暴力手段为必要，但其发展到一定程度后存在演变为恐怖主义的可能，实践中两者往往交织在一起。在我国，宗教极端主义是当前恐怖活动的主要思想基础。在认定本罪时需注意，如果行为人虽然具有恐怖主义、极端主义思想，但仅仅停

---

[1] 本罪为《刑法修正案（三）》增设，并为《刑法修正案（九）》所修改。

[2] 本罪是《刑法修正案（九）》增设的罪名。

[3] 本罪是《刑法修正案（九）》增设的罪名。

[4] 关于极端主义概念的详细论述，参见贾宇主编：《中国反恐怖主义法教程》，中国政法大学出版社2017年版，第90页。

留在思想层面，没有对外传播、散布，意图影响他人，则不构成犯罪。本罪属于抽象的危险犯，只要实施宣扬、煽动行为就构成对法益的侵害，并不要求危险转化为现实危害结果。本罪的责任形式为故意，如果行为人虽然发表一些相关的不当言论，但出于无知、好奇、开玩笑等原因，并无宣扬恐怖主义、极端主义或煽动实施恐怖活动的目的，也没有形成对公共利益的现实危险的，不应以犯罪论处。

根据《刑法》第 120 条之三的规定，犯本罪的，处 5 年以下有期徒刑、拘役、管制或者剥夺政治权利，并处罚金；情节严重的，处 5 年以上有期徒刑，并处罚金或者没收财产。

五、利用极端主义破坏法律实施罪[1]

本罪是指利用极端主义煽动、胁迫群众破坏国家法律确立的婚姻、司法、教育、社会管理等制度实施的行为。例如，歪曲宗教教义，声称政府发的结婚证、人民币，法院做出的裁判文书，政府开办的学校等不清真，不承认其合法性等。本罪的责任形式为故意。

根据《刑法》第 120 条之四的规定，犯本罪的，处 3 年以下有期徒刑、拘役或者管制，并处罚金；情节严重的，处 3 年以上 7 年以下有期徒刑，并处罚金；情节特别严重的，处 7 年以上有期徒刑，并处罚金或者没收财产。

六、强制穿戴宣扬恐怖主义、极端主义服饰、标志罪[2]

本罪是指以暴力、胁迫等方式强制他人在公共场所穿着、佩戴宣扬恐怖主义、极端主义服饰、标志的行为。"宣扬恐怖主义、极端主义服饰、标志"，是指含有宣扬恐怖主义、极端主义符号、旗帜、徽记、口号、标语、图形的服饰、标志，如"里切克"（以长袍、长头巾为特点的伊斯兰极端主义女性服饰）、吉里巴甫（女性黑色蒙面罩袍）、星月（"泛伊斯兰国"标志）、雪山狮子旗（藏独标志）、卐字图案（纳粹标志）等。本罪的行为方式限于暴力、胁迫或其他强制方式，并且要求强制他人在"公共场所"穿戴有关服饰、标志。如果行为人采取的手段不具有强制性，或者是强制他人在公共场所以外的空间如家中、野外等穿戴，则不构成本罪。本罪的责任形式为故意。

根据《刑法》第 120 条之五的规定，犯本罪的，处 3 年以下有期徒刑、拘役或者管制，并处罚金。

七、非法持有宣扬恐怖主义、极端主义物品罪[3]

本罪是指明知是宣扬恐怖主义、极端主义的图书、音频视频资料或者其他物品而非法持有，情节严重的行为。本罪行为方式表现为"持有"，即行为人控制与支配法所禁止之物的不法状态。持有可以是秘密的，也可以是公开的，具体包括握有、携带、隐藏、实际控制等形式。本罪的责任形式为故意，要求行为人对所持有物品具有"宣扬恐怖主义、极端主义"的特性是明知的，否则不构成犯罪。成立本罪还须达到"情节严重"的程度，判断是否属于"情节严重，一般应考虑持有的数量、时间、具体危害程度与后果等。

根据《刑法》第 120 条之六的规定，犯本罪的，处 3 年以下有期徒刑、拘役或者管制，并处或者单处罚金。

八、劫持航空器罪

本罪是指以暴力、暴力胁迫或者其他方法，劫持航空器的行为。

本罪保护法益为航空运输安全，即旅客、机组人员等的生命、健康安全以及航空器等重大

---

〔1〕 本罪是《刑法修正案（九）》增设的罪名。
〔2〕 本罪是《刑法修正案（九）》增设的罪名。
〔3〕 本罪是《刑法修正案（九）》增设的罪名。

公私财产的安全。劫持航空器（简称劫机）是一种严重的国际犯罪。联合国先后制定了 3 个关于反对空中劫持的国际公约，即 1963 年在东京签订的《关于在航空器内的犯罪和其他某些行为的公约》（简称《东京公约》）、1970 年在海牙通过的《关于制止非法劫持航空器的公约》（简称《海牙公约》）、1971 年 9 月 23 日在蒙特利尔通过的《关于制止危害民用航空安全的非法行为的公约》（简称《蒙特利尔公约》）。我国是上述 3 个反劫机国际公约的缔约国。我国对劫持航空器犯罪实行"普遍管辖"原则，只要在我国境内发现了我国所参加的国际公约的任一缔约国所指控的劫机行为人，我国司法机关都有权进行追诉。

本罪行为犯罪对象是正在使用中的航空器。关于航空器的性质和范围，立法中并未明确，理论上存在争议。有人认为限于民用航空器，有人认为不仅包括民用航空器，还包括供军事、海关、警察等使用的国家航空器。本书认为，尽管有关的反劫机国际公约将劫持对象限于民用航空器，但并不意味着劫持非民用航空器的行为就不能构成本罪，只是根据国际公约规定，劫持国家航空器的行为属于国内犯罪，而不构成作为国际犯罪的劫持航空器罪。所谓"正在使用中"，根据《蒙特利尔公约》的规定，是指航空器从地面人员或者机组人员为某一次飞行而进行航空器飞行前准备时起，到任何降落的 24 小时止。据此，对于破坏停置在修理厂库房以及已退出航运以供观赏的航空器的行为，不能以劫持航空器罪论处，应当按照《刑法》规定的其他犯罪论处。

本罪行为表现为以暴力、胁迫或者其他方法劫持航空器。"暴力"，是指对旅客和机组人员实施捆绑、殴打、杀害、伤害等行为。"胁迫"，是指以暴力为内容进行的使被害人不敢反抗的精神强制行为，如劫机者向机组人员或乘客喊"谁动就打死谁""动就马上引爆"等。"其他方法"，是指除暴力、胁迫以外的其他使被害人不能反抗或不敢反抗的强制方法。"劫持"是指犯罪人按照自己的意志非法强行劫夺或控制航空器的行为。例如改变航空器的飞行路线或着陆地点等。劫持航空器的行为，一经实施，即构成本罪；行为人是否实际控制了航空器，并不影响犯罪成立。

本罪的责任形式为故意。犯罪目的是企图按其意志控制航空器飞行。

在本罪的认定中，要注意区分其与以航空器为破坏对象的破坏交通工具罪的界限。其主要区别：①犯罪目的不同。本罪的犯罪目的是按照自己的意志，强行控制航空器；破坏交通工具罪的犯罪目的是要将交通工具本身从物理性能上加以毁损。②行为表现形式不同。本罪是使用暴力、胁迫或其他方法劫持航空器；破坏交通工具罪则是用一定的方法将飞机毁坏。对于在劫持航空器过程中使航空器遭到不同程度破坏的，应以本罪论处，不能实行并罚。

根据《刑法》第 121 条规定，犯本罪的，处 10 年以上有期徒刑或者无期徒刑；致人重伤、死亡或者使航空器遭受严重破坏的，处死刑。

九、劫持船只、汽车罪

本罪是指以暴力、胁迫或其他方法，劫持船只、汽车的行为。这里的"劫持"，是指行为人以暴力、胁迫或者其他强制方法，非法强行控制船只、汽车或者支配其行驶路线。在紧急情况下，有关人员因依法执行公务或紧急避险等而强行控制船只、汽车的，因阻却违法性而不构成犯罪。劫持汽车、船只的行为一经实施，就构成本罪既遂。行为人在劫持船只、汽车过程中，又实施故意杀害、伤害驾驶人员、乘务人员、乘客或者其他人员的，应以本罪和故意杀人罪、故意伤害罪等，实行数罪并罚。

根据《刑法》第 122 条规定，犯本罪的，处 5 年以上 10 年以下有期徒刑；造成严重后果的，处 10 年以上有期徒刑或者无期徒刑。这里的"造成严重后果"，是指行为人在劫持船只、汽车过程中造成人身伤亡或者财产重大损失等情况。

十、暴力危及飞行安全罪

本罪是指对飞行中的航空器上的人员使用暴力，危及飞行安全的行为。

本罪行为对象是正在飞行中的航空器上的人员。所谓"飞行中"，根据1971年《蒙特利尔公约》的有关规定，是指航空器从装载完毕、机舱外部各门均已关闭时起，直至打开任一机舱门以便卸载时为止，应被认为是在飞行中；航空器被迫降落时，在主管当局接管对该航空器及其所载人员和财产的责任前，应视为仍在飞行中。这里的"使用暴力"，主要是指乘客之间或者乘客与机组人员之间因产生纠纷导致的暴力争斗行为，这与劫持航空器罪中的暴力性质有所不同。构成本罪，行为人实施的暴力行为还必须达到足以危及飞行安全的程度。如果只是一般的口角争斗、推撞打闹等，不足以危及飞行安全的，不构成本罪。只要行为人的行为使飞行中的航空器的安全处于危险状态，即构成犯罪且既遂，并不要求实际严重后果的发生。如果造成严重后果时，则应适用更重的量刑幅度处罚。

在认定本罪时要注意其与劫持航空器罪的区分。二者的主要区别：①犯罪的对象不同。本罪的对象是飞行中的航空器上的人员；劫持航空器罪的对象则是航空器本身。②犯罪时间不同。本罪是在"飞行中"的航空器上；劫持航空器罪则是正在使用中的航空器，既包括在飞行中，也包括航空器停机待用时。③本罪行为人对航空器上的人员使用暴力，但并无劫持航空器的目的；劫持航空器罪行为人则是具有劫持航空器之目的。

根据《刑法》第123条规定，犯本罪，尚未造成严重后果的，处5年以下有期徒刑或者拘役；造成严重后果的，处5年以上有期徒刑。

第五节　违反枪支、弹药、爆炸物、危险物质管理的犯罪

一、非法制造、买卖、运输、邮寄、储存枪支、弹药、爆炸物罪

（一）非法制造、买卖、运输、邮寄、储存枪支、弹药、爆炸物罪的概念和犯罪构成

本罪是指违反有关枪支、弹药、爆炸物管理的法律法规，私自制造、买卖、运输、邮寄、储存枪支、弹药、爆炸物，危害公共安全的行为。

本罪为选择性罪名。只要行为人针对枪支、弹药、爆炸物之一，实施了非法制造、买卖、运输、邮寄、储存行为之一的，即可构成本罪；如果行为涉及多种方式、多种对象的，也只构成一罪。

本罪的行为对象是枪支、弹药、爆炸物。根据《枪支管理法》第46条的规定，"枪支"，是指以火药或者压缩气体为动力，利用管状器具发射金属弹丸或者其他物质，足以致人伤亡或者丧失知觉的各种枪支。枪支包括手枪、步枪、冲锋枪、机枪等军用枪支，也包括各种非军用枪支，如射击运动用的各种枪支，狩猎用的有膛线猎枪、霰弹枪、火药枪，麻醉动物使用的注射枪支、电击枪，以及能发射金属弹丸的气枪等。钢珠枪、催泪枪，因其能发射钢珠弹、催泪弹，具有一定杀伤力，国家已明令禁止生产、销售、持有，故也应包括其中。对于"仿真枪"，如果具有杀伤力，具备制式气枪的基本特征，应认定为枪支，如果不具有杀伤力，则不属于枪支范围。所谓"弹药"，是指供上述枪支发射使用的足以致人伤亡或者丧失知觉的金属弹丸或者其他物质，如军用子弹、气枪铅弹等。所谓"爆炸物"，是指各类手榴弹、炸药、雷管、发射药、黑火药、烟火药、导火索、导爆索、非电导爆系统、起爆药、爆破剂等各种能在瞬间爆发巨大能量产生破坏、杀伤力的物质或装置。烟花、爆竹等不属于这里的爆炸物，对于非法制造、买卖、运输、邮寄、储存烟花爆竹等娱乐性物品的，不能以本罪论处。

本罪行为表现为非法制造、买卖、运输、邮寄、储存枪支、弹药、爆炸物的行为。"非法

制造"，是指未经国家有关部门批准，私自制作、变造、装配枪支、弹药、爆炸物的行为。其中既包括用机器成批生产，也包括用手工制作；既包括新加工，也包括对旧有的修理使用。此外，具有生产爆炸物品资格的单位不按照规定的品种制造爆炸物品的行为，也属于非法制造。"非法买卖"，是指未经国家有关部门批准，私自购买或销售枪支、弹药、爆炸物的行为。具有销售、使用爆炸物品资格的单位超过限额买卖炸药、发射药、黑火药达一定数量的，也属非法买卖。"非法运输"，是指未经国家有关部门批准，非法转运枪支、弹药、爆炸物的行为。这里的运输包括陆运、水运、空运以及随身携带等，但运输的空间范围限于我国境内，否则有可能构成《刑法》第151条走私武器、弹药罪。"非法邮寄"，是指违反《邮政法》等法律法规，以邮件、快递等形式夹寄枪支、弹药、爆炸物的行为。"非法储存"，是指明知是他人非法制造、买卖、运输、邮寄的枪支、弹药而为其存放的行为，或者非法存放爆炸物的行为。根据有关司法解释，个人或者单位非法制造、买卖、运输、邮寄、储存枪支、弹药、爆炸物，具有下列情形之一的，依照本罪定罪处罚：①非法制造、买卖、运输、邮寄、储存军用枪支一支以上的；②非法制造、买卖、运输、邮寄、储存以火药为动力发射枪弹的非军用枪支一支以上或者以压缩气体等为动力的其他非军用枪支二支以上的；③非法制造、买卖、运输、邮寄、储存军用子弹十发以上、气枪铅弹五百发以上或者其他非军用子弹一百发以上的；④非法制造、买卖、运输、邮寄、储存手榴弹一枚以上的；⑤非法制造、买卖、运输、邮寄、储存爆炸装置的；⑥非法制造、买卖、运输、邮寄、储存炸药、发射药、黑火药一千克以上或者烟火药三千克以上、雷管三十枚以上或者导火索、导爆索三十米以上的；⑦具有生产爆炸物品资格的单位不按照规定的品种制造，或者具有销售、使用爆炸物品资格的单位超过限额买卖炸药、发射药、黑火药十千克以上或者烟火药三十千克以上、雷管三百枚以上或者导火索、导爆索三百米以上的；⑧多次非法制造、买卖、运输、邮寄、储存弹药、爆炸物的；⑨虽未达到上述最低数量标准，但具有造成严重后果等其他恶劣情节的[1]。

本罪行为主体包括自然人和单位。介绍买卖枪支、弹药、爆炸物的，以买卖枪支、弹药、爆炸物罪的共犯论处。

本罪的责任形式为故意，要求行为人明知行为对象的性质，即属于枪支、弹药、爆炸物。

（二）非法制造、买卖、运输、邮寄、储存枪支、弹药、爆炸物罪的处罚

认定本罪及其他涉枪犯罪应注意把握好罪与非罪的界限。对于非法制造、买卖、运输、邮寄、储存、持有、私藏、走私以压缩气体为动力且枪口比动能较低的枪支的行为，在决定是否追究刑事责任以及如何裁量刑罚时，不仅应当考虑涉案枪支的数量，而且应当充分考虑涉案枪支的外观、材质、发射物、购买场所和渠道、价格、用途、致伤力大小、是否易于通过改制提升致伤力，以及行为人的主观认知、动机目的、一贯表现、违法所得、是否规避调查等情节，综合评估社会危害性，坚持主客观相统一，确保罪责刑相适应。对于非法制造、买卖、运输、邮寄、储存、持有、私藏、走私气枪铅弹的行为，在决定是否追究刑事责任以及如何裁量刑罚时，应当综合考虑气枪铅弹的数量、用途以及行为人的动机目的、一贯表现、违法所得、是否规避调查等情节，综合评估社会危害性，确保罪责刑相适应。[2]

---

〔1〕 参见2001年最高人民法院通过、于2009年修正的《关于审理非法制造、买卖、运输枪支、弹药、爆炸物等刑事案件具体应用法律若干问题的解释》（以下简称《枪支案件解释》）第1条第1款规定。

〔2〕 参见2018年最高人民法院、最高人民检察院《关于涉以压缩气体为动力的枪支、气枪铅弹刑事案件定罪量刑问题的批复》。

（三）非法制造、买卖、运输、邮寄、储存枪支、弹药、爆炸物罪的处罚

根据《刑法》第 125 条第 1 款、第 3 款的规定，犯本罪的，处 3 年以上 10 年以下有期徒刑；情节严重的，处 10 年以上有期徒刑、无期徒刑或者死刑。单位犯本罪的，对单位判处罚金，并对其直接负责的主管人员和其他直接责任人员，依照上述规定处罚。根据有关司法解释，因筑路、建房、打井、整修宅基地和土地等正常生产、生活需要，或者因从事合法的生产经营活动而非法制造、买卖、运输、邮寄、储存爆炸物，数量达到司法解释规定的标准，没有造成严重社会危害，并确有悔改表现的，可依法从轻处罚；情节轻微的，可以免除处罚。[1]

二、非法制造、买卖、运输、储存危险物质罪

本罪是指非法制造、买卖、运输、储存毒害性、放射性、传染病病原体等物质，危害公共安全的行为。行为主体包括自然人和单位。本罪的责任形式为故意。

本罪的处罚同非法制造、买卖、运输、邮寄、储存枪支、弹药、爆炸物罪。

三、违规制造、销售枪支罪

违规制造、销售枪支罪，是指依法被指定、确定的枪支制造企业、销售企业，违反枪支管理规定制造、销售枪支的行为。根据《枪支管理法》规定，国家对枪支的制造、配售实行特别许可制度。只有经国家专门指定或确定的企业才能从事枪支的制造或销售。未经许可，任何单位和个人都不得制造、销售枪支。本罪具体行为包括：①以非法销售为目的，超过限额或者不按照规定的品种制造、配售枪支的；②以非法销售为目的，制造无号、重号、假号的枪支的；③非法销售枪支或者在境内销售为出口制造的枪支的。具有上述行为之一的，即构成犯罪。这里的"超过限额"，是指超过国家有关主管部门下达的制造或配售枪支的数量限额而擅自制造、配售枪支。"不按规定的品种"，是指没有按照国家规定的技术标准或者不按国家规定的配售枪支的品种、型号去配售。"配售"，是在国家有关部门指定范围内按照配购证件销售给特定对象和特定数量。《枪支管理法》规定，民用枪支生产前，由公安部门确定并统一编制枪支序号下达给造枪企业，该企业必须在枪支指定部位铸印制造厂的厂名、枪种代码和公安部统一编制的枪支序号。

本罪行为主体是单位，即依法被指定、确定的枪支制造企业、配售企业。如果个人或者不是被依法指定、确定的企业非法制造、销售枪支的，则构成《刑法》第 125 条规定的非法制造、买卖枪支罪。本罪的责任形式为故意。

根据《刑法》第 126 条规定，犯本罪，对单位判处罚金，并对其直接负责的主管人员和其他直接责任人员，处 5 年以下有期徒刑；情节严重的，处 5 年以上 10 年以下有期徒刑；情节特别严重的，处 10 年以上有期徒刑或者无期徒刑。

四、盗窃、抢夺枪支、弹药、爆炸物、危险物质罪

本罪是指以非法占有为目的，秘密窃取或公然夺取枪支、弹药、爆炸物、危险物质的行为。行为对象是枪支、弹药、爆炸物、危险物质。行为主体是一般主体。本罪的责任形式为故意，行为人需明知行为对象属于枪支、弹药、爆炸物、危险物质，如果确实不知道对象的特殊性质，以为是普通财物而实施盗窃、抢夺行为的，只能定盗窃罪、抢夺罪，但之后发现赃物属于枪支、弹药、爆炸物后拒不交出，进行藏匿的，另外构成私藏枪支、弹药罪。

根据《刑法》第 127 条第 1 款规定，犯本罪的，处 3 年以上 10 年以下有期徒刑；情节严重的，处 10 年以上有期徒刑、无期徒刑或者死刑。盗窃、抢夺国家机关、军警人员、民兵的枪支、弹药、爆炸物的，处 10 年以上有期徒刑、无期徒刑或者死刑。

---

[1]　参见《枪支案件解释》第 9 条规定。

五、抢劫枪支、弹药、爆炸物、危险物质罪

本罪是指以非法占有为目的，以暴力、胁迫或其他强制方法，强行劫取枪支、弹药、爆炸物、危险物质，危害公共安全的行为。抢劫非法制造的枪支、弹药、爆炸物、危险物质的行为，也构成本罪。

根据《刑法》第 127 条第 2 款规定，犯本罪的，处 10 年以上有期徒刑、无期徒刑或者死刑。

六、非法持有、私藏枪支、弹药罪

本罪是指违反枪支管理规定，非法持有、私藏枪支弹药的行为。构成本罪以违反国家枪支管理制度为前提。行为表现为非法持有、私藏枪支、弹药。"非法持有"，是指不符合配备、配置枪支、弹药条件的人员，违反枪支管理法律、法规的规定，擅自持有枪支、弹药的行为。接受枪支质押进而实际占有或者控制枪支的，属于非法持有枪支。"私藏"，是指依法配备、配置枪支、弹药的人员，在配备、配置枪支、弹药的条件消除后，违反枪支管理法律、法规的规定，私自藏匿所配备、配置的枪支、弹药且拒不交出的行为。[1]

根据有关司法解释，具有下列情形之一的，依照本罪定罪处罚：①非法持有、私藏军用枪支一支的；②非法持有、私藏以火药为动力发射枪弹的非军用枪支一支或者以压缩气体等为动力的其他非军用枪支二支以上的；③非法持有、私藏军用子弹二十发以上，气枪铅弹一千发以上或者其他非军用子弹二百发以上的；④非法持有、私藏手榴弹一枚以上的；⑤非法持有、私藏的弹药造成人员伤亡、财产损失的。[2]

对于非法制造后又持有、私藏的，属于吸收犯，应以非法制造枪支、弹药罪论处，不实行并罚。认定行为人构成本罪的前提，是司法机关尽最大努力进行查证后，根据所掌握的证据不能认定行为人实施了非法制造、买卖、运输、盗窃、抢夺、抢劫枪支、弹药等行为，否则应以其他相应的犯罪论处，而不构成本罪。另外，要注意把握本罪与非法储存枪支、弹药罪的关系。两罪的主体有所不同，本罪的主体只能是个人；而非法储存枪支、弹药罪的主体不限于自然人，单位也可构成。在自然人主体的范围的内，两罪存在一定的竞合关系，本罪规定为一般法条，非法储存枪支、弹药罪的规定为特殊法条。对于明知是他人非法制造、买卖、运输、邮寄的枪支、弹药，仍大量存放的行为，应以本罪论处。除此之外的保管、存放枪支、弹药的行为，应以本罪论处。本罪主体为自然人一般主体。本罪的责任形式为故意。

根据《刑法》第 128 条第 1 款规定，犯本罪的，处 3 年以下有期徒刑、拘役或者管制；情节严重的，处 3 年以上 7 年以下有期徒刑。

七、非法出租、出借枪支罪

本罪是指违反枪支管理规定，将依法配备的公务用枪支予以非法出租、出借的行为，或者将依法配置的枪支非法出租、出借，造成严重后果的行为。

本罪的构成要件分为两种情况：①依法配备公务用枪的人员与单位，非法出租、出借公务用枪的行为；②依法配置枪支的人员与单位，非法出租、出借枪支，造成严重后果的行为。所谓"出租"，是指将枪支在一段时间内有偿提供给他人使用的行为。所谓"出借"，是指擅自将枪支在一段时间内无偿提供给他人使用的行为。非法将枪支赠与他人的，可以认定为非法出借枪支。依法配备公务用枪的人员，违反法律规定，将公务用枪用作借债质押物，使枪支处于

---

[1] 参见《枪支案件解释》第 8 条规定

[2] 参见《枪支案件解释》第 5 条第 1 款规定。

非依法持枪人的控制、使用之下的，也是非法出借枪支行为的一种形式，成立非法出借枪支罪。[1]

本罪主体属于特殊主体，即依法配备公务用枪或者依法配置枪支的人员及单位。具体包括：①依法配备公务用枪的人员和单位，包括公安机关、国家安全机关、监狱及其人民警察；人民法院、人民检察院的司法警察；海关缉私人员；国家重要的军工、金融、仓储、科研等单位的专职守护、押运人员等。②依法配置枪支的人员或单位，主要是指配置民用枪支的个人或单位，包括经省级人民政府体育行政主管部门批准可以配置射击运动枪支，专门从事射击竞技体育运动的单位；经省级人民政府公安机关批准，可以配置猎枪的狩猎场；因业务需要，可以配置猎枪、麻醉注射枪的野生动物保护、饲养、科研单位；以及在牧区、猎区依法申请配置猎枪的猎民等。

本罪的责任形式为故意。如果行为人明知他人使用枪支实施杀人、伤害、抢劫、绑架等犯罪行为，而出租、出借枪支的，与他人成立相关犯罪的共犯。

根据《刑法》第128条规定，犯本罪的，处3年以下有期徒刑、拘役或者管制；情节严重的，处3年以上7年以下有期徒刑。单位犯本罪的，对单位判处罚金，并对其直接负责的主管人员和其他直接责任人员，依照上述处罚自然人的规定处罚。

八、丢失枪支不报罪

丢失枪支不报罪，是指依法配备公务用枪的人员，丢失枪支不及时报告，造成严重后果的行为。本罪主体是特殊主体，即依法配备公务用枪的人员。行为对象是配备的公务用枪。"丢失"枪支，是指因为疏于管理或未妥善保管使枪支遗失，或者因被抢、被盗、被骗而失去对枪支控制的情况。"不及时报告"，是指行为人发现丢失枪支后，不及时向本单位或者有关部门报告；如果行为人发现后及时、如实报告自己丢失枪支的情况，则不构成本罪。"造成严重后果"，主要是指所丢失的枪支被犯罪分子作为犯罪工具或因枪支走火等造成重大人身伤亡后果等。关于本罪的责任形式，理论上存在较大争论，有故意说、过失说以及过失与间接故意说等不同观点。[2] 本书认为，本罪的责任形式为故意，尽管本罪的成立要求"造成严重后果"，但本罪的基本行为表现为"不及时报告"，刑法惩治的重点也在于这一不作为，丢失枪支只是本罪成立的前提条件，造成严重后果则属于"客观的超过要素"，因而故意说是比较妥当的。

根据《刑法》第129条规定，犯本罪的，处3年以下有期徒刑或者拘役。

九、非法携带枪支、弹药、管制刀具、危险物品危及公共安全罪

本罪是指违反有关规定，非法携带枪支、弹药、管制刀具或者爆炸性、易燃性、放射性、毒害性、腐蚀性物品，进入公共场所或者公共交通工具，危及公共安全，情节严重的行为。

本罪的行为对象是枪支、弹药、管制刀具或者法律规定的危险物品。"非法携带"，是指违反《枪支管理法》《铁路法》《民用航空法》《集会游行示威法》等法律法规及其他有关危险物品的管理规定，私自随身佩带、夹带。"公共场所"，是指供公众活动和出入的场所，如机场、火车站、汽车站、广场、公园、影剧院、学校、图书馆等。"公共交通工具"，是指航空器、火车、公共汽车、电车和轮船等用于公共交通运输的交通工具。"情节严重"，主要是指经常携带屡教不改的；携带危险物品数量大的；在公众活动高峰期携带的等。所携带的危险物品可以是上述物品中的任何一种或多种，只要是行为足以危及公共安全，达到情节严重的程度，就可以构成本罪。如果行为尚未危及公共安全或尚未达到情节严重的程度时，则不构成本

---

〔1〕 参见1998年最高人民检察院《关于将公务用枪用作借债质押的行为如何适用法律问题的批复》。
〔2〕 参见刘艳红主编：《刑法学》（下），北京大学出版社2016年版，第58页。

罪。根据有关司法解释，具有下列情形之一的，属于本罪的"情节严重"：①携带枪支或者手榴弹的；②携带爆炸装置的；③携带炸药、发射药、黑火药五百克以上或者烟火药一千克以上、雷管二十枚以上或者导火索、导爆索二十米以上的；④携带的弹药、爆炸物在公共场所或者公共交通工具上发生爆炸或者燃烧，尚未造成严重后果的；⑤具有其他严重情节的。行为人非法携带上述第③项规定的爆炸物进入公共场所或者公共交通工具，虽未达到上述数量标准，但拒不交出的，依照本罪定罪处罚；携带的数量达到最低数量标准，能够主动、全部交出的，可不以犯罪论处。

本罪的责任形式为故意，即明知携带的是危险品并会危及公共安全而故意将其带入公共场所或公共交通工具。过失不构成本罪。例如，他人托带的物品内含有危险物品，行为人确属不知的，不应构成犯罪。动机如何不影响本罪的成立，但如果有证据能证明行为人是为实施放火、爆炸、劫持公共交通工具、绑架、抢劫等犯罪活动而非法携带的，应以相应的犯罪论处。

根据《刑法》第130条规定，犯本罪，情节严重的，处3年以下有期徒刑、拘役或者管制。

第六节 造成重大责任事故危害公共安全的犯罪

一、重大飞行事故罪

本罪是指航空人员违反规章制度，致使发生重大飞行事故，造成严重后果的行为。本罪行为主体为航空人员，包括从事民用航空活动的空勤人员和地勤人员。空勤人员包括驾驶员、领航员、飞行机械人员、飞行通讯员、乘务人员；地勤人员包括民航维修人员、空中交通管制员、飞行营运员、航空电台通讯员等。本罪的责任形式为过失。

根据《刑法》第131条规定，犯本罪的，处3年以下有期徒刑或者拘役；造成飞机坠毁或者人员死亡的，处3年以上7年以下有期徒刑。

二、铁路运营安全事故罪

本罪是指铁路职工违反规章制度，致使发生铁路运营安全事故，造成严重后果的行为。本罪行为主体为铁路职工，即从事铁路运营业务与保证列车运营安全有直接关系的人员。"违反规章制度"，是指违反铁路部门的法规、管理制度、技术操作规程及有关制度，这是构成本罪的前提条件。违章行为包括作为和不作为。作为形式如超速行驶、错扳道岔、错发信号等；不作为形式如过道口未鸣笛示警，不按时扳道岔，岔道处未减速等。此外，只有发生"铁路运营安全事故"，且造成严重后果的才构成犯罪。所谓"铁路运营安全事故"，是指在铁路运输营业过程中发生的危及公共安全的事故，如火车倾覆、出轨、撞车、爆炸、人员伤亡、财物毁损等。本罪的责任形式为过失。

根据《刑法》第132条规定，犯本罪的，造成严重后果的，处3年以下有期徒刑或者拘役；造成特别严重后果的，处3年以上7年以下有期徒刑。

三、交通肇事罪

（一）交通肇事罪的概念和犯罪构成

本罪是指从事交通运输和非交通运输的人员，违反交通运输管理法规，因而发生重大事故，致人重伤、死亡或者使公私财产遭受重大损失的行为。

本罪的保护法益是公共交通安全。本罪发生的范围限于道路交通运输与水上交通运输，至于航空或铁路领域发生的交通肇事行为，《刑法》已有专条规定，不能以本罪论处。另外，本罪只能发生在公共交通管理范围之内，在公共交通管理范围之外，如在某些厂矿、学校、单位内部开车致人死伤的，一般不以本罪论处；如需要追究刑事责任，可根据具体情况，分别定重大责任事故罪、过失致人死亡罪等。

本罪的构成要件主要包括以下内容：①行为必须发生在交通运输活动中或者与交通运输有直接关系。如果发生与交通运输工具有关的重大事故，但不是处于交通运输活动过程中的，不构成本罪。例如，出于好奇或逞能而乱开停放在院中挂倒挡的汽车，不慎将车后之人挤死，应以过失致人死亡罪论处。②行为人必须违反交通运输管理法规。如果没有违反交通管理法规，即使发生致人重伤、死亡或公私财产遭受重大损失，也不构成本罪。③违章行为必须导致重大事故，即造成他人重伤、死亡或使公私财产遭受重大损失的后果。行为人虽有违反交通运输管理法规的行为，但未造成法律要求的上述严重后果，不构成本罪。

本罪主体为自然人一般主体，从实践看，通常是机动车的驾驶人员。非机动性交通工具，如马车、三轮车、自行车等，由于其本身性能所限，一般不足以危害公共安全，但这不是绝对的。非机动性交通工具的驾驶人员如果违反交通运输管理法规，造成危害公共安全的严重后果，且对事故承担主要责任或全部责任的，也可以成立交通肇事罪。另外，依据司法解释的规定，在特定情形下，单位主管人员、机动车辆所有人或者机动车辆承包人指使、强令他人违章驾驶造成重大交通事故，也需以交通肇事罪处罚。[1] 交通肇事后，单位主管人员、机动车辆所有人、承包人或者乘车人指使肇事人逃逸，致使被害人因得不到救助而死亡的，以交通肇事罪的共犯论处。[2] 本罪的责任形式为过失。

（二）交通肇事罪的认定

1. 罪与非罪的界限。首先，要注意区分交通肇事罪与一般交通违法行为。二者关键区别在于行为人的违章行为是否造成重大事故，致人重伤、死亡或使公私财产遭受重大损失。行为人虽有交通违章行为，但未造成严重后果、不构成重大事故的，不构成犯罪，但应承担相应的行政责任，如果造成对他人人身、财产损害结果的，还应承担民事责任。其次，要正确把握交通管理部门的责任认定。发生交通事故后，一般由交通管理部门先进行责任认定，责任认定结论对于交通肇事罪的认定处理具有重要的参考意义。根据当事人的行为对发生道路交通事故所起的作用以及过错的严重程度，交通事故责任分为五个档次，即全部责任、主要责任、同等责任、次要责任和无责任。根据《交通肇事案件解释》，交通事故责任等级不同，构成犯罪要求的后果是不一样的，次要责任则不存在刑事责任的问题。但需注意，交通事故责任认定只是一种行政认定，尽管可以作为刑事诉讼中的证据，但不能直接作为追究刑事责任的依据。如人民法院经审查，认为公安机关所作出的责任认定确属不妥，可不予采信，应以审理认定的案件事实作为定案的依据。另外，在某些情形下，交通事故责任认定的结论只对行政责任的确定有意义，是不能参考运用于刑事责任的解决的。例如，根据《道路交通安全法实施条例》第92条的规定，发生交通事故后当事人逃逸的，逃逸的当事人承担全部责任。当事人故意破坏、伪造现场、毁灭证据的，承担全部责任。这一规定所确立的责任分配与责任推定原则，显然不能适用于交通肇事罪的认定，否则会同刑法规定的犯罪构成标准及刑法因果关系的原理产生冲突，导致不合理地追究当事人的刑事责任。

2. 本罪与利用交通工具实施的故意杀人罪、故意伤害罪等的界限。主要区别在于：一是

---

〔1〕　参见2000年最高人民法院发布的《关于审理交通肇事刑事案件具体应用法律若干问题的解释》（以下简称《交通肇事案件解释》）第7条规定。

〔2〕　参见《交通肇事案件解释》第5条第2款的规定。该规定实际上确立了过失犯罪的共同犯罪，从而突破了刑法总则关于共同犯罪的一般规定。理论界对司法解释的这一规定一直存在争议。

侵犯的法益不同，本罪侵犯的法益是公共交通安全，后者则侵犯公民的生命或健康权利，不具有危害公共安全亦即不特定或多数人的生命健康安全的性质。二是本罪对致人重伤、死亡的结果持过失心态，而后者则是出于故意，包括直接故意和间接故意。

3. 本罪与以危险方法危害公共安全罪的界限。在实践中，曾经发生过一些行为人为报复社会，而采取驾车撞人的方法，杀害、伤害无辜群众的案件，这类案件中行为人是出于故意，应定性为以危险方法危害公共安全罪。另外，还有的案件中，行为人违章行车造成他人死伤的严重后果后，为了逃避法律追究而驾车逃跑，在此过程中，因慌不择路而冲撞其他车辆或行人，危及公共安全，若行为人具有放任危害后果发生的故意，其后续的行为构成以危险方法危害公共安全罪，如果前面的行为符合交通肇事罪的犯罪构成，应当数罪并罚。

（三）交通肇事罪的处罚

根据《刑法》第133条和《交通肇事案件解释》，应根据不同情况，适用本罪的刑罚：

1. 交通肇事罪具有下列情形之一的，处3年以下有期徒刑或者拘役：①死亡1人或者重伤3人以上，负事故全部或者主要责任的；②死亡3人以上，负事故同等责任的；③造成公共财产或者他人财产直接损失，负事故全部或者主要责任，无能力赔偿数额在30万元~60万元以上的；④交通肇事致1人以上重伤，负事故全部或者主要责任，并具有下列情形之一的：一是酒后、吸食毒品后驾驶机动车辆的；二是无驾驶资格驾驶机动车辆的；三是明知是安全装置不全或者安全机件失灵的机动车辆而驾驶的；四是明知是无牌证或者已报废的机动车辆而驾驶的；五是严重超载驾驶的；六是为逃避法律追究逃离事故现场的。

2. 交通运输肇事后逃逸或者有其他特别恶劣情节的，处3年以上7年以下有期徒刑。所谓"交通运输肇事后逃逸"，是指行为人具有上述交通肇事罪四种情形之一（不含交通肇事致1人以上重伤，负事故全部或者主要责任，为逃避法律追究逃离事故现场的），为逃避法律追究而逃跑的行为。所谓"有其他特别恶劣情节"是指：①死亡2人以上或者重伤5人以上，负事故全部或者主要责任的；②死亡6人以上，负事故同等责任的；③造成公共财产或者他人财产直接损失，负事故全部或者主要责任，无能力赔偿数额在60万元以上的。

3. 交通肇事后，因逃逸致人死亡的，处7年以上有期徒刑。"因逃逸致人死亡"，是指行为人在交通肇事后为逃避法律追究而逃跑，致使被害人因得不到救助而死亡的情形。需要注意，行为人在肇事逃逸的同时，将被害人带至人迹罕至处抛弃，或者倒车将被害人轧死的，则其后续的加害行为另外构成故意杀人罪，如果同时符合本罪的构成条件，应实行数罪并罚。

四、危险驾驶罪

本罪是指违反交通管理法规或者其他与安全运输相关的管理规定，在公共道路上驾驶机动车或者从事具有危险性的运输业务，危害公共交通安全的行为。本罪是《刑法修正案（八）》新增的罪名。近年来，在检察院起诉和法院审结的刑事案件中，危险驾驶罪的数量已经多年居于前列，其中大多数属于醉驾案件。

本罪中的"道路"，适用《道路交通安全法》的有关规定，即指公路、城市道路和虽然在单位管辖范围但允许社会机动车通行的地方，包括广场、公共停车场等用于公众通行的场所，不包括居民小区、学校校园、机关企事业单位内等不允许机动车自由通行的通道及专用停车场。据此，司法实务中一种见解认为，对于醉酒在广场、公共停车场等公众通行的场所挪动车位的，或者由他人驾驶至居民小区门口后接替驾驶进入居民小区的，或者驾驶出公共停车场、居民小区后即交由他人驾驶的，不属于本罪中的"在道路上醉酒驾驶机动车"。[1] 本书认为，这一见解是对本罪立法规定的合理解释。

本罪行为包括四种方式，且在不同的方式中，成立犯罪的条件和要求不尽相同。

1. 在道路上驾驶机动车追逐竞驶，情节恶劣的。"追逐竞驶"，俗称"飙车"，指行为人出于竞技、追求刺激、斗气或者其他动机，2 人或 2 人以上分别驾驶机动车，违反道路交通安全规定，在道路上曲折穿行、快速追赶行驶的行为。此种情形属于"情节犯"，行为是否属于"情节恶劣"，直接影响到犯罪的成立与否。判断"情节恶劣"，应从行为人追逐竞驶行为的具体表现、危害程度、造成的危害后果等方面，综合分析其对道路交通秩序、不特定多数人生命、财产安全威胁的程度是否"恶劣"。[2]

2. 在道路上醉酒驾驶机动车的。这种情况简称"醉驾"，是本罪在实践中最常见的行为方式。根据 2013 年最高人民法院、最高人民检察院、公安部《关于办理醉酒驾驶机动车刑事案件适用法律若干问题的意见》，在道路上驾驶机动车，血液酒精含量达到 80 毫克/100 毫升以上的，属于醉酒驾驶机动车。从刑法规定来看，醉驾行为没有情节等方面的限定，属于抽象危险犯。但这并不意味着所有的醉驾行为一律构成犯罪。根据 2017 年最高人民法院发布的《关于常见犯罪的量刑指导意见（二）（试行）》，对于醉酒驾驶机动车的被告人，应当综合考虑被告人的醉酒程度、机动车类型、车辆行驶道路、行车速度、是否造成实际损害以及认罪悔罪等情况，准确定罪量刑。对于情节显著轻微危害不大的，不予定罪处罚；犯罪情节轻微不需要判处刑罚的，可以免予刑事处罚。[3]

3. 从事校车业务或者旅客运输，严重超过额定乘员载客，或者严重超过规定时速行驶的。

4. 违反危险化学品安全管理规定运输危险化学品，危及公共安全的。这种情况属于具体危险犯，犯罪能否成立，首先要具体判定行为是否"危及公共安全"。

本罪行为主体为自然人一般主体。机动车所有人、管理人对上述第 3 项、第 4 项行为负有直接责任的，依照本罪处罚。

本罪的责任形式为故意。

构成本罪，同时构成交通肇事罪、以危险方法危害公共安全罪等其他犯罪的，属于想象竞合犯，依照处罚较重的规定定罪处罚。如果行为人另外实施了以暴力、威胁方法抗拒公安机关依法查处行为的，则应以本罪和妨害公务罪实行数罪并罚。

根据《刑法》第 133 条之一的规定，犯本罪的，处拘役，并处罚金。

五、妨害安全驾驶罪

本罪是指使用暴力等方式，干扰公共交通工具的正常行驶，危及公共安全的行为。本罪的保护法益是公共交通安全。本罪是《刑法修正案（十一）》新增设的罪名。在该罪名被立法确立之前，司法实务中曾对此类行为按照以危险方法危害公共安全罪定罪处罚。"公共交通工

---

〔1〕　参见 2019 年浙江省高级人民法院、浙江省人民检察院、浙江省公安厅联合出台的《关于办理"醉驾"案件若干问题的会议纪要》。

〔2〕　参见 2014 年 12 月 18 日最高人民法院发布的第八批指导性案例中张某某、金某危险驾驶案。

〔3〕　危险驾驶罪设立以来，"醉驾是否一律入刑"曾经是理论界与实务界长期争论的问题。最高人民法院新的量刑指导意见的出台，表明最高司法机关在此问题上立场的变化，即改变了以单一的酒精含量作为入刑标准的做法，对醉驾行为在一定范围也可以适用《刑法》第 13 条的但书规定，从而将某些情节显著轻微、危害不大的醉驾行为予以司法上的非犯罪化。

具"，是指公共汽车、公路客运车，大、中型出租车等车辆。〔1〕行为主要表现为：①对行驶中的公共交通工具的驾驶人员使用暴力或者抢控驾驶操纵装置，干扰公共交通工具的正常行驶。②驾驶人员在行驶的公共交通工具上擅离职守，与他人互殴或者殴打他人。本罪属于具体危险犯，行为必须危及公共安全方可构成犯罪。另一方面，造成危及公共安全的危险状态即构成犯罪既遂，并不要求一定要有实害结果的发生。在个案处理中，需要结合案发时的具体情况判断是否属于"危及公共安全"，如综合考虑暴力行为的程度、车辆行驶的速度、载客情况、通行路段情况、人流及车流量的密集程度、行为持续的时间长短等。根据《刑法》规定，实施上述犯罪行为，同时构成其他犯罪的，依照处罚较重的规定定罪处罚。根据《刑法》第133条之二的规定，犯本罪的，处1年以下有期徒刑、拘役或者管制，并处或者单处罚金。

六、重大责任事故罪

（一）重大责任事故罪的概念和犯罪构成

本罪是指在生产、作业中违反有关安全管理的规定，因而发生重大伤亡事故或者造成其他严重后果的行为。

本罪的保护法益是企事业单位的生产、作业安全。本罪主体是特殊主体，包括对生产、作业负有组织、指挥或者管理职责的负责人、管理人员、实际控制人、投资人等人员，以及直接从事生产、作业的人员。〔2〕构成要件行为与结果的主要内容包括：①必须发生在生产、作业活动中，且行为同生产、作业活动有直接联系。②行为违反了有关安全管理的规定，包括国家及有关政府部门颁布的法律、法规、行政规章及其他规范性文件，也包括企事业单位内部制定的有关规则、办法、制度等。违反安全管理规定的行为可以是作为，也可以是不作为。③违反安全管理规定的行为必须引起重大伤亡事故或者造成其他严重后果，具体是指具有下列情形之一的：造成死亡1人以上，或者重伤3人以上的；造成直接经济损失100万元以上的；其他造成严重后果或者重大安全事故的情形。〔3〕本罪的责任形式为过失。

（二）重大责任事故罪的认定

1. 要划清重大责任事故与自然事故、技术事故以及技术革新和科学实验失败的界限。重大责任事故是行为人违章造成的，其主观上具有罪过；自然事故、技术事故以及技术革新和科学实验失败，行为人客观上没有违章行为，主观上没有罪过，而是因不能预见或不能抗拒的原因所引起的，故不构成犯罪。

2. 要注意本罪与失火罪、过失爆炸罪的界限。其主要区别在于，本罪是特殊主体，后者是一般主体；本罪限于生产、作业活动中因违反有关安全管理的规定而发生重大伤亡事故或造成其他严重后果，后者则是在日常生活中因忽视安全而发生严重后果。

3. 在厂（矿）区内机动车作业期间发生的伤亡事故的认定。在公共交通管理范围内，因违反交通运输管理法规，发生重大事故的，应按交通肇事罪处理；因违反安全生产规章制度，发生重大伤亡事故或者造成其他严重后果的，应按重大责任事故罪处理；在公共交通管理范围外发生的，应当定重大责任事故罪。

4. 共同行为时的责任划分。多个原因行为导致生产安全事故发生的，在区分直接原因与

---

〔1〕 参见2019年最高人民法院、最高人民检察院、公安部联合制定的《关于依法惩治妨害公共交通工具安全驾驶违法犯罪行为的指导意见》。

〔2〕 参见2015年最高人民法院、最高人民检察院发布的《关于办理危害生产安全刑事案件适用法律若干问题的解释》（以下简称《生产安全案件解释》）。

〔3〕 参见《生产安全案件解释》第6条规定。

间接原因的同时，应根据原因行为在引发事故中所具作用的大小，分清主要原因与次要原因，确认主要责任和次要责任，合理确定罪责。一般情况下，对生产、作业负有组织、指挥或者管理职责的负责人、管理人员、实际控制人、投资人，违反有关安全生产管理规定，对重大生产安全事故的发生起决定性、关键性作用的，应承担主要责任。对于直接从事生产、作业的人员违反安全管理规定，发生重大生产安全事故的，要综合考虑行为人的从业资格、从业时间、接受安全生产教育培训情况、现场条件、是否受到他人强令作业、生产经营单位执行安全生产规章制度的情况等因素认定责任，不能将直接责任简单等同于主要责任。对于负有安全生产管理、监督职责的工作人员，应根据其岗位职责、履职依据、履职时间等，综合考察工作职责、监管条件、履职能力、履职情况等，合理确定罪责。[1]

（三）重大责任事故罪的处罚

根据《刑法》第134条规定，犯本罪的，处3年以下有期徒刑或者拘役；情节特别恶劣的，处3年以上7年以下有期徒刑。根据《生产安全案件解释》第13条的规定，在安全事故发生后积极组织、参与事故抢救，或者积极配合调查、主动赔偿损失的，可以酌情从轻处罚。

七、强令、组织他人违章冒险作业罪[2]

本罪是指强令他人违章冒险作业，或者明知存在重大事故隐患而不排除，仍冒险组织作业，因而发生重大伤亡事故或者造成其他严重后果的行为。本罪的保护法益是企事业单位的生产、作业安全。行为主体是特殊主体，包括对生产、作业负有组织、指挥或者管理职责的负责人、管理人员、实际控制人、投资人等人员。本罪主体不包括直接从事生产、作业的人员，这是同重大责任事故罪的不同之处。"强令他人违章冒险作业"，是指明知存在事故隐患、继续作业存在危险，仍然违反有关安全管理的规定，实施下列行为之一的：①利用组织、指挥、管理职权，强制他人违章作业的；②采取威逼、胁迫、恐吓等手段，强制他人违章作业的；③故意掩盖事故隐患，组织他人违章作业的；④其他强令他人违章作业的行为。[3] 此外，本罪的成立还要求造成重大伤亡事故或其他严重后果。本罪的责任形式为过失。

根据《刑法》第134条第2款的规定，犯本罪的，处5年以下有期徒刑或者拘役；情节特别恶劣的，处5年以上有期徒刑。

八、危险作业罪

本罪是指在生产、作业中违反有关安全管理的规定，具有发生重大伤亡事故或者其他严重后果的现实危险的行为。本罪是《刑法修正案（十一）》新增设的罪名。本罪的保护法益是企事业单位的生产、作业安全。行为主体是特殊主体，包括从事生产、作业一线的职工以及对生产、作业负有组织、指挥或者管理职责的人员。行为必须发生在生产、作业过程中，且以违反有关安全管理的规定为前提。违反安全管理规定的行为主要包括：①关闭、破坏直接关系生产安全的监控、报警、防护、救生设备、设施，或者篡改、隐瞒、销毁其相关数据、信息的；②因存在重大事故隐患被依法责令停产停业、停止施工、停止使用有关设备、设施、场所或者立即采取排除危险的整改措施，而拒不执行的；③涉及安全生产的事项未经依法批准或者许可，擅自从事矿山开采、金属冶炼、建筑施工，以及危险物品生产、经营、储存等高度危险的生产作业活动的。本罪属于具体危险犯，即导致发生重大伤亡事故或者其他严重后果的现实危险。在实践中，认定犯罪是否成立，不仅要看行为是否违反有关安全管理的规定，还要酌情判

---

[1] 参见贾宇主编：《刑法学》，中国政法大学出版社2017年版，第269页。
[2] 本罪经《刑法修正案（十一）》修正。
[3] 参见《生产安全案件解释》第5条规定。

断该行为是否造成发生重大伤亡事故等严重后果的现实危险。

根据《刑法》第134条之一的规定，犯本罪，处1年以下有期徒刑、拘役或者管制。

九、重大劳动安全事故罪

本罪是指安全生产设施或者安全生产条件不符合国家规定，因而发生重大伤亡事故或者造成其他严重后果的行为。本罪的保护法益是是企业、事业单位的劳动安全。我国《宪法》和《劳动法》明确规定实行劳动保护。用人单位的劳动安全设施和劳动卫生条件必须符合国家规定，必须向劳动者提供必要的劳动保护设施。本罪行为主体是特殊主体，即用人单位直接负责的主管人员和其他直接责任人员，具体指对安全生产设施或者安全生产条件不符合国家规定负有直接责任的生产经营单位负责人、管理人员、实际控制人、投资人，以及其他对安全生产设施或者安全生产条件负有管理、维护职责的人员。[1] 本罪的责任形式为过失。

根据《刑法》第135条规定，犯本罪的，对直接负责的主管人员和其他直接责任人员，处3年以下有期徒刑或者拘役；情节特别恶劣的，处3年以上7年以下有期徒刑。

十、大型群众性活动重大安全事故罪

本罪是指举办大型群众性活动违反安全管理规定，因而发生重大伤亡事故或者造成其他严重后果的行为。造成严重后果是本罪的构成要件之一。行为主体是特殊主体，主要是对举办大型群众性活动负有决策、指挥的领导和其他直接责任人员。本罪的责任形式为过失。

根据《刑法》第135条之一的规定，犯本罪的，对直接负责的主管人员和其他直接责任人员，处3年以下有期徒刑或者拘役；情节特别恶劣的，处3年以上7年以下有期徒刑。

十一、危险物品肇事罪

本罪是指违反危险物品管理规定，在生产、储存、运输、使用中发生重大事故，造成严重后果的行为。"危险物品"，是指爆炸性、易燃性、放射性、毒害性和腐蚀性物品。如炸药、雷管、雷汞、汽油、酒精、液化石油气、胶片、镭、钴、砒霜、敌敌畏、氰化钾、硫酸、硝酸、盐酸等。国家针对这些危险物品有专门的管理规定。如《民用爆炸物品安全管理条例》《道路危险货物运输管理规定》《铁路危险货物运输安全监督管理规定》《危险化学品安全管理条例》等。本罪需发生在生产、储存、运输、使用上述危险物品的过程中，且要求造成人员死伤或者公私财物遭受重大损失的重大事故。本罪属于业务过失犯罪。如果在日常生活中，行为人因使用危险物品不当而造成严重后果的，不构成本罪，视其情况可能构成失火罪、过失爆炸罪等。

根据《刑法》第136条的规定，犯本罪的，处3年以下有期徒刑或者拘役；后果特别严重的，处3年以上7年以下有期徒刑。

十二、工程重大安全事故罪

本罪是指建设单位、设计单位、施工单位、工程监理单位违反国家规定，降低工程质量标准，造成重大安全事故的行为。本罪行为主体为单位，包括建设单位、设计单位、施工单位、工程监理单位等，但承担刑事责任者限于直接责任人员。违反国家规定、降低工程质量标准的行为主要表现为：①建设单位违规要求建筑设计单位或施工单位压缩工程造价，增加建房层数、降低工程质量，或提供不合格的建筑材料、建筑配件设备，强迫施工单位使用；②设计单位不按建筑工程标准进行设计；③施工单位偷工减料，故意使用不合格的建筑材料、建筑构配件和设备，或者不按照设计图纸或施工技术标准施工；④工程监理单位疏于监督，对发现的建筑工程质量安全事故隐患不及时指出。本罪只有在造成重大安全事故情况下才构成。本罪的责任形式为过失。

---

〔1〕　参见《生产安全案件解释》第3条规定。

根据《刑法》第 137 条规定，犯本罪的，对直接责任人员，处 5 年以下有期徒刑或者拘役，并处罚金；后果特别严重的，处 5 年以上 10 年以下有期徒刑，并处罚金。

十三、教育设施重大安全事故罪

本罪是指学校及其他教育机构的直接责任人员，明知校舍或者教育教学设施有危险，而不采取措施或者不及时报告，致使发生重大伤亡事故的行为。行为方式是不作为，且要求造成人员伤亡或者重大财产损失才构成犯罪。本罪主体为特殊主体，即对校舍、教育教学设施的安全负有直接责任的人员。本罪的责任形式为过失。

根据《刑法》第 138 条规定，犯本罪的，对直接责任人员，处 3 年以下有期徒刑或者拘役；后果特别严重的，处 3 年以上 7 年以下有期徒刑。

十四、消防责任事故罪

本罪是指违反消防管理法规，经消防监督机构通知采取改正措施而拒绝执行，造成严重后果的行为。本罪行为方式是不作为。虽然行为人违反了消防管理法规，但未接到过消防监督机构关于采取改正措施的通知，即使造成严重后果，也不构成本罪。本罪主体是特殊主体，主要是单位中负责消防工作的管理人员及其他直接责任人员。此外，行为还必须造成严重后果才构成犯罪，即造成人员重伤、死亡或者公私财产的重大损失等。本罪的责任形式为过失。

根据《刑法》第 139 条的规定，犯本罪的，对单位的直接责任人员，处 3 年以下有期徒刑或者拘役；后果特别严重的，处 3 年以上 7 年以下有期徒刑。

十五、不报、谎报安全事故罪

本罪是指在安全事故发生后，负有报告职责的人员不报或者谎报事故情况，贻误事故抢救，情节严重的行为。本罪行为方式表现为不作为，并以"情节严重"为犯罪成立条件。[1] 本罪主体为特殊主体，即对安全事故负有报告职责的人员，具体是指负有组织、指挥或者管理职责的负责人、管理人员、实际控制人、投资人，以及其他负有报告职责的人员。[2] 根据《生产安全案件解释》第 9 条规定，在安全事故发生后，与负有报告职责的人员串通，不报或者谎报事故情况，贻误事故抢救，情节严重的，以本罪共犯论处。本罪的责任形式为故意。

根据《刑法》第 139 条之一的规定，犯本罪，处 3 年以下有期徒刑或者拘役；情节特别严重的，处 3 年以上 7 年以下有期徒刑。

■ **思考题**

1. 什么是危害公共安全罪？如何划清危害公共安全罪同一般的侵犯人身权利罪或侵犯财产权利罪的界限？
2. 如何界定以危险方法危害公共安全罪中的"其他危险方法"？
3. 何谓破坏交通工具罪，其主要特征是什么？
4. 试述组织、领导、参加恐怖组织罪的概念及其特征。
5. 交通肇事罪有哪些基本特征？如何认定本罪中的"因逃逸致人死亡"？
6. 简述危险驾驶罪的概念及特征。
7. 什么是重大责任事故罪？如何进行认定？

---

〔1〕 关于"情节严重"的认定，参见《生产安全案件解释》第 8 条规定。

〔2〕 参见《生产安全案件解释》第 4 条规定。

■参考书目

1. 林亚刚：《危害公共安全罪新论》，武汉大学出版社 2001 年版。
2. 祝铭山主编：《危害公共安全罪》，中国法制出版社 2004 年版。
3. 陈洪兵：《公共危险犯解释论与判例研究》，中国政法大学出版社 2011 年版。
4. 孟庆华：《以危险方法危害公共安全罪理论与实务判解》，北京大学出版社 2014 年版。

第二十二章　破坏社会主义市场经济秩序罪

> ■ 学习目的和要求
>
> 　　了解破坏社会主义市场经济秩序罪的基本特征以及本章各节节名的具体设定。掌握各节中的主要罪名、司法实践中的常用罪名，注意把握本章重点罪名之间以及与其他罪名之间的界限。

第一节　破坏社会主义市场经济秩序罪概述

一、破坏社会主义市场经济秩序罪的概念和法益

破坏社会主义市场经济秩序罪，是指违反我国市场经济管理法规，破坏和扰乱市场经济秩序，妨害国民经济正常进行和发展的行为。

本罪的客体是我国的社会主义市场经济秩序。社会主义市场经济是中国特色社会主义的重要体现，其是在社会主义条件下，以市场为基础，并以此为主导，利用和配置社会资源的一种经济运行模式。但市场经济体制在显示其优越性的同时，它所具有的高度自主性、自由性也存在许多导致经济犯罪的诱因。市场本身必须得到国家有效的管理，才能遏制这些消极性的因素。在市场条件下，社会上的一些成员和组织往往利用市场经济的负面效应，在市场活动中实施不正当竞争行为，直接侵犯或逃避国家市场管理秩序。因而通过制定并颁布刑事法律、动用刑事手段制裁其中的严重行为，成为加强宏观经济管理，稳定市场经济秩序，保障国民经济快速稳步发展的基本前提。破坏社会主义市场经济秩序的犯罪行为，直接违反了国家经济管理法规，破坏了社会生产、社会交换、社会分配和社会消费诸种经济利益关系与经济秩序。

二、破坏社会主义市场经济秩序罪的构成

（一）构成要件

国家经济管理法规的范围很广，包括与生产、交换、分配以及消费相关的各种法律。例如，工业、农业、林业、渔业、财政、金融、商标、专利、海关、外贸、税收、证券等领域。这些经济法规规范、调整、促进着市场经济活动的进行，也维护着市场经济秩序。破坏市场经济秩序犯罪，必然首先违反这些经济管理法规。

本类犯罪表现为具有严重破坏和扰乱市场经济秩序的行为，也就是说行为人实施了非法的经济活动。这种行为绝大多数属于作为的形式，但也有少数行为可以表现为不作为的形式，如逃税罪、逃避商检罪等。

本类犯罪中大多数的犯罪主体既可以由自然人构成，也可以由单位构成，其中有些犯罪只能由单位构成。本类犯罪的犯罪主体资格，绝大多数为一般主体资格，但也有少数犯罪，只能由特殊主体资格构成。

（二）违法性

只有非法侵犯市场经济的法益的行为才具有违法性。但是在一些经济犯罪中实质上也包含着对人身法益和社会法益的保护。尽管一些犯罪看起来是法定犯，但此时如果仅仅是对行政秩序的违反并不一定构成犯罪。此外，还有一些保护更为优越的利益的行为，也阻却本章犯罪的违法性。

（三）责任要素

本章犯罪的责任形式包括故意与过失，其中绝大多数是故意犯罪，其中许多又具有非法营利或者牟取非法利益的目的。

三、破坏社会主义市场经济秩序罪的分类

根据《刑法》分则第三章的规定以及有关刑法修正案的补充修改，按照各种具体破坏社会主义市场经济秩序罪侵犯的主要客体，可将其划分为以下几类：

（一）生产、销售伪劣商品罪

这一类犯罪具体包括生产、销售伪劣产品罪，生产、销售、提供假药罪，妨害药品管理罪，生产、销售、提供劣药罪，生产、销售不符合安全标准的食品罪，生产、销售有毒、有害食品罪，生产、销售不符合标准的医用器材罪，生产、销售不符合安全标准的产品罪，生产、销售伪劣农药、兽药、化肥、种子罪，生产、销售不符合卫生标准的化妆品罪。

（二）走私罪

这一类犯罪具体包括了走私武器、弹药罪，走私核材料罪，走私假币罪，走私文物罪，走私贵重金属罪，走私珍贵动物、珍贵动物制品罪，走私国家禁止进出口的货物、物品罪，走私淫秽物品罪，走私普通货物、物品罪，走私废物罪。

（三）妨害对公司、企业的管理秩序罪

这一类犯罪包括虚报注册资本罪，虚假出资、抽逃出资罪，欺诈发行证券罪，违规披露、不披露重要信息罪，妨害清算罪，隐匿、故意销毁会计凭证、会计账簿、财务会计报告罪，虚假破产罪，非国家工作人员受贿罪，对非国家工作人员行贿罪，对外国公职人员、国际公共组织官员行贿罪，非法经营同类营业罪，为亲友非法牟利罪，签订、履行合同失职被骗罪，国有公司、企业、事业单位人员失职罪，国有公司、企业、事业单位人员滥用职权罪，徇私舞弊低价折股、出售国有资产罪，背信损害上市公司利益罪。

（四）破坏金融管理秩序罪

这一类犯罪包括了伪造货币罪，出售、购买、运输假币罪，金融工作人员购买假币、以假币换取货币罪，持有、使用假币罪，变造货币罪，擅自设立金融机构罪，伪造、变造、转让金融机构经营许可证、批准文件罪，高利转贷罪，骗取贷款、票据承兑、金融票证罪，非法吸收公众存款罪，伪造、变造金融票证罪，窃取、收买、非法提供信用卡信息罪，伪造、变造国家有价证券罪，妨害信用卡管理罪，伪造、变造股票、公司、企业债券罪，擅自发行股票、公司、企业债券罪，内幕交易、泄露内幕信息罪，利用未公开信息交易罪，编造并传播证券、期货交易虚假信息罪，诱骗投资者买卖证券、期货合约罪，操纵证券、期货市场罪，背信运用受托财产罪，违法运用资金罪，违法发放贷款罪，吸收客户资金不入账罪，违规出具金融票证罪，对违法票据承兑、付款、保证罪，逃汇罪，骗购外汇罪、洗钱罪。

（五）金融诈骗罪

这一类犯罪包括了集资诈骗罪，贷款诈骗罪，票据诈骗罪，金融凭证诈骗罪，信用证诈骗罪，信用卡诈骗罪，有价证券诈骗罪，保险诈骗罪。

（六）危害税收征管罪

这一类犯罪包括了逃税罪，抗税罪，逃避追缴欠税罪，骗取出口退税罪，虚开增值税专用发票、用于骗取出口退税、抵扣税款发票罪，虚开发票罪，伪造、出售伪造的增值税专用发票罪，非法出售增值税专用发票罪，非法购买增值税专用发票、购买伪造的增值税专用发票罪，非法制造、出售非法制造的用于骗取出口退税、抵扣税款发票罪，非法制造、出售非法制造的发票罪，非法出售用于骗取出口退税、抵扣税款发票罪，非法出售发票罪，持有伪造的发票罪。

（七）侵犯知识产权罪

这一类犯罪包括了假冒注册商标罪，销售假冒注册商标的商品罪，非法制造、销售非法制造的注册商标标识罪，假冒专利罪，侵犯著作权罪，销售侵权复制品罪，侵犯商业秘密罪，为境外窃取、刺探、收买、非法提供商业秘密罪。

（八）扰乱市场秩序罪

这一类犯罪包括了损害商业信誉、商品声誉罪，虚假广告罪，串通投标罪，合同诈骗罪，组织、领导传销活动罪，非法经营罪，强迫交易罪，伪造、倒卖伪造的有价票证罪，倒卖车票、船票罪，非法转让、倒卖土地使用权罪，提供虚假证明文件罪，出具证明文件重大失实罪，逃避商检罪。

第二节　生产、销售伪劣商品罪

一、生产、销售伪劣产品罪

（一）生产、销售伪劣产品罪的概念和法益

生产、销售伪劣产品罪，是指违反产品质量管理法规和工商行政管理法规，生产者、销售者在产品中掺杂、掺假，以假充真，以次充好或者以不合格产品冒充合格产品，销售金额较大的行为。该罪是国家对产品质量的管理制度和消费者的合法权益。

（二）生产、销售伪劣产品罪犯罪构成

1. 本罪构成要件。本罪的主体是伪劣产品的生产者和销售者，这里的生产者和销售者既可以是自然人，也可以是单位。在本罪的主体资格上，生产者、销售者是否取得合法的经营资格并不影响本罪的成立。没有合法经营资格，而有本罪行为的，不构成单位犯罪，即以自然人犯罪论处。

行为表现为行为人在产品中掺杂掺假、以假充真、以次充好或者以不合格产品冒充合格产品，销售金额 5 万元以上的行为。具体表现为：

（1）违反产品质量管理法规。违反产品质量管理法规主要是指违反了《产品质量法》《标准化法》等法规。在这些法规中都明确规定了生产、销售合格产品的应有要求和生产、销售伪劣产品的法律责任。

（2）实施生产、销售伪劣产品的行为。所谓生产伪劣产品，是指行为人在产品生产过程中，不按照《产品质量法》等法律法规的要求，在产品中掺杂、掺假、以假充真、以次充好或者以不合格产品冒充合格产品的行为。所谓销售伪劣产品，是指行为人对于明知是掺杂、掺假，以假充真，以次充好或者以不合格产品冒充合格产品予以销售的行为。生产、销售伪劣产品的行为，是两个既有联系而又相对独立的行为。生产伪劣产品，其目的在于通过销售获取非法经济利益，所以生产者必定又是直接的或者间接的销售者。但是销售伪劣产品并不必然包括生产行为，销售行为可以独立于生产过程之外。根据《刑法》的规定，生产、销售伪劣产品的行为具有内在的联系而存在于一个主体行为的过程中，应以一罪论处；生产、销售伪劣产品的行为具有相对的独立性而存在于两个以上主体的行为过程中，则分别以各自涉及的行为特征论罪。

根据有关司法解释，"在产品中掺杂、掺假"，是指在产品中掺入杂质或者异物，致使产品质量不符合国家法律、法规或者产品明示质量标准规定的质量要求，降低、失去应有使用性能的行为。"以假充真"，是指以不具有某种使用性能的产品冒充具有该种使用性能的产品的行为。"以次充好"，是指以低等级、低档次产品冒充高等级、高档次产品，或者以残次、废旧零配件组合、拼装后冒充正品或者新产品的行为。"不合格产品"，是指不符合《产品质量法》第 26 条第 2 款规定的质量要求的产品。[1]

（3）生产、销售伪劣产品的价额，达到数额较大的程度，即达到 5 万元以上。

2. 本罪的责任要素。本罪表现为故意。将本罪在主观方面限定在故意的罪过性质内，不但基于销售行为是以"明知"为条件，生产者、销售者在主观上必定具有牟取非法利益的目的的内容，而且还基于《刑法》并没有附加规定过失实施本行为也要追究刑事责任的规定。如何确认行为人在主观上已具有了故意的罪过内容？只要行为人明知自己生产、销售的产品属于违反产品质量管理法规的伪劣产品，仍予以生产、销售，即可认定行为人已具有了故意的罪过内容。在本罪的主观方面，行为人不懂法、不知法不能阻却其犯罪故意的成立。

（三）生产、销售伪劣产品罪的认定

在认定生产、销售伪劣产品罪时，应注意以下一些问题：

1. 生产、销售伪劣产品罪与非罪的界限。本罪与一般的生产、销售伪劣产品的违法行为之间的区别主要在于两个方面：①主观方面要求不同。本罪的主观方面须要求故意，而一般的生产、销售伪劣产品的行为往往表现为不负责任、马虎了事、监管不严等过失或过错。②客观后果要求不同。本罪的客观方面须要求销售金额在 5 万元以上，而一般的生产、销售伪劣产品的行为往往将销售金额限定在 5 万元以下。一般的生产、销售伪劣产品的违法行为应当按照行政法规处罚。

2. 生产、销售伪劣产品罪与生产、销售其他特定伪劣产品犯罪的关系。根据《刑法》第 149 条的规定，生产、销售《刑法》第 141~148 条所列产品，构成各该条规定的犯罪，同时又构成生产、销售伪劣产品罪，须依照处罚较重的规定定罪处罚。但是生产、销售《刑法》第 141~148 条所列产品，虽不构成各该条规定的犯罪，例如并未造成严重后果或并未对人体健康造成严重危害，但销售金额在 5 万元以上的，应依照本罪论处。

3. 数额的认定。在 1997 年《刑法》颁布以前，全国人大常委会于 1993 年通过的《关于惩治生产、销售伪劣商品犯罪的决定》对生产、销售伪劣商品罪的数额问题采用的是"违法所得数额"，即非法销售的总额扣除成本部分。但该数额的认定不仅要求查实销售额，还要查实其成本，这样才能得出"违法所得数额"，在实践中是非常不容易认定的。并且生产、销售伪劣商品的犯罪行为的社会危害性并不一定与其违法所得成正比，有时也会出现销售额很大而收入很少甚至亏本的情况，这种情况下用"违法所得数额"来衡量其社会危害性显然是不恰当的。同时两高对"违法所得数额"的解释又不相同，最高人民法院将其解释为"非法获利额"，而最高人民检察院则解释为"销售收入"，这又进一步造成了司法实践中的混乱。1997年《刑法》将"违法所得数额"修改为"销售金额"，其在本质上反映了行为人生产、销售伪

---

〔1〕　2001 年 4 月 9 日发布的《最高人民法院、最高人民检察院关于办理生产、销售伪劣商品刑事案件具体应用法律若干问题的解释》。

劣商品的规模、危害范围及主观恶性，从而肯定了犯罪的本质是侵犯合法权益而非行为人获得利益。但是何谓"销售金额"，仍然存在不同理解。

《产品质量法》（2000年9月1日修改）将以"违法所得"的行政处罚罚款基准修改为以"生产、销售伪劣产品（包括已售出和未售出的产品）货值金额"为计算罚款的基准，为执法活动提供了便利，为在刑法方面的解释提供了依据。随后的刑法司法解释规定：《刑法》第140、149条规定的"销售金额"，是指生产者、销售者出售伪劣产品后所得和应得的全部违法收入。伪劣产品尚未销售，货值金额达到《刑法》第140条规定的销售金额3倍以上的，以生产、销售伪劣产品罪（未遂）定罪处罚。货值金额以违法生产、销售的伪劣产品的标价计算；没有标价的，按照同类合格产品的市场中间价格计算。货值金额难以确定的，按照1997年4月22日国家计划委员会、最高人民法院、最高人民检察院、公安部联合发布的《扣押、追缴、没收物品估价管理办法》的规定，委托指定的估价机构确定。[1]

（四）生产、销售伪劣产品罪的处罚

根据《刑法》第140条的规定，犯生产、销售伪劣产品罪的，销售金额在5万元以上不满20万元的，处2年以下有期徒刑或者拘役，并处或者单处销售金额50%以上2倍以下罚金；销售金额在20万元以上不满50万元的，处2年以上7年以下有期徒刑，并处销售金额50%以上2倍以下罚金；销售金额在50万元以上不满200万元的，处7年以上有期徒刑，并处销售金额50%以上2倍以下罚金；销售金额在200万元以上的，处15年有期徒刑或者无期徒刑，并处销售金额50%以上2倍以下罚金或者没收财产。

《刑法》第150条规定，单位犯生产、销售伪劣产品罪的，对单位判处罚金，并对其直接负责的主管人员和其他直接责任人员，依照第140条对个人犯本罪的规定处罚。

《刑法》第149条规定，生产、销售《刑法》第141~148条所列产品，不构成各该条规定的犯罪，但是销售金额在5万元以上的，依照本节第140条的规定定罪处罚。生产、销售《刑法》第141~148条所列产品，构成各该条规定的罪，同时又构成《刑法》第140条规定之罪的，依照处罚较重的规定定罪处罚。

二、生产、销售、提供假药罪

（一）生产、销售、提供假药罪的概念和法益

生产、销售、提供假药罪，是指违反药品管理法规，生产、销售、提供假药的行为。本罪既涉及对药品管理秩序的侵犯，也包含着对人身健康的侵犯。

（二）生产、销售、提供假药罪的犯罪构成

1. 本罪的构成要件。行为对象只限于假药。这里所称的药，仅指人所用的药品，不包括兽用药品。需要注意的是，国家于2001年对《药品管理法》进行了修改，假药、劣药的范围也进行了修改。另外2013年、2015年均对《药品管理法》进行了修改，但假药、劣药的范围没有修改。但是2019年《药品管理法》又作出了较大调整，将部分药品不再认为是假药。同时取消了对其依照假药论处的情形，也即对该部分药品的生产、销售、提供等行为不再按照生产、销售、提供假药罪论处，而是成立新的犯罪。具体来说，假药包括：①药品所含成分与国家药品标准规定的成分不符的，即通常所说的药品配方不符合标准，如在感冒清的生产中，违反国家配料标准，掺杂掺假，用淀粉代替药粉，使该厂生产的感冒清片根本不具备感冒清片应有的治疗作用。②以非药品冒充药品或者以他种药品冒充此种药品的，如以鸡胆、鸭胆冒充蛇

---

[1] 2001年4月9日发布的《最高人民法院、最高人民检察院关于办理生产、销售伪劣商品刑事案件具体应用法律若干问题的解释》。

胆，以土豆、萝卜根冒充天麻，以牛腿骨冒充虎骨等。后一类情况一般是以一种低价药品冒充一种高价药品。例如，把"庆大霉素""穿心莲注射液""百炎净"等极其便宜的普通药品贴上"进口梅毒针""淋病清"等贵重紧俏药品标志，然后买通医院主管人员大量销售这些假药；还有以党参冒充人参，以国产速效感冒胶囊冒充日本进口"救心丹"的。③变质的。④所标明的适应症或者功能主治超出规定范围的。[1]

构成要件行为具体表现为生产、销售、提供假药的行为。生产假药，是指以生产、销售、提供假药为目的，合成、精制、提取、储存、加工炮制药品原料，或者在将药品原料、辅料、包装材料制成成品过程中，进行配料、混合、制剂、储存、包装。销售假药，是指药品使用单位及其工作人员明知是假药而有偿提供给他人使用的行为。生产假药即制造假药，销售假药即供销假药。生产与销售往往联系在一起，生产即是为了销售，但也不尽然，例如有的生产了假药而尚未或未能出售，所以销售者不一定就是生产者。至于提供假药，则是指无偿提供给他人使用的行为。只要实施了上述生产、销售、提供假药之一种行为，并且足以严重危害人体健康的，就可构成犯罪。[2]

生产、销售的假药被使用后，造成轻伤或者重伤，或者轻度残疾、中度残疾，或者器官组织损伤导致一般功能障碍或者严重功能障碍，或者有其他严重危害人体健康情形的，应当认定为《刑法》第141条规定的"对人体健康造成严重危害"。生产、销售的假药被使用后，造成较大突发公共卫生事件的，生产、销售金额20万元以上不满50万元的，生产、销售金额10万元以上不满20万元，并具有本解释第一条规定情形之一的，或者根据生产、销售的时间、数量、假药种类等，应当认定为《刑法》第141条规定的"其他严重情节"。生产、销售的假药被使用后，造成重度残疾、3人以上重伤、3人以上中度残疾或者器官组织损伤导致严重功能障碍、10人以上轻伤、5人以上轻度残疾或者器官组织损伤导致一般功能障碍，造成重大、特别重大突发公共卫生事件，生产、销售、提供假药金额50万元以上，生产、销售、提供假药金额20万元以上不满50万元，并具有该解释规定的酌情从重处罚情形或者根据生产、销售、提供假药的时间、数量、假药种类、对人体健康危害程度等，应当认定为情节严重的，应当认定为《刑法》第141条规定的"其他特别严重情节"。[3]

需要说明的是，《刑法修正案（八）》增加了造成严重后果的范围，即不仅将对人体健康造成严重危害的行为作为结果加重，而且将"有其他严重情节"作为情节加重。

2. 本罪的责任要素。本罪只能表现为故意。

（三）生产、销售、提供假药罪的处罚

根据《刑法修正案（八）》修改后第141条的规定，构成本罪的，处3年以下有期徒刑或者拘役，并处罚金；对人体健康造成严重危害或者有其他严重情节的，处3年以上10年以下有期徒刑，并处罚金；致人死亡或者有其他特别严重情节的，处10年以上有期徒刑、无期徒刑或者死刑，并处罚金或者没收财产。

生产、销售、提供假药，以孕产妇、儿童或者危重病人为主要使用对象，属于麻醉药品、精神药品、医疗用毒性药品、放射性药品、生物制品，或者以药品类易制毒化学品冒充其他药

---

〔1〕《药品管理法》（1984年9月20日通过，2019年8月26日修订）第98条。

〔2〕参见2022年2月28日通过的《最高人民法院、最高人民检察院关于办理危害药品安全刑事案件适用法律若干问题的解释》。

〔3〕参见2014年11月3日发布的最高人民法院、最高人民检察院《关于办理危害药品安全刑事案件适用法律若干问题的解释》。

品，属于注射剂药品、急救药品，用于应对自然灾害、事故灾难、公共卫生事件、社会安全事件等突发事件，药品使用单位及其工作人员生产、销售假药，以及其他应当酌情从重处罚的情形的，应当酌情从重处罚。[1]

《刑法》第149条第2款规定，犯《刑法》第141条规定的犯罪，同时又构成《刑法》第140条规定之罪的，依照处罚较重的规定定罪处罚。

明知他人实施危害药品安全犯罪，而有下列情形之一的，以生产、销售、提供假药罪的共犯论处：①提供资金、贷款、账号、发票、证明、许可证件的；②提供生产、经营场所、设备或者运输、储存、保管、邮寄、销售渠道等便利条件的；③提供生产技术或者原料、辅料、包装材料、标签、说明书的；④提供虚假药物非临床研究报告、药物临床试验报告及相关材料的；⑤提供广告宣传的；⑥提供其他帮助的。

实施生产、销售、提供假药犯罪，同时构成妨害药品管理、生产、销售伪劣产品罪等其他犯罪的，依照处罚较重的规定定罪处罚。[2]

三、生产、销售、提供劣药罪

（一）生产、销售、提供劣药罪的概念

生产、销售、提供劣药罪，是指违反药品管理法规，生产、销售、提供劣药，对人体健康造成严重危害的行为。

（二）生产、销售提供劣药罪构成要件

1. 本罪的行为对象只限于劣药。劣药是指药品成分的含量不符合国家药品标准的药。根据2019年《药品管理法》的规定，具有下列情形的药品也按照劣药论处：①被污染的药品；②未标明或者更改有效期的药品；③未注明或者更改产品批号的药品；④超过有效期的药品；⑤擅自添加防腐剂、辅料的药品。此外，其他不符合药品标准的药品也可能按照劣药处理。

2. 在客观方面表现为生产、销售、提供劣药，并对人体健康造成严重危害，即已对人体健康造成了实际的严重危害。生产、销售、提供的劣药被使用后，造成轻伤或者重伤，或者轻度残疾、中度残疾，或者器官组织损伤导致一般功能障碍或者严重功能障碍，或者有其他严重危害人体健康情形的，应当认定为《刑法》第142条规定的"对人体健康造成严重危害"。生产、销售、提供的劣药被使用后，造成重度残疾、3人以上重伤、3人以上中度残疾或者器官组织损伤导致严重功能障碍、10人以上轻伤、5人以上轻度残疾或者器官组织损伤导致一般功能障碍，造成重大、特别重大突发公共卫生事件的，应当认定为《刑法》第142条规定的"后果特别严重"。[3]

（三）生产、销售、提供劣药罪的处罚

根据《刑法》第142条的规定，犯生产、销售、提供劣药罪的，处3年以上10年以下有期徒刑，并处罚金；后果特别严重的，处10年以上有期徒刑或者无期徒刑，并处罚金或者没收财产。

《刑法》第150条规定，单位犯生产、销售、提供劣药罪的，对单位判处罚金，并对其直接负责的主管人员和其他直接责任人员，依照《刑法》第142条的规定处罚。

---

〔1〕 2022年3月6日起施行的《最高人民法院、最高人民检察院关于办理危害药品安全刑事案件适用法律若干问题的解释》。

〔2〕 2022年3月6日起施行的《最高人民法院、最高人民检察院关于办理危害药品安全刑事案件适用法律若干问题的解释》。

〔3〕 2022年3月6日起施行的《最高人民法院、最高人民检察院关于办理危害药品安全刑事案件适用法律若干问题的解释》。

《刑法》第149条第2款规定，犯《刑法》第142条规定的罪，同时又构成第140条规定之罪的，依照处罚较重的规定定罪处罚。

生产、销售、提供劣药，以孕产妇、儿童或者危重病人为主要使用对象，属于麻醉药品、精神药品、医疗用毒性药品、放射性药品、生物制品，或者以药品类易制毒化学品冒充其他药品，属于注射剂药品、急救药品，用于应对自然灾害、事故灾难、公共卫生事件、社会安全事件等突发事件，药品使用单位及其工作人员生产、销售假药，以及其他应当酌情从重处罚的情形的，应当酌情从重处罚。[1]

知道或者应当知道他人生产、销售、提供劣药，而有下列情形之一的，以生产、销售劣药罪的共犯论处：①提供资金、贷款、账号、发票、证明、许可证件的；②提供生产、经营场所、设备或者运输、仓储、保管、邮寄等便利条件的；③提供生产技术，或者提供原料、辅料、包装材料的；④提供广告等宣传。

四、妨害药品管理罪

（一）妨害药品管理罪的概念和法益

妨害药品管理罪是指在药品的生产、销售、进口、注册过程中，违反药品管理法规，足以严重危害人体健康的行为。本罪侵犯的法益是药品的生产监管秩序以及人体健康。需要说明的是，本罪是《刑法修正案（十一）》新设的罪名，是随着《药品管理法》对假药范围的修改而进行的刑法完善。

（二）妨害药品管理罪的犯罪构成

1. 本罪的构成要件。本罪的构成要件表现为四类行为：生产、销售国务院药品监督管理部门禁止使用的药品的；未取得药品相关批准证明文件生产、进口药品或者明知是上述药品而销售的；药品申请注册中提供虚假的证明、数据、资料、样品或者采取其他欺骗手段的；编造生产、检验记录的。需要强调的是的，本罪是具体危险犯，即必须达到足以危害人体健康才符合犯罪构成。

2. 本罪的责任要素。本罪只能表现为故意。

（三）妨害药品管理罪的处罚

根据《刑法修正案（十一）》修改后第142条之一的规定，构成本罪的，处3年以下有期徒刑或者拘役，并处或者单处罚金；对人体健康造成严重危害或者有其他严重情节的，处3年以上7年以下有期徒刑，并处罚金。有前款行为，同时又构成本法第141条、第142条规定之罪或者其他犯罪的，依照处罚较重的规定定罪处罚。

五、生产、销售不符合安全标准的食品罪

（一）生产、销售不符合安全标准的食品罪的概念和法益

生产、销售不符合安全标准的食品罪，是指违反食品安全法规，生产、销售不符合食品安全标准的食品，足以造成严重食物中毒事故或者其他严重食源性疾患的行为。此罪原为生产、销售不符合卫生标准的食品罪，《刑法修正案（八）》将其更改为生产、销售不符合安全标准的食品罪。本罪的法益是国家对食品安全的管理制度和消费者的健康权利。生产、销售不符合食品安全标准的食品，使之流入市场，直接破坏市场秩序，而且具有造成严重食物中毒事故或者其他严重食源性疾患的可能性，危害人体健康和生命的安全。

---

〔1〕　2022年3月6日起施行的《最高人民法院、最高人民检察院关于办理危害药品安全刑事案件适用法律若干问题的解释》。

（二）生产、销售不符合安全标准的食品罪的犯罪构成

1. 本罪的构成要件。构成要件内容为生产、销售不符合食品安全标准的食品，足以造成严重食品中毒事故或者其他严重食源性疾患的行为。这里所称的"生产"，既包括加工制造，也包括食品包装；"销售"既指出售又指贩卖；"食品"，是指各种供人食用或者饮用的成品和原料以及按照传统既是食品又是药品的物品，但不包括以治疗为目的的物品。根据 2017 年最高人民检察院、公安部《关于公安机关管辖的刑事案件立案追诉标准的规定（一）的补充规定》之第 3 条，下列食品属于不符合安全标准的食品：①食品含有严重超出标准限量的致病性微生物、农药残留、兽药残留、重金属、污染物质以及其他危害人体健康的物质的；②属于病死、死因不明或者检验检疫不合格的畜、禽、兽、水产动物及其肉类、肉类制品的；③属于国家为防控疾病等特殊需要明令禁止生产、销售的食品的；④婴幼儿食品中生长发育所需营养成分严重不符合食品安全标准的；⑤在食品加工、销售、运输、贮存等过程中，违反食品安全标准，超限量或者超范围滥用食品添加剂，足以造成严重食物中毒事故或者其他严重食源性疾病的；⑥在食用农产品种植、养殖、销售、运输、贮存等过程中，违反食品安全标准，超限量或者超范围滥用添加剂、农药、兽药等，足以造成严重食物中毒事故或者其他严重食源性疾病的；⑦其他足以造成严重食物中毒事故或者严重食源性疾病的食品。

生产、销售劣质的亦食亦补的产品的行为性质问题。从药物原理来说，补品不属于药品，所以不能进入到假药、劣药的范畴，但补品也不属于食品，因此有观点认为不能进入到本罪的范畴，认为应当以生产、销售伪劣产品罪论处较为适宜。笔者认为，这种观点值得商榷。根据有关法律规定，食品，是指各种供人食用或者饮用的成品和原料，以及按照传统既是食品又是药品的物品，但不包括以治疗为目的的物品。本罪的食品概念来源于此，所以补品应该属于食品的范围。但以治疗为目的的物品，因为不具有食品的一些特征，因此不适合确定为食品，也不宜以本罪论处。

法律规定，实施了生产、销售不符合安全标准的食品的行为之一，只要具有造成严重食物中毒事故或者其他严重食源性疾病发生的可能性，即可构成犯罪，并不要求实际的危害结果发生。这里所称的"严重食物中毒事故"，是指细菌性、化学性、真菌性和有毒动植物等引起的严重暴发性中毒事件。"严重食源性疾病"，是指以不符合卫生标准的食品为感染源而导致的疾病。生产、销售不符合食品安全标准的食品，具有下列情形之一的，应当认定为《刑法》第 143 条规定的"足以造成严重食物中毒事故或者其他严重食源性疾病"：①含有严重超出标准限量的致病性微生物、农药残留、兽药残留、生物毒素、重金属等污染物质以及其他严重危害人体健康的物质的；②属于病死、死因不明或者检验检疫不合格的畜、禽、兽、水产动物肉类及其制品的；③属于国家为防控疾病等特殊需要明令禁止生产、销售的；④特殊医学用途配方食品、专供婴幼儿的主辅食品营养成分严重不符合食品安全标准的；⑤其他足以造成严重食物中毒事故或者严重食源性疾病的情形。[1]

食用不符合食品安全标准的食品后，造成轻伤以上伤害的，或者造成轻度残疾或者中度残疾的，或者造成器官组织损伤导致一般功能障碍或者严重功能障碍的，或者造成十人以上严重食物中毒或者其他严重食源性疾病的，或者其他对人体健康造成严重危害的情形的属于《刑法》第 143 条规定的"对人体健康造成严重危害"。生产、销售不符合食品安全标准的食品，生产、销售金额 20 万元以上的，或者生产、销售金额 10 万元以上不满 20 万元，不符合食品

安全标准的食品数量较大或者生产、销售持续时间6个月以上的，或者生产、销售金额10万元以上不满20万元，属于特殊医学用途配方食品、专供婴幼儿的主辅食品的，或者生产、销售金额10万元以上不满20万元，且在中小学校园、托幼机构、养老机构及周边面向未成年人、老年人销售的，或者生产、销售金额10万元以上不满20万元，曾因危害食品安全犯罪受过刑事处罚或者2年内因危害食品安全违法行为受过行政处罚的，或者其他情节严重的情形，属于"其他严重情节"。生产、销售不符合食品安全标准的食品，致人死亡或者造成重度残疾以上的，或者造成3人以上重伤、中度残疾或者器官组织损伤导致严重功能障碍的，或者造成10人以上轻伤、5人以上轻度残疾或者器官组织损伤导致一般功能障碍的，或者造成30人以上严重食物中毒或者其他严重食源性疾病的，或者其他特别严重的后果，属于"后果特别严重"。[1]

2. 本罪的责任要素。主观方面是故意，通常具有营利目的。过失不能构成本罪。

（三）生产、销售不符合安全标准的食品罪的处罚

根据《刑法修正案（八）》修改过的《刑法》第143条的规定，犯生产、销售不符合安全标准的食品罪的，处3年以下有期徒刑或者拘役，并处罚金；对人体健康造成严重危害或者有其他严重情节的，处3年以上7年以下有期徒刑，并处罚金；后果特别严重的，处7年以上有期徒刑或者无期徒刑，并处罚金或者没收财产。

《刑法》第149条第2款规定，犯《刑法》第143条规定的罪，同时又构成第140条规定之罪的，依照处罚较重的规定定罪处罚。

六、生产、销售有毒、有害食品罪

（一）生产、销售有毒、有害食品罪的概念和法益

生产、销售有毒、有害食品罪，是指违反食品卫生法规，在生产、销售的食品中掺入有毒、有害的非食品原料的，或者销售明知掺入有毒、有害的非食品原料的食品的行为。本罪侵犯的法益是食品监管秩序，但行为对象包含着对人身健康权乃至生命权的侵犯。

（二）生产、销售有毒、有害食品罪的犯罪构成

只要实施了生产、销售有毒、有害的食品的行为，即构成犯罪。不要求具有造成严重食物中毒事故或者其他严重食源性疾病发生的可能性。本罪的行为对象是有毒、有害的食品，犯罪对象是掺入有毒、有害的非食品原料的食品。所谓有毒、有害的非食品原料，是指含有有毒性元素或者对人体有害的成分而不能作为食品配料或者食品添加剂的物质。所谓掺入有毒、有害的非食品原料的食品，即在生产、销售的食品中掺入有毒害人体健康的不能作食用原料的食品，如用工业酒精兑制假白酒、在火腿中掺入敌敌畏成分防止霉变。销售不符合安全标准的食品罪的犯罪对象是不符合安全标准的食品。所谓不符合安全标准的食品，是指根据《食品安全法》第34条规定禁止生产经营的几类食品。

（三）生产、销售有毒、有害食品罪的处罚

根据《刑法修正案（八）》的修改，构成本罪的，处5年以下有期徒刑，并处罚金；对人体健康造成严重危害或者有其他严重情节的，处5年以上10年以下有期徒刑，并处罚金；致人死亡或者有其他特别严重情节的，依照《刑法》第141条生产、销售假药罪的规定处罚，即处10年以上有期徒刑、无期徒刑或者死刑，并处罚金或者没收财产。属于"其他严重情节"的有：①生产、销售金额20万元以上不满50万元的；②生产、销售金额10万元以上不满20

万元，有毒、有害食品数量较大或者生产、销售持续时间 6 个月以上的；③生产、销售金额 10 万元以上不满 20 万元，属于特殊医学用途配方食品、专供婴幼儿的主辅食品的；④生产、销售金额 10 万元以上不满 20 万元，且在中小学校园、托幼机构、养老机构及周边面向未成年人、老年人销售的；⑤生产、销售金额 10 万元以上不满 20 万元，曾因危害食品安全犯罪受过刑事处罚或者 2 年内因危害食品安全违法行为受过行政处罚的；⑥有毒、有害的非食品原料毒害性强或者含量高的；⑦其他情节严重的情形。生产、销售有毒、有害食品，生产、销售金额 50 万元以上，或者造成重度残疾以上，或者造成 3 人以上重伤、中度残疾或者器官组织损伤导致严重功能障碍的，造成 10 人以上轻伤、5 人以上轻度残疾或者器官组织损伤导致一般功能障碍的，造成 30 人以上严重食物中毒或者其他严重食源性疾病的，或者造成其他特别严重的后果的，应当认定为《刑法》第 144 条规定的"其他特别严重情节"。[1]

《刑法》第 150 规定，单位犯生产、销售有毒、有害食品罪的，对单位判处罚金，并对其直接负责的主管人员和其他直接责任人员，依照《刑法》第 144 条的规定处罚。

《刑法》第 149 条第 2 款规定，犯《刑法》第 144 条规定的罪，同时又构成第 140 条规定之罪的，依照处罚较重的规定定罪处罚。

七、生产、销售不符合标准的医用器材罪

（一）生产、销售不符合标准的医用器材罪的概念和法益

根据《刑法修正案（四）》对于本罪的修正，生产、销售不符合标准的医用器材罪，是指生产不符合保障人体健康的国家标准、行业标准的医疗器械、医用卫生材料，或者销售明知是不符合保障人体健康的国家标准、行业标准的医疗器械、医用卫生材料，足以对人体健康造成严重危害的行为。本罪原为结果犯，修正案将其修正为危险犯，侵犯法益表现为对国家、行业标准的侵犯。国家为了保障人体健康，对医疗器械和医用卫生材料规定了严格的国家标准、行业标准。生产、销售不符合保障人体健康标准的医疗器材，既扰乱了市场秩序，又对人体健康足以造成严重的危害，应当予以刑罚处罚。

（二）生产、销售不符合标准的医用器材罪的犯罪构成

构成要件内容为生产或者销售明知是不符合保障人体健康的国家标准、行业标准的医疗器械、医用卫生材料，对人体健康足以造成严重危害的行为。其行为的内容和形式：①要有生产或者销售的行为。②生产、销售的必须是不符合保障人体健康的国家标准、行业标准的医疗器械、医用卫生材料。这里所称的"国家标准""行业标准"，主要是指国家卫生主管部门或者医疗器械、医用卫生材料的生产行业所制定的旨在保障人们使用安全，不危害人体健康的有关质量与卫生标准。"医疗器材"，是指用于人体疾病诊断、治疗、预防、调节人体生理功能或者替代人体器官的仪器、设备、装置、器具、植入物、材料和相关物品。"医用卫生材料"，是指用于诊断、治疗、预防人体疾病、调节人体生理功能的辅助材料。③必须是对人体健康足以造成严重的危害。只有同时具备了上述要件，才能构成犯罪。

（三）生产、销售不符合标准的医用器材罪的认定

医疗机构或者个人，知道或者应当知道是不符合保障人体健康的国家标准、行业标准的医疗器械、医用卫生材料而购买、使用，对于人体健康造成严重损害的，以销售不符合标准的医

---

[1] 2022 年 1 月 1 日起施行的《最高人民法院、最高人民检察院关于办理危害食品安全刑事案件适用法律若干问题的解释》。

用器材罪论处。[1]

在突发性传染病疫情等灾害期间，医疗机构或者个人，知道或者应当知道是用于防治传染病，不符合保障人体健康的国家标准、行业标准的医疗器械、医用卫生材料而购买并有偿使用的，足以对人体健康造成严重损害的，以销售不符合标准的医用器材罪论处并从重处罚。[2]

医疗单位等将本应销毁的一次性注射器、输液管或者将不应重复使用的医疗器械、医用卫生材料重复使用，如果足以造成严重危害的，以本罪处罚；明知对方是非法回收后又用于销售而出售的，以共犯论处。

（四）生产、销售不符合标准的医疗器材罪的处罚

根据《刑法修正案（四）》对本条的修改，犯生产、销售不符合标准的医用器材罪的，处 3 年以下有期徒刑或者拘役，并处销售金额 50% 以上 2 倍以下罚金；对人体健康造成严重危害的，处 3 年以上 10 年以下有期徒刑，并处销售金额 50% 以上 2 倍以下罚金；后果特别严重的，处 10 年以上有期徒刑或者无期徒刑，并处销售金额 50% 以上 2 倍以下罚金或者没收财产。

《刑法》第 149 条第 2 款规定，犯《刑法》第 145 条规定的罪，同时又构成第 140 条规定之罪的，依照处罚较重的规定定罪处罚。

八、生产、销售不符合安全标准的产品罪

生产、销售不符合安全标准的产品罪，是指生产不符合保障人身、财产安全的国家标准、行业标准的电器、压力容器、易燃易爆产品或者其他不符合保障人身、财产安全的国家标准、行业标准的产品，或者销售明知是以上不符合人身、财产安全的国家标准、行业标准的产品，造成严重后果的行为。法益表现为对国家、行业标准的维护。

本罪表现为生产不符合保障人身、财产安全的国家标准、行业标准的电器、压力容器、易燃易爆产品或者其他不符合保障人身、财产安全的国家标准、行业标准的产品，或者销售明知是不符合人身、财产安全的国家标准、行业标准的产品，造成严重后果的行为。

一般而言，本节中后面诸罪与生产、销售伪劣产品罪经常会存在竞合问题。根据《刑法》第 149 条的规定，生产、销售《刑法》第 141～148 条所列产品，构成各该条规定的犯罪，同时又构成生产、销售伪劣产品罪，须依照处罚较重的规定定罪处罚。

根据《刑法》第 146 条的规定，犯生产、销售不符合安全标准的产品罪的，处 5 年以下有期徒刑，并处销售金额 50% 以上 2 倍以下罚金；后果特别严重的，处 5 年以上有期徒刑，并处销售金额 50% 以上 2 倍以下罚金。

《刑法》第 150 条规定，单位犯《刑法》第 146 条规定之罪的，对单位判处罚金，并对其直接负责的主管人员和其他直接责任人员，依照该条的规定处罚。

九、生产、销售伪劣农药、兽药、化肥、种子罪

生产、销售伪劣农药、兽药、化肥、种子罪，是指生产假农药、假兽药、假化肥，销售明知是假的或者是失去作用、效能的农药、兽药、化肥、种子，或者在生产、销售活动中以不合格的农药、兽药、化肥、种子冒充合格的农药、兽药、化肥、种子，使生产遭受较大损失的行为。本罪在责任要素方面表现为故意。

根据《刑法》第 147 条的规定，犯生产、销售伪劣农药、兽药、化肥、种子罪的，处 3 年

---

〔1〕 2001 年 4 月 9 日发布的《最高人民法院、最高人民检察院关于办理生产、销售伪劣商品刑事案件具体应用法律若干问题的解释》。

〔2〕 2003 年 5 月 14 日发布的《最高人民法院、最高人民检察院关于办理妨害预防、控制突发传染病疫情等灾害的刑事案件具体应用法律若干问题的解释》。

以下有期徒刑或者拘役，并处或者单处销售金额 50% 以上 2 倍以下罚金；使生产遭受重大损失的，处 3 年以上 7 年以下有期徒刑，并处销售金额 50% 以上 2 倍以下罚金；使生产遭受特别重大损失的，处 7 年以上有期徒刑或者无期徒刑，并处销售金额 50% 以上 2 倍以下罚金或者没收财产。

根据有关司法解释，《刑法》第 147 条规定的生产、销售伪劣农药、兽药、化肥、种子罪中"使生产遭受较大损失"，一般以 2 万元为起点；"重大损失"，一般以 10 万元为起点；"特别重大损失"，一般以 50 万元为起点。[1]

《刑法》第 150 条规定，单位犯《刑法》第 147 条规定之罪的，对单位判处罚金，并对其直接负责的主管人员和其他直接责任人员，依照该条的规定处罚。

十、生产、销售不符合卫生标准的化妆品罪

生产、销售不符合卫生标准的化妆品罪，是指生产不符合卫生标准的化妆品，或者销售明知是不符合卫生标准的化妆品，造成严重后果的行为。本罪的构成要件为生产不符合卫生标准的化妆品，或者销售明知是不符合卫生标准的化妆品，造成严重后果。本罪的责任形式为故意。

根据《刑法》第 148 条的规定，犯生产、销售不符合卫生标准的化妆品罪的，处 3 年以下有期徒刑或者拘役，并处或者单处销售金额 50% 以上 2 倍以下罚金。

《刑法》第 150 条规定，单位犯《刑法》第 148 条规定之罪的，对单位判处罚金，并对其直接负责的主管人员和其他直接责任人员，依照该条的规定处罚。

第三节　走私罪

一、走私武器、弹药罪和走私核材料罪

（一）走私武器、弹药罪和走私核材料罪的概念和法益

走私武器、弹药罪和走私核材料罪，是指违反海关法规，逃避海关监管，运输、携带、邮寄武器、弹药、核材料进出境的行为。两罪的法益是国家对走私武器、弹药、核材料行为的禁止进出境的管制。《海关法》《禁止进出境物品表》等法律，行政规章规定，国家禁止走私武器、弹药、核材料进出境。走私武器、弹药、核材料是将上述危险物品非法运输、携带、邮寄进出境，造成其在国内和国际上非法流散。由于武器、弹药本身具有很大的杀伤力和破坏性，核材料又是放射性、毒害性、爆炸性的物质，流散于社会势必给国际社会造成极大的隐患，严重地危害我国和其他国家的安全，危害我国人民和其他国家人民的利益，因此，走私武器、弹药、核材料是一种严重的犯罪行为，必须依法严惩。

（二）走私武器、弹药罪和走私核材料罪的构成要件

构成要件内容为违反海关法规，逃避海关监管，运输、携带、邮寄武器、弹药、核材料进出境的行为。①违反海关法规，即违反《海关法》《禁止进出境物品表》关于禁止武器、弹药、核材料进出境的规定，将上述物品偷进偷出。②逃避海关监管，即故意躲避海关的监督、管理和检查，采取绕关、瞒关等方法进出境。③实施了走私武器、弹药、核材料的行为。其行为的具体形式，根据《刑法》第 151、155 条的规定，有以下几种：其一，绕关走私，即不经过海关和边卡检查站，而绕道从没有设立海关或者边卡检查站的边境上，非法进出境走私武

〔1〕2001 年 4 月 9 日发布的《最高人民法院、最高人民检察院关于办理生产、销售伪劣商品刑事案件具体应用法律若干问题的解释》。

器、弹药、核材料。其二，瞒关走私，即虽经过海关或者边卡检查站，但采取假报、伪装、冒充、顶替等欺骗方法，瞒过海关或者边卡检查站的监督和检查，走私武器、弹药、核材料。其三，间接走私，即直接向走私人收购走私进口的武器、弹药、核材料，或者在内海、领海运输、收购、贩卖武器、弹药、核材料。只有具备上述客观要件，才可构成本罪。

两罪的行为对象只限于武器、弹药、核材料。所谓"武器"，是指《禁止进出境物品表》规定的军用武器、弹药爆炸物以及其他类似军用武器的枪支、弹药和爆炸物等。所谓"核材料"，是指："①铀-235，含铀-235 的材料和制品；②铀-233，含铀-233 的材料和制品；③钚-239，含钚-239 的材料和制品；④氚，含氚的材料和制品；⑤锂-6，含锂-6 的材料和制品；⑥其他需要管制的核材料"。非上述物品，不能成为本罪的对象。

（三）走私武器、弹药罪和走私核材料罪的认定

1. 严格划清罪与非罪的界限。根据《刑法》第 151、156 条的规定，只要行为人实施了走私武器、弹药、核材料的行为，不论其走私的数额大小、情节是否严重，也不管其主观目的是什么，均构成犯罪。当然，如果属于《刑法》第 13 条"但书"规定的"情节显著轻微危害不大的"，不能认为是犯罪。

2. 走私武器、弹药罪与买卖、运输枪支、弹药罪的界限。这两种犯罪除了行为对象不尽相同以外，主要区别包括：①侵犯的法益不同。前者侵犯的是国家对武器、弹药禁止进出境的管制；后者侵犯的是公共安全。②客观行为不同。前者行为的实施发生在进出境时，表现为违反海关法规，逃避海关监管，运输、携带、邮寄武器、弹药进出境的行为；后者的行为发生在境内，表现为违反枪支、弹药管理法规，逃避公安机关和有关主管部门的管理，非法运输、贩卖枪支、弹药的行为。

（四）走私武器、弹药罪和走私核材料罪的处罚

根据《刑法修正案（九）》对《刑法》第 151 条的修改规定，犯走私武器、弹药罪或走私核材料罪的，处 7 年以上有期徒刑，并处罚金或者没收财产；情节特别严重的，处无期徒刑，并处没收财产；情节较轻的，处 3 年以上 7 年以下有期徒刑，并处罚金。

所谓"情节较轻"是指：①走私以压缩气体等非火药为动力发射枪弹的枪支 2 支以上不满五支；②走私气枪铅弹 500 发以上不满 2500 百发，或者其他子弹 10 发以上不满 50 发的；③未达到上述数量标准，但属于犯罪集团的首要分子，使用特种车辆从事走私活动，或者走私的武器、弹药被用于实施犯罪等情形的；④走私各种口径在 60 毫米以下常规炮弹、手榴弹或者枪榴弹等分别或者合计不满 5 枚的。

走私武器、弹药，具有下列情节之一的，处 7 年以上有期徒刑，并处罚金或者没收财产：①走私以火药为动力发射枪弹的枪支一支，或者以压缩气体等非火药为动力发射枪弹的枪支 5 支以上不满 10 支的；②走私"情节较轻"中第二项规定的气枪铅弹，数量在前述规定的最高数量以上不满最高数量 5 倍的；③走私各种口径在 60 毫米以下常规炮弹、手榴弹或者枪榴弹等分别或者合计达到 5 枚以上不满 10 枚，或者各种口径超过 60 毫米以上常规炮弹合计不满 5 枚的。此外，还包括达到"情节较轻"中第 1、2、4 项规定的数量标准，且属于犯罪集团的首要分子，使用特种车辆从事走私活动，或者走私的武器、弹药被用于实施犯罪等情形的。

具有下列情节之一的，属于走私武器、弹药罪"情节特别严重"：①走私以火药为动力发射枪弹的枪支一支以上或者以压缩气体等非火药为动力发射枪弹的枪支 10 支以上的；②走私气枪铅弹 12500 发以上或者其他子弹 250 发以上的；③走私各种口径在 60 毫米以下常规炮弹、手榴弹或者枪榴弹等分别或者合计超过 10 枚，或者各种口径超过 60 毫米以上常规炮弹合计超过 5 枚，或者具有巨大杀伤力的非常规的炮弹 1 枚以上的；④达到"处 7 年以上有期徒刑"中

第 1 项至第 3 项规定的数量标准，且属于犯罪集团的首要分子，使用特种车辆从事走私活动，或者走私的武器、弹药被用于实施犯罪等情形的。[1]

单位犯走私武器、弹药罪或走私核材料罪的，对单位判处罚金，并对其直接负责的主管人员和其他直接责任人员，依照个人犯本罪的规定处罚。

《刑法》第 156 条规定，与走私武器、弹药、核材料罪犯通谋，为其提供贷款、资金、账号、发票、证明，或者为其提供运输、保管、邮寄或者其他方便的，以走私武器、弹药罪或走私核材料罪的共犯论处。

二、走私假币罪

（一）走私假币罪的概念和构成

走私假币罪，指违反海关法规，逃避海关监管，非法运输、携带、邮寄伪造的货币进出国（边）境的行为。

本罪构成要件表现为违反海关法规，逃避海关监管，非法运输、携带、邮寄伪造的货币进出国（边）境的行为。本罪的犯罪对象仅限于伪造的货币。所谓伪造的货币，是指仿照各种真币制造的货币。这里的货币是指可在国内市场流通或者兑换的人民币、境外货币。

本罪的责任形式为故意。

（二）走私假币罪的处罚

根据《刑法修正案（九）》对《刑法》第 151 条的修改规定，犯走私假币罪的，处 7 年以上有期徒刑，并处罚金或者没收财产；情节较轻的，处 3 年以上 7 年以下有期徒刑，并处罚金；情节特别严重的，处无期徒刑，并处没收财产。

根据 2014 年《最高人民法院、最高人民检察院关于办理走私刑事案件适用法律若干问题的解释》第 6 条第 1 款规定，走私伪造的货币，总面额 2000 元以上不足 2 万元或者数量 200 张（枚）以上不足 2000 张（枚）的，属于走私假币罪"情节较轻"。该条第 2 款规定，走私伪造的货币，具有下列情节之一的，处 7 年以上有期徒刑，并处罚金或者没收财产：①走私伪造的货币，总面额 2 万元以上不足 20 万元或者数量 2000 张（枚）以上不足 2 万张（枚）的；②走私伪造的货币并流入市场，面额达到该条第 1 款规定的数量标准的。该条第 3 款规定，具有下列情节之一的，属于走私假币罪"情节特别严重"：①走私伪造的货币，总面额 20 万元以上或者数量 2 万张（枚）以上的；②走私伪造的货币达到该条第 2 款第 1 项规定的数量标准，并具有是犯罪集团的首要分子，使用特种车进行走私或者走私的伪造货币流入市场等情节的。货币面额以人民币计。走私伪造的境外货币的，其面额以案发时国家外汇管理机关公布的外汇牌价折合人民币计算。[2]

单位犯本条规定之罪的，对单位判处罚金，并对其直接负责的主管人员和其他直接责任人员，依照《刑法》第 151 条和上述司法解释的规定处罚。

三、走私文物罪

（一）走私文物罪的概念和法益

走私文物罪，是指违反海关法规，逃避海关监管，运输、携带、邮寄文物出境的行为。本罪同前述走私罪的构成要件基本相同，行为对象不相同。本罪法益是国家对文物出境的管制。《海关法》和《文物保护法》等法律、行政法规规定，文物出口和出境，都必须事先向海关申

---

[1] 2014 年 8 月 12 日通过的最高人民法院、最高人民检察院《关于办理走私刑事案件适用法律若干问题的解释》。

[2] 2000 年 9 月 20 日通过的最高人民法院《关于审理走私刑事案件具体应用法律若干问题的解释》。

报，经国家文化行政管理部门鉴定，并发给出口许可证。鉴定不能出境的文物，国家可以征购。有重要历史、艺术、科学价值的文物，除经国务院批准运往国外展览之外，一律禁止出境。走私文物的行为，直接破坏国家对文物出境的上述管理制度，而且致使文物流失境外，给国家和人民利益造成严重的损害。

（二）走私文物罪的犯罪构成

本罪的构成要件表现为违反海关法规，走私文物出境的行为。行为对象是国家禁止出口的文物。所谓"国家禁止出口的文物"，是指具有重要历史、艺术、科学价值的文物，从国家对文物规定的级别上看，属于重点保护的一、二、三级珍贵文物，以及国家禁止出口的其他文物。

（三）走私文物罪的处罚

根据《刑法修正案（八）》对《刑法》第151条的修改规定，犯走私文物罪的，处5年以上10年以下有期徒刑，并处罚金；情节特别严重的，处10年以上有期徒刑或者无期徒刑，并处没收财产；情节较轻的，处5年以下有期徒刑，并处罚金。

根据2014年《最高人民法院、最高人民检察院关于办理走私刑事案件适用法律若干问题的解释》第8条第1款规定，走私国家禁止出口的三级文物2件以下的，属于走私文物罪"情节较轻"，处5年以下有期徒刑，并处罚金。该条第2款规定，走私文物，具有下列情节之一的，处5年以上10年以下有期徒刑，并处罚金：①走私国家禁止出口的二级文物不满3件，或者三级文物3件以上不满9件的；②走私国家禁止出口的三级文物不满3件，且具有造成文物严重毁损或者无法追回等情节的。该条第3款规定，具有下列情节之一的，属于走私文物罪"情节特别严重"，处10年以上有期徒刑或者无期徒刑，并处没收财产：①走私国家禁止出口的一级文物1件以上，或者二级文物3件以上，或者三级文物9件以上的；②走私国家禁止出口的文物达到第2款第1项规定的数量标准，且属于犯罪集团的首要分子，使用特种车辆从事走私活动，或者造成文物严重毁损、无法追回等情形的。[1]

单位犯走私文物罪的，对单位判处罚金，并对其直接负责的主管人员和其他直接责任人员，依照个人犯本罪的规定处罚。

《刑法》第156条规定，对与走私文物罪犯通谋，为其提供贷款、资金、账号、发票、证明，或者为其提供运输、保管、邮寄或者其他方便的，以走私文物罪的共犯论处。

四、走私贵重金属罪

（一）走私贵重金属罪的概念和法益

走私贵重金属罪，是指违反海关法规，逃避海关监管，运输、携带、邮寄黄金、白银和其他贵重金属出境的行为。本罪同走私文物罪的构成要件基本相同，仅法益与行为对象不相同。法益表现为对黄金、白银和其他贵重金属出口的管理制度。《海关法》和《金银管理条例》及其实施细则等法律、行政法规规定，国家对金银和其他贵重金属实行统一管理、统购统配的政策，禁止出口。因此，走私贵重金属的行为，直接破坏了国家对贵重金属出口的上述管理制度，危害了国家和人民的利益。

（二）走私贵重金属罪的犯罪构成

本罪的行为对象是黄金、白银和其他贵重金属。"金银"包括：①矿产生产金银和冶炼副产金银；②金银条、块、锭、粉；③金银铸币；④金银制品和含金含银制品；⑤化工产品中含

---

〔1〕　2014年8月12日最高人民法院、最高人民检察院发布的《关于办理走私刑事案件适用法律若干问题的解释》。

的金银。"其他贵重金属"是指除金银以外的具有化学稳定性、延展性、耐熔性,而且储藏量较小、价格较高或者比重大于 5 的金属,如锇、铂、钯、汞、铜等。

（三）走私贵重金属罪的认定

本罪与走私文物罪一样,仅仅将走私出境的行为上升为犯罪。这主要是因为其属于较为典型的法定犯,与行政法律、法规的规定具有协调性。如《金银管理条例》第 25 条规定,"携带金银进入中华人民共和国国境,数量不受限制,但是必须向入境地中华人民共和国海关申报登记"。[1]

（四）走私贵重金属罪的处罚

根据《刑法》第 151、156、157 条的规定,其刑事责任与走私文物罪相同。

五、走私珍贵动物、珍贵动物制品罪

（一）走私珍贵动物、珍贵动物制品罪的概念和法益

走私珍贵动物、珍贵动物制品罪,是指违反海关法规,逃避海关监管,运输、携带、邮寄珍贵动物及其制品进出境的行为。本罪的法益是国家对珍贵动物及其制品的进出口管制。《海关法》和《野生动物保护法》等法律、行政法规规定,出口国家重点保护动物或者其制品的,进出口中国参加的国际公约所限制进出口的野生动物或者其制品的,必须经国务院野生动物行政主管部门或国务院批准,并取得国家濒危物种进出口管理机构核发的进出口证明书,否则不得进出境。

（二）走私珍贵动物、珍贵动物制品罪的犯罪构成

本罪的行为对象是珍贵动物及其制品,即对生态平衡、科学研究、文化艺术、发展经济以及国际交往等方面具有重要价值的陆生、水生野动生物,包括我国特产且闻名世界的稀有野生动物,如金丝猴、大熊猫等,也包括我国目前尚有的濒临绝种危险的野生动物,如天鹅、雪豹等,总计有 12 纲、55 目、106 属、389 种。这里所称的"制品"是指利用上述珍贵动物加工、制作出来的物品,如标本、皮毛、饰品等。

走私珍贵动物制品的,但入境人员为留作纪念或者作为礼品而携带珍贵动物制品进境,不具有牟利目的,且数额不满 10 万元的,可以免予刑事处罚;情节显著轻微的,不作为犯罪处理。[2]

（三）走私珍贵动物、珍贵动物制品罪的处罚

根据《刑法》第 151、156、157 条的规定,走私珍贵动物、珍贵动物制品罪的处罚和走私文物罪相同。《刑法修正案（八）》废止了本罪的死刑。根据 2014 年《最高人民法院、最高人民检察院关于办理走私刑事案件适用法律若干问题的解释》第 9 条第 1 款规定,走私国家一、二级保护动物未达到该解释附表中（一）规定的数量标准,或者走私珍贵动物制品数额不满 20 万元的,可以认定为走私珍贵动物、珍贵动物制品罪中的"情节较轻"。具有下列情形之一的,依照《刑法》第 151 条第 2 款的规定处 5 年以上 10 年以下有期徒刑,并处罚金:①走私国家一、二级保护动物达到该解释附表中（一）规定的数量标准的;②走私珍贵动物制品数额在 20 万元以上不满 100 万元的;③走私国家一、二级保护动物未达到该解释附表中（一）规定的数量标准,但具有造成该珍贵动物死亡或者无法追回等情节的。具有下列情形之一的,应当认定为刑法第 151 条第 2 款规定的"情节特别严重":①走私国家一、二级保护动

---

〔1〕　2011 年 1 月 8 日修订的《中华人民共和国金银管理条例》。

〔2〕　2014 年 8 月 12 日最高人民法院、最高人民检察院发布的《关于办理走私刑事案件适用法律若干问题的解释》。

物达到该解释附表中（二）规定的数量标准的；②走私珍贵动物制品数额在100万元以上的；③走私国家一、二级保护动物达到该解释附表中（一）规定的数量标准，且属于犯罪集团的首要分子，使用特种车辆从事走私活动，或者造成该珍贵动物死亡、无法追回等情形的。[1]

六、走私国家禁止进出口的货物、物品罪

（一）走私国家禁止进出口的货物、物品罪的概念和法益

走私国家禁止进出口的货物、物品罪，是指违反海关法规，逃避海关监管，运输、携带、邮寄珍稀植物及其制品等国家禁止进出口的其他货物、物品的行为。本罪法益是国家对珍稀植物及其制品等国家禁止进出的其他货物、物品的管理制度。

（二）走私国家禁止进出口的货物、物品罪的犯罪构成

本罪的行为对象主要是珍稀植物及其制品等国家禁止进出的其他货物、物品。所谓"珍稀植物"，是指国家重点保护的原生的天然生长的珍贵植物和原生的天然生长的具有重要经济、科学研究、文化价值的濒危、稀有植物，如银杏、苏铁树、桫椤、珙桐等。"珍稀植物的制品"，是指用珍稀植物加工制成的标本、药品、器具等。需要说明的是，《刑法修正案（七）》扩大了对象范围，即"走私珍稀植物及其制品等国家禁止进出口的其他货物、物品"，均可以构成本罪的犯罪对象，不仅包括珍稀植物及其制品还包括"其他货物、物品"，如古植物化石等。

（三）走私国家禁止进出口的货物、物品罪的处罚

根据《刑法》第151条与《刑法修正案（七）》以及《最高人民法院、最高人民检察院关于执行〈中华人民共和国刑法〉确定罪名的补充规定（四）》的规定，犯走私国家禁止进出口的货物、物品罪的，处5年以下有期徒刑或者拘役，并处或者单处罚金；情节严重的，处5年以上有期徒刑，并处罚金。单位犯走私国家禁止进出口的货物、物品罪的，对单位判处罚金，并对其直接负责的主管人员和其他直接责任人员，依照个人犯本罪的规定处罚。

走私国家禁止进出口的货物、物品，具有下列情形之一的，处5年以下有期徒刑或者拘役，并处或者单处罚金：①走私国家一级保护野生植物5株以上不满25株，国家二级保护野生植物10株以上不满50株，或者珍稀植物、珍稀植物制品数额在20万元以上不满100万元的；②走私重点保护古生物化石或者未命名的古生物化石不满10件，或者一般保护古生物化石10件以上不满50件的；③走私禁止进出口的有毒物质1吨以上不满5吨，或者数额在2万元以上不满10万元的；④走私来自境外疫区的动植物及其产品5吨以上不满25吨，或者数额在5万元以上不满25万元的；⑤走私木炭、硅砂等妨害环境、资源保护的货物、物品10吨以上不满50吨，或者数额在10万元以上不满50万元的；⑥走私旧机动车、切割车、旧机电产品或者其他禁止进出口的货物、物品20吨以上不满100吨，或者数额在20万元以上不满100万元的；⑦数量或者数额未达到前述第1项至第6项规定的标准，但属于犯罪集团的首要分子，使用特种车辆从事走私活动，造成环境严重污染，或者引起甲类传染病传播、重大动植物疫情等情形的。具有下列情形之一的，应当认定为走私国家禁止进出口的货物、物品罪规定的"情节严重"：①走私数量或者数额超过前述第1项至第6项规定的标准的；②达到前述第1项至第6项规定的标准，且属于犯罪集团的首要分子，使用特种车辆从事走私活动，造成环境严

---

〔1〕　2014年8月12日最高人民法院、最高人民检察院发布的《关于办理走私刑事案件适用法律若干问题的解释》。

重污染，或者引起甲类传染病传播、重大动植物疫情等情形的。[1]

《刑法》第 156 条规定，对与走私国家禁止进出口的货物、物品罪犯通谋，为其提供贷款、资金、账号、发票、证明，或者为其提供运输、保管、邮寄或者其他方便的，以走私国家禁止进出口的货物、物品罪的共犯论处。

七、走私淫秽物品罪

（一）走私淫秽物品罪的概念和法益

走私淫秽物品罪，是指以牟利或者传播为目的，非法运输、携带、邮寄淫秽的书刊、影片、录像带、录音带、图片或者其他淫秽的物品进出境的行为。本罪与上述各种走私罪的不同特征主要有：本罪的法益是国家对淫秽物品进出口的管制。根据《海关法》等法律、行政法规的规定，淫秽物品属于违禁品，国家严禁运输、携带、邮寄淫秽物品进出境。

（二）走私淫秽物品罪的犯罪构成

1. 本罪的构成要件。本罪的行为对象是淫秽物品。所谓"淫秽物品"，是指具体描绘性行为或者露骨宣扬色情的诲淫性的书刊、影片、录像带、录音带、图片及其他淫秽物品。所谓"其他淫秽物品"，是指除淫秽的影片、录像带、录音带、图片、书刊以外的，通过文字、声音、形象等形式表现淫秽内容的影碟、音碟、电子出版物等物品。[2] 根据刑法的规定，有关人体生理、医学知识的科学著作不是淫秽物品；包含有色情内容的有艺术价值的文学、艺术作品，不视为淫秽物品。走私非淫秽的影片、影碟、录像带、录音带、音碟、图片、书刊、电子出版物等物品的，依照《刑法》第 153 条的规定定罪处罚。

2. 本罪责任要素。本罪在主观方面是故意，而且必须是以牟利或者传播为目的，这里所称的"以牟利为目的"，是指走私淫秽物品为了出售、租借或者通过其他方法获取非法利润。"以传播为目的"，是指走私淫秽物品为了在社会上流传散播，如果不是出于故意，或者虽然是故意非法携带、邮寄少量的淫秽物品进出境，但不是为了牟利或传播，而是为了个人观看、保存的，不能认为是犯罪。

（三）走私淫秽物品罪的认定

在认定走私淫秽物品罪时，一定要严格区分罪与非罪的界限：①要正确地界定淫秽物品的范围。对于描写男女正当爱情生活、宣传有关男女生理卫生知识的书刊和图片，以及医务工作者为了业务工作的需要而制作的裸体画、裸体像和生殖器标本等，都不能视为淫秽物品。走私这些物品的，亦不能构成本罪。②刑法对走私淫秽物品的构成条件，没有要求数额较大或者情节严重，即只要实施了走私淫秽物品的行为，就可构成犯罪。但是如果走私淫秽物品行为，属于《刑法》第 13 条"但书"规定的"情节显著轻微危害不大的"，不能认为是犯罪。

（四）走私淫秽物品罪的处罚

根据《刑法》第 152 条的规定，犯走私淫秽物品罪的，处 3 年以上 10 年以下有期徒刑，并处罚金；情节严重的，处 10 年以上有期徒刑或者无期徒刑，并处罚金或者没收财产；情节较轻的，处 3 年以下有期徒刑、拘役或者管制，并处罚金。

走私淫秽物品达到下列数量之一的，属于走私淫秽物品罪"情节较轻"：①走私淫秽录像带、影碟 50 盘（张）以上不满 100 盘（张）的；②走私淫秽录音带、音碟 100 盘（张）以上

---

〔1〕 2014 年 8 月 12 日最高人民法院、最高人民检察院发布的《关于办理走私刑事案件适用法律若干问题的解释》。

〔2〕 2000 年 9 月 20 日通过的《最高人民法院关于审理走私刑事案件具体应用法律若干问题的解释》，该司法解释已废除，但本书认为该定义仍具有适用性。

不满200百盘（张）的；③走私淫秽扑克、书刊、画册100副（册）以上不满200副（册）的；④走私淫秽照片、画片500张以上不满1000张的；⑤走私其他淫秽物品相当于上述数量的。走私淫秽物品在前述规定的最高数量以上不满最高数量5倍的，处3年以上10年以下有期徒刑，并处罚金。走私淫秽物品在前述规定的最高数量5倍以上，或者虽不满最高数量5倍，但具有是犯罪集团的首要分子或者使用特种车进行走私等严重情节的，属于走私淫秽物品罪"情节严重"，处10年以上有期徒刑或者无期徒刑，并处罚金或者没收财产。[1]

《刑法》第156条规定，对与走私淫秽物品的罪犯通谋，为其提供贷款、资金、账号、发票、证明，或者为其提供运输、保管、邮寄或者其他方便的，以走私淫秽物品罪的共犯论处。

八、走私废物罪

走私废物罪是指违反海关法规，逃避海关监管，非法运输境外固体废物、液态废物和气态废物进入境内的行为。本罪构成要件表现为违反海关法规，逃避海关监管，非法运输境外废物进入境内的行为。本罪的责任形式为故意，即行为人明知是废物，仍进行走私。

根据《刑法》第152条第2款的规定，犯本罪情节严重的，处5年以下有期徒刑，并处或者单处罚金；情节特别严重的，处5年以上有期徒刑，并处罚金。

具有下列情形之一的，属于本罪规定的"情节严重"：①走私国家禁止进口的危险性固体废物、液态废物分别或者合计达到1吨以上不满5吨的；②走私国家禁止进口的非危险性固体废物、液态废物分别或者合计达到5吨以上不满25吨的；③走私国家限制进口的可用作原料的固体废物、液态废物分别或者合计达到20吨以上不满100吨的；④未达到上述数量标准，但属于犯罪集团的首要分子，使用特种车辆从事走私活动，或者造成环境严重污染等情形的。具有下列情形之一的，应当认定为走私废物罪的"情节特别严重"：①走私数量超过前述规定的标准的；②达到前述规定的标准，且属于犯罪集团的首要分子，使用特种车辆从事走私活动，或者造成环境严重污染等情形的；③未达到前述规定的标准，但造成环境严重污染且后果特别严重的。此外，走私置于容器中的气态废物，构成犯罪的，参照前述规定的标准处罚。[2]

单位犯前款罪的，对单位判处罚金，并对其直接负责的主管人员和其他直接责任人员，依照上述规定处罚。

九、走私普通货物、物品罪

（一）走私普通货物、物品罪的概念和法益

走私普通货物、物品罪，是指行为人违反海关法规，逃避海关监管，非法运输、携带、邮寄刑法规定的特定物品对象以外的普通货物、物品进出国（边）境，偷逃应缴税额较大或者1年内曾因走私被给予2次行政处罚后又走私的行为。本罪的法益是国家对外贸易管制和海关的监管制度。所谓国家对外贸易管制制度，就是指国家对所有进出口的货物、物品实行准许、限许或不许的制度；所谓国家的海关监管制度，就是指国家设立海关对所有进出口的货物、物品实施监督管制，征收关税的制度。走私行为正是破坏了刑法所要保护的国家对外贸易的管制制度和国家的海关监管制度。

（二）走私普通货物、物品罪的犯罪构成

1. 本罪的构成要件。本罪的犯罪对象是《刑法》第151条规定的武器、弹药、核材料、

---

〔1〕　2014年8月12日最高人民法院、最高人民检察院发布的的《关于办理走私刑事案件具体应用法律若干问题的解释》。

〔2〕　2014年8月12日最高人民法院、最高人民检察院发布的《关于办理走私刑事案件具体应用法律若干问题的解释》。

假币、文物、贵重金属、珍贵动物及其制品、珍稀植物及其制品、国家禁止进出口的其他货物、物品，《刑法》第 152 条规定的淫秽物品、固体废物、液态废物和气态废物，以及《刑法》第 347 条规定的毒品以外的其他普通货物、物品。普通货物、物品一般来说分成两类：①国家限制进出口的货物、物品，即国家对进出口实行配额管理或者许可证管理的货物、物品；②国家一般征税的货物、物品。

本罪表现为违反海关法规，逃避海关监管，非法运输、携带、邮寄刑法无特别规定的普通货物、物品进出国（边）境，偷逃应缴税额较大或者 1 年内曾因走私被给予 2 次行政处罚后又走私的行为。本罪在客观方面的行为包含着三层含义：

（1）违反海关法规。我国对一般货物、物品的进出境实行海关监管并征收关税。走私普通货物、物品，偷逃关税，必然会给国家的经济利益和经济秩序造成严重的危害，为此，国家以刑法规定予以禁止。

（2）逃避海关监管。逃避海关监管的方法通常有绕关走私、瞒关走私、夹藏走私、后续走私。所谓后续走私，是指行为人以合法的进关形式为幌子，实际上进行走私的行为。《刑法》第 154 条规定，下列两种情况，应依照走私普通货物、物品罪定罪处罚：①未经海关许可并且未补缴应缴税额，擅自将批准进口的来料加工、来件装配、补偿贸易的原材料、零件、制成品、设备等保税货物，在境内销售牟利的；②未经海关许可并且未补缴应缴税额，擅自将特定减税、免税进口的货物、物品，在境内销售牟利的。根据有关司法解释，所谓"保税货物"，是指经海关批准，未办理纳税手续进境，在境内储存、加工、装配后应予复运出境的货物，包括通过加工贸易、补偿贸易等方式进口的货物，以及在保税仓库、保税工厂、保税区或者免税商店内等储存、加工、寄售的货物。[1]

（3）走私偷逃税额在 5 万元以上或者 1 年内曾因走私被给予 2 次行政处罚后又走私。

2. 本罪的责任要素。本罪主观方面表现为故意，即行为人明知是应由海关监管并应缴关税的货物、物品，仍故意予以走私，并且行为人在主观上具有牟利的目的，但行为人实际上是否实现牟利目的，则不影响犯罪的成立。

（三）走私普通货物、物品罪的认定

1. 走私普通货物、物品罪与非罪的界限。本罪与一般走私行为的区别主要在于走私偷逃税额数量的大小，走私偷逃税额不满 5 万元的，属于一般走私行为，由海关按海关行政法处理。

2. 走私普通货物、物品罪与走私其他特定货物、物品犯罪的关系。本罪与走私其他特定货物、物品犯罪的关系，是一般与特殊的关系。根据刑法的规定，走私武器、弹药、核材料、假币、文物、贵重金属、珍贵动物及其制品、珍稀植物及其制品、淫秽物品、固体废物、毒品都有专条规定，各构成特定的走私犯罪。两者之间的区别主要在于以下两个方面：①犯罪对象的性质不同；②税额数量的要求不同，本罪以偷逃税额在 5 万元以上为构成要件，走私其他特定货物、物品犯罪则不要求税额数量的大小多少。

3. 非关口走私的认定与处罚。《刑法》第 155 条第 1、2 款是关于非关口走私的规定。所谓非关口走私，是指某种涉及走私物品的行为，并没有与海关关口发生直接的联系，但经刑法的特别规定以走私犯罪论处的情形。具体指：①直接向走私人非法收购国家禁止进口物品的，或者直接向走私人非法收购走私进口的其他货物、物品，数额较大的；②在内海、领海、界

---

〔1〕 2014 年 8 月 12 日最高人民法院、最高人民检察院发布的的《关于办理走私刑事案件具体应用法律若干问题的解释》。

河、界湖（后两项为《刑法修正案（四）》所增加）运输、收购、贩卖国家禁止进出口物品的，或者运输、收购、贩卖国家限制进出口货物、物品，数额较大，没有合法证明的。

4. 共同走私罪的认定与处罚。《刑法》第 156 条规定，与走私罪犯通谋，为其提供贷款、资金、账号、发票、证明，或者为其提供运输、保管、邮寄或者其他方便的，以走私罪的共犯论处。

《刑法》第 156 条是关于共同走私犯罪的规定，凡是与走私罪犯有通谋，均应以走私罪的共犯论处，按其所触犯的各具体走私罪的法定刑处罚。

5. 武装掩护走私的行为性质与处罚。根据《刑法》第 157 条的规定，武装掩护走私的，依照本法第 151 条第 1 款的规定从重处罚。

（四）走私普通货物、物品罪的处罚

根据《刑法修正案（八）》的修订，犯本罪的，根据情节轻重，分别依照下列规定处罚：①走私货物、物品偷逃应缴税额较大或者 1 年内曾因走私被给予 2 次行政处罚后又走私的，处 3 年以下有期徒刑或者拘役，并处偷逃应缴税额 1 倍以上 5 倍以下罚金。②走私货物、物品偷逃应缴税额巨大或者有其他严重情节的，处 3 年以上 10 年以下有期徒刑，并处偷逃应缴税额 1 倍以上 5 倍以下罚金。③走私货物、物品偷逃应缴税额特别巨大或者有其他特别严重情节的，处 10 年以上有期徒刑或者无期徒刑，并处偷逃应缴税额 1 倍以上 5 倍以下罚金或者没收财产。本罪由此被废止了死刑。

根据有关司法解释，所谓"应缴税额"，是指进出口货物、物品应当缴纳的进出口关税和进口环节海关代征税的税额。走私货物、物品所偷逃的应缴税额，应当以走私行为案发时所适用的税则、税率、汇率和海关审定的完税价格计算，并以海关出具的证明为准。根据 2014 年《最高人民法院、最高人民检察院关于办理走私刑事案件适用法律若干问题的解释》第 16 条的规定，走私普通货物、物品，偷逃应缴税额在 10 万元以上不满 50 万元的，应当认定为走私普通货物、物品罪第一款规定的"偷逃应缴税额较大"；偷逃应缴税额在 50 万元以上不满 250 万元的，应当认定为"偷逃应缴税额巨大"；偷逃应缴税额在 250 万元以上的，应当认定为"偷逃应缴税额特别巨大"。走私普通货物、物品，具有下列情形之一，偷逃应缴税额在 30 万元以上不满 50 万元的，应当认定为走私普通货物、物品罪第一款规定的"其他严重情节"；偷逃应缴税额在 150 万元以上不满 250 万元的，应当认定为"其他特别严重情节"：①犯罪集团的首要分子；②使用特种车辆从事走私活动的；③为实施走私犯罪，向国家机关工作人员行贿的；④教唆、利用未成年人、孕妇等特殊人群走私的；⑤聚众阻挠缉私的。另外，第 17 条规定，《刑法》第 153 条第 1 款规定的"1 年内曾因走私被给予 2 次行政处罚后又走私"中的"1 年内"，以因走私第一次受到行政处罚的生效之日与"又走私"行为实施之日的时间间隔计算确定；"被给予 2 次行政处罚"的走私行为，包括走私普通货物、物品以及其他货物、物品；"又走私"行为仅指走私普通货物、物品。[1]

根据我国刑法对走私罪的规定，各种走私犯罪均可由单位构成。对单位犯走私罪，实行"两罚制"原则。但刑法对单位犯走私罪的"两罚制"原则有两种规定形式：①对单位判处罚金，并对其直接负责的主管人员和其他直接责任人员，依照所触犯的各条规定的法定刑处罚。②《刑法》第 153 条规定，犯走私普通货物、物品罪的，对单位判处罚金，并对其直接负责的主管人员和其他直接责任人员，处 3 年以下有期徒刑或者拘役；情节严重的，处 3 年以上 10

---

〔1〕 2014 年 8 月 12 日最高人民法院、最高人民检察院发布的《关于办理走私刑事案件具体应用法律若干问题的解释》。

年以下有期徒刑；情节特别严重的，处 10 年以上有期徒刑。对多次走私未经处理的，按照累计走私货物、物品的偷逃应缴税额处罚。

第四节　妨害对公司、企业的管理秩序罪

一、虚报注册资本罪

（一）虚报注册资本罪的概念和法益

虚报注册资本罪，是指违反公司法规，申请公司登记使用虚假证明文件或者采取其他欺诈手段虚报注册资本，欺骗公司登记主管部门，取得公司登记，虚报注册资本数额巨大，后果严重或者有其他严重情节的行为。本罪法益是国家对公司登记的管理制度。

（二）虚报注册资本罪的犯罪构成

1. 本罪构成要件。本罪主体是申请依法实行注册资本实缴登记制公司的登记的人，包括自然人和单位。这里的"单位"，是指申请公司登记的有限责任公司和股份有限公司。其他单位和个人，不能构成本罪的主体。

行为表现为使用虚假证明文件或者采取其他欺诈手段虚报注册资本，欺骗公司登记主管部门，取得公司登记，虚报注册资本数额巨大、后果严重或者有其他严重情节的行为。行为的内容和具体方式：

（1）虚报注册资本行为表现为违反了国家对公司成立的管理法规。为了规范公司的各项经营活动，国家专门制定颁布了《公司法》《公司登记管理条例》以及其他相关的法律、法规。这些法律、法规规定，成立公司必须依照法定程序申请登记，领取公司营业执照；成立有限责任公司除应当具备有关的法定条件外，股东出资应当达到法定最低限度；注册资本为全体股东的出资额；对作为出资的实物、工业产权、非专利技术或者土地使用权，必须进行评估作价，核实财产，不得高估或者低估；注册资本为实收股东总额。虚报注册资本行为实际上就是弄虚作假，违反了国家对公司成立的管理法规。

（2）虚报注册资本行为表现为采取虚假证明文件或者其他欺诈手段虚报注册资本，欺骗公司登记主管部门，取得公司登记。所谓"取得公司登记"，是指通过欺骗行为，使得公司登记主管部门批准公司的成立并发给《企业法人营业执照》。

（3）虚报注册资本数额巨大、后果严重或者具有其他严重情节。根据有关司法解释，申请公司登记使用虚假证明文件或者采取其他欺诈手段虚报注册资本，欺骗公司登记主管部门，取得公司登记，涉嫌下列情形之一的，应予立案追诉：①法定注册资本最低限额在 600 万元以下，虚报数额占其应缴出资数额 60% 以上的；②法定注册资本最低限额超过 600 万元，虚报数额占其应缴出资数额 30% 以上的；③造成投资者或者其他债权人直接经济损失累计数额在 50 万元以上的；④虽未达到上述数额标准，但具有下列情形之一的：2 年内因虚报注册资本受过 2 次以上行政处罚，又虚报注册资本的；向公司登记主管人员行贿的；为进行违法活动而注册的；⑤其他后果严重或者有其他严重情节的情形。[1]

需要说明是，除依法实行注册资本实缴登记制的公司以外，对申请公司登记的单位和个人

---

〔1〕 2022 年 4 月 6 日印发的《最高人民检察院、公安部关于公安机关管辖的刑事案件立案追诉标准的规定（二）》。

不得以本罪追究刑事责任。[1]

2. 本罪的责任要素。只能是故意，过失不能构成本罪。

（三）虚报注册资本罪的处罚

《刑法》第 158 条规定，犯虚报注册资本罪的，处 3 年以下有期徒刑或者拘役，并处或者单处虚报注册资本金额 1% 以上 5% 以下罚金。

单位犯本罪的，对单位判处罚金，并对其直接负责的主管人员和其他直接责任人员，处 3 年以下有期徒刑或者拘役。

二、虚假出资、抽逃出资罪

（一）虚假出资、抽逃出资罪的概念和法益

虚假出资、抽逃出资罪，是指公司发起人、股东违反公司法的规定未交付货币、实物或者未能转移财产权，虚假出资，或者在公司成立后又抽逃其出资，数额巨大、后果严重或者有其他严重情节的行为。本罪法益是国家对公司出资的管理制度。公司法规定，有限责任公司的股东应当足额缴纳公司章程中的各自所认缴的出资额；以货币出资的，应当将货币出资足额存入准备设立的有限责任公司在银行的临时账户；以实物、工业产权、非专利技术或者土地使用权出资的，应当依法办理其财产权的转移手续。股份有限公司的发起人以书面认足公司章程规定发行的股份后，应即缴纳全部股款；以实物、工业产权、非专利技术或者土地使用权抵作股款的，应当依法办理其财产权的转移手续。虚假出资、抽逃出资的行为，实质上是明出资暗不出资、假出资真不出资的欺诈行为，直接破坏了公司法对公司发起人、股东规定的应当如实足额缴纳出资的制度。

（二）虚假出资、抽逃出资罪的犯罪构成

1. 本罪的构成要件。本罪的行为主体只能是公司发起人、股东，既可以是个人，也可以是单位。"发起人"是指创立、举办股份有限公司的人。"股东"是指有限责任公司的出资人。

行为表现为违反公司法的规定未交付货币、实物或者未转移财产权、虚假出资，或者在公司成立后又抽逃其出资，数额巨大、后果严重或者有其他严重情节的行为。具体地讲，应具备以下要素：

（1）违反公司法的规定，即违反公司法对发起人、股东规定的出资方式、如何履行出资义务的前述制度。

（2）实施了虚假出资、抽逃其出资的行为。所谓"虚假出资"，是指未交付货币或者以实物、工业产权、非专利技术、土地使用权出资未依法办理其财产权的转移手续而取得股份的行为。这里所说的"未交付货币"，既包括没有足额交付货币，又包括根本就没有交付货币。"未依法办理其财产权的转移手续"，既指根本没有实物移交，又指有实物移交而没有办理财产所有权、使用权的转让手续。所谓"抽逃其出资"，是指在公司成立以后，非法地将已交付的货币、股款抽回取走，或者将已抵作出资、股款的实物、工业产权、非专利技术、土地使用权收回的行为。虚假出资和抽逃出资，刑法将两者并列规定为本罪客观方面的两种选择性行为，只要实施了其中一种行为即可构成本罪。如果兼施两种行为也只按一罪处罚，不实行数罪并罚。

（3）必须是虚假出资、抽逃出资数额巨大、后果严重或者有其他严重情节的，才能构成犯罪。根据有关司法解释，公司发起人、股东违反公司法的规定未交付货币、实物或者未转移

［1］ 2014 年 5 月 20 日印发的《最高人民检察院、公安部关于严格依法办理虚报注册资本和虚假出资抽逃出资刑事案件的通知》。

财产权，虚假出资，或者在公司成立后又抽逃其出资，涉嫌下列情形之一的，应予立案追诉：①法定注册资本最低限额在 600 万元以下，虚假出资、抽逃出资数额占其应缴出资数额 60% 以上的；②法定注册资本最低限额超过 600 万元，虚假出资、抽逃出资数额占其应缴出资数额 30% 以上的；③造成公司、股东、债权人的直接经济损失累计数额在 50 万元以上的；④虽未达到上述数额标准，但具有下列情形之一的：致使公司资不抵债或者无法正常经营的；公司发起人、股东合谋虚假出资、抽逃出资的；2 年内因虚假出资、抽逃出资受过 2 次以上行政处罚，又虚假出资、抽逃出资的；利用虚假出资、抽逃出资所得资金进行违法活动的；⑤其他后果严重或者有其他严重情节的情形。[1] 只有同时具备以上各要件，才符合本罪的客观特征。

需要说明是，因为除依法实行注册资本实缴登记制的公司以外，对申请公司登记的单位和个人不得以本罪追究刑事责任，所以对公司股东、发起人也不得以本罪追究责任。[2]

2. 本罪的责任要素。本罪由故意构成，过失不能构成本罪。

（三）虚假出资、抽逃出资罪的认定

1. 虚假出资与未能交付股款的界限。虚假出资，如上所述。未能交付股款，是指未能按照公司协议交付应当认缴的股款，也未取得公司股份。因此，前者如果符合法定的其他要件，应依法追究刑事责任；后者则属于一种违约行为，只能依照有关的经济法规、行政法规处理。

2. 虚假出资罪与虚报注册资本罪的界限。虚假出资与虚报注册资本两种行为有着相同或者相似之处，而且还可能因虚假出资而造成虚报注册资本的后果。但是，由于前者发生在发起人、股东与公司之间，后者发生在公司与公司登记部门之间，因此有着本质的区别：①侵犯的直接客体不同。前者侵犯的客体是国家对公司出资的管理制度；后者是国家对公司登记的管理制度。②主体不同。前者为公司的发起人、股东；后者是申请公司登记的人，即由发起人、股东指定的代表或者委托的代理人。③行为不同。前者表现为未交付货币、实物或者未转移财产权而取得公司股份；后者则表现为使用虚假证明文件或者采取其他欺诈手段虚报注册资本，欺骗公司登记主管部门，取得公司登记。

根据上述界定基准，可以对实践中较为常见的下述几种情形比较方便地进行区分、认定：

（1）公司各发起人、股东合谋虚假出资，或者个别发起人、股东虚假出资，其他发起人、股东均知情的，因属整体行为，应以虚报注册资本罪定罪，但本着刑罚谦抑原则，处罚主体应限定为实际未出资的发起人和股东，不再适用共同犯罪的处理原则。

（2）个别出资人、股东虚假出资，但代表发起人、股东整体办理公司登记申请的人未参与合谋并且不知情的，因属个体行为，应以虚假出资罪追究该虚假出资的发起人或者股东的处罚。

（3）申请公司登记的人虚假出资，其他发起人、股东不知情的，因其兼具个体及代表整体之双重身份，同时构成虚报注册资本罪和虚假出资罪，属于竞合关系，应以虚假出资罪追究其刑事责任。

（4）使用真实证明文件依法取得公司登记之后，不予交付货币、实物或者不予转移财产权的，如属单纯依照公司法设立的国内公司，应以抽逃出资罪定罪处罚；如属公司制外商投资企业，则应根据上述原则区分具体情形分别认定为虚报注册资本罪或者虚假出资罪。

---

[1] 2022 年 4 月 6 日印发的《最高人民检察院、公安部关于公安机关管辖的刑事案件立案追诉标准的规定（二）》。

[2] 2014 年 5 月 20 日印发的《最高人民检察院、公安部关于严格办理虚报注册资本和虚假出资抽逃出资刑事案件的通知》。

3. 公司利用本公司的其他银行账户将资金以借款名义借给股东，然后以股东名义作为投资追加注册资本，但实际上，公司未将资金交付给借款的股东，借款的股东也未办理资金转移手续，而是公司将股东所借资金在该公司银行账户之间内部转账，股东本身并未增加任何实际投资。此种行为可以认定为虚假出资行为。

（四）虚假出资、抽逃出资罪的处罚

《刑法》第159条规定，犯虚假出资、抽逃出资罪的，处5年以下有期徒刑或者拘役，并处或者单处虚假出资金额或者抽逃出资金额2%以上10%以下罚金。

单位犯本罪的，对单位判处罚金，并对其直接负责的主管人员和其他直接责任人员，处5年以下有期徒刑或者拘役。

三、欺诈发行证券罪

（一）欺诈发行证券罪的概念和法益

欺诈发行证券罪，是指违反公司法规定，在招股说明书、认股书、公司、企业债券募集办法等发行文件中隐瞒重要事实或者编造重大虚假内容，发行股票或者公司、企业债券、存托凭证或者国务院依法认定的其他证券，数额巨大、后果严重或者有其他严重情节的行为。本罪的法益是国家对公司、企业发行证券的管理制度。本罪系《刑法修正案（十一）》将原来的欺诈发行股票、债券罪扩展而来。

（二）欺诈发行证券罪构成要件

构成要件内容为欺诈发行股票或者公司、企业债券、存托凭证或者国务院依法认定的其他证券数额巨大、后果严重或者有其他严重情节的行为。行为的内容和具体方式为：

1. 在招股说明书、认股书和公司、企业债券募集办法中隐瞒重要事实或者编造重大虚假内容，欺骗公众、误导投资者做出错误的判断和投资选择。这里所称的"招股说明书"，是指公司在获准公开发行股票后，在法定日期和指定的报刊上刊载的全面、真实、准确披露的公司资料，提供投资者参考的文件。"认股书"是表明股票持有人拥有在特定时间内按规定价格购买一定数量股票的权利证书。"公司、企业债券募集办法"是载明公司、企业名称，债券总额和债券的票面金额，债券利率，还本付息的期限和方式，债券发行的起止日期，公司、企业净资产额，已发行的尚未到期的债券总额，债券的承销机构等注意事项的文件。上述这些文件都是投资者判断和选择投资的重要根据。故意在其中隐瞒重要事实或者编造重大虚假内容提要，必然误导投资者的判断和投资。所谓"隐瞒重要事实或者编造重大虚假内容"，是指在上述文件中对于投资者选择投资与否、投资额的大小起决定性作用的事项作不真实的陈述和记载，故意遗漏与隐瞒，或者凭空捏造全部的、部分的与实际事实不相符合的内容的行为。例如，虚构发起人认购股份数额，故意夸大公司、企业生产经营利润和净资产额，对所筹资金的使用提供虚假的计划和虚假的生产经营项目，故意遗漏公司、企业签定的重要合同，故意隐瞒公司、企业所负债务和正在进行的重大诉讼等。

2. 欺诈发行股票、债券等证券，即已经进行发行行为。譬如，采用上述欺骗手段已经成批地出售股票或者公司、企业债券的行为。这里所称的"股票"，是指公司、企业依照法定程序发行的、约定在一定期限还本付息的有价证券。如果仅是制作了虚假的招股说明书、认股书、公司、企业债券募集办法，而没有实际发行股票或者公司、企业债券，则不能构成本罪。

3. 欺诈发行证券应达到数额巨大、后果严重或者有其他严重情节的，才能构成犯罪。根据有关司法解释，在招股说明书、认股书、公司、企业债券募集办法等发行文件中隐瞒重要事实或者编造重大虚假内容，发行股票或者公司、企业债券、存托凭证或者国务院依法认定的其他证券，涉嫌下列情形之一的，应予立案追诉：①非法募集资金金额在1000万元以上的；

②虚增或者虚减资产达到当期资产总额 30% 以上的；③虚增或者虚减营业收入达到当期营业收入总额 30% 以上的；④虚增或者虚减利润达到当期利润总额 30% 以上的；⑤隐瞒或者编造的重大诉讼、仲裁、担保、关联交易或者其他重大事项所涉及的数额或者连续 12 个月的累计数额达到最近一期披露的净资产 50% 以上的；⑥造成投资者直接经济损失数额累计在 100 万元以上的；⑦为欺诈发行证券而伪造、变造国家机关公文、有效证明文件或者相关凭证、单据的；⑧为欺诈发行证券向负有金融监督管理职责的单位或者人员行贿的；⑨募集的资金全部或者主要用于违法犯罪活动的；⑩其他后果严重或者有其他严重情节的情形。[1]

（三）欺诈发行证券罪的处罚

《刑法》第 160 条规定，犯欺诈发行证券罪的，处 5 年以下有期徒刑或者拘役，并处或者单处罚金；数额特别巨大、后果特别严重或者有其他特别严重情节的，处 5 年以上有期徒刑，并处罚金。

控股股东、实际控制人组织、指使实施前述行为的，处 5 年以下有期徒刑或者拘役，并处或者单处非法募集资金金额 20% 以上 1 倍以下罚金；数额特别巨大、后果特别严重或者有其他特别严重情节的，处 5 年以上有期徒刑，并处非法募集资金金额 20% 以上 1 倍以下罚金。

单位犯前述两罪的，对单位判处非法募集资金金额 20% 以上 1 倍以下罚金，并对其直接负责的主管人员和其他直接责任人员，依照第 160 条第 1 款的规定处罚。

四、违规披露、不披露重要信息罪

（一）违规披露、不披露重要信息罪的概念和法益

违规披露、不披露重要信息罪，是指依法负有信息披露义务的公司、企业向股东和社会公众提供虚假的或者隐瞒重要事实的财务会计报告，或者对依法应当披露的其他重要信息不按照规定披露，严重损害股东或者其他人利益，或者有其他严重情节的行为。此罪名系根据《刑法修正案（六）》对提供虚假财会报告罪修改而来。本罪的法益是国家对公司财务会计的管理制度和他人的合法权益。《公司法》规定，公司应当依照法律、行政法规和国务院财政主管部门的规定建立公司财务会计制度，按照规定向股东和社会公众送交或者公告其财务会计报告。财务会计报告是反映一个公司在一定时期内的经营状况，保证公司正常运转的基本要素，也是让股东了解自己出资或者投资所产生的经济效益的重要措施。编制财务会计报告必须"合法、真实、准确、完整"。提供虚假财会报告的行为，同上述的财务会计管理制度背道而驰，而且也严重地损害了股东和其他人的合法权益。

（二）违规披露、不披露重要信息罪的构成要件

构成要件内容为依法负有信息披露义务的公司、企业向股东和社会公众提供虚假的或者隐瞒重要事实的财务会计报告，或者对依法应当披露的其他重要信息不按照规定披露，严重损害股东或者其他人利益的行为。分而述之，本罪的构成要件如下：

1. 实施了提供虚假的或者隐瞒重要事实的财务会计报告，或者对依法应当披露的其他重要信息不按照规定披露的行为。"财务会计报告"，是指由公司的财会部门或者公司委托的其他会计、审计机构，按照国家的规定，在每一会计年度终了时制作的反映公司财务状况和经营效果的文件，主要包括下列财务会计报表及附属明细表：①资产负债表；②损益表；③财务状况变动表；④财务情况说明书；⑤利润分配表。所谓"提供虚假的或者隐瞒重要事实的财务会计报告"，是指公司向股东、股东大会送交或者向公众公告假的、不真实的财务会计报告。这

---

〔1〕　2022 年 4 月 6 日印发的《最高人民检察院、公安部关于公安机关管辖的刑事案件立案追诉标准的规定（二）》。

里所称之"虚假"，是指在财务会计报告中编造、虚构某些不实之事，以假充真，如假报盈利或者亏损等。"隐瞒重要事实"，是指掩盖足以影响股东和其他人做出决策或者损害其利益的事实真相，化有为无，如掩盖负债、损益和利润分配的真实情况等。

2. 严重损害了股东或者其他人的利益。"股东"，是指有限责任公司的投资主体和股份有限责任公司的股份持有人。"其他人"，是指股东以外的债券持有人和其他公民。所谓"严重损害了股东或者其他人利益"，主要是指给股东或者其他人在经济上造成重大损失。

根据有关司法解释，依法负有信息披露义务的公司、企业向股东和社会公众提供虚假的或者隐瞒重要事实的财务会计报告，或者对依法应当披露的其他重要信息不按照规定披露，涉嫌下列情形之一的，应予立案追诉：①造成股东、债权人或者其他人直接经济损失数额累计在100万元以上的；②虚增或者虚减资产达到当期披露的资产总额30%以上的；③虚增或者虚减营业收入达到当期披露的营业收入总额30%以上的；④虚增或者虚减利润达到当期披露的利润总额30%以上的；⑤未按照规定披露的重大诉讼、仲裁、担保、关联交易或者其他重大事项所涉及的数额或者连续12个月的累计数额达到最近一期披露的净资产50%以上的；⑥致使不符合发行条件的公司、企业骗取发行核准或者注册并且上市交易的；⑦致使公司、企业发行的股票或者公司、企业债券、存托凭证或者国务院依法认定的其他证券被终止上市交易的；⑧在公司财务会计报告中将亏损披露为盈利，或者将盈利披露为亏损的；⑨多次提供虚假的或者隐瞒重要事实的财务会计报告，或者多次对依法应当披露的其他重要信息不按照规定披露的；⑩其他严重损害股东、债权人或者其他人利益，或者有其他严重情节的情形。[1]

只有同时具备了以上条件的，才能构成本罪。

（三）违规披露、不披露重要信息罪的处罚

根据《刑法修正案（十一）》的规定，犯违规披露、不披露重要信息罪的，对其直接负责的主管人员和其他直接责任人员，处5年以下有期徒刑或者拘役，并处或者单处罚金；情节特别严重的，处5年以上10年以下有期徒刑，并处罚金。

公司、企业的控股股东、实际控制人实施或者组织、指使实施前述行为的，或者隐瞒相关事项导致前款规定的情形发生的，依照前款的规定处罚。

犯本罪的控股股东、实际控制人是单位的，对单位判处罚金，并对其直接负责的主管人员和其他直接责任人员，依照规定处罚。

五、妨害清算罪

（一）妨害清算罪的概念和法益

妨害清算罪，是指公司、企业违反清算管理法律法规，在进行清算时，隐匿财产，对资产负债表或者财产清单作伪记载或者在未清偿债务前分配公司、企业财产，严重损害债权人或者其他人利益的行为。本罪的法益是清算管理法规。

（二）妨害清算罪的构成要件

本罪表现为公司、企业违反清算管理法律法规，在进行清算时，隐匿财产，对资产负债表或者财产清单作虚伪记载或者在未清偿债务前分配公司、企业财产，严重损害债权人或者其他人利益的行为。这一特征具有三层含义：

1. 公司、企业违反清算管理法律法规。《公司法》及有关行政和经济法规规定，公司、企业面临破产、解散时，要组织股东、有关机关及专业人员成立清算组，进行清算。清算组成员

---

〔1〕 2022年4月6日印发的《最高人民检察院、公安部关于公安机关管辖的刑事案件立案追诉标准的规定（二）》。

应当忠于职守，依法履行清算义务。公司、企业妨害清算的行为，就直接违反了有关清算规定。

2. 在进行清算时，隐匿财产，对资产负债表或者财产清单作虚伪记载或者在未清偿债务前分配公司、企业的财产。按照有关规定，公司、企业在清算时，应当对公司、企业的财产、债权和债务进行清理。所有清理活动，都应当如实公开。在公司、企业债务清偿之前，不得进行剩余财产的分配。这里所说的"隐匿财产"，是指将公司、企业的财产隐藏或者转移至他处，逃避财产清理。这里所说的"对资产负债表或者财产清单作虚伪记载"，是指在制作资产负债表或者财产清单时，作虚假不实的记载，以逃避债务。这里所说的"在未清偿债务前分配公司、企业的财产"，是指在没有全部清缴所欠税款和偿还所欠债务之前，擅自对公司、企业财产进行提前分配。

3. 严重损害了债权人或者其他人的利益。根据有关司法解释，公司、企业进行清算时，隐匿财产，对资产负债表或者财产清单作虚伪记载或者在未清偿债务前分配公司、企业财产，涉嫌下列情形之一的，应予立案追诉：①隐匿财产价值在 50 万元以上的；②对资产负债表或者财产清单作虚伪记载涉及金额在 50 万元以上的；③在未清偿债务前分配公司、企业财产价值在 50 万元以上的；④造成债权人或者其他人直接经济损失数额累计在 10 万元以上的；⑤虽未达到上述数额标准，但应清偿的职工的工资、社会保险费用和法定补偿金得不到及时清偿，造成恶劣社会影响的；⑥其他严重损害债权人或者其他人利益的情形[1]。

（三）妨害清算罪的处罚

根据《刑法》第 162 条的规定，犯妨害清算罪的，处 5 年以下有期徒刑或者拘役，并处或者单处 2 万元以上 20 万元以下罚金。

六、隐匿、故意销毁会计凭证、会计账簿、财务会计报告罪

（一）隐匿、故意销毁会计凭证、会计账簿、财务会计报告罪的概念和法益

隐匿、故意销毁会计凭证、会计账簿、财务会计报告罪，是指隐匿或者故意销毁会计凭证、会计账簿、财务会计报告，情节严重的行为。本罪是《刑法修正案》增设的罪名。本罪的法益是财务管理制度。

（二）隐匿、故意销毁会计凭证、会计账簿、财务会计报告罪的构成要件

本罪表现为隐匿或者故意销毁会计凭证、会计账簿、财务会计报告，情节严重的行为。根据有关司法解释，隐匿或者故意销毁依法应当保存的会计凭证、会计账簿、财务会计报告，涉嫌下列情形之一的，应予追诉：①隐匿、故意销毁的会计凭证、会计账簿、财务会计报告涉及金额在 50 万元以上的；②依法应当向监察机关、司法机关、行政机关、有关主管部门等提供而隐匿、故意销毁或者拒不交出会计凭证、会计账簿、财务会计报告的；③其他情节严重的情形。[2]

（三）隐匿、故意销毁会计凭证、会计账簿、财务会计报告罪的处罚

根据《刑法》第 162 条之一的规定，犯隐匿、故意销毁会计凭证、会计账簿、财务会计报告罪的，处 5 年以下有期徒刑或者拘役，并处或者单处 2 万元以上 20 万元以下罚金。

单位犯本罪的，对单位判处罚金，并对其直接负责的主管人员和其他直接责任人员，依照

---

〔1〕 2022 年 4 月 6 日印发的《最高人民检察院、公安部关于公安机关管辖的刑事案件立案追诉标准的规定（二）》。

〔2〕 2022 年 4 月 6 日印发的《最高人民检察院、公安部关于公安机关管辖的刑事案件立案追诉标准的规定（二）》。

前款的规定处罚。

七、虚假破产罪

虚假破产罪，是指公司、企业通过隐匿财产、承担虚构的债务或者以其他方法转移、处分财产，实施虚假破产，严重损害债权人或者其他人利益的行为。本罪是《刑法修正案（六）》增设的罪名。本罪的法益是破产管理制度。

本罪的构成要件表现为实施虚假破产的行为。其具体行为表现为：①隐匿财产、承担虚构的债务或以其他方法转移、处分财产；②使得公司、企业的债权人以及其他人的利益受到严重损害。责任要素表现为单位构成，即该公司、企业为本罪的犯罪主体，但承担责任的是其直接负责的主管人员和其他直接责任人员。

根据《刑法》第162条之二的规定，犯虚假破产罪的，对直接负责的主管人员和其他直接责任人员处5年以下有期徒刑或者拘役，并处或者单处2万元以上20万元以下罚金。

八、非国家工作人员受贿罪

（一）非国家工作人员受贿罪的概念和法益

非国家工作人员受贿罪，是指公司、企业或者其他单位的工作人员利用职务上的便利，索取他人财物或者非法收受他人财物，为他人谋取利益，数额较大的行为。本罪原为公司、企业人员受贿罪，《刑法修正案（六）》增加了"其他单位的工作人员"，将主体范围加以扩大。本罪的法益是公司、企业以及其他单位工作人员的廉洁制度。公司法和有关行政经济法规规定，公司、企业或者其他单位工作人员应当忠实履行职务，不得利用其地位和职权为自己谋取利益，不得利用职权收受贿赂或者谋取其他非法收入。

（二）非国家工作人员受贿罪的犯罪构成

1. 本罪的构成要件。本罪主体为公司、企业以及其他单位中不具有国家公务员身份的工作人员。"公司、企业或者其他单位的工作人员"，包括国有公司、企业以及其他国有单位中的非国家工作人员。根据相关司法解释的规定，其他单位既包括事业单位、社会团体、村民委员会、居民委员会、村民小组等常设性的组织，也包括为组织体育赛事、文艺演出或者其他正当活动而成立的组委会、筹委会、工程承包队等非常设性的组织。[1]

行为表现为利用职务上的便利，索取他人财物或者收受他人财物，为他人谋取利益，数额较大的行为。所谓"利用职务上的便利"，是指利用其主管生产、经营的职权，或者利用其基于职务从事经营活动所形成的便利条件。"索取他人财物"和"收受他人财物"是公司、企业或者其他单位工作人员受贿的两种基本行为方式。"索取"，是指利用职务上的便利，向请托人主动索要财物的行为。"收受"，是指利用职务上的便利，为他人谋取利益而接受他人主动送予的财物的行为。除索贿和受贿两种行为外，对于公司、企业或者其他单位工作人员在经济往来中，违反国家规定，收受各种名义的回扣、手续费，归个人所有的行为，以本罪论处。根据刑法的规定，以索取他人财物行为构成的非国家工作人员受贿罪，不论行为人是否为他人谋取利益，也不管数额是否较大，只要实施了利用职务上的便利，向请托人索取财物的行为，即可构成本罪。因收受他人财物行为犯罪的，要同时具备为他人谋取利益和数额较大的要件，否则不能认为是犯罪。

国有公司、企业或者其他国有单位中从事公务的人员和国有公司、企业或者其他国有单位委派到非国有公司、企业以及其他单位从事公务的人员有这些行为的，依照贪污罪的有关规定

---

[1] 2008年11月20日印发的最高人民法院、最高人民检察院《关于办理商业贿赂刑事案件适用法律若干问题的意见》。

处罚。

此外，依照相关司法解释，还有如下几种表现形式：①医疗机构中的非国家工作人员，在药品、医疗器械、医用卫生材料等医药产品采购活动中，利用职务上的便利，索取销售方财物，或者非法收受销售方财物，为销售方谋取利益，或者医疗机构中的医务人员，利用开处方的职务便利，以各种名义非法收受药品、医疗器械、医用卫生材料等医药产品销售方财物，为医药产品销售方谋取利益，都属于非国家工作人员受贿罪。②学校及其他教育机构中的教师，利用教学活动的职务便利，以各种名义非法收受教材、教具、校服或者其他物品销售方财物，为教材、教具、校服或者其他物品销售方谋取利益，数额较大的，也以非国家工作人员受贿罪定罪处罚。③依法组建的评标委员会、竞争性谈判采购中谈判小组、询价采购中询价小组的组成人员，在招标、政府采购等事项的评标或者采购活动中，索取他人财物或者非法收受他人财物，为他人谋取利益，数额较大的，以非国家的工作人员受贿罪论处。[1]

贿赂中的财物，既包括金钱和实物，也包括可以用金钱计算数额的财产性利益，如提供房屋装修、含有金额的会员卡、代币卡（券）、旅游费用等。具体数额以实际支付的资费为准。收受银行卡的，不论受贿人是否实际取出或者消费，卡内的存款数额一般应全额认定为受贿数额。使用银行卡透支的，如果由给予银行卡的一方承担还款责任，透支数额也应当认定为受贿数额。[2]

要注意区分贿赂与馈赠的界限。主要应当结合以下因素全面分析、综合判断：①发生财物往来的背景，如双方是否存在亲友关系及历史上交往的情形和程度；②往来财物的价值；③财物往来的缘由、时机和方式，提供财物方对于接受方有无职务上的请托；④接受方是否利用职务上的便利为提供方谋取利益。[3]

非国家工作人员与国家工作人员通谋，共同收受他人财物，构成共同犯罪的，根据双方利用职务便利的具体情形分别定罪追究刑事责任：①利用国家工作人员的职务便利为他人谋取利益的，以受贿罪追究刑事责任；②利用非国家工作人员的职务便利为他人谋取利益的，以非国家工作人员受贿罪追究刑事责任；③分别利用各自的职务便利为他人谋取利益的，按照主犯的犯罪性质追究刑事责任，不能分清主从犯的，可以受贿罪追究刑事责任。[4]

根据有关司法解释，公司、企业或者其他单位的工作人员利用职务上的便利，索取他人财物或者非法收受他人财物，为他人谋取利益，或者在经济往来中，利用职务上的便利，违反国家规定，收受各种名义的回扣、手续费，归个人所有，数额在30000元以上的，应予追诉。[5]

2. 本罪的责任要素。主观罪过表现为故意。

（三）非国家工作人员受贿罪的处罚

根据《刑法修正案（十一）》的规定，犯本罪的，处3年以下有期徒刑或者拘役，并处

---

〔1〕 2008年11月20日印发的最高人民法院、最高人民检察院《关于办理商业贿赂刑事案件适用法律若干问题的意见》。

〔2〕 2008年11月20日印发的最高人民法院、最高人民检察院《关于办理商业贿赂刑事案件适用法律若干问题的意见》。

〔3〕 2008年11月20日印发的最高人民法院、最高人民检察院《关于办理商业贿赂刑事案件适用法律若干问题的意见》。

〔4〕 2008年11月20日印发的最高人民法院、最高人民检察院《关于办理商业贿赂刑事案件适用法律若干问题的意见》。

〔5〕 2022年4月6日印发的《最高人民检察院、公安部关于公安机关管辖的刑事案件立案追诉标准的规定（二）》。

罚金；数额巨大或者有其他严重情节的，处 3 年以上 10 年以下有期徒刑，并处罚金；数额特别巨大或者有其他特别严重情节的，处 10 年以上有期徒刑或者无期徒刑，并处罚金。

九、对非国家工作人员行贿罪

对非国家工作人员行贿罪，是指为谋取不正当利益，给公司、企业以及其他单位的工作人员以财物，数额较大的行为。本罪的法益是公司、企业以及其他单位工作人员的廉洁制度。

本罪的构成要件表现为为谋取不正当利益，给公司、企业以及其他单位工作人员以财物，而且数额较大的行为。本罪的行为主体是自然人或者单位。

根据《刑法修正案（九）》的规定，犯本罪，数额较大的，处 3 年以下有期徒刑或者拘役，并处罚金；数额巨大的，处 3 年以上 10 年以下有期徒刑，并处罚金。

单位犯本罪的，对单位判处罚金，并对其直接负责的主管人员和其他直接责任人员，依照个人犯本罪的规定处罚。

行贿人在被追诉前主动交待行贿行为的，可以减轻处罚或者免除处罚。

十、对外国公职人员、国际公共组织官员行贿罪

对外国公职人员、国际公共组织官员行贿罪，是指为谋取不正当商业利益，给予外国公职人员或者国际公共组织官员以财物的行为。本罪的法益是对正常商业行为的信誉性。

本罪是《刑法修正案（八）》新增加的罪名。本罪的行贿对象是外国公职人员、国际公共组织官员，属于广义上的"非国家工作人员"。该罪与对非国家工作人员行贿罪的主要区别是：①该罪的行贿对象是外国公职人员、国际公共组织官员，而对非国家工作人员行贿罪的行贿对象是公司、企业或者其他单位的工作人员。②该罪是为谋取"不正当商业利益"；而对非国家工作人员行贿罪是为谋取"不正当利益"，"不正当商业利益"的范围小于"不正当利益"。

根据《刑法修正案（八）》及《刑法修正案（九）》的规定，犯本罪，数额较大的，处 3 年以下有期徒刑或者拘役，并处罚金；数额巨大的，处 3 年以上 10 年以下有期徒刑，并处罚金。

单位犯本罪的，对单位判处罚金，并对其直接负责的主管人员和其他直接责任人员，依照上述规定处罚。

行贿人在被追诉前主动交待行贿行为的，可以减轻处罚或者免除处罚。

十一、非法经营同类营业罪

（一）非法经营同类营业罪的概念

非法经营同类营业罪，是指国有公司、企业的董事、监事、高级管理人员利用职务便利，自己经营或者为他人经营与其所任职公司、企业同类的营业，获取非法利益，数额巨大的行为。

（二）非法经营同类营业罪的犯罪构成

1. 本罪的构成要件。本罪的实施主体为国有公司、企业的董事、监事、高级管理人员。

本罪表现为行为人利用职务便利，自己经营或者为他人经营与其所任职公司、企业同类的营业，获取非法利益，数额巨大的行为。这一特征具有三层含义：

（1）表现为公司、企业的董事、监事、高级管理人员利用职务的便利。国有公司、企业的董事、经理往往掌握着某一经营领域的各种便利条件，如材料、物资、市场、计划、销售等方面的有利条件，如果这些人利用这一职务便利，再去经营与其所任职的公司、企业同类的营业，势必损害国有公司、企业的应有利益。为此，国家法律明文予以禁止。

（2）表现为国有公司、企业的董事、经理自己经营或者为他人经营与其任职公司、企业

同类的营业。

（3）获取非法利益，数额巨大。所谓非法利益，是指行为人利用职务之便，通过损害其所任职公司、企业的合法利益而获取的利益，或者通过其具有的职务便利而获取的如果没有职务便利根本无法获取的利益。

根据《刑法修正案（十二）》的规定，其他公司、企业的董事、监事、高级管理人员违反法律、行政法规规定，实施上述行为，致使公司、企业利益遭受重大损失的，按照本罪处罚。

2. 本罪的责任要素。表现为故意。

（三）非法经营同类营业罪的处罚

《刑法》第165条规定，犯非法经营同类营业罪的，处3年以下有期徒刑或者拘役，并处或者单处罚金；数额特别巨大的，处3年以上7年以下有期徒刑，并处罚金。

十二、为亲友非法牟利罪

为亲友非法牟利罪，是指国有公司、企业、事业单位的工作人员，利用职务便利，徇私经营，为亲友牟取利益，致使国家利益遭受重大损失的行为。本罪的法益是职务的廉洁性。

行为表现方式有：①将本单位的盈利业务交由自己的亲友进行经营的；②以明显高于市场的价格从自己的亲友经营管理的单位采购商品、接受服务或者以明显低于市场的价格向自己的亲友经营管理的单位销售商品、提供服务的；③从自己的亲友经营管理的单位采购、接受不合格商品、服务的行为。

根据《刑法修正案（十二）》的规定，其他公司、企业的工作人员违反法律、行政法规规定，实施上述行为，致使公司、企业利益遭受重大损失的，按照本罪处罚。

《刑法》第166条规定，犯为亲友非法牟利罪的，处3年以下有期徒刑或者拘役，并处或者单处罚金；致使国家利益遭受特别重大损失的，处3年以上7年以下有期徒刑，并处罚金。

十三、签订、履行合同失职被骗罪

（一）签订、履行合同失职被骗罪的概念和法益

签订、履行合同失职被骗罪，是指国有公司、企业、事业单位直接负责的主管人员，在签订、履行合同过程中，因严重不负责任被诈骗，致使国家利益遭受重大损失的行为。本罪的法益是国家工作人员职责的勤勉性。

（二）签订、履行合同失职被骗罪的犯罪构成

1. 本罪的构成要件。本罪只能由国有公司、企业、事业单位直接负责的主管人员构成。这里所称的"主管人员"，是指上述公司、企业、事业单位中的主要行政负责人和直接主管签订、履行合同的负责人。

构成要件行为与结果内容为在签订、履行合同的过程中，因严重不负责任被诈骗，致使国家利益遭受重大损失的行为。具体包括：①被诈骗发生在签订、履行合同过程中。"合同"泛指所有商贸合同，这里主要是指经济合同。②因严重不负责任被诈骗，即国有公司、企业、事业单位直接负责的主管人员，不履行自己法定职责和特定义务，在签订合同过程中，对签约对方的主体资格、资信状况和履约能力等不咨询、不调查而马虎了事，致使所签合同成为虚假合同而被诈骗；在履行合同过程中，已发现所签订的合同为无效合同，或者知道对方根本没有履约能力，也不坚持自己应有的合法权益，设法挽回损失。③致使国家利益遭受重大损失。只有同时具备以上条件，才能构成本罪。

2. 本罪的责任要素。本罪由过失构成，即行为人对国家利益造成重大损失和危害结果的心理态度，既不是希望也不是放任。

（三）签订、履行合同失职被骗罪的处罚

《刑法》第167条规定，犯签订、履行合同失职被骗罪的，处3年以下有期徒刑或者拘役，致使国家利益遭受特别重大损失的，处3年以上7年以下有期徒刑。

《全国人大常委会关于惩治骗购外汇、逃汇和非法买卖外汇犯罪的决定》对本罪行为进行了扩展：金融机构、从事对外贸易经营活动的公司、企业的工作人员严重不负责任，造成大量外汇被骗购或者逃汇，致使国家利益遭受重大损失的，依照《刑法》第167条的规定定罪处罚。

十四、国有公司、企业、事业单位人员失职罪

国有公司、企业、事业单位人员失职罪，是指国有公司、企业、事业单位的工作人员由于严重不负责任，造成国有公司、企业或者事业单位破产或者严重损失，致使国家利益遭受重大损失的行为。本罪是《刑法修正案》将原条文分解补充后形成的新罪。

《刑法》第168条（《刑法修正案》第2条）规定，犯国有公司、企业、事业单位人员失职罪的，处3年以下有期徒刑或者拘役；致使国家利益遭受特别重大损失的，处3年以上7年以下有期徒刑。

十五、国有公司、企业、事业单位人员滥用职权罪

国有公司、企业、事业单位人员滥用职权罪，是指国有公司、企业、事业单位的工作人员滥用职权，造成国有公司、企业、事业单位破产或者严重损失，致使国家利益遭受重大损失的行为。本罪是《刑法修正案》将原条文分解补充后形成的新罪。

本罪的主体是特殊主体，仅限于国有公司、企业、事业单位的工作人员。

行为表现为滥用职权（包括徇私舞弊），造成国有公司、企业、事业单位破产或者严重损失，致使国家利益遭受重大损失的行为。

责任形式为故意。一些观点认为本罪表现为过失。我们认为，如果对后果是过失，完全可以被国有公司、企业、事业单位人员失职罪所涵盖。

《刑法》第168条（《刑法修正案》）规定，犯国有公司、企业、事业单位人员滥用职权罪的，处3年以下有期徒刑或者拘役；致使国家利益遭受特别重大损失的，处3年以上7年以下有期徒刑。国有事业单位的工作人员有上述行为，致使国家利益遭受重大损失的，依照本罪的规定处罚。国有公司、企业、事业单位的工作人员，徇私舞弊，犯国有公司、企业、事业单位人员滥用职权罪的，依照上述规定从重处罚。

十六、徇私舞弊低价折股、出售国有资产罪

徇私舞弊低价折股、出售国有资产罪，是指国有公司、企业或者其上级主管部门直接负责的主管人员，徇私舞弊，将国有资产低价折股或者低价出售，致使国家利益遭受重大损失的行为。

本罪的主体是特殊主体，是国有公司、企业或者其上级主管部门直接负责的主管人员。

行为表现为徇私舞弊，将国有资产低价折股或者低价出售，致使国家利益遭受重大损失的行为。本罪是以致使国家利益遭受重大损失的结果为条件的犯罪。

《刑法》第169条规定，犯徇私舞弊低价折股、出售国有资产罪的，处3年以下有期徒刑或者拘役；致使国家利益遭受特别重大损失的，处3年以上7年以下有期徒刑。

根据《刑法修正案（十二）》的规定，其他公司、企业直接负责的主管人员，徇私舞弊，将公司、企业资产低价折股或者低价出售，致使公司、企业利益遭受重大损失的，依照上述规定处罚。

十七、背信损害上市公司利益罪

（一）背信损害上市公司利益罪的概念

背信损害上市公司利益罪，是指上市公司的董事、监事、高级管理人员违背对公司的忠实义务，利用职务便利操纵上市公司，致使上市公司利益遭受重大损失的行为。本罪是《刑法修正案（六）》新增加的罪名。

（二）背信损害上市公司利益罪构成要件

1. 主体是上市公司的董事、监事、高级管理人员，但上市公司的控股股东或者实际控制人，指使上市公司董事、监事、高级管理人员实施上述行为的，也可成为本罪主体。

2. 行为表现为上市公司的董事、监事、高级管理人员违背对公司的忠实义务，利用职务便利操纵上市公司，致使上市公司利益遭受特别重大损失的行为。具体行为包括：①无偿向其他单位或者个人提供资金、商品、服务或者其他资产的；②以明显不公平的条件，提供或者接受资金、商品、服务或者其他资产；③向明显不具有清偿能力的单位或者个人提供资金、商品、服务或者其他资产的；④为明显不具有清偿能力的单位或者个人提供担保，或者无正当理由为其他单位或者个人提供担保的；⑤无正当理由放弃债权、承担债务的；⑥采用其他方式损害上市公司利益的。

（三）背信损害上市公司利益罪的处罚

《刑法修正案（六）》第9条规定，犯本罪的，处3年以下有期徒刑或者拘役，并处或者单处罚金；致使上市公司利益遭受特别重大损失的，处3年以上7年以下有期徒刑，并处罚金。

犯罪的上市公司的控股股东或者实际控制人是单位的，对单位判处罚金，并对其直接负责的主管人员和其他直接责任人员，依照上述规定处罚。

第五节　破坏金融管理秩序罪

一、伪造货币罪

（一）伪造货币罪的概念和法益

伪造货币罪，是指仿照我国货币或外币的图案、形状、色彩等，使用各种方法，非法制造假货币，冒充真货币的行为。本罪的法益是国家的货币管理制度。我国对货币实行统一管理制度。制作、发行货币是一项重要的国家行为。任何单位和个人都不得私自发行货币。伪造货币的行为，严重破坏国家货币的独立和统一，损害货币的信誉，危害国家和人民利益，因此是一种严重破坏金融管理秩序的犯罪。

（二）伪造货币罪的构成要件

本罪表现为伪造货币的行为。这里所称之"货币"，包括我国的货币和外币。即本罪的犯罪对象可以是我国的货币，也可以是外国的货币。我国的货币是指在我国领域内发行并流通或在我国特定区域内流通的货币。它包括：

1. 人民币。《中国人民银行法》第16条规定："中华人民共和国的法定货币是人民币……"

2. 人民币纪念币。为了纪念国家的重大庆典、具有历史意义的重大事件和纪念我国灿烂的历史文化、珍贵动物等独特事由，中国人民银行曾不定期地发行过各种人民币的纪念币。

3. 港币。港币是《中华人民共和国香港特别行政区基本法》以法律的形式加以确认的在我国香港发行和流通的货币。

4. 澳币。澳币是指在我国澳门特别行政区领域内发行和流通的货币。

5. 新台币。新台币是指在我国固有领土的台湾地区发行和流通的货币。

外国的货币，是指国外的主权国家依法发行并在一定区域内流通的货币。既包括可在我国自由兑换或流通的外国货币，也包括目前尚不可以在我国自由兑换或流通的外国货币。假境外货币犯罪的数额，按照案发当日中国外汇交易中心或者中国人民银行授权机构公布的人民币对该货币的中间价折合成人民币计算。中国外汇交易中心或者中国人民银行授权机构未公布汇率中间价的境外货币，按照案发当日境内银行人民币对该货币的中间价折算成人民币，或者该货币在境内银行、国际外汇市场对美元汇率，与人民币对美元汇率中间价进行套算。[1]

"伪造货币"，是指非法制造假货币的行为。伪造的方法多种多样，如刻板印刷、用复印机复印、手工描绘、摄影印刷等，都是伪造的方法。如果不是伪造假货币，只是将没有货币图案的纸张夹在货币中冒充货币，或者将画册上剪下来的货币图案夹在货币中使用而蒙骗他人，则不能构成本罪。若构成犯罪，应该依照刑法其他有关条款定罪处罚。

根据司法解释规定，伪造货币的总面额在 2000 元以上不满 3 万元或者币量在 200 张（枚）以上不足 3000 张（枚）的，依照《刑法》第 170 条的规定，处 3 年以上 10 年以下有期徒刑，并处 5 万元以上 50 万元以下罚金。伪造货币的总面额在 3 万元以上的，属于"伪造货币数额特别巨大"。行为人制造货币版样或者与他人事前通谋，为他人伪造货币提供版样的，依照该罪定罪处罚。[2]

（三）伪造货币罪的处罚

根据经《刑法修正案（九）》修正后的《刑法》第 170 条规定，犯伪造货币罪的，处 3 年以上 10 年以下有期徒刑，并处罚金；有下列情形之一的，处 10 年以上有期徒刑、无期徒刑，并处罚金或者没收财产：①伪造货币集团的首要分子；②伪造货币数额特别巨大的；③有其他特别严重情节的。

二、出售、购买、运输假币罪

（一）出售、购买、运输假币罪的概念

出售、购买、运输假币罪，是指出售、购买伪造的货币或者明知是伪造的货币而运输，数额较大的行为。

（二）出售、购买、运输假币罪的构成要件

1. 行为的对象是假币。假币，即伪造的货币，系指仿照真货币的图案、形状、色彩等非法制造的假货币。

2. 行为表现为出售、购买、运输伪造的货币，数额较大的行为。这里所称的"出售"，是指出卖、销售伪造的货币的行为。"购买"，是指收购、收买伪造的货币的行为。"运输"，是指明知是伪造的货币而将其从甲地运往乙地的行为，其必须是一种营运行为。只要实施了上述三种行为之一，数额达到较大，即可构成本罪。如果兼施两种以上行为的，也只按一罪处罚，不实行数罪并罚。

（三）出售、购买、运输假币罪的认定

1. 购买假币之后又存在其他行为的认定。行为人购买假币后使用，构成犯罪的，以购买假币罪定罪，从重处罚。行为人出售、运输假币构成犯罪，同时有使用假币行为的，实行数罪并罚。[3]

---

〔1〕 2010 年 10 月 11 日通过的最高人民法院《关于审理伪造货币等案件具体应用法律若干问题的解释（二）》。

〔2〕 2000 年 4 月 20 日通过的最高人民法院《关于审理伪造货币等案件具体应用法律若干问题的解释》。

〔3〕 2000 年 4 月 20 日通过的《最高人民法院关于审理伪造货币等案件具体应用法律若干问题的解释》。

2. 伪造货币之后又存在其他行为的认定。《刑法》第 171 条第 3 款规定，伪造货币并出售或者运输伪造的货币的，依照伪造货币罪定罪从重处罚。

（四）出售、购买、运输假币罪的处罚

《刑法》第 171 条规定，犯出售、购买、运输假币罪的，处 3 年以下有期徒刑或者拘役，并处 2 万元以上 20 万元以下罚金；数额巨大的，处 3 年以上 10 年以下有期徒刑，并处 5 万元以上 50 万元以下罚金；数额特别巨大的，处 10 年以上有期徒刑或者无期徒刑，并处 5 万元以上 50 万元以下罚金或者没收财产。

三、金融工作人员购买假币、以假币换取货币罪

金融工作人员购买假币、以假币换取货币罪，是指金融机构的工作人员购买假币或者利用职务上的便利，以伪造的货币换取真币的行为。

本罪的主体是特殊主体，仅限于金融机构的工作人员。

在客观方面，本罪表现为金融机构的工作人员购买假币或者利用职务上的便利，以伪造的货币换取真币的行为。与普通的社会成员相比，金融机构的工作人员具有更便利的条件经手大量的货币，对假币的识别能力也较强。任何购买假币的行为人，无非都是为了进入流通领域或者转手倒卖，获取非法利润。由金融工作人员自身的条件和性质所决定，其购买假币的行为具有更大的社会危害性，其利用职务上的便利以假币换取真币的行为更具有隐蔽性。为此，我国刑法特设立此罪，予以重点防范和给予更严厉的惩罚。

《刑法》第 171 条规定，犯金融工作人员购买假币、以假币换取货币罪的，处 3 年以上 10 年以下有期徒刑，并处 2 万元以上 20 万元以下罚金；数额巨大或者有其他严重情节的，处 10 年以上有期徒刑或者无期徒刑，并处 2 万元以上 20 万元以下罚金或者没收财产；情节较轻的，处 3 年以下有期徒刑或者拘役，并处或者单处 1 万元以上 10 万元以下罚金。

四、持有、使用假币罪

持有、使用假币罪，是指明知是伪造的货币而持有、使用，数额较大的行为。

本罪表现为持有、使用假币，数额较大的行为。持有假币和使用假币，是本罪两种选择性的行为形式。"持有"，是指非法拥有、掌握、携带、存放伪造的货币的行为。"使用"，是指非法将伪造的货币用于支付、汇兑、储蓄、交易活动等行为。其行为的对象是伪造的货币，即仿照真货币而非法制造的假币。只要实施了上述行为之一，数额较大的，就能构成本罪。如果兼施两种行为，数额达到较大，也只按一罪从重处罚，不实行数罪并罚。

《刑法》第 172 条规定，犯持有、使用假币罪的，处 3 年以下有期徒刑或者拘役，并处或者单处 1 万元以上 10 万元以下罚金；数额巨大的，处 3 年以上 10 年以下有期徒刑，并处 2 万元以上 20 万元以下罚金；数额特别巨大的，处 10 年以上有期徒刑，并处 5 万元以上 50 万元以下罚金或者没收财产。

五、变造货币罪

变造货币罪，是指变造货币，数额较大的行为。

本罪表现为变造货币，数额较大的行为。"变造货币"，是指对我国货币或者外币采用剪贴、挖补、揭层、涂改等方法加工处理，使货币改变形态、升值的行为。变造货币和伪造货币的主要区别是，变造货币是以真的我国货币或者外币为材料，采取各种方法，使之改变形态、升值，而伪造货币，是仿照我国货币或者外币的样式，采用各种方法非法制造假的我国货币或者外币。因此，两者社会危害性的大小不同，刑法对其规定的犯罪构成要件和处罚的轻重也有别，要构成变造货币罪，必须是变造货币数额较大的行为，否则不能认为是犯罪。

《刑法》第 173 条规定，犯变造货币罪的，处 3 年以下有期徒刑或者拘役，并处或者单处 1

万元以上 10 万元以下罚金；数额巨大的，处 3 年以上 10 年以下有期徒刑，并处 2 万元以上 20 万元以下罚金。

六、擅自设立金融机构罪

（一）擅自设立金融机构罪的概念和法益

擅自设立金融机构罪，是指未经国家有关主管部门批准，擅自设立商业银行、证券交易所、期货交易所、证券公司、期货经纪公司、保险公司或者其他金融机构的行为。本罪的法益是国家对金融机构的管理制度。

（二）擅自设立金融机构罪构成要件

本罪表现为擅自设立商业银行或者其他金融机构的行为，其行为的具体内容和方式为：①未经国家有关主管部门批准，擅自设立商业银行、证券交易所、期货交易所、证券公司、期货经纪公司、保险公司或者其他金融机构。中国人民银行是主要的主管部门。中国人民银行按照规定审批金融机构的设立、变更、终止及其业务范围。所谓未经批准，就是指违反上述规定，不依照法定的条件、程序提交设立申请，或者虽提交设立申请，但未获批准或者未取得《经营金融业务许可证》。②擅自设立商业银行或者信托公司、融资租赁公司、财务公司、信用合作社、证券交易所、期货交易所、证券公司、期货经纪公司、保险公司或者其他金融机构。

（三）擅自设立金融机构罪的处罚

《刑法》第 174 条规定，犯擅自设立金融机构罪的，处 3 年以下有期徒刑或者拘役，并处或者单处 2 万元以上 20 万元以下罚金；情节严重的，处 3 年以上 10 年以下有期徒刑，并处 5 万元以上 50 万元以下罚金。

单位犯本罪的，对单位判处罚金，并对其直接负责的主管人员和其他直接责任人员，依照个人犯本罪的规定处罚。

七、伪造、变造、转让金融机构经营许可证、批准文件罪

伪造、变造、转让金融机构经营许可证、批准文件罪，是指伪造、变造、转让商业银行、证券交易所、期货交易所、证券公司、期货经纪公司、保险公司或者其他金融机构的经营许可证或者批准文件的行为。

《刑法》第 174 条和《刑法修正案》第 3 条规定，犯伪造、变造、转让金融机构经营许可证、批准文件罪的，处 3 年以下有期徒刑或者拘役，并处或者单处 2 万元以上 20 万元以下罚金；情节严重的，处 3 年以上 10 年以下有期徒刑，并处 5 万元以上 50 万元以下罚金。

单位犯本罪的，对单位判处罚金，并对其直接负责的主管人员和其他直接责任人员，依照上述规定处罚。

八、高利转贷罪

（一）高利转贷罪的概念和法益

高利转贷罪，是指以牟利为目的，套取金融机构信贷资金高利转贷他人，违法所得数额较大的行为。本罪的法益为国家对信贷资金的管理制度。

（二）高利转贷罪的构成要件

"信贷资金"，是指金融机构依法运用来自公民储蓄和企业存款的资金，经过严格的审批程序，用于公司、企业、事业单位和个人的政策性贷款和商业性贷款。高利转贷信贷资金的行为，直接破坏了金融机构根据国民经济和社会发展的需要，依法开展贷款业务正常的管理活动。同时，由于这种行为是以转贷牟利为目的，也破坏了以金融机构融资为主的金融市场秩序，侵犯了他人的财产权利。

行为表现为套取金融机构信贷资金高利转贷他人，违法所得数额较大的行为。其行为的内容和形式为：①实施了套取金融机构信贷资金的行为，即假设自己贷款用途，采取担保贷款或者信用贷款的方式，从银行或者其他金融机构取得信贷资金的行为。②实施了高利转贷他人的行为，即以高于银行或者金融机构根据中国人民银行的利率规定而确定的同期贷款利率幅度，将套取的金融机构的信贷资金转贷给其他单位或者个人，从中牟取非法利益的行为。③高利转贷他人违法所得数额较大。只有符合上述条件的行为，才能构成本罪的客观特征。如果不是套取金融机构信贷资金而是依法获得贷款，只是将自己用后剩余资金借贷给他人，或者不是高利转贷而是以平利或者略高于银行贷款的利率转贷他人，或者违法所得没有达到数额较大的标准，均不能构成本罪。

（三）高利转贷罪的处罚

《刑法》第 175 条规定，犯高利转贷罪的，处 3 年以下有期徒刑或者拘役，并处违法所得 1 倍以上 5 倍以下罚金；数额巨大的，处 3 年以上 7 年以下有期徒刑，并处违法所得 1 倍以上 5 倍以下罚金。

单位犯本罪的，对单位判处罚金，并对其直接负责的主管人员和其他直接责任人员，处 3 年以下有期徒刑或者拘役。

九、骗取贷款、票据承兑、金融票证罪

骗取贷款、票据承兑、金融票证罪，是以欺骗手段取得银行或者其他金融机构贷款、票据承兑、信用证、保函等，给银行或者其他金融机构造成重大损失的行为。本罪是《刑法修正案（六）》新增加的规定，主要是对骗贷的行为进行规制。

需要强调的是，根据《刑法修正案（六）》，构成犯罪必须是造成重大损失或者有其他严重情节。但是《刑法修正案（十一）》的修正删去了"其他严重情节"的要件，旨在限缩本罪的适用范围。

《刑法》第 175 条之一（《刑法修正案（十一）》）规定，犯本罪的，处 3 年以下有期徒刑或者拘役，并处或者单处罚金；给银行或者其他金融机构造成特别重大损失或者有其他特别严重情节的，处 3 年以上 7 年以下有期徒刑，并处罚金。

单位犯本罪的，对单位判处罚金，并对其直接负责的主管人员和其他直接责任人员，依照上述规定处罚。

十、非法吸收公众存款罪

（一）非法吸收公众存款罪的概念和法益

非法吸收公众存款罪，是指非法吸收公众存款或者变相吸收公众存款，扰乱金融秩序的行为。本罪的法益是国家对银行存款的管理制度。非法吸收、变相吸收公众存款的行为，采取各种不正当的方法吸收公众存款，违背了办理公众存款应当遵循的存款自愿、取款自由、存款有息、为存款人保密的原则，破坏了根据中国人民银行规定的存款利率的上下限而确定存款利率的制度，从而严重扰乱了金融秩序。

（二）非法吸收公众存款罪的构成要件

本罪表现为非法吸收公众存款或者变相吸收公众存款的行为。所谓"非法吸收公众存款"，是指违反国家法律、行政法规的规定，在社会上公开以存款的名义吸收公众资金的行为。这种行为可分为两种类型：①不具备吸收公众存款的主体资格而擅自吸收公众存款；②虽有吸收公众存款的主体资格但采用不正当的方法吸收公众存款，如采用提高存款利率、提前还本付息或者先付息后存款等手段，吸引公众存款、收拢资金、增加存款等。所谓"变相吸收公众存款"，是指不以存款的名义而是打着其他招牌吸收公众资金，从而达到吸收公众存款目的的行

为，如采用抽奖或者名借实存等不正当方法吸收公众存款。非法吸收公众存款或者变相吸收公众存款，行为人不择手段地引诱社会公众，收笼资金，从而扰乱了金融秩序。只要实施了两种行为之一，即可构成本罪。

（三）非法吸收公众存款罪的处罚

根据《刑法修正案（十一）》的规定，犯非法吸收公众存款罪的，处 3 年以下有期徒刑或者拘役，并处或者单处罚金；数额巨大或者有其他严重情节的，处 3 年以上 10 年以下有期徒刑，并处罚金；数额特别巨大或者有其他特别严重情节的，处 10 年以上有期徒刑，并处罚金。

单位犯本罪的，对单位判处罚金，并对其直接负责的主管人员和其他直接责任人员，依照个人犯该罪的规定处罚。

犯本罪，在提起公诉前积极退赃退赔，减少损害结果发生的，可以从轻或者减轻处罚。

十一、伪造、变造金融票证罪

（一）伪造、变造金融票证罪的概念和法益

伪造、变造金融票证罪，是指行为人违反金融票据管理法规，仿照金融票据的式样、形状、色彩、文字等要素制作假的金融票据或者对真实的金融票据进行改制的行为。本罪的法益为金融机构正常的票据管理活动。金融票据是商业银行或者其他金融机构进行金融活动的重要凭证。根据《票据法》的规定，金融票据的外在形式必须规范统一，金融票据的内在记载必须真实。金融票据不能伪造、变造。金融票据成为现代经济活动的重要凭证，就在于金融票据本身具有一系列的经济功能。它是以金融机构的信用为基础，以货币价值为内容，以替代货币作为支付功能。因此，伪造、变造金融票据，直接危害着金融机构的正常活动。

（二）伪造、变造金融票证罪的构成要件

本罪表现为行为人违反金融票据管理法规，仿照金融票据的式样、形状、色彩、文字等要素制作假的金融票据或者对真实的金融票据进行改制的行为。

根据刑法的规定，本罪的犯罪对象有汇票、本票、支票；委托收款凭证、汇款凭证、银行存单等其他银行结算凭证；信用证或者附随的单据、文件；信用卡。这里所说的汇票，是指由出票人签发的、委托付款人按约定的付款期限无条件地支付一定数额的钱款给予收款人或者持票人的票据凭证。这里所说的本票，是指出票人签发的、约定自己在见票时无条件地支付已确定的钱款给予收款人或者持票人的票据凭证。这里所说的支票，是指由出票人签发的、委托办理支票存款业务的银行或者其他金融机构在见票时无条件地支付已确定的钱款给予收款人或者持票人的票据凭证。这里所说的委托收款凭证，是指收款人在委托银行或者其他金融机构向付款人收取钱款时所填写的票据凭证。这里所说的汇款凭证，是指汇款人委托银行或者其他金融机构将款项汇往外地时所填写的票据凭证。这里所说的银行存单，是指由储户向银行或者其他金融机构提交存款办理开户时，银行或者其他金融机构所签发的载有户名、账号、存款数额、存入日期、到期日期以及利率等内容，持票人凭存单到期领取钱款，银行或者其他金融机构见票时无条件地予以支付钱款的票据凭证。这里所说的信用证，是指开证银行根据申请人的请求，签发给受益人的一种在其具备约定条件后，即可得到开证银行或者支付银行支付约定钱款的保证付款凭证。这里所说的信用证附随的单据、文件，主要是指使用信用证时所要求必须同时附随的单据和其他证明文件。这里所说的信用卡，是指银行或者信用卡发卡机构签发给客户用于购买商品、接受服务或者提取现金的凭证。根据刑法理论，伪造与变造属于本罪的选择性行为，只要具备行为之一的，即可构成本罪。同时具有两种行为的，仍以一罪论处。

（三）伪造、变造金融票证罪的处罚

《刑法》第 177 条规定，犯伪造、变造金融票证罪的，处 5 年以下有期徒刑或者拘役，并处或者单处 2 万元以上 20 万元以下罚金；情节严重的，处 5 年以上 10 年以下有期徒刑，并处 5 万元以上 50 万元以下罚金；情节特别严重的，处 10 年以上有期徒刑或者无期徒刑，并处 5 万元以上 50 万元以下罚金或者没收财产。

单位犯本罪的，对单位判处罚金，并对其直接负责的主管人员和其他直接责任人员，依照上述规定处罚。

十二、妨害信用卡管理罪和窃取、收买、非法提供信用卡信息罪

妨害信用卡管理罪和窃取、收买、非法提供信用卡信息罪，是《刑法修正案（五）》新增加的罪名，妨害信用卡管理罪行为表现为：①明知是伪造的信用卡而持有、运输的，或者明知是伪造的空白信用卡而持有、运输，数量较大的；②非法持有他人信用卡，数量较大的；③使用虚假的身份证明骗领信用卡的；④出售、购买、为他人提供伪造的信用卡或者以虚假的身份证明骗领的信用卡的。

窃取、收买、非法提供信用卡信息罪，则是指窃取、收买或者非法提供他人信用卡信息资料的行为。

《刑法》第 177 条之一（《刑法修正案（五）》）规定，构成以上两罪的，处 3 年以下有期徒刑或者拘役，并处或者单处 1 万元以上 10 万元以下罚金；数量巨大或者有其他严重情节的，处 3 年以上 10 年以下有期徒刑，并处 2 万元以上 20 万元以下罚金。银行或者其他金融机构的工作人员利用职务上的便利，犯窃取、收买、非法提供信用卡信息罪的，从重处罚。

十三、伪造、变造国家有价证券罪

（一）伪造、变造国家有价证券罪的概念

伪造、变造国家有价证券罪，是指伪造、变造国库券或者国家发行的其他有价证券，数额较大的行为。

（二）伪造、变造国家有价证券罪的犯罪构成

1. 本罪的构成要件。行为对象是国家发行的有价证券，即国库券和国家发行的其他有价证券。"国库券"，是国家为解决财政资金、建设资金的不足而发行的政府债券，是国家给国库券购买者出具的借款证明。国库券是国家发行的一种有价证券，可以依法转让，可以在银行抵押贷款，但不能作为货币流通。"国家发行的其他有价证券"，是指除国库券以外国家发行的各种国家债券，如国家重点建设债券、国家建设债券、特种国家债券、保值公债券、财政债券等。以上这些国家债券是以国家的信用担保的，安全可靠，而且利率高，免征个人收入调节税。因此，伪造、变造国库券或者国家发行的其他有价证券的行为，严重破坏了金融秩序，危害了国家和人民的利益。如果不是伪造、变造国家发行的有价证券，则不能构成本罪。

行为表现为伪造、变造国库券或者国家发行的其他有价证券，数额较大的行为。这里所说的"伪造"，是指仿照国库券或者国家发行的其他有价证券的图案、形状、色彩、面额等，采取各种方法，非法制造假的前述有价证券的行为。"变造"是指采用剪接、挖补、揭层、涂改等方法加工处理，使国库券或者国家发行的其他有价证券改变形态、升值的行为。"伪造"和"变造"是本罪客观方面两种选择性的行为，只要实施了两种行为之一，而且数额达到较大，即可构成本罪。如果兼施"伪造""变造"两种行为，也只按一罪从重处罚，不得数罪并罚。

2. 本罪的责任要素。本罪表现为故意，而且有使用的目的。

（三）伪造、变造国家有价证券罪的处罚

《刑法》第 178 条规定，犯伪造、变造国家有价证券罪的，处 3 年以下有期徒刑或者拘役，

并处或者单处 2 万元以上 20 万元以下罚金；数额巨大的，处 3 年以上 10 年以下有期徒刑，并处 5 万元以上 50 万元以下罚金；数额特别巨大的，处 10 年以上有期徒刑或者无期徒刑，并处 5 万元以上 50 万元以下罚金或者没收财产。

单位犯本罪的，对单位判处罚金，并对其直接负责的主管人员和其他直接责任人员，依照个人犯该罪的规定处罚。

十四、伪造、变造股票、公司、企业债券罪

（一）伪造、变造股票、公司、企业债券罪的概念

伪造、变造股票、公司、企业债券罪，是指伪造、变造股票或者公司、企业债券，数额较大的行为。

（二）伪造、变造股票、公司、企业债券罪的构成要件

行为对象是股票或者公司、企业债券。这里所称的"股票"，是指股份有限公司发给股东表明其入股股份并据以行使权利的凭证，是代表具有财产价值的股东权的有价证券。"公司、企业债券"，是指公司、企业为了筹集资金而依法发行的并承诺在规定日期、按规定利率还本付息，其持有者有权请求还本付息的一种债的关系证书。可见，股票和公司、企业债券都是一种有价证券，伪造、变造这些有价证券的行为，破坏了金融秩序，而且还会给公司、企业和他人造成重大的经济损失。

行为表现为伪造、变造股票或者公司、企业债券，数额较大的行为。所谓"伪造"，是指仿照股票或者公司、企业债券的图案、形状、色彩、格式、面额等，采取各种方法，非法制造假的前述有价证券的行为。"变造"是指采用剪接、挖补、揭层、涂改等方法对股票或者公司、企业债券加工处理，使之改变形态、升值的行为。根据刑法规定，只有伪造、变造股票或者公司、企业债券数额较大的行为，才能构成本罪。

（三）伪造、变造股票、公司、企业债券罪的处罚

《刑法》第 178 条规定，犯伪造、变造股票、公司、企业债券罪的，处 3 年以下有期徒刑或者拘役，并处或者单处 1 万元以上 10 万元以下罚金；数额巨大的，处 3 年以上 10 年以下有期徒刑，并处 2 万元以上 20 万元以下罚金。

单位犯本罪的，对单位判处罚金，并对其直接负责的主管人员和其他直接责任人员，依照个人犯该罪的规定处罚。

十五、擅自发行股票、公司、企业债券罪

（一）擅自发行股票、公司、企业债券罪的概念和法益

擅自发行股票、公司、企业债券罪，是指未经国家有关主管部门批准，擅自发行股票或者公司、企业债券，数额巨大、后果严重或者有其他严重情节的行为。本罪的法益是国家对股票、债券的管理制度。公司法及有关行政法规规定，公司发行股票必须经国务院授权的部门或者省级人民政府批准，属于向社会公开募集的，须经国务院证券管理部门批准。公司、企业发行债券，应当向国务院证券部门报请批准，发行规模由国务院确定。擅自发行股票、债券的行为，直接破坏了国家对股票、债券实行的监督和管理制度，严重扰乱了金融秩序，危害了国家和人民的利益。

（二）擅自发行股票、公司、企业债券罪构成要件

本罪表现为未经国家主管部门批准，擅自发行股票或者公司、企业债券的行为，即不报请国务院主管部门批准或者虽提交申请但没有获取批准，而自作主张制作并向社会发行股票或者公司、企业债券的行为。"未经批准"和"擅自发行"是该犯罪行为的内部构成要素，而"擅自发行"是其成立与否的决定性要素。也就是说，不论是否获取国家主管部门批准，如果没有

实施发行股票或者公司、企业债券的行为，就不能构成本罪。只有未经国家主管部门批准并已实施了发行股票或者公司、企业债券的行为，才能构成犯罪。根据刑法规定，必须具备数额巨大、后果严重或者有其他严重情节的要件，才能构成本罪。

（三）擅自发行股票、公司、企业债券罪的处罚

《刑法》第 179 条规定，犯擅自发行股票、公司、企业债券罪的，处 5 年以下有期徒刑或者拘役，并处或者单处非法募集资金金额 1% 以上 5% 以下罚金。

单位犯本罪的，对单位判处罚金，并对其直接负责的主管人员和其他直接责任人员，处 5 年以下有期徒刑或者拘役。

十六、内幕交易、泄露内幕信息罪和利用未公开信息交易罪

（一）内幕交易、泄露内幕信息罪和利用未公开信息交易罪的概念和法益

内幕交易、泄露内幕信息罪，是指证券、期货交易内幕信息的知情人员或者非法获取证券、期货交易内幕信息的人员，在涉及证券的发行，证券、期货交易或者其他对证券、期货交易价格有重大影响的信息尚未公开前，买入或者卖出该证券，或者从事与该内幕信息有关的期货交易，或者泄露该信息，情节严重的行为。本罪名是《刑法修正案》在原刑法条文的基础上增加了"期货"的内容修改而来的。

利用未公开信息交易罪，是指证券交易所、期货交易所、证券公司、期货经纪公司、基金管理公司、商业银行、保险公司等金融机构的从业人员以及有关监管部门或者行业协会的工作人员，利用因职务便利获取的内幕信息以外的其他未公开的信息，违反规定，从事与该信息相关的证券、期货交易活动，或者明示和暗示他人从事证券、期货交易活动，情节严重的行为。

（二）内幕交易、泄露内幕信息罪和利用未公开信息交易罪的构成要件

1. 两罪的主体均属于特殊主体，只能是证券、期货交易内幕信息以及其他未公开信息的知情人员和非法获取证券、期货交易内幕信息以及其它未公开信息的人员。所谓"内幕信息的知情人员"，是指由于持有发行人的证券，或者在发行人或与发行人有密切联系的公司中担任董事、监事、高级管理人员，或者由于其管理地位、监督地位和职业地位，或者作为雇员、专业顾问履行职务，能够接触或者获得内幕信息的人员。非法获取内幕信息的人员，是指通过非工作关系非法获取证券、期货交易内幕信息的人员。非法获取，既可包括通过犯罪手段获取，也可包括通过非犯罪手段的其他非法途径获取。

具有下列行为的人员为非法获取证券、期货交易内幕信息的人员：①利用窃取、骗取、套取、窃听、利诱、刺探或者私下交易等手段获取内幕信息的；②内幕信息知情人员的近亲属或者其他与内幕信息知情人员关系密切的人员，在内幕信息敏感期内，从事或者明示、暗示他人从事，或者泄露内幕信息导致他人从事与该内幕信息有关的证券、期货交易，相关交易行为明显异常，且无正当理由或者正当信息来源的；③在内幕信息敏感期内，与内幕信息知情人员联络、接触，从事或者明示、暗示他人从事，或者泄露内幕信息导致他人从事与该内幕信息有关的证券、期货交易，相关交易行为明显异常，且无正当理由或者正当信息来源的。[1]

2. 内幕交易、泄露内幕信息罪表现为在涉及证券的发行，证券、期货交易或者其他对证券、期货交易价格有重大影响的信息尚未公开前，买入或者卖出该证券，或者从事与该内幕信息有关的期货交易，或者泄露该信息，情节严重的行为。具体行为方式包括：①在内幕信息尚未公开前，买入该种证券，以获取非法利益；②在内幕信息尚未公开前，卖出该种证券，以减

---

〔1〕　2012 年 3 月 29 日最高人民法院、最高人民检察院《关于办理内幕交易、泄露内幕信息刑事案件具体应用法律若干问题的解释》。

少利益损失；③在内幕信息尚未公开前，泄露该信息使他人利用该信息买入或者卖出该种证券，扰乱正常的交易秩序。这里所说的内幕信息，是指为证券、期货交易内幕人员知悉的，尚未公开的而对证券价格有重大影响的信息。具有下列情形之一的不属于内幕交易、泄露内幕信息罪中规定的从事与该内幕信息有关的证券、期货交易：①持有或者通过协议、其他安排与他人共同持有上市公司百分之五以上股份的自然人、法人或者其他组织收购该上市公司股份的；②按照事先订立的书面合同、指令、计划从事相关证券、期货交易的；③依据已被他人披露的信息而交易的；④交易具有其他正当理由或者正当信息来源的。[1]

3. 根据《刑法修正案（七）》的规定，利用未公开信息交易罪，行为表现为证券交易所、期货交易所、证券公司、期货经纪公司、基金管理公司、商业银行、保险公司等金融机构的从业人员以及有关监管部门或者行业协会的工作人员，利用因职务便利获取的内幕信息以外的其他未公开的信息，违反规定，从事与该信息相关的证券、期货交易活动，或者明示、暗示他人从事相关交易活动，情节严重的。

（三）内幕交易、泄露内幕信息罪和利用未公开信息交易罪的处罚

《刑法》第180条规定，犯该两条罪名之一的，处5年以下有期徒刑或者拘役，并处或者单处违法所得1倍以上5倍以下罚金；情节特别严重的，处5年以上10年以下有期徒刑，并处违法所得1倍以上5倍以下罚金。

在内幕信息敏感期内从事或者明示、暗示他人从事或者泄露内幕信息导致他人从事与该内幕信息有关的证券、期货交易，具有下列情形之一的，应当认定为内幕交易、泄露内幕信息罪规定的"情节严重"：①证券交易成交额在50万元以上的；②期货交易占用保证金数额在30万元以上的；③获利或者避免损失数额在15万元以上的；④3次以上的；⑤具有其他严重情节的。具有下列情形之一的，应当认定为内幕交易、泄露内幕信息罪规定的"情节特别严重"：①证券交易成交额在250万元以上的；②期货交易占用保证金数额在150万元以上的；③获利或者避免损失数额在75万元以上的；④具有其他特别严重情节的。其中"内幕信息敏感期"是指内幕信息自形成至公开的期间。[2]

单位犯前述两罪的，对单位判处罚金，并对其直接负责的主管人员和其他直接责任人员，处5年以下有期徒刑或者拘役。

十七、编造并传播证券、期货交易虚假信息罪

编造并传播证券、期货交易虚假信息罪，是指编造并且传播影响证券、期货交易的虚假信息，扰乱证券、期货交易市场，造成严重后果的行为。

本罪表现为编造并传播影响证券、期货交易的虚假信息的行为，即凭空虚构并且广泛散布可能造成上市证券价格、期货剧烈变动，使一部分投资人蒙受重大损失，而另一部分投资人获利的不真实信息的行为，如谎报公司、企业的财务状况，散布虚假的政治动向等。只有既编造又传播影响证券、期货交易的虚假信息，扰乱了证券、期货交易市场，造成严重后果的，才能构成本罪。

《刑法》第181条第1款规定，犯本罪的，处5年以下有期徒刑或者拘役，并处或者单处1万元以上10万元以下罚金。

〔1〕2012年3月29日最高人民法院、最高人民检察院《关于办理内幕交易、泄露内幕信息刑事案件具体应用法律若干问题的解释》。

〔2〕2012年3月29日发布的《最高人民法院、最高人民检察院关于办理内幕交易、泄露内幕信息刑事案件具体应用法律若干问题的解释》。

单位犯本罪的，对单位判处罚金，并对其直接负责的主管人员和其他直接责任人员，处 5 年以下有期徒刑或者拘役。

十八、诱骗投资者买卖证券、期货合约罪

（一）诱骗投资者买卖证券、期货合约罪的概念

诱骗投资者买卖证券、期货合约罪，是指证券交易所、期货交易所、证券公司、期货经纪公司的从业人员，证券业协会、期货业协会或者证券期货监督管理部门的工作人员，故意提供虚假信息或者伪造、变造、销毁交易记录，诱骗投资者买卖证券、期货合约，造成严重后果的行为。本罪名是由《刑法修正案》在原刑法条文的基础上增加了"期货合约"的内容修改而来的。

（二）诱骗投资者买卖证券、期货合约罪的构成要件

本罪主体属于特殊主体，只能是证券交易所、期货交易所、证券公司、期货经纪公司的从业人员和证券业协会、期货业协会或者证券期货监督管理部门的工作人员。这里所说的"证券交易所"，是指为证券集中竞价交易提供场所，对证券交易进行管理的机构。这里所说的"证券公司"，又称证券商，是指依照公司法和证券管理法规，经国务院证券管理部门批准设立的从事证券经营业务的有限责任公司或者股份有限公司。这里所说的"证券业协会"，是指由证券经营机构组成的、以进行证券行业自律管理为目的的民间组织，即社会团体。这里所说的"证券管理部门"，是指国家证券管理机构，包括由国家或者政府组建的对证券市场实施监督管理的政府机构和由国家或者政府授权监管证券市场的非政府机构。非上述法律明文规定的机构的从业人员或者工作人员不能成为本罪的犯罪主体。

行为表现为提供虚假信息或者伪造、变造、销毁交易记录，诱骗投资者买卖证券、期货合约，造成严重后果的行为。

（三）诱骗投资者买卖证券、期货合约罪的处罚

《刑法》第 181 条第 2 款规定，犯诱骗投资者买卖证券、期货合约罪的，处 5 年以下有期徒刑或者拘役，并处或者单处 1 万元以上 10 万元以下罚金；情节特别恶劣的，处 5 年以上 10 年以下有期徒刑，并处 2 万元以上 20 万元以下罚金。

单位犯本罪的，对单位判处罚金，并对其直接负责的主管人员和其他直接责任人员，处 5 年以下有期徒刑或者拘役。

十九、操纵证券、期货市场罪

（一）操纵证券、期货市场罪的概念

操纵证券、期货市场罪，是指违法操纵证券、期货市场，情节严重的行为。本罪由《刑法修正案》在原刑法条文的基础上增加了"期货合约"的内容，而后又经过《刑法修正案（六）》加以完善，从操纵"价格"修改为操纵"市场"。需要注意的是，《刑法修正案（十一）》再次进行了修订，将原本列于该条第 1、2、3 款中分别规定的"影响证券、期货交易价格或者证券、期货交易量"整合在一起，并直接规定在主条文中，成为该罪整体的要件之一。

（二）操纵证券、期货市场罪本罪的构成要件

本罪表现为违法操纵证券、期货市场并且影响证券、期货交易价格或者证券、期货交易量。根据我国证券管理的有关法规规定，证券、期货交易市场应当遵循公开、公正、公平的交易原则，交易应当按照公平竞争和供求关系进行，即通过公平竞争和供求变化自然形成证券的交易价格、交易规模等。而操纵证券交易、期货交易的行为，却是通过各种非法的人为控制手段，要么大肆哄抬价格、交易量，要么大肆打压，使得交易违反了公平竞争的原则和依供求关系自然形成的规律，从而扰乱了正常的市场秩序。

根据《刑法》第 182 条的规定以及《刑法修正案（十一）》的修改，操纵证券、期货市场行为表现为以下七种行为：①单独或者合谋，集中资金优势、持股或者持仓优势或者利用信息优势联合或者连续买卖的；②与他人串通，以事先约定的时间、价格和方式相互进行证券、期货交易的；③在自己实际控制的帐户之间进行证券交易，或者以自己为交易对象，自买自卖期货合约的；④不以成交为目的，频繁或者大量申报买入、卖出证券、期货合约并撤销申报的；⑤利用虚假或者不确定的重大信息，诱导投资者进行证券、期货交易的；⑥对证券、证券发行人、期货交易标的公开作出评价、预测或者投资建议，同时进行反向证券交易或者相关期货交易的；⑦以其他方法操纵证券、期货市场的。

（三）操纵证券、期货市场罪的处罚

根据《刑法修正案》及《刑法修正案（六）》的规定，犯操纵证券、期货市场罪的，处 5 年以下有期徒刑或者拘役，并处或者单处罚金；情节特别严重的，处 5 年以上 10 年以下有期徒刑，并处罚金。

单位犯本罪的，对单位判处罚金，并对其直接负责的主管人员和其他直接责任人员，依照上述规定处罚。

二十、背信运用受托财产罪和违法运用资金罪

背信运用受托财产罪，是指商业银行、证券交易所、期货交易所、证券公司、期货经纪公司、保险公司或者其他金融机构，违背受托义务，擅自运用客户资金或者其他委托、信托的财产，情节严重的行为。违法运用资金罪，是指社会保障基金管理机构、住房公积金管理机构等公众资金管理机构，以及保险公司、保险资产管理公司、证券投资基金管理公司，违反国家规定运用资金的行为。

以上两罪的犯罪主体均为单位，行为表现为擅自运用，这显然比挪用的范围要广。两罪是《刑法修正案（六）》新增加的罪名。

《刑法》第 185 条之一（《刑法修正案（六）》）规定，犯背信运用受托财产罪和违法运用资金罪的，对单位判处罚金，并对其直接负责的主管人员和其他直接责任人员，处 3 年以下有期徒刑或者拘役，并处 3 万元以上 30 万元以下罚金；情节特别严重的，处 3 年以上 10 年以下有期徒刑，并处 5 万元以上 50 万元以下罚金。

二十一、违法发放贷款罪

违法发放贷款罪，是指银行或者其他金融机构的工作人员违反规定发放贷款，数额巨大或造成严重损失的行为。本罪是《刑法修正案（六）》对原《刑法》第 186 条的规定修改而来的。其不再以是否属于关系人来界定不同的罪名，而是规定：银行或者其他金融机构的工作人员违反国家规定，向关系人发放贷款的，作为本罪从重处罚的条件，从而将罪名简化，容易使人理解。

根据《刑法修正案（六）》的规定，违法发放贷款，数额巨大或者造成重大损失的，处 5 年以下有期徒刑或者拘役，并处 1 万元以上 10 万元以下罚金；数额特别巨大或者造成特别重大损失的，处 5 年以上有期徒刑，并处 2 万元以上 20 万元以下罚金。银行或者其他金融机构的工作人员违反国家规定，向关系人发放贷款的，依照上述规定从重处罚。

《刑法》第 186 条第 3 款规定，单位犯本罪的，对单位判处罚金，并对其直接负责的主管人员和其他直接责任人员，依照个人犯该罪的规定处罚。

二十二、吸收客户资金不入账罪

（一）吸收客户资金不入账罪的概念和法益

本罪名的前身为"用账外客户资金违法拆借、发放贷款罪"，原罪是指银行或者其他金融机构的工作人员以牟利为目的，采取吸收客户资金不入账的方式，将奖金用于非法拆借、发放贷款、造成重大损失的行为。《刑法修正案（六）》将其修改为"吸收客户资金不入账罪"，是指银行或者其他金融机构的工作人员吸收客户资金不入账，数额巨大或者造成重大损失的行为。本罪的法益是国家对公众存款的管理制度。一些银行或者其他金融机构的工作人员利用办理存款和发放贷款业务的便利，将客户存款不入账，破坏了国家对公众存款正常的管理活动，扰乱了金融秩序，而且还会给国家资产和储户造成严重损失。

（二）吸收客户资金不入账罪构成要件

主体只能是银行或者其他金融机构的工作人员，或者金融机构单位。

行为表现为吸收客户资金不入账，造成重大损失的行为。所谓"吸收客户资金不入账"，是指银行或者其他金融机构的工作人员把公众的存款资金在其存款账目上不予记载或者不如实记载，给存款人开具假存单或者与存款账目不相符的存单的行为。

"造成重大损失"，主要是指未向中国人民银行交存款准备金或者拖延、拒付客户存款本金和利息数额巨大的。

（三）吸收客户资金不入账罪的处罚

《刑法修正案（六）》规定，犯本罪的，处 5 年以下有期徒刑或者拘役，并处 2 万元以上20 万元以下罚金；数额特别巨大或者造成特别重大损失的，处 5 年以上有期徒刑，并处 5 万元以上 50 万元以下罚金。

单位犯本罪的，对单位判处罚金，并对直接负责的主管人员和其他直接责任人员，依照个人犯该罪的规定处罚。

二十三、违规出具金融票证罪

（一）违规出具金融票证罪的概念和法益

违规出具金融票证罪，是指银行或者其他金融机构的工作人员违反规定，为他人出具信用证或者其他保函、票据、存单、资信证明，情节严重的行为。《刑法修正案（六）》对本罪的构成要件进行了修改。本罪的法益是国家对出具信用证明的管理制度。非法出具信用证明的行为，破坏了中国人民银行不得向任何单位和个人提供担保的制度；破坏了商业银行和其他金融机构应当严格审查借款人的资信，对保证人的偿还能力，抵押物、质物的权属和价值以及实现抵押权、质权的可行性进行严格审查，不得徇私提供担保的管理制度。

（二）违规出具金融票证罪的构成要件

主体只能是银行或者其他金融机构的工作人员。

行为表现为违反规定，为他人出具信用证或者其他保函、票据、存单、资信证明，情节严重的行为。①违反规定即违反国家法律、行政法规规定的前述关于银行或者其他金融机构为他人出具信用证明的禁止性和限制性的规定。②实施了为他人提供出具信用证或者其他保函、票据、存单、资信证明的行为。所谓"信用证"，是指银行或者其他金融机构根据买方的申请，开给卖方的一种保证支付货款的书面凭证。"保函"，是指银行或者其他金融机构以其自身的信用为他人承担责任的文件。"票据"，是指以支付一定金额为目的的可以转让、流通的有价证券，具体包括《票据法》规定的汇票、本票、支票。"存单"，是指由储户向银行交存款项，办理开户，银行签发载有户名、账号、存款金额、存期、存入日、到期日、利率等内容的信用证和结算凭证。"资信证明"，是指证明一个人或者一个单位经济实力与信用的文件。③必须情节严重。本条的原规定为"较大损失"，《刑法修正案（六）》将其修改为"情节严重"。

（三）违规出具金融票证罪的处罚

《刑法》第 188 条及《刑法修正案（六）》规定，犯违规出具金融票证罪的，处 5 年以下有期徒刑或者拘役；情节特别严重的，处 5 年以上有期徒刑。

单位犯本罪的，对单位判处罚金，并对其直接负责的主管人员和其他直接责任人员，依照个人犯该罪的规定处罚。

二十四、对违法票据承兑、付款、保证罪

（一）对违法票据承兑、付款、保证罪的概念

对违法票据承兑、付款、保证罪，是指银行或者其他金融机构的工作人员在票据业务中，对违反《票据法》规定的票据予以承兑、付款或者保证，造成重大损失的行为。

（二）对违法票据承兑、付款、保证罪的犯罪构成

1. 本罪的构成要件。主体只能是银行或者其他金融机构的工作人员，或者金融机构。

行为表现为对违反《票据法》规定的票据予以承兑、付款或者保证，造成重大损失的行为。《票据法》规定，票据活动应当遵守法律、行政法规，不得损害社会公共利益。票据应当符合法定条件。所谓"违反票据法规定的票据"，是指不符合票据法规定的法定条件的票据，主要包括无效票据、不享有票据权利的票据、丧失票据权利的票据等，对于这些不符合法定条件的票据，不能予以承兑、付款或者保证。所谓"承兑"，是指汇票付款人承诺在汇票到期日支付汇票金额的票据行为。承兑是汇票所特有的一种法律关系，仅适用于汇票。所谓"付款"，是指在票据业务中向持票人支付票据金额，消灭票据关系的行为。所谓"保证"，是指在票据业务中以保证票据债务人履行票据债务为目的所为的一种附属票据行为。本罪的客观要件，需要具备因实施了对违法票据承兑、付款、保证的行为而致使银行或者其他金融机构遭受重大经济损失的情形，才能构成本罪。否则，只能按有关行政法规的规定处理。

2. 本罪的责任要素。刑法理论上对此存在争议，有的观点认为是故意，有的观点认为是过失，还有观点认为既可以是故意也可以是过失。本书认为本罪的责任形式为过失，即银行或者其他金融机构的工作人员在票据业务中，因玩忽职守而被骗，给银行或者其他金融机构造成重大损失的行为。

（三）对违法票据承兑、付款、保证罪的处罚

《刑法》第 189 条规定，犯对违法票据承兑、付款、保证罪的，处 5 年以下有期徒刑或者拘役；造成特别重大损失的，处 5 年以上有期徒刑。

单位犯本罪的，对单位判处罚金，并对其直接负责的主管人员和其他直接责任人员，依照个人犯该罪的规定处罚。

二十五、逃汇罪

（一）逃汇罪的概念和法益

逃汇罪，是指公司、企业或者其他单位违反国家规定，擅自将外汇存放境外，或者将境内的外汇非法转移到境外，数额较大的行为。1998 年 12 月 29 日公布施行的《全国人大常委会关于惩治骗购外汇、逃汇和非法买卖外汇犯罪的决定》对刑法原条文规定进行了修改。本罪的法益是国家对外汇的管理制度。

（二）逃汇罪的构成要件

主体只能是公司、企业或者其他单位，自然人不能成为本罪的主体。《刑法》原来规定的主体只能是"国有公司、企业或者其他国有单位"，此为《关于惩治骗购外汇、逃汇和非法买卖外汇犯罪的决定》所修改。

行为表现为违反国家规定，擅自将外汇存放境外，或者将境内的外汇非法转移到境外，数额较大的行为。这一特征具有以下三层含义：

1. 表现为违反国家有关外汇管理的规定。外汇，是指外国货币以及以外国货币作为票面

价额的各种有价证券、支付凭证。根据国家对外汇的管理法规，国有公司、企业或者其他国有单位，对于经常性项目的外汇收入，应当及时调回国内，不得存放境外。境内机构向境外投资，必须经国家主管部门批准后，才能将外汇汇出境。而逃汇行为则采取各种不正当手段，违反国家的外汇管理法规，破坏国家对外汇的管理活动，影响国家的外汇收入和外汇储备。

2. 表现为擅自将外汇存放境外或者将境内的外汇非法转移至境外。擅自将外汇存放境外，是指没有按照国家的外汇管理法规的规定，不及时把境外取得的外汇收入调回国内或者不存入国家指定的银行，而是将外汇存放于国外的银行或其他机构的行为。将境内的外汇非法转移至境外，是指应当把境内的外汇或者取得的外汇收入售给国家指定的银行而不出售，未经外汇管理部门的批准，私自将外汇携带、邮寄出境的行为。

3. 必须是情节严重。所谓情节严重，是指逃汇数额较大、经常逃汇、抗拒检查，已经给国家造成严重的损失等。

（三）逃汇罪的处罚

《全国人大常委会关于惩治骗购外汇、逃汇和非法买卖外汇犯罪的决定》规定，犯逃汇罪的，对单位判处逃汇数额5%以上30%以下罚金，并对其直接负责的主管人员和其他直接责任人员处5年以下有期徒刑或拘役；数额巨大或有其他严重情节的，对单位判处逃汇数额5%以上30%以下罚金，并对其直接负责的主管人员和其他直接责任人员处5年以上有期徒刑。

二十六、骗购外汇罪

骗购外汇罪是指骗购外汇，数额较大的行为。本罪名是根据上述《全国人大常委会关于惩治骗购外汇、逃汇和非法买卖外汇犯罪的决定》的规定补充而来的。行为表现为骗购外汇，数额较大的行为。行为方式主要表现为：①使用伪造、变造的海关签发的报关单、进口证明、外汇管理部门核准件等凭证和单据的；②重复使用海关签发的报关单、进口证明、外汇管理部门核准件等凭证和单据的；③以其他方式骗购外汇的。

根据上述《全国人大常委会关于惩治骗购外汇、逃汇和非法买卖外汇犯罪的决定》的规定，犯本罪的，处5年以下有期徒刑或者拘役，并处骗购外汇数额5%以上30%以下罚金；数额巨大或者有其他严重情节的，处5年以上10年以下有期徒刑，并处骗购外汇数额5%以上30%以下罚金；数额特别巨大或者有其他特别严重情节的，处10年以上有期徒刑或者无期徒刑，并处骗购外汇数额5%以上30%以下罚金或者没收财产。

伪造、变造海关签发的报关单、进口证明、外汇管理部门核准件等凭证和单据，并用于骗购外汇的，依照上述规定从重处罚。

明知用于骗购外汇而提供人民币资金的，以共犯论处。

单位犯本罪的，对单位判处罚金，并对其直接负责的主管人员和其他直接责任人员，处5年以下有期徒刑或者拘役；数额巨大或者有其他严重情节的，处5年以上10年以下有期徒刑；数额特别巨大或者有其他特别严重情节的，处10年以上有期徒刑或者无期徒刑。

海关、外汇管理部门以及金融机构、从事对外贸易经营活动的公司、企业或者其他单位的工作人员与骗购外汇或者逃汇的行为人通谋，为其提供购买外汇的有关凭证或者其他便利的，或者明知是伪造、变造的凭证和单据而售汇、付汇的，以共犯论，依照上述规定从重处罚。

二十七、洗钱罪

（一）洗钱罪的概念和法益

洗钱罪是指为掩饰、隐瞒毒品犯罪、黑社会性质的组织犯罪、恐怖活动犯罪、走私犯罪、贪污贿赂犯罪、破坏金融管理秩序犯罪、金融诈骗犯罪的所得及其产生的收益的来源和性质，进行洗钱的行为。《刑法修正案（三）》在本罪的上游犯罪中增加了"恐怖活动犯罪"；《刑法修正案（六）》在本罪的上游犯罪中增加了"贪污贿赂犯罪、破坏金融管理秩序犯罪、金融诈骗犯罪"的内容并对具体行为进行了部分修改。《刑法修正案（十一）》对于罪状的表述和刑罚再次进行了修订。本罪的法益主要是我国的金融管理秩序。犯罪分子洗钱活动的介入，使得正常的金融活动受到了干扰，金融机构的业务活动的性质发生了某些变化，甚至有些金融机构明目张胆地干起了洗钱这一类违法活动。这些行为破坏了中国人民银行对其他金融机构的有效管理，降低了有关金融机构尤其是银行的资信，从而引起资金的不正常流动。

（二）洗钱罪的构成要件

本罪表现为掩饰、隐瞒毒品犯罪、黑社会性质的组织犯罪、恐怖活动犯罪、走私犯罪、贪污贿赂犯罪、破坏金融管理秩序犯罪、金融诈骗犯罪的违法所得及其产生的收益的来源和性质，进行洗钱的行为。①我们应当将洗钱罪同上游犯罪即毒品犯罪、黑社会性质的组织犯罪等区别开来。这些上游犯罪的客观方面亦不同于洗钱罪的客观方面。洗钱罪是独立于这些上游犯罪的。②洗钱罪的对象应是犯罪所得及其产生的收益。

"洗钱"一词，是由英文 money laundering[1] 演化而来的，意思是原先的"黑钱""赃钱"经过"合法"的金融活动的"洗涤"之后，变违法为合法，使之披上合法的外衣，成为"干净之钱"，逃避法律和社会的监督。根据《刑法》以及《刑法修正案（六）》《刑法修正案（十一）》的规定，"洗钱"的具体行为包括：①提供资金账户的；②将财产转换为现金、金融票据、有价证券的；③通过转帐或者其他支体结算方式转移资金的；④跨境转移资产的；⑤以其他方式掩饰、隐瞒犯罪所得及其收益的来源和性质的。

（三）洗钱罪的处罚

《刑法》第191条和《刑法修正案（十一）》规定，犯洗钱罪的，处5年以下有期徒刑或者拘役，并处或者单处罚金；情节严重的，处5年以上10年以下有期徒刑，并处罚金。

第六节　金融诈骗罪

一、集资诈骗罪

（一）集资诈骗罪的概念和法益

集资诈骗罪，是指行为人以非法占有为目的，使用诈骗方法非法集资，数额较大的行为。本罪侵犯的法益既包括金融管理秩序，也包括社会公众财产所有权。集资诈骗罪是诈骗罪的特殊表现形式，因此，集资诈骗罪的成立，也必须满足诈骗罪行为构造，即行为人实施诈骗行为导致被害人错误认识或者维持错误认识，并基于错误认识处分财产，行为人取得财产，被害人财产遭受损失。

（二）集资诈骗罪的犯罪构成

1. 集资诈骗罪的构成要件。

（1）行为主体为年满16周岁精神正常的自然人，也包括单位。

（2）行为内容为使用诈骗的方法向社会不特定公众募集资金的行为。诈骗的方法，是指行为人"虚构事实或者隐瞒真相"，具体表现为向行为对象做虚假陈述，使其产生错误认识并

---

〔1〕"洗钱"一词是个外来词汇。原意是指：美国芝加哥黑帮的一个金融专家购买了一台投币式洗衣机，开了一个洗衣店。然后，在每天晚上计算当天的洗衣收入时，他就把其通过赌博、走私、勒索获得的非法所得赃款加入其中，再向税务部门申报纳税。税务局扣除其应缴的税款外，剩下的其他非法所得钱财就成了合法收入。这就是"洗钱"一词的来历。

基于错误认识而处分财产，因此，其行为本质与诈骗罪并无二致。集资诈骗罪的行为人往往以"高回报率"为诱饵，虚假承诺。其承诺的内容是指通过行为人出资并通过该"资本"获得汇报或者利益，不是利用"出资"进行生产、经营等活动所获得有关报酬。根据有关司法解释，集资诈骗的行为方式往往表现为：①不具有房产销售的真实内容或者不以房产销售为主要目的，以返本销售、售后包租、约定回购、销售房产份额等方式非法吸收资金的；②以转让林权并代为管护等方式非法吸收资金的；③以代种植（养殖）、租种植（养殖）、联合种植（养殖）等方式非法吸收资金的；④不具有销售商品、提供服务的真实内容或者不以销售商品、提供服务为主要目的，以商品回购、寄存代售等方式非法吸收资金的；⑤不具有发行股票、债券的真实内容，以虚假转让股权、发售虚构债券等方式非法吸收资金的；⑥不具有募集基金的真实内容，以假借境外基金、发售虚构基金等方式非法吸收资金的；⑦不具有销售保险的真实内容，以假冒保险公司、伪造保险单据等方式非法吸收资金的；⑧以投资入股的方式非法吸收资金的；⑨以委托理财的方式非法吸收资金的；⑩利用民间"会""社"等组织非法吸收资金的；⑪其他非法吸收资金的行为。

（3）行为对象为社会公众。即向社会不特定对象募集资金。在亲友或者单位内部针对特定对象募集资金，不属于本罪调整范围。但是，在向亲友或者单位内部人员吸收资金的过程中，明知亲友或者单位内部人员向不特定对象吸收资金而予以放任；或者以吸收资金为目的，将社会人员吸收为单位内部人员，并向其吸收资金的，仍然应当认定为向社会公众募集资金。

（4）行为结果为集资诈骗的数额较大。集资诈骗数额在10万元以上的，应当认定为"数额较大"。

2. 集资诈骗罪的违法性。行政部门对于非法集资的性质认定，不是非法集资刑事案件进入刑事诉讼程序的必经程序。行政部门未对非法集资作出性质认定的，不影响非法集资刑事案件的侦查、起诉和审判。

3. 集资诈骗罪的责任要素。本罪的主观方面为故意，且要求行为人具有非法占有的目的，关于非法占有目的认定，根据最高人民法院《关于审理非法集资刑事案件具体应用法律若干问题的解释》中规定，使用诈骗方法非法集资，具有下列情形之一的，可以认定为"以非法占有为目的"：①集资后不用于生产经营活动或者用于生产经营活动与筹集资金规模明显不成比例，致使集资款不能返还的；②肆意挥霍集资款，致使集资款不能返还的；③携带集资款逃匿的；④将集资款用于违法犯罪活动的；⑤抽逃、转移资金、隐匿财产，逃避返还资金的；⑥隐匿、销毁账目，或者搞假破产、假倒闭，逃避返还资金的；⑦拒不交代资金去向，逃避返还资金的；⑧其他可以认定非法占有目的的情形。

（三）集资诈骗罪的认定

1. 关于非法占有目的的认定。集资诈骗罪中的非法占有目的，应当区分情形进行具体认定。行为人部分非法集资行为具有非法占有目的的，对该部分非法集资行为所涉集资款以集资诈骗罪定罪处罚；非法集资共同犯罪中部分行为人具有非法占有目的，其他行为人没有非法占有集资款的共同故意和行为的，对具有非法占有目的的行为人以集资诈骗罪定罪处罚。集资诈骗罪和欺诈发行股票、债券罪、非法吸收公众存款罪在客观上均表现为向社会公众非法募集资金。区别的关键在于行为人是否具有非法占有的目的。对于以非法占有为目的而非法集资，或者在非法集资过程中产生了非法占有他人资金的故意，均构成集资诈骗罪。但是，在处理具体案件时要注意以下两点：一是不能仅凭较大数额的非法集资款不能返还的结果，推定行为人具有非法占有的目的；二是行为人将大部分资金用于投资或生产经营活动，而将少量资金用于个人消费或挥霍的，不应仅以此便认定具有非法占有的目的。

2. 关于犯罪数额的认定。集资诈骗的数额以行为人实际骗取的数额计算，案发前已归还的数额应予扣除。行为人为实施集资诈骗活动而支付的广告费、中介费、手续费、回扣，或者用于行贿、赠与等费用，不予扣除。行为人为实施集资诈骗活动而支付的利息，除本金未归还可予折抵本金以外，应当计入诈骗数额。

3. 关于共同犯罪的处理问题。为他人向社会公众非法吸收资金提供帮助，从中收取代理费、好处费、返点费、佣金、提成等费用，构成非法集资共同犯罪的，应当依法追究刑事责任。能够及时退缴上述费用的，可依法从轻处罚；其中情节轻微的，可以免除处罚；情节显著轻微、危害不大的，不作为犯罪处理。

（四）集资诈骗罪

根据《刑法修正案（十一）》修订后的规定，集资诈骗涉案数额较大的，处 3 年以上 7 年以下有期徒刑，并处罚金；数额巨大或者有其他严重情节的，处 7 年以上有期徒刑或者无期徒刑，并处罚金或者没收财产。其中单位犯前款罪的，对单位判处罚金，并对其直接负责的主管人员和其他直接责任人员，依照上述的规定处罚。个人进行集资诈骗，数额在 10 万元以上的，应当认定为"数额较大"；数额在 100 万元以上的，应当认定为"数额巨大"。集资诈骗数额在 50 万元以上，同时造成恶劣社会影响或者其他严重后果的，应当认定为刑法第 192 条规定的"其他严重情节"。[1]

二、贷款诈骗罪

（一）贷款诈骗罪的概念和法益

贷款诈骗罪，是指行为人以非法占有为目的，诈骗银行或者其他金融机构的贷款，数额较大的行为。本罪侵犯的法益是金融管理秩序和银行或者其他金融机构（具有贷款功能）的财产所有权。

（二）贷款诈骗罪的犯罪构成

1. 贷款诈骗罪的构成要件。

（1）行为主体为年满 16 周岁精神正常的自然人。单位不能构成本罪的主体。但是，单位实施贷款诈骗行为的，对"组织、策划、实施"的人以贷款诈骗罪追求刑事责任。

（2）行为内容为诈骗银行或者其他金融机构的贷款。和集资诈骗罪一样，分析贷款诈骗罪的行为表现，必须将其和诈骗罪综合起来分析，二者表现为特别条款和普通条款的关系，因此，贷款诈骗罪的行为要素也需满足"诈骗罪的行为构造模式"。具体表现为：①编造引进资金、项目等虚假理由的。该种行为表现形式通常是行为人编造引进资金或者招商引资项目，进而利用一些政策上优惠，骗取银行或者其他金融机构的配套贷款。对于在客观上存在项目，行为人只是对项目进行夸大，提高贷款信用保证度，从而获得更多贷款或者更长时间的贷款，不要轻易认定为本罪。②使用虚假的经济合同的。这是指行为人使用伪造、变造或者作废的经济合同，向银行或者其他金融机构申请贷款，使对方产生错误认识，进而发放贷款。③使用虚假的证明文件的。这里所说的证明文件，是指向银行或者金融机构贷款所必须的证明材料，这些证明材料是影响银行或者其他金融机构是否放贷的重要依据。例如虚假的银行账户流水、存款证明、财务记录凭证、立项文书等。④使用虚假的产权证明作担保或者超出抵押物价值重复担保的。例如行为人提供虚假汽车、房屋产权证明等。超出抵押物价值重复担保，是指将同一财物重复作为贷款抵押物，贷款总和超过了抵押物的价值。⑤以其他方法诈骗贷款的。需要强调

---

[1]　2022 年 3 月 1 日起施行的《最高人民法院关于审理非法集资刑事案件具体应用法律若干问题的解释》。

的是，贷款诈骗罪的成立，必须是银行或者金融机构具有财产处分决定权的人基于行为人的行为产生或者维持错误认识进而做出财产处分，并非只要行为人实施了欺骗行为就可以认定行为人构成贷款诈骗罪。

（3）行为对象为银行或者其他金融机构。银行是专门经营存款、贷款等业务金融机构。其他非银行的金融机构是指经营货币业务或者提供金融服务的专门机构，随着我国金融业务的蓬勃发展，非银行的金融机构越来越多，如信用社、融资公司、融资租赁公司、信托投资公司、证券公司、保险公司等。但是，需要说明的是，这里的"其他金融机构"并不是指银行以外的所有金融机构，而是指那些具有贷款功能的金融机构。同时，还要强调金融机构的合法性要素，对于那些所谓的"标会""地下钱庄"等非法机构不能视为本罪的对象。

（4）行为结果为骗取了银行或者其他金融机构数额较大的财物。根据立案标准，数额在5万元以上，应当立案追诉。这里的数额标准应该以金融机构实际发放的数额，不是指行为人申请的数额。并且，数额的认定应当以本金作为认定依据，不应当包括利息。

2. 贷款诈骗罪的责任要素。本罪的主观方面为故意，并且要求行为人具有非法占有的目的。根据司法实践，对于行为人通过诈骗的方法非法获取资金，造成数额较大资金不能归还，并具有下列情形之一的，可以认定为具有非法占有的目的：①明知没有归还能力而大量骗取资金的；②非法获取资金后逃跑的；③肆意挥霍骗取资金的；④使用骗取的资金进行违法犯罪活动的；⑤抽逃、转移资金、隐匿财产，以逃避返还资金的；⑥隐匿、销毁账目，或者搞假破产、假倒闭，以逃避返还资金的；⑦其他非法占有资金、拒不返还的行为。但是，在处理具体案件的时候，对于有证据证明行为人不具有非法占有目的的，不能单纯以财产不能归还就按金融诈骗罪处罚。

行为人并未采取欺骗手段获取贷款，在使用贷款过程中产生了非法占有的目的，隐匿、转移财产应当如何认定，在理论上存在争议。[1] 我们认为，如果行为人使用了欺骗手段使被害人基于错误认识免除行为人还款义务，对于行为人可以考虑适用诈骗罪处理。

（三）贷款诈骗罪的认定

1. 单位不能构成贷款诈骗罪。根据2001年最高人民法院印发的《全国法院审理金融犯罪案件工作座谈会纪要》中规定，按照《刑法》第30条和第193条的规定，单位不构成贷款诈骗罪。对于单位实施的贷款诈骗行为，不能以贷款诈骗罪定罪处罚，也不能以贷款诈骗罪追究直接负责的主管人员和其他直接责任人员的刑事责任。但是，在司法实践中，对于单位十分明显地以非法占有为目的，利用签订、履行借款合同诈骗银行或其他金融机构贷款，符合《刑法》第224条规定的合同诈骗罪构成要件的，应当以合同诈骗罪定罪处罚。但是，根据2014年4月24日第十二届全国人民代表大会常务委员会第八次会议通过的立法解释，全国人民代表大会常务委员会根据司法实践中遇到的情况，讨论了《刑法》第30条的含义及公司、企业、事业单位、机关、团体等单位实施《刑法》规定的危害社会的行为，法律未规定追究单位的刑事责任的，如何适用《刑法》有关规定的问题，解释如下："公司、企业、事业单位、机关、团体等单位实施刑法规定的危害社会的行为，刑法分则和其他法律未规定追究单位的刑事责任的，对组织、策划、实施该危害社会行为的人依法追究刑事责任。"由是观之，对于单位实施贷款诈骗的行为，应该对"组织、策划、实施"的人以贷款诈骗罪追求刑事责任。

2. 贷款诈骗与贷款纠纷的界限。在司法实践中，贷款诈骗罪和贷款纠纷之间的界限认定，存在一定的难度。我们认为，核心的认定方法应遵循从客观实行为判断出发，分析行为人的

---

[1]　具体包括认为构成侵占罪、合同诈骗罪、侵占罪和合同诈骗罪、贷款诈骗罪、诈骗罪。

非法占有目的。对于合法取得贷款后，没有按规定的用途使用贷款，到期没有归还贷款的，不能以贷款诈骗罪定罪处罚；对于确有证据证明行为人不具有非法占有的目的，因不具备贷款的条件而采取了欺骗手段获取贷款，案发时有能力履行还贷义务，或者案发时不能归还贷款是因为意志以外的原因，如因经营不善、被骗、市场风险等，不应以贷款诈骗罪定罪处罚。

3. 贷款诈骗罪与相关犯罪的界限。贷款诈骗罪作为一种特殊类型的诈骗犯罪，与很多相关的犯罪直接存在界分问题。例如，贷款诈骗罪和诈骗罪、合同诈骗罪的关系。贷款诈骗罪是诈骗罪的特殊条款，是特殊法条和普通法条的关系。而贷款则是行为人通过与银行或者其他金融机构签订合同来实现的，因此，贷款诈骗罪和合同诈骗罪之间存在竞合关系。对于行为人采取欺骗手段使第三人为其担保，进而骗取银行或者其他金融机构贷款的行为定性，理论上也存在争议，有的认为构成诈骗罪，有的认为构成贷款诈骗罪。[1] 我们认为，在确定具体被害人的基础上，宜认定为诈骗罪或者合同诈骗罪。在贷款人与银行工作人员勾结的情况下，贷款诈骗罪的认定还涉及与贪污罪或者职务侵占罪之间关系的判断。总体上，我们认为，应结合银行工作人员的工作职权（包括是否国家工作人员的身份），即银行工作人员是否具有财产处分权以及共同犯罪基本理论，进而判断贷款人行为性质以及银行涉案人员的行为定性。

（四）贷款诈骗罪的处罚

贷款诈骗罪分为三个量刑档次：数额较大的，处5年以下有期徒刑或者拘役，并处2万元以上20万元以下罚金；数额巨大或者有其他严重情节的，处5年以上10年以下有期徒刑，并处5万元以上50万元以下罚金；数额特别巨大或者有其他特别严重情节的，处10年以上有期徒刑或者无期徒刑，并处5万元以上50万元以下罚金或者没收财产。

三、票据诈骗罪

（一）票据诈骗罪的概念和法益

票据诈骗罪，是指行为人利用虚假的汇票、本票、支票等金融票据进行金融票据诈骗活动，数额较大的行为。本罪侵犯的法益为金融票据的管理秩序和他人的财产所有权。

（二）票据诈骗罪的犯罪构成

1. 票据诈骗罪的构成要件。

（1）行为主体为一般主体，既包括自然人，也包括单位。

（2）行为内容为使用金融票据进行诈骗。具体表现为：①明知是伪造、变造的汇票、本票、支票而使用的；②明知是作废的汇票、本票、支票而使用的；③冒用他人的汇票、本票、支票的；④签发空头支票或者与其预留印鉴不符的支票，骗取财物的；⑤汇票、本票的出票人签发无资金保证的汇票、本票或者在出票时作虚假记载，骗取财物的。

伪造票据，是指假冒他人在票据上为一定的票据行为，包括出票、背书、承兑和保证行为等。[2] 由此可见，伪造票据，是行为人以行使票据上的权利义务为旨趣，假冒他人的名义为票据行为的行为。行为人在票据上偷盖他人印章的行为，属于伪造票据。行为人使用该票据骗取他人财物的行为，属于使用伪造票据的行为类型。票据的编造，是指行为人以使票据权利义务得以行使为目的，变更票据上记载的除签名以外的有关事项的行为。例如行为人变更票面金额的行为。签章的编造属于伪造票据。使用伪造、编造的票据，既包括直接使用，也包括间接使用，包括使用伪造、变造的票据汇兑、利用其信用功能、支付、流通、结算、融资等。例如，使用伪造、变造的票据作为抵押的行为，也可以本罪评价。作废的票据，是指付款请求权

〔1〕张明楷：《诈骗罪与金融诈骗罪研究》，清华大学出版社2006年版，第544页。

〔2〕赵秉志主编：《金融诈骗罪新论》，人民法院出版社2001年版，第227页。

已经实现的票据、依法宣布作废的票据。对于过期的票据，其效力和作废的票据相同，使用过期的票据的行为性质与使用作废的票据行为具有等质性。此外，对于使用自始无效的票据，因为考虑到自始无效的票据在性质上与作废的票据相同，因此，也应将使用自始无效的票据的行为按照使用作废的票据来评价。行为人冒充合法持票人，使用他人真实有效的票据的行为，是冒用他人票据的行为，其本质是不具有行使票据权利的人行使了权利人的权利。空头支票，是指出票人签发的支票金额超过其付款时在付款人处实有的存款金额。签发空头支票，是指出票人签发了超额的支票。签发与其预留印鉴不符的支票，是指行为人在其签发的支票上加盖与其在银行或者其他金融机构的印鉴不一样的财务公章或者私人印章或者签名，这里特别需要说明的是关于"签名"问题。尽管法律条文中用的"印鉴"，但是，我们认为，这里的印鉴应当包括印章和签名。其性质在本质上完全相同，签字的效力有时候甚至更高，将签名排除出去，缺乏合理性解释。最后，汇票、本票的出票人必须有支付汇票、本票金额的资金来源，在其付款时具有付款能力，否则就会造成他人损失。汇票、本票的出票人在出票时作虚假记载是本罪的表现形式，不包括其他环节。

（3）行为对象为金融票据，具体包括汇票、本票和支票。根据票据法的有关规定，汇票是指出票人签发的，委托付款人在见票时或者在指定日期无条件支付确定的金额给收款人或者持票人的票据。本票是指出票人签发的，承诺自己在见票时无条件支付确定的金额给收款人或者持票人的票据。支票，是出票人签发的，委托办理支票存款业务的银行或者其他金融机构在见票时无条件支付确定的金额给收款人或者持票人的票据。

（4）行为结果为骗取了数额较大的财物。根据相关司法解释，进行金融票据诈骗活动，涉嫌下列情形之一的，应予立案追诉：①个人进行金融票据诈骗，数额在1万元以上的；②单位进行金融票据诈骗，数额在10万元以上的。

2. 票据诈骗罪的责任要素。本罪的责任形式为故意，且行为人具有非法占有的目的。具体判断应依据票据诈骗的不同表现形式分别判断和分析。

（三）票据诈骗罪的认定

盗窃支票并使用的行为性质。①盗窃定额支票的，不管行为人盗窃后是否使用、如何使用，都成立盗窃罪。②盗窃定额支票之外的不记名、不挂失支票的，成立盗窃罪。③盗窃记名的空白支票，然后补记支票收款人或支票金额并使用的，成立票据诈骗罪。④盗窃记名支票后，无论在挂失之前还是之后使用的，均应认定为票据诈骗罪。⑤盗窃格式票据（票据用纸）并偷盖印章或者伪造印鉴，记载相关事项，无论在挂失之前还是之后使用的，都触犯了伪造金融票证罪与票据诈骗罪，应从一重罪论处（在票据诈骗未遂的情况下，宜认定为伪造金融票证罪既遂）。

（四）票据诈骗罪的处罚

票据诈骗罪在立法上设置了三个量刑档次，分别为：数额较大的，处5年以下有期徒刑或者拘役，并处2万元以上20万元以下罚金；数额巨大或者有其他严重情节的，处5年以上10年以下有期徒刑，并处5万元以上50万元以下罚金；数额特别巨大或者有其他特别严重情节的，处10年以上有期徒刑或者无期徒刑，并处5万元以上50万元以下罚金或者没收财产。单位犯本罪的，对单位判处罚金，并对其直接负责的主管人员和其他直接责任人员，处5年以下有期徒刑或者拘役，可以并处罚金；数额巨大或者有其他严重情节的，处5年以上10年以下有期徒刑，并处罚金；数额特别巨大或者有其他特别严重情节的，处10年以上有期徒刑或者无期徒刑，并处罚金。

四、金融凭证诈骗罪

（一）金融凭证诈骗罪的概念和法益

金融凭证诈骗罪，是指行为人使用伪造、变造的委托收款凭证、汇款凭证、银行存单等其他银行结算凭证，骗取财物的行为。本罪侵犯的法益是金融凭证管理秩序以及财产所有权。

（二）金融凭证诈骗罪的犯罪构成

本罪的行为主体为一般主体，包括自然人和单位。行为内容为使用伪造、变造的委托收款凭证、汇款凭证、银行存单等其他银行结算凭证，骗取财物。具体表现为行为人将伪造、变造的银行结算凭证，作为真实有效的银行结算凭证并按照银行结算凭证的通常用法予以利用，骗取数额较大的财物。在司法实践中，应根据不同种类的金融凭证认定"使用"行为，因此，利用伪造、变造的银行电汇银行电汇、信汇凭证传真件骗取财物的行为，也可以认定为金融凭证诈骗罪。以伪造的银行存单作抵押或者质押，通过签订借款合同骗取银行贷款的行为能否认定为本罪，在理论上存在争议。我们认为，上述行为触犯贷款诈骗罪和金融凭证诈骗罪的竞合关系，应按照从一重处断原则进行定罪处罚。行为对象为伪造、变造的委托收款凭证、汇款凭证、银行存单等其他银行结算凭证。汇款凭证和汇款凭证复印件的重要功能都是为了证明付款人已经汇款，性质上完全相同。本罪的责任形式为故意，且行为人具有非法占有的目的。

（三）金融凭证诈骗罪的认定

1. 入罪认定标准。使用伪造、变造的委托收款凭证、汇款凭证、银行存单等其他银行结算凭证进行诈骗活动，应予立案追诉。

2. 盗窃或者捡拾他人存单后从银行骗取他人存款如何定性，理论上存在一定争议，在司法实践中也有不同做法。有的认为构成盗窃罪，有的认为构成诈骗罪，还有的认为构成侵占罪。本书赞成构成诈骗罪的观点。因为行为人使用窃取、捡拾等手段获取的银行存单行为本身并不能构成刑法上的评价要求，银行存单作为单纯的财产凭证，价值无法达到"数额较大"的标准，因此，不能认为盗窃或者捡拾银行存单的行为构成盗窃罪或者侵占罪。而后面使用他人银行存单从银行骗取财物的行为，则构成诈骗罪。

3. 与相关犯罪的界限。金融凭证诈骗罪与票据诈骗罪具有相似之处，其核心区别在于行为人使用的对象，即票据还是票据以外的金融结算凭证。但是，这个两个罪往往也会存在竞合关系。此外，金融凭证诈骗罪也是诈骗罪的特别条款，认定金融凭证诈骗罪也应该从诈骗罪的行为构造模式进行分析。在司法实践中，对于冒用他人银行结算凭证骗取财物的行为如何处理存在一定分歧。在票据诈骗罪中，立法者将冒用他人票据和使用伪造、变造的票据相并列，反映出立法者对二者行为性质的认定具有同一性。据此，有人认为，冒用委托收款凭证、汇款凭证、银行存单等其他银行结算凭证的，也应当以金融凭证诈骗罪定罪处罚。但是，我们认为上述观点存在疑问，在《刑法》上作出的明显差异化的规定，则表明立法者认为票据和其他银行结算凭证在本质上是存在差别的，如果简单地以票据诈骗罪的立法模式类推金融凭证诈骗罪的行为表现形式与罪刑法定原则相违背。但是，如果行为人的行为符合诈骗罪规定的构成要件时，仍可以诈骗罪追究行为人的刑事责任。

（四）金融凭证诈骗罪的处罚

金融凭证诈骗罪在立法上参照票据诈骗罪进行处罚，即设置了三个量刑档次，分别为：数额较大的，处5年以下有期徒刑或者拘役，并处2万元以上20万元以下罚金；数额巨大或者有其他严重情节的，处5年以上10年以下有期徒刑，并处5万元以上50万元以下罚金；数额特别巨大或者有其他特别严重情节的，处10年以上有期徒刑或者无期徒刑，并处5万元以上50万元以下罚金或者没收财产。单位犯本罪的，对单位判处罚金，并对其直接负责的主管人员和其他直接责任人员，处 5 年以下有期徒刑或者拘役，可以并处罚金；数额巨大或者有其他严重情节的，处 5 年以上 10 年以下有期徒刑，并处罚金；数额特别巨大或者有其他特别严重情节的，处 10 年以上有期徒刑或者无期徒刑，并处罚金。

五、信用证诈骗罪

信用证诈骗罪，是指行为人以非法占有为目的，进行信用证诈骗活动的行为。本罪保护的法益为信用证管理制度及财产所有权。

本罪的行为主体为一般主体，包括自然人和单位。行为内容为进行信用证诈骗行为。具体表现为：①使用伪造、变造的信用证或者附随的单据、文件的；②使用作废的信用证的；③骗取信用证的；④以其他方法进行信用证诈骗活动的。对于使用欺骗手段骗取银行开具信用证（骗开信用证）的行为，不宜认定为骗取信用证，但可以认定为信用证诈骗罪的预备行为。对于通过欺骗手段骗取他人已经持有的信用证的行为，也可以认定为信用证诈骗罪的预备行为。本罪的责任形式为故意，且具有非法占有目的。进行信用证诈骗活动，涉嫌下列情形之一的，应予立案追诉：①使用伪造、变造的信用证或者附随的单据、文件的；②使用作废的信用证的；③骗取信用证的；④以其他方法进行信用证诈骗活动的。信用证诈骗罪设置了三档法定刑，基本法定刑的设置为处五年以下有期徒刑或者拘役，并处 2 万元以上 20 万元以下罚金；数额巨大或者有其他严重情节的，处 5 年以上 10 年以下有期徒刑，并处 5 万元以上 50 万元以下罚金；数额特别巨大或者有其他特别严重情节的，处 10 年以上有期徒刑或者无期徒刑，并处 5 万元以上 50 万元以下罚金或者没收财产。单位犯本罪的，对单位判处罚金，并对其直接负责的主管人员和其他直接责任人员，处 5 年以下有期徒刑或者拘役，可以并处罚金；数额巨大或者有其他严重情节的，处 5 年以上 10 年以下有期徒刑，并处罚金；数额特别巨大或者有其他特别严重情节的，处 10 年以上有期徒刑或者无期徒刑，并处罚金。

六、信用卡诈骗罪

（一）信用卡诈骗罪的概念和法益

信用卡诈骗罪，是指行为人以非法占有为目的，进行信用卡诈骗活动，数额较大的行为。本罪设置所要保护的法益是信用卡管理秩序和财产所有权。

（二）信用卡诈骗罪的犯罪构成

1. 信用卡诈骗罪的构成要件。

（1）行为主体为一般主体。

（2）行为内容为利用信用卡进行诈骗活动，骗取数额较大的财物。具体表现为：①使用伪造的信用卡，或者使用以虚假的身份证明骗领的信用卡的；②使用作废的信用卡的；③冒用他人信用卡的；④恶意透支的。其中，恶意透支，是指持卡人以非法占有为目的，超过规定限额或者规定期限透支，并且经发卡银行催收后仍不归还的行为。这里的"催收后仍不归还"，是指经发卡银行两次有效催收后超过 3 个月仍不归还的行为。有效催收包括以下条件同时具备：①在透支超过规定限额或者规定期限后进行；②催收应当采用能够确认持卡人收悉的方式，但持卡人故意逃避催收的除外；③两次催收至少间隔 30 日；④符合催收的有关规定或者约定。对于是否属于有效催收，应当根据发卡银行提供的电话录音、信息送达记录、信函送达回执、电子邮件送达记录、持卡人或者其家属签字以及其他催收原始证据材料作出判断。发卡银行提供的相关证据材料，应当有银行工作人员签名和银行公章。

（3）行为对象为信用卡。《刑法》规定的"信用卡"，是指由商业银行或者其他金融机构发行的具有消费支付、信用贷款、转账结算、存取现金等全部功能或者部分功能的电子支付卡，既包括贷记卡，也包括借记卡等。

（4）行为结果为骗取数额较大的财物。其中不同的行为方式，司法上设置了不同的数额标准和认定方式。恶意透支的数额，是指公安机关刑事立案时尚未归还的实际透支的本金数额，不包括利息、复利、滞纳金、手续费等发卡银行收取的费用。归还或者支付的数额，应当认定为归还实际透支的本金。数额较大，是指在 5 万元以上不满 50 万元的；数额巨大，是指在 50 万元以上不满 500 万元的；数额特别巨大，是指在 500 万元以上的。使用伪造的信用卡、以虚假的身份证明骗领的信用卡、作废的信用卡或者冒用他人信用卡，进行信用卡诈骗活动，数额较大，是指在 5000 元以上不满 5 万元的；数额巨大，是指在 5 万元以上不满 50 万元的；数额特别巨大，是指在 50 万元以上的。

2. 信用卡诈骗罪的责任要素。本罪责任形式为故意，且要求行为人具有非法占有目的。

（三）信用卡诈骗罪的认定

1. 非法占有目的的认定。对于是否以非法占有为目的，应当综合持卡人信用记录、还款能力和意愿、申领和透支信用卡的状况、透支资金的用途、透支后的表现、未按规定还款的原因等情节作出判断。不得单纯依据持卡人未按规定还款的事实认定非法占有目的。根据司法解释，具有以下情形之一的，应当认定为《刑法》第 196 条第 2 款规定的"以非法占有为目的"，但有证据证明持卡人确实不具有非法占有目的的除外：①明知没有还款能力而大量透支，无法归还的；②使用虚假资信证明申领信用卡后透支，无法归还的；③透支后通过逃匿、改变联系方式等手段，逃避银行催收的；④抽逃、转移资金，隐匿财产，逃避还款的；⑤使用透支的资金进行犯罪活动的；⑥其他非法占有资金，拒不归还的情形。

2. 盗窃信用卡并使用的，依照《刑法》第 264 条（盗窃罪）的规定定罪处罚。该规定属于法律拟制。明知是他人盗窃的信用卡而使用的，成立盗窃罪的共犯。该规定所称的信用卡仅限于他人真实有效的信用卡，如果盗窃伪造或作废的信用卡并使用的，应认定为信用卡诈骗罪。行为人以为是真实有效的信用卡而盗窃并使用，但客观上使用的是伪造的信用卡的，属于抽象事实认识错误，应认定为信用卡诈骗罪既遂。盗窃了他人真实有效的信用卡但并不使用的行为，目前还难以成立盗窃罪，也不能构成信用卡诈骗罪。盗窃并使用信用卡后又恶意透支的，应按盗窃罪与信用卡诈骗罪实行数罪并罚。

3. 冒用他人信用卡，包括以下情形：①拾得他人信用卡并使用的；根据《最高人民检察院关于拾得他人信用卡并在自动柜员机（ATM 机）上使用的行为如何定性问题的批复》，拾得他人信用卡并在自动柜员机（ATM 机）上使用的行为，属于《刑法》第 196 条第 1 款第 3 项规定的"冒用他人信用卡"的情形，构成犯罪的，以信用卡诈骗罪追究刑事责任。[1] ②骗取他人信用卡并使用的；③窃取、收买、骗取或者以其他非法方式获取他人信用卡信息资料，并通过互联网、通讯终端等使用的；④其他冒用他人信用卡的情形。

4. 对于抢劫信用卡的，应具体分析：①抢劫信用卡并以实力控制被害人，当场提取现金的，应认定为抢劫罪。抢劫数额为所提取的现金数额。②使用暴力、胁迫或者其他强制手段抢劫信用卡但并未使用的，应认定为抢劫罪。抢劫数额为信用卡本身的数额（工本费等），或者不计数额，按情节处罚。③抢劫信用卡并在事后使用的，根据司法解释相关规定应认定为抢劫罪，但是我们认为，应认定为抢劫罪和信用卡诈骗罪更为合适，因为前面的抢劫行为已经独立构成抢劫罪，在事后在使用抢劫来的信用卡，则属于冒用他人信用卡，而二者不存在事后不可罚的情形。事后不可罚的行为应表现为前后侵犯同一法益。因此，应数罪并罚。④一方抢劫信

〔1〕 关于信用卡使用对象是否要区分为人和机器在理论上存在争论。具体参见张明楷：《刑法学》（下），法律出版社 2021 年版，第 1038~1039 页。

用卡后仍然控制着被害人，知情的另一方帮助取款的，成立抢劫罪的共犯。但是，如果甲抢劫信用卡后并未控制被害人，事后乙使用甲所抢劫的信用卡的，甲乙构成信用卡诈骗罪共犯，甲应当以抢劫罪和信用卡诈骗罪数罪并罚。

5. 特约商户职员利用工作之便，在顾客使用信用卡购物、消费结算时，私下重复刷卡，非法占有顾客信用卡账户内资金的行为，成立盗窃罪。特约商户职员在捡拾顾客信用卡后，伪造客户签单，购买商品或者消费的，成立信用卡诈骗罪；但捡拾信用卡的特约商户职员接收到发卡银行止付通知后，假冒他人签名，自己向自己购物的，由于不存在受骗者与处分人，而且遭受财产损失的是特约商户，故应认定为职务侵占罪（或贪污罪）。

（四）信用卡诈骗罪的处罚

信用卡诈骗罪，数额较大的，处五年以下有期徒刑或者拘役，并处 2 万元以上 20 万元以下罚金；数额巨大或者有其他严重情节的，处 5 年以上 10 年以下有期徒刑，并处 5 万元以上 50 万元以下罚金；数额特别巨大或者有其他特别严重情节的，处 10 年以上有期徒刑或者无期徒刑，并处 5 万元以上 50 万元以下罚金或者没收财产。恶意透支数额较大，在提起公诉前全部归还或者具有其他情节轻微情形的，可以不起诉；在一审判决前全部归还或者具有其他情节轻微情形的，可以免予刑事处罚。但是，曾因信用卡诈骗受过 2 次以上处罚的除外。

七、有价证券诈骗罪

有价证券诈骗罪，是指使用伪造、变造的国库券或者国家发行的其他有价证券，进行诈骗活动，数额较大的行为。本罪设置所要保护的法益为有价证券管理秩序和公私财产所有权。

本罪的行为主体为一般主体。行为内容为使用伪造、变造的国库券或者国家发行的其他有价证券，进行诈骗活动。行为对象为伪造、变造的国库券或者国家发行的其他有价证券。国家发行，包括国家直接发行和国家间接发行。使用的对象应该为不知情的人，如果对方知道是伪造或者编造的国库券或者其他国家发行的有价证券，则不构成本罪。本罪成立要求行为人骗取了数额较大的财物，根据有关司法解释，使用伪造、变造的国库券或者国家发行的其他有价证券进行诈骗活动，数额在 5 万元以上的，应予立案追诉。本罪的责任形式为故意，且具有非法占有目的。实施本罪，骗取财物数额较大的（5 万元为立案标准），处 5 年以下有期徒刑或者拘役，并处 2 万元以上 20 万元以下罚金；数额巨大或者有其他严重情节的，处 5 年以上 10 年以下有期徒刑，并处 5 万元以上 50 万元以下罚金；数额特别巨大或者有其他特别严重情节的，处 10 年以上有期徒刑或者无期徒刑，并处 5 万元以上 50 万元以下罚金或者没收财产。

八、保险诈骗罪

（一）保险诈骗罪的概念和法益

保险诈骗罪，是指行为人以非法占有为目的，进行保险诈骗活动，骗取数额较大财物的行为。本罪设置保护的法益是保险管理秩序和保险公司的财产所有权。

（二）保险诈骗罪的犯罪构成

1. 保险诈骗罪的构成要件。

（1）行为主体为投保人、被保险人或者受益人，包括自然人和单位。其中，投保人是指与保险人订立保险合同，并按照合同约定负有支付保险费义务的人；被保险人是指其财产或者人身受保险合同保障，享有保险金请求权的人。投保人可以为被保险人。受益人，是指在人身保险事故中有权领取保险金的人。

（2）行为内容为保险诈骗活动，骗取数额较大的财物。保险，是指投保人根据合同约定，向保险人支付保险费，保险人对于合同约定的可能发生的事故因其发生所造成的财产损失承担赔偿保险金责任，或者当被保险人死亡、伤残、疾病或者达到合同约定的年龄、期限等条件时承担给付保险金责任的商业保险行为。保险诈骗具体行为包括：①投保人故意虚构保险标的，骗取保险金的；②投保人、被保险人或者受益人对发生的保险事故编造虚假的原因或者夸大损失的程度，骗取保险金的；③投保人、被保险人或者受益人编造未曾发生的保险事故，骗取保险金的；④投保人、被保险人故意造成财产损失的保险事故，骗取保险金的；⑤投保人、受益人故意造成被保险人死亡、伤残或者疾病，骗取保险金的。

（3）行为对象为保险公司。保险公司是指依保险法和公司法设立的公司法人，保险公司的业务分为两类：①人身保险业务，包括人寿保险、健康保险、意外伤害保险等保险业务。②财产保险业务，包括财产损失保险、责任保险、信用保险、保证保险等保险业务。

（4）行为结果为骗取保险公司数额较大的财物。立案追诉认定的标准为5万元。在具体认定犯罪的数额时，应当以行为人实际骗取的数额计算。对于行为人为实施金融诈骗活动而支付的中介费、手续费、回扣等，或者用于行贿、赠与等费用，均应计入金融诈骗的犯罪数额，但应当将案发前已归还的数额扣除。

2. 保险诈骗罪的责任要素。本罪的责任形式为故意，且行为人具有非法占有目的。

（三）保险诈骗罪的认定

1. 罪数的认定。投保人、被保险人故意造成财产损失的保险事故，骗取保险金的或者投保人、受益人故意造成被保险人死亡、伤残或者疾病，骗取保险金的，同时构成其他犯罪的，依照数罪并罚的规定处罚。但是，如果行为人实施了制造保险事故的行为，但没有向保险公司索赔，应如何认定？这个问题在理论上存在争议。例如，甲为乙人身安全购买保险并将甲自己设定为受益人，甲投毒将乙杀死，但因为公安机关迅速侦破案件并抓获甲，甲交待杀死乙就是为了向保险公司获取保险理赔。一种观点认为，该种行为只构成故意杀人罪；另一种观点认为，应当按照故意杀人罪和保险诈骗罪（未遂）实行数罪并罚。主张构成故意杀人罪一罪的观点认为，《刑法》第198条第1款第4项和第5项规定"制造保险事故"和"骗取保险金"两个行为要素，而骗取保险金不包括未向保险公司骗取保险金的行为。[1] 我们认为，上述两种观点都值得讨论。首先，应该认为行为人为了获取保险理赔金故意制造保险事故（构成犯罪）是两个独立的行为，无论是基于广义还是狭义的牵连关系，都应该认为二者之间存在牵连关系，而根据牵连关系的处断原则，应该从一重处断。但是，《刑法》第198条第1款第4项和第5项规定了按照数罪并罚处理，据此可以认为这是《刑法》规定上的一个例外。其次，即使认为未向保险公司进行虚假理赔不能认为是保险诈骗罪的着手，也不能否定故意杀人行为可以被评价为保险诈骗罪的预备行为，因此，认为按照故意杀人罪和保险诈骗罪（未遂）实行数罪并罚的观点不能成立。最后，认为构成故意杀人罪一罪的观点或许认为在上述案例中故意杀人行为和保险诈骗行为之间存在想象竞合关系，因此根据想象竞合犯处理原则仍应该定故意杀人罪一罪。但是，前述已经说明，这是刑法规定上的一个例外，因此，无论是在未完成形态的哪一个阶段，都应该按照数罪并罚处理，具体到本书的上述案例中，应该按照故意杀人罪和保险诈骗罪（预备）实行数罪并罚。

2. 共犯的认定。保险事故的鉴定人、证明人、财产评估人故意提供虚假的证明文件，为他人诈骗提供条件的，以保险诈骗的共犯论处。对于该共犯的规定属于注意规定还是法律拟制存在争议。我们认为，该条属于注意规定，即使没有该条款的规定，对上述行为也应该按照保险诈骗罪处理，当然，这里的认定需要以共犯人与行为人之间存在共谋（事前或者事中）为前提，并不包括片面共犯的情形。也就是说要求必须以共犯人认识到行为人实施保险诈骗为前

---

〔1〕　张明楷：《刑法学》（下），法律出版社2021年版，第1052~1053页。

提。但是，《刑法修正案（十一）》修订了《刑法》第229条规定的提供虚假证明文件罪，对于上述保险诈骗罪的共犯行为完全可能构成提供虚假证明文件罪。因此，两罪之间存在想象竞合犯的关系，应按照从一重处断原则处理。

3. 着手的认定。本罪着手的认定是以行为人虚构保险标的、造成保险事故等行为为标准，还是以行为人向保险公司进行虚假理赔的行为为标准，在理论上存在争议。[1] 本文基于实质的客观说，赞成后者的观点。因为只有行为人向保险公司进行虚假理赔时，才对所要保护的法益具有实质的紧迫的现实的危险性。虚构保险标的等行为只是为实施保险诈骗制造条件，如果行为人虚构保险标的，甚至制造保险事故以后并未向保险公司进行虚假理赔的申请，就不可能对保险公司财产法益造成实质上的侵害或者危险。

4. 进行保险诈骗活动数额在5万元以上的，应予立案追踪。

（四）保险诈骗罪的处罚

保险诈骗数额较大的，处5年以下有期徒刑或者拘役，并处1万元以上10万元以下罚金；数额巨大或者有其他严重情节的，处5年以上10年以下有期徒刑，并处2万元以上20万元以下罚金；数额特别巨大或者有其他特别严重情节的，处10年以上有期徒刑，并处2万元以上20万元以下罚金或者没收财产。单位犯本罪的，对单位判处罚金，并对其直接负责的主管人员和其他直接责任人员，处5年以下有期徒刑或者拘役；数额巨大或者有其他严重情节的，处5年以上10年以下有期徒刑；数额特别巨大或者有其他特别严重情节的，处10年以上有期徒刑。

第七节　危害税收征管罪

一、逃税罪

（一）逃税罪的概念和法益

逃税罪，是指纳税人采取欺骗、隐瞒手段进行虚假纳税申报或者不申报，逃避缴纳税款数额较大并且占应纳税额百分之十以上的行为。本罪侵犯的法益是国家税收征管制度。

（二）逃税罪的犯罪构成

1. 逃税罪的构成要件。

（1）行为主体为纳税人或扣缴义务人。

（2）行为内容为采取欺骗、隐瞒手段进行虚假纳税申报或者不申报，逃避缴纳税款。例如不如实记录财务账目，多列支出，少列或者不列收入等。具体包括：①伪造、变造、隐匿、擅自销毁账簿、记账凭证；②在账簿上多列支出或者不列、少列收入；③经税务机关通知申报而拒不申报纳税；④进行虚假纳税申报；⑤缴纳税款后，以假报出口或者其他欺骗手段，骗取所缴纳的税款。"虚假的纳税申报"，是指纳税人或者扣缴义务人向税务机关报送虚假的纳税申报表、财务报表、代扣代缴、代收代缴税款报告表或者其他纳税申报资料，如提供虚假申请，编造减税、免税、抵税、先征收后退还税款等虚假资料等。其中"不申报"，是指纳税人、扣缴义务人已经依法办理税务登记或者扣缴税款登记或者依法不需要办理税务登记的纳税人经税务机关书面通知其申报而不申报的，对于尚未办理税务登记、扣缴税款登记的纳税人或者扣缴义务人，经税务机关依法书面通知其申报而不申报的，也视为"不申报"。

（3）行为对象为应缴纳税款。具体包括不缴纳或者少缴纳的税款或者已经被扣缴纳的税

---

[1]　具体参见张明楷：《诈骗罪与金融诈骗罪研究》，清华大学出版社2006年版，第772页。

款，还包括不符合退税条件（不包括出口退税）而通过虚假手段取得的退税款。

（4）行为结果为逃避缴纳税款，并且达到数额较大和应占缴纳税款额度的一定比例。根据相关司法解释，涉嫌下列情形之一的，可以达到该罪成立的结果要求，应予立案追诉：①纳税人采取欺骗、隐瞒手段进行虚假纳税申报或者不申报，逃避缴纳税款，数额在 10 万元以上并且占各税种应纳税总额百分之十以上，经税务机关依法下达追缴通知后，不补缴应纳税款、不缴纳滞纳金或者不接受行政处罚的；②纳税人五年内因逃避缴纳税款受过刑事处罚或者被税务机关给予二次以上行政处罚，又逃避缴纳税款，数额在 10 万元以上并且占各税种应纳税总额百分之十以上的；③扣缴义务人采取欺骗、隐瞒手段，不缴或者少缴已扣、已收税款，数额在 10 万元以上的。纳税人在公安机关立案后再补缴应纳税款、缴纳滞纳金或者接受行政处罚的，不影响刑事责任的追究。

2. 逃税罪的责任要素。本罪的责任形式是故意，且具有逃避缴纳税款的特定目的。对于税务缴纳义务人或者扣缴义务人有"漏税"行为，表明行为人在主观上没有逃税故意，是过失地未缴纳应缴纳的税款的，不能认定为本罪。

3. 逃税罪的初犯免责事由。本罪存在不追究刑事责任的事由，即初犯免责。[1] 根据《刑法修正案（七）》的修订，对于逃税行为，经税务机关依法下达追缴通知后，补缴应纳税款，缴纳滞纳金，已受行政处罚的，不予追究刑事责任；但是，五年内因逃避缴纳税款受过刑事处罚或者被税务机关给予二次以上行政处罚的除外。对于该罪的"初犯免责"的认定，应从以下几个方面加以考虑：首先，逃税的行政性处理作为行为入罪的前置性必经条件，是对该种犯罪的限制性处罚的表现形式，没有经过税务机关的行政处理，不能直接用刑法处理该类行为。其次，税务机关下达追缴通知后，要求行为人补缴税款以及滞纳金，行为人按照税务机关的要求去做，就可以作为该罪的出罪依据，至于行为人是否接受行政处罚，则取决于税务机关是否做出"行政处罚"，因此，"接受行政处罚"不是构成初犯免责的必然要素。即使行政机关做出了行政处罚，行为人对该行政处罚申请复议甚至"提起行政诉讼"，也不能据此认为行为人不接受行政处罚。再次，关于"二次以上行政处罚"，是指行为人因为逃税行为受到两次行政处罚，这里的逃税不需要符合逃税罪犯罪构成所需要的"量"的要素，也就是说只要行为人发生过两次逃税行为被行政机关给予了行政处罚，在五年内又逃税的，就不再认定为处罚阻却事由。最后，初犯免责事由不能适用于扣缴义务人。但是，可以适用于《刑法》第 204 条第 2 款的规定，因为行为人的行为如果符合第 204 条第 2 款的规定，就意味着行为人采取了"假报出口或者其他欺骗手段"骗取已经缴纳的税款，根据《刑法修正案（七）》的规定，"纳税人采取欺骗、隐瞒手段进行虚假申报或者不申报，逃避缴纳税款"，依照本法第 201 条的规定定罪处罚，即构成逃税罪，该条文规定的"欺骗、隐瞒手段"完全可以包括通过骗取出口退税而逃避缴纳税款的行为方式。

（三）逃税罪的认定

逃税数额，是指在确定的纳税期间，不缴或者少缴各税种税款的总额。逃税数额占应纳税额的百分比，是指一个纳税年度中的各税种逃税总额与该纳税年度应纳税总额的比例。不按纳税年度确定纳税期的其他纳税人，逃税数额占应纳税额的百分比，按照行为人最后一次逃税行为发生之日前一年中各税种逃税总额与该年纳税总额的比例确定。纳税义务存续期间不足一个纳税年度的，逃税数额占应纳税额的百分比，按照各税种逃税总额与实际发生纳税义务期间应当缴纳税款总额的比例确定。

---

[1] 李翔："论逃税犯罪中的初犯免责"，载《中国刑事法杂志》2009 年第 7 期。

逃税行为跨越若干个纳税年度，只要其中一个纳税年度的逃税数额及百分比达到《刑法》第201条第1款规定的标准，即构成逃税罪（不符合初犯免责的情况下）。各纳税年度的逃税数额应当累计计算，逃税百分比应当按照最高的百分比确定。

（四）逃税罪的处罚

逃税罪涉案数额较大且占应纳税额10%以上的，处3年以下有期徒刑或者拘役，并处罚金；数额巨大并且占应纳税额30%以上的，处3年以上7年以下有期徒刑，并处罚金。扣缴义务人采取前款所列手段，不缴或者少缴已扣、已收税款，数额较大的，依照前款的规定处罚。对多次实施，未经处理的，按照累计数额计算。其中，"未经处理"，是指纳税人或者扣缴义务人在5年内多次实施逃税行为，但每次逃税数额均未达到《刑法》第201条规定的构成犯罪的数额标准，且未受行政处罚的情形。

二、抗税罪

（一）抗税罪的概念和法益

抗税罪，是指以暴力、威胁方法拒不缴纳税款的行为。本罪侵犯的法益是税收征管制度和他人的人身权。

（二）抗税罪的犯罪构成

1. 抗税罪的构成要件。本罪的行为主体为纳税人或者扣缴义务人。其他人以暴力、威胁方法阻碍国家税务机关工作人员依法履行税收征管行为的，可能涉嫌妨害公务罪。与纳税人或者扣缴义务人共同实施抗税行为的，以抗税罪的共犯依法处罚。行为内容为以暴力、威胁方法拒不缴纳税款。由于根据相关司法解释中将"致人轻伤的"作为抗税罪中"情节严重"的判断，所以，这里的暴力，是指针对税收征管人员的身体实施有形力，使其不能正常履职，但是，对暴力的程度要求没有导致被害人轻伤后果的程度。此外，暴力还应当包括针对与税收征管有关的"物"使用有形力，包括打砸税收人员的驾乘工具，记账使用的工作笔记、电脑等，还包括冲击税务机关、打砸税务机关办公工具，影响税务机关的正常办公，使税务人员不能正常履职，等等。威胁，是指行为人对履行税收征管职责的人员实施恐吓，使其不敢履行税收征管职责，也包括针对税收征管人员的近亲属等实施威胁。威胁的内容既可以是以暴力为内容的威胁，也可以是非暴力的威胁。本罪行为对象为两种情况。暴力的对象应限定于税收征管人员。但是，威胁的对象既可以是税收征管人员，也可以是与税收征管人员有关的人员，例如其近亲属等。构成本罪的结果要素具体表现为：①造成税务工作人员轻微伤以上的；②以给税务工作人员及其亲友的生命、健康、财产等造成损害为威胁，抗拒缴纳税款的；③聚众抗拒缴纳税款的；④以其他暴力、威胁方法拒不缴纳税款的。

2. 抗税罪的责任要素。本罪责任形式为故意，且行为人具有抗拒缴纳税收的目的。

（三）抗税罪的认定

实施抗税行为致人重伤、死亡，构成故意伤害罪、故意杀人罪的，分别依照《刑法》第234条第2款、第232条的规定定罪处罚。与纳税人或者扣缴义务人共同实施抗税行为的，以抗税罪的共犯依法处罚。

（四）抗税罪的处罚

抗税罪的基本法定刑为处3年以下有期徒刑或者拘役，并处拒缴税款1倍以上5倍以下罚金；情节严重的，处3年以上7年以下有期徒刑，并处拒缴税款1倍以上5倍以下罚金。其中，情节严重包括以下几种情况：①聚众抗税的首要分子；②抗税数额在10万元以上的；③多次抗税的；④故意伤害致人轻伤的；⑤具有其他严重情节。

三、逃避追缴欠税罪

（一）逃避追缴欠税罪的概念和法益

逃避追缴欠税罪，是指纳税人欠缴应纳税款，采取转移或者隐匿财产的手段，致使税务机关无法追缴欠缴的税款，数额在1万元以上的行为。本罪侵犯的法益是国家税收的征管制度。

（二）逃避追缴欠税罪的犯罪构成

本罪的行为主体为纳税人，包括自然人和单位。行为内容为行为人在欠缴应纳税款的前提下，采取转移或者隐匿财产的手段。行为对象为欠缴应纳税款。行为结果为致使税务机关无法追缴欠缴的税款，数额在1万元以上。其中，转移财产，是指行为人明知自己在有应缴纳税款的前提下，对自己的财产进行转移，包括将银行账号自己转移到其他人名下，或者将自己的财物转移到其他地点存放，使其他人不易发现，从而逃避税务机关追缴欠税。如果行为人是正常将自己的资金、财物用于归还自己的正当债务等，不能认定为转移财产。隐匿财产，则是指行为人故意将自己的财产隐藏，致使税务机关无法发现，从而无法追缴欠税。本罪的责任形式为故意，且具有逃避纳税的目的。

（三）逃避追缴欠税罪的认定

无法追缴的认定，应当是指税务机关在客观上不能实现追缴的目的，且至刑事立案前，行为人仍然没有缴纳税款。有观点认为，这里的无法追缴应理解为足以使行为人逃税。[1] 但是，本文认为，该种观点或许可能导致不适当地扩大处罚范围。根据刑法体系解释的基本原理，逃税罪中尚有"初犯免责"的立法规定，也就是说，既然行为人在逃避缴纳税款的时候，在税务机关下达缴纳通知后能够缴纳税款，并接受税务机关给予的行政处罚，都不认定为逃税罪，那么行为人在逃避追缴应纳税款如果仅仅是"足以使行为人逃税"就认定为犯罪，在刑法处罚体系上就明显不协调。

（四）逃避追缴欠税罪的处罚

犯本罪的，数额在1万元以上不满10万元的，处3年以下有期徒刑或者拘役，并处或者单处欠缴税款1倍以上5倍以下罚金；数额在10万元以上的，处3年以上7年以下有期徒刑，并处欠缴税款1倍以上5倍以下罚金。

四、骗取出口退税罪

（一）骗取出口退税罪的概念和法益

骗取出口退税罪，是指以假报出口或者其他欺骗手段，骗取国家出口退税款，数额较大的行为。本罪侵犯的法益是国家税收征管制度。

（二）骗取出口退税罪的犯罪构成

本罪的行为主体为纳税人或者扣缴义务人，既包括自然人，也包括单位。行为内容为假报出口或者其他欺骗手段。其中，"假报出口"，是指以虚构已税货物出口事实为目的，具有下列情形之一的行为：①伪造或者签订虚假的买卖合同；②以伪造、变造或者其他非法手段取得出口货物报关单、出口收汇核销单、出口货物专用缴款书等有关出口退税单据、凭证；③虚开、伪造、非法购买增值税专用发票或者其他可以用于出口退税的发票；④其他虚构已税货物出口事实的行为。"其他欺骗手段"包括：①骗取出口货物退税资格的；②将未纳税或者免税货物作为已税货物出口的；③虽有货物出口，但虚构该出口货物的品名、数量、单价等要素，骗取未实际纳税部分出口退税款的；④以其他手段骗取出口退税款的。本罪的行为对象为国家税收。行为结果为骗取了数额较大（5万元）的国家税收。本罪责任形式为故意，且行为人具

---

〔1〕　张明楷：《刑法学》（第五版），法律出版社2016年版，第815页。

有骗取出口退税的目的。

（三）骗取出口退税罪的认定

1. 数额的认定。骗取国家出口退税款 5 万元以上的，为"数额较大"；骗取国家出口退税款 50 万元以上的，为"数额巨大"；骗取国家出口退税款 250 万元以上的，为"数额特别巨大"。"其他严重情节"包括：①造成国家税款损失 30 万元以上并且在第一审判决宣告前无法追回的；②因骗取国家出口退税行为受过行政处罚，两年内又骗取国家出口退税款数额在 30 万元以上的；③情节严重的其他情形。

2. 有进出口经营权的公司、企业，明知他人意欲骗取国家出口退税款，仍违反国家有关进出口经营的规定，允许他人自带客户、自带货源、自带汇票并自行报关，骗取国家出口退税款的，按照骗取出口退税罪定罪处罚。

3. 罪数认定。实施骗取出口退税犯罪，同时构成虚开增值税专用发票罪等其他犯罪的，依照刑法处罚较重的规定定罪处罚。纳税人缴纳税款后，采取欺骗方法，骗取所缴纳的税款的，依照《刑法》第 201 条（逃税罪）的规定定罪处罚；骗取税款超过所缴纳的税款部分，依照骗取出口退税罪的规定处罚。

（四）骗取出口退税罪的处罚

骗取出口退税数额较大的，处 5 年以下有期徒刑或者拘役，并处骗取税款 1 倍以上 5 倍以下罚金；数额巨大或者有其他严重情节的，处 5 年以上 10 年以下有期徒刑，并处骗取税款 1 倍以上 5 倍以下罚金；数额特别巨大或者有其他特别严重情节的，处 10 年以上有期徒刑或者无期徒刑，并处骗取税款 1 倍以上 5 倍以下罚金或者没收财产。实施骗取国家出口退税行为，没有实际取得出口退税款的，可以比照既遂犯从轻或者减轻处罚。国家工作人员参与实施骗取出口退税犯罪活动的，从重处罚。

五、虚开增值税专用发票、用于骗取出口退税、抵扣税款发票罪

（一）虚开增值税专用发票、用于骗取出口退税、抵扣税款发票罪的概念和法益

虚开增值税专用发票、用于骗取出口退税、抵扣税款发票罪，是指虚开增值税专用发票或者虚开用于骗取出口退税、抵扣税款的其他发票的行为。本罪侵犯的法益是增值税专用发票的管理制度和国家税款制度。有学者指出，本罪保护的法益并不仅仅是增值税专用发票管理制度。隐藏在虚开行为背后的是骗取国家税款，因而本罪更主要的保护法益是国家税款安全。[1]

（二）虚开增值税专用发票、用于骗取出口退税、抵扣税款发票罪的犯罪构成

1. 虚开增值税专用发票、用于骗取出口退税、抵扣税款发票罪的构成要件。本罪的行为主体为自然人和单位。行为内容为虚开增值税专用发票或者虚开用于骗取出口退税、抵扣税款的其他发票，具体包括为他人虚开、为自己虚开、让他人为自己虚开、介绍他人虚开行为，具有这四种行为之一的，就可以认定。例如，没有货物购销或者没有提供或接收应税劳务而实施上述四种行为之一的，就是虚开行为，再例如，有货物购销或者提供或接受了应税劳务但是开具数额或者金额不实的专用发票，也是虚开行为的表现形式。本罪的行为对象为增值税专用发票或者用于骗取出口退税、抵扣税款的其他发票。其中，增值税专用发票是由国家税务总局监制设计印制的，只限于增值税一般纳税人领购使用的，既作为纳税人反映经济活动的重要会计凭证又是兼记销货方纳税义务和购货方进项税额的合法证明。"出口退税、抵扣税款的其他发票"，是指除增值税专用发票以外的，具有出口退税、抵扣税款功能的收付款凭证或者完税凭证。关于本罪的成立是否只要行为人具有虚开行为就认定为犯罪成立。我们认为，成立本罪仍

---

〔1〕 陈兴良："虚开增值税专用发票罪：罪名沿革与规范构造"，载《清华法学》2021 年第 1 期。

然要求行为人以逃避税款为结果要件。在客观上需要给国家造成税款损失为要素。在《刑法》第201条规定的逃税罪中的初犯免责之后，如果不考虑行为人实际逃避税款的结果要素，仅仅以行为入罪会导致刑法适用不协调。

2. 虚开增值税专用发票、用于骗取出口退税、抵扣税款发票罪的责任要素。本罪的责任形式为故意，且行为人具有逃避国家税收的特定目的。2002年4月16日最高人民法院《关于湖北汽车商场虚开增值税专用发票一案的批复》（刑他字〔2001〕36号）认为，被告人虽然实施了虚开增值税专用发票的行为，但客观上亦未实际造成国家税收损失的，其行为不符合《刑法》规定的虚开增值税专用发票罪的犯罪构成，不构成犯罪。2020年7月22日发布的《最高人民检察院关于充分发挥检察职能服务保障"六稳""六保"的意见》中强调："对于有实际生产经营活动的企业为虚增业绩、融资、贷款等非骗税目的且没有造成税款损失的虚开增值税专用发票行为，不以虚开增值税专用发票罪定性处理，依法作出不起诉决定的，移送税务机关给予行政处罚。"上述的规定和解释都强调了认定该罪需要以行为人的骗税（逃税）为目的，并且要求造成税收损失。

（三）虚开增值税专用发票、用于骗取出口退税、抵扣税款发票罪的认定

虚开的税款数额在5万元以上的，作为虚开增值税专用发票罪的成立条件。虚开的税款数额在50万元以上的，认定为本罪规定的"数额较大"；虚开的税款数额在250万元以上的，认定为本罪规定的"数额巨大"。

关于本罪的犯罪类型在理论上和司法实践中存在较大的争议。有学者认为本罪属于抽象危险犯，司法机关应以一般的经济运行方式为根据，判断是否具有骗取国家税款的危险（造成国家税款损失的危险）。如果虚开、代开增值税等发票的行为不具有骗取国家税款的危险，则不宜认定为本罪。[1] 还有的学者认为，本罪属于目的犯。该论者认为，目的犯说更能反映本罪设立的立法初衷，并且避免将具有侵害增值税专用发票管理的秩序犯和骗取国家税款的财产犯适用相同的法定刑的不合理现象。论者进一步指出，在理解目的犯说的时候，涉及对本罪的目的的界定，因而值得研究。对于虚开增值税专用发票罪的主观目的的表述，采用骗取国家税款目的的说法。[2] 而我国司法实践在相当长的一段时间内采取了行为犯说，认为只要实施虚开行为就构成犯罪。近年来在司法实践中，行为犯说的观点正在弱化，结果犯说正在有力化。例如，2015年6月11日最高法研究室《关于如何认定以"挂靠"有关公司名义实施经营活动并让有关公司为自己虚开增值税专用发票行为的性质征求意见的复函》（法研〔2015〕58号）规定，开票名义人与实际交易人不一致的，只要行为人进行了实际的经营活动，客观上未造成国家增值税款损失的，就不宜认定为虚开增值税专用发票罪。

（四）虚开增值税专用发票、用于骗取出口退税、抵扣税款发票罪的处罚

虚开增值税专用发票、用于骗取出口退税、抵扣税款发票罪，处3年以下有期徒刑或者拘役，并处2万元以上20万元以下罚金；虚开的税款数额较大或者有其他严重情节的，处3年以上10年以下有期徒刑，并处5万元以上50万元以下罚金；虚开的税款数额巨大或者有其他特别严重情节的，处10年以上有期徒刑或者无期徒刑，并处5万元以上50万元以下罚金或者没收财产。

单位犯本罪的，对单位判处罚金，并对其直接负责的主管人员和其他直接责任人员，处3年以下有期徒刑或者拘役；虚开的税款数额较大或者有其他严重情节的，处3年以上10年以

---

〔1〕 张明楷：《刑法学》，法律出版社2016年版，第816页。

〔2〕 陈兴良："虚开增值税专用发票罪：性质与界定"，载《政法论坛》2021年第4期。

下有期徒刑；虚开的税款数额巨大或者有其他特别严重情节的，处 10 年以上有期徒刑或者无期徒刑。

六、虚开发票罪

（一）虚开发票罪的概念和法益

虚开发票是指虚开增值税专用发票、用于骗取出口退税、抵扣税款发票以外的其他发票，情节严重的行为。本罪侵犯的法益是普通发票的管理制度，根据近年来关于虚开增值税专用发票、用于骗取出口退税、抵扣税款发票的同类解释原理，国家税收制度也应认定为虚开发票罪所保护的法益。也即是说，如果行为人虚开发票，没有给国家税款造成损失，不应认定为本罪。

（二）虚开发票罪的犯罪构成及处罚

本罪的行为主体为一般主体，包括自然人和单位。行为内容为虚开普通发票，具体表现为为他人虚开，为自己虚开以及让他人为自己虚开。行为人在没有销售商品或者没有提供服务的情况下，为他人开具发票；或者是行为人虽然销售了商品或者提供了服务，但为他人开具交易内容或交易数量、金额不实的发票。行为人在没有商品交易或是提供或接受服务的情况下，为自己开具发票。本罪行为对象为增值税专用发票、用于骗取出口退税、抵扣税款发票以外的其他发票。行为结果为虚开普通发票，情节严重的。本罪设定为情节犯，具体可以从虚开发票的数量、数额、虚开的次数、造成国家税款损失额等要素综和判断。本罪的责任形式为故意，且具有逃避税款的目的。如果行为人缺乏逃避税款的目的且未造成国家税款损失，不宜认定为本罪。根据相关司法解释，虚开《刑法》第 205 条规定以外的其他发票，涉嫌下列情形之一的，应予立案追诉：①虚开发票 100 份以上或者虚开金额累计在 40 万元以上的；②虽未达到上述数额标准，但 5 年内因虚开发票行为受过行政处罚二次以上，又虚开发票的；③其他情节严重的情形。

犯本罪的，处 2 年以下有期徒刑、拘役或者管制，并处罚金；情节特别严重的，处 2 年以上 7 年以下有期徒刑，并处罚金。单位犯本罪的，对单位判处罚金，并对其直接负责的主管人员和其他直接责任人员，依照前述规定处罚。

七、伪造、出售伪造的增值税专用发票罪

伪造、出售伪造的增值税专用发票罪，是指行为人伪造或者出售伪造的增值税专用发票的行为。本罪侵犯的法益是增值税专用发票的管理制度。

本罪的行为主体为一般主体，既包括自然人也包括单位。行为内容为伪造、出售伪造的增值税专用发票。伪造，是指行为人制造了在外观上与真实的增值税发票相同或者相似，在视觉上基本无差别，足以误导一般民众的假增值税发票的行为。由于本罪未将"变造发票"与伪造发票相并列，因此，我们认为，如果对真实的发票进行加工变造，例如，将票面金额改变等，也可以作为伪造发票行为加以认定。出售伪造的增值税专用发票，是指行为人明知是伪造的增值税发票而出售的行为。本罪的行为对象为（伪造的）增值税专用发票。行为结果为伪造了或者出售了一定数量或者数额伪造的增值税专用发票。本罪的责任形式是故意。其中，出售伪造的增值税专用发票，要求行为人在主观上要明知出售的增值税专用发票是伪造的。伪造或者出售伪造的增值税专用发票 10 份以上且票面税额在 6 万元以上或者票面额累计在 10 万元以上的，应予立案追诉。如果行为人伪造增值税专用发票，并出售自己伪造的增值税专用发票的，宜只认定为伪造增值税专用发票罪。如果行为人伪造增值税专用发票，并出售他人伪造的增值税专用发票的，应认定为伪造、出售伪造的增值税专用发票罪，不实行数罪并罚。

犯伪造、出售伪造的增值税专用发票罪，处 3 年以下有期徒刑、拘役或者管制，并处 2 万

元以上 20 万元以下罚金；数量较大或者有其他严重情节的，处 3 年以上 10 年以下有期徒刑，并处 5 万元以上 50 万元以下罚金；数量巨大或者有其他特别严重情节的，处 10 年以上有期徒刑或者无期徒刑，并处 5 万元以上 50 万元以下罚金或者没收财产。

单位犯本罪的，对单位判处罚金，并对其直接负责的主管人员和其他直接责任人员，处 3 年以下有期徒刑、拘役或者管制；数量较大或者有其他严重情节的，处 3 年以上 10 年以下有期徒刑；数量巨大或者有其他特别严重情节的，处 10 年以上有期徒刑或者无期徒刑。

八、非法出售增值税专用发票罪

非法出售增值税专用发票罪，是指行为人非法出售增值税专用发票的行为。本罪侵犯的法益是增值税专用发票的管理制度。

本罪的行为主体为一般主体，既包括自然人也包括单位。行为内容为非法出售增值税专用发票。增值税专用发票由国家税务机关依照规定发售，只限于增值税的一般纳税人领购使用。除此之外，任何单位和个人不得出售。由此可见，出售主体不合法的行为人出售增值税专用发票，是非法出售行为。对于出售主体合法，但是明知买受人是不合法的而向其出售，一般也认定为非法出售。本罪的行为对象为增值税专用发票。行为结果为非法出售了一定数量的增值税专用发票。本罪的责任形式是故意，即明知自己没有出售主体资格而出售。根据有关司法解释，非法出售增值税专用发票 10 份以上且票面税额在 6 万元以上或者票面额累计在 10 万元以上的，应予立案追诉。犯非法出售增值税专用发票罪，处 3 年以下有期徒刑、拘役或者管制，并处 2 万元以上 20 万元以下罚金；数量较大的，处 3 年以上 10 年以下有期徒刑，并处 5 万元以上 50 万元以下罚金；数量巨大的，处 10 年以上有期徒刑或者无期徒刑，并处 5 万元以上 50 万元以下罚金或者没收财产。

九、非法购买增值税专用发票、购买伪造的增值税专用发票罪

非法购买增值税专用发票、购买伪造的增值税专用发票罪，是指行为人非法购买增值税专用发票或者购买伪造的增值税专用发票的行为。本罪侵犯的法益是增值税专用发票的管理制度。

本罪的行为主体为一般主体，既包括自然人也包括单位。行为内容为非法购买增值税专用发票、购买伪造的增值税专用发票。该罪为选择性罪名，行为对象既包括真实的增值税专用发票又包括伪造的增值税专用发票。非法购买，强调购买的非法性，对象为真实的增值税专用发票，根据相关规定，需要领购发票的单位和个人，应当持税务登记证件、经办人身份证明、按照国务院税务主管部门规定式样制作的发票专用章的印模，向主管税务机关办理发票领购手续。行为结果为非法购买了一定数量的增值税专用发票或者购买了一定数量的伪造的增值税专用发票。

本罪的责任形式为故意。其中购买伪造的增值税专用发票罪要求行为人购买时必须明知其购买的增值税专用发票为伪造的。

非法购买增值税专用发票或者购买伪造的增值税专用发票又虚开或者出售的，分别依照《刑法》第 205 条虚开增值税专用发票罪、第 206 条出售伪造的增值税专用发票罪、第 207 条非法出售增值税专用发票罪的规定定罪处罚。

犯本罪的，处 5 年以下有期徒刑或者拘役，并处或者单处 2 万元以上 20 万元以下罚金。

十、非法制造、出售非法制造的用于骗取出口退税、抵扣税款发票罪

非法制造、出售非法制造的用于骗取出口退税、抵扣税款发票罪，是指行为人伪造、擅自制造或者出售伪造、擅自制造的可以用于骗取出口退税、抵扣税款的其他发票的行为。本罪侵犯的法益是出口退税、抵扣税款发票管理制度。

本罪的行为主体为一般主体，既包括自然人，也包括单位。行为内容为伪造、擅自制造或者出售伪造、擅自制造的可以用于骗取出口退税、抵扣税款的其他发票。根据有关规定，增值税专用发票由国务院税务主管部门确定的企业印制；其他发票，按照国务院税务主管部门的规定，由省、自治区、直辖市税务机关确定的企业印制。本罪为结果犯，行为结果为伪造、擅自制造了一定数量的可以用于骗取出口退税、抵扣税款的其他发票；或者出售了一定数量的伪造、擅自制造的可以用于骗取出口退税、抵扣税款的其他发票。本罪的责任形式为故意。其中，出售非法制造的用于骗取出口退税、抵扣税款发票罪要求行为人明知出售的用于骗取出口退税、抵扣税款发票是非法制造的。伪造、擅自制造或者出售伪造、擅自制造的可以用于骗取出口退税、抵扣税款的非增值税专用发票 10 份以上且票面可以退税，抵扣税额在 6 万元以上或者票面额累计在 10 万元以上的，应予立案追诉。

犯本罪的，处 3 年以下有期徒刑、拘役或者管制，并处 2 万元以上 20 万元以下罚金；数量巨大的，处 3 年以上 7 年以下有期徒刑，并处 5 万元以上 50 万元以下罚金；数量特别巨大的，处 7 年以上有期徒刑，并处 5 万元以上 50 万元以下罚金或者没收财产。

十一、非法制造、出售非法制造的发票罪

非法制造、出售非法制造的发票罪，是指伪造、擅自制造或者出售伪造、擅自制造的用于骗取出口退税、抵扣税款发票以外的其他发票的行为。本罪侵犯的法益是普通发票的管理制度。

本罪的行为主体为一般主体，包括自然人和单位。行为内容为伪造、擅自制造或者出售伪造、擅自制造的用于骗取出口退税、抵扣税款发票以外的其他发票。根据有关规定，禁止私自印制、伪造、变造发票。印制发票的企业必须按照税务机关批准的式样和数量印制发票。行为对象为（伪造的）用于骗取出口退税、抵扣税款发票以外的其他发票。本罪的成立，还要求具有客观的损害结果，即行为结果为伪造、擅自制造了或者出售了伪造、擅自制造的一定数量的用于骗取出口退税、抵扣税款发票以外的其他发票。

本罪的责任形式为故意。其中，出售非法制造的发票罪要求行为人明知其出售的发票是非法制造的。伪造、擅自制造或者出售伪造、擅自制造的不具有骗取出口退税、抵扣税款功能的普通发票 100 份以上且票面额累计在 30 万元以上的，或者票面金额累计在 50 万元以上的，或者非法获利数额在 1 万元以上的，应予立案追诉。犯本罪的，处 2 年以下有期徒刑、拘役或者管制，并处或者单处 1 万元以上 5 万元以下罚金；情节严重的，处 2 年以上 7 年以下有期徒刑，并处 5 万元以上 50 万元以下罚金。

十二、非法出售用于骗取出口退税、抵扣税款发票罪

非法出售用于骗取出口退税、抵扣税款发票罪，是指非法出售可以用于骗取出口退税、抵扣税款的其他发票的行为。本罪侵犯的法益为出口退税、抵扣税款发票管理制度。

本罪的行为主体为一般主体，包括自然人和单位。行为内容为非法出售用于骗取出口退税、抵扣税款发票罪。行为对象为用于骗取出口退税、抵扣税款发票。行为结果为非法出售了一定数量的用于骗取出口退税、抵扣税款发票。本罪的责任形式为故意。非法出售可以用于骗取出口退税、抵扣税款的非增值税专用发票 10 份以上且票面额累计在 6 万元以上的，或者票面可以退税、抵扣税额累计在 10 万元以上的，或者非法获利数额在 1 万元以上的，应予立案追诉。犯本罪的，处 3 年以下有期徒刑、拘役或者管制，并处 2 万元以上 20 万元以下罚金；数量巨大的，处 3 年以上 7 年以下有期徒刑，并处 5 万元以上 50 万元以下罚金；数量特别巨大的，处 7 年以上有期徒刑，并处 5 万元以上 50 万元以下罚金或者没收财产。

十三、非法出售发票罪

非法出售发票罪，是指非法出售可以用于骗取出口退税、抵扣税款的其他发票以外的发票的行为。本罪侵犯的法益是国家对发票的管理制度。

本罪的行为主体为一般主体，包括自然人和单位。行为内容为非法出售可以用于骗取出口退税、抵扣税款的其他发票以外的发票。行为对象为可以用于骗取出口退税、抵扣税款的其他发票以外的发票。行为结果为非法出售了一定数量的可以用于骗取出口退税、抵扣税款的其他发票以外的发票。本罪的责任形式是故意。非法出售普通发票100份以上且票面额累计在30万元以上的，或者票面金额累计在50万元以上的，或者非法获利数额在1万元以上的，应予立案追诉。犯本罪的，处2年以下有期徒刑、拘役或者管制，并处或者单处1万元以上5万元以下罚金；情节严重的，处2年以上7年以下有期徒刑，并处5万元以上50万元以下罚金。

十四、持有伪造的发票罪

持有伪造的发票罪，是指明知是伪造的发票而持有，数量较大的行为。本罪侵犯的法益是国家对发票的管理制度。

本罪的行为主体为一般主体，包括自然人和单位。行为内容为明知是伪造的发票而持有。行为对象为伪造的发票，这里的发票包括所有类型的发票。行为人伪造发票而持有的，应将持有当做不可罚的事后行为，处罚前面的伪造行为，而具体罪名则应根据伪造对象加以具体认定。本罪的行为结果为持有了数量较大的伪造的发票。①持有伪造的增值税专用发票或者可以用于骗取出口退税、抵扣税款的其他发票50份以上且票面税额累计在25万元以上的；②持有伪造的增值税专用发票或者可以用于骗取出口退税、抵扣税款的其他发票票面税额累计在50万元以上的；③持有伪造的第1项规定以外的其他发票100以上且票面金额在50万元以上的；④持有伪造的第1项规定以外的其他发票票面金额累计在100万元以上的。应予立案追诉。本罪的责任形式为故意。

犯本罪的，处2年以下有期徒刑、拘役或者管制，并处罚金；数量巨大的，处2年以上7年以下有期徒刑，并处罚金。单位犯本罪的，对单位判处罚金，并对其直接负责的主管人员和其他直接责任人员，依照前述的规定处罚。

第八节　侵犯知识产权罪

一、假冒注册商标罪

(一) 假冒注册商标罪的概念和法益

假冒注册商标罪，是指未经注册商标所有人许可，在同一种商品、服务上使用与其注册商标相同的商标，情节严重的行为。本罪侵犯的法益为他人注册商标权。

(二) 假冒注册商标罪的犯罪构成

1. 假冒注册商标罪的构成要件。

(1) 行为主体为一般主体，包括自然人和单位。

(2) 行为内容为未经注册商标所有人许可，在同一种商品、服务上使用与其注册商标相同的商标。首先，经商标局核准注册的商标为注册商标，包括商品商标、服务商标和集体商标、证明商标。《刑法修正案（十一）》增设了在同一种"服务"上使用与他人注册商标相同的商标亦构成假冒注册商标罪。其次，商标注册人享有商标专用权，受法律保护。商标注册人可以通过签订商标使用许可合同，许可他人使用其注册商标。未经注册商标所有人许可，不得使用他人享有专用权的商标。再次，同一种商品，是指按照国家有关部门颁发的商品分类标准确定的商品。名称相同的商品以及名称不同但指同一事物的商品，可以认定为"同一种商品"。"名称"是指国家工商行政管理总局商标局在商标注册工作中对商品使用的名称，通常指《商标注册用商品和服务国际分类》中规定的商品名称。"名称不同但指同一事物的商品"是指在功能、用途、主要原料、消费对象、销售渠道等方面相同或者基本相同，相关公众一般认为是同一种事物的商品。认定"同一种商品"，应当在权利人注册商标核定使用的商品和行为人实际生产销售的商品之间进行比较。尼斯联盟成员国，采用《商标注册用商品和服务国际分类》（即尼斯分类）。现行尼斯分类将商品和服务分成45个大类，其中商品为1~34类，服务为35~45类。最后，注册商标包括文字、图形、字母、数字、三维标志、颜色组合和声音等，以及上述要素的组合，"相同的商标"，是指与被假冒的注册商标完全相同，或者与被假冒的注册商标在视觉上基本无差别、足以对公众产生误导的商标。

2. 假冒注册商标罪的责任要素。本罪责任形式为故意，即行为人认识到自己使用的注册商标是已经被他人注册的商标，且自己使用该商标的行为未被商标所有权人许可，但是仍然在同一种商品或者服务上使用该商标。

（三）假冒注册商标罪的认定

1. 情节严重的认定。本罪成立，要求假冒注册商标达到"情节严重"的要求。根据相关司法解释，情节严重包括：①非法经营数额在5万元以上或者违法所得数额在3万元以上的；②假冒两种以上注册商标，非法经营数额在3万元以上或者违法所得数额在2万元以上的；③其他情节严重的情形。其中非法经营数额，是指是指行为人在实施侵犯知识产权行为过程中，制造、储存、运输、销售侵权产品的价值。已销售的侵权产品的价值，按照实际销售的价格计算。制造、储存、运输和未销售的侵权产品的价值，按照标价或者已经查清的侵权产品的实际销售平均价格计算。侵权产品没有标价或者无法查清其实际销售价格的，按照被侵权产品的市场中间价格计算。多次实施侵犯知识产权行为，未经行政处理或者刑事处罚的，非法经营数额、违法所得数额或者销售金额累计计算。

2. "与其注册商标相同的商标"的认定。根据"两高"2020年9月发布实施的《最高人民法院、最高人民检察院关于办理侵犯知识产权刑事案件具体应用法律若干问题的解释（三）》规定，"与其注册商标相同的商标"包括：①改变注册商标的字体、字母大小写或者文字横竖排列，与注册商标之间基本无差别的；②改变注册商标的文字、字母、数字等之间的间距，与注册商标之间基本无差别的；③改变注册商标颜色，不影响体现注册商标显著特征的；④在注册商标上仅增加商品通用名称、型号等缺乏显著特征要素，不影响体现注册商标显著特征的；⑤与立体注册商标的三维标志及平面要素基本无差别的；⑥其他与注册商标基本无差别、足以对公众产生误导的商标。

3. 对于反向假冒行为是否应当认定为假冒注册商标罪，在理论上存在争议。所谓反向假冒注册商标行为，是指将他人商品上的商标取下而换上自己的商标的行为。争议的核心就是"不使用"他人商标是否也是假冒注册商标罪中的"使用"行为。持肯定论的观点认为，在他人的商品上不使用他人的商标而使用自己的商标，切断了源商品与源商标的联系，妨碍了他人商标功能的正常发挥，侵犯了他人的商标专用权。持否定论的观点则认为上述行为是"使用"了他人商品而不是使用他人的商标，进而认为不能认定为假冒注册商标罪。我们认为，根据有关司法解释，假冒注册商标罪中的"使用"，是指将注册商标或者假冒的注册商标用于商品、商品包装或者容器以及产品说明书、商品交易文书，或者将注册商标或者假冒的注册商标用于广告宣传、展览以及其他商业活动等行为。因此，不包括在他人商品上"不使用"他人商标的行为。

4. 明知他人实施假冒注册商标罪，而为其提供贷款、资金、账号、发票、证明、许可证件，或者提供生产、经营场所或运输、储存、代理进出口等便利条件、帮助的，以假冒注册商标罪的共犯论处。行为人以假冒注册商标方式生产、销售伪劣商品的行为，应按照想象竞合犯原理，从一重罪论处。

（四）假冒注册商标罪的处罚

构成本罪的，处 3 年以下有期徒刑，并处或者单处罚金；情节特别严重的，处 3 年以上 10 年以下有期徒刑，并处罚金。其中，情节特别严重包括：①非法经营数额在 25 万元以上或者违法所得数额在 15 万元以上的；②假冒两种以上注册商标，非法经营数额在 15 万元以上或者违法所得数额在 10 万元以上的；③其他情节特别严重的情形。

二、销售假冒注册商标的商品罪

（一）销售假冒注册商标的商品罪的概念和法益

销售假冒注册商标的商品罪，是指销售明知是假冒注册商标的商品，违法所得数额较大或者有其他严重情节的行为。本罪侵犯的法益是他人的商标专用权。

（二）销售假冒注册商标的商品罪的犯罪构成

本罪的行为主体为一般主体，包括自然人和单位。行为内容为销售假冒注册商标的商品。行为对象为假冒注册商标商品。行为结果为销售假冒注册商标的商品，违法所得数额较大或者有其他严重情节。本罪责任形式为故意。其中，"明知"包括：①知道自己销售的商品上的注册商标被涂改、调换或者覆盖的；②因销售假冒注册商标的商品受到过行政处罚或者承担过民事责任、又销售同一种假冒注册商标的商品的；③伪造、涂改商标注册人授权文件或者知道该文件被伪造、涂改的；④其他知道或者应当知道是假冒注册商标的商品的情形。

（三）销售假冒注册商标的商品罪的认定

在 1997 年《刑法》规定中，立法者设置了销售金额作为入罪条件，司法上将销售金额在 5 万元以上的和 25 万元以上的，分别作为数额较大和数额巨大的标准。《刑法修正案（十一）》将销售金额修改为违法所得数额，同时增加了"其他严重情节"作为入罪标准。销售明知是假冒注册商标的商品，假冒注册商标的商品尚未销售，货值金额在 15 万元以上的，以销售假冒注册商标的商品罪（未遂）定罪处罚；假冒注册商标的商品尚未销售，货值金额分别达到 15 万元以上不满 25 万元、25 万元以上的，分别依照《刑法》第 214 条规定的各法定刑幅度定罪处罚。违法所得金额和未销售货值金额分别达到不同的法定刑幅度或者均达到同一法定刑幅度的，在处罚较重的法定刑或者同一法定刑幅度内酌情从重处罚。

行为人实施《刑法》第 213 条规定的假冒注册商标犯罪，又销售该假冒注册商标的商品，构成犯罪的，应当依照《刑法》第 213 条的规定，以假冒注册商标罪定罪处罚；行为人事先与实施假冒注册商标的犯罪嫌疑人通谋并分工，行为人销售假冒注册商标商品的，构成假冒注册商标罪共犯；行为人实施《刑法》第 213 条规定的假冒注册商标犯罪，又销售明知是他人的假冒注册商标的商品，构成犯罪的，应当实行数罪并罚。行为人销售假冒注册商标商品同时构成销售假冒伪劣产品罪的，按照想象竞合犯从一重罪处理。

（四）销售假冒注册商标的商品罪的处罚

犯本罪的，处 3 年以下有期徒刑，并处或者单处罚金；违法所得数额巨大或者有其他特别严重情节的，处 3 年以上 10 年以下有期徒刑，并处罚金。

三、非法制造、销售非法制造的注册商标标识罪

（一）非法制造、销售非法制造的注册商标标识罪的概念和法益

非法制造、销售非法制造的注册商标标识罪，是指伪造、擅自制造他人注册商标标识或者

销售伪造、擅自制造的注册商标标识，情节严重的行为。

（二）非法制造、销售非法制造的注册商标标识罪的犯罪构成

本罪的行为主体为一般主体，包括自然人和单位。行为内容为伪造、擅自制造他人注册商标标识或者销售伪造、擅自制造的注册商标标识。商标标识，是指带有商标图样的用于包装、装饰、美化、说明、宣传商品的物质载体，由文字、图案或者文字和图案组合以及数字、颜色、字母、声音、三维图案等元素构成。本罪责任形式为故意。

（三）非法制造、销售非法制造的注册商标标识罪的认定

本罪为情节犯，伪造、擅自制造他人注册商标标识或者销售伪造、擅自制造的注册商标标识，需要达到情节严重的程度才能认定为本罪。关于情节严重的认定包括：①伪造、擅自制造或者销售伪造、擅自制造的注册商标标识数量在 2 万件以上，或者非法经营数额在 5 万元以上，或者违法所得数额在 3 万元以上的；②伪造、擅自制造或者销售伪造、擅自制造两种以上注册商标标识数量在 1 万件以上，或者非法经营数额在 3 万元以上，或者违法所得数额在 2 万元以上的；③其他情节严重的情形。

销售他人伪造、擅自制造的注册商标标识，具有下列情形之一的，以销售非法制造的注册商标标识罪（未遂）定罪处罚：①尚未销售他人伪造、擅自制造的注册商标标识数量在 6 万件以上的；②尚未销售他人伪造、擅自制造的两种以上注册商标标识数量在 3 万件以上的；③部分销售他人伪造、擅自制造的注册商标标识，已销售标识数量不满 2 万件，但与尚未销售标识数量合计在 6 万件以上的；④部分销售他人伪造、擅自制造的两种以上注册商标标识，已销售标识数量不满 1 万件，但与尚未销售标识数量合计在 3 万件以上的。

（四）非法制造、销售非法制造的注册商标标识罪的处罚

犯本罪的，处 3 年以下有期徒刑，并处或者单处罚金；情节特别严重的，处 3 年以上 10 年以下有期徒刑，并处罚金。其中，情节特别严重包括：①伪造、擅自制造或者销售伪造、擅自制造的注册商标标识数量在 10 万件以上，或者非法经营数额在 25 万元以上，或者违法所得数额在 15 万元以上的；②伪造、擅自制造或者销售伪造、擅自制造两种以上注册商标标识数量在 5 万件以上，或者非法经营数额在 15 万元以上，或者违法所得数额在 10 万元以上的；③其他情节特别严重的情形。

四、假冒专利罪

假冒专利罪，是指违反专利管理法假冒他人专利，情节严重的行为。本罪侵犯的法益是专利管理制度。

本罪的行为主体为一般主体，包括自然人和单位。行为内容为假冒他人专利。具体包括：①未经许可，在其制造或者销售的产品、产品的包装上标注他人专利号的；②未经许可，在广告或者其他宣传材料中使用他人的专利号，使人将所涉及的技术误认为是他人专利技术的；③未经许可，在合同中使用他人的专利号，使人将合同涉及的技术误认为是他人专利技术的；④伪造或者变造他人的专利证书、专利文件或者专利申请文件的。假冒专利罪的责任形式为故意。

本罪立法设置为情节犯，假冒他人专利，需要达到情节严重的程度才能构成本罪。情节严重包括：①非法经营数额在 20 万元以上或者违法所得数额在 10 万元以上的；②给专利权人造成直接经济损失 50 万元以上的；③假冒两项以上他人专利，非法经营数额在 10 万元以上或者违法所得数额在 5 万元以上的；④其他情节严重的情形。

犯本罪的，处 3 年以下有期徒刑或者拘役，并处或者单处罚金。

五、侵犯著作权罪

（一）侵犯著作权罪的概念和法益

侵犯著作权罪，是指行为人以营利为目的，侵犯著作权或者与著作权有关的权利，违法所得数额较大或者有其他严重情节的行为。本罪侵犯的法益是著作权管理制度。

（二）侵犯著作权罪的犯罪构成

1. 侵犯著作权罪的构成要件。

（1）行为主体为一般主体，包括自然人和单位。

（2）行为内容为侵犯著作权或者与著作权有关的权利，《刑法修正案（十一）》增设了"侵犯与著作权有关的权利"，行为具体包括：①未经著作权人许可，复制发行、通过信息网络向公众传播其文字作品、音乐、美术、视听作品、计算机软件及法律、行政法规规定的其他作品的。其中，"未经著作权人许可"，是指没有得到著作权人授权或者伪造、涂改著作权人授权许可文件或者超出授权许可范围的情形。"未经著作权人许可"一般应当依据著作权人或者其授权的代理人、著作权集体管理组织、国家著作权行政管理部门指定的著作权认证机构出具的涉案作品版权认证文书，或者证明出版者、复制发行者伪造、涂改授权许可文件或者超出授权许可范围的证据，结合其他证据综合予以认定。在涉案作品种类众多且权利人分散的案件中，上述证据确实难以一一取得，但有证据证明涉案复制品系非法出版、复制发行的，且出版者、复制发行者不能提供获得著作权人许可的相关证明材料的，可以认定为"未经著作权人许可"。但是，有证据证明权利人放弃权利、涉案作品的著作权不受我国著作权法保护，或者著作权保护期限已经届满的除外。"复制发行"，包括复制、发行或者既复制又发行的行为。侵权产品的持有人通过广告、征订等方式推销侵权产品的，属于"发行"，具体包括总发行、批发、零售、通过信息网络传播以及出租、展销等活动。《刑法修正案（十一）》增设了"通过信息网络向公众传播"他人作品的行为方式。②出版他人享有专有出版权的图书的。根据《著作权法》的规定，图书出版者对著作权人交付出版的作品，按照合同约定享有的专有出版权受法律保护，他人不得出版该作品。③未经录音录像制作者许可，复制发行、通过信息网络向公众传播其制作的录音录像的。《著作权法》规定，使用他人作品演出，表演者应当取得著作权人许可，并支付报酬。演出组织者组织演出，由该组织者取得著作权人许可，并支付报酬。在涉案录音制品种类众多且权利人分散的案件中，有证据证明涉案复制品系复制发行，且复制发行者不能提供获得录音制作者许可的相关证据材料的，可以认定为"未经录音制作者许可"。但是，有证据证明权利人放弃权利、涉案作品的著作权或者录音制品的有关权利不受我国著作权法保护、权利保护期限已经届满的除外。④《著作权法》规定，使用他人作品演出，表演者（演员、演出单位）应当取得著作权人许可，并支付报酬。《刑法修正案（十一）》增设"未经表演者许可，复制发行录有其表演的录音录像制品，或者通过信息网络向公众传播其表演的"作为侵犯著作权罪的表现形式。⑤制作、出售假冒他人署名的美术作品的。美术作品，是指是指绘画、书法、雕塑等以线条、色彩或者其他方式构成的平面或者立体的造型艺术作品。美术作品包括纯美术作品和实用美术作品。其中纯美术作品，是指仅能够供人们观赏的独立的艺术作品，比如油画、国画、版画、水彩画等。实用美术作品，是指美术作品内容与具有使用价值的物体相结合，物体借助于美术作品而兼具观赏价值和实用价值，比如陶瓷艺术等。美术作品原件的展览权由原件所有人享有。本项行为主要表现为在美术作品上签署名家、名人的姓名。例如在普通人绘画作品上签署名人的姓名，或者将自己绘画作品上签署名家的姓名。出售假冒他人署名的美术作品，有学者认为构成诈骗罪，或者是诈骗罪和侵犯著作权罪的想象竞合犯，按照更重的财产犯罪处理。[1] 我们认为，上述观点值得商榷。应当将本项的行为规定认定为特殊条款，只能认定为侵犯著作权罪，而不能以诈骗罪认定。《刑法》第 266 条后半段规定，"本法另有规定的，依照规定"，这是排斥性规定，即在《刑法》中对符合诈骗罪规定的行为同时被特殊条款加以规定的情况下，不能再适用诈骗罪。类似的情形例如"使用假币罪"。⑥未经著作权人或者与著作权有关的权利人许可，故意避开或者破坏权利人为其作品、录音录像制品等采取的保护著作权或者与著作权有关的权利的技术措施的。本项规定是《刑法修正案（十一）》所增设，主要是因为 2020 年修正的《著作权法》增加相关内容作为第 49 条，具体内容是，为保护著作权和与著作权有关的权利，权利人可以采取技术措施。未经权利人许可，任何组织或者个人不得故意避开或者破坏技术措施，不得以避开或者破坏技术措施为目的制造、进口或者向公众提供有关装置或者部件，不得故意为他人避开或者破坏技术措施提供技术服务。本罪的行为对象为他人著作权以及和著作权有关的权利。

2. 侵犯著作权罪的责任要素。本罪的责任形式为故意，且要求行为人具有"营利目的"。除销售外，具有下列情形之一的，可以认定为"以营利为目的"：①以在他人作品中刊登收费广告、捆绑第三方作品等方式直接或者间接收取费用的；②通过信息网络传播他人作品，或者利用他人上传的侵权作品，在网站或者网页上提供刊登收费广告服务，直接或者间接收取费用的；③以会员制方式通过信息网络传播他人作品，收取会员注册费或者其他费用的；

（三）侵犯著作权罪的认定

成立本罪还要求违法所得数额较大或者有其他严重情节。涉嫌下列情形之一的，应予立案追诉：①违法所得数额 3 万元以上的；②非法经营数额 5 万元以上的；③未经著作权人许可，复制发行其文字作品、音乐、电影、电视、录像作品、计算机软件及其他作品，复制品数量合计 500 张（份）以上的；④未经录音录像制作者许可，复制发行其制作的录音录像制品，复制品数量合计 500 张（份）以上的；⑤其他情节严重的情形。

2011 年"两高一部"《关于办理侵犯知识产权刑事案件适用法律若干问题的意见》中规定，非法出版、复制、发行他人作品，侵犯著作权构成犯罪的，按照侵犯著作权罪定罪处罚，不认定为非法经营罪等其他犯罪。关于侵犯著作权罪，同时触犯生产、销售伪劣产品罪，应当如何处理？行为人实施侵犯知识产权犯罪，同时构成生产、销售伪劣商品犯罪的，依照侵犯知识产权犯罪与生产、销售伪劣商品犯罪中处罚较重的规定定罪处罚。

（四）侵犯著作权罪的处罚

犯本罪，处 3 年以下有期徒刑，并处或者单处罚金；违法所得数额巨大或者有其他特别严重情节的，处 3 年以上 10 年以下有期徒刑，并处罚金。复制品数量在 2500 张（份）以上的，属于"有其他特别严重情节"。

六、销售侵权复制品罪

销售侵权复制品罪，是指以营利为目的，销售明知是侵犯著作权的侵权复制品，违法所得数额巨大或者有其他严重情节的行为。本罪侵犯的法益是著作权管理制度。

销售侵权复制品罪的行为主体为一般主体，包括自然人和单位。行为内容为销售侵权复制品。行为对象为侵权复制品。行为结果为侵犯著作权的侵权复制品，违法所得数额巨大或者有其他严重情节。本罪的责任形式是故意，且要求行为人具有营利的目的。违法所得数额在 10 万元以上的，属于"违法所得数额巨大"。行为人实施《刑法》第 217 条规定的侵犯著作权犯罪，又销售该侵权复制品，构成犯罪的，应当依照《刑法》第 217 条的规定，以侵犯著作权罪

---

〔1〕 张明楷：《刑法学》（下），法律出版社 2021 年版，第 1073 页。

定罪处罚；实施《刑法》第 217 条规定的侵犯著作权犯罪，又销售明知是他人的侵权复制品，构成犯罪的，应当实行数罪并罚。构成本罪的，处 5 年以下有期徒刑，并处或者单处罚金。

七、侵犯商业秘密罪

（一）侵犯商业秘密罪的概念和法益

侵犯商业秘密罪，是指行为人以盗窃、贿赂、欺诈、胁迫、电子侵入或者其他不正当手段获取权利人的商业秘密，或者披露、使用或者允许他人使用以前项手段获取的权利人的商业秘密以及违反保密义务或者违反权利人有关保守商业秘密的要求，披露、使用或者允许他人使用其所掌握的商业秘密的行为。本罪侵犯的法益是商业秘密保护制度。

（二）侵犯商业秘密罪的犯罪构成

1. 侵犯商业秘密罪的构成要件。

（1）行为主体为一般主体，包括自然人和单位。

（2）行为内容为侵犯商业秘密。根据《刑法修正案（十一）》的修订，侵犯商业秘密的行为具体表现为以下几种类型：①以盗窃、贿赂、欺诈、胁迫、电子侵入或者其他不正当手段获取权利人的商业秘密的。盗窃，是指行为人通过秘密窃取手段获取商业秘密，采取非法复制、未经授权或者超越授权使用计算机信息系统等方式窃取商业秘密；贿赂，是指行为人通过提供财物以及财产性利益的方式获取商业秘密；欺诈，是指行为人采用虚构事实或者隐瞒真相的方法，取得商业秘密权利人的信任，从而获取商业秘密的行为；胁迫，是指行为人采用威胁、恐吓等手段迫使商业秘密权利人提供商业秘密；电子侵入，是指以黑客手段、植入病毒，以及新兴的通过"爬虫""拖库撞库""端口监听"等各种手段侵入存储有他人商业秘密信息的电子载体，包括数字化办公系统、服务器、邮箱、云盘等获取商业秘密。②披露、使用或者允许他人使用以前项手段获取的权利人的商业秘密的。该行为类型是结合第一项行为对商业秘密做进一步延伸保护。披露，是指行为人通过不正当手段获取他人商业秘密以后，将该商业秘密告知第三人或者向社会公众予以公布；使用，是指行为人将通过非法手段获取的商业秘密用于生产或者经营；允许他人使用，则是指行为人本人没有直接使用，而是允许第三人将自己通过非法手段获取的商业秘密用于生产或者经营。因为考虑到侵犯商业秘密罪保护的法益是商业秘密保护制度，因此，行为人允许他人使用，不需要以行为人是否获取报酬为构成要素。③违反保密义务或者违反权利人有关保守商业秘密的要求，披露、使用或者允许他人使用其所掌握的商业秘密的。行为人基于合同等合法获取他人商业秘密，仍然具有保密的义务。如果行为人在合法获取商业秘密后，违反保密约定，擅自将该商业秘密披露、使用或者允许第三人使用，也是侵犯商业秘密的行为。明知前述三种所列行为，获取、披露、使用或者允许他人使用该商业秘密的，情节严重的，以侵犯商业秘密论。

（3）行为对象为权利人的商业秘密。权利人，是指商业秘密的所有人和经商业秘密所有人许可的商业秘密使用人。商业秘密，是指不为公众所知悉、具有商业价值并经权利人采取相应保密措施的技术信息、经营信息等商业信息。与技术有关的结构、原料、组分、配方、材料、样品、样式、植物新品种繁殖材料、工艺、方法或其步骤、算法、数据、计算机程序及其有关文档等信息，可以认定为技术信息。与经营活动有关的创意、管理、销售、财务、计划、样本、招投标材料、客户信息、数据等信息，可以认定为经营信息。其中，客户信息，包括客户的名称、地址、联系方式以及交易习惯、意向、内容等信息。商业秘密具有秘密性、价值性、实用性并被采取保密措施等特征。

（4）行为结果为侵犯他人商业秘密，且达到了情节严重的程度。《刑法修正案（十一）》将侵犯商业秘密罪的罪状进行了修订，将"给商业秘密权利人造成重大损失"的结果要素修改为"情节严重"。情节要素包括危害结果但不限于危害结果。

2. 侵犯商业秘密罪的责任要素。本罪的责任形式为故意，即行为人明知实施侵犯商业秘密行为，会给权利人造成一定损失或者明知侵犯权利人商业秘密行为具有严重的社会危害性，积极追求或者放任危害结果的发生。

（三）侵犯商业秘密罪的认定

《刑法修正案（十一）》将"给商业秘密权利人造成重大损失"的入罪条件修改为"情节严重"。情节严重包含的范围更加广泛，包括多次实施侵犯他人商业秘密的，违法所得数额较大的，给权利人造成重大损失的，因为侵犯他人商业秘密受到过行政处罚（是否需要两次行政处罚为要素，可以进一步讨论）后又侵犯他人商业秘密的，造成较为恶劣的社会影响的，等等。其中，具有下列情形之一的，应当认定为"给商业秘密的权利人造成重大损失"：①给商业秘密的权利人造成损失数额或者因侵犯商业秘密违法所得数额在30万元以上的；②直接导致商业秘密的权利人因重大经营困难而破产、倒闭的；③造成商业秘密的权利人其他重大损失的。造成的损失数额或者违法所得数额，可以按照下列方式认定：①以不正当手段获取权利人的商业秘密，尚未披露、使用或者允许他人使用的，损失数额可以根据该项商业秘密的合理许可使用费确定；②以不正当手段获取权利人的商业秘密后，披露、使用或者允许他人使用的，损失数额可以根据权利人因被侵权造成销售利润的损失确定，但该损失数额低于商业秘密合理许可使用费的，根据合理许可使用费确定；③违反约定、权利人有关保守商业秘密的要求，披露、使用或者允许他人使用其所掌握的商业秘密的，损失数额可以根据权利人因被侵权造成销售利润的损失确定；④明知商业秘密是不正当手段获取或者是违反约定、权利人有关保守商业秘密的要求披露、使用、允许使用，仍获取、使用或者披露的，损失数额可以根据权利人因被侵权造成销售利润的损失确定；⑤因侵犯商业秘密行为导致商业秘密已为公众所知悉或者灭失的，损失数额可以根据该项商业秘密的商业价值确定，商业秘密的商业价值，可以根据该项商业秘密的研究开发成本、实施该项商业秘密的收益综合确定；⑥因披露或者允许他人使用商业秘密而获得的财物或者其他财产性利益，应当认定为违法所得。第2项、第3项、第4项规定的权利人因被侵权造成销售利润的损失，可以根据权利人因被侵权造成销售量减少的总数乘以权利人每件产品的合理利润确定；销售量减少的总数无法确定的，可以根据侵权产品销售量乘以权利人每件产品的合理利润确定；权利人因被侵权造成销售量减少的总数和每件产品的合理利润均无法确定的，可以根据侵权产品销售量乘以每件侵权产品的合理利润确定。商业秘密系用于服务等其他经营活动的，损失数额可以根据权利人因被侵权而减少的合理利润确定。商业秘密的权利人为减轻对商业运营、商业计划的损失或者重新恢复计算机信息系统安全、其他系统安全而支出的补救费用，应当计入给商业秘密的权利人造成的损失。

（四）侵犯商业秘密罪的处罚

构成本罪，处3年以下有期徒刑，并处或者单处罚金；情节特别严重的，处3年以上10年以下有期徒刑，并处罚金。单位犯本罪的，对单位判处罚金，并对单位直接负责的主管人员和其他直接责任人员依照上述规定处罚。

八、为境外窃取、刺探、收买、非法提供商业秘密罪

为境外窃取、刺探、收买、非法提供商业秘密罪，是指为境外的机构、组织、人员窃取、刺探、收买、非法提供商业秘密的行为。本罪是《刑法修正案（十一）》新增的罪名。本罪的行为主体包括自然人和单位。构成要件的行为内容是为境外的机构、组织、人员窃取、刺探、收买、非法提供商业秘密。窃取，是指行为人通过秘密手段获取商业秘密，包括使用侵入计算机系统或者盗窃具有商业秘密的纸质文件等；刺探，是指使用侦察、探听、搜集等方式获取商业秘密；收买，是指行为人通过利用金钱、物质或者其他物质性利益等换取商业秘密，即使认为提供的金钱、物质等是商业秘密的对价，也不影响本罪的认定；非法提供，是指行为人违反法律法规的规定，擅自将商业秘密提供给境外的机构、组织或者个人。本罪的行为对象是商业秘密，即不为公众所知悉、具有商业价值并经权利人采取相应保密措施的技术信息、经营信息等商业信息。本罪的责任形式是故意，即明知道是商业秘密而为境外的机构、组织、人员窃取、刺探、收买、非法提供，同时，还要求行为人明知道自己的行为是为"境外的机构、组织、人员"而为。如果行为人只是将商业秘密提供给本国的公民或者单位，并不构成本罪。本罪在行为表现形式上与为境外的机构、组织、人员窃取、刺探、收买、非法提供国家秘密、情报罪相同。后者的行为对象限定为与国家安全和利益有关的秘密、情报。国家秘密分为绝密、机密和秘密三级。情报则是指关系国家安全和利益、尚未公开或者依照有关规定不应公开的事项。

犯本罪的，处 5 年以下有期徒刑，并处或者单处罚金；情节严重的，处 5 年以上有期徒刑，并处罚金。单位犯本罪的，对单位判处罚金，并对单位直接负责的主管人员和其他直接责任人员依照上述规定处罚。

第九节 扰乱市场秩序罪

一、损害商业信誉、商品声誉罪

（一）损害商业信誉、商品声誉罪的概念和法益

损害商业信誉、商品声誉罪，是指捏造并散布虚伪事实，损害他人的商业信誉、商品声誉，给他人造成重大损失或者有其他严重情节的行为。本罪侵犯的法益是商业信誉或者商品声誉。

（二）损害商业信誉、商品声誉罪的犯罪构成

1. 损害商业信誉、商品声誉罪的构成要件。

（1）行为主体为一般主体，包括自然人和单位。

（2）行为内容为捏造并散布有损他人的商业信誉、商品声誉的虚伪事实。捏造，是从无到有的过程，虚构、编造不符合客观真实或根本不存在的事实，包括对原有事实的夸大，对于夸大部分，也可以理解为捏造。捏造还包括对原有事实进行加工、剪切，对原有事实进行歪曲，丧失真实性。例如，行为人对图片上添加与图片内容不符的文字说明，也应当认定为捏造。散布，是指让不特定公众知悉。本罪的行为要素通常表现为捏造并散布虚伪事实，即行为人捏造虚伪事实和散布捏造的虚伪事实。对于单纯的散布虚伪事实是否构成本罪，在理论上存在争议。有学者认为捏造不是本罪的实行行为，散布才是本罪的实行行为。还有的学者认为，成立本罪要求行为人必须捏造并散布自己捏造的虚伪事实。我们认为，本罪的实行行为包括两种行为方式，一是捏造并散布自己捏造的虚伪事实；二是明知是捏造的虚伪事实而予以散布。从对他人商业信誉和商品声誉保护的角度来看，单纯的捏造行为并不会给他人的商业信誉和商品声誉造成现实的紧迫危险，更不会造成实际损害，因为商业信誉和商品声誉都表现为社会公众对生产者或者经营者及其产品的评价。例如，甲捏造"某品牌的冰激凌里面经常吃到铁丝"的虚伪事实，但是，行为人将这句话写在纸条上并放在自己的抽屉里，从未示人，这就不可能给该品牌的冰淇淋造成声誉上的损害，只有行为人将该事实向公众或者不特定的第三人散布或者传播，才可能对该商品声誉以及生产商的商业信誉造成损害。因此，捏造并散布虚伪事实属于本罪的行为表现形式。但是，如果行为人明知道某种有损他人商业信誉或商品声誉的事实是

其他人捏造的，自己仍然予以散布，对此，如何处理？我们认为，也可以认定为本罪。从前文论述来看，本罪保护的法益是商业信誉和商品声誉，行为人在明知道虚假的事实会对他人的商业信誉和商品声誉造成损害的情况下，仍然予以散布，在本质上这种散布行为在客观上会影响到社会公众对该商业信誉或商品声誉的评价。因此，对于明知是虚假的事实予以散布的，可以理解为捏造并散布虚假的事实。

（3）行为对象是他人的商业信誉或者商品声誉。本罪中的"他人"，是指具体的人，特定的人，有明确指向的人，不包括抽象的、笼统的人。同时，这里的"他人"，既包括自然人，也包括单位，但不应限于与行为人存在商业竞争的生产者或者经营者。商业信誉，是指社会公众对某一经营者的经济能力、信用状况等所给予的社会评价，即该经营者在经济生活中信用、声望的定位，商业信誉表现为顾客对企业或商人的一种信赖关系，在某种程度上会体现为商业价值。商品声誉，是指公众对生产者和经营者的生产、经营状况、商品质量、效用、价格等方面的正面评价。

（4）行为结果为通过损害商品声誉和商业信誉，给他人造成重大损失或者有其他严重情节。涉嫌下列情形之一的，应予立案追诉：①给他人造成直接经济损失数额在 50 万元以上的；②虽未达到上述数额标准，但具有下列情形之一的：造成公司、企业等单位停业、停产六个月以上，或者破产的。③其他给他人造成重大损失或者有其他严重情节的情形。

2. 损害商业信誉、商品声誉罪的责任要素。本罪的责任形式是故意，即明知道自己的行为会损害他人商业信誉或者商品声誉并希望或者放任该结果发生的。如果行为人不具有损害他人商业信誉或者商品声誉的故意，客观上传播了对他人商业信誉或者商品声誉有不良影响的信息，不宜认定为本罪。

（三）损害商业信誉、商品声誉罪的处罚

构成本罪的，处 2 年以下有期徒刑或者拘役，并处或者单处罚金。单位犯本罪的，对单位判处罚金，并对单位直接负责的主管人员和其他直接责任人员依照上述规定处罚。

二、虚假广告罪

（一）虚假广告罪的概念和法益

虚假广告罪，是指广告主、广告经营者、广告发布者违反国家规定，利用广告对商品或者服务作虚假宣传，情节严重的行为。本罪侵犯的法益是广告管理秩序和消费者的合法权益。

（二）虚假广告罪的犯罪构成

1. 虚假广告罪的构成要件。

（1）行为主体为广告主、广告经营者、广告发布者，包括自然人和单位。广告主，是指为推销商品或者服务，自行或者委托他人设计、制作、发布广告的自然人、法人或者其他组织。广告经营者，是指接受委托提供广告设计、制作、代理服务的自然人、法人或者其他组织。广告发布者，是指为广告主或者广告主委托的广告经营者发布广告的自然人、法人或者其他组织。

（2）行为内容为利用广告对商品或者服务作虚假宣传。广告应当真实、合法，以健康的表现形式表达广告内容，符合社会主义精神文明建设和弘扬中华民族优秀传统文化的要求；广告不得含有虚假或者引人误解的内容，不得欺骗、误导消费者。广告主应当对广告内容的真实性负责。对产品或者服务做虚假宣传的具体表现形式包括：①商品或者服务不存在的；②商品的性能、功能、产地、用途、质量、规格、成分、价格、生产者、有效期限、销售状况、曾获荣誉等信息，或者服务的内容、提供者、形式、质量、价格、销售状况、曾获荣誉等信息，以及与商品或者服务有关的允诺等信息与实际情况不符，对购买行为有实质性影响的；③使用虚构、伪造或者无法验证的科研成果、统计资料、调查结果、文摘、引用语等信息作证明材料的；④虚构使用商品或者接受服务的效果的；⑤以虚假或者引人误解的内容欺骗、误导消费者的其他情形。

（3）行为对象为商品或者服务广告。广告，是指商品经营者或者服务提供者通过一定媒介和形式直接或者间接地介绍自己所推销的商品或者服务。

（4）行为结果为行为人进行虚假宣传后，给消费者带来经济损失等。本罪为情节犯，即要求以"情节严重"作为构成本罪的要素。根据相关司法解释，涉嫌下列情形之一的，应予立案追诉：①违法所得数额在十万元以上的；②假借预防、控制突发事件、传染病防治的名义，利用广告作虚假宣传，致使多人上当受骗，违法所得数额在三万元以上的；③利用广告对食品、药品作虚假宣传，违法所得数额在三万元以上的；④虽未达到上述数额标准，但二年内因利用广告作虚假宣传受过二次以上行政处罚，又利用广告作虚假宣传的；⑤造成严重危害后果或者恶劣社会影响的；⑥其他情节严重的情形。[1]

2. 虚假广告罪的责任要素。本罪的责任形式为故意。明知对商品或者服务做虚假宣传的广告会扰乱市场秩序破坏广告管理秩序并由此可能损害消费者权益，希望或者放任该结果发生的。

（三）虚假广告罪的认定

1. 准确把握本罪成立与否的界限。商品经营者或者服务提供者为了使自己的商品或者服务能够被大众所知悉，并希望公众能够购买自己的商品或者服务，一般都会通过一定媒介和形式直接或者间接地介绍自己所推销的商品或者服务，在推广或者介绍自己的商品和服务的过程中，或多或少都包含一些夸大或者过于美誉的成分，俗称"打擦边球"，以此吸引大众眼球。消费者也对此"见怪不怪"或者"司空见惯"，因此，不能一律将具有虚假宣传的广告都作为虚假广告罪来进行处理。因此，在认定本罪成立与否的时候，除了司法解释中明确的几种情节严重的情形外，还要具体根据社会民众对虚假广告的容忍度以及宣传的虚假程度是否远远背离一般民众的常识性判断综合加以分析。特别是要注意紧密结合《广告法》中对虚假广告，包括对不同商品的虚假宣传的认定标准，准确把握行刑衔接和行刑界限，防止刑法过度介入行政行为处罚的范畴。

2. 准确把握本罪与其他犯罪的界限。例如，广告不得贬低其他生产经营者的商品或者服务。行为人为了宣传自己的商品或者服务，故意贬损他人（竞争对手）商业信誉或者商品声誉，如果行为人对自己的商品或者服务做虚假宣传且达到情节严重程度，则完全可能构成虚假广告罪和损害商业信誉、商品声誉罪的想象竞合犯，应按照从一重处断原则进行处理。行为人明知自己的商品是假冒伪劣商品仍然故意做虚假宣传，可能构成生产、销售假冒伪劣产品罪和虚假广告罪的牵连关系，即目的系销售假冒伪劣产品，手段系虚假广告，此时，应按照牵连犯的处断原则从一重罪处理。行为人利用虚假广告骗取他人财物的行为，应按照诈骗罪和虚假广告罪从一重处断。

（四）虚假广告罪的处罚

构成本罪的，处 2 年以下有期徒刑或者拘役，并处或者单处罚金。单位犯本罪的，对单位判处罚金，并对单位直接负责的主管人员和其他直接责任人员依照上述规定处罚。

---

[1] 2022 年 4 月 6 日印发的《最高人民检察院、公安部关于公安机关管辖的刑事案件立案追诉标准的规定（二）》。

三、串通投标罪

（一）串通投标罪的概念和法益

投标人相互串通投标报价，损害招标人或者其他投标人利益，情节严重的，或者投标人与招标人串通投标，损害国家、集体、公民的合法利益的行为。本罪侵犯的法益是招投标管理秩序和国家利益、社会公共利益以及招标投标活动当事人的合法权益。

（二）串通投标罪的犯罪构成

1. 串通投标罪的构成要件。

（1）行为主体为投标人或者招标人，包括自然人和单位。《招投标法》中规定，招标人是依照本法规定提出招标项目、进行招标的法人或者其他组织。投标人是响应招标、参加投标竞争的法人或者其他组织。在具体案件的认定中，应该从实质性角度来理解投标人或者招标人，即实际参与投标或者招标的人，而不应仅仅从形式要件上看是否为投标人或者招标人。特别需要说明的是，尽管《招投标法》中规定的招标人或者投标人均是法人或者其他组织，但是，不能排除自然人可以构成本罪的主体。

（2）行为内容为投标人相互串通投标报价损害招标人或者其他投标人利益，情节严重的，或者投标人与招标人串通投标，损害国家、集体、公民的合法利益。第一，根据《招投标法》规定，投标人不得相互串通投标报价，不得排挤其他投标人的公平竞争，损害招标人或者其他投标人的合法权益。投标人相互串通投标报价损害招标人或者其他投标人利益，情节严重，构成本罪行为类型之一。相互串通投标报价，是指投标人之间私下串通，明确抬高报价或者压低报价，损害招标人或者其他投标人利益。行为人以多个具有招投标资质的单位共同参与招投标的"围标"行为，或者投标人邀请其他单位共同参与招投标的"邀标"行为不宜认定为本罪。第二，《招投标法》规定，投标人不得与招标人串通投标，损害国家利益、社会公共利益或者他人的合法权益。投标人与招标人串通投标，损害国家、集体、公民的合法利益，该种行为类型，不需要以"情节严重"为要素。

2. 串通投标罪的责任要素。本罪的责任形式是故意，且本罪为必要的共同犯罪，因此需要行为人之间存在"通谋"。如果行为人并未通谋，只是按照各自的报价，可能出现共同出高价或者出低价的情况，不宜认定为本罪。

（三）串通投标罪的认定

涉嫌下列情形之一的，应予立案追诉：①损害招标人、投标人或者国家、集体、公民的合法利益，造成直接经济损失数额在50万元以上的；②违法所得数额在20万元以上的；③中标项目金额在400万元以上的；④采取威胁、欺骗或者贿赂等非法手段的；⑤虽未达到上述数额标准，但两年内因串通投标，受过行政处罚2次以上，又串通投标的；⑥其他情节严重的情形。

对于"情节严重"，在《最高人民检察院、公安部关于公安机关管辖的刑事案件立案追诉标准的规定（二）》（以下简称《立案追诉标准》）第68条中已有具体的操作标准规定，而对"损害招标人或者其他投标人利益"这一概念却缺乏司法解释或者是其他规定对其进行界定。这使得串通投标罪在司法实践定罪量刑中缺乏实际的判断与操作标准，从而导致该罪适用范围的任意扩张。根据刑法的谦抑性原则，串通投标的行为在未达到刑法规定的具有严重社会危害性的情况下，应当适用行政处罚，但相关司法解释对串通投标罪的入罪标准没有考虑到行政处罚适用空间的问题。根据《立案追诉标准》第68条第3项的规定，只要是中标项目金额在400万元以上的，就属于《刑法》第223条所说的"情节严重"，而国内建筑施工招投标项目的起点造价就是200万元，这样的规定也就意味着所有串通投标行为都将被列入刑事追诉范围，串通投标行政处罚就根本不存在适用的空间了。正因为相关司法解释对该罪入罪标准设置过低门槛，造成行政处罚与刑事处罚界限不合理，最终导致对串通投标行为的处理中"以刑代行"现象凸显，这需要进一步完善行刑衔接机制。此外，对于串通拍卖行为，不能以串通投标罪予以追诉。

（四）串通投标罪的处罚

构成本罪的，处 3 年以下有期徒刑或者拘役，并处或者单处罚金。单位犯本罪的，对单位判处罚金，并对单位直接负责的主管人员和其他直接责任人员依照上述规定处罚。

四、合同诈骗罪

（一）合同诈骗罪的概念和法益

合同诈骗罪，是指以非法占有为目的，在签订、履行合同过程中，骗取对方当事人财物，数额较大的行为。本罪侵犯的法益为诚实信用的市场秩序和他人的财产权。

（二）合同诈骗罪的犯罪构成

1. 合同诈骗罪的构成要件。

（1）行为主体为从事商业活动的自然人或者单位。

（2）行为内容为：①以虚构的单位或者冒用他人名义签订合同的；②以伪造、变造、作废的票据或者其他虚假的产权证明作担保的；③没有实际履行能力，以先履行小额合同或者部分履行合同的方法，诱骗对方当事人继续签订和履行合同的；④收受对方当事人给付的货物、货款、预付款或者担保财产后逃匿的；⑤以其他方法骗取对方当事人财物的。根据相关司法解释，数额在 2 万元以上的，应予立案追诉。本罪的成立要求行为人以合同为手段实施诈骗行为，骗取了交易相对人一定数量的财物，是诈骗罪的特殊表现形式。合同是平等主体的自然人、法人、其他组织之间设立、变更、终止民事权利义务关系的协议。本罪中的合同不包括身份合同。

2. 合同诈骗罪的责任要素。本罪的责任形式为故意，且要求行为人具有非法占有目的。非法占有目的既可以是在签订、履行合同过程中，也可以是在签订、履行合同之前，但不能是行为人占有对方财物后。如果行为人在占有对方财物以后，才产生非法占有的目的，就不应认定为合同诈骗罪。例如，行为人"收受对方当事人给付的货物、货款、预付款或者担保财产后逃匿的"，必须强调行为人在签订、履行合同之前或者过程中具有非法占有目的，才能认定为合同诈骗罪，否则在其占有对方的财物后，具有非法占有目的，则可能涉嫌侵占罪而不是合同诈骗罪。换句话说，对方之所以将货物、货款、预付款或者担保财产处分（交付）给行为人，就是因为行为人采取了欺骗手段所致，在因果关系上，必须是先有欺骗行为，使对方产生错误的认识，对行为人具有信任基础，并基于该错误认识而处分（交付）财物。

（三）合同诈骗罪的认定

1. 合同诈骗罪与民事欺诈的关系。民事欺诈行为与合同诈骗罪之间存在交织关系，在司法实践中认定民事欺诈还是合同诈骗罪往往具有一定难度。从本质上说，合同诈骗罪也是民事欺诈的一种类型，民事欺诈完全可能包含合同诈骗罪的行为。因此，判断签订、履行合同过程中某一欺诈行为是合同诈骗罪还是民事欺诈仍然应当坚持合同诈骗罪的犯罪构成标准，符合合同诈骗罪的犯罪构成的行为就应该按照合同诈骗罪处理，否则就是民事欺诈。当前刑法理论中较多地运用"刑民交叉"的概念来区分民事欺诈和合同诈骗罪，试图寻找到较为清晰的标准区分二者之间的界限，事实上，二者的关系并不是排斥关系，而应该理解为竞合关系。此外，合同是否有效，不影响合同诈骗罪成立。合同无效，并不必然认定为构成合同诈骗罪，合同有效，也不意味着不构成合同诈骗罪。在司法实践中，应注重查明行为人在签订、履行合同过程中是否具有非法占有目的和虚构事实、隐瞒真相的行为，准确把握行为人是否具有合同诈骗的故意。

2. 合同诈骗罪与其他诈骗类犯罪的关系。合同诈骗罪是诈骗罪的特别条款，符合合同诈骗罪犯罪构成的行为，必然符合诈骗罪的构成。诈骗罪和合同诈骗罪是包容竞合关系。合同诈骗罪的手段是特殊的，即利用经济合同实施诈骗，合同的形式既可以是书面的，也可以是口头的，合同的签订或者履行主体一般是从事市场活动的主体。在既符合合同诈骗罪又符合诈骗罪的犯罪构成情况下，应当依照特别条款优于普通条款的适用原则，适用合同诈骗罪。但是需要讨论的问题是，由于合同诈骗罪的入罪条件（数额）高于诈骗罪的入罪条件（数额），根据当前的司法解释，合同诈骗罪的入罪数额标准是 2 万元，诈骗罪的入罪标准是 3000 至 1 万元，所以，当行为人适用合同诈骗的方法实施诈骗行为，骗取数额不满 2 万元但是超过 3000 至 1 万元的时候，能否适用诈骗罪对行为人的行为进行评价？我们认为，在法条竞合的类型中，如果是包容竞合的情况下，只能适用特别条款优于普通条款，不能适用重法优于轻法的原则，除非刑法有明文规定。同理，在不符合特别条款规定的犯罪构成但是符合普通条款规定犯罪构成的情况下，除非刑法有明文规定，也不能适用普通条款对行为人的行为进行定罪处罚。此外，合同诈骗罪还与金融诈骗罪之间存在竞合关系，因为大多数金融诈骗类犯罪都是利用了经济合同的形式，例如《刑法》第 198 条规定的保险诈骗罪，行为人就是利用保险合同进行诈骗。当行为人的行为既符合金融诈骗罪的犯罪构成，又符合合同诈骗罪的犯罪构成，通常应按照金融诈骗罪处理。例如，行为人利用保险合同进行保险诈骗，考虑到保险诈骗罪的法定最高刑是 15 年有期徒刑，而合同诈骗罪的法定最高刑是无期徒刑，如果按照重罪处理，那么只能适用合同诈骗罪，而保险诈骗罪就失去了存在意义，该条款就被虚置。因此，只能适用保险诈骗罪处理。如果行为人与他人签订合同，在收到对方货款后，提供假冒伪劣商品（含一般的假冒伪劣产品以及其他特殊的假冒伪劣产品，即《刑法》第 140 条和第 141 条至 148 条规定）的，应按照想象竞合犯从一重罪处理。

（四）合同诈骗罪的处罚

构成本罪的，处 3 年以下有期徒刑或者拘役，并处或者单处罚金；数额巨大或者有其他严重情节的，处 3 年以上 10 年以下有期徒刑，并处罚金；数额特别巨大或者有其他特别严重情节的，处 10 年以上有期徒刑或者无期徒刑，并处罚金或者没收财产。单位犯本罪的，对单位判处罚金，并对单位直接负责的主管人员和其他直接责任人员依照上述规定处罚。

五、组织、领导传销活动罪

（一）组织、领导传销活动罪的概念和法益

组织、领导传销活动罪，是指组织、领导以推销商品、提供服务等经营活动为名，要求参加者以缴纳费用或者购买商品、服务等方式获得加入资格，并按照一定顺序组成层级，直接或者间接以发展人员的数量作为计酬或者返利依据，引诱、胁迫参加者继续发展他人参加，骗取财物，扰乱经济社会秩序的传销活动的行为。本罪侵犯的法益为社会信用及市场秩序。

（二）组织、领导传销活动罪的犯罪构成

1. 组织、领导传销活动罪的构成要件。

（1）行为主体为传销活动的组织者、领导者，具体是指在传销活动中起组织、领导作用的发起人、决策人、操纵人，以及在传销活动中担负策划、指挥、布置、协调等重要职责，或者在传销活动实施中起到关键作用的人员。包括：①在传销活动中起发起、策划、操纵作用的人员；②在传销活动中承担管理、协调等职责的人员；③在传销活动中承担宣传、培训等职责的人员；④曾因组织、领导传销活动受过刑事处罚，或者一年以内因组织、领导传销活动受过行政处罚，又直接或者间接发展参与传销活动人员在 15 人以上且层级在 3 级以上的人员；⑤其他对传销活动的实施、传销组织的建立、扩大等起关键作用的人员。

（2）行为内容为以推销商品、提供服务等经营活动为名，要求参加者以缴纳费用或者购买商品、服务等方式获得加入资格，并按照一定顺序组成层级，直接或者间接以发展人员的数量作为计酬或者返利依据，引诱、胁迫参加者继续发展他人参加，骗取财物，扰乱经济社会秩序。"组织"表现为如下几个方面：①通过招募、引诱、介绍等方式，发起传销犯罪活动的。②为传销犯罪活动进行一般的出谋划策、制定计划等活动，或提供主要资金来源及场所的。③积极发展下线的。④为传销犯罪活动进行主要的联系、人员控制、逃避查处等工作的。"领导"则是指在传销犯罪活动中居于首要地位的人对该活动所进行的策划、决策、指挥、协调行为。本罪的行为对象为不特定的社会公众。本罪的成立要求行为结果为骗取财物，扰乱经济社会秩序。组织者或者经营者利用网络发展会员，要求被发展人员以缴纳或者变相缴纳"入门费"为条件，获得提成和发展下线的资格。通过发展人员组成层级关系，并以直接或者间接发展的人员数量作为计酬或者返利的依据，引诱被发展人员继续发展他人参加，骗取财物，扰乱经济社会秩序的，以组织、领导传销活动罪追究刑事责任。

2. 组织、领导传销活动罪的责任要素。本罪责任形式为故意，且具有骗取财物的目的。关于"骗取财物"的认定问题在理论上存在争议。[1] 有学者认为"骗取财物"不是本罪的构成要件要素，也就是说，不具有"骗取财物"的目的，也不影响本罪的认定，还有的学者认为，骗取财物是传销活动的本质，因此不具有骗取财物目的的传销活动是不存在的。根据相关司法解释，传销活动的组织者、领导者采取编造、歪曲国家政策，虚构、夸大经营、投资、服务项目及盈利前景，掩饰计酬、返利真实来源或者其他欺诈手段，实施《刑法》第 224 条之一规定的行为，从参与传销活动人员缴纳的费用或者购买商品、服务的费用中非法获利的，应当认定为骗取财物。参与传销活动人员是否认为被骗，不影响骗取财物的认定。我们认为，应当将"骗取财物为目的"作为本罪责任要素。至于行为人是否实际上骗取到了财物，不影响犯罪既遂的认定。只要行为人主观上具有骗取财物的目的，领导、组织实施传销活动，就应该认定为本罪的既遂。

（三）组织、领导传销活动罪的认定

1. 追诉标准。涉嫌组织、领导的传销活动人员在 30 人以上且层级在 3 级以上的，对组织者、领导者，应予立案追诉。

2. 关于"团队计酬"行为的认定。传销活动的组织者或者领导者通过发展人员，要求传销活动的被发展人员发展其他人员加入，形成上下线关系，并以下线的销售业绩为依据计算和给付上线报酬，牟取非法利益的，是"团队计酬"式传销活动。以销售商品为目的、以销售业绩为计酬依据的单纯的"团队计酬"式传销活动，不作为犯罪处理。形式上采取"团队计酬"方式，但实质上属于"以发展人员的数量作为计酬或者返利依据"的传销活动，应当依照《刑法》第 224 条之一的规定，以组织、领导传销活动罪定罪处罚。

3. 关于"情节严重"的认定问题。①组织、领导的参与传销活动人员累计达 120 人以上的；②直接或者间接收取参与传销活动人员缴纳的传销资金数额累计达 250 万元以上的；③曾因组织、领导传销活动受过刑事处罚，或者一年以内因组织、领导传销活动受过行政处罚，又直接或者间接发展参与传销活动人员累计达 60 人以上的；④造成参与传销活动人员精神失常、

---

〔1〕　李翔："组织、领导传销活动罪司法适用疑难问题解析——兼评《中华人民共和国刑法》第 224 条之一"，载《法学杂志》2010 年第 7 期。

自杀等严重后果的；⑤造成其他严重后果或者恶劣社会影响的。

4. 关于罪数的认定问题。以非法占有为目的，组织、领导传销活动，同时构成组织、领导传销活动罪和集资诈骗罪的，依照处罚较重的规定定罪处罚。犯组织、领导传销活动罪，并实施故意伤害、非法拘禁、敲诈勒索、妨害公务、聚众扰乱社会秩序、聚众冲击国家机关、聚众扰乱公共场所秩序、交通秩序等行为，构成犯罪的，依照数罪并罚的规定处罚。

（四）组织、领导传销活动罪的处罚

构成本罪的，处 5 年以下有期徒刑或者拘役，并处罚金；情节严重的，处 5 年以上有期徒刑，并处罚金。单位犯本罪的，对单位判处罚金，并对单位直接负责的主管人员和其他直接责任人员依照上述规定处罚。

六、非法经营罪

（一）非法经营罪的概念和法益

非法经营罪，是指违反国家规定，非法经营，扰乱市场秩序，情节严重的行为。本罪侵犯的法益为市场秩序和国家专营、专卖制度。

（二）非法经营罪的犯罪构成

1. 非法经营罪的构成要件。

（1）行为主体为一般主体，包括自然人和单位。

（2）行为内容为违反国家规定，非法经营。违反国家规定，是指违反全国人民代表大会及其常务委员会制定的法律和决定，国务院制定的行政法规、规定的行政措施、发布的决定和命令。其中，"国务院规定的行政措施"应当由国务院决定，通常以行政法规或者国务院制发文件的形式加以规定。以国务院办公厅名义制发的文件，符合以下条件的，亦应视为《刑法》中的"国家规定"：①有明确的法律依据或者同相关行政法规不相抵触；②经国务院常务会议讨论通过或者经国务院批准；③在国务院公报上公开发布。非法经营具体包括：①未经许可经营法律、行政法规规定的专营、专卖物品或者其他限制买卖的物品的；②买卖进出口许可证、进出口原产地证明以及其他法律、行政法规规定的经营许可证或者批准文件的；③未经国家有关主管部门批准非法经营证券、期货、保险业务的，或者非法从事资金支付结算业务的；④其他严重扰乱市场秩序的非法经营行为。近些年来，"两高"通过司法解释的方式，对"其他严重扰乱市场秩序的非法经营行为"进行了较多内容的扩充。[1] 需要说明的是，2020 年《最高人民检察院关于废止〈最高人民检察院关于办理非法经营食盐刑事案件具体应用法律若干问题的解释〉的决定》中规定，该解释废止后，对以非碘盐充当碘盐或者以工业用盐等非食盐充当食盐等危害食盐安全的行为，人民检察院可以依据《最高人民法院、最高人民检察院关于办理生产、销售伪劣商品刑事案件具体应用法律若干问题的解释》（法释〔2001〕10 号）、《最高人民法院、最高人民检察院关于办理危害食品安全刑事案件适用法律若干问题的解释》（法释〔2021〕24 号）的规定，分别不同情况，以生产、销售伪劣产品罪，或者生产、销售不符合安全标准的食品罪，或者生产、销售有毒、有害食品罪追究刑事责任，不再以非法经营罪处理该类案件。

此外，《最高人民法院关于准确理解和适用刑法中"国家规定"的有关问题的通知》规定，各级人民法院审理非法经营犯罪案件，要依法严格把握《刑法》第 225 条第 4 项的适用范围。对被告人的行为是否属于《刑法》第 225 条第 4 项规定的"其它严重扰乱市场秩序的非法

---

[1]　具体可参见相关司法解释汇编。刘志伟编：《刑法规范总整理》，法律出版社 2017 年版；李立众编：《刑法一本通：中华人民共和国刑法总成》，中国法律图书有限公司 2021 年版。

经营行为"，有关司法解释未作明确规定的，应当作为法律适用问题，逐级向最高人民法院请示。本罪的成立，要求严重扰乱市场秩序且达到情节严重的程度。在不同类型的非法经营罪认定中，对情节严重的判断标准不一样。

2. 非法经营罪的责任要素。本罪的责任形式为故意。在非法经营案件中的行为人往往具有获取非法利益的目的。

（三）非法经营罪的处罚

构成本罪的，处5年以下有期徒刑或者拘役，并处或者单处违法所得1倍以上5倍以下罚金；情节特别严重的，处5年以上有期徒刑，并处违法所得1倍以上5倍以下罚金或者没收财产。单位犯本罪的，对单位判处罚金，并对单位直接负责的主管人员和其他直接责任人员依照上述规定处罚。

七、强迫交易罪

（一）强迫交易罪的概念和法益

强迫交易罪，是指以暴力、威胁手段，实施强迫交易，情节严重的行为。本罪侵犯的法益为平等、自愿交易的市场秩序。

（二）强迫交易罪的犯罪构成

本罪的行为主体为一般主体，包括自然人和单位。行为内容为强迫交易，具体表现为：①强买强卖商品的；②强迫他人提供或者接受服务的；③强迫他人参与或者退出投标、拍卖的；④强迫他人转让或者收购公司、企业的股份、债券或者其他资产的；⑤强迫他人参与或者退出特定的经营活动的。强买强卖商品或者强迫他人提供或者接受服务，是指行为人违背交易相对人的意志，强迫他人购买自己的商品或者强迫他人出售商品给自己，或者强迫他人接受自己提供的服务，或者强迫他人为自己提供服务。在强迫的内容上往往表现出高于或者低于通常的市场交易价格，通过强买强卖获取一定的经济利益。这里的强迫应发生在交易过程中，换句话说，买卖商品或者提供服务必须是客观存在的，行为人在买卖商品或者提供（接受）服务过程中，违背他人意愿。如果他人原本就没有出售商品的意思，行为人以交易为名，强迫他人出售原本不打算出售的物品，则不宜构成本罪，如果涉嫌其他犯罪，则按照其他犯罪定罪处罚。例如，某甲到乙家做客，发现乙家的酒柜上摆放着一块恐龙骨化石，乙从来没有打算出售该化石的意思，也不知道具体价格，甲强迫乙将该化石出售给自己，这里则不宜以强迫交易罪定罪处罚。强迫他人参与或者退出投标、拍卖，是指行为人为谋取利益，在招投标或者过程中，强迫他人参与投标（陪标）或者强迫他人退出投标，便于自己中标，或者在拍卖过程中，强迫他人参与或者退出拍卖。强迫他人转让或者收购公司、企业股份、债券或者其他资产，是指行为人使用暴力、胁迫等手段，违背他人意志，强迫他人将公司、企业股票债券或者其他资产出售给自己，或者明知自己支持的公司、企业股份、债券或者其他资产等不具有良好前景预期，强迫他人收购。强迫他人参与或者退出特定的经营活动，是指行为人为获取某种利益，希望控制某种特定的经营活动，强迫他人参与或者退出该经营活动。例如，行为人想垄断某一地区的娱乐业，保证自己的客源，强迫其他开设娱乐场所的人关闭其经营的娱乐场所。本罪的行为结果要求破坏平等、自愿交易的市场秩序，且达到情节严重的程度。本罪的责任形式为故意。行为人具有破坏市场秩序的目的，通常情况下，行为人还具有获取非法利益的目的。

（三）强迫交易罪的认定

1. 追诉标准。涉嫌下列情形之一的，应予立案追诉：①造成被害人轻微伤或者其他严重后果的；②造成直接经济损失2000元以上的；③强迫交易3次以上或者强迫3人以上交易的；④强迫交易数额10 000元以上，或者违法所得数额2000元以上的；⑤强迫他人购买伪劣商品数额 5000 元以上，或者违法所得数额 1000 元以上的；⑥其他情节严重的情形。

2. 在司法实践中，应注意区分本罪与以交易为名的抢劫罪或者敲诈勒索罪等财产犯罪的区别。从事正常商品买卖、交易或者劳动服务的人，以暴力、胁迫手段迫使他人交出与合理价钱、费用相差不大钱物，情节严重的，以强迫交易罪定罪处罚；以非法占有为目的，以买卖、交易、服务为幌子，采用暴力、胁迫手段迫使他人交出与合理价钱、费用相差悬殊的钱物的，以抢劫罪定罪处刑。在具体认定时，既要考虑超出合理价钱、费用的绝对数额，还要考虑超出合理价钱、费用的比例，加以综合判断。强迫交易犯罪的行为人往往是从事市场行为的主体，虽然在强迫交易过程中可能也会表现为使用暴力、威胁等手段，但是这里的暴力、威胁等手段的程度远远低于抢劫罪等暴力型财产犯罪的暴力、威胁等。此外，强迫交易罪中行为人虽然具有获取财产或者财产性利益的目的，但是这里的获取财产往往是在正常市场价格略高或者略低的比例下进行，而不是明显高于或者低于市场交易价格。最后，强迫交易罪是发生市场行为过程中，因此对公平自愿的市场秩序造成破坏，如果行为人并不是通常意义上的市场交易主体，则不宜轻易认定为本罪。

3. 以暴力、胁迫手段强迫他人借贷，属于《刑法》第 226 条第 2 项规定的"强迫他人提供或者接受服务"，情节严重的，以强迫交易罪追究刑事责任；同时构成故意伤害罪等其他犯罪的，依照处罚较重的规定定罪处罚。以非法占有为目的，以借贷为名，采用暴力、胁迫手段获取他人财物，符合《刑法》第 263 条或者第 274 条规定的，以抢劫罪或者敲诈勒索罪追究刑事责任。在认定强迫交易罪与其他犯罪之间界限的时候，还要注重分析本罪与其他相关犯罪之间存在竞合关系的情况。

（四）强迫交易罪的处罚

犯本罪的，处 3 年以下有期徒刑或者拘役，并处或者单处罚金；情节特别严重的，处 3 年以上 7 年以下有期徒刑，并处罚金。单位犯本罪的，对单位判处罚金，并对单位直接负责的主管人员和其他直接责任人员依照上述规定处罚。

八、伪造、倒卖伪造的有价票证罪

（一）伪造、倒卖伪造的有价票证罪的概念和法益

伪造、倒卖伪造的有价票证罪，是指伪造或者倒卖伪造的车票、船票、邮票或者其他有价票证，数额较大的行为。本罪侵犯的法益为有价票证的管理制度。

（二）伪造、倒卖伪造的有价票证罪的犯罪构成

1. 伪造、倒卖伪造的有价票证罪的构成要件。本罪的行为主体为一般主体，包括自然人和单位。行为内容为伪造或者倒卖伪造的车票、船票、邮票或者其他有价票证。伪造，是指行为模仿真实的车票、船票、邮票或者其他有价票证制作出足以误导社会一般民众判断的票证，这里的伪造既包括在货币形态上从无到有的制作，也包括在原有票证形态基础上拼接、改造等编造行为。《最高人民法院关于对变造、倒卖变造邮票行为如何适用法律问题的解释》中规定，对变造或者倒卖变造的邮票数额较大的，应当依照《刑法》第 227 条第 1 款的规定定罪处罚。倒卖，是指行为人贩卖、出售等，至于行为人是否以购买为前提则在所不论，但是对于行为人以出售为目的的购买行为能否认定为倒卖，在理论上存在争议。我们认为，倒卖的本质就是将伪造的有价票证进入流通领域，行为人虽然有倒卖的目的，但是没有倒卖的行为，不应将以倒卖为目的的购买行为认定为倒卖的实行行为，但是，可以将其作为倒卖的预备行为处理。非法制作或者出售非法制作的 IC 电话卡，数额较大的，以伪造、倒卖伪造的有价票证罪追究刑事责任，犯罪数额可以根据销售数额认定；明知是非法制作的 IC 电话卡而使用或者购买并使用，造成电信资费损失数额较大的，以盗窃罪追究刑事责任。行为人伪造有价票证后出售自

已伪造的有价票证，不实行数罪并罚。因为本罪是选择性罪名，因此，即使行为人伪造有价票证后又倒卖他人伪造的有价票证，也认定为伪造、倒卖伪造的有价票证罪。

2. 伪造、倒卖伪造的有价票证罪的责任要素。本罪责任形式为故意，要求行为人明知倒卖的是伪造的有价票证。

（三）伪造、倒卖伪造的有价票证罪的认定

涉嫌下列情形之一的，应予立案追诉：①车票、船票票面数额累计 2000 元以上，或者数量累计 50 张以上的；②邮票票面数额累计 5000 元以上，或者数量累计 1000 枚以上的；③其他有价票证价额累计 5000 元以上，或者数量累计 100 张以上的；④非法获利累计 1000 元以上的；⑤其他数额较大的情形。

（四）伪造、倒卖伪造的有价票证罪的处罚

构成本罪的，处 2 年以下有期徒刑、拘役或者管制，并处或者单处票证价额 1 倍以上 5 倍以下罚金；数额巨大的，处 2 年以上 7 年以下有期徒刑，并处票证价额 1 倍以上 5 倍以下罚金。单位犯本罪的，对单位判处罚金，并对单位直接负责的主管人员和其他直接责任人员依照上述规定处罚。

九、倒卖车票、船票罪

倒卖车票、船票罪，是指倒卖车票、船票，情节严重的行为。本罪保护的法益是车票、船票的管理制度。

作为本罪行为对象的车票、船票，是指真实的车票和船票。以倒卖为目的的购买行为，可以认定为倒卖车票、船票罪的预备行为。本罪的行为结果为倒卖一定数量的车票、船票，达到情节严重的程度。根据相关司法解释，涉嫌下列情形之一的，应予立案追诉：①票面数额累计 5000 元以上的；②非法获利累计 2000 元以上的；③其他情节严重的情形。高价、变价、变相加价倒卖车票或者倒卖坐席、卧铺签字号及订购车票凭证，票面数额在 5000 元以上，或者非法获利数额在 2000 元以上的，构成《刑法》第 227 条第 2 款规定的"情节严重"。本罪的责任形式为故意。构成本罪的，处 3 年以下有期徒刑、拘役或者管制，并处或者单处票证价额 1 倍以上 5 倍以下罚金。单位犯本罪的，对单位判处罚金，并对单位直接负责的主管人员和其他直接责任人员依照上述规定处罚。对于铁路职工倒卖车票或者与其他人员勾结倒卖车票；组织倒卖车票的首要分子；曾因倒卖车票受过治安处罚 2 次以上或者被劳动教养 1 次以上，2 年内又倒卖车票，构成倒卖车票罪的，依法从重处罚。

十、非法转让、倒卖土地使用权罪

（一）非法转让、倒卖土地使用权罪的概念和法益

非法转让、倒卖土地使用权罪，是指以牟利为目的，违反土地管理法规，非法转让、倒卖土地使用权，情节严重的行为。本罪侵犯的法益是土地使用权的管理制度。

（二）非法转让、倒卖土地使用权罪的犯罪构成

本罪的行为主体为一般主体，包括自然人和单位。行为内容为违反土地管理法规，非法转让、倒卖土地使用权。其中，"违反土地管理法规"是指违反《土地管理法》《森林法》《草原法》等法律以及有关行政法规中关于土地管理的规定。行为对象为土地使用权。行为结果为非法转让、倒卖一定数量的土地使用权或者情节严重。根据相关司法解释，对于情节严重的判断，根据土地数量，非法所得数额等综合加以判断。对于涉嫌下列情形之一的，应予立案追诉：①非法转让、倒卖基本农田 5 亩以上的；②非法转让、倒卖基本农田以外的耕地 10 亩以上的；③非法转让、倒卖其他土地 20 亩以上的；④违法所得数额在 50 万元以上的；⑤虽未达到上述数额标准，但因非法转让、倒卖土地使用权受过行政处罚，又非法转让、倒卖土地的；

⑥非法转让、倒卖土地接近（达到相应数额80%以上）上述数量标准并具有其他恶劣情节的，如曾因非法转让、倒卖土地使用权受过行政处罚或者造成严重后果等；⑦其他情节严重的情形。本罪责任形式为故意，且具有牟利的目的。

（三）非法转让、倒卖土地使用权罪的处罚

构成本罪的，处3年以下有期徒刑或者拘役，并处或者单处非法转让、倒卖土地使用权价额5%以上20%以下罚金；情节特别严重的，处3年以上7年以下有期徒刑，并处非法转让、倒卖土地使用权价额5%以上20%以下罚金。单位犯本罪的，对单位判处罚金，并对单位直接负责的主管人员和其他直接责任人员依照上述规定处罚。

十一、提供虚假证明文件罪

（一）提供虚假证明文件罪的概念和法益

提供虚假证明文件罪，是指承担资产评估、验资、验证、会计、审计、法律服务、保荐、安全评价、环境影响评价、环境监测等职责的中介组织的人员故意提供虚假证明文件，情节严重的行为。本罪侵犯的法益是证明文件的真实性。

（二）提供虚假证明文件罪的犯罪构成

1. 提供虚假证明文件罪的构成要件。本罪的行为主体为特殊主体。具体是指承担资产评估、验资、验证、会计、审计、法律服务、保荐、安全评价、环境影响评价、环境监测等职责的中介组织的人员，也可以为从事上述工作内容的单位。行为内容为在承担资产评估、验资、验证、会计、审计、法律服务、保荐、安全评价、环境影响评价、环境监测等职责的过程中，提供虚假证明文件。本罪的成立要求行为结果为提供了虚假的证明文件，且达到情节严重的程度。对于情节严重，应综合造成的经济损失、行为人的违法所得数额等综合分析判断。《刑法修正案（十一）》对本罪进行了修订，增加列举了"保荐、安全评价、环境影响评价、环境监测"等内容。同时增设了法定刑升格条件的适用内容。根据相关司法解释，地质工程勘测院和其他履行勘测职责的单位及其工作人员在履行勘察、勘查、测绘职责过程中，故意提供虚假工程地质勘察报告等证明文件，情节严重的，以提供虚假证明文件罪追究刑事责任。

2. 提供虚假证明文件罪的责任要素。本罪责任形式为故意。要求行为人明知是虚假的证明文件故意提供。

（三）提供虚假证明文件罪的认定

1. 立案标准。涉嫌下列情形之一的，应予立案追诉：①给国家、公众或者其他投资者造成直接经济损失数额在50万元以上的；②违法所得数额在10万元以上的；③虚假证明文件虚构数额在100万元且占实际数额30%以上的；④虽未达到上述数额标准，但两年内因提供虚假证明文件，受过行政处罚2次以上，又提供虚假证明文件的。⑤其他情节严重的情形。

2. 罪数认定。构成提供虚假证明文件罪，同时索取他人财物或者非法收受他人财物构成犯罪的，依照处罚较重的规定定罪处罚。该内容系《刑法修正案（十一）》修订的条款。修订前，将索取他人财物或者非法收受他人财物的行为视为提供虚假证明文件罪的情节加重犯。我们认为，行为人实施提供虚假证明文件行为的同时又索取他人财物或者非法收受他人财物的，构成提供虚假证明文件罪和非国家工作人员受贿罪的竞合关系，应该按照从一重处断原则进行定罪处罚。

（四）提供虚假证明文件罪的处罚

构成本罪的，处5年以下有期徒刑或者拘役，并处罚金；有下列情形之一的，处5年以上10年以下有期徒刑，并处罚金：①提供与证券发行相关的虚假的资产评估、会计、审计、法律服务、保荐等证明文件，情节特别严重的；②提供与重大资产交易相关的虚假的资产评估、会计、审计等证明文件，情节特别严重的；③在涉及公共安全的重大工程、项目中提供虚假的安全评价、环境影响评价等证明文件，致使公共财产、国家和人民利益遭受特别重大损失的。单位犯本罪的，对单位判处罚金，并对单位直接负责的主管人员和其他直接责任人员依照上述规定处罚。

十二、出具证明文件重大失实罪

（一）出具证明文件重大失实罪的概念和法益

出具证明文件重大失实罪，是指承担资产评估、验资、验证、会计、审计、法律服务、保荐、安全评价、环境影响评价、环境监测等职责的中介组织的人员，严重不负责任，出具的证明文件有重大失实，造成严重后果的行为。本罪侵犯的法益是证明文件的真实性。

（二）出具证明文件重大失实罪的犯罪构成

1. 出具证明文件重大失实罪的构成要件。本罪的行为主体为承担资产评估、验资、验证、会计、审计、法律服务、保荐、安全评价、环境影响评价、环境监测等职责的中介组织的人员，也可以为承担上述工作职责内容的单位。本罪的成立要求存在危害结果，就是出具的证明文件有重大失实，造成了严重后果。所谓重大失实，是指证明文件的内容与事实存在重大出入。严重后果，既包括证明文件本身因为严重失实而认定的严重后果，也包括使用该证明文件的人依据该失实文件做出了错误的决策产生的严重危害结果。

2. 出具证明文件重大失实罪的责任要素。本罪责任形式为过失，即因为严重不负责任，应当认识因疏忽大意而没有认识到。

（三）出具证明文件重大失实罪的认定

涉嫌下列情形之一的，应予立案追诉：①给国家、公众或者其他投资者造成直接经济损失数额在100万元以上的；②其他造成严重后果的情形。

公证员在履行公证职责过程中，严重不负责任，出具的公证书有重大失实，造成严重后果的，以出具证明文件重大失实罪追究刑事责任。地质工程勘测院和其他履行勘测职责的单位及其工作人员在履行勘察、勘查、测绘职责过程中，严重不负责任，出具的工程地质勘察报告等证明文件有重大失实，造成严重后果的，以出具证明文件重大失实罪追究刑事责任。

（四）出具证明文件重大失实罪的处罚

构成本罪的，处3年以下有期徒刑或者拘役，并处或者单处罚金。单位犯本罪的，对单位判处罚金，并对单位直接负责的主管人员和其他直接责任人员依照上述规定处罚。

十三、逃避商检罪

逃避商检罪，是指违反进出口商品检验法的规定，逃避商品检验，将必须经商检机构检验的进口商品未报经检验而擅自销售、使用，或者将必须经商检机构检验的出口商品未报经检验合格而擅自出口，情节严重的行为。本罪侵犯的法益为商品检验制度。

本罪的行为主体为一般主体，包括自然人和单位。行为内容为逃避商品检验，将必须经商检机构检验的进口商品未报经检验而擅自销售、使用，或者将必须经商检机构检验的出口商品未报经检验合格而擅自出口。本罪为情节犯，要求达到情节严重的程度。本罪责任形式为故意。涉嫌下列情形之一的，应予立案追诉：①给国家、单位或者个人造成直接经济损失数额在50万元以上的；②逃避商检的进出口货物货值金额在300万元以上的；③导致病疫流行、灾害事故的；④多次逃避商检的；⑤引起国际经济贸易纠纷，严重影响国家对外贸易关系，或者严重损害国家声誉的；⑥其他情节严重的情形。构成本罪的，处3年以下有期徒刑或者拘役，并处或者单处罚金。单位犯本罪的，对单位判处罚金，并对单位直接负责的主管人员和其他直接责任人员依照上述规定处罚。

第二十三章   侵犯公民人身权利、民主权利罪

■ 学习目的和要求

　　了解侵犯公民人身权利、民主权利罪中的非重点犯罪的概念和特征；掌握侵犯公民人身权利、民主权利罪中的重点犯罪的概念、特征与处罚；把握认定侵犯公民人身权利、民主权利罪应当区别的界限和应当注意的问题。

第一节   侵犯公民人身权利、民主权利罪概述

一、侵犯公民人身权利、民主权利罪的概念和法益

　　侵犯公民人身权利、民主权利罪，是指故意或者过失侵犯公民人身权利，以及故意侵犯公民民主权利的行为。本章的保护法益包括公民的人身权利与民主权利，这两类权利是公民最基本、最重要的个人专属法益。其中，人身权利包括生命权、健康权、性行为自主权、人身自由权、名誉权、住宅不受侵犯权以及其他与公民人身直接有关的权利；民主权利是公民行使依法享有的管理国家事务和参加社会政治活动的权利及其他民主权利。民主权利不是每一公民都享有，例如，被剥夺政治权利的犯罪分子，就没有选举权与被选举权。民主权利包括选举权与被选举权、批评权、控告权、申诉权、宗教信仰自由权、通信自由权等。人身权利与民主权利密切联系，人身权利是公民行使民主权利的前提和基础，民主权利的实现又有利于保障人身权利。

二、侵犯公民人身权利、民主权利罪的犯罪构成

（一）构成要件

　　构成要件的内容为行为主体非法侵犯公民人身权利、民主权利的行为与结果。除少数犯罪要求行为主体为国家机关工作人员、邮政工作人员以外，其他多数犯罪均为一般主体。这里的"侵犯"包括剥夺、破坏、妨害、损害、限制等行为；从表现形式上看，包括作为与不作为，当然，有些犯罪，如绑架罪，拐卖妇女、儿童罪，诽谤罪等，一般只能由作为构成。从侵害结果上看，有的要求发生侵害结果才成立犯罪，如过失致人死亡罪、过失致人重伤罪；有的未发生侵害结果时，仅成立未遂犯，如故意杀人罪、强奸罪等。

（二）违法性

　　只有非法侵犯公民人身权利、民主权利的行为才具有违法性。正当防卫、紧急避险致人伤亡的行为，阻却故意杀人、故意伤害等罪的违法性；依照法律拘留、逮捕、扭送犯罪嫌疑人的行为，阻却非法拘禁罪的违法性；依法剥夺犯罪人的政治权利的行为，阻却侵犯民主权利罪的违法性。此外，还有一些保护更为优越的利益的行为，也阻却本章犯罪的违法性。

（三）责任要素

本章犯罪的责任形式包括故意与过失，即除过失致人死亡罪、过失致人重伤罪以外，其他犯罪均为故意，行为人明知自己的行为会发生侵犯公民人身权利、民主权利的结果，并且希望或者放任这种结果的发生。具体犯罪的故意内容各不相同。已满 14 周岁不满 16 周岁的人应当对故意杀人罪、故意伤害致人重伤或者死亡罪、强奸罪承担责任。

三、侵犯公民人身权利、民主权利罪的类型

根据保护法益，可以将本章的犯罪分为以下几类：

1. 侵犯生命、健康的犯罪：故意杀人罪，过失致人死亡罪，故意伤害罪，组织出卖人体器官罪，过失致人重伤罪，遗弃罪。

2. 侵犯性的不可侵犯权的犯罪：强奸罪，强制猥亵、侮辱罪，猥亵儿童罪。

3. 侵犯自由的犯罪：非法拘禁罪，绑架罪，拐卖妇女、儿童罪，收买被拐卖的妇女、儿童罪，聚众阻碍解救被收买的妇女、儿童罪，诬告陷害罪，强迫劳动罪，雇用童工从事危重劳动罪，非法搜查罪，非法侵入住宅罪，刑讯逼供罪，暴力取证罪，虐待被监管人罪，打击报复会计、统计人员罪，暴力干涉婚姻自由罪，虐待罪，虐待被监护、看护人罪，拐骗儿童罪，组织残疾人、儿童乞讨罪，组织未成年人进行违反治安管理活动罪。

4. 侵犯名誉、信息的犯罪：侮辱罪，诽谤罪，煽动民族仇恨、民族歧视罪，出版歧视、侮辱少数民族作品罪，侵犯公民个人信息罪。

5. 侵犯民主权利的犯罪：非法剥夺公民宗教信仰自由罪，侵犯少数民族风俗习惯罪，侵犯通信自由罪，私自开拆、隐匿、毁弃邮件、电报罪，报复陷害罪，破坏选举罪。

6. 妨害婚姻的犯罪：重婚罪，破坏军婚罪。

第二节　侵犯生命、健康的犯罪

一、故意杀人罪

（一）故意杀人罪的概念和法益

故意杀人罪，是指故意非法剥夺他人生命的行为。

本罪的保护法益是他人的生命权，这是本罪区别于其他侵犯人身权利罪的最本质特征。生命权是公民最基本的权利，是行使其他一切权利的客观基础和前提。在我国，任何公民的生命都受法律的保护。[1]

（二）故意杀人罪的犯罪构成

1. 故意杀人罪的构成要件。故意杀人罪的构成要件内容为杀害他人。

（1）行为对象为具有生命之他人，不问其年龄、性别、种族、职业、地位、生理及心理状态如何。人的生命，始于出生，终于死亡。关于出生的标准，[2] 我国一般采取独立呼吸说。据此，出生后的婴儿享有受法律保护的生命，可以成为故意杀人罪的对象，易言之，溺婴是一种故意杀人行为，原则上应以故意杀人罪论处。基于同样的理由，胎儿不能成为故意杀人罪的对象。我国《刑法》没有规定堕胎罪，堕胎与杀人具有本质区别。关于死亡的标准，传统上采取综合标准说，即自发呼吸停止、心脏跳动停止、瞳孔反射机能停止。这一标准容易被国民

---

〔1〕　另一种观点将故意杀人罪的保护法益表述为他人的生命。但不管哪一种表述，对故意杀人罪的构成要件的解释都不产生影响，仅仅是表述不同而已。

〔2〕　在国外主要有阵痛说（分娩开始说）、一部露出说、全部露出说。

接受。晚于综合标准说出现的是脑死亡标准。但脑死亡的认定标准还具有不明确性，有的人虽然被医院宣告脑死亡，后来却恢复了健康。脑死亡的标准要被一般国民接受也还需要一个过程；采用脑死亡标准还特别要求有一整套防止恶意利用脑死亡标准非法剥夺他人生命的有效措施。因此，本书认为，我国现在采纳脑死亡标准还为时尚早，换言之，目前宜采取综合标准说。[1] 尸体不能成为故意杀人罪的对象。

（2）行为内容为杀害他人即剥夺他人生命。杀人，是指直接或者间接作用于人的肌体，使人的生命在自然死亡时期之前终结。剥夺他人生命的方式，既可以是作为，如刀砍、斧劈、拳击、枪杀等，也可以是不作为，如母亲故意不给婴儿哺乳致其死亡等；既可以是物理的方式，如刺杀、毒杀，也可以是心理的方法，如以精神冲击方法致人休克死亡。但不管是什么杀人行为，都必须具有致人死亡的紧迫危险性。杀人行为导致死亡结果发生的，成立故意杀人既遂；没有导致死亡结果发生的，根据具体情形成立故意杀人未遂、中止或者预备，当然也可能同时触犯故意伤害罪。

2. 故意杀人罪的违法性。杀人行为必须是非法的。依法执行命令枪决罪犯、符合法定条件的正当防卫杀人等合法地剥夺他人生命的行为，不构成故意杀人罪。被害人的承诺不影响故意杀人罪的成立，亦即，即使被害人同意乃至请求行为人杀害自己，行为人杀害被害人的，也依然成立故意杀人罪。此外，未经本人同意摘取其器官，或者摘取不满 18 周岁的人的器官，或者强迫、欺骗他人捐献器官，导致死亡后果，行为人对死亡结果有故意（包括间接故意）的，依照故意杀人罪定罪处罚。

实施安乐死的行为，原则上不阻却故意杀人罪的违法性，即一般应以故意杀人罪论处。所谓安乐死，是指为免除患有不治之症、濒临死亡的病人的痛苦，受患者嘱托而使其无痛苦地死亡。安乐死分为不作为的安乐死与作为的安乐死。不作为的安乐死（消极的安乐死），是指对濒临死亡的患者，经其承诺，不采取治疗措施（包括撤除人工的生命维持装置），任其死亡的安乐死。这种行为不成立故意杀人罪。作为的安乐死包括三种情况：①没有缩短患者生命的安乐死（本来的安乐死、真正的安乐死），这种行为不成立犯罪。②具有缩短生命危险的安乐死（间接安乐死）。这种行为虽然具有缩短患者生命的危险，但事实上没有缩短患者生命，也不成立故意杀人罪。③作为缩短患者生命手段的安乐死（积极的安乐死），即为了免除患者的痛苦，而提前结束其生命的方法。现在，世界上只有个别国家对积极的安乐死实行了非犯罪化。在我国，救死扶伤是公民的道义责任，是医务人员的职业责任。对生命垂危、痛不欲生的患者，应尽量给予医务上的治疗和精神上的安慰，以减轻其痛苦。人为地提前结束患者生命的行为，还难以得到一般国民的认同；即使被害人同意，这种杀人行为也是对他人生命的侵害。特别是在法律对实行积极的安乐死的条件、方法、程序等没有明确规定的情况下，实行积极的安乐死所产生的其他一系列后果不堪设想。在法律未允许实行积极安乐死的情况下，实行积极安乐死的行为，仍然构成故意杀人罪。[2]

3. 故意杀人罪的责任要素。故意杀人罪的责任形式只能是故意，包括直接故意与间接故意，即明知自己的行为会引起他人死亡的危害结果，并且希望或者放任这种结果的发生。故意

---

〔1〕 一种观点认为，对死亡的判断可以采取相对标准。在符合《人体器官移植条例》规定进行活体器官移植的情况下，采取脑死亡标准，即不将脑死亡者作为杀人罪的对象，在其他通常情况下采取综合标准说。

〔2〕 我国曾出现过以《刑法》第 13 条的"但书"为根据宣告实施安乐死的行为不构成犯罪的判决。但这种做法并不妥当。在行为具备构成要件符合性、违法性、有责性的前提下，不应当以《刑法》第 13 条的"但书"为根据宣告无罪。

杀人的动机多种多样，如报复杀人、激情杀人、义愤杀人、流氓杀人等。不同的杀人动机，对构成故意杀人罪没有影响，但对量刑具有一定的意义。已满 14 周岁、具有辨认和控制自己行为能力的自然人应当对故意杀人行为承担责任。

（三）故意杀人罪的认定

1. 注意相关条文对故意杀人罪的规定。根据《刑法》第 238、247、248、289、292 条的规定，对非法剥夺人身自由使用暴力致人死亡的，刑讯逼供或使用暴力逼取证言致人死亡的，虐待被监管人致人死亡的，聚众"打砸抢"致人死亡的，聚众斗殴致人死亡的，应以故意杀人罪论处。

2. 对与自杀有关的案件应具体分析，区别处理。自杀是自愿结束自己生命的行为，本身不构成犯罪。但引起、促成自杀的原因比较复杂，其中有的人对他人的自杀应当承担刑事责任。下面对涉及刑事责任的几种情况作些说明：

（1）相约自杀，即二人以上相互约定自愿共同自杀的行为。如果相约双方均自杀身亡，自不存在刑事责任问题；如果相约双方各自实施自杀行为，其中一方死亡，另一方自杀未遂，未遂一方也不负刑事责任；如果相约自杀，由其中一方杀死对方，继而自杀未遂的，应以故意杀人罪论处，但量刑时可以从轻处罚；如果以相约自杀为名，诱骗他人自杀的，则构成故意杀人罪。

（2）引起他人自杀，即行为人实施某种行为引起他人自杀身亡。①正当行为引起他人自杀的，不存在刑事责任问题。②错误行为或者轻微违法行为引起他人自杀的，也不存在刑事责任问题。不能因为引起了他人自杀，就将其错误行为或者轻微违法行为当作犯罪行为处理。③严重违法行为引起他人自杀身亡，将严重违法行为与引起他人自杀身亡的后果进行综合评价，达到了犯罪的社会危害程度时，应当追究刑事责任。如诽谤他人，行为本身的情节并不严重，但引起他人自杀身亡，便可综合起来认定行为的情节严重，将该行为以诽谤罪论处。④犯罪行为引起他人自杀身亡，但对自杀身亡结果不具有故意时，应按先前的犯罪行为论罪，从重处罚。例如，强奸妇女引起被害妇女自杀的，仍以强奸罪从重处罚。

（3）教唆或帮助自杀。教唆自杀，是指行为人故意用引诱、怂恿、欺骗等方法，使他人产生自杀意图。帮助自杀，是指在他人已有自杀意图的情况下，帮助他人实现自杀意图。我国司法实践以往一般将教唆、帮助自杀的行为理解为借被害人之手杀死被害人的故意杀人行为。换言之，《刑法》第 232 条规定的"故意杀人"包括了教唆、帮助自杀的行为，对教唆、帮助自杀的，应直接定故意杀人罪。[1] 刑法理论上则存在激烈争论，[2] 可以肯定的是，形式上的教唆、帮助行为，具有杀人的间接正犯性质时，应当认定为故意杀人罪。首先，欺骗、唆使不能理解死亡意义的儿童或者精神病患者等人，使其自杀的，属于故意杀人罪的间接正犯。其次，

---

〔1〕 现在的司法实践中，出现了否认教唆、帮助自杀的行为构成犯罪的判例。

〔2〕 一种观点认为，我国《刑法》第 232 条规定的故意杀人包括教唆、帮助自杀人行为。但这种观点缺乏足够的根据，因为《刑法》分则条文规定的都是正犯行为，只有分则条文明确规定了教唆犯、帮助犯的正犯化时，才能直接分则的规定认定为正犯，可是，我国《刑法》分则对故意杀人并无教唆犯、帮助犯的正犯化的规定。另一种观点认为，由于自杀不构成犯罪，所以，教唆、帮助自杀也不成立犯罪。中国人的自杀不是厌倦生活，更不是行使自由，而是因为不可遏制的愤怒，或者他知道自己的死会陷对手于不义。在中国，人们更关注"谁逼他自杀""谁应该对此负责"。所以，教唆、帮助自己的行为具有可罚性。由于刑法实行罪刑法定原则，所以，刑法理论必须寻找处罚教唆、帮助自杀行为的刑法根据。例如，能否认为，故意杀人罪中的"人"包括自己，亦即，自杀也具备故意杀人罪的构成要件符合性与违法性，只是没有责任而已。但教唆、帮助他人自杀的行为人则仍然具有责任，所以，成立故意杀人罪。再如，可取采取纯粹惹起说，既承认没有共犯的正犯，也承认没有正犯的共犯。据此，甲教唆乙自杀的，虽然乙无罪，但甲仍构成故意杀人罪的教唆犯。不过，如何克服纯粹惹起说的缺陷又是一个问题。

凭借某种权势或利用某种特殊关系，以暴力、威胁或者其他心理强制方法，促使他人自杀身亡的，成立故意杀人的间接正犯。例如，组织和利用邪教组织制造、散布迷信邪说，指使、胁迫其成员或者其他人实施自杀行为的，邪教组织成员组织、策划、煽动、教唆、帮助邪教组织人员自杀的，应以故意杀人罪论处。最后，行为人教唆自杀的行为使被害人对法益的有无、程度、情况等产生错误，其对死亡的同意无效时，也应认定为故意杀人罪。例如，医生对可能治愈的患者说"你得了癌症，只能活两周了"，进而使其自杀的，对医生应认定为故意杀人罪。此外，对自杀者负有救助义务的人故意不予救助的，可能成立不作为的故意杀人罪。

3. 对所谓"大义灭亲"的行为，应以故意杀人罪论处。我国不承认"家法"，对一切违法犯罪人都应交由司法机关处理，法律不允许任何人以任何理由私自处死他人。行为人对违法犯罪的亲属，也只能交由司法机关处理，私自处死违法犯罪亲属的，同样构成故意杀人罪，但量刑时可以从轻处罚。

（四）故意杀人罪的处罚

根据《刑法》第 232 条的规定，故意杀人的，处死刑、无期徒刑或者 10 年以上有期徒刑；情节较轻的，处 3 年以上 10 年以下有期徒刑。这一规定要求司法机关正确区分情节严重的杀人与情节较轻的杀人，以便准确选择相应的法定刑幅度。根据司法实践，情节严重的故意杀人主要有：手段残忍的杀人、后果严重的杀人、杀害多人，等等。情节较轻的故意杀人主要有：当场基于义愤的杀人、因受被害人长期迫害的杀人、基于被害人请求的杀人以及"大义灭亲"的杀人，等等。[1]

在量刑时，应当破除不正当观念，既不能认为杀人既遂的一律要偿命，也不能认为杀人未遂的一律不判死刑。要综合全部案情，正确评价行为的社会危害性和行为人的人身危险性，给罪犯以适当的刑罚处罚。

二、过失致人死亡罪

（一）过失致人死亡罪的概念和犯罪构成

过失致人死亡罪，是指由于过失而致人死亡的行为。

构成要件内容为，实施了致人死亡的行为，并且已经造成死亡结果，行为与死亡结果之间必须存在因果关系。本罪的责任形式为过失，即应当预见自己的行为可能导致发生他人死亡的危害结果，因为疏忽大意而没有预见，或者已经预见而轻信能够避免，以致发生他人死亡的危害结果。已满 16 周岁、具有辨认和控制自己行为能力的自然人，对过失致人死亡罪承担责任。

（二）过失致人死亡罪的认定

在认定过失致人死亡罪时，应当注意以下几点：

1. 将过失致人死亡罪与过失引起被害人死亡的其他犯罪相区别。《刑法》分则某些条文规定的过失犯罪，如失火罪、过失爆炸罪、交通肇事罪等，也往往发生过失致人死亡的结果。但它们都是因为危害公共安全或者是业务过失而导致他人死亡的结果。一般认为，规定这些犯罪的刑法条文与规定过失致人死亡罪的刑法条文形成特别法与普通法的关系，在这种情况下，应按特别法论处，不定过失致人死亡罪。因此，《刑法》第 233 条在规定了过失致人死亡罪及其法定刑之后指出："本法另有规定的，依照规定。"

---

〔1〕 存在争议的是，对于故意地防卫过当杀人，是一律适用"情节较轻"的法定刑，还是按《刑法》第 20 条第 2 款关于防卫过当的规定处罚。我们认为，不管故意的防卫过当杀人本身是否情节较轻，均应按《刑法》第 20 条的规定处理。一方面，如果故意的防卫过当杀人本身并非情节较轻，对防卫过当减轻处罚时，当然适用"情节较轻"的法定刑；如果故意的防卫过当杀人本身情节较轻，减轻处罚时则只能判处低于 3 年有期徒刑的刑罚。

2. 将过于自信的过失致人死亡与间接故意杀人相区别。过于自信的过失致人死亡与间接故意杀人有相似之处：都发生了他人死亡的结果，行为人都认识到自己的行为可能发生他人死亡的结果，都不希望这种结果发生。主要区别在于：①前者的行为人希望避免死亡结果的发生，发生死亡结果是违背行为人意志的；后者的行为人对死亡结果持放任态度，发生死亡结果并不违背行为人的意志。②前者的行为人在预见到死亡结果可能发生的情况下，仍然实施其行为，是因为他认为凭借一定的主客观条件可以避免死亡结果的发生；后者的行为人，在明知死亡结果可能发生的情况下，仍然实施其行为，是为了实现其他目的，行为人没有考虑凭借一定的主客观条件避免死亡结果的发生。

3. 将疏忽大意的过失致人死亡与意外事件致人死亡相区别。疏忽大意的过失致人死亡与意外事件致人死亡的关键区别在于行为人能否预见、应否预见自己的行为可能导致他人死亡。应当根据行为人的智能水平、行为本身的危险程度以及客观环境，判断行为人对被害人死亡的结果能否预见、应否预见，从而得出正确结论。

4. 过失致人重伤进而引起被害人死亡的处理。过失致人重伤进而引起被害人死亡的，应直接定过失致人死亡罪，不能套用故意伤害致死的模式，定过失伤害致死罪。

（三）过失致人死亡罪的处罚

根据《刑法》第 233 条的规定，过失致人死亡的，处 3 年以上 7 年以下有期徒刑；情节较轻的，处 3 年以下有期徒刑。

三、故意伤害罪

（一）故意伤害罪的概念和法益

故意伤害罪，是指故意非法损害他人身体健康的行为。

抽象地说，本罪的保护法益是他人的健康权。问题是，如何理解健康权或者说健康权的内容是什么？[1] 可以肯定的是，人的生理机能的健全是健康权的基本内容，因而是伤害罪的法益，问题是"身体的完整性"是否属于伤害罪的法益，而这又在一定程度上取决于如何理解"身体的完整性"。如果将"身体的完整性"理解为器官的完整性，那么，身体的完整性无疑属于伤害罪的法益，但人体的器官都有一定机能，如果破坏了器官的完整性，就会损害生理机能。故这个意义上的"身体的完整性"属于"生理机能的健全"。但是，如果将"身体的完整性"解释为身体外形的完整性，结论则异。人的头发与指甲是身体外形的一部分，如果将身体外形的完整性作为故意伤害罪的法益，那么，使用暴力或者其他方法去除他人头发或指甲的行为，便成立故意伤害罪。但我国司法机关对这种行为不会以故意伤害罪论处。换言之，去除他人头发情节严重的，可以侮辱罪论处；去除他人指甲的，不以犯罪论处（对手指造成伤害的除外）。因此，在我国，应将生理机能的健全视为伤害罪的法益。需要说明的是，"健全"是指生理机能没有障碍地发挥作用，即使行为没有使他人生理机能永久性地产生障碍，只是在一定时间内产生障碍的，也侵害了伤害罪的法益。[2]

---

〔1〕 一种观点认为，伤害罪所要保护的法益乃是个人的身体法益，包括身体的完整性与身体的不可侵害性、生理机能的健全与心理状态的健康等。但是，将"身体的不可侵害性"作为伤害罪的法益，主要是为了说明暴行罪的性质；由于我国《刑法》没有规定暴行罪，故不宜将"身体的不可侵害性"视为伤害罪的法益。"心理状态的健康"是内容宽泛的概念，例如，行为人采取某种方法导致被害人长时期存在焦虑感，这可谓损害了被害人"心理状态的健康"，却不可能构成伤害罪。如果行为造成被害人精神失常，无疑构成伤害罪，但这种情形可以包含在损害"生理机能的健全"之中，因为大脑机能的健全是生理机能健全的一部分。

〔2〕 行为人使用麻醉等方法，使他人产生意识障碍昏睡几小时的，也能够认定为伤害；只是如何评价伤害程度的问题。

（二）故意伤害罪的犯罪构成

1. 故意伤害罪的构成要件符合性。构成要件内容为伤害他人身体。

（1）行为对象。根据我国法律规定，有意伤害自己身体的，一般不构成犯罪。只有当自伤行为侵犯了社会利益而触犯了刑法规范时，才构成犯罪。例如，军人为了逃避军事义务，在战时自伤身体的，应按《刑法》第 434 条的规定追究刑事责任。

对胎儿实施伤害行为的，一般也不构成本罪。但是，如果对胎儿实施伤害行为，导致该胎儿在出生后伤残的，我们倾向于以故意伤害罪论处。这是一个涉及范围较广的问题，需要进一步讨论。[1]

（2）伤害行为。伤害，即非法损害他人的身体健康，通常表现为破坏人体组织的完整性（如砍断手指、挖掉眼睛）和破坏人体器官的正常机能（如使人失去听觉、神经机能失常）。[2]伤害行为既可以是作为，也可以是不作为。以不作为方式致人伤害构成故意伤害罪的，要求行为人负有特定的保护他人身体健康的作为义务；其义务来源应当根据不作为犯罪义务来源的一般原理予以确定。伤害行为既可以是有形的，也可以是无形的。前者如使用暴力殴打、行凶等方法致人伤害；后者如故意以性行为等方式使他人染上严重疾病，欺骗被害人服用毒药而造成生理机能损伤，以胁迫等方法致使被害人精神严重失常，等等。根据《刑法》第 234 条之一第 2 款的规定，未经本人同意摘取其器官，或者摘取不满 18 周岁的人的器官，或者强迫、欺骗他人捐献器官的，依照故意伤害罪论处（符合故意杀人罪的犯罪构成的，以故意杀人罪论处）。

（3）伤害结果。伤害行为造成轻伤以上结果的，才成立故意伤害罪。《刑法》第 234 条规定了轻伤、重伤与伤害致死三种结果。

轻伤是指使人肢体或者容貌损害，听觉、视觉或者其他器官功能部分障碍，或者其他对于人身健康有中度伤害的损伤，包括轻伤一级和轻伤二级。其中轻伤一级是指各种致伤因素所致的原发性损伤或者由原发性损伤引起的并发症，未危及生命；遗留组织器官结构、功能中度损害或者明显影响容貌。轻伤二级是指各种致伤因素所致的原发性损伤或者由原发性损伤引起的并发症，未危及生命；遗留组织器官结构、功能轻度损害或者影响容貌。[3]

根据《刑法》第 95 条的规定，重伤是指使人肢体残废、毁人容貌、丧失听觉、丧失视觉、丧失其他器官功能或者其他对于人身健康有重大伤害的损伤，包括重伤一级和重伤二级。其中重伤一级是指各种致伤因素所致的原发性损伤或者由原发性损伤引起的并发症，严重危及生命；遗留肢体严重残废或者重度容貌毁损；严重丧失听觉、视觉或者其他重要器官功能。重伤二级是指各种致伤因素所致的原发性损伤或者由原发性损伤引起的并发症，危及生命；遗留肢体残废或者轻度容貌毁损；丧失听觉、视觉或者其他重要器官功能。

根据《人体损伤程度鉴定标准》，对伤害程度的鉴定，应当遵循以下原则与方法：①鉴定原则：遵循实事求是的原则，坚持以致伤因素对人体直接造成的原发性损伤及由损伤引起的并

---

[1] 国外刑法理论对此存在三种观点：①认定为对出生后的"人"的伤害罪；②认定为对母亲的伤害罪；③认定为无罪。各种观点都有自己的理由，同时也存在一些问题。参见张明楷："故意伤害罪探疑"，载《中国法学》2001年第 3 期。

[2] 关于伤害的含义，刑法理论上有三种观点：一种观点认为，伤害是指对人的生理机能的损害；另一种观点认为，伤害是对人的身体外部完整性的侵害；还有一种观点是，伤害是指对人的生理机能的损害以及使身体外貌发生重要变化。参见张明楷："故意伤害罪探疑"，载《中国法学》2001年第 3 期。

[3] 其实，《刑法》第 234 条第 1 款并没有要求伤害结果达到轻伤程度，从解释论上来说，即使仅造成轻微伤也可能成立故意伤害罪。但刑法理论与司法实践一直认为第 1 款规定的伤害必须达到轻伤程度。

发症或者后遗症为依据，全面分析，综合鉴定；对于以原发性损伤及其并发症作为鉴定依据的，鉴定时应以损伤当时伤情为主，损伤的后果为辅，综合鉴定；对于以容貌损害或者组织器官功能障碍作为鉴定依据的，鉴定时应以损伤的后果为主，损伤当时伤情为辅，综合鉴定。②鉴定时机：以原发性损伤为主要鉴定依据的，伤后即可进行鉴定；以损伤所致的并发症为主要鉴定依据的，在伤情稳定后进行鉴定；以容貌损害或者组织器官功能障碍为主要鉴定依据的，在损伤90日后进行鉴定；在特殊情况下可以根据原发性损伤及其并发症出具鉴定意见，但须对有可能出现的后遗症加以说明，必要时应进行复检并予以补充鉴定；疑难、复杂的损伤，在临床治疗终结或者伤情稳定后进行鉴定。③伤病关系处理原则：损伤为主要作用的，既往伤/病为次要或者轻微作用的，应依据该标准相应条款进行鉴定；损伤与既往伤/病共同作用的，即二者作用相当的，应依据该标准相应条款适度降低损伤程度等级，即等级为重伤一级和重伤二级的，可视具体情况鉴定为轻伤一级或者轻伤二级，等级为轻伤一级和轻伤二级的，均鉴定为轻微伤；既往伤/病为主要作用的，即损伤为次要或者轻微作用的，不宜进行损伤程度鉴定，只说明因果关系。[1]

故意伤害致死的，属于结果加重犯，行为人对伤害结果持故意，对致人死亡具有预见可能性。故意伤害致死的成立，首先要求伤害行为与死亡结果之间具有直接性因果关系。亦即，要么是伤害行为直接造成死亡结果，要么是伤害行为造成了伤害结果，进而由伤害结果引起死亡。[2]这两种情形都必须是伤害行为所包含的致人死亡危险的直接现实化。行为人实施伤害行为后，被害人介入异常行为导致死亡的，不能认定为故意伤害致死。在被害人存在特殊体质或者患有特殊疾病的情况下，由普通伤害行为引发死亡结果的，不宜认定为故意伤害致死，如果行为人对死亡有过失的，应认定为普通的故意伤害罪与过失致人死亡罪的想象竞合。例如，甲的暴力行为导致乙的鼻骨骨折（轻伤），但同时引起乙的心脏病发作进而造成死亡结果。倘若行为人对死亡有过失，就只能认定为故意伤害罪（轻伤）与过失致人死亡罪的想象竞合。特别应当注意的是，在患有特殊疾病（如心脏病）的被害人的死亡是由双方的争执、相互厮打或者被害人的情绪激动引发的情况下，不应将死亡结果归属于行为人。故意伤害致死的成立，还要求行为人对死亡具有预见可能性。既然是伤害致死，当然应将死亡者限定为伤害的对象，即只有导致伤害的对象死亡时才能认定为伤害致死。但对于伤害的对象不能作僵硬的理解，尤其应注意事实认识错误的处理原则。[3]

2. 故意伤害罪的违法性。伤害行为必须是非法的，因正当防卫、紧急避险而伤害他人，因治疗上的需要患者同意为其截肢，体育运动项目中规则所允许的伤害等，都阻却违法性，不构成犯罪。

---

〔1〕 具体标准参见2014年1月1日生效的《人体损伤程度鉴定标准》。
〔2〕 国外有一种观点认为，只有后一种情形成立故意伤害致死。本书难以赞成这一观点。
〔3〕 易言之，应根据行为人对死亡者的死亡是否具有预见可能性以及有关事实认识错误的处理原则，认定是否属于伤害致死。①甲对乙实施伤害行为，虽然没有发生打击错误与对象认识错误，但明知自己的行为会同时伤害丙却仍然实施伤害行为，因而造成丙死亡的，应认定为故意伤害致死。②A本欲对B实施伤害行为，但由于对象认识错误或者打击错误，而事实上对C实施伤害行为，导致C死亡的，应认定为故意伤害致死。根据法定符合说，刑法规定故意伤害罪不只是为了保护特定人的身体健康，而是为了保护一切人的身体健康；只要A有伤害他人的故意，实施了伤害他人的行为，结果也伤害了他人，就成立故意伤害罪，而不要求其中的"他人"完全同一。故意伤害致死也是如此。B与C的身体均受刑法保护，发生对象认识错误或打击错误并不影响A的伤害行为性质，理当以故意伤害致死论处。③张三对李四实施伤害行为，既没有发生事实认识错误，也不明知自己的行为会同时伤害王五，由于某种原因致使王五死亡的，则难以认定张三的行为成立故意伤害致死。

　　基于他人承诺伤害他人身体的行为，是否成立故意伤害罪，是较为棘手的问题。[1] 本书认为，对此应分为三种情形处理：其一，在被害人为了保护另一重大法益而承诺伤害的情形下（如采取合法途径将器官移植给患者），应当尊重法益主体的自己决定权，肯定其承诺的有效性。在这种情况下，承诺的主体必须已满 18 周岁，行为人不得以强迫、欺骗方法获取承诺，否则承诺无效。其二，在单纯伤害而没有保护另一重大法益的情形下，虽然得到被害人承诺，但造成了有生命危险的重伤的，宜认定为故意伤害罪。[2] 其三，对基于被害人承诺造成轻伤的，不应认定为故意伤害罪。在两人相互斗殴时，虽然双方都具有攻击对方的意图，但既然与对方斗殴，就意味着双方承诺了轻伤害结果。所以，当一方造成另一方的轻伤害时，因被害人承诺而阻却行为的违法性，不以故意伤害罪论处。

　　3. 故意伤害罪的责任要素。故意伤害罪的责任形式为故意，即明知自己的行为会引起损害他人身体健康的危害结果，并且希望或放任这种结果的发生。在通常情况下，行为人对于自己的伤害行为会给被害人造成何种程度的伤害，事先不一定有明确认识。因此，如果实际造成轻伤结果的，就按轻伤害处理；如果实际造成重伤结果的，就按重伤害处理。这并不违反责任主义原则，因为无论是造成重伤还是轻伤，都包括在行为人的主观犯意之内。故意伤害致死，属于结果加重犯，行为人主观上对伤害持故意，对致人死亡有过失。已满 14 周岁不满 16 周岁的人故意伤害致人重伤或者死亡的，应当承担责任。

　　根据《刑法》第 238、247、248、289、292、333 条的规定，对非法剥夺人身自由使用暴力致人伤残的，刑讯逼供或使用暴力逼取证言致人伤残的，虐待被监管人致人伤残的，聚众"打砸抢"致人伤残的，聚众斗殴致人重伤的，非法组织或强迫他人出卖血液造成伤害的，应以故意伤害罪论处。

　　（二）故意伤害罪的认定

　　1. 故意伤害与一般殴打的界限。一般殴打行为只是给他人造成暂时性的肉体疼痛，或使他人神经受到轻微刺激，但没有破坏他人人体组织的完整性和人体器官的正常机能，故不构成犯罪。值得注意的是，有些殴打行为表面上给他人身体造成了一定的损害，但显著轻微，即按《人体损伤程度鉴定标准》不构成轻伤的，不能以故意伤害罪论处。因此，在区分故意伤害与一般殴打时，既要看行为是否给人体组织及器官机能造成了损害，又要看损害的程度。

　　2. 故意伤害罪与故意杀人罪的关系。这两者本身不是对立关系，可以认为，故意杀人罪

---

　　[1] 许多国家的刑法只是明文规定处罚基于承诺的杀人，并且其法定刑轻于普通故意杀人罪，但没有对基于承诺的伤害做出规定。于是有人认为，既然刑法仅特别规定基于承诺的杀人，就表明基于承诺的伤害一概无罪。有人则得出相反结论：既然刑法只对基于承诺的杀人罪规定减轻的法定刑，而没有对基于承诺的伤害作类似规定，就表明对基于承诺的伤害一概按普通伤害罪处理。二者似乎都走向了极端，于是出现了折中观点：一种观点认为，在被害人承诺的伤害案中，如果行为违反了公序良俗，就不问伤害的轻重，以故意伤害罪论处；如果不违反公序良俗，即使造成了重大伤害，也不认定为故意伤害罪。但是，这种观点导致故意伤害罪保护的法益变成了公序良俗，而不是被害人的健康，因而不妥当。另一种观点则认为，在基于被害人承诺的伤害案中，如果行为造成了重大伤害，就认定为故意伤害罪。

　　[2] 应当认为，重伤都是有生命危险的；人们认为某些重伤没有生命危险，是考虑到了事后治疗的及时性与有效性。

包括了故意伤害罪。[1] 在司法实践中，主要是在以下两种情况下难以区分故意伤害罪与故意杀人罪：①故意伤害致死与故意杀人既遂；②故意伤害与故意杀人未遂。关于二者的区分，刑法理论上存在不同观点。[2] 本书认为，在行为致人死亡的场合，重点在于如何判断行为人是否具有杀人故意；而在行为没有致人死亡的场合，首先要判断行为是否具有致人死亡的紧迫危险，其次再判断行为人是否具有杀人故意。而行为人主观上是否具有杀人的故意，要通过考察客观事实来认定。例如，行为人持枪瞄准被害人心脏开枪的，无论行为人怎样否认其杀人故意，司法机关都会将其行为认定为故意杀人罪；反之，行为人使用木棒，在完全可以打击被害人头部等要害部位的场合，却选择打击被害人背部、腿部的，即使他承认有杀人故意，司法机关也不应将其行为认定为故意杀人罪。[3] 所以，应当坚持犯罪构成的原理，综合考虑主客观方面的全部事实，正确区分故意杀人罪与故意伤害罪。

在实践中，只要查明以下情况，不仅能直接说明行为是杀人性质还是伤害性质，而且能说明行为人的故意内容：①行为人使用的是何种犯罪工具？该犯罪工具的杀伤力如何？犯罪工具是预先选择的还是随手取得的？②打击的部位是什么？是要害部位还是非要害部位？是特意选择要害部位打击，还是顺手可能打击什么部位就打击什么部位？③打击的强度如何？行为人是使用最大力量进行打击还是注意控制打击力度？④犯罪行为有无节制？在被害人丧失反抗能力的情况下，行为人是否继续打击？在他人劝阻的情况下行为人是否终止犯罪行为？⑤犯罪的时间、地点与环境如何？是行为人特意选择的时间、地点还是随机的时间、地点？案发当时是否有其他人在场？⑥行为人对被害人是否抢救？对死亡结果表现出何种态度？⑦行为人有无犯罪预谋？行为人是如何预谋的？⑧行为人与被害人平时是什么关系？是素有怨仇还是关系较好？是素不相识还是相互认识？此外，对那些目无法纪、胆大妄为、动辄行凶、不计后果一类的行为人侵犯人身权利的案件，应根据案情，区别对待：凡明显具有杀人故意，实施了杀人行为的，应按故意杀人罪论处；凡明显具有伤害故意，实施了伤害行为的，应按故意伤害罪论处；故意内容不确定或不顾被害人死伤的，应按实际造成的结果确定犯罪行为的性质，因为在这种情况下，死亡与伤害的结果都在行为人的犯意之内；有些案件确实难以区分，意见分歧很大的，为了慎重起见，可以按较轻的犯罪处理。

3. 故意伤害致死与过失致人死亡的界限。二者在客观上都造成了被害人死亡的结果，主

---

[1] 关于二者的关系（从既遂层面而言），存在两种理论：对立理论认为，杀人与伤害是两个相互排斥的概念，杀人故意排除伤害故意，所以，杀人不包含伤害。单一理论认为，杀人行为必然包含伤害行为，杀人故意必然包含伤害故意。其一，在不能查明是杀人行为还是伤害行为时，根据对立理论只能宣告无罪，而根据单一理论可以认定为故意伤害罪。其二，在甲以杀人故意、乙以伤害故意共同攻击丙时，即使采取行为共同说，根据对立理论也不构成共同犯罪；根据单一理论可以成立共同犯罪。其三，在行为人起先以伤害故意、后以杀人故意对他人实施暴力，但不能证明是前行为致人死亡还是后行为致人死亡时，根据对立理论，不能使行为人对死亡负责；根据单一理论，可以将该行为认定为一个故意伤害致死。显然，单一理论具有合理性。事实上，任何杀人既遂都必然经过了伤害过程，任何杀人未遂也必然造成了伤害结果或者具有造成伤害结果的危险性。在此意义上说，故意杀人与故意伤害是特别关系。当然，也不排除二者在特殊情形下成立想象竞合。

[2] 刑法理论上存在不同观点：①目的说。认为故意杀人罪与故意伤害罪的区别在于犯罪目的不同。②故意说。认为故意杀人罪与故意伤害罪的区别在于故意内容不同。③事实说。认为区分故意杀人罪与故意伤害罪，应当以案件的客观事实为标准，而不能以犯罪人的主观故意内容为标准。目的说显然忽视了间接故意杀人与间接故意伤害的情况。故意说看到了目的说的上述缺陷，但是，仅将故意内容不同视为故意杀人罪与故意伤害罪的关键区别，还存疑问。故意说与事实说并不对立，二者完全可以统一起来。

[3] 如果打击背部、腿部是事出有因，如被害人躲闪等，而又有其他客观事实证明行为人具有杀人故意，当然可以认定为故意杀人罪。

观上对死亡结果均出于过失。区分关键是行为人主观上有无伤害的故意。过失杀人时，行为人主观上既无杀人故意，也无伤害故意。故意伤害致死显然以具有伤害的故意为前提，过失造成的死亡结果，则是故意伤害罪的加重情节。这就告诉我们，不能把所有的"故意"殴打致人死亡的案件，都认定为故意伤害致死。殴打不等于伤害，一般生活上的"故意"不等于刑法上的故意。如果行为人只具有一般殴打的意图，并无伤害的故意，由于某种原因或条件引起了死亡结果，就不能认定为故意伤害致死；如果行为人主观上对死亡结果具有过失，就应认定为过失致人死亡。所以，要区分故意伤害致死与过失致人死亡，就必须弄清"伤害"与"故意"在刑法上的意义。

4. 故意伤害罪与包含伤害内容的其他犯罪的界限。《刑法》第 234 条规定："……本法另有规定的，依照规定。"即行为人在实施其他犯罪的过程中，伤害他人，刑法另有规定的，应按有关条文定罪量刑。如犯强奸、抢劫、放火等罪致人伤害的，应分别依照各相应条款定罪量刑，不依故意伤害罪论处。

（三）故意伤害罪的处罚

根据《刑法》第 234 条的规定，犯故意伤害罪的，处 3 年以下有期徒刑、拘役或者管制；致人重伤的，处 3 年以上 10 年以下有期徒刑；致人死亡或者以特别残忍手段致人重伤造成严重残疾的，处 10 年以上有期徒刑、无期徒刑或者死刑。

四、组织出卖人体器官罪

（一）组织出卖人体器官罪的概念与法益

组织出卖人体器官罪，是指组织他人出卖人体器官的行为。

刑法将本罪规定在故意伤害罪与过失致人重伤罪之间，意味着本罪的法益与故意伤害罪的法益相同。但是，如果认为本罪的法益是他人生理机能的健全或者人体器官的完整性，那么，只要有被害人的真实承诺，组织出卖他人器官用于移植的行为，便阻却违法性，因而不成立本罪。但是，这样的结论明显不当。联系《刑法》第 234 条之一第 2 款的规定可以看出，即使出卖者真实承诺出卖器官，也不影响组织出卖人体器官罪的成立。显然，要认定组织他人出卖器官用于移植的行为成立侵害出卖者身体健康的犯罪（对个人法益的犯罪），就必须论证出卖者的真实承诺无效。一方面，如前所述，法益主体对危及生命的重伤的承诺是无效的，摘除出卖者的人体器官会对出卖者的生命产生危险，故出卖者对器官出卖的承诺应当无效。另一方面，器官买卖为法律所禁止，只有通过合法途径捐献器官时，捐献者的承诺才可能有效。总之，就身体法益而言，法益主体的自己决定权受到内在的制约；通过非法途径捐献器官的，其承诺的有效性被刑法否定。

（二）组织出卖人体器官罪的犯罪构成

组织出卖人体器官，是指经营人体器官的出卖或者以招募、雇佣（供养器官提供者）、介绍、引诱等手段使他人出卖人体器官的行为。第一，法条虽然使用了"组织"一词，但本罪并不是所谓的集团犯、组织犯。一方面，组织者既可以是一人，也可以是多人。另一方面，被组织出卖人体器官的人也不要求是数人。亦即，组织一人出卖人体器官的，也成立本罪。组织者本人是否出卖其器官，不影响本罪的成立；被组织者的行为是否构成犯罪，也不影响本罪的成立。第二，本罪的行为不仅包括经营人体器官出卖活动，而且包括以招募、雇佣、介绍、引诱等手段使他人出卖人体器官的行为。从事人体器官买卖的中介行为的，成立本罪。换言之，只要行为人所从事的行为中包含了组织出卖的内容，即可成立本罪。但是，组织他人捐献人体器官的行为，不成立本罪。使用强迫、欺骗手段组织他人出卖人体器官的，同时触犯了故意杀人罪、故意伤害罪（狭义的包括一罪），从一重罪论处。第三，由于本罪的行为并不是出卖行为，而是组织出卖的行为，所以，出卖者直接将自己的器官出卖给他人的，不成立本罪。基于同样的理由，单纯购买人体器官的行为，也不成立犯罪。[1] 但是，为了购买而组织他人出卖的，依然成立本罪。第四，由于《刑法》将本罪规定为侵犯他人身体健康的犯罪，所以，只要对被摘取人体器官的出卖者的身体达到了伤害程度，就成立本罪的既遂。本罪的责任形式为故意，是否出于营利目的不影响本罪的成立。

（三）组织出卖人体器官罪的处罚

根据《刑法》第234条之一的规定，犯本罪的，处5年以下有期徒刑，并处罚金；情节严重的，处5年以上有期徒刑，并处罚金或者没收财产。

五、过失致人重伤罪

过失致人重伤罪，是指过失伤害他人身体，致人重伤的行为。本罪的构成要件内容为实施伤害行为，且必须造成他人重伤的结果；责任形式为过失。应当注意的是，行为人主观上明显具有轻伤的故意，但由于过失造成他人重伤的，应定为故意伤害罪，而不是过失致人重伤罪；行为人由于过失当场致人重伤，但因抢救无效死亡的，应定过失致人死亡罪，而不能定所谓的过失重伤致死罪；如果过失重伤结果，是由于包含该结果的其他犯罪行为所造成，刑法条文另有规定的，则依照有关条文定罪量刑。根据《刑法》第235条的规定，犯过失致人重伤罪的，处3年以下有期徒刑或者拘役。

六、遗弃罪

（一）遗弃罪的概念与法益

遗弃罪，是指对于年老、年幼、患病或者其他没有独立生活能力的人，负有扶养义务而拒绝扶养，情节恶劣的行为。

在旧中国以及其他国家，遗弃罪都是指将需要扶助的人置于不受保护的状态，进而使其生命、身体处于危险状态的犯罪。[2] 我国《刑法》规定的遗弃罪的对象是"没有独立生活能力的人"，而且司法实践上一般不处罚轻伤害未遂；现行《刑法》没有将遗弃规定为对家庭成员的犯罪，并非只有家庭成员之间的遗弃行为才能产生对被害人生命、身体的危险，非家庭成员但负有扶养义务的其他人的遗弃行为，也可能对被害人的生命、身体产生危险。随着社会的发展，扶养呈现出社会化的趋势，如各种养老院、福利院、孤儿院就成为专门的社会扶养机构，非家庭成员间的遗弃以及不履行救助义务的遗弃行为不仅客观存在，而且有多发趋势。[3] 因此，需要对遗弃罪做出符合时代的解释，使刑法实现保护法益的目的。故本书认为，我国的遗弃罪是使他人生命、身体处于危险状态的犯罪。换言之，遗弃罪是对被害人的生命、身体产生危险的犯罪。[4]

---

〔1〕 对于患者及其家属有偿寻找供体的行为，造成宜认定为购买行为。

〔2〕 德国、奥地利刑法将遗弃罪规定为对生命造成的危险的犯罪；瑞士刑法将遗弃罪规定为对生命造成危险以及对健康造成严重危险的犯罪；日本刑法在伤害罪之后规定了遗弃罪，多数说认为遗弃罪是使生命、身体处于危险状态的犯罪。

〔3〕 1996年至1999年8月，被告人刘晋新、田玉莲、沙依丹·胡加基、于永枝在乌鲁木齐市精神病福利院院长王益民的指派下，安排该院工作人员将精神病福利院的28名无家可归、无依无靠、无生活来源，由国家拨款救治的"三无"公费病人遗弃在甘肃省及新疆昌吉附近。28名被遗弃的"三无"公费病人中，只有一人已安全回到家中，其他27名被遗弃的病人均下落不明。参见国家法官学院、中国人民大学法学院编：《中国审判案例要览（2003年刑事审判案例卷）》，人民法院出版社、中国人民大学出版社2004年版，第218页。

〔4〕 由于旧刑法将本罪规定在妨害婚姻家庭罪中，故传统观点认为，本罪的法益是"被害人在家庭中受扶养的权利""被害人在家庭中的平等权利""家庭成员之间互相扶养的权利义务关系"，进而要求行为主体与被害人属于同一家庭成员，而且按照亲属法的规定解释行为主体与"扶养义务"。

（二）遗弃罪的犯罪构成

1. 构成要件的内容为，对于年老、年幼、患病或者其他没有独立生活能力的人，负有扶养义务而拒绝扶养。

（1）行为主体必须是对于年老、年幼、患病或者其他没有独立生活能力的人，负有扶养义务的人。义务来源不限于《亲属法》的规定，而应按照《刑法》总论中所讨论的作为义务来源予以确定。例如，孤儿院、养老院、精神病院、医院的管理人员，对所收留的孤儿、老人、精神病人、患者具有扶养义务；将他人的未成年子女带往外地乞讨的人，对该未成年人具有扶养义务；先前行为使他人生命、身体处于危险状态的人，具有扶养义务；如此等等。

（2）行为对象是年老、年幼、患病或者其他没有独立生活能力的人。其中的年老、年幼并无清晰的年龄界限，患病的种类与程度也无确定的标准，[1] 都需要联系"没有独立生活能力"来理解和认定。严重的酗酒者，因吸毒而缺乏生活能力的人，手脚被捆绑的人，事故的受伤者，溺水者以及其他生命、身体陷入危险境地的人，均应包括在本罪的行为对象之内。行为对象不必与行为主体具有亲属关系。

（3）行为内容为"拒绝扶养"。扶养是指扶助没有独立生活能力的人，使其能够像人一样生存。因此，除了提供生存所必需的条件外，在其生命、身体处于危险状态的情况下，必须给予救助，更不能将其置于危险境地。所以，"拒绝扶养"应意味着使他人生命、身体产生危险，以及在他人生命、身体处于危险状态时不予救助。例如，乙与甲系母子关系，在寒冷之夜从外地步行回家时，年迈的乙实在无力行走，累倒在地上，甲有能力救助却出于某种动机不予救助，而是自己独自回家。乙第二天早晨被人发现时已冻死。可以肯定，甲的行为成立遗弃罪。概言之，拒绝扶养应当包括以下行为：第一，将需要扶养的人移置于危险场所。这里的"危险场所"只是相对于特定的被害人而言，如父母将婴儿置于国家机关门前的，属于将需要扶养的人移置于危险场所。第二，将需要扶养的人从一种危险场所转移至另一种更为危险的场所。第三，将需要扶养的人遗留在危险场所，如将事故的受害人遗留在现场。第四，离开需要扶养的人，如行为人离家出走，使应当受其扶养的人得不到扶养。第五，妨碍需要扶养的人接近扶养人。第六，不提供扶助，如不提供经济供给，不给予必要照料。这些行为的实质是使年老、年幼、患病或者其他没有独立生活能力的人不能得到扶养。

（4）成立遗弃罪要求情节恶劣。对此，应根据遗弃行为的方式、行为对象、结果等进行综合判断。根据司法实践，对被害人长期不予照顾、不提供生活来源的，驱赶、逼迫被害人离家，致使被害人流离失所或者生存困难的，遗弃患严重疾病或者生活不能自理的被害人的，遗弃行为致使被害人身体严重损害或者造成其他严重后果的，以及其他类似情形，均属于情节恶劣。

2. 遗弃罪的违法性。遗弃行为必须具有违法性。经被害人有效承诺的遗弃行为，一般阻却违法性。例如，老年人让其子女将其送往外地乞讨的，子女的行为不构成遗弃罪。但是，与对有生命危险的重伤的承诺无效相对应，遗弃行为对生命具有具体危险时，被害人的承诺无效。

3. 遗弃罪的责任要素。遗弃罪的责任形式为故意，即明知自己的行为会使年老、年幼、患病或者其他没有独立生活能力的人的生命、身体处于危险状态，并希望或者放任危险状态的发生。

---

〔1〕　可以肯定的是，不仅包括生理疾病，而且包括精神疾病。

（三）遗弃罪与故意杀人罪的关系

二者的性质与法益侵害程度相差较大，但并不是对立关系。换言之，在行为人对他人的生命具有救助义务的前提下，拒不救助的行为，既可能成立不作为的故意杀人罪，也可能成立遗弃罪。在这种情况下，应重点考察生命所面临的危险是否紧迫，生命对作为义务的依赖程度，行为人履行义务的难易程度，行为是否会立即导致他人死亡等因素，决定是以遗弃罪论处还是以故意杀人罪论处。就故意内容而言，成立遗弃罪并不要求行为人希望或者放任被害人死亡，但要求行为人对被害人生命、身体的危险持希望或者放任态度；成立故意杀人罪，要求行为人希望或者放任被害人死亡。例如，将生活不能自理的被害人弃置在福利院、医院、派出所等单位或者广场、车站等行人较多的场所，希望被害人得到他人救助的，只能认定为遗弃罪。反之，如果将婴儿置于人迹罕至的场所，将行动艰难的老人带往悬崖边上、寒冷的荒山野外扔下不管的，则应认定为故意杀人罪。

（四）遗弃罪的处罚

依照《刑法》第261条的规定，犯遗弃罪的，处5年以下有期徒刑、拘役或者管制。[1]

第三节　侵犯性的不可侵犯权的犯罪

一、强奸罪

（一）强奸罪的概念与法益

强奸罪分为两种类型，一类是普通强奸，即违背妇女意志，使用暴力、胁迫或者其他手段，强行与妇女发生性交的行为；另一类是奸淫幼女（准强奸），即与不满14周岁的幼女发生性交的行为。

强奸罪的法益是妇女的性的不可侵犯权，其基本内容是妇女按照自己的意志决定性行为的权利。只要妇女没有表示同意，行为人就不得与之实施性交行为。凡是没有征得妇女同意的性交行为，都侵害了妇女的性的不可侵犯权。由于幼女缺乏决定性行为的能力，因此，与幼女性交的行为，即使征得其同意，也应认为侵犯了其性的不可侵犯权。[2]

妇女的同意内容，不仅包括是否性交，而且包括性交对象、时间、地点等方面的事项。因此，若妇女同意性交以男子使用安全套为前提，而男子采取暴力、胁迫手段不使用安全套与妇女性交的，侵害了妇女的性的不可侵犯权。又如，妇女同意与男子在宾馆房间性交，但男子在歌厅强行与女子性交的，也侵害了妇女的性的不可侵犯权。再如，妇女虽然同意与男子性交，但不同意在月经期性交，男子强行在妇女月经期与之性交的，同样侵害了妇女的性的不可侵犯权。还如，卖淫女仅同意分别与甲、乙二人性交，而不同意甲、乙二人同时在场时性交，但甲、乙二人强行同时在场与之性交的，也成立强奸罪。再如，男子与妇女约定所谓包夜服务，妇女与男子性交后借故离开，男子追回妇女后，使用暴力、胁迫等强制手段与之性交的，也应

---

〔1〕　国外刑法一般规定了遗弃罪的结果加重犯，即遗弃致人伤害或者死亡的情形；我国《刑法》没有规定遗弃罪的结果加重犯。遗弃行为过失致人重伤或者死亡的，遗弃罪与过失致人重伤罪、过失致人死亡罪形成狭义的包括一罪，从一重罪论处。

〔2〕　一般认为，强奸罪的保护法益是性行为自己决定权。不过，现在有许多其他的说法。其中，有的是对性行为自主权的进一步具体表述，比如有学者认为，强奸罪保护的法益，是被害人对侵害自己身体的隐秘领域（隐私部位）的性行为的防御权。但有的表述则更为抽象，如有学者认为，强奸罪保护的法益是被害人的人格尊严。还有学者认为，强奸罪的保护法益是被害人的身体的完整性。

认为侵害了妇女的性的不可侵犯权。[1]　如果以所谓包夜服务为由否认后一行为成立强奸罪，则意味着包夜服务的非法协议受刑法保护，显然不当。[2]

（二）普通强奸的犯罪构成

1. 普通强奸的构成要件。

（1）行为对象为妇女。通常是已满 14 周岁的少女与成年妇女，但并不排斥不满 14 周岁的幼女。[3] 被害妇女的社会地位、思想品德、生活作风、结婚与否等均不影响本罪的成立。即使是卖淫女，也可能成为强奸罪的对象。此外，妇女使用暴力、胁迫等手段与男子性交的，以及男子强行与其他男子实施非自然性交的（如口交、肛交），不成立强奸罪，但成立强制猥亵罪。[4]

（2）行为内容。强奸罪的构成要件行为表现为违背妇女意志，采用暴力、胁迫或者其他手段，强行与妇女性交。

强奸首先是指男女之间的性交行为，换言之，性交行为是行为人的目的行为。性交以外的猥亵行为，不构成强奸罪。[5]

强奸行为以违背妇女意志为前提，即在妇女没有同意发生性交的情况下，强行与之性交。换言之，被害妇女的性的不可侵犯权是否受到侵害或者威胁，与她本人的意愿密不可分；只有当行为人的行为实际上违背了妇女意志时，才意味着她的性的不可侵犯权受到了侵害或者威胁。因此，即使行为人以为自己的行为违背妇女意志，但实际上妇女完全同意或者自愿的，也不应认定为强奸罪。是否违背妇女意志，不应只从表面上看妇女有无反抗、拒绝的表示，还应考虑妇女是否能够反抗、是否知道反抗、是否敢于反抗等情况。由于强奸行为违背妇女意志，所以，行为人必须采取暴力、胁迫或者其他手段，这些手段是强奸行为的有机组成部分。如果行为人没有采取这些强制手段，即使性交行为违背妇女意志，也不成立强奸罪。[6]

所谓"暴力手段"，是指对被害妇女行使有形力的不法手段，即直接对被害妇女采取殴打、捆绑、堵嘴、卡脖子、按倒等危害人身安全或人身自由，使妇女不能反抗的手段。此外，暴力是征服妇女意志的手段，必须直接针对被强奸的妇女实施。如果行为人为了强奸妇女，不仅对被害妇女实施暴力，而且对阻止其实施强奸行为的第三者实施暴力，则不仅构成强奸罪，

---

〔1〕　基于同样的理由，即使妇女并没有借故离开，男子使用暴力、胁迫手段与之性交的，也成立强奸罪。但是，在这种情况下，男子在妇女熟睡时与之性交的，不成立强奸罪。

〔2〕　不能将性的羞耻心当作强奸罪的保护法益。比如，强奸卖淫女时，被害人可能并不觉得有什么羞耻，但不能否认强奸罪的成立。再如，奸淫儿童时，儿童也可能并没有产生羞耻感，但不能否认强奸罪的成立。也不能将名誉作为强奸罪的保护法益。

〔3〕　例如，甲合理地以为 13 周岁的乙已满 18 岁（不能预见乙为幼女），并使用暴力、胁迫手段强行与之性交的，应认定为普通强奸。如果将普通强奸的行为对象限定为已满 14 周岁的妇女，对甲的行为就只能宣告无罪。这显然不合适。换言之，《刑法》第 236 条第 1 款与第 2 款不是排他的择一关系，而是基本条款与特别条款的关系。

〔4〕　在许多国家与地区，强奸罪的对象不限于妇女，而是包括男性在内。

〔5〕　一些国家的刑法以强制性交罪取代了强奸罪，不仅行为对象包括男性，而且其中的性交行为包括口交、肛交以及其他性进入行为。

〔6〕　关于强奸罪中的暴力、胁迫等手段必须达到什么程度，在刑法理论上存在不同观点。有的学者认为，暴力、胁迫等手段必须达到使妇女明显难以反抗的程度。我国理论与实践的基本态度是不问暴力、胁迫的大小强弱。但可以肯定的是，不要求暴力、胁迫等手段达到足以压制妇女反抗的程度。但是，如果不对暴力、胁迫、其他手段的程度作一定要求，就难以区分强奸与通奸的界限。本书认为，暴力、胁迫与其他手段都必须达到使妇女难以反抗的程度。例如，当女子将要离开男子住宅时，男子以轻微力量轻拉女子的手，要求发生性关系的，不能认定为暴力手段。当考生感觉可能不及格，而要求考官关照时，考官说"如果不和我发生关系，就不给你及格"的，不能认定为胁迫手段。男子对女子说"我是警察"，进而要求发生性关系的，不能认定为其他手段。

而且还构成另一独立的犯罪（故意伤害罪等）。

所谓"胁迫手段"，是指为了使被害妇女产生恐惧心理，而以恶害相通告的行为。胁迫的实质是足以引起被害妇女的恐惧心理，实现对被害妇女的精神强制，使妇女不敢反抗，从而实现强行奸淫的意图。胁迫的手段多种多样，既可以直接对被害妇女进行威胁，也可以通过第三者进行威胁；既可以是口头胁迫，也可以是书面胁迫；既可以以暴力进行威胁，如持刀胁迫，也可以以非暴力进行威胁，如以揭发隐私、毁坏名誉相胁迫。需要注意的是，利用教养关系、从属关系、职务权利等与妇女发生性交的，不能一律视为强奸。关键在于行为人是否利用了这种特定关系进行胁迫而使妇女不敢反抗，而不在于有没有这种特定关系。换言之，特定关系只是认定是否胁迫的线索，而不是认定胁迫的根据。

所谓"其他手段"，是指采用暴力、胁迫以外的使被害妇女不知抗拒或者不能抗拒的手段，具有与暴力、胁迫相同的强制性质。司法实践中常见的其他手段有：用酒灌醉或者药物麻醉的方法强奸妇女；利用妇女熟睡之机进行强奸；冒充妇女的丈夫或情夫进行强奸；利用妇女患重病之机进行强奸；造成或利用妇女处于孤立无援的状态进行强奸；假冒治病强奸妇女；组织和利用会道门、邪教组织或者利用迷信奸淫妇女；等等。对已满14周岁的未成年女性负有特殊职责的人员，利用其优势地位或者被害人孤立无援的境地，迫使未成年被害人就范，而与其发生性关系的，以强奸罪定罪处罚。

（3）行为主体通常是男子，其中直接正犯只能是男子。妇女可以成为强奸罪的教唆犯、帮助犯，也可以成为间接正犯与共同正犯。

丈夫能否成为强奸妻子的主体（即丈夫使用暴力等强制手段强行与妻子发生性交的行为是否构成强奸罪），是近几年来刑法理论争议激烈的问题。[1] 将离婚诉讼期间、感情破裂且分居期间，丈夫强行与妻子性交的行为认定为强奸罪，不失为限制处罚范围的一种办法，结论也具有妥当性。[2] 此外，对于丈夫在公开场合强行与妻子性交的，丈夫教唆、帮助他人强奸妻子的，以及与其他人共同轮奸妻子的，也应当认定为强奸罪。

2. 强奸罪的责任要素。强奸罪的责任形式只能是故意，行为人明知自己的行为违反妇女意志，会发生侵害妇女的性的不可侵犯性的结果，但希望或者放任这种结果发生。简言之，行为人明知自己的行为违背妇女意志，而决意强行奸淫。[3] 有无这一心理状态，是强奸同猥亵、侮辱妇女行为相区别的主要标志。

（三）奸淫幼女的犯罪构成

奸淫幼女属于强奸罪的一种表现形式，[4] 但它与前述普通强奸存在区别。

1. 构成要件的内容为与不满14周岁的幼女性交。不满14周岁的为幼女，这是刑法规定的

---

〔1〕　有人主张一律不构成强奸罪，有人主张一律构成强奸罪，有人主张在提起离婚诉讼期间或者分居期间构成强奸罪。这一争论涉及如何确定夫妻之间的权利义务关系，如何认识夫妻关系及妻子被迫发生性交的现状，强奸罪侵犯的是何种法益，"违背妇女意志"是否因为婚姻关系而被否认，"奸淫"概念是否限于婚姻外，如何认识丈夫对妻子的强制猥亵，事实婚姻内有无强奸，丈夫为生育子女而强行与妻子发生性交的行为属于何种性质等诸多问题。

〔2〕　但是，这一结论的理由何在，还需要进一步研究。

〔3〕　传统观点认为，强奸犯罪的行为人主观上具有奸淫的目的。但这种表述并不准确。强奸犯罪的行为人主观上确实具有奸淫的目的，但还具有强行的决意，即决意用暴力、胁迫或其他手段达到与妇女发生性交的目的。之所以如此，是因为行为人认识到自己的行为违背妇女意志。如果行为人明知妇女愿意与自己发生性交，就不会采用暴力、胁迫等手段。所以，违背妇女意志也是行为人主观上所认识到的内容，行为人由此认识到自己行为的危害性质与危害结果，但仍然决意强行实施奸淫行为。

〔4〕　在较长一段时期之内，司法解释均把奸淫幼女行为作为独立罪名。2002年最高人民法院、最高人民检察院通过司法解释的方式明确指出奸淫幼女行为触犯的罪名应为强奸罪，取消了奸淫幼女罪。

统一标准。因此，不能撇开年龄以是否发育成熟为标准来判断是否为幼女。由于幼女身心发育不成熟，缺乏辨别是非的能力，不理解性行为的后果与意义，也没有抗拒能力。因此，不论行为人采用什么手段，也不问幼女是否愿意，只要与幼女发生性交，均属于奸淫幼女行为。[1]

2. 责任形式为故意。奸淫幼女的故意的认识内容包括奸淫对象是不满 14 周岁的幼女，奸淫幼女的结果是侵害了幼女的性的不可侵犯权，意志内容是希望或者放任这种结果的发生。在本罪中，幼女属于特定对象，是犯罪构成要件的要素，行为人对此必须有认识，或者明知女方一定是幼女，或者明知女方可能是幼女，或者不管女方是否是幼女，在此基础上决意实施奸淫行为的，就具备奸淫幼女的故意。换言之，只要行为人认识到女方一定是或者可能是幼女或者不管女方是否是幼女，而决意实施奸淫行为，被奸淫的女方又确实是幼女的，就构成奸淫幼女的强奸罪。因此，间接故意也可以构成此种强奸罪。[2] 根据 2013 年 10 月 23 日最高人民法院、最高人民检察院、公安部、司法部发布的《关于依法惩治性侵害未成年人犯罪的意见》第 19 条的规定，知道或者应当知道对方是不满 14 周岁的幼女，[3] 而实施奸淫等性侵害行为的，应当认定行为人"明知"对方是幼女。对于不满 12 周岁的被害人实施奸淫等性侵害行为的，应当认定行为人"明知"对方是幼女。对于已满 12 周岁不满 14 周岁的被害人，从其身体发育状况、言谈举止、衣着特征、生活作息规律等观察可能是幼女，而实施奸淫等性侵害行为的，应当认定行为人"明知"对方是幼女。此外，已满 14 周岁不满 16 周岁的人应当对奸淫幼女承担责任。

（四）强奸罪的认定

1. 正确处理奸淫女精神病患者的案件。患有精神病或先天痴呆症的妇女，缺乏正常的认识能力与意志能力，不能正常表达自己的意志。所以，行为人明知妇女是精神病患者或痴呆者（程度严重的），而非法与之性交的，不管使用什么手段，也不问妇女是否"同意"，均应以强奸罪论处。如果行为人确实不知妇女是精神病患者或痴呆者，也未采用暴力、胁迫等手段，经本人同意与之发生性交的，则不构成强奸罪。此外，在间歇性的精神病妇女精神正常期间，经本人同意与之发生性交的，也不成立强奸罪。

2. 正确区分强奸与未婚男女在恋爱过程中发生的不正当性行为。未婚男女在恋爱过程中自愿发生性交的，不以犯罪论处。对在恋爱过程中，男方采取不明显的强制手段与女方发生性交，但后来感情破裂，女方告发男方强奸的案件，一般也不宜认定为强奸罪。

3. 严格区分强奸与通奸的界限。通奸是双方或一方有配偶的男女，自愿发生的不正当性交行为。从理论上讲，强奸与通奸不难区分。强奸行为违背妇女意志，通奸不违背妇女意志；强奸必须采用暴力、胁迫等强制手段，通奸不使用强制手段；强奸犯主观上具有强行奸淫的决意，通奸者没有强行奸淫的决意。值得注意的是，有的妇女与人通奸，一旦翻脸，关系恶化，或者事情败露后担心名誉受到损害、夫妻关系恶化或者恋爱关系破裂，或者为了推卸责任，嫁祸于人等，便将通奸说成强奸的，不能定为强奸。对此一定要深入调查，仔细分析，不能把妇

---

〔1〕 以金钱财物等方式引诱幼女与自己发生性关系的，知道幼女被他人强迫卖淫而仍与其发生性关系的，均以强奸罪论处。对幼女负有特殊职责的人员与幼女发生性关系的，以强奸罪论处。

〔2〕 一种观点认为，奸淫幼女犯罪成立不要求行为人认识到对方是不满 14 周岁的幼女，主要理由是《刑法》分则条文并没有要求行为人"明知是幼女"。参见何秉松主编：《刑法教科书》（上卷），中国法制出版社 2000 年版，第 312 页。但这一观点似乎没有正确认识和处理《刑法》分则中的"明知"与总则中的"明知"的关系，容易导致客观归罪。

〔3〕 本书认为，其中的"应知"并不是指过失可以构成奸淫幼女犯罪，而是指根据客观事实推定行为人知道对方是幼女。

女的"告发"作为定罪的唯一依据。区分强奸与通奸还应注意以下几个问题：

（1）求奸未成与强奸未遂的界限。求奸者主观上意欲与妇女通奸，不具有强行奸淫的决意；客观上往往表现为口头提出要求，或者以行为进行挑逗，甚至拥抱猥亵，拉衣扯裤；一旦妇女表示拒绝，便停止自己的行为，而不使用暴力、胁迫等手段强行与妇女发生性交。在区分求奸未成与强奸未遂的界限时，要看行为人是否采用了暴力、胁迫等强制手段；看行为人是否适时停止自己的行为；看行为人为什么停止行为；看妇女的态度。特别应注意的是，不能把求奸过程中的拉扯行为认定为强奸中的暴力手段。另一方面，也不能将强奸未遂或者中止行为认定为求奸未成。

（2）强奸与通奸的转化问题。第一次性交违背妇女意志，事后行为人对被害妇女实施精神上的威胁，迫使其继续忍辱屈从的，应以强奸罪论处。行为人先是通奸，后来女方不愿意继续通奸，行为人纠缠不休，并以暴力、胁迫等手段强行与妇女发生性交的，也应以强奸罪论处。[1]

（3）利用职权的强奸与基于相互利用的通奸的界限。利用职权进行胁迫，违背妇女意志与妇女发生性交的，构成强奸罪。男女双方相互利用，各有所图，女方以肉体作为换取私利的条件，从而发生性交的，属于通奸行为，不能按强奸处理。区分的关键在于男方是否利用职权进行胁迫。

（4）"半推半就"的问题。"半推半就"是就妇女的意志而言，即妇女对男方要求性交的行为，既有不同意的表示——"推"，也有同意的表示——"就"，这是一种犹豫不决的心理；也可能表现为违心的允诺、委屈的许可、无奈的顺从、被迫的同意等矛盾心理。在妇女犹豫不决或者心理矛盾时，男子实施了奸淫行为。在这种情况下，仍应正确判断行为人的行为是否符合强奸罪的犯罪构成。如果行为人主观上认为自己的行为并不违背妇女的意志，把妇女"推"的表示视为妇女羞愧的表现，又没有明显使用暴力、胁迫等手段的，就不能认定为强奸罪。反之，如果行为人明知自己的行为违背妇女意志，实际上也违背妇女意志，又使用暴力、胁迫等手段强行与妇女发生性交的，则构成强奸罪。

4. 正确区分轮奸与聚众淫乱行为的界限。轮奸是指二男以上出于共同强奸的故意，在同一段时间内，对同一妇女（或幼女）连续地轮流强奸（或奸淫）的行为。轮奸是强奸罪的一种特殊形式（共同正犯）。[2] 其中的"连续"并不意味着完全没有间隔，换言之，短暂的时间与场所的间隔，不排除轮奸的成立。需要研究的是以下问题：①轮奸的成立是否要求各行为人均达到法定年龄、具有责任能力？本书持否定回答。[3] 例如，已满16周岁的甲与不满14周岁的乙共同轮奸妇女的，在不法层面就是共同正犯，对甲依然适用轮奸的法定刑。再如，A

----

〔1〕　在司法实践中，对于先强奸后演变为通奸关系的，一般不认定为强奸罪。这种做法或许具有合理性，但其理由何在，则需要研究。

〔2〕　对此还值得进一步研究。1979年《刑法》第139条第4款规定："二人以上犯强奸罪而共同轮奸的，从重处罚。"据此，轮奸是共同正犯类型的强奸。但现行《刑法》将"二人以上轮奸"规定为加重类型，因此，继续将轮奸限定为共同正犯类型的强奸，似乎缺乏文理根据。在此，首先需要明确的是，刑法对轮奸加重刑罚的根据是什么？如果认为加重刑罚的根据是使妇女连续遭受奸淫，那么，当甲强奸妇女离开现场后，与甲没有通谋的乙立即强行奸淫该妇女的，也属于轮奸。但是，在这种情形下，不可能认定甲的行为属于轮奸。既然如此，乙一个人的行为就明显不属于《刑法》所规定的"二人以上轮奸"。而且，如果将这种观点彻底化，一个人连续奸淫妇女的也属于轮奸，这显然不当。应当认为，刑法之所以对轮奸加重刑罚，不仅因为被害人连续遭受了强奸，而且还因为共同轮奸的行为人，既要对自己的奸淫行为与结果承担责任，也要对他人的奸淫行为与结果承担责任。所以，应当将轮奸限定为共同正犯类型的强奸，上述乙的行为不属于轮奸。

〔3〕　另一种观点认为，只要二人以上均达到法定年龄、具有责任能力，才可能成立轮奸。

教唆两名不满 14 周岁的人轮奸妇女的，对 A 也应适用轮奸的法定刑。②是否存在片面的轮奸？本书持肯定回答，即虽然客观上二名以上的男子连续对同一妇女实施了强奸行为，但完全可能只对其中一人适用轮奸的法定刑。换言之，在甲与乙客观上连续强奸了丙女的情况下，如果乙对甲的强奸不承担正犯的责任，但甲应当对乙的强奸承担共同正犯的责任时，对甲应适用轮奸的法定刑。例如，甲使用暴力使丙女丧失反抗能力并奸淫丙女，随后让没有参与前行为的乙强奸没有反抗能力的丙女。不管乙是否知情，乙都不能对甲的强奸负责，但甲应当对乙的强奸承担共同正犯的责任。所以，对甲应适用轮奸的规定，对乙仅适用普通强奸罪的规定。但是，如果前行为人对后行为人的强奸结果仅负教唆或者帮助责任的，则不能对前行为人适用轮奸的规定。例如，甲趁丙女熟睡之机强奸丙女后，又唆使乙强奸丙女，乙接受教唆使用暴力强奸丙女。甲虽然要对乙的强奸行为负教唆犯的责任，但不承担轮奸的责任。③轮奸是否存在未遂形态？本书的看法是，轮奸是加重的犯罪构成，因而存在未遂形态。[1] 例如，张三与李四以轮奸犯意共同对丙女实施暴力，但均未得逞的，应认定为轮奸未遂，适用轮奸的法定刑，同时适用未遂犯的从宽处罚规定。再如，甲与乙以轮奸犯意共同对丙女实施暴力，甲奸淫后，乙放弃奸淫或者由于意志以外的原因未得逞的，虽然也成立轮奸未遂，但同时要认定甲、乙二人强奸既遂的成立。此时是轮奸未遂与强奸既遂的想象竞合（明示机能），因为如果仅认定轮奸未遂，则没有评价其中甲已经既遂的不法事实；仅认定为强奸既遂，就没有评价共同轮奸的不法事实。只有认定为想象竞合，才能实现对不法事实的全面评价与妥当量刑。需要说明的是，由于对共同正犯采取“部分实行全部责任”的原则，所以，即使乙中止了自己的行为或者未得逞，也应对甲的强奸既遂承担责任。又如，A、B、C 以轮奸的犯意对 D 女实施暴力，A、B 均奸淫了 D，C 中止了自己的行为的，对 A 与 B 无疑应适用轮奸的法定刑；C 虽然没有实施奸淫行为，但由于成立共同正犯，C 应当对 A、B 的行为与结果承担责任，由于 A、B 的行为属于轮奸，故对于 C 也宜适用轮奸的法定刑。[2] ④对构成轮奸的行为人有无可能适用从犯的规定？一般来说，由于轮奸是共同正犯，故通常均属于主犯，但也存在例外。例如，X、Y 共谋轮奸妇女，Z 知情后将被害人骗到现场但自己不参与轮奸行为的，对 Z 仍然适用轮奸的法定刑，但应认定为轮奸的从犯。由于轮奸是强奸的共同正犯形态，所以，两个以上的男子在同一时间、同一地点轮流与一个或几个成年女子自愿性交的，不是轮奸（轮流与幼女性交的，属于轮奸），如果具有公然性，成立聚众淫乱罪。当然，如果在作案时，既有男女之间的淫乱行为，又挟持妇女进行强奸或者轮奸的，则应将后者认定为强奸罪。

5. 正确处理特殊的奸淫幼女案件。奸淫幼女是一种严重的刑事犯罪，应依法予以严厉打击。但是，又要看到这类案件存在许多特殊问题，需要区别对待，慎重处理。①幼女早熟，身材高大，且虚报年龄，行为人在不知道也不可能知道其为幼女的情况下，经幼女同意发生性交的，不能认定为强奸罪。因为行为人并不明知对方是幼女，缺乏奸淫幼女的故意。如果对此认定为强奸罪，则有客观归罪之嫌。②个别幼女染有淫乱习性，主动与多名男子发生性交的，对这些男子也不宜都以强奸罪论处。③已满 14 周岁不满 16 周岁的男少年，与幼女交往密切，双方自愿发生性交的，或者因受某些不良影响，与幼女发生性交的，一般不宜以强奸罪论处。④嫖宿卖淫幼女的，成立强奸罪。[3]

---

〔1〕 另一种观点认为，轮奸只有既遂形态，没有未遂形态，即如果只有一个奸淫就不能适用轮奸的法定刑。

〔2〕 当然，对 C 的量刑应与 A、B 有所区别。

〔3〕 嫖宿幼女罪是 1997 年修订《刑法》时增加的规定。《刑法修正案（九）》删除了此罪名，对不满 14 周岁的幼女，无论是否“嫖宿”，一律按强奸论处。

6. 正确区分强奸既遂与未遂的界限。通说及司法解释认为，普通强奸时，只有双方生殖器结合（插入）时，方为既遂；奸淫幼女时，只要行为人的性器官与幼女的性器官接触，就是既遂。[1]

（五）强奸罪的处罚

根据《刑法》第236条的规定，犯强奸罪的，处3年以上10年以下有期徒刑；奸淫幼女的，从重处罚。有下列情形之一的，处10年以上有期徒刑、无期徒刑或者死刑：①强奸妇女、奸淫幼女情节恶劣的；②强奸妇女、奸淫幼女多人的；③在公共场所当众强奸妇女、奸淫幼女的；④二人以上轮奸的；⑤奸淫不满10周岁的幼女或者造成幼女伤害的；⑥致使被害人重伤、死亡或者造成其他严重后果的。其中的"情节恶劣"，包括了以上列举之外的恶劣情节，如暴力、胁迫程度特别严重的，强奸妇女或者奸淫幼女二人且有其他较为恶劣情节的，等等。在公共场所当众奸淫幼女的，属于奸淫幼女情节恶劣。在校园、游泳馆、儿童游乐场等公共场所实施强奸行为的，只要有其他多人在场，不论在场人员是否实际看到，均应认定为在公共场所"当众"强奸妇女。其中的"致使被害人重伤、死亡"，是指强奸行为导致被害人性器官严重损伤，或者造成其他严重伤害，甚至当场死亡或者经抢救无效死亡。对于强奸犯出于报复、灭口等动机，在实施强奸的过程中或强奸后，杀死或者伤害被害人的，应分别认定为强奸罪、故意杀人罪或故意伤害罪，实行数罪并罚。

二、负有照护职责人员性侵罪

负有照护职责人员性侵罪，是指对已满14周岁不满16周岁的未成年女性（以下简称少女）负有监护、收养、看护、教育、医疗等特殊职责的人员，与该未成年女性发生性关系的行为。这是《刑法修正案（十一）》增加的一项罪名。《刑法》增设本罪，是为了使少女的身心健康成长不受特殊职责人员对其实施性交行为的妨碍。[2] 本罪属于抽象的危险犯。

本罪的行为主体仅限于对已满14周岁不满16周岁的未成年女性负有监护、收养、看护、教育、医疗等特殊职责的人员。其中的特殊职责并不限于法条列举的上述领域，而是包括其他领域的特殊职责，如狱警对被收监的少女就具有看护、教育等特殊职责。[3] 但是，并不是只要存在看护、教育、医疗等行为外观，就可以成为本罪主体，只有对少女的身心健康成长具有实质性的管护、指导等职责的人员，或者说行为人因为法律、行政法规、条例等对少女的健康成长具有某一方面的"职责"，使得少女在相关领域对行为人形成比较稳定的依赖关系时，行为人才能成为本罪主体。例如，乙需要出差三天，因对15岁的女儿独自在家不放心，便请甲在方便时来乙家照看一下女儿。其间，甲与该少女自愿发生性关系的，不应认定为本罪。因为甲并不对该少女具有看护等特殊职责，少女对甲并没有形成一种依赖关系。反之，如果少女较长时间的生活依赖于特定的行为人，则该行为人可以成为本罪的主体。又如，少女在课外的补习班学习期间，自愿与补习教师发生性关系的，对方不构成本罪。反之，中小学教师对学生具

---

〔1〕 但是，将猥亵行为当作奸淫幼女的既遂标准，存在不少疑问。奸淫幼女也表现为性交行为，单纯的性器官接触并没有完成性交行为；接触说使奸淫幼女的既遂标准过于提前，导致较轻犯罪（猥亵儿童罪）的基本行为成为较重犯罪（奸淫幼女）的既遂标准（如同将伤害结果作为杀人罪的既遂标准），也不利于正确处理奸淫幼女与猥亵儿童罪的关系；接触说不利于鼓励行为人中止犯罪，也不利于保护被害人的名誉；对奸淫幼女案件的既遂标准采取结合说，并不会降低对幼女的特殊保护；更不能因为"难以插入"而对奸淫幼女的既遂标准采取接触说。

〔2〕 难以认为本罪的保护法益是少女的性行为自主权。

〔3〕 《监狱法》第4条规定："监狱对罪犯应当依法监管，根据改造罪犯的需要，组织罪犯从事生产劳动，对罪犯进行思想教育、文化教育、技术教育。"

有特殊职责，可以成为本罪主体。再如，少女在一两次就医后自愿与医务人员发生性关系的，对医务人员也不能认定为本罪。但是，如果少女的某种疾病较长时间依赖于特定医务人员的治疗，则该医务人员与少女形成了依赖关系，可以构成本罪的主体。

本罪的行为对象是已满14周岁不满16周岁的少女，但"已满14周岁"只是本罪的界限要素，而不是真正的构成要件要素。换言之，如果具有特殊职责的人员与不满14周岁的幼女性交，但确实以为对方已满14周岁的，也成立本罪。

本罪的行为内容是与已满14周岁不满16周岁的人发生性关系。①不需要行为人积极利用特殊职责与少女发生性关系，更不需要行为人采用暴力、胁迫等强制手段。②即使少女同意乃至主动要求行为人与之发生性关系，也不影响行为人的行为成立本罪。③所谓"发生性关系"，是指实施狭义的性交行为，不包括实施性交之外的猥亵行为。一方面，《刑法》将本罪设立在强奸罪之后、强制猥亵罪之前，就能说明这一点。另一方面，根据社会的一般观念，发生性关系仅是实施狭义的性交行为。只要双方生殖器结合（插入）时，就构成本罪的既遂。

本罪的责任形式为故意，行为人必须认识到对方是未满16周岁的少女。如果行为人确实以为对方已满16周岁的，则不能认定为本罪。

实施本罪行为，同时构成强奸罪的，属于想象竞合，应按强奸罪处罚。只要负有特殊职责的人员利用特殊职责进行要挟达到胁迫程度，或者利用少女孤立无援的境地，符合强奸罪的暴力、胁迫或者其他手段的要求，就应当按强奸罪处罚。

根据《刑法》第236条之一的规定，犯本罪的，处3年以下有期徒刑；情节恶劣的，处3年以上10年以下有期徒刑。需要特别指出的是，不能将构成强奸罪的情形认定为本罪的情节恶劣。

三、强制猥亵、侮辱罪

（一）强制猥亵、侮辱罪的概念与犯罪构成

强制猥亵、侮辱罪，是指以暴力、胁迫或者其他方法强制猥亵他人或者侮辱妇女的行为。本罪的保护法益是他人的性的不可侵犯权。[1]

1. 强制猥亵、侮辱罪的构成要件。本罪的构成要件内容为以暴力、胁迫或者其他方法强制猥亵他人或者侮辱妇女。

（1）行为主体不限于男性。妇女不仅可以成为强制猥亵、侮辱罪的教唆犯与帮助犯，而且可以成为直接正犯、间接正犯与共同正犯。[2]

（2）行为对象是他人，包括妇女与男性。[3] 行为人故意杀害被害人后，再针对尸体实施猥亵、侮辱行为的，不得认定为强制猥亵、侮辱罪，而应认定为故意杀人罪与侮辱尸体罪，实行数罪并罚。

（3）行为内容是强制猥亵他人或者侮辱妇女的行为。本书认为，本条中的侮辱与猥亵的

---

〔1〕 不少国家已经不严格区分强制罪与强制猥亵罪，许多国家的强奸罪与强制猥亵罪的法定刑相同。

〔2〕 丈夫可否成为强制猥亵妻子的主体与丈夫可否成为强奸妻子的主体基本上是同一问题。

〔3〕 猥亵儿童的成立猥亵儿童罪，但是，如果行为人误以为被害人已满14岁而实施强制猥亵行为的，依然成立强制猥亵罪。

含义相同，[1] 换言之，没有必要区分本条中的侮辱与猥亵行为。[2] 故下面仅以猥亵为例展开说明。

第一，猥亵他人，是指针对他人实施的与性相关的行为，侵害他人的性的不可侵犯权的行为。[3] 猥亵行为必须是与性相关的行为。"针对他人实施"，主要包括以下情况：①直接对他人实施猥亵行为，或者迫使他人容忍行为人或第三人对之实施猥亵行为；②迫使他人对行为人或者第三者实施猥亵行为；③强迫他人自行实施猥亵行为；④强迫他人观看他人的猥亵行为或者强迫他人与自己或第三者观看淫秽物品等。[4] "侵害他人的性的不可侵犯权"，是指猥亵行为违背了他人的意志，使他人的性的不可侵犯权受到侵害。强制猥亵行为不以公然实施为前提，即使在非公开的场所，只有行为人与被害人在场，没有也不可能有第三者在场，行为人强制实施猥亵行为的，也成立本罪。互联网的发达，使得强制猥亵的认定产生了新问题。例如，行为人以胁迫手段迫使他人向自己发送他人的裸照、手淫等淫秽图片的，不应认定为强制猥亵。但是，行为人以胁迫手段迫使他人与自己进行淫秽视频、裸聊之类的行为的，宜认定为强制猥亵。

---

〔1〕 一种观点认为，侮辱妇女，是指对妇女实施猥亵行为以外的、损害妇女人格尊严的污秽下流的、伤风败俗的行为。通常学者们认为二者的主要区别是，①主观上，猥亵一般具有满足自己或挑逗他人性的目的，侮辱则是为了追求精神刺激，破坏他人的名誉与人格。②客观上，猥亵妇女具有更为明显的性内容，是一种非自然的性行为，是以暴力、胁迫或者其他强制性方法实施的；侮辱虽然在某些情况下与性有关，但更为确切的内容是通过非自然的或异常的性行为以外的方式侵害妇女的人格和名誉，其并不要求一定以暴力、胁迫或者其他强制性的方法实施。本书不赞成这种观点。

〔2〕 《刑法修正案（九）》仅将本罪中的猥亵对象修改为"他人"，但没有删除侮辱妇女的规定，也没有将作为侮辱对象的"妇女"修改为"他人"。据此，有些属于侵害妇女性自主权的侮辱行为不能归入猥亵行为；有些属于侵害男性的性自主权的侮辱行为依然不能认定为强制猥亵罪。从立法论上来说，这一修改存在明显的缺陷。立法机关工作人员指出："妇女、儿童虽然是猥亵行为的主要受害群体，但实践中猥亵男性的情况也屡有发生，猥亵14周岁以上男性的行为如何适用刑法并不明确，对此，社会有关方面多次建议和呼吁，要求扩大猥亵罪适用范围，包括猥亵14周岁以上男性的行为，以同等保护男性的人身权利。因此，《刑法修正案（九）》将第一款罪状中的'猥亵妇女'修改为'猥亵他人'，使该条保护的对象由妇女扩大到了年满14周岁男性。""本款规定的'侮辱妇女'，主要指对妇女实施猥亵行为以外的、损害妇女人格尊严的淫秽下流、伤风败俗的行为。例如，以多次偷剪妇女的发辫、衣服，向妇女身上泼洒腐蚀物、涂抹污物，故意向妇女显露生殖器，追逐、堵截妇女等手段侮辱妇女的行为。"参见郎胜主编：《中华人民共和国刑法释义》，法律出版社2015年版，第389~390页。但是，这样的说明不无疑问。其一，既然要平等保护男性的人身权利，为什么对针对男性实施的上述"侮辱"行为（如向男性身上泼洒腐蚀物、涂抹污物）不处以相同的刑罚？其二，多次偷剪妇女的发辫、衣服，向妇女身上泼洒腐蚀物、涂抹污物的行为，没有侵害妇女的性的不可侵犯权，不可能与强制猥亵相提并论，只能认定为《刑法》第246条的侮辱罪。倘若偷剪妇女衣服、向妇女身上泼洒腐蚀物，导致妇女身体裸露，当然属于强制猥亵。其三，行为人显露生殖器时没有使用暴力、胁迫等强制方法强迫妇女观看的，只是公然猥亵行为，不构成强制猥亵、侮辱罪。其四，"追逐、拦截"是《刑法》第293条明文规定的寻衅滋事行为，倘若将追逐、拦截妇女的行为认定为侮辱妇女，就意味着第293条的追逐、拦截对象仅限于男性，这显然不合适。更为重要的是，《刑法》第237条第2款规定"在公共场所当众"侮辱妇女的，"处五年以上有期徒刑"。根据上述观点，在公众场所当众追逐、拦截妇女的，就必须适用该法定刑，这显然不符合罪刑相适应原则。总之，上述观点所归纳的"侮辱妇女"行为，要么属于侮辱罪、寻衅滋事罪的行为，要么属于强制猥亵行为，要么不构成犯罪。因此，本书主张，司法机关应当淡化"侮辱妇女"的概念，凡是属于强制猥亵行为的，均认定为强制猥亵罪；不属于强制猥亵行为的，分别按其他犯罪处理或者不以犯罪论处另一种观点认为，

〔3〕 一种观点认为，猥亵行为必须"伤害他人的性的羞耻心"。但是，即使被害人的性的羞耻心没有受到伤害，也不影响强制猥亵罪的成立。

〔4〕 强迫他人单独观看淫秽物品的，不成立强制猥亵罪。

　　第二，猥亵行为具有相对性。[1] 在不同的猥亵罪中，猥亵行为的范围并不相同。例如，强制猥亵妇女、幼女的行为，表现为性交以外的行为。但是，猥亵男子、幼男的行为则包括性交行为。已满 16 周岁的妇女与幼男发生性交的，构成猥亵儿童罪。[2] 同样，假如公然猥亵被刑法规定为犯罪，那么，其中的猥亵行为也包括性交，如男女自愿在公共场所发生性交的，没有争议地属于公然猥亵。另一方面，强制猥亵他人的行为，包括强行与他人接吻、搂抱的行为，但自愿在公共场所公开接吻、搂抱的，则不可能构成公然猥亵；与儿童接吻尤其是与婴儿接吻的，应当综合判断该行为是否属于猥亵行为。

　　第三，猥亵行为具有变易性。随着人们的性观念、社会的性风尚与性行为秩序的变化，猥亵行为的外延也会发生变化。

　　第四，猥亵行为具有强制性。行为人必须以暴力、胁迫或者其他使人不能反抗、不敢反抗、不知反抗的方法强制猥亵他人。换言之，对于本罪中"暴力、胁迫或者其他方法"，应当与强奸罪客观方面的"暴力、胁迫或者其他手段"作出相同的解释。值得注意的是，在不少案件中，暴力本身也可能是猥亵行为；反之，某些猥亵行为本身也是暴力行为。

　　2. 强制猥亵、侮辱罪的责任要素。本罪的责任形式只能是故意，行为人明知自己的猥亵、侮辱行为违背他人意志，侵犯了他人的性的自主决定权，但仍然强行实施该行为。至于行为人主观上出于何种动机实施猥亵、侮辱行为，则不影响本罪的成立。[3]

　　(二) 强制猥亵、侮辱罪与强奸罪的关系

　　强制猥亵、侮辱罪与 (普通) 强奸罪都是侵犯他人性的不可侵犯权的犯罪，二者不是对立关系，[4] 而是特别关系。[5] 亦即，强奸行为也是强制猥亵行为的一种，但由于刑法特别规定了强奸罪，所以，对强奸行为不再认定为强制猥亵罪。性交与猥亵不是对立的概念，在刑法没有对其他不正当性交行为做出特别规定的情况下，其他不正当性交行为当然应包括在猥亵概念之中。例如，妇女强行与男子性交的，也成立强制猥亵罪。所以，认为猥亵行为只能是性交以外的行为的观点，[6] 并不妥当。

　　由于强制猥亵、侮辱罪与强奸罪都属于强制性的性犯罪，所以，一种行为 (如在被害妇女的房间使用暴力扒光了妇女的衣裤，被人发现后逃走) 究竟是构成强制猥亵、侮辱罪还是构成强奸罪的未遂犯，常常产生分歧。对此，要通过全面分析案件的客观事实判断行为人是否具有与妇女性交的意图，如果具有该意图则应认定为强奸罪的未遂犯。行为人以强制猥亵的故意对

----

　　[1] 为了说明猥亵行为的相对性，这里暂且将公然猥亵行为也列入进来予以讨论。

　　[2] 民国司法院 1932 年院字第 718 号解释例认定，妇女诱令未满 16 岁男子与其相奸的行为，构成猥亵儿童罪。至于幼男本人具有奸淫的意图时，妇女的行为能否构成猥亵儿童罪，则另当别论。

　　[3] 一种观点认为，强制猥亵、侮辱罪的成立还要求行为人出于刺激或者满足性欲的内心倾向。这种观点或许有利于区分猥亵行为与非罪行为的界限，有利于区分强制猥亵罪与《刑法》第 246 条规定的侮辱罪的界限。尽管如此，本书仍然认为，本罪的成立并不需要上述内心倾向。不要求行为人出于刺激或者满足性欲的倾向，是因为即使没有这种倾向的猥亵、侮辱行为也严重侵犯了他人的性的不可侵犯权。事实上，完全可以从客观上区分是否猥亵、侮辱行为，因而完全可以区分罪与非罪；完全可以区分本罪与侮辱罪的界限。要求行为人出于刺激或者满足性欲的倾向，会导致不当缩小或者不当扩大处罚范围；会导致本罪与《刑法》第 246 条的侮辱罪的不平衡，而且有违罪刑相适应原则之嫌 (参见张明楷：《刑法分则的解释原理》(上)，中国人民大学出版社 2011 年版，第 451 页)。

　　[4] 如果认为二者是对立关系，那么，在男子对妇女实施强行扒光衣服等行为，不能证明男子是否具有强奸故意时，就会使定罪陷入困境。反之，如果承认二者为特别关系，那么，对上述行为就可以认定为强制猥亵罪。

　　[5] 也不排除想象竞合关系。例如，强奸未遂时完全可能构成强奸罪的未遂犯与强制猥亵罪的既遂犯的想象竞合。

　　[6] 参见高铭暄主编：《新编中国刑法学》(下册)，中国人民大学出版社 1998 年版，第 704 页；王作富主编：《刑法分则实务研究》(中)，中国方正出版社 2013 年版，第 770 页。

妇女实施暴力，压制其反抗后对其实施奸淫行为的，也应以强奸罪论处。

（三）强制猥亵、侮辱罪的处罚

根据《刑法》第237条的规定，犯本罪的，处5年以下有期徒刑或者拘役；聚众或者在公共场所当众犯本罪的，或者有其他恶劣情节的，处5年以上有期徒刑。

聚众，是指三人以上共同在场对他人实施猥亵、侮辱行为。在校园、游泳馆、儿童游乐场、教室、集体宿舍等公共场所实施强制猥亵行为的，只要有其他多人在场，不论在场人员是否实际看到，均应认定为在公共场所"当众"强制猥亵、侮辱他人。

所谓"其他恶劣情节"，是指除聚众或者在公共场所当众猥亵他人、侮辱妇女以外的恶劣情节。例如，强制猥亵、侮辱多人，甚至长期、多次猥亵、侮辱他人，猥亵致使被害人严重精神抑郁，或者导致被害人自杀等情形。

需要研究的问题是，强制猥亵、侮辱致人重伤、死亡的应如何处理？刑法对此没有明文规定，但客观上存在强制猥亵、侮辱致人重伤、死亡的现象。本书认为，对于强制猥亵、侮辱致人重伤、死亡的，应当视为一个行为触犯了两个罪名，即成立强制猥亵、侮辱罪与故意伤害罪的想象竞合。

1. 强制猥亵、侮辱致人伤亡，要么是其中的暴力行为致人重伤、死亡，要么是猥亵、侮辱行为本身致人重伤、死亡。既然行为人的客观行为已经导致他人重伤或者死亡，就表明行为本身已经具有了伤害的性质，或者至少包含了伤害的内容，符合了故意伤害罪的客观要件。

2. 由于暴力、猥亵或侮辱行为本身就具有伤害的性质，行为人实施这种行为时，主观上就具有了伤害的故意。当然，在司法实践中，行为人对伤害的结果可能主要是间接故意，但间接故意在造成了相应危害结果的情况下，当然应追究刑事责任。[1]

3. 在刑法没有规定强制猥亵、侮辱罪的结果加重犯的情况下，强制猥亵、侮辱致人重伤或者死亡的行为，便成立想象竞合。行为人只实施了一个强制猥亵、侮辱的行为，该行为具有双重属性：既是强制猥亵、侮辱行为，又是伤害行为；该行为造成了双重结果，因此一个行为触犯了两个罪名。对于想象竞合犯，当然是从一重罪处罚。

4. 将强制猥亵、侮辱致人重伤、死亡的行为认定为想象竞合犯从一重罪论处，能够做到罪刑相适应，符合刑法的基本原则。

根据上述理由，可以得出以下具体结论：①不管是否聚众或者是否在公共场所强制猥亵他人、侮辱妇女，只要造成死亡的，就应认定为故意伤害罪，适用故意伤害致死的法定刑。②非聚众并且在非公共场所强制猥亵他人、侮辱妇女，致人重伤的，是情节恶劣的强制猥亵、侮辱罪与故意伤害罪的想象竞合，按强制猥亵、侮辱罪的加重法定刑处罚。③聚众或者在公共场所强制猥亵他人、侮辱妇女，致人重伤的，按强制猥亵、侮辱罪的加重法定刑处罚。[2]

四、猥亵儿童罪

猥亵儿童罪，是指猥亵不满14周岁的儿童的行为。猥亵行为既可以是强制性的，也可以是非强制性的；猥亵对象是不满14周岁的幼男或幼女；猥亵行为出于故意，且行为人必须明知被害人是或者可能是儿童。如果儿童为幼女，男性行为人具有奸淫的意图的，应认定为强奸罪；但如果儿童为幼男，妇女对之实施猥亵行为的，则包括性交行为与性交意图。根据《刑

---

〔1〕　如前所述，出于杀人故意，实施杀人行为后再侮辱尸体的，应成立故意杀人罪与侮辱尸体罪。

〔2〕　如果在例外情况下，行为人对重伤、死亡只有过失，则成立强制猥亵、侮辱罪与过失致人重伤罪或过失致人死亡罪的想象竞合。

法》第 237 条第 3 款的规定，猥亵儿童的，处 5 年以下有期徒刑；有下列情形之一的，处 5 年以上有期徒刑：①猥亵儿童多人或者多次的；②聚众猥亵儿童的，或者在公共场所当众猥亵儿童，情节恶劣的；③造成儿童伤害或者其他严重后果的；④猥亵手段恶劣或者有其他恶劣情节的。

第四节 侵犯人身自由的犯罪

一、非法拘禁罪

（一）非法拘禁罪的概念和法益

非法拘禁罪，是指故意非法拘禁他人或者以其他方法非法剥夺他人人身自由的行为。

本罪的保护法益是人的身体活动的自由，这一自由是指现实的自由，即在被害人打算现实地活动身体时就可以活动的自由（现实的自由说）。因此，非法拘禁罪的对象只能是有现实的、具体的行动意思或能力的自然人，一时丧失这种意思或能力的人，只有在他们恢复了这种意思或能力后，才能成为本罪的对象；非法拘禁罪是实害犯，而不是危险犯。例如，甲将夜间熟睡的乙反锁在房间里，次日清晨在乙醒来之前就打开了锁。甲的行为仅具有侵害乙的身体活动自由的可能性，而没有现实地侵害乙的身体活动自由。即便乙知道门被反锁但不想离开房间时，也没有必要认定其被拘禁。如果乙夜间打算现实地离开房间却因为甲的反锁行为而不能离开房间时，则现实地侵害了乙的身体活动自由，属于非法拘禁。现实的自由主要包括身体的场所移动自由，从一定场所离开的自由以及在场所内的身体活动自由。[1]

（二）非法拘禁罪的犯罪构成

1. 非法拘禁罪的构成要件。作为行为对象的"他人"没有限制，既可以是守法公民，也可以是犯有错误或有一般违法行为的人，还可以是犯罪嫌疑人、被告人等，但必须是具有身体活动自由的自然人；身体活动自由虽以意识活动自由为前提，但只要具有基于意识从事身体活动的能力即可，不要求具有刑法上的辨认控制能力与民法上的法律行为能力，故能够行走的幼儿、精神病患者均可成为本罪的对象。根据现实的自由说，如果某人没有认识到自己被剥夺自由，就表明行为没有妨害其意思活动，因而没有侵犯其人身自由，换言之，本罪的行为对象必须认识到自己被剥夺自由的事实。

构成要件行为表现为拘禁他人或者以其他方法非法剥夺他人的身体自由。凡符合这一特征的均应认定为非法拘禁，如非法逮捕、拘留、监禁、扣押、绑架，办封闭式"学习班""隔离审查"等，均属非法剥夺人身自由的行为。概言之，非法剥夺人身自由包括两类：一类是直接拘束他人的身体，剥夺其身体活动自由，如捆绑他人四肢、使用手铐拘束他人双手。[2] 另一类是间接拘束人的身体，剥夺其身体活动自由，即将他人监禁于一定场所，使其不能或明显难以离开、逃出。剥夺人身自由的方法既可以是有形的，也可以是无形的。例如，将妇女洗澡时的换洗衣服拿走，使其基于羞耻心无法走出浴室的行为，就是无形的方法。此外，无论是以暴

---

〔1〕 可能的自由说认为，本罪的法益是只要想活动身体就可以活动的自由。据此，本罪的成立不要求被害人具有现实的、具体的行动意思能力，只要具有这种可能性即可。在上例中，乙任何时候都有醒来的可能性，因此，甲的行为侵害了乙可能的自由，构成非法拘禁。

〔2〕 国外一种刑法理论认为，本罪的法益是人的身体移动自由。因此，用手铐拘束他人双手的，由于他人仍然有身体移动自由，故不成立非法拘禁罪，只成立暴行罪。我国《刑法》没有规定暴行罪，但如果对该行为追究刑事责任，则只能认定为非法拘禁罪。

力、胁迫方法拘禁他人，还是利用他人的恐惧心理予以拘禁，[1] 均不影响本罪的成立。非法拘禁还可能由不作为构成，即负有使被害人逃出一定场所的法律义务的人，故意不履行义务的，也可能成立非法拘禁罪。

非法拘禁是一种持续行为，该行为在一定时间内处于继续状态，使他人在一定时间内失去身体自由。时间持续的长短原则上不影响本罪的成立，只影响量刑。但时间过短、瞬间性的剥夺人身自由的行为，则难以认定为本罪。

2. 非法拘禁罪的违法性。拘禁行为以及其他剥夺人身自由的行为必须具有非法性。司法机关根据法律规定，对于有犯罪事实和重大嫌疑的人，依法采取拘留、逮捕等限制人身自由的强制措施的行为，阻却违法性。但发现不应拘捕时，借故不予释放，继续羁押的，或者故意超期羁押的，应认定为非法拘禁罪。公民将正在实行犯罪或犯罪后及时被发觉的、通缉在案的、越狱逃跑的、正在被追捕的人，依法扭送至司法机关的，是合法行为。依法收容精神病患者的，也不属于非法拘禁。

得到被害人承诺的拘禁行为阻却违法性。但是，行为人使用胁迫或者欺骗方法剥夺他人自由的，由于违反了被害人的现实意识，侵害了其身体活动自由，不阻却拘禁行为的违法性，依然属于非法拘禁。[2]

3. 非法拘禁罪的责任要素。本罪的责任形式为故意，行为人明知自己的行为会发生剥夺他人身体自由的危害结果，并希望或者放任这种结果的发生。

（三）非法拘禁罪的认定

1. 非法拘禁罪与合法拘捕而发生错误的界限。例如，司法机关依照法定程序拘捕了重大犯罪嫌疑分子，但后经查证该人无罪，予以释放的，只能认为是错误拘捕，不能认定为非法拘禁。

2. 非法拘禁情节显著轻微的，不宜认定为本罪。依照最高人民检察院 2006 年 7 月 26 日发布的《最高人民检察院关于渎职侵权犯罪案件立案标准的规定》，在渎职侵权犯罪案件中非法拘禁具有下列情形之一的，应予追诉：①非法剥夺他人人身自由 24 小时以上的；②非法剥夺他人人身自由，并使用械具或者捆绑等恶劣手段，或者实施殴打、侮辱、虐待行为的；③非法拘禁，造成被拘禁人轻伤、重伤、死亡的；④非法拘禁，情节严重，导致被拘禁人自杀、自残造成重伤、死亡，或者精神失常的；⑤非法拘禁 3 人次以上的；⑥司法工作人员对明知是没有违法犯罪事实的人而非法拘禁的；⑦其他非法拘禁应予追究刑事责任的情形。[3]

3. 非法拘禁行为与结果又触犯其他罪名的，应根据其情节与有关规定处理。例如，以非法绑架、扣留他人的方法勒索财物的，成立绑架罪；以出卖为目的非法绑架妇女、儿童的，构成拐卖妇女、儿童罪；收买被拐卖的妇女、儿童后，非法剥夺其人身自由的，应实行数罪并罚。

---

〔1〕　如使被害人进入货车车厢后高速行驶，使之不敢轻易跳下车。

〔2〕　例如，被害人乘坐电梯时，行为人谎称电梯故障不能运行，被害人"同意"处于电梯内的，该承诺无效，行为人的行为属于非法拘禁。

〔3〕　此外，根据 2018 年 1 月 16 日最高人民法院、最高人民检察院、公安部、司法部发布的《关于办理黑恶势力犯罪案件若干问题的指导意见》，黑恶势力有组织地多次短时间非法拘禁他人的，应当认定为《刑法》第 238 条规定的"以其他方法非法剥夺他人人身自由"。非法拘禁他人 3 次以上、每次持续时间在 4 小时以上，或者非法拘禁他人累计时间在 12 小时以上的，应以非法拘禁罪定罪处罚

（四）非法拘禁罪的处罚

根据《刑法》第238条的规定，犯非法拘禁罪的，处3年以下有期徒刑、拘役、管制或者剥夺政治权利。在拘禁过程中具有殴打、侮辱情节的，从重处罚。非法拘禁致人重伤的，处3年以上10年以下有期徒刑；致人死亡的，处10年以上有期徒刑。所谓非法拘禁致人重伤、死亡，是指非法拘禁行为本身致被害人重伤、死亡或在非法拘禁期间被害人自杀身亡。行为人对重伤、死亡结果只能出于过失，不能出于故意。非法拘禁他人，使用暴力致人伤残、死亡的，应分别以故意伤害罪、故意杀人罪论处。[1] 这里的"暴力"应限于超出了非法拘禁范围的暴力；非法拘禁行为本身也可能表现为暴力，但作为非法拘禁行为内容的暴力导致他人伤残、死亡的，不属于"使用暴力致人伤残、死亡"；只有当非法拘禁行为以外的暴力致人伤残、死亡时，才能认定为故意伤害罪或者故意杀人罪。国家机关工作人员利用职权犯本罪的，从重处罚。

二、绑架罪

（一）绑架罪的概念和法益

绑架罪，是指利用被绑架人的近亲属或者其他人对被绑架人安危的忧虑，以勒索财物或满足其他不法要求为目的，使用暴力、胁迫或者麻醉方法劫持或以实力控制他人的行为。

绑架罪的保护法益是被绑架人在本来的生活状态下的行动自由以及身体安全。对绑架罪保护法益的确定，必须有利于解决绑架罪的各种特殊问题。所以，人身自由虽然是绑架罪的保护法益，但必须将人身自由的内容具体化。换言之，绑架罪的保护法益的确定，意味着绑架罪处罚范围的确定。例如，婴儿能否成为绑架对象？亲生父母能否成为绑架儿童的行为主体？绑架罪的成立是否要求行为人使被绑架人离开原本的生活场所？这些都是在确定绑架罪的保护法益时必须考虑的问题。绑架婴儿的行为，虽然没有侵犯其行动自由，但使婴儿脱离了本来的生活状态，侵害了其身体安全；父母绑架未成年子女将其作为人质的行为，也侵害了子女在本来的生活状态下的身体安全或行动自由；绑架行为虽然没有使他人离开原本的生活场所，但如果以实力控制了他人，使其丧失行动自由或者危害其身体安全的，同样成立绑架罪。即使经过监护人同意，但如果绑架行为对被绑架者的行动自由或身体安全造成侵害的，也成立绑架罪；至于征得被绑架者本人同意但违反监护人意志，使被害人脱离监护人监护的案件，如果本人的同意是有效的，被告人的行为不成立绑架罪；如果本人的同意是无效的，则被告人的行为成立绑架罪。[2]

---

[1] 《刑法》第238条第2款后段的这一规定，是法律拟制还是注意规定，存在争议。本书采取法律拟制说，只要非法拘禁的行为人使用暴力致人死亡的，即使其没有杀人的故意，也应认定为故意杀人罪。当然，根据责任主义的原理，要求行为人对伤残、死亡具有预见可能性（过失）。因此，如果行为人在非法拘禁过程中，产生杀人故意并实施杀人行为的，应以非法拘禁罪和故意杀人罪实行数罪并罚，不需要引用《刑法》第238条第2款后段的规定。因为非法拘禁罪是持续犯，当拘禁行为成立犯罪时，就已经既遂。在非法拘禁既遂并持续期间，行为人侵犯被害人的另一法益的，理当认定为独立的新罪。例如，在非法拘禁期间强奸被害人的，当然应以非法拘禁罪与强奸罪实行并罚。这进一步说明，《刑法》第238条第2款后段属于法律拟制。因为在非法拘禁期间故意杀人的，没有理由仅认定为故意杀人罪（参见张明楷：《刑法分则的解释原理》（下），中国人民大学出版社2011年版，第622页以下）。

[2] 我国刑法理论对本罪的保护法益存在不同观点。第一种观点认为，绑架罪的法益包括他人的人身自由权、健康、生命权以及公私财产所有权。第二种观点指出，本罪的保护法益是人身自由，但财产与其他合法利益是本罪可能侵犯的法益。第三种观点认为，绑架罪的法益是"被绑架者的身体安全及其亲权者的保护监督权，有的情况下还包括他人的财产权"。第四种观点认为，绑架罪的保护法益不仅包括被绑架人的生命、身体利益，而且包括担忧被绑架者的安危的第三者的精神上的自由即自己决定是否向他人交付财物的自决权。

（二）绑架罪的犯罪构成

1. 绑架罪的构成要件。绑架罪的构成要件内容为，利用被绑架人的近亲属或其他人对被绑架人安危的忧虑，使用暴力、胁迫或者麻醉方法劫持或以实力控制他人。绑架的对象是任何他人，包括妇女、儿童和婴幼儿乃至行为人的子女或者父母。绑架的实质是使被害人处于行为人或第三者的实力支配下，事实上存在使未成年人的父母离开生活场所而将未成年人控制在行为人实力范围内的情况，也存在使被害人滞留在本来的生活场所但使其丧失行动自由的绑架案件（如2002年的俄罗斯人质案）。所以，绑架不要求使被害人离开原来的生活场所。绑架行为应具有强制性，即使用暴力、胁迫或者麻醉方法控制他人。[1] 对于缺乏或者丧失行动能力的被害人，行为人采取偷盗、引诱等方法使其处于行为人或第三者实力支配下的，也可能成立绑架罪。例如，以勒索赎金为目的，偷盗婴幼儿的，成立绑架罪。

2. 绑架罪的责任要素。本罪的责任形式为故意。此外，还必须具有两个主观的超过要素。其一，具有利用被绑架人的近亲属或者其他人对被绑架人安危的忧虑的意思。这里的"其他人"包括单位乃至国家。其二，以勒索财物或满足其他不法要求为目的。如果不具有这种心理状态，则不构成绑架罪。以勒索赎金为目的，偷盗婴幼儿的，应以本罪论处。同样，为了将婴儿作为人质以实现其他不法要求，而偷盗婴幼儿的，也成立本罪。勒索财物或满足其他不法要求为目的，不需要现实化。[2] 换言之，只要行为人具有这种目的，即使客观上没有对被绑架人的近亲属或其他人勒索财物或提出其他不法要求，也成立绑架罪；如果行为人客观上向被绑架人的近亲属或其他人勒索财物或提出了其他不法要求，也不实行数罪并罚。但是，如果行为人绑架他人是为了直接向被绑架人索取财物，则不构成本罪，而应认定为抢劫罪或者敲诈勒索罪。[3] 已满16周岁的人才能对绑架罪承担责任。已满14周岁不满16周岁的人实施绑架行为，故意杀害被绑架人或者故意伤害被绑架人（致人重伤、死亡）的，应认定为故意杀人罪、故意伤害罪。

（三）绑架罪与非法拘禁罪的关系

根据《刑法》第238条第3款的规定，行为人为索取债务非法扣押、拘禁他人的，只构成非法拘禁罪，不成立绑架罪。最高人民法院2000年6月30日通过的《最高人民法院关于对为索取法律不予保护的债务，非法拘禁他人行为如何定罪问题的解释》指出，行为人为索取高利贷、赌债等法律不予保护的债务，非法扣押、拘禁他人的，依照非法拘禁罪定罪处罚。司法实践中也出现了这样的现象：只要行为人与被害人之间存在债务，不管是否合法债务，不管是双方承认的债务还是行为人单方面主张的债务，也不管行为人对被害人人身自由的剥夺程度，均认定为非法拘禁罪。[4] 本书认为，区分绑架罪与非法拘禁罪，不能仅以行为人与被害人之间是否存在债务为唯一标准，更应考虑行为本身对人身自由的剥夺程度和对人身安全的威胁程

---

〔1〕 另一种观点认为，使用任何方法都可能构成绑架罪（参见黎宏：《刑法学各论》，法律出版社2016年版，第245页）。

〔2〕 一种观点认为，只有把绑架罪的客观行为解释为复合行为（绑架行为与勒索行为），才能使绑架罪与抢劫罪相协调（参见黄祥青："绑架罪的既遂标准及认定思路"，载《人民法院报》2008年2月20日，第6版）；或者认为，只有将绑架罪的客观行为解释为复合行为，才能说明绑架行为对第三者自决权的侵害（参见黎宏：《刑法学各论》，法律出版社2016年版，第244~245页）。尽管这些观点具有一定的实质合理性，但本书难以赞成。

〔3〕 值得研究的有两种情况：①行为人出于其他目的、动机以实力支配他人后，才产生勒索财物意图进而勒索财物的，应如何处理？②收买被拐卖的妇女、儿童后，以暴力、胁迫手段对其进行实力控制，进而向其近亲属或有关人员勒索财物或提出其他不法要求的，应如何处理？本书认为，这两种行为原则上也成立绑架罪。

〔4〕 上述规定与做法，事实上导致刑法保护非法债务，导致刑法与民法不协调，损害了法秩序的统一性。

478 刑 法 学

度。《刑法》第 238 条第 3 款使用的是"非法扣押、拘禁"概念，因此，超出非法扣押、拘禁程度的行为，即使存在法律不予保护的债务，依然可能成立绑架罪。如果行为人为了索取法律保护的债务，而非法扣押、拘禁他人的，理应认定为非法拘禁罪。对于那些为了索取法律不予保护的债务，而非法扣押、拘禁他人，但不以杀害、伤害等相威胁，声称只要还债便放人的行为，也宜认定为非法拘禁罪。但是，如果行为人为了索取法律不予保护的债务或者单方面主张的债务，以实力支配、控制被害人后，以杀害、伤害被害人相威胁的，宜认定为绑架罪。行为人为了索取债务，而将与债务人没有共同财产关系、扶养、抚养关系的第三者作为人质的，也应认定为绑架罪。

故意制造骗局使他人欠债，然后以索债为由扣押被害人作为人质，要求被害人近亲属偿还债务的，应以绑架罪论处。行为人为索取债务而将他人作为人质，所索取的数额明显超出债务数额的，或者为索取债务而将他人作为人质，同时提出其他不法要求的，属于绑架罪与非法拘禁罪的想象竞合，从一重罪处罚。[1]

（四）绑架罪的处罚

根据《刑法》第 239 条的规定，犯绑架罪的，处 10 年以上有期徒刑或者无期徒刑，并处罚金或者没收财产；情节较轻的，处 5 年以上 10 年以下有期徒刑，并处罚金；杀害被绑架人的，或者故意伤害被绑架人，致人重伤、死亡的，处无期徒刑或者死刑，并处没收财产。其中的"杀害"应限于故意杀人既遂。[2] 行为人绑架他人后，故意实施侮辱、强奸等行为的，则应实行数罪并罚。

三、拐卖妇女、儿童罪

（一）拐卖妇女、儿童罪的概念和法益

拐卖妇女、儿童罪，是指以出卖为目的，拐骗、绑架、收买、贩卖、接送、中转妇女、儿童的行为。本罪是选择性罪名，可分解为拐卖妇女罪与拐卖儿童罪。

本罪的保护法益是被拐卖者在本来的生活状态下的身体安全与行动自由。在被拐卖人没有监护人的情况下，拐卖行为当然成立拐卖妇女、儿童罪；拐卖婴儿的行为，虽然没有侵犯其行动自由，但使婴儿脱离了本来的生活状态，侵害了其身体安全；父母拐卖未成年子女的行为，也侵害了子女在本来的生活状态下的身体安全与行动自由；即使经过监护人同意，但如果拐卖行为对被拐卖者的自由或身体安全造成侵害的，也成立拐卖妇女、儿童罪。

（二）拐卖妇女、儿童罪的犯罪构成

构成要件的行为内容是拐骗、绑架、收买、贩卖、接送、中转妇女、儿童。行为对象仅限

---

〔1〕 根据 2001 年 11 月 8 日发布的《最高人民法院关于对在绑架过程中以暴力、胁迫等手段当场劫取被害人财物的行为如何适用法律问题的答复》，行为人在绑架过程中，又以暴力、胁迫等手段当场劫取被害人财物，构成犯罪的，择一重罪处罚。但这一答复存在疑问，亦即，完全可能存在应当数罪并罚的情形。

〔2〕 绑架他人后，出于某种动机，故意对被绑架人实施杀害行为，但未能造成死亡结果的（绑架杀害未遂），可能存在许多方案：①绑架杀人未遂的，依然适用《刑法》第 239 条"杀害被绑架人的……处无期徒刑或者死刑"的规定，而且不适用刑法关于未遂犯从轻、减轻处罚的规定。②绑架杀人未遂的，依然适用《刑法》第 239 条"杀害被绑架人……处无期徒刑或者死刑"的规定，同时适用刑法关于未遂犯从轻、减轻处罚的规定。③绑架杀人未遂的，认定为普通绑架罪与故意杀人罪（未遂），实行数罪并罚。本书提倡第③种方案。

于妇女与儿童，既包括具有中国国籍的妇女与儿童，也包括具有外国国籍和无国籍的妇女与儿童。[1] 被拐卖的外国妇女、儿童没有身份证明的，不影响本罪的成立。妇女包括真两性畸形人和女性假两性畸形人。拐卖已满 14 周岁的男性公民的行为，不成立本罪，但可以视行为性质，按其他罪论处。拐骗，是指以欺骗、利诱等非方法将妇女、儿童拐走。绑架，是指使用暴力、胁迫或者麻醉方法劫持、控制妇女、儿童。贩卖，是指出卖妇女、儿童。收买，是指以金钱或其他财物买取妇女、儿童；作为"收买"对象的妇女、儿童并不要求必须是"被拐骗、绑架的妇女、儿童"，以出卖为目的，收买、贩卖外国妇女，从中牟取非法利益的，应以拐卖妇女罪追究刑事责任。接送，是指为拐卖妇女、儿童的罪犯接收、运送妇女、儿童。中转，是指为拐卖妇女、儿童的罪犯提供中途场所或机会。此外还包括偷盗婴儿的行为。只要实施上述其中一种行为的，就构成本罪。同时实施上述几种行为的，或者既拐卖妇女，又拐卖儿童的，只构成一罪，不实行数罪并罚。[2]

本罪的责任形式为故意，[3] 而且必须以出卖为目的。至于行为人实施拐卖妇女、儿童的行为后实际上是否获利，则不影响本罪的成立。行为人出于其他目的拐骗、绑架、收买、接送、中转妇女、儿童的，不构成本罪。

（三）拐卖妇女、儿童罪的认定

1. 注意划清拐卖妇女罪与借介绍婚姻索取财物的行为的界限。后者是指行为人借为男女双方做婚姻介绍人的机会，向其中一方或双方索取财物。这种行为是一般违法行为，不构成犯罪。其区别主要表现在：①前者对被害人实施了拐骗、出卖等行为；后者没有实施这种行为。②前者把妇女作为商品出卖，所获取的利润是被害妇女的"身价"；后者则是将一方介绍给另一方，索取"介绍费"。③前者通常是先拐骗妇女，再寻找买主，标价出卖，或者先找买主，再拐骗妇女；后者通常是受人之托，为他人物色婚姻对象，待婚事谈成后再索要财物。以介绍婚姻为名，采取非法扣押身份证件、限制人身自由等方式，或者利用妇女人地生疏、语言不通、孤立无援等境况，违背妇女意志，将其出卖给他人的，应当以拐卖妇女罪追究刑事责任。

2. 注意划清拐卖儿童罪与介绍收养索取财物的行为的界限。后者是指行为人借为他人介绍收养的机会，向收养一方索取财物。这种行为也是一般违法行为，不构成犯罪。它们的区别

---

[1] 关于出卖亲生子女或者所收养的子女的行为是否成立拐卖儿童罪的问题，在理论上存在争议。根据最高人民法院 1999 年 10 月 27 日印发的《全国法院维护农村稳定刑事审判工作座谈会纪要》的精神，对那些迫于生活困难、受重男轻女思想影响而出卖亲生子女或收养子女的，可不作为犯罪处理；对于出卖子女确属情节恶劣的，可按遗弃罪处罚。根据"两高"、公安部、民政部、司法部、中华全国妇女联合会 2000 年 3 月 20 日联合发布的《最高人民法院、最高人民检察院、公安部、民政部、司法部、全国妇联关于打击拐卖妇女儿童犯罪有关问题的通知》，以营利为目的，出卖不满 14 周岁子女，情节恶劣的，应以拐卖儿童罪论处。出卖 14 周岁以上女性亲属或者其他不满 14 周岁亲属的，以拐卖妇女、儿童罪论处。最高人民法院、最高人民检察院、公安部、司法部 2010 年 3 月 15 日发布的《关于依法惩治拐卖妇女儿童犯罪的意见》指出："以非法获利为目的，出卖亲生子女的，应当以拐卖妇女、儿童罪论处……①将生育作为非法获利手段，生育后即出卖子女的；②明知对方不具有抚养目的，或者根本不考虑对方是否具有抚养目的，为收取钱财将子女'送'给他人的；③为收取明显不属于'营养费'、'感谢费'的巨额钱财将子女'送'给他人的；④其他足以反映行为人具有非法获利目的的'送养'行为的。……对私自送养导致子女身心健康受到严重损害，或者具有其他恶劣情节，符合遗弃罪特征的，可以遗弃罪论处。"上述三个司法解释的内容虽然不完全一致，但基本精神相同。特别是后两个解释，均将营利、获利目的作为出卖亲生子女的行为构成拐卖妇女、儿童罪的主观要素。

[2] 存在争议的是，拐卖行为得到了妇女的具体承诺的，是否成立本罪？例如，甲征得妇女同意，将妇女带往某地使之成为乙的妻子，妇女也愿意成为乙的妻子。一种观点认为，即使甲从乙处收受了巨额财物或者从形式上看是将妇女作为商品而取得了对价，也不应认定为"拐卖"行为（当然，拐卖儿童的，即使征得儿童同意，也成立拐卖儿童罪）。另一种观点则认为，这种行为侵犯了妇女的人格尊严，应认定为拐卖妇女罪。

[3] 行为人误将已满 14 周岁的少女当作不满 14 周岁的男童，或者相反的，不影响本罪的成立。

主要是，①前者是拐骗、出卖儿童；后者是将儿童介绍给他人收养。②前者一般没有经过儿童家长的同意；后者都是经过儿童家长同意的。③前者将儿童作为商品出卖，所获的利润是被害儿童的"身价"；后者是将儿童介绍给他人收养，索取"介绍费"。此外，以抚养为目的偷盗婴幼儿或者拐骗儿童，之后予以出卖的，以拐卖儿童罪论处；医疗机构、社会福利机构等单位的工作人员以非法获利为目的，将所诊疗、护理、抚养的儿童出卖给他人的，以拐卖儿童罪论处。

3. 注意划清拐卖妇女罪与诈骗罪的界限。实践中常常出现以介绍妇女与人结婚为名诈取钱财的案件。例如，行为人将一妇女介绍与某人成婚，钱财到手后，行为人与该妇女双双逃走，使对方人财两空。这是行为人与妇女合谋所制造的骗局，如果诈骗数额较大，应以诈骗罪论处，不能认定为拐卖妇女罪。此外，有的行为人以介绍对象为名，将他人钱财骗到手后，即携款潜逃的，也只能认定为诈骗行为，不构成拐卖妇女罪。

4. 注意划清拐卖妇女、儿童罪与绑架罪的界限。拐卖妇女、儿童罪是指以满足出卖为目的绑架妇女、儿童的行为，故二者有相似之处。区别在于：①犯罪目的不同：前者以出卖为目的；后者以勒索财物或满足其他不法要求为目的。②犯罪对象不同：前者的对象仅限于妇女、儿童；后者的对象可以是任何人。

5. 注意区分主从犯。明知他人拐卖妇女、儿童，仍然向其提供被拐卖妇女、儿童的健康证明、出生证明或者其他帮助的，以拐卖妇女、儿童罪的共犯论处。[1] 明知他人系拐卖儿童的"人贩子"，仍然利用从事诊疗、福利救助等工作的便利或者了解被拐卖方情况的条件，居间介绍的，以拐卖儿童罪的共犯论处。对于拐卖妇女、儿童犯罪的共犯，应当根据各被告人在共同犯罪中的分工、地位、作用，参与拐卖的人数、次数，以及分赃数额等，准确区分主从犯。对于组织、领导、指挥拐卖妇女、儿童的某一个或者某几个犯罪环节，或者积极参与实施拐骗、绑架、收买、贩卖、接送、中转妇女、儿童等犯罪行为，起主要作用的，应当认定为主犯。对于仅提供被拐卖妇女、儿童信息或者相关证明文件，或者进行居间介绍，起辅助或者次要作用，没有获利或者获利较少的，一般可认定为从犯。对于各被告人在共同犯罪中的地位、作用区别不明显的，可以不区分主从犯。

6. 注意划清一罪与数罪的界限。拐卖妇女、儿童，又奸淫被拐卖的妇女、儿童，或者诱骗、强迫被拐卖的妇女、儿童卖淫的，以拐卖妇女、儿童罪处罚。拐卖妇女、儿童，又对被拐卖的妇女、儿童实施故意杀害、伤害、猥亵、侮辱等行为，构成其他犯罪的，依照数罪并罚的规定处罚。拐卖妇女、儿童或者收买被拐卖的妇女、儿童，又组织、教唆被拐卖、收买的妇女、儿童进行犯罪的，以拐卖妇女、儿童罪或者收买被拐卖的妇女、儿童罪与其所组织、教唆的罪数罪并罚。拐卖妇女、儿童或者收买被拐卖的妇女、儿童，又组织、教唆被拐卖、收买的未成年妇女、儿童进行盗窃、诈骗、抢夺、敲诈勒索等违反治安管理活动的，以拐卖妇女、儿童罪或者收买被拐卖的妇女、儿童罪与组织未成年人进行违反治安管理活动罪数罪并罚。

（四）拐卖妇女、儿童罪的处罚

根据《刑法》第 240 条的规定，犯拐卖妇女、儿童罪的，处 5 年以上 10 年以下有期徒刑，并处罚金。拐卖妇女、儿童有下列情形之一的，处 10 年以上有期徒刑或者无期徒刑，并处罚金或者没收财产；情节特别严重的，处死刑，并处没收财产：①拐卖妇女、儿童集团的首要分

---

[1] 认定是否"明知"，应当根据证人证言、犯罪嫌疑人、被告人及其同案人供述和辩解，结合提供帮助的人次，以及是否明显违反相关规章制度、工作流程等，予以综合判断。

子；②拐卖妇女、儿童3人以上的；③奸淫被拐卖的妇女的；[1] ④诱骗、强迫被拐卖的妇女卖淫或者将被拐卖的妇女卖给他人迫使其卖淫的；⑤以出卖为目的，使用暴力、胁迫或者麻醉方法绑架妇女、儿童的；⑥以出卖为目的，偷盗婴幼儿的；[2] ⑦造成被拐卖的妇女、儿童或者其亲属重伤、死亡或者其他严重后果的；[3] ⑧将妇女、儿童卖往境外的。

四、收买被拐卖的妇女、儿童罪

（一）收买被拐卖的妇女、儿童罪的概念和犯罪构成

收买被拐卖的妇女、儿童罪，是指故意收买被拐卖的妇女、儿童的行为。

构成要件行为内容为收买被拐卖的妇女、儿童的行为。①犯罪对象必须是被拐卖的妇女、儿童。《刑法》之所以这样规定，一方面是考虑到妇女、儿童需要特别保护；另一方面考虑到实践中一般都是收买妇女、儿童，这与拐卖妇女、儿童罪的对象是妇女、儿童也有密切联系。②必须有收买行为。所谓收买，是指行为人用金钱或者其他财物，作为被拐卖的妇女、儿童的身价，使妇女、儿童处于自己的支配之下。

本罪的责任形式为故意，行为人明知自己所收买的妇女、儿童是被他人拐卖的妇女、儿童，也明知自己的收买行为侵犯了妇女、儿童的人身权利，但行为人仍然决意收买。如果行为人主观上具有出卖目的而收买，则构成拐卖妇女、儿童罪。不仅如此，收买被拐卖的妇女、儿童后，产生出卖的意图并出卖妇女、儿童的，也以拐卖妇女、儿童罪论处。

根据相关司法解释的规定，[4] 明知是被拐卖的妇女、儿童而收买，具有下列情形之一的，以收买被拐卖的妇女、儿童罪论处；同时构成其他犯罪的，依照数罪并罚的规定处罚：①收买被拐卖的妇女后，违背被收买妇女的意愿，阻碍其返回原居住地的；②阻碍对被收买妇女、儿童进行解救的；③非法剥夺、限制被收买妇女、儿童的人身自由，情节严重，或者对被收买妇女、儿童有强奸、伤害、侮辱、虐待等行为的；④所收买的妇女、儿童被解救后又再次收买，或者收买多名被拐卖的妇女、儿童的；⑤组织、诱骗、强迫被收买的妇女、儿童从事乞讨、苦役，或者盗窃、传销、卖淫等违法犯罪活动的；⑥造成被收买妇女、儿童或者其亲属重伤、死亡以及其他严重后果的；⑦具有其他严重情节的。

（二）收买被拐卖的妇女、儿童罪的罪数

从司法实践上看，由于收买被拐卖的妇女、儿童的行为通常违背被害人的意志，被害人通常采取一定的抗拒措施，因而行为人收买被拐卖的妇女、儿童后，常常对被害人实行其他犯罪行为。例如，有的采取暴力、胁迫或者其他方法，违背妇女意志，强行与被害妇女发生性交；有的对收买回来的妇女、儿童进行伤害、非法剥夺人身自由；有的对被害人实行侮辱、虐待；等等。由于这些行为都是收买后的行为，分别符合强奸罪、故意伤害罪、非法拘禁罪、侮辱罪及其他犯罪的构成要件，加之这些行为也不可能包含在收买行为之中，因此应当将这些犯罪与

---

〔1〕以往司法实践的做法是，犯罪分子在拐卖过程中，与被害妇女（包括幼女）发生性关系的，都属于奸淫被拐卖的妇女；不论犯罪分子是否使用了暴力或者胁迫手段，也不论被害人是否有反抗行为或表示，都包括在内。但在本书看来，如果确属与被害妇女的通奸行为，则不应当包括在内。

〔2〕对婴幼儿采取欺骗、利诱等手段使其脱离监护人或者看护人的，视为"偷盗婴幼儿"。

〔3〕一般是指由于拐卖妇女、儿童的行为，直接或间接造成被拐卖的妇女、儿童或者其亲属重伤、死亡或者其他严重后果，如犯罪分子的虐待使被害人重伤或死亡；犯罪分子的拐卖行为或者侮辱、殴打等行为引起被害人或其亲属自杀、精神失常或者其他严重后果。这里不包括故意杀人或故意伤害，如果对被害人进行故意杀害、重伤，则应当将故意杀人罪、故意伤害罪与拐卖妇女、儿童罪实行并罚。

〔4〕2010年3月15日最高人民法院、最高人民检察院、公安部、司法部发布的《关于依法惩治拐卖妇女儿童犯罪的意见》。

收买被拐卖的妇女、儿童罪实行数罪并罚。

还有一个值得讨论的是罪数问题，即行为人为了收买被拐卖的妇女、儿童，而教唆或者帮助他人拐卖妇女、儿童，然后又收买了该被拐卖的妇女、儿童时，应当如何处理？首先应当肯定，这种行为完全符合拐卖妇女、儿童罪的构成要件。根据《刑法》关于共同犯罪的规定，教唆、帮助者与实行拐卖妇女、儿童的行为人，构成共犯。问题是，对这种行为是实行数罪并罚还是按一罪处理？本书主张实行数罪并罚。[1] ①教唆、帮助他人拐卖妇女、儿童的行为，与收买被拐卖的妇女、儿童的行为，无疑是两种不同性质的行为，应当进行不同的法律评价，而不能视为性质相同的两种行为方式。②教唆、帮助他人拐卖妇女、儿童的行为人出于何种动机，即无论行为人是否为了自己收买，都构成拐卖妇女、儿童罪。既然如此，它就不能包含收买被拐卖的妇女、儿童的行为，在认定行为人的行为构成拐卖妇女、儿童罪之后，还应当肯定收买被拐卖的妇女、儿童罪的成立。③教唆、帮助他人拐卖妇女、儿童行为与收买该他人拐卖的妇女、儿童行为之间，并不存在牵连关系。众所周知，牵连犯只有一个犯罪目的，而上述情况中的行为存在两种目的。就收买被拐卖的妇女、儿童而言，行为人无疑存在收买目的；这一收买目的又成为行为人教唆、帮助他人拐卖妇女、儿童的犯罪动机，即收买妇女、儿童的内心起因又激励行为人教唆、帮助他人拐卖妇女、儿童；行为人教唆、帮助他人拐卖妇女、儿童，就表明他主观上具有这一犯罪的故意，表明行为人与实行拐卖妇女、儿童的行为人形成共犯，在这种共同犯罪中，各共犯人又都有出卖妇女、儿童的目的。既然行为人主观上存在两种目的，就不应该将这两种行为认定为牵连犯。

（三）收买被拐卖的妇女、儿童罪的处罚

根据《刑法》第241条的规定，收买被拐卖的妇女、儿童的，处3年以下有期徒刑、拘役或者管制。同拐卖妇女、儿童的行为相比，收买被拐卖的妇女、儿童的行为的社会危害性要小得多，所以《刑法》规定了较低的法定刑。

根据《刑法修正案（九）》的修改，收买被拐卖的妇女、儿童，对被买儿童没有虐待行为，不阻碍对其进行解救的，可以从轻处罚；按照被买妇女的意愿，不阻碍其返回原居住地的，可以从轻或者减轻处罚。根据此规定，收买被拐妇女儿童的行为一律追究刑事责任，不能免除处罚，但又区分两种情况予以"从轻处罚""从轻或者减轻处罚"：①就"收买"儿童而言，由于儿童身心尚未发育成熟，在许多情况下不能产生返回原住地的愿望，故刑法规定的条件是没有虐待行为和不阻碍对其进行解救，这二者必须同时具备，才可以从轻处罚。②就收买已满14周岁的妇女而言，收买人必须不阻碍被买妇女根据自己的意愿返回原居住地。换言之，收买人收买妇女后，又同意、允许、不阻挡被买妇女返回原居住地。上述条款规定的"可以从轻或者减轻处罚"的范围仅限于收买被拐卖的妇女、儿童罪，不包括其他款项规定的犯罪。

五、聚众阻碍解救被收买的妇女、儿童罪

聚众阻碍解救被收买的妇女、儿童罪，是指首要分子聚集多人阻碍国家机关工作人员解救被收买的妇女、儿童的行为。根据《刑法》第242条的规定，犯本罪的首要分子，处5年以下有期徒刑或者拘役。

六、诬告陷害罪

（一）诬告陷害罪的概念与法益

诬告陷害罪，是指故意向公安、司法机关或有关国家机关告发捏造的犯罪事实，意图使他

---

〔1〕 另一种观点则认为应当按一重罪处理，因为两个行为之间具有原因与结果的牵连关系（参见林山田：《刑法通论》（上），三民书局1978年版，第405页）。

人受刑事追究，情节严重的行为。

关于诬告陷害罪的法益，刑法理论上存在不同观点。[1] 我国《刑法》将诬告陷害罪置于侵犯公民人身权利、民主权利罪一章中，这说明《刑法》规定本罪是为了保护公民的人身权利；《刑法》没有将本罪规定在《刑法》分则第六章第二节的"妨害司法罪"中，说明《刑法》规定本罪不是为了保护司法活动。因此，应当采取人身权利说，而不能采取司法作用说、择一说与并合说。[2] 据此，基于被害人承诺的诬告行为以及诬告虚无人的行为，不属于《刑法》所规定的诬告陷害行为，但是，向外国司法机关诬告中国公民的，则成立诬告陷害罪。

（二）诬告陷害罪的犯罪构成

1. 诬告陷害罪的构成要件。构成要件的内容为，向公安、司法机关或有关国家机关告发捏造的犯罪事实，足以引起司法机关的追究活动。

（1）行为对象为"他人"。第一，向司法机关虚告自己犯罪的，不成立诬告陷害罪。第二，所诬告的对象应当是实在的人，而不是虚无人。当然，不要求行为人指名道姓，只要告发的内容足以使司法机关确认具体对象，就可以成立诬告陷害罪。第三，诬告没有达到法定年龄或者没有责任能力的人犯罪，仍构成诬告陷害罪。虽然司法机关查明真相后不会对这些人科处刑罚，但将他们作为侦查的对象，使他们卷入刑事诉讼，就侵犯了其人身权利。第四，形式上诬告单位犯罪，但所捏造的事实导致可能对自然人进行刑事追诉的，也成立本罪。

（2）行为与结果的内容为，向公安、司法机关或有关国家机关告发捏造的（虚构的）犯罪事实，足以引起司法机关的追究活动。第一，实行行为的内容是，向有权行使刑事追究活动的公安、司法机关，或者向事实上能够对被诬陷人采取限制、剥夺人身自由等措施的机关告发捏造的犯罪事实（虚假告发）。[3] 如将所捏造的犯罪证据交付公安机关，向检察院口头"控告"他人犯罪。利用刑事案件的被害人、其他单位或个人诬告他人的，只有当被害人、其他单位或个人，向上述公安、司法等机关转达、移送告发资料、信息时，才是诬告陷害罪的着手。捏造犯罪事实，既包括凭空捏造犯罪事实，也包括在发生了犯罪事实的情况下捏造"犯罪人"，还包括将不构成犯罪的事实夸大为犯罪事实，以及将轻罪事实捏造为重罪事实予以告发，其共同点是违背客观真实捏造虚假犯罪事实。行为人虽然具有诬告陷害的故意，但所告发的事实偶然符合客观事实的，不成立诬告陷害罪。利用流传的虚假事实作虚假告发的，也成立本罪。例如，明知他人私下散布的是虚假的犯罪事实，但故意据此向司法机关告发的，构成诬告

---

〔1〕　人身权利说认为，即刑法规定诬告陷害罪是为了保护被诬陷人的人身权利（个人法益说）；据此，诬告陷害行为必须具有侵犯他人人身权利的性质，否则不成立该罪。司法（审判）作用说认为，刑法规定诬告陷害罪是为了保护国家的司法作用尤其是审判作用或司法机关的正常活动（国家法益说）；据此，即使诬告行为没有侵犯他人的人身权利，但只要妨害了客观公正的司法活动本身，就成立该罪。择一说认为，刑法规定诬告陷害罪既是为了保护公民的人身权利，也是为了保护司法作用；据此，只要诬告陷害行为具有其中一种性质，就成立该罪。并合说认为，只有既侵犯公民的人身权利，又侵害司法机关的正常活动的行为，才能成立诬告陷害罪。

〔2〕　或许有人认为，任何诬告陷害行为都必然侵犯司法活动，因为刑法规定本罪必然保护司法作用。但这只是客观事实（况且肯定会有例外），而不是法律规定。

〔3〕　人们可能认为，诬告陷害罪在客观上有两个行为，一个捏造事实，二是诬告陷害。其实，本罪只要求一个单一行为，即向公安、司法等机关作虚假告发。例如，甲事先在纸条上写着"某 A 于 2010 年 10 月 24 日盗窃某公司笔记本电脑一台"，装入信封后，递交给公安人员，该行为无疑属于诬告陷害（不考虑情节是否严重的要求）。乙事先并没有在纸条上写上这句话，却直接向公安人员说"某 A 于 2010 年 10 月 24 日盗窃某公司笔记本电脑一台"的，不可能被排除在诬告陷害之外（乙的诬告行为就包含了捏造事实的内容）。同样，丙在地上捡了一张写着"某 A 于 2010 年 10 月 24 日盗窃某公司笔记本电脑一台"的纸条，明知纸条的内容是虚假的，仍然将该纸条交给公安机关的，依然属于诬告陷害。显而易见，告发之前的"捏造事实"（打印他人"犯罪"资料，撰写"控告信"等行为）不是本罪的实行行为。

陷害罪。但是，虚假告发他人实施了违反《治安管理处罚法》的行为的，不成立诬告陷害罪。因为《刑法》明文要求行为人主观意图必须是"使他人受刑事追究"。第二，告发行为足以引起公安、司法机关刑事追究活动。这需要从告发方式与告发内容两个方面进行判断。虽然不要求告发的内容具有详细情节与证据，但仅向司法机关声称"某人是罪犯"，或者向110报警称"某地有人犯罪"的，并不成立诬告陷害罪。

（3）情节严重。一般来说，只要行为的告发方式与告发的虚假内容足以引起公安、司法等机关的刑事追究活动，就应认定为情节严重；不足以引起刑事追究活动的诬告，应视为情节轻微，不以犯罪论处。此外，告发财产犯罪时虚报犯罪数额的，只要因此而加重了对财产犯的处罚，就应当认定为情节严重。对方原本只是盗窃，但行为人捏造事实诬告对方犯抢劫罪的，应认定为诬告陷害情节严重。但是，乙犯轻罪，甲告发后司法机关不立案、不受理，甲诬告乙犯重罪，旨在使司法机关追究乙的轻罪的刑事责任的，不应认定为诬告陷害罪。

2. 诬告陷害罪的责任要素。

（1）本罪的责任形式为故意，行为人明知自己所告发的是虚假的犯罪事实，明知诬告陷害行为会发生侵犯他人人身权利的结果，并且希望或者放任这种结果的发生。[1] 由于不处罚过失诬告行为，所以，错告或检举失实的，不成立犯罪。虽然错告与检举失实在客观上也表现为向国家机关作不真实的告发，但行为人以为自己告发的是真实犯罪事实，没有陷害他人的故意。[2]

（2）必须具有使他人受到刑事追究的目的（意图）；但不要求将该目的作为其行为的唯一目的或者主要目的，只要行为人存在该目的即可。换言之，只要行为人意识到自己的诬告行为可能使他人受刑事追究（未必的认识），就足以认定行为人具有本罪的目的。"意图使他人受刑事追究"，不等同于意图使他人受刑罚处罚。行为人虽然明知自己的诬告行为不可能使他人受刑罚处罚，但明知自己的行为会使他人被刑事拘留、逮捕等，意图使他人成为犯罪嫌疑人而被立案侦查的，也应认定为"意图使他人受刑事追究"。

（三）诬告陷害罪的处罚

根据《刑法》第243条规定，犯诬告陷害罪的，处3年以下有期徒刑、拘役或者管制；造成严重后果的，处3年以上10年以下有期徒刑；国家机关工作人员犯本罪的，从重处罚。"造成严重后果"，主要是指诬告陷害行为已经引起了司法机关对被诬陷人的刑事追究活动。[3]

七、强迫劳动罪

强迫劳动罪，是指以暴力、威胁或者限制人身自由的方法强迫他人劳动，或者明知他人实施上述行为，为其招募、运送人员或者有其他协助强迫他人劳动的行为。行为主体既可以是用人单位（包括具有合法地位的单位，也包括不具有合法地位的单位），也可以是用人单位的直

---

〔1〕 由于侵害结果不能完全由行为人所左右，所以，即便行为人对于虚假的犯罪事实有确定的认识，也可能只是放任侵害结果发生。

〔2〕 需要研究的问题是，应否要求行为人认识到所告发的确实是虚假的犯罪事实？换言之，行为人认识到所告发的可能是虚假的犯罪事实时，是否成立诬告陷害罪？国外存在未必的认识说与确定的认识说之争。前者的理由是，刑法并没有将未必的认识排除在外。但本书认为，为了防止不当限制公民的告发权，应当要求行为人明知自己所告发的确实是虚假的犯罪事实（确定的认识说）。因此，当行为人估计某人实施了犯罪行为，认识到所告发的犯罪事实仅具有可能性时而予以告发的，不宜认定为本罪。要判明这一点，就必须查明行为人告发的背景、原因、告发的事实来源、告发人与被告人之间的关系等。

〔3〕 从立法论上讲，规定诬告反坐与对诬告陷害规定相对确定的法定刑，各有利弊。在刑法规定了相对确定法定刑的情况下，应利用间接正犯与想象竞合理论克服其缺陷。例如，如果诬告陷害行为导致他人被错判死刑的，应认定为诬告陷害罪与故意杀人罪（间接正犯）的想象竞合，从一重罪处罚。

接责任人员。根据《刑法》第244条的规定，犯强迫劳动罪的，处3年以下有期徒刑或者拘役，并处罚金；情节严重的，处3年以上10年以下有期徒刑，并处罚金。

八、雇用童工从事危重劳动罪

雇用童工从事危重劳动罪，是指违反劳动管理法规，雇用未满16周岁的未成年人从事超强度体力劳动的，或者从事高空、井下作业的，或者在爆炸性、易燃性、放射性、毒害性等危险环境下从事劳动，情节严重的行为。具有下列情形之一的，应认定为情节严重：①造成未满16周岁的未成年人伤亡或者对其身体健康造成严重危害的；②雇用未满16周岁的未成年人3人以上的；③以强迫、欺骗等手段雇用未满16周岁的未成年人从事危重劳动的；④其他情节严重的情形。非法雇用童工，符合本罪的构成要件，同时违反劳动管理法规，以限制人身自由的方法强迫其劳动，情节严重的，应当实行数罪并罚。非法雇用童工，造成事故，又构成其他犯罪的，依照数罪并罚的规定处罚。根据《刑法》第244条之一的规定，犯本罪的，情节严重的，对直接责任人员，处3年以下有期徒刑或者拘役，并处罚金；情节特别严重的，处3年以上7年以下有期徒刑，并处罚金。

九、非法搜查罪

非法搜查罪，是指无权搜查的人擅自非法对他人的身体或者住宅进行搜查的行为。搜查，是指搜寻或者检查，如搜索、查找、翻阅、挖掘、搜身、抄家等。搜查的范围，既包括他人的人身，也包括他人的住宅。对车辆、船只、飞机等的搜查是否构成本罪应具体分析，关键在于搜查车辆、船只、飞机的行为是否侵犯了公民的人身自由权利。如果得出肯定结论，则构成本罪。例如，有的渔民，以船为家，非法搜查其船只，实际上是非法搜查其住宅，应以非法搜查罪论处。搜查行为必须是非法的，即无权搜查的人擅自对他人的人身或住宅进行搜查，或者有权搜查的人，不经批准擅自对他人的人身或住宅进行搜查。公安、司法人员依法进行的作为侦查措施的搜查行为，阻却行为的违法性。非法搜查罪的责任形式为故意，动机与目的不影响本罪的成立。根据司法实践，具有下列情形之一的，应当追诉：①非法搜查他人身体、住宅，并实施殴打、侮辱等行为的；②非法搜查，情节严重，导致被搜查人或者其近亲属自杀、自残造成重伤、死亡，或者精神失常的；③非法搜查，造成财物严重损坏的；④非法搜查3人（户）或3次以上的；⑤司法工作人员对明知是与涉嫌犯罪无关的人身、住宅进行非法搜查的；⑥其他非法搜查应予追究刑事责任的情形。根据《刑法》第245条的规定，犯非法搜查罪的，处3年以下有期徒刑或者拘役；司法工作人员滥用职权犯本罪的，从重处罚。

十、非法侵入住宅罪

（一）非法侵入住宅罪的概念和法益

非法侵入住宅罪，是指非法强行闯入他人住宅，或者经要求退出仍拒绝退出，影响他人正常生活和居住安全的行为。

本罪的保护法益是个人利益中的居住平稳或者安宁（安宁说）。[1]①我国居民几代同堂的现象并不罕见。如果采取新住宅权说，可能面临着住宅成员对是否承诺他人进入看法不一致

---

〔1〕 关于本罪的法益，除了安宁说以外，还有其他几种学说：①占有权说认为，本罪的法益是个人利益中的占有权或与占有保护权相近似的权利。其中一种倾向是仅从占有要素考虑本罪的法益，另一种倾向是在考虑其他要素的同时，强调占有的要素。②住宅权说认为，本罪的法益是他人的住宅权。其中，旧住宅权说认为，住宅权的内容是居于家长地位的人对他人进入住宅的许诺权。新住宅权说认为，住宅权不是家长的许诺权，而是管理住宅的一种权利以及是否许可他人进入的自由权利（许诺权）。其中，有人重视住宅权中的意思活动的自由，有人重视住宅权中的决定的自由或主观的决定意思，有人重视住宅权中的处分意思，有人重视住宅权中的排除的权利，有人则正面肯定包含多种要素的住宅权。③综合说认为，本罪的法益是对自己的住宅的平稳利用、支配权。

时如何处理的难题。而采取安宁说，则不会产生这样的问题。②从整体上看，我国《刑法》处罚的范围较窄，如果采取新住宅权说，只要进入住宅的行为没有得到住宅成员的承诺就构成非法侵入住宅罪，明显会扩大处罚范围。③我国《刑法》第245条仅将住宅规定为侵入对象，而没有将其他建筑物作为对象。可是，其他建筑物一般也有人看守、管理，除公共场所外，进入建筑物的也应得到看守者的承诺。但是，没有得到他人承诺而侵入住宅以外的建筑物的，并不成立非法侵入住宅罪。显然，如果采取新住宅权说，则与《刑法》仅处罚非法侵入住宅的行为不协调。而采取安宁说，正好符合住宅的性能与国民对住宅安宁的愿望。④在我国，侵入住宅的行为违反了住宅内的数人的意思时，仅成立一罪，而非数罪。采取安宁说正好符合这一结论。而采取新住宅权说，则难以说明上述行为仅构成一罪。⑤《刑法》规定非法侵入住宅罪固然存在保护住宅权的一面，但是，保护住宅权并不是为了保护形式上的权限，而是为了保护存在于住宅权背后的利益——居住者生活的平稳与安宁。⑥从我国的司法现状来看，被认定为非法侵入住宅罪的行为，都是严重妨害了住宅成员的平稳与安宁的行为。对于单纯违反被害人意志侵入住宅的行为，都没有认定为犯罪。[1]

（二）非法侵入住宅罪的犯罪构成

1. 非法侵入住宅罪的构成要件。行为对象仅限于他人住宅。所谓"他人"，包括住宅所有权人、对住宅有居住或出入权利的人，以及暂住在某住处的人。[2] 所谓"住宅"，应从本质意义上理解，凡供人起居寝食之用的场所均为住宅，至于其结构、形式如何，则在所不问；供人居住的别墅、山洞、地窖，以及渔民生活在其中的船只等也不失为住宅；旅客在宾馆所住的房间属于住宅。[3] 无人居住的空房、仓库等，不应认为是住宅。所谓"侵入"，一般认为包括两种情况：①未经住宅主人允许，不顾主人的反对、阻挡，强行进入他人住宅；②进入住宅时主人并不反对，但主人要求其退出时拒不退出。[4] 根据安宁说，只要当侵入住宅的行为侵犯了住宅的平稳与安宁时，才能认定为犯罪。例如，以暴力、胁迫方法强行闯入他人住宅的，携带凶器侵入他人住宅的，以实施违法罪为目的侵入他人住宅的，多次侵入他人住宅的，将尸体抬入他人住宅的，侵入他人住宅并在其中居住的，深夜侵入他人卧室的，如此等等。

从司法实践来看，非法侵入他人住宅，常常与其他犯罪结合在一起。例如，非法侵入他人住宅后，进行盗窃、强奸、杀人等犯罪活动，在这种情况下，非法侵入他人住宅只是为了实现另一犯罪目的，也可以说是实施其他犯罪的必经步骤。因此，只应按照行为人旨在实施的主要罪行定罪量刑，不按数罪并罚处理。通常只是对那些非法侵入他人住宅，严重妨碍了他人的居住与生活安宁，而又不构成其他犯罪的行为，才单独以非法侵入住宅罪论处。

2. 非法侵入住宅罪的违法性。侵入住宅必须具有非法性，即不经住宅主人同意，又没有法律根据，或不依法定程序强行侵入。行为人采取胁迫或者欺骗方法使住宅主人同意的，该同意无效。公安、司法人员依法进入住宅从事搜查、进入住宅拘留或逮捕犯罪嫌疑人的，阻却本罪的违法性。

3. 非法侵入住宅罪的责任要素。本罪的责任形式只能是故意，由于某种原因误入他人住宅的，不构成本罪。行为人误以为他人入住的宾馆房间不是住宅，或者误以他人居住的别墅、

---

〔1〕　当然，随着社会的发展，不排除将来会采取新住宅权说。

〔2〕　甲将自己所有的房屋出租给乙居住时，相对于甲而言，该住宅就属于他人的住宅，甲不能非法侵入。

〔3〕　学生所住的集体宿舍是否属于住宅，还存在争议。本书主张认定为住宅。

〔4〕　国外与旧中国刑法在"侵入"之外明文规定了"不退去"的行为，但我国现行《刑法》并没有明文规定"不退去"行为，将"不退去"解释为"侵入"是否超出了文字可能具有的含义，还值得研究。

山洞、地窖、船只等不是住宅而侵入的，属于违法性的认识错误，只要具有违法性认识的可能性，不影响本罪的成立。

（三）非法侵入住宅罪的处罚

根据《刑法》第245条的规定，犯非法侵入住宅罪的，处3年以下有期徒刑或者拘役；司法工作人员滥用职权犯本罪的，从重处罚。

十一、刑讯逼供罪

（一）刑讯逼供罪的概念和犯罪构成

刑讯逼供罪，是指司法工作人员对犯罪嫌疑人、被告人使用肉刑或者变相肉刑，逼取口供的行为。本罪的保护法益是犯罪嫌疑人、被告人的人身不受侵犯的权利。

1. 构成要件内容为，司法工作人员对犯罪嫌疑人、被告人使用肉刑或者变相肉刑，逼取口供的行为。①行为主体是司法工作人员，即有侦查、检察、审判、监管职责的工作人员。企业事业单位的保卫干部，农村各级治保干部不能独立成为本罪主体。但受国家机关委托协助办理刑事案件的人员，可以成为本罪主体。②刑讯的对象是侦查过程中的犯罪嫌疑人和起诉、审判过程中的刑事被告人。犯罪嫌疑人、被告人的行为实际上是否构成犯罪，对本罪的成立没有影响。③行为内容是使用肉刑或者变相肉刑逼取口供。所谓肉刑，是指对被害人的肉体施行暴力，如吊打、捆绑、殴打以及其他折磨人的肉体的方法。所谓变相肉刑，是指对被害人使用非暴力的摧残和折磨，如冻、饿、烤、晒等。无论是使用肉刑还是变相肉刑，均可成立本罪。所谓逼供行为，即逼迫犯罪嫌疑人、被告人作出行为人所期待的口供。[1] 至于行为人是否得到供述，犯罪嫌疑人、被告人的供述是否符合事实，均不影响本罪成立。诱供、指供是错误的审讯方法，但不是刑讯逼供。

2. 责任形式为故意，并且具有逼取口供的目的。如果行为人对犯罪嫌疑人、被告人使用肉刑或者变相肉刑不是为了逼取口供，而是出于其他目的，则不构成本罪。犯罪动机不影响本罪成立。[2]

（二）刑讯逼供罪的认定

1. 刑讯逼供罪与非罪的界限。根据司法实践，具有下列情形之一的，应当追诉：①以殴打、捆绑、违法使用械具等恶劣手段逼取口供的；②以较长时间冻、饿、晒、烤等手段逼取口供，严重损害犯罪嫌疑人、被告人身体健康的；③刑讯逼供造成犯罪嫌疑人、被告人轻伤、重伤、死亡的；④刑讯逼供，情节严重，导致犯罪嫌疑人、被告人自杀、自残造成重伤、死亡，或者精神失常的；⑤刑讯逼供，造成冤、假、错案的；⑥刑讯逼供3人次以上的；⑦纵容、授意、指使、强迫他人刑讯逼供，具有上述情形之一的；⑧其他刑讯逼供应予追究刑事责任的情形。对轻微的逼供行为，不宜认定为犯罪。另外，根据法律规定与实际需要，对犯罪嫌疑人、被告人使用械具进行审问的，是合法行为，不能视为刑讯逼供。

2. 正确处理刑讯逼供罪与非法拘禁罪的关系。二者并非对立关系，一个行为同时触犯两个罪的，从一重罪处罚。司法工作人员非法对犯罪嫌疑人与被告人以外的人予以拘禁，逼取陈述的，非法对犯罪嫌疑人与被告人予以拘禁，而不逼取供述的，一般公民将他人非法拘禁后进行"审问"的，均只成立非法拘禁罪。

---

〔1〕 不限于有罪、罪重的口供，也包括无罪、轻罪的口供。
〔2〕 司法实践中有人主张，犯罪动机是"为公"的（如为了迅速结案），就不应以犯罪论处；犯罪动机是"为私"的（如为了挟嫌报复），才应以犯罪论处。本书认为，这种观点不妥当。不管是"为公"还是"为私"，刑讯逼供行为都侵犯了他人的人身权利，具有严重的法益侵害性。

3. 正确处理刑讯逼供罪与故意伤害罪、故意杀人罪的关系。《刑法》第 247 条明文规定：刑讯逼供"致人伤残、死亡的"，依照故意伤害罪、故意杀人罪定罪并从重处罚。首先，这里的"伤残"应理解为重伤或残废，对刑讯逼供造成轻伤的，可以在刑讯逼供罪的法定刑内从重处罚，勿需以故意伤害罪从重处罚。刑讯逼供致人死亡，是指由于暴力摧残或者其他虐待行为，致使被害人当场死亡或者经抢救无效死亡。刑讯逼供导致被害人自杀的，要根据具体情节分析认定，一般不宜认定为刑讯逼供致人死亡。其次，该规定属于法律拟制，即只要刑讯逼供致人伤残或者死亡，不管行为人对伤害或死亡具有何种心理状态（以具有预见可能性为前提），均应认定为故意伤害罪或故意杀人罪，[1] 并从重处罚。最后，司法工作人员先实施刑讯逼供行为构成犯罪，后产生杀人、伤害故意并杀害、伤害被害人的，应当以刑讯逼供罪和故意杀人罪、故意伤害罪实行数罪并罚。

（三）刑讯逼供罪的处罚

根据《刑法》第 247 条的规定，犯刑讯逼供罪的，处 3 年以下有期徒刑或者拘役。

十二、暴力取证罪

暴力取证罪，是指司法工作人员使用暴力逼取证人证言的行为。本罪的保护法益是证人的人身不受侵犯的权利。本罪的行为主体只限于司法工作人员。暴力，是指对证人使用有形力的一切方法，暴力的程度没有限定。行为对象是证人。[2] 逼取证人证言，是指强迫证人作出特定内容的证言。本罪的责任形式为故意，以逼取证人证言为目的。根据司法实践，具有下列情形之一的，应当追诉：①以殴打、捆绑、违法使用械具等恶劣手段逼取证人证言的；②暴力取证造成证人轻伤、重伤、死亡的；③暴力取证，情节严重，导致证人自杀、自残造成重伤、死亡，或者精神失常的；④暴力取证，造成冤、假、错案的；⑤暴力取证 3 人次以上的；⑥纵容、授意、指使、强迫他人暴力取证，具有上述情形之一的；⑦其他暴力取证应予追究刑事责任的情形。根据《刑法》第 247 条的规定，犯暴力取证罪的，处 3 年以下有期徒刑或者拘役。致人伤残的，定故意伤害罪，从重处罚；致人死亡的，定故意杀人罪，从重处罚。

十三、虐待被监管人罪

（一）虐待被监管人罪的概念和犯罪构成

虐待被监管人罪，是指监狱、拘留所、看守所等监管机构的监管人员，对被监管人进行殴打或者体罚虐待，或者指使被监管人殴打或体罚虐待其他被监管人，情节严重的行为。本罪的保护法益是被监管人员的人身不受侵犯的权利。

---

〔1〕　一种观点认为，《刑法》第 247 条所规定的"致人伤残、死亡的，依照本法第 234 条、第 232 条的规定定罪从重处罚"属于注意规定，即只有当司法工作人员在刑讯逼供时产生了杀人故意进而实施杀人行为的，才能认定为故意杀人罪。然而，其一，既然司法工作人员的行为是"逼供"，就不会有杀人故意。换言之，杀人故意与逼供目的是完全冲突的。其二，在刑讯逼供过程中产生杀人故意进而实施杀人行为的，应当实行数罪并罚，没有理由仅认定为一个故意杀人罪。显然，这种观点实际上将数罪拟制为一罪，但缺乏合理根据。

〔2〕　但对这里的"证人"宜作广义理解：被害人、鉴定人属于本罪中的证人；不具有作证资格的人，不知道案件真相的人，也可能成为本罪中的证人；此外，民事诉讼、行政诉讼中的证人，也能成为本罪中的证人。

行为主体是监狱、拘留所、看守所等监管机构的监管人员。[1] 行为对象为被监管人，包括在监狱、拘留所等劳改场所服刑的已决犯，在看守所羁押的犯罪嫌疑人与被告人，在拘留所等场所被行政拘留、刑事拘留、民事拘留的人员，以及被强制戒毒人员。构成要件行为内容为，直接对被监管人进行殴打或体罚虐待，或者指使被监管人殴打或体罚虐待其他被监管人的行为。殴打，是指造成被监管人肉体上暂时痛苦的行为。体罚虐待，是指殴打以外的对被监管人实行折磨、摧残的行为。这里的殴打、体罚虐待不要求具有一贯性，一次性殴打、体罚虐待情节严重的，就足以构成犯罪。行为人直接实施殴打、体罚虐待行为，或者利用被监管人实施殴打、体罚虐待行为的，均可成立本罪。此外，成立本罪还要求情节严重。但是，在犯人可能有逃跑、暴行或其他危险性行为的时候，经批准使用械具的，以及依法对犯人给予禁闭处罚的，属于合法行为，阻却本罪的违法性。本罪的责任形式为故意。

（二）虐待被监管人罪的认定

根据《刑法》第248条第1款的规定，监狱、拘留所、看守所等监管机构的监管人员对被监管人进行殴打或者体罚虐待，情节严重的，才成立犯罪。但是，《刑法》第248条第2款规定："监管人员指使被监管人殴打或者体罚虐待其他被监管人的，依照前款的规定处罚。"[2] 第2款没有明文要求"情节严重"，那么，监管人员指使被监管人殴打或者体罚虐待其他被监管人，因而构成犯罪的，是否需要"情节严重"？本书持肯定回答。因为第248条第1款属于基本规定，而第2款属于注意规定。注意规定的适用，以行为完全符合基本规定为前提，所以，监管人员实施《刑法》第248条第2款的行为，只有情节严重的，才能认定为犯罪。不过，对第2款行为是否情节严重的判断，既要考虑监管人员的"指使"行为是否情节严重，也要考虑被指使者的殴打、体罚虐待行为是否情节严重。因为在这种情况下，无论监管人员与被指使者是否构成共犯，监管人员不仅要对自己直接实施的行为与结果承担责任，而且应当对被指使者的行为与结果承担责任。[3]

根据司法实践，具有下列情形之一的，属于情节严重，应当追诉：①以殴打、捆绑、违法使用械具等恶劣手段虐待被监管人的；②以较长时间冻、饿、晒、烤等手段虐待被监管人，严重损害其身体健康的；③虐待造成被监管人轻伤、重伤、死亡的；④虐待被监管人，情节严重，导致被监管人自杀、自残造成重伤、死亡，或者精神失常的；⑤殴打或者体罚虐待3人次以上的；⑥指使被监管人殴打、体罚虐待其他被监管人，具有上述情形之一的；⑦其他情节严重的情形。

---

[1] 留置场所的工作人员也应包括在内。2015年2月15日发布的《最高人民检察院关于强制隔离戒毒所工作人员能否成为虐待被监管人罪主体问题的批复》指出，强制隔离戒毒所是对符合特定条件的吸毒成瘾人员限制人身自由，进行强制隔离戒毒的监管机构，其履行监管职责的工作人员属于监管人员。实践中存在检察院、法院的司法警察在押解被监管人的途中或者在提讯时、法院休庭时殴打或体罚虐待被监管人的现象，对此如何处理还值得研究。本书认为，虽然检察院、法院不是监管机构，在此意义上说，检察院、法院的司法警察不是监管机构的监管人员，但是，检察院与法院在押解途中、提讯或者开庭审理期间，实际上在行使监管机构的权力，可谓特定期间的监管机构；其司法警察在特定期间代为行使监管机构的监管人员的监管职责，因而能够成为本罪主体。基于同样的理由，在对嫌疑人拘留后送至看守所之前，负责看管的司法工作人员对其进行虐待的，也应以本罪论处。

[2] 即使没有此款的规定，对监管人员指使被监管人殴打或者体罚虐待其他被监管人的行为，也应以虐待被监管人罪论处，故本款属于注意规定。

[3] 对于监管人员指使实施殴打、体罚虐待的被监管人（被指使者），应当如何处理？如果指使行为达到了一定强度，可以评价为对被指使者形成了物理上或者精神上的强制，则对被指使者不应以犯罪论处。如果指使行为没有达到上述强度，被指使者的行为构成犯罪的，监管人员仍然是本罪的正犯，被指使者成立本罪的共犯。

（三）虐待被监管人的处罚

根据《刑法》第248条的规定，犯虐待被监管人罪的，处3年以下有期徒刑或者拘役；情节特别严重的，处3年以上10年以下有期徒刑；致人伤残、死亡的，依照《刑法》第234条、第232条关于故意伤害罪、故意杀人罪的规定定罪从重处罚，这属于法律拟制。

十四、打击报复会计、统计人员罪

打击报复会计、统计人员罪，是指公司、企业、事业单位、机关、团体的领导人，对依法履行职责、抵制违反会计法、统计法行为的会计、统计人员实行打击报复，情节恶劣的行为。本罪的打击报复行为，应是基于行为主体的职权所实施的行为。对会计、统计人员实施杀害、伤害行为的，成立故意杀人罪、故意伤害罪。根据《刑法》第255条的规定，犯本罪的，处3年以下有期徒刑或者拘役。

十五、暴力干涉婚姻自由罪

（一）暴力干涉婚姻自由罪的概念与犯罪构成

暴力干涉婚姻自由罪，是指以暴力干涉他人结婚或离婚自由的行为。本罪的法益是婚姻自由和人身自由。婚姻自由包括结婚自由与离婚自由。[1]

1. 构成要件的内容为，以暴力干涉他人婚姻自由。首先，要求行为人实施暴力行为，即实施捆绑、殴打、禁闭、抢掠等对人行使有形力的行为。仅有干涉行为而没有实施暴力的，不构成本罪；仅以暴力相威胁进行干涉的，也不构成本罪；暴力极为轻微的（如打一耳光），不能视为本罪的暴力行为。其次，暴力行为只是干涉他人婚姻自由的手段，易言之，必须有干涉他人婚姻自由的行为。干涉婚姻自由主要表现为强制他人与某人结婚或者离婚，禁止他人与某人结婚或者离婚，这里的"某人"包括行为人与第三者。暴力行为不是干涉婚姻自由的手段，或者干涉婚姻自由而没有使用暴力的，均不构成本罪。[2]

2. 责任形式为故意，行为人明知自己暴力干涉婚姻自由的行为会发生侵害他人婚姻自由与人身自由的结果，并且希望或者放任这种结果发生。犯罪的动机不影响本罪的成立。

（二）暴力干涉婚姻自由罪的认定

1. 没有使用暴力或使用极为轻微的暴力干涉他人婚姻自由的，属于一般违反《婚姻法》的行为，不能认定为暴力干涉婚姻自由罪。反之，以故意杀人、故意重伤、非法拘禁等方法干涉他人婚姻自由的，宜认定为想象竞合，从一重罪处罚。长期以暴力干涉婚姻自由，只要其中一次属于故意杀人或故意伤害行为，就构成暴力干涉婚姻自由罪与故意杀人罪或故意伤害罪，实行数罪并罚。

2. 丈夫因不同意妻子与自己离婚而对妻子实施暴力的，不排除本罪的成立。但考虑到夫妻之间的特定关系，应当特别慎重认定。

3. 对抢婚案件应具体分析，区别处理。某些少数民族地区的抢婚习俗，是结婚的一种方式，不能以本罪论处。因向女方求婚遭到拒绝，而纠集多人使用暴力将女方劫持或绑架于自己家中，强迫女方与自己结婚的，应以本罪论处；如符合非法拘禁罪的犯罪构成，则属于想象竞合犯，从一重罪处罚。因向女方求婚遭到拒绝，为造成既成事实，而纠集多人使用暴力将女方劫持或拘禁于自己家中，强行与之性交的，成立想象竞合，应按强奸罪的法定刑处罚。女方与

---

〔1〕　强迫同性结婚的，当然构成暴力干涉婚姻自由罪。但以暴力手段阻止同性婚姻的行为是否成立本罪，还需要研究。

〔2〕　暴力干涉他人恋爱的行为，是否成立本罪，需要具体分析。对于暴力干涉他人以结婚为目的（结局）的恋爱，应按本罪论处。

男方已办理结婚登记手续，而后由于种种原因女方不愿与男方同居，男方使用暴力将女方抢到自己家中甚至强行同居的，一般不宜以犯罪论处。

（三）暴力干涉婚姻自由罪的处罚

依照《刑法》第257条的规定，暴力干涉婚姻自由罪的处罚分为两种情况：其一，犯暴力干涉婚姻自由罪的，处2年以下有期徒刑或者拘役，但只有被害人告诉的才处理。其二，犯暴力干涉婚姻自由罪致使被害人死亡的，处2年以上7年以下有期徒刑，并且不适用告诉才处理的规定。"致使被害人死亡"是指在实施暴力干涉婚姻自由行为的过程中过失导致被害人死亡，[1] 以及因暴力干涉婚姻自由而直接引起被害人自杀身亡。其中的"被害人"应限于受到暴力干涉的被害人，而不包括其他人。例如，父亲甲以暴力干涉儿子乙与丙女结婚事宜（未对丙女实施暴力），丙女因此自杀的，对甲不应适用"致使被害人死亡"的规定。

十六、虐待罪

（一）虐待罪的概念与犯罪构成

虐待罪，是指以打骂、冻饿、强迫过度劳动、有病不予治疗、限制自由、凌辱人格等手段，对共同生活的家庭成员从肉体上和精神上进行摧残、折磨，情节恶劣的行为。本罪的保护法益是家庭成员的人身自由与身心健康不受侵犯的权利。[2]

1. 构成要件的内容为，对家庭成员进行肉体上与精神上的摧残、折磨，情节严重。①行为主体必须是共同生活的同一家庭成员，即虐待人与被虐待人之间存在一定的亲属关系或收养关系。如丈夫虐待妻子、父母虐待子女、子女虐待父母、媳妇虐待公婆等。一般来说，虐待者都是在经济上或亲属关系上占优势地位的人，但这只是案件事实而不是法律要求。实践中存在雇主虐待家庭雇员（如保姆）情节恶劣但又不构成伤害罪的案件，如果能够将雇员评价为事实上的家庭成员的，可以本罪论处。②实施虐待行为。虐待行为的内容必须表现为进行肉体上的摧残与精神上的折磨，包括使被害人产生肉体上或者精神上痛苦的一切行为。前者如殴打、冻饿、强迫过度劳动、有病不予治疗等；后者如侮辱、咒骂、讽刺、不让参加社会活动等。两种虐待手段既可能同时使用，也可能单独使用或交替使用。虐待行为的方式既可能有作为，也可能有不作为，还可能同时包含了作为与不作为。但是，单纯的不作为难以成立虐待罪。换言之，单纯的有病不予治疗、不提供饮食等行为，构成遗弃罪。③必须达到情节恶劣的程度。采取殴打、冻饿、强迫过度劳动、限制人身自由、恐吓、侮辱、谩骂等手段，对家庭成员的身体和精神进行摧残、折磨，是实践中较为多发的虐待性质的家庭暴力。情节是否恶劣，要从虐待的手段、持续的时间、对象、结果等方面进行综合评价。根据司法实践，具有虐待持续时间较长、次数较多；虐待手段残忍；虐待造成被害人轻微伤或者患较严重疾病；对未成年人、老年人、残疾人、孕妇、哺乳期妇女、重病患者实施较为严重的虐待行为等情形，属于虐待"情节恶劣"，应当依法以虐待罪定罪处罚。

2. 责任形式为故意，行为人明知自己的虐待行为侵害了被害人的人身权利，并且希望或者放任这种结果发生。

（二）虐待罪的认定

虐待罪主观上表现为有意识地对被害人进行肉体上与精神上的摧残、折磨，因此，由于教

---

〔1〕 但如果行为构成故意伤害（致死）罪的，则不应适用本规定，而应按故意伤害（致死）罪处罚。

〔2〕 虐待罪与伤害罪既有相似之处，也有区别。有的国家刑法将虐待行为规定在伤害罪中（但不以造成伤害结果为前提）。在我国，伤害罪仅限于对身体本身造成伤害，而不包括对精神的伤害。虐待罪的成立不以造成身体伤害为前提，造成精神伤害的，即成立虐待罪。

育方法简单粗暴或者因为家庭纠纷而动辄轻微打骂的行为，一般不应以虐待罪论处。基于同样的理由，行为人故意造成被害人伤害或死亡的，应认定为构成故意伤害罪或故意杀人罪。对此，应根据被告人所实施的暴力手段与方式、是否立即或者直接造成被害人伤亡后果以及被告人的主观故意内容等进行综合判断。对于长期或者多次实施虐待行为，逐渐造成被害人身体损害，进而导致被害人重伤或者死亡，但行为人对重伤与死亡结果仅有过失的，不能认定为故意伤害罪与故意杀人罪。但是，这并不意味着只有一次行为致人伤亡的，才能认定为故意伤害罪与故意伤害罪。行为人的虐待行为虽然呈现出经常性、持续性、反复性的特点，但其手段表现为持凶器实施暴力，暴力手段残忍、暴力程度较强，直接或者立即造成被害人重伤或者死亡的，应当以故意伤害罪或者故意杀人罪论处。[1] 此外，在情节恶劣的经常性虐待过程中，其中一次产生伤害或杀人故意，进而实施伤害或杀人行为的，则构成虐待罪与故意伤害罪或故意杀人罪，实行数罪并罚。但是，行为人在长期虐待的过程中同时实施伤害行为，最终导致被害人重伤或者死亡，却不能证明重伤或者死亡由伤害行为引起的，只能认定为虐待罪。[2] 以禁闭方式虐待被害人的，属于本罪与非法拘禁罪的想象竞合，从一重罪处罚。虐待行为同时构成其他犯罪的，应当从一重罪处罚。

（三）虐待罪的处罚

依照《刑法》第 260 条的规定，虐待罪的处罚分为两种情况：其一，虐待家庭成员，情节恶劣的，处 2 年以下有期徒刑、拘役或者管制。犯本款罪，告诉的才处理，但被害人没有能力告诉，或者因受到强制、威吓无法告诉的除外。[3] 其二，犯虐待罪致使被害人重伤、死亡的，处 2 年以上 7 年以下有期徒刑，并且不适用告诉才处理的规定。所谓致使被害人重伤、死亡，是指由于被害人经常受虐待逐渐造成身体的严重损伤或导致死亡，或者由于被害人不堪忍受虐待而自杀、自伤，造成死亡或重伤。

十七、虐待被监护、看护人罪

虐待被监护、看护人罪，是指对未成年人、老年人、患病的人、残疾人等负有监护、看护职责的人虐待被监护、看护的人，情节恶劣的行为。

本罪的行为对象仅限于未成年人、老年人、患病的人、残疾人等没有独立生活能力或者独立生活能力低下的人。行为主体是对上述人员负有监护、看护职责的人，包括自然人与单位。至于哪些人负有监护、看护职责，应当根据不作为义务的来源进行判断。例如，养老院、孤儿院、幼儿园等单位的相关工作人员，对于老年人、孤儿、儿童等具有监护、看护职责；被雇请看护未成年人、老年人、患病的人、残疾人的人员，能够成为本罪主体。虐待行为既包括以积极的方式给被害人造成肉体上或者精神上痛苦的一切行为，也包括以消极的方式不满足未成年

---

〔1〕 2015 年 3 月 2 日最高人民法院、最高人民检察院、公安部、司法部发布的《关于依法办理家庭暴力犯罪案件的意见》指出："准确区分虐待犯罪致人重伤、死亡与故意伤害、故意杀人犯罪致人重伤、死亡的界限，要根据被告人的主观故意、所实施的暴力手段与方式、是否立即或者直接造成被害人伤亡后果等进行综合判断。对于被告人主观上不具有侵害被害人健康或者剥夺被害人生命的故意，而是出于追求被害人肉体和精神上的痛苦，长期或者多次实施虐待行为，逐渐造成被害人身体损害，过失导致被害人重伤或者死亡的；或者因虐待致使被害人不堪忍受而自残、自杀，导致重伤或者死亡的，属于刑法第 260 条第 2 款规定的虐待'致使被害人重伤、死亡'，应当以虐待罪定罪处罚。对于被告人虽然实施家庭暴力呈现出经常性、持续性、反复性的特点，但其主观上具有希望或者放任被害人重伤或者死亡的故意，持凶器实施暴力，暴力手段残忍，暴力程度较强，直接或者立即造成被害人重伤或者死亡的，应当以故意伤害罪或者故意杀人罪定罪处罚。"

〔2〕 在被害人身上有刀杀、钝器伤等伤害结果时，能够认定该结果由伤害行为引起。

〔3〕 被虐待的未成年人，因年幼无法行使告诉权利的，属于《刑法》第 260 条第 3 款规定的"被害人没有能力告诉"的情形，应当按照公诉案件处理，由检察机关提起公诉，并可以依法提出适用禁止令的建议。

人、老年人、患病的人、残疾人生活需要的行为。本罪的责任形式为故意。

根据《刑法》第260条之一的规定，实施本罪行为同时构成其他犯罪的，依照处罚较重的规定定罪处罚。特别要说明的是，本罪与虐待罪存在交叉关系，但不是法条竞合关系，而是想象竞合。换言之，当行为人不仅对未成年人、老年人、患病的人、残疾人等负有监护、看护职责，而且与被虐待的被监护、看护的人属于家庭成员时，行为同时触犯了本罪与虐待罪，成立想象竞合。[1] 由于本罪的法定刑高于虐待罪，故应按本罪的法定刑处罚。

根据《刑法》第260条之一的规定，犯本罪的，处3年以下有期徒刑或者拘役。单位犯本罪的，对单位判处罚金，并对其直接负责的主管人员和其他直接责任人员，依照上述规定处罚。

十八、拐骗儿童罪

（一）拐骗儿童罪的概念与保护法益

拐骗儿童罪，是指采用蒙骗、利诱或其他方法，使不满14周岁的未成年人脱离家庭或者监护人的行为。

本罪的保护法益是未成年人的人身自由与身体安全，而非监护权。因此，监护人可以成为本罪主体。一方面，虽然未成年人的同意不影响本罪的成立，但是，未成年人的反对则是应当考虑的事实，故不能完全按照监护人的意志决定本罪的成立范围。换言之，行为人征得监护人的同意但违反未成年人的意志使未成年人离开家庭的行为，侵害了未成年人的人身自由与身体安全时，也应以本罪论处。另一方面，监护权应当是为了未成年人的利益而行使，滥用监护权的行为不可能成为排除犯罪的理由。既然如此，就不能在未成年人保护之外认可监护权的独立意义。

（二）拐骗儿童罪的犯罪构成

本罪的行为对象是不满14周岁的未成年人。行为内容为拐骗不满14周岁的儿童脱离家庭或者监护人；拐骗行为既可以针对未成年人实施，也可以针对未成年人的家长或监护人实施；拐骗的手段主要表现为蒙骗、利诱，将儿童偷走、抢走的行为也成立本罪。[2] 从收买者、拐骗者、拐卖者处拐骗儿童的，也成立本罪。[3] 拐骗行为征得未成年人同意的，不影响本罪的成立。本罪的责任形式为故意，行为人必须明知是不满14周岁的未成年人而拐骗，不要求有特定目的。客观上拐骗了儿童，且主观上具有故意，但不能证明行为人目的的，应认定为拐骗儿童罪。以出卖为目的拐骗儿童的，成立拐卖儿童罪；以勒索财物或者满足其他不法要求为目的，以暴力、胁迫等手段控制儿童作为人质的，成立绑架罪。拐骗儿童后产生出卖或勒索目的，进而出卖儿童或者以暴力、胁迫等手段对儿童进行实力支配以勒索钱财的，应另认定为拐卖儿童罪或绑架罪，与拐骗儿童罪实行并罚。拐骗行为本身导致儿童伤亡的，按想象竞合处理。

（三）拐骗儿童罪的处罚

依照《刑法》第262条的规定，犯拐骗儿童罪的，处5年以下有期徒刑或者拘役。

---

〔1〕 如果仅评价为一罪，则既不能全面评价行为的不法内容，也未能发挥想象竞合的明示机能。

〔2〕 联系《刑法》第240条考虑，"拐"并不限于欺骗、利诱等平和方法，而是包括暴力、胁迫等强制方法。所以，不能按字典含义理解刑法用语。

〔3〕 但是，拒不将他人寄养的儿童交给他人的，以及解救被拐卖的儿童后自己抚养的，不宜认定为本罪。此外，怀孕妇女自愿接受堕胎手术后，误以为胎儿不能存活而离开医院，医务人员发现胎儿能够存活进而自己或者交付第三者抚养的，不应认定为拐骗儿童罪。

十九、组织残疾人、儿童乞讨罪

组织残疾人、儿童乞讨罪，是指以暴力、胁迫手段组织残疾人或者不满 14 周岁的未成年人乞讨的行为。行为主体没有特别限制，父母、监护人也能成为本罪的行为主体。行为手段仅限于最广义的暴力与广义的胁迫；以利诱、欺骗等手段组织他人乞讨的，不成立本罪；以暴力、胁迫手段组织已满 14 周岁的没有残疾的人乞讨的，不成立本罪，但可能成立强迫劳动罪。[1] "组织"，是指行为人让残疾人或者不满 14 周岁的未成年人在自己的支配下从事乞讨活动。被组织者不必达到 3 人以上。本罪的责任形式为故意，即明知是残疾人或者不满 14 周岁的人而以暴力、胁迫手段组织乞讨。是否出于牟利目的，以及客观上是否牟利，不影响本罪的成立。根据《刑法》第 262 条之一的规定，犯本罪的，处 3 年以下有期徒刑或者拘役，并处罚金；情节严重的，处 3 年以上 7 年以下有期徒刑，并处罚金。暴力行为、胁迫手段另构成其他犯罪的，视具体案情从一重罪处罚或者实行数罪并罚。

二十、组织未成年人进行违反治安管理活动罪

本罪是指组织未成年人进行盗窃、诈骗、抢夺、敲诈勒索等违反治安管理活动的行为。

关于本罪的认定，需要注意以下几个方面的协调关系：①法条表述为"违反治安管理活动"，显然意味着不要求未成年人的行为符合刑法所规定的犯罪构成。如果认为，本条之所以规定为"违反治安管理活动"，是因为未成年人不具有刑法上的责任年龄与责任能力，其行为不可能构成犯罪，因此，即使未成年人客观上盗窃、诈骗、抢夺、敲诈勒索的财物数额较大或者巨大，只要没有达到法定年龄，就必须将组织者的行为认定为本罪，那么，就导致处罚的不协调。换言之，行为人组织未成年人进行盗窃、诈骗、抢夺、敲诈勒索等犯罪活动的，必然同时触犯盗窃、诈骗、抢夺、敲诈勒索等罪，要么是相关犯罪集团的首要分子，要么是相关犯罪的教唆犯或者间接正犯。从总体来说，盗窃、诈骗、抢夺、敲诈勒索等罪的法定刑重于本罪的法定刑。既然如此，就不能对同时触犯盗窃、诈骗、抢夺、敲诈勒索等罪的组织者，仅按本罪处罚。②法条表述为"违反治安管理活动"，只是不要求未成年人的行为符合刑法所规定的犯罪构成，而不是说未成年人的行为不得符合刑法所规定的犯罪构成。这是因为，既然组织未成年人进行盗窃、诈骗、抢夺、敲诈勒索等违反治安管理活动的行为，能够成立本罪，那么，即使未成年人盗窃、诈骗、抢夺、敲诈勒索的财物数额较大，也完全符合违反治安管理活动的条件。所以，当行为人组织未成年人进行盗窃、诈骗、抢夺、敲诈勒索等活动，未成年人的盗窃、诈骗、抢夺、敲诈勒索的财物数额较大或者巨大时，组织者的行为就属于一个行为同时触犯两个罪名的想象竞合犯。例如，当行为人甲组织未成年人盗窃，盗窃数额较大时，如果按盗窃罪处罚，只能适用"3 年以下有期徒刑、拘役或者管制，并处或者单处罚金"的法定刑；如果认定甲的行为属于《刑法》第 262 条之二规定的情节严重的情形，则应依照想象竞合犯的原理，按本罪处罚。③不排除组织未成年人进行盗窃、诈骗、抢夺、敲诈勒索等活动的行为，既触犯盗窃、诈骗、抢夺、敲诈勒索等罪，也触犯本罪，并且应当数罪并罚的情形。例如，行为人既组织未成人进行盗窃、诈骗、抢夺、敲诈勒索等违反治安管理活动，又组织未成年人进行盗窃、诈骗、抢夺、敲诈勒索等犯罪活动的，应当实行数罪并罚。

根据《刑法》第 262 条之二的规定，犯本罪的，处 3 年以下有期徒刑或者拘役，并处罚金；情节严重的，处 3 年以上 7 年以下有期徒刑，并处罚金。

---

〔1〕 以暴力、胁迫手段组织残疾人或者不满 14 周岁的未成年人乞讨的行为，同时符合强迫劳动罪的犯罪构成的，属于想象竞合，应从一重罪处罚。

第五节　侵犯名誉、信息的犯罪

一、侮辱罪

（一）侮辱罪的概念与法益

侮辱罪，是指使用暴力或者其他方法，公然败坏他人名誉，情节严重的行为。

本罪的保护法益是他人的名誉。名誉有三种含义：一是外部的名誉（社会的名誉），指社会对人的价值评判；二是内部的名誉，指客观存在的人的内部价值；三是主观的名誉（名誉感情），本人对自己所具有的价值意识、感情。作为侮辱罪与后述诽谤罪法益的名誉应限于外部的名誉，外部名誉又可以区分为本来应有的评价（规范的名誉）与现实通用的评价（事实的名誉）。本罪属于抽象的危险犯。

（二）侮辱罪的犯罪构成

1. 侮辱罪的构成要件。侮辱罪的构成要件内容为，使用暴力或者其他方法，公然败坏他人名誉，情节严重。

（1）必须有侮辱行为。侮辱，是指对他人予以轻蔑的价值判断的表示，所表示的内容通常与他人的能力、德性、身份、身体状况等相关。即使行为人所表示的内容是公知的事实，但只要该内容是毁损他人名誉的事实，就属于侮辱。例如，即使周围的人都知道某人是卖淫女，行为人公然辱骂其为"婊子"的，也属于侮辱。侮辱方式可以分为四种：一是暴力侮辱。这里的暴力不是指杀人、伤害、殴打，而是指使用强力败坏他人的名誉，如使用强力逼迫他人做难堪的动作；强行将粪便塞入他人口中等。二是非暴力的动作侮辱。例如：与人握手后，随即取出纸巾擦拭，作嫌恶状[1]。三是言词侮辱，表现为使用言词对被害人进行戏弄、诋毁、谩骂。四是文字或图画侮辱，即书写、张贴、传阅有损他人名誉的大字报、小字报、漫画、标语等。

（2）侮辱行为必须公然进行。所谓"公然"侮辱，是指采用不特定或者多数人可能知悉的方式对他人进行侮辱。不特定人，是指对方不是由特定关系所限定的人，例如，在马路上、街道里谩骂他人的，属于公然侮辱。"多数人"并无确定的数量要求，需要结合行为的时间、场所以及对方与被害人的关系等进行判断。例如，在住宅内向一家四口侮辱他人的，一般不具有公然性。但是，在被害人工作单位向3位同事侮辱被害人的，则具有公然性。侮辱行为不要求发生在公共场所；公然也不要求被害人在场。但是，如果仅仅面对着被害人进行侮辱，没有第三者在场，也不可能被第三者知悉，则不构成侮辱罪。另一方面，只要不特定的人或者多数人可能知悉，即使现实上没有知悉，也不影响本罪的成立。利用电子邮件、网络侮辱他人的，也成立本罪。[2]利用新闻记者、媒体传播的，或者多次向特定少数人侮辱他人的，则属于公然侮辱，成立本罪。

（3）侮辱对象必须是特定的人。特定的人既可以是一人，也可以是数人，[3]但必须是具体的，可以确认的。即使是恶人或者徒有虚名的人，也能成为侮辱的对象。但是，对于公然揭

---

[1]　林东茂：《刑法综览》，中国人民大学出版社2009年版，第268页。

[2]　传播性理论认为，行为人直接面对特定的少数人实施行为，但此特定少数人可能进行传播，进而能够使不特定人或者多数人认识行为内容时，侮辱结果具有公然性，应认定为侮辱罪。本书不赞成传播性理论。刑法所要求的是侮辱行为的公然性，而不是结果的公然性；传播性理论导致由听者是否传播决定行为人的行为是否构成犯罪，缺乏合理性；导致侮辱罪的危险更为抽象，与本罪的性质不相符合；导致私下议论也可能触犯刑法，殊有不当。

[3]　由于名誉是个人专属法益，一句话辱骂特定数人的，属于同种的想象竞合。

露有损社会公众人物名誉的事实的，不应轻易认定为本罪。在大庭广众之中进行无特定对象的谩骂，不构成侮辱罪。死者不能成为本罪的侮辱对象，但如果表面上侮辱死者，实际上是侮辱死者家属的，则应认定为侮辱罪。法人也不能成为本罪对象，但如果表面上侮辱法人，实际上是侮辱法定代表人等自然人的，则应认定为侮辱罪。

（4）情节严重。情节严重主要是指以下情形：手段恶劣的，如当众将粪便塞入他人口中等；侮辱行为造成严重后果的，如被害人不堪侮辱自杀的，因受侮辱导致精神失常的；多次实施侮辱行为的；等等。

2. 侮辱罪的违法性。散布有损他人名誉的真实事实，客观上保护了公共利益的，阻却违法性。例如，当众揭露候选人的真实的不道德行为的，不成立侮辱罪。这种情形阻却违法性的具体条件：①所散布的事实与公共利益有关，是公众进行民主自治等应当知道的事实。②散布行为有利于保护公共利益，这需要根据行为的时间、地点等判断。③所散布的事实是真实的，而不是虚假的（否则可能成立诽谤罪）。行为人误将虚伪事实当作真实事实散布的，属于事实认识错误，不成立侮辱罪与诽谤罪。

3. 侮辱罪的责任要素。侮辱罪的责任形式为故意，行为人明知自己的侮辱行为会造成败坏他人名誉的结果，并且希望或者放任这种结果的发生。

（二）侮辱罪与强制猥亵、侮辱罪的关系

侮辱罪的法益是他人的名誉，强制猥亵、侮辱罪的法益是他人的性的不可侵犯权。但是，强制猥亵、侮辱他人的行为，一般同时也会侵犯他人的名誉。所以，侮辱罪与强制猥亵、侮辱罪，不是对立关系。换言之，公然对他人实施的强制猥亵、侮辱行为，虽然损坏了他人的名誉，触犯了侮辱罪，但由于侵害了更为重要的法益，应按强制猥亵、侮辱罪处罚。

需要讨论的是，出于报复等心理对他人实施猥亵行为，侵犯其性的不可侵犯权行为应当如何定罪？例如，甲出于报复动机当众或者在非公共场所强行脱掉乙的衣裤的行为，应当如何处理？对他人的性的不可侵犯权的侵犯，一般也是对他人名誉的侵犯，但性的不可侵犯权的法益性质重于名誉，于是《刑法》对侵犯他人性的不可侵犯权的行为作了特别规定。因此，凡是使用暴力、胁迫等强制手段侵犯他人性的不可侵犯权的行为，均触犯了强制猥亵、侮辱罪。易言之，除强奸罪之外，对于侵犯他人性的不可侵犯权的行为，应认定为《刑法》第237条规定的强制猥亵、侮辱罪。据此，不管出于什么动机与目的，不管在什么场所，强行剥光他人衣裤的行为，都构成强制猥亵、侮辱罪。如果将上述甲的行为认定为侮辱罪，则存在疑问。与单纯侵犯名誉的侮辱罪相比，甲的行为更为严重地侵害了乙的性的自主决定权，仅以侮辱罪论处导致评价不全面，也不符合罪刑相适应原则。

（三）侮辱罪的处罚

根据《刑法》第246条的规定，犯侮辱罪的，处3年以下有期徒刑、拘役、管制或者剥夺政治权利。犯本罪的，告诉的才处理。

二、诽谤罪

（一）诽谤罪的概念与犯罪构成

诽谤罪，是指散布捏造的事实，足以败坏他人名誉，情节严重的行为。

1. 构成要件的内容为，散布捏造的事实，足以败坏他人名誉。捏造，是指无中生有、凭空制造虚假事实。所捏造的事实，是有损对他人的社会评价的、具有某种程度的具体内容的事实。由于捏造事实，容易使人误信，因而对他人名誉的损害程度比侮辱更为严重。如果行为人散布的是有损他人名誉的真实事实，则不构成诽谤罪。单纯的捏造并非本罪的实行行为。将捏造的事实予以散布，才是诽谤的实行行为。换言之，不应当将《刑法》第246条第1款规定的

"捏造事实诽谤他人"，理解为先捏造事实、后诽谤他人（或散布事实），而应解释为"利用捏造的事实诽谤他人"或者"以捏造的事实诽谤他人"。据此，明知是损害他人名誉的虚假事实而散布的，也属于诽谤。[1] 例如，行为人故意将他人捏造的虚假事实由"网下"转载至"网上"的，或者从不知名网站转发至知名网站的，或者从他人的封闭空间（如加密的 QQ 空间）窃取虚假信息后发布到互联网的，以及其他以捏造的事实诽谤他人的，都属于诽谤。2013 年 9 月 6 日发布的《最高人民法院、最高人民检察院关于办理利用信息网络实施诽谤等刑事案件适用法律若干问题的解释》（以下简称《诽谤案件解释》）也指出：具有下列情形之一的，应当认定为"捏造事实诽谤他人"：①捏造损害他人名誉的事实，在信息网络上散布，或者组织、指使人员在信息网络上散布的；②将信息网络上涉及他人的原始信息内容篡改为损害他人名誉的事实，在信息网络上散布，或者组织、指使人员在信息网络上散布的；③明知是捏造的损害他人名誉的事实，在信息网络上散布，情节恶劣的。诽谤的行为对象应是特定的人。特定的人既可以是一人，也可以是数人。诽谤时虽未具体指明被害人的姓名，但能推知具体被害人的，仍构成诽谤罪。成立本罪还要求情节严重，如手段恶劣、内容恶毒、后果严重等。

2. 责任形式为故意，行为人明知自己散布的是足以损害他人名誉的虚假事实，明知自己的行为会发生损害他人名誉的结果，并且希望或者放任这种结果的发生。行为人将虚假事实误认为是真实事实加以扩散，或者将某种虚假事实进行扩散但无损害他人名誉的故意的，不构成诽谤罪。

（二）诽谤罪的认定

《宪法》第 35 条规定："中华人民共和国公民有言论、出版、集会、结社、游行、示威的自由。"发表言论是人民管理国家事务，管理经济和文化事业，以及管理社会事务的最常见、最有效方式；宪法规定言论自由就是为了实现人民对公共事务的管理。参与公共事务的管理与对公众人物的批评密切联系。"公众人物是指那些'深入参与重要的公共问题之解决过程的人，或由于其名望而在广受关注的事件中有影响的人'"[2]。由于对公众人物的看法与评论基本上直接属于对公共事务的看法与评论，而这种看法与评论是宪法规定言论自由的主要目的，所以，对公众人物的看法与评论可以阻却行为的违法性。首先，对公众人物的批评具有值得宪法保护的重大社会价值。因此，即使对公众人物的批评可能在事实与评价方面均存在不当，经过法益衡量，也能阻却行为的违法性。这是因为，言论自由不仅是发言者的权利，而且也是听众的权利；不仅是个人的权利，而且是宪政的基础；不仅具有社会的效用，而且是政治权力正当化的源泉。所以，言论自由具有优越的地位，远远高于公众人物的名誉权。另一方面，一个人愿意成为公众人物时，就意味着其在一定限度内放弃了法律对自己名誉权的保护。其次，公众人物掌握了许多公共资源，容易消除公民的错误陈述对其造成的不利影响。换言之，在公众人物容易利用公共平台回应不实言论的情况下，针对公众人物的不实言论所造成的不利影响就能够迅速减少乃至消除。既然如此，就没有必要通过追究法律责任的方式禁止针对公众人物的不实言论。最后，一般人都会意识到对公众人物的批评可能存在不实言论或者错误表述。既然如此，公众人物的名誉就不会受到明显的贬损；即使针对公众人物的不实言论或者错误表述可能使公众人物的名誉受到了一定影响，也不可能达到值得科处刑罚的程度。此外，公民不可能在提出批评之前查明公众人物的所有言行，也不能期待公民在彻底查清事实之后再

---

〔1〕　参见张明楷："网络诽谤的争议问题探究"，载《中国法学》2015 年第 3 期。

〔2〕　[美] 阿兰·艾德斯、克里斯托弗·N. 梅：《美国宪法个人权利案例与解析》，项焱译，商务印书馆 2014 年版，第 401 页。

发表言论。概言之，只有当行为人针对公众人物陈述的虚假事实没有任何根据，全部内容均为捏造，而且陈述虚假事实的唯一目的是毁损公众人物的名誉，没有任何其他正当目的时，才能认定为诽谤罪。

根据《刑法》第246条第1款的规定，诽谤行为情节严重的，才成立犯罪。《诽谤案件解释》第2条规定了四项情节严重的情形："①同一诽谤信息实际被点击、浏览次数达到5000次以上，或者被转发次数达到500次以上的；②造成被害人或者其近亲属精神失常、自残、自杀等严重后果的；③二年内曾因诽谤受过行政处罚，又诽谤他人的；④其他情节严重的情形。"[1]

诽谤罪与侮辱罪都属于侵犯名誉的犯罪，都是抽象的危险犯。但是，诽谤罪的方法只能是口头或文字的，不可能是暴力的、动作的；侮辱罪的方法既可以是口头、文字的，也可以是暴力的、动作的。诽谤罪必须有散布损害他人名誉的虚假事实的行为；侮辱罪既可以不用具体事实，也可以用真实事实损害他人名誉。例如，被害妇女并无婚外性行为的事实，但行为人捏造并散布被害妇女有婚外性行为的事实，情节严重的，构成诽谤罪。如果被害妇女有婚外性行为，行为人为了损害其名誉，散布这种婚外性行为的事实，情节严重的，成立侮辱罪。所散布的事实不足以使人信以为真的，不是诽谤，但可能属于侮辱。例如，说某人长着"猪脑袋"的，骂一家数人均为妓女所生的，属于侮辱行为。

诽谤罪与诬告陷害罪的共同点是捏造事实，而且诽谤罪也可能捏造犯罪事实，但前者是对名誉的犯罪，后者是对人身自由的犯罪。前者是向没有限定的他人散布虚假事实败坏他人名誉，后者是向公安、司法等机关告发虚假的犯罪事实。所以，向一般人散布所捏造的犯罪事实的，只成立诽谤罪。

(三) 诽谤罪的处罚

根据《刑法》第246条的规定，犯诽谤罪的，处3年以下有期徒刑、拘役、管制或者剥夺政治权利。

《刑法》第246条第2、3款规定，犯侮辱、诽谤罪，"告诉的才处理，但是严重危害社会秩序和国家利益的除外"；"通过信息网络实施第1款规定的行为，被害人向人民法院告诉，但提供证据确有困难的，人民法院可以要求公安机关提供协助。"

所谓"告诉的才处理"，是指被害人告诉才处理，如因受强制、威吓无法告诉的，人民检察院和被害人的近亲属也可以告诉。《刑法》之所以将侮辱罪、诽谤罪规定为告诉才处理的犯罪，主要是因为侮辱、诽谤行为大都发生在邻居、同事之间，在多数场合可以通过调解方式解决。此外，被害人可能不愿意让更多的人知道自己受侮辱、诽谤的事实，如果违反被害人的意

---

〔1〕 其中的第①项规定引起了学界的争议，有的人认为，该规定会导致一个人是否构成犯罪并不完全由犯罪人自己的行为来决定；有的人认为，该规定导致处罚范围过于扩大。其实，在网络活动中，他人的点击、浏览、转发都是一种相当自然、正常的行为，不具有异常性。所以，散布行为与被害人名誉毁损的结果之间的因果关系不可能被中断，结果必须归属于散布行为。此外，在网络诽谤的场合，即使事实上只有少数人点击、浏览、转发诽谤内容，但客观上则是多数人随时可能点击、浏览、转发诽谤内容，因此被害人的名誉总是面临被毁损的危险。即使行为人删除了相关信息，但诽谤信息仍然可能继续传播。例如，行为人在微信上散布捏造的事实后，通常会被多人转发；即使行为人撤回或者删除了所散布的诽谤言论，他人还可能继续转发。即便所有的诽谤信息均被删除，但浏览过诽谤信息的人依然会相信诽谤信息是真实的。所以，网络诽谤的特点，决定了其本身就是值得处罚的情节严重的行为。不仅如此，在信息网络上发表诽谤言论的行为，实际上属于持续犯，应认定为情节严重。可以肯定的是，当行为人在信息网络上发表诽谤他人的言论时，其行为就已经既遂。但是，只要信息网络上的诽谤言论没有被删除，其"捏造事实诽谤他人"的实行行为就没有终了，仍然处于持续状态。即使认为这种行为属于状态犯，但只要诽谤内容仍然存在于信息网络上，其对被害人的名誉毁损所具有的抽象危险，就会在一定时间内持续增加，应当认定为情节严重。在本书看来，《诽谤案件解释》并没有扩大诽谤罪的处罚范围，相反可能缩小了诽谤罪的处罚范围。

志提起诉讼，会产生相反的效果。通过信息网络实施侮辱罪、诽谤罪，被害人向人民法院告诉，但提供证据确有困难的，人民法院可以要求公安机关提供协助。

根据《诽谤案件解释》第 3 条的规定，利用信息网络诽谤他人，具有下列情形之一的，应当认定为"严重危害社会秩序和国家利益"：①引发群体性事件的；②引发公共秩序混乱的；③引发民族、宗教冲突的；④诽谤多人，造成恶劣社会影响的；⑤损害国家形象，严重危害国家利益的；⑥造成恶劣国际影响的；⑦其他严重危害社会秩序和国家利益的情形。需要说明的是，这一规定也可以适用于以其他方式实施侮辱、诽谤行为的情形。此外，侮辱、诽谤情节严重，引起了被害人自杀身亡或者精神失常等后果，被害人丧失自诉能力的，应归入"严重危害社会秩序"的情形。至于对地方机关工作人员的侮辱、诽谤，则应排除在"严重危害社会秩序和国家利益"的情形之外。

三、煽动民族仇恨、民族歧视罪

煽动民族仇恨、民族歧视罪，是指向不特定人或多数人鼓动民族仇恨、民族歧视，情节严重的行为。煽动民族仇恨，是指向不特定人或多数人煽动汉族与少数民族之间的仇恨、此少数民族与彼少数民族之间的仇恨。煽动民族歧视，是指向不特定人或多数人宣扬、鼓动对某一民族予以歧视。只要实施煽动行为情节严重的，便成立本罪。根据《刑法》第 249 条的规定，犯本罪的，处 3 年以下有期徒刑、拘役、管制或者剥夺政治权利；情节特别严重的，处 3 年以上 10 年以下有期徒刑。

四、出版歧视、侮辱少数民族作品罪

出版歧视、侮辱少数民族作品罪，是指在出版物中刊载歧视、侮辱少数民族的内容，情节恶劣，造成严重后果的行为。成立本罪不要求某一出版物完全是歧视、侮辱少数民族的内容；只要出版物中具有歧视、侮辱少数民族的部分内容，情节恶劣并造成严重后果的，就成立本罪。本罪的责任形式为故意。根据《刑法》第 250 条的规定，犯本罪的，处 3 年以下有期徒刑、拘役或者管制。

五、侵犯公民个人信息罪

（一）侵犯公民个人信息罪的概念与法益

侵犯公民个人信息罪，是指违反国家有关规定，向他人出售或者提供公民个人信息，或者将在履行职责或者提供服务过程中获得的公民个人信息，出售或者提供给他人，以及窃取或者以其他方法非法获取公民个人信息，情节严重的行为。

本罪的保护法益是公民的信息权。公民的信息权包括三个方面的内容：一是公民个人信息不被不正当收集、采集的权利；二是公民个人信息不被扩散的权利；三是公民个人信息不被滥用的权利。本罪是侵犯个人法益的犯罪，而不是侵犯公共法益的犯罪。

（二）侵犯公民个人信息罪的犯罪构成

1. 侵犯公民个人信息罪的构成要件。

（1）行为对象是公民个人信息。根据 2017 年 5 月 8 日发布的《最高人民法院、最高人民检察院关于办理侵犯公民个人信息刑事案件适用法律若干问题的解释》（以下简称《侵犯信息案件解释》）第 1 条的规定，公民个人信息，是指以电子或者其他方式记录的能够单独或者与其他信息结合识别特定自然人身份或者反映特定自然人活动情况的各种信息，包括姓名、身份

证件号码、通信通讯联系方式、住址、账号密码、财产状况、行踪轨迹等。[1]

(2) 构成要件行为包括三种类型：第一种类型是，违反国家有关规定，向他人出售或者提供公民个人信息。"出售"也属于"提供"，因为出售是一种常见类型，故法条将其独立规定。提供的方式没有限定，凡是使他人可以知悉公民个人信息的行为，均属于提供。根据《侵犯信息案件解释》的规定，向特定人提供公民个人信息，以及通过信息网络或者其他途径发布公民个人信息的，应当认定为"提供公民个人信息"。第二种类型是，违反国家有关规定，将在履行职责或者提供服务过程中获得的公民个人信息，出售或者提供给他人。"在履行职责或者提供服务过程中获得的公民个人信息"，包括作为主体的单位以及自然人在履行职责或者提供服务过程中正当、正常获得的公民个人信息。例如，银行工作人员在工作中获得的储户个人信息，宾馆工作人员在工作中获得的旅客个人信息，网络、电信服务商在提供网络、电信服务过程中获得的公民个人信息，如此等等。根据《侵犯信息案件解释》的规定，未经被收集者同意，将合法收集的公民个人信息向他人提供的，属于"提供公民个人信息"，但是经过处理无法识别特定个人且不能复原的除外。第三种类型是，窃取或者以其他方法非法获取公民个人信息。"窃取"也是"非法获取"的一种方式，只是由于窃取的方式较为常见，故法条将其独立规定。凡是非法获得公民个人信息的行为，均属于"以其他方法非法获取"，如购得、骗取、夺取、交换等。根据《侵犯信息案件解释》的规定，违反国家有关规定，通过购买、收受、交换等方式获取公民个人信息，或者在履行职责、提供服务过程中收集公民个人信息的，属于"以其他方法非法获取公民个人信息"。此外，行为人采取冒充司法工作人员等方法，欺骗国家机关或者金融、电信、交通、教育、医疗等单位的工作人员，使后者提供公民个人信息的，属于第三种类型的犯罪。

(3) 上述三种类型的行为，均要求情节严重。根据《侵犯信息案件解释》的规定，非法获取、出售或者提供公民个人信息，具有下列情形之一的，应当认定为"情节严重"：①出售或者提供行踪轨迹信息，被他人用于犯罪的；②知道或者应当知道他人利用公民个人信息实施犯罪，向其出售或者提供的；③非法获取、出售或者提供行踪轨迹信息、通信内容、征信信息、财产信息50条以上的；[2]④非法获取、出售或者提供住宿信息、通信记录、健康生理信息、交易信息等其他可能影响人身、财产安全的公民个人信息500条以上的；⑤非法获取、出售或者提供第3项、第4项规定以外的公民个人信息5000条以上的；⑥数量未达到第3项至第5项规定标准，但是按相应比例合计达到有关数量标准的；⑦违法所得5000元以上的；⑧将在履行职责或者提供服务过程中获得的公民个人信息出售或者提供给他人，数量或者数额达到第3项至第7项规定标准一半以上的；⑨曾因侵犯公民个人信息受过刑事处罚或者2年内受过行政处罚，又非法获取、出售或者提供公民个人信息的；⑩其他情节严重的情形。[3]

---

〔1〕 2016年11月7日全国人大常委会审议通过的《网络安全法》第76条第5项规定："个人信息，是指以电子或者其他方式记录的能够单独或者与其他信息结合识别自然人个人身份的各种信息，包括但不限于自然人的姓名、出生日期、身份证件号码、个人生物识别信息、住址、电话号码等。"

〔2〕 如何认定行踪轨迹的信息条数，是值得研究的问题。比如，一位大学老师，早晨从家里到学校办公室（1），在办公室工作一小时（2），然后去了教学楼（3），上了三节课（4），然后去了教工餐厅吃饭（5），回到了办公室（6）。如果行为人向他人提供了这个行踪轨迹，是认定提供了1条还是认定提供了6条？本书主张认定为6条，而不是1条。另外，不能要求行踪轨迹很具体，大体的行踪轨迹也包括在内。如行为人提供的信息是某人三个月内都在北京的，当然属于行踪轨迹。

〔3〕 非法获取公民个人信息后又出售或者提供的，公民个人信息的条数不重复计算。向不同单位或者个人分别出售、提供同一公民个人信息的，公民个人信息的条数累计计算。对批量公民个人信息的条数，根据查获的数量直接认定，但是有证据证明信息不真实或者重复的除外。

为合法经营活动而非法购买、收受上述第 3、4 项以外的公民个人信息，具有下列情形之一的，应当认定为"情节严重"：①利用非法购买、收受的公民个人信息获利 5 万元以上的；②曾因侵犯公民个人信息受过刑事处罚或者 2 年内受过行政处罚，又非法购买、收受公民个人信息的；③其他情节严重的情形。

2. 侵犯公民个人信息罪的违法性。上述前两种行为类型均以违反国家规定为前提，后一种行为类型要求非法获取。这一规定的实质是提示违法阻却事由。例如，向司法机关提供公民个人信息以便查处犯罪的，就属于违法阻却事由。根据《侵犯信息案件解释》的规定，违反法律、行政法规、部门规章有关公民个人信息保护的规定的，应当认定为《刑法》第 253 条之一规定的"违反国家有关规定"。

3. 侵犯公民个人信息罪的责任要素。本罪的责任形式为故意，特定目的与动机不是本罪的责任要素。需要说明的是，"窃取或者以其他方法非法获取"，既包括为了使本人获得而窃取或非法获取，也包括为了使第三者获得而窃取或者非法获取。

（三）侵犯公民个人信息罪的处罚

根据《刑法》第 253 条之一的规定，犯本罪的，处 3 年以下有期徒刑或者拘役，并处或者单处罚金；[1] 情节特别严重的，[2] 处 3 年以上 7 年以下有期徒刑，并处罚金。[3] 单位犯本罪的，对单位判处罚金，并对其直接负责的主管人员和其他直接责任人员，依照上述规定处罚。非法获取公民个人信息后，又出售或者提供给他人的，视情节分别认定为情节严重或者情节特别严重，不必实行数罪并罚。

第六节　侵犯民主权利的犯罪

一、非法剥夺公民宗教信仰自由罪

本罪是指国家机关工作人员非法剥夺公民宗教信仰自由，情节严重的行为。本罪的法益是公民的宗教信仰自由权利。宗教信仰自由包括，信仰宗教的自由与不信仰宗教的自由，信仰这种宗教的自由和信仰那种宗教的自由，进行正当的宗教活动的自由，等等。

构成要件包括以下要素：①主体必须是国家机关工作人员。因为国家机关工作人员是国家方针政策的执行者，他们滥用职权非法剥夺公民宗教信仰自由，就会直接妨害国家宗教政策的落实，其法益侵害性才能达到犯罪程度。非国家机关工作人员也可能实施剥夺公民宗教信仰自由的行为，但法益侵害性没有达到上述程度，不能以本罪论处。②行为内容为剥夺公民宗教信仰自由。例如，采取暴力、胁迫或其他手段，制止他人加入宗教团体，或者强迫他人退出宗教团体；或者强迫不信教的人信教；或者强迫他人信仰这种宗教，而不准信仰那一种宗教；或者破坏他人的宗教信仰活动；或者对信仰宗教的人或不信仰宗教的人进行打击迫害，等等。③剥夺公民宗教信仰自由的行为必须具有非法性。制止封建迷信活动，取缔反动会道门，打击邪教活动的，不成立犯罪。④情节严重。如采取暴力等强制手段非法剥夺他人宗教信仰自由，非法

---

〔1〕　实施侵犯公民个人信息罪，不属于"情节特别严重"，行为人系初犯，全部退赃，并确有悔罪表现的，可以认定为情节轻微，不起诉或者免予刑事处罚；确有必要判处刑罚的，应当从宽处罚。

〔2〕　根据《侵犯信息案件解释》的规定，具有下列情形之一的，应当认定为"情节特别严重"：①造成被害人死亡、重伤、精神失常或者被绑架等严重后果的；②造成重大经济损失或者恶劣社会影响的；③数量或者数额达到情节严重的数额标准 10 倍以上的；④其他情节特别严重的情形。

〔3〕　对于侵犯公民个人信息罪，应当综合考虑犯罪的危害程度、犯罪的违法所得数额以及被告人的前科情况、认罪悔罪态度等，依法判处罚金。罚金数额一般在违法所得的 1 倍以上 5 倍以下。

封闭或捣毁宗教场所设施，造成严重后果等。本罪的责任形式为故意，行为人明知自己的行为会发生非法剥夺他人宗教信仰自由的结果，并且希望或者放任这种结果发生。

根据《刑法》第251条的规定，犯本罪的，处2年以下有期徒刑或者拘役。

二、侵犯少数民族风俗习惯罪

本罪是指国家机关工作人员以强制手段非法干涉、破坏少数民族的风俗习惯，情节严重的行为。本罪的法益是少数民族保持与改革本民族风俗习惯的权利。

构成要件的内容为，国家机关工作人员以强制手段非法干涉、破坏少数民族风俗习惯。干涉、破坏的形式表现为使用暴力、胁迫、利用权势、运用行政措施等。从内容上看，主要表现为强迫少数民族公民改变自己的风俗习惯，干涉或破坏少数民族根据自己的风俗习惯进行的正当活动。例如，强制回族群众食用猪肉，禁止少数民族过自己的节日等。需要注意三个问题：①侵犯少数民族风俗习惯的客观行为，必须具有强制性。以宣传教育的方法，劝说少数民族自愿放弃、改革落后风俗习惯的，不构成本罪。②所侵犯的必须是少数民族（汉族以外的民族）的风俗习惯；这种风俗习惯必须是在长期的生产、生活过程中形成的、具有群众基础的风俗习惯。因此，侵犯汉族风俗习惯，或者干涉少数民族的个别人并非基于风俗习惯所进行的活动的，不构成本罪。③侵犯少数民族风俗习惯的行为，必须具有非法性，即对少数民族风俗习惯的干涉不具有合法根据。成立本罪还要求情节严重。手段恶劣，引起民族纠纷、发生械斗的，应认定为情节严重。由于政策水平不高，或者对少数民族的风俗习惯缺乏了解，导致对具体问题处理失当，引起少数民族地区的公民不满的，一般不能以本罪论处。本罪的责任形式为故意，行为人明知自己的行为会发生侵犯少数民族保持与改革本民族风俗习惯的结果，并且希望或者放任这种结果的发生。

根据《刑法》第251条的规定，犯本罪的，处2年以下有期徒刑或者拘役。

三、侵犯通信自由罪

侵犯通信自由罪，是指故意隐匿、毁弃或者非法开拆他人信件，侵犯公民通信自由权利，情节严重的行为。本罪的保护法益是公民的通信自由权利。

构成要件的内容为，隐匿、毁弃或者非法开拆他人信件。行为对象为他人信件。信件是特定人向特定人转达意思、表达感情、记载事实的文书、语音（包括电子邮件以及微信、QQ中的语音等）。[1]信件不要求通过邮政局投递。明信片是隐匿、毁弃的对象，但不能成为非法开拆的对象。此外，他人信件是指他人所有的信件（只要发件人与收件人中有一方为公民即可），不包括单位之间的公函。[2]行为人已经寄给他人的信件（他人已经收悉），也可能成为本罪的对象。行为内容为隐匿、毁弃或者非法开拆。隐匿，是指妨害权利人发现信件的一切行为；毁弃，是指妨害信件本来效用的一切行为；非法开拆，是指擅自使他人信件内容处于第三者（指发件人与收件人以外的人，包括行为人）可能知悉的状态的一切行为，但不要求第三者已经知悉信件的内容。由于非法开拆的实质是侵犯他人保守通信秘密的自由权利，所以，对于形式上未予开拆但采取科技手段得知他人信件内容的行为，可以认定为非法开拆。私自打开他人电子邮件的，也属于非法开拆信件。实施隐匿、毁弃、非法开拆他人信件三种行为之一的，即可构成侵犯通信自由罪；同时实施上述几种行为的，也只成立一罪，不实行数罪并罚。

---

〔1〕 根据全国人大常务委员会2009年8月27日审议修正的《关于维护互联网安全的决定》，非法截获、篡改、删除他人电子邮件或者其他数据资料，侵犯公民通信自由和通信秘密构成犯罪的，依照《刑法》有关规定定罪量刑。

〔2〕 对隐匿、毁弃、非法开拆单位信函的，应视具体情况处理：如果符合毁灭国家机关公文罪或故意泄露国家秘密罪的犯罪构成，则以犯罪论处；如果不符合犯罪构成，则不得认定为犯罪。

成立本罪还要求情节严重。情节严重主要是指，隐匿、毁弃、非法开拆他人信件，次数较多，数量较大的；致使他人工作、生活受到严重妨害，或者身体、精神受到严重损害以及造成家庭不睦、夫妻离异等严重后果的；非法开拆他人信件，涂改信中的内容，侮辱他人人格的；等等。根据《刑事诉讼法》的规定，侦查人员经公安机关或检察院的批准而扣押被告人的邮件、电报的，阻却违法性，不能认定为本罪。本罪的责任形式为故意，过失毁损或者遗失、误拆他人信件的，不成立本罪。

根据《刑法》第252条的规定，犯侵犯通信自由罪的，处1年以下有期徒刑或者拘役。非法开拆他人信件，侵犯公民通信自由权利，情节严重，并从中窃取少量财物，或者窃取汇票、汇款支票，骗取汇兑款数额不大的，以侵犯通信自由罪论处；非法开拆他人信件，侵犯公民通信自由权利，并从中窃取数额较大财物的，属于本罪与盗窃罪的想象竞合，从一重罪处罚。非法开拆他人信件，侵犯公民通信自由权利，情节严重，并从中窃取汇票或汇款支票，冒名骗取汇兑款数额较大的，应以侵犯通信自由罪和（票据）诈骗罪实行并罚。[1]

四、私自开拆、隐匿、毁弃邮件、电报罪

本罪是指邮政工作人员私自开拆、隐匿、毁弃邮件、电报的行为。

本罪为身份犯（加重身份犯），行为主体必须是邮政工作人员，包括邮政部门的管理人员、营业员、分拣员、投递员、押运员。根据有关法律规定，国际邮件的出入境、开拆与封发，由海关人员监管，故监管国际邮件的海关人员应视为邮政工作人员，他们私自开拆、隐匿、毁弃邮件的，也应以本罪论处。行为对象为邮件、电报。邮件，是指通过邮政部门寄递的信件、印刷品、邮包、汇款通知、报刊等。行为内容为在执行职务时私自开拆、隐匿、毁弃邮件、电报。[2] 私自开拆，是指未经合法批准，使邮件、电报内容处于第三者（指发件人与收件人以外的人，包括行为人）可能知悉的状态的一切行为，但不要求第三者已经知悉信件的内容。隐匿，是指妨害权利人发现邮件、电报的一切行为；毁弃，是指妨害邮件、电报本来效用的一切行为。根据有权机关的合法指示，扣押有关邮件的，阻却违法性。本罪的责任形式为故意，过失造成邮件、电报毁损的，不成立本罪。

根据《刑法》第253条的规定，犯私自开拆、隐匿、毁弃邮件、电报罪的，处2年以下有期徒刑或者拘役。犯本罪而窃取财物的，属于本罪与盗窃罪的想象竞合，按盗窃罪的法定刑从重处罚。[3]

五、报复陷害罪

（一）报复陷害罪的概念与犯罪构成

报复陷害罪，是指国家机关工作人员滥用职权、假公济私，对控告人、申诉人、批评人、举报人实行报复陷害的行为。本罪的法益是公民的控告权、申诉权、批评监督权与举报权。

1. 构成要件的内容为，国家机关工作人员滥用职权、假公济私，对控告人、申诉人、批评人、举报人实施报复陷害。①本罪为身份犯，行为主体必须是国家机关工作人员。②行为对象为控告人、申诉人、批评人与举报人。控告人是向司法机关或其他有关国家机关告发国家工作人员违法失职行为的人；申诉人是指对自己或亲属所受的处分不服，请求改变或撤销处分的

---

〔1〕 参见最高人民检察院1989年9月15日《关于非邮电工作人员非法开拆他人信件并从中窃取财物案件定性问题的批复》。

〔2〕 邮政工作人员不具有私自开拆、隐匿、毁弃邮件、电报的一般职务权限，故本罪不属于滥用职权的犯罪，不需要利用职务上的便利。换言之，只要行为人在履行职务过程中实施本罪行为即可构成犯罪。

〔3〕 邮政工作人员利用职务上的便利犯本罪而窃取财物，符合贪污罪的犯罪构成的，属于本罪与贪污罪的想象竞合，应当按贪污罪的法定刑处罚。本书认为，本条第2款属于注意规定，而没有将贪污行为拟制为盗窃罪。

人；批评人是指对国家机关及其工作人员提出批评建议的人；举报人是指向司法机关及其他有关部门检举、报告违法犯罪行为的人。上述控告人、申诉人、批评人与举报人，并不限于对实施本罪的国家机关工作人员进行控告、申诉、批评与举报。例如，被害人向国家机关工作人员甲提出控告，国家机关工作人员乙滥用职权进行报复陷害的，仍然构成报复陷害罪。再如，被害人控告某国家机关工作人员子女的犯罪行为，该国家机关工作人员滥用职权进行报复陷害的，也构成报复陷害罪。因为一切公民的控告权、申诉权、批评权与举报权都受法律保护，要做到这一点，就不能允许国家机关工作人员对任何控告人、申诉人、批评人与举报人进行报复陷害，否则就不利于保护公民的民主权利。③行为内容为滥用职权、假公济私，实行报复陷害。问题是，"滥用职权"与"假公济私"是必须同时具备的要素，还是仅具备其中之一即可？在本书看来，本罪中的"滥用职权"与《刑法》第397条所规定的"滥用职权"，并不是等同含义。本罪中的"滥用职权"显然是针对他人实施的行为，其实质是妨害控告人、申诉人、批评人、举报人行使权利，或者使控告人、申诉人、批评人、举报人实施没有义务实施的行为。[1] 报复陷害的方式多种多样，如制造种种"理由"或"借口"，非法克扣工资、奖金，或开除公职，或降职、降薪，或压制学术、技术职称的评定等。如果所采取的报复陷害行为与职权没有关系，则不构成本罪。例如，对控告人进行身体伤害的，应以故意伤害罪论处。国家机关工作人员利用职权的报复陷害行为同时触犯其他罪的，属于想象竞合犯，从一重罪处罚。

2. 责任形式为故意，行为人明知自己的报复陷害行为会发生侵犯他人民主权利的结果，并且希望或者放任这种结果的发生。

依照立案标准，具有下列情形之一的，应予追诉：①报复陷害，情节严重，导致控告人、申诉人、批评人、举报人或者其近亲属自杀、自残造成重伤、死亡，或者精神失常的；②致使控告人、申诉人、批评人、举报人或者其近亲属的其他合法权利受到严重损害的；③其他报复陷害应予追诉的情形。

（二）报复陷害罪的处罚

根据《刑法》第254条的规定，犯报复陷害罪的，处2年以下有期徒刑或者拘役；情节严重的，处2年以上7年以下有期徒刑。所谓情节严重，通常是指对多人进行报复陷害，报复陷害的手段恶劣，报复陷害造成严重后果，如此等等。

六、破坏选举罪

破坏选举罪，是指在选举各级人民代表大会代表和国家机关领导人员时，以暴力、威胁、欺骗、贿赂、伪造选举文件、虚报选举票数等手段，破坏选举或者妨害选民和代表自由行使选举权与被选举权，情节严重的行为。本罪的保护法益是公民的选举权与被选举权。

构成要件的内容为，在选举各级人民代表大会代表或国家机关领导人员时，以暴力、威胁、欺骗、贿赂、伪造选举文件、虚报选举票数等手段，破坏选举，或者妨害选民与代表自由行使选举权与被选举权的行为。破坏"选举"，是指破坏各级人民代表大会代表的选举与国家机关领导人员的选举。其中的"国家机关"不限于中央国家机关，包括地方国家机关。破坏村民委员会选举、居民委员会选举的，不成立本罪。"破坏"选举的行为主要表现为三个方

---

　　[1] 换言之，本罪中的"滥用职权"类似于日本刑法规定的滥用职权罪。日本刑法中的"滥用职权，是指公务员就属于其一般的职务权限的事项，假借行使职权，而实施实质的、具体的违法、不当的行为。其中存在两种类型：①尽管是私人的行为，却假装职务行为而实施（假装职务型）；②尽管不符合职务行为的要件，却仍然实施（遂行职务型）"。由此看来，"假公济私"也只是"滥用职权"的一种表现形式，而不是独立于"滥用职权"之外的一种行为类型。

面：一是破坏选举工作的正常进行，如伪造选举文件，虚报选举票数，扰乱选举会场，强行宣布合法选举结果无效等；二是妨害选民与代表自由行使选举权与被选举权，如诱使或迫使选民违反自己的意志选举某人或不选举某人，阻碍他人充当被选举人；三是采取不正当方式影响选举结果。破坏选举的手段有暴力、胁迫、欺骗、贿赂、伪造选举文件、虚报选举票数等。破坏选举的行为情节严重的，才构成本罪。根据立案标准，具有下列情形之一的，应予追诉：①以暴力、威胁、欺骗、贿赂等手段，妨害选民、各级人民代表大会代表自由行使选举权和被选举权，致使选举无法正常进行，或者选举无效，或者选举结果不真实的；②以暴力破坏选举场所或者选举设备，致使选举无法正常进行的；③伪造选民证、选票等选举文件，虚报选举票数，产生不真实的选举结果或者强行宣布合法选举无效、非法选举有效的；④聚众冲击选举场所或者故意扰乱选举场所秩序，使选举工作无法进行的；⑤其他情节严重的情形。

本罪的责任形式为故意。由于过失影响了选举工作的正常进行，例如，将本无选举权的人列入选民名单、对候选人的介绍失实、误报选票数等，不构成破坏选举罪。

根据《刑法》第256条的规定，犯破坏选举罪的，处3年以下有期徒刑、拘役或者剥夺政治权利。实施破坏选举罪的行为，其手段又触犯其他罪名的，通常应从一重罪处罚。如以暴力手段破坏选举致人重伤的，应按故意伤害罪的法定刑处罚。

第七节　妨害婚姻的犯罪

一、重婚罪

（一）重婚罪的概念与犯罪构成

重婚罪，是指有配偶而又与他人结婚，或者明知他人有配偶而与之结婚的行为。

1. 构成要件的内容为，有配偶而重婚或者明知他人有配偶而与之结婚。

（1）行为主体分为两种人：一是重婚者，即已有配偶并且没有解除婚姻关系，又与他人结婚的人。所谓"有配偶"，是指男子有妻、女子有夫，而且夫妻关系处于存续期间。这种夫妻关系既包括经过合法的登记结婚而形成的夫妻关系，也包括事实上形成的夫妻关系。二是相婚者，即明知对方有配偶而与之结婚的人。后一种主体就其本身而言，并没有"重婚"，但从重婚关系的整体来看，这种主体仍然是重婚的一方，在性质上与重婚者的行为完全相同，故我国《刑法》明文规定这种主体构成重婚罪。

（2）实施重婚行为。例如，重婚者又和第三者登记结婚，或者相婚者明知他人有配偶而与之登记结婚；重婚者又和第三者建立事实婚姻，或者相婚者明知他人有配偶而与之建立事实婚姻（可称之为事实重婚）。[1] 有争议的是后一种情况。以往承认事实婚姻，故事实重婚也成立重婚罪，但根据《最高人民法院关于适用〈中华人民共和国民法典〉婚姻家庭编的解释（一）》第7条之规定，未办理结婚登记而以夫妻名义共同生活的男女，提起诉讼要求离婚的，应当区别对待，也即对1994年《婚姻登记管理条例》公布实施以后形成的事实婚姻不予保护。于是人们会认为事实重婚不应继续作为重婚罪的表现形式。本书认为，不能因为事实婚姻没有得到婚姻法的承认，而否认后一种情况构成重婚罪。一方面，事实婚姻是公开以夫妻名义长期生活在一起，而且周围民众也认为二人存在夫妻关系。事实重婚关系的存在，侵犯了一夫一妻制的婚姻关系，有必要认定为重婚罪。另一方面，事实婚姻是否有效与事实婚姻是否构

---

[1] 事实上还可能出现另一种情况，即一人同时与另外二人成立婚姻关系。如一名男子同时与两名女子举行婚礼，此后，两名女子均以妻子的名义、身份与男子共同生活。

成重婚罪并非同一议题；任何重婚罪中至少有一个婚姻关系无效，不受法律保护；要求两个以上的婚姻关系均有效才构成重婚罪，有自相矛盾之嫌。当然，不能扩大事实婚姻的范围。一般的同居关系、包养关系等不被民众认为是夫妻关系的情形，不能认定为事实婚姻。

2. 责任形式为故意。重婚者应明知自己有配偶而又故意与他人结婚；如果认为自己的配偶死亡或者认为自己与他人没有配偶关系而再结婚的，不构成重婚罪。相婚者必须明知他人有配偶而与之结婚；如果确实不知道对方有配偶而与之结婚的，不构成重婚罪。

结婚后因遭受自然灾害外流谋生，或者因配偶长期外出下落不明，造成家庭生活严重困难，又与他人形成事实婚姻的，因强迫、包办婚姻或因婚后受虐待外逃，或者已婚妇女在被拐卖后，与他人形成事实婚姻的，都是由于受客观条件所迫，不具有期待可能性，因而阻却责任，不宜以重婚罪论处。但是，上述妇女又与他人前往婚姻登记机关登记结婚的，并不缺乏期待可能性，仍应认定为重婚罪。

（二）重婚罪的认定

1. 重婚行为是两个婚姻关系的重合，故行为人先与一方有事实婚姻，在解除了该事实婚姻后，与他人登记结婚或形成事实婚姻的，不构成重婚罪。同理，有配偶而与他人通奸或临时姘居的，以及明知他人有配偶而与之通奸或临时姘居的，也不构成重婚罪。

2. 已经登记结婚但未同居，或者在提出离婚、提起离婚诉讼的期间，由于已经存在合法的婚姻关系，此时双方或一方与第三者登记结婚或者形成事实婚姻的，构成重婚罪。即使先前的婚姻关系并不合法（如采用欺骗手段与16周岁的人登记结婚），但在没有解除该婚姻关系期间又与他人结婚的，仍然构成重婚罪。

3. 办理假离婚手续后又结婚的，依是否解除了婚姻关系而判断是否构成重婚罪。例如，夫妻为了达到某种目的而商议假离婚，并从法律上解除了婚姻关系，其中一方再结婚的，不成立重婚罪。反之，如果夫妻只是宣布离婚，但并没有解除婚姻关系，其中一方再结婚的，成立重婚罪。

4. 在我国，同性婚姻还没有得到承认，故行为人有一个异性婚姻，同时有事实上的同性婚姻的，不宜以重婚罪论处。但是，倘若行为人在承认同性婚姻的国外登记了同性婚姻，在国内同时存在异性婚姻的，则应认定为重婚罪。

5. 一方变性后导致形式上存在两个婚姻关系的，也不宜以重婚罪论处。例如，甲男与乙女登记结婚后，甲变性为女性，在没有解除与乙的婚姻关系时，与丙男结婚；乙女见甲变性为女性，而与丁男登记结婚。对甲、乙、丙、丁都不宜认定为重婚罪。

（三）重婚罪的处罚

依照《刑法》第258条的规定，犯重婚罪的，处2年以下有期徒刑或者拘役。量刑时，应主要考虑重婚的手段、动机、非法婚姻的数量、造成的结果等，同时要结合我国的现实情况。在对重婚罪定罪量刑的同时，应宣告解除其已形成的非法婚姻关系。

二、破坏军婚罪

（一）破坏军婚罪的概念与犯罪构成

破坏军婚罪，是指明知是现役军人的配偶，而与之结婚或者同居的行为。

1. 构成要件的内容为，与现役军人的配偶结婚或者同居。现役军人，是指具有军籍并正在中国人民解放军或者人民武装警察部队服役的军人，不包括复员军人、退伍军人、转业军人、人民警察以及在部队、人民武装警察部队中工作但没有军籍的工作人员。现役军人的配偶，是指现役军人的妻子或丈夫，即与现役军人登记结婚，建立了婚姻关系的人。不包括仅与现役军人有婚约关系的"未婚夫"与"未婚妻"。结婚，是指与现役军人的配偶登记结婚，或者形成事实婚姻。同居，是指在一定时期内与现役军人的配偶姘居且共同生活。同居以两性关系为基础，同时还有经济上或其他生活方面的特殊关系，包括公开与秘密同居两种情况。一方面，不能将同居理解为事实婚姻，因为这不利于对军人婚姻的特殊保护，也使"同居"一词失去独立的意义。另一方面，也不能将同居理解为通奸，因为这与《刑法》特地使用"同居"一词以缩小打击面的意图相矛盾。最高人民法院曾指出，对长期与现役军人配偶通奸而给军人婚姻造成严重破坏后果的行为，直接以破坏军婚罪论处。[1] 但这一解释有类推解释之嫌。

2. 责任形式为故意，行为人必须明知是现役军人的配偶而与之结婚或者同居。由于某种原因不知对方是现役军人的配偶，而与之结婚或者同居的，不构成本罪。

（二）破坏军婚罪与重婚罪、强奸罪的关系

破坏军婚罪的行为，基本上（除同居以外）是重婚行为。《刑法》将其规定为不同的犯罪，旨在对现役军人的婚姻关系进行特殊保护。如果重婚行为符合破坏军婚罪的犯罪构成的，应以破坏军婚罪论处。

《刑法》第259条第2款规定，"利用职权、从属关系，以胁迫手段奸淫现役军人的妻子的"，依照《刑法》第236条的强奸罪定罪处罚。本规定属于注意规定，因此，只有当行为符合《刑法》第236条规定的强奸罪的犯罪构成时，才能适用《刑法》第236条。换言之，行为人以暴力、胁迫或者其他手段，违反现役军人妻子的意志，强行与之性交的，应认定为强奸罪。行为人虽然利用了职权或者从属关系，而没有进行胁迫的，不能认定为强奸罪。

（三）破坏军婚罪的处罚

依照《刑法》第259条的规定，犯破坏军婚罪的，处3年以下有期徒刑或者拘役。

■思考题

1. 如何区分故意杀人罪、故意伤害罪与过失致人死亡罪？
2. 强奸罪的构成要件是什么？如何处理奸淫幼女的行为？
3. 如何认定强制猥亵、侮辱罪？
4. 非法拘禁罪的概念和特征是什么？如何区分非法拘禁罪与绑架罪？
5. 绑架罪的保护法益、实行行为是什么？对绑架杀人未遂的应如何处理？
6. 如何认定拐卖妇女、儿童罪？
7. 侮辱罪、诽谤罪的概念和特征是什么？
8. 诬告陷害罪的概念和特征是什么？
9. 刑讯逼供罪的概念和特征是什么？
10. 如何认定暴力干涉婚姻自由罪？
11. 重婚罪与破坏军婚罪是什么关系？
12. 如何区分拐骗儿童罪与拐卖儿童罪？

■参考书目

1. 肖中华：《侵犯公民人身权利罪》，中国人民公安大学出版社1998年版。
2. 苏长青：《侵犯公民民主权利和妨害婚姻家庭罪》，中国人民公安大学出版社1999年版。

---

[1] 参见1985年7月18日最高人民法院印发的《关于破坏军人婚姻罪的四个案例》。

3. 张明楷：《侵犯人身罪与侵犯财产罪》，北京大学出版社 2021 年版。

4. ［日］西田典之：《日本刑法各论》，刘明祥、王昭武译，武汉大学出版社 2005 年版。

5. ［日］山口厚：《刑法各论》，王昭武译，中国人民大学出版社 2011 年版。

第二十四章　侵犯财产罪

■ 学习目的和要求

　　了解侵犯财产罪的法益、类型，以及各财产犯罪的概念与特征；重点掌握盗窃罪、抢劫罪、抢夺罪、诈骗罪、敲诈勒索罪、侵占罪的犯罪构成、处罚以及疑难情况下的认定；把握各财产犯罪之间的关键区别与重合关系。

第一节　侵犯财产罪概述

一、侵犯财产罪的概念与法益

　　侵犯财产罪（财产犯罪），是指非法占有、挪用、毁坏公私财物，或者破坏生产经营、拒不支付劳动报酬的行为。

　　财产罪的保护法益是公私财产。根据《刑法》第 91 条，公共财产是指下列财产：①国有财产；②劳动群众集体所有的财产；③用于扶贫和其他公益事业的社会捐助或者专项基金的财产。另外，在国家机关、国有公司、企业、集体企业和人民团体管理、使用或者运输中的私人财产，以公共财产论。[1] 根据《刑法》第 92 条，公民私人所有的财产是指下列财产：①公民的合法收入、储蓄、房屋和其他生活资料；②依法归个人、家庭所有的生产资料；③个体户和私营企业的合法财产；④依法归个人所有的股份、股票、债券和其他财产。

　　如何理解"财产"，在理论上存在不同观点。[2] 本书认为，原则上造成经济损失即可认定存在财产损失，无论该财产在民法上是否合法。违禁品、犯罪所得赃物、假冒伪劣商品等也属于刑法上的财物。《刑法》第 64 条规定，"犯罪分子违法所得的一切财物，应当予以追缴或

---

　　〔1〕　该规定属于法律拟制，将民法上的私人财产拟制为了公共财产。

　　〔2〕　法律的财产说认为，一切财产罪都是侵害财产上的权利的犯罪。换言之，刑法规定财产罪是为了保护民事法上的权利。因此，财产犯罪的成立不以行为造成经济损害为前提，只要行为侵害了民事法上的权利，即使在经济上没有损害，也成立财产犯罪；反之，只要没有侵害民事法上的权利，即使造成了重大经济损失，也不成立财产犯罪。纯粹的经济的财产说认为，作为整体的具有经济价值的利益就是财产，因而是财产罪的保护法益；经济价值一般与金钱价值是等同的，金钱上的得失就是判断有无损害的标准。法律的·经济的财产说则认为，所谓财产，是指法秩序所保护的（违法的利益除外）、作为整体的具有经济价值的利益（参见张明楷：《法益初论》，中国政法大学出版社 2003 年修订版，第 503 页以下）。例如，就诈骗罪的财产损失而言，根据法律的财产说，只要权利受到侵害，不问有无经济的损害，就认定为刑法上的财产损害；只要没有侵害权利，即使造成了重大的经济损害，也不能认定为刑法上的财产损害。根据纯粹的经济的财产说，债权人以欺骗方法行使权利实现债权的，也成立诈骗罪。根据法律的·经济的财产说，虽然行为给他人造成经济利益损失时，原则上可以认定为财产损害，但无效债权的丧失不能视为财产损失（例如，采取欺骗行为使妓女免收嫖资的，不成立诈骗罪）；另一方面，即使提供了相当对价，但如果没有实现被害人的交换目的，仍应认定存在财产损失。

者责令退赔……违禁品和供犯罪所用的本人财物，应当予以没收……"可见，对非法所得和违禁品的法定处理途径有两条：①退还原主，②由国家追缴没收。另外，按照有关规定，假冒伪劣商品也应当由国家予以没收或追缴。所以，对于违禁品等，必须依照法定程序予以没收、追缴，而不能随便侵犯他人对违禁品的占有。非法占有或毁坏违禁品等行为，同样可以构成侵犯财产罪。例如，盗窃、抢夺、抢劫毒品的，应当分别以盗窃罪、抢夺罪或者抢劫罪定罪，但不计犯罪数额，根据情节轻重予以定罪量刑；[1] 对犯罪所得及其产生的收益实施盗窃、抢劫、诈骗、抢夺等行为，构成犯罪的，分别以盗窃罪、抢劫罪、诈骗罪、抢夺罪等定罪处罚。[2]

但是作为例外，①挽回了更大或者同等法益的，或者②单纯使他人免除非法债务的，不能认定为有财产损失。例如，甲盗窃乙的电脑后，乙通过诈骗的方法从甲手中将电脑骗回的，由于乙对电脑的所有权大于甲对所盗电脑的占有利益，乙不成立诈骗罪。再如，甲去嫖娼后，用花言巧语骗得卖淫人员免除嫖资的，属于单纯使他人免除非法债务，不属于有财产损失，甲不成立诈骗罪。但是，甲嫖娼后支付嫖资给卖淫人员，又用花言巧语将嫖资骗回的，甲成立诈骗罪。因为此时不是单纯地使卖淫人员免除非法债务，嫖资交到卖淫人员手中后，就成为了他人的财产，通过诈骗的方法骗回的，构成诈骗罪。

二、侵犯财产罪的犯罪构成

侵犯财产罪的主体大多数是一般自然人，但也有少数是真正的身份犯，如职务侵占罪、挪用资金罪要求行为人具备"公司、企业或者其他单位的工作人员"这一身份。单位不能成为拒不支付劳动报酬罪外的其他侵犯财产罪的行为主体。另外，侵犯财产罪全都是故意犯罪（部分犯罪还需要以非法占有为目的），不处罚过失侵犯财产的行为。根据《刑法》第 17 条第 1、2 款，已满 14 周岁不满 16 周岁的人可以构成抢劫罪，其他财产犯罪则需要行为人已满 16 周岁。

在侵犯财产罪的犯罪构成中，最值得讨论的是行为对象问题。侵犯财产罪的行为对象是广义的财物，既包括有体物，如电脑、手机等；也包括无体物，如电、太阳能等；还包括财产性利益，如债权、股份[3]等。有体物与无体物合称为狭义的财物。凡是具有①管理可能性，②转移可能性与③价值性的，都可以成为财物。[4] 在认定财产犯罪的行为对象时，以下几点值得注意：

第一，虚拟财产的类型很多，需要在个案中判断行为人所侵害的虚拟财产是否具有管理可能性、转移可能性与价值性。例如，网络域名注册人注册了某域名后，该域名将不能再被其他人申请注册并使用，因此网络域名具有专属性和唯一性。网络域名属稀缺资源，其所有人可以

---

〔1〕　参见 2008 年 12 月 1 日最高人民法院发布的《全国部分法院审理毒品犯罪案件工作座谈会纪要》。

〔2〕　参见 2021 年 4 月 13 日修正的《最高人民法院关于审理掩饰、隐瞒犯罪所得、犯罪所得收益刑事案件适用法律若干问题的解释》。

〔3〕　参见 2005 年 12 月 1 日发布的《全国人民代表大会常务委员会法制工作委员会对关于公司人员利用职务上的便利采取欺骗等手段非法占有股东股权的行为如何定性处理的批复的意见》。

〔4〕　有体性说认为，财物只限于有体物，包括固体物、液体物与气体物。无体物不是刑法上的财物，不能成为财产罪的对象。液化气、蒸汽等是财物，但光、热等不是财物。物理管理可能性说认为，财物不限于有体物，还包括其他具有物理管理可能性的财物，即在物理上属于物的，就是刑法上的财物。有体物以及光、热、水力、冷气等是财物，但债权、人的劳动力、牛马的牵引力等不是财物。事务管理可能性说认为，凡是可以作为事务进行管理的，都是刑法上的财物。有体物、无体物以及债权、人的劳动力、牛马的牵引力等都是财物（参见［日］西田典之、桥爪隆：《日本刑法各论》，王昭武、刘明祥译，法律出版社 2020 年版，第 157~158 页）。本书大体支持事务管理可能性说，认为包括债权在内的财产性利益都属于广义的财物，但从移转可能性的角度来看，劳动力、牵引力等形成的劳务、服务等不宜认定为财物。

对域名行使出售、变更、注销、抛弃等处分权利。网络域名具有市场交换价值，所有人可以以货币形式进行交易。通过合法途径获得的网络域名，其注册人利益受法律承认和保护。所以，网络域名属于刑法上的财物（对于网络域名的价值，当前可综合考虑网络域名的购入价、销赃价、域名升值潜力、市场热度等综合认定）。为了非法获取网络域名的财产价值，利用技术手段，通过变更网络域名绑定邮箱及注册 ID，实现对域名的非法占有，并使原所有人丧失对网络域名的合法占有和控制，给网络域名的所有人带来直接经济损失的，符合以非法占有为目的的窃取他人财产利益的盗窃罪之本质属性，应以盗窃罪论处。[1] 但是，并非任何虚拟财产都是刑法上的财物，只有具备财物特征的虚拟财产才是刑法上的财物。普通的 QQ 号、E-mail 账号虽然具有管理可能性与转移可能性，但不具有价值性，故不能认定为刑法上的财物；而 Q 币、值钱的游戏装备则可以成为刑法上的财产。另外，虚拟财产也没有超出"财物"这一抽象概念的外延，虚拟财产的概念已经家喻户晓，完全能够被国民接受，所以将虚拟财产解释为财物，并非类推解释。

第二，在以财产性利益作为行为对象时，既包括积极财产的增加，也包括消极财产的减少。积极财产的增加，诸如侵入他人网银系统转账，使他人对银行的债权变为自己对银行的债权。消极财产的减少，诸如使他人免除自己的合法债务。例如，甲欠乙 10 万元久不归还，乙反复催讨。某日，甲持凶器闯入乙家，殴打乙致其重伤，迫使乙交出 10 万元欠条并在已备好的还款收条上签字。本案中甲构成抢劫罪，其行为对象是财产性利益，即迫使他人免除自己的合法债务，属于消极财产的减少。另外，劳务本身不属于财产性利益，但使对方免除与劳务相应的对价的，可成立财产犯罪。[2] 甲欺骗乙说，如果帮自己把 50 袋水泥扛上 8 楼，就支付 3000 元，实际上根本没有支付意愿的，不成立诈骗罪，只是单纯的债务不履行。但是，在乙索要价款时，甲以花言巧语欺骗乙免除该笔债务的，该债务不属于非法债务，甲成立诈骗罪。

第三，在判断财物的价值性时，既要考虑其交换价值（客观价值），又要考虑其使用价值（主观价值）。例如，根据《刑法》第 264 条，除了盗窃数额较大的情形外，入户盗窃、扒窃、携带凶器盗窃、多次盗窃的也可以成立盗窃罪。后四种盗窃类型虽然不要求数额较大，但也不包括价值绝对轻微的财物。入户偷一双筷子，或者扒窃他人一包纸巾的，不成立盗窃罪。成立后四种盗窃类型，主要考虑的是财物的使用价值是否值得动用刑法来保护。例如，身份证、护照等虽然成本价不高，但其使用价值很大，失去后会给生活带来诸多不便，故可以成为入户盗窃、扒窃等盗窃罪的行为对象。另外，对于所有权人、占有人没有积极价值，也不能被他人直接利用的物，不能视为财物。例如，已经使用过的实名车票，如果对所有权人、占有人不再具有利用价值，他人就不具有直接利用的可能性，因而不应认定为财物。但在对所有权人、占有人具有利用价值的情况下（如需要作为报销凭证时），依然应认定为财物。

第四，财产犯罪须满足"素材同一性"的要求，即被害人丧失的财物与行为人所获得的财物必须具有同一性。例如，现金、债权凭证本身与债权是三种不同的财物，均可成为财产犯罪的对象。甲将 5 万元现金存入银行后，甲就失去了对 5 万元现金的占有，同时获得对存折和银行卡的占有，存折和银行卡属于债权凭证。另外，甲对银行还享有 5 万元的债权。乙潜入银

---

〔1〕　参见最高人民检察院第 37 号指导案例张某盗窃案。

〔2〕　无限定说认为，劳务、服务本身就是财产性利益；有偿劳务说认为，事先预定了对价的劳务、服务才是财产性利益；免除对价说认为，劳务、服务本身不是财产性利益，但免除其对价时，则属于取得财产性利益（参见［日］西田典之、桥爪隆：《日本刑法各论》，王昭武、刘明祥译，法律出版社 2020 年版，第 226 页）。本书采用的是免除对价说。

行柜台将这 5 万元现金偷走的，对银行占有的 5 万元现金成立盗窃罪。丙潜入甲家中将其存折和银行卡偷走的，是对甲的债权凭证成立盗窃罪，盗窃数额不是该凭证所记载的 5 万元债权。丁侵入甲的网银系统，将甲 5 万元"存款"汇入自己账户的，是对甲的 5 万元债权成立盗窃罪，不是对 5 万元现金成立盗窃罪。又如，张三捡到李四的银行卡后，在 ATM 机上取出现金的，应认定为对银行的现金构成盗窃罪，而不是对李四的现金或存款债权成立盗窃罪。因为张三最终获得的是现金，被害人应是在张三实施盗窃行为时的现金占有者。当李四将现金存入银行后，现金即由银行占有，李四获得的是债权凭证（存折或银行卡）与针对银行的债权。张三非法占有李四的银行卡属于遗忘物侵占，但没有达到数额较大的程度，不作为侵占罪处理。李四丧失针对银行的债权，不能以自己的银行卡被盗刷为由要求银行弥补损失，是由于银行在现金受损时基于储蓄合同将损失转嫁给了李四，而不是甲取现行为直接导致的结果。

三、侵犯财产罪的类型

根据成立犯罪是否要求造成整体财产损失，可以将财产犯罪分为对个别财产的犯罪和对整体财产的犯罪。例如，德日刑法中规定的背信罪属于对整体财产的犯罪。[1] 我国刑法中的侵犯财产罪都属于针对个别财产的犯罪，即只考虑是否给被害人造成了具体财产的损失，而不是从被害人的整体经济状况考虑其是否有经济亏损。[2] 所以在计算犯罪数额时，只计算具体被害财物的价值，不减去被害人获得的对价等。例如，甲深夜进入小超市，持枪胁迫正在椅子上睡觉的店员乙交出现金，乙说"钱在收款机里，只有购买商品才能打开收款机"。甲掏出 100 元钱给乙说"给你，随便买什么"。乙打开收款机，交出所有现金，甲一把抓跑。事实上，乙给甲的现金只有 88 元，甲"亏了"12 元。虽然甲亏损了 12 元，但确实导致乙丧失了对收款机内 88 元现金这一具体财物的占有，在这个意义上，可以说甲的行为对乙的个别财产造成了损失。因此甲成立抢劫罪既遂，数额为 88 元。又如，丙第一次诈骗 6 万元，第二次诈骗 12 万元，但用其中 6 万元补偿第一次诈骗行为被害人的全部损失。丙的犯罪数额是 18 万元。

根据保护法益与行为类型，侵犯财产罪大体上可以分为取得型财产犯罪、毁弃型财产犯罪与拒付型财产犯罪三类。一般的单纯不履行债务的行为不构成财产犯罪，但拒不支付劳动报酬这种特殊的不履行债务行为构成财产犯罪（拒不支付劳动报酬罪）。取得型财产犯罪与毁弃型财产犯罪的主要区别在于行为人主观上是否有利用财物的意思。有利用意思的，即"损人利己"的，是取得型财产犯罪；无利用意思的，即"损人不利己"的，是毁弃型财产犯罪。毁弃型财产犯罪包括两种方式，一是直接使财产丧失或者减少使用价值的行为（故意毁坏财物罪）；二是通过使生产资料的使用价值丧失或者减少来破坏生产经营的行为（破坏生产经营罪）。在取得型财产犯罪内部，根据成立犯罪时是否需要将他人对财物的占有转移为自己或第三人占有，可以分为移转型财产犯罪与非移转型财产犯罪。在移转型财产犯罪内部，完全违背他人意愿转移财物占有的，是夺取型财产犯罪（盗窃罪、抢劫罪、抢夺罪、聚众哄抢罪）；利用他人基于错误或恐惧而产生的有瑕疵的意思而转移财物占有的，是交付型财产犯罪（诈骗罪、敲诈勒索罪）。在非移转型财产犯罪内部，完全排除他人占有的意思（即没有归还意思）的，是侵占型财产犯罪（侵占罪、职务侵占罪）；没有排除他人占有的意思（即有归还意思）的，是挪用型财产犯罪（挪用资金罪、挪用特定款物罪）。[3]

〔1〕　参见［日］西田典之、桥爪隆：《日本刑法各论》，王昭武、刘明祥译，法律出版社 2020 年版，第 298 页。

〔2〕　认为我国财产犯罪都是对整体财产的犯罪的观点，参见付立庆："论刑法介入财产权保护时的考量要点"，载《中国法学》2011 年第 6 期。

〔3〕　根据行为对象是狭义的财物还是财产性利益，取得型财产犯罪还可以分为取得财物罪与取得利益罪。

鉴于相关犯罪的联系以及论述上的方便，本书将财产罪分为以下四类展开论述：①窃取与抢取型财产犯罪，相当于上述夺取型财产犯罪；②诈骗与恐吓型财产犯罪，相当于上述交付型财产犯罪；③侵占与挪用型财产犯罪，相当于上述非移转型财产犯罪；④毁弃与拒付型财产犯罪。

四、侵犯财产罪的处罚

与德日等大陆法系国家的刑法相比，我国刑法的一大特色是对犯罪不仅在行为类型上有定性要求，而且在结果程度上有定量要求。反映到财产犯罪中，大多要求被侵犯的财产"数额较大"才构成犯罪，并根据数额的程度设置多个幅度的法定刑。

在财产犯罪中，同种犯罪未经处理的，数额应当累计计算，不数罪并罚。例如，甲抢劫乙财物价值3万元，又抢劫丙财物价值2万元，还诈骗丁财物价值4万元的，以犯罪数额5万元的抢劫罪与犯罪数额4万元的诈骗罪对甲数罪并罚，而不是以两个抢劫罪与一个诈骗罪数罪并罚。之所以如此处理，是考虑到因数额的程度升格法定刑后有可能带来刑种上的变化，累计数额计算不会导致比同种数罪并罚处罚更轻，而采用数罪并罚处理仅会导致轻纵犯罪人，造成罪刑不均衡。例如，甲有20次独立的盗窃行为，每次盗窃数额均为25万，单独看每次盗窃行为分别达到了盗窃数额巨大的标准，倘若按数罪并罚处理，对甲最多判处25年有期徒刑；可一旦累计数额，按照盗窃500万元追究甲盗窃数额特别巨大的刑事责任，则最高可判处无期徒刑。由于甲上述行为的可罚性并不比一次盗窃500万元的情形轻，不存在以数罪并罚的方式使甲享受较轻量刑的实质根据，所以对甲应当累计数额以一个盗窃罪论处。另需注意的是，"未经处理"仅指达到追诉标准但未经过刑事处理的情形。单次行为本身未达到追诉标准时，无论是否已经过行政处理，都不累计该次行为的涉案财物数额追究刑事责任。例如，甲先诈骗乙1000元一次，1个月后又诈骗丙500元一次，2个月后再诈骗丁2000元一次的，尽管累计三次行为的数额达到了诈骗罪的追诉标准，但由于每一次单独来看都没有达到追诉标准，所以不能通过累计数额追究甲诈骗罪刑事责任。否则就会导致间接处罚，使得本没有达到追诉标准的行为因行为后出现其他同种行为等情况而成为刑事制裁的对象。

财产犯罪中，常常将"数额（特别）巨大""其他（特别）严重情节"规定为法定刑升格条件。本书认为，这些不是加重的构成要件，只是量刑规则，不存在未完成形态。[1] 若达到了"巨大""特别巨大""严重""特别严重"的程度，当然应按照相应的法定刑处理；若没有达到，则不能仅仅因行为人主观上有试图达到相应程度的计划、打算等，就选择升格的法定刑后再根据未遂犯的规定从轻或者减轻处罚，而应当直接选用基本法定刑处理。例如，试图敲诈勒索数额巨大财物，但只勒索到数额较大财物且没有其他严重情节的，应当直接认定为敲诈勒索财物数额较大既遂，选择《刑法》第274条规定的基本法定刑"3年以下有期徒刑、拘役或者管制，并处或者单处罚金"进行量刑；而不是认定为敲诈勒索数额巨大财物未遂，比照该条的升格法定刑"3年以上10年以下有期徒刑，并处罚金"从轻或者减轻处罚。

---

〔1〕 参见张明楷："加重构成与量刑规则的区分"，载《清华法学》2011年第1期；周光权：《刑法各论》，中国人民大学出版社2016年版，第101页。与此相对，传统观点与司法解释常将这些情节视为加重的构成要件，承认存在"盗窃数额巨大未遂""诈骗数额特别巨大未遂"等情形。

第二节 窃取与抢取型财产犯罪

一、盗窃罪

（一）盗窃罪的概念与法益

盗窃罪，是指以非法占有为目的，窃取公私财物数额较大的，或者多次盗窃、入户盗窃、携带凶器盗窃、扒窃的行为。

盗窃罪的保护法益可共通适用于其他移转型财产犯罪。关于本罪的保护法益，一直存在着本权说、占有说以及介于两说之间的各种中间说之争。近年来虽然各学说的"命名"与论证径路未必一致，但在具体问题的处理结论上基本取得了共识。[1] 本书基本立足于占有说的立场，认为盗窃罪的保护法益不仅包括①基于财产所有权及其他财产权（如质押权、债权等，简称为"本权"）而形成的财物占有状态，而且包括②需要通过法定程序改变现状（恢复应有状态）的财物占有状态。所以，非法占有也受保护，第三人偷走他人所盗之物的（简称为"盗品"）或偷盗违禁品（如毒品、伪造的货币、违规制造的枪支等）的，成立盗窃罪。例如，甲去乙家中将5公斤海洛因偷出的，虽然海洛因是违禁品，乙属于非法占有毒品，但甲仍然成立盗窃罪。

需注意的是，本权与非法占有并非受到同等程度的保护，对本权的保护程度应当高于对非法占有的保护。例如，乙盗窃丙的手机后，甲潜入乙家中将该手机偷走的，虽然乙对手机的占有是非法占有，但该手机需要通过法定程序返还给丙，甲不能违背乙的意愿将其非法占有的手机转移为自己占有，所以甲成立盗窃罪。与此不同，乙盗窃丙的手机后，丙潜入乙家中将该手机偷回的，由于乙对该手机是非法占有，而丙是手机的所有权人，尽管非法占有状态也受盗窃罪的保护，但不能对抗更应受保护的所有权等本权，所以丙不构成盗窃罪。另外，当被害人基于本权占有财物时，其他对财物也有本权的人不能违背被害人的意愿转移其对财物的占有，否则也构成盗窃罪。这是因为，无论哪一方的本权都是合法的，不存在孰优孰劣的问题，此时盗窃罪所要保护的是基于本权对财物的现实占有状态。例如，甲将某精密仪器以1万元价格租给乙使用1年，半年后甲潜入乙家中将该仪器窃回的，构成盗窃罪。因为乙对该仪器的占有属于有本权的合法占有，甲的所有权不能评价为大于乙的合法占有，此时盗窃罪所保护的是乙基于本权对该精密仪器的现实占有状态。

（二）盗窃罪的构成要件

1. 盗窃罪的行为对象是他人事实上占有的财物。行为时被害财物是否由其他人事实上占有，是区分盗窃与侵占的关键。行为时被害财物如果由行为人占有，行为人将其不法变为自己所有的，只可能构成侵占罪，不构成盗窃罪。行为时被害财物由他人占有，行为人非法将其变为自己占有的，才有可能构成盗窃罪。在共同占有的情形中，部分共同占有人擅自处分共同占有物的，也属于对他人占有财物的盗窃行为。判断行为时被害财物事实上的占有状态时，一般同时考虑客观上的占有支配与主观上的占有意思。但是，即便被害人不能精确地知道财物在哪里，只要其没有放弃财物的意思，就能认定存在着概括的占有意思。所以，事实上占有与否，取决于客观上是否存在对财物的支配。

（1）当他人把财物握在手中、放在口袋里、存在账户内时，事实上的支配力很强，一般

---

〔1〕 参见黎宏：《刑法学各论》，法律出版社2016年版，第284页以下；周光权：《刑法各论》，中国人民大学出版社2016年版，第81页以下；张明楷：《刑法学》（下），法律出版社2021年版，第1224页以下。

能够认定他人占有了该财物。但是，占有辅助人的情形例外。在社会观念上，占有辅助人帮助财物的占有人占有财物，自身并不占有财物。占有辅助人违背占有人的意愿取走财物的，仍然成立盗窃罪。例如，酒店服务员甲在帮客人拎包时，将包中的手机放入自己的口袋据为己有。本案中虽然甲手上拎着客人的包，对包的事实上的支配力很强，但社会观念上仍然认为甲只是帮助客人占有包，包的真正占有人是客人，甲只是占有辅助人。所以甲将手机据为己有的，不是侵占代为保管物，而是盗窃。共同管理财物的情形中，则需区分是否存在主从关系。若存在主从关系，则下位者属于占有辅助人，成立盗窃罪。若下位者被明确授予了某种程度的处分权，则下位者可能成立侵占罪。例如，超市的售货员将所售货物偷偷带回家的，成立对超市经营者的盗窃。此时售货员只是超市货物的占有辅助人，货物的占有归于超市经营者。

即便事实上的支配力并不大，但社会一般观念上认为财物属于他人占有时，仍然能够成为盗窃罪的行为对象。虽然社会一般观念上的支配不如事实上的支配那么明显，需要介入规范的价值判断，但大体可以归纳出以下一些判断规则：

第一，在被害人所管辖的专属空间内的财物，属于被害人占有。例如，甲去乙家做客时，发现沙发缝隙中有一枚戒指，于是藏在口袋中带走的，成立盗窃罪。即便乙完全不知道戒指丢在了哪里，但既然还在乙家中，那么社会观念上仍然认为该戒指处于乙的占有之下。

第二，被害人事实上占有支配强烈的状态存在时间上、空间上的紧密连续性时，财物仍属于被害人占有。例如，客人在小饭馆吃饭时，将手机放在收银台边上充电，请服务员乙帮忙照看。乙假意答应，却将手机据为己有。本案中虽然客人对手机事实上的支配力不大，但社会观念上仍然认为手机为客人所占有。所以乙是盗窃了他人占有的财物。另外，虽然乙"假意答应"有骗取的性质，但该行为没有使客人主动将手机的占有转移给乙，故不成立诈骗罪。又如，旅客将行李放在托运柜台旁，到相距20余米的另一柜台问事时，机场清洁工丙将该行李拿走据为己有的，社会观念上认为行李仍然处于旅客的占有之下，丙构成盗窃罪。

第三，在有管理人的场合，社会观念上认为原物主一旦丧失占有，管理人就获得占有。例如，乙将手提箱忘在出租车的后备箱。后甲搭乘该出租车时，将自己的手提箱也放进后备箱，并在下车时将乙的手提箱一并拿走的，构成盗窃罪。乙忘记拿走手提箱后，该手提箱即由出租车的管理者所占有（不论管理者是否意识到自己占有了该手提箱）。甲拿走行李箱的行为对出租车管理者占有之物构成盗窃罪。

第四，被害人具有明确的占有意思，采用各种方法明确表示自己并未放弃对财物的占有，且随时可以重建对财物事实上的支配的，财物仍属于被害人占有。例如，菜贩刘某将蔬菜装入袋中，放在居民小区路旁长条桌上，写明"每袋20元，请将钱放在铁盒内。"然后，刘某去3公里外的市场卖菜。甲数次公开拿走蔬菜时假装往铁盒里放钱。刘某虽距现场3公里，但其具有明确的占有意思，仍占有蔬菜，所以甲构成盗窃罪。

（2）死者的占有问题。关于死者有无占有，存在肯定说，否定说与折中说。无论哪一种学说，都认为①以抢劫故意杀害被害人后，当场从死者身上取财的情形构成抢劫罪。区别在于如何处理；②出于其他目的杀害被害人后临时起意取财的情形；与③无关第三人从死者身上取财的情形。肯定说承认死者的占有，在②与③中认为构成对他人占有财物的盗窃。否定说则不承认死者占有财物，在②与③中认为构成对脱离占有物的侵占。[1] 折中说则在②中承认死者的占有，认为构成盗窃；在③中不承认死者的占有，认为构成对脱离占有物的侵占。[2]

---

〔1〕　参见黎宏：《刑法学各论》，法律出版社2016年版，第315页。

〔2〕　参见周光权：《刑法各论》，中国人民大学出版社2016年版，第97~98页。

　　首先，折中说在情形②与③中因行为人身份的不同（是否是杀害被害人的犯罪人）而左右死者有无占有的判断，牺牲了占有存否的客观性，并不可取。其次，肯定说虽然有利于说明情形①中构成抢劫罪的理由，但在情形②、尤其是情形③中，认定事实上已完全不可能再控制财物的死者对财物存在占有，违背占有的基本观念。最后，否定说原则上符合无实际控制的可能性就无占有这一基本的占有观念，本书也支持死者占有否定说。但需要说明情形①中为何可以成立抢劫罪这一转移占有型财产犯罪，而不是以故意杀人罪（既遂）或抢劫罪（未遂）与侵占罪数罪并罚。严格来讲，死者占有否定说主张的是，当着手实行财产犯罪时，倘若被害人已经死亡，那么由于死者不能占有财物，所以不可能实现财物占有的转移，只能成立非移转型财产犯罪（如侵占罪）。可是，在抢劫罪中，即便取财行为发生时被害人已经死亡，但由于前段的杀害行为与后段的取财行为构成了评价上的一个抢劫行为，犯罪人在开始以杀害的方法实施压制被害人反抗的行为时，就已经着手抢劫了。此时被害人尚未死亡，仍然是占有财物的活人，所以可以评价为在被害人对财物尚存在占有时通过一个抢劫行为转移了该占有。因此，采取死者占有否定说，与在情形①中认定行为人构成转移财物占有的抢劫罪之间，不存在矛盾。另需注意的是，主张被害人死后财物由继承人占有的观点，并不是死者占有肯定说。该观点认为死后财物由继承人占有，实际上仍然是否定了死者对财物的占有。可是，被害人死后，其原占有的财物并非当然地落入继承人的实际控制之下，所谓继承人能否在法律上获得死者的财物也需要经过遗产分割等继承程序才有定论。所以，除上述情形①外，从死者身上取走财物的，不能认定为转移他人占有的移转型财产犯罪，只能考虑对脱离占有物成立侵占罪。

　　（3）封缄物的占有问题。关于封缄物的占有归属，存在区分说与非区分说的对立。区分说认为，封缄物整体（如快递包裹）由受托人（如快递员）占有，内容物由委托人（如寄件人）占有；受托人在不开拆的情况下将封缄物整体处分的，构成对封缄物整体的侵占；受托人将封缄物拆开，将其中的内容物取走的，则构成对内容物的盗窃。[1] 非区分说认为，封缄物整体与其中的内容物要么都由受托人占有，要么都由委托人占有，不用区分是处分了封缄物整体还是拆开来处分了其中的内容物；若认为都由受托人占有，那么成立侵占罪；若认为都由委托人占有，那么成立盗窃罪。本书赞成非区分说。将封缄物整体与内容物区分开来的做法过于形式化，主张受托人代为保管封缄物整体却没有代为保管其中的内容物也不切合实际，因为对委托人而言，真正需要受托人保管、运输的正是内容物而不是空洞的封缄物整体。另外，按照区分说的观点，将封缄物整体搁置家中的，只定较轻的侵占罪；将封缄物拆开变卖其中内容物的，则要定较重的盗窃罪。可是，从被害人的立场来看，无论是整体搁置封缄物还是拆开后处分内容物，被害人所受损失完全一样，究竟如何处分封缄物是与法益侵害结果无关的事项。在采用非区分说的前提下，究竟认定为盗窃罪还是侵占罪，取决于处分封缄物时该物是否处于他人占有之下。如果行为人只是短时间帮被害人看管、搬运封缄物，那么行为人只是被害人对封缄物的占有辅助人，封缄物仍然处于被害人占有之下，行为人的处分行为构成盗窃罪。如果行为人受托独立保管、运输封缄物，如常见的快递员受托寄送货物的情形，那么此时行为人获得了封缄物整体及其内容物的占有，所谓处分封缄物的行为实质上是把自己占有的财物变为不法所有，构成侵占罪。

　　（4）盗窃的行为对象既包括狭义的财物，也包括财产性利益。根据《刑法》第265条、第210条第1款，以牟利为目的，盗接他人通信线路、复制他人电信码号或者明知是盗接、复制的电信设备、设施而使用；盗窃增值税专用发票或者可以用于骗取出口退税、抵扣税款的其

---

〔1〕　参见张明楷：《刑法学》（下），法律出版社2021年版，第1234页。

他发票的，以盗窃罪定罪处罚。这两个条款属于注意规定。另外，将电信卡非法充值后使用，造成电信资费损失数额较大的；盗用他人公共信息网络上网账号、密码上网，造成他人电信资费损失数额较大的；[1] 以及明知是非法制作的 IC 电话卡而使用或者购买并使用，造成电信资费损失数额较大的，[2] 也都以盗窃罪定罪处罚。

涉及存款的问题时，需要细致判断案件中的行为对象究竟是存入银行的现金，还是作为债权凭证的存折或银行卡，抑或是储户对银行的债权，这是三种不同的财物。当把现金存入银行后，存款人获得的是债权凭证（存折或银行卡）以及针对银行的债权；而存款债权所指向的现金则由银行占有。例如，甲捡到他人的银行卡后，在 ATM 机上取出现金的，针对该银行卡成立对存款人的脱离占有物侵占；针对取出的现金，则成立对银行的盗窃。只不过银行受到损失后立即通过与存款人之间订立的储蓄合同，将损失转嫁给了存款人。但在刑法解释学的分析中，需要认定为是对银行占有的现金构成盗窃，而不是直接针对存款人的存款债权成立盗窃。如果甲是通过技术手段侵入他人网银系统，通过网银汇款的方式将他人的存款转入自己账户的，实际上是对他人的存款债权实施了盗窃。

2. 盗窃行为表现为违反占有人的意志，将他人占有的财物转移为自己或第三人占有。

（1）虽然典型的盗窃行为一般表现为使用平和手段，但并非只有使用平和手段的取财行为才属于盗窃行为。使用暴力等手段构成抢劫或抢夺的，也能评价为盗窃行为。因为在抢劫或抢夺行为中，并不欠缺"违反占有人的意志，将他人占有的财物转移为自己或第三人占有"这一盗窃行为的本质要素。所以，当盗窃罪与抢劫罪、抢夺罪等之间发生抽象的事实认识错误时，可以在重合的范围内成立盗窃罪。

（2）虽然典型的盗窃行为一般表现为秘密窃取他人财物，但秘密性并非盗窃的本质属性，换言之，盗窃不限于秘密窃取，完全存在着公然窃取的情形。[3] 例如，甲潜入他人房间欲盗窃，忽见床上坐起一老妪，哀求其不要拿她的东西。甲不理睬而继续翻找，拿走一条银项链（价值 400 元）的，属于公然窃取，最终只能认定为盗窃罪。

（3）即便使用了欺骗的方法，但如果该行为并不具有使对方基于认识错误处分财产的性质，则仍属于违反占有人的意志转移财物的占有，应定盗窃罪，而非诈骗罪。对方是否基于认识错误而处分财产，是区分盗窃与诈骗的关键。例如，郑某冒充银行客服发送短信，称张某手机银行即将失效，需重新验证。张某信以为真，按短信提示输入银行卡号、密码等信息后，又将收到的编号为 135 423 的"验证码"输入手机页面。后张某发现，其实是将 135 423 元汇入了郑某账户。本案中虽然郑某欺骗了张某，但张某并没有处分 135 423 元的意思，并不知道自己的操作会发生占有的移转，所以不属于基于认识错误而处分财产，郑某不成立诈骗罪，而成立盗窃罪。

（4）盗窃行为需违反被害人有关盗窃罪保护法益的意志，而不是任何违反被害人意愿的行为。即盗窃必须是违反被害人有关是否经由转移财物占有而遭受财产损失的意志。例如，甲

---

〔1〕 参见 2000 年 5 月 12 日发布的《最高人民法院关于审理扰乱电信市场管理秩序案件具体应用法律若干问题的解释》。

〔2〕 参见 2003 年 4 月 2 日发布的《最高人民检察院关于非法制作、出售、使用 IC 电话卡行为如何适用法律问题的答复》。

〔3〕 认为盗窃罪以"秘密性"为本质特征的观点，参见刘明祥："也谈盗窃与抢夺的区分"，载《国家检察官学院学报》2019 年第 5 期。高铭暄、马克昌主编：《刑法学》，北京大学出版社 2017 年版，第 503 页指出，"秘密窃取是指行为人采用自认为不使他人发觉的方法占有他人财物。只要行为人主观上是意图秘密窃取，即使客观上已被他人发觉或者注视，也不影响盗窃性质的认定"。

在柜台购买手机时，由于售货员迟迟不出现，于是甲自行拿取一款手机并将相应价款放在柜台上离去的，不成立盗窃罪。虽然甲也违背了售货的正常流程，但商家做生意希望出售商品实现等价交换以赚取利润，在这一点上，甲没有违背商家的意志。

（5）无论行为对象是狭义的财物还是财产性利益，构成盗窃罪时，都要其实现财产的"转移"。狭义的财物的场合自不待言，财产性利益的场合，例如甲侵入乙的网银系统，把乙账户中的钱转移至自己账户的，实际上是将乙针对银行的债权变成了自己针对银行的债权，满足盗窃行为中"转移"财产的要求。与此相对，单纯的逃债行为不能认定为盗窃罪。[1]虽然通过逃避履行债务，客观上可以说债务人获利了，但债务人事实上不可能通过逃避的方式将债权人针对自己的债权转移给自己，不满足盗窃行为的构造，不构成盗窃罪。

3. 盗窃的行为类型共有五种，分别是盗窃数额较大的，或者多次盗窃、入户盗窃、携带凶器盗窃、扒窃。

（1）"数额较大"看重的是财物的交换价值。[2]在计算盗窃数额时，根据 2013 年 4 月 2 日发布的《最高人民法院、最高人民检察院关于办理盗窃刑事案件适用法律若干问题的解释》（以下简称为《盗窃案件解释》），盗窃不记名、不挂失的有价支付凭证、有价证券、有价票证的，应当按票面数额和盗窃时应得的孳息、奖金或者奖品等可得收益一并计算盗窃数额。盗窃记名的有价支付凭证、有价证券、有价票证，已经兑现的，按照兑现部分的财物价值计算盗窃数额；没有兑现，但失主无法通过挂失、补领、补办手续等方式避免损失的，按照给失主造成的实际损失计算盗窃数额。

（2）其余四种盗窃行为不要求达到数额较大，但也要求财物具有一定的交换价值或使用价值，价值绝对轻微的财物（如一包纸巾、一双筷子等），不成为盗窃罪的对象。"多次"是指 2 年内盗窃 3 次以上，不以每次行为均已构成盗窃罪为前提。

（3）入户盗窃中，"户"是指他人日常生活使用的（功能特征）与外界相对隔离的（场所特征）住所，包括封闭的院落、牧民的帐篷、渔民作为家庭生活场所的渔船、为生活租用的房屋等。一般情况下，集体宿舍、旅店宾馆、临时搭建工棚等不应认定为"户"，但在特定情况下，如果确实具有上述两个特征的，也可以认定为"户"。入户盗窃不同于单纯的在户内盗窃，虽不限于以盗窃的故意入户，但仅限于以非法目的进入供他人日常生活使用，与外界相对隔离的住所盗窃的情形。如果是合法入户后临时起意盗窃的，不属于入户盗窃。

（4）携带枪支、爆炸物、管制刀具等国家禁止个人携带的器械盗窃，或者为了实施违法犯罪携带其他足以危害他人人身安全的器械盗窃的，应当认定为"携带凶器盗窃"。"凶器"是指在性质上或用法上足以杀伤他人的器物。刀枪棍棒以及螺丝刀等盗窃常用工具等都属于性质上的凶器，硫酸、杀虫喷雾剂、绳索等属于用法上的凶器。携带凶器盗窃时不要求显示、暗

[1]　认为逃单、逃债行为可以构成（利益）盗窃罪的观点，参见黎宏：《刑法学各论》，法律出版社 2016 年版，第 320 页。

[2]　根据《盗窃案件解释》第 1 条，盗窃公私财物价值 1000 元至 3000 元以上、3 万元至 10 万元以上、30 万元至 50 万元以上的，应当分别认定为"数额较大""数额巨大""数额特别巨大"。各省、自治区、直辖市高级人民法院、人民检察院可以根据本地区经济发展状况，并考虑社会治安状况，在上述规定的数额幅度内，确定本地区执行的具体数额标准，报最高人民法院、最高人民检察院批准。第 2 条规定，盗窃公私财物，具有下列情形之一的，"数额较大"的标准可以按照上述规定标准的 50% 确定：①曾因盗窃受过刑事处罚的；② 1 年内曾因盗窃受过行政处罚的；③组织、控制未成年人盗窃的；④自然灾害、事故灾害、社会安全事件等突发事件期间，在事件发生地盗窃的；⑤盗窃残疾人、孤寡老人、丧失劳动能力人的财物的；⑥在医院盗窃病人或者其亲友财物的；⑦盗窃救灾、抢险、防汛、优抚、扶贫、移民、救济款物的；⑧因盗窃造成严重后果的。

示或使用凶器，否则可能直接构成抢劫罪。

（5）扒窃是指在公共场所或者公共交通工具上盗窃他人随身携带的财物。只要满足了公共场所（公共交通工具属于公共场所的一种典型情形）与随身携带这两个条件，就成立扒窃。扒窃之物的大小不影响扒窃的认定，也不要求扒窃具有技术性、惯常性及秘密性。例如，趁列车上旅客熟睡，将其放在行李架上的行李箱取下后中途下车的，即便行李箱体积较大，也属于在公共场所窃取他人随身携带的财物，构成扒窃。

（三）盗窃罪的责任要素

成立盗窃罪主观上除了具有故意外，还需要具有非法占有目的。所有移转型财产犯罪，主观上都需要具备非法占有目的。[1]

1. 盗窃罪的故意表现为明知自己的行为会违背他人的意愿转移他人占有的财物，而希望或者放任占有转移结果的出现。

（1）没有认识到转移的是"他人占有"的财物时，欠缺盗窃罪的故意。误将他人占有之物当做自己的财物取回的，没有盗窃故意，不成立盗窃罪。误将他人占有之物当做委托物或脱离占有物据为己有的，属于客观上实施的是转移他人占有之物的盗窃行为，但主观上只有侵占的故意，发生了抽象的事实认识错误。此时应在重合的范围内成立轻罪，即认定为侵占罪既遂。

（2）数额的程度是有关盗窃罪结果的重要因素，无论是成立数额较大的盗窃罪，还是因盗窃数额巨大、特别巨大选择升格法定刑时，都要求行为人对相应数额的程度有认识。没有认识到财物数额较大的，不成立数额较大的盗窃罪；没有认识到数额巨大、特别巨大的，不能适用升格的法定刑。例如，甲受邀请到乙家做客，发现乙家徒四壁，见桌上一块玉坠，断定是不值钱的仿制品，甲便趁乙不注意顺手拿走，后经鉴定该玉属于宋代古玉，价值不菲。本案中，由于甲断定玉坠为不值钱的仿制品具有一定根据，连"数额较大"的认识都没有，缺乏盗窃犯罪故意，故不能仅以客观上被盗财物价值不菲为由认定甲成立盗窃罪。另外，由于甲是受邀进入乙家中，不是以非法目的进入户中实施盗窃，所以也不成立入户盗窃型的盗窃罪。又如，甲盗窃了他人田地里的一串看似普通的葡萄。结果这片田地是试验田，该葡萄是科学实验中关键一环，因该串葡萄的灭失导致数百万科研经费付诸东流。尽管该串葡萄价值不菲，但甲在行为时不可能认识到其数额较大，不应成立盗窃罪。

（3）成立入户盗窃、携带凶器盗窃时，需对"户""携带凶器"有认识。但成立多次盗窃时，只需客观上多次即可，不要求行为人认识到自己是多次盗窃。

2. 非法占有目的由排除意思与利用意思构成。无论排除意思还是利用意思，都是影响行为人非难可能性大小的责任要素，而不是主观的违法要素。[2]

（1）排除意思，是指排除权利人，将他人的财物作为自己的财物进行支配。排除意思用以区别盗窃与单纯的盗用行为。盗用行为是暂时使用他人财物，有事后归还的意愿。但归还时财物的价值已基本损耗殆尽的，则应认定为盗窃罪。例如，甲入户盗取乙 2020 年法考教材后，努力复习，考试合格后将教材原样奉还的，该教材的价值已基本丧失，应认定为盗窃罪。又

---

〔1〕　非法占有目的是否属于盗窃等取得型财产犯罪的主观要素；如果属于，其具体内容是什么，属于违法要素还是责任要素，抑或其中既有违法要素又有责任要素，理论上存在争议。参见张明楷：《外国刑法纲要》，法律出版社 2020 年版，第 499 页以下。

〔2〕　认为是主观不法要素的观点，参见张小虎："论盗窃罪的非法占有目的要素"，载《法学杂志》2014 年第 12 期；王钢："不法原因给付对于认定财产犯罪的影响——立足于财产概念与'非法'占有的考察"，载《法学家》2017 年第 3 期。

如，甲在商店偷取一部手机后，又按计划以"7 天无理由退货"为由要求店家退货并支付货款的，甲对该手机成立盗窃罪，而非盗用。[1]

（2）利用意思，是指遵从财物的用途（不限于正常用途或一般用途）进行利用、处分。没有利用意思时，只能成立故意毁坏财物罪。例如，男性基于癖好入户窃取女士内衣的，为了燃柴取暖而窃取他人木质家具的，盗取他人钢材后作为废品卖给废品回收公司的，都具有利用意思。与此相对，杀人后为避免公安机关识别被害人身份，将被害人钱包等物丢弃的，不具有利用意思。

（3）非法占有目的必须存在于实施盗窃行为时，转移财物占有之后才产生非法占有目的的，不构成盗窃罪。因此，以毁坏的意思取得他人财物后予以隐藏的，不成立盗窃罪，有可能成立故意毁坏财物罪；以毁坏的意思取得他人财物后予以利用的，也不成立盗窃罪，只可能成立侵占罪。例如，甲本欲砸毁乙的电脑，将电脑搬到自己房间后，嫌砸电脑太费力气，就束之高阁不再理会的，由于转移电脑占有时不具有利用意思，所以甲不成立盗窃罪；其后隐藏电脑时也没有利用意思，仅成立故意毁坏财物罪。又如，甲本欲砸毁乙的电脑，将电脑搬到自己房间后，觉得乙的电脑挺不错，砸了可惜，于是自己一直使用的，由于转移电脑占有时不具有利用意思，所以甲不成立盗窃罪；具有利用意思时，电脑已经不属于他人占有的财物，甲仅成立侵占罪。另一方面，非法占有目的属于主观的超过要素，只需要在盗窃行为作出时具有即可，行为后即便未能现实地完全排除权利人的利用并对财物加以利用或者不愿积极实现非法占有目的，也成立盗窃罪。例如，甲以变卖的目的盗窃乙的银手镯后，嫌变卖赃物太麻烦，一直将该手镯束之高阁不再理会的，由于转移手镯占有时具有利用意思，甲构成盗窃罪；其后隐藏手镯的行为属于共罚的事后行为，不再与盗窃罪并罚。

（四）盗窃罪的认定

1. 犯罪形态的认定。盗窃行为具有使他人丧失财产的紧迫危险时，属于盗窃的着手。在入户盗窃的情形中，进入户内开始物色财物就是盗窃的着手。盗窃行为导致他人丧失对财物的占有时，即便行为人尚未建立对财物的新的稳固占有，也成立盗窃罪既遂（失控说）。[2] 刑法的任务在于保护被害人不受侵害，而不是禁止行为人受益。尽管行为人对财物尚未建立起新的稳固占有并从中受益，但导致被害人丧失对财物的占有时，就已经对他人的财产法益造成了实害。例如，甲潜入乙的住宅盗窃，将乙的皮箱（内有现金 3 万元）扔到院墙外，准备一会儿翻墙出去再捡。偶尔经过此处的丙发现皮箱无人看管，遂将其拿走，据为己有。15 分钟后，甲来到院墙外，发现皮箱已无踪影。本案中，甲将皮箱扔到院墙外时，已经使乙丧失了对皮箱及现金的占有，甲成立盗窃罪既遂；丙主观上只有侵占的故意，成立侵占罪。又如，甲将汽车停在自家楼下，忘记拔车钥匙，匆匆上楼取文件，被恰好路过的乙发现。乙发动汽车刚要挂档开动时，甲正好下楼，将乙抓获。甲尚未丧失对汽车的占有，乙只成立盗窃罪未遂。

此外，行为人有盗窃的故意，客观上也偷到了财物，即便不是其想盗窃的财物，也成立犯罪既遂。例如，乙入室盗窃现金 20 万元，回家后发现全部是假币。即便是假币，也属于财物，乙构成盗窃罪既遂，而不是未遂。但是，如果行为人所取得的财物极为低廉，不能因为行为人取得了"财物"就认定为盗窃既遂，而应认定为盗窃未遂。例如，甲潜入乙的住宅盗窃，正

---

[1] 甲针对店家支付的货款还成立诈骗罪。由于店家实质上只有一个损失，所以本案中盗窃罪与诈骗罪属于包括的一罪，不数罪并罚。

[2] 关于盗窃罪既遂的标准，除失控说外，理论上还存在着接触说、隐藏说、转移说、取得说、控制说、失控加控制说等观点，参见陈兴良主编：《刑法各论精释》（上），人民法院出版社 2015 年版，第 287 页以下。

在物色值钱财物时，发现屋内有人遂匆匆离开，逃离时随手拿走了放在门口的一把廉价雨伞，甲只成立盗窃罪未遂。

2. 盗窃罪与其他犯罪的关系。盗窃财物后，又利用被盗财物诈骗第三人的，应当数罪并罚。例如，甲盗窃乙的汽车后，声称该车是自己所有，转手卖给丙的，对乙的汽车成立盗窃罪，对丙的购车款成立诈骗罪，两罪应并罚。盗窃财物后，使用暴力、胁迫手段迫使他人免除返还义务的，根据情形，可能认定为事后抢劫；也可能认定为盗窃罪与（针对财产性利益的）抢劫罪，此时由于被害人实质上只有一个损失，属于狭义的包括的一罪，从一重罪处理，不并罚。例如，甲从乙家中盗窃平板电脑刚走出门口正准备下楼时，遇上乙上楼回家，甲本着窝藏赃物的目的对乙拳脚相加的，应当直接评价为事后抢劫。又如，甲从乙家中盗走平板电脑，1个月后，乙在旧货市场遇见正在销赃的甲并认出了自己的电脑，乙要求甲返还，甲却对乙拳脚相加使其不敢再向自己讨要平板电脑的，甲对乙的平板电脑（狭义的财物）构成盗窃罪，对乙主张返还平板电脑的请求权（财产性利益）构成抢劫罪，但由于两个行为对象的法益享受主体都是乙，且乙实质上只遭受了一个财产损失，所以只以较重的抢劫罪来评价甲的全部行为，不与盗窃罪并罚。

盗窃财物后，故意毁坏所盗财物的，仅以盗窃罪论处，不与故意毁坏财物罪并罚。后行的故意毁坏行为属于共罚的事后行为。另外，根据《盗窃案件解释》第11条，①采用破坏性手段盗窃公私财物，造成其他财物损毁的，以盗窃罪从重处罚；同时构成盗窃罪和其他犯罪的，择一重罪从重处罚；②实施盗窃犯罪后，为掩盖罪行或者报复等，故意毁坏其他财物构成犯罪的，以盗窃罪和构成的其他犯罪数罪并罚；③盗窃行为未构成犯罪，但损毁财物构成其他犯罪的，以其他犯罪定罪处罚。第10条规定了偷开他人机动车的情形中，①偷开机动车，导致车辆丢失的，以盗窃罪定罪处罚；②为盗窃其他财物，偷开机动车作为犯罪工具使用后非法占有车辆，或者将车辆遗弃导致丢失的，被盗车辆的价值计入盗窃数额；③为实施其他犯罪，偷开机动车作为犯罪工具使用后非法占有车辆，或者将车辆遗弃导致丢失的，以盗窃罪和其他犯罪数罪并罚；将车辆送回未造成丢失的，按照其所实施的其他犯罪从重处罚。

（五）盗窃罪的处罚

根据《刑法》第264条，犯盗窃罪的，处3年以下有期徒刑、拘役或者管制，并处或者单处罚金；数额巨大或者有其他严重情节的，处3年以上10年以下有期徒刑，并处罚金；数额特别巨大或者有其他特别严重情节的，处10年以上有期徒刑或者无期徒刑，并处罚金或者没收财产。[1]

作为法定刑升格条件的"数额（特别）巨大""其他（特别）严重情节"不是加重的构成要件，只是量刑规则，所以不存在未完成形态。主观上想要盗窃数额巨大或特别巨大的财物，结果只盗得数额较大财物，情节也没有达到严重以上程度的，应认定为盗窃罪既遂，按照基本犯的法定刑量刑。主观上想要盗窃数额巨大或特别巨大的财物，结果盗得的财物连数额较大的程度都没达到，情节也没有达到严重以上程度的，应认定为盗窃罪未遂，可以比照基本犯的法定

---

〔1〕根据《盗窃案件解释》第6条，盗窃公私财物，具有下列情形之一，数额达到"数额巨大""数额特别巨大"50%的，可以分别认定为"其他严重情节"或者"其他特别严重情节"：①组织、控制未成年人盗窃的；②自然灾害、事故灾害、社会安全事件等突发事件期间，在事件发生地盗窃的；③盗窃残疾人、孤寡老人、丧失劳动能力人的财物的；④在医院盗窃病人或者其亲友财物的；⑤盗窃救灾、抢险、防汛、优抚、扶贫、移民、救济款物的；⑥因盗窃造成严重后果的；⑦入户盗窃的；⑧携带凶器盗窃的。

刑从轻或者减轻处罚。[1] 例如，丙午夜潜入商场，发现橱柜展示有几枚金锭（30万元/枚），丙打开玻璃门拿起一枚逃走，其实拿走的是值300元的仿制品，真金锭仍在。丙属于盗窃罪未遂，应适用基本犯的法定刑并适用未遂犯的规定。

根据《盗窃案件解释》第7条，盗窃公私财物数额较大，行为人认罪、悔罪、退赃、退赔，且具有下列情形之一，情节轻微的，可以不起诉或者免予刑事处罚；必要时，由有关部门予以行政处罚：①具有法定从宽处罚情节的；②没有参与分赃或者获赃较少且不是主犯的；③被害人谅解的；④其他情节轻微、危害不大的。第8条规定，偷拿家庭成员或者近亲属的财物，获得谅解的，一般可不认为是犯罪；追究刑事责任的，应当酌情从宽。第4条第2款规定，盗窃行为给失主造成的损失大于盗窃数额的，损失数额可以作为量刑情节考虑。

二、抢劫罪

（一）抢劫罪的概念与犯罪构成

抢劫罪，是指以非法占有为目的，以暴力、胁迫或者其他方法强取公私财物的行为。抢劫罪是法益侵害性最严重的财产犯罪，其保护法益既包括财产法益［①基于本权而形成的财物占有状态，与②需要通过法定程序改变现状（恢复应有状态）的财物占有状态］，也包括人身法益（被害人的生命、身体安全）。

1. 抢劫罪的构成要件。

（1）抢劫罪的行为方式表现为当场使用暴力、胁迫或其他强制方法，强取公私财物。暴力、胁迫或其他强制方法需要达到足以压制被害人反抗的程度，否则只能成立敲诈勒索等其他犯罪。单纯利用被害人不能反抗的状态取财的，只成立盗窃罪。例如，甲在路边看见乙醉倒在地，无任何反抗能力，于是将其身上的钱包拿走的，不构成抢劫罪，只成立盗窃罪。但是，如果甲故意将乙强行灌醉然后取走财物的，属于使用压制人反抗的手段取得财物，成立抢劫罪。

应当以被害人的实际感受而非一般人的生活经验为标准客观判断抢劫行为能否压制反抗。[2] 例如，甲明知乙特别胆小，以并不足以压制一般人反抗的行为对乙实施轻微暴力，要求其交出财物，乙也确实在不敢反抗的状态下交出了身上所有现金的，甲成立抢劫罪既遂。当然，如果甲在不知道乙特别胆小的情况下，实施了不能压制一般人反抗的轻微暴力行为，即便客观上乙由于特别胆小被压制了反抗，但甲主观上难以称得上具有"通过压制反抗来取财"的认识，即欠缺抢劫的故意。此时如果能够认定甲特意选取这种低程度的胁迫手段时具有敲诈勒索的故意，那么可以说甲发生了抽象的事实认识错误，在客观构成的犯罪（抢劫）与主观认识的犯罪（敲诈勒索）重合的范围内成立敲诈勒索罪既遂。可见，甲是否明知乙特别胆小这一主观内容，并不决定其行为是否达到了抢劫罪行为的标准，而是用以说明其主观上是否具有抢劫故意。

此外，胁迫的内容表现为加害被害人生命、身体、自由。以加害被害人的名誉、财产为胁迫内容的，不成立抢劫罪，可能成立敲诈勒索罪。使被害人以为行为人会实现胁迫内容即可，不要求行为人真的打算实现胁迫的内容。例如，甲背着书包到银行抢劫，声称不交出100万就

〔1〕 与此不同，根据《盗窃案件解释》第12条，盗窃未遂，具有下列情形之一的，应当依法追究刑事责任：①以数额巨大的财物为盗窃目标的；②以珍贵文物为盗窃目标的；③其他情节严重的情形。盗窃既有既遂，又有未遂，分别达到不同量刑幅度的，依照处罚较重的规定处罚；达到同一量刑幅度的，以盗窃罪既遂处罚。这种观点是将"数额（特别）巨大""其他（特别）严重情节"作为加重的构成要件来对待的。

〔2〕 主张对暴力、胁迫程度的衡量必须以其是否足以抑制普通人反抗为标准的观点，参见周光权：《刑法各论》，中国人民大学出版社2016年版，第104页。

引爆书包里的炸药。事后查明，甲的书包中只有废报纸，没有炸药。由于甲的胁迫行为足以压制被害人反抗，无论其是否真的会实现胁迫的内容，只要被害人以为行为人会实现胁迫内容，甲就构成抢劫罪。

（2）暴力、胁迫等强制行为的对象是财物的占有者或者其他具有保护占有的意思的人。例如，甲看见乙站在一辆自行车旁抽烟，以为乙是车主，于是将乙打倒后骑车离去。事后查明，乙不是车主，也没有看管该车的意思，乙受轻伤。本案中甲的暴力行为既不是针对财物的占有者，也不是针对具有保护占有的意思的人实施的，不成立抢劫罪，只能按盗窃罪与故意伤害罪数罪并罚。

2. 抢劫罪的责任要素。成立抢劫罪除了主观上具有故意（即明知自己的行为会压制他人反抗从而转移他人占有的财物，希望或者放任占有转移结果的出现）外，还需要具有非法占有目的（排除意思与利用意思）。为索取到期合法债务而使用暴力的，不具有非法占有他人财物的目的，视情形成立故意伤害罪、非法拘禁罪、非法侵入住宅罪等。与此相对，为索取非法债务而使用暴力的，具有非法占有他人财物的目的，除构成非法拘禁罪、催收非法债务罪等外，如果达到了压制被害人反抗的程度，完全有可能同时构成抢劫罪。

抢劫的故意与非法占有目的必须存在于实施暴力等压制反抗的行为前，或出于其他目的实施暴力等行为的过程中。①行为人出于其他故意或目的实施暴力等行为的过程中（即暴力等压制反抗的行为仍在继续、尚未结束时）产生夺取财物的意思，并夺取财物的，成立抢劫罪。例如，出于其他故意捆绑被害人后，在捆绑状态持续期间强取被害人财物的，由于压制反抗的捆绑行为仍在持续、尚未结束时产生了抢劫故意与非法占有目的，应认定为抢劫罪。②以其他故意或目的实施暴力后，临时起意单纯利用反抗被压制状态（未昏迷或死亡）取走他人财物的，不构成抢劫罪，对财物仅成立盗窃罪。但行为人临时起意后又实施了新的暴力、胁迫等行为的，可成立抢劫罪。此时，评价新的暴力、胁迫等行为是否达到压制被害人反抗程度时，应将被害人曾一度被压制反抗这一事实考虑在内。③出于其他故意或目的实施暴力致人昏迷后才产生非法占有目的取走财物的，不构成抢劫罪，对财物仅成立盗窃罪。④出于其他故意或目的实施暴力致被害人死亡后取走财物的，按照死者占有否定说，对财物成立侵占罪。[1] 例如，甲、乙、丙、丁共谋诱骗黄某参赌。四人先约黄某到酒店吃饭，甲借机将安眠药放入黄某酒中，想在打牌时趁黄某不清醒合伙赢黄某的钱。但因甲投放的药品剂量偏大，饭后刚开牌局黄某就沉沉睡去，四人趁机将黄某的钱包掏空后离去。四人构成盗窃罪，而不是抢劫罪，因为在实施致人昏迷的行为时，没有抢劫的故意。又如，张某出于报复动机将赵某打成重伤，发现赵某丧失知觉后，临时起意拿走了赵某的钱包，钱包里有1万元现金，张某将其占为己有的，构成盗窃罪，而不是抢劫罪，因为在实施致人重伤的行为时，没有抢劫的故意。

另外，根据《刑法》第289条，聚众"打砸抢"，毁坏或者抢走公私财物的，除判令退赔外，对首要分子按照抢劫罪定罪处罚。该条实际上是把聚众"打砸抢"时的故意毁坏财物、抢夺财物等不具有非法占有目的或抢劫故意的行为，都拟制为了抢劫罪处理。

---

〔1〕 根据《最高人民法院关于审理抢劫、抢夺刑事案件适用法律若干问题的意见》（以下简称《两抢案件意见》）第8条，行为人实施伤害、强奸等犯罪行为，在被害人未失去知觉，利用被害人不能反抗、不敢反抗的处境，临时起意劫取他人财物的，应以此前所实施的具体犯罪与抢劫罪（不要求实施新的暴力、胁迫等行为）实行数罪并罚；在被害人失去知觉或者没有发觉的情形下，以及实施故意杀人犯罪行为之后，临时起意拿走他人财物的，应以此前所实施的具体犯罪与盗窃罪（采用的是死者占有肯定说或折中说）实行数罪并罚。

（二）事后抢劫

事后抢劫（又称准抢劫或转化型抢劫），是指犯盗窃、诈骗、抢夺罪，为窝藏赃物、抗拒抓捕或者毁灭罪证而当场使用暴力或者以暴力相威胁的行为。《刑法》第 269 条是有关事后抢劫的规定。该条属于法律拟制，将本不符合抢劫罪成立条件的行为拟制为抢劫罪处理。

1. 成立事后抢劫，首先要实施一定的前提犯罪，即犯盗窃、诈骗、抢夺罪。"犯盗窃、诈骗、抢夺罪"，主要是指行为人已经着手实施盗窃、诈骗、抢夺行为，一般不考察盗窃、诈骗、抢夺行为是否既遂。行为人实施盗窃、诈骗、抢夺行为，未达到"数额较大"，为窝藏赃物、抗拒抓捕或者毁灭罪证当场使用暴力或者以暴力相威胁，情节较轻、危害不大的，一般不以犯罪论处；但具有下列情节之一的，可以抢劫罪定罪处罚：①盗窃、诈骗、抢夺接近"数额较大"标准的；②入户或在公共交通工具上盗窃、诈骗、抢夺后在户外或交通工具外实施上述行为的；③使用暴力致人轻微伤以上后果的；④使用凶器或以凶器相威胁的；⑤具有其他严重情节的。

只要实施能评价为盗窃、诈骗、抢夺的行为，即可符合前提犯罪的条件，例如犯盗窃枪支罪的、保险诈骗罪的、抢夺武器装备罪的，都可以实质评价为犯盗窃、诈骗、抢夺罪，从而适用《刑法》第 269 条转化为抢劫罪处理。问题在于，抢劫罪本身也能评价为盗窃罪，抢劫后能否适用《刑法》第 269 条再认定为事后抢劫处理？肯定这一点，对于原本就实施了抢劫行为的正犯而言意义不大（最终都是认定为抢劫罪），但对于如何处理抢劫后才出现并帮助抢劫者窝藏赃物、抗拒抓捕或者毁灭罪证的犯罪人，具有重大影响。例如，甲抢劫乙的财物到手后逃跑，乙紧追不舍，丙知情后对乙使用暴力帮助甲抗拒抓捕。如果承认抢劫行为可以再转化为事后抢劫来处理，那么甲抢到乙的财物时还不属于事后抢劫既遂，之后使用暴力抗拒抓捕的行为仍然处于事后抢劫的过程中，故丙可以构成事后抢劫的承继的共犯。与此相对，如果认为犯抢劫行为不能再转化为事后抢劫来处理，则本案中甲抢到乙的财物时已经既遂，既遂后就不能再运用承继的共犯原理将丙认定为抢劫罪的帮助犯。可是，倘若丙是在甲盗窃乙的财物后，并帮助甲对乙使用抗拒抓捕，那么丙当然构成事后抢劫的承继的共犯。与此相比，在甲抢劫乙财物后丙实施相同行为的，若不认定丙构成事后抢劫，就会出现甲先前的犯罪较轻时（盗窃罪）丙构成较重的罪（抢劫罪），甲先前的犯罪较重时（抢劫罪）丙反而构成较轻的罪（伤害罪、妨碍公务罪或窝藏罪等）这一不合理局面。因此，应当允许将抢劫评价为《刑法》第 269 条中的"盗窃"，从而肯定将抢劫再转化为事后抢劫处理的做法。

另外，对于 14 周岁以上不满 16 周岁的行为人能否构成事后抢劫，存在不同观点。否定说认为，这些行为人不满足盗窃、诈骗、抢夺罪的刑事责任年龄要求，不可能"犯"盗窃、诈骗、抢夺罪，所以不满足前提犯罪的要求，当然也就不能按照事后抢劫的规定来处理。当场使用暴力，故意伤害致人重伤或者死亡，或者故意杀人的，应当分别以故意伤害罪或者故意杀人罪定罪处罚。[1] 与此相对，肯定说则认为，既然适用《刑法》第 269 条的效果是"依照本法第 263 条的规定定罪处罚"，即适用的罪名仍然是抢劫罪，而《刑法》第 17 条第 2 款又规定 14 周岁以上不满 16 周岁的行为人犯抢劫罪应当负刑事责任，那么这些人当然应当对事后抢劫这种类型的抢劫罪负责。[2] 在肯定说看来，《刑法》第 269 条中的"犯盗窃、诈骗、抢夺罪"并不是在满足了犯罪所有成立条件的意义上来使用"犯罪"这一概念的，而是在"该当构成

---

〔1〕　参见 2006 年 1 月 11 日发布的《最高人民法院关于审理未成年人刑事案件具体应用法律若干问题的解释》。

〔2〕　参见 2003 年 4 月 18 日发布的《最高人民检察院关于相对刑事责任年龄的人承担刑事责任范围有关问题的答复》。

要件且违法的不法行为"的意义上使用"犯罪"概念的。即便是 14 周岁以上不满 16 周岁的行为人，也可以实施该当盗窃、诈骗、抢夺罪构成要件的违法行为，只是不具备盗窃、诈骗、抢夺罪的责任要素（刑事责任年龄），所以也符合《刑法》第 269 条前提犯罪的要求。本书赞成肯定说。

2. 成立事后抢劫，需要行为人当场使用暴力或者以暴力相威胁。所谓"当场"，是指暴力、胁迫与盗窃、诈骗、抢夺行为具有时间与空间上的紧密性。实施前提犯罪后，一直留在犯罪现场的（现场滞留型），即便经过了几个小时才被发现，也满足当场性。但是，一旦离开后再次回到犯罪现场的（现场回归型），即便时间间隔很短，也不再满足当场性的要求。另外，实施前提犯罪后，一直被追赶的，即便中途更换了追赶人，只要追赶未中断，也应认定为满足当场性。

问题是，未能现实持续地追赶行为人，但通过科技手段一直保持定位追踪的，是否也满足当场性的要求？实践中出现过抢夺车辆后被对方 GPS 追踪、拦截而持枪威胁的案件。李某预谋以购车为名抢车，在网上看到谢某发布的出售二手车信息后，通过电话同对方取得联系，并约定了看车地点。李某携带枪支来到约定地点，谢某的侄子谢甲、弟弟谢乙驾驶欲售车辆前来商谈车辆买卖问题。后李某提出试驾，谢乙坐上副驾驶位置陪同，谢甲在车外等候，李某开车进行试驾。在试驾过程中，李某提出让谢乙驾驶，自己要查看车辆的其他问题。利用谢乙下车不备之机，李某迅速驾车逃离。谢乙见状立即打电话告知了谢甲，谢甲赶紧找了其他车辆和谢乙去追赶，追了一段没有发现李某的去向。谢甲随即打电话将该情况告知了谢某。谢某根据被抢车辆上安装的 GPS，对被抢车辆进行定位，自己开车去追，同时让朋友刘某协助追赶。谢某用电话告诉刘某被抢车辆的位置信息，刘某开车带领秦某按照谢某的指示一直追赶被抢车辆，后将驾车的李某截住。李某见状掏出枪支对刘某、秦某进行威胁，刘某、秦某被迫让开道路，李某遂驾车逃离。法院认为，李某携带枪支抢夺汽车，为抗拒抓捕而使用枪支进行威胁，其行为已构成抢劫罪。[1] 本书则认为，李某仅构成盗窃罪，不构成事后抢劫，应以盗窃罪与非法持有枪支罪数罪并罚。李某将车开走后，虽然先后受到谢甲、谢乙，与刘某、秦某的追赶，但两段追赶行为之间有时间间隔，一度不知李某的去向。谢某的被盗车辆上装有 GPS 定位系统，这只不过说明李某有被再次追赶的可能性，并不能说明前后两段追赶行为之间具有现实的连续性。既然两段追赶行为之间不存在现实的连续性，当李某甩开谢甲、谢乙后，其之前盗窃车辆的当场性不复存在。因此，当刘某、秦某追上李某时，不再满足事后抢劫中"当场性"的要求，不能认定为事后抢劫。[2] 刑法之所以特意运用法律拟制的方法，通过抢劫罪的罪名与法定刑来非难、预防事后抢劫行为，正是考虑到在犯盗窃、诈骗、抢夺罪的当场实施暴力或者以暴力相威胁时，极易造成被害人的死伤。所以，"当场性"不仅仅意味着被害人知道行为人的位置信息，而是必须与致使被害人死伤的高度危险联系起来规范地加以考虑。被害人虽然通过科技手段定位追踪并持续获得行为人位置信息，但未能现实地追赶行为人从而在前提犯罪的同一时空状态下与行为人面对面对抗时，其生命、身体安全就不具有《刑法》第 269 条所预设的高度危险，不应认定为具有"当场性"。事后根据位置信息找到行为人并与之面对面对抗时，通过故意伤害罪、故意杀人罪来保障被害人的生命、身体安全即可。

---

〔1〕　参见北京市朝阳区人民法院刑事附带民事判决书（2016）京 0105 刑初 39 号。

〔2〕　支持构成抢劫罪的观点则会认为，由于谢某的被盗车辆上装有 GPS 定位系统，仍然可以认定李某的行踪一直处于被追赶的状态下，所以当刘某、秦某追上李某时，仍然满足事后抢劫中"当场性"的要求。因此李某构成事后抢劫，且具有持枪抢劫的情节，应当以抢劫罪升格法定刑处理。

此外，"使用暴力或者以暴力相威胁"需要像普通抢劫的手段行为一样，达到足以压制被害人反抗的程度。例如，丁在一网吧里盗窃财物并往外逃跑时，被管理人员顾某发现。丁为阻止顾某的追赶，提起网吧门边的开水壶，将开水泼在顾某身上然后逃离现场。由于朝着他人泼开水的行为足以压制他人的反抗，所以丁构成事后抢劫。又如，丙骗取他人财物后，刚准备离开现场，骗局就被识破。被害人追赶丙。走投无路的丙从身上摸出短刀，扎在自己手臂上，并对被害人说："你们再追，我就死在你们面前。"被害人见丙鲜血直流，一下愣住了，丙迅速逃离现场。本案中丙用短刀扎刺自己的行为不构成对他人的"暴力"，至多属于"威胁"。其自伤行为构成的所谓"威胁"也不足以达到压制他人反抗的程度，所以丙不构成事后抢劫。与普通抢劫不同的是，普通抢劫罪中暴力或威胁的对象必须是财物的占有者以及其他具有保护占有的意思的人，而事后抢劫中不要求暴力或威胁的对象是被害人或者抓捕人，也不要求该对象认识到行为人的犯罪事实。例如，甲在王某家盗窃完毕后，正开门下楼，路人李某正好走到门前。甲误以为李某是王某，会抓捕自己，于是将李某打昏的，甲构成事后抢劫。

3. 成立事后抢劫，需要行为人主观上以窝藏赃物、抗拒抓捕或者毁灭罪证为目的。但是，这些目的属于主观的超过要素，客观上实现与否不影响事后抢劫罪的成立。如果是在盗窃、诈骗或抢夺财产的过程中被人发现，为非法占有财物而当场使用暴力或以暴力相威胁的，可直接适用《刑法》第263条成立抢劫罪。犯盗窃、诈骗、抢夺罪后为了灭口而当场故意杀人的，由于"灭口"可以评价为毁灭罪证等目的，杀人也属于暴力手段，所以应作为事后抢劫处理，而且构成抢劫致人死亡，属于抢劫结果加重犯。例如，丁抢夺张某财物后逃跑，为阻止张某追赶，出于杀害故意向张某开枪射击。子弹未击中张某，但击中路人汪某，致其死亡。本案中，丁想杀害张某但子弹射偏击中汪某，构成打击错误，按照法定符合说，丁对汪某的死亡具有故意；同时，丁是在犯抢夺行为实施完毕后为抗拒抓捕当场使用暴力致人死亡，最终转化为抢劫罪，按照抢劫致人死亡处理。

4. 成立事后抢劫的，既可能是犯盗窃、诈骗、抢夺罪的正犯，也可能是这些前提犯罪的共犯。两人以上共同实施盗窃、诈骗、抢夺犯罪，其中部分行为人为窝藏赃物、抗拒抓捕或者毁灭罪证而当场使用暴力或者以暴力相威胁的，对于其余行为人是否以抢劫罪共犯论处，主要看其对实施暴力或者以暴力相威胁的行为人是否形成共同犯意、提供帮助。基于一定意思联络，对实施暴力或者以暴力相威胁的行为人提供帮助或实际成为帮凶的，可以抢劫共犯论处。另外，根据对"当场使用暴力或者以暴力相威胁"是否知情，即是否具有事后抢劫的故意，前提犯罪的共犯人中完全可能只有部分人最终按照抢劫罪定罪处罚。例如，甲乙共谋盗窃，甲在刚把财物占为己有时被发现，于是当场实施暴力行为，望风的乙对此毫不知情的，甲定抢劫罪，乙定盗窃罪。又如，甲乙共谋盗窃，甲盗得财物准备离开时被发现，望风的乙被抓后当场实施暴力行为，甲对此毫不知情的，甲定盗窃罪，乙定抢劫罪。

事后抢劫的过程中出现死伤等加重后果时，需要注意"状态可以承继，结果不能承继"原理在承继共犯中的运用。例如，甲盗窃被发现，朝被害人猛踢一脚；路过的乙知情后与甲共同实施暴力行为，乙也踢了被害人一脚；事后查明被害人死于脾脏破裂，但无法查明是哪个行为所致的，根据"状态可以承继"的原理，乙与甲首先构成事后抢劫的共犯。问题是甲乙是否都要对死亡结果负责。本案事实存疑，存在两种可能：其一，致命伤是乙未参与前的甲的行为造成的，根据"结果不能承继"的原理，甲需对死亡结果负责，乙却不需对死亡结果负责。其二，致命伤是乙参与后的乙的行为造成的，甲乙由于形成了共犯关系，故均需对死亡结果负责。根据存疑有利于被告的原则，对于乙而言，应当做出前一种事实认定，乙不需对死亡结果负责。但无论如何认定事实，甲均需对死亡结果负责。

　　另外，在运用承继的共犯原理认定行为人构成事后抢劫的共犯时，需要首先确定案件中是否至少存在一名自始至终处于事后抢劫过程中、能被认定为构成事后抢劫的共犯人。否则，其他共犯人缺乏一个可承继的"事后抢劫"，自然也不可能构成事后抢劫的共犯。例如，甲盗窃既遂后被发现于是逃离，乙知情后对抓捕者实施暴力，甲不知情的，甲乙均不构成（事后）抢劫罪，甲定盗窃罪，乙定窝藏罪。这是因为，甲不知道乙的存在，未与之形成共犯关系，所以不需对乙的行为负责，甲不成立事后抢劫。由于甲不成立事后抢劫，乙也就没有一个可参与进去的"事后抢劫"，故不成立事后抢劫的承继的共犯。乙的行为属于在甲犯盗窃罪后帮助其逃匿，根据《刑法》第 310 条，构成窝藏罪。

　　（三）抢劫罪的适用

　　1. 抢劫罪与故意杀人罪的关系。行为人为劫取财物而预谋故意杀人，或者在劫取财物过程中，为制服被害人反抗而故意杀人的，以抢劫罪定罪处罚。出于其他目的杀人后临时起意取财的，根据死者占有否定说，应以故意杀人罪与侵占罪并罚。[1] 抢劫后为了灭口而杀人的，若满足事后抢劫的条件，则构成事后抢劫致人死亡；若不满足事后抢劫的条件，则以普通抢劫罪与故意杀人罪数罪并罚。[2]

　　2. 抢劫罪与绑架罪的关系。一般而言，①向被非法扣押的被害人本人勒索财物的，认定为抢劫罪；②向不在同一时空状态下的第三人勒索财物的，认定为绑架罪。例如，甲使用暴力将乙扣押在某废弃的建筑物内，强行从乙身上搜出现金 3000 元和 1 张只有少量金额的信用卡，甲逼迫乙向该信用卡中打入人民币 10 万元。乙便给其妻子打电话，谎称自己开车撞伤他人，让其立即向自己的信用卡打入 10 万元用于救治伤员和赔偿。乙妻信以为真，便向乙的信用卡中打入 10 万元，被甲取走，甲在得款后将乙释放。本案中，甲与乙处于同一时空状态下，乙妻子则是不同时空状态下的第三人。甲没有利用乙妻子对乙安危的担忧向其索要财物，而是直接向被非法扣押的乙本人勒索财物，所以甲构成抢劫罪，而非绑架罪。另外，③向同一时空状态下的第三人勒索财物的，则构成绑架罪与抢劫罪想象竞合。例如，甲将妇女怀中的婴儿抢过来，用尖刀抵住婴儿喉部要求妇女交出财物的，甲与妇女、婴儿处于同一时空状态下，属于一个行为既对妇女成立抢劫罪，又对婴儿成立绑架罪的情形，构成想象竞合。

　　3. 犯罪形态的认定。抢劫罪着手的时点是开始实施暴力、胁迫等压制被害人反抗的行为。事后抢劫的情形中，盗窃等前提犯的着手不是事后抢劫的着手；开始实施暴力或以暴力相威胁时，才是事后抢劫的着手。

　　根据《两抢案件意见》第 10 条，抢劫罪既侵犯财产权利又侵犯人身权利，具备劫取财物或者造成他人轻伤以上后果两者之一的，均属抢劫既遂；既未劫取财物，又未造成他人人身伤害后果的，属抢劫未遂。以劫取财物作为认定抢劫罪既遂的根据时，要求劫取财物与暴力、胁迫等手段之间具有因果关系。例如，甲为抢劫而殴打章某，章某逃跑，甲随后追赶。章某在逃跑时钱包不慎从身上掉下，甲拾得钱包后离开。本案中章某不是因为被压制反抗而丧失对钱包的占有，所以甲对该钱包不构成抢劫罪既遂，只能构成抢劫罪未遂与侵占罪。又如，甲以抢劫的故意胁迫乙要求其交出财物，其胁迫的内容足以压制一般人的反抗；但乙特别胆大，在未被压制反抗的状态下出于对甲的怜悯，交出了身上所有现金的，取得现金与胁迫手段之间也不具有因果关系，甲只成立抢劫罪未遂。再如，甲给乙的水杯中投入安眠药，试图将其迷晕后实施抢劫。但乙服下安眠药后立即出门购物，甲进入乙家发现家中无人，于是把乙家中洗劫一空

---

〔1〕　根据死者占有肯定说或折中说，则以故意杀人罪与盗窃罪并罚（《两抢案件意见》采取了该观点）。

〔2〕　参见 2001 年 5 月 23 日发布的《最高人民法院关于抢劫过程中故意杀人案件如何定罪问题的批复》。

的，甲不构成抢劫罪既遂，只构成盗窃罪既遂。但是，甲对乙实施暴力，试图抢劫财物，乙眼看自己不足以反抗甲，怕甲取得财物后杀人灭口，于是将钱包砸向甲，趁甲拾取钱包时逃离现场的情形中，甲构成抢劫罪既遂。这是因为，本案中乙是由于被压制反抗、为了逃跑才将钱包砸向甲，希望破财保命，所以可认定甲的暴力行为与取得钱包之间具有因果关系。

4. 抢劫特定财物的处理。以毒品、假币、淫秽物品等违禁品为对象实施抢劫的，以抢劫罪定罪；抢劫的违禁品数量作为量刑情节予以考虑。抢劫违禁品后又以违禁品实施其他犯罪的，应以抢劫罪与具体实施的其他犯罪实行数罪并罚。抢劫赌资、犯罪所得的赃款赃物的，以抢劫罪定罪，但行为人仅以其所输赌资或所赢赌债为抢劫对象的，一般不以抢劫罪定罪处罚。构成其他犯罪的，依照刑法的相关规定处罚。为个人使用，以暴力、胁迫等手段取得家庭成员或近亲属财产的，一般不以抢劫罪定罪处罚，构成其他犯罪的，依照刑法的相关规定处理；教唆或者伙同他人采取暴力、胁迫等手段劫取家庭成员或近亲属财产的，可以抢劫罪定罪处罚。

（四）抢劫罪的处罚

根据《刑法》第 263 条，犯抢劫罪的，处 3 年以上 10 年以下有期徒刑，并处罚金；有下列情形之一的，处 10 年以上有期徒刑、无期徒刑或者死刑，并处罚金或者没收财产：

1. 入户抢劫。"户"是指他人日常生活使用的（功能特征）与外界相对隔离的（场所特征）住所，包括封闭的院落、牧民的帐篷、渔民作为家庭生活场所的渔船、为生活租用的房屋等。一般情况下，集体宿舍、旅店宾馆、临时搭建工棚等不应认定为"户"，但在特定情况下，如果确实具有上述两个特征的，也可以认定为"户"。对于部分时间从事经营、部分时间用于生活起居的场所，行为人在非营业时间强行入内抢劫或者以购物等为名骗开房门入内抢劫的，应认定为"入户抢劫"。对于部分用于经营、部分用于生活且之间有明确隔离的场所，行为人进入生活场所实施抢劫的，应认定为"入户抢劫"；如场所之间没有明确隔离，行为人在营业时间入内实施抢劫的，不认定为"入户抢劫"，但在非营业时间入内实施抢劫的，应认定为"入户抢劫"。

入户抢劫不同于单纯的在户内抢劫，不限于以抢劫的故意入户，但要求是以侵害户内人员的人身、财产为目的进入户中实施抢劫（包括入户实施盗窃、诈骗等犯罪而转化为抢劫的）。[1] 抢劫行为虽然发生在户内，但行为人不以实施抢劫等犯罪为目的进入他人住所，如因访友办事等原因经户内人员允许入户后，在户内临时起意实施抢劫的，或者临时起意实施盗窃、诈骗等犯罪而转化为抢劫的，不属于"入户抢劫"。入户实施盗窃被发现，行为人为窝藏赃物、抗拒抓捕或者毁灭罪证而当场使用暴力或者以暴力相威胁的，如果暴力或者暴力胁迫行为发生在户内，可以认定为"入户抢劫"；[2] 如果暴力或者暴力胁迫行为发生在户外，则不能认定为"入户抢劫"。虽然暴力、胁迫等强制行为必须发生在户内，但取财行为不必发生在户内。例如，甲在公园里对乙实施暴力，要求乙交出财物，因乙未随身携带现金，于是随同乙前往乙家中拿走财物的，甲只成立普通抢劫，不构成入户抢劫。因为压制乙反抗的暴力行为没有发生在户内。但是，甲以抢劫故意侵入乙家中对乙实施暴力，压制乙的反抗，要求乙交出财物，乙声称家中无现金，大量现金存放在办公室，于是甲随同乙一同前往办公室取得现金的，甲属于入户抢劫。因为压制乙反抗的暴力行为发生在户内。另外，构成入户抢劫时，要求行为人主观上对"户"有认识，否则只能认定为普通抢劫。

---

〔1〕　更为限缩入户抢劫的范围，主张只有以抢劫故意入户后实施抢劫的才能认定为入户抢劫的观点，参见张明楷：《刑法学》（下），法律出版社 2021 年版，第 1290~1292 页。

〔2〕　参见最高人民检察院第 17 号指导案例，陈某抢劫、盗窃，付某盗窃案。

2. 在公共交通工具上抢劫。"公共交通工具",包括从事旅客运输的各种公共汽车,大、中型出租车,火车,地铁,轻轨,轮船,飞机等,不含小型出租车。对于虽不具有商业营运执照,但实际从事旅客运输的大、中型交通工具,可认定为"公共交通工具"。接送职工的单位班车、接送师生的校车等大、中型交通工具,视为"公共交通工具"。"在公共交通工具上抢劫",既包括在处于运营状态的公共交通工具上对旅客及司售、乘务人员实施抢劫,也包括拦截运营途中的公共交通工具对旅客及司售、乘务人员实施抢劫,但不包括在未运营的公共交通工具上针对司售、乘务人员实施抢劫。例如,甲在公交车终点调度站内,登上一辆公交车抢劫车上正在打扫卫生的乘务员的,属于普通抢劫,不构成在公共交通工具上抢劫。不要求行为人身体处于公共交通工具上,而是要求行为人抢劫公共交通工具上的人的财物。例如,在公路上用枪逼停一辆大巴车后没有上车,而是站在车门附近要求车上人员逐一下车并交出所有携带财物的,属于在公共交通工具上抢劫。在公共交通工具上实施盗窃、诈骗、抢夺行为后下车转化成抢劫的,不属于"在公共交通工具上抢劫";但在公共交通工具上当场使用暴力或者以暴力相威胁的,则可以转化为"在公共交通工具上抢劫"。

3. 抢劫银行或者其他金融机构。"抢劫银行或者其他金融机构",是指抢劫银行或者其他金融机构的经营资金、有价证券和客户的资金等。抢劫正在使用中的银行或者其他金融机构的运钞车的(意味着运钞车中有金融机构的经营资金、有价证券和客户的资金等),视为"抢劫银行或者其他金融机构"。抢劫银行 ATM 机中的现金的,也属于抢劫银行。但是,抢劫金融机构的办公用品,或单纯抢劫运钞车本身的(意味着运钞车中没有金融机构的经营资金、有价证券和客户的资金等),不属于抢劫金融机构。

4. 多次抢劫或者抢劫数额巨大。多次抢劫是指抢劫 3 次以上,且要求每一次均已构成抢劫罪,这一点与多次盗窃的要求不同。对于行为人基于一个犯意实施犯罪的,如在同一地点同时对在场的多人实施抢劫的;或基于同一犯意在同一地点实施连续抢劫犯罪的,如在同一地点连续地对途经此地的多人进行抢劫的;或在一次犯罪中对一栋居民楼房中的几户居民连续实施入户抢劫的,一般应认定为一次犯罪。

与其他几种抢劫罪的法定刑升格条件均属于加重的构成要件不同,"多次"或"数额巨大"[1]只是抢劫罪的量刑规则。对于量刑规则,不存在未完成形态。例如,行为人打算抢劫 4 次,但只抢劫了 1 次就被抓获,即便查明其犯罪计划,也不能以抢劫多次未遂为由,选择升格的法定刑后再依据《刑法》第 23 条第 2 款的规定"可以比照既遂犯从轻或者减轻处罚",只能按照普通抢劫处理,适用基本法定刑。同理,意图抢劫数额巨大财物,但只抢劫到较少数额财物的,也应认定为普通抢劫既遂。[2]根据《两抢案件意见》与 2016 年 1 月 6 日发布的《最高人民法院关于审理抢劫刑事案件适用法律若干问题的指导意见》(以下简称为《抢劫案件意见》),抢劫数额以实际抢劫到的财物数额为依据。《两抢案件意见》第 6 条第 1 款规定,抢劫信用卡后使用、消费的,其实际使用、消费的数额为抢劫数额;抢劫信用卡后未实际使用、消费的,虽不计入抢劫数额,但应作为量刑情节考虑。所抢信用卡数额巨大,但未实际使用、消费或者实际使用、消费的数额未达到巨大标准的,不适用"抢劫数额巨大"的法定刑。通过银行转账或者电子支付、手机银行等支付平台获取抢劫财物的,以行为人实际获取的财物

---

〔1〕"抢劫数额巨大"的认定标准,参照各地确定的盗窃罪数额巨大的认定标准执行。

〔2〕与此不同,根据《抢劫案件意见》第 2 条第 3 款,对以数额巨大的财物为明确目标,由于意志以外的原因,未能抢到财物或实际抢得的财物数额不大的,应同时认定"抢劫数额巨大"和犯罪未遂的情节,根据《刑法》有关规定,结合未遂犯的处理原则量刑。这种观点是把"数额巨大"作为加重的构成要件来对待。

为抢劫数额。为抢劫其他财物，劫取机动车辆当作犯罪工具或者逃跑工具使用的，被劫取机动车辆的价值计入抢劫数额；为实施抢劫以外的其他犯罪劫取机动车辆的，以抢劫罪和实施的其他犯罪实行数罪并罚。

虽然"多次"与"数额巨大"同属量刑情节，但在适用时，一方面不要求行为人对次数有认识，只要其客观上属于多次抢劫即可升格法定刑；另一方面，成立抢劫数额巨大时则需要行为人对"数额巨大"这一程度有认识。[1] 主观上没有认识到抢劫的财物数额巨大，客观上抢劫了数额巨大财物的，只能认定为普通抢劫，适用基本法定刑。

5. 抢劫致人重伤、死亡。对重伤、死亡结果既可能是故意心态，也可能是过失心态，所以"抢劫致人重伤、死亡"包括抢劫行为过失致人重伤、过失致人死亡、故意重伤他人、故意杀人等四种情形。并非抢劫犯在抢劫的机会中造成重伤、死亡的都属于"抢劫致人重伤、死亡"，重伤、死亡必须是抢劫的暴力等手段行为或取财行为直接造成的结果。例如，贾某在路边将马某打倒在地，劫取其财物。离开时贾某为报复马某之前的反抗，往其胸口轻踢了一脚，不料过失造成马某心脏骤停死亡。本案中，由于致人死亡的行为不是抢劫的手段行为或取财行为，所以贾某构成抢劫罪的基本犯（若贾某对马某的死亡有预见可能性，则与过失致人死亡并罚），而不是成立抢劫致人死亡。又如，甲夜间前往乙家中抢劫，摸黑进入卧室时，不小心将躺在地上的婴儿踩死，乙惊醒，甲将乙捆绑后拿走家中值钱财物。本案中致婴儿死亡的行为虽然发生在抢劫的机会中，但不是抢劫的手段行为或取财行为，所以甲应以普通抢劫罪与过失致人死亡罪数罪并罚，而不是认定为抢劫致人死亡。再如，丁盗窃邱某家财物准备驾车离开时被邱某发现，邱某站在车前阻止丁离开，丁开车将邱某撞死后逃跑。本案中，致人死亡的原因是事后抢劫中的暴力行为，属于（事后）抢劫致人死亡的情形。

6. 冒充军警人员抢劫。认定"冒充军警人员抢劫"，要注重对行为人是否穿着军警制服、携带枪支、是否出示军警证件等情节进行综合审查，判断是否足以使他人误以为是军警人员。对于行为人仅穿着类似军警的服装或仅以言语宣称系军警人员但未携带枪支、也未出示军警证件而实施抢劫的，要结合抢劫地点、时间、暴力或威胁的具体情形，依照常人判断标准，确定是否认定为"冒充军警人员抢劫"。"冒充军警人员抢劫"，既包括非军警人员冒充军警人员的情形，也包括军人冒充警察抢劫或警察冒充军人抢劫的情形。关于真的军警人员以本人的身份抢劫的该如何处理，理论上存在争议。一种观点认为，"冒充"意味着"以假充真"，根据《抢劫案件意见》第2条第4款，军警人员利用自身的真实身份实施抢劫的，不认定为"冒充军警人员抢劫"，应按普通抢劫从重处罚。另一种观点则考虑到军警人员以本人身份抢劫的情形与假冒军警人员抢劫的处罚必要性相当，前者甚至更高；于是将冒充解释为"假冒、充当"，从而军警人员以真实身份"充当"军警人员抢劫的，也构成"冒充军警人员抢劫"。[2]第二种观点充分考虑了实质的处罚必要性与罪刑均衡，且给出了一定的文理解释，但这种解释是否超出了国民预测可能性，是否突破了罪刑法定原则，还值得讨论。

另外，根据《两抢案件意见》第9条第1款，行为人冒充正在执行公务的人民警察"抓赌""抓嫖"，没收赌资或者罚款的行为，构成犯罪的，以招摇撞骗罪从重处罚；在实施上述行为中使用暴力或者暴力威胁的，以抢劫罪定罪处罚。行为人冒充治安联防队员"抓赌""抓嫖"、没收赌资或者罚款的行为，构成犯罪的，以敲诈勒索罪定罪处罚；在实施上述行为中使

---

〔1〕 周光权：《刑法各论》，中国人民大学出版社2016年版，第109页则认为，"作为抢劫罪严重情节的数额巨大，主要是一种客观评价，即考察的是行为人抢劫所得财物实际数额达到巨大标准的，就是抢劫数额巨大"。

〔2〕 参见张明楷：《罪刑法定与刑法解释》，北京大学出版社2009年版，第142页。

用暴力或者暴力威胁的，以抢劫罪定罪处罚。

7. 持枪抢劫。"持枪抢劫"，不是单纯的携带枪支抢劫，是指行为人使用枪支或者向被害人显示持有、佩带的枪支进行抢劫的行为。"枪支"的概念和范围，适用《枪支管理法》的规定。"持枪"不包括持假枪（含仿真枪）的情形，但包括持未装填子弹的真枪的情形。

8. 抢劫军用物资或者抢险、救灾、救济物资。除客观上被抢劫的财物属于军用物资或者抢险、救灾、救济物资外，还要求行为人明知所抢财物是军用物资或者抢险、救灾、救济物资，否则只能认定为普通抢劫。例如，甲以为车上是普通货物，劫取后发现是军用药物的，只能认定为普通抢劫，而不是抢劫军用物资。又如，乙想抢劫救灾物资，但劫取后发现只是普通货物，完全没有救灾物资的，也只能认定为普通抢劫，而不是抢劫救灾物资。但在军用物资与抢险、救灾、救济物资之间发生事实认识错误的，按照客观上所抢财物来定性，不影响升格法定刑的适用。例如，丙想抢劫抢险物资，实际上劫取的是军用物资的，应认定为抢劫军用物资，适用升格的法定刑。

三、抢夺罪

（一）抢夺罪的概念和犯罪构成

抢夺罪，是指以非法占有为目的，当场直接夺取他人紧密占有的数额较大的公私财物，或者多次抢夺的行为。本罪的保护法益与盗窃罪一样，既包括①基于本权而形成的财物占有状态，也包括②需要通过法定程序改变现状（恢复应有状态）的财物占有状态。

1. 成立抢夺罪要求数额较大或多次抢夺。[1]"多次"是指 2 年内抢夺 3 次以上，不以每次行为均已构成抢夺罪为前提。抢夺是一种介于盗窃与抢劫之间的行为方式，虽不如一般盗窃那样使用平和的手段，却也没有达到抢劫中压制他人反抗的程度。抢夺的本质是对物实施暴力，但对物暴力行为可能导致被害人伤亡（具有致人伤亡的一般危险性即可）。

成立抢夺罪不要求乘人不备。例如，甲见乙迎面走来，担心自己的手提包被乙夺走，便紧抓手提包。乙见甲紧抓手提包，猜想包中有贵重物品，在与甲擦肩而过时，当面用力夺走甲的手提包。虽然乙并非乘人不备而夺取财物，但是也构成抢夺罪。传统观点注重盗窃罪与抢夺罪的区别与界限，认为盗窃罪以"秘密窃取"为成立条件，抢夺罪以"公然夺取"为成立条件。[2]但如前所述，盗窃行为未必都具有秘密性，完全存在公然盗窃的情形。成立抢夺罪需要满足以下两个条件：①所夺取的财物是被害人紧密占有的财物，②对财物使用了非平和的手段。不满足其中任何一个条件时，可以构成盗窃罪。换言之，抢夺罪与盗窃罪不是对立关系而是特别关系，抢夺罪与盗窃罪可以评价为在盗窃罪的范围内重合。因为抢夺行为也符合盗窃行

---

〔1〕　根据《最高人民法院、最高人民检察院关于办理抢夺刑事案件适用法律若干问题的解释》（以下简称为《抢夺案件解释》）第 1 条，抢夺公私财物价值 1000 元至 3000 元以上、3 万元至 8 万元以上、20 万元至 40 万元以上的，应当分别认定为"数额较大""数额巨大""数额特别巨大"。各省、自治区、直辖市高级人民法院、人民检察院可以根据本地区经济发展状况，并考虑社会治安状况，在上述规定的数额幅度内，确定本地区执行的具体数额标准，报最高人民法院、最高人民检察院批准。第 2 条规定，抢夺公私财物，具有下列情形之一的，"数额较大"的标准按照上述标准的 50%确定：①曾因抢劫、抢夺或者聚众哄抢受过刑事处罚的；②1 年内曾因抢夺或者哄抢受过行政处罚的；③1 年内抢夺 3 次以上的；④驾驶机动车、非机动车抢夺的；⑤组织、控制未成年人抢夺的；⑥抢夺老年人、未成年人、孕妇、携带婴幼儿的人、残疾人、丧失劳动能力人的财物的；⑦在医院抢夺病人或者其亲友财物的；⑧抢夺救灾、抢险、防汛、优抚、扶贫、移民、救济款物的；⑨自然灾害、事故灾害、社会安全事件等突发事件期间，在事件发生地抢夺的；⑩导致他人轻伤或者精神失常等严重后果的。

〔2〕　参见高铭暄、马克昌主编：《刑法学》，北京大学出版社、高等教育出版社 2017 年版，第 503、509 页；陈兴良：《规范刑法学》（下册），中国人民大学出版社 2017 年版，第 869、901 页。

为的本质特征，即违反占有人的意志，将他人占有的财物转移为自己或第三人占有。[1] 例如，乙女在路上被铁丝绊倒，受伤不能动，手中钱包（内有现金 5000 元）被摔出七八米外。路过的甲捡起钱包时，问乙："你真的不能动了吗？"乙说："我动不了了，请帮我把钱包递过来。"甲听闻后揣着钱包立即逃走。本案中，钱包已经摔出，不再是乙紧密占有的财物；甲也没有适用非平和的取财手段，所以甲不成立抢夺罪，只成立盗窃罪，属于公然窃取的情形。

有时抢夺中也会出现对人使用轻微暴力的情形，但只是使被害人来不及抗拒，而没有压制被害人的反抗，否则应成立抢劫罪。抢夺罪与抢劫罪也不是对立关系而是特别关系，换言之，抢夺罪与抢劫罪可以评价为在抢夺罪的范围内重合。根据《两抢案件意见》《抢夺案件解释》，对于驾驶机动车、非机动车（以下简称为"驾驶车辆"）夺取他人财物的，一般以抢夺罪从重处罚。但具有下列情形之一，应当以抢劫罪定罪处罚：①驾驶车辆，逼挤、撞击或强行逼倒他人以排除他人反抗，乘机夺取财物的；②驾驶车辆强行夺取财物时，因被害人不放手而采取强拉硬拽方法劫取财物的；③行为人明知其驾驶车辆强行夺取他人财物的手段会造成他人伤亡的后果，仍然强行夺取并放任造成财物持有人轻伤以上后果的。例如，甲驾驶摩托车至某广场，乘途经该广场的乙不备，猛拽其携带的手提包，乙紧紧抓住手提包不放，甲即猛踩油门，将乙拖行数米并甩开，夺其手提包后扬长而去。经查，手提包共有钱物价值人民币 5000 元，乙亦因被甲强拉硬拽而致手腕脱臼。甲应认定为抢劫罪，而不是抢夺罪。

2. 成立抢夺罪时，主观上除了要具有故意外，还需要具有非法占有目的（排除意思与利用意思）。

（二）携带凶器抢夺的认定

根据《刑法》第 267 条第 2 款，携带凶器抢夺的，按抢劫罪定罪处罚。该规定属于法律拟制，把本不符合抢劫基本类型的行为拟制为抢劫来处理，不能推而广之地适用。例如，携带凶器诈骗的、敲诈勒索的，都不能定抢劫罪。

"携带凶器抢夺"，是指行为人随身携带枪支、爆炸物、管制刀具等国家禁止个人携带的器械进行抢夺或者为了实施犯罪而携带其他器械进行抢夺的行为。"凶器"，是指在性质上或用法上足以杀伤他人的器物。刀枪棍棒等都属于性质上的凶器，硫酸、绳索、藏獒等则属于用法上的凶器。"携带"，是指现实上的支配，具有随时使用的可能性。凶器不一定要放在自己身上，放在同伙身上、随时可能使用的，也是"携带"；反过来，即便放在自己身上，但层层包裹、不能随时取出使用的，也不属于"携带"。"携带凶器"不要求显示、暗示甚至对人使用凶器。对人使用凶器压制反抗的，应直接适用《刑法》第 263 条认定为抢劫罪。携带凶器并对物使用凶器的，则适用《刑法》第 267 条第 2 款拟制为抢劫罪。例如，甲携带一把匕首试图抢夺乙的单肩背包，用匕首将背包带割断后，迅速夺过背包逃走的，属于携带凶器抢夺，应定抢劫罪。另外，因携带枪支抢夺而构成抢劫罪的（《刑法》第 267 条第 2 款），由于在认定为抢劫时已经对携带枪支进行了评价，所以不能再认定为"持枪抢劫"，否则违反禁止重复评价原则，此时只能按普通抢劫处理。

适用《刑法》第 267 条第 2 款将抢夺拟制为抢劫处理时，还要求行为人具有准备使用凶器的意识。包括两种情形：①抢夺前为了使用而携带；②出于其他目的而携带，在现场意识到所携带的凶器进而实施抢夺。行为人既不是为了违法犯罪而携带，抢夺时也没有准备使用的意识的，则不适用本规定拟制为抢劫，只能认定为抢夺罪。

---

[1] 详细论证参见张明楷："盗窃与抢夺的界限"，载《法学家》2006 年第 2 期。

（三）抢夺罪的处罚

根据《刑法》第 267 条第 1 款，犯抢夺罪的，处 3 年以下有期徒刑、拘役或者管制，并处或者单处罚金；数额巨大或者有其他严重情节的，处 3 年以上 10 年以下有期徒刑，并处罚金；数额特别巨大或者有其他特别严重情节的，处 10 年以上有期徒刑或者无期徒刑，并处罚金或者没收财产。[1]

根据《抢夺案件解释》第 5 条，抢夺公私财物数额较大，但未造成他人轻伤以上伤害，行为人系初犯，认罪、悔罪、退赃、退赔，且具有下列情形之一的，可以认定为犯罪情节轻微，不起诉或者免予刑事处罚；必要时，由有关部门依法予以行政处罚：①具有法定从宽处罚情节的；②没有参与分赃或者获赃较少，且不是主犯的；③被害人谅解的；④其他情节轻微、危害不大的。

四、聚众哄抢罪

聚众哄抢罪，是指以非法占有为目的，聚众哄抢公私财物，数额较大或者有其他严重情节的行为。聚众哄抢不要求参与人使用暴力、胁迫等手段压制被害人反抗，故不同于共同抢劫行为。聚众哄抢时参与哄抢的人员随时可能增减，本质上是依靠人多势众致使被害人难以阻止的公然盗窃行为。本罪不是"聚众"与"哄抢"的复行为犯。换言之，"哄抢"是本罪的实行行为，"聚众"只是哄抢时的状态而已。所以，一方面，开始哄抢的才能认定为本罪着手，只"聚众"尚未"哄抢"的，不能认定为本罪未遂，至多是本罪预备。另一方面，即便无人实施聚集行为，众人自发聚集哄抢的，如被害人从银行取出大量现金后出门摔倒，纸币从塑料袋中散落出来随风飘洒，四周路人一哄而上疯狂拾捡的，也属于聚众哄抢。此时即便没有首要分子，也不妨碍对其中的积极参加者追究刑事责任。

根据《刑法》第 268 条，犯聚众哄抢罪的，对首要分子和积极参加的，处 3 年以下有期徒刑、拘役或者管制，并处罚金；数额巨大或者有其他特别严重情节的，处 3 年以上 10 年以下有期徒刑，并处罚金。

第三节 诈骗与恐吓型财产犯罪

一、诈骗罪

（一）诈骗罪的概念与保护法益

诈骗罪，是指以非法占有为目的，骗取数额较大的公私财物的行为。诈骗罪的保护法益与盗窃罪一样，即①基于本权而形成的财物占有状态，以及②需要通过法定程序改变现状（恢复应有状态）的财物占有状态。例如，乙窃取摩托车，准备骑走。甲觉其可疑，装成摩托车主人的样子说："你想把我的车骑走啊？"乙弃车逃走，甲将摩托车据为己有的，甲成立诈骗罪。因为乙窃取摩托车后，已经获得了摩托车的占有，虽是非法占有，但刑法也不允许无本权者通过欺骗的手段使得乙交付摩托车。本权与非法占有并非受到同等程度的保护，对本权的保护程

---

[1] 根据《抢夺案件解释》第 3 条，抢夺公私财物，具有下列情形之一的，应当认定为"其他严重情节"：其一，导致他人重伤的。其二，导致他人自杀的。其三，具有以下情形之一，数额达到"数额巨大"50% 的：①1 年内抢夺 3 次以上的；②驾驶机动车、非机动车抢夺的；③组织、控制未成年人抢夺的；④抢夺老年人、未成年人、孕妇、携带婴幼儿的人、残疾人、丧失劳动能力人的财物的；⑤在医院抢夺病人或者其亲友财物的；⑥抢夺救灾、抢险、防汛、优抚、扶贫、移民、救济款物的；⑦自然灾害、事故灾害、社会安全事件等突发事件期间，在事件发生地抢夺的；⑧导致他人轻伤或者精神失常等严重后果的。另外，第 4 条规定，抢夺公私财物，具有下列情形之一的，应当认定为"其他特别严重情节"：其一，导致他人死亡的；其二，具有上述①~⑧情形之一，数额达到"数额特别巨大"50% 的。

度应当高于对非法占有的保护。所以，骗回对方非法占有的自己所有的财物的，不成立诈骗罪。但是，当被害人基于本权占有财物时，其他对财物也有本权的人不能通过诈骗的方法转移其对财物的占有。换言之，骗回对方合法占有的自己所有的财物时，成立诈骗罪。这是因为，无论哪一方的本权都是合法的，不存在孰优孰劣的问题，此时诈骗罪所要保护的是基于本权对财物的现实占有状态。

为了严格区分盗窃罪等夺取型财产犯罪与诈骗罪、敲诈勒索罪等交付型财产犯罪，有观点认为交付型财产犯罪在保护财物的占有状态或所有权（主要法益）的同时，还兼顾保护财产处分的自由或者意思决定的自由（次要法益）。[1] 但是，与规定了胁迫罪、强要罪的德日刑法不同，我国并没有将单纯侵害"意思决定自由"的行为规定为犯罪。法益不是单纯的利益，必须是通过实定法确认予以保护的利益。既然刑法不单独保护意思决定自由，那么以次要法益的形式将其纳入财产犯罪中予以保护，恐怕存在间接处罚之嫌。所以，德日刑法中有关诈骗罪保护法益的学说并非当然可援用至我国。

（二）诈骗罪的犯罪构成

1. 诈骗罪的构成要件内容表现为使用欺骗行为骗取他人数额较大的财物。诈骗罪的基本构造由以下五个环节构成：欺骗行为⇒错误认识⇒处分财产⇒取得财产⇒遭受损失（数额较大）。[2] 具体而言，行为人实施欺骗行为，使被骗人产生错误认识，被骗人基于错误认识处分财产，行为人进而取得财产，被害人最终遭受财产损失。例如，在网络约车中，行为人以非法占有为目的，通过网约车平台与网约车公司进行交流，发出虚构的用车需求，使网约车公司误认为是符合公司补贴规则的订单，基于错误认识，给予行为人垫付车费及订单补贴的行为，符合诈骗罪的基本构造。[3] 这五个环节必须环环相扣，缺少其中任何一环都不能成立诈骗罪既遂。实施欺骗行为后，他人未陷入错误认识而基于其他原因处分财产的，或者虽使他人陷入错误认识但未处分财产的，只构成诈骗罪未遂。例如，甲试图骗取乙身上的金链子，乙识破骗局后可怜甲一番苦心，于是假装被骗将金链子交付给甲的，甲只成立诈骗罪未遂。

（1）欺骗行为表现为虚构事实或隐瞒真相以使对方陷入处分财产的认识错误。凡是使对方产生、维持或强化认识错误的，都属于欺骗行为。欺骗行为的手段、方法没有特别限制，明示的欺骗、默示的欺骗乃至不作为的欺骗都可以。例如，收藏家甲受托为江某的藏品进行鉴定，甲明知该藏品价值100万，但故意贬其价值后以1万元收买。甲的行为构成诈骗罪。甲受托进行鉴定，就负有告知江某藏品真实价值的义务，秘而不宣甚至故意贬低价值的，属于欺骗行为。在通过赌博的方式获取他人财物的情形中，如果是单纯引诱他人参与赌博，输赢结果具有随机性的，只构成赌博罪；但引诱他人参赌后，通过设置机关、相互配合等方式，改变了输赢结果的偶然性，掌握了每局的输赢控制权时，则构成诈骗罪。另外，行为是否足以使对方陷

---

〔1〕　参见周光权：《刑法各论》，中国人民大学出版社2016年版，第132页；王钢：《德国判例刑法（分则）》，北京大学出版社2016年版，第284页。

〔2〕　根据《最高人民法院、最高人民检察院关于办理诈骗刑事案件具体应用法律若干问题的解释》（以下简称为《诈骗案件解释》）第1条，诈骗公私财物价值3000元至1万元以上、3万元至10万元以上、50万元以上的，应当分别认定为"数额较大""数额巨大""数额特别巨大"。各省、自治区、直辖市高级人民法院、人民检察院可以结合本地区经济社会发展状况，在上述规定的数额幅度内，共同研究确定本地区执行的具体数额标准，报最高人民法院、最高人民检察院备案。

〔3〕　参见最高人民检察院第38号指导案例，董某等四人诈骗案。

入处分财产的认识错误，应以被骗人而不是一般人为标准进行判断。[1] 例如，甲谎称自己是电视剧《人民的名义》中汉东省京州市副市长兼光明区区委书记"丁义珍"，现定居美国，以可利用国内外人脉关系快速办理美国签证为由骗取老年人签证费，然后自己消费。即便该骗局在一般人看来完全不可信，但具体被骗人因知识所限或沉迷剧情受骗后确信"丁义珍"确有其人且本领通天，则甲的行为应当认定为欺骗行为，构成诈骗罪。

（2）行为人实施欺骗行为后，需使得被骗人产生有关处分财产的错误认识。被骗人必须是具有一定行为能力的自然人。欺骗幼儿、严重精神病患者、机器的，不成立诈骗罪，而成立盗窃罪。例如，甲潜入乙家，搬走乙家 1 台价值 2000 元的彩电，走到门口时，被乙 5 岁的女儿丙看到。丙问甲为什么搬她家的彩电，乙谎称是其父亲让他来搬的。丙信以为真，让甲将彩电搬走。甲的行为属于盗窃，而不是诈骗。又如，甲将一张作废的 IC 卡插入银行的自动取款机试探，碰巧自动取款机显示能够取出现金，于是甲取出 5000 元。由于机器不能被骗，所以甲不成立诈骗罪，而是成立盗窃罪。[2]

（3）被骗人需基于错误认识有意识地将财产转移给行为人或第三者占有。被骗人处分财产时必须具备处分意识（处分意识必要说）。[3] 被骗人基于错误认识放弃对财物的占有，而后行为人拾取的，也成立诈骗罪。例如，甲冒充城管执法，街边小贩怕被抓于是放弃三轮车上的货物逃跑，甲将小贩的货物尽收囊中的，甲成立诈骗罪。又如，甲对持有外币的乙说："你手上拿的是假币，得扔掉，否则要坐牢。"乙将外币扔掉，甲趁机将外币捡走的，甲成立诈骗罪。

诈骗罪与盗窃罪的关键区别在于，行为人是否实施了足以使他人陷入处分财产的错误认识的欺骗行为以及被害人是否基于错误认识处分财产。例如，乙驾车带甲去海边游玩。到达后，乙欲游泳。甲骗乙说："我在车里休息，把车钥匙给我。"趁乙游泳，甲将该车开往外地卖给他人。本案中乙并没有将汽车的占有转移给甲的意思，甲至多属于占有辅助人，故甲不成立诈骗罪，而是成立盗窃罪。同理，甲利用信息网络，诱骗他人点击虚假链接，通过预先植入的木马程序取得他人财物。倘若他人不知点击链接会转移财产，则不存在处分意识，进而不能认定为被骗人基于认识错误处分财产，甲不构成诈骗罪，而是成立盗窃罪。与此相对，乙虚构可供交易的商品，欺骗他人点击付款链接，取得他人财物的，由于他人知道自己付款，有处分意识，故乙触犯诈骗罪。[4] 在俗称的"偷电"案件中，也应当根据"被骗人是否基于错误认识产生处分意思进而处分财产"为标准分别认定为盗窃罪或诈骗罪。例如，甲从邻居家电表上接了一根电线到自己家中使用的，构成针对电力的盗窃罪。甲在自家电表上安装设备让电表停转或转速变慢的，构成对电力的盗窃罪。甲在抄表员前来抄电表时，故意将电表计数回拨，使得

---

[1]　周光权：《刑法各论》，中国人民大学出版社 2016 年版，第 125 页认为欺诈行为原则上必须使一般人产生认识错误。

[2]　关于非法使用信用卡在 ATM 机上取款的行为性质，我国学者之间存在盗窃说与特殊诈骗说之争。特殊诈骗说的观点，参见刘明祥："用拾得的信用卡在 ATM 机上取款行为之定性"，载《清华法学》2007 年第 4 期；刘明祥："再论用信用卡在 ATM 机上恶意取款的行为性质——与张明楷教授商榷"，载《清华法学》2009 年第 1 期。盗窃说的观点，参见张明楷："也论用拾得的信用卡在 ATM 机上取款的行为性质——与刘明祥教授商榷"，载《清华法学》2008 年第 1 期；张明楷："非法使用信用卡在 ATM 机取款的行为构成盗窃罪——再与刘明祥教授商榷"，载《清华法学》2009 年第 1 期。

[3]　也有观点主张构成诈骗罪不需要被骗人有处分意识（处分意识不要说），或者主张诈骗的对象是狭义的财物时需要具有处分意识，但诈骗财产性利益时，不需要具有处分意识（区别说）。参见张明楷：《外国刑法纲要》，法律出版社 2020 年版，第 537~538 页。

[4]　参见最高人民法院第 27 号指导案例，臧某等盗窃、诈骗案。

抄表员少记用电量的，则构成骗免债务型的诈骗罪。

　　问题是，处分意识需要明确到何种程度，是对每个具体处分的财物本身都要有处分意识，还是意识到客观上所处分财物的种类即可。例如，甲将名贵相机塞入方便面箱中，使收银员误以为箱中只有方便面并在收取相应货款后让甲离开。又如，乙将名贵相机塞入廉价相机盒中，使收银员误以为盒中只有廉价相机并在收取相应货款后让乙离开。上述两个案件中，收银员客观上转移了名贵相机的占有，但没有精确意识到自己实际上处分的是"名贵相机"。区别仅在于，收银员意识到把"相机"处分给乙，但对甲甚至连处分"相机"的意识都没有，仅有处分"方便面"的意识。正是基于这种这种区别，有观点主张甲构成盗窃罪，乙构成诈骗罪。[1]但是，财产犯罪中财物作为商品的种类并不重要，受侵害的与被保护的都是具体的财物本身。既然作为行为对象时不能将"廉价相机"与"名贵相机"等同视之，那么也没有实质理由可以将处分"廉价相机"的意识与处分"名贵相机"的意识等同看待。另外，以什么标准来划分财物的种类，并不存在统一、明确的标准。旧型号的某品牌相机与新型号的某品牌相机是否属于同种类的财物？国产品牌的相机与国外品牌的相机，儿童玩具相机与专业单反相机，普通照相机与兼具摄像功能的照相机又是否属于同种类的财物呢？划定种类的标准模糊不清，也就难以明确划定盗窃罪与诈骗罪的界限。或许也有观点主张，在上述两个案件中，收银员都意识到自己处分的是眼前的一箱或一盒财物，所以都认定为诈骗罪。这种观点的问题在于，最终确定被害财物进而计算犯罪数额时，针对的是箱中或盒中的具体物品，而不是考虑包装物"整体"。在对包装物中的内容明明没有认识的情况下，不能说收银员处分整体包装物的意识就当然包括了处分具体内容物的意识。因此，本书认为，被骗人基于错误认识处分财物时，需要对客观上具体处分的财物本身有处分意识，上述两个案例中，既然收银员都没有意识到实际上是在处分隐藏在箱中或盒中的"名贵相机"这一具体财物，那么收银员对于案件中的被害财物就没有处分意识，甲、乙均构成盗窃罪。[2]与此相对，丙将名贵相机上的条码（本案中条码直接贴在相机上，而不是贴在不透明的包装盒上）撕下后贴上廉价货物（未必是相机）的条码，使收银员扫码后对眼前这部相机的价格产生错误认识的，由于收银员此时明确意识到将要处分的就是眼前的这部相机，所以丙构成诈骗罪。

　　（4）行为人取得财产既可能表现为积极财产的增加，也可能表现为消极财产的减少（即骗免合法债务的情形）。根据《刑法》第210条第2款，使用欺骗手段骗取增值税专用发票或者可以用于骗取出口退税、抵扣税款的其他发票的，按诈骗罪定罪处罚。这属于注意规定。另外，以欺诈、伪造证明材料或者其他手段骗取养老、医疗、工伤、失业、生育等社会保险金或者其他社会保障待遇的；[3]以虚假、冒用的身份证件办理入网手续并使用移动电话，造成电信资费损失数额较大的，[4]也以诈骗罪定罪处罚。

　　行为人虽然获得了财产性利益，但被害人并没有处分财产的，不成立诈骗罪。例如，甲破坏高速公路护栏，不经过收费站驶下高速公路的，虽然没有缴费，获得了利益，但收费员并没有将这部分利益有意识地处分给甲，故甲不成立诈骗罪。同时，虽然甲逃避缴费的行为违背了

---

　　〔1〕 参见张明楷：《刑法学》（下），法律出版社2021年版，第1308页。

　　〔2〕 周光权：《刑法各论》，中国人民大学出版社2016年版，第126页同样主张应严格认定处分意识，"处分者不仅要认识到自己在处分一定的财物，还必须对于正在处分的对象的特殊性、具体性有较为清楚的意识"。

　　〔3〕 参见2014年4月24日发布的《全国人民代表大会常务委员会关于〈中华人民共和国刑法〉第266条的解释》。

　　〔4〕 参见2000年5月12日发布的《最高人民法院关于审理扰乱电信市场管理秩序案件具体应用法律若干问题的解释》。

收费员的意愿，但债务人不可能将债权人针对自己的债权转移给自己，所以甲虽然获得了利益，但并没有将他人的财产性利益"转移"给自己，不满足盗窃行为的构造，不构成盗窃罪。[1] 刑法具有谦抑性，是调节社会关系的最后手段，对法益的保护具有不完整性，并非任何侵害他人财产的行为都必然构成财产犯罪。本案中甲只是单纯的逃避债务不履行的行为，不构成财产犯罪。另外，根据素材同一性的要求，行为人取得的财产与被骗人丧失占有的财产必须具有同一性。例如，顾客购物时将车钥匙遗忘在收银台，收银员问是谁的，丁谎称是自己的，然后持该钥匙将顾客的车开走。本案中，丁欺骗收银员获得的是车钥匙，而不是汽车，所以对车钥匙是诈骗（但达不到数额较大的程度）；但对汽车则属于违背顾客的意愿转移占有，构成盗窃罪。

（5）我国的诈骗罪不是针对整体财产的犯罪，而是针对个别财产的犯罪，所以在判断被害人是否遭受经济损失时，不能从被害人的整体经济状况考虑其是否有经济上的亏损。[2] 当被害人的交易目的基本未能达成时，不论是否提供了对价，也不论被骗人是否期待对价，都应当认为受骗交付的具体财物对被害人而言属于遭受损失。例如，医生甲欺骗没有患病的乙购买药品，即便按照市场价格提供了等价药品，乙在整体经济上没有亏损，不过是个人资产中的现金转化为了药品这一形式，但乙购买药品希望治疗疾病的交易目的未能实现，甲成立诈骗罪。又如，甲假装为灾区募捐，实际上是将得来的善款用于自己消费的，即便捐款人不期待甲给付任何对价，但用于慈善活动的捐款目的落空了，甲成立诈骗罪。与此相对，甲为希望小学募捐，西装革履的乙过来询问其他人捐款数额。本来一般人至多只捐100元，甲为了让乙多捐款，夸大说一般人都捐1000元。乙为了不输面子，捐了1万元。倘若乙知道其他人的捐款行情，可能只捐1000元。后来善款的确全部用于希望小学建设。本案中，虽然甲也实施了欺骗行为，但乙捐款的交易目的基本实现，其面子上的利益不是诈骗罪保护的对象，所以甲不成立诈骗罪。

诈骗不法原因给付物的情形中，被害财物之所以成为不法原因给付物，正是由于行为人的诈骗行为所致，故应认定被害人有财产损失，行为人构成诈骗罪。例如，甲以白纸冒充假币出售给乙的，虽然乙支付的真币属于不法原因给付物，但甲仍成立诈骗罪。

由于劳务本身不属于财产性利益，所以欺骗他人提供劳务的，不存在被害财物，被害人也不可能遭受财产损失，行为人不构成诈骗罪。欺骗他人使其免除赌债等非法债务的，被害人不存在财产损失，行为人不构成诈骗罪；但欺骗他人使其免除包括合法劳务的对价等在内的合法债务的，被害人存在财产损失，行为人构成诈骗罪。例如，甲欺骗乙说，如果帮自己把50袋水泥扛上8楼，就支付3000元，实际上根本没有支付意愿的，不成立诈骗罪，事后不付钱的行为也不过是单纯的债务不履行。但是，在乙索要价款时，甲以花言巧语欺骗乙免除该笔债务的，则由于该债务不属于非法债务，而是合法劳务的相应对价，甲成立诈骗罪。又如，甲欺骗乙说若提供卖淫服务则支付1万元，乙提供服务后甲不支付对价的，甲不成立以"卖淫服务"为对象的诈骗罪；乙为甲提供卖淫服务后，甲用花言巧语骗得乙免除支付嫖资的债务的，由于该债务属于非法债务，免除该债务不能认定为乙有财产损失，故甲仍然不成立诈骗罪。但是，甲支付嫖资后又从乙手中将该笔嫖资骗回的，成立诈骗罪。

2. 成立诈骗罪时，主观上除了故意外，还需要具有非法占有目的（排除意思与利用意

---

〔1〕　黎宏：《刑法学各论》，法律出版社2016年版，第320页则认为逃单、逃债行为可以构成（利益）盗窃罪。

〔2〕　德国刑法中的诈骗罪则一般被理解为针对整体财产的犯罪，参见王钢：《德国判例刑法（分则）》，北京大学出版社2016年版，第212页。

思）。为实现到期合法债权而欺骗对方交付财物的，不具有非法占有目的，不构成诈骗罪。与此相对，为实现非法债权（如赌债、高利贷等）而欺骗对方交付财物的，具有非法占有目的，构成诈骗罪。

（三）诈骗罪的认定

1. 三角诈骗的认定。三角诈骗是指，被骗人与被害人（财物占有人）不是同一人，但被骗人与财产处分人是同一人的情形。由于被骗人处分了被害人的财产，最终导致被害人有财产损失。成立三角诈骗时，被骗人需具有处分被害人财产的权限或地位，[1] 如被骗人是被害人财物的占有辅助人；否则，成立盗窃罪的间接正犯。例如，甲对李某家的保姆说："李某现在使用的手提电脑是我的，你还给我吧。"保姆信以为真，将电脑交给甲。甲构成三角诈骗。因为保姆具有处分李某财物的权限或地位。与此相对，乙欺骗 5 岁的幼童，使其按照自己的指令去邻居院中将装有名烟名酒的行李箱拖出来给自己的，由于该幼童没有处分邻居行李箱的权限与地位，所以乙不构成三角诈骗，而是将幼童作为自己的工具予以利用，在意志上支配了幼童的行为，实质上是违背邻居的意愿转移行李箱的占有，构成盗窃罪的间接正犯。

诉讼诈骗属于三角诈骗的典型情形。一个行为可能同时构成三角诈骗型的诈骗罪与虚假诉讼罪，此时按想象竞合处理。根据《刑法》第 307 条之一，虚假诉讼罪是指，以捏造的事实提起民事诉讼，妨害司法秩序或者严重侵害他人合法权益的行为。例如，甲伪造乙欠自己 50 万元的借条，起诉至法院，最终法院受骗判决甲胜诉，将乙价值 50 万元的财产强制执行至甲名下。本案属于诉讼诈骗，法院是被骗人，乙是被害人，法院通过民事诉讼制度获得了处分乙 50 万元财物的权限，甲在构成三角诈骗的同时还构成虚假诉讼罪。但是，并非所有的诉讼诈骗行为都构成虚假诉讼罪。例如，乙真的欠甲 50 万元不还，甲诉至法院后，乙伪造了有甲签名的还款凭证，最终法院受骗判决甲败诉。本案中，由于乙不符合"以捏造的事实提起民事诉讼"这一条件，不能构成虚假诉讼罪，但仍然可以构成以法院为被骗人，甲为被害人的三角诈骗，成立骗免债务型的诈骗罪。

近年来也有学者在上述传统的三角诈骗外，主张一种新型的三角诈骗，即具有处分权限的被骗人基于错误认识处分自己的财产，却导致被害人遭受财产损失的情形。新型三角诈骗与传统三角诈骗都是被告人实施欺骗行为，被骗人基于认识错误处分财产，都是使被骗人之外的被害人遭受财产损失。成立这种新型三角诈骗时，被骗人具有向被害人转移（处分）财产的义务，并且以履行义务为目的，按照被害人指示的方式或者以法律、交易习惯认可的方式（转移）处分自己的财产，虽然存在错误认识却不存在民法上的过错，但被害人没有获得财产，并且丧失了要求被骗人再次（转移）处分自己财产的民事权利。[2] 例如，2017 年 2 月至 3 月间，被告人邹某先后到石狮市多家店铺、摊位，乘无人注意之机，将店铺、摊位上的微信收款二维码掉换（覆盖）为自己的微信二维码，从而获取顾客通过微信扫描支付给上述商家的钱款共计 6983.03 元。[3] 根据上述新型三角诈骗的观点，本案中的被害财物是商家对顾客的应收货款。产生错误认识进而通过扫描二维码处分财产的是顾客，但实际遭受财产损失的是被害人，所以出现了被骗人与被害人分离的情形，符合三角诈骗的基本特征。此外，顾客按照商户的指示扫描二维码，完成支付行为后，商户不能要求顾客再次支付货款，说明顾客通过按指示

---

〔1〕 另有"阵营说"，要求受骗人与被害人属于同一阵营，参见王钢：《德国判例刑法（分则）》，北京大学出版社 2016 年版，第 210 页。

〔2〕 参见张明楷："三角诈骗的类型"，载《法学评论》2017 年第 1 期，第 24~25 页。

〔3〕 参见福建省石狮市人民法院（2017）闽 0581 刑初 1070 号刑事判决书。

扫描二维码支付的行为获得了商户的授权，即获得了通过这种方式来处分商家对自己的应收货款的权限或地位。因此，邹某的行为构成以顾客为被骗人，以商户为被害人的三角诈骗。

之所以在传统三角诈骗外提出一种新型三角诈骗，主要是考虑到被骗人（顾客）最终没有经济损失（不必再次支付货款），实际受损的是第三人（商户）。但在冒用他人信用卡在ATM机上取钱的案件中，虽然银行最终不会遭受经济损失，却仍然应当认为行为人转移了原本由银行占有的现金，构成对银行的盗窃罪。既然盗窃罪与诈骗罪都是针对个别财产的犯罪，那么在诈骗的情形中也不能因为事实上最终没有经济损失而断然否定对被骗人直接构成诈骗罪的可能。另外新型三角诈骗与传统三角诈骗在构造上也有显著区别，前者是被骗人处分自己占有的财产，后者则是被骗人处分被害人占有的财产。在包括盗窃罪、诈骗罪在内的转移型财产犯罪中，占有状态本身是受保护的法益，所以行为时究竟是谁占有财产，当然是重要事项，关系到究竟是对谁的占有构成转移型财产犯罪。因此，把被骗人处分自己与他人占有财产的情形统归于"三角诈骗"之下未必合适。

本书认为，上述新型三角诈骗的情形完全可以在普通诈骗的构造下得到解释。在上述邹某偷换二维码的案件中，邹某实施的是普通诈骗行为，诈骗的对象是顾客，被害财物应当认定为顾客支付的货款。首先，由于顾客扫码后货款直接进入邹某的账户中，商户从来没有占有过这笔货款，所以邹某的行为不属于转移商户占有之物，不符合盗窃罪转移财物占有的基本构造，不构成对商户的盗窃。其次，邹某以非法占有为目的，通过更换二维码使顾客产生了错误认识，误以为自己是在向商户履行付款义务，从而将货款通过二维码交付给了邹某，邹某进而获得财产。由于诈骗罪是针对个别财产的犯罪，所以即便商户不能再要求顾客支付货款，但顾客已经支付的这笔货款，仍然是陷入错误认识后交付的财产，针对这一个别财产，可以说顾客存在财产损失。[1] 最后，正如银行因他人在ATM机上冒用信用卡而现金被盗后立即将损失转嫁给持卡人一样，偷换二维码的案件中之所以最终表现为商户受损，也是因为顾客因受骗转移自己的财产后基于民事交易制度立即将损失转嫁给了商户（即顾客不必再次支付货款）。商户虽然是事实上的最终受损者，但未必是诈骗罪构造中规范意义上的被害人（被害财物的占有人）。

2. 食宿诈骗的认定。在处理食宿诈骗相关的案件时，应当通过考虑①被骗财产是什么，以及②被骗人是否具有处分意识来区分情形讨论。

第一，行为人本来就没有支付对价的意思，但假装有支付意愿与支付能力而骗吃骗住的。此时被骗财产是对方提供的食物或房间的使用权，被骗人也具有处分财产的意识，故行为人构成诈骗罪。

第二，行为人本来有支付对价的意思，但用餐或住宿完毕后临时起意不想付账，于是使用花言巧语骗得店家免除食宿费或者谎称已经付款从而获准离开的。这种情形下，由于对方提供

---

〔1〕 关于本案，另有两种不同观点。一种意见（本案法院采用的观点）认为，邹某的行为构成对商户的盗窃罪。由于顾客已经按照商户的指示扫码付款，所以商户不能再要求顾客再次付款，顾客在本案中没有财产损失，实际受损的是商户。因此本案的被害财物应当认定为商户对顾客的应收货款。顾客扫码付款后，完成了支付商品对价的义务，此时商户对顾客支付的货款有收受的权利。邹某通过更换商户二维码的行为，属于以非法占有为目的，违背商户的意志，将本应由其占有的货款转移为邹某占有，邹某构成对商户的盗窃罪。另一种意见则认为，邹某的行为是"双向诈骗"，诈骗的对象既是商户又是顾客。邹某以非法占有为目的，通过更换二维码的行为，使得商户与顾客均受骗后产生错误认识，一方面使得商户误以为顾客已经支付货款，所以免除顾客继续支付货款的义务，从而造成商户财产损失；另一方面则使得顾客误以为自己是将货款交付给商户，从而处分了自己的财产。虽然有两个被骗对象，但邹某只实施了一个行为，所以属于想象竞合，只以一个诈骗罪处理。

食物或房间的使用权时，行为人主观上不具有诈骗的故意与非法占有目的，所以针对食物或房间的使用权不成立诈骗罪。但行为人使用欺骗手段让对方做出了免除债务的意思表示，通过骗免债务使得自己的消极财产减少，构成以财产性利益为被骗财产的诈骗罪。

第三，行为人本来有支付对价的意思，但用餐或住宿完毕后临时起意不想付账，于是单纯趁机溜走的。一方面由于对方提供食物或房间的使用权时，行为人主观上不具有诈骗的故意与非法占有目的，所以针对食物或房间的使用权不成立诈骗罪。另一方面，又由于行为人对免除债务本身没有实施欺骗行为，被害人也没有基于免除债务的意识对这部分利益作出处分，故不成立免除债务型的诈骗罪。因此，这种情形只能作为债务不履行的民事纠纷处理。[1]

第四，行为人本来有支付对价的意思，但用餐或住宿完毕后临时起意不想付账，于是找借口延迟履行支付对价的义务后一去不返的。与第三种情形不同的是，此时行为人的确实施了欺骗行为，且使得对方做出了允许延迟履行债务的意思表示。但是，允许延迟履行债务的意思表示毕竟不等同于免除债务的意思表示，后者才是对财产性利益的终局处分。所以，第四种情形下行为人仍然不构成诈骗罪，只作为债务不履行的民事纠纷处理即可。[2]例如，甲请客（餐费1万元）后，发现未带钱，便向餐厅经理谎称送走客人后再付款，经理信以为真，甲趁机逃走的，不构成诈骗罪。

3. 诈骗罪与盗窃罪的关系。一般认为盗窃罪与诈骗罪是对立关系，即"表现为属于A概念的事项不可能也属于B概念，反之亦然……针对一个行为对象或者一个法益侵害结果而言，某个行为不可能既触犯《刑法》第264条，又触犯第266条"。[3]但是，本书认为，从构成要件的角度看，盗窃罪与诈骗罪完全有可能在盗窃罪的范围内评价为"实质重合"。

第一，虽然在财产犯罪的分类上，盗窃罪属于夺取型财产犯罪，诈骗罪属于交付型财产犯罪，但并不能因此得出二者不能重合的结论。例如，抢劫罪、敲诈勒索罪分别属于夺取型财产犯罪与交付型财产犯罪，但理论上对于抢劫罪可以实质评价为敲诈勒索罪，几乎没有争议。无论是夺取型财产犯罪还是交付型财产犯罪，在"违背被害人的意志转移占有"这一点上是一致的，都属于移转罪。此外，如果说诈骗罪通过引起被害人的意思瑕疵侵害了其处分、利用财物的自由，那么盗窃时直接违背被害人的意愿转移财物占有，被害人当然也不存在着处分、利用财物的自由。尤其是在三角诈骗的场合，其构造与盗窃的间接正犯极其相似，差别只在于被骗人是否具有处分被害人财产的权限或者地位。但无论被骗人的权限或地位如何，从被害人的角度来看，法益侵害及被侵害的方式是一样的。此时至多只能说被骗人处分财物的意思决定自由受到侵害，但三角诈骗中被骗人不是被害人，被骗人所遭到的"侵害"不能说是法益侵害。可以说，诈骗罪实际上是将一类盗窃的间接正犯特别地规定为新的犯罪类型；移转罪中盗窃罪是基本犯罪，而诈骗、抢劫、抢夺等是派生出来的特别犯罪。

---

〔1〕 如果采用处分意识不要说或区别说（认为在被骗财产为财产性利益的场合不需要被骗人具有处分意识），那么这种情形也构成骗免债务型的诈骗罪。但是，在（部分）诈骗罪中放弃处分意识的要求并不合理；此外，将单纯逃避债务履行的行为描述为诈骗行为，也存在障碍。

〔2〕 也有观点在将债务延迟履行本身看成财产性利益的基础上，区分情形讨论判断是否构成针对财产性利益的诈骗罪。例如，顾客谎称去店内厕所或送朋友至店门口，获准后趁机溜走的，由于只是短时间、近距离的离开，说明店家没有放弃事实上对债权实现的掌控，可以理解为没有实施处分行为，顾客不构成诈骗罪。与之相对，顾客谎称去看场电影或外出散步，获准后趁机逃走的，由于是长时间、远距离的离开，说明店家已经放弃了事实上对债权实现的掌控，可以评价为做出了处分行为，顾客构成诈骗罪。参见［日］西田典之、桥爪隆：《日本刑法各论》，王昭武、刘明祥译，法律出版社2020年版，第233~234页。

〔3〕 张明楷：《刑法学》（上），法律出版社2016年版，第464页。

第二，从比较法的角度来看，《日本刑法》第 246 条之二规定了使用电子计算机诈骗罪，即"除前条（指规定诈骗罪的《日本刑法》第 246 条——笔者注）规定以外，向他人用于处理事务的电子计算机输入虚假信息或不正当指令，因而制作导致财产权发生得失或变更的不真实电磁记录的，或者将导致财产权的得失或者变更的虚假电磁记录供他人处理事务使用，因而取得或使他人取得财产上不法利益的，处 10 年以下惩役"。该条本质上规定的是盗窃财产性利益的情形。日本学者一般认为使用电子计算机诈骗罪与诈骗罪在构成要件上是重合的。[1] 如此一来，既然盗窃财产性利益与诈骗财产性利益可以存在构成要件上的重合，那么盗窃财物与诈骗财物也应当在构成要件上评价为实质重合。

第三，更重要的是，承认盗窃罪与诈骗罪在构成要件上重合，一方面有利于合理解决出现了抽象事实认识的案件，另一方面有利于在涉及因数额程度升格法定刑等情形中真正做到罪刑相适应。例如，甲伪造加油卡去自动加油机器上刷卡加油，甲误以为自动加油机器与自动售货机一样，无需人工确认，但实际上自动加油机器连接着办公室的电脑终端，每次刷卡后均需工作人员核实余额后点击确认键才能实现自动加油。本案中，若以"机器不能被骗"为前提，则甲主观上认为自己实施的是盗窃行为，客观上却是通过伪造的加油卡欺骗了加油站工作人员。如果不承认盗窃罪与诈骗罪的重合，那么甲只能认定为盗窃未遂与过失诈骗，这样的结论难以令人接受。只有承认两罪在"违背他人意志转移占有"这一点上可以重合，才能得出甲构成盗窃罪既遂的合理结论。又如，在侯某盗窃、诈骗案中，[2] 事实①被告人侯某将 4 个装有轮毂的箱子（被盗的 4 个轮毂价值人民币 28 000 元）盗至自己租住的房间内；事实②被告人侯某谎称自己能够为徐某安排交警大队辅警的工作，并以给他人买烟、交纳培训费、购买训练服、给他人人情费等为由，先后骗取徐某人民币共计 8560 元。案发后被盗轮毂被扣押并发还失主，取得其谅解；在审理中退赔被害人徐某的全部损失，并取得谅解。一审认定被告人侯某犯盗窃罪，判处有期徒刑 1 年，并处罚金人民币 14 000 元；犯诈骗罪，判处拘役 4 个月，并处罚金人民币 4000 元，数罪并罚决定执行有期徒刑 1 年，缓刑 2 年，并处罚金人民币 18 000元。经检察院抗诉后，二审以盗窃罪与诈骗罪数罪并罚，决定执行有期徒刑 1 年（没有宣告缓刑），并处罚金人民币 18 000 元。本案中，检察院认为量刑畸轻，适用缓刑不当的一个理由是，"被告人侯某的行为不属于犯罪情节较轻。被告人侯某的盗窃犯罪数额 28 000 元已达入罪标准 10 倍之多，犯罪情节严重；诈骗数额为 8560 元"。其实，本案的犯罪数额不仅笼统地反映出"不属于犯罪情节较轻"，而且在实质评价下，已经达到了"巨大"的程度。试想，倘若事实②变为盗窃了他人价值 8560 元的财物，那么以盗窃罪一罪累计数额追究刑事责任，无疑已经达到了"数额巨大"的标准，不仅不适合宣告缓刑，而且应当按照升格法定刑处理。既然诈骗罪可以评价为盗窃罪，相比之下，没有理由因事实②构成了诈骗罪而让被告人受到更轻评价与量刑上的优待。

第四，将诈骗评价为盗窃在实务中遇到的最大障碍或许是司法解释确定的追诉数额标准。有人会提出，本来诈骗 1500 元的不应当作为犯罪处理，将该行为评价为盗窃 1500 元，是否形成了间接处罚，架空了有关诈骗罪的司法解释？首先，司法解释对诈骗罪设立比盗窃罪更高的追诉数额标准，这一做法本身值得再探讨。如果认为诈骗罪除了侵害财物本身外还通过欺骗的方法侵害了被害人的意思决定自由，那么从法益侵害的角度看，诈骗罪的追诉标准本更不应该低于盗窃罪。当然，追诉标准的确定除了考虑法益侵害性，还会考虑预防必要性的大小。但在

---

〔1〕　参见［日］松原芳博：《刑法总论重要问题》，王昭武译，中国政法大学出版社 2014 年，第 188 页。

〔2〕　参见辽宁省盘锦市中级人民法院（2020）辽 11 刑终 53 号刑事判决书。

电信网络诈骗愈演愈烈的当下，[1] 诈骗罪的预防必要性是否真的小于盗窃罪，有待重新检视。其次，即便按照司法解释认为诈骗 1500 元没有达到追诉标准，也不过是说这种行为不构成诈骗罪，并不能说该行为完全不可能构成其他犯罪。例如，强奸男性的，不构成强奸罪，但完全可以构成强制猥亵罪。最后，考虑到罪刑均衡的要求，对于诈骗金额在 1000 元以上不满 3000 元的，虽然可以按照盗窃罪定罪处罚，但量刑不应该超过诈骗 3000 元时按照诈骗罪所科处的刑罚。

当然，承认盗窃罪与诈骗罪的重合，并不意味着二者的区分就不重要了，也不是主张要把盗窃罪与诈骗罪合并为一个罪。即便认为二者重合，也仍然承认诈骗是一种"特殊的"盗窃，这种特殊性，其实就关系到盗窃与诈骗的区分问题。如前所述，诈骗罪与盗窃罪的关键区别在于，行为人是否实施了足以使他人陷入处分财产的错误认识的欺骗行为以及被害人是否基于错误认识处分财产。但是，两罪存在区别并不代表两罪必然处于对立关系之中，没有必要把二者理解为互斥关系，完全可以承认在特殊情况下（如发生抽象的事实认识错误时）为得出合理结论，将诈骗罪评价为盗窃罪。

另外，将他人的财物当做自己的财物出卖给不知情的第三者的，成立盗窃罪与诈骗罪的想象竞合。例如，乙全家外出数月，邻居甲主动帮乙照看房屋。某日，甲谎称乙家门口的一对石狮为自家所有，将石狮卖给外地人，得款 1 万元并将之据为己有。本案中，甲的一个行为侵害了两个不同被害人的不同财产，对乙的石狮成立盗窃罪，对外地人的 1 万元现金构成诈骗罪，属于想象竞合。窃取他人财物后，利用所盗窃的财物骗取第三者的财物的，应以盗窃罪与诈骗罪数罪并罚。例如，甲盗取乙的一台电脑，几日后谎称该电脑是自己的，以 5000 元的价格卖与丙。本案中，前后两个行为分别侵害了两个不同被害人的不同财产，对乙的电脑成立盗窃罪，对丙的 5000 元成立诈骗罪（盗赃物不能适用善意取得，丙的交易目的未能实现，有财产上的损失），两罪应并罚。窃取他人财物后，利用所盗窃的财物骗取被害人的其他财物的，属于混合的包括一罪，从一重罪论处。例如，甲在商店偷取 1 部手机后，又按计划以"7 天无理由退货"为由要求店家接受退货并支付货款。本案中，甲前后两个行为单独来看分别触犯数个不同罪名，对手机成立盗窃罪，对店家支付的货款成立诈骗罪；但由于这两个行为之间具有紧密关联性，指向的是同一个被害人（店家），且店家实质上只有一个损失，所以本案中盗窃罪与诈骗罪属于混合的包括一罪，不并罚。[2]

4. 诈骗罪与其他违法犯罪行为的关系。其一，诈骗罪与民事欺诈不是对立关系，而是特殊与一般的关系。同一行为，完全有可能既构成诈骗罪又属于民事欺诈。不能以案件属于民事欺诈为由，当然地否定诈骗罪的成立。是否成立诈骗罪，应逐一考察是否满足诈骗罪的成立条件。一旦满足，无论是否为民事欺诈，都可以诈骗罪定罪处罚。其二，诈骗罪与各种生产、销售伪劣商品罪（《刑法》分则第三章第一节规定的犯罪）保护的法益不同，前者保护的是财产法益，后者保护的是市场经济秩序，所以两者是想象竞合关系，一个行为完全可能同时触犯诈骗罪与销售伪劣商品罪。其三，行为人开始实施欺诈行为时，才是诈骗罪的着手。为了诈骗而伪造有关证件的，属于诈骗的预备行为，同时成立其他犯罪（如伪造国家机关证件罪）的，按想象竞合处理。同理，为骗取保险金而杀人、放火的，尚不属于保险诈骗罪的着手，只是保

---

〔1〕　办理相关案件的具体规定，参见 2016 年 12 月 19 日发布的《最高人民法院、最高人民检察院、公安部关于办理电信网络诈骗等刑事案件适用法律若干问题的意见》。

〔2〕　认为此时应以盗窃罪与诈骗罪数罪并罚的观点，参见张明楷：《刑法学》（下），法律出版社 2016 年版，第 1011~1012 页。

险诈骗罪的预备行为。[1] 如果已着手诈骗，则需要考虑预备行为所构成的犯罪与诈骗罪之间是否存在类型化的牵连关系。一般认为，伪造证件、提供虚假材料的行为，与利用这些证件、材料所实施的其他犯罪行为之间构成牵连犯，所以伪造国家机关证件后又利用该伪造的证件骗取他人财物的，伪造国家机关证件罪与诈骗罪不并罚，而是择一重罪论处。但是，根据《刑法》第198条第2款，为骗取保险金而杀人、放火后又骗取了保险公司财物的，则不能认定为具有类型化的牵连关系，应以杀人罪、放火罪与保险诈骗罪数罪并罚。其四，冒充国家机关工作人员进行诈骗，同时构成诈骗罪和招摇撞骗罪的，属于想象竞合，[2] 依照处罚较重的规定定罪处罚。

5. "套路贷"问题的处理。"套路贷"，是对以非法占有为目的，假借民间借贷之名，诱使或迫使被害人签订"借贷"或变相"借贷""抵押""担保"等相关协议，通过虚增借贷金额、恶意制造违约、肆意认定违约、毁匿还款证据等方式形成虚假债权债务，并借助诉讼、仲裁、公证或者采用暴力、威胁以及其他手段非法占有被害人财物的相关违法犯罪活动的概括性称谓。实施"套路贷"过程中，未采用明显的暴力或者威胁手段，其行为特征从整体上表现为以非法占有为目的，通过虚构事实、隐瞒真相骗取被害人财物的，一般以诈骗罪定罪处罚；对于在实施"套路贷"过程中多种手段并用，构成诈骗、敲诈勒索、非法拘禁、虚假诉讼、寻衅滋事、强迫交易、抢劫、绑架等多种犯罪的，应当根据具体案件事实，区分不同情况，依照《刑法》及有关司法解释的规定数罪并罚或者择一重罪论处。在认定"套路贷"犯罪数额时，应当与民间借贷相区别，从整体上予以否定性评价，"虚高债务"和以"利息""保证金""中介费""服务费""违约金"等名目被犯罪嫌疑人、被告人非法占有的财物，均应计入犯罪数额。犯罪嫌疑人、被告人实际给付被害人的本金数额，不计入犯罪数额。以老年人、未成年人、在校学生、丧失劳动能力的人为对象实施"套路贷"，或者因实施"套路贷"造成被害人或其特定关系人自杀、死亡、精神失常、为偿还"债务"而实施犯罪活动的，除《刑法》、司法解释另有规定的外，应当酌情从重处罚。[3]

（四）诈骗罪的处罚

根据《刑法》第266条，犯诈骗罪的，处3年以下有期徒刑、拘役或者管制，并处或者单处罚金；数额巨大或者有其他严重情节的，处3年以上10年以下有期徒刑，并处罚金；数额特别巨大或者有其他特别严重情节的，处10年以上有期徒刑或者无期徒刑，并处罚金或者没收财产。[4]《刑法》另有规定的，依照规定。

---

〔1〕　2010年10月20日发布的《最高人民法院关于审理伪造货币等案件具体应用法律若干问题的解释（二）》第5条规定："以使用为目的，伪造停止流通的货币，或者使用伪造的停止流通的货币的，依照刑法第266条的规定，以诈骗罪定罪处罚。"其中，使用伪造的停止流通的货币的，的确属于诈骗行为着手；但以使用为目的伪造停止流通的货币的，还只是诈骗的预备行为。

〔2〕　认为属于法条竞合（交互竞合），应当按照重法优于轻法原则处理的观点，参见陈兴良：《规范刑法学》（下册），中国人民大学出版社2017年版，第899页。

〔3〕　参见2019年2月28日发布的《最高人民法院、最高人民检察院、公安部、司法部关于办理"套路贷"刑事案件若干问题的意见》。

〔4〕　根据《诈骗案件解释》第2条，诈骗公私财物达到相应数额标准，具有下列情形之一的，可以酌情从严惩处：①通过发送短信、拨打电话或者利用互联网、广播电视、报刊杂志等发布虚假信息，对不特定多数人实施诈骗的；②诈骗救灾、抢险、防汛、优抚、扶贫、移民、救济、医疗款物的；③以赈灾募捐名义实施诈骗的；④诈骗残疾人、老年人或者丧失劳动能力人的财物的；⑤造成被害人自杀、精神失常或者其他严重后果的。诈骗数额接近"数额巨大""数额特别巨大"的标准，并具有上述情形之一或者属于诈骗集团首要分子的，应当分别认定为《刑法》第266条规定的"其他严重情节""其他特别严重情节"。

实践中往往出现既有既遂，又有未遂，犯罪既遂部分与未遂部分分别对应不同法定刑幅度的情形。例如，被告人王某使用伪造的户口本、身份证，冒充房主即王某之父的身份，在北京市石景山区链家房地产经纪有限公司古城公园店，以出售该区古城路 28 号楼一处房屋为由，与被害人徐某签订房屋买卖合同，约定购房款为 100 万元，并当场收取徐某定金 1 万元。同年 8 月 12 日，王某又收取徐某支付的购房首付款 29 万元，并约定余款在过户后给付。后双方在办理房产过户手续时，王某虚假身份被石景山区住建委工作人员发现，余款未再支付。[1] 本案的争议焦点为诈骗未得逞的 70 万元应如何评价？本案遵循的裁判规则体现了司法解释的一贯立场，即"在数额犯中，犯罪既遂部分与未遂部分分别对应不同法定刑幅度的，应当先决定对未遂部分是否减轻处罚，确定未遂部分对应的法定刑幅度，再与既遂部分对应的法定刑幅度进行比较，选择适用处罚较重的法定刑幅度，并酌情从重处罚；二者在同一量刑幅度的，以犯罪既遂酌情从重处罚"。但本书认为，与其他财产犯罪一样，诈骗罪中的"数额（特别）巨大""其他（特别）严重情节"也不是加重的构成要件，只是量刑规则，不存在未完成形态。[2] 所以，数额犯中既有未遂又有既遂的，也应当累计既遂的数额选择法定刑幅度后，在此限度内将未得逞的部分作为一般量刑情节酌情予以考虑。如上述案件中试图（合同）诈骗数额特别巨大财物，但只骗得了数额巨大财物的，应当按照诈骗数额巨大的法定刑处理（在此限度内考虑试图诈骗数额特别巨大等情节），而不是认定为诈骗数额特别巨大未遂后比照数额巨大的法定刑从轻或者减轻处罚。

此外，"本法另有规定的，依照规定"意味着当诈骗罪与其他犯罪处于法条竞合关系时，应当适用特别法条的规定。诈骗罪与金融诈骗犯罪（《刑法》分则第三章第五节规定的犯罪）、合同诈骗罪、骗取出口退税罪等（以下将这些诈骗罪简称为"特殊诈骗犯罪"）大体而言是法条竞合关系，同时构成时，应以金融诈骗犯罪、合同诈骗罪、骗取出口退税罪等追究刑事责任。但是，行为人实施特殊诈骗行为却不符合特殊诈骗犯罪的成立条件，而符合诈骗罪的成立条件时，应以普通诈骗论处。[3] 例如，以保险诈骗的方式骗取保险公司 4000 元的，达到了诈骗罪的追诉标准，但没有达到保险诈骗罪的追诉标准，此时应以诈骗罪论处，而不能认定为无罪。另外，如果认定为特殊诈骗犯罪不能全面评价行为的不法内容，导致罪刑不均衡时，则应当认定为特殊诈骗犯罪与诈骗罪想象竞合，从一重罪以诈骗罪处罚。[4] 例如，合同诈骗罪是一种特殊的诈骗，保险诈骗罪又是一种特殊的合同诈骗。由于合同诈骗罪最高法定刑与诈骗罪

---

〔1〕 参见最高人民法院第 62 号指导案例，王某合同诈骗案。

〔2〕 与此不同，根据《诈骗案件解释》第 5 条，诈骗未遂，以数额巨大的财物为诈骗目标的，或者具有其他严重情节的，应当定罪处罚。利用发送短信、拨打电话、互联网等电信技术手段对不特定多数人实施诈骗，诈骗数额难以查证，但具有下列情形之一的，应当认定为《刑法》第 266 条规定的"其他严重情节"，以诈骗罪（未遂）定罪处罚：①发送诈骗信息 5000 条以上的；②拨打诈骗电话 500 人次以上的；③诈骗手段恶劣、危害严重的。实施上述行为，数量达到①、②标准 10 倍以上的，或者诈骗手段特别恶劣、危害特别严重的，应当认定为《刑法》第 266 条规定的"其他特别严重情节"，以诈骗罪（未遂）定罪处罚。这种观点是将"数额（特别）巨大""其他（特别）严重情节"作为加重的构成要件来对待。在肯定诈骗数额（特别）巨大的前提下，《诈骗案件解释》第 6 条规定，诈骗既有既遂，又有未遂，分别达到不同量刑幅度的，依照处罚较重的规定处罚；达到同一量刑幅度的，以诈骗罪既遂处罚。

〔3〕 参见黎宏：《刑法学各论》，法律出版社 2016 年版，第 331 页。与此相对，周光权："法条竞合的特别关系研究——兼与张明楷教授商榷"，载《中国法学》2010 年第 3 期，认为在行为属于特别法条所规范的行为类型时排斥普通法条适用，从而主张未达到特殊诈骗犯罪的追诉标准时，不能以诈骗罪追究刑事责任。

〔4〕 这种做法在传统观点看来，实际上是通过把原本法条竞合的情形认定为想象竞合，从而实现适用重法而非（轻）的特别法条的目的。主张在法条竞合的情形下，除有特别规定外，不能滥用"重法优于轻法"原则的观点，参见黎宏：《刑法学总论》，法律出版社 2016 年版，第 317 页。

一样，都是无期徒刑，所以保险诈骗数额极其巨大，以至于按照保险诈骗罪的最高法定刑判处15 年有期徒刑不能做到罪刑均衡时，应选择按合同诈骗罪判处无期徒刑。

根据 2011 年 3 月 1 日最高人民法院、最高人民检察院发布的《诈骗案件解释》第 3 条，诈骗公私财物虽已达到"数额较大"的标准，但具有下列情形之一，且行为人认罪、悔罪的，可以不起诉或者免予刑事处罚：①具有法定从宽处罚情节的；②一审宣判前全部退赃、退赔的；③没有参与分赃或者获赃较少且不是主犯的；④被害人谅解的；⑤其他情节轻微、危害不大的。另外，第 4 条规定，诈骗近亲属的财物，近亲属谅解的，一般可不按犯罪处理；确有追究刑事责任必要的，具体处理也应酌情从宽。

二、敲诈勒索罪

（一）敲诈勒索罪的概念与犯罪构成

敲诈勒索罪，是指以非法占有为目的，恐吓他人索取公私财物数额较大或者多次敲诈勒索的行为。敲诈勒索罪与诈骗罪一样，同属于移转型财产犯罪中的交付型财产犯罪，所以二者保护法益相同，且在犯罪构成上与诈骗罪存在许多类似之处。

1. 在构成要件上，敲诈勒索罪基本构造也由五个环节构成：实行恐吓⇒产生恐惧⇒处分财产⇒取得财产⇒遭受损失（数额较大或多次）。[1] 具体而言，行为人实施恐吓行为，使被恐吓人产生恐惧心理，被恐吓人基于恐惧心理处分财产，行为人进而取得财产，被害人最终遭受财产损失。这五个环节必须环环相扣，缺少其中任何一环都不能成立敲诈勒索罪既遂。实施恐吓行为后，他人未产生恐惧心理而基于其他原因（如怜悯之情）处分财产的，或者虽使他人产生恐惧心理但未处分财产的，只构成敲诈勒索罪未遂。侵犯的财产数额没有达到较大程度时，多次实施诈骗行为的，刑法没有规定为诈骗罪；但多次实施敲诈勒索行为的，则构成敲诈勒索罪。2 年内敲诈勒索 3 次以上的（包括已受行政处罚的行为），应当认定为"多次敲诈勒索"。

敲诈勒索的手段在形式上没有特别限制。实践中多出现利用信息网络威胁、要挟他人，索取公私财物，[2] 以及采用"软暴力"手段强行索取公私财物的案件。[3] 敲诈勒索行为的本质是通过告知"恶害"对他人进行恐吓。恶害不限于加害他人的生命、身体、自由，还包括加害他人的名誉或财产。恶害不要求实现，也不要求行为人具有实现恶害的真实意思。以编造

---

[1] 根据《最高人民法院、最高人民检察院关于办理敲诈勒索刑事案件适用法律若干问题的解释》（以下简称为《敲诈勒索案件解释》）第 1 条，敲诈勒索公私财物价值 2000 元至 5000 元以上、3 万元至 10 万元以上、30 万元至 50 万元以上的，应当分别认定为"数额较大""数额巨大""数额特别巨大"。各省、自治区、直辖市高级人民法院、人民检察院可以根据本地区经济发展状况和社会治安状况，在上述规定的数额幅度内，共同研究确定本地区执行的具体数额标准，报最高人民法院、最高人民检察院批准。第 2 条规定，敲诈勒索公私财物，具有下列情形之一的，"数额较大"的标准可以按照上述标准的 50%确定：①曾因敲诈勒索受过刑事处罚的；②1 年内曾因敲诈勒索受过行政处罚的；③对未成年人、残疾人、老年人或者丧失劳动能力人敲诈勒索的；④以将要实施放火、爆炸等危害公共安全犯罪或者故意杀人、绑架等严重侵犯公民人身权利犯罪相威胁敲诈勒索的；⑤以黑恶势力名义敲诈勒索的；⑥利用或者冒充国家机关工作人员、军人、新闻工作者等特殊身份敲诈勒索的；⑦造成其他严重后果的。

[2] 参见 2019 年 7 月 23 日发布的《最高人民法院 最高人民检察院 公安部 司法部关于办理利用信息网络实施黑恶势力犯罪刑事案件若干问题的意见》、2013 年 9 月 6 日发布的《最高人民法院、最高人民检察院关于办理利用信息网络实施诽谤等刑事案件适用法律若干问题的解释》。

[3] "软暴力"是指行为人为谋取不法利益或形成非法影响，对他人或者在有关场所进行滋扰、纠缠、哄闹、聚众造势等，足以使他人产生恐惧、恐慌进而形成心理强制，或者足以影响、限制人身自由、危及人身财产安全，影响正常生活、工作、生产、经营的违法犯罪手段。参见 2019 年 4 月 9 日实施的《最高人民法院、最高人民检察院、公安部、司法部关于办理实施"软暴力"的刑事案件若干问题的意见》、2018 年 1 月 16 日发布的《最高人民法院、最高人民检察院、公安部、司法部关于办理黑恶势力犯罪案件若干问题的指导意见》。

虚假恐怖信息的方式，实施敲诈勒索等其他犯罪的，应当根据案件事实和证据情况，在敲诈勒索罪与编造虚假恐怖信息罪中择一重罪处断。[1] 甚至不要求恶害的实现本身具有违法性。例如，甲知道乙曾经实施过盗窃行为，于是恐吓乙说如果不给 5000 元封口费就告发乙。本案中，虽然"恶害"的内容本身是使乙受到应有的法律制裁，其实现本身不具有违法性，但甲仍然构成敲诈勒索罪。同理，丁为谋取不正当利益送给国家工作人员刘某 10 万元。获取不正当利益后，丁以告发相要挟，要求刘某返还 10 万元。刘某担心被告发，便还给丁 10 万元。对丁的行为应以行贿罪与敲诈勒索罪实行并罚。行为是否足以使对方产生恐惧心理，应以被恐吓人为标准进行判断。单纯使被害人产生困扰的行为，不成立本罪。例如，甲捡到乙的学生证、身份证、健身卡后，给乙打电话索要 3000 元，并称若不付钱就休想拿回这些证件。乙迫于无奈付给甲 3000 元现金赎回自己的证件。本案中虽然失去证件会给乙的日常生活带来不便，但并不至于让乙心生恐惧，故甲不成立敲诈勒索罪。

2. 成立敲诈勒索罪时，主观上除了要具有故意外，还需要具有非法占有目的（排除意思与利用意思）。

（二）敲诈勒索罪的认定

1. 如诈骗罪中存在三角诈骗一样，敲诈勒索罪中也存在着三角恐吓的情形。在三角恐吓中，被恐吓人与被害人（财物占有人）不是同一人，但被恐吓人与财产处分人是同一人。由于被恐吓人处分了被害人的财产，最终导致被害人有财产损失。成立三角恐吓时，被恐吓人需具有处分被害人财产的权限或地位，如被恐吓人是被害人财物的占有辅助人，否则成立盗窃罪的间接正犯。另外，敲诈勒索罪与诈骗罪的区别在于，前者实施的是恐吓行为，利用他人的恐惧心理处分财产；后者实施的则是欺骗行为，利用他人的错误认识处分财产。相应地，两者故意的明知内容也不相同。当然，完全可能出现同一个行为兼具恐吓与欺骗性质，同时利用对方的恐惧心理与错误认识处分财产的情形，此时敲诈勒索罪与诈骗罪想象竞合。

2. 行使权利的行为不应被认定为敲诈勒索罪。应综合考察手段、目的正当性来判断是否属于行使权利的行为。其一，以恐吓手段取得对方不法占有的自己具有所有权、质权等本权的财物的，由于本权大于非法占有，故不成立敲诈勒索罪。其二，债权人为了实现到期合法债权，对债务人实施恐吓的，若没有超出权利的范围，具有使用实力的必要性，且手段行为本身不构成其他犯罪的，不认定为敲诈勒索罪。例如，甲妻与乙通奸，甲获知后十分生气，将乙暴打一顿，乙主动写下一张赔偿精神损失费 2 万元的欠条。事后，甲持乙的欠条向其索要 2 万元，并称若乙不从，就向法院起诉乙。本案中是乙主动写下欠条的，债权有效，甲向法院起诉要求乙赔偿精神损失费的行为也属于合法手段，没有超出权利行使的范围，甲不构成敲诈勒索罪。但是，债务人一方具有期限利益、清算利益等值得保护的利益，或者债权的内容未确定，债务人在民事诉讼中存在请求的正当利益时，债权人使用恐吓手段要求提前实现债权的，可能构成敲诈勒索罪。另外，使用恐吓的方法催收高利放贷等产生的非法债务，情节严重的，在构成催收非法债务罪的同时，完全有可能也构成敲诈勒索罪。其三，行使损害赔偿请求权的，原则上不成立敲诈勒索罪。但损害是行为人自己捏造出来的，不属于行使损害赔偿请求权，可成立敲诈勒索罪。例如，甲到乙的餐馆吃饭，在食物中发现一只苍蝇，遂以向消费者协会投诉为由进行威胁，索要精神损失费 3000 元。乙迫于无奈付给甲 3000 元。本案中甲属于行使损害赔偿请求权，不构成敲诈勒索罪。与此相对，甲到乙的餐馆吃饭，偷偷在食物中投放一只事先准备好的苍蝇，然后以砸烂桌椅进行威胁，索赔损失费 3000 元。乙迫于无奈付给甲 3000 元。本

---

[1]　参见最高人民检察院第 11 号指导案例，袁某某编造虚假恐怖信息案。

案中属于甲自己捏造损害，不属于行使损害赔偿请求权，甲构成敲诈勒索罪。其四，行为人向有关部门反映权利受到侵害的事实，有关部门主动提出给予赔偿或者补偿，行为人接受赔偿或者补偿的，不成立任何犯罪。

3. 敲诈勒索罪与抢劫罪并非对立关系，只存在程度差异。抢劫罪可以评价为敲诈勒索罪。当使用胁迫手段时，两罪的区别主要表现在：其一，胁迫内容是否达到足以压制他人反抗的程度，"恶害"是否当场会实现。胁迫行为达到压制被害人反抗的程度，即便只是迫使日后交付财物，也构成抢劫罪。换言之，成立抢劫罪时，胁迫行为需当场实施，但不需当场实施取财行为。反过来，胁迫被害人当场交付财物，否则日后才加害被害人的，则应认定为敲诈勒索罪。其二，从胁迫的内容上看，抢劫罪中的胁迫需是加害他人的生命、身体、自由，而敲诈勒索罪中的胁迫还包括加害他人的名誉或财产。例如，职员丙被公司辞退，要求公司支付10万元补偿费，否则会将所掌握的公司商业秘密出卖给其他公司使用。本案中，丙向公司所通告的恶害内容实际上是通过泄露商业秘密给公司造成巨大的财产损失，不涉及对具体自然人生命、身体或自由的加害，所以丙的行为构成敲诈勒索罪而不是抢劫罪。如果并非单纯的胁迫，而是伴有足以压制对方反抗的暴力行为等，那么应当认定为抢劫罪。例如，饭店老板乙以可乐兑水冒充洋酒销售，向实际消费数十元的李某索要数千元。李某不从，乙召集店员对其进行殴打，致其被迫将钱交给乙。乙仰仗人多势众对李某实施暴力殴打，足以压制李某的反抗，构成抢劫罪。

4. 既然同为交付型财产犯的诈骗罪与盗窃罪可以评价为实质重合，那么在原理上就不能否定敲诈勒索罪与盗窃罪也可在盗窃罪的范围内评价为实质重合。因为敲诈勒索罪中也包含了"违背他人意志转移占有"这一核心要素。可能存在的质疑是，一方面，盗窃罪与诈骗罪、敲诈勒索罪在侵害样态上并不相同；另一方面，前者与后二者在保护法益上也不同，盗窃罪保护的是财物的占有或所有权，而诈骗罪、敲诈勒索罪还同时保护处分财产的自由或者意思决定的自由。但本书认为，这些质疑均不成立。

第一，侵害样态上的不同并不足以否定犯罪间的重合评价。如果两个罪除了保护法益，连侵害样态都一模一样，那么本来就不会形成两个犯罪构成要件。侵害样态的不同可能是由于两罪的构成要件完全不重合而引起的，也可能是由于其中一罪在包含了另一罪的所有要素后另具备有关行为样态的额外要素而引起的。诈骗罪、敲诈勒索罪的侵害样态之所以与盗窃罪的不同，并不是因为不包含盗窃罪的要素，只是在盗窃罪的要素之外多增添了要素，即"使被骗人或被恐吓人产生认识错误或畏惧心理从而交付财产"而已。

第二，当同一个犯罪规定了多个侵害样态，而这些侵害样态之间发生不一致时，并不当然地否定犯罪的成立。例如，乙教唆丙以暴力的方式实施抢劫，结果丙通过胁迫的方法压制了被害人的反抗并取得财物时，乙当然成立抢劫罪既遂的教唆犯，绝不会得出暴力型抢劫与胁迫型抢劫不能重合评价的结论。将盗窃、诈骗、敲诈勒索规定在同一个条文中形成选择性罪名（如像《治安管理处罚法》第49条规定的那样），还是像现行法这样将盗窃、诈骗、敲诈勒索分别规定在三个条文中，不过是立法技术上的差异，不能因规制的条文不同而断然否定重合的余地。

第三，在判断犯罪构成要件是否重合时，保护法益才是决定性标准。在论述诈骗罪的保护法益时，本书已经指出，与规定了胁迫罪、强要罪的德日刑法不同，我国刑法中不存在仅以单纯的意思决定自由为保护法益的犯罪，将意思决定自由纳入财产犯罪中予以保护，恐有间接处罚之嫌。退一步而言，即便承认意思决定自由是交付型财产犯罪的保护法益，但比起财物的占有或所有权，前者终究只是次要的法益，并不起决定性作用。例如，暴力型抢劫与胁迫型抢劫除了在侵害样态上不同外，还分别保护身体、生命与意思自由这两类不同的次要法益，但并不会因此得出两种类型的抢劫不可重合评价的结论。

第四，承认敲诈勒索行为可以评价为盗窃行为，有利于在涉及因数额程度升格法定刑等情形中真正做到罪刑相适应。例如，甲犯盗窃罪数额为 29.9 万元，又犯敲诈勒索罪数额为 1000元，单独来看，盗窃 29.9 万元属于盗窃数额巨大（法定刑为 3 年以上 10 年以下有期徒刑，并处罚金），但敲诈勒索罪数额 1000 元却没有达到敲诈勒索罪的追诉标准。考虑到敲诈勒索 1000元的法益侵害并不低于盗窃 1000 元的法益侵害。既然在先盗窃 29.9 万元又盗窃 1000 元的情形中应当将数额累计计算，认定为盗窃数额特别巨大，判处 10 年以上有期徒刑或者无期徒刑，并处罚金或者没收财产，那么甲先盗窃 29.9 万元又敲诈勒索 1000 元时，处罚不应当轻于前一情形。所以，应将敲诈勒索 1000 元评价为盗窃 1000 元，以犯罪数额 30 万元追究甲盗窃数额特别巨大的刑事责任。

可见，即便侵害财产的样态、方式不同，甚至所欲保护的次要法益也不同，但只要其中一罪并不欠缺另一罪的要素，在保护财产这一主要法益上一致，即满足主要法益同一性（或包容性）的条件，就有可能广泛地认定两罪间的重合。但需要注意的是，立法者在设置法定刑时，除了考虑有责的法益侵害程度外，还会考虑某种行为类型的预防必要性大小。例如，虽然同为盗窃这一"类"行为，但在犯罪学上仍可分出多个"种"行为方式。针对盗窃"类"行为，着眼于法益侵害程度，数额较大时，始得动用刑罚来应对。针对盗窃"种"行为，虽然没有达到数额较大程度，但某些盗窃"种"行为的预防必要性较之其他的盗窃"种"行为更高时，立法者也可能将这些预防必要性大的"种"行为作为犯罪处理，配置与侵害法益达到值得动用刑罚处罚程度的行为相同的法定刑。不能将以主要法益为标准确立的犯罪间重合评价适用于涉及预防必要性的情形中，即不能因为重罪的保护法益包含了轻罪的保护法益而认为重罪的预防必要性也包括了轻罪的预防必要性。例如，甲在 1 年内盗窃价值 200 元财物，抢夺价值 300元财物，敲诈勒索价值 400 元财物各 1 次，不能以"多次盗窃"追究甲盗窃罪的刑事责任。同理，不能将入户抢夺 200 元认定为入户盗窃，也不能将携带凶器敲诈勒索 300 元评价为携带凶器盗窃，更不能将在公共场所骗取他人随身携带财物 400 元解释为扒窃，不能将这些行为"实质评价"为盗窃行为来定罪处罚。[1]

5. 敲诈勒索罪与绑架罪的区别在于，是否实际绑架了他人。如果没有实际绑架他人，谎称绑架了他人，向其亲友勒索财物的，不构成绑架罪，同时利用了他人的错误认识与恐惧心理，属于敲诈勒索罪与诈骗罪的想象竞合。例如，甲将王某杀害后，又以王某被绑架为由，向其亲属索要钱财的，甲不构成绑架罪（更不属于"犯绑架罪后杀害被绑架人"这种结合犯），甲构成敲诈勒索罪与诈骗罪的想象竞合犯，择一重罪后与故意杀人罪并罚。如果实际绑架了他人，然后向其亲友勒索财物的，则由于《刑法》第 239 条第 1 款明确规定绑架罪"以勒索财物为目的"，所以绑架行为与敲诈勒索行为存在类型化的牵连关系，从一重罪按绑架罪处罚，不再与敲诈勒索罪并罚。

（三）敲诈勒索罪的处罚

根据《刑法》第 274 条，犯敲诈勒索罪的，处 3 年以下有期徒刑、拘役或者管制，并处或者单处罚金；数额巨大或者有其他严重情节的，处 3 年以上 10 年以下有期徒刑，并处罚金；

---

〔1〕 参见曾文科："论犯罪间重合评价的适用界限"，载《清华法学》2019 年第 1 期。

数额特别巨大或者有其他特别严重情节的，处 10 年以上有期徒刑，并处罚金。[1]

根据 2013 年 4 月 23 日最高人民法院、最高人民检察院发布的《敲诈勒索案件解释》第 5 条，敲诈勒索数额较大，行为人认罪、悔罪，退赃、退赔，并具有下列情形之一的，可以认定为犯罪情节轻微，不起诉或者免予刑事处罚，由有关部门依法予以行政处罚：①具有法定从宽处罚情节的；②没有参与分赃或者获赃较少且不是主犯的；③被害人谅解的；④其他情节轻微、危害不大的。敲诈勒索近亲属的财物，获得谅解的，一般不认为是犯罪；认定为犯罪的，应当酌情从宽处理。被害人对敲诈勒索的发生存在过错的，根据被害人过错程度和案件其他情况，可以对行为人酌情从宽处理；情节显著轻微危害不大的，不认为是犯罪。

第四节　侵占与挪用型财产犯罪

一、侵占罪

（一）侵占罪的概念与保护法益

侵占罪，是指以不法所有为目的，将代为保管的他人财物非法占为己有，数额较大，拒不退还的，或者将他人的遗忘物或者埋藏物非法占为己有，数额较大，拒不交出的行为。侵占罪分为两种类型，代为保管物侵占与遗忘物、埋藏物等脱离占有物侵占。

在日本等外国刑法中，往往将委托物侵占与脱离占有物侵占规定为两个独立的犯罪，并给前者配置高于后者的法定刑，所以一般认为委托物侵占在侵犯财产法益的同时还侵害了委托关系，与单纯侵害财产法益的脱离占有物侵占不同。但是在我国刑法中，代为保管物侵占与脱离占有物侵占都构成侵占罪，适用相同的法定刑，所以对二者的保护法益应当做相同理解。在此意义上，不能将我国的代为保管物侵占完全等同于外国的委托物侵占。另外，在侵占脱离占有物的情形中，尽管在行为前被害财物属于"脱离占有物"，但行为当时该物必然已经处于行为人的管控之下，行为人对遗忘物、埋藏物等不能以所有权人的身份随意处置，事实上处于"代为保管"的地位。由此看来，将脱离占有物侵占视作代为保管物侵占的一种特殊类型也未尝不可，甚至更有利于说明为何两种侵占类型的法定刑相同。[2]

无论哪种类型的侵占，我国侵占罪的保护法益均为财物的所有权与财产性利益。财物的占有状态本身不是侵占罪的保护法益，侵占罪不是将他人财物的占有转移为自己占有的犯罪，属于非移转型财产犯罪。侵占罪的法定刑轻于盗窃罪等转移型财产犯罪，是因为其不法程度更轻（没有破坏他人对财物的占有）、非难可能性的程度更轻（比起他人占有之物，代为保管物或脱离占有物更容易诱发侵害财产的行为）以及一般预防必要性更小（发案率低）。

（二）侵占罪的犯罪构成

1. 侵占罪的构成要件。

（1）代为保管物侵占的构成要件内容是，将代为保管的他人财物，通过法律行为（如变卖）或事实行为（如食用）非法占为己有（即将合法占有变为不法所有），数额较大，拒不退

---

[1]　根据《敲诈勒索案件解释》第 4 条，敲诈勒索公私财物，具有下列情形之一，数额达到"数额巨大""数额特别巨大"80%的，可以分别认定《刑法》第 274 条规定的"其他严重情节""其他特别严重情节"：①对未成年人、残疾人、老年人或者丧失劳动能力人敲诈勒索的；②以将要实施放火、爆炸等危害公共安全犯罪或者故意杀人、绑架等严重侵犯公民人身权利犯罪相威胁敲诈勒索的；③以黑恶势力名义敲诈勒索的；④利用或者冒充国家机关工作人员、军人、新闻工作者等特殊身份敲诈勒索的；⑤造成其他严重后果的。

[2]　参见陈璇："论侵占罪处罚漏洞之填补"，载《法商研究》2015 年第 1 期。

还。"代为保管"是指对他人财物处于事实上的占有状态。事实上的占有与盗窃罪对象（他人占有的财物）中的占有含义相同。区分侵占与盗窃的关键即在于，行为人在行为时是否"占有"财物。若由行为人占有，成立侵占罪；若由他人占有，则成立盗窃罪。

根据本书在盗窃罪部分提出的判断规则，第一，当他人把财物握在手中、放在口袋里、存在账户内时，事实上的支配力很强，一般能够认定他人占有了该财物。例如，乙（16 周岁）进城打工，用人单位要求乙提供银行卡号以便发放工资。乙忘带身份证，借用老乡甲的身份证以甲的名义办理了银行卡。乙将银行卡号提供给用人单位后，请甲帮忙保管银行卡。数月后，甲通过网银将卡内 1 万余元存款转账至自己的其他银行卡上用于购入理财产品。本案中，甲通过自己的银行卡账号与密码对卡内的存款债权形成事实上的支配，转账行为实际上是将代为保管的乙的财物（存款债权）非法占为己有，构成侵占罪。又如，丁分期付款购买汽车，约定车款付清前汽车由丁使用，所有权归卖方。丁在车款付清前将车另售他人的，由于丁占有汽车是合法的，但侵害了卖方的所有权，故成立侵占罪。[1] 但是，占有辅助人的情形例外。例如，码头搬运工人将搬运的货物私自变卖的，由于搬运工人属于占有辅助人，占有辅助人没有占有他人的财物，不属于"代为保管"，故占有辅助人转移财物占有构成盗窃罪，而非侵占罪。

第二，事实上的支配力并不大，但社会一般观念上认为财物属于他人占有时，这类财物仍然能够成为盗窃罪的行为对象。其一，在被害人所管辖的专属空间内的财物，属于被害人占有。例如，乙发现洪灾灾区的居民已全部转移，遂进入居民房屋，取走居民来不及带走的贵重财物的，由于在被害人所管辖的专属空间内的财物，属于被害人占有，故乙构成盗窃罪。其二，与被害人事实上占有支配强烈的状态存在时间上、空间上的紧密连续性时，财物仍属于被害人占有。例如，某大学的学生进食堂吃饭时习惯于用手机、钱包等物占座后，再去购买饭菜。甲将学生乙用于占座的钱包拿走的，成立盗窃罪。其三，在有管理人的场合，社会观念上认为原物主一旦丧失占有，管理人就获得占有。例如，丙下飞机时发现乘客的钱包掉在座位底下，遂捡起钱包离去的，由于乘客丧失钱包占有的同时，钱包由机长（管理人）占有，所以丙成立盗窃罪。其四，被害人具有明确的占有意思，采用各种方法明确表示自己并未放弃对财物的占有，且随时可以重建对财物的事实上的支配的，财物仍属于被害人占有。例如，将他人停放在车棚内未上锁的自行车骑走卖掉的，构成盗窃罪。虽然自行车没上锁，但按照一般社会观念，该车被特意停放在某个地点，反映出车主明确的占有意思，即车主没有放弃对该车的占有。

（2）脱离占有物侵占的构成要件内容是，将他人的遗忘物或者埋藏物非法占为己有，数额较大，拒不交出。虽然《刑法》第 270 条第 2 款中的用语是"遗忘物""埋藏物"，但在理解这两个词时不应过分拘泥于其字面含义，而应当将其实质理解为脱离占有物。[2] 财物客观上已经脱离他人占有后，无论他人是否记得财物遗失在哪里，都应当认定为遗忘物（脱离占有物）。否则会出现财物是否由原物主占有、侵犯财产的行为性质究竟是盗窃还是侵占等客观事实，取决于原物主记忆力的强弱这一不合理现象。[3] 本书认为，"遗忘物"是指非基于他人

---

[1] 另有认为在所有权保留的买卖中应当根据所剩债务的多少而区别定性的观点，参见［日］桥爪隆："论侵占罪之'自己所占有的他人之物'"，王昭武译，载《法治现代化研究》2020 年第 4 期。

[2] 认为"遗忘物"并不等同于"脱离占有物"的观点，参见陈璇："论侵占罪处罚漏洞之填补"，载《法商研究》2015 年第 1 期。

[3] 我国刑法理论上曾一般认为，刑法上的遗忘物与民法上的遗失物是不同的概念，二者的不同主要在于遗忘物的物主一经回忆较容易找回，而遗失物的物主则很难知道遗失在什么地方，难以找回；侵占遗忘物的构成侵占罪，侵占遗失物的，只能追究民事责任（参见高铭暄、马克昌主编：《刑法学》，北京大学出版社 2017 年版，第 512 页）。

本意而脱离他人占有，偶然由行为人占有的财物。"埋藏物"是指埋于地下或者藏于他物之中的，他人所有但并未占有，偶然由行为人发现的财物。例如，快递员误将乙的包裹投递到甲家中，甲将包裹变卖的，由于包裹属于非基于他人本意而脱离他人占有，偶然由行为人占有的财物，故甲的行为属于脱离占有物（遗忘物）侵占。当然，无论是遗忘物还是埋藏物，所有权人都没有放弃对该脱离占有物的所有权。倘若所有权人已经放弃所有权，那么该物就变成了无主物，行为人可以基于先占而取得所有权，不构成侵占罪。客观上是无主物或者是自己具有所有权的财物，但行为人误以为是他人的脱离占有物而非法占为己有时，属于对象不能，不构成侵占罪未遂。

2. 侵占罪的责任要素。成立侵占罪时，除了主观上有故意外，还需具有不法所有目的。不法所有目的，也同时包括排除意思与利用意思，[1] 是指遵从财物的用法，将自己作为财物的所有权人进行利用、处分的意思。客观上是他人占有之物，行为人误以为是遗忘物而非法占为己有的，属于抽象的事实认识错误，在盗窃与侵占的重合的范围内，成立较轻的侵占罪既遂。例如，甲在8楼阳台上浇花时，不慎将金镯子（价值3万元）甩到了楼下。甲立即让儿子在楼上盯着，自己跑下楼去捡镯子。路过此处的乙看见地面上有一只金镯子，以为是谁不慎遗失的，在甲到来之前捡起镯子迅速逃离现场。甲经多方询查后找到乙，但乙否认捡到金镯子。本案中，虽然金镯子从8楼落下，但在乙实施行为的时点，该镯子与甲事实上占有支配强烈的状态存在时间上、空间上的紧密连续性，且甲也具有明确的占有意思，所以乙客观上盗窃了甲占有的金镯子。但由于乙主观上只有侵占的故意，所以最终仅构成侵占罪。同理，主观上误以为是他人占有之物，客观上是遗忘物的，也只成立侵占罪。另外，没有利用意思，将代为保管或拾得之物单纯毁坏的，仅成立故意毁坏财物罪。

（三）侵占罪的认定

1. 侵占基于不法原因而委托给付的财物（如代为保管的贿赂）的处理。肯定说认为委托人仍然是财物的所有权人，侵占行为完全符合代为保管物侵占的构造，成立代为保管物侵占。[2] 与此相对，本书支持的否定说认为，由于委托人的原因，该财物才变成不法原因给付物，委托人在民法上无权要求代为保管人返还财物，代为保管者不构成侵占罪。例如，张某欲向县长钱某行贿，委托甲代为将5万元贿赂款转交钱某。甲拿到钱后却据为己有。本案中5万元贿赂款属于不法原因给付物，甲不构成侵占罪。与此形成对照的是，骗取不法原因给付物时是由于行为人的原因造成财物具有了不法原因给付物的性质，故行为人仍然成立诈骗罪。例如，甲欺骗乙说能帮忙将钱送给教育局长，以便乙的儿子上重点高中，乙信以为真将10万元现金交给甲，甲成立诈骗罪。

2. 侵占窝藏或者代为销售的赃物的处理。肯定说认为，侵占行为仍然破坏了委托关系，受托窝藏或者代为销赃者对委托者（原犯罪人）构成代为保管物侵占。与此相对，本书支持的否定说认为，委托人不可能获得赃物的所有权，且委托关系本身不是我国侵占罪的保护法益，所以侵占窝藏或者代为销售的赃物的行为没有侵犯到委托者的利益。当受托人不知侵占的财物是赃物时，只能成立针对原财物所有人的脱离占有物侵占。当受托人知道侵占的财物是赃物时，一方面同样成立针对原财物所有人的脱离占有物侵占，另一方面则同时构成掩饰、隐瞒

[1] 为与盗窃罪等转移型财产犯罪相区别，侵占罪中的排除意思与利用意思合称为不法所有目的，而不是非法占有目的。

[2] 参见周光权：《刑法各论》，中国人民大学出版社2016年版，第140~141页。

犯罪所得罪，[1] 最终以掩饰、隐瞒犯罪所得罪论处。例如，甲偷了乙的电脑后，交给丙代为保管，后丙私自变卖并将卖得的钱款挥霍一空。根据否定说，如果丙不知道甲交给自己的电脑是偷来的，则成立对乙的脱离占有物侵占；如果丙知道甲交给自己的电脑是偷来的，则同时成立掩饰、隐瞒犯罪所得罪。

3. 涉及存款、汇款及取款时，需要分情形来讨论究竟构成何种财产犯罪。[2] 常见且备受争议的，主要有以下三种情形：

第一，因系统错误使得持卡人银行卡中记载的存款债权变多，持卡人在银行柜台取款提现的，对银行的现金成立诈骗罪；若是在 ATM 机将钱取出，则对银行的现金成立盗窃罪。这是因为，持卡人隐瞒了存款债权不当变多的事实，欺骗了银行工作人员使其交付现金，或者违背了银行的意思将银行对 ATM 机中现金的占有转移为行为人占有（机器不能被骗）。

第二，存款人自愿将钱存入持卡人的银行卡中时，存款债权相对于持卡人而言属于"代为保管的他人之物"，持卡人将存款债权转入自己其他账户中据为己有的，持卡人对该存款债权构成侵占罪。如果持卡人用该银行卡去取款提现，在针对存款债权构成侵占罪的同时，还对银行占有的现金成立盗窃罪（ATM 机取钱）或诈骗罪（银行柜台取钱），构成想象竞合，择一重罪处理。如果持卡人先将存款债权转入其他账户再从其他账户里提现的，则针对存款债权的侵占罪与针对银行现金的盗窃罪或诈骗罪构成包括的一罪，择一重罪处理。

第三，如果汇款人（或银行工作人员）误将款项汇至持卡人银行卡中，这笔汇款（实际上是汇款人的存款债权）相对于持卡人而言属于"遗忘物"，持卡人将该笔汇款转入自己其他账户中据为己有的，持卡人对该笔汇款构成侵占罪。如果持卡人用该银行卡去取款提现，在针对汇款构成侵占罪的同时，还对银行占有的现金成立盗窃罪（ATM 机取钱）或诈骗罪（银行柜台取钱），构成想象竞合，择一重罪处理。如果持卡人先将汇款转入其他账户再从其他账户里提现的，则针对汇款的侵占罪与针对银行现金的盗窃罪或诈骗罪构成包括的一罪，择一重罪处理。

4. 虽然《刑法》第 270 条在"非法占为己有"外还规定了"拒不退还""拒不交出"，但这并不意味着认定侵占罪既遂时既要行为人将财物非法占为己有，又要行为人有其他的拒不退还或拒不交出的表现。非法占为己有才是本罪的实行行为，拒不退还或拒不交出并不是实行行为的一部分。也是在这个意义上，不能说侵占罪是真正的不作为犯。当能够证明行为人已经将财物非法占为己有，以所有权人的姿态来使用财物时，就可以认定侵占罪既遂。[3] 例如，乙受王某之托将价值 5 万元的手表送给 10 公里外的朱某，乙在路上让许某捆绑自己，伪造了抢劫现场，将表变卖后据为己有。乙报案后，向警方与王某均称自己被抢。本案中，乙在"伪造了抢劫现场，将表变卖后据为己有"的时点已经构成侵占罪既遂，不需等到"向警方与王某均称自己被抢"的时点才认定既遂。法条中规定"拒不退还""拒不交出"，只是为了提示司法工作人员可通过这些行为来判断行为人是否已经将他人所有的财物"非法占为己有"。例如，在侵占种类物等可替代性极强的财物（如大米等）的场合，单纯使用、处分代为保管的或脱离他人占有的此类财物时，由于随时可以补充、弥补，对原所有人而言是否为原物并不重要，所以还难以判断是否已经"非法占为己有"；但要求行为人如数归还时，行为人拒不退还

---

[1]　成立掩饰、隐瞒犯罪所得罪并不要求为了原犯罪人的利益。

[2]　更为详尽的分析，参见张明楷："领取无正当原因汇款的行为性质"，载《法学》2020 年第 11 期。

[3]　高铭暄、马克昌主编：《刑法学》，北京大学出版社 2017 年版，第 513 页则认为，"拒不退还""拒不交出"是侵占罪既遂的标准，且这一要件实际上排除了侵占罪未遂存在的可能性。

或拒不交出的行为则足以证明其已将财物非法占为己有。

（四）侵占罪的处罚

根据《刑法》第270条，犯侵占罪的，处2年以下有期徒刑、拘役或者罚金；数额巨大或者有其他严重情节的，处2年以上5年以下有期徒刑，并处罚金。将他人的遗忘物或者埋藏物非法占为己有，数额较大，拒不交出的，以侵占罪论处。另外，本罪属于亲告罪，告诉的才处理。

二、职务侵占罪

（一）职务侵占罪的概念与犯罪构成

职务侵占罪，是指公司、企业或者其他单位的工作人员以不法所有为目的，利用职务上的便利，将本单位财物非法占为己有，数额较大的行为。本罪的保护法益是公司、企业或者其他单位财物的所有权与财产性利益。

1. 职务侵占罪的构成要件内容是，公司、企业或者其他单位的工作人员，利用职务上的便利，将本单位数额较大的财物非法占为己有。

（1）职务侵占罪是真正的身份犯，行为主体是"公司、企业或者其他单位的工作人员"。只要行为时是在单位中从事相关事务的人员，即便是通过非法途径被录用的或没有获得正式编制的人员，都可以成为本罪的行为主体。例如，甲在某公司招聘司机时，用假身份证应聘并被录用。甲在按照公司安排独自一人将价值7万元的货物从北京运往山东途中，在天津将该货物变卖后潜逃。甲的行为构成职务侵占罪。又如，公司保安甲在休假期内，以"第二天晚上要去医院看望病人"为由，欺骗保安乙，成功和乙换岗。当晚，甲将其看管的公司仓库内价值5万元的财物运走变卖。甲的行为构成职务侵占罪。不具有本罪身份的人不能构成职务侵占罪的直接正犯或间接正犯，但与具有本罪身份的人共同实施职务侵占行为的，可成立职务侵占罪的共犯。例如，丁与某私营企业的部门经理李某内外勾结，利用李某职务上的便利，共同将该单位的5万元资金非法据为己有。丁构成职务侵占罪的共犯。

根据《刑法》第271条第2款的注意规定，国有公司、企业或者其他国有单位中从事公务的人员和国有公司、企业或者其他国有单位委派到非国有公司、企业以及其他单位从事公务的人员等国家工作人员实施职务侵占行为的，应按照贪污罪定罪处罚。在国有资本控股、参股的股份有限公司中从事管理工作的人员，除受国家机关、国有公司、企业、事业单位委派从事公务的以外，不属于国家工作人员。对其利用职务上的便利，将本单位财物非法占为己有，数额较大的，应当以职务侵占罪定罪处罚。[1] 村民委员会、居民委员会等农村和城市基层组织人员一般情况下不属于国家工作人员，但协助人民政府从事行政管理工作时，属于国家工作人员。[2] 所以，村民小组组长利用职务上的便利，将村民小组集体财产非法占为己有，数额较大的行为，应当以职务侵占罪定罪处罚。[3] 与此相对，村委会主任利用协助乡政府管理和发放救灾款物之机，将救灾款非法据为己有的，属于协助人民政府从事行政管理工作时实施职务侵占行为，构成贪污罪。另外，根据《刑法》第382条第2款，受国家机关、国有公司、企业、事业单位、人民团体委托管理、经营国有财产的人员（既可能是国家工作人员，也可能是

---

〔1〕　参见2001年5月23日发布的《最高人民法院关于在国有资本控股、参股的股份有限公司中从事管理工作的人员利用职务便利非法占有本公司财物如何定罪问题的批复》。

〔2〕　参见2009年8月27日发布的《全国人民代表大会常务委员会关于〈中华人民共和国刑法〉第九十三条第二款的解释》、2003年11月13日最高人民法院发布的《全国法院审理经济犯罪案件工作座谈会纪要》。

〔3〕　参见1999年6月25日发布的《最高人民法院关于村民小组组长利用职务便利非法占有公共财物行为如何定性问题的批复》。

非国家工作人员），利用职务上的便利非法占有国有财物的，也按照贪污罪定罪处罚。公司、企业或者其他单位中，不具有国家工作人员身份的人与国家工作人员勾结，分别利用各自的职务便利，共同将本单位财物非法占为己有的，按照主犯的犯罪性质定罪。[1]

（2）职务侵占罪的行为方式表现为利用职务上的便利将数额较大的本单位财物（包括财产性利益）非法占为己有。[2] 行为人通过虚假验资骗取工商营业执照成立的企业，即便为"三无"企业，只要具有法人资格，并且不是为进行违法犯罪活动而设立的公司、企业、事业单位，或公司、企业、事业单位设立后，不是以实施犯罪为主要活动的，能够成为职务侵占罪中的"公司、企业或者其他单位"。[3] 另外，职务侵占罪中的"单位"应当也包括独资企业。[4]

关于"非法占为己有"的含义，以往通说认为职务侵占罪与贪污罪虽然行为主体不同，但行为方式相同，所以《刑法》第382条规定的贪污方式，即"侵吞、窃取、骗取或者以其他手段非法占有"财物都属于职务侵占罪中"非法占有"本单位财物的方式。[5] 如此一来，《刑法》第183条第1款的规定，即"保险公司的工作人员利用职务上的便利，故意编造未曾发生的保险事故进行虚假理赔，骗取保险金归自己所有的，依照本法第二百七十一条的规定定罪处罚"，属于注意规定。但是，与贪污罪的处罚重于盗窃罪、诈骗罪与（职务）侵占罪不同，职务侵占罪的处罚虽然比侵占罪重，但并不重于盗窃罪、诈骗罪。盗窃、诈骗数额特别巨大时，附加刑是"并处罚金或者没收财产"，而职务侵占数额巨大时只是"并处罚金"。国家工作人员利用职务上的便利窃取、骗取公共财物的，按照贪污罪处理不会导致罪刑不均衡。但一般的公司、企业或者其他单位的工作人员利用职务上的便利窃取、骗取本单位财物的，倘若只按职务侵占罪处理，则不能合理说明轻于盗窃罪、诈骗罪处罚的实质根据。因此，不能将职务侵占罪理解为盗窃罪、诈骗罪的特殊类型，只能将其理解为侵占罪的特殊类型。职务侵占罪中的"非法占为己有"应仅限于侵占行为，不包括盗窃、诈骗等其他转移本单位财物占有的行为。[6] 由此看来，《刑法》第183条第1款不能理解为单纯的注意规定，而是具有法律拟制的性质，即将本不属于职务侵占的"骗取"行为按照职务侵占罪来定罪处罚。

此外，"利用职务上的便利"，是指利用本人职务上所具有的自我决定或者处置单位财物的权力、职权，而不是单纯利用工作上的机会。例如，甲到银行自动取款机提款后，忘了将借记卡退出便匆忙离开。该银行工作人员乙对自动取款机进行检查时，发现了甲未退出的借记卡，便从该卡中取出5000元，并将卡中剩余的3万元转入自己的借记卡。乙并非利用职务上管理自动取款机内现金的权限获得财物，只是利用了工作上接触自动取款机的机会，所以乙不成立职务侵占罪，成立盗窃罪。

---

〔1〕 参见2000年6月30日发布的《最高人民法院关于审理贪污、职务侵占案件如何认定共同犯罪几个问题的解释》。

〔2〕 根据2016年4月18日发布的《最高人民法院、最高人民检察院关于办理贪污贿赂刑事案件适用法律若干问题的解释》（以下简称为《贪污贿赂案件解释》）第11条，职务侵占罪中"数额较大""数额巨大"的数额起点分别是6万元、100万元。另外，《刑法修正案（十一）》第29条增设"数额特别巨大"作为升格职务侵占罪法定刑的情节，其数额起点有待司法解释进一步明确。

〔3〕 参见2008年6月17日发布的《最高人民法院研究室关于对通过虚假验资骗取工商营业执照的"三无"企事业单位能否成为职务侵占罪客体问题征求意见的复函》。

〔4〕 参见2011年2月15日发布的《最高人民法院研究室关于个人独资企业员工能否成为职务侵占罪主体问题的复函》。

〔5〕 参见高铭暄、马克昌主编：《刑法学》，北京大学出版社2017年版，第514页。

〔6〕 参见张明楷：《刑法学》（下），法律出版社2021年版，第1337~1339页。

2. 成立职务侵占罪时，主观上除了要具有故意外，还需要具有不法所有目的（排除意思与利用意思）。[1] 不法所有目的在实践中一般表现为不具有归还财物的意思。欠缺不法所有目的的，换言之，如果实施行为时具有归还财物的意思，则不构成职务侵占罪，可能成立挪用资金罪。行为时没有非法占有目的，将单位财物挪出后才产生非法占有目的，不予归还的，应转化为职务侵占罪处理。

（二）职务侵占罪的处罚

根据《刑法》第 271 条第 1 款，犯职务侵占罪的，处 3 年以下有期徒刑或者拘役，并处罚金；数额巨大的，处 3 年以上 10 年以下有期徒刑，并处罚金；数额特别巨大的，处 10 年以上有期徒刑或者无期徒刑，并处罚金。

三、挪用资金罪

（一）挪用资金罪的概念与犯罪构成

挪用资金罪，是指公司、企业或者其他单位的工作人员，利用职务上的便利，挪用本单位资金归个人使用或者借贷给他人使用，数额较大、超过 3 个月未还的，或者虽未超过 3 个月，但数额较大、进行营利活动的，或者进行非法活动的行为。

1. 挪用资金罪的构成要件内容是，公司、企业或者其他单位的工作人员，利用职务上的便利，挪用本单位资金归个人使用或者借贷给他人使用。

（1）挪用资金罪是真正的身份犯，行为主体是"公司、企业或者其他单位的工作人员"。只要行为时是在单位中从事相关事务的人员，即便是通过非法途径被录用的或没有获得正式编制的人员，都可以成为本罪的行为主体。不具有本罪身份的人不能构成挪用资金罪的直接正犯或间接正犯，但与具有本罪身份的人共同实施挪用资金行为的，可成立挪用资金罪的共犯。

根据《刑法》第 272 条第 2 款的注意规定，国有公司、企业或者其他国有单位中从事公务的人员和国有公司、企业或者其他国有单位委派到非国有公司、企业以及其他单位从事公务的人员等国家工作人员实施挪用资金行为的，应按照挪用公款罪定罪处罚。村民委员会、居民委员会等农村和城市基层组织人员一般情况下不属于国家工作人员，但协助人民政府从事行政管理工作时，属于国家工作人员。[2] 另外，虽然受国家机关、国有公司、企业、事业单位、人民团体委托管理、经营国有财产的非国家工作人员在贪污罪中被视作国家工作人员，但这些人员在挪用公款罪中因欠缺诸如《刑法》第 382 条第 2 款规定的国家工作人员身份，上述人员利用职务上的便利，挪用国有资金归个人使用构成犯罪的，应以挪用资金罪定罪处罚。[3]

（2）挪用资金罪的行为方式表现为利用职务上的便利，挪用本单位资金归个人使用或者借贷给他人。其中，本单位资金，如单位的现金、银行存款等，包括准备设立的公司在银行开设的临时账户上的资金[4]，但不包括单位的公共物品（如书柜、沙发等）。"归个人使用"包括以下三种情形：①将本单位资金供本人、亲友或者其他自然人使用的；②以个人名义将本单

---

〔1〕　根据以往通说，由于职务侵占行为包括窃取、骗取等转移财物占有的行为方式，故要求行为人主观上具有非法占有目的。本书将职务侵占行为限定为非转移财物占有的侵占行为，故与侵占罪的责任要素一样，要求职务侵占罪的行为人主观上具有不法所有目的。

〔2〕　参见 2009 年 8 月 27 日发布的《全国人民代表大会常务委员会关于〈中华人民共和国刑法〉第九十三条第二款的解释》、2003 年 11 月 13 日最高人民法院发布的《全国法院审理经济犯罪案件工作座谈会纪要》。

〔3〕　参见 2000 年 2 月 16 日发布的《最高人民法院关于对受委托管理、经营国有财产人员挪用国有资金行为如何定罪问题的批复》。

〔4〕　参见 2000 年 10 月 9 日发布的《最高人民检察院关于挪用尚未注册成立公司资金的行为适用法律问题的批复》。

位资金供其他单位使用的；③个人决定以单位名义将本单位资金供其他单位使用，谋取个人利益的。[1] 例如，村民小组组长利用职务上的便利，擅自将村民小组的集体财产为他人担保贷款，并以集体财产承担担保责任的，属于挪用本单位资金归个人使用的行为，应以挪用资金罪追究行为人的刑事责任。[2] "借贷给他人"中的"他人"既包括自然人，也包括法人等单位。[3]

实施挪用资金的行为并非一概构成犯罪，具体需满足以下三种情形之一：①挪用资金进行非法活动；②挪用资金数额较大、进行营利活动；③挪用资金数额较大、超过 3 个月未还。[4] 挪用的资金是用于非法活动、营利活动还是其他活动，应结合客观的资金用途予以确定，而不是取决于行为人挪用时的主观计划。例如，本打算挪用资金用于出国旅行，但挪出资金后遇上新冠肺炎疫情，办不了外国签证，于是将挪用的资金用于炒股的，应认定为挪用资金进行营利活动。同理，本打算挪用资金用于炒股赚钱，但挪出资金后遇上股价大跌，于是将挪用的资金用于赌博的，应认定为挪用资金进行非法活动。无论出于何种用途计划将资金挪出后却置之不用的，即挪而不用的情形，不能认定为挪用资金进行非法活动或营利活动，只有在满足"数额较大、超过 3 个月未还"的条件下才构成挪用资金罪。另外，如果挪用资金进行的非法活动本身构成犯罪，则应当与挪用资金罪数罪并罚。

2. 挪用资金罪是故意犯罪，成立本罪时不需要证明行为人不具有不法所有目的。查不明行为人是否具有不法所有目的、是否具有归还本单位资金的意愿时，虽不能认定为处罚较重的职务侵占罪，但应当以处罚较轻的挪用资金罪追究刑事责任。查明挪用时具有不法所有目的的（不具有归还资金的意思），或者挪用后产生不法所有目的、不愿归还本单位资金的，按职务侵占罪处理。所以，挪用资金数额较大且超过 3 个月未还的情形中，"未还"是指客观上不能归还，而不是主观上不愿归还。

（二）挪用资金罪的处罚

根据《刑法》第 272 条第 1 款、第 3 款，犯挪用资金罪的，处 3 年以下有期徒刑或者拘役；挪用本单位资金数额巨大的，处 3 年以上 7 年以下有期徒刑；数额特别巨大的，处 7 年以上有期徒刑。在提起公诉前将挪用的资金退还的，可以从轻或者减轻处罚。其中，犯罪较轻的，可以减轻或者免除处罚。

四、挪用特定款物罪

挪用特定款物罪，是指挪用用于救灾、抢险、防汛、优抚、扶贫、移民、救济款物，情节

---

〔1〕 参见 2002 年 4 月 28 日发布的《全国人民代表大会常务委员会关于〈中华人民共和国刑法〉第三百八十四条第一款的解释》。

〔2〕 参见 2001 年 4 月 26 日发布的《公安部关于村民小组组长以本组资金为他人担保贷款如何定性处理问题的批复》。

〔3〕 2004 年 9 月 8 日发布的《全国人民代表大会常务委员会法制工作委员会刑法室关于挪用资金罪有关问题的答复》中指出，"刑法第二百七十二条规定的挪用资金罪中的'归个人使用'与刑法第三百八十四条规定的挪用公款罪中的'归个人使用'的含义基本相同。97 年修改刑法时，针对当时挪用资金中比较突出的情况，在规定'归个人使用时'的同时，进一步明确了'借贷给他人'属于挪用资金罪的一种表现形式"。

〔4〕 虽然对于挪用资金进行非法活动的情形，条文上没有明确将"数额较大"规定为成立犯罪的条件，但并非挪用任意数额的资金进行非法活动的都以挪用资金罪追究刑事责任。根据《贪污贿赂案件解释》第 11 条第 2 款，挪用资金进行非法活动的，入罪数额起点是 6 万元，"数额巨大"的数额起点 600 万元；挪用资金进行营利活动或者超过 3 个月未还的，"数额较大""数额巨大"的数额起点分别是 10 万元、1000 万元。另外，《刑法修正案（十一）》第 30 条第 1 款增设"数额特别巨大"作为升格挪用资金罪法定刑的情节，其数额起点有待司法解释进一步明确。

严重，致使国家和人民群众利益遭受重大损害的行为。[1]　本罪的行为对象既包括"特定款"（资金及财产性利益），也包括"特定物"。失业保险基金与下岗职工基本生活保障资金属于本罪中的"救济款物"。[2]　如果挪用的对象不属于"特定款物"，只是单纯的"本单位资金"，如退休职工养老保险金、[3]　中国人民银行给予中国农业银行发放民族贸易和民族用品生产贷款的利息补贴[4]等，则应当根据行为人是否具有国家工作人员身份，分别以挪用资金罪或者挪用公款罪追究刑事责任。

当行为人是国家工作人员时，本罪处罚的是将特定款物挪作其他公用，而非归个人使用的行为。例如，将本单位管理的救灾款用于盖单位职工宿舍。将单位管理的特定款物挪用后归个人使用的，根据《刑法》第384条第2款的规定，应以挪用公款罪从重处罚。当行为人是一般的公司、企业或者其他单位的工作人员（非国家工作人员）时，根据挪用的是特定款还是特定物，本罪处罚范围有所区别。针对特定用途的专款，本罪处罚的是非国家工作人员将其挪作其他公用，而非归个人使用的行为。将单位管理的特定用途的专款挪用后归个人使用的，认定为挪用资金罪。针对特定用途的专物，由于不符合挪用资金罪行为对象的要求，为了避免处罚漏洞，应当认为非国家工作人员无论将其挪作其他公用还是归个人使用，都以挪用特定款物罪论处。

根据《刑法》第273条，犯挪用特定款物罪的，对直接责任人员，处3年以下有期徒刑或者拘役；情节特别严重的，处3年以上7年以下有期徒刑。

第五节　毁弃与拒付型财产犯罪

一、故意毁坏财物罪

（一）故意毁坏财物罪的概念与犯罪构成

故意毁坏财物罪，是指故意毁坏公私财物，数额较大或者有其他严重情节的行为。[5]

故意毁坏财物罪的行为对象是他人所有之物以及财产性利益。行为人在行为时是否已经占有该物，不影响本罪成立。毁坏自己财物的，或者经他人同意后毁坏他人财物的，不构成本罪；但毁坏财物的同时危害公共安全的，可能构成侵害社会法益的犯罪。例如，甲将自己位于某栋建筑四层的商品房烧毁的，虽然不构成故意毁坏财物罪，但对不特定多数人的生命、身体

---

〔1〕　根据2010年5月7日发布的《最高人民检察院、公安部关于公安机关管辖的刑事案件立案追诉标准的规定（二）》第86条，挪用用于救灾、抢险、防汛、优抚、扶贫、移民、救济款物，涉嫌下列情形之一的，应予立案追诉：①挪用特定款物数额在5000元以上的；②造成国家和人民群众直接经济损失数额在5万元以上的；③虽未达到上述数额标准，但多次挪用特定款物的，或者造成人民群众的生产、生活严重困难的；④严重损害国家声誉，或者造成恶劣社会影响的；⑤其他致使国家和人民群众利益遭受重大损害的情形。

〔2〕　参见2003年1月28日发布的《最高人民检察院关于挪用失业保险基金和下岗职工基本生活保障资金的行为适用法律问题的批复》。

〔3〕　参见2004年7月9日发布的《最高人民法院研究室关于挪用退休职工社会养老金行为如何适用法律问题的复函》。

〔4〕　参见2003年2月24日发布的《最高人民法院研究室关于挪用民族贸易和民族用品生产贷款利息补贴行为如何定性问题的复函》。

〔5〕　根据2008年6月25日发布的《最高人民检察院、公安部关于公安机关管辖的刑事案件立案追诉标准的规定（一）》［以下简称为《刑事案件立案规定（一）》］第33条，故意毁坏公私财物，涉嫌下列情形之一的，应予立案追诉：①造成公私财物损失5000元以上的；②毁坏公私财物3次以上的；③纠集3人以上公然毁坏公私财物的；④其他情节严重的情形。

造成了危险，可成立放火罪。

"毁坏"是指使财物的效用减少或者丧失的行为（效用侵害说）。[1] 其一，通过对财物行使有形力，导致财物的完整性受到明显毁损的，例如砸毁他人电脑主机的，当然属于毁坏。其二，通过对财物行使有形力，没有导致财物的完整性受到明显毁损，但导致财物的效用减少或者丧失的，也属于毁坏。例如，甲将乙价值 2 万元的戒指扔入海中，虽然戒指本身没有被毁坏，但找回该戒指基本不可能，或者找回的成本远远高于财物本身的价值，可以认定该戒指的效用几乎丧失，故甲的行为构成故意毁坏财物罪。其三，即便没有直接对财物行使有形力，但使财物的效用减少或者丧失的，也属于毁坏。例如，在朱某某故意毁坏财物案中，[2] 被告人朱某利用事先获悉的账号和密码，侵入被害人陆某、赵某夫妇在证券营业部开设的股票交易账户，然后篡改了密码，并使用陆某、赵某夫妇的资金和股票，以高进低出的方法进行股票交易。按照股票成交平均价计算，用首次作案时该账户内的股票与资金余额，减去案发时留有的股票与资金余额，朱某共给陆某、赵某夫妇的账户造成资金损失 19.7 万余元。法院认为，"被告人朱某为泄私愤，秘密侵入他人的账户操纵他人股票的进出，短短十余日间，已故意造成他人账户内的资金损失 19.7 万余元。这种行为，侵犯公民的私人财产所有权，扰乱社会经济秩序，社会危害性是明显的，依照《刑法》第 275 条的规定，已构成故意毁坏财物罪，应当受刑罚处罚"。

导致财物的效用减少或者丧失，既可能是因为物理上、客观上的损害，也可能是因为心理上、感情上难以接受的缘故。例如，乙从俄罗斯购得一套昂贵的银质餐具，甲却朝着这套餐具撒尿，导致乙不愿再使用该套餐具的，甲构成故意毁坏财物罪。毁坏既表现为财物本身的丧失，也表现为被害人对财物占有的丧失。换言之，单纯隐藏他人财物的行为，可以构成故意毁坏财物罪。例如，甲男为了让乙女痛苦，将乙女母亲遗留下来的金项链藏在自己仓库中，自己从不佩戴，也不变卖。甲因没有利用意思，不构成盗窃罪，只构成故意毁坏财物罪。

成立本罪只要求行为人具有毁坏财物的故意，不要求具有利用财物的意思。若存在利用意思，则构成盗窃、侵占等取得型财产犯罪。例如，甲对乙使用暴力，欲将其打残。乙慌忙掏出手机准备报警，甲一把夺过手机装进裤袋并将乙打成重伤。甲在离开现场 5 公里后，把乙价值 7000 元的手机扔进水沟。甲对于乙的手机没有利用意思，故不成立抢夺罪，应以故意伤害罪与故意毁坏财物罪数罪并罚。查不明行为人是否具有利用意思时，虽然不能认定为取得型财产犯罪，但不妨碍认定为故意毁坏财物罪。

虽然一般以是否具有"利用意思"区分故意毁坏财物罪与盗窃罪等取得型财产犯罪，但并不能就此得出二者是对立关系。这是因为，在责任要素上，故意毁坏财物罪只是不要求行为人具有非法占有目的，行为人具有非法占有目的时并不欠缺故意毁坏财物罪所要求的责任要素。关键在于，盗窃罪等取得型财产犯罪的行为（及故意）能否评价为毁坏财物的行为（及故意）。[3] "毁坏"不是单纯地侵害被害财物自身的效用、使被害财物本身未能按照其事物本性发挥作用（否则毁坏无主物的也该当故意毁坏财物罪的构成要件，但这种行为没有侵害任何人的财产法益），而是使得被害人在一段时期内难以利用财物，从而减损了财物相对于被害人

〔1〕 关于"毁坏"的含义，还存在物理毁损说、有形侵害说等其他观点。物理毁损说主张毁坏的本质特征在于对财物造成物理性毁损，有形侵害说则认为毁坏的根本特征是手段的有形力和破坏性（参见陈兴良主编：《刑法各论精释》（下），人民法院出版社 2015 年版，第 611 页以下）。

〔2〕 参见上海市静安区人民法院（2002）静刑初字第 146 号刑事判决书。

〔3〕 由于构成要件具有故意规制机能，所以当取得型财产犯罪的行为能够评价为毁坏财物的行为时，那么将前者的故意理解为包含后者的故意也就不存在障碍。

的效用或价值。所以，盗窃他人财物后，不能因为积极利用了该财物从而主张财物自身的效用并未受到侵害，不构成故意毁坏财物罪。应当看到，从被害人因盗窃行为而丧失财物占有的那一刻起，财物相对于被害人而言的效用或价值就减损了，盗窃行为也该当了故意毁坏财物罪的构成要件。换言之，盗窃罪与故意毁坏财物罪在后者的犯罪内可以实质重合，所以盗窃罪是重罪，故意毁坏财物罪是轻罪。这种轻重评价也符合现行法对两罪法定刑的设置。盗窃罪的法定刑之所以高于故意毁坏财物罪的法定刑，不仅因为盗窃案件更多、预防必要性更大，而且因为在不法的内涵上，盗窃包含了毁坏财物。[1] 这也能够解释，为什么盗窃财物后又故意毁坏财物的不数罪并罚，而是将毁坏财物的行为理解为盗窃的共罚的事后行为。因为通过适用盗窃罪的法条就能将侵害财物效用的不法一并评价进去，不必再用故意毁坏财物罪的法条再次评价。

（二）故意毁坏财物罪的处罚

根据《刑法》第 275 条，犯本罪的，处 3 年以下有期徒刑、拘役或者罚金；数额巨大或者有其他特别严重情节的，处 3 年以上 7 年以下有期徒刑。

二、破坏生产经营罪

破坏生产经营罪，是指由于泄愤报复或者其他个人目的，毁坏机器设备、残害耕畜或者以其他方法破坏生产经营的行为。[2]

只要没有正当理由而破坏生产经营的，都可以认定为出于"其他个人目的"。问题是，破坏生产经营罪的手段方法有无限定。有观点认为，应当遵循同类解释规则，既然条文中明确列举的"毁坏机器设备、残害耕畜"都属于毁坏财物的方法，那么"其他方法"也应当仅限于毁坏财物的方法，而不是泛指任何方法。从而将破坏生产经营罪理解为故意毁坏财物罪的特殊条款。[3] 但是，如何确定"同类"的标准，并不明确。上述观点认为共通于毁坏机器设备、残害耕畜以及其他方法的同类标准应当是"毁坏生产工具、生产资料"，可是为什么不能将同类的标准缩小认定为"物理上毁坏财物的方法"或扩大至包括"妨碍业务的方法"呢？换言之，条文中明确列举的"毁坏机器设备、残害耕畜"也都属于物理上毁坏财物的方法或妨碍业务的方法，从而将"其他方法"仅限于物理上毁坏财物的方法或扩大为所有妨碍业务的方法，不也符合同类解释规则吗？可见，"同类"的标准并非不证自明，而是需要通过目的解释来确定。持上述观点的学者大多在立法论上主张我国应当向德日一样在刑法中增设妨害业务罪。[4] 诚然，在立法上设置不以毁坏财物为手段、单纯保护业务自由的犯罪，最为简洁明快。但出于法安定性的要求，唯有触及解释边界后仍然难以得出妥当结论时，才有必要求诸立法。既然认为业务自由也值得作为法益予以保护，那么就应当尽可能地通过解释现行法把侵害业务的行为纳入刑法的规制范围。

本书认为，不能因为国外刑法中有独立的妨碍业务的犯罪而我国没有明确使用"妨碍业

---

〔1〕 既然盗窃罪可以评价为故意毁坏财物罪，那么抢劫罪、抢夺罪、诈骗罪与敲诈勒索罪等可以评价为盗窃罪的转移占有型财产犯罪，当然也可以评价为故意毁坏财物罪。同样的道理，将侵占罪、职务侵占罪、挪用资金罪等非移转型财产犯罪评价为故意毁坏财物罪也不存在障碍。但由于立法者给侵占罪配置了低于故意毁坏财物罪的法定刑且将侵占罪设定为亲告罪，所以不允许将侵占行为认定为故意毁坏财物罪来处罚，否则会架空有关侵占罪的规定，使限缩侵占罪处罚的立法旨意落空。

〔2〕 根据《刑事案件立案规定（一）》第 34 条，由于泄愤报复或其他个人目的，毁坏机器设备、残害耕畜或者以其他方法破坏生产经营，涉嫌下列情形之一的，应予立案追诉：①造成公私财物损失 5000 元以上的；②破坏生产经营 3 次以上的；③纠集 3 人以上公然破坏生产经营的；④其他破坏生产经营应予追究刑事责任的情形。

〔3〕 参见张明楷：《刑法学》（下），法律出版社 2016 年版，第 1027~1028 页。

〔4〕 参见张明楷："妨碍业务行为的刑法规制"，载《法学杂志》2014 年第 7 期；周光权："刑法软性解释的限制与增设妨害业务罪"，载《中外法学》2019 年第 4 期。

务"的表述，就当然地认为运用现行《刑法》处罚妨碍业务的行为违反罪刑法定原则。"破坏生产经营"这一用语既可以理解为给他人造成生产经营上的经济损失，也可以理解为妨碍了他人生产经营的自由。破坏生产经营罪虽然规定在侵犯财产罪这一章，但这也只是说明本罪的主要法益是财产法益，没有侵害财产法益的行为不能认定为本罪。[1] 既然单纯侵害财产法益的都可以构成破坏生产经营罪，那么通过妨碍业务的手段造成他人生产经营损失，在侵害财产法益的同时还妨碍了他人的业务自由的，没有理由不认定为破坏生产经营罪。因此，破坏生产经营罪既可以通过毁坏财物的方法实施，也可以通过妨碍业务自由的方式实施。但是，虽然妨碍了业务自由，却没有给他人的生产经营造成损失的，不能认定为破坏生产经营罪。从这个角度来看，增设妨碍业务罪的主要价值在于将纯粹侵害或危及他人业务活动自由的行为也纳入刑法的保护范围。使用妨碍业务的手段造成他人生产经营损失的这部分妨碍业务行为，完全可以依靠破坏生产经营罪进行规制。

我国司法实践中也没有将破坏生产经营罪的手段限定为毁坏财物。例如，在董某、谢某破坏生产经营案中，[2] 被告人董某为谋取市场竞争优势，雇佣被告人谢某，多次以同一账号大量购买北京智齿数汇科技有限公司南京分公司（以下简称智齿科技南京公司）淘宝网店铺的商品，致使该公司店铺被淘宝公司认定为虚假交易刷销量，并对其搜索降权。因消费者在数日内无法通过淘宝网搜索栏搜索到智齿科技南京公司淘宝网店铺的商品，严重影响该公司正常经营，产生 10 余万元经济损失。二审法院认为，"二上诉人主观上具有报复和从中获利的目的，客观上实施了通过损害被害单位商业信誉的方式破坏被害单位生产经营的行为，被害单位因二上诉人的行为遭受了 10 万元以上的损失，且二上诉人的行为与损失间存在因果关系，其行为符合破坏生产经营罪的犯罪构成，应以破坏生产经营罪定罪处罚"。本案被告人使用的"反向刷单"方法在判断书中被表述为"损害被害单位商业信誉的方式"，该方法显然不是毁坏财物的方法，实际上是通过"妨碍业务自由"的方式给他人造成生产经营上的经济损失。

根据《刑法》第 276 条，犯本罪的，处 3 年以下有期徒刑、拘役或者管制；情节严重的，处 3 年以上 7 年以下有期徒刑。

三、拒不支付劳动报酬罪

拒不支付劳动报酬罪，是指以转移财产、逃匿等方法逃避支付劳动者的劳动报酬或者有能力支付而不支付劳动者的劳动报酬，数额较大，经政府有关部门责令支付仍不支付的行为。

拒不支付劳动报酬罪的行为主体既可以是自然人，也可以是单位。用人单位的实际控制人实施拒不支付劳动报酬行为，也按照本罪追究刑事责任。不具备用工主体资格的单位或者个人（包工头），违法用工且拒不支付劳动者报酬，数额较大，经政府有关部门责令支付仍不支付的，应当以拒不支付劳动报酬罪追究刑事责任；即使其他单位或者个人在刑事立案前为其垫付了劳动报酬的，也不影响追究该用工单位或者个人（包工头）拒不支付劳动报酬罪的刑事责任。[3]

拒不支付劳动报酬罪是真正的不作为犯，行为方式表现为：①有能力支付而不支付劳动报

---

〔1〕 例如，抢劫罪同时保护财产法益与人身法益。抢劫罪毫无争议地属于侵犯财产罪，但这只不过意味着没有侵害财产法益，仅侵害人身法益的行为，不能认定为抢劫罪。

〔2〕 参见江苏省南京市中级人民法院（2016）苏 01 刑终 33 号刑事判决书。

〔3〕 参见最高人民法院第 28 号指导案例，胡某拒不支付劳动报酬案。

酬（数额较大），[1] 且②经政府有关部门责令支付仍不支付。劳动者依照《劳动法》和《劳动合同法》等法律的规定应得的劳动报酬，包括工资、奖金、津贴、补贴、延长工作时间的工资报酬及特殊情况下支付的工资等。"以转移财产、逃匿等方法逃避支付劳动者的劳动报酬"实际上是"有能力支付而不支付劳动报酬"的典型表现。[2] "政府有关部门"是指劳动行政部门，包括其中的劳动监察部门。根据 2013 年 1 月 16 日发布的《最高人民法院关于审理拒不支付劳动报酬刑事案件适用法律若干问题的解释》（以下简称《拒付案件解释》）第 4 条，经人力资源社会保障部门或者政府其他有关部门依法以限期整改指令书、行政处理决定书等文书责令支付劳动者的劳动报酬后，在指定的期限内仍不支付的，应当认定为"经政府有关部门责令支付仍不支付"，但有证据证明行为人有正当理由未知悉责令支付或者未及时支付劳动报酬的除外。行为人逃匿，无法将责令支付文书送交其本人、同住成年家属或者所在单位负责收件的人的，如果有关部门已通过在行为人的住所地、生产经营场所等地张贴责令支付文书等方式责令支付，并采用拍照、录像等方式记录的，应当视为"经政府有关部门责令支付"。[3]

根据《刑法》第 276 条之一，犯本罪的，处 3 年以下有期徒刑或者拘役，并处或者单处罚金；造成严重后果的，处 3 年以上 7 年以下有期徒刑，并处罚金。[4] 单位犯本罪的，对单位判处罚金，并对其直接负责的主管人员和其他直接责任人员，依照上述规定处罚。有拒不支付劳动报酬的行为，尚未造成严重后果，在提起公诉前支付劳动者的劳动报酬，并依法承担相应赔偿责任的，可以减轻或者免除处罚。"在提起公诉前支付劳动者的劳动报酬"，是指在人民检察院提起公诉前，行为人全额支付了劳动报酬。"依法承担相应赔偿责任"，是指行为人按照《劳动合同法》的要求向劳动者支付了赔偿金或者承担了经济补偿责任。

根据《拒付案件解释》，拒不支付劳动者的劳动报酬，尚未造成严重后果，在刑事立案前支付劳动者的劳动报酬，并依法承担相应赔偿责任的，可以认定为情节显著轻微危害不大，不认为是犯罪；[5] 在一审宣判前支付劳动者的劳动报酬，并依法承担相应赔偿责任的，可以从轻处罚。拒不支付劳动者的劳动报酬，造成严重后果，但在宣判前支付劳动者的劳动报酬，并依法承担相应赔偿责任的，可以酌情从宽处罚。

---

[1] 根据《拒付案件解释》第 3 条，具有下列情形之一的，应当认定为"数额较大"：①拒不支付 1 名劳动者 3 个月以上的劳动报酬且数额在 5000 元至 2 万元以上的；②拒不支付 10 名以上劳动者的劳动报酬且数额累计在 3 万元至 10 万元以上的。各省、自治区、直辖市高级人民法院可以根据本地区经济社会发展状况，在上述规定的数额幅度内，研究确定本地区执行的具体数额标准，报最高人民法院备案。

[2] 根据《拒付案件解释》第 2 条，以逃避支付劳动者的劳动报酬为目的，具有下列情形之一的，应当认定为"以转移财产、逃匿等方法逃避支付劳动者的劳动报酬"：①隐匿财产、恶意清偿、虚构债务、虚假破产、虚假倒闭或者以其他方法转移、处分财产的；②逃跑、藏匿的；③隐匿、销毁或者篡改账目、职工名册、工资支付记录、考勤记录等与劳动报酬相关的材料的；④以其他方法逃避支付劳动报酬的。

[3] 2014 年 12 月 23 日发布的《最高人民法院、最高人民检察院、人力资源和社会保障部、公安部关于加强涉嫌拒不支付劳动报酬犯罪案件查处衔接工作的通知》第 1 条第 2 款中也提出："行为人拖欠劳动者劳动报酬后，人力资源社会保障部门通过书面、电话、短信等能够确认其收悉的方式，通知其在指定的时间内到指定的地点配合解决问题，但其在指定的时间内未到指定的地点配合解决问题或明确表示拒不支付劳动报酬的，视为刑法第二百七十六条之一第一款规定的'以逃匿方法逃避支付劳动者的劳动报酬'。但是，行为人有证据证明因自然灾害、突发重大疾病等非人力所能抗拒的原因造成其无法在指定的时间内到指定的地点配合解决问题的除外。"

[4] 根据《拒付案件解释》第 5 条，拒不支付劳动者的劳动报酬数额较大，具有下列情形之一的，应当认定为"造成严重后果"：①造成劳动者或者其被赡养人、被扶养人、被抚养人的基本生活受到严重影响、重大疾病无法及时医治或者失学的；②对要求支付劳动报酬的劳动者使用暴力或者进行暴力威胁的；③造成其他严重后果的。

[5] 根据 2017 年 4 月 27 日发布的《最高人民检察院、公安部关于公安机关管辖的刑事案件立案追诉标准的规定（一）的补充规定》第 7 条第 2 款，这种情形可以不予立案追诉。

■思考题

1. 侵犯财产罪中的财产具有哪些特征、包括哪些种类?
2. 侵犯财产罪可以分为哪几种类型,区分标准是什么?
3. 如何区分盗窃罪与侵占罪、诈骗罪?
4. 如何认定三角诈骗?
5. 事后抢劫的成立条件有哪些?
6. 抢劫罪的法定刑升格条件有哪些?
7. 如何区分抢劫罪与抢夺罪、敲诈勒索罪?
8. 职务侵占罪与挪用资金罪有何区别?
9. 如何理解故意毁坏财物罪中的"毁坏"?

■参考书目

1. 张明楷:《诈骗罪与金融诈骗罪研究》,清华大学出版社 2006 年版。
2. 刘艳红主编:《财产犯研究》,东南大学出版社 2017 年版。
3. 徐凌波:《存款占有的解构与重建:以传统侵犯财产犯罪的解释为中心》,中国法制出版社 2018 年版。
4. 李强:《财产性利益犯罪的基本问题》,法律出版社 2020 年版。

第二十五章　妨害社会管理秩序罪

■ **学习目的和要求**

　　了解妨害社会管理秩序罪的非重点犯罪的概念和特征；掌握妨害社会管理秩序罪的重点犯罪的概念、特征与处罚；把握认定妨害社会管理秩序罪应当区别的界限和应当注意的问题。

第一节　妨害社会管理秩序罪概述

一、妨害社会管理秩序罪的概念和保护法益

　　妨害社会管理秩序罪，是指故意或者过失妨害国家机关对社会的正常管理活动，破坏社会秩序，情节严重的行为。

　　作为本章法益的社会管理秩序是一个外延十分广泛的概念。广义上的社会管理秩序，是国家依法对社会的方方面面进行管理而形成的正常社会秩序。从本质上讲，刑法所规定的各类犯罪都从不同角度侵害或者破坏了一定的社会管理秩序，如国家安全、社会公共安全、经济秩序、公民人身与财产权利、国防利益、军事利益以及国家机关正常活动，等等。本章犯罪所侵犯的社会管理秩序，是侵犯《刑法》分则其他各章所保护的同类法益以外的、国家对社会的日常管理活动或社会正常秩序（可谓"狭义上的管理秩序"），具体涉及公共生活管理、国（边）境管理、司法机关的正常活动、文物管理、公共卫生管理、文化管理、自然资源和环境保护、毒品管制、书刊音像管理等方面，它们是社会整体安定和健康有序发展的基础。

二、妨害社会管理秩序罪的犯罪构成

（一）构成要件

　　本章规定的犯罪的构成要件行为为妨害国家对社会的管理活动，破坏社会管理秩序。本章规定的犯罪，大多以行为违反社会管理秩序法规为前提。例如，扰乱公共秩序犯罪以违反《治安管理处罚法》为前提，妨害国（边）境管理罪，以违反国家关于国（边）境管理法规为前提，妨害文物管理罪以违反文物管理法规为前提，等等。行为表现为妨害国家对社会的管理活动，破坏社会秩序，并且情节严重。妨害行为多种多样，一般都以作为的方式实施，但也有少数犯罪如拒绝提供间谍犯罪、恐怖主义、极端主义犯罪是以不作为的方式实施。本章犯罪多数只能由自然人实施，但有一些犯罪也可能由单位构成，例如，非法生产、销售专用间谍器材、窃听、窃照专用器材罪，扰乱无线电通讯管理秩序罪，有关破坏计算机信息系统的犯罪或者利用计算信息网络实施的犯罪，虚假诉讼罪，掩饰、隐瞒犯罪所得、犯罪所得收益罪，拒不执行判决、裁定罪，骗取出境证件罪，非法向外国人出售、赠送珍贵文物罪，倒卖文物罪，妨害传染病防治罪，妨害国境卫生检疫罪，妨害动植物防疫、检疫罪，有关破坏环境资源保护的犯罪，走私、贩卖、运输、制造毒品罪，非法生产、买卖、运输制毒物品、走私制毒物品罪，有

关制作、贩卖、传播淫秽物品罪中的犯罪，而非法出售、私赠文物藏品罪，非法采集、制作、供应血液制品事故罪只能由单位构成。

（二）责任要素

本章犯罪的责任形式主要为故意，少数犯罪可以由过失犯罪构成，如过失损毁文物罪、妨害传染病防治罪、医疗事故罪，等等。故意犯罪中，有少数犯罪还要求行为人主观上出于特定的目的，如赌博罪要求具有营利目的，倒卖文物罪，制作、复制、出版、贩卖、传播淫秽物品牟利罪要求具有牟利的目的。已满 14 周岁不满 16 周岁的人应当对贩卖毒品罪承担责任。

三、妨害社会管理秩序罪的类型

根据保护法益，可以将本章的犯罪分为以下九类：扰乱公共秩序罪，妨害司法罪，妨害国（边）境管理罪，妨害文物管理罪，危害公共卫生罪，破坏环境资源保护罪，走私、贩卖、运输、制造毒品罪，组织、强迫、引诱、容留、介绍卖淫罪，制作、贩卖、传播淫秽物品罪。

第二节　扰乱公共秩序罪

一、妨害公务罪

（一）妨害公务罪的概念和保护法益

妨害公务罪，是指以暴力、威胁方法阻碍国家机关工作人员、人大代表、红十字会工作人员依法执行职务、履行职责的行为，或者故意阻碍国家安全机关、公安机关依法执行国家安全工作任务，未使用暴力、威胁方法，造成严重后果的行为。本罪的保护法益为"公务"。公务的范围包括国家机关工作人员执行的职务、人民代表大会代表依法执行的代表职务、红十字会工作人员依法履行的职责、国家安全机关、公安机关依法执行的国家安全工作任务。

（二）妨害公务罪的犯罪构成

1. 构成要件。从本罪的构成要件来看，本罪主要有四种行为类型：

（1）阻碍国家机关工作人员依法执行职务

第一，行为对象是国家机关工作人员。所谓"国家机关工作人员"，是指在中央以及地方各级立法机关、行政机关、司法机关中从事公务的人员。从现实来看，还应包括在中国共产党的各级机关、中国人民政治协商会议的各级机关中从事公务的人员。根据 2000 年 4 月 24 日发布的《最高人民检察院关于以暴力威胁方法阻碍事业编制人员依法执行行政执法职务是否可对侵害人以妨害公务罪论处的批复》的规定，对于以暴力、威胁方法阻碍国有事业单位人员依照法律、行政法规的规定执行行政执法职务的，或者以暴力、威胁方法阻碍国家机关中受委托从事行政执法活动的事业编制人员执行行政执法职务的，可以对侵害人以妨害公务罪追究刑事责任。需要注意的是，这里的"国家机关工作人员"不包括军人。根据《刑法》第 368 条第 1 款的规定，以暴力、威胁方法阻碍军人依法执行职务的，构成阻碍军人执行职务罪。

第二，行为人必须是以暴力或者威胁方法阻碍执行公务。所谓"暴力"，是指对国家机关工作人员不法行使有形力，但不限于针对国家机关工作人员的身体。采取对与国家机关工作人员有关的物不法行使有形力如砸毁执法车辆、烧毁应当被没收的物品等手段，阻碍国家机关工作人员依法执行职务的，也属于这里的"暴力"。因而，这里的暴力是一种广义的暴力。所谓"威胁"，是指以恶害相通告，以使国家机关工作人员产生恐惧心理，从而放弃执行职务或者不敢执行职务。恶害的内容没有限制，通常表现为对国家机关工作人员本人或其亲属的人身、财产、名誉进行侵害等。暴力、威胁行为只要具有阻碍国家机关工作人员执行职务的抽象危险即可，而不要求客观上已经阻碍了国家机关工作人员执行职务。但是，如果行为不明显阻碍国家机关工作人员依法执行职务的，就不宜认定为犯罪。另外，行为人以自伤、自杀等方法阻碍国家机关工作人员依法执行职务的，不属于这里的"威胁"。

第三，必须是阻碍国家机关工作人员依法执行职务。即国家机关工作人员所进行的职务行为具有合法性。对国家机关工作人员违法执行职务行为予以阻碍的，不成立本罪。一般认为，职务行为的合法意味着国家机关工作人员执行职务的行为不仅实体上合法，而且程序上合法。具体来说，只有同时具备以下三个要素，才能认为是合法执行职务。

首先，国家机关工作人员所实施的行为，必须是在国家机关工作人员的抽象的职务权限之内。超出这种职务权限，不能认为是依法执行公务。但国家机关工作人员内部如何分工，不影响其职务权限。如税务人员的抽象职务权限是征税，而非工商管理，所以，税务人员从事工商管理活动的，就超越了其抽象的职务权限，不具有合法性。但是，税务机关内部，负责征收企业税的人临时被安排征收个人所得税，这不影响其职务行为的合法性。其次，国家机关工作人员具有实施该职务行为的具体权限。一般情况下，具有实施某种职务行为的抽象的职务权限的人，也具有实施该职务行为的具体的权限。但也存在不一致的情形，即在某些情况下虽然有抽象的职务权限，却无具体的职务权限，特别是在需要通过分配、指定、委任才能实施某种职务行为时，只有经过分配、指定、委任，才能认为相关人员具有具体的职务权限。例如，虽然都是法官，但如果法院指定某法官审理某案，那么，即使与该法官同庭的其他法官也不能参与该案审理。最后，职务行为必须符合法律上的重要条件、方式和程序。例如，逮捕犯罪嫌疑人时，必须严格遵循刑事诉讼法关于逮捕的条件、方式和程序，否则便属于非法逮捕；但是，如果国家机关工作人员在执行职务时只是违反了法律的任意性规定，导致执法行为存在一定的瑕疵时，就不宜认定为非法。比如国家机关工作人员的执法态度过于生硬、方式粗暴或者言语不文明的，不影响其合法性的成立。

（2）阻碍人大代表依法执行代表职务。根据《中华人民共和国全国人民代表大会和地方各级人民代表大会代表法》（以下简称为《全国和地方人大代表法》）第5条第1款的规定，代表依照该法的规定在本级人民代表大会会议期间的工作和在本级人民代表大会闭会期间的活动，都是执行代表职务。只要属于代表职务，对其以暴力、威胁方法进行阻碍的，就构成本罪。需要注意的是，有的代表本身属于国家机关工作人员。如果是在执行其工作职务，对其以暴力、威胁方法进行阻碍的，则属于阻碍国家机关工作人员依法执行职务，适用《刑法》第277条第1款的规定。如果其不是在执行工作职务，而是在执行代表职务，就属于阻碍人大代表依法执行职务。

（3）阻碍红十字会工作人员依法履行职责。此种类型的妨害公务犯罪行为，必须符合以下几个条件。①行为对象是红十字会工作人员。如果不是红十字会工作人员，即使是在从事人道救援工作，也不能成为本罪的对象；②必须是红十字会工作人员正在履行自己的职责；③必须是在自然灾害或突发事件中，以暴力、威胁方法阻碍其执行职责。虽以暴力、威胁方法阻碍了红十字会工作人员依法履行职责，但如果不是在自然灾害或者突发事件中，也不能构成本罪。

（4）阻碍国家安全机关、公安机关依法执行国家安全工作任务。不同于前几种类型的妨害公务行为，阻碍执行国家安全工作任务的行为，不要求使用暴力、威胁方法，但要求造成严重后果。当然，行为人使用暴力、威胁方法阻碍国家安全机关、公安机关依法执行国家安全工作任务，未造成严重后果的，应认定为阻碍国家机关工作人员依法执行职务，适用《刑法》第277条第1款的规定。

2. 责任。本罪的责任形式为故意。即明知国家机关工作人员等在依法执行职务，而故意以暴力、威胁方法予以阻碍;具体的阻碍动机不影响本罪的成立。值得讨论的是,行为人误将他人合法执行的职务认为是违法执行职务而加以妨害的,其错误是否阻却本罪的故意?

对此,刑法理论上主要有三种观点:一是事实认识错误说。职务的合法性是刑法所规定的构成要件要素,行为人对公务性质必须具有认识。将合法的职务行为认为是违法的职务的,对构成要件客观要素的认识存在欠缺,因而阻却故意。二是法律错误说。认为职务行为是否合法,是从刑法角度所做的法律评价,并非故意的认识对象,不需要行为人认识,因而不能阻却故意。三是二分说。该说认为,需要区别行为人对职务行为合法性的错误究竟属于哪种错误,如果是对奠定合法性基础的基本事实有错误,属于事实认识错误;如果对于职务行为执行有关的事实的法律评价有认识错误,则属于法律错误。一般认为,二分说是合理的。例如,便衣警察在抓捕女嫌犯时,该女嫌犯高喊:"有人耍流氓!"某甲上前用暴力制止该便衣警察。此种情况下,由于行为人对作为国家机关工作人员执行职务的行为的基础事实存在错误认识(合法性基础的事实认识错误),所以不成立故意。但是,明知是警察在抓人,却误以为被抓者是无辜的而上前暴力制止的,由于行为人对国家机关工作人员执行公务这一事实有认识,但误认为该执行公务的行为违法时(合法性评价的认识错误),可以成立故意犯罪,但可以减轻或者免除责任。

(三) 妨害公务罪的处罚

根据《刑法》第277条第1款,犯本罪的,处3年以下有期徒刑、拘役、管制或者罚金。

二、袭警罪

(一) 袭警罪的概念和保护法益

袭警罪,是指暴力袭击正在依法执行职务的人民警察的行为。本罪虽具有保护人民警察的人身安全的一面,但侧重保护的是警察的执法权,本罪在性质上仍属于妨害公务类型的犯罪。

(二) 袭警罪的犯罪构成

1. 构成要件。本罪的构成要件行为是暴力袭击正在依法执行职务的人民警察。

(1) 本罪的行为对象是正在依法执行职务的人民警察。如果袭警的对象不是人民警察而是其他国家机关工作人员,或者袭击的人民警察不是正在依法执行职务的,都不构成袭警罪。对于袭击其他依法执行职务的国家机关工作人员,构成妨害公务罪的,依照《刑法》第277条第1款的规定处罚。

值得讨论的是,本罪的对象是否包括辅警?根据《人民警察法》的规定,辅警不具备执法主体资格,不能直接参与公安执法工作,应当在公安民警的指挥和监督下开展辅助性工作,如治安巡逻、安全防范宣传教育、协助维护社会治安秩序、交通管理秩序、保护公共财产安全和人民群众人身财产安全等职责,但不得安排辅警从事涉及国家、警务秘密的事项、案(事)件现场勘查、侦查取证、行政处罚、行政强制措施等执法活动。可以肯定的是,辅警单独执行职务(即使得到了公安机关的授权)以及协助人民警察从事所规定的不得参与的相关执法活动的,不能说是"依法执行职务",因而,在其受到暴力袭击时,不能认定成立袭警罪,同时也不能认定为妨害公务。但是,在辅警听从人民警察的指挥和监督,协助人民警察从事可以从事的辅助性工作或活动的场合,可以认为辅警和人民警察作为执法集体一起在执行职务,此种情况下,暴力袭击辅警自然应评价为对警察执法活动的阻碍,因而宜认定为袭警罪。

(2) "暴力"的含义。本罪中的暴力是指狭义的暴力,即对人民警察的身体不法行使有形力,不要求达到足以压制对方反抗的程度。但是,对于警察执法过程中,被执法人实施的摆脱、挣脱行为,以及与警察发生轻微的肢体冲突或者抓挠、一般的推搡、抱身体行为等不属于暴力行为,不宜解释为暴力袭警。对与警察等有关的物不法行使有形力,如砸毁执法车辆、烧毁应当被没收的物品等手段，阻碍警察依法执行职务的，应成立妨害公务罪。例如，以驾驶机动车撞击等手段撞击的是执法车辆，不具有危及警察人身安全的性质，因而不能认定为暴力袭警。

（3）对"依法执行职务"的理解。成立袭警罪，必须是暴力袭击正在依法执行职务的人民警察。对于这一构成要件要素，需要从以下几个方面加以理解。

第一，本罪只有在人民警察"正在"依法执行职务时才能成立。如果是对非正在执行职务的人民警察实施暴力袭击，不构成本罪。符合故意伤害罪或者寻衅滋事罪的，成立故意伤害罪或者寻衅滋事罪。但要注意的是，执行职务的活动虽然绝大多数情况下都是在工作时间或者工作单位进行的，但这并不能成为判断职务行为形式合法性的唯一标准，它也包括在工作时间或者工作单位以外的公务活动。[1]《人民警察法》第19条规定，人民警察在非工作时间，遇有其职责范围内的紧急情况，应当履行职责。由此，警察作为特殊执法主体，其无论是在工作期间还是非工作期间遇到其职务范围内规定的任何情况，都应当依法履行职务，也就是说，警察在非工作期间也可以执行职务活动。暴力袭击在非工作期间依法履行职责的警察，也能构成本罪。

第二，必须是人民警察正在"依法"执行职务。依法执行职务，意指职务的执行必须具有合法性。本罪的保护法益是特殊国家公务活动（警务活动）的正常进行。人民警察非法执行职务就是对正常的国家公务活动的破坏。对其实施反抗行为甚至使用暴力的，并非是对合法公务活动的妨碍，不成立暴力袭警罪，也不构成妨害公务罪。

由于袭警罪性质上是妨害公务，因此，关于"职务行为的合法性"的理解和判断，和妨害公务罪中的"职务行为合法性"的标准原则上并无不同。具体而言，人民警察的职务行为的合法性认定应同时满足以下三个条件。首先，该行为必须在其所具有的抽象的职务权限之内。基于依法治国的要求，人民警察的职务具有事项上、场所上的要求，此即一般的职务权限。超出一般的职务权限，就不能认定为依法执行职务。例如，参与土地房屋征收拆迁活动原本就不在人民警察的抽象职务权限之内。人民警察参与土地房屋拆迁征收活动的，不具有合法性依据，暴力袭击参与土地房屋拆迁征收活动的人民警察的，不构成袭警罪。其次，该行为必须在其具体的职务权限之内。例如，虽然都是警察，但从事交通管理工作的警察或者分管户籍的警察，他们均无执行逮捕的职务权限。如果他们执行逮捕职务权限，就超越了其具体的职务权限，因而不能谓之合法。最后，人民警察执行职务的行为必须符合法律上的重要条件、方式与程序。

2. 责任。本罪的责任形式是故意。即行为人明知人民警察在依法执行职务而故意对其实施暴力袭击，加以阻碍。

（三）袭警罪的认定

1. 本罪与妨害公务罪的关系。袭警罪中"暴力袭击正在依法执行职务的人民警察"这一规定，本质上仍然是妨害公务（阻碍国家机关工作人员依法执行职务）的行为，仅仅因为《刑法》的特别规定而独立成罪，该罪和《刑法》第277条第1之间属于法条竞合关系，其中，妨害公务罪是普通法条，袭警罪是特殊法条。[2]符合特殊法条的一定符合普通法条，但

---

〔1〕　参见黎宏：《刑法学各论》，法律出版社2016年版，第352页。

〔2〕　从刑罚的配置来看，袭警罪的法定刑是3年以下有期徒刑、拘役、管制，而妨害公务罪的法定刑是3年以下有期徒刑、拘役、管制或者罚金。从该规定来看，妨害公务罪有独立适用罚金的可能，而袭警罪则没有这种可能，相较言之，袭警罪的刑罚更重。

符合普通法条的，未必符合特别法条。对于法条竞合，应适用特别法优于一般法的原则予以处断。但是，在行为人的行为符合普通法条而不符合特别法条的情况下，应依照普通法条的规定进行定罪处罚。例如，对正在依法执行职务的人民警察的执法装备实施打砸的，或者以威胁的方法妨害人民警察执行职务的，不成立袭警罪，而是成立妨害公务罪。

需要注意的是，由于暴力袭警是妨害公务罪的特别类型，因而，要成立袭警罪，必须是暴力阻碍人民警察依法执行职务，而不是单纯地对正在执行职务的人民警察实施暴力。不是基于阻碍人民警察依法执行职务的意图而对其实施暴力，不能成立袭警罪。构成其他犯罪的，依法以其他犯罪定罪处刑。例如，歹徒为了报复社会，对正在十字路口指挥交通的交警实施暴力袭击的，由于不是基于阻碍人民警察执行职务实施暴力，因而不能成立具有妨害公务性质的袭警罪，而应成立故意伤害罪或者寻衅滋事罪。

2. 本罪与故意伤害罪、故意杀人罪的关系。从体系的解释角度来看，由于袭警罪的加重犯的法定刑为 3 年以上 7 年以下有期徒刑，轻于故意伤害致人重伤、死亡或者故意杀人的情形。因而袭警行为致人重伤的或者致人死亡的，应根据行为人的主观责任情况，认定成立袭警罪和故意伤害罪、故意杀人罪的想象竞合犯，从一重罪处断。暴力袭警造成警察轻伤的，应认定成立袭警罪，造成警察轻伤的情节可以作为酌情从重处罚情节加以考虑。因为，致人轻伤的故意伤害罪，其法定刑与袭警罪的基本犯的法定刑相同，以袭警罪定罪处罚，更能体现国家保护警察执法权威和警察人身安全的立法意旨。另外，暴力袭击警察即使未造成警察任何伤害（如用椅子砸向依法执行职务的人民警察但未砸中的）或仅仅造成轻微伤的，仍然成立袭警罪。

（四）袭警罪的处罚

依照《刑法》第 277 条第 5 款的规定，犯本罪的，处 3 年以下有期徒刑、拘役或者管制。使用枪支、管制刀具，或者以驾驶机动车撞击等手段，严重危及其人身安全的，处 3 年以上 7 年以下有期徒刑。关于加重犯的认定，需要注意以下几点：其一，加重手段指向的对象只能是人民警察。其二，对"等手段"应坚持同类解释，即所采用的手段必须和使用枪支、管制刀具，或者以驾驶机动车撞击等手段具有相当的危险性。其三，行为人的行为必须达到严重危及人民警察人身安全的程度。

三、煽动暴力抗拒法律实施罪

煽动暴力抗拒法律实施罪，是指故意煽动群众使用暴力抗拒国家法律、行政法规实施的行为。

"煽动"即煽惑、挑动、鼓动，是指以鼓动性言语、文字或者图画等劝诱、引导、促使他人去实施活动的方式，包括通过广播、电视、报刊、网络等媒体，或者利用演说、张贴、散发、邮寄等形式。煽动的内容是让群众暴力抗法。本罪所指"群众"，一般应理解为 3 人以上的特定的或者不特定的多数人，亦即，煽动的对象至少要达到 3 人，否则不构成本罪。本罪中的"暴力"是指以殴打、伤害执法人员或者毁坏财物等暴力方式，拒绝执行国家法律、行政法规实施，如果煽动群众以和平方式抗拒法律执行的，不成立本罪；煽动行为必须公开进行，即针对不特定或者多数人实施。煽动特定的少数人或者个人实施暴力抗法的，可能构成妨害公务罪的教唆犯。本罪的成立不要求发生具体的结果，只要行为人实施了足以挑动群众暴力抗法的煽动行为，就能构成本罪。

依照《刑法》第 278 条的规定，犯本罪的，处 3 年以下有期徒刑、拘役、管制或者剥夺政治权利；造成严重后果的，处 3 年以上 7 年以下有期徒刑。造成严重后果，一般是指煽动行为现实地引起了群众采用暴力行为抗拒法律、行政法规的实施；煽动的暴力行为导致人身伤亡、财产损失；煽动的暴力行为导致社会动荡不安、公共秩序严重混乱；等等。

四、招摇撞骗罪

（一）招摇撞骗罪的概念和犯罪构成

招摇撞骗罪，是指冒充国家机关工作人员进行招摇撞骗的行为。

本罪的构成要件行为是冒充国家机关工作人员身份和招摇撞骗。①"冒充国家机关工作人员身份"是指行为人冒充自己并不具有的所宣称的国家机关工作人员身份。包括非国家机关工作人员冒充国家机关工作人员，此国家机关工作人员冒充彼国家机关工作人员或者下级国家机关工作人员冒充上级国家机关工作人员。冒充人民警察招摇撞骗的，从重处罚；冒充军人招摇撞骗的，构成《刑法》第372条规定的冒充军人招摇撞骗罪。②"招摇撞骗"是指以冒充的身份去骗取非法利益。这里所说的"非法利益"，不单指物质利益，也包括各种非物质利益如地位、荣誉、待遇或者玩弄异性等，但不以实际骗取某种利益为要件。冒充国家机关工作人员的行为和骗取非法利益必须同时存在，并且存在有机的联系时，才符合招摇撞骗罪的构成要件。如果行为人仅仅是出于虚荣心而冒充国家机关工作人员身份，但并未借此实施骗取非法利益的行为，不构成招摇撞骗罪。如果行为人既有冒充国家工作人员的行为，又有骗取非法利益的行为，但骗取非法利益的行为未以冒充国家机关工作人员为手段的，就不应构成招摇撞骗罪，其骗取非法利益的行为可能构成其他犯罪。本罪的责任形式为故意，即明知自己冒充国家机关工作人员的行为会产生损害国民对国家机关的信赖的结果，并且希望或者放任危害结果的发生。

（二）招摇撞骗罪与诈骗罪的关系

认定招摇撞骗罪时，应注意本罪与诈骗罪的界限。从保护法益来看，前者侵犯的是国家机关的公共信赖，后者侵犯的是财产；从犯罪手段来看，前者是冒充国家机关工作人员招摇撞骗，后者在手段上并无限制，可以利用任何虚构事实、隐瞒真相的手段或方式进行；从行为对象来看，前者是骗取非法利益，不限于财产，而后者骗取的是财产；从构成犯罪有无数额的要求来看，由于前者未必一定表现为诈骗财产，而有可能是其他非法利益，其行为的违法性主要体现在对国家机关的公共信赖的侵犯，因而在数额上并无要求，而后者则要求只有骗取数额较大的财物的，才构成诈骗罪。

尽管招摇撞骗罪和诈骗罪在犯罪手段、侵犯法益、犯罪成立标准上均有不同，但行为人冒充国家机关工作人员骗取数额较大财物的情况，属于一行为同时侵犯了两个不同的保护法益，触犯了两个罪名，应认定为想象竞合犯，应当从一重罪处断。[1]

（三）招摇撞骗罪的处罚

依照《刑法》第279条的规定，犯本罪的，处3年以下有期徒刑、拘役、管制或者剥夺政治权利；情节严重的，处3年以上10年以下有期徒刑。

五、伪造、变造、买卖国家机关公文、证件、印章罪

（一）伪造、变造、买卖国家机关公文、证件、印章罪的概念与保护法益

伪造、变造、买卖国家机关公文、证件、印章罪是指伪造、变造、买卖国家机关公文、证件、印章的行为。本罪所侵犯的法益是国家机关公文、证件、印章的公共信用。

（二）伪造、变造、买卖国家机关公文、证件、印章罪的犯罪构成

1. 构成要件。本罪的构成要件行为是伪造、变造、买卖国家机关公文、证件、印章。

（1）行为对象。本罪的行为对象是国家机关的公文、证件、印章。所谓"国家机关"，是

〔1〕　参见张明楷：《刑法学》（下），法律出版社2021年版，第1358页。

指立法机关、行政机关、司法机关以及中国共产党的各级机关和中国人民政治协商会议的各级机关。由于《刑法》第375条第1款单独规定了伪造、变造、买卖武装部队公文、证件、印章罪，因此，这里的"国家机关"不包括军事机关。所谓"公文"，是指国家机关在其职权范围内，以其名义制作的处理公文的文书，如决定、指示、通知、报告、信函、电文等。这些文书都是以国家机关的名义加盖国家机关的公章发布，或者以指定的负责人的名义代表该国家机关签发的。所谓"证件"，是指国家机关制作颁发的用以证明身份、权利义务关系或者其他事项的凭证，如结婚证、工作证、户口迁移证、机动车驾驶证、房产证等。所谓"印章"，是指国家机关刻制的以文字与图记表明国家机关名称（证明主体统一性）的公章或者某种特殊用途的专用章，是国家机关行使职权的符号和标记。但是，国家机关中使用的与其职权无关的印章，不属于公务印章，如收发室的表示邮件收讫的印章，不属于本罪的行为对象。

（2）行为内容。本罪的客观行为是伪造或变造。"伪造公文、证件"是指制作不真实的公文、证件，包括有形伪造和无形伪造。有形伪造是指无制作权限的人，冒用国家机关的名义制作公文、证件；无形伪造是指有制作权限的人，擅自以国家机关的名义制作与事实不相符合的公文、证件。"伪造印章"是指没有权限而制造国家机关公章的印形（即私刻公章），或者在纸张等物体上表示出足以使一般人误认为是真实印章的印影（如用红笔描绘出公章印影）。购买伪造的国家机关印形后加盖在具有证明力的文书上的行为，属于伪造公文、印章。"变造"是指采用涂改、拼接、抹擦等方法，对真实的公文、证件、印章进行加工，以变更其真实内容。"买卖"是指非法购买或者销售国家机关公文、证件、印章。本罪属于选择性罪名，实施上述行为之一的，即可成立本罪；同时实施上述行为的，也只认定为一罪，不实行数罪并罚。

2. 责任要素。本罪的责任形式是故意。行为人必须明知是国家机关制作的公文、证件、印章而加以伪造、变造或者买卖。

（三）伪造、变造、买卖国家机关公文、证件、印章罪的认定

1. 伪造非真实的国家机关的公文、证件、印章行为的定性。伪造非真实的国家机关的公文、证件、印章的，如伪造"中华人民共和国内务部"的印章，是否构成本罪？对此，理论界存在争议。否认说认为，由于伪造的是虚构单位的国家机关的公文、证件、印章，因而谈不上所谓的国家机关的公共信用问题，不能成立本罪。至于行为人利用伪造的这种机关、团体、单位的公文、证件、印章进行某种犯罪的，应按照触犯的有关罪名定罪处罚。[1] 肯定说认为，由于本罪的保护法益是国家机关的公共信用和正常活动，因此，即便伪造的是不存在的国家机关的公文、证件或者印章，但如果在一般情况下，会使一般人误信该国家机关实际存在并因此会对该公文、证件、印章的内容承担责任的话，则该行为也可以作为伪造公文、证件、印章罪处罚。[2] 我们赞同肯定说。亦即，伪造国家机关公文、证件、印章时，只是意味着伪造应当由国家机关制作的公文、证件、印章，而不要求存在与制作机关的名称完全一致的公文、证件、印章。因此，类似制作名为"中国人民银行资金部"印章的场合，尽管中国人民银行内部没有"资金部"这个部门，但一般人根据该公章的外观特征和字面内容，会误认为该印章为真实印章的话，就能够认定为伪造。

2. 买卖伪造、变造的国家机关公文、证件、印章的行为的定性。《全国人民代表大会常务委员会关于惩治骗购外汇、逃汇和非法买卖外汇犯罪的决定》第2条规定，买卖伪造、变造的

---

〔1〕 参见赵秉志主编：《扰乱公共秩序罪》，中国人民公安大学出版社2003年版，第92~93页。

〔2〕 参见张明楷：《刑法学》（下），法律出版社2021年版，第1361页；黎宏：《刑法学各论》，法律出版社2016年版，第355页。

海关签发的报关单、进口证明、外汇管理部门核准件等凭证和单据或者国家机关的其他公文、证件、印章的，依照《刑法》第 280 条的规定定罪处罚，即成立买卖国家机关公文、证件、印章罪。

3. 出具内容虚假并加盖国家机关印章的公文的行为定性。保管国家机关印章的人，出具内容虚假并加盖国家机关印章的公文的，应认定为伪造国家机关公文罪。这是因为，虽然印章真实，但内容虚假，因而侵害了国家机关公文的公共信用。

（四）伪造、变造、买卖国家机关公文、证件、印章罪的处罚

依照《刑法》第 280 条第 1 款的规定，犯本罪的，处 3 年以下有期徒刑、拘役、管制或者剥夺政治权利，并处罚金；情节严重的，处 3 年以上 10 年以下有期徒刑，并处罚金。

六、盗窃、抢夺、毁灭国家机关公文、证件、印章罪

盗窃、抢夺、毁灭国家机关公文、证件、印章，是指盗窃、抢夺、毁灭国家机关公文、证件、印章的行为。

本罪的法益是国家机关公文、证件、印章的证明作用。本罪中的"国家机关公文、证件、印章"必须是国家机关已经制作的真实的公文、证件、印章。盗窃、抢夺、毁灭公文、证件的复印件或者伪造、变造的公文、证件、印章的，不成立本罪。盗窃、抢夺武装部队公文、证件、印章的，构成盗窃、抢夺武装部门公文、证件罪。但《刑法》第 375 条第 1 款并未对毁灭武装部队公文、证件、印章的行为作出规定，所以，毁灭武装部队公文、证件、印章的，应认定为毁灭国家机关公文、证件、印章罪。

"盗窃"是窃取公文、证件、印章的行为；"夺取"是使用有形力夺取公文、证件、印章的行为；"毁损"是指使公文、证件、印章丧失证明作用的行为。但是，并非任何盗窃、抢夺、毁灭行为都成立本罪。如果盗窃、抢夺、毁灭行为对公文、证件的证明作用不发生任何影响的，则不宜认定成立本罪。例如，盗窃、抢夺、毁灭当事人持有的判决书、裁定书的，盗窃、抢夺、毁灭多余的公文的，不能认定为本罪。

本罪的责任形式为故意。即明知是国家机关的公文、证件、印章而实施盗窃、抢夺或者毁灭。至于动机如何，如可能为了招摇撞骗、或为了出卖牟利，或为了自用，均不影响本罪的成立；过失不能构成本罪。

依照《刑法》第 280 条第 1 款的规定，犯本罪的，处 3 年以下有期徒刑、拘役、管制或者剥夺政治权利，并处罚金；情节严重的，处 3 年以上 10 年以下有期徒刑，并处罚金。

七、伪造公司、企业、事业单位、人民团体印章罪

伪造公司、企业、事业单位、人民团体印章罪，是指伪造公司、企业、事业单位、人民团体印章的行为。

本罪的行为对象是公司、企业、事业单位、人民团体的印章。所谓"印章"是指公司、企业、事业单位、人民团体刻制的以文字、图记表明主体同一性的公章、专用章，它是公司、企业、事业单位、人民团体从事民事活动、行政活动标记。印章包括印形和印影。刑法之所以只将伪造公司、企业、事业单位、人民团体的印章行为规定为犯罪，而未将伪造上述单位公文、证件的行为规定为犯罪，主要是因为公司、企业、事业单位、人民团体的公文、证件，一般情况下不具有独立的证明作用，必须盖上印章后方能生效。因此，行为人仅仅实施了伪造公司、企业、事业单位、人民团体公文、证件印章行为的，不构成本罪。

根据《最高人民法院、最高人民检察院关于办理伪造、贩卖伪造的高等院校学历、学位证明刑事案件如何适用法律问题的解释》的规定，对于伪造高等院校印章制作学历、学位证明的行为，应当依照《刑法》第 280 条第 2 款规定，以伪造事业单位印章罪定罪处罚；明知是伪造

高等院校印章制作的学历、学位证明而贩卖的，以伪造事业单位印章罪的共犯论处。

本罪的责任形式是故意。即行为人明知自己无权制作公司、企业、事业单位、人民团体的印章而伪造。如果行为人根本上不知道所承制的公司、企业、事业单位、人民团体的印章是他人无权要求制作的，不构成本罪。

依照《刑法》第280条第2款的规定，犯本罪的，处3年以下有期徒刑、拘役、管制或者剥夺政治权利，并处罚金。

八、伪造、变造、买卖身份证件罪

伪造、变造、买卖身份证件罪，是指伪造、变造、买卖居民身份证、护照、社会保障卡、驾驶证等依法可以用于证明身份的证件的行为。

本罪的行为对象是居民身份证、护照、社会保障卡、驾驶证等依法可以用于证明身份的证件。如果不是伪造、变造、买卖证明身份的证件，而是伪造、变造、买卖仅仅证明财产归属的证件（如房产证、机动车登记证书）的，不构成本罪。

"伪造"包括无权制作身份证件者擅自制作居民身份证件（有形伪造）和有权制作者制作内容虚假的居民身份证件或者违反法律规定的身份证件（无形伪造）。"变造"是指使用涂改、擦消、拼接等方法对真实、有效的身份证件进行变更或者修改，改变姓名、年龄等事项内容。"买卖"是指买入或者卖出。作为"买卖"的对象，除了伪造、变造的虚假身份证之外，还包括真实的身份证件。而伪造、变造的对象，只能是虚假的身份证件。因此，不管是购买伪造、变造的身份证件之后自用的行为，还是购买伪造、变造的身份证件之后再予以贩卖的行为，均构成买卖身份证件罪。

依照《刑法》第280条第3款的规定，犯本罪的，处3年以下有期徒刑、拘役、管制或者剥夺政治权利，并处罚金；情节严重的，处3年以上7年以下有期徒刑，并处罚金。

九、使用虚假身份证件、盗用身份证件罪

使用虚假身份证件、盗用身份证件罪，是指在依照国家规定应当提供身份证明的活动中，使用伪造、变造的或者盗用他人的居民身份证、护照、社会保障卡、驾驶证等依法可以用于证明身份的证件，情节严重的行为。

本罪行为必须发生在依照国家规定应当提供身份证明的活动中。依照国家规定应当提供身份证明中的"国家规定"，是指全国人民代表大会及其常务委员会制定的法律和决定，国务院制定的行政法规、规定的行政措施、发布的决定和命令。根据《最高人民法院关于准确理解和适用刑法中"国家规定"的有关问题的通知》第1条，以国务院办公厅名义制发的文件，符合以下条件的，亦应视为《刑法》中的"国家规定"：①有明确的法律依据或者同相关行政法规不相抵触；②经国务院常务会议讨论通过或者经国务院批准；③在国务院公报上公开发布。例如，《居民身份证法》第14条的规定，公民在常住户口登记项目变更、兵役登记、婚姻登记、收养登记、申请办理出境手续等事项中，应当出示居民身份证证明身份。依照该法规定未取得居民身份证的公民从事上述活动，可以使用符合国家规定的其他证明方式证明身份。《出境入境管理法》第11条第1款规定，中国公民出境入境，应当向出入境边防检查机关交验本人的护照或者其他旅行证件等出境入境证件，履行规定的手续，经查验准许，方可出境入境。

"使用伪造、变造的身份证件"是指将伪造、变造的身份证件作为真实的身份证件而予以出示、出具或者提供等，以使对方能够认识到该身份证件内容的状态。例如，在对方要求复印身份证件时，行为人出示伪造、变造的身份证件供相对方复印的，属于使用。但是，单纯提供伪造、变造的身份证复印件的，不宜认定为使用伪造、变造的身份证件。

"盗用"他人身份证件并非指"盗窃后使用"，而是指"明知是他人的身份证件而冒用"，

即将他人的身份证件作为证明自己身份的证明而使用。违反身份证件持有人的意志而使用的，显然是盗用。征得身份证件持有人的本人同意，或者与其串通后冒用他人的身份证件的，由于同样侵犯了身份证件的公共信用，同样具有违法性。可见，这里的"盗用"不是相对于身份证件的持有人而言，而是相对于验证身份的一方而言的。[1]

使用伪造、变造的身份证件或者盗用他人的身份证件，情节严重的，才成立本罪。这里的"情节严重"，主要是指使用或者盗用的次数多、数量大；非法牟利数额较大；为实施违法犯罪活动而使用；严重扰乱相关事项的管理秩序；以及严重损害身份证件持有人利益；造成恶劣社会影响，等等。

依照《刑法》第 280 条之一的规定，犯本罪的，处拘役或者管制，并处或者单处罚金。实施本罪行为，同时构成其他犯罪的，依照处罚较重的规定定罪处罚。

十、冒名顶替罪

（一）冒名顶替罪的概念与犯罪构成

冒名顶替罪，是指盗用、冒用他人身份，顶替他人取得的高等学历教育入学资格、公务员录用资格、就业安置待遇的行为。

本罪的构成要件为盗用、冒用他人身份，顶替他人取得的高等学历教育入学资格、公务员录用资格、就业安置待遇。主要包括以下两个要素：

第一，盗用、冒用他人身份。这里的"盗用、冒用他人身份"，是指盗用、冒用能够证明他人身份的证件、证明文件、身份档案、材料信息，以达到自己替代他人的社会或者法律地位，行使他人相关权利的目的。这里的"盗用、冒用"包括采用各种非法手段（如伪造、编造、盗窃、骗取、收买或者胁迫等手段）获取用于证明他人身份的证件、证明文件、身份档案、信息材料后使用；也包括其他方式，如捡到用于证明他人身份的证件、证明文件、身份档案、信息材料后使用；受他人委托代为保管或者因职责保管用于证明他人身份的证件、证明文件、身份档案、信息材料而未经同意使用；以及经与他人交易或串通，使用他人的能够证明他人身份的证件、证明文件、身份档案、信息材料；取得他人身份的特定数据信息登录数据信息系统，等等。这里的"他人身份"是指通过证件、证明文件、身份档案、信息材料等方式予以核实的他人的法律地位。根据实践情况，这些证件、证明文件、身份档案、信息材料等包括出生证明、身份证、户口簿、护照、军官证、学籍档案、录取通知书、数字证件等。盗用、冒用的一般是他人的真实身份。需要注意的是，由于本罪的法益是国家对于高等学历教育入学、公务员录用、就业安置的管理秩序。因而，即使冒名顶替行为取得了他人的同意，也不影响本罪的成立。被冒名者本人参与组织、指使他人实施冒名顶替行为，应成立冒名顶替罪的共犯。

第二，"顶替他人取得的高等学历教育入学资格、公务员录用资格、就业安置待遇"。这里的"高等学历教育入学资格"，是指经过考核合格等程序依法取得的高等学历教育，包括专科教育、本科教育和研究生教育的入学资格。这里的"公务员录用资格"主要是根据公务员法规定的公务员录用程序取得的公务员录用资格。这里的"就业安置待遇"，是指根据法律法规和相关政策规定由各级人民政府对特殊主体予以安排就业、照顾就业等优待。如《退役军人保障法》第 22 条第 4 款规定的对退役军士以安排工作方式的安置；《英雄烈士保护法》第 21 条第 1 款规定的对英雄烈士遗属按照国家规定享受的就业方面的优待，可能涉及的就业安置，

---

　〔1〕参见张明楷：《刑法学》（下），法律出版社 2021 年版，第 1365 页。但亦有观点认为，得到他人许可后使用，或者与他人串通后的使用虽对社会秩序有害，但与"盗用"的含义不符，即不存在盗用他人的名义的情况，因而不属于"盗用"。参见周光权：《刑法各论》，中国人民大学出版社 2016 年版，第 344 页。

等等。盗用、冒用他人身份参加高考或者公务员考试的，由于不属于冒名顶替他人已经取得高等学历教育入学资格、公务员录用资格，不能认定为冒名顶替罪；冒名顶替他人取得的其他领域的资格或者福利，不构成本罪。

本罪的责任形式是故意，即明知自己的行为会造成顶替他人取得的高等学历入学资格、公务员录用资格、就业安置待遇的结果，并希望或者放任这种结果发生。

（二）冒名顶替罪的认定

1. 顶替他人放弃的入学资格的处理。实践中，存在当事人主动放弃入学资格或者将该入学资格进行交易或者赠送的情形，对此，虽然获取入学资格的当事人的受教育权未受到侵害，但是顶替行为让没有参加考试或者考试成绩较低的人可以直接入学，损害了考试招录制度的公平和公信力，同时让因他人弃权而按照规则能够递补录取的人丧失了机会，又侵害了特定对象的利益，因此应认定为冒名顶替罪。

2. 冒名但未顶替的处理。实践中还存在一些冒用他人学籍，使用他人学籍身份参加高考，冒名者通过正常考试入学、升学，没有顶替他人入学资格的情况。对于此类行为，冒用他人身份虽然违反了学籍管理制度，但是没有顶替他人的录取资格，也没有考试作弊、招录舞弊等情况，并未对特定或不特定对象的考试公平和招录公平产生影响，因此不宜以本罪处理。

（三）冒名顶替罪的处罚

依照《刑法》第 280 条之二的规定，犯本罪的，处 3 年以下有期徒刑、拘役或者管制，并处罚金。组织、指使他人实施冒名顶替行为的，从重处罚。这里的"组织、指使"，是指组织、指使他人帮助实现冒名顶替，即构成冒名顶替行为的共同犯罪，如伪造、变造、买卖国家机关公文、证件、印章、身份证等行为。国家工作人员实施冒名顶替的，或者组织、指使他人冒名顶替的，又构成其他犯罪的，依照数罪并罚的规定处罚。从实践来看，冒名顶替行为涉及的环节和行为较多，有国家工作人员的参与，冒名顶替犯罪更容易实施，也更难被发现，具有更加严重的社会危害性，有必要予以严惩。根据《刑法》第 280 条之二第 3 款的规定，国家工作人员实施冒名顶替犯罪或者组织、指使他人实施冒名顶替犯罪，同时构成其他犯罪的，[1] 依照数罪并罚的规定处罚。

十一、非法生产、买卖警用装备罪

非法生产、买卖警用装备罪，是指非法生产、买卖人民警察制式服装、车辆号牌等专用标志、警械，情节严重的行为。

本罪的构成要件行为是非法生产、买卖人民警察制服、车牌等专用标志、警械的行为。本罪的行为对象是人民警察的制式服装、车辆号牌等专用标志、警械。包括两种情况：一是无资格生产而生产；二是指定生产的单位或者个人不按规定的规格、品种、数量、标号等进行生产。非法买卖也包括两种情况：一是无资格买卖而买卖；二是指定生产的单位或者个人擅自买卖。非法生产、买卖上述物品的行为，实际上是一种非法经营的行为，因而，本罪与非法经营罪之间存在竞合关系。

构成本罪，必须情节严重。根据《刑事案件立案规定（一）》第 35 条的规定，非法生产、买卖人民警察制式服装、车辆号牌等专用标志、警械，涉嫌下列情形之一的，应予立案追

---

〔1〕 这里的"其他犯罪"包括招收公务员、学生徇私舞弊罪、非国家工作人员受贿罪、对非国家工作人员行贿罪、伪造、变造、买卖国家机关公文、证件、印章，伪造、变造、买卖身份证罪，侵犯通信自由罪、私自开拆、隐匿、毁弃邮件、电报罪，侵犯公民个人信息罪、非法侵入计算机信息系统罪、非法获取计算机信息系统罪、非法控制计算机信息系统罪、破坏计算机信息系统罪，等等。

诉：①成套制式服装 30 套以上，或者非成套制式服装 100 件以上的；②手铐、脚镣、警用抓捕网、警用催泪喷射器、警灯、警报器单种或者合计 10 件以上的；③警棍 50 根以上的；④警衔、警号、胸章、臂章、帽徽等警用标志单种或者合计 100 件以上的；⑤警用号牌、省级以上公安机关专段民用车辆号牌 1 副以上，或者其他公安机关专段民用车辆号牌 3 副以上的；⑥非法经营数额 5000 元以上，或者非法获利 1000 元以上的；⑦被他人利用进行违法犯罪活动的；⑧其他情节严重的情形。

本罪的责任形式是故意。只有行为人主观上明知是人民警察的制服、车辆号牌等专用标志、警械而加以非法生产、买卖的，才构成本罪。

依照《刑法》第 281 条的规定，犯本罪的，处 3 年以下有期徒刑、拘役或者管制，并处或者单处罚金。单位犯前款罪的，对单位判处罚金，并对其直接负责的主管人员和其他直接责任人员，依照自然人犯本罪的规定处罚。

十二、非法获取国家秘密罪

非法获取国家秘密罪，是指以窃取、刺探、收买方法，非法获取国家秘密的行为。

本罪的对象是国家秘密。"国家秘密"是指关系国家安全和利益，在一定范围内只限于一定范围的人员知悉的事项，分为绝密、机密和秘密三个等级。无论非法获取何种密级、何种形式的国家秘密，都构成本罪。

本罪的行为是"非法获取"，即依法不应知悉、取得国家秘密的人知悉、取得国家秘密，或者可以知悉、取得国家秘密的人未办理手续而取得该项国家秘密。非法获取的行为具体表现为窃取、刺探和收买三种方式。"窃取"是指通过盗取文件、秘密复制文件或者利用计算机、窃听、窃照等方式取得国家秘密；"刺探"是指通过探听、打听、骗取、搜集等方式获取国家秘密；"收买"是指利用金钱、物质或者其他利益如美色换取国家秘密。本罪属于选择性罪名，只要行为人实施了上述三种行为中的一种即可。本罪的责任形式为故意，行为人必须认识到自己非法获取的是或者可能是国家秘密，但不要求认识到国家秘密的密级。行为人基于盗窃普通财物的故意但客观上盗窃了国家秘密的，不能认定为非法获取国家秘密罪。

关于本罪的认定，需要注意其与为境外窃取、刺探、收买、非法提供国家秘密、情报罪的区别。本罪不要求行为人具有特定的目的，而为境外窃取、刺探、收买、非法提供国家秘密、情报罪要求行为人主观上具有为境外的机构、组织、个人窃取、刺探、收买、非法提供国家秘密、情报的目的。

依照《刑法》第 282 条第 1 款的规定，犯本罪的，处 3 年以下有期徒刑、拘役、管制或者剥夺政治权利；情节严重的，处 3 年以上 7 年以下有期徒刑。所谓情节严重，是指多次或者大量非法获取国家秘密的；非法获取国家秘密受过行政处分的；使用并泄露国家秘密造成严重后果或者恶劣社会影响的；等等。

十三、非法持有国家绝密、机密文件、资料、物品罪

非法持有国家绝密、机密文件、资料、物品罪，是指非法持有属于国家绝密、机密的文件、资料或者其他物品，拒不说明来源与用途的行为。

成立本罪，首先要求行为人非法持有属于国家绝密、机密的文件、资料或者其他物品。非法持有秘密级的文件、资料或者其他物品的，不成立本罪。"非法持有"是指不应知悉某项国家绝密、机密的人携带、存放该项国家绝密、机密的文件、资料或者其他物品，或者可以知悉某项国家绝密、机密的人员，未办理手续，私自携带、存放属于该项国家绝密、机密的文件、资料或者其他物品。其次，拒不说明来源与用途。即在有关机关要求说明来源和用途的时候，行为人拒不回答或者作虚假回答。可见，行为人虽然非法持有国家绝密、机密的文件、资料或

者物品，但能说明其来源与用途的，不成立本罪。

关于本罪的认定，需要注意其与非法获取国家秘密罪的界限。二者主要区别为行为表现形式不同。本罪在客观上表现为，非法"持有"属于国家绝密、机密的文件、资料或者其他物品，且"拒不说明来源与用途"；而非法获取国家秘密罪，是指以窃取、刺探、收买方法非法获取国家秘密。在行为人非法持有属于国家绝密、机密的文件、资料或者其他物品的情况下，如果能够查明系通过窃取、刺探、收买方法非法获取，就应当以非法获取国家秘密罪定罪处罚。只有在无法查明行为人是通过上述手段获取，且拒不说明来源与用途的，才以非法持有国家绝密、机密文件、资料或者物品罪论处。

依照《刑法》第 282 条第 2 款的规定，处 3 年以下有期徒刑、拘役或者管制。

十四、非法生产、销售专用间谍器材、窃听、窃照专用器材罪

非法生产、销售专用间谍器材、窃听、窃照专用器材罪，是指非法生产、销售专用间谍器材、窃听、窃照专用器材的行为。

本罪的行为对象是专用间谍器材、窃听、窃照专用器材。《反间谍法》第 25 条规定，专用间谍器材由国务院国家安全主管部门依照国家有关规定确认。根据《反间谍法实施细则》第 18 条的规定，"专用间谍器材"，是指进行间谍活动特殊需要的下列器材：①暗藏式窃听、窃照器材；②突发式收发报机、一次性密码本、密写工具；③用于获取情报的电子监听、截收器材；④其他专用间谍器材。专用间谍器材的确认，由国务院国家安全主管部门负责。[1] 根据 2014 年 12 月 23 日发布的《禁止非法生产销售使用窃听窃照专用器材和"伪基站"设备的规定》第 3 条、第 4 条的规定，所谓"窃听专用器材"，是指以伪装或者隐蔽方式使用，经公安机关依法进行技术检测后作出认定性结论，有以下情形之一的：①具有无线发射、接收语音信号功能的发射、接收器材；②微型语音信号拾取或者录制设备；③能够获取无线通信信息的电子接收器材；④利用搭接、感应等方式获取通讯线路信息的器材；⑤利用固体传声、光纤、微波、激光、红外线等技术获取语音信息的器材；⑥可遥控语音接收器件或者电子设备中的语音接收功能，获取相关语音信息，且无明显提示的器材（含软件）；⑦其他具有窃听功能的器材。所谓"窃照专用器材"，是指以伪装或者隐蔽方式使用，经公安机关依法进行技术检测后作出认定性结论，有以下情形之一的：①具有无线发射功能的照相、摄像器材；②微型针孔式摄像装置以及使用微型针孔式摄像装置的照相、摄像器材；③取消正常取景器和回放显示器的微小相机和摄像机；④利用搭接、感应等方式获取图像信息的器材；⑤可遥控照相、摄像器件或者电子设备中的照相、摄像功能，获取相关图像信息，且无明显提示的器材（含软件）；⑥其他具有窃照功能的器材。非法生产、销售是指未经授权生产、销售和虽经授权但不按有关规定而生产、销售。

根据《刑法》第 283 条的规定，非法生产、销售专用间谍器材或者窃听、窃照专用器材的，处 3 年以下有期徒刑、拘役或者管制，并处或者单处罚金；情节严重的，处 3 年以上 7 年以下有期徒刑，并处罚金。单位犯本罪的，对单位判处罚金，并对其直接负责的主管人员和其他直接责任人员，依照上述规定处罚。

---

〔1〕 根据 2014 年 3 月 14 日发布的《最高人民法院、最高人民检察院、公安部、国家安全部关于依法办理非法生产销售使用"伪基站"设备案件的意见》规定，非法生产、销售"伪基站"设备，经鉴定为专用间谍器材的，依照《刑法》第 283 条的规定，以非法生产、销售间谍专用器材罪追究刑事责任；同时构成非法经营罪的，以非法经营罪追究刑事责任。

十五、非法使用窃听、窃照专用器材罪

非法使用窃听、窃照专用器材罪，是指非法使用窃听、窃照专用器材，造成严重后果的行为。"非法使用"，是指无权使用而使用以及不按规定使用窃听、窃照专用器材。非法使用造成严重后果的，才成立本罪。所谓"造成严重后果"，主要是指危害国家安全；造成被窃听、窃照单位商业秘密泄露；侵犯他人隐私而引起他人自杀、精神失常、家庭破裂或者严重影响他人工作、生活等。

根据《刑法》第284条的规定，犯本罪的，处2年以下有期徒刑、拘役或者管制。

十六、组织考试作弊罪

组织考试作弊罪，是指在法律规定的国家考试中，组织作弊，或者为他人组织作弊提供作弊器材或者其他帮助的行为。

"法律规定的国家考试"仅限于依照全国人大及其常委会制定的法律所组织的国家层面的考试。从现有规定看，《教育法》《高等教育法》《公务员法》《法官法》《检察官法》《警察法》《教师法》《注册会计师法》《证券投资基金法》《道路交通安全法》等近二十部法律均对"法律规定的国家考试"作了规定，包括中考、高考、研究生入学考试、计算机等级考试、全国英语等级考试、公务员录用考试、法律职业资格考试、教师资格考试、注册会计师考试、证券师从业资格考试、机动车驾驶证考试，等等。

"法律规定的考试"并不要求必须是统一由国家一级组织的考试。有些法律规定的考试，虽由地方一级组织，但也属于"法律规定的国家考试"。例如，地方公务员考试就属于法律规定的国家考试。

"组织作弊"是指组织、策划、指挥多人进行考试作弊，或者从事考试作弊的经营行为。组织的对象不限于考生，还包括考生家长、教师等。既包括构成犯罪集团的情况，也包括比较松散的犯罪团伙，还可以是单个人组织他人作弊。

根据《刑法》第284条之一第2款规定，为他人组织作弊提供作弊器材或者其他帮助的，按组织考试作弊罪的法定刑处罚。虽然行为人为他人组织作弊提供了作弊器材或者其他帮助，但如果组织者后来没有实施组织作弊行为，从实质的角度来考察，此种情况下应认为不存在任何法益侵害与危险，因而不宜以犯罪论处。只有当组织者利用了行为人提供的作弊器材组织他人作弊时，才能认定行为人的行为构成组织考试作弊罪。所以，《刑法》第284条之一第2款并非典型的帮助犯的正犯化，而是帮助犯量刑的正犯化。

根据《刑法》第284条之一第1款的规定，犯本罪的，处3年以下有期徒刑或者拘役，并处或者单处罚金；情节严重的，处3年以上7年以下有期徒刑，并处罚金。

十七、非法出售、提供试题、答案罪

非法出售、提供试题、答案罪，是指为实施考试作弊行为，向他人非法出售或者提供法律规定的国家考试的试题、答案的行为。

"出售"是有偿让与或者提供；"提供"是无偿交与。本罪属于片面的对向犯，即仅仅处罚非法出售、提供试题、答案的一方，对于单纯购买、取得试题答案的一方，不予处罚。行为人向任何参加法律规定的国家考试的人员、亲友或者其他相关人员出售、提供试题答案的，均成立本罪。

根据《刑法》第284条之一第1款的规定，犯本罪的，处3年以下有期徒刑或者拘役，并处或者单处罚金；情节严重的，处3年以上7年以下有期徒刑，并处罚金。

十八、代替考试罪

代替考试罪，是指代替他人或者让他人代替自己参加法律规定的国家考试的行为。

本罪的构成要件行为包括两种情形：一是代替他人参加考试。二是让他人替自己考试。代替他人考试和让他人代替自己考试属于对向性行为，根据《刑法》第284条之一第4款的规定，实施对向性行为的双方都可罚。

明知他人替考而为其提供帮助行为的，成立本罪的共犯。为了代替考试而伪造、变造身份证件的，成立牵连犯，从一重罪处罚；组织替考行为既是代替考试罪的共犯，同时也是组织考试作弊行为的一种体现，成立组织考试作弊罪，二者之间属于想象竞合关系，应从一重罪处罚。

根据《刑法》第284条之一第4款的规定，犯本罪的，处拘役或者管制，并处或者单处罚金。

十九、非法侵入计算机系统罪

非法侵入计算机信息系统罪，是指违反国家规定，侵入国家事务、国防建设、尖端科学技术的计算机信息系统的行为。

本罪的构成要件行为违反国家规定，是指违反全国人民代表大会及其常委会制定的法律和决定，国务院制定的行政法规、规定的措施、发布的决定和命令。本罪的行为对象是国家事务、国防建设、尖端科学技术三个领域的计算机信息系统，因此，行为人故意侵入其他计算机信息系统的行为，不成立本罪。根据2011年8月1日发布的《最高人民法院、最高人民检察院关于办理危害计算机信息系统安全刑事案件应用法律若干问题的解释》（以下简称《计算机案件解释》）中的相关规定，"计算机信息系统"，是指具备自动处理数据功能的系统，包括计算机、网络设备、通信设备、自动化控制设备等；对于是否属于"国家事务、国防建设、尖端科学技术领域的计算机信息系统"难以确定的，应当委托省级以上负责计算机信息系统安全保护管理工作的部门检验。司法机关根据检验结论，并结合案件具体情况认定。"侵入"，是指未取得有关部门的授权与批准，通过计算机终端访问国家事务、国防建设、尖端科学技术领域的计算机信息系统或者进行数据截收的行为。另外，超出授权范围使用账号、密码登录计算机信息系统，也属于侵入计算机信息系统的行为。

本罪的责任形式是故意，表现为明知是国家事务、国防建设、尖端技术科学领域的计算机信息系统，且自己无权进入该系统，而仍然侵入。过失进入国家事务、国防建设、尖端科学技术领域计算机信息系统的，不构成本罪。

本罪属于行为犯，只要行为人违反国家规定，实施侵入国家事务、国防建设、尖端科学技术领域的计算机信息系统的行为，便可成立本罪。亦即，无论行为人是否获取其中的资料、信息、数据或者对该计算机系统中存储、处理或者传输的数据和应用程序进行删除、修改、增加、干扰的操作，也不论是否造成计算机信息系统不能正常运行或者其他危害后果，都不影响本罪的成立。根据《刑法》第287条的规定，侵入上述计算机信息系统窃取国家秘密或者构成其他犯罪的，按照《刑法》有关规定定罪处罚。

根据《刑法》第285条第1、4款的规定，犯本罪的，处3年以下有期徒刑或者拘役。单位犯本罪的，对单位判处罚金，并对其直接负责的主管人员和其他直接责任人员，依照自然人犯本罪的规定处罚。

二十、非法获取计算机信息系统数据罪

违反国家规定，侵入国家事务、国防建设、尖端科学技术领域以外的计算机信息系统或者采用其他技术手段，获取该计算机信息系统中存储、处理或者传输的数据，情节严重的行为。

本罪的行为对象是《刑法》第285条第1款规定的计算机信息系统以外的普通计算机信息系统中存储、处理或者运输的数据，脱离计算机信息系统存放的计算机数据，如光盘、U盘中

的计算机数据不是本罪的保护对象。需要注意的是，行为人虽然侵入了国家事务、国防建设、尖端科学技术领域计算机信息系统，但误以为只是侵入普通计算机信息系统进而获取数据的，由于行为人不具有非法侵入国家事务、国防建设、尖端科学技术领域的计算机信息系统的故意，不能认定为非法侵入计算机信息系统罪，但应认定为非法获取计算机信息系统数据罪。本罪的客观行为表现为违反国家规定，非法侵入他人计算机信息系统或者采用其他技术手段，获取他人计算机信息系统中存储、处理或者传输的数据。

构成本罪，要求情节严重。根据《计算机案件解释》第1条的规定，非法获取计算机信息系统数据，具有下列情形之一的，应当认定为情节严重：①获取支付结算、证券交易、期货交易等网络金融服务的身份认证信息10组以上的；②获取第①项以外的身份认证信息500组以上的；③非法控制计算机信息系统20台以上的；④违法所得5000元以上或者造成经济损失1万元以上的；⑤其他情节严重的情形。

依照《刑法》第285条第2、4款的规定，犯本罪的，处3年以下有期徒刑或者拘役，并处或者单处罚金；情节特别严重的，处3年以上7年以下有期徒刑，并处罚金。单位犯本罪的，对单位判处罚金，并对其直接负责的主管人员和其他直接责任人员，依照自然人犯本罪的规定处罚。

二十一、非法控制计算机信息系统罪

非法控制计算机信息系统罪，是指违反国家规定，对国家事务、国防建设、尖端科学技术领域以外的计算机信息系统实施非法控制，情节严重的行为。

"非法控制"，是指通过非法侵入方式或者其他技术手段，违反他人意志，使得他人的计算信息系统处于其掌控之下，能够接收其发出的指令，完成相应的操作活动。如通过对他人计算机信息系统中植入"木马程序"对他人计算机信息系统进行控制。成立本罪，只要求行为人客观上对他人计算机进行实际控制即可，不要求实施进一步的侵害行为。根据《计算机案件解释》第1条的规定，明知是他人非法控制的计算机信息系统，而对该计算机信息系统的控制权加以利用的，依照本罪定罪处罚。另外，根据《最高人民法院、最高人民检察院、公安部、国家安全部关于依法办理非法生产销售使用"伪基站"设备案件的意见》规定，利用"伪基站"设备即未取得电信设备进网许可和无线电发射设备型号核准的非法无线电通讯设备，对他人手机进行控制的，应认定为非法控制。

成立本罪，要求情节严重。具体认定标准和非法获取计算机信息系统数据罪相同。

依照《刑法》第285条第2、4款的规定，犯本罪的，处3年以下有期徒刑或者拘役，并处或者单处罚金；情节特别严重的，处3年以上7年以下有期徒刑，并处罚金。单位犯本罪的，对单位判处罚金，并对其直接负责的主管人员和其他直接责任人员，依照自然人犯本罪的规定处罚。

二十二、提供侵入、非法控制计算机信息系统的程序、工具罪

提供侵入、非法控制计算机信息系统的程序、工具罪，是指提供专门用于侵入、非法控制计算机信息系统的程序、工具，或者明知他人实施侵入、非法控制计算机信息系统的违法犯罪行为而为其提供程序、工具，情节严重的行为。

本罪的行为方式包括两种情形：一是提供专门用于侵入、非法控制计算机信息系统的程序、工具。这里的"提供"不仅指提供给特定的个人，还包括将侵入、非法控制计算机的程序予以公布，使不特定的多数人都可以任意获取的行为；二是明知他人实施侵入、非法控制计算机信息系统的违法犯罪行为而为其提供程序、工具。这里的"提供"是指向特定的实施侵入、非法控制的行为人提供，但提供的程序和工具不限于专门用于侵入、非法控制计算机信息系统的程序、工具，应包括与侵入、非法控制行为有关的一切程序和工具。

根据《计算机案件解释》第2条的规定，具有下列情形之一的程序、工具，应当认定为专门用于侵入、非法控制计算机信息系统的程序、工具：①具有避开或者突破计算机信息系统安全保护措施，未经授权或者超越授权获取计算机信息系统数据的功能的；②具有避开或者突破计算机信息系统安全保护措施，未经授权或者超越授权对计算机信息系统实施控制的功能的；③其他专门设计用于侵入、非法控制计算机信息系统、非法获取计算机信息系统数据的程序、工具。

成立本罪，必须达到情节严重的程度。根据《计算机案件解释》第3条的规定，情节严重，是指提供侵入、非法控制计算机信息系统的程序、工具，具有下列情形之一的：①提供能够用于非法获取支付结算、证券交易、期货交易等网络金融服务身份认证信息的专门性程序、工具5人次以上的；②提供第①项以外的专门用于侵入、非法控制计算机信息系统的程序、工具20人次以上的；③明知他人实施非法获取支付结算、证券交易、期货交易等网络金融服务身份认证信息的违法犯罪行为而为其提供程序、工具5人次以上的；④明知他人实施第③项以外的侵入、非法控制计算机信息系统的违法犯罪行为而为其提供程序、工具20人次以上的；⑤违法所得5000元以上或者造成经济损失1万元以上的；⑥其他情节严重的情形。

依照《刑法》第285条第3、4款的规定，犯本罪的，处3年以下有期徒刑或者拘役，并处或者单处罚金；情节特别严重的，处3年以上7年以下有期徒刑，并处罚金。单位犯本罪的，对单位判处罚金，并对其直接负责的主管人员和其他直接责任人员，依照自然人犯本罪的规定处罚。

二十三、破坏计算机信息系统罪

破坏计算机信息系统罪，是指违反国家规定，对计算机信息系统功能进行删除、修改、增加、干扰，造成计算机信息系统不能正常运行，以及对计算机信息系统中存储、处理或者传输的数据和应用程序进行删除、修改、增加的操作，或者故意制作、传播计算机病毒等破坏性程序，影响计算机系统正常运行，后果严重的行为。

本罪的构成要件行为包括三种类型：

第一种类型是违反国家规定，对计算机信息系统功能进行删除、修改、增加、干扰，造成计算机信息系统不能正常运行，后果严重的行为。根据《计算机案件解释》第4条的规定，破坏计算机信息系统功能，具有下列情形之一的，应当认定为后果严重：①造成10台以上计算机信息系统的主要软件或者硬件不能正常运行的；②对20台以上计算机信息系统中存储、处理或者传输的数据进行删除、修改、增加操作的；③违法所得5000元以上或者造成经济损失1万元以上的；④造成为100台以上计算机信息系统提供域名解析、身份认证、计费等基础服务或者为1万以上用户提供服务的计算机信息系统不能正常运行累计1小时以上的；⑤造成其他严重后果的。

第二种类型，是指违反国家规定，对计算机信息系统中存储、处理或者传输的数据和应用程序进行删除、修改、增加的操作，后果严重的行为。后果的严重认定标准与第一种类型相同。

第三种类型是制作、传播计算机病毒等破坏性程序，影响计算机系统的正常运行，后果严重的行为。"破坏性程序"是指隐藏在可执行程序或数据中，在计算机内部运行的一种干扰程序，其中典型的就是计算机病毒（computer virus）。"计算机病毒"是编制者在计算机程序中插入的破坏计算机功能或者数据的代码，能影响计算机使用，并自我复制的一组计算机指令或者程序代码。计算机病毒具有传播性、潜伏性、可激发性和破坏性，对于各种类型的计算机和计算机网络都具有巨大的危害性和破坏性。

根据《计算机案件解释》第 5 条的规定，具有下列情形之一的程序，应当认定为计算机病毒等破坏性程序：①能够通过网络、存储介质、文件等媒介，将自身的部分、全部或者变种进行复制、传播，并破坏计算机系统功能、数据或者应用程序的；②能够在预先设定条件下自动触发，并破坏计算机系统功能、数据或者应用程序的；③其他专门设计用于破坏计算机系统功能、数据或者应用程序的程序。

根据《计算机案件解释》第 6 条的规定，故意制作、传播计算机病毒等破坏性程序，影响计算机系统正常运行，具有下列情形之一的，应当认定为后果严重：①制作、提供、传输该解释第 5 条第①项规定的程序，导致该程序通过网络、存储介质、文件等媒介传播的；②造成 20 台以上计算机系统被植入该解释第 5 条第②、③项规定的程序的；③提供计算机病毒等破坏性程序 10 次以上的④违法所得 5000 元以上或者造成经济损失 1 万元以上的；⑤造成其他严重后果的。

本罪的责任形式是故意，即明知自己的行为会发生影响计算机系统正常运行等结果，并且希望或者放任这种结果的发生。过失不能成立本罪。如果行为人因操作失误或者技术不熟练而致使计算机信息系统，或者计算机信息系统中存储、处理或者传输的数据、应用程序遭受破坏，则不构成本罪。

认定本罪应注意与非法侵入计算机信息系统罪的界限。①侵犯的法益不同。本罪侵犯的法益是一切计算机信息系统的安全，而非法侵入计算机信息系统罪侵犯的则限于国家事务、国防建设、尖端科学技术领域的计算机信息系统的安全。②行为表现形式不同。本罪中的三种行为都体现出对计算机信息系统的破坏，而非法侵入计算机信息系统罪的行为只是"非法侵入"，一般并无破坏行为。行为人侵入国家事务、国防建设、尖端科学技术领域的计算机信息系统，对其进行破坏，造成计算机信息系统不能正常运行的严重后果的，二者之间构成牵连犯，应当从一重罪处断，即按照破坏计算机信息系统罪处断。③犯罪成立的标准不同。本罪属于结果犯，以"影响计算机系统正常运行，后果严重"为构成要件，而非法侵入计算机信息系统罪属于行为犯，不以发生特定后果为必要。

根据《刑法》第 286 条的规定，犯本罪的，处 5 年以下有期徒刑或者拘役；后果特别严重的，处 5 年以上有期徒刑。单位犯本罪的，对单位判处罚金，并对其直接负责的主管人员和其他直接责任人员，依照自然人犯本罪的规定处罚。

二十四、拒不履行信息网络安全管理义务罪

拒不履行信息网络安全管理义务罪，是指网络服务提供者不履行法律、行政法规规定的信息网络安全管理义务，经监管部门责令改正采取措施而拒不改正，情节严重的行为。

本罪属于不作为犯，构成本罪，需要具备以下三个条件：

1. 不履行法律、行政法规规定的信息网络安全管理义务。即法律、行政法规对特定的信息网络安全管理义务有明确规定，但网络服务提供者未履行。"网络服务提供者"包括网络服务接入提供者与网络内容服务提供者的自然人和单位。所谓的"信息网络安全管理义务"，仅限于法律、行政法规明文规定的义务。例如，全国人大常委会于 2009 年 8 月 27 日修正并发布的《全国人民代表大会常务委员会关于维护互联网安全的决定》第 7 条规定，从事互联网业务的单位要依法开展活动，发现互联网上出现违法犯罪行为和有害信息时，要采取措施，停止传输有害信息，并及时向有关机关报告。全国人大常委会 2012 年 12 月 28 日发布的《全国人民代表大会常务委员会关于加强网络信息保护的决定》第 4 条规定，网络服务提供者和其他企业事业单位应当采取技术措施和其他必要措施，确保信息安全，防止在业务活动中收集的公民个人电子信息泄露、毁损、丢失。在发生或者可能发生信息泄露、毁损、丢失的情况时，应当立即采取补救措施。第5条规定，网络服务提供者应当加强对其用户发布的信息的管理，发现法律、法规禁止发布或者传输的信息的，应当立即停止传输该信息，采取消除等处置措施，保存有关记录，并向有关主管部门报告。"不履行信息网络安全管理义务"，是指没有按照法律、行政法规的规定履行作为义务，如网络服务提供者在业务活动中收集的公民个人电子信息发生泄漏时，不予立即采取补救措施。

2. 经监管部门责令采取改正措施而拒不改正。这是成立本罪的必经程序。监管部门未责令改正的不履行网络安全管理义务的行为，不成立犯罪。"监管部门"是指依照法律、行政法规规定的对网络服务提供者负有监督管理职责的部门。"责令"应限于由监管部门以其名义发出的正式书面责令。责令的"改正措施"必须具体、明确；单纯要求一般性改正或者改进的，不包括在内。"拒不改正"是指收到监管部门的正式改正通知后，能够改正而拒不改正。

3. 情节严重。并非所有不履行法律、行政法规规定的信息网络安全管理义务，经监管部门责令采取改正措施而拒不改正的行为都构成犯罪。根据《刑法》第286条之一第1款的规定，拒不改正，情节严重的，才成立本罪。"情节严重"包括下列情形：①致使违法信息大量传播的；②致使用户信息泄露，造成严重后果的；③致使刑事案件证据灭失，情节严重的；④有其他严重情节的。需要注意的是，在收到责令通知之前或收到责令通知之后、合理改正期限之前造成的危害事实或者结果，不能作为本罪的情节。

依照《刑法》第286条之一的规定，犯本罪的，处3年以下有期徒刑、拘役或者管制，并处或者单处罚金。单位犯本罪的，对单位判处罚金，并对其直接负责的主管人员和其他直接责任人员，依照自然人犯本罪的规定处罚。犯本罪，同时构成其他犯罪的，依照处罚较重的规定定罪处罚。

二十五、非法利用信息网络罪

非法利用信息网络罪，是指利用信息网络设立用于实施诈骗、传授犯罪方法、制作或者销售违禁物品、管制物品等违法、犯罪活动的网站、通讯群组，或者发布有关制作或者销售毒品、枪支、淫秽物品等违禁物品、管制物品或者其他违法犯罪信息，或者为实施诈骗等违法犯罪活动发布信息，情节严重的行为。

本罪的构成要件行为限定为三种情形：①设立了用于实施诈骗、传授犯罪方法、制作或者销售违禁物品、管制物品的网站、通讯群组的行为。②发布有关制作或者销售毒品、枪支、淫秽物品等违禁物品、管制物品或者其他违法犯罪信息。③为实施诈骗等违法犯罪活动发布信息。学界有观点认为，这些行为原本属于相关具体犯罪如诈骗、非法制造枪支、制造毒品、贩卖毒品等的预备行为，只是为了实现刑罚处罚的早期化，将这些预备行为提升为实行行为（预备行为的实行行为化）。这样理解的话，本项规定的实质是将部分犯罪的预备行为提升为实行行为，完成了上述"预备行为"的就视为犯罪既遂。

构成本罪，要求情节严重。如设立的网站浏览量、点击量较大，通讯群组中人数较多，发布违法犯罪信息数量较大，所发布的违法犯罪信息被他人用于违法犯罪等。

依照《刑法》第287条之一的规定，犯本罪的，处3年以下有期徒刑或者拘役，并处或者单处罚金；单位犯本罪的，对单位判处罚金，并对其直接负责的主管人员和其他直接责任人员，依照自然人犯本罪的规定处罚。实施本罪行为同时构成其他犯罪的，依照处罚较重的规定定罪处罚。

二十六、帮助信息网络犯罪活动罪

帮助信息网络犯罪活动罪，是指为他人利用信息网络实施犯罪提供技术支持、广告推广或者支付结算等帮助，情节严重的行为。

关于本罪是否属于共犯行为的正犯化抑或拟制的正犯，刑法理论上存在争议。一般认为，本罪是将原本作为共犯的行为作为独立的犯罪加以规定，属于共犯行为的实行行为化，性质上属于拟制的正犯。[1] 亦有观点认为，刑法规定该罪，并没有将帮助犯提升为正犯，只是对其规定了独立的法定刑，而不再适用《刑法》总则关于帮助犯（从犯）的处罚规定。该规定是根据共犯从属性的原理、相关犯罪的保护法益以及相关行为是否侵犯法益及其侵犯程度得出的结论。[2] 我们赞同后一种观点。仅有行为人的帮助行为，如为他人实施网络诈骗提供互联网介入，但在他人（正犯）未实施任何诈骗行为之前，该帮助行为显然不可能侵害任何法益，没有独立处罚的必要。要处罚类似于他人实施网络诈骗提供互联网接入的帮助者，必须以他人（正犯）实施了符合诈骗罪的实行行为为前提。只是在刑罚的适用上，对于实施帮助信息网络犯罪活动罪的行为人，径直依照《刑法》分则就该行为规定的独立罪名和法定刑予以定罪处罚而已。

至于为什么要设立本罪，其主要原因在于：其一，在客观上，不同于传统的共犯中的“一对一”的关系，网络犯罪帮助行为通常表现为“一对多”的关系，其帮助的对象一般众多而且往往不固定。同时，网络犯罪具有跨地域性和隐秘性特点，这就决定了其所具体帮助的正犯往往难以明确查实和抓获。其二，在主观上，网络信息犯罪的实施者和帮助者之间的意思联络具有不确定性或者不明确性；而且，在许多情况下，为他人利用信息网络实施犯罪提供帮助的人主观上表现为一种间接故意的心理状态。此种情况下，如果仍然按照传统的共犯理论处理，就会因为正犯没有被查明以及行为人和正犯之间的犯罪意思联络的不确定，而难以认定共犯的成立。基于以上理由，并考虑到网络共同犯罪中帮助行为所具有的相对独立性，立法上增设帮助信息网络犯罪活动罪。根据共犯从属性原理和因果共犯论，只要有证据证明行为人明知他人利用信息网络实施犯罪而为其提供相应的帮助，就可以认定本罪的成立。至于被帮助者是谁，其是否被查获以及是否具有责任，都不影响犯罪的认定。

本罪的构成要件行为是为他人利用信息网络实施犯罪，为其提供互联网介入、服务器托管、网络存储、通讯传输等技术支持，或者提供广告推广、支付结算等帮助。本罪的责任形式是故意，即必须是行为人明知他人利用信息网络实施犯罪，而为其提供帮助。这里的“明知”包括确实知道和应当知道。不明知他人利用信息网络实施犯罪而提供帮助的，不成立犯罪。

帮助他人利用信息网络实施犯罪，只有情节严重的，才能构成犯罪。对“情节严重”的认定，可以结合行为人所帮助的具体网络犯罪的性质、危害后果、其帮助行为在相关网络犯罪中所起到的作用以及帮助行为非法获利的数额等情况综合判断。

依照《刑法》第 287 条之二的规定，犯本罪的，处 3 年以下有期徒刑或者拘役，并处或者单处罚金。单位犯本罪的，对单位判处罚金，并对其直接负责的主管人员和其他直接责任人员，依照自然人犯本罪的规定处罚。帮助信息网络犯罪活动，同时构成其他犯罪的，依照处罚较重的规定定罪处罚。

二十七、扰乱无线电通讯管理秩序罪

扰乱无线电通讯管理秩序罪，是指违反国家规定，擅自设置、使用无线电台（站），或者

---

〔1〕 参见黎宏：《刑法学各论》，法律出版社 2016 年版，第 369 页；周光权：《刑法各论》，中国人民大学出版社 2016 年版，第 356 页；喻海松：《刑法的扩张——〈刑法修正案（九）〉及新近刑法立法解释司法适用解读》，人民法院出版社 2015 年版，第 242 页。

〔2〕 张明楷：《刑法学》（下），法律出版社 2021 年版，第 1382 页。

擅自使用无线电频率、干扰无线电通讯秩序，情节严重的行为。

"违反国家规定"，是指违反法律、行政法规有关无线电管理的规定。"擅自设置、使用无线电台（站）"，是指未经申请、办理设置无线电台（站）的审批手续或者未领取电台（站）执照而设置、使用无线电台（站）的行为。"擅自使用无线电频率，干扰无线电通讯秩序"，主要是指未经批准获得使用权而使用无线电频率，扰乱无线电通讯秩序的行为。

根据 2000 年 5 月 12 日发布的《最高人民法院关于审理扰乱电信市场管理秩序案件具体应用法律若干问题的解释》第 5 条规定："违反国家规定，擅自设置、使用无线电台（站），或者擅自占用频率，非法经营国际电信业务或者涉港澳台电信业务进行营利活动，同时构成非法经营罪和《刑法》第 288 条规定的扰乱无线电通讯管理秩序罪的，依照处罚较重的规定定罪处罚。" 2007 年 6 月 26 日发布的《最高人民法院关于审理危害军事通信刑事案件具体应用法律若干问题的解释》第 6 条第 4 款规定，违反国家规定，擅自设置、使用无线电台、站，或者擅自占用频率，经责令停止使用后拒不停止使用，干扰无线电通讯正常进行，构成犯罪的，依照扰乱无线电通讯管理秩序罪的规定定罪处罚；造成军事通信中断或者严重障碍，同时构成《刑法》第 288 条、第 369 条第 1 款规定的犯罪（破坏军事通信罪）的，依照处罚较重的规定定罪处罚。

成立本罪，必须是情节严重。所谓"情节严重"一般包括造成大范围手机用户脱网的；影响大范围用户通话质量的；造成无线网络资源严重紧张、拥堵的；发送垃圾短信数量较大的；发送非法内容短信的；干扰无线电导航或者其他安全业务的正常进行，产生重大安全隐患的；严重阻碍广播站接收的；虽未达到前述严重程度，但经责令停止使用后仍拒不停止使用的；等等。

依照《刑法》第 288 条，犯本罪的，处 3 年以下有期徒刑、拘役或者管制，并处或者单处罚金；情节特别严重的，处 3 年以上 7 年以下有期徒刑，并处罚金。单位犯本罪的，对单位判处罚金，并对其直接负责的主管人员和其他直接责任人员，依照自然人犯本罪的规定处罚。

二十八、聚众扰乱社会秩序罪

聚众扰乱社会秩序罪，是指聚众扰乱社会秩序，致使工作、生产、营业和教学、科研、医疗无法进行，造成严重损失的行为。

本罪侵犯的法益是社会秩序。这里的"社会秩序"，是指狭义的社会秩序，即公司、企业、事业单位、社会团体的正常的工作、生产、营业、教学、科研、医疗秩序。本罪的构成要件行为，是聚众扰乱社会秩序，致使工作、生产、营业和教学、科研、医疗无法进行，造成严重损失。所谓聚众，是指纠集 3 人（包括纠集者本人在内）以上特定或者不特定的多人。所谓"扰乱社会秩序"是指对特定的企事业单位、社会团体的工作、生产、营业、教学、科研、医疗秩序进行破坏、干扰。扰乱具体可表现为暴力性扰乱和非暴力性扰乱。前者如闯入办公场所，殴打、威胁有关人员，使用有形力砸毁办公用品、门窗或烧毁文件，强行扣留相关人员等；非暴力性扰乱包括占据工作场所，封闭其出入通道、在工作场所进行纠缠、哄闹、辱骂等。聚众行为是扰乱社会秩序的预备行为，只有聚众行为，没有实施扰乱行为的，一般不可罚。

行为人实施扰乱社会秩序的行为，还必须同时具备"情节严重""致使工作、生产、营业和教学、科研、医疗无法进行"和"造成严重损失"这三个条件，才成立本罪。"情节严重"中的"情节"，是指除致使工作、生产、营业和教学、科研、医疗无法进行，造成严重损失之外的情况，如聚众扰乱社会秩序时间长、人数多；造成恶劣的政治影响和国际影响。所谓"严重损失"是由于工作、生产、营业和教学、科研、医疗无法进行而导致的严重损失，如因行为人的聚众扰乱社会秩序的行为，导致生产、营业等部门较长时间不能正常生产或者营业，从而造成经营损失；导致教学、研究部门的教学、研究工作停滞；等等。

在认定本罪时，需要认真把握罪与非罪的界限。聚众扰乱社会秩序案件，情况比较复杂，处理时务必慎重，特别是要注意防止将群众表达诉求的行为认定为犯罪。如因企业拖欠工资，行为人聚集多人而到有关部门抗议、示威、请愿的，阻却违法性，不成立犯罪；对于扰乱活动，情节不严重，后果比较轻微的群体行为，不能认定为本罪。

依照《刑法》第290条第1款的规定，犯本罪的，对首要分子，处3年以上7年以下有期徒刑；对其他积极参加的，处3年以下有期徒刑、拘役、管制或者剥夺政治权利。

二十九、聚众冲击国家机关罪

聚众冲击国家机关罪，是指聚众冲击国家机关，致使国家机关工作无法进行，造成严重损失的行为。"聚众冲击国家机关"是指纠集多人强行进入、围攻国家机关，属于聚众扰乱社会秩序的特殊形式。但刑法鉴于其法益程度的严重性，而将其规定为独立的犯罪。"冲击"一词，表明本罪的行为有一定的暴力色彩。在国家机关静坐、示威的行为，以及单纯包围国家机关的行为，不能成立本罪。

依照《刑法》第290条第2款的规定，犯本罪的，对首要分子，处5年以上10以下有期徒刑；对其他积极参加的，处5年以下有期徒刑、拘役、管制或者剥夺政治权利。

三十、扰乱国家机关工作秩序罪

扰乱国家机关秩序罪，是指多次扰乱国家机关工作秩序，经行政处罚后仍不改正，造成严重后果的行为。

扰乱国家机关工作秩序罪是指聚众扰乱国家机关工作秩序的行为。"多次"是指3次以上。"经行政处罚后仍不改正"，是指对其多次扰乱国家机关工作秩序的行为，有关机关依法对其进行了行政处罚，行为人在受到行政处罚后仍然不改正其行为，继续扰乱国家机关工作秩序。"造成严重后果"，主要是指国家机关的正常工作秩序受到严重影响，无法正常开展工作等。

依照《刑法》第290条第3款的规定，犯本罪的，处3年以下有期徒刑、拘役或者管制。

三十一、组织、资助非法聚集罪

多次组织、资助他人非法聚集，扰乱社会秩序，情节严重的行为。

"多次"是指3次以上。"组织"是指纠集、召集众人聚集在一起；"资助"是指为他人提供财力、物力上的支持；所谓"非法聚集"是指未经有关机关批准，擅自在公共场所集结的行为。"扰乱社会秩序"是指造成社会秩序严重混乱，致使工作、生产、营业和教学、科研、医疗等活动受到严重干扰，甚至无法进行，或者导致机场、车站、码头、商场、公园、影剧院、展览会、运动场等公共场所或者交通秩序严重混乱。仅仅组织、资助他人非法聚集还不够，还要求必须达到"扰乱社会秩序，情节严重的"程度。"情节严重"，一般是指既实施组织行为又实施资助行为；多次组织或者资助进行人数较多的聚集；多次组织或资助较长时间的聚集；等等。

依照《刑法》第290条第4款的规定，犯本罪的，处3年以下有期徒刑、拘役或者管制。

三十二、聚众扰乱公共场所秩序、交通秩序罪

聚众扰乱公共场所秩序、交通秩序罪，是指聚众扰乱车站、码头、民用航空站、商场、公园、影剧院、展览会、运动场或者其他公共场所秩序，聚众堵塞交通或者破坏交通秩序，抗拒、阻碍国家治安管理工作人员依法执行职务，情节严重的行为。

"聚众"，是指聚集众多的人参加。除首要分子以外，参加活动的人往往是不确定的，人数可能随时会增减。"聚众扰乱"，是指由首要分子组织、策划、指挥、领导，聚集纠合多人，

破坏公共场所秩序,堵塞交通或者破坏交通秩序,抗拒、阻碍国家治安管理工作人员依法执行职务。"抗拒、阻碍国家治安管理工作人员依法执行职务",主要是指在公共场所秩序、交通秩序发生一定混乱时,抗拒、阻碍国家治安管理人员依法维护公共场所秩序或者交通秩序,该行为的实施不要求以暴力、胁迫手段为要件。实施该行为同时触犯妨害公务罪的,属于想象竞合犯,从一重罪处断。

成立本罪必须是情节严重。所谓"情节严重",一般是指多次实施聚众扰乱公共场所秩序、交通秩序的行为;聚众扰乱公共场所秩序、交通秩序,导致公共场所秩序严重混乱或公共场所活动停滞;或者交通严重堵塞,秩序严重混乱;等等。

依照《刑法》第291条的规定,犯本罪的,对首要分子,处5年以下有期徒刑、拘役或者管制。

三十三、投放虚假危险物质罪

投放虚假危险物质罪,是指投放虚假的爆炸性、毒害性、放射性、传染病病原体等物质,严重扰乱社会秩序的行为。

投放虚假的爆炸性、毒害性、放射性、传染病病原体等物质,必然会引起社会公众的心理恐慌,扰乱正常的社会公共秩序,引发社会秩序的混乱,甚至导致社会动荡和人民群众的生命、财产重大损失,因而有必要加以规制。本罪在性质上属于扰乱社会管理秩序的犯罪。

所谓"投放虚假的爆炸性、毒害性、放射性、传染病病原体等物质",是指行为人采用放置、邮寄、丢弃等方式,将形似爆炸性、毒害性、放射性、传染病病原体等物质置于他人能够发现的场所。成立本罪,必须达到严重扰乱社会秩序的程度。行为是否严重扰乱社会秩序,要从行为所引起的社会心理恐慌、所导致的社会秩序混乱等方面进行判断。

根据《刑法》第291条之一第1款的规定,犯本罪的,处5年以下有期徒刑、拘役或者管制;造成严重后果的,处5年以上有期徒刑。

三十四、编造、故意传播虚假恐怖信息罪

编造、故意传播虚假恐怖信息罪,是指编造爆炸威胁、生化威胁、放射威胁等恐怖信息,或者明知是编造的恐怖信息而故意传播,严重扰乱社会秩序的行为。

本罪的行为方式包括两种:编造和故意传播。"编造"不仅包括无中生有地凭空捏造,还包括对原有真实信息进行加工、修改的行为。"传播"是指以口头、书面、文字、网络等方式将虚假的恐怖信息传达给不特定或者多数人的行为。"编造"行为侧重于捏造虚假恐怖信息;"传播"行为侧重于散布虚假恐怖信息,但仅有捏造事实的行为不可能成立本罪。行为人编造虚假恐怖信息并向特定人或者少数人散布,严重扰乱社会秩序的,构成编造虚假恐怖信息罪。所谓"虚假恐怖信息",是指以发生爆炸威胁、生化威胁、放射威胁等严重威胁公共安全的事件为内容,可能引起社会公众心理恐慌或者严重扰乱社会秩序的不真实信息。

本罪的责任形式只能是故意,即行为人明知自己编造或者传播虚假恐怖信息的行为会严重扰乱正常的社会秩序,并且希望或者放任这种结果发生。在行为人将虚假的恐怖信息当作真实的恐怖信息加以传播的场合,即使客观上导致传播虚假恐怖信息的结果,但由于行为人主观上缺乏传播虚假恐怖信息的故意,因此,也不能成立本罪。

编造、故意传播虚假恐怖信息的行为,必须达到严重扰乱社会秩序的程度,才能成立本罪。根据2013年9月18日发布的《最高人民法院关于审理编造、故意传播虚假恐怖信息刑事案件适用法律若干问题的解释》第2条的规定,编造、故意传播虚假恐怖信息,具有下列情形之一的,应当认定为"严重扰乱社会秩序":①致使机场、车站、码头、商场、影剧院、运动场馆等人员密集场所秩序混乱,或者采取紧急疏散措施的;②影响航空器、列车、船舶等大型

客运交通工具正常运行的；③致使国家机关、学校、医院、厂矿企业等单位的工作、生产、经营、教学、科研等活动中断的；④造成行政村或者社区居民生活秩序严重混乱的；⑤致使公安、武警、消防、卫生检疫等职能部门采取紧急应对措施的；⑥其他严重扰乱社会秩序的。

依照《刑法》第291条之一第1款的规定，犯本罪的，处5年以下有期徒刑、拘役或者管制；造成严重后果的，处5年以上有期徒刑。[1] 编造、故意传播虚假恐怖信息，严重扰乱社会秩序，同时又构成其他犯罪的，属于想象竞合，从一重罪处断。

三十五、编造、故意传播虚假信息罪

编造、故意传播虚假信息罪，是指编造虚假的险情、疫情、灾情、警情，在信息网络或者其他媒体上传播，或者明知是虚假信息，故意在信息网络或者其他媒体上传播，严重扰乱社会秩序的行为。

虚假信息的范围包括险情、疫情、灾情、警情。行为方式包括两种情形：①编造虚假信息后传播，即无中生有，凭空捏造虚假的险情、疫情、灾情、警情，在信息网络或者其他媒体上传播。②故意传播，即明知是虚假的险情、疫情、灾情、警情，故意在信息网络或者其他媒体上传播。编造、故意传播虚假信息，只有严重扰乱社会秩序的，才构成本罪。

依照《刑法》第291条之一第2款的规定，犯本罪的，处3年以下有期徒刑、拘役或者管制；造成严重后果的，处3年以上7年以下有期徒刑。

三十六、高空抛物罪

高空抛物罪，是指从建筑物或者其他高空抛掷物品，情节严重的行为。构成本罪应当具备以下特征：

1. 行为人实施了从建筑物或者其他高空抛掷物品的行为。这里包括两个构成要件要素：一是必须从"建筑物或者其他高空抛掷物品"。如果不是从建筑物或者其他高空抛掷物品，而是从其他地方抛掷物品，如从行进中的车辆中抛掷物品的，不构成本罪；造成他人伤亡或者财物损毁的，根据行为人的主观责任情况，构成相应的人身犯罪或者故意毁坏财物罪，等等。这里的"建筑物"包括居住建筑、公共建筑和构筑物。"居住建筑"是指供人们居住使用的建筑；"公共建筑"是指供人们购物、办公、学习、就医、娱乐、参加体育活动等使用的建筑，如购物中心、商店、办公楼、影剧院、体育馆、医院等；"构筑物"是指不具备、不包含或者不提供人类居住功能的人工建筑，如桥梁、堤坝、水塔、电塔、纪念碑、围墙、水泥杆等。"其他高空"是指距离地面有一定的高度的空间，如飞机、热气球、脚手架、井架、施工电梯、吊装机械等。关于"高空"的界定，没有也不可能有一个统一的界定。一般而言，只要是行为人从高处向下抛掷物品，具有导致他人人身或财产损害的可能性的，均应理解为"从高空抛掷物品"。因此，在因地形等原因形成高度落差的山上、陡坡、悬崖、人行天桥等地方都可能实施高空抛掷物品的行为。

2. 行为人必须实施了抛掷物品的行为。这里的"抛掷物品"，是指向外投、扔、丢弃物品的行为。如果行为人没有实施抛掷物品的行为，而是由于刮风、下雨、地震等原因，使物品从建筑物或者高空坠落的，即使该物品属于行为人，也不成立本罪。这里的"物品"与侵犯财产罪中的"物"含义明显不同，不必具有经济价值性。至于物品的具体种类，无法一一明确列举或者排除，需要结合抛掷物的质量、体积、尖锐程度、抛掷高度、坠落速度等进行具体分

---

[1] 对于编造虚假恐怖信息造成有关部门实施人员疏散，引起公众极度恐慌，或者致使相关单位无法正常营业，造成重大经济损失的，应当认定为"造成严重后果"。参见2013年5月27日发布的《最高人民检察院关于印发第三批指导性案例的通知》（检例第11号，袁某某编造虚假恐怖信息案）。

析。一般而言，只有从一定的高处坠落，能够对他人人身或财产造成物理性损伤的物品，才属于这里的"物品"。但由于本罪在性质上属于扰乱公共秩序的犯罪，而非危害公共安全犯罪，虽然通常会要求高空抛物的行为具有导致人身或财产损害的可能性，但也不排除不具有导致他人人身、财产损害，但情节严重的高空抛物行为，有成立本罪的可能。

3. 成立本罪，必须是"情节严重"。对于情节严重，应综合行为本身的危险性、造成的危害后果以及行为人的人身危险性进行判定。其一，从行为本身的危险性来看，只能将那些足以危及人身安全或者较大财产安全的高空抛物行为纳入该罪的范围。抛掷普通的剩饭剩菜、脏水、废弃纸张、塑料泡沫等不足以危及人身安全或财产安全的高空抛物行为，一般不宜纳入该罪的处罚范围。其二，从危害后果上限定。对造成受害人轻微伤、较大的财产损失或者社会秩序严重混乱的行为，可以视为情节严重。其三，从人身危险性上限定。如多次实施高空抛物、经劝阻仍然实施高空抛物以及因高空抛物受过刑事处罚或行政处罚后又实施高空抛物的、严重扰乱公共秩序的，等等。实施高空抛物，扰乱公共秩序但情节不严重的，依照《治安管理处罚法》给予行政处罚。

依照《刑法》第 291 条之二的规定，犯本罪的，处 1 年以下有期徒刑、拘役或者管制，并处或者单处罚金。实施本罪行为，同时触犯以危险方法危害公共安全罪、故意伤害罪、故意杀人罪、故意毁坏财物罪以及过失致人死亡罪、过失致人重伤罪等罪的，从一重罪处断。

三十七、聚众斗殴罪

（一）聚众斗殴罪的概念与犯罪构成

聚众斗殴罪，是指聚集多人互相进行斗殴，破坏公共秩序的行为。

1. 构成要件。本罪的构成要件行为是聚集多人进行斗殴。聚众斗殴是必要的共犯，要求存在双方或者多方参与的斗殴行为，即双方或者多方基于互殴的故意而进行攻击、厮打等加害对方身体的行为。首先，必须有聚集众人的行为。"聚众"的"聚"明显具有纠集、聚集之意，"众"是指多人，至少要求 3 人；"聚众斗殴"，是指聚集本方的众人进行斗殴，并非是指斗殴双方聚集在一起进行斗殴。因此，"聚众"斗殴的行为就要排除"一对一"或"二对一"的情况。[1] 但是，一方聚集 3 人以上与他人斗殴的行为，就已经具备了本罪的构成要件，而不要求对方也必须达 3 人以上。人数不足 3 人的一方因不符合聚集"众人"的要求，不能认定成立本罪。符合故意伤害罪或者寻衅滋事罪的条件时，应认定成立故意伤害罪或者寻衅滋事罪。[2] 需要注意的是，聚众的"众"包括没有达到责任年龄，不具有责任能力的人（只是不承担刑事责任而已）。例如，甲、乙相互约定斗殴，甲召集了 A 和 B，乙召集了 X 和 Y 进行斗殴，其中 A 和 X 未达责任年龄，对此，也应认定成立聚众斗殴罪，只不过只有达到责任年龄的人才承担刑事责任。其次，必须有斗殴的行为。聚众斗殴一般由两方相互攻击构成，多众一方单方面攻击对方身体的，是一方对另一方的伤害，而非聚众斗殴。[3] 但也不排除在少数情况下，由三方以上互相"混战"构成。无论聚众斗殴由几方构成，只要符合本罪的构成要件，就应以本罪论处。

聚众斗殴罪并非是由纠集众人和结合斗殴行为复合而成。在聚众斗殴中，聚众是指斗殴的方式。聚众斗殴的成立不要求在斗殴之前必须具有聚众的行为。双方的数人临时突然起意斗殴

---

〔1〕 参见王作富主编：《刑法分则实务研究》（中），中国方正出版社 2013 年版，第 1124 页。

〔2〕 参见黎宏：《刑法学各论》，法律出版社 2016 年版，第 377 页。

〔3〕 亦有观点认为，聚众斗殴可以分解为"聚众斗"和"聚众殴"。前者是指各方相互攻击对方的身体，后者是指多众一方攻击对方身体。参见张明楷：《刑法学》（下），法律出版社 2021 年版，第 1394 页。

的，完全可能成立聚众斗殴罪。

2. 责任要素。本罪的责任形式是故意。但必须是双方当事人的"斗殴"故意，而并不仅仅是"殴打"的故意。但只有单方有"殴打"的故意时，其主观故意的法律性质是故意伤害、故意杀人或者寻衅滋事罪等犯罪的故意，而不是聚众斗殴的犯罪故意。[1]

（二）聚众斗殴的认定

1. 斗殴致人重伤、死亡的认定。根据《刑法》第 292 条第 2 款的规定，聚众斗殴，致人重伤、死亡的，依照故意伤害罪、故意杀人罪定罪处罚。一般认为，该规定是法律拟制，即使行为人在斗殴过程中没有伤害、杀人的故意，但在客观上致人重伤、死亡的，也应认定为故意伤害罪、故意杀人罪。认定成立故意伤害罪、故意杀人罪，需要满足以下几个条件：一是行为人实施了聚众斗殴的行为；二是发生了重伤、死亡的后果；三是重伤、死亡的后果发生在聚众斗殴过程中，并且是斗殴行为所导致；四是重伤、死亡的人只能是对方人员，而不包括本方人员；五是根据责任主义原理，以行为人对重伤、死亡具有预见可能为前提。

值得研讨的是，在出现重伤、死亡后果时，哪些人应当转化为故意伤害罪、故意杀人罪？一般认为，首要分子和直接致人重伤、死亡的行为人应当承担故意伤害罪、故意杀人罪的刑事责任，对于其他参与者不应认定为成立故意伤害罪和故意杀人罪。但是，在聚众斗殴过程中，行为人的加害强度明显超出了共同故意的范围并造成他人重伤、死亡后果的，属于实行过限，应由实行过限者单独承担故意伤害罪或故意杀人罪的刑事责任，首要分子只需承担聚众斗殴罪的刑事责任。

2. 聚众斗殴的既遂与未遂。聚众斗殴的实行行为是斗殴行为，行为人已经实施斗殴行为的，即构成犯罪既遂，是否造成伤亡后果，不影响既遂的成立。斗殴一方或者双方人员的纠集行为，应该是聚众斗殴的预备行为。仅有纠集行为，但并没有实施结合斗殴行为的，一般无处罚的必要。

（三）聚众斗殴罪的处罚

依照《刑法》第 292 条第 1 款的规定，犯本罪的，对首要分子和其他积极参加的，处 3 年以下有期徒刑、拘役或者管制；有下列情形之一的，对首要分子和其他积极参加的，处 3 年以上 10 以下有期徒刑：①多次聚众斗殴的；②聚众斗殴人数多，规模大，社会影响恶劣的；③在公共场所或者交通要道聚众斗殴，造成社会秩序严重混乱的；④持械聚众斗殴的。

三十八、寻衅滋事罪

（一）寻衅滋事罪的概念与保护法益

寻衅滋事罪，是指寻衅滋事，破坏社会秩序的行为。本罪设置在妨害社会管理秩序罪一章中"扰乱公共秩序罪"一节，这表明本罪侵犯的法益是公共秩序。但公共秩序的概念十分抽象，有必要结合寻衅滋事罪的构成要件规定解释本罪的法益。从寻衅滋事罪的 4 项规定来看，本罪的法益是公共秩序，具体是在公共生活规则下确立的平稳有序状态，具体包括公共生活中的"个人的身体安全""行动自由、名誉与意思活动的自由""与财产有关的社会生活的安宁与平稳"及"公共场所的秩序安宁与平稳从事活动的自由与安全"。

（二）寻衅滋事罪的犯罪构成

1. 构成要件。寻衅滋事罪的构成要件行为包括四种类型：

（1）随意殴打他人，情节恶劣。殴打是直接对他人身体行使有形力的行为。首先，这里的殴打不要求接触到他人的身体。所以，向他人身体挥舞棍棒但未接触到他人身体的，也属于

---

〔1〕　参见黎宏：《刑法学各论》，法律出版社 2016 年版，第 377 页。

殴打。其次，殴打不以造成伤害结果为前提。由于寻衅滋事罪的法定刑重于故意轻伤的法定刑，所以，随意殴打他人造成轻伤结果的，宜认定为寻衅滋事。其次，殴打行为未必一定要求发生在公共场所。在封闭的环境中殴打他人的行为，如果严重破坏了人们的共同生活规则，影响了人们相互之间的交往，也有成立寻衅滋事罪的可能。最后，所谓随意，一般是指殴打的理由、对象或方式等明显异常。随意殴打并非都是指没有任何原因和理由，而是没有法律上或者社会生活上能够被认可的理由。所以，是否"事出有因"，并非判断随意的唯一标准。例如，乙殴打甲的原因是甲对工作方式提出了一些善意的批评，这虽然是事出有因，但也应评价为随意殴打。

根据 2013 年 7 月 15 日发布的《最高人民法院、最高人民检察院关于办理寻衅滋事刑事案件适用法律若干问题的解释》（以下简称《寻衅滋事案件解释》）第 2 条的规定，随意殴打他人，破坏社会秩序，具有下列情形之一的，应当认定为"情节恶劣"：①致 1 人以上轻伤或者 2 人以上轻微伤的；②引起他人精神失常、自杀等严重后果的；③多次随意殴打他人的；④持凶器随意殴打他人的；⑤随意殴打精神病人、残疾人、流浪乞讨人员、老年人、孕妇、未成年人，造成恶劣社会影响；⑥在公共场所随意殴打他人，造成公共场所秩序严重混乱的；⑦其他情节恶劣的情形。

（2）追逐、拦截、辱骂、恐吓他人，情节恶劣。根据《寻衅滋事案件解释》第 3 条的规定，追逐、拦截、辱骂、恐吓他人，破坏社会秩序，具有下列情形之一的，应当认定为"情节恶劣"：①多次追逐、拦截、辱骂、恐吓他人，造成恶劣社会影响的；②持凶器追逐、拦截、辱骂、恐吓他人的；③追逐、拦截、辱骂、恐吓精神病人、残疾人、流浪乞讨人员、老年人、孕妇、未成年人，造成恶劣社会影响的；④引起他人精神失常、自杀等严重后果的；⑤严重影响他人的工作、生活、生产、经营的；⑥其他情节恶劣的情形。

（3）强拿硬要或者任意损毁、占用公私财物，情节严重。强拿硬要，是指违背他人意志取得他人财物的行为。损毁，是指使公私财物的使用价值减少或者丧失的行为。根据《寻衅滋事案件解释》第 4 条的规定，强拿硬要或者任意损毁、占用公私财物，破坏社会秩序，具有下列情形之一的，应当认定为"情节严重"：①强拿硬要公私财物价值 1000 元以上，或者任意损毁、占用公私财物价值 2000 元以上的；②多次强拿硬要或者任意损毁、占用公私财物，造成恶劣社会影响的；③强拿硬要或者任意损毁、占用精神病人、残疾人、流浪乞讨人员、老年人、孕妇、未成年人的财物，造成恶劣社会影响的；④引起他人精神失常、自杀等严重后果的；⑤严重影响他人的工作、生活、生产、经营的；⑥其他情节严重的情形。

（4）在公共场所起哄闹事，造成公共秩序严重混乱。起哄闹事，是指通过呼喊、叫骂、推搡、砸东西等方法制造事端，严重扰乱公共场所秩序的行为。起哄闹事行为，应是具有煽动性、蔓延性、扩展性的行为，而不是单纯影响公共场所局部活动的行为。[1] 根据《寻衅滋事案件解释》第 5 条的规定，在车站、码头、机场、医院、商场、公园、影剧院、展览会、运动场或者其他公共场所起哄闹事，应当根据公共场所的性质、公共活动的重要程度、公共场所的人数、起哄闹事的时间、公共场所受影响的范围与程度等因素，综合判断是否"造成公共场所秩序严重混乱"。

根据《寻衅滋事案件解释》第 1 条的规定，在认定寻衅滋事时要注意，行为人因日常生活中的偶发矛盾纠纷，借故生非，实施本罪规定的行为的，应当认定为"寻衅滋事"，但矛盾系由被害人故意引发或者被害人对矛盾激化负有主要责任的除外。行为人因婚恋、家庭、邻里、

---

〔1〕 张明楷：《刑法学（下）》，法律出版社 2021 年版，第 1399 页。

债务等纠纷，实施殴打、辱骂、恐吓他人或者损毁、占用他人财物等行为的，一般不认定为"寻衅滋事"，但经有关部门批评制止或者处理处罚后，继续实施前列行为，破坏社会秩序的除外。

2. 责任要素。本罪的责任形式是故意。从司法实践来看，实施寻衅滋事的行为人多是出于公然蔑视社会法纪和公德，或者逞强斗狠、耍威风、发泄不满，或者无事生非、开心求乐、寻求刺激等流氓动机而实施，但这不意味着本罪的成立一定要求行为人主观上是基于上述动机而实施。

实施寻衅滋事行为，同时符合寻衅滋事罪和故意杀人罪、故意伤害罪、故意毁坏财物罪、敲诈勒索罪、抢夺罪、抢劫罪等罪的构成要件的，依照处罚较重的犯罪定罪处罚。

（三）寻衅滋事罪的处罚

依照《刑法》第293条的规定，犯本罪的，处5年以下有期徒刑、拘役或者管制；纠集他人多次实施本罪行为，严重破坏社会秩序的，处5年以上10年以下有期徒刑，可以并处罚金。

三十九、催收非法债务罪

催收非法债务罪，是指使用暴力、胁迫等方法催收高利放贷等产生的非法债务，情节严重的行为。

成立本罪需要满足以下三个条件：

1. 行为人催收的对象必须是非法债务。除因高利放贷产生的债务外，还包括吸毒、赌博、嫖娼等违法犯罪行为产生的债务。这里的"产生"既包括因高利放贷等非法行为直接产生，也包括由非法债务产生、衍生的孳息、利息等。催收合法债务（如借款）及其产生的利息，不成立犯罪。但是，即使是合法债务，如果用非法拘禁或伤害他人的方法催收，也可能构成非法拘禁罪或者故意伤害罪。

2. 必须是通过暴力、胁迫，或者限制他人人身自由或侵入他人住宅，或者恐吓、跟踪、骚扰他人的方法催收非法债务。具体包括三种方法：①使用暴力、胁迫。这里的"暴力"是最广义的暴力，包括不法行使有形力的一切情况，其不仅可以对人，而且可以对物。只要所采用的暴力足以压制被害人的反抗，均属于暴力。"胁迫"是指对被害人及其亲属以恶害相通告，如以伤害他人及其亲属、毁坏被害人及其亲属财产或者揭发被害人及其亲属隐私等相威胁，进行精神上的强制，迫使被害人就范，不敢抗拒。②限制他人自由或者侵入他人住宅。这里的"限制他人人身自由"是指采用捆绑、关押、扣留身份证件等不让被害人随意外出或者与外界联系的方式。"侵入他人住宅"是指未经被害人同意，非法强行闯入其住宅，或者无正当理由进入被害人住宅，经被害人要求退出仍拒不退出的行为。③恐吓、跟踪、骚扰他人。这里的"恐吓"是指使他人产生心理恐惧或者形成心理强制的手段，如故意携带管制刀具、枪械；利用信息网络发送恐吓消息；邮寄恐吓物、子弹等。"跟踪"是指对他人及其亲属实施尾随、守候、贴靠、盯梢等行为，使被害人产生恐惧不安心理。"骚扰"的方式多种多样，如破坏生活设施、设置生活障碍、贴报喷字、拉挂横幅、燃放鞭炮、摆放花圈、泼洒污物、断水断电、堵门阻工以及聚众哄闹滋扰、拦路闹事、驱赶从业人员、派人驻守、以直接或者间接方式控制厂房、办公区、经营场所等扰乱他人正常生活、工作、生产、经营秩序。采用上述手段催收非法债务的，其手段行为可能同时构成其他犯罪，如故意伤害罪、非法拘禁罪、非法侵入住宅罪，应从一重罪处断。

只有行为人采用上述三种行为方式之一催收非法债务的，才构成本罪。如果是采用上述三种方式之外的手段催收非法债务的，不成立本罪。

成立本罪，必须是情节严重。对于情节轻微、危害不大的，如为催收非法债务，限制他人人身自由或侵入他人住宅，持续时间较短或者偶尔跟踪、骚扰他人等，一般不宜作为犯罪处理，而只需给予治安处罚即可。

依照《刑法》第293条之一的规定，犯本罪的，处3年以下有期徒刑、拘役或者管制，并处或者单处罚金。

四十、组织、领导、参加黑社会性质组织罪

组织、领导、参加黑社会性质组织罪，是指组织、领导和参加以暴力、威胁或者其他手段，有组织地进行违法犯罪行为，称霸一方，为非作恶，欺压残害群众，严重破坏经济、社会生活秩序的黑社会性质组织的行为。

本罪的构成要件行为，是组织、领导、参加黑社会性质组织的行为。所谓组织黑社会性质组织，是指倡导、发起、组织黑社会性质组织；所谓领导黑社会性质组织，是指在黑社会中处于头目地位，对该组织的活动起策划、指挥、决定、管理、协调作用等；所谓参加黑社会性质组织罪，是指明知是黑社会性质组织仍自愿加入。根据2000年12月5日发布的《最高人民法院关于审理黑社会性质组织犯罪的案件具体应用法律若干问题的解释》第3条第2款的规定，对于参加黑社会性质组织，没有实施其他违法犯罪活动，或者受蒙蔽、胁迫参加黑社会性质组织，情节轻微的，可以不作为犯罪处理。本罪属于选择性罪名，只要实施组织、领导、参加行为之一的，即构成本罪；实施两种行为以上的，也只成立一罪。

根据《刑法》第294条第5款的规定，黑社会性质组织具有以下四个特征：①形成较稳定的犯罪组织，人数较多，有明确的组织者、领导者，骨干成员基本固定；②有组织地通过违法犯罪活动或者其他手段获取经济利益，具有一定的经济实力，以支持该组织的活动；③以暴力、威胁或者其他手段，有组织地多次进行违法犯罪活动，为非作恶，欺压、残害群众；④通过实施违法犯罪活动，或者利用国家工作人员的包庇或者纵容，称霸一方，在一定区域或者行业内，形成非法控制或者重大影响，严重破坏经济、社会生活秩序。可见，我国刑法从组织结构、经济实力、行为方式、危害性四个方面明确了黑社会性质组织的特点。因此，只有行为人组织、领导、参加的组织具备上述四个特征的，才能认定为黑社会性质组织。

本罪的责任形式是故意，即行为人明知是黑社会性质的组织仍故意组织、领导或者参加。这里的"明知"不要求行为人主观上明确认识到其组织、领导或者参加的是黑社会性质组织，只要其知道或者应当知道该组织具有一定的规模，且是以实施违法犯罪为主要活动即可。对于因不了解情况而误入黑社会性质组织，知道真相后及时退出的，不宜以犯罪论处。当然，如果行为人在参加时不明知，但加入后明知了仍不退出的，则应按本罪追究刑事责任。

根据《刑法》第294条第4款的规定，犯组织、领导、参加黑社会性质组织罪又有其他犯罪行为的，依照数罪并罚的规定处罚。例如，行为人实施组织、领导、参加黑社会性质组织后，又指挥其成员实施或者在组织头目的指使下实施杀人、贩卖毒品、敲诈勒索等行为的，应认定成立组织、领导、参加黑社会性质组织罪、故意杀人罪、贩卖毒品罪和敲诈勒索罪，数罪并罚。

依照《刑法》第294条第1款的规定，组织、领导黑社会性质组织的，处7年以上有期徒刑，并处没收财产；积极参加的，处3年以上7年以下有期徒刑，可以并处罚金或者没收财产；其他参加的，处3年以下有期徒刑、拘役、管制或者剥夺政治权利，可以并处罚金。

对于黑社会性质组织的组织者、领导者，应当按照其所组织、领导的黑社会性质组织所犯的全部罪行处罚；对于黑社会性质组织的参加者，应当按照其所参与的犯罪处罚。国家机关工作人员组织、领导、参加黑社会性质组织的，从重处罚。对黑社会性质组织和组织、领导、参加黑社会性质组织的犯罪分子聚敛的财物及其收益，以及用于犯罪的工具等，应当依法予以追

缴、没收。

四十一、入境发展黑社会组织罪

入境发展黑社会组织罪，是指境外的黑社会组织人员到中华人民共和国境内发展组织成员的行为。

境外的黑社会组织，既包括外国的黑社会组织，也包括我国台湾、香港、澳门地区的黑社会组织，如意大利的黑手党、日本的山口组等。境外黑社会组织的人员，是指境外黑社会组织的正式成员，包括组织者、领导者和参加者。所谓"发展组织成员"，是指将境内、外人员吸收为该黑社会组织成员的行为。所谓"到中华人民共和国境内发展组织成员"，并不要求境外的黑社会组织的人员自身进入中华人民共和国境内，只是意味着行为人在中华人民共和国境内发展组织成员。因此，行为人虽未进入中华人民共和国境内，但通过网络、电话等手段在中华人民共和国境内发展成员的，也应以本罪论处。至于是否有人实际成为该组织的成员，不影响犯罪的成立；对黑社会组织成员进行内部调整等行为，不属于"发展组织成员"。

依照《刑法》第294条第2款与第4款的规定，犯本罪的，处3年以上10年以下有期徒刑；犯本罪，又有其他犯罪行为的，实行数罪并罚。

四十二、包庇、纵容黑社会性质组织罪

包庇、纵容黑社会性质组织罪，是指国家机关工作人员包庇黑社会性质的组织，或者纵容黑社会性质的组织进行违法犯罪活动的行为。

本罪属于身份犯，行为主体是国家机关工作人员。所谓"包庇"是指国家机关工作人员为使黑社会性质组织及其成员逃避查禁，而通风报信，隐匿、毁灭、伪造证据，阻止他人作证、检举揭发，指使他人作伪证，帮助逃匿，或者阻挠其他国家机关工作人员依法查禁等行为。包庇行为既可能表现为包庇黑社会性质组织本身，也可能表现为包庇黑社会性质组织的组织者、领导者与参加者；"纵容"是指国家机关工作人员不依法履行职责，放纵黑社会性质组织进行违法犯罪活动的行为。这里的"纵容"与单纯的知情不举不同。前者是以行为人对黑社会性质组织及其违法犯罪活动负有查禁义务为前提，即一般国家机关工作人员明知是黑社会性质组织而知情不举的，不是这里的"纵容"，不构成本罪。

依照《刑法》第294条第3、4款的规定，犯本罪的，处5年以下有期徒刑；情节严重的，处5年以上有期徒刑。犯本罪又有其他犯罪行为的，依照数罪并罚的规定处罚。

四十三、传授犯罪方法罪

传授犯罪方法罪，是指用语言、文字、动作或者其他方法将某种具体的犯罪方法传授给他人的行为。这里的"犯罪方法"，是指犯罪的经验与技能，包括手段、步骤、反侦查方法等。如果传授的是实施一般违法的方法，不构成本罪。传授的对象既可以是达到年龄，具有责任能力的人，也可以是未达法定年龄或者不具有责任能力的人。被传授者是否掌握、接受了犯罪方法，以及是否利用行为人所传授的犯罪方法，不影响本罪的成立。

被传授者原本没有犯罪意图，由于行为人的传授其才产生了犯罪决意并实施了犯罪的场合，属于一行为触犯数罪名，构成想象竞合，从一重罪处断。行为人在向他人传授犯罪方法之后，又与被传授人一起运用自己所传授的方法共同进行犯罪的，属于两个行为侵犯两个法益，构成两个独立的犯罪，应实行数罪并罚。

依照《刑法》第295条的规定，犯本罪的，处5年以下有期徒刑、拘役或者管制；情节严重的，处5年以上10年以下有期徒刑；情节特别严重的，处10年以上有期徒刑或者无期徒刑。

四十四、非法集会、游行、示威罪

非法集会、游行、示威罪，是指未依照法律规定申请或者申请未经许可，而举行集会、游行、示威，或者未按照主管机关许可的起止时间、地点、路线进行集会、游行、示威，又拒不服从解散命令，严重破坏社会秩序的行为。成立本罪需要满足以下三个条件：

1. 非法举行集会、游行、示威。非法举行表现为三种情形：①未依照法律规定申请而举行；②申请未获许可而举行集会、游行、示威；③未按照主管机关许可的起止时间、地点、路线进行。这里的"集会"，是指聚集在露天公共场所，发表意见、表达意愿的活动。"游行"，是指在公共道路、露天场所列队行进，表达共同意愿的活动。"示威"，是指在露天公共场所或者公共道路上以集会、游行、静坐等方式，表达要求、抗议或者支持、声援等共同意愿的活动。

2. 拒不服从解散命令。拒不服从解散命令，是指对非法的集会、游行、示威，主管机关依法发出解散命令，拒不服从依然进行的情形。虽非法举行集会、游行、示威，但行为人听从解散命令，服从管理的，不构成本罪。

3. 严重破坏社会秩序。构成本罪，不仅要求行为人非法举行集会、游行、示威且拒不服从解散命令，还要求行为人造成严重破坏社会秩序的结果。这里的"严重破坏社会秩序"，是指使生产、工作、生活和教学、科研、医疗无法正常进行，如工厂、企业停工、停产，教学、科研、医疗停止，交通瘫痪，等等。

依照《刑法》第 296 条的规定，犯本罪的，对集会、游行、示威的负责人和直接责任人员，处 5 年以下有期徒刑、拘役、管制或者剥夺政治权利。

四十五、非法携带武器、管制刀具、爆炸物参加集会、游行、示威罪

非法携带武器、管制刀具、爆炸物参加集会、游行、示威罪，是指违反法律规定，携带武器、管制刀具、爆炸物参加集会、游行、示威的行为。依照《刑法》第 297 条的规定，犯本罪的，处 3 年以下有期徒刑、拘役、管制或者剥夺政治权利。

四十六、破坏集会、游行、示威罪

破坏集会、游行、示威罪，是指扰乱、冲击或者以其他方法破坏依法举行的集会、游行、示威，造成公共秩序混乱的行为。依照《刑法》第 298 条的规定，犯本罪的，处 5 年以下有期徒刑、拘役、管制或者剥夺政治权利。

四十七、侮辱国旗、国徽罪

侮辱国旗、国徽罪，是指在公共场合故意以焚烧、毁损、涂划、玷污、践踏等方式侮辱中华人民共和国国旗、国徽的行为。

本罪的行为对象是中华人民共和国国旗、国徽。行为必须发生在公共场合。不在公共场合侮辱国旗、国徽的，不成立本罪。行为方式包括焚烧、毁坏、涂划、玷污、践踏等。在网络上涂划、玷污国旗、国徽的，应认定为本罪。[1]

依照《刑法》299 条第 1 款的规定，犯本罪的，处 3 年以下有期徒刑、拘役、管制或者剥夺政治权利。

四十八、侮辱国歌罪

侮辱国歌罪，是指在公共场合故意篡改中华人民共和国国歌歌词、曲谱，以歪曲、贬损方式奏唱国歌，或者以其他方式侮辱国歌，情节严重的行为。本罪的行为对象只限于中华人民共和国国歌。侮辱外国国歌的，不构成本罪。本罪必须发生在公共场合。本罪的行为包括以下三

---

〔1〕 参见张明楷：《刑法学》（下），法律出版社 2021 年版，第 1410 页。

种情形：①篡改国歌歌词、曲谱；②以歪曲、贬损方式奏唱国歌；③以其他方式侮辱国歌。成立本罪，要求情节严重。这需要结合侮辱行为的具体方式、场合、传播范围、造成的不良社会影响情况，以及是否因侮辱国歌、国旗、国徽犯罪受过处罚等进行综合判断。

依照《刑法》299 条第 2 款的规定，犯本罪的，处 3 年以下有期徒刑、拘役、管制或者剥夺政治权利。

四十九、侵害英雄烈士名誉、荣誉罪

侵害英雄烈士名誉、荣誉罪，是指侮辱、诽谤或者以其他方式侵害英雄烈士的名誉、荣誉，损害社会公共利益，情节严重的行为。

本罪的保护法益是英雄烈士的名誉、荣誉。根据《英雄烈士保护法》第 2 条第 2 款的规定，英雄烈士的范围限于"近代以来，为了争取民族独立和人民解放，实现国家富强和人民幸福，促进世界和平和人类进步而毕生奋斗、英勇献身的英雄烈士"。英雄烈士既包括个人也包括群体，既包括有名英烈，也包括无名英烈。这里的"名誉"，是指已故英烈在世时的品德、声望、才能、信用等社会评价。"荣誉"，是指国家或者国家机关、特定社会组织根据英雄烈士的社会贡献所给予的认定或称号。

行为方式包括侮辱、诽谤或者其他方式。这里的"侮辱"，是指通过语言、文字或者其他方式辱骂、贬损、丑化、嘲讽英雄烈士，损害其名誉、荣誉的行为；"诽谤"，是指针对英雄烈士，捏造事实并进行散布，公然丑化、贬损、亵渎英雄烈士，损害英雄烈士的名誉、荣誉的行为。"其他方式"，是指采用侮辱、诽谤以外的其他方式侵害英雄烈士的名誉、荣誉的行为，如使用或者变相使用英雄烈士的姓名、肖像于商标、商业广告，导致其名誉、荣誉受损；非法披露涉及英雄烈士隐私的信息或者图片，侵害英雄烈士隐私；等等。

本罪还要求"损害社会公共利益，情节严重"。"损害公共利益"是构成本罪的要件之一，也是侮辱、诽谤或者以其他方式侵害英雄烈士名誉、荣誉可能导致的后果。《英雄烈士保护法》第 3 条第 1 款规定："英雄烈士事迹和精神是中华民族的共同历史记忆和社会主义核心价值观的重要体现。"英雄烈士及其精神获得全民族的广泛崇敬或敬仰，成为广大民众精神需求的组成部分。在此意义上，对英雄烈士的名誉、荣誉的保护不只是对其个人名誉、荣誉的保护，重要的是还涉及对社会公共利益的保护。"情节严重"，包括如下情形：多次侵害英雄烈士的名誉、荣誉；侵害多名英雄烈士的名誉、荣誉；通过信息媒体发表侮辱、诽谤英雄烈士的言论，造成大范围传播的，社会影响恶劣；侵害英雄烈士的名誉、荣誉，造成其近亲属自杀、精神失常的；侵害英雄烈士的名誉、荣誉，社会影响恶劣的，等等。

依照《刑法》第 299 条之一的规定，犯本罪的，处 3 年以下有期徒刑、拘役、管制或者剥夺政治权利。

五十、组织、利用会道门、邪教组织、利用迷信破坏法律实施罪

组织、利用会道门、邪教组织、利用迷信破坏法律实施罪，是指组织、利用会道门、邪教组织或者利用迷信破坏国家法律、行政法规实施的行为。

"会道门"，是道门和会门等封建迷信组织的总称，包括一贯道、九宫道、先天道、大刀会、哥老会、青红帮等。"邪教组织"，是指冒用宗教、气功或者以其他名义建立，神化、鼓吹首要分子，利用制造、散布迷信邪说等手段蛊惑、蒙骗他人，发展、控制成员，危害社会的非法组织。"迷信"，是指与科学相对立，信奉神仙鬼怪的观念和做法。本罪的行为类型表现为两种：①组织、利用会道门和邪教组织破坏国家法律、行政法规的实施；②利用迷信破坏国家法律、行政法规的实施。

根据 2017 年 1 月 25 日发布的《最高人民法院、最高人民检察院关于办理组织、利用邪教

组织破坏法律实施等刑事案件适用法律若干问题的解释》（以下简称《邪教案件解释》）第 2 条、第 3 条的规定，组织、利用邪教组织，破坏国家法律、行政法规实施，具有下列情形之一的，应以本罪论处：①建立邪教组织，或者邪教组织被取缔后又恢复、另行建立邪教组织的；②聚众包围、冲击、强占、哄闹国家机关、企业事业单位或者公共场所、宗教活动场所，扰乱社会秩序的；③非法举行集会、游行、示威，扰乱社会秩序的；④使用暴力、胁迫或者以其他方法强迫他人加入或者阻止他人退出邪教组织的；⑤组织、煽动、蒙骗成员或者他人不履行法定义务的；⑥使用"伪基站""黑广播"等无线电台（站）或者无线电频率宣扬邪教的；⑦曾因从事邪教活动被追究刑事责任或者 2 年内受过行政处罚，又从事邪教活动的；⑧发展邪教组织成员 50 人以上的；⑨敛取钱财或者造成经济损失 100 万元以上的；⑩以货币为载体宣扬邪教，数量在 500 张（枚）以上的；⑪制作、传播邪教宣传品，达到下列数量标准之一的：传单、喷图、图片、标语、报纸 1000 份（张）以上的；书籍、刊物 250 册以上的；录音带、录像带等音像制品 250 盒（张）以上的；标识、标志物 250 件以上的；光盘、U 盘、储存卡、移动硬盘等移动存储介质 100 个以上的；横幅、条幅 50 条（个）以上的。⑫利用通讯信息网络宣扬邪教，具有下列情形之一的：制作、传播宣扬邪教的电子图片、文章 200 张（篇）以上，电子书籍、刊物、音视频 50 册（个）以上，或者电子文档 500 万字符以上、电子音视频 250 分钟以上的；编发信息、拨打电话 1000 条（次）以上的；利用在线人数累计达到 1000 以上的聊天室，或者利用群组成员、关注人员等账号数累计 1000 以上的通讯群组、微信、微博等社交网络宣扬邪教的；邪教信息实际被点击、浏览数达到 5000 次以上的。⑬其他情节严重的情形。

根据《邪教案件解释》第 10 条和第 13 条的规定，组织、利用邪教组织破坏国家法律、行政法规实施过程中，又有煽动分裂国家、煽动颠覆国家政权或者侮辱、诽谤他人等犯罪行为的，依照数罪并罚的规定定罪处罚；明知他人组织、利用邪教组织实施犯罪，而为其提供经费、场地、技术、工具、食宿、接送等便利条件或者帮助的，以共同犯罪论处。

依照《刑法》第 300 条第 1 款的规定，犯本罪的，处 3 年以上 7 年以下有期徒刑，并处罚金；情节特别严重的，处 7 年以上有期徒刑或者无期徒刑，并处罚金或者没收财产；情节较轻的，处 3 年以下有期徒刑、拘役、管制或者剥夺政治权利，并处或者单处罚金。

五十一、组织、利用会道门、邪教组织、利用迷信致人重伤、死亡罪

组织、利用会道门、邪教组织、利用迷信致人重伤、死亡罪，是指组织、利用会道门、邪教组织或者利用迷信蒙骗他人，致人重伤、死亡的行为。根据《邪教案件解释》第 7 条第 1 款的规定，组织、利用邪教组织蒙骗他人，致人重伤、死亡，是指组织、利用邪教组织，制造、散布迷信邪说，蒙骗成员或者他人绝食、自虐等，或者蒙骗病人不接受正常治疗，致人重伤、死亡。根据《邪教案件解释》第 11 条、第 12 条的规定，组织、利用邪教组织，制造、散布迷信邪说，组织、策划、煽动、胁迫、教唆、帮助其成员或者他人实施自杀、自伤的，依照故意杀人罪或者故意伤害罪定罪处罚。邪教组织人员以自焚、自爆或者其他危险方法危害公共安全的，依照放火罪、爆炸罪、以危险方法危害公共安全罪等定罪处罚。根据《邪教案件解释》第 13 条的规定，明知他人组织、利用邪教组织实施犯罪，而为其提供经费、场地、技术、工具、食宿、接送等便利条件或者帮助的，以共同犯罪论处。

依照《刑法》第 300 条第 2 款的规定，犯本罪的，处 3 年以上 7 年以下有期徒刑，并处罚金；情节特别严重的，处 7 年以上有期徒刑或者无期徒刑，并处罚金或者没收财产；情节较轻的，处 3 年以下有期徒刑、拘役、管制或者剥夺政治权利，并处或者单处罚金。

五十二、聚众淫乱罪

聚众淫乱罪，是指聚集众人实施淫乱活动的行为。

"聚众"，是指聚集3人以上于一定时间聚集于同一地点。"淫乱活动"，是指进行性交以及其他刺激、兴奋、满足性欲的行为，如手淫、口淫、鸡奸等性行为。众人不以同时包含有男、女为必要，既可以同时都为男性，也可以同时都为女性，如同性恋者聚集实施的鸡奸行为，应认定为聚众淫乱罪。但需要注意的是，"淫乱"不单是一个客观事实概念，还是一个需要根据价值判断才能确定其含义的概念，即属于规范的构成要件要素。传统观点认为，本罪保护的法益是良好的社会风尚。因此，只要聚集3人以上进行性行为的，就构成本罪。目前有力观点认为，淫乱是一种伤害公众健全的性道德，使公众感到羞耻的性行为，尤其是侵害了性行为非公开的社会秩序。因此，不能简单地认为3人以上聚集起来实施性行为，一律构成本罪。只有当其发生的场合、方式令同时代的普通人感到羞耻、难以容忍的，才能视为淫乱。如3个以上的成年人基于同意所秘密实施的性行为，就不属于聚众淫乱行为。只有当3人以上以不特定或者多数人可能认识到的方式实施淫乱行为的，才宜以本罪论处。

使用暴力、威胁方式强迫他人参加聚众淫乱活动的，应以强奸罪、强制猥亵、侮辱罪和本罪数罪并罚。

根据《刑事案件立案规定（一）》第41条的规定，组织、策划、指挥3人以上进行淫乱活动或者参加聚众淫乱活动3次以上的，应予立案追诉。

依照《刑法》第301条第1款的规定，犯本罪的，对首要分子或者多次参加的，处5年以下有期徒刑、拘役或者管制。其中"首要分子"，是指在聚众淫乱活动中起组织、策划、指挥作用的人；"多次参加的"，应是指参加3次以上。

五十三、引诱未成年人聚众淫乱罪

引诱未成年人聚众淫乱罪，是指引诱未成年人参加聚众淫乱活动的行为。

本罪的行为对象是未成年人。未成年人是指不满18周岁的人。刑法规定本罪不只是为了保护健全的性风俗和性秩序，而主要是保护未成年人的身心健康，所以，不要求聚众淫乱活动具有公然性。即使是引诱未成年人参加秘密聚众淫乱活动，也能成立本罪。这里的"参加"，不要求未成年人实际进行淫乱活动，引诱未成年人到现场观看他人从事淫乱活动的，也成立本罪。

本罪属于只处罚一方的对向犯。一方面，本罪的成立以未成年人一方的参与行为为必要。仅有引诱未成年人聚众淫乱的行为，但被引诱的未成年人没有到现场参加聚众淫乱或者观看他人从事淫乱活动的，不成立本罪。另一方面，本罪处罚的是引诱未成年人参加聚众淫乱的行为，因此对于被引诱参加聚众淫乱活动的未成年人，不应认定为犯罪。

本罪的责任形式只能是故意。即行为人要对引诱的对象是未成年人这一事实有所认识，即知道或者应当知道对方是未成年人。如果确实不知行为对象为未成年人的，不能构成本罪。符合聚众淫乱罪构成要件的，可以聚众淫乱罪论处。

行为人在从事聚众淫乱活动过程中，引诱未成年人聚众淫乱的，由于存在两个行为且侵害两个保护法益，应认定成立聚众淫乱罪和引诱未成年人聚众淫乱罪，数罪并罚。

依照《刑法》第301条第2款的规定，犯本罪的，处5年以下有期徒刑，拘役或者管制，并应从重处罚。

五十四、盗窃、侮辱、故意毁坏尸体、尸骨、骨灰罪

盗窃、侮辱、故意毁坏尸体、尸骨、骨灰罪，是指盗窃、侮辱、故意毁坏尸体、尸骨、骨灰的行为。

本罪的保护法益是生者对尸体、尸骨、骨灰的哀悼、崇敬感情。本罪的行为对象是尸体、尸骨、骨灰。其中，"尸体"是指已经死亡的人的身体的全部或者一部分。孕妇腹中的死胎，不能认定为尸体；露出母体时存活但随即死亡的胎儿如果具备人的形状的，则属于尸体，可以成为本罪的对象。"尸骨"是指人的尸体腐烂后剩下的骨架、骨头。"骨灰"是指尸体火化后骨骼烧成的灰。

本罪的构成要件行为是盗窃、侮辱、故意毁坏。所谓"盗窃"，是指从坟墓、停尸房或者其他场所窃取尸体、尸骨、骨灰。抢劫、抢夺尸体、尸骨、骨灰的，应认定成立盗窃尸体、尸骨、骨灰罪。一方面，盗窃尸体、尸骨、骨灰的行为表现为对尸体、尸骨、骨灰的占有转移，而抢劫、抢夺尸体、尸骨、骨灰的，同样也是对尸体、尸骨、骨灰的转移占有。另一方面，根据当然解释规则，既然盗窃尸体、尸骨、骨灰的要成立犯罪，抢劫、抢夺尸体、尸骨、骨灰的自然也要成立犯罪。所谓"侮辱"，是指对尸体、尸骨、骨灰进行凌辱，如奸污、猥亵、鞭打、暴露、焚烧或者遗弃尸体、尸骨，或者在骨灰里撒尿等。针对尸体、尸骨、骨灰进行口头辱骂或者文字谩骂的，不构成本罪。所谓"毁坏"，是指毁损尸体、尸骨、骨灰完整性的行为，如肢解尸体、砍掉尸体的某部分、破坏尸体的完整性、剁碎尸骨、抛洒骨灰盒中的骨灰，等等。

本罪属于选择性罪名，有盗窃、侮辱、故意毁坏尸体、尸骨、骨灰行为之一的，即构成本罪。盗窃尸体后加以侮辱的，成立盗窃、侮辱尸体罪一罪，不实行数罪并罚。故意杀人后为毁灭、掩盖罪证而肢解、毁坏、焚煮、抛弃尸体的，由于存在两个行为且侵害两个不同的法益，因而成立故意杀人罪和侮辱、故意毁坏尸体罪，数罪并罚。

依照《刑法》第 302 条的规定，犯本罪的，处 3 年以下有期徒刑、拘役或者管制。

五十五、赌博罪

赌博罪，是指以营利为目的，聚众赌博、以赌博为业的行为。

本罪的行为类型有两种：一是聚众赌博，是指组织、纠集、招引多人进行赌博，本人从中抽头渔利，俗称"赌头"。至于行为人是否参与赌博，在所不问。二是以赌博为业，是指嗜赌成性，以赌博为职业或者兼业，俗称"赌棍"。2005 年 5 月 11 日发布的《最高人民法院、最高人民检察院关于办理赌博刑事案件具体应用法律若干问题的解释》（以下简称为《赌博案件解释》）第 1 条规定，以营利为目的，有下列情形之一的，属于"聚众赌博"：①组织 3 人以上赌博，抽头渔利数额累计达到 5000 元以上的；②组织 3 人以上赌博，赌资数额累计达到 5 万元以上的；③组织 3 人以上赌博，参赌人数累计达到 20 人以上的；④组织中华人民共和国公民 10 人以上赴境外赌博，从中收取回扣、介绍费的。[1] 明知他人实施赌博犯罪活动，而为其提供资金、计算机网络、通讯、费用结算等直接帮助的，以赌博罪的共犯论处。

本罪的责任形式为故意，且以营利为目的。即行为人聚众赌博或者参加赌博，是为了获得经济上的利益，而不是为了消遣、娱乐。以营利为目的，并非是说行为人一定要赢得钱财，只要是为了获得经济上的利益，即使是没有获利甚至是输了钱，也不影响本罪的成立；行为人的目的不是出于营利，而是在于一时娱乐而参加赌博、聚众赌博的，不成立赌博罪。《赌博案件解释》第 9 条规定，不以营利为目的，进行带有少量财物输赢的娱乐活动，以及提供棋牌室等娱乐场所，只收取正常的场所和服务费用的经营行为等，不以赌博论处。

在认定赌博罪时，需要注意区分本罪和诈骗罪的界限。赌博的本质表现在参与赌博的行为人的输赢具有偶然性。因此，使用专门工具、设备或者其他手段诱使他人参赌，人为控制赌局

---

〔1〕 根据《刑法修正案（十一）》第 36 条第 3 款的规定，组织中国公民参与国（境）外赌博行为的，数额巨大或者有其他严重情节的，成立组织参与国（境）外赌博罪。

输赢，即胜负并非取决于偶然，性质上属于设置圈套诱使他人参赌，不符合赌博罪的犯罪构成，而属于使用欺骗方法获取他人钱财，应以诈骗罪定罪处罚。

依照《刑法》第 303 条第 1 款的规定，犯本罪的，处 3 年以下有期徒刑、拘役或者管制，并处罚金。

五十六、开设赌场罪

开设赌场罪，是指为供他人赌博设立赌博场所的行为。

开设赌场，是指提供赌博的场所及用具，供他人进行赌博，本人从中渔利的行为。开设赌场包括以下三种方式：一是开设赌场但不直接参加赌博，以收取场地、用具使用费或抽头渔利。二是开设赌场并直接参与赌博。如设置游戏机、老虎机等赌博机器或者雇佣人员与顾客赌博。三是利用互联网、移动通讯终端等传输赌博视频、数据，组织赌博活动。根据 2010 年 8 月 31 日发布的《最高人民法院、最高人民检察院、公安部关于办理网络赌博犯罪案件适用法律若干问题的意见》第 1 条第 1 款的规定，利用互联网、移动通讯终端等传输赌博视频、数据，组织赌博活动，具有下列情形之一的，属于"开设赌场"行为：①建立赌博网站并接受投注的；②建立赌博网站并提供给他人组织赌博的；③为赌博网站担任代理并接受投注的；④参与赌博网站利润分成的。本罪的责任形式是故意，虽然事实上开设赌场者一般都有营利的目的，但刑法并没有将营利目的规定为责任要素。

依照《刑法》第 303 条第 2 款的规定，犯本罪的，处 5 年以下有期徒刑、拘役或者管制，并处罚金；情节严重的，处 5 年以上 10 年以下有期徒刑，并处罚金。

五十七、组织参与国（境）外赌博罪

组织参与国（境）外赌博罪，是指组织中华人民共和国公民参与国（境）外赌博，数额巨大或者有其他严重情节的行为。

所谓"组织"，是指领导、策划、指挥他人参与跨境赌博，或者受境外赌场指派、雇佣，实施拉拢、引诱、招揽、介绍他人参与跨境赌博的行为。法条虽然使用了"组织"一词，但本罪并非所谓的集团犯、组织犯。被组织参与境外赌博的不要求是数人，组织一人参与国（境）外赌博的，也属于这里的"组织"。同时，这里的组织者可能是一人，也可能是多人。组织既可以是我国内地公民实施的组织行为，也可以是国（境）外人员在内地针对我国内地公民实施的组织行为。成立本罪，要求被组织的对象必须是中华人民共和国公民，并限于中国大陆具有中华人民共和国国籍的人。在（国）境外组织中华人民共和国公民参与赌博的，不构成本罪。所谓"组织参与国（境）外赌博"，包括直接组织中华人民共和国公民赴国（境）外参与赌博的情形，或者以提供赌博场所、提供赌资、设定赌博方式等组织中国公民赴国（境）外赌博，或者利用信息网络、通讯终端等传输赌博视频、数据，组织中华人民共和国公民参与国（境）外赌博活动等。

成立本罪必须达到数额巨大或者有其他严重情节。所谓"数额巨大"，主要是指赌资数额巨大；"有其他严重情节"，是指赌资虽未达到数额巨大，但数额接近巨大，且有其他严重情节的情形，如抽头渔利的数额较多，参赌人数较多，组织、胁迫、引诱、教唆未成年人参与赌博，强迫他人赌博，等等。

依照《刑法》第 303 条第 3 款的规定，组织中华人民共和国公民参与国（境）外赌博，数额巨大或者有其他严重情节的，依照开设赌场罪的规定进行处罚。需要注意的是，《刑法》第 303 条第 2 款规定的开设赌场罪有两个情节，同时相应地配置了两档法定刑，而第 3 款规定的组织参与国（境）外赌博罪仅仅规定了依照第 2 款的规定处罚。从体系解释的角度来看，既然对第 3 款的组织参与国（境）外赌博罪依照第 2 款的规定处罚，那么，对于组织参与国

（境）外赌博罪也就可以根据不同的犯罪情节适用两档不同的法定刑。亦即，组织参与国（境）外赌博罪，数额巨大或者有其他严重情节的行为，处 5 年以下有期徒刑、拘役或者管制，并处罚金；组织跨境赌博数额特别巨大或者有其他特别严重情节的，处 5 年以上 10 年以下有期徒刑。

五十八、故意延误投递邮件罪

故意延误投递邮件罪，是指邮政工作人员严重不负责任，故意延误投递邮件，致使公共财产、国家和人民利益遭受重大损失的行为。

本罪是身份犯，行为主体是邮政工作人员，具体指邮政企业的营业员、分拣员、投递员、押运员等。"延误投递邮件"，是指邮政工作人员不按照国家邮政主管部门规定的时限投递邮件。"邮件"，是指通过邮政企业寄递的信件、电报、传真、印刷品、邮包、汇款通知、报刊杂志等。

"延误"不同于隐匿不投。前者是投递但超出规定的时限，后者是将邮件予以隐匿而不投递。行为人故意隐匿不投的，不构成本罪，而构成私自隐匿邮件、电报罪。延误投递邮件的行为只有导致公共财产、国家和人民利益遭受重大损失的，才构成犯罪。仅有延误投递的行为但没有发生重大损失的结果，不成立本罪。

依照《刑法》第 304 条的规定，犯本罪的，处 2 年以下有期徒刑或者拘役。

第三节　妨害司法罪

一、伪证罪

（一）伪证罪的概念与犯罪构成

伪证罪，是指在刑事诉讼中，证人、鉴定人、记录人、翻译人对与案件有重要关系的情节，故意作虚假证明、鉴定、记录、翻译，意图陷害他人或者隐匿罪证的行为。

1. 构成要件。

（1）本罪属于身份犯，只有参与刑事诉讼活动的证人、鉴定人、记录人、翻译人才能构成本罪。《刑法》第 305 条未将犯罪嫌疑人、被告人规定为本罪主体，这并非因为犯罪嫌疑人、被告人做虚假供述的行为不具有妨害司法的违法性，而是因为犯罪嫌疑人、被告人缺乏合法行为的期待可能性，因而阻却责任。基于同样的逻辑，犯罪嫌疑人、被告人教唆证人为自己作伪证的，客观上虽妨害了司法秩序，但由于其缺乏合法行为的期待可能性，应阻却责任，不能认定成立伪证罪的共犯。

关于本罪的主体，值得讨论的是，被害人能否成为本罪的主体？一般认为，虽然刑事诉讼法明确区分了证人证言和被害人陈述两个概念，但是，这并不意味着刑法理论只能按照刑事诉讼法的规定解释刑法概念。被害人陈述与证人证言都属于法定的证据种类，在刑事诉讼中，询问证人的有关规定也同样适用于询问被害人。事实上，被害人完全可能作虚假陈述，从而具有妨害司法活动的客观公正的危险性。[1] 因此，将刑事案件的被害人作为广义的证人来看待，未尝不可。如此一来，被害人违背事实，否认自己的法益被犯罪行为侵害的，有成立伪证罪的余地。例如，强奸罪的被害人在因嫌疑人家属求情，并得到巨额赔偿之后，推翻原来的陈述，改口否认自己被强奸的事实的，应认定成立伪证罪。同时，该行为具有包庇被害人的犯罪性质，二者属于想象竞合的关系，应从一重罪处断。

---

〔1〕　参见张明楷：《刑法学》（下），法律出版社 2021 年版，第 1419 页。

（2）本罪的行为内容是作虚假的证明、鉴定、记录、翻译。关于证人作虚假证明中的"虚假"的判断，刑法理论上有主观说和客观说的争议。主观说认为，是否是虚假陈述，应当以证人的主观记忆和体验为标准，至于陈述的真实性、可靠性的判断，是法官的任务。因此，按照自己记忆中的事实和体验进行陈述的，即使与客观事实不相符合，也不是虚假的；反之，不按照自己记忆与实际体验进行陈述的，即使与客观事实相符合，也是虚假的。客观说则认为，陈述是否虚假应进行客观判断，而与证人的主观记忆无关。即使证人不按照自己的记忆和体验陈述，但是只要陈述的内容最终与客观事实相符合，就不是虚假的。这是因为，伪证罪的保护法益是国家司法的公正，与客观事实相符合的证言，不具有造成妨害司法公正的危险性，没有侵犯伪证罪所要保护的法益，不宜认定为伪证罪。[1]

我们认为，客观说是合理的。因此，证人有意作伪证，但碰巧符合客观事实的情形，不宜认定为虚假证明。相反，即使行为人忠实于自己的记忆进行陈述，但由于记忆错误，也可能导致最终结果与客观事实不相符合，此种场合也属于虚假证明。只是由于本罪要求行为人在主观上必须是出于故意，并具有陷害他人或者隐匿罪证的意图，因此，证人因记忆错误而导致作出虚假证言的，不成立伪证罪。

（3）必须是对与案件有重要关系的情节作虚假的证明、鉴定、记录、翻译。这里的案件仅限于刑事案件，在民事诉讼中作伪证的，不构成本罪。与案件有重要关系的情节，是指涉及案件定罪量刑结论的相关情节，对于不影响案件定罪量刑结论的有关案件细枝末节的情节，即使作了虚假陈述，也不构成本罪。

2. 责任要素。本罪的责任形式是故意，且要求行为人具有陷害他人或者隐匿罪证的目的。证人因记忆不清，或者对案件真实情况一知半解，或道听途说而传闻作证，提供了虚假证明，或者鉴定人因业务水平有限作了错误鉴定，或者记录人因粗心大意错记、漏记，或者翻译人因水平较低而错译、漏译的，因不具备作伪证的主观故意，均不成立本罪。

（二）伪证罪的认定

1. 拒不作证的处理。虽然刑事诉讼法规定凡是知道案件情况的人都有作证的义务。但如果知道案件情况，拒不作证的，即使行为人主观上具有隐匿罪证的意图，但由于不作证客观上不符合"作虚假证明"的构成要件，因此，不能认定为伪证罪。

2. 伪证罪与诬告陷害罪的界限。两罪的主要区别在于以下几点：①从行为主体来看，本罪是身份犯，只有证人、鉴定人、记录人、翻译人才能构成本罪，而诬告陷害罪的主体是一般主体；②从行为发生的时间来看，伪证罪发生在刑事诉讼过程中，而诬告陷害罪的行为则是在诉讼前发生的，是引起立案侦查活动发生的原因。③从客观行为来看，伪证罪一般是在与案件有重要关系的情节上提供伪证，即使是陷害他人，也是在原有的犯罪事实基础上，对与案件有重要关系的情节作虚假陈述，而诬告陷害罪则是捏造整个犯罪事实，属于"无中生有"。需要注意的是，诬告陷害他人被立案侦查，然后在刑事诉讼作虚假证明，意图陷害他人，虽然出于一个意图，但由于客观上实施了两个行为，且侵害了两个不同的法益，应予数罪并罚。

（三）伪证罪的处罚

依照《刑法》第305条的规定，犯伪证罪的，处3年以下有期徒刑或者拘役；情节严重的，处3年以上7年以下有期徒刑。

二、辩护人、诉讼代理人毁灭证据、伪造证据、妨害作证罪

辩护人、诉讼代理人毁灭证据、伪造证据、妨害作证罪，是指在刑事诉讼中，辩护人、诉

---

〔1〕　参见张明楷：《外国刑法纲要》，清华大学出版社2007年版，第725页。

讼代理人毁灭、伪造证据，帮助当事人毁灭、伪造证据，威胁、引诱证人违背事实改变证言或者作伪证的行为。

本罪属于身份犯，行为主体限于辩护人与诉讼代理人。其他诉讼参与人，以及刑事案件的侦查人员、检察人员、审判人员不能成为本罪的主体。但也并非说，只要律师实施本罪行为的就构成本罪。只有当律师等人在担任刑事案件的辩护人、诉讼代理人的过程中，利用其辩护或者代理业务之机实施本罪行为的，才能以本罪论处。

本罪的行为方式有三种：

第一，毁灭、伪造证据。"毁灭证据"，是指使证据从形态上灭失，如将证据烧掉、撕毁、丢弃等，或者虽保存证据形态但使之丧失证明力，如玷污、涂改证据使之无法反应需要证明的事实。隐藏作为证据的物体，使之不能作为证据加以使用的，也属于毁灭证据。[1]"伪造证据"，是指制作根本不存在的证据，或者对既有的证据加以篡改、加工。这里的"证据"，是指《刑事诉讼法》第50条所称的证据，即可以用于证明案件事实的材料，包括：①物证；②书证；③证人证言；④被害人陈述；⑤犯罪嫌疑人、被告人供述和辩解；⑥鉴定意见；⑦勘验、检查、辨认、侦查实验等笔录；⑧视听资料、电子数据。

第二，帮助当事人毁灭、伪造证据。这里的"帮助"并非共犯意义上的"帮助"，既包括唆使或者协助当事人毁灭证据、伪造证据，还包括为了当事人的利益而亲自实施毁灭、伪造证据的行为。这里的"当事人"，是指《刑事诉讼法》第108条中所称的当事人，即被害人、自诉人、犯罪嫌疑人、被告人、附带民事诉讼的原告人与被告人。这里主要是指犯罪嫌疑人与刑事被告人。犯罪嫌疑人、刑事被告人教唆辩护人、诉讼代理人毁灭、伪造证据，或者与辩护人、诉讼代理人共同实施毁灭、伪造证据的，因缺乏合法行为的期待可能性，阻却责任，不成立本罪的共犯。同样的逻辑，辩护人、诉讼代理人教唆犯罪嫌疑人毁灭、伪造证据的，成立帮助当事人毁灭、伪造证据罪，而犯罪嫌疑人、被告人不成立犯罪。

第三，威胁、引诱证人违背事实改变证言或者作伪证。对于"证人"，应采广义的解释，包括被害人、鉴定人、记录人、翻译人。辩护人、诉讼代理人在刑事诉讼中威胁、引诱被害人或者鉴定人、翻译人违背事实改变陈述、鉴定意见或者翻译的，应认定为本罪。对于威胁、引诱犯罪嫌疑人、被告人改变事实供述或者辩解的，不以本罪论处。需要注意的是，行为人教唆当事人毁灭、伪造证据或引诱证人作伪证，但是被当事人拒绝或者证人并没有违背事实改变证言的，一般没有处罚的必要，不宜认定成立犯罪。情节严重的，可以认定为本罪的未遂犯。

本罪的责任形式是故意。辩护人、诉讼代理人提供、出示、引用的证人证言或者其他证据失实，不是有意伪造的，不成立本罪；辩护人、诉讼代理人因不负责任，过失毁灭证据的，不成立本罪。

依照《刑法》第306条第1款的规定，犯本罪的，处3年以下有期徒刑或者拘役；情节严重的，处3年以上7年以下有期徒刑。

三、妨害作证罪

妨害作证罪，是指以暴力、威胁、贿买等方法阻止证人作证或者指使他人作伪证的行为。

本罪的行为方式有两种：一是阻止证人作证。即对知道案件情况的人，采用暴力、威胁、贿买等方法使证人无法作证、不敢作证或者不愿作证。二是指使他人作伪证。即授意、唆使、怂恿、命令、劝说他人作伪证，包括让知道案情的人不如实作证和让不知道案情的人假装知道案情而作证，亦即，这里的"他人"不限于知道案情的人。本条中的"证人"，不应限于狭义

---

〔1〕　参见张明楷：《刑法学》（下），法律出版社2021年版，第1422页。

的证人，而应包括被害人、鉴定人、翻译人。对于阻止被害人做陈述、鉴定人做鉴定、阻止翻译人做翻译与指使被害人做虚假陈述、鉴定人做虚假鉴定、指使翻译人做虚假翻译的，均以妨害作证罪论处。[1] 一般来说，只要行为人通过暴力、威胁、贿买等方法实施了阻止证人作证或者指使他人作伪证的行为，就成立本罪。但如果证人依然作证或者他人未作伪证的，应认定为妨害作证罪的未遂；只有客观上阻止了他人作证或者使他人做了伪证，才成立妨害作证罪的既遂。

关于妨害作证的方法，刑法规定的是"暴力、威胁、贿买等方法"，因此，在解释论上，可以认为妨害作证的方法，除了暴力、威胁、贿买之外，还包括色情引诱、以上下级关系相要挟、嘱托、请求、利诱等方法。换言之，不论采用何种方法、手段，只要客观上实施了妨害他人作证的行为，妨害了司法活动的公正性，就成立本罪。

本罪行为不限于发生在刑事诉讼中，在民事、行政诉讼中实施本罪行为的，也成立本罪。对此，我国《民事诉讼法》《行政诉讼法》中均有规定。其中，《民事诉讼法》第 114 条第 1 款第 2 项规定，诉讼参与人或者其他人以暴力、威胁、贿买方法阻止证人作证或者指使、贿买、胁迫他人作伪证，构成犯罪的，依法追究刑事责任。《行政诉讼法》第 59 条第 1 款第 3 项规定，诉讼参与人或者其他人指使、贿买、胁迫他人作伪证或者威胁、阻止证人作证，构成犯罪的，依法追究刑事责任。

依照《刑法》第 307 条第 1 款的规定，犯本罪的，处 3 年以下有期徒刑或者拘役；情节严重的，处 3 年以上 7 年以下有期徒刑。司法工作人员犯本罪的，从重处罚。

四、帮助毁灭、伪造证据罪

帮助毁灭、伪造证据罪，是指在诉讼活动中，帮助当事人毁灭、伪造证据，情节严重的行为。

这里的"帮助"，应认为是一种实行行为，与作为狭义共犯的帮助犯中的"帮助"的含义不完全相同。行为人教唆、协助当事人毁灭、伪造证据，自然属于这里的"帮助"；行为人为了当事人的利益而亲自实施毁灭、伪造证据的行为，也不失为一种帮助。行为人和当事人一起实施毁灭、伪造证据的，当事人因缺乏合法行为的期待可能性，阻却责任，但行为人依然成立帮助，构成帮助当事人毁灭、伪造证据罪。换言之，这里的帮助仅仅意味着不包括当事人为自身利益而毁灭、伪造证据的行为。[2] 这里的"当事人"，不仅指刑事诉讼中的当事人，也包括民事、行政诉讼中的当事人。《民事诉讼法》第 114 条第 1 款第 1 项规定，在民事诉讼中，诉讼参与人或者其他人，伪造、毁灭重要证据，妨碍人民法院审理案件而构成犯罪的，依法追究刑事责任；《行政诉讼法》第 59 条第 1 款第 2 项规定，在行政诉讼中，诉讼参与人或者其他人伪造、隐藏、毁灭证据或者提供虚假证明材料，妨碍人民法院审理案件，构成犯罪的，依法追究刑事责任。但是，如果是辩护人、诉讼代理人在刑事诉讼过程中帮助当事人毁灭、伪造证据的，不成立本罪，而成立辩护人、诉讼代理人毁灭、伪造证据罪。

成立本罪，必须情节严重。所谓"情节严重"，是指行为严重干扰司法机关的诉讼活动甚至使之无法进行的；造成冤假错案的；所帮助毁灭、伪造的证据是重大案件或涉及案件的重要情节的；多次帮助的；等等。

依照《刑法》第 307 条第 2 款的规定，犯本罪的，处 3 年以下有期徒刑或者拘役。司法工

---

〔1〕 参见张明楷：《刑法学》（下），法律出版社 2021 年版，第 1424 页。

〔2〕 参见阮齐林：《刑法学》，中国政法大学出版社 2011 年版，第 602 页；黎宏：《刑法学各论》，法律出版社 2016 年版，第 401 页。

作人员犯本罪的，从重处罚。

五、虚假诉讼罪

（一）虚假诉讼罪的概念和保护法益

虚假诉讼罪，是指以捏造的事实提起民事诉讼，妨害司法秩序或者严重侵害他人合法权益的行为。司法运作能够定纷止争，维护合法权益，保障人权，促进司法公正，保证社会安定有序地发展。以捏造的事实向人民法院提起民事诉讼的行为不仅扰乱了司法秩序，严重侵蚀司法权威和司法公信力，而且严重侵犯他人的合法权益。但是，严重侵犯他人合法权益，并不限于侵犯他人财产，使他人成为民事诉讼被告而卷入诉讼过程的，也可以认定为严重侵犯他人合法权益。

（二）虚假诉讼罪的犯罪构成

1. 构成要件。本罪的构成要件行为是以捏造的事实提起民事诉讼，妨害司法秩序或者严重侵害他人合法权益。在理解本罪的构成要件行为时需要注意以下几点：

（1）虚假诉讼罪仅限于无中生有型的虚假诉讼行为。从理论上来说，虚假诉讼的行为类型包括"无中生有型"和"部分篡改性"。前者是指凭空捏造根本不存在的民事法律关系和因该民事法律关系产生民事纠纷的情形。后者是指原本存在真实的民事法律关系，但行为人采取伪造证据等手段故意篡改部分案件事实，向人民法院提起民事诉讼。根据 2018 年 9 月 26 日发布的《最高人民法院、最高人民检察院关于办理虚假诉讼刑事案件适用法律若干问题的解释》以下简称（《虚假诉讼案件解释》）第 1 条、第 7 条的规定，单方或者与他人恶意串通，采取伪造证据、虚假陈述等手段，捏造民事法律关系，虚构民事纠纷，向人民法院提起民事诉讼的，属于《刑法》规定的虚假诉讼犯罪行为。如果存在真实的民事法律关系，行为人采取伪造证据等手段篡改案件事实，向人民法院提起民事诉讼的，不能认定为虚假诉讼罪，构成犯罪的，可以以伪造公司、企业、事业单位、人民团体印章罪或者妨害作证罪等罪名追究其刑事责任。简而言之，虚假诉讼罪中的"捏造事实"，是指凭空编造、无中生有。

需要指出的是，捏造可分之诉中部分诉讼标的，可以就该部分行为认定为"无中生有"，捏造民事法律关系。例如，甲和乙之间存在真实的 100 万元债权债务关系，但后来俩人又串通捏造了一个 50 万元的债权债务关系，从而抬高了乙对甲所欠债务的数额。债权人甲持两个借条向人民法院提起民事诉讼、骗取裁判文书，以达到使其多分配被查封财产之目的。本案民事诉讼属于可分之诉，其中每一个借条承载的债权债务关系均可以独立区分开来，分别进行法律评价，双方当事人恶意串通，捏造原本不存在的 50 万元债权债务的行为，属于"无中生有"，捏造民事法律关系，对于捏造该部分的债权债务关系，向人民法院提起诉讼的，可以以虚假诉讼罪定罪处罚。

根据《虚假诉讼案件解释》第 1 条第 2 款的规定，行为人隐瞒债务已经全部清偿的事实，向人民法院提起民事诉讼，要求他人履行债务的，以"以捏造的事实提起民事诉讼"论。依据这一逻辑，隐瞒债务已经部分清偿的事实，向人民法院提起民事诉讼，要求他人履行债务的，不属于无中生有型的虚假诉讼，因而，不得认定为虚假诉讼罪。

（2）虚假诉讼犯罪行为的具体实施方式可以表现为"单方欺诈型"和"恶意串通型"。刑法中的虚假诉讼犯罪行为与《民事诉讼法》第 115 条、第 116 条规定的虚假诉讼行为并不完全等同，除了当事人双方恶意串通之外，一方当事人以捏造的事实提起民事诉讼，意图使对方当事人败诉，以达到非法占有对方财产等目的的，也可以构成虚假诉讼罪。这是因为，虚假诉讼罪规制的是通过虚假的民事诉讼妨害司法秩序，同时侵犯他人合法权益的行为，从法益具有指导构成要件的解释的机能这一角度来看，否定单方欺诈性的虚假诉讼不属于虚假诉讼罪中的

"虚假诉讼"并不妥当。

（3）民事诉讼活动进行中，隐瞒部分事实真相或提供虚假反驳证据的，不构成虚假诉讼罪。

虚假诉讼罪的核心行为要素是"以捏造的事实提起民事诉讼"，即以捏造的事实使得本不应当提起的民事诉讼错误提起，或者使本不应当执行的标的物被错误执行。亦即，"虚假诉讼罪的惩治对象，是不具有合法诉权的行为人采用欺骗手段提起民事诉讼，致使虚假民事案件人民法院诉讼程序的行为，规制重点原则上是导致案件首次进入诉讼程序的起诉和申请立案执行等行为"。由此可见，虚假诉讼罪打击的重点，侧重于对案件起动环节的规制。因此，在民事诉讼活动进行的过程中，隐瞒部分事实真相或者提供虚假证据进行反驳，不属于"提起民事诉讼活动"，因而不能认定为虚假诉讼罪。

（4）构成虚假诉讼罪要求行为人提起的是"民事诉讼"，而不包含仲裁、行政诉讼与刑事自诉。在《刑法》第307条之一明确将"提起民事诉讼"规定为虚假诉讼罪的构成要件的情况下，将虚假诉讼扩大至虚假仲裁、虚假行政诉讼、虚假刑事自诉，有违罪刑法定原则。因此，行为人提起虚假仲裁、虚假行政诉讼、虚假刑事自诉的行为不构成虚假诉讼罪。

（5）民事诉讼包含民事审判程序和民事执行程序。行为人以捏造的事实向法院起诉或申请执行，继而参与诉讼或参与执行，妨害司法秩序或严重侵害他人合法权益的，应当以虚假诉讼罪追究刑事责任。同样地，行为人利用伪造的判决书、公证文书、仲裁裁决书向法院申请强制执行的行为，或者在民事执行过程中以捏造的事实对执行标的提出异议、申请参与执行财产分配，本质上也是对法院正常司法秩序的一种破坏，同时也可能侵犯他人的合法权益，也应当认定成立虚假诉讼罪。[1] 需要注意的是，单纯地捏造事实获得仲裁裁决或者公证债权文书的行为不构成虚假诉讼罪，但申请执行基于捏造的事实作出的仲裁裁决、公证债权文书的，则是虚假诉讼。

2. 责任要素。本罪的责任形式是故意，行为人对于事实和证据属于捏造有认识，对行为可能妨害司法秩序，侵害他人合法权益持希望或者放任的心态。

（三）虚假诉讼罪与其他犯罪的关系

1. 诉讼诈骗的处理。行为人通过伪造证据等方法提起民事诉讼欺骗法官，导致法官作出错误判决，使得他人交付财物或者处分财产，行为人非法占有他人财产或者逃避合法债务的，应以诈骗罪论处。但和通常意义上诈骗案中的受骗者（具有处分权限的人）和受害人属于同一人的情形不同，此种场合下的法官是受骗者但不是受害人；遭受财产损失的人虽然是受害人，但不是受骗者。

2. 虚假诉讼罪与其他犯罪的竞合。实施虚假诉讼行为，同时构成其他犯罪，如贪污罪、职务侵占罪、妨害作证罪、帮助毁灭、伪造证据罪等犯罪的，依照处罚较重的犯罪定罪处罚。

（四）虚假诉讼罪的处罚

依照《刑法》第307条之一的规定，犯本罪的，处3年以下有期徒刑、拘役或者管制，并处或者单处罚金；情节严重的，处3年以上7年以下有期徒刑，并处罚金。单位犯本罪的，对单位判处罚金，并对其直接负责的主管人员和其他直接责任人员，依照自然人犯本罪的规定处罚。司法工作人员利用职权，与他人共同实施上述行为的，从重处罚；同时构成其他犯罪的，

---

〔1〕《虚假诉讼案件解释》第1条第3款规定，向人民法院申请执行基于捏造的事实作出的仲裁裁决、公证债权文书，或者在民事执行过程中以捏造的事实对执行标的提出异议、申请参与执行财产分配的，属于《刑法》第307条之一第1款规定的"以捏造的事实提起民事诉讼"。

依照处罚较重的规定定罪从重处罚。

六、打击报复证人罪

打击报复证人罪，是指故意对证人进行打击报复的行为。

本罪的行为对象是"证人"，具体是指已经在刑事诉讼、民事诉讼或行政诉讼中作证的人，包括被害人在内。知道案件情况但未作证的人，不能成为本罪的对象；证人的近亲属也不是本罪的行为对象。为打击报复证人，而对其近亲属实施侮辱、殴打的，不成立本罪，但可能成立侮辱罪或者故意伤害罪。打击报复的手段各种各样，如采取解聘解雇、降职降级、扣发工资奖金、非法关押、加害亲属、骚扰安宁等行为，但不包括故意导致证人重伤或者死亡的行为在内。

本罪的责任形式是故意。行为人必须认识到打击报复的对象是证人，才能构成本罪。不知道对方是证人而实施打击的，不成立本罪，但有可能成立故意伤害罪。

依照《刑法》第308条的规定，犯本罪的，处3年以下有期徒刑或者拘役；情节严重的，处3年以上7年以下有期徒刑。

七、泄露不应公开的案件信息罪

泄露不应公开的案件信息罪，是指司法工作人员、辩护人、诉讼代理人或者其他诉讼参与人，泄露依法不公开审理案件中不应该公开的信息，造成信息公开传播或者其他严重后果的行为。

本罪是身份犯，行为主体仅限于司法工作人员、辩护人、诉讼代理人或者其他诉讼参与人。"司法工作人员"，包括刑事诉讼中的侦查人员、检察人员、审判人员和有监管职责的人员，民事诉讼、行政诉讼中的审判人员。"辩护人"是指在刑事诉讼中接受犯罪嫌疑人、被告人的委托或者法律援助机构的指派，为犯罪嫌疑人、被告人提供法律帮助的人，包括律师、人民团体或者犯罪嫌疑人、被告人所在单位推荐的人和犯罪人、被告人的监护人、亲友。"诉讼代理人"，是指接受刑事公诉案件被害人及其法定代理人、民事诉讼案件当事人及其法定代理人、刑事附带民事诉讼案件当事人及其法定代理人的委托，代为参加诉讼和提供法律帮助的人，包括律师、基层法律服务工作者，当事人的近亲属或者工作人员、当事人所在社区、单位以及有关团体推荐的公民等。"其他诉讼参与人"，是指除司法工作人员、辩护人、诉讼代理人之外其他参加诉讼的人员，包括证人、鉴定人、出庭的有专门知识的人、记录人、翻译人等。

所谓"泄露"，是指向不该知悉案件信息的人披露，使之知悉该信息，但未必要求向不特定的公众泄露。本罪的行为对象是"依法不公开审理的案件信息"，具体是指依法不公开审理案件中的不应公开的信息。首先，必须是依法不公开审理的案件。根据《刑事诉讼法》《民事诉讼法》《行政诉讼法》的相关规定，依法不公开审理的案件，是指涉及国家秘密、当事人申请不公开审理的商业秘密案件、个人隐私案件以及审判时被告人不满18周岁的案件。对于依法应当公开审理的案件，司法机关没有公开审理的，不属于依法不公开审理的案件；披露该案件信息的，不成立犯罪。其次，必须是泄露依法不应公开审理案件中的不应当公开的信息。需要注意的是，即使是不公开审理的案件，有些信息是应当公开的信息，如案由、开庭时间、地点、成年被告人的姓名等，因此披露这些应当公开的信息的，不成立本罪。

本罪的责任形式只能是故意。原本属于不应公开的案件信息，但行为人误以为属于可以公开的信息而泄露的，不成立本罪。

泄露信息的行为造成信息公开传播或者其他严重后果的，才成立本罪。造成信息公开传播，是指不应让司法工作人员、辩护人、诉讼代理人或其他诉讼参与人以外的其他人知悉的信息，因信息泄露而导致传播，为大范围社会公众所知悉。"其他严重后果"，是指因信息泄露而给利益相关的人造成了严重损失，如商业秘密为他人所知悉，给商业秘密权利人带来严重的经济损失；当事人的个人隐私为他人所知悉，导致名誉、人格遭到贬损，或者引发自杀、精神失常等严重后果；等等。

依照《刑法》第308条之一第1、2款的规定，犯本罪的，处3年以下有期徒刑、拘役或者管制，并处或者单处罚金。犯本罪，同时触犯泄露国家秘密罪的，属于法条竞合，依照《刑法》第398条的规定即泄露国家秘密罪处罚。

八、披露、报道不应公开的案件信息罪

披露、报道不应公开的案件信息罪，是指公开披露、报道依法不公开审理案件中的不应当公开的案件信息，情节严重的行为。

"披露"，是指通过各种途径向社会公众或者多数人发布或透露；披露行为，并不要求同时对多数人实施，以逐一发送邮件的形式按顺序连续对多数人实施的，也是公开披露。披露的方式多种多样，如举行新闻发布会、接受记者采访、散发相关宣传材料，等等。"报道"，是指通过报纸、杂志、广播、电视、信息网络或者其他媒体形式向社会公众公布。披露、报道的案件信息，必须是依法不公开审理案件中的不应公开的信息。依法不公开审理的案件，是指涉及国家秘密、当事人申请不公开审理的商业秘密案件、个人隐私案件以及审判时被告人不满18周岁的案件。

成立本罪，必须情节严重。一般是指公开披露、报道所传播的对象多、范围广，造成信息大量公开传播；多次公开、披露报道不应公开的案件信息；因对案件信息的披露、报道对案件的公正审理造成重大影响，或者给当事人合法权益造成严重损害；等等。

依照《刑法》第308条之一第3、4款的规定，犯本罪的，处3年以下有期徒刑、拘役或者管制，并处或者单处罚金；单位犯本罪的，对单位判处罚金，并对其直接负责的主管人员和其他直接责任人员，依照自然人犯本罪的规定处罚。

九、扰乱法庭秩序罪

扰乱法庭秩序罪，是指聚众哄闹、冲击法庭，侵害司法工作人员或诉讼参与人人身权利，或者有毁坏法庭设施，抢夺、损毁诉讼文书、证据等扰乱法庭秩序的，情节严重的行为。

本罪的行为主体主要是参加法庭审判活动的人员，包括当事人、法定代理人、辩护人、诉讼代理人、证人、鉴定人和翻译人员等，也包括法庭上的旁听人员和非法进入法庭的人员。

本罪侵犯的法益是作为审判活动场所的法庭的正常秩序。在法庭审判过程中，行为人实施下列四项行为之一的，构成扰乱法庭秩序罪。①聚众哄闹、冲击法庭。"聚众哄闹法庭"，是指纠集3人以上在法庭上以喧哗、叫嚷、吹口哨等方式起哄捣乱，干扰诉讼活动正常进行。"聚众冲击法庭"，是指纠集3人以上，在未得到法庭许可的情况下进入法庭，甚至冲上审判台，致使法庭秩序混乱。②殴打司法工作人员或者诉讼参与人。③侮辱、诽谤、威胁司法工作人员或者诉讼参与人，不听法庭制止，严重扰乱法庭秩序的。"侮辱"，是指公然诋毁他人人格，破坏他人名誉的行为；"诽谤"，是指故意捏造事实，损害他人人格和名誉的行为。"威胁"，是指以伤害、毁坏财产、毁损名誉等恶害相通告，对司法工作人员或者诉讼参与人形成精神强制。④有毁坏法庭设施、抢夺、损毁诉讼文书、证据等扰乱法庭秩序的行为，情节严重的。实施本项行为，情节严重的才构成犯罪。这里的"情节严重"，是指对法庭秩序造成严重破坏。情节轻微的，可以依照刑事诉讼法、民事诉讼法、行政诉讼法等有关规定予以拘留、罚款、警告等处罚。本罪的责任形式是故意，即明知自己的行为会发生扰乱法庭秩序的结果，并且希望或者放任这种结果的发生。

行为人扰乱法庭秩序，同时触犯聚众冲击国家机关、妨害公务、故意伤害、侮辱、诽谤、寻衅滋事、抢夺、故意毁坏财物等罪的，属于想象竞合，从一重罪处断。

依照《刑法》第 309 条的规定，犯本罪的，处 3 年以下有期徒刑、拘役、管制或者罚金。

十、窝藏、包庇罪

（一）窝藏、包庇罪的概念与犯罪构成

窝藏、包庇罪，是指明知是犯罪的人而为其提供隐藏处所、财物，帮助其逃匿或者作假证明包庇的行为。学习本罪时需要注意以下几个问题。

1. 构成要件。

（1）本罪的行为对象是"犯罪的人"。关于"犯罪的人"的理解，应注意下以下几点：其一，这里的"犯罪的人"，是指实施了犯罪行为，已经作为犯罪嫌疑人或者被告人被追诉的人。虽然暂时没有被司法机关作为犯罪嫌疑人，但由于确实实施了犯罪行为，因而将要被公安、司法机关作为犯罪嫌疑人、被告人而予以追诉的人，也属于"犯罪的人"。其二，已被公安、司法机关依法作为犯罪嫌疑人、被告人而成为侦查、起诉对象的人，即使事后被法院认定无罪的，也应认为属于"犯罪的人"。其三，实施了符合客观构成要件的违法行为，但未达法定年龄、不具有责任能力的人，属于"犯罪的人"。例如，作为被窝藏、包庇对象的少年尽管在实施抢劫行为的时候，未满 14 周岁，不被追究刑事责任，但是，由于其客观上实施了抢劫行为，司法机关自然就要展开立案侦查等活动，此种情况下，对该实施抢劫行为的少年予以窝藏、包庇的，客观上就妨害了司法秩序，应认定成立窝藏、包庇罪。

（2）本罪的客观行为是窝藏和包庇犯罪的人。"窝藏"，是指"为犯罪的人提供隐藏处所、财物"与"帮助其逃匿"，两者不是手段行为与目的行为的关系，而是并列关系。实践中，向犯罪的人通报侦查或追捕的动静、向犯罪的人提供化装用具或者虚假身份证等，也属于帮助其逃匿的行为。取保候审的保证人与犯罪嫌疑人串通，协助犯罪嫌疑人逃匿，构成犯罪的，成立窝藏罪。需要注意的是，"帮助"是实行行为，而非帮助行为，即使犯罪人没有打算逃匿，也没有逃匿行为，但行为人使犯罪人昏迷后将其送至外地的，或者教唆、劝诱、迫使犯罪人逃匿的，属于"帮助其逃匿"。

"包庇"，是指向公安、司法机关提供虚假证明掩盖犯罪的人。在司法机关追捕的过程中，行为人出于某种特殊原因为了使犯罪人逃避责任，而自己冒充犯罪的人向司法机关投案或者实施其他使司法机关误认为自己为犯罪人的行为的，成立包庇罪。

2. 责任要素。本罪的责任形式是故意。即明知是犯罪的人而实施窝藏、包庇行为。窝藏、包庇的动机如何，不影响本罪的成立。在认定窝藏、包庇罪的责任时，需要注意期待可能性理论在本罪中的应用。

第一，窝藏、包庇罪规定中的"明知是犯罪的人"，显然是指明知是犯罪的他人。换句话说，窝藏、包庇罪的主体不包括自己。犯罪的人自己实施隐匿、逃匿行为的，虽然妨害了司法秩序，但由于欠缺合法行为的期待可能性，因而阻却责任，不构成本罪。

第二，犯罪的人教唆他人对自己实施窝藏、包庇行为的，其虽然和被教唆的他人一起妨害了司法，但由于犯罪人自己不具有合法行为的期待可能性，因而阻却责任，不构成本罪。

第三，犯罪人的近亲属实施窝藏、包庇行为的，一般认为其缺乏合法行为的期待可能性，不宜以本罪论处。共犯人之间相互窝藏、包庇的，也不得以本罪论处。

（二）窝藏、包庇罪的认定

1. 正确区分注意规定与法律拟制。旅馆业、饮食服务业、文化娱乐业、出租汽车业等单位的人员，在公安机关查处卖淫、嫖娼活动时，为违法犯罪分子通风报信，情节严重的，以本罪论处。这属于拟制规定，不以被查处的卖淫、嫖娼行为构成犯罪为前提。但这也仅适用于在公安机关查处卖淫嫖娼活动时，为犯罪分子通风报信的情形；对于公安机关查处其他不构成犯罪的违法活动时，为被查处者通风报信的，不成立犯罪。

2. 单纯的知情不举或者单纯不提供证言的，不构成窝藏、包庇罪。但如果拒不提供间谍犯罪、恐怖主义犯罪、极端主义犯罪证据，则成立拒绝提供间谍犯罪、恐怖主义犯罪、极端主义犯罪证据罪。

3. 正确区分窝藏、包庇罪与共同犯罪的界限。如果行为人事前与犯罪人通谋，商定待犯罪人实行犯罪后予以窝藏、包庇的，则与相关犯罪人成立共同犯罪，而不成立窝藏、包庇罪。

4. 正确处理包庇罪与帮助毁灭、伪造证据的关系。既然刑法独立规定了帮助毁灭、伪造证据罪，就不能将帮助毁灭、伪造证据的行为解释为包庇罪的表现形式。因此，包庇罪仅限于作假证明包庇犯罪的人，而不包括帮助犯罪人毁灭或者伪造证据的行为。但是，伪造无罪、罪轻证据并向公安、司法机关出示的行为，同时触犯了包庇罪与帮助伪造证据罪，应择一重罪处断。

5. 正确区分包庇罪与刑法特别规定的具有包庇性质犯罪的界限，具体如下：
第一，包庇走私、贩卖、运输、制造毒品的犯罪分子的，成立包庇毒品犯罪分子罪。
第二，国家机关工作人员包庇黑社会性质的组织的，成立包庇、纵容黑社会性质组织罪。
第三，有查禁犯罪活动职责的国家机关工作人员，向犯罪分子通风报信、提供便利，帮助犯罪分子逃避处罚的，构成帮助犯罪分子逃避处罚罪。

（三）窝藏、包庇罪的处罚

依照《刑法》第310条的规定，犯本罪的，处3年以下有期徒刑、拘役或者管制；情节严重的，处3年以上10年以下有期徒刑。情节严重，一般是指窝藏、包庇多人的；多次实施窝藏、包庇行为的；窝藏包庇罪行极其严重的刑事犯罪分子的；窝藏、包庇行为严重妨害司法公正性的；等等。犯本罪，事前通谋的，以共同犯罪论处。

十一、拒绝提供间谍犯罪、恐怖主义犯罪、极端主义犯罪证据罪

拒绝提供间谍犯罪、恐怖主义犯罪、极端主义犯罪证据罪，是指明知他人有间谍犯罪或者恐怖主义犯罪、极端主义犯罪行为，在司法机关向其调查有关情况、收集有关证据时，拒绝提供，情节严重的行为。

本罪是不真正不作为犯。虽然《刑事诉讼法》规定，凡是知道案件情况的人，都有作证的义务。但是，对于一般刑事案件的证人单纯地逃避作证义务的，不能作为犯罪处理。由于间谍犯罪、恐怖主义犯罪、极端主义犯罪严重危害国家安全、社会安定和人民群众生命财产安全，而公民有维护国家和公共利益的特殊义务，因此，在涉及这些犯罪的证据和调查时，公民不得以任何理由或借口拒绝，对于拒绝提供情况和证据的，应当承担拒绝提供间谍犯罪、恐怖主义犯罪、极端主义犯罪证据罪的刑事责任。

"拒绝提供"，是指国家司法机关向行为人了解他人间谍犯罪或者恐怖主义犯罪、极端主义犯罪活动的情况，提取有关间谍犯罪或者恐怖主义、极端主义犯罪活动的证据时，不讲实情或者不交出有关证据。拒绝提供证据是以司法机关向其调查情况、收集证据为前提，如果司法机关未向行为人调查情况、收集证据，即使明知他人有间谍犯罪或者恐怖主义、极端主义犯罪行为或者掌握了他人的间谍犯罪或者恐怖主义犯罪、极端主义犯罪的证据，而没有主动报告、提供有关情况或者证据，属于知情不举，不属于"拒绝提供"。

本罪的责任形式是故意，即明知他人有间谍犯罪、恐怖主义犯罪、极端主义犯罪等犯罪行为，而在司法机关向其调查时，故意不提供相关证据，行为人对妨害司法作用的结果持希望或者放任的态度。如果行为人确实不知道他人有上述犯罪行为，就不可能成立本罪。

本罪的成立，必须是情节严重。所谓"情节严重"，一般是指拒绝提供的行为造成严重后果，如延误了案件侦破，或者致使间谍犯罪分子逃匿，或者使得案件的一些重要证据灭失，等等。

依照《刑法》第311条的规定，犯本罪的，处3年以下有期徒刑、拘役或者管制。

十二、掩饰、隐瞒犯罪所得、犯罪所得收益罪

（一）掩饰、隐瞒犯罪所得、犯罪所得收益罪的概念与犯罪构成

掩饰、隐瞒犯罪所得、犯罪所得收益罪，是指明知是犯罪所得及其产生的收益而予以窝藏、转移、收购、代为销售或者以其他方法掩饰、隐瞒的行为。

1. 构成要件。本罪的构成要件行为是指对他人的犯罪所得及其产生的收益予以窝藏、转移、收购、代为销售或者以其他方法掩饰、隐瞒。

本罪的行为主体是犯罪人（包括共犯）以外的人。例如，甲教唆乙实施盗窃行为，乙盗窃财物后，甲又窝藏乙所盗窃的财物的，甲只成立盗窃罪，而不成立赃物罪。行为对象是他人犯罪所得及其产生的收益。"犯罪所得"，是指犯罪所得的赃物（狭义的赃物），即通过犯罪行为所获得的财物；用于犯罪的工具不属于赃物。犯罪所得产生的收益是指通过犯罪所得的赃物获得的利益（广义的赃物），如赃款存入银行后所获得的利息，利用走私犯罪所得投资房地产所获取的利润。这里的"犯罪所得"，包括未达法定年龄或无责任能力的人实施的违法行为所得或违法行为所得利益。

本罪的行为表现为窝藏、收购、转移或者代为销售等掩饰、隐瞒赃物的行为。采用任何方法，使司法机关难以发现赃物或者难以分辨赃物性质的，均有可能构成本罪。

根据2021年4月13日修正后发布的《最高人民法院关于审理掩饰、隐瞒犯罪所得、犯罪所得收益刑事案件适用法律若干问题的解释》第1条第1款的规定，明知是犯罪所得及其产生的收益而予以窝藏、转移、收购、代为销售或者以其他方法掩饰、隐瞒，具有下列情形之一的，应当以掩饰、隐瞒犯罪所得、犯罪所得收益罪定罪处罚：①1年内曾因掩饰、隐瞒犯罪所得及其产生的收益行为受过行政处罚，又实施掩饰、隐瞒犯罪所得及其产生的收益行为的；②掩饰、隐瞒的犯罪所得系电力设备、交通设施、广播电视设施、公用电信设施、军事设施或者救灾、抢险、防汛、优抚、扶贫、移民、救济款物的；③掩饰、隐瞒行为致使上游犯罪无法及时查处，并造成公私财物损失无法挽回的；④实施其他掩饰、隐瞒犯罪所得及其产生的收益行为，妨害司法机关对上游犯罪进行追究的。

2. 责任要素。本罪的责任形式为故意，即明知掩饰、隐瞒的是犯罪所得或者犯罪所得收益。明知包括已经知道与应当知道。行为人不知是赃物而保管的，不成立本罪；但知道真相后继续保管的，成立本罪。如果行为人事前与本犯通谋，就事后窝藏、转移、收购、代为销售、掩饰、隐瞒犯罪赃物达成合意的，则以共同犯罪论处。

（二）掩饰、隐瞒犯罪所得、犯罪所得收益罪的认定

1. 掩饰、隐瞒犯罪所得、犯罪所得收益罪与洗钱罪的界限。洗钱罪只限于掩饰、隐瞒毒品犯罪、黑社会性质的组织犯罪、恐怖活动犯罪、走私犯罪、贪污贿赂犯罪、破坏金融管理秩序犯罪、金融诈骗犯罪的所得及其产生的收益的来源和性质行为。掩饰、隐瞒犯罪所得、犯罪所得收益罪包括对其他犯罪所得及其产生收益的掩饰与隐瞒。[1] 洗钱罪包括各种掩饰、隐瞒

---

[1] 需要注意的是，为犯罪分子窝藏、转移、隐瞒毒品或者犯罪所得的财物的，构成窝藏、转移、隐瞒毒品、毒赃罪。

犯罪所得及其收益的来源和性质的行为，而掩饰、隐瞒犯罪所得、犯罪所得收益罪是对犯罪所得及其产生的收益本身的掩饰与隐瞒。在一个行为同时触犯本罪与洗钱罪的情况下，应从一重罪处断。

2. 本罪的共犯。行为人事前与本犯通谋，就事后窝藏、转移、收购、代为销售、掩饰、隐瞒犯罪所得及其收益达成合意的，应以共同犯罪论处。

（三）掩饰、隐瞒犯罪所得、犯罪所得收益罪的处罚

依照《刑法》第312条的规定，犯本罪的，处3年以下有期徒刑、拘役或者管制，并处或者单处罚金；情节严重的，处3年以下以上7年以下有期徒刑，并处罚金。单位犯本罪的，对单位判处罚金，并对其直接负责的主管人员和其他直接责任人员，依照自然人犯本罪的规定处罚。

十三、拒不执行判决、裁定罪

拒不执行判决、裁定罪，是指对人民法院的判决或者裁定有能力执行而拒不执行，情节严重的行为。

本罪的行为主体是应当执行人民法院判决的人。根据2020年12月29日修正后发布的《最高人民法院关于审理拒不执行判决、裁定刑事案件适用法律若干问题的解释》（以下简称《拒执案件解释》）第1条的规定，被执行人、协助执行义务人、担保人等负有执行义务的人对人民法院的判决、裁定有能力执行而拒不执行，情节严重的，应当以拒不执行判决、裁定罪处罚。国家机关工作人员与被执行人、担保人、协助执行义务人通谋，利用国家机关工作人员的职权妨害执行，致使判决、裁定无法执行的，以拒不执行判决、裁定罪的共犯追究刑事责任。

本罪的行为表现为对人民法院的判决、裁定有能力执行而拒不执行，情节严重的行为。根据《全国人民代表大会常务委员会关于〈中华人民共和国刑法〉第三百一十三条的解释》的规定，《刑法》第313条规定的"人民法院的判决、裁定"，是指人民法院依法作出的具有执行内容并已发生法律效力的判决、裁定。人民法院为依法执行支付令、生效的调解书、仲裁裁决、公证债权文书等所作的裁定属于该条规定的裁定。具备下列情形之一，属于"有能力执行而拒不执行，情节严重"：①被执行人隐藏、转移、故意毁损财产或者无偿转让财产、以明显不合理的低价转让财产，致使判决、裁定无法执行的；②担保人或者被执行人隐藏、转移、故意毁损或者转让已向人民法院提供担保的财产，致使判决、裁定无法执行的；③协助执行义务人接到人民法院协助执行通知书后，拒不协助执行，致使判决、裁定无法执行的；④被执行人、担保人、协助执行义务人与国家机关工作人员通谋，利用国家机关工作人员的职权妨害执行，致使判决、裁定无法执行的；⑤其他有能力执行而拒不执行，情节严重的情形。

对于上述解释所称的"其他有能力执行而拒不执行，情节严重的情形"，《拒执案件解释》第2条作出了具体规定：①具有拒绝报告或者虚假报告财产情况、违反人民法院限制高消费及有关消费令等拒不执行行为，经采取罚款或者拘留等强制措施后仍拒不执行的；②伪造、毁灭有关被执行人履行能力的重要证据，以暴力、威胁、贿买方法阻止他人作证或者指使、贿买、胁迫他人作伪证，妨碍人民法院查明被执行人财产情况，致使判决、裁定无法执行的；③拒不交付法律文书指定交付的财物、票证或者拒不迁出房屋、退出土地，致使判决、裁定无法执行的；④与他人串通，通过虚假诉讼、虚假仲裁、虚假和解等方式妨害执行，致使判决、裁定无法执行的；⑤以暴力、威胁方法阻碍执行人员进入执行现场或者聚众哄闹、冲击执行现场，致使执行工作无法进行的；⑥对执行人员进行侮辱、围攻、扣押、殴打，致使执行工作无法进行的；⑦毁损、抢夺执行案件材料、执行公务车辆和其他执行器械、执行人员服装以及执行公务

证件，致使执行工作无法进行的；⑧拒不执行法院判决、裁定，致使债权人遭受重大损失的。

依照《刑法》第313条的规定，犯本罪的，处3年以下有期徒刑、拘役或者罚金；情节特别严重的，处3年以上7年以下有期徒刑，并处罚金。单位犯本罪的，对单位判处罚金，并对其直接负责的主管人员和其他直接责任人员，依照自然人犯本罪的规定处罚。根据《拒执案件解释》第7条的规定，拒不执行支付赡养费、扶养费、抚育费、抚恤金、医疗费用、劳动报酬等判决、裁定的，可以酌情从重处罚。

十四、非法处置查封、扣押、冻结的财产罪

非法处置查封、扣押、冻结的财产罪，是指隐藏、转移、变卖、故意毁损已被司法机关查封、扣押、冻结的财产，情节严重的行为。

本罪的行为对象是经司法机关查封、扣押、冻结的财产及其所产生的收益。"查封"，是指司法机关对需要采取财产保全措施的财物进行清点后，加贴封条，不准任何人转移和处分。"扣押"，是指司法机关对需要采取财产保全措施的财物就地扣留或者运送至一定的场所予以扣留，不准任何人进行处分。"冻结"，是指司法机关通知有关金融机构，对与案件有关的存款、汇款、债券、股票等不准提取或者交易。其中的查封、扣押、冻结，应是依法进行的查封、扣押与冻结。对他人财产滥用职权非法进行查封、扣押与冻结的，有关当事人为了维护自己的权利而实施隐藏、转移、变卖等行为的，不得以本罪论处。[1]

本罪的行为方式是隐藏、转移、变卖、故意毁损已被司法机关查封、扣押、冻结的财产。"隐藏"，是指隐匿被查封、扣押、冻结的财产，使得司法机关不能或者难以发现。"转移"，是指使被查封、扣押、冻结的财产发生空间或者场所位移的行为。"变卖"，是指有偿转让被查封、扣押、冻结的财产的行为。"毁损"，是指损坏或者毁灭被查封、扣押、冻结的财产，使其效用减少或者丧失的行为。

本罪的责任形式是故意。行为人必须明知财产已经被查封、扣押、冻结。过失行为不成立本罪。

成立本罪，必须是情节严重。"情节严重"，是指非法处置行为严重妨害了诉讼活动的；导致后来作出的判决、裁定客观上无法执行的；非法处置的财产数额巨大；多次实施非法处置行为；不听司法机关的劝阻、警告，继续妨害查封、扣押、冻结的；等等。

依照《刑法》第314条的规定，犯本罪的，处3年以下有期徒刑、拘役或者罚金。

十五、破坏监管秩序罪

破坏监管秩序罪，是指依法被关押的罪犯，故意破坏监管秩序，情节严重的行为。

本罪的行为主体是依法被关押的罪犯。这里的"罪犯"必须是正在被关押服刑的已决犯，包括在监狱服刑的罪犯和在看守所服刑余刑在1年以下的罪犯，而不包括不在押的已决犯，如被判决有期徒刑、拘役而被适用缓刑的犯罪分子。在押未决犯和被行政拘留的人员，不能构成本罪。

本罪的行为方式包括以下四种：①殴打监管人员；②组织其他被监管人破坏监管秩序；③聚众闹事，扰乱正常监管秩序；④殴打、体罚或者指使他人殴打、体罚其他被监管人。

破坏监管秩序，情节严重的才能构成本罪。所谓"情节严重"，一般是指多次组织他人或者组织多人破坏监管秩序的；曾因破坏监管秩序受过处分后又实施破坏监管秩序行为的；组织其他被监管人或者聚众闹事，造成严重后果的；殴打监管人员或者其他被监管人员，造成轻伤或者轻微伤的；当众殴打监管人员，产生恶劣影响的；殴打监管人员多次或者多人的；殴打、

---

[1]　张明楷：《刑法学》（下），法律出版社2021年版，第1454页。

体罚其他被监管人员引起自杀、精神失常等严重后果的；等等。

行为人殴打被监管人或者指使他人殴打其他被监管人，致人重伤、死亡的，应按照故意伤害罪、故意杀人罪定罪处罚。

依照《刑法》第315条的规定，犯本罪的，处3年以下有期徒刑。

十六、脱逃罪

脱逃罪，是指依法被关押的罪犯、被告人、犯罪嫌疑人从被关押的处所逃走的行为。

本罪的行为主体是依法被关押的罪犯、被告人与犯罪嫌疑人。虽然被司法机关采取强制措施，但未被关押的人（如被监视居住或者取保候审），不能成为本罪主体。

本罪的行为表现为脱逃。"脱逃"，是指从羁押场所如监狱、看守所、少年犯管教所逃走，脱离监管机关的支配和控制。押解途中逃走，脱离监管的，也属于脱逃。如被逮捕的被告人在被押送至人民法院应诉受审的途中脱身逃跑的或者被判刑的罪犯在被押解至监狱关押的途中，跳车、越船逃跑的，应认定为脱逃。本罪的责任形式是故意，即明知自己的脱逃行为会造成侵害国家监管秩序的结果，并且希望或者放任这种结果的发生。

关于本罪的既遂与未遂，应以是否逃出了监管人员的控制范围为标准。只有实际摆脱司法机关控制的人才能成立既遂。即使行为人逃出关押场所，但只要明显处于被监管人员追捕的过程中，仍应认定为脱逃未遂。需要注意的是，在二人以上共同脱逃，有人脱离了司法机关的控制，而有的人被抓获的场合，根据因果共犯论和共同正犯的归责原理，应认定他们全部成立脱逃罪的既遂。对于未实际脱逃成功者，可以酌情从宽处理。[1]

依照《刑法》第316条第1款的规定，犯本罪的，处5年以下有期徒刑或者拘役。

十七、劫夺被押解人员罪

劫夺被押解人员罪，是指劫夺被押解途中的罪犯、被告人、犯罪嫌疑人的行为。

所谓"劫夺"，是指通过使用暴力或者有形力的方法，使得被押解的罪犯、被告人、犯罪嫌疑人脱离司法机关控制的行为。劫夺的对象是处于押解途中的罪犯、被告人、犯罪嫌疑人。"押解途中"，是指在监狱等羁押场所、审判法庭等以外的由司法机关将罪犯、被告人、犯罪嫌疑人从一个地方押送到另一地方的途中，如对被告人、犯罪嫌疑人依法执行拘传、拘留、逮捕等强制措施而将之押解的途中；将被告人、犯罪嫌疑人从羁押场所押送到审判场所及从审判场所押送至羁押场所的途中；判决生效后，依法将被告人押送至监狱、少年犯管教所等劳动改造场所以及从劳动改造场所押送至他处劳动、参观或医治的途中；等等。

依照《刑法》第316条第2款的规定，犯本罪的，处3年以上7年以下有期徒刑；情节严重的，处7年以上有期徒刑。

十八、组织越狱罪

组织越狱罪，是指依法被关押的罪犯、被告人、犯罪嫌疑人有组织、有计划地逃往狱外的行为。

本罪的行为表现在被关押的罪犯在首要分子的组织和秘密策划下有计划地逃往狱外的行为。本罪的行为具有以下几个特点：①有组织、有计划性。即在首要分子的指挥、策划下，在押的犯罪分子进行周密安排和分工，选择一定的方法、手段、时机，从关押场所逃跑。②聚众性，即参加的人数较多，至少要有3人以上。虽有较为周密的计划，但人数不足3人的，不能

---

〔1〕　也有观点认为，由于脱逃行为不具有不可替代的性质，因此，在二人以上共同脱逃的场合，部分人脱逃成功、部分未能逃脱司法机关的控制的，应分别认定为脱逃罪的既遂和未遂。亦即，在脱逃罪的共同正犯的场合，可能出现既遂与未遂并存的情形。参见黎宏：《刑法学各论》，法律出版社2016年版，第420页。

认为是组织越狱；较多的人逃跑但无组织性的，亦不属于组织越狱。③非暴力性。采用暴力手段越狱的，构成暴动越狱罪。所谓"越狱"，是指从狱中逃走。这里的"狱"，是指一切关押罪犯、被告人、犯罪嫌疑人的场所，包括监狱、看守所、少年犯管教所以及其他关押上述三类人员的场所。在押解罪犯的路途中，罪犯有组织、有计划地逃跑的，也属于组织越狱的行为。

本罪的责任形式是故意，即有组织越狱的故意或者参加有组织的越狱行动的故意。不明真相趁乱尾随逃跑或者单独逃跑的，不成立本罪，但可以构成脱逃罪。

依照《刑法》第317条第1款的规定，犯本罪的，对首要分子和积极参加者处5年以上有期徒刑；其他参加的，处5年以下有期徒刑或者拘役。

十九、暴动越狱罪

暴动越狱罪，是指依法被关押的罪犯、被告人、犯罪嫌疑人，在首要分子的组织、策划、指挥下，使用暴动手段，有组织地越狱逃跑的行为。

本罪在客观上表现为，在首要分子的组织、策划、指挥下实施了暴动行为，主要具有以下三个特点：①聚众性，即3人以上，有首要分子和积极参加者，否则谈不上聚众。②暴动性，即用枪械、棍棒等武器或者以其他方式，大规模地对监管人员和监管场所使用暴力；③强行越狱。强行摆脱监管人员的控制，大规模地从监狱中逃离。暴动越狱一般有计划、有组织地进行，是从组织越狱罪中分离出来的特殊类型。这种特殊性表现在大规模使用暴力，因而其危害性更为严重。

依照《刑法》第317条第2款的规定，犯本罪的，对首要分子和积极参加者处10年以上有期徒刑或者无期徒刑；情节特别严重的，处死刑；其他参加的，处3年以上10年以下有期徒刑。

二十、聚众持械劫狱罪

聚众持械劫狱罪，是指狱外人员在首要分子组织、策划、指挥下，持械劫夺狱中罪犯、被告人、犯罪嫌疑人的行为。

"持械"，是指携带刀、抢、棍棒等凶器实施劫狱行为。"劫狱"是指将狱中的罪犯、被告人、犯罪嫌疑人转移至自己或者第三人的实力控制之下。本罪的行为对象是被依法关押在监狱、看守所等处的罪犯、被告人、犯罪嫌疑人，不包括押解途中的上述人员。

依照《刑法》第317条第2款的规定，犯本罪的，对首要分子和积极参加者处10年以上有期徒刑或者无期徒刑；情节特别严重的，处死刑；其他参加的，处3年以上10年以下有期徒刑。

第四节　妨害国（边）境罪

一、组织他人偷越国（边）境

（一）组织他人偷越国（边）境罪的概念与保护法益

组织他人偷越国（边）境罪，是指违反国家出入国（边）境管理法规，组织他人偷越国（边）境的行为。本罪的保护法益是国家对国（边）境的管理制度。所谓国（边）境管理制度，既指我国与邻国的国境出入管理制度，又指我国大陆与台港澳地区的边境出入管理制度。

（二）组织他人偷越国（边）境的犯罪构成

1. 构成要件。本罪的构成要件行为，是指组织他人偷越国（边）境。根据2012年12月12日发布的《最高人民法院、最高人民检察关于办理妨害国（边）境管理刑事案件应用法律若干问题的解释》[以下简称《偷越国（边）境案件解释》]第1条的规定，"组织他人偷越国（边）境"，是指领导、策划、指挥他人偷越国（边）境或者在首要分子指挥下，实施拉拢、引诱、介绍他人偷越国（边）境等的行为。组织他人偷越国（边）境，应以被组织者的行为属于偷越国（边）境为前提，而不以被组织者的行为构成偷越国（边）境罪为必要。但其行为至少属于违反出入境管理法的偷越国（边）境的行为。[1] 根据《偷越国（边）境案件解释》第6条的规定，具有下列情形之一的，应当认定为"偷越国（边）境"行为：①没有出入境证件出入国（边）境或者逃避接受边防检查的；②使用伪造、变造、无效的出入境证件出入国（边）境的；③使用他人出入境证件出入国（边）境的；④使用以虚假的出入境事由、隐瞒真实身份、冒用他人身份证件等方式骗取的出入境证件出入国（边）境的；⑤采用其他方式非法出入国（边）境的。

2. 责任要素。本罪的责任形式是故意，组织者是否有营利目的，是否实际获得利益，在所不问。

（三）组织他人偷越国（边）境罪的认定

1. 本罪的既遂与未遂。被组织者非法出境或者入境的，是本罪的既遂标志。以组织他人偷越国（边）境为目的，招募、拉拢、引诱、介绍、培训偷越国（边）境人员，策划、安排偷越国（边）境行为，在他人偷越国（边）境之前或者偷越国（边）境过程中被查获的，应当以组织他人偷越国（边）境罪（未遂）论处；具有《刑法》第318条第1款规定的情形之一的，应当在相应的法定刑幅度基础上，结合未遂犯的处罚原则量刑。

2. 本罪的罪数问题。实施组织他人偷越国（边）境犯罪，同时构成骗取出境证件罪、提供伪造、变造的出入境证件罪、出售出入境证件罪、运送他人偷越国（边）境罪的，依照处罚较重的规定定罪处罚；组织他人偷越国（边）境过程中，过失造成被组织人重伤、死亡的，剥夺或者限制被组织人人身自由的，以暴力、威胁方法抗拒检查的，仅认定成立偷越国（边）境罪。但对被组织人有杀害、伤害、强奸、拐卖等犯罪行为，或者对检查人员有杀害、伤害等犯罪行为的，依照数罪并罚的规定处罚。

3. 单位犯本罪的处理。本罪的主体是自然人，以单位名义或者单位形式组织他人偷越国（边）境的，应当以偷越国（边）境罪追究直接负责的主管人员和其他直接责任人员的刑事责任。

（四）组织他人偷越国（边）境罪的处罚

依照《刑法》第318条的规定，犯本罪的，处2年以上7年以下有期徒刑，并处罚金。有下列情形之一的，处7年以上有期徒刑或者无期徒刑，并处罚金或者没收财产：①组织他人偷越国（边）境集团的首要分子；②多次组织他人偷越国（边）境或者组织他人偷越国（边）境人数众多的；③造成被组织人重伤、死亡的；④剥夺或者限制被组织人人身自由的；⑤以暴力、威胁方法抗拒检查的；⑥违法所得数额巨大的；⑦有其他特别严重情节的。[2] 根据《偷越国（边）境案件解释》第1条第2款的规定，组织他人偷越国（边）境人数在10人以上的，应当认定为组织他人偷越国（边）境人数众多；违法所得数额在20万元以上的，应当认定为"违法所得数额巨大"。

二、骗取出境证件罪

骗取出境证件罪，是指以劳务输出、经贸往来或者其他名义，弄虚作假，骗取护照、签证等出境证件，为组织他人偷越国（边）境使用的行为。

---

〔1〕　参见张明楷：《刑法学》（下），法律出版社2021年版，第1459页。
〔2〕　参见张明楷：《刑法学》（下），法律出版社2021年版，第1459页。

本罪的构成要件行为是以劳务输出、经贸往来或者其他名义，弄虚作假，骗取出境证件。根据《偷越国（边）境案件解释》第2条第1款、第2款的规定，"弄虚作假"，是指为组织他人偷越国（边）境，编造出境事由、身份信息或者相关的境外关系证明。"出境证件"，包括护照或者代替护照使用的国际旅行证件，中华人民共和国海员证，中华人民共和国出入境通行证，中华人民共和国旅行证，中国公民往来香港、澳门、台湾地区证件，边境地区出入境通行证，签证、签注，出国（境）证明、名单，以及其他出境时需要查验的资料。

本罪的责任形式是故意，且具有为组织他人偷越国（边）境使用的目的。

关于本罪的认定，应注意其与组织偷越国（边）境罪的关系，这需要区分两种不同的情形：一是行为人出于组织他人偷越（国）边境的目的，骗取出境证件的，该行为可以理解为组织偷越国（边）境罪的预备行为。因而，在行为人还没有将骗取的出境证件用于偷越国（边）境时，构成骗取出境证件罪的既遂犯和组织他人偷越国（边）罪的预备犯的想象竞合，从一重罪处断。当然，行为人不仅骗取了出境证件，且用于组织偷越国（边）境的，应认定成立组织偷越国（边）境罪。二是偷越国（边）境的组织者以外的行为人实施本罪行为的，构成组织他人偷越国（边）境罪的帮助犯和骗取出境证件罪的正犯的想象竞合，从一重罪处断。

依照《刑法》第319条的规定，犯本罪的，处3年以下有期徒刑，并处罚金；情节严重的，处3年以上10年以下有期徒刑，并处罚金。根据《偷越国（边）境案件解释》第2条第3款的规定，具有下列情形之一的，应当认定为"情节严重"：①骗取出境证件5份以上的；②非法收取费用30万元以上的；③明知是国家规定的不准出境的人员而为其骗取出境证件的；④其他情节严重的情形。

单位犯本罪的，对单位判处罚金，并对其直接负责的主管人员和其他直接责任人员，依照自然人犯本罪的规定处罚。

三、提供伪造、变造的出入境证件罪

提供伪造、变造的出入证件罪，是指为他人提供伪造、变造的护照、签证等出入境证件的行为。

这里的"提供"，不限于有偿提供，包括无偿提供。"伪造"是指无权制作出入境证的人非法制作虚假的出入境证件。"变造"，是指采用涂改、拼接、抹擦等方法对真实的出入境证件进行加工改造。"他人"可能是偷越国（边）境的人，也可能是组织偷越国（边）境的人。但是，如果是受组织偷越国（边）境首要分子的安排和分工，伪造、变造出入境证件，供组织偷越国（边）境使用的，应以组织偷越（国）边境罪的共犯论处。

要成立本罪，必须是行为人将伪造、变造的护照、签证等出入境证件提供给他人使用，至于这些证件是否由行为人所伪造、变造，在所不问。行为人虽然伪造、变造出入境证件，但没有向他人提供的，可能构成伪造、变造国家机关证件罪。行为人伪造、变造后又向他人提供的，构成伪造、变造国家机关证件罪与提供伪造、变造的出入境证件罪，两罪之间存在牵连关系，应从一重罪处断。

依照《刑法》第320条的规定，犯本罪的，处5年以下有期徒刑，并处罚金；情节严重的，处5年以上有期徒刑，并处罚金。根据《偷越国（边）境案件解释》第3条第2款的规定，具有下列情形之一的，应当认定为情节严重：①为他人提供伪造、变造的出入境证件5份以上的；②非法收取费用30万元以上的；③明知是国家规定的不准出入境的人员而为其提供伪造、变造的出入境证件的；④其他情节严重的情形。另外，本罪的主体是自然人，以单位名义或者单位形式为他人提供伪造、变造的出入境证件，应当以提供伪造、变造的出入境证件罪

追究直接负责的主管人员和其他直接责任人员的刑事责任。

四、出售出入境证件罪

出售出入境证件罪，是指向他人出售护照、签证等出入境证件的行为。

出售，是指有偿转让。出售的出入境证件，必须是国家有权机关制发的真实有效的出入境证件，既可以是出售本人的出入境证件，也可以是倒卖他人的出入境证件。对于出售伪造、变造的出入境证件的行为，应认定为提供伪造、变造的出入境证件罪。

依照《刑法》第320条的规定，犯本罪的，处5年以下有期徒刑，并处罚金；情节严重的，处5年以上有期徒刑，并处罚金。根据《偷越国（边）境案件解释》第3条第2款的规定，具有下列情形之一的，应当认定为情节严重：①出售出入境证件5份以上的；②非法收取费用30万元以上的；③明知是国家规定的不准出入境的人员而向其出售出入境证件的；④其他情节严重的情形。

五、运送他人偷越国（边）境罪

运送他人偷越国（边）境罪，是指违反出入国（边）境管理法规，运送他人偷越国（边）境的行为。

所谓运送，是指使用车辆、船只等交通工具将偷越国（边）境的人员运送出、入国（边）境。被运送者非法出境或者入境是本罪既遂的标志。

行为人既组织又运送被组织的人偷越国（边）境的，因被运送者和被组织者是同一批人，该运送行为属于组织偷越国边（边）境行为的组成部分，因而只需认定成立组织他人偷越国（边）境罪；如果被运送者和被组织者不是同一批偷越国（边）境者，应认定为组织他人偷越国（边）境罪和运送他人偷越国（边）境罪，数罪并罚；运送他人偷越国（边）境罪实施过程中，对被运送人有杀害、伤害、强奸、拐卖等犯罪行为，或者对检查人员有杀害、伤害等犯罪行为的，依照数罪并罚的规定处罚。

依照《刑法》第321条的规定，犯本罪的，处5年以下有期徒刑、拘役或者管制，并处罚金；有下列情形之一的，处5年以上10年以下有期徒刑，并处罚金：①多次实施运送行为或者运送人数众多的；②所使用的船只、车辆等交通工具不具备必要的安全条件，足以造成严重后果的；③违法所得数额巨大的；④有其他特别严重情节的。根据《偷越国（边）境案件解释》第4条的规定，运送他人偷越国（边）境人数在10人以上的，属于运送他人偷越（国）边境"人数众多"；违法所得数额在20万元以上的，属于"违法所得数额巨大"。在运送他人偷越国（边）境中造成被运送人重伤、死亡，或者以暴力、威胁方法抗拒检查的，处7年以上有期徒刑，并处罚金。另外，本罪的主体是自然人，以单位名义或者单位形式运送他人偷越国（边）境，构成犯罪的，应当以偷越国（边）境罪追究直接负责的主管人员和其他直接责任人员的刑事责任。

六、偷越国（边）境罪

偷越国（边）境罪，是指违反国（边）境管理法规，偷越国（边）境，情节严重的行为。

偷越国（边）境，是指非法出入国（边）境。一般表现为在不准通过的地点秘密出（入）国边境，或者虽然在指定的地点通过，但以伪造、变造的证件、冒用证件或者采用其他欺骗手段蒙混过关。根据《偷越国（边）境案件解释》第6条的规定，具有下列情形之一的，应当认定为"偷越国（边）境"行为：①没有出入境证件出入国（边）境或者逃避接受边防检查的；②使用伪造、变造、无效的出入境证件出入国（边）境的；③使用他人出入境证件出入国（边）境的；④使用以虚假的出入境事由、隐瞒真实身份、冒用他人身份证件等方式骗取的出入境证件出入国（边）境的；⑤采用其他方式非法出入国（边）境的。

偷越国（边）境，情节严重的才成立犯罪。根据《偷越国（边）境案件解释》第 5 条的规定，情节严重，是指具有下列情形之一的：①在境外实施损害国家利益行为的；②偷越国（边）境 3 次以上或者 3 人以上结伙偷越国（边）境的；③拉拢、引诱他人一起偷越国（边）境的；④勾结境外组织、人员偷越国（边）境的；⑤因偷越国（边）境被行政处罚后 1 年内又偷越国（边）境的；⑥其他情节严重的情形。

依照《刑法》第 322 条的规定，犯本罪的，处 1 年以下有期徒刑、拘役或者管制，并处罚金。为参加恐怖活动组织、接受恐怖活动培训或者实施恐怖活动，偷越国（边）境的，处 1 年以上 3 年以下有期徒刑，并处罚金。

七、破坏界碑、界桩罪

破坏界碑、界桩罪，是指故意破坏国家边界的界碑、界桩的行为。

本罪的行为对象是国家界碑、界桩。所谓"界碑、界桩"，是指在我国与邻国接壤地区设置的用以划分两国疆界线的标志物。界碑、界桩涉及两国领土范围的问题，任何人不得擅自破坏，否则就有可能引起两国间的领土纠纷。

所谓"破坏"，是指将界碑、界桩予以拆除、挖掉、损坏、窃取、移动、掩埋等，使其丧失其应有的国家边境的分界作用的行为。本罪的责任形式是故意，即明知是界碑、界桩而加以破坏的，才构成本罪。过失破坏国家边境界界碑、界桩的，不成立本罪。

依照我国《刑法》第 323 条的规定，犯本罪的，处 3 年以下有期徒刑或者拘役。

八、破坏永久性测量标志罪

破坏永久性测量标志罪，是指故意破坏永久性测量标志的行为。

本罪的行为对象是永久性测量标志。所谓"永久性测量标志"，是指国家和军队在全国各地进行测量过程中所设置的永久性标志。根据《测绘法》第 41 条第 2 款的规定，永久性测量标志，是指各等级的三角点、基线点、导线点、军用控制点、重力点、天文点、水准点和卫星定位点的觇标和标石标志，以及用于地形测图、工程测量和形变测量的固定标志和海底大地点设施。破坏一般的临时性的测量标志，如破坏为开挖河道、修建道路而临时埋设的测量标志，就不能构成本罪。

本罪的责任形式是故意，即明知是永久性测量标志而故意加以破坏的，才构成本罪。过失破坏永久性测量标志的，不成立本罪。

依照我国《刑法》第 323 条的规定，犯本罪的，处 3 年以下有期徒刑或者拘役。

第五节　妨害文物管理罪

一、故意损毁文物罪

故意损毁文物罪，是指故意损毁国家保护的珍贵文物或者被确定为全国重点文物保护单位、省级文物保护单位的文物的行为。

本罪的构成要件行为是损毁国家保护的珍贵文物或者被确定为全国重点文物保护单位、省级文物保护单位的文物。本罪的行为对象包括两类：一类是国家保护的珍贵文物。历史上各时代重要实物、艺术品、文献、手稿、图书资料、代表性实物等可移动文物，分为珍贵文物和一般文物；珍贵文物分为一级文物、二级文物、三级文物。是否为珍贵文物，由国家文物鉴定委员会根据《文物保护法》和"文物藏品定级标准"的规定鉴定确认。另外，具有科学价值的古脊椎动物化石和古人类化石，适用《刑法》有关文物的规定。我国相关立法解释对此予以了确认。[1]

一类是被确定为全国重点文物保护单位、省级文物保护单位的文物。全国重点文物保护单位，是指由国务院核定公布后确定的文物保护单位，省级文物保护单位是指由省、自治区、直辖市人民政府核定公布并报国务院备案的文物保护单位。[2] 根据 2015 年 12 月 30 日发布的《最高人民法院、最高人民检察院关于办理妨害文物管理等刑事案件适用法律若干问题的解释》（以下简称《文物案件解释》）第 3 条第 1 款的规定，全国重点文物保护单位、省级文物保护单位的本体，应当认定为"被确定为全国重点文物保护单位、省级文物保护单位的文物"。

所谓损毁，是指改变文物的性质、面貌和形状，使文物部分破损或者完全毁灭，从而降低或者消灭文物价值的行为。损毁的方式多种多样，包括捣毁、焚烧、挖掘、拆除、摔坏、砸毁、撞坏、炸毁等。

本罪的责任形式是故意，即明知是国家保护的珍贵文物或者被确定为全国重点文物保护单位、省级文物保护单位的文物而加以损毁。过失损毁的，不成立本罪。

依照《刑法》第 324 条第 1 款的规定，犯本罪的，处 3 年以下有期徒刑或者拘役，并处或者单处罚金；情节严重的，处 3 年以上 10 年以下有期徒刑，并处罚金。根据《文物案件解释》第 3 条第 2 款、第 3 款的规定，故意损毁国家保护的珍贵文物或者被确定为全国重点文物保护单位、省级文物保护单位的文物，具有下列情形之一的，应当认定为情节严重：①造成 5 件以上三级文物损毁的；②造成二级以上文物损毁的；③致使全国重点文物保护单位、省级文物保护单位的本体严重损毁或者灭失的；④多次损毁或者损毁多处全国重点文物保护单位、省级文物保护单位的本体的；⑤其他情节严重的情形。实施本罪行为，拒不执行国家行政主管部门作出的停止侵害文物的行政决定或者命令的，酌情从重处罚。根据《文物案件解释》第 4 条第 4 款的规定，故意损毁风景名胜区内被确定为全国重点文物保护单位、省级文物保护单位的文物的，依照故意损毁文物罪定罪处罚。根据《文物案件解释》第 11 条第 2 款的规定，公司、企业、事业单位、机关、团体等单位实施故意损毁文物行为的，追究组织者、策划者、实施者的刑事责任。

二、故意损毁名胜古迹罪

故意损毁名胜古迹罪，是指故意损毁国家保护的名胜古迹，情节严重的行为。

本罪的行为对象是国家保护的名胜古迹。根据《文物案件解释》第 4 条第 1 款的规定，风景名胜区的核心景区以及未被确定为全国重点文物保护单位、省级文物保护单位的古文化遗址、古墓葬、古建筑、石窟寺、石刻、壁画、近代现代重要史迹和代表性建筑等不可移动文物的本体，应当认定为"国家保护的名胜古迹"。

实施本罪行为，只有情节严重的，才能构成犯罪。根据《文物案件解释》第 4 条第 2 款、第 3 款的规定，故意损毁国家保护的名胜古迹，具有下列情形之一的，应当认定为"情节严重"：①致使名胜古迹严重损毁或者灭失的；②多次损毁或者损毁多处名胜古迹的；③其他情节严重的情形。实施本罪行为，拒不执行国家行政主管部门作出的停止侵害文物的行政决定或

---

〔1〕根据《全国人民代表大会常务委员会关于〈中华人民共和国刑法〉有关文物的规定适用于具有科学价值的古脊椎动物化石、古人类化石的解释》的规定，《刑法》有关文物的规定，适用于具有科学价值的古脊椎动物化石、古人类化石。

〔2〕《文物保护法》第 3 条第 1 款规定，古文化遗址、古墓葬、古建筑、石窟寺、石刻、壁画、近代现代重要史迹和代表性建筑等不可移动文物，根据它们的历史、艺术、科学价值，可以分别确定为全国重点文物保护单位，省级文物保护单位，市、县级文物保护单位。

者命令的，酌情从重处罚。根据《文物案件解释》第 11 条第 2 款的规定，公司、企业、事业单位、机关、团体等单位实施故意损毁名胜古迹行为的，追究组织者、策划者、实施者的刑事责任。

依照《刑法》第 324 条第 2 款的规定，犯本罪的，处 5 年以下有期徒刑或者拘役，并处或者单处罚金。

三、过失损毁文物罪

过失损毁文物罪，是指过失损毁国家保护的珍贵文物或者被确定为全国重点文物单位、省级文物保护单位的文物，造成严重后果的行为。根据《文物案件解释》第 5 条、第 3 条的规定，具有下列情形之一的，应当认定为，造成严重后果：①造成 5 件以上三级文物损毁的；②造成二级以上文物损毁的；③致使全国重点文物保护单位、省级文物保护单位的本体严重损毁或者灭失的。

依照《刑法》第 324 条第 3 款的规定，犯本罪的，处 3 年以下有期徒刑或者拘役。根据《文物案件解释》第 11 条第 2 款的规定，公司、企业、事业单位、机关、团体等单位过失损毁文物的，追究组织者、策划者、实施者的刑事责任。

四、非法向外国出售、赠送珍贵文物罪

非法向外国出售、赠送珍贵文物罪，是指违反文物保护法规，将收藏的国家禁止出口的珍贵文物私自出售或者私自赠送给外国人的行为。

本罪的构成要件行为包括下列要素：①违反文物保护法规，是指违反《文物保护法》关于禁止将国家禁止出境的珍贵文物私自出售或者赠送给外国人的相关规定。②行为对象是收藏的国家禁止出国的珍贵文物，包括单位收藏和个人收藏的珍贵文物。③私自出售或者赠送给外国人。私自出售，是指未经有关部门允许而有偿转让；私自赠送，是指未经有关部门允许而无偿赠与。外国人，是指不具有中国国籍的人，包括无国籍人。本罪的责任形式是故意，即行为人明知是禁止出境的珍贵文物而私自出售、赠送给外国人。如果行为人不明知是珍贵文物而出售或者赠送给外国人的，不成立本罪。

依照《刑法》第 325 条的规定，犯本罪的，处 5 年以下有期徒刑或者拘役，可以并处罚金。单位犯本罪的，对单位判处罚金，并对其直接负责的主管人员和其他直接责任人员，依照自然人犯本罪的规定处罚。

五、倒卖文物罪

倒卖文物罪，是以牟利为目的，倒卖国家禁止经营的文物，情节严重的行为。

本罪的行为对象是国家禁止经营的文物，既包括珍贵文物，也包括国家禁止经营的一般文物。如果倒卖的不是国家禁止经营的文物的，不成立本罪。根据《文物案件解释》第 6 条第 1 款的规定，出售或为出售而收购、运输、储存《文物保护法》规定的"国家禁止买卖的文物"的，应当认定为"倒卖国家禁止经营的文物"。倒卖，是指为赚取买入卖出之间的差价而买进卖出，但是否实际获利，不影响本罪的成立。为收藏而买入，或者卖出自己收藏的文物的，由于不是为了赚取差价而买进或者卖出文物，不成立本罪。实施本罪行为，必须是情节严重才构成犯罪。根据《文物案件解释》第 6 条第 2 款的规定，倒卖国家禁止经营的文物，具有下列情形之一的，应当认定为"情节严重"：①倒卖三级文物的；②交易数额在 5 万元以上的；③其他情节严重的情形。

本罪的责任形式是故意，并且以牟利为目的。行为人不以牟利为目的，而是为了自己收藏，非法购买国家禁止经营的文物的，不成立本罪。

依照《刑法》第 326 条的规定，犯本罪的，处 5 年以下有期徒刑或者拘役，并处罚金；情

节特别严重的，处 5 年以上 10 年以下有期徒刑，并处罚金。根据《文物案件解释》第 6 条第 3 款的规定，"情节特别严重"，是指具有下列情形之一：①倒卖二级以上文物的；②倒卖三级文物 5 件以上的；③交易数额在 25 万元以上的；④其他情节特别严重的情形。单位犯本罪的，对单位判处罚金，并对其直接负责的主管人员和其他直接责任人员，依照自然人犯本罪的规定处罚。

六、非法出售、私赠文物藏品罪

非法出售、私赠文物藏品罪，是指违反文物保护法规，国有博物馆、图书馆等单位将国家保护的文物藏品出售或者私自送给非国有单位或者个人的行为。

本罪的行为主体仅限于国有博物馆、图书馆等单位；本罪的行为对象是国有博物馆、图书馆等国有单位收藏的文物藏品，这里的"文物"包括珍贵文物和一般文物。所谓出售，包括私自有偿转让和经过有关主管部门"批准"的有偿转让。私自送给，就是未经有关部门批准而无偿赠与。出售或者私自送给的对方仅限于国内的非国有单位或者个人。出售或者私自送给另一国有单位的，不成立本罪。将收藏或者管理的国家禁止出口的珍贵文物私自出售或者私自赠送给外国机构、组织或者个人的，成立非法向外国人出售、赠送珍贵文物罪。

依照《刑法》第 327 条的规定，犯本罪的，对单位判处罚金，并对其直接负责的主管人员和其他直接责任人员，处 3 年以下有期徒刑或者拘役。

七、盗掘古文化遗址、古墓葬罪

（一）盗掘古文化遗址、古墓葬罪的概念与犯罪构成

盗掘古文化遗址、古墓葬罪，是指盗掘具有历史、艺术、科学价值的古文化遗址、古墓葬的行为。

本罪的构成要件行为是盗掘古文化遗址、古墓葬。行为对象是具有历史、艺术、科学价值的古文化遗址、古墓葬，即清代和清代以前的具有历史、艺术、科学价值的古文化遗址、古墓葬以及辛亥革命后与著名历史事件有关的名人墓葬、遗址和纪念地。古文化遗址，包括古窟、地下城、古建筑等；古墓葬包括皇帝陵墓、革命烈士墓等。根据《文物案件解释》第 8 条第 1 款的规定，"古文化遗址、古墓葬"，包括水下古文化遗址、古墓葬。"古文化遗址、古墓葬"不以公布为不可移动文物的古文化遗址、古墓葬为限。

本罪的行为是"盗掘"，即未经国家文物主管部门批准，私自挖掘和盗取。盗掘行为不必具有秘密性，公开盗掘的，也属于盗掘。根据《文物案件解释》第 8 条第 2 款的规定，实施盗掘行为，已损害古文化遗址、古墓葬的历史、艺术、科学价值的，应当认定为盗掘古文化遗址、古墓葬罪的既遂。本罪的责任形式是故意，即行为人明知是古文化遗址、古墓葬而私自挖掘、盗取。这里的"明知"，不要求行为人像专业人士那样认识到所盗掘的是古文化遗址、古墓葬，而只要求作为外行的行为人认识到所盗掘的可能是古文化遗址、古墓葬即可。

（二）盗掘古文化遗址、古墓葬罪的认定

在认定本罪时，应注意本罪与相关犯罪的界限：

1. 本罪与故意损毁珍贵文物罪、故意损毁名胜古迹罪的界限。在盗掘古文化遗址、古墓葬过程中，造成古文化遗址、墓葬中的珍贵文物、名胜古迹等损毁的，属于想象竞合，应从一重罪处断；但在盗掘古文化遗址、古墓葬后，又故意毁坏古文化遗址、古墓葬中的珍贵文物、名胜古迹的，则应实行数罪并罚。

2. 本罪与盗窃罪的界限。在盗掘古文化遗址、古墓葬过程中，将其中的文物非法据为己有的，只需认定为盗掘古文化遗址、古墓葬罪；采用破坏性手段盗窃古文化遗址、古墓葬以外的古建筑、石窟寺、石刻、壁画、近现代重要史迹和代表性建筑等其他不可移动的文物的，以盗窃罪追究刑事责任；在偶然发现古文化遗址、古墓葬，或者因洪灾、地震等自然灾害使古文化遗址、古墓葬内的珍贵文物暴露，行为人以不法占有为目的，取得古文化遗址、古墓葬内的财物的，构成侵占（埋藏物）罪，不构成本罪。

（三）盗掘古文化遗址、古墓葬罪的处罚

依照《刑法》第 328 条第 1 款的规定，犯本罪的，处 3 年以上 10 年以下有期徒刑，并处罚金；情节较轻的，处 3 年以下有期徒刑、拘役或者管制，并处罚金。有下列情形之一的，处 10 年以上有期徒刑或者无期徒刑，并处罚金或者没收财产：①盗掘确定为全国重点文物保护单位和省级文物保护单位的古文化遗址、古墓葬的；②盗掘古文化遗址、古墓葬集团的首要分子；③多次盗掘古文化遗址、古墓葬的；④盗掘古文化遗址、古墓葬，并盗窃珍贵文物或者造成珍贵文物严重破坏的。根据《文物案件解释》第 11 条第 2 款的规定，公司、企业、事业单位、机关、团体等单位盗掘古文化遗址、古墓葬的，追究组织者、策划者、实施者的刑事责任。

八、盗掘古人类化石、古脊椎动物化石罪

盗掘古人类化石、古脊椎动物化石罪，是指盗掘国家保护的具有科学价值的古人类化石、古脊椎动物化石的行为。

本罪的行为对象是国家保护的具有科学价值的古人类化石和古脊椎动物化石。行为是盗掘，即未经国家有关主管部门批准而擅自挖掘。本罪的责任形式是故意，即明知是国家保护的具有科学价值的古人类化石和古脊椎动物化石而盗掘。

本罪的责任形式是故意，即行为人明知是古人类化石、古脊椎动物化石。这里的"明知"，不要求行为人像专业人士那样认识到所盗掘的是古人类化石、古脊椎动物化石，而只要求作为外行的行为人认识到所盗掘的可能是古人类化石、古脊椎动物化石即可。

依照《刑法》第 328 条的规定，犯本罪的，处 3 年以上 10 年以下有期徒刑，并处罚金；情节较轻的，处 3 年以下有期徒刑、拘役或者管制，并处罚金。有下列情形之一的，处 10 年以上有期徒刑或者无期徒刑，并处罚金或者没收财产：①盗掘确定为全国重点文物保护单位和省级文物保护单位的古人类化石、古脊椎动物化石的；②盗掘古人类化石、古脊椎动物化石的首要分子；③多次盗掘古人类化石、古脊椎动物化石的；④盗掘古人类化石、古脊椎动物化石，造成严重破坏的。

九、抢夺、窃取国有档案罪

抢夺、窃取国有档案罪，是指抢夺、窃取国家所有的档案的行为。

根据《档案法》第 2 条第 2 款的规定，所谓档案，是指过去和现在的机关、团体、企业事业单位和其他组织以及个人从事经济、政治、文化、社会、生态文明、军事、外事、科技等方面活动直接形成的对国家和社会具有保存价值的各种文字、图表、声像等不同形式的历史记录。但本罪的行为对象仅限于国有档案，而不包括归集体、个人所有的档案。本罪的实行行为是抢夺、窃取。抢夺是指对国有档案使用有形力而夺取；窃取，是指以平和的手段取得国有档案。抢劫国有档案的行为，宜认定为抢夺国有档案罪。首先，抢劫的构成要件行为也包括夺取；其次，将抢劫国有档案的行为认定为抢夺国有档案罪，符合举轻以明重的刑法解释原则。最后，这样处理也没有超出国民的预测可能性，容易为一般人所接受。[1]

---

〔1〕 也有观点认为，抢劫国有档案的行为，应认定为抢劫罪。首先，抢劫国有档案侵犯了国家对国有档案的所有权，而这种所有权也是一种包括有形财产和无形财产的财产权，对该行为以抢劫罪定罪处罚并不违背立法宗旨。其次，抢劫罪的成立并没有对象数额上的要求，因此，即使对国有档案无法估量定价，也不影响对抢劫国有档案的抢劫定性。最后，根据《刑法》第 329 条第 3 款规定，抢夺国有档案，同时构成其他犯罪的，依照处罚较重的规定定罪处罚。因而，将抢劫国有档案的行为认定为抢劫罪符合该款规定。

本罪的责任形式是故意，即明知是国家所有的档案而进行抢夺或者窃取。行为人没有认识到是国有档案而抢夺、窃取的，不成立本罪，而可能构成抢夺罪、盗窃罪。但如果该国有档案中涉及国家绝密、机密，行为人拒不交出的，可以构成非法持有国家绝密、机密、资料、物品罪，应与抢夺罪、盗窃罪并罚。

依照《刑法》第 329 条第 1、3 款的规定，犯本罪的，处 5 年以下有期徒刑或者拘役。犯本罪又构成其他犯罪的，依照处罚较重的规定定罪处罚。例如，抢夺、盗窃属于国家秘密的国家档案的，同时触犯了本罪与非法获取秘密罪，应从一重罪处断。

十、擅自出卖、转让国有档案罪

擅自出卖、转让国有档案罪，是指违反档案法的规定，擅自出卖、转让国有档案、情节严重的行为。

本罪的行为对象是国家所有的档案。《档案法》第 23 条第 1 款规定，禁止买卖属于国家所有的档案。《档案法实施办法》第 17 条第 1 款规定，属于国家所有的档案，任何组织及个人都不得出卖。"擅自"，是指违反国家有关法律、法规，不经请示批准，或者虽经请示但未获批准而将国有档案出卖、转让给他人。"出卖"，是指以牟利为目的，将档案出售给他人的行为。"转让"，是指将档案的所有权转给他人的行为。根据《档案法》第 23 条第 2 款的规定，国有企业事业单位资产转让时，转让有关档案的具体办法，由国家档案主管部门制定。因此，任何出卖国有档案的行为，都不被法律允许，情节严重的构成犯罪。相关国有档案的无偿转让，也要符合相关法律法规。擅自转让国有档案，情节严重的，构成犯罪。所谓情节严重，是指多次擅自出卖、转让国有档案的；一次擅自出卖、转让大量国有档案的；擅自出卖、转让重要国有档案的；出卖、转让国有档案给国家造成重大损失或不良政治影响的；等等。

依照《刑法》第 329 条第 2、3 款的规定，犯本罪的，处 3 年以下有期徒刑或者拘役。犯本罪同时又构成其他犯罪的，依照处罚较重的规定定罪处罚。如出卖、转让涉及国家秘密的国有档案给外国人的，同时触犯擅自出卖、转让国有档案罪和为境外非法提供国家秘密罪，应从一重罪处断。

第六节 危害公共卫生罪

一、妨害传染病防治罪

（一）妨害传染病防治罪的概念和犯罪构成

妨害传染病防治罪，是指违反传染病防治法的规定，引起甲类传染病以及依法确定采取甲类传染病预防、控制措施的传染病传播或者有传播严重危险的行为。[1]

1. 本罪的构成要件为，违反传染病防治法的规定，引起甲类传染病以及依法确定采取甲类传染病预防、控制措施的传染病传播或者传播的严重危险。

根据《传染病防治法》第 3 条、第 4 条的规定，甲类传播病指鼠疫与霍乱；采取甲类传染病的预防、控制措施的传染病是乙类传染病中传染性非典型肺炎、炭疽中的肺炭疽和人感染高致病性禽流感，以及由国务院卫生行政部门报经国务院批准后予以公布、实施的其他乙类传染

---

〔1〕《刑法修正案（十一）》对该条进行了修改，在"甲类传染病"的基础上，增加了"采取甲类传染病预防、控制措施的传染病"。这并不是扩张了本罪的处罚范围，因为《刑事案件立案规定（一）》第 49 条中，对本罪的立案标准一直包括"按照甲类管理的传染病"。本次修改只是进一步明确了本罪的处罚范围。另外，本次修改也对本条客观行为的类型进行了修改和增设。

病和突发原因不明的传染病。

本罪的客观行为表现为以下五种类型：①供水单位供应的饮用水不符合国家规定的卫生标准的；②拒绝按照疾病预防控制机构提出的卫生要求，对传染病病原体污染的污水、污物、场所和物品进行消毒处理的；③准许或者纵容传染病病人、病原携带者和疑似传染病病人从事国务院卫生行政部门规定禁止从事的易使该传染病扩散的工作的；④出售、运输疫区中被传染病病原体污染或者可能被传染病病原体污染的物品，未进行消毒处理的；⑤拒绝执行县级以上人民政府、疾病预防控制机构依照传染病防治法提出的预防、控制措施的。

本罪的结果为引起甲类传染病以及依法确定采取甲类传染病预防、控制措施的传染病传播或者传播的严重危险。也就是说，本罪的结果包括实害结果与危险结果。

2. 主观方面为过失，[1] 即应当预见自己违反传染病防治法规定的行为会引起甲类传染病以及依法确定采取甲类传染病预防、控制措施的传染病传播或传播的严重危险，因为疏忽大意而没有预见，或者已经预见而轻信能够避免。但是，行为人实施违反传染病防治法规定的行为可能是故意的。

（二）妨害传染病防治罪的处罚

根据《刑法》第330条的规定，犯本罪的，处3年以下有期徒刑或者拘役；后果特别严重的，处3年以上7年以下有期徒刑。所谓后果特别严重，一般是指下列情形之一：①造成甲类传染病以及依法确定采取甲类传染病预防、控制措施的传染病有在某一地区广泛传播危险的；②造成甲类传染病以及依法确定采取甲类传染病预防、控制措施的传染病在某一地区暴发或流行的；③造成甲类传染病以及依法确定采取甲类传染病预防、控制措施的传染病传播并致多人残疾或死亡的；④造成其他特别严重的后果的；等等。单位犯本罪的，对单位判处罚金，并对其直接负责的主管人员和其他直接责任人员，依照个人犯本罪的规定处罚。

二、传染病菌种、毒种扩散罪

传染病菌种、毒种扩散罪，是指从事实验、保藏、携带、运输传染病菌种、毒种的人员，违反国务院卫生行政部门的有关规定，造成传染病菌种、毒种扩散，后果严重的行为。

本罪的行为对象为传染病菌种或者毒种。客观行为与结果表现为违反国务院卫生行政部门的有关规定，造成传染病菌种或者毒种扩散，后果严重。其中行为的具体内容需要根据国务院卫生行政部门的有关规定确定，因此本条属于空白刑法。根据《刑事案件立案规定（一）》第50条的规定，严重后果一般包括如下情形：①导致甲类和按甲类管理的传染病传播的；②导致乙类、丙类传染病流行、暴发的；③造成人员重伤或者死亡的；④严重影响正常的生产、生活秩序的；⑤其他造成严重后果的情形。本罪的主体只能是从事实验、保藏、携带、运输传染病菌种、毒种的工作人员，因此本罪是身份犯。本罪的责任形式为过失，[2] 即应当预见自己违反国务院卫生行政部门有关规定的行为会造成传染病菌种、毒种的扩散后果，因为疏忽大意而没有预见，或者已经预见而轻信能够避免。但是，行为人实施违反国务院卫生行政部门有关规定的行为可能是故意的。

根据《刑法》第331条的规定，犯本罪的，处3年以下有期徒刑或者拘役；后果特别严重

---

〔1〕 也有一种有力的观点认为，由于将本罪确定为过失犯罪缺乏"法律有规定"的前提，因此本罪为故意犯罪，但"引起甲类传染病以及依法确定采取甲类传染病预防、控制措施的传染病传播或者有传播严重危险"属于客观的超过要素，无需行为人对此有认识，只要有认识可能性即可。参见张明楷：《刑法学》（下），法律出版社2021年版，第1468页。该说具有充分的合理性，但从本罪的法定刑规定看，将本罪理解为过失犯罪也具有一定的实质理由。

〔2〕 认为本罪是故意犯罪的观点参见张明楷：《刑法学》（下），法律出版社2021年版，第1469页。

的，处 3 年以上 7 年以下有期徒刑。

三、妨害国境卫生检疫罪

妨害国境卫生检疫罪，是指违反国境卫生检疫规定，引起检疫传染病传播或者有引起检疫传染病传播严重危险的行为。

本条规定属于空白刑法，因此本罪的客观行为需根据国境卫生检疫规定具体确定。根据《刑事案件立案规定（一）》第 51 条第 2 款的规定，"检疫传染病"，是指鼠疫、霍乱、黄热病以及国务院确定和公布的其他传染病。主体是进出我国国境的个人或者有货物进出我国国境的单位。本罪的责任形式是过失，[1] 即行为人对引起检疫传染病传播或者有传播严重危险的后果是过失，但对违反国境卫生检疫规定则可能是故意。

根据《刑法》第 332 条的规定，犯本罪的，处 3 年以下有期徒刑或者拘役，并处或者单处罚金。单位犯本罪的，对单位判处罚金，并对其直接负责的主管人员和其他直接责任人员，依照自然人犯本罪的规定处罚。

四、非法组织卖血罪

非法组织卖血罪，是指行为人违反国家卫生行政部门的有关规定，擅自组织他人出卖血液的行为。

本罪的客观行为表现为违反国家卫生行政部门的有关规定，擅自组织他人出卖血液。所谓违反国家卫生行政部门的有关规定，是指未经国家有关卫生行政部门批准，不具有血液采集、供应许可资格或未受有关血液采供部门的指派或委托，擅自组织他人出卖血液。组织他人出卖血液，是指以招募、雇佣、引诱、拉拢、诱骗等多种方法和手段，策划、动员、指挥并安排、控制多人进行出卖血液的活动。针对特定个人实施的，一般不构成本罪。犯本罪对卖血者造成伤害的，以故意伤害罪定罪处罚。在实践中，从事非法组织他人卖血的，既有社会上的人员，也有血站和医疗单位的工作人员，甚至两类人员内外勾结或者心照不宣，成为"血头""血霸"。本罪的责任形式为故意，即行为人明知自己组织他人出卖血液是非法的，但仍然策划、动员、指挥他人进行非法出卖血液的活动。

（二）非法组织卖血罪的认定

本罪与非法采集、供应血液罪的区别。两者在外观上似乎相像，但却有明显的区别。前者实施的是对卖血者的非法组织行为；后者实施的则是对血液的非法采集、供应行为，且要求产生具体危险。基于此，只要实施了对他人卖血的非法组织行为，无论被组织者实际上是否出卖了血液，出卖的血液是否符合国家规定的标准，也无论是否足以危害人体健康或发生危害人体健康的后果，都可成立非法组织卖血罪的既遂；而成立非法采集、供应血液罪的既遂，则要求非法采集、供应的血液不仅是不符合国家规定标准的血液，而且必须足以危害人体健康或对人体健康造成严重危害后果，如果没有这种危险或实际损害的发生，不能成立犯罪的既遂。

（三）非法组织卖血罪的处罚

根据《刑法》第 333 条第 1 款的规定，犯本罪的，处 5 年以下有期徒刑，并处罚金。根据该条第 2 款的规定，实施非法组织他人卖血的行为，对他人造成伤害的，依照《刑法》第 234 条规定的故意伤害罪定罪处罚。从刑罚相协调的角度讲，这里的"伤害"应当指造成重伤及以上的结果，即非法组织出卖血液，造成他人轻伤的，仍应认定为本罪；造成重伤或死亡结果的，认定为故意伤害罪，适用重伤或故意伤害致人死亡的法定刑。如果对伤害有故意，则本规定是注意规定；如果对伤害只有过失，则本规定是法律拟制。这里的"他人"指卖血者，如

---

[1]　认为本罪是故意犯罪的观点参见张明楷：《刑法学》（下），法律出版社 2016 年版，第 1121 页。

果因为非法组织卖血给用血者造成侵害的，应当将所成立的犯罪与本罪数罪并罚。

五、强迫卖血罪

强迫卖血罪，是指以暴力、威胁方法强迫他人出卖血液的行为。与组织卖血罪不同，强迫特定个人出卖血液的，也可以成立本罪。使用暴力、威胁方法组织他人出卖血液的，以本罪论处，不再认定为组织卖血罪。

本罪的客观行为表现为以暴力、威胁方法强迫他人出卖血液。例如，以殴打、捆绑、吊打、禁闭、麻醉等手段强制他人卖血，或者以损害生命、健康、财产、名誉、揭露隐私、伤害亲属相要挟，迫使他人违背意志而卖血。本罪的责任形式为故意，即明知他人不愿卖血而强迫他人出卖血液。

根据《刑法》第 333 条的规定，犯本罪的，处 5 年以上 10 年以下有期徒刑，并处罚金。对他人造成伤害的，依照《刑法》第 234 条规定的故意伤害罪定罪处罚。与组织卖血罪中的理由相同，这里的伤害，首先也应当排除轻伤。但只排除轻伤仍然无法实现刑罚相协调。因为强迫卖血罪的法定刑为 5 年以上 10 年以下有期徒刑，并处罚金；故意伤害致人重伤的法定刑为 3 年以上 10 年以下有期徒刑。在没有造成伤害的情况下，强迫卖血罪尚且需要判处高于 5 年有期徒刑的刑罚，并判处罚金；在造成重伤的情况下，完全按照故意伤害罪量刑，则只需判处高于 3 年有期徒刑的刑罚，且无需判处罚金，这显然不公平。考虑到本规定的立法精神是要对轻罪中的特定行为加重其性质及刑罚，则当轻罪的法定最低刑高于重罪的法定最低刑，或者轻罪的附加刑高于重罪的附加刑时，虽以重罪定罪，但量刑时，最低刑不能低于轻罪的法定最低刑，附加刑也不能低于轻罪的附加刑。基于此，强迫他人卖血造成重伤的，应当以故意伤害致人重伤定罪，但在量刑时，最低刑不应低于 5 年有期徒刑，且应当判处罚金。

六、非法采集、供应血液、制作、供应血液制品罪

（一）非法采集、供应血液、制作、供应血液制品罪的概念和犯罪构成

非法采集、供应血液、制作、供应血液制品罪，是指非法采集、供应血液或制作、供应血液制品，不符合国家规定的标准，足以危害人体健康的行为。

本罪的行为表现为未经国家主管部门批准，在没有取得采供血机构执业许可证或采供血许可证或者超过批准的业务范围的前提下，非法采集、供应血液或制作、供应血液制品。根据相关司法解释的规定，[1]"血液"指全血、成分血和特殊血液成分；"血液制品"指各种人血浆蛋白制品。非法采集、供应的血液或者制作、供应的血液制品，必须不符合国家规定的标准，并且足以危害人体健康。根据《非法采血案件解释》第 2 条的规定，具有下列情形之一的，属于本罪中的"不符合国家规定的标准，足以危害人体健康"：①采集、供应的血液含有艾滋病病毒、乙型肝炎病毒、丙型肝炎病毒、梅毒螺旋体等病原微生物的；②制作、供应的血液制品含有艾滋病病毒、乙型肝炎病毒、丙型肝炎病毒、梅毒螺旋体等病原微生物，或者将含有上述病原微生物的血液用于制作血液制品的；③使用不符合国家规定的药品、诊断试剂、卫生器材，或者重复使用一次性采血器材采集血液，造成传染病传播危险的；④违反规定对献血者、供血浆者超量、频繁采集血液、血浆，足以危害人体健康的；⑤其他不符合国家有关采集、供应血液或者制作、供应血液制品的规定标准，足以危害人体健康的。主体是已满 16 周岁并且具有刑事责任能力的自然人。本罪的责任形式为为故意，即行为人明知自己采集、供应血液或

---

〔1〕 参见《刑事案件立案规定（一）》第 54 条第 3 款、第 4 款以及《最高人民法院、最高人民检察院关于办理非法采供血液等刑事案件具体应用法律若干问题的解释》（法释〔2008〕12 号，以下简称为《非法采血案件解释》）第 8 条第 1 款、第 2 款的规定。

者制作、供应血液制品是非法的，采集、供应的血液或者制作、供应的血液制品不符合国家标准且足以危害人体健康，而仍然实施这种行为。本罪多以牟取私利为目的，动机如何，不影响本罪的成立。

（二）非法采集、供应血液、制作、供应血液制品罪的处罚

根据《刑法》第334条第1款的规定，犯本罪的，处5年以下有期徒刑或者拘役，并处罚金；对人体健康造成严重危害的，处5年以上10年以下有期徒刑，并处罚金；造成特别严重后果的，处10年以上有期徒刑或者无期徒刑，并处罚金或者没收财产。

七、采集、供应血液、制作、供应血液制品事故罪

（一）采集、供应血液、制作、供应血液制品事故罪的概念和犯罪构成

采集、供应血液、制作、供应血液制品事故罪，是指经国家主管部门批准采集、供应血液或者制作、供应血液制品的部门，不依照规定进行检测或者违背操作规定，造成危害他人身体健康后果的行为。

本罪的行为表现为在采集、供应血液或者制作、供应血液制品的工作中，不依照规定进行检测或者违背其他操作规定。根据《非法采血案件解释》第5条的规定，有下列情形之一的，属于本罪中的"不依照规定进行检测或者违背其他操作规定"：①血站未用两个企业生产的试剂对艾滋病病毒抗体、乙型肝炎病毒表面抗原、丙型肝炎病毒抗体、梅毒抗体进行两次检测的；②单采血浆站不依照规定对艾滋病病毒抗体、乙型肝炎病毒表面抗原、丙型肝炎病毒抗体、梅毒抗体进行检测的；③血液制品生产企业在投料生产前未用主管部门批准和检定合格的试剂进行复检的；④血站、单采血浆站和血液制品生产企业使用的诊断试剂没有生产单位名称、生产批准文号或者经检定不合格的；⑤采供血机构在采集检验标本、采集血液和成分血分离时，使用没有生产单位名称、生产批准文号或者超过有效期的一次性注射器等采血器材的；⑥不依照国家规定的标准和要求包装、储存、运输血液、原料血浆的；⑦对国家规定检测项目结果呈阳性的血液未及时按照规定予以清除的；⑧不具备相应资格的医务人员进行采血、检验操作的；⑨对献血者、供血浆者超量、频繁采集血液、血浆的；⑩采供血机构采集血液、血浆前，未对献血者或供血浆者进行身份识别，采集冒名顶替者、健康检查不合格者血液、血浆的；⑪血站擅自采集原料血浆，单采血浆站擅自采集临床用血或者向医疗机构供应原料血浆的；⑫重复使用一次性采血器材的；⑬其他不依照规定进行检测或者违背操作规定的。本罪要求造成危害他人身体健康后果，因此是实害犯。根据《非法采血案件解释》第6条的规定，有下列情形之一的，属于本罪中的"造成危害他人身体健康后果"：①造成献血者、供血浆者、受血者感染艾滋病病毒、乙型肝炎病毒、丙型肝炎病毒、梅毒螺旋体或者其他经血液传播的病原微生物的；②造成献血者、供血浆者、受血者重度贫血、造血功能障碍或者其他器官组织损伤导致功能障碍等身体严重危害的；③造成其他危害他人身体健康后果的。本罪是身份犯，主体是特殊主体，即经国家主管部门批准采集、供应血液或者制作、供应血液制品的单位。本罪的责任形式为过失，既可能是疏忽大意的过失，也可能是过于自信的过失。但实施违规行为则有可能是故意的。

（二）采集、供应血液、制作、供应血液制品事故罪的处罚

根据《刑法》第334条第2款的规定，犯本罪的，对单位判处罚金，并对其直接负责的主管人员和其他直接责任人员，处5年以下有期徒刑或者拘役。

八、非法采集人类遗传资源、走私人类遗传资源材料罪

非法采集人类遗传资源、走私人类遗传资源材料罪，是指违反国家有关规定，非法采集我国人类遗传资源或者非法运送、邮寄、携带我国人类遗传资源材料出境，危害公众健康或者社

会公共利益，情节严重的行为。本罪为《刑法修正案》（十一）第 38 条所增设。本罪的行为表现为两类，一是违反国家有关规定，非法采集我国人类遗传资源；二是违反国家有关规定，非法运送、邮寄、携带我国人类遗传资源材料出境。本罪针对的是人类遗传资源管理，属于《生物安全法》规制的领域之一。根据《生物安全法》第 55 条的规定，采集、保藏、利用、对外提供我国人类遗传资源，应当符合伦理原则，不得危害公众健康、国家安全和社会公共利益。同法第 56 条第 1 款规定，从事下列活动，应当经国务院科学技术主管部门批准：①采集我国重要遗传家系、特定地区人类遗传资源或者采集国务院科学技术主管部门规定的种类、数量的人类遗传资源；②保藏我国人类遗传资源；③利用我国人类遗传资源开展国际科学研究合作；④将我国人类遗传资源材料运送、邮寄、携带出境。基于以上规定，违反伦理原则，采集我国人类遗传资源，未经国务院科学技术主管部门批准，采集我国重要遗传家系、特定地区人类遗传资源或者采集国务院科学技术主管部门规定的种类、数量的人类遗传资源，或者未经国务院科学技术主管部门批准，将我国人类遗传资源材料运送、邮寄、携带出境，属于违反国家规定的行为。造成危害公众健康或者社会公共利益的结果，且情节严重的，成立本罪。

根据《刑法》第 334 条之一的规定，犯本罪的，处 3 年以下有期徒刑、拘役或者管制，并处或者单处罚金；情节特别严重的，处 3 年以上 7 年以下有期徒刑，并处罚金。

九、医疗事故罪

（一）医疗事故罪的概念和犯罪构成

医疗事故罪，是指医务人员在诊疗护理工作中由于严重不负责任，造成就诊人死亡或者严重损害就诊人身体健康的行为。

1. 构成要件。本罪的行为与结果表现为，在医疗护理工作中实施了严重不负责任的行为，因而造成了就诊人死亡或者严重损害就诊人身体健康的危害后果。

（1）在医疗护理工作中实施了严重不负责任的行为。严重不负责任与违反医疗规章制度是紧密联系的。这里所说的医疗规章制度，是指国家或卫生行政部门、医疗单位制定的或者约定俗成在实践中应当遵循的有关诊断、处方、用药、麻醉、手术、输血、护理、化验、消毒、查房等各个医务环节的规章制度和技术操作常规。总之，违反规章制度是造成重大医疗事故的原因，也是行为人承担刑事责任的前提条件。也就是说，行为人违反规章制度，疏忽大意或过于自信地不履行或不正确履行诊疗护理职责的，就属于严重不负责任。如果医务人员没有违反医疗规章制度，即便出现了就诊人死亡或者身体严重受损的后果，也就不能认为是医疗事故，不能追究医务人员的刑事责任。根据《刑事案件立案规定（一）》第 56 条第 2 款的规定，具有下列情形之一的，属于本罪中的"严重不负责任"：①擅离职守的；②无正当理由拒绝对危急就诊人实行必要的医疗救治的；③未经批准擅自开展试验性医疗的；④严重违反查对、复核制度的；⑤使用未经批准使用的药品、消毒药剂、医疗器械；⑥严重违反国家法律法规及有明确规定的诊疗技术规范、常规的；⑦其他严重不负责任的情形。例如，因为马虎大意将刺激性针剂当作镇静性针剂给病人注射的；因为沉迷手机游戏忘记按时给病人检查导致病人死亡的。

（2）必须造成了就诊人死亡或者严重损害就诊人身体健康的危害后果。只有发生这种危害后果，才是重大医疗事故，构成医疗事故罪。重大医疗事故分为造成病员死亡、造成病员严重残疾或者严重功能障碍和造成病员残疾或功能障碍三个等级。医疗事故的等级鉴定，应根据卫生部制定的标准认定。无论属于哪个等级的重大医疗事故，均不影响本罪的成立，但将影响量刑的轻重。如果医务人员严重不负责任，在诊疗护理中具有过错，造成了一定的结果，但没有造成上述特定危害结果的，不能成立医疗事故罪，只能认定为一般医疗事故。这里应当注意的是，行为人严重不负责任的行为与上述特定危害结果之间，必须存在因果关系。如果病人死亡或身体严重受损的后果不是由医务人员的严重不负责任行为导致的，不能认为是医疗事故罪。也就是说，上述两个要件必须同时具备，如因为缺乏因果关系等而缺少其中任何一个要件，就不能构成本罪。根据《刑事案件立案规定（一）》第56条第3款的规定，本罪中的"严重损害就诊人身体健康"，是指造成就诊人严重残疾、重伤、感染艾滋病、病毒性肝炎等难以治愈的疾病或者其他严重损害就诊人身体健康的后果。

本罪为身份犯，由特殊主体即医务人员构成。所谓医务人员，是指经过卫生行政机关批准、承认，或者经过各级机构、医药院校培养训练并经考核合格，取得相应资格并从事医疗实践工作的各级各类医务人员，包括医疗人员、防疫人员、药剂人员、护理人员、医疗管理人员、医疗工程技术人员、医疗后勤服务人员以及其他医疗技术人员。既包括全民所有制和集体所有制医疗单位的医务人员，也包括一切具有合法行医执照的个体从业者。只有上述合法医务人员才能成为本罪的主体，其他人员，即使是非法行医的人员，也不能构成本罪。

2. 责任。本罪的责任形式为过失，即行为人对造成就诊人死亡或者严重损害就诊人身体健康的后果，在主观上持否定的态度。具体表现为行为人根据自己的职称或者岗位责任制的要求，应当预见到自己严重不负责任的行为会造成就诊人死亡或严重损害就诊人身体健康，因为疏忽大意而没有预见，或者已预见但轻信借助自己的技术、经验或者有利的客观条件等可以避免的心理态度。如果行为人在医疗护理工作中故意造成就诊人死亡或故意严重损害就诊人身体健康，则应以故意杀人罪或故意伤害罪论处。

（二）医疗事故罪的认定

1. 本罪与一般医疗事故的界限。两者的相同之处是，医务人员在诊疗护理工作中都有违反医疗规章制度和不负责任的行为，区分的关键在于是否发生了重大医疗事故。重大医疗事故是指下列情形之一：①造成病员死亡；②造成病员严重残疾或者严重功能障碍；③造成病员残疾或者功能障碍。如果医务人员严重不负责任，造成的危害结果没有达到上述程度，则只能算一般医疗事故。造成一般医疗事故的行为，不能认为是犯罪，只能由医疗单位依法给予行政处分。

2. 本罪与医疗技术事故的界限。本罪是医务人员在诊疗护理过程中，违反规章制度，严重不负责任，造成就诊人死亡或严重损害就诊人身体健康的行为；医疗技术事故是指医务人员在诊疗护理工作过程中，由于个人业务水平有限、经验不足，或者单位技术设备条件限制等原因，造成就诊人功能障碍、残疾或死亡事件。

对于因为医疗技术差或者医疗水平低而造成事故的，如果行为人知道或者应当知道自己医疗技术差或医疗水平低而无法胜任该严重疾病的医治工作却仍然继续实施医治行为，进而延误患者抢救时机，造成患者死亡或者健康严重损害的，应当认定为具有过失。如果行为人因自己医疗技术差或者医疗水平低已经建议患者到其他医院或其他医务人员处医治，但患者或者患者家属执意要求行为人治疗，行为人进行常规处置，即使造成了患者死亡或者健康严重损害的，也不应当认定为医疗事故罪。

3. 本罪与医疗意外的界限。所谓医疗意外，是指在诊疗护理工作中，由于医务人员不能预见或者不能抗拒的原因而导致就诊人员死亡或者严重损害就诊人身体健康的事故。本罪与医疗意外的区别，主要在于医务人员主观上是否存有过失。如果就诊人死亡或身体健康严重损害，是医务人员严重不负责任、疏忽大意或过于自信所致，则构成本罪；假如就诊人死亡或身体健康遭受严重损害的结果，是由于医务人员不能预见或不能抗拒的原因引起的，例如紧急情况下为抢救垂危患者生命而采取紧急医疗措施造成不良后果，现有医学技术条件下发生无法预料或不能防范的不良后果，由于病情异常或者患者特殊体质而发生的无法预料或不能防范的不良后果等，则属于医疗意外，根据《刑法》第 16 条的规定，不能认为是犯罪。

4. 由于诊疗护理工作一般是群体性活动，因此要正确区分责任人员的责任程度。这里主要是区分谁应当负事故的直接责任或主要责任，谁负事故的间接责任或次要责任。通常情况下，属于其职责范围内，其行为与患者不良结果之间具有直接因果关系的医务人员，应当负直接责任或主要责任；不在其职责范围内，其行为只是造成不良结果的条件的，负间接责任或次要责任。如果职责不清，分工不明，以实际工作范围和公认的职责作为认定责任的依据。在有具体实施人员与指导人员的场合，如果具体实施人员完全是按照指导人员的指示进行的，或者具体实施人员虽提出过质疑但被指导人员否定的，则指导人员负直接责任或主要责任；如果具体实施人员未如实向指导人员反映患者情况，或未执行指导人员正确意见，则具体实施人员负直接责任或主要责任。如果具体实施人员提出不当做法，指导人员因为轻信而同意，或者指导人员指示不当做法，具体实施人员发现而故意不指出的，具体实施人员与指导人员都承担直接责任或主要责任。

5. 具有执业资格的医生，在有限的范围内，针对特定的病症个体，采用未经有关机构认可和授权使用的偏方、验方，致就诊人死亡的，应当认定为医疗事故罪。如果主体资格不符，可以非法行医罪追究刑事责任。如果行为人利用未经有关机构认可和授权使用的偏方、验方制成药物，大规模生产，或者公开在药店、医疗机构等医药市场上向不特定的患者或者公众大范围销售，足以严重危害人体健康的，可以生产、销售假药罪定罪处罚。[1]

（三）医疗事故罪的处罚

根据《刑法》第 335 条的规定，犯本罪的，处 3 年以下有期徒刑或者拘役。

十、非法行医罪

（一）非法行医罪的概念和特征

非法行医罪，是指未取得医生执业资格的人非法行医，情节严重的行为。

1. 构成要件。本罪的客观行为表现为非法行医。所谓非法行医，是指未取得医生执业资格，非法开展医疗活动。非法行医罪的行为具有两个特征，一是进行"医疗活动""医疗行为"；二是以医疗活动、医疗行为"为业"。

根据《最高人民法院关于审理非法行医刑事案件具体应用法律若干问题的解释》（法释〔2016〕27 号，以下简称《非法行医案件解释》）第 6 条的规定，"医疗活动""医疗行为"，参照《医疗机构管理条例实施细则》中的"诊疗活动""医疗美容"认定。根据《医疗机构管理条例实施细则》第 88 条的规定，诊疗活动，是指通过各种检查，使用药物、器械及手术等方法，对疾病作出判断和消除疾病、缓解病情、减轻痛苦、改善功能、延长生命、帮助患者恢复健康的活动。医疗美容，是指使用药物以及手术、物理和其他损伤性或者侵入性手段进行的美容。由此可见，医疗活动、医疗行为，一般是指运用医学知识与技能，以治愈疾病或改善身体状况为目的，作用于身体的行为。如果不是和医学知识或技能有关的行为，例如民间出于迷信为治愈疾病实施的"跳大神"行为，不是行医行为。既然是作用于身体的行为，势必具有一定的危险性，因此需要达到权威机构认可的水平，即具备医师执业资格方可实施。

以医疗活动、医疗行为"为业"，意味着要将医疗活动、医疗行为作为一项业务实施，因此非法行医罪是职业犯。业务是基于社会生活上的地位而反复、继续从事的事务。因此，如果

---

〔1〕　中华人民共和国最高人民法院刑事审判第一、二、三、四、五庭主办：《刑事审判参考》（总第 54 集），法律出版社 2007 年版，第 52~59 页。

只是偶尔一次实施了特定医疗行为，即便收取了报酬，也不能认为是非法行医。例如，没有医师执业资格的人，在飞机上对突发疾病的人，利用自学的救护知识进行救治的，不是非法行医。而一旦开始以医疗活动、医疗行为为业，即便首次诊疗活动中即被查获，也属于非法行医。以医疗活动、医疗行为为业，不意味着将医疗活动、医疗行为作为唯一职业，行为人兼职从事医疗活动、医疗行为，或者以医疗活动、医疗行为为副业的，同样属于非法行医。

非法行医罪的成立要求情节严重。根据《非法行医案件解释》第2条的规定，具有下列情形之一的，应当认定为本罪中的"情节严重"：①造成就诊人轻度残疾、器官组织损伤导致一般功能障碍的；②造成甲类传染病传播、流行或者有传播、流行危险的；③使用假药、劣药或不符合国家规定标准的卫生材料、医疗器械，足以严重危害人体健康的；④非法行医被卫生行政部门行政处罚两次以后，再次非法行医的；[1] ⑤其他情节严重的情形。根据《最高人民法院、最高人民检察院关于办理妨害预防、控制突发传染病疫情等灾害的刑事案件具体应用法律若干问题的解释》（法释〔2003〕8号）第12条的规定，未取得医师执业资格非法行医，具有造成突发传染病病人、病原携带者、疑似突发传染病病人贻误诊治或者造成交叉感染等严重情节的，依照《刑法》第336条第1款的规定，以非法行医罪定罪，依法从重处罚。

本罪的主体是未取得医生执业资格的自然人。既可以是中国人，也可以是外国人。只要未取得医生执业资格而非法行医的，都可能成为本罪的主体。如果已经取得了医生执业资格，则不可能成为本罪的正犯。[2] 因此，本罪属于消极的身份犯。根据《非法行医案件解释》第1条的规定，具有下列情形之一的，属于"未取得医生执业资格的人非法行医"：①未取得或者以非法手段取得医师资格从事医疗活动的；②被依法吊销医师执业证书期间从事医疗活动的；③未取得乡村医生执业证书，从事乡村医疗活动的；④家庭接生员实施家庭接生以外的医疗行为的。对此，需要注意以下几点。

第一，"未取得医生执业资格"，既包括未取得执业医师资格，也包括取得了执业医生资格但未取得执业证书。因为"医生执业资格"不等于"医师资格"或"执业医师资格"，而是"医师资格"与"执业资格"的统一。由于行医涉及运用医学知识与技能使用各种手段作用于身体，因此合法的行医，除了要求具有经过认定的医学知识与技能，还要求具有必要的设施与条件。因此缺少"医师资格"与"执业资格"之一，都属非法行医。

第二，在具有集体执业资格的医疗机构行医的正式医生，如果没有取得个人行医执业许可证而从事个体行医的，仍然属于"未取得医生执业资格"而行医。因为集体行医环境下对医生资质的要求，显然低于个体行医环境下对医生资质的要求，因此只有在集体行医环境下有行医资质的人，从事个体行医就属于未达到行医资质而行医，仍然可能成立非法行医罪。

第三，医师经过注册后，不按照注册的执业类别行为的，仍然属于"未取得医生执业资格"而行医。因为要求行医取得医生执业资格，意在保证行医的人具有相应的知识与技能，而医学领域千差万别，不按照注册的执业类别，在并非自己专业的领域内行医，就相当于没有相应的医学知识与技能而行医，例如内科医生进行外科手术，自然可能成立非法行医罪。

2. 违法性。被害人承诺不阻却非法行医的违法性。被害人承诺阻却行为人行为违法性的前提是该承诺有效，承诺有效的条件之一是被害人对承诺事项有承诺的权限。非法行医罪属于侵害公共卫生这一社会法益的犯罪，任何个人对社会法益均无承诺的权限，因此即便患者做出

---

〔1〕 该情形混淆了责任刑情节与预防刑情节，不应将此作为成立非法行医罪的"情节严重"的一种。

〔2〕 已经取得医生执业资格的人，教唆帮助没有取得医生执业资格的人非法行医的，可以成立非法行医罪的共犯，即成立非法行医罪的教唆犯或帮助犯。医生执业资格不是终身资格，医生正式退休后便失去执业资格。

基于自己真实意思的承诺，其承诺也无效，自然无法阻却非法行医的违法性。况且既然患者来就医，其承诺通常只是对治疗行为的承诺，而不是对死伤结果的承诺，即允许对自己进行治疗，但治疗要达到治愈疾病的效果，而不是造成死亡的结果。因此，患者通常对死伤结果不存在承诺，在非法行医行为导致患者死伤时，并没有相应的被害人承诺来阻却违法性。如果患者的承诺是在不了解行医者医术水平和具体治疗方案的情况下做出的，则属于基于误解而做出的承诺，不是出于患者的真实意志，其承诺也无效。

3. 责任。本罪的责任形式为故意，即行为人明知自己没有取得医生执业资格而非法行医。非法行医造成就诊人健康的严重损害乃至死亡的危害结果的，成立结果加重犯。对于加重结果，只要具有过失即可。行为人对加重结果具有故意，构成其他犯罪的，按照想象竞合从一重罪处理。本罪是职业犯，不是营业犯，不要求以营利为目的。

（二）非法行医罪的认定

1. 本罪与医疗事故罪的关系。两者的区别在于：①犯罪的主体不同。本罪为一般主体，即未取得医生执业资格的人；医疗事故罪为特殊主体，即合法从业的医务人员。②对结果的要求不同。本罪的成立，不需要实际发生就诊人死亡或严重损害就诊人身体健康的危害结果；医疗事故罪的成立，则必须发生就诊人死亡或严重损害就诊人身体健康的危害结果。③责任形式不同。尽管两者对危害结果都持否定态度，但本罪表现为故意，即行为人明知自己没有取得医生执业资格而非法行医；医疗事故罪则表现为过失，即行为人应当预见到其严重不负责任的行为可能会造成危害结果，因疏忽大意没有预见，或者已预见但轻信能够避免的心理态度。

2. 本罪与其他相关犯罪的关系。利用封建迷信方法为他人治病的，不成立本罪；若采用迷信方法致人重伤、死亡的，成立《刑法》第 300 条第 2 款的利用迷信致人重伤、死亡罪；欺骗他人自己的"药品"可以治愈某种疾病，或者以行医为名骗取他人财物的，不成立本罪，视情况成立诈骗罪，销售假药、劣药罪。非法行医同时触犯诈骗罪，生产、销售假药、劣药等罪的，按照想象竞合从一重罪处理。

（三）非法行医罪的处罚

根据《刑法》第 336 条第 1 款的规定，犯本罪的，处 3 年以下有期徒刑、拘役或者管制，并处或者单处罚金；严重损害就诊人身体健康的，处 3 年以上 10 年以下有期徒刑，并处罚金；造成就诊人死亡的，处 10 年以上有期徒刑，并处罚金。根据《非法行医案件解释》第 3 条、第 4 条的规定，"严重损害就诊人身体健康"一般指造成就诊人中度以上残疾、器官组织损伤导致严重功能障碍，或者造成 3 名以上就诊人轻度残疾、器官组织损伤导致一般功能障碍。"造成就诊人死亡"，要求非法行医行为系造成就诊人死亡的直接、主要原因，如果非法行医行为并非造成就诊人死亡的直接、主要原因，可不认定为"造成就诊人死亡"，但根据案件情况，可以认定为本罪的"情节严重"。

十一、非法进行节育手术罪

非法进行节育手术罪，是指未取得医生执业资格的人擅自为他人进行节育复通手术、假节育手术、终止妊娠手术或者摘取宫内节育器，情节严重的行为。

本罪根据《刑法》第 336 条第 2 款的规定处罚。《非法行医案件解释》第 3 条、第 4 条有关"严重损害就诊人身体健康"与"造成就诊人死亡"的认定标准，应当适用于非法进行节育手术罪。

十二、非法植入基因编辑、克隆胚胎罪

非法植入基因编辑、克隆胚胎罪，是指将基因编辑、克隆的人类胚胎植入人体或者动物体内，或者将基因编辑、克隆的动物胚胎植入人体内，情节严重的行为。本罪为《刑法修正案

（十一）》第39条所增设。根据本罪的规定，将基因编辑、克隆的动物胚胎植入动物体内的，不构成本罪。根据《刑法》第336条之一的规定，犯本罪的，处3年以下有期徒刑或者拘役，并处罚金；情节特别严重的，处3年以上7年以下有期徒刑，并处罚金。

十三、妨害动植物防疫、检疫罪

妨害动植物防疫、检疫罪，是指违反有关动植物防疫、检疫的国家规定，引起重大动植物疫情的，或者有引起重大动植物疫情危险，情节严重的行为。

本罪客观行为与结果表现为违反有关动植物防疫、检疫的国家规定，引起重大动植物疫情的，或者有引起重大动植物疫情危险的行为。所谓引起重大动植物疫情，一般是指：①引起的动植物疫情造成巨大经济损失的；②引起的动植物疫情难以治理或需要大量投入进行治理的；③引起的动植物疫情对公众健康或农林牧渔业生产造成严重危害的；④引起动物一类、二类传染病、寄生虫病的传播感染的；⑤引起植物毁灭性、危险性病虫害或灾害杂草传播的；等等。犯罪主体既可以是已满16周岁且具有刑事责任能力的自然人，也可以是单位。本罪的责任形式为故意。

犯本罪的，根据《刑法》第337条的规定处罚。

第七节　破坏环境资源保护罪

一、污染环境罪

（一）污染环境罪的概念、法益与犯罪构成

1. 概念与保护法益。污染环境罪，是指违反国家规定，排放、倾倒或者处置有放射性的废物、含传染病病原体的废物、有毒物质或其他有害物质，严重污染环境的行为。本罪构成要件经《刑法修正案（八）》《刑法修正案（十一）》修订。

有关本罪保护的法益，国内外主要存在生态中心主义法益论、人类中心主义法益论、生态的-人类中心的法益论。生态中心主义法益论主张，应当以整个生态系统或生态系统中存在的各种生物为法益主体予以保护，人只是其中的一部分。然而整个生态系统并无固定状态，而是变动不居，生态系统中存在的各种生物利益存在冲突，且难以用人类的视角予以确定，因此生态中心主义法益论难以贯彻。人类中心主义法益论主张，环境犯罪的保护法益与其他犯罪并无不同，保护的仍然是人的生命、健康、财产等传统法益，这种观点与法益的概念一致，且与一般观念相符，比较容易接受，但将法益客体限于生命、健康、财产等，无法对生态利益进行完整保护。生态的-人类中心的法益论，主张首先要保护人的传统法益，在与人的传统法益不冲突或者与人的传统法益有关联的限度内，保护生态利益。实际上，只要区分法益主体与法益客体，将法益主体限于人，将法益客体进行一定程度扩张，人类中心主义法益论与生态的-人类中心的法益论在保护范围上就无甚不同。也就是说，在环境犯罪领域，保护的仍然是以人为主体的利益，只不过不限于人的生命、健康、财产等传统法益，也包括人对环境的享受利用这一生态利益。因此，即便是没有对人的生命、健康、财产等产生危险的污染环境行为，如果侵害了人对清洁环境的享受和利用这一生态利益的，仍然有必要通过污染环境罪予以规制。

2. 构成要件。本罪的构成要件涉及以下三个方面：

（1）必须违反国家规定。这里所说的国家规定，是指最高国家权力机关颁布的有关环境保护的基本法、单行法和最高行政机关制定的有关环境资源保护的法规，如《环境保护法》《水污染防治法》《海洋环境保护法》《大气污染防治法》《固体废物污染环境防治法》《水土保持法》《农业法》《工业"三废"排放试行标准》《放射性污染防治法》《农药安全使用规

定》等专门性法规。违反国家规定，是构成本罪的前提条件。如果严重污染环境的结果不是由于违反国家规定造成的，而是出于自然事故或技术事故，则不构成本罪。

（2）实施了环境污染行为，即违反国家规定，排放、倾倒或者处置有放射性废物、含传染病病原体的废物、有毒物质或者其他有害物质的行为。所谓排放，是指将各种危险废物排入土地、水体、大气的行为，包括丢弃、投放、注入、溢出、泄出、喷出、倒出；所谓倾倒，是指通过船舶、航空器、平台或者其他载运工具，向土地、水体、大气排放各种危险废物的行为；所谓处置，是指以改变危险废物的物理、化学、生物特性的方法，达到减少其数量、体积、危险成分，或者将其最终置于某种特定场所而不再回取的行为。国家针对大气、水体、土地等不同的保护对象，规定了不同的禁止危险物排放、倾倒或者处置的行为。

无论是排放、倾倒还是处置，都需要使危险废物、有毒物质或者其他有害物质接触到环境媒介。因此，无危险废物经营许可证，以营利为目的，从危险废物中提取物质作为原材料或者燃料，并具有超标排放污染物、非法倾倒污染物或者其他违法造成环境污染的情形的行为，应当认定为"非法处置危险废物"。但是，如果是无危险废物经营许可证从事收集、贮存、利用、处置危险废物经营活动，不具有超标排放污染物、非法倾倒污染物或者其他违法造成环境污染的情形的，则不构成污染环境罪，而是视情况以非法经营罪论处，或者不认定为犯罪。违反国家规定，排放、倾倒、处置含有毒害性、放射性、传染病病原体等物质的污染物，同时构成污染环境罪、非法处置进口的固体废物罪、投放危险物质罪等犯罪的，依照处罚较重的规定定罪处罚。

（3）必须造成严重环境污染。根据《刑法修正案（八）》的修改，只要造成严重环境污染即可构成犯罪，不要求一定导致公私财产重大损失或人身伤亡结果。在认定本罪时，特别要注意查清上述危害结果是否由环境污染行为所引起。只有该危害行为与危害结果具有刑法上的因果关系，才能追究行为主体的刑事责任。这里需要特别注意的是共同排污情况下因果关系的认定。以两方排污为例，在能证明环境污染结果确系双方排污行为共同造成的情况下，如果双方都明知对方违法排污，则应认定对共同犯罪，都对污染环境的结果负责；如果双方不知对方排污，由于排污量越大环境污染越严重，因此属于重叠的因果关系，应当将排污结果归属于双方的行为，对双方分别加以处罚，排污量的大小可在量刑时予以考虑。

根据《最高人民法院、最高人民检察院关于办理环境污染刑事案件适用法律若干问题的解释》（以下简称《环境污染案件解释》）第1条的规定，具有下列情形之一的，应当认定为"严重污染环境"：①在饮用水水源保护区、自然保护地核心保护区等依法确定的重点保护区域排放、倾倒、处置有放射性的废物、含传染病病原体的废物、有毒物质的；②非法排放、倾倒、处置危险废物3吨以上的；③排放、倾倒、处置含铅、汞、镉、铬、砷、铊、锑的污染物，超过国家或者地方污染物排放标准3倍以上的；④排放、倾倒、处置含镍、铜、锌、银、钒、锰、钴的污染物，超过国家或者地方污染物排放标准10倍以上的；⑤通过暗管、渗井、渗坑、裂隙、溶洞、灌注、非紧急情况下开启大气应急排放通道等逃避监管的方式排放、倾倒、处置有放射性的废物、含传染病病原体的废物、有毒物质的；⑥2年内曾因在重污染天气预警期间，违反国家规定，超标排放二氧化硫、氮氧化物等实行排放总量控制的大气污染物受过2次以上行政处罚，又实施此类行为的；⑦重点排污单位、实行排污许可重点管理的单位篡改、伪造自动监测数据或者干扰自动监测设施，排放化学需氧量、氨氮、二氧化硫、氮氧化物等污染物的；⑧2年内曾因违反国家规定，排放、倾倒、处置有放射性的废物、含传染病病原体的废物、有毒物质受过2次以上行政处罚，又实施此类行为的；⑨违法所得或者致使公私财产损失30万元以上的；⑩致使乡镇集中式饮用水水源取水中断12小时以上的；⑪其他严重污染环境的情形。

上述情形中，既有对侵害人的生态利益的规定，也有对侵害人的生命、健康、财产等传统利益的规定。但无论哪种情形，都是对"严重污染环境"这一结果的表述，也就是说，都需要造成严重污染环境的结果，而不是只具有情节或行为即可。例如，非法排放、倾倒、处置危险废物 3 吨以上的，之所以能成立污染环境罪，不是因为仅仅具有非法排放、倾倒、处置一定数量的危险废物的行为或情节，而是因为非法排放、倾倒、处置如此数量的危险废物到环境媒介中时，就已经对环境媒介造成了侵害，且属于严重程度的侵害，因此这种情形也是对"严重污染环境"这一结果的表述。

关于本罪主体，个人或单位均可构成，后者主要是从事生产经营活动的单位。

3. 责任形式。本罪在被《刑法修正案（八）》修改前，为重大环境污染事故罪，是典型的过失犯罪。但《刑法修正案（八）》将本罪修改为污染环境罪，无论从文言还是论理上，都难再将本罪理解为过失犯罪。《刑法修正案（十一）》再次对本罪进行了修改，将本罪的法定刑进一步升格，将本罪作为过失犯罪，就更加不合理。因此本罪是故意犯罪，需要行为人认识到污染环境的行为，以及严重污染环境的结果，并希望或放任该结果的发生；在法定刑升格时，需要行为人对情节严重、情节特别严重或者符合法定刑升格的特别严重结果有认识以及存在希望或放任的态度。

（二）污染环境罪的认定

1. 本罪与自然事故、技术事故的界限。修正之后，本罪不以发生责任事故为构成要件，只要导致环境污染就可构成犯罪。当然本罪与自然事故、技术事故在客观上都可能造成公私财物的重大损失或者人身伤亡的严重后果，但二者在性质上是根本不同的：本罪是因违反国家规定，违法排放、倾倒、处置造成的；自然事故是在符合国家规定的范围内因为意外造成的；技术事故则是因为不可预见的技术或设备问题造成的。自然事故，一般是由于不能抗拒或不能预见的自然原因引起的，行为人虽按国家规定排放、倾倒、处置危险废物，但由于自然灾害的出现，如地震、洪灾、风暴、气候异常等造成危险废物发生物理、化学变化，从而导致环境污染。技术事故是由于技术条件的限制或设备问题，有关单位和职工在主观上确实难以预见事故的发生。对于自然事故和技术事故，即使造成了公私财产的重大损失或人身伤亡的严重后果，也因为不符合构成要件或者欠缺责任要素，而不能以犯罪论处。如果行为人明知技术条件差或设备陈旧，有可能造成重大环境污染事故，应当采取适当措施避免事故的发生，而故意不采取任何防止事故发生的措施，以致发生重大环境污染事故的，其在主观上具有罪过，应当追究其刑事责任。

2. 本罪与投放危险物质罪的关系。本罪与投放危险物质罪均可以表现为向环境媒介中投放危险物质。两罪的不同之处在于，污染环境罪的成立，只需要造成严重污染环境的结果即可，即便没有对公众的生命、健康产生危险，或者只对公众的生命、健康具有抽象的危险，也不影响犯罪的成立。而投放危险物质罪则属于危害公共安全的具体的危险犯，必须对不特定或多数人的生命、健康造成具体危险或者实害时，才能成立。如果违反国家规定，排放、倾倒、处置含有毒害性、放射性、传染病病原体等物质的污染物，同时构成污染环境罪与投放危险物质罪等犯罪的，依照处罚较重的规定定罪处罚。

3. 环境影响评价机构或其人员，故意提供虚假环境影响评价文件，情节严重的，或者严重不负责任，出具的环境影响评价文件存在重大失实，造成严重后果的，以提供虚假证明文件罪或者出具证明文件重大失实罪定罪处罚。违反国家规定，针对环境质量监测系统实施下列行为，或者强令、指使、授意他人实施下列行为的，以破坏计算机信息系统罪论处：①修改参数或者监测数据的；②干扰采样，致使监测数据严重失真的；③其他破坏环境质量监测系统的行为。重点排污单位篡改、伪造自动监测数据或者干扰自动监测设施，排放化学需氧量、氨氮、二氧化硫、氮氧化物等污染物，同时构成污染环境罪和破坏计算机信息系统罪的，依照处罚较重的规定定罪处罚。

（三）污染环境罪的处罚

根据《刑法》第338条的规定，犯本罪的，处3年以下有期徒刑或者拘役，并处或者单处罚金；情节严重的，处3年以上7年以下有期徒刑，并处罚金；有下列情形之一的，处7年以上有期徒刑，并处罚金：①在饮用水水源保护区、自然保护地核心保护区等依法确定的重点保护区域排放、倾倒、处置有放射性的废物、含传染病病原体的废物、有毒物质，情节特别严重的；②向国家确定的重要江河、湖泊水域排放、倾倒、处置有放射性的废物、含传染病病原体的废物、有毒物质，情节特别严重的；③致使大量永久基本农田基本功能丧失或者遭受永久性破坏的；④致使多人重伤、严重疾病，或者致人严重残疾、死亡的。这些法定刑升格的情况，既有严重侵害生态利益的情况，也有严重侵害人的生命、健康的情况。

根据《刑法》第346条之规定，单位犯本罪的，对单位判处罚金，并对其直接负责的主管人员和其他直接责任人员，依照自然人犯本罪的规定处罚。

二、非法处置进口的固体废物罪

（一）非法处置进口的固体废弃物罪的概念和犯罪构成

非法处置进口的固体废物罪，是指违反国家规定，将境外的固体废物进境倾倒、堆放、处置的行为。

本罪的行为对象是固体废物。根据《固体废物污染环境防治法》第124条第1项的规定，固体废物，是指在生产、生活和其他活动中产生的丧失原有利用价值或者虽未丧失利用价值但被抛弃或者放弃的固态、半固态和置于容器中的气态的物品、物质以及法律、行政法规规定纳入固体废物管理的物品、物质。本罪的表现为违反国家规定，将境外的固体废物进境倾倒、堆放、处置。倾倒、处置的含义与《刑法》第338条污染环境罪中的倾倒、处置的含义相同。堆放则是指使固体废物处于接触环境媒介的状态。本罪处罚的实际上是非法处置进境的固体废物的行为，因此罪名中使用"进口"一词并不恰当。犯罪主体可以是单位，也可以是自然人。本罪的责任形式为故意。实践中多为间接故意，即明知将境外的固体废物进境倾倒、堆放、处置是违反国家规定的，并有可能造成环境污染事故，为达到其他目的，仍放任这种危害后果的发生。

（二）非法处置进口的固体废物罪的处罚

根据《刑法》第339条第1款的规定，犯本罪的，处5年以下有期徒刑或者拘役，并处罚金；造成重大环境污染事故，致使公私财产遭受重大损失或者严重危害人体健康的，处5年以上10年以下有期徒刑，并处罚金；后果特别严重的，处10年以上有期徒刑，并处罚金。其中的"致使公私财产遭受重大损失或者严重危害人体健康"和"后果特别严重"，参见《环境污染案件解释》第1条、第2条的规定。根据《刑法》第346条之规定，单位犯本罪的，对单位判处罚金，并对其直接负责的主管人员和其他直接责任人员，依照自然人犯本罪的规定处罚。

三、擅自进口固体废物罪

（一）擅自进口固体废物罪的概念和犯罪构成

擅自进口固体废物罪，是指未经国务院有关主管部门许可，擅自进口固体废物用作原料，造成重大环境污染事故，致使公私财产遭受重大损失，或者严重危害人体健康的行为。

本罪的行为对象是国家限制进口的可以用作原料的固体废物。如果进口的是不能用作原料的固体废物、液态废物和气态废物的，应根据《刑法修正案（四）》的规定，按《刑法》第152条第2、3款规定的走私废物罪论处。

行为与结果表现为擅自进口固体废物并造成重大污染事故。①未经国务院有关主管部门许可，擅自进口固体废物用作原料。根据1999年公布的《进口废物原料装运前检验机构认可管理办法（试行）》的规定，国家出入境检验检疫局统一管理进口废物原料装运前检验机构认可工作，负责组织对进口废物原料装运前检验机构的考核和认可工作，并对其实施监督管理。同时对进口废物的申请和审批程序作了相应规定。这就是说，凡是依法按照申请与审批程序，报经国家出入境检验检疫局审查批准而进口固体废物的，不构成本罪。②必须造成重大环境污染事故，致使公私财产遭受重大损失或者发生严重危害人体健康的危害后果。具体判断标准参见《环境污染案件解释》第1条、第2条的规定。犯罪主体可以是单位，也可以是自然人。本罪的责任形式为故意。

（二）擅自进口固体废物罪的认定

1. 本罪与走私废物罪的区别。两罪的犯罪对象都是废物，但有重要区别：本罪的对象仅限于进口能用作原料的固体废物，而走私废物罪则不限于能用作原料的固体废物，还包括液态废物、气态废物。对以进口固体废物作原料为借口，而擅自进口不能作原料的固体废物的，应按走私废物罪处罚。

2. 本罪与非法处置进口的固体废物罪的区别。这两种犯罪在犯罪对象、犯罪主体上都是相同的，但在行为、结果以及故意内容上却有着重要的区别：本罪在行为、结果上表现为未经国务院有关部门许可，擅自进口固体废物作原料，造成重大污染事故，而后罪在客观上却表现为违反国家规定，将境外的固体废物进境倾倒、堆放、处置；本罪的故意内容是进口固体废物作原料，而后罪的故意内容是倾倒、堆放、处置固体废物。

（三）擅自进口固体废物罪的处罚

根据《刑法》第339条第2款的规定，犯本罪的，处5年以下有期徒刑或者拘役，并处罚金；后果特别严重的，处5年以上10年以下有期徒刑，并处罚金。根据《刑法》第346条之规定，单位犯本罪的，对单位判处罚金，并对其直接负责的主管人员和其他直接责任人员，依照自然人犯本罪的规定处罚。

四、非法捕捞水产品罪

非法捕捞水产品罪，是指违反保护水产资源法规，在禁渔区、禁渔期或者使用禁用的工具、方法捕捞水产品，情节严重的行为。

本罪的成立，首先必须违反保护水产资源法规，这是成立本罪的前提条件，如果行为没有违反保护水产资源法规，不构成犯罪。其次表现为在禁渔区、禁渔期或者使用禁用的工具、方法捕捞水产品。这涉及四种行为：①在禁渔区捕捞水产品；②在禁渔期捕捞水产品；③使用禁用的工具捕捞水产品；④使用禁用的方法捕捞水产品。只要符合其中之一，便属于本罪规制范围。最后表现为具有情节严重的行为。所谓情节严重，主要是指：非法捕捞水产品，造成水产资源重大损失的；非法捕捞水产品，数量巨大的；组织或者聚众非法捕捞水产品的首要分子；抗拒渔政管理，行凶、殴打渔政管理人员的；等等。根据《最高人民法院关于审理发生在我国管辖海域相关案件若干问题的规定（二）》（法释〔2016〕17号）第4条的规定，具有下列情形之一的，应当认定为"情节严重"：①非法捕捞水产品1万公斤以上或者价值10万元以上的；②非法捕捞有重要经济价值的水生动物苗种、怀卵亲体2000公斤以上或者价值2万元以上的；③在水产种质资源保护区内捕捞水产品2000公斤以上或者价值2万元以上的；④在禁渔区内使用禁用的工具或者方法捕捞的；⑤在禁渔期内使用禁用的工具或者方法捕捞的；⑥在公海使用禁用渔具从事捕捞作业，造成严重影响的；⑦其他情节严重的情形。犯罪主体可以是单位，也可以是自然人。本罪的责任形式为故意。

根据《刑法》第340条的规定，犯本罪的，处3年以下有期徒刑、拘役、管制或者罚金。根据《刑法》第346条之规定，单位犯本罪的，对单位判处罚金，并对其直接负责的主管人员和其他直接责任人员，依照自然人犯本罪的规定处罚。

五、危害珍贵、濒危野生动物罪

（一）危害珍贵、濒危野生动物罪的概念和犯罪构成

危害珍贵、濒危野生动物罪，是指违反野生动物保护法规，猎捕、杀害国家重点保护的珍贵、濒危野生动物的行为，或者非法收购、运输、出售国家重点保护的珍贵、濒危野生动物及其制品的行为。

本罪的行为对象是国家重点保护的珍贵、濒危野生动物及其制品。根据《野生动物保护法》第10条第2款的规定，"国家重点保护的野生动物分为一级保护野生动物和二级保护野生动物"。1989年经国务院批准并由林业部和农业部联合发布了《国家重点保护野生动物名录》（于2003年予以调整），共列举了258种国家重点保护的野生动物。其中，一级保护野生动物共96种，二级保护野生动物共162种。还包括列入《濒危野生动植物种国际贸易公约》附录Ⅰ、附录Ⅱ的野生动物以及驯养繁殖的上述物种。所谓野生动物制品，是指对国家重点保护的珍贵、濒危野生动物进行某种加工而获得的成品或半成品，如毛皮制品、骨肉食品和药品等。

行为表现为非法猎捕、杀害国家重点保护的珍贵、濒危野生动物以及非法收购、运输、出售国家重点保护的珍贵、濒危野生动物及其制品。行为的非法性是构成本罪的前提。猎捕和杀害两种行为，只要实施其中一种便构成犯罪。猎捕不限于以狩猎的方式捕获，而是包括一切捕捉、获得珍贵、濒危野生动物的行为。根据国家有关规定，如果因科学研究、驯养繁殖、展览或者其他特殊情况，需要捕捉、捕捞国家一级保护野生动物的，必须向国务院野生动物行政主管部门申请特许猎捕证；猎取国家二级保护野生动物的，必须向省、自治区、直辖市政府野生动物行政主管部门申请特许猎捕证。如果行为人未取得特许猎捕证而进行捕杀，或者虽有特许猎捕证，但未按特许猎捕证规定的种类、数量、地点、期限或方式捕杀的，均构成本罪。[1]收购是指以营利、自用为目的的购买行为；运输是指采用携带、邮寄、利用他人、使用交通工具等方法进行运送的行为；出售是指出卖和以营利为目的的加工利用行为。我国《野生动物保护法》第28条第2款规定："因科学研究、人工繁育、公众展示展演、文物保护或者其他特殊情况，需要出售、购买、利用国家重点保护野生动物及其制品的，应当经省、自治区、直辖市人民政府野生动物保护主管部门批准，并按照规定取得和使用专用标识，保证可追溯，但国务院对批准机关另有规定的除外。"第33条第1款又规定："运输、携带、寄递国家重点保护野生动物及其制品、本法第二十八条第二款规定的野生动物及其制品出县境的，应当持有或者附有本法第二十一条、第二十五条、第二十七条或者第二十八条规定的许可证、批准文件的副本或者专用标识，以及检疫证明。"只要没有经法定有关部门或单位批准，对国家重点保护的一、二级野生动物及其制品，在我国境内实施收购、运输、出售三种行为中的一种，即构成本罪。这里要特别注意不能形式化地认定，要实质判断行为是否破坏了珍贵、濒危野生动物资源。单

---

[1] 需要注意区分自然犯与法定犯。对于因科学研究、驯养繁殖、展览或者其他特殊情况，需要捕捉、捕捞国家保护野生动物，但没有办理相关特许猎捕证的，由于不会对野生动物资源造成侵害，因此属于侵害行政管理秩序的法定犯，即便达到认定情节严重、情节特别严重的捕捉、捕捞数量，也应适用最低法定刑，而不应认定为情节严重或情节特别严重。

纯没有经过批准但没有破坏珍贵、濒危野生动物资源的，不成立本罪。[1] 如果非法将珍稀野生动物及其制品运出国（边）境，则同时构成走私珍贵动物、珍贵动物制品罪，按照想象竞合从一重处罚。犯罪主体可以是单位，也可以是自然人。本罪的责任形式为故意。

（二）危害珍贵、濒危野生动物罪的认定

对于某些经人工驯养繁殖、数量已大大增多的野生动物，《国家重点野生动物名录》附表所列的定罪量刑数额标准，仅适用于真正意义上的野生动物，而不包括驯养繁殖的。原因是，由于驯养繁殖技术的成熟，对有的珍贵、濒危野生动物的驯养繁殖、商业利用在某些地区已成规模，有关野生动物的数量极大增加，收购、运输、出售这些人工驯养繁殖的野生动物实际已无法益侵害性。

行为人使用爆炸、投毒、放火、设置电网等危险方法猎捕、杀害珍贵、濒危野生动物，同时构成本罪与《刑法》第114条、第115条规定的放火罪、爆炸罪等罪的，属于想象竞合，从一重罪处罚。实施本罪，又以暴力、威胁方法抗拒查处，构成其他犯罪的，依照数罪并罚的规定处罚。

（三）危害珍贵、濒危野生动物罪的处罚

根据《刑法》第341条第1款的规定，犯本罪的，处5年以下有期徒刑或者拘役，并处罚金；情节严重的，处5年以上10年以下有期徒刑，并处罚金；情节特别严重的，处10年以上有期徒刑，并处罚金或者没收财产。情节严重和情节特别严重的认定，参照《最高人民法院、最高人民检察院关于审理破坏野生动物资源刑事案件具体应用法律若干问题的解释》（法释〔2022〕12号，以下简称《野生动物案件解释》）的规定执行。根据《刑法》第346条之规定，单位犯本罪的，对单位判处罚金，并对其直接负责的主管人员和其他直接责任人员，依照个人犯本罪的规定处罚。

为适应社会经济的发展变化，走私珍贵动物、珍贵动物制品罪的数额标准自2014年9月以来已经大幅提高，而非法运输、出售珍贵、濒危野生动物制品罪的量刑标准却没有及时作出相应调整。根据这一特殊情况，为实现罪责刑相均衡，对于非法运输、出售珍贵、濒危野生动物制品案，经最高人民法院核准，可以在法定刑以下判处刑罚。

六、非法狩猎罪

非法狩猎罪，是指违反狩猎法规，在禁猎区、禁猎期或者使用禁用的工具、方法进行狩猎，破坏野生动物资源，情节严重的行为。

违反狩猎法规，是构成本罪的前提条件。所谓狩猎法规，是指我国保护野生动物资源法规中有关狩猎的各种规定。如果狩猎活动是在法律、法规允许范围内进行的，不构成本罪。

在禁猎区、禁猎期或者使用禁用的工具、方法，非法实施狩猎行为。所谓禁猎区，是指在适宜野生动物栖息、繁殖或者野生动物资源贫乏和破坏比较严重的地区划定禁止狩猎的区域，主要包括：①某些珍贵动物的主要栖息、繁殖地区等自然保护区；②城镇、工矿区、革命圣地、名胜古迹等地区；③各种风景区。所谓禁猎期，是指根据野生动物的繁殖和皮毛、肉食、药材的成熟季节，分别规定的禁止猎捕的期间。所谓禁用的工具，是指足以破坏野生动物资源，危害人畜安全以及破坏森林、草原的工具，如地弓、地枪、大铁夹、军用武器等。所谓禁用方法，是指那些破坏、妨害野生动物正常繁殖、生长的方法，如投毒、爆炸、烟熏、火攻等方法。以上四种狩猎禁规，只要具有其中一种即可构成犯罪。在禁猎区、禁猎期或者使用禁用

---

[1]　参见张明楷：《刑法学》（下），法律出版社2016年版，第1134页。

的工具、方法，非法实施狩猎行为，必须情节严重，方构成本罪。[1] 如果行为尚未破坏野生动物资源或者危害显著轻微的，一般不以犯罪论处，可由有关行政主管部门或公安机关依法予以行政处罚。

本罪的责任形式为故意。

根据《刑法》第 341 条第 2 款的规定，犯本罪的，处 3 年以下有期徒刑、拘役、管制或者罚金。根据《刑法》第 346 条之规定，单位犯本罪的，对单位判处罚金，并对其直接负责的主管人员和其他直接责任人员，依照自然人犯本罪的规定处罚。

七、非法猎捕、收购、运输、出售陆生野生动物罪[2]

非法猎捕、收购、运输、出售陆生野生动物罪，是指违反野生动物保护管理法规，以食用为目的非法猎捕、收购、运输、出售珍贵、濒危野生动物以外的在野外环境自然生长繁殖的陆生野生动物，情节严重的行为。2020 年 2 月 24 日颁布实施的《全国人民代表大会常务委员会关于全面禁止非法野生动物交易、革除滥食野生动物陋习、切实保障人民群众生命健康安全的决定》第 2 条第 2 款规定，全面禁止以食用为目的猎捕、交易、运输在野外环境自然生长繁殖的陆生野生动物。将以食用为目的非法猎捕、收购、运输、出售除珍贵、濒危野生动物和"三有野生动物"以外的陆生野生动物，[3] 情节严重的行为增加规定为犯罪，目的是从源头上防范和控制重大公共卫生安全风险。[4] 本罪的成立，除要求具有故意外，还要求以食用为目的。

根据《刑法》第 341 条第 3 款的规定，犯本罪的，处 3 年以下有期徒刑、拘役、管制或者罚金。根据《刑法》第 346 条之规定，单位犯本罪的，对单位判处罚金，并对其直接负责的主管人员和其他直接责任人员，依照自然人犯本罪的规定处罚。

八、非法占用农用地罪

非法占用农用地罪，是指违反土地管理法规，非法占用耕地、林地等农用地，改变被占用土地用途，数量较大，造成耕地、林地等农用地大量毁坏的行为。

所谓违反土地管理法规，根据立法解释，[5] 是指违反土地管理法、森林法、草原法等法律以及有关行政法规中关于土地管理的规定。所谓非法占用耕地、林地等农用地，是指未经合法批准，采用暴力、威胁、引诱、欺骗等手段侵占、使用耕地、林地等农用地的行为。所谓改变被占用农用地的用途，主要是指将耕地不用于耕种农作物，将林地毁林开垦、采石、采砂，将草原任意毁坏、堆放废物、垃圾等。所谓造成农用地大量毁坏，主要是指导致耕地、林地、草地等农用地的功能完全丧失或难以恢复，如耕地荒化、沙化、盐渍化、土地流失、土地板结、肥力下降等；林地、草地沙化，无法再种植林木、植被等。至于"数量较大"和"大量毁坏"的标准，应参照最高人民法院关于非法占用耕地、林地和草原的相关规定执行。

《最高人民法院关于审理破坏土地资源刑事案件具体应用法律若干问题的解释》（法释〔2000〕14 号，以下简称《破坏土地资源案件解释》）第 3 条规定，违反土地管理法规，非法占用耕地改作他用，数量较大，造成耕地大量毁坏的，依照《刑法》第 342 条的规定，以非法占用耕地罪定罪处罚。其中"数量较大"是指，是指非法占用基本农田 5 亩以上或者非法占用

---

〔1〕 对于何为本罪中的"情节严重"，《野生动物案件解释》第 6 条有明确规定。

〔2〕 本罪为《刑法修正案（十一）》第 41 条所增设。

〔3〕 根据《野生动物保护法》第 2 条第 2 款的规定，该法规定保护的野生动物，是指珍贵、濒危的陆生、水生野生动物和有重要生态、科学、社会价值的陆生野生动物。

〔4〕 参见《关于〈中华人民共和国刑法修正案（十一）（草案）〉的说明》。

〔5〕 参见 2009 年 8 月 27 日修正后发布的《全国人民代表大会常务委员会关于〈中华人民共和国刑法〉第二百二十八条、第三百四十二条、第四百一十条的解释》。

基本农田以外的耕地 10 亩以上；"造成耕地大量毁坏"，是指行为人非法占用耕地建窑、建坟、建房、挖沙、采石、采矿、取土、堆放固体废弃物或者进行其他非农业建设，造成基本农田 5 亩以上或者基本农田以外的耕地 10 亩以上种植条件严重毁坏或者严重污染。

《最高人民法院关于审理破坏林地资源刑事案件具体应用法律若干问题的解释》（法释〔2005〕15 号，以下简称《破坏林地资源案件解释》）第 1 条规定，违反土地管理法规，非法占用林地，改变被占用林地用途，在非法占用的林地上实施建窑、建坟、建房、挖沙、采石、采矿、取土、种植农作物、堆放或排泄废弃物等行为或者进行其他非林业生产、建设，造成林地的原有植被或林业种植条件严重毁坏或者严重污染，并具有下列情形之一的，构成非法占用农地罪：①非法占用并毁坏防护林地、特种用途林地数量分别或者合计达到 5 亩以上；②非法占用并毁坏其他林地数量达到 10 亩以上；③非法占用并毁坏林地，数量分别达到上述数量标准的 50%以上；④非法占用并毁坏林地，其中一项数量达到上述数量标准的 50%以上，且两项数量合计达到上述数量标准。

《最高人民法院关于审理破坏草原资源刑事案件应用法律若干问题的解释》（法释〔2012〕15 号，以下简称《破坏草原资源案件解释》）第 1 条、第 2 条的规定，违反草原法等土地管理法规，非法占用草原，改变被占用草原用途，数量较大，造成草原大量毁坏的，以非法占用农用地罪定罪处罚。其中，"数量较大"是指，非法占用草原，改变被占用草原用途，数量在 20 亩以上的，或者曾因非法占用草原受过行政处罚，在 3 年内又非法占用草原，改变被占用草原用途，数量在 10 亩以上的。"造成草原大量毁坏"，是指具有以下情形之一：①开垦草原种植粮食作物、经济作物、林木的；②在草原上建窑、建房、修路、挖砂、采石、采矿、取土、剥取草皮的；③在草原上堆放或者排放废弃物，造成草原的原有植被严重毁坏或者严重污染的；④违反草原保护、建设、利用规划种植牧草和饲料作物，造成草原沙化或者水土严重流失的；⑤其他造成草原严重毁坏的情形。

根据《刑法》第 342 条的规定，犯本罪的，处 5 年以下有期徒刑或者拘役，并处或者单处罚金。根据《刑法》第 346 条之规定，单位犯本罪的，对单位判处罚金，并对其直接负责的主管人员和其他直接责任人员，依照自然人犯本罪的规定处罚。

九、破坏自然保护地罪[1]

破坏自然保护地罪，是指违反自然保护地管理法规，在国家公园、国家级自然保护区进行开垦、开发活动或者修建建筑物，造成严重后果或者有其他恶劣情节的行为。2019 年 6 月 26 日，中共中央办公厅、国务院办公厅印发《关于建立以国家公园为主体的自然保护地体系的指导意见》，提出建立分类科学、布局合理、保护有力、管理有效的以国家公园为主体的自然保护地体系。自然保护地包括陆域和海域，包括重要的自然生态系统、自然遗迹、自然景观，承载自然资源、生态功能和文化价值，有必要予以长期保护。自然保护地按照生态价值和保护强度由高到低分为三类：国家公园、自然保护区和自然公园。本罪规制的就是在国家公园、国家级自然保护区进行的破坏性开发活动。目前尚无有关自然保护地的专门立法，需要加快推进自然保护地相关法律法规和制度建设，修改完善自然保护区条例，突出以国家公园保护为主要内容，推动制定、出台自然保护地法，研究提出各类自然公园的相关管理规定。

根据《刑法》第 342 条之一的规定，犯本罪的，处 5 年以下有期徒刑或者拘役，并处或者单处罚金。同时构成其他犯罪的，依照处罚较重的规定定罪处罚。根据《刑法》第 346 条之规定，单位犯本罪的，对单位判处罚金，并对其直接负责的主管人员和其他直接责任人员，依照

---

〔1〕　本罪为《刑法修正案（十一）》第 42 条所增设。

自然人犯本罪的规定处罚。

十、非法采矿罪

非法采矿罪，是指违反矿产资源法的规定，未取得采矿许可证擅自采矿的，擅自进入国家规划矿区、对国民经济具有重要价值的矿区和他人矿区范围采矿的，擅自开采国家规定实行保护性开采的特定矿种，情节严重的行为。

违反矿产资源法的规定，这是构成本罪的前提条件。根据《最高人民法院、最高人民检察院关于办理非法采矿、破坏性采矿刑事案件适用法律若干问题的解释》（法释〔2016〕25 号，以下简称《非法采矿案件解释》）第 1 条的规定，"违反矿产资源法的规定"是指违反《矿产资源法》《水法》等法律、行政法规有关矿产资源开发、利用、保护和管理的规定。

本罪包含三种并列的行为。一是未取得采矿证擅自采矿的；二是擅自进入国家规划矿区、对国民经济具有重要价值的矿区和他人矿区范围采矿的；三是擅自开采国家规定实行保护性开采的特定矿种。在这三种行为中，具有其中一种即可构成本罪。根据《非法采矿案件解释》第 2 条的规定，具有下列情形之一的，应当认定为"未取得采矿许可证"：①无许可证的；②许可证被注销、吊销、撤销的；③超越许可证规定的矿区范围或者开采范围的；④超出许可证规定的矿种的（共生、伴生矿种除外）；⑤其他未取得许可证的情形。

为避免处罚漏洞，《非法采矿案件解释》第 4 条第 1 款、第 5 条第 1 款对本罪中的"采矿许可证"进行了扩大解释，将开采河砂需要申请的采矿许可证、河道采砂许可证和开采海砂需要申请的采矿许可证、海砂开采海域使用权证均包括在内。但问题是，我国目前有些地区采取的是两证分开管理制度，且两证的取得没有先后顺序，一证也不是另一证取得的前提。在这种管理体制下，经常出现行为人取得一证但未取得另一证的情况。例如，行为人取得了河道采砂许可证，但未取得采矿许可证。这种情况下行为人开采河砂的，是否构成非法采矿罪值得讨论。按照存疑时有利于被告的原则，不应当让行为人承担现行采砂制度带来的不利后果，因此，不应当对行为人以非法采矿罪论处。

对于采矿许可证到期后仍开采矿产资源的，由于侵害的只是行政管理制度，未必侵害矿产资源，因此不能一概认定为"未取得采矿许可证"。对于其中情节严重的，可以吊销许可证，再按照司法解释的规定，将此作为"未取得采矿许可证"的情况处理。对于非法转让采矿权的，也可根据矿产资源法的相关规定先吊销采矿许可证，再作为"未取得采矿许可证"处理。

成立本罪需要情节严重。根据《非法采矿案件解释》第 3 条、第 4 条、第 5 条的规定，具有下列情形之一的，应当认定为本罪中的"情节严重"：①开采的矿产品价值或者造成矿产资源破坏的价值在 10 万元至 30 万元以上的；②在国家规划矿区、对国民经济具有重要价值的矿区采矿，开采国家规定实行保护性开采的特定矿种，或者在禁采区、禁采期内采矿，开采的矿产品价值或者造成矿产资源破坏的价值在 5 万元至 15 万元以上的；③ 2 年内曾因非法采矿受过 2 次以上行政处罚，又实施非法采矿行为的；④造成生态环境严重损害的；⑤在河道内采砂，严重影响河势稳定，危害防洪安全的；⑥开采海砂造成海岸线严重破坏的；⑦其他情节严重的情形。

违反矿产资源法的规定，非法开采石油、天然气资源的，依照非法采矿罪的规定追究刑事责任。[1] 违反安全生产管理规定，非法采矿或排放、倾倒、处置有害物质严重污染环境，造成重大伤亡事故或者其他严重后果，同时构成危害生产安全犯罪和破坏环境资源保护犯罪的，

---

〔1〕 参见《最高人民法院、最高人民检察院关于办理盗窃油气、破坏油气设备等刑事案件具体应用法律若干问题的解释》（法释〔2007〕3 号）第 6 条。

依照数罪并罚的规定处罚。[1]

根据《刑法》第 343 条第 1 款的规定，犯本罪的，处 3 年以下有期徒刑、拘役或者管制，并处或者单处罚金；情节特别严重的，[2] 处 3 年以上 7 年以下有期徒刑，并处罚金。根据《刑法》第 346 条之规定，单位犯本罪的，对单位判处罚金，并对其直接负责的主管人员和其他直接责任人员，依照自然人犯本罪的规定处罚。

十一、破坏性采矿罪

破坏性采矿罪，是指违反矿产资源法的规定，采取破坏性的方法开采矿产资源，造成矿产资源严重破坏的行为。

违反矿产资源法的规定，与非法采矿罪中的含义相同，是指违反《矿产资源法》《水法》等法律、行政法规有关矿产资源开发、利用、保护和管理的规定。所谓采取破坏性的开采方法，是指行为人违反地质矿产主管部门审查批准的矿产资源开发利用方案开采矿产资源。诸如采用国家禁止使用的开采方法和开采顺序，如采富弃贫，采厚弃薄，采易弃难；不按合理的选矿工艺选矿，使选矿回收率低；对暂不能综合开采，或必须同时采出而暂时还不能综合利用的矿产，以及含有有用成分的尾矿，没有采取有效的保护措施等。造成矿产资源严重破坏，即因破坏性开采，造成矿区地质层结构大面积破坏，矿产资源严重枯竭或严重浪费，从而造成国家矿产资源破坏的价值达到一定数额标准。根据《非法采矿案件解释》第 6 条的规定，造成矿产资源破坏的价值在 50 万元至 100 万元以上，或者造成国家规划矿区、对国民经济具有重要价值的矿区和国家规定实行保护性开采的特定矿种资源破坏的价值在 25 万元至 50 万元以上的，应当认定为本罪中的"造成矿产资源严重破坏"。犯罪主体是单位或者自然人。本罪的责任形式。

违反矿产资源法的规定，破坏性开采石油、天然气资源的，依照破坏性采矿罪的规定追究刑事责任。[3] 违反安全生产管理规定，破坏性采矿或排放、倾倒、处置有害物质严重污染环境，造成重大伤亡事故或者其他严重后果，同时构成危害生产安全犯罪和破坏环境资源保护犯罪的，依照数罪并罚的规定处罚。[4]

根据《刑法》第 343 条第 2 款的规定，犯本罪的，处 5 年以下有期徒刑或者拘役，并处罚金。根据《刑法》第 346 条之规定，单位犯本罪的，对单位判处罚金，并对其直接负责的主管人员和其他直接责任人员，依照自然人犯本罪的规定处罚。

十二、危害国家重点保护植物罪

危害国家重点保护植物罪，是指违反国家规定，非法采伐、毁坏珍贵树木或者国家重点保护的其他植物的行为，或者非法收购、运输、加工、出售珍贵树木或者国家重点保护的其他植物及其制品的行为。

"珍贵树木或者国家重点保护的其他植物"，包括由省级以上林业主管部门或者其他部门确定的具有重大历史纪念意义、科学研究价值或者年代久远的古树名木，国家禁止、限制出口的珍贵树木以及列入《国家重点保护野生植物名录》的树木或者其他植物。[5] 所谓非法，是

[1] 参见《关于进一步加强危害生产安全刑事案件审判工作的意见》（法发〔2011〕20 号）第 10 条。
[2] 情节特别严重的标准，参见《非法采矿案件解释》第 3 条第 2 款的规定。
[3] 参见《最高人民法院、最高人民检察院关于办理盗窃油气、破坏油气设备等刑事案件具体应用法律若干问题的解释》（法释〔2007〕3 号）第 6 条。
[4] 参见《关于进一步加强危害生产安全刑事案件审判工作的意见》（法发〔2011〕20 号）第 10 条。
[5] 参见《刑事案件立案规定（一）》第 70 条。

指违反《森林法》《草原法》等有关法律、法规中关于收购、运输、加工、出售珍贵植物及其制品的有关规定。所谓非法采伐，是指未经省、自治区、直辖市林业主管部门批准而采伐珍贵植物；所谓毁坏，是指致使特定珍贵植物丧失部分、全部价值或使用价值，以及造成珍贵植物死亡或濒临灭绝等。所谓收购，是指以金钱作价购买国家重点保护的植物及其制品，包括以营利、自用等为目的的收购；所谓运输，是指在中国境内由甲地到乙地的运送；所谓加工，是指将国家重点保护的植物加工、制作、雕刻成多种成品、半成品；所谓出售，是指以牟利为目的的买卖国家重点保护植物的活动。在珍贵树木、植物自然死亡后，收购、运输、加工、出售该树木、植物及其制品的，不构成本罪。犯罪主体可以是单位，也可以是自然人。本罪的责任形式为故意。

根据《刑法》第344条的规定，犯本罪的，处3年以下有期徒刑、拘役或者管制，并处罚金；情节严重的，处3年以上7年以下有期徒刑，并处罚金。根据《刑法》第346条之规定，单位犯本罪的，对单位判处罚金，并对其直接负责的主管人员和其他直接责任人员，依照自然人犯本罪的规定处罚。

十三、非法引进、释放、丢弃外来入侵物种罪[1]

非法引进、释放、丢弃外来入侵物种罪，是指违反国家规定，非法引进、释放或者丢弃外来入侵物种，情节严重的行为。规定本罪是为了防范外来物种入侵与保护生物多样性，保护我国生物安全。《生物安全法》第60条第3款规定，任何单位和个人未经批准，不得擅自引进、释放或者丢弃外来物种。同法第81、82条规定，违反该法规定，未经批准，擅自引进外来物种的，处以罚款；构成犯罪的，追究刑事责任。根据《刑法》第344条之一的规定，犯本罪的，处3年以下有期徒刑或者拘役，并处或者单处罚金。根据《刑法》第346条之规定，单位犯本罪的，对单位判处罚金，并对其直接负责的主管人员和其他直接责任人员，依照自然人犯本罪的规定处罚。

十四、盗伐林木罪

（一）盗伐林木罪的概念和犯罪构成

盗伐林木罪，是指盗伐森林或者其他林木，数量较大的行为。

行为对象特指正在生长中的森林和其他林木。森林是指大片树木，包括原始的和人造的乔木林和竹林；其他林木主要是指小片树木和竹林，包括个人承包的属于国家或集体所有的荒山、荒地上种植的林木及公民个人自留山上的成片林木等。已被伐倒的树木和个人房前屋后种植的零星树木，以及枯死、病死的树木，不是本罪的犯罪对象。

行为为盗伐。所谓盗伐，主要是指以非法占有为目的擅自砍伐。既可以是秘密砍伐，也可以是公然砍伐。把不属于本人或本单位的树木整体挖走，移植到自己掌控区域的，也是一种盗伐行为，因为这种行为既破坏了树木所在地的生态环境，也侵害了他人的财产权。根据《最高人民法院关于审理破坏森林资源刑事案件适用法律若干问题的解释》（以下简称为《破坏森林资源案件解释》）第3条的规定以非法占有为目的，具有下列情形之一的，应当认定为刑法第345条第1款规定的"盗伐森林或者其他林木"：①未取得采伐许可证，擅自采伐国家、集体或者他人所有的林木的；②违反森林法第56条第3款的规定，擅自采伐国家、集体或者他人所有的林木的；[2] ③在采伐许可证规定的地点以外采伐国家、集体或者他人所有的林木的。

---

〔1〕 本罪为《刑法修正案（十一）》第43条所增设。

〔2〕 这种情况下的森林或林木，指的并非承包人个人所有的森林或林木；如果是砍伐承包人个人所有的森林或林木，只可能成立滥伐林木罪，不可能成立盗伐林木罪。

本罪的成立要求盗伐林木数量较大。根据《破坏森林资源案件解释》第4条的规定，盗伐森林或者其他林木，涉案林木具有下列情形之一的，应当认定为"数量较大"：①立木蓄积5m³以上的；②幼树200株以上的；③数量虽未分别达到第1项、第2项规定标准，但按相应比例折算合计达到有关标准的；④价值2万元以上的。多次实施该解释规定的行为，未经处理，且依法应当追诉的，数量、数额累计计算。

本罪的责任形式为故意，而且要求行为人具有非法占有他人林木的目的。这种非法占有，可以是自用或销售牟利，也可以是转归他人或单位占有等。根据《破坏森林资源案件解释》第3条的规定，不以非法占有为目的，违反森林法的规定，进行开垦、采石、采砂、采土或者其他活动，造成国家、集体或者他人所有的林木毁坏，符合刑法第275条规定的，以故意毁坏财物罪定罪处罚。[1]

在司法实践中，经常出现雇用他人盗伐林木的现象。如果被雇者明知是盗伐他人林木，而又去帮助实施盗伐行为，应以共犯论处。如果被雇者不知是盗伐他人的林木，则不能以盗伐林木罪的共犯论处，雇主成立盗伐林木罪的间接正犯。

（二）盗伐林木罪的认定

1. 本罪与盗窃罪的关系。本罪与盗窃罪保护的法益不同：本罪保护的是国家森林资源，盗窃罪保护的是公私财产。由于国家森林资源也具有经济价值，因此当盗伐林木的数量没有达到盗伐林木罪的定罪标准但达到盗窃罪的定罪标准时，应以盗窃罪论处。行为同时触犯盗伐林木罪与盗窃罪的，按照想象竞合，从一重罪论处。以非法占有为目的，偷砍国家、集体、他人所有并已经伐倒的树木，偷砍他人房前屋后、自留地种植的零星树木，以及偷砍枯死、病死的树木的，由于没有侵害国家森林资源，故不成立本罪；达到盗窃罪数额标准的，认定为盗窃罪。

2. 本罪与非法采伐国家重点保护植物罪的关系。非法采伐国家重点保护植物罪并非盗伐林木罪的特别法条，因为两罪保护的法益不同，非法采伐国家重点保护植物罪意在保护珍稀植物的稀缺性，保障生态系统的完整与平衡；而本罪意在保护国家森林资源。因此，一行为同时触犯本罪与非法采伐国家重点保护植物罪的，应按照想象竞合从一重罪处理。

（三）盗伐林木罪的处罚

根据《刑法》第345条第1、4款的规定，犯本罪的，处3年以下有期徒刑、拘役或者管制，并处或单处罚金；数量巨大的，处3年以上7年以下有期徒刑，并处罚金；数量特别巨大的，处7年以上有期徒刑，并处罚金。盗伐国家级自然保护区内的森林或者其他林木的，从重处罚。根据《刑法》第346条之规定，单位犯本罪的，对单位判处罚金，并对其直接负责的主管人员和其他直接责任人员，依照自然人犯本罪的规定处罚。

十五、滥伐林木罪

滥伐林木罪，是指违反森林法的规定，滥伐森林或者其他林木，数量较大的行为。

本罪与盗伐林木罪的行为对象范围基本相同。但是，由于无论所有权归属于谁的林木，都属于国家森林资源的一部分，因此，砍伐自己所有的林木的，虽不能成立盗伐林木罪，但可能成立滥伐林木罪。

本罪的成立，以违反森林法的规定为前提。根据《森林法》及其实施细则等法律、法规

---

〔1〕　但本书认为，由于本罪保护的不是财产，而是国家森林资源，因此，没有非法占有目的的盗伐行为，例如擅自砍伐国家所有的森林后，将砍伐的树木放置不管的，由于在对国家森林资源的侵害程度上与具有非法占有目的没有区别，因此也应当成立盗伐林木罪。

的规定，对森林只能合理采伐，应当根据用材林的消耗量低于生产量的原则，严格控制森林的年采伐量。凡采伐国有或集体所有的森林、林木和农民自留山上（除薪炭林以外）的林木，都必须纳入国家的年度木材生产计划。因此，采伐林木必须申请林木采伐许可证，严禁计划外采伐和无证采伐。对用材林必须按照批准的计划采伐量实行合理采伐，保证作业质量。对防护林和特种用途林中的名胜古迹林和革命纪念地林木、自然保护区的森林，严禁采伐；对特种用途林中的国防林、母树林、环境保护林、风景林，只准进行抚育和更新性质的采伐；等等。

行为表现为滥伐。根据《破坏森林资源案件解释》第 5 条的规定，具有下列情形之一的，应当认定为"滥伐森林或者其他林木"：①未取得采伐许可证，或者违反采伐许可证规定的时间、地点、数量、树种、方式，任意采伐本单位或者本人所有的林木的；②违反森林法第 56 条第 3 款的规定，任意采伐本单位或者本人所有的林木的；③在采伐许可证规定的地点，超过规定的数量采伐国家、集体或者他人所有的林木的。林木权属存在争议，一方未取得采伐许可证擅自砍伐的，以滥伐林木论处。根据《最高人民法院关于在林木采伐许可证规定的地点以外采伐本单位或者本人所有的森林或者其他林木的行为如何适用法律问题的批复》（法释〔2004〕3 号），违反森林法的规定，在林木采伐许可证规定的地点以外，采伐本单位或者本人所有的森林或者其他林木的，除农村居民采伐自留地和房前屋后个人所有的零星林木以外，属于"未经林业行政主管部门及法律规定的其他主管部门批准并核发林木采伐许可证"这一滥伐林木的情形。

本罪的成立要求滥伐林木达到数量较大。根据《破坏森林资源案件解释》第 6 条的规定，滥伐森林或者其他林木，涉案林木具有下列情形之一的，应当认定为"数量较大"：①立木蓄积 20m³ 以上的；②幼树 1000 株以上的；③数量虽未分别达到第 1 项、第 2 项规定标准，但按相应比例折算合计达到有关标准的；④价值 5 万元以上的。实施前款规定的行为，达到第 1 项至第 4 项规定标准 5 倍以上的，应当认定为"数量巨大"。

犯罪主体可以是单位，也可以是自然人。本罪的责任形式为为故意。

根据《刑法》第 345 条第 2、4 款的规定，犯本罪的，处 3 年以下有期徒刑、拘役或者管制，并处或者单处罚金；数量巨大的，处 3 年以上 7 年以下有期徒刑，并处罚金。滥伐国家级自然保护区内的森林或者其他林木的，从重处罚。根据《刑法》第 346 条之规定，单位犯本罪的，对单位判处罚金，并对其直接负责的主管人员和其他直接责任人员，依照自然人犯本罪的规定处罚。

十六、非法收购、运输盗伐、滥伐的林木罪

非法收购、运输盗伐、滥伐的林木罪，是指明知是盗伐、滥伐的林木而予以收购或运输，情节严重的行为。

犯罪对象是他人盗伐、滥伐的林木。行为表现为非法运输、收购。所谓收购，是指违反法律规定，未经批准而收买盗伐、滥伐的林木的行为；所谓运输，是指将盗伐、滥伐的林木在国内由甲地运往乙地的行为。收购、运输的行为必须具有非法性。这里的收购、运输是指违反国家法律规定，未经合法批准的收购、运输。收购、运输的林木，必须是盗伐、滥伐的林木，而不是合法采伐的林木。非法收购、运输的行为，还必须情节严重，才构成本罪。根据《破坏森林资源案件解释》第 7 条的规定，具有下列情形之一的，可以认定行为人"明知是盗伐、滥伐的林木"，但有相反证据或者能够作出合理解释的除外：①收购明显低于市场价格出售的林木的；②木材经营加工企业伪造、涂改产品或者原料出入库台账的；③交易方式明显不符合正常习惯的；④逃避、抗拒执法检查的；⑤其他足以认定行为人明知的情形。根据《破坏森林资源案件解释》第 8 条的规定，非法收购、运输明知是盗伐、滥伐的林木，具有下列情形之一的，应当认定为"情节严重"：①涉案林木立木蓄积 20m³ 以上的；②涉案幼树 1000 株以上的；③涉案林木数量虽未分别达到第 1 项、第 2 项规定标准，但按相应比例折算合计达到有关标准的；④涉案林木价值 5 万元以上的；⑤其他情节严重的情形。

根据《刑法》第 345 条第 3 款的规定，犯本罪的，处 3 年以下有期徒刑、拘役或者管制，并处或者单处罚金；情节特别严重的，[1] 处 3 年以上 7 年以下有期徒刑，并处罚金。根据《刑法》第 346 条之规定，单位犯本罪的，对单位判处罚金，并对其直接负责的主管人员和其他直接责任人员，依照个人犯本罪的规定处罚。

第八节　走私、贩卖、运输、制造毒品罪

一、走私、贩卖、运输、制造毒品罪

（一）走私、贩卖、运输、制造毒品罪的概念和法益

走私、贩卖、运输、制造毒品罪，是指违反国家毒品管制法规，从事走私、贩卖、运输、制造毒品的行为。本罪是选择性罪名，诉讼中应根据实际案情选择适用或合并适用其罪名。如对同一宗毒品实施两种以上犯罪行为，应按条文顺序并列罪名，毒品数量不累计，也不实行并罚；如对不同宗毒品分别实施了不同的犯罪行为，应将不同行为并列确定罪名，累计毒品数量，也不实行数罪并罚。

我国刑法理论通说一般将国家对毒品的管理制度作为本罪的保护法益。然而，行为如果没有违反国家对毒品的管制制度，只能说明行为不违法，因此国家毒品管理制度是违法阻却层面的问题，而不是保护法益层面问题。由于没有进一步解释"国家对毒品的管理制度"的具体内容，因此，通说并没有办法回答，能否将单纯的购买行为解释为贩卖，也没有办法说明，同是违反"国家对毒品的管理制度"的贩卖毒品行为与非法种植毒品原植物的行为，为何法定刑差异巨大。

实际上，任何国家对毒品进行管制都是为了防止毒品泛滥，因为毒品泛滥会侵害公众健康。因此，毒品犯罪的保护法益是公众的健康，[2] 只不过不以发生公众健康的实害或具体危险为必要，因此毒品犯罪是以公众健康为保护法益的抽象的危险犯。公众健康不是个人法益，而是超个人的法益，因此具体个人的承诺不能阻却毒品犯罪的违法性。对公众健康没有抽象危险或者危险极低的与毒品相关的行为，不应当作为毒品犯罪处理。

（二）走私、贩卖、运输、制造毒品罪的犯罪构成

1. 构成要件。

（1）行为对象必须是毒品。所谓毒品，是指鸦片、海洛因、甲基苯丙胺（冰毒）、吗啡、大麻、可卡因以及国家规定管制的其他能够使人形成瘾癖的麻醉药品和精神药品。具体品种以原卫生部发布的《麻醉药品品种目录》《精神药品品种目录》为依据。走私、贩卖、运输、制造毒品，无论数量多少，都构成犯罪。

（2）本罪的行为是走私、贩卖、运输、制造毒品。所谓走私毒品，是指明知是毒品而非法将其运输、携带、寄递进出国（边）境的行为。直接向走私人非法收购走私进口的毒品，或者在内海、领海、界河、界湖运输、收购、贩卖毒品的，以走私毒品罪论处。例如，违反海关

---

〔1〕　"情节特别严重"的标准，参见《破坏森林资源案件解释》第 8 条第 2 款的规定。

〔2〕　将毒品犯罪的法益理解为公众健康只是原则性的概括，在具体犯罪中可能会有不同。例如，《刑法》第 349 条规定的包庇毒品犯罪分子罪与窝藏、转移、隐瞒毒品、毒脏罪，其法益就不仅是公众健康，还包括司法活动。

法规，不经海关、边防检查站非法偷运、携带毒品进出国（边）境，或者虽经海关、边防检查站但采用伪装、藏匿、谎报等方法逃避检查，将毒品偷运进出国（边）境的行为。根据《刑法》第 355 条第 1 款的规定，依法从事生产、运输、管理、使用国家管制的麻醉药品、精神药品的人员，向走私毒品的犯罪分子提供国家规定管制的能够使人形成瘾癖的麻醉药品、精神药品的，以走私毒品罪论处。走私毒品经陆路输入的，以越过国（边）境线为既遂；采取海运、空运方式的，以船舶、飞机抵达本国港口、机场为既遂。走私毒品，又走私其他物品构成犯罪的，以走私毒品罪和其所犯的其他走私罪分别定罪，依法数罪并罚。虽然走私行为包括输入与输出，但是输入毒品的法益侵害性显然高于输出毒品，因为输入毒品侵害的是我国公民的健康，而输出毒品不直接侵害我国公民的健康。出于对本国及本国公民利益的保护，对于输入毒品和输出毒品的行为，在量刑时要予以不同处理。

所谓贩卖毒品，是指有偿转让毒品的行为。有偿转让，即将毒品交付给对方，并获得对价。对价可以是金钱，也可以是其他物质性利益。例如，以毒品冲抵部分买卖枪支价款的，构成贩卖毒品罪。[1] 如果是无偿赠与毒品，则不属于贩卖毒品。贩卖毒品罪的既遂以将毒品卖出为准，不要求收到对价。

按照《最高人民检察院、公安部关于公安机关管辖的刑事案件立案追诉标准的规定（三）》[以下简称《刑事案件立案规定（三）》] 第 1 条的规定，以贩卖为目的而非法收买的行为，也构成贩卖毒品罪。然而，从毒品犯罪侵犯的法益角度考虑，非法收买毒品尚未卖出的行为对公众健康造成的危险，与将毒品卖出后对公众健康造成的危险程度并不相当，将以贩卖为目的而非法收买的行为也认定为贩卖毒品的实行行为甚至认定为贩卖毒品的既遂，并不合适。贩卖就是出卖，以贩卖为目的买入毒品的行为，只是贩卖毒品的预备行为。

刑事案件立案规定（三）》第 1 条第 4 款、以及 2008 年《全国部分法院审理毒品犯罪案件工作座谈会纪要》（法〔2008〕324 号）都对代购毒品行为进行了规定：行为人以牟利为目的，为他人代购仅用于吸食、注射的毒品，对代购者以贩卖毒品罪立案追诉。不以牟利为目的，为他人代购仅用于吸食、注射的毒品，毒品数量达到该规定第 2 条规定的数量标准的，对托购者和代购者以非法持有毒品罪立案追诉。行为人为他人代购仅用于吸食的毒品，在交通、食宿等必要开销之外收取"介绍费""劳务费"，或者以贩卖为目的收取部分毒品作为酬劳的，应视为从中牟利。[2] 2023 年《全国法院毒品案件审判工作会议纪要》（法〔2023〕208 号）代购者从托购者事先联系的贩毒者处，为托购者购买仅用于吸食的毒品，并收取、私自截留少量毒品供自己吸食的，一般不以贩卖毒品罪论处。然而，贩卖毒品并不要求以牟利为目的，因此，以是否具有牟利目的区分代购行为是成立贩卖毒品还是非法持有毒品，缺乏法理依据。原则上，只要是有偿销售毒品的行为，无论是直接贩卖还是代购，也无论是否以牟利为目的的，都应当成立贩卖毒品罪。如果是为了"蹭吸"而帮助吸毒者购买毒品，由于不存在贩卖行为，不成立贩卖毒品罪；但如果为了获得一定比例的毒品提成而帮助吸毒者购买毒品，由于"提成"部分相当于帮助购买毒品的对价，因此成立贩卖毒品罪。单纯为吸毒者寻找、联系贩毒者的，不成立贩卖毒品罪。

贩毒人员被抓获后，对于从其住所、车辆等处查获的毒品，一般均应认定为其贩卖的毒品。确有证据证明查获的毒品并非贩毒人员用于贩卖，其行为另构成非法持有毒品罪、窝藏毒

---

[1] 参见中华人民共和国最高人民法院刑事审判第一、二、三、四、五庭主办：《刑事审判参考》（总第 59 集），法律出版社 2008 年版，第 4~7 页。

[2] 参见《全国法院毒品犯罪审判工作座谈会纪要》（法〔2015〕129 号）。

品罪等其他犯罪的，依法定罪处罚。[1]

根据《刑法》第355条第1款的规定，依法从事生产、运输、管理、使用国家管制的麻醉药品、精神药品的人员，向贩卖毒品的犯罪分子或者以牟利为目的，向吸食、注射毒品的人提供国家规定管制的能够使人形成瘾癖的麻醉药品、精神药品的，以贩卖毒品罪定罪处罚。出于医疗目的，违反有关药品管理的国家规定，非法贩卖上述麻醉药品或者精神药品，扰乱市场秩序，情节严重的，以非法经营罪定罪处罚。[2] 制药单位在不明知他人购买咖啡因是用于贩卖给吸毒人员的情况下，违反国家对精神药品及咖啡因生产经营的管理规定，非法大量出售咖啡因的行为，不构成贩卖毒品罪，应认定为非法经营罪。[3] 无资质的行为主体单纯以生产药品供临床使用为目的，生产、经营国家管制的麻醉药品、精神药品，事实上所生产的药品也没有流向毒品市场的，不能认定为贩卖、制造毒品罪。对非法生产、销售国家管制的麻醉药品、精神药品的行为以制造、贩卖毒品罪定罪，必须同时符合以下条件：①被告人明知所制造、贩卖的是麻醉药品、精神药品，并且制造、贩卖的目的是将其作为毒品的替代品，而不是作为治疗所用的药品。②麻醉药品、精神药品的去向明确，即毒品市场或者吸食毒品群体。③获得了远远超出正常药品经营所能获得的利润。[4]

所谓运输毒品，是指指明知是毒品而采用携带、寄递、托运、利用他人或者使用交通工具等方法非法运送毒品的行为。运输毒品可以是基于贩卖毒品集团成员的分工，也可以是图利而替别人运输。为了自己或吸食、注射毒品或受吸毒者委托而将毒品从一地运往另一地的，由于不会造成侵害公众健康的危险，因此不成立运输毒品罪。为与持有毒品罪相区分，只有与走私、贩卖、制造具有关联性的运输行为，或者运输毒品数量大的行为，才宜认定为运输毒品罪。[5] 对吸毒人员异地购买毒品后运回住所地的行为，如果查获的毒品数量在吸毒人员个人正常吸食量以内，不能排除是为自己吸食而购买、运输的，不能认定为运输毒品罪；如果查获的毒品数量已经超出了吸毒人员个人正常吸食量，但不能证明其是为了实施贩卖毒品等其他犯罪，也不能直接推定查获的毒品将会流向社会的，也不能认定为运输毒品罪；如果查获的毒品明显超过吸毒人员个人正常吸食量，且结合案情可以认定查获的毒品有流向社会的极大的可能性的，可以认定为运输毒品罪。认定查获的毒品数量是否在个人正常吸食量以内，需要考虑其吸毒史、日常吸毒量、经济来源、收入情况及日常消费等因素。在吸毒人员没有积蓄，也没有正当收入来源的情况下，如果其购买、运输数量大的毒品，就表明其所运输的毒品具有进入社会流通环节的极大的可能性。运输毒品罪，以毒品离开原存放地，进入运输状态为既遂标准。

所谓制造毒品，是指非法利用毒品原植物直接提炼或者用化学方法加工、配制毒品，或者以改变毒品成分和效用为目的，用混合等物理方法加工、配制、精制毒品的行为，如将甲基苯丙胺或者其他苯丙胺类毒品与其他毒品混合成麻古或者摇头丸。为了便于隐蔽运输、销售、使

〔1〕　参见《全国法院毒品犯罪审判工作座谈会纪要》（法〔2015〕129号）。

〔2〕　参见《全国法院毒品犯罪审判工作座谈会纪要》（法〔2015〕129号）。

〔3〕　参见中华人民共和国最高人民法院刑事审判第一、二、三、四、五庭主办：《刑事审判参考》（总第67集），法律出版社2009年版，第8~10页。

〔4〕　参见中华人民共和国最高人民法院刑事审判第一、二、三、四、五庭主办：《刑事审判参考》（总第102集），法律出版社2016年版，第16~17页。

〔5〕　因此，《全国法院毒品犯罪审判工作座谈会纪要》（法〔2015〕129号）"吸毒者在运输毒品过程中被查获，没有证据证明其是为了实施贩卖毒品等其他犯罪，毒品数量达到较大以上的，以运输毒品罪定罪处罚。行为人为吸毒者代购毒品，在运输过程中被查获，没有证据证明托购者、代购者是为了实施贩卖毒品等其他犯罪，毒品数量达到较大以上的，对托购者、代购者以运输毒品罪的共犯论处"的规定并不合理。

用、欺骗购买者，或者为了增重，对毒品掺杂掺假，添加其他非毒品物质，不属于制造毒品的行为。分装毒品属于对毒品量的精制，因此属于制造毒品。为了制造毒品而采用生产、加工、提炼等方法非法制造易制毒化学品的，以制造毒品罪（预备）立案追诉。购进制造毒品的设备和原材料，开始着手制造毒品，尚未制造出毒品或者半成品的，以制造毒品罪（未遂）立案追诉。已经制造出粗制毒品或者半成品的，以制造毒品罪的既遂论处。明知他人制造毒品而为其生产、加工、提炼、提供醋酸酐、乙醚、三氯甲烷等制毒物品的，以制造毒品罪的共犯立案追诉。[1] 以制造毒品为目的，采挖、收购麻黄草的，以制造毒品罪（未遂）定罪处罚。[2] 制毒方法在客观上根本不可能制造出毒品的，属于方法不能的不能犯，不成立制造毒品罪。

走私、贩卖、运输、制造毒品罪是选择性罪名，对同一宗毒品实施了两种以上犯罪行为的，应当按照所实施的犯罪行为的性质并列适用罪名，毒品数量不重复计算。对不同宗毒品分别实施了不同种犯罪行为的，应对不同行为并列适用罪名，累计计算毒品数量，不实行数罪并罚。对被告人一人走私、贩卖、运输、制造两种以上毒品的，不实行数罪并罚，量刑时可综合考虑毒品的种类、数量及危害，依法处理。

（3）本罪的主体既可以是单位，也可以是自然人。自然人主体既可以是我国内地公民，也可以是我国港、澳、台地区的人员和华侨，还可以是外国公民和无国籍的人。

2. 责任。本罪的责任形式为故意，即行为人明知走私、贩卖、运输和制造毒品的行为会发生危害公众健康的结果，并且希望或者放任这种结果发生。本罪并不要求以营利或牟利为目的。

走私、贩卖、运输毒品主观故意中的"明知"，是指行为人知道或者应当知道所实施的是走私、贩卖、运输毒品的行为。这里的"应当知道"，并非过失犯中的应当知道而不知道，而是结合行为人的供述和其他证据，能够推定行为人知道。具有下列情形之一，除非有证据证明行为人被蒙骗，否则可以认定行为人"明知"：①执法人员在口岸、机场、车站、港口、邮局和其他检查站点检查时，要求行为人申报携带、运输、寄递的物品和其他疑似毒品物，并告知其法律责任，而行为人未如实申报，在其携带、运输、寄递的物品中查获毒品的；②以伪报、藏匿、伪装等蒙蔽手段逃避海关、边防等检查，在其携带、运输、寄递的物品中查获毒品的；③执法人员检查时，有逃跑、丢弃携带物品或者逃避、抗拒检查等行为，在其携带、藏匿或者丢弃的物品中查获毒品的；④体内或者贴身隐秘处藏匿毒品的；⑤为获取不同寻常的高额或者不等值的报酬为他人携带、运输、寄递、收取物品，从中查获毒品的；⑥采用高度隐蔽的方式携带、运输物品，从中查获毒品的；⑦采用高度隐蔽的方式交接物品，明显违背合法物品惯常交接方式，从中查获毒品的；⑧行程路线故意绕开检查站点，在其携带、运输的物品中查获毒品的；⑨以虚假身份、地址或者其他虚假方式办理托运、寄递手续，在托运、寄递的物品中查获毒品的；⑩有其他证据足以证明行为人应当知道的。[3]

制造毒品主观故意中的"明知"，是指行为人知道或者应当知道所实施的是制造毒品的行为。有下列情形之一，除非有证据证明行为人被蒙骗，可以认定或推定其"明知"：①购置了专门用于制造毒品的设备、工具、制毒物品或者配制方案的；②为获取不同寻常的高额或者不

〔1〕 参见《刑事案件立案规定（三）》第1条。

〔2〕 参见《最高人民法院、最高人民检察院、公安部、农业部、食品药品监管总局关于进一步加强麻黄草管理严厉打击非法买卖麻黄草等违法犯罪活动的通知》（公通字〔2013〕16号）。

〔3〕 参见《最高人民检察院、公安部关于公安机关管辖的刑事案件立案追诉标准的规定（三）》、2008年《全国部分法院审理毒品犯罪案件工作座谈会纪要》、《办理毒品犯罪案件适用法律若干问题的意见》、2023年《全国法院毒品案件审判工作会议纪要》。

等值的报酬为他人制造物品，经检验是毒品的；③在偏远、隐蔽场所制造，或者采取对制造设备进行伪装等方式制造物品，经检验是毒品的；④制造人员在执法人员检查时，有逃跑、抗拒检查等行为，在现场查获制造出的物品，经检验是毒品的；⑤有其他证据足以证明行为人应当知道的。[1]

对毒品种类产生错误认识的，根据法定符合说，不影响本罪故意的成立。

（三）走私、贩卖、运输、制造毒品罪的认定

1. 本罪与非罪的界限。凡根据医疗、教学、科研等的需要，经政府有关部门特许从事买卖、运输、制造麻醉药品和精神药品的是合法行为；只有未经批准而非法买卖、运输、制造毒品的行为，才能认为是犯罪。确有证据证明出于治疗疾病等相关目的，违反有关药品管理的国家规定，未经许可经营国家规定管制的、具有医疗等合法用途的麻醉药品、精神药品的，不以毒品犯罪论处；情节严重，构成其他犯罪的，依法处理。实施带有自救、互助性质的上述行为，一般可不作为犯罪处理；确须追究刑事责任的，应依法充分体现从宽。因治疗疾病需要，在自用、合理数量范围内携带、寄递国家规定管制的、具有医疗等合法用途的麻醉药品、精神药品进出境的，不构成犯罪。

2. 关于毒品的数量计算问题。根据《刑法》第347条第7款的规定，对多次走私、贩卖、运输、制造毒品，未经处理的，毒品数量累计计算。根据《刑法》第357条第2款的规定，毒品的数量以查证属实的走私、贩卖、运输、制造、非法持有毒品的数量计算，不以纯度折算。走私、贩卖、运输、制造、非法持有两种以上毒品的，可以将不同种类的毒品分别折算为海洛因的数量，以折算后累加的毒品总量作为量刑的根据。办理毒品犯罪案件，无论毒品纯度高低，一般均应将查证属实的毒品数量认定为毒品犯罪的数量，并据此确定适用的法定刑幅度，但司法解释另有规定或者为了隐蔽运输而临时改变毒品常规形态的除外。涉案毒品纯度明显低于同类毒品的正常纯度的，量刑时可以酌情考虑。制造毒品案件中，毒品成品、半成品的数量应当全部认定为制造毒品的数量，对于无法再加工出成品、半成品的废液、废料则不应计入制造毒品的数量。对于废液、废料的认定，可以根据其毒品成分的含量、外观形态，结合被告人对制毒过程的供述等证据进行分析判断，必要时可以听取鉴定机构的意见。[2]

3. 贩卖、运输、制造毒品罪与诈骗罪的界限。对于故意制造假毒品出售，或明知是非毒品而冒充毒品贩卖的行为，由于行为人主观上不具有制造、贩卖毒品的故意，客观上所制造、贩卖的对象也不是毒品，而是利用假毒品诈骗他人钱财，如果数额较大且符合诈骗罪构成要件的，应当按诈骗罪论处。对于行为人不知所获得的是假毒品，将其以真毒品贩卖获利的，由于其客观上不可能实施贩毒行为，属于贩卖毒品的不能犯；主观上也无诈骗故意，故也不成立诈骗罪。如果行为人在非毒品中掺杂毒品贩卖，只要贩卖物中含有毒品，应以贩卖毒品罪论处。

4. 本罪的共同犯罪问题。根据《刑法》第349条第3款的规定，包庇毒品犯罪分子和窝藏、转移、隐瞒毒品、毒赃，事先通谋的，以本罪的共犯论处。根据《刑法》第350条第2款的规定，明知他人制造毒品而为其提供制毒物品的，以制造毒品罪的共犯论处。在共同犯罪中，要正确区分主犯和从犯，其中起意贩卖、为主出资、毒品所有者以及其他起主要作用的人是主犯；在共同犯罪中起次要或者辅助作用的是从犯。

居间介绍者受贩毒者委托，为其介绍联络购毒者的，与贩毒者构成贩卖毒品罪的共同犯罪；明知购毒者以贩卖为目的购买毒品，受委托为其介绍联络贩毒者的，与购毒者构成贩卖毒

[1] 参见《最高人民检察院、公安部关于公安机关管辖的刑事案件立案追诉标准的规定（三）》。
[2] 参见《全国法院毒品犯罪审判工作座谈会纪要》（法〔2015〕129号）。

品罪的共同犯罪;[1] 同时与贩毒者、购毒者共谋，联络促成双方交易的，通常认定与贩毒者构成贩卖毒品罪的共同犯罪。居间介绍者实施为毒品交易主体提供交易信息、介绍交易对象等帮助行为，对促成交易起次要、辅助作用的，应当认定为从犯；对于以居间介绍者的身份介入毒品交易，但在交易中超出居间介绍者的地位，对交易的发起和达成起重要作用的被告人，可以认定为主犯。[2] 居中倒卖毒品的，属于作为中间商销售毒品，成立贩卖毒品罪。帮助贩卖毒品者交付毒品的，成立贩卖毒品罪的帮助犯。

两人以上同行运输毒品的，应当从是否明知他人带有毒品，有无共同运输毒品的意思联络，有无实施配合、掩护他人运输毒品的行为等方面综合审查认定是否构成共同犯罪。受雇于同一雇主同行运输毒品，但受雇者之间没有共同犯罪故意，或者虽然明知他人受雇运输毒品，但各自的运输行为相对独立，既没有实施配合、掩护他人运输毒品的行为，又分别按照各自运输的毒品数量领取报酬的，不应认定为共同犯罪。受雇于同一雇主分段运输同一宗毒品，但受雇者之间没有犯罪共谋的，也不应认定为共同犯罪。雇用他人运输毒品的雇主，及其他对受雇者起到一定组织、指挥作用的人员，与各受雇者分别构成运输毒品罪的共同犯罪，对运输的全部毒品数量承担刑事责任。[3]

5. 盗窃、抢夺、抢劫毒品犯罪的定性问题。对盗窃、抢夺、抢劫毒品的，应分别以盗窃罪、抢夺罪、抢劫罪定罪，但不计犯罪数额，根据情节轻重予以定罪量刑。盗窃、抢夺、抢劫毒品后又实施其他毒品犯罪的，对盗窃罪、抢夺罪、抢劫罪和所犯的具体毒品犯罪分别定罪，依法数罪并罚。[4]

6. 有关"犯意引诱"与"数量引诱"的问题。对已持有毒品待售或者有证据证明已准备实施大宗毒品犯罪者，采取特情贴靠、接洽而破获的案件，不存在犯罪引诱，应当依法处理。行为人本没有实施毒品犯罪的主观意图，而是在特情诱惑和促成下形成犯意，进而实施毒品犯罪的，属于"犯意引诱"。对因"犯意引诱"实施毒品犯罪的被告人，根据罪刑相适应原则，应当依法从轻处罚，无论涉案毒品数量多大，都不应判处死刑立即执行。行为人在特情既为其安排上线，又提供下线的双重引诱，即"双套引诱"下实施毒品犯罪的，处刑时可予以更大幅度的从宽处罚或者依法免予刑事处罚。行为人本来只有实施数量较小的毒品犯罪的故意，在特情引诱下实施了数量较大甚至达到实际掌握的死刑数量标准的毒品犯罪的，属于"数量引诱"。[5] 对因"数量引诱"实施毒品犯罪的被告人，应当依法从轻处罚，即使毒品数量超过实际掌握的死刑数量标准，一般也不判处死刑立即执行。对不能排除"犯意引诱"和"数量引诱"的案件，在考虑是否对被告人判处死刑立即执行时，要留有余地。对被告人受特情间接

---

[1] 明知购毒者是为自己吸食而购买毒品，为其介绍贩毒者的，如果与贩毒者无事前通谋等共犯行为，则与购毒者成立持有毒品罪的共犯（以达到持有毒品罪的数量要求为前提）。

[2] 参见《全国法院毒品犯罪审判工作座谈会纪要》（法〔2015〕129号）。

[3] 参见《全国法院毒品犯罪审判工作座谈会纪要》（法〔2015〕129号）。

[4] 参见《全国部分法院审理毒品犯罪案件工作座谈会纪要》（法〔2008〕324号）。

[5] 这里的"数量较小"形式上是相对于特情人员提出的毒品数量而言的，但实质上主要是指被告人可能受到的惩罚的严厉性，也就是其打算实施的毒品犯罪数量所应适用的刑罚幅度或刑种轻于特情人员提出的数量所应适用的刑罚，典型的如被告人本来打算实施的毒品犯罪的数量不会导致对他判处死刑。如果被告人打算实施的毒品犯罪的数量原本就会导致对其判处死刑，即便特情提出的毒品犯罪数量相对大一点，也不能认为被告人"本来只有实施数量较小的毒品犯罪的故意"。反之，如果被告人本没有实施可判处重刑甚至死刑的毒品犯罪的犯意，因受特情引诱而增加毒品数量，致达到被判处重刑特别是死刑的标准，则被告人的主观恶性、人身危险性和行为的社会危害性相对于没有"数量引诱"的情形而言要小，故而对其从轻处罚（参见中华人民共和国最高人民法院刑事审判第一、二、三、四、五庭主办：《刑事审判参考》（总第67集），法律出版社2009年版，第69~70页）。

引诱实施毒品犯罪的，参照上述原则依法处理。[1]

（四）走私、贩卖、运输、制造毒品罪的处罚

根据《刑法》第347条第2款的规定，犯本罪，有下列情形之一的，处15年有期徒刑、无期徒刑或者死刑，并处没收财产：①走私、贩卖、运输、制造鸦片1000克以上、海洛因或者甲基苯丙胺50克以上或者其他毒品数量大的；②走私、贩卖、运输、制造毒品集团的首要分子；③武装掩护走私、贩卖、运输、制造毒品的；④以暴力抗拒检查、拘留、逮捕，情节严重的；⑤参与有组织的国际贩毒活动的。在实施走私、贩卖、运输、制造毒品犯罪的过程中，携带枪支、弹药或者爆炸物用于掩护的，应当认定为"武装掩护走私、贩卖、运输、制造毒品"。在实施走私、贩卖、运输、制造毒品犯罪的过程中，以暴力抗拒检查、拘留、逮捕，造成执法人员死亡、重伤、多人轻伤或者具有其他严重情节的，应当认定为"以暴力抗拒检查、拘留、逮捕，情节严重"。[2]

毒品数量接近实际掌握的死刑适用数量标准，具有累犯，毒品再犯，利用、教唆未成年人走私、贩卖、运输、制造毒品，或者向未成年人出售毒品等法定从重处罚情节的，可以判处被告人死刑。毒品数量刚超过实际掌握的死刑适用数量标准，具有多次走私、贩卖、运输、制造毒品，向多人贩卖毒品，在戒毒、监管场所贩卖毒品，向在校学生贩卖毒品，组织、利用残疾人等特定人员实施毒品犯罪，或者国家工作人员利用职务便利实施毒品犯罪等情节的，可以判处被告人死刑。毒品数量达到实际掌握的死刑适用数量标准，具有下列情形之一的，可以不判处被告人死刑：①被告人自首或者立功的；②已查明的毒品数量未达到实际掌握的死刑适用数量标准，被告人到案后坦白司法机关尚未掌握的其他毒品犯罪，累计数量达到实际掌握的死刑适用数量标准的；③经鉴定，毒品纯度明显低于同类毒品正常纯度，掺杂掺假后数量达到实际掌握的死刑适用数量标准，或者有证据表明毒品纯度明显偏低但因客观原因无法鉴定的；④原本意图实施的毒品犯罪数量未达到实际掌握的死刑适用数量标准，确系或者不排除因受隐匿身份人员引诱，毒品数量达到实际掌握的死刑适用数量标准的；⑤其他不是必须判处死刑的。

根据《刑法》第347条第3款的规定，走私、贩卖、运输、制造鸦片200克以上不满1000克、海洛因或者甲基苯丙胺10克以上不满50克或者其他毒品数量较大的，处7年以上有期徒刑，并处罚金。

根据《刑法》第347条第4款的规定，走私、贩卖、运输、制造鸦片不满200克、海洛因或者甲基苯丙胺不满10克或者其他少量毒品的，处3年以下有期徒刑、拘役或者管制，并处罚金；情节严重的，处3年以上7年以下有期徒刑，并处罚金。具有下列情形之一的，应当认定为"情节严重"：①向多人贩卖毒品或者多次走私、贩卖、运输、制造毒品的；②在戒毒场所、监管场所贩卖毒品的；③向在校学生贩卖毒品的；④组织、利用残疾人、严重疾病患者、怀孕或者正在哺乳自己婴儿的妇女走私、贩卖、运输、制造毒品的；⑤国家工作人员走私、贩卖、运输、制造毒品的；⑥其他情节严重的情形。[3]

除鸦片、海洛因、甲基苯丙胺之外的其他毒品的定罪量刑标准，按照《最高人民法院关于审理毒品犯罪案件适用法律若干问题的解释》（法释〔2016〕8号，以下简称《毒品犯罪案件解释》）的规定执行。

对于有吸毒情节的贩毒人员，一般应当按照其购买的毒品数量认定其贩毒数量，量刑时酌

---

〔1〕 参见《全国部分法院审理毒品犯罪案件工作座谈会纪要》（法〔2008〕324号）。

〔2〕 参见《毒品犯罪案件解释》第3条。

〔3〕 参见《毒品犯罪案件解释》第4条。

情考虑其吸食毒品的情节；购买的毒品数量无法查明的，按照能够证明的贩卖数量及查获的毒品数量认定其贩毒数量；确有证据证明其购买的部分毒品并非用于贩卖的，不计入其贩毒数量。

根据《刑法》第347条第5款的规定，单位犯本罪的，对单位判处罚金，并对其直接负责的主管人员和其他直接责任人员，依照自然人犯本罪的规定处罚。

根据《刑法》第347条第6款的规定，利用、教唆未成年人犯本罪的，或者向未成年人出售毒品的，从重处罚。根据《刑法》第349条第2、3款的规定，缉毒人员或者其他国家机关工作人员掩护、包庇走私、贩卖、运输、制造毒品的犯罪分子且事先通谋的，依照本罪的共犯论处；根据《刑法》第356条的规定，因犯本罪和非法持有毒品罪被判过刑，又犯本罪的，从重处罚。

二、非法持有毒品罪

（一）非法持有毒品罪的概念和犯罪构成

非法持有毒品罪，是指违反国家法律和国家主管部门的规定，占有、携带、藏有或者以其他方式持有毒品，数量较大的行为。

本罪的行为为非法持有毒品。首先表现为持有毒品。所谓持有毒品，是指以藏匿、携带、保管、支配等方式掌握、控制毒品。持有不限于随身携带，只要是对毒品的实际占有或支配即可，至于毒品的来源以及是否对该毒品拥有所有权，则在所不问。持有不限于直接持有，也包括间接持有。例如，委托他人代为保管毒品的，委托人和受托人都成立持有毒品罪。[1] 但是，如果替人携带或者代人保管而又确实不知道是毒品的，不能认为是持有毒品。持有要求具有持续性，即持有一定的时间，且在该时间内对毒品具有稳定的支配。其次表现为持有毒品的非法性。所谓非法，是指违反《药品管理法》《麻醉药品和精神药品管理条例》及《刑法》有关规定，在未经国家有关主管机关批准的情况下持有毒品；如果经过国家有关主管机关许可，特定单位及其个人依照国家规定，在生产、运输、交易、使用过程中持有毒品，则是合法行为。最后表现为非法持有的毒品数量较大。所谓数量较大，是指非法持有鸦片200克以上不满1000克、海洛因或者甲基苯丙胺10克以上不满50克或者其他毒品数量较大的。所谓其他毒品数量较大，可参照《毒品犯罪案件解释》第1、2条规定的数量执行。非法持有两种以上毒品，每种毒品均没有达到立案追诉的数额要求，但按比例折算成海洛因后累计相加达到10克以上的，应当追诉。在上述三个条件中，缺少其中任何一个条件，均不能构成本罪。本罪的责任形式为故意，即行为人明知是毒品而决意持有。如果不知是毒品而持有，不构成犯罪。行为人误将假毒品当作真毒品而持有，由于客观上不存在持有"毒品"的行为，因此属于对象不能，不成立持有毒品罪。

（二）非法持有毒品罪的认定

非法持有毒品的动机是多种多样的，无缘无故地非法持有毒品是不存在的，行为人持有毒品总有一定的来源、目的和用途，只有持有毒品的人拒不说明毒品的来源、目的和用途，而司法机关根据现有的证据，又无法认定行为人非法持有较大数量的毒品是用于走私、贩卖、运输或者进行窝藏的，就是说无法认定行为人的行为构成其他毒品犯罪的，才能以本罪论处。吸毒者在购买、运输、存储毒品过程中被查获的，如没有证据证明其是为了实施贩卖等其他毒品犯罪行为，毒品数量未超过非法持有毒品罪规定的最低数量标准的，一般不定罪处罚；查获毒品

---

[1]　如果受托人还有帮助委托人逃避司法机关追查的意图，则同时触犯窝藏毒品罪，按照想象竞合从一重罪论处。

数量达到较大以上的，应以其实际实施的毒品犯罪行为定罪处罚。有证据证明行为人不以牟利为目的，为他人代购仅用于吸食的毒品，毒品数量超过非法持有毒品罪规定的最低数量标准的，对托购者、代购者应以非法持有毒品罪定罪。代购者从中牟利，变相加价贩卖毒品的，对代购者应以贩卖毒品罪定罪。[1] 购毒者接收贩毒者通过物流寄递方式交付的毒品，没有证据证明其是为了实施贩卖毒品等其他犯罪，毒品数量达到非法持有毒品罪规定的最低数量标准的，一般以非法持有毒品罪定罪处罚。代收者明知是物流寄递的毒品而代购毒者接收，没有证据证明其与购毒者有实施贩卖、运输毒品等犯罪的共同故意，毒品数量达到非法持有毒品罪规定的最低数量标准的，对代收者以非法持有毒品罪定罪处罚。受以吸食为目的的购毒者委托，为其介绍联络贩毒者，毒品数量达到非法持有毒品罪规定的最低数量标准的，一般与购毒者构成非法持有毒品罪的共同犯罪。[2] 盗窃、抢夺、抢劫毒品后又持有的，一般只定相应的财产犯罪，即盗窃罪、抢夺罪、抢劫罪，之后的持有行为属于不可罚的事后行为；盗窃、抢夺、抢劫普通财物与毒品，之后又持有毒品的，一般应当将针对普通财物的财产犯罪与非法持有毒品罪数罪并罚。

（三）非法持有毒品罪的处罚

根据《刑法》第348条的规定，非法持有鸦片200克以上不满1000克、海洛因或者甲基苯丙胺10克以上不满50克或者其他毒品数量较大的，处3年以下有期徒刑、拘役或者管制，并处罚金；情节严重的，处3年以上7年以下有期徒刑，并处罚金；非法持有鸦片1000克以上、海洛因或者甲基苯丙胺50克以上或者其他毒品数量大的，处7年以上有期徒刑或者无期徒刑，并处罚金。[3] 根据《刑法》第356条的规定，因走私、贩卖、运输、制造、非法持有毒品罪被判过刑，又犯本罪的，从重处罚。

三、包庇毒品犯罪分子罪

包庇毒品犯罪分子罪，是指明知是走私、贩卖、运输、制造毒品的犯罪分子而予以包庇的行为。所谓包庇，是指明知是走私、贩卖、运输、制造毒品的犯罪分子，为掩盖其罪行而向司法机关作虚假证明或湮灭罪证，以使其难以被发现从而逃避法律制裁的行为。本罪是一种特殊的包庇罪，因此本条是《刑法》第310条包庇罪的特殊法条。本罪的责任形式为故意。犯本罪且有事先通谋的，以走私、贩卖、运输、制造毒品罪的共犯论处。

根据《刑法》第349条的规定，犯本罪的，处3年以下有期徒刑、拘役或者管制；情节严重的，处3年以上10年以下有期徒刑。[4] 包庇走私、贩卖、运输、制造毒品的近亲属，不具有"情节严重"情形，归案后认罪、悔罪、积极退赃，且系初犯、偶犯，犯罪情节轻微不需要判处刑罚的，可以免予刑事处罚。[5] 缉毒人员或者其他国家机关工作人员掩护、包庇走私、贩卖、运输、制造毒品的犯罪分子的，依照本罪的规定从重处罚。根据《刑法》第356条的规定，因走私、贩卖、运输、制造、非法持有毒品罪被判过刑，又犯本罪的，从重处罚。

四、窝藏、转移、隐瞒毒品、毒赃罪

窝藏、转移、隐瞒毒品、毒赃罪，是指为走私、贩卖、运输、制造毒品的犯罪分子窝藏、转移、隐瞒毒品或者实施毒品犯罪所得财物的行为。

---

〔1〕　参见《全国部分法院审理毒品犯罪案件工作座谈会纪要》（法〔2008〕324号）。但如前所述，以是否具有牟利目的区分代购行为是成立非法持有毒品罪还是贩卖毒品罪，并不合理。

〔2〕　参见《全国法院毒品犯罪审判工作座谈会纪要》（法〔2015〕129号）。

〔3〕　关于具体量刑标准与情节严重的认定，参见《毒品犯罪案件解释》第1、2、5条。

〔4〕　关于情节严重的认定，参见《毒品犯罪案件解释》第6条第1款。

〔5〕　关于情节严重的认定，参见《毒品犯罪案件解释》第6条第3款。

所谓窝藏,是指为犯罪分子提供处所藏匿毒品、毒赃;所谓转移,是指将犯罪分子的毒品、毒赃从此处挪至彼处。这里仅限于为了使犯罪分子逃避法律追究而转移毒品,如果是为了贩卖等而转移毒品,应认定为运输毒品罪;所谓隐瞒,是指明知是犯罪分子的毒品、毒赃而拒不向司法机关如实说明其性质和来源。"走私、贩卖、运输、制造毒品的犯罪分子",是指违法层面上构成走私、贩卖、运输、制造毒品罪的行为人,不要求在责任层面也达到成立犯罪的要求。本罪的责任形式为故意,即明知是走私、贩卖、运输、制造毒品的犯罪分子的毒品、毒赃,而决意为其窝藏、转移、隐瞒。犯本罪且有事先通谋的,以走私、贩卖、运输、制造毒品罪的共犯论处。明知是犯罪所得及其产生的收益而予以掩饰、隐瞒,同时构成《刑法》第312条的掩饰、隐瞒犯罪所得、犯罪所得收益罪与本罪的,依照处罚较重的规定定罪处罚。本罪的成立,以上游犯罪事实成立为认定前提,但不要求上游犯罪已经依法宣判。上游犯罪因行为人死亡等原因依法不予追究刑事责任的,不影响本罪的认定。

根据《刑法》第349条的规定,犯本罪的,处3年以下有期徒刑、拘役或者管制;情节严重的,处3年以上10年以下有期徒刑。[1] 为近亲属窝藏、转移、隐瞒毒品或者毒品犯罪所得的财物,不具有"情节严重"情形,归案后认罪、悔罪、积极退赃,且系初犯、偶犯,犯罪情节轻微不需要判处刑罚的,可以免予刑事处罚。[2] 缉毒人员或者其他国家机关工作人员掩护、包庇走私、贩卖、运输、制造毒品的犯罪分子的,依照本罪的规定从重处罚。根据《刑法》第356条的规定,因走私、贩卖、运输、制造、非法持有毒品罪被判过刑,又犯本罪的,从重处罚。

五、非法生产、买卖、运输制毒物品、走私制毒物品罪

(一)非法生产、买卖、运输制毒物品、走私制毒物品罪的概念和犯罪构成

非法生产、买卖、运输制毒物品、走私制毒物品罪,是指违反国家规定,非法生产、买卖、运输、携带醋酸酐、乙醚、三氯甲烷或者其他用于制造毒品的原料、配剂,或者携带上述物品进出境,情节较重的行为。

所谓违反国家规定,是指违反1988年发布的《卫生部、对外经济贸易部、公安部、海关总署关于对三种特殊化学品实行出口准许证管理的通知》等有关管制制毒物品的法律、法规、措施、决定和命令,以及1989年我国加入的《联合国禁止非法贩运麻醉药品和精神药物公约》。违反国家对制毒物品的管理规定,是构成本罪的前提条件。国家相关法律、行政法规未规定为制毒物品的,即使该物品可以用于制造毒品,也不能将其认定为制毒物品。

生产制毒物品,是指对原材料进行配置、提炼、加工的行为。买卖制毒物品,是指有偿转让可用于制毒物品的原料、配剂的行为,或者以出卖为目的非法收购制毒的原料、配剂的行为。[3] 运输制毒物品,是指以携带、邮寄、利用他人或者使用交通工具等方法在我国领域内

---

〔1〕 关于情节严重的认定,参见《毒品犯罪案件解释》第6条第2款。

〔2〕 关于情节严重的认定,参见《毒品犯罪案件解释》第6条第3款。

〔3〕 根据《最高人民法院、最高人民检察院、公安部关于办理制毒物品犯罪案件适用法律若干问题的意见》(公通字〔2009〕33号)第1条第2款的规定,违反国家规定,实施下列行为之一的,认定为非法买卖制毒物品行为:①未经许可或者备案,擅自购买、销售易制毒化学品的;②超出许可证明或者备案证明的品种、数量范围购买、销售易制毒化学品的;③使用他人的或者伪造、变造、失效的许可证明或者备案证明购买、销售易制毒化学品的;④经营单位违反规定,向无购买许可证明、备案证明的单位、个人销售易制毒化学品的,或者明知购买者使用他人的或者伪造、变造、失效的购买许可证明、备案证明,向其销售易制毒化学品的;⑤以其他方式非法买卖易制毒化学品的。上述意见还规定,为了制造毒品或者走私、非法买卖制毒物品犯罪而采用生产、加工、提炼等方法非法制造易制毒化学品的,按照其制造易制毒化学品的不同目的,分别以制造毒品、走私制毒物品、非法买卖制毒物品的预备行为论处。但在2015年《刑法》增设非法生产、运输制毒物品罪后,上述行为也可能成立非法生产制毒物品罪的正犯。

运送用于制造毒品的原料、配剂的行为。走私制毒物品，是指违反国家对制毒物品的管理规定和海关法规，不经海关、边防检查站非法运输、携带制毒物品进出国（边）境，或者虽经海关、边防检查站但采用伪装、藏匿、谎报等方法逃避检查，将制毒物品偷运进出国（边）境的行为。以加工、提炼制毒物品为目的，购买麻黄碱类复方制剂，或者运输、携带、寄递麻黄碱类复方制剂进出境的，分别以非法买卖制毒物品罪、走私制毒物品罪定罪处罚。将麻黄碱类复方制剂拆除包装、改变形态后进行走私或者非法买卖，或者明知是已拆除包装、改变形态的麻黄碱类复方制剂而进行走私或者非法买卖的，分别以走私制毒物品罪、非法买卖制毒物品罪定罪处罚。明知他人走私或者非法买卖麻黄碱类制毒物品，向其提供麻黄碱类复方制剂，为其利用麻黄碱类复方制剂加工、提炼制毒物品，或者为其获取、利用麻黄碱类复方制剂提供其他帮助的，分别以走私制毒物品罪、非法买卖制毒物品罪的共犯论处。[1] 明知他人实施走私或者非法买卖制毒物品犯罪，而为其运输、储存、代理进出口或者以其他方式提供便利的，以走私或者非法买卖制毒物品罪的共犯论处。易制毒化学品生产、经营、购买、运输单位或者个人未办理许可证明或者备案证明，生产、销售、购买、运输易制毒化学品，确实用于合法生产、生活需要的，不以制毒物品犯罪论处。

本罪的主体，既可以是自然人，也可以是单位。

责任形式为故意，即明知是国家管制的制毒物品，而故意违反国家规定，非法生产、买卖、运输、走私制毒物品的行为。犯罪动机是各式各样的，可能是为了出售牟利，也可能是用作医疗和药物生产等。如果行为人确实不知道所走私的物品是制毒物品，且其走私是为了用于正当生产经营，则即使该物品可以用于制毒，亦不能认定行为人具有走私制毒物品的故意。

（二）走私制毒物品罪的认定

要严格按照《毒品犯罪案件解释》第7、8条的规定，划清罪与非罪的界限。如果走私制毒物品达不到相关标准的，不能以本罪论处。由于制毒物品同时具有其他多种用途，其用于制造麻醉药品和精神药品的情况繁多、性能各异，所以，如果走私制毒物品数量较少，确实不是用于制造毒品的，也不宜以犯罪论处。制毒物品种类较多，不同品种具有不同的功能，在司法实践中要对制毒物品的品种、数量、成分等因素进行综合考虑，联系其他情节，科学地判断其法益侵害性是否达到犯罪的程度。

（三）非法生产、买卖、运输制毒物品、走私制毒物品罪的处罚

根据《刑法》第350条第1款的规定，犯本罪，情节较重的，处3年以下有期徒刑、拘役或者管制，并处罚金；情节严重的，处3年以上7年以下有期徒刑，并处罚金；情节特别严重的，处7年以上有期徒刑，并处罚金或者没收财产。[2]

根据《刑法》第350条第2款的规定，明知他人制造毒品而为其生产、买卖、运输制毒物品的，以制造毒品罪的共犯论处。第3款规定，单位犯上述罪的，对单位判处罚金，并对其直接负责的主管人员和其他直接责任人员，依照上述规定处罚。

根据《刑法》第356条的规定，因走私、贩卖、运输、制造、非法持有毒品罪被判过刑，又犯本罪的，从重处罚。

---

〔1〕 参见最高人民法院、最高人民检察院、公安部《关于办理走私、非法买卖麻黄碱类复方制剂等刑事案件适用法律若干问题的意见》。该意见第2条还规定，以走私或者非法买卖为目的，利用麻黄碱类复方制剂加工、提炼制毒物品的，分别以走私制毒物品罪、非法买卖制毒物品罪定罪处罚。但在2015年《刑法》增设非法生产、运输制毒物品罪后，上述行为也可能成立非法生产制毒物品罪的正犯。

〔2〕 情节较重、情节严重、情节特别严重的标准，参见《毒品犯罪案件解释》第7、8条。

六、非法种植毒品原植物罪

非法种植毒品原植物罪，是指明知是罂粟、大麻等毒品原植物而非法种植且数量较大，或者经公安机关处理后又种植，或者抗拒铲除的行为。

所谓"种植"，是指播种、育苗、移栽、插苗、施肥、灌溉、割取津液或者收取种子等行为，无论行为人是实施了上述全部行为，还是只实施其中的一种行为，都视为种植。至于行为人是否割取到罂粟的津液，是自己亲自种植还是雇用他人种植，是在自己责任田里种植，还是在深山开荒种植，均不影响本罪的成立。行为人种植毒品原植物必须是非法的。所谓非法，是指未经国家主管部门批准和指定，私自种植毒品原植物，以及没有按照批准的种植计划、限定数量进行种植。非法种植毒品原植物，必须数量较大或者情节严重。所谓数量较大，是指非法种植罂粟 500 株以上不满 3000 株、大麻 5000 株以上不满 3 万株，或者其他毒品原植物数量较大。所谓情节严重，是指非法种植毒品原植物数量未达到较大，但经公安机关处理后又种植的，或者抗拒铲除的行为。非法种植罂粟 500 株以下，或者非法种植其他毒品原植物数量较少的，不一定不构成犯罪；只有非法种植毒品原植物数量较少，又未达到情节严重的行为，才不构成犯罪。对于非法种植毒品原植物后，又加工、提炼成鸦片等毒品出售的，可以制造、贩卖毒品罪处罚。

本罪的主体是自然人。单位不能成为本罪的主体，如果单位非法种植毒品原植物，对其负责人和其他直接责任人员，按自然人犯本罪处理。

责任形式为故意。不论其种植毒品原植物的目的在于营利，还是供自己使用，均不影响本罪的成立。

根据《刑法》第 351 条的规定，构成本罪的，处 5 年以下有期徒刑、拘役或者管制，并处罚金；非法种植罂粟 3000 株以上或者其他毒品原植物数量大的，处 5 年以上有期徒刑，并处罚金或者没收财产。非法种植罂粟或其他毒品原植物，在收获前自动铲除的，可以免除处罚。[1] 根据《刑法》第 356 条的规定，因走私、贩卖、运输、制造、非法持有毒品罪被判过刑，又犯本罪的，从重处罚。

七、非法买卖、运输、携带、持有毒品原植物种子、幼苗罪

非法买卖、运输、携带、持有毒品原植物种子、幼苗罪，是指明知是未经灭活的罂粟、大麻等毒品原植物种子或者幼苗，而非法买卖、运输、携带、持有，数量较大的行为。所谓未经灭活，是指没有经过烘烤、放射线照射等方法，进行消灭植物繁殖和生长机能的处理。所以，构成本罪的对象，必须是能够播种、发芽、栽种和生长成可以提炼毒品的罂粟、大麻等植物种子或幼苗。非法买卖、运输、携带、持有未经灭活的罂粟、大麻等毒品原植物种子、幼苗，必须是数量较大，才构成本罪。根据《毒品犯罪案件解释》第 10 条的规定，具有下列情形之一的，应当认定为"数量较大"：①罂粟种子 50 克以上、罂粟幼苗 5000 株以上的；②大麻种子50 千克以上、大麻幼苗 5 万株以上的；③其他毒品原植物种子或者幼苗数量较大的。犯罪责任形式为故意。

根据《刑法》第 352 条的规定，构成本罪的，处 3 年以下有期徒刑、拘役或者管制，并处或者单处罚金。根据《刑法》第 356 条的规定，因走私、贩卖、运输、制造、非法持有毒品罪被判过刑，又犯本罪的，从重处罚。

---

〔1〕 "自动铲除"是指非法种植毒品原植物的人主动进行铲除，而非在执法人员的强制下铲除。只要是在收获前自动铲除的，就可以免除处罚，无论公关机关在此之前是否发现。

八、引诱、教唆、欺骗他人吸毒罪

引诱、教唆、欺骗他人吸毒罪，是指以引诱、教唆、欺骗的手段，致使他人吸食、注射毒品的行为。所谓引诱，是指以金钱、物质及其他方法进行勾引、诱使，拉拢他人吸食、注射毒品的行为；所谓教唆，是指以劝说、授意、请求、怂恿等方法唆使他人吸食、注射毒品的行为；所谓欺骗，是指虚构事实、隐瞒真相和制造假象，蒙蔽或欺骗他人，使其在不知是毒品的情况下吸食、注射毒品的行为。只要实施了这三种行为其中一种，便可构成本罪。犯罪主体只能是自然人。本罪的责任形式为故意。

受经济利益驱使，在食品中非法添加罂粟壳的行为在一些地区屡打不绝、屡禁不止。罂粟壳俗称大烟壳，含有吗啡等物质，长期食用易使人体产生依赖、形成瘾癖，对人体肝脏、心脏有一定的毒害作用，是国家管制的麻醉药品。供应、使用罂粟壳，构成"引诱、教唆、欺骗他人吸毒罪""非法持有毒品罪""生产、销售有毒、有害食品罪"等罪名的，应依法处理。[1]

根据《刑法》第353条第1、3款的规定，犯本罪的，处3年以下有期徒刑、拘役或者管制，并处罚金；情节严重的，处3年以上7年以下有期徒刑，并处罚金。[2] 引诱、教唆、欺骗未成年人吸食、注射毒品的，从重处罚。根据《刑法》第356条的规定，因走私、贩卖、运输、制造、非法持有毒品罪被判过刑，又犯本罪的，从重处罚。

九、强迫他人吸毒罪

强迫他人吸毒罪，是指违背他人意志，使用暴力、胁迫等手段，迫使他人吸食、注射毒品的行为。

所谓暴力，是指以殴打、捆绑、伤害、禁闭等人身强制方式，致使被害人不能反抗的行为；所谓胁迫，是指以立即实施暴力相威胁或其他事项，对他人施以精神的强制，迫使其不敢反抗的行为。采用某种方法使他人暂时丧失知觉或者利用他人暂时丧失知觉的状态，给他人注射毒品的，属于强迫他人注射毒品。如果被害人是不能辨别、不能控制自己行为的人，无论采取何种方法迫使其吸食、注射毒品，均以强迫他人吸毒罪论处。本罪的责任形式为故意，即行为人明知是毒品而故意强迫他人吸食、注射。

根据《刑法》第353条第2、3款的规定，犯本罪的，处3年以上10年以下有期徒刑，并处罚金。强迫未成年人吸食、注射毒品的，从重处罚。根据《刑法》第356条的规定，因走私、贩卖、运输、制造、非法持有毒品罪被判过刑，又犯本罪的，从重处罚。

十、容留他人吸毒罪

容留他人吸毒罪，是指允许他人在自己管理的场所吸食、注射毒品或者为他人吸食、注射毒品提供场所的行为。

这里所说的场所，是指由行为人支配或控制的地点，包括住宅、旅店、办公室、营业所、娱乐场所等方便吸食、注射毒品的场所。被容留的一方应是未经容留人允许、不享有场所使用权的一方。房主出租房屋后，发现他人在房间内吸食、注射毒品不予制止的，不成立本罪。旅馆经营者发现入住客人吸毒而不予制止的，一般成立容留吸毒罪。行为人是自愿提供还是应吸毒人的要求而提供，不影响本罪的成立。容留他人吸食、注射毒品的人数和次数多少、持续时间的长短，不是本罪的构成条件。本罪的责任形式为故意。

行为人容留他人吸食、注射毒品并向其出售毒品的，或者行为人向他人出售毒品后容留他

---

〔1〕　参见《国家禁毒委员会办公室、公安部、国家食品药品监督管理总局、国家工商行政管理总局关于严厉打击在食品中添加罂粟壳行为的通知》（禁毒办通〔2014〕62号）。

〔2〕　有关情节严重的认定，参见《毒品犯罪案件解释》第11条。

人吸食、注射毒品的，一般应将本罪与贩卖毒品罪数罪并罚；但如果容留他人吸毒是为了实施出售毒品的试吸行为，则一般只认定为贩卖毒品罪。

容留近亲属吸食、注射毒品，情节显著轻微危害不大的，不作为犯罪处理；需要追究刑事责任的，可以酌情从宽处罚。

根据《刑法》第 354 条的规定，犯本罪的，处 3 年以下有期徒刑、拘役或者管制，并处罚金。根据《刑法》第 356 条的规定，因走私、贩卖、运输、制造、非法持有毒品罪被判过刑，又犯本罪的，从重处罚。

十一、非法提供麻醉药品、精神药品罪

非法提供麻醉药品、精神药品罪，是指依法从事生产、运输、管理、使用国家管制的麻醉药品、精神药品的人员与单位，违反国家规定，向吸食、注射毒品的人提供国家规定管制的能够使人形成瘾癖的麻醉药品、精神药品的行为。

本罪的行为表现为违反国家规定，非法向吸食、注射毒品的人提供国家管制的麻醉药品、精神药品。所谓违反国家规定，是指违反国家有关毒品管理规定；所谓提供，是指非牟利性地供给。如果以牟利为目的，向吸食、注射毒品的人提供国家规定管制的能够使人形成瘾癖的麻醉药品、精神药品的，构成贩卖毒品罪。对于明知他人是吸毒人员而多次向其出售安定注射液，或者贩卖安定注射液数量较大的，可以依法追究行为人的刑事责任。[1] 具有生产、管理、使用阿普唑仑和曲马多资质的行为人，将其掺加在其他药品中，违反国家规定向吸食、注射毒品的人提供的，构成非法提供精神药品罪。[2] 对于以牟利为目的，违反国家规定，虽向他人提供国家管制的麻醉药品和精神药品，但用于医疗、教学、科研的，不构成本罪。

根据《毒品犯罪案件解释》第 13 条第 1 款的规定，具有下列情形之一的，以非法提供麻醉药品、精神药品罪定罪处罚：①非法提供麻醉药品、精神药品达到《刑法》第 347 条第 3 款或者该解释第 2 条规定的"数量较大"标准最低值的 50%，不满"数量较大"标准的；②2 年内曾因非法提供麻醉药品、精神药品受过行政处罚的；③向多人或者多次非法提供麻醉药品、精神药品的；④向吸食、注射毒品的未成年人非法提供麻醉药品、精神药品的；⑤非法提供麻醉药品、精神药品造成严重后果的；⑥其他应当追究刑事责任的情形。

自然人和单位均可构成本罪的犯罪主体，但必须是特殊主体或者特定单位。前者是指依法从事生产、运输、管理、使用国家管制的麻醉药品、精神药品的人员；后者是指依法从事生产、运输、管理、使用国家管制的麻醉药品、精神药品的单位。属于上述特定个人或单位的，不构成本罪。

责任形式为故意，不要求具有牟利目的。

根据《刑法》第 355 条的规定，犯本罪的，处 3 年以下有期徒刑或者拘役，并处罚金；情节严重的，处 3 年以上 7 年以下有期徒刑，并处罚金。[3] 向走私、贩卖毒品的犯罪分子或者以牟利为目的向吸食、注射毒品的人提供国家规定管制的能够使人形成瘾癖的麻醉药品、精神药品的，依照《刑法》第 347 条规定的走私、贩卖毒品罪定罪处罚。[4] 单位犯本罪的，对单

---

〔1〕 参见《最高人民检察院法律政策研究室关于安定注射液是否属于刑法第三百五十五条规定的精神药品问题的答复》（〔2002〕高检研发第 23 号）。

〔2〕 参见《公安部关于在成品药中非法添加阿普唑仑和曲马多进行销售能否认定为制造贩卖毒品有关问题的批复》（公复字〔2009〕1 号）。

〔3〕 关于本罪情节严重的认定，参见《毒品犯罪案件解释》第 13 条第 2 款。

〔4〕 如果接受提供的人仅实施了走私、贩卖毒品的预备行为或者着手实施走私、贩卖毒品后未得逞，则提供者既是走私、贩卖毒品罪的预备犯或者未遂犯，也是本罪的既遂犯，从一重罪处罚。

位判处罚金，并对其直接负责的主管人员和其他直接责任人员，依照个人犯罪的规定处罚。根据《刑法》第356条规定，因走私、贩卖、运输、制造、非法持有毒品罪被判过刑，又犯本罪的，从重处罚。

十二、妨害兴奋剂管理罪[1]

妨害兴奋剂管理罪，是指引诱、教唆、欺骗运动员使用兴奋剂参加国内、国际重大体育竞赛，或者明知运动员参加上述竞赛而向其提供兴奋剂，情节严重的行为。组织、强迫运动员使用兴奋剂，是指组织、强迫运动员使用兴奋剂参加国内、国际重大体育竞赛的行为。"兴奋剂""国内、国际重大体育竞赛"等专门性问题，依据《中华人民共和国体育法》《反兴奋剂条例》等法律法规，结合国务院体育主管部门出具的认定意见等证据材料作出认定。根据《最高人民法院关于审理走私、非法经营、非法使用兴奋剂刑事案件适用法律若干问题的解释》（法释〔2019〕16号）第3条的规定，对未成年人、残疾人负有监护、看护职责的人，强迫未成年人、残疾人在体育运动中非法使用兴奋剂，引诱、欺骗未成年人、残疾人在体育运动中长期非法使用兴奋剂，或者组织未成年人、残疾人在体育运动中非法使用兴奋剂严重损害未成年人、残疾人身心健康的，以虐待被监护、看护人罪定罪处罚。在《刑法修正案（十一）》生效后，对于上述行为，如果同时触犯本罪的，应按照想象竞合从一重罪处理。在普通高等学校招生、公务员录用等法律规定的国家考试涉及的体育、体能测试等体育运动中，组织考生非法使用兴奋剂的，以组织考试作弊罪定罪处罚。

根据《刑法》第355条之一的规定，引诱、教唆、欺骗运动员使用兴奋剂参加国内、国际重大体育竞赛，或者明知运动员参加上述竞赛而向其向运动员提供兴奋剂，情节严重的，处3年以下有期徒刑或者拘役，并处罚金。组织、强迫运动员使用兴奋剂参加国内、国际重大体育竞赛的，从重处罚。

第九节 组织、强迫、引诱、容留、介绍卖淫罪

一、组织卖淫罪

（一）组织卖淫罪的概念和犯罪构成

组织卖淫罪，是指以招募、雇佣、引诱、纠集、容留等手段，管理或者控制他人从事卖淫的行为。

本罪的行为对象是他人。"他人"包括男性和女性。无论是组织女性还是男性卖淫，都构成本罪。构成要件为组织他人卖淫。所谓组织他人卖淫，是指以招募、雇佣、引诱、纠集、容留等手段，管理或者控制他人从事卖淫活动的行为。所谓管理或者控制，是指掌握一些卖淫人员，对其施加物理的或心理的影响，左右卖淫人员的意志，安排、布置或调度他们从事卖淫活动。是否设置规定的卖淫场所、组织卖淫者人数多少、规模大小，不影响组织卖淫行为的认定。所谓卖淫，是指以营利为目的，与不特定的异性或者同性发生性交或从事其他类似性交的淫乱活动（例如肛交、口交等）。[2] 例如，男性与不特定女性发生性交行为，男性与不特定男性发生肛交行为等。卖淫是钱色交易，因此权色交易不是卖淫。例如，女性与不特定男上司发生性关系从而换取升迁的，不是卖淫。组织他人卖淫的行为对象，通常是那些愿意出卖自己

---

〔1〕 本罪为《刑法修正案》（十一）第44条所增设。

〔2〕 类似性交的行为，一般指进入式性行为，对于非进入式性行为，如手淫、用乳房摩擦生殖器等，不属于组织卖淫罪中的卖淫行为。另外，设置充气娃娃为他人提供性服务的，也不成立组织卖淫罪。

肉体的男女，但在被组织者中也有不明真相被诱骗或因其他原因被胁迫而来的，如果他们不愿意卖淫，组织者以强制的手段迫使其卖淫，则属于强迫卖淫的行为，一般认定为组织卖淫罪一罪即可，不必与强制卖淫罪数罪并罚。

责任形式为故意。虽然组织卖淫者一般以营利为目的，但立法者并没有把营利作为本罪的责任要素。故非以营利为目的的组织卖淫者，仍构成本罪。

（二）组织卖淫罪的认定

1. 本罪与非罪的界限。①要严格区分组织卖淫的犯罪分子与卖淫的人员的界限。在组织卖淫中，既有组织他人卖淫的分子，也有为获得报酬而卖淫的人员。前者是组织、策划、部署、控制他人卖淫的犯罪分子，在卖淫组织活动中居于核心地位，是我国《刑法》打击的主要对象。后者是自愿或被胁迫、诱骗参与卖淫的人员，在组织卖淫中处于被支配的地位，是犯罪分子实现其营利或其他非法目的的工具。刑法没有将卖淫行为本身规定为犯罪，所以应将两者严加区分。②要将组织卖淫行为与结伙卖淫行为区别开来。所谓结伙卖淫，是指卖淫者相互串通、相互支持，共同从事卖淫的行为。由于在结伙卖淫过程中，结伙人都是卖淫人员，其中没有固定的组织策划人，相互之间也不存在控制与被控制的关系，所以不应以犯罪论处。如果自己卖淫又组织他人卖淫的，应定组织卖淫罪。

2. 本罪与相似犯罪的界限。①协助组织卖淫罪与组织卖淫罪的关系。两者都是犯罪，但前者是明知他人实施组织卖淫犯罪活动而为其招募、运送人员或者充当保镖、打手、管账人员等，在犯罪活动中只起辅助或次要作用的人员，处于组织者的从属地位，因此，应当将犯罪活动中的组织者和协助组织者严格区分开来。②要划清组织卖淫罪与引诱、容留、介绍卖淫罪的界限。组织他人卖淫的活动，有时是通过引诱、容留、介绍他人卖淫方式进行的，后者容易与前者混淆。两者区分的关键，在于是否有组织、策划和控制多人从事卖淫活动的行为。在组织卖淫犯罪活动中，对被组织卖淫的人有引诱、容留、介绍卖淫行为的，依照处罚较重的规定定罪处罚。但是，对被组织卖淫的人以外的其他人有引诱、容留、介绍卖淫行为的，应当分别定罪，实行数罪并罚。

（三）组织卖淫罪的处罚

根据《刑法》第358条第1款的规定，犯本罪的，处5年以上10年以下有期徒刑，并处罚金；情节严重的，处10年以上有期徒刑或者无期徒刑，并处罚金或者没收财产。[1] 根据本条第2款的规定，组织、强迫未成年人卖淫，依照上述规定从重处罚。根据本条第3款的规定，犯本罪并有杀害、伤害、强奸、绑架等犯罪行为的，依照数罪并罚的规定处罚。

根据《刑法》第361条的规定，旅馆业、饮食服务业、文化娱乐业、出租汽车业等单位的人员，利用本单位的条件，组织他人卖淫的，依照个人犯本罪的规定处罚。上述所列单位的主要负责人犯本罪的，从重处罚。

二、强迫卖淫罪

（一）强迫卖淫罪的概念和犯罪构成

强迫卖淫罪，是指以暴力、胁迫、虐待或者其他手段，迫使他人卖淫的行为。

本罪的犯罪对象是他人，包括男性与女性。被强迫者可以是品行良好的人，也可以是有过卖淫史，但不愿再卖淫的人，也可以是虽从事卖淫服务但不愿在某时某地卖淫的人。客观行为表现为以暴力、胁迫、虐待或者其他手段，迫使他人卖淫。所谓暴力，是指对他人使用殴打、

---

〔1〕 有关情节严重的认定，参见《最高人民法院、最高人民检察院关于办理组织、强迫、引诱、容留、介绍卖淫刑事案件适用法律若干问题的解释》（法释〔2017〕13号，以下简称《卖淫案件解释》）第2条。

捆绑、拘禁等危及其人身安全和人身自由的行为。胁迫，是指通过对他人进行威胁、恐吓、要挟等精神强制的行为。虐待，是指对他人实行暴力、胁迫以外的肉体或精神的摧残、折磨的行为，如侮辱、咒骂、不给饭吃、有病不给治疗等。所谓其他方法，是指利用被强迫人患病、醉酒之机，睡觉或被麻醉之时，致其处于无力反抗或不知反抗的状态。所谓迫使他人卖淫，是指违背他人的意志，强制他人违心地出卖肉体与人性交。强迫他人在他人不愿卖淫的场所卖淫、向他人不愿卖淫的对象卖淫、以他人不愿卖淫的方式卖淫的，也属于强迫卖淫。强迫是本罪的本质特征，也是本罪与引诱、容留、介绍卖淫罪的主要区别。本罪的责任形式为故意。行为人一般以营利为目的，但营利目的不是本罪成立的主观要件，例如，实践中不排除为了报复而强迫他人卖淫的情况。动机如何，不影响本罪的成立。

（二）强迫卖淫罪的认定

1. 本罪与组织卖淫罪的区别。二者在犯罪客体、行为手段、主观内容等方面均有不同，一般不易混淆。本罪主要是采用暴力、胁迫等强制手段强迫他人卖淫；后者是通过招募、引诱等手段组织他人卖淫。如果组织卖淫罪的手段中包括强迫，一般以组织卖淫罪论处即可，不必数罪并罚。

2. 本罪与强奸罪的界限。这两种犯罪都是违背被害人意志，侵犯其性自由权利的行为，也可能都提供性行为的对价。但两者性质不同，本罪是强迫他人出卖肉体给不特定的人，而后罪是强迫受害人与特定个人（包括行为人自己）发生性关系。后者的被害人显然不符合卖淫的特征。但在强迫卖淫罪中，有的行为人为使被害妇女从心理上消除贞操观念，进而顺从其意志去卖淫，而对妇女实行强奸。在这种情况下，应当将强奸行为与之后的强迫卖淫行为实行并罚。

（三）强迫卖淫罪的处罚

根据《刑法》第358条第1款的规定，犯本罪的，处5年以上10年以下有期徒刑，并处罚金；情节严重的，处10年以上有期徒刑或者无期徒刑，并处罚金或者没收财产。[1] 根据本条第2款的规定，组织、强迫未成年人卖淫，依照上述规定从重处罚。根据本条第3款规定，犯本罪，并有杀害、伤害、强奸、绑架等犯罪行为的，依照数罪并罚的规定处罚。

根据《刑法》第361条第1款的规定，旅馆业、饮食服务业、文化娱乐业、出租汽车业等单位的人员，利用本单位的条件，强迫他人卖淫的，按照本罪定罪处罚。根据《刑法》第361条第2款的规定，上述所列单位的主要负责人，利用本单位的条件，犯强迫卖淫罪的，从重处罚。

三、协助组织卖淫罪

协助组织卖淫罪，是指为他人组织卖淫活动招募、运送人员或者以其他方法协助他人卖淫的行为，例如创造条件、提供帮助、排除障碍等。

招募、运送的人员，不仅包括卖淫人员，也包括组织卖淫的管理人员。其他方法一般是指为组织卖淫活动实施创造条件、提供服务、排除障碍，如充当保镖、打手、管账人员、控制卖淫人员等。这里的充当保镖、打手，指的是为维护组织卖淫的秩序而充当保镖、打手，例如防止嫖客闹事、抗拒他人检查等。如果是为强迫他人卖淫而充当保镖、打手的，应当认定为强迫卖淫罪。协助组织卖淫的行为原本是组织卖淫罪的共犯行为，但刑法考虑到这种行为的严重程度，为避免将犯罪人以从犯论处进而从轻、减轻或者免除处罚导致量刑畸轻，便将协助组织卖淫的行为规定为独立犯罪。在具有营业执照的会所、洗浴中心等经营场所担任保洁员、收银

---

〔1〕　有关情节严重的认定，参见《卖淫案件解释》第6条。

员、保安员等，从事一般服务性、劳务性工作，仅领取正常薪酬的，一般不认定为协助组织卖淫罪。

客观上存在已经组织、正在组织卖淫的人的情况下，为组织卖淫的人招募、运送人员的行为成立本罪。在客观上只存在将要组织卖淫的人的情况下，最终未实施组织卖淫行为的，组织卖淫的人招募、运送人员的行为是否还成立本罪，取决于协助行为本身是否严重侵害了社会管理秩序。例如，行为人以向特定妇女发信息或者以招聘酒店服务员为名招募卖淫人员的，就没有侵害社会管理秩序；但如果行为人公开招募卖淫女的，则招募行为本身就侵害了社会管理秩序。

本罪的责任形式为故意。

根据《刑法》第 358 条第 4 款的规定，犯本罪的，处 5 年以下有期徒刑，并处罚金；情节严重的，处 5 年以上 10 年以下有期徒刑，并处罚金。[1]

四、引诱、容留、介绍卖淫罪

引诱、容留、介绍卖淫罪，是指以金钱、物质或其他利益诱使他人卖淫，或为他人卖淫提供场所，或为卖淫、嫖娼进行介绍的行为。

所谓引诱，是指行为人以金钱、物质或者其他利益为诱饵，勾引、拉拢、唆使本无卖淫意愿的人从事卖淫活动。卖淫者原本在此时此地卖淫，行为人引诱卖淫者在彼时彼地卖淫的，不属于引诱卖淫；所谓容留，是指允许他人在自己支配的场所卖淫或为他人卖淫提供场所；所谓介绍，是指在娼妓和嫖客之间进行撮合，使得卖淫嫖娼行为得以顺利进行。单纯向意欲嫖娼者介绍卖淫场所，但与卖淫者没有任何联络的，不属于介绍卖淫。介绍女性为特定人提供性服务的，不属于介绍卖淫。介绍卖淫与组织卖淫的区别在于，介绍卖淫对卖淫者与卖淫活动并无支配和控制。只要实施这三种行为其中一种，便可构成本罪；同时实施上述行为的，也只认定为一罪，不实行数罪并罚。行为对象既可以是女性，也可以是男性，但引诱幼女卖淫的，成立引诱幼女卖淫罪。利用信息网络发布招嫖违法信息，情节严重的，以非法利用信息网络罪定罪处罚。同时构成介绍卖淫罪的，依照处罚较重的规定定罪处罚。本罪的责任形式为故意。是否以营利为目的，不影响本罪的成立。

根据《卖淫案件解释》第 8 条的规定，引诱、容留、介绍他人卖淫，具有下列情形之一的，应当按本罪定罪处罚：①引诱他人卖淫的；②容留、介绍 2 人以上卖淫的；③容留、介绍未成年人、孕妇、智障人员、患有严重性病的人卖淫的；④1 年内曾因引诱、容留、介绍卖淫行为被行政处罚，又实施容留、介绍卖淫行为的；⑤非法获利人民币 1 万元以上的。利用信息网络发布招嫖违法信息，情节严重的，以非法利用信息网络罪定罪处罚。同时构成介绍卖淫罪的，依照处罚较重的规定定罪处罚。

根据《刑法》第 359 条第 1 款的规定，犯本罪的，处 5 年以下有期徒刑、拘役或者管制，并处罚金；情节严重的，处 5 年以上有期徒刑，并处罚金。[2] 根据《刑法》第 361 条的规定，旅馆业、饮食服务业、文化娱乐业、出租汽车业等单位的人员，利用本单位的条件，引诱、容留、介绍他人卖淫的，依照个人犯本罪的规定处罚。上述所列单位的主要负责人犯本罪的，从重处罚。

五、引诱幼女卖淫罪

引诱幼女卖淫罪，是指利用金钱、物质等手段诱使不满 14 周岁的幼女进行卖淫活动的行

---

〔1〕 有关情节严重的认定，参见《卖淫案件解释》第 5 条。
〔2〕 有关情节严重的认定，参见《卖淫案件解释》第 9 条。

为。本罪具有以下特征：

行为对象特指不满 14 周岁的幼女。被引诱卖淫的人员中既有不满 14 周岁的幼女，又有其他人员的，分别以引诱幼女卖淫罪和引诱卖淫罪定罪，实行并罚。所谓引诱，是指行为人以金钱、物质或其他利益为诱饵，引导、劝说、拉拢、鼓动无知幼女进行卖淫。构成本罪的行为仅限于引诱，至于采取何种方式引诱，不影响本罪的成立。如果是容留或介绍幼女卖淫，应定容留、介绍他人卖淫罪。本罪的责任形式为故意，即行为人明知被引诱卖淫的对象是不满 14 周岁的幼女，仍然实行引诱其卖淫的行为。

根据《刑法》第 359 条第 2 款的规定，犯本罪的，处 5 年以上有期徒刑，并处罚金。

六、传播性病罪

（一）传播性病罪的概念和犯罪构成

传播性病罪，是指明知自己患有梅毒、淋病等严重性病而卖淫或者嫖娼的行为。

客观行为表现为卖淫或者嫖娼，具有其中一项即可成立本罪。所谓卖淫，是指以营利为目的，与不特定的人发生性交或类似性交的行为。这里所说的不特定人，是指以金钱或者财物为对价利用他人肉体进行淫乱活动的嫖客。某一嫖客在较长时间内向某一娼妓支付对价与其从事淫乱活动的，该娼妓的行为仍然是卖淫行为。所谓嫖娼，是指以金钱或者财物为代价，与卖淫者发生性交或类似性交的行为。如果行为人实施的不是卖淫或者嫖娼行为，即使与他人发生性行为，也不能构成本罪。本罪的成立，并不要求实际上发生了将某种性病传染给他人的结果，也不要求具有引起性病传播的具体危险，因此本罪是抽象的危险犯。通常情况下，性病患者卖淫、嫖娼的，就可以认为有导致性病传播的抽象危险，但如果采取了充分的防护措施，又的确没有使他人感染性病的，一般不以本罪论处。

主体为特殊主体，特指患有梅毒、淋病等严重性病的自然人。梅毒、淋病以外的其他性病是否属于本罪中的"严重性病"，应当根据《传染病防治法》《性病防治管理办法》的规定，在原国家卫生与计划生育委员会规定实行性病监测的性病范围内，依照其危害、特点与梅毒、淋病相当的原则，从严掌握。

本罪的主观方面为故意，即明知自己患有梅毒、淋病等严重性病，而故意实施卖淫嫖娼行为。根据《卖淫案件解释》第 11 条的规定，具有下列情形之一的，应当认定"明知"：①有证据证明曾到医院或者其他医疗机构就医或者检查，被诊断为患有严重性病的；②根据本人的知识和经验，能够知道自己患有严重性病的；③通过其他方法能够证明行为人是"明知"的。

（二）传播性病罪的认定

由于本罪是抽象的危险犯，因此不要求行为人主观上希望或者放任性病的传播。如果行为人主观上具有传播性病的意图而实施本罪的行为，没有造成性病传播的结果的，仍然应当认定为本罪；致使他人感染性病的，同时触犯本罪与故意伤害罪，按照想象竞合从一重罪论处。如果严重性病患者多次卖淫、嫖娼，其中一次造成他人感染严重性病的，只要不能排除行为人有希望或放任他人感染性病的故意，就应当将本罪与故意伤害罪数罪并罚。

（三）传播性病罪的处罚

根据《刑法》第 360 条的规定，犯本罪的，处 5 年以下有期徒刑、拘役或者管制，并处罚金。

第十节　制作、贩卖、传播淫秽物品罪

一、制作、复制、出版、贩卖、传播淫秽物品牟利罪

（一）制作、复制、出版、贩卖、传播淫秽物品牟利罪的概念和犯罪构成

制作、复制、出版、贩卖、传播淫秽物品牟利罪，是指以牟利为目的，制作、复制、出版、贩卖、传播淫秽物品的行为。

本罪的构成要件为为制作、复制、出版、贩卖、传播淫秽物品。

本罪的行为对象为淫秽物品。根据《刑法》第 367 条第 1 款的规定，《刑法》所称的淫秽物品，是指具体描绘性行为或者露骨宣扬色情的诲淫性的书刊、影片、录像带、录音带、图片及其他淫秽物品。根据《最高人民法院、最高人民检察院关于办理利用互联网、移动通讯终端、声讯台制作、复制、出版、贩卖、传播淫秽电子信息刑事案件具体应用法律若干问题的解释（一）》（以下简称《淫秽电子信息案件解释（一）》）第 9 条第 1 款的规定，这里的"其他淫秽物品"，包括具体描绘性行为或者露骨宣扬色情的诲淫性的视频文件、音频文件、电子刊物、图片、文章、短信息等互联网、移动通讯终端电子信息和声讯台语音信息。基于以上规定可知，"淫秽物品"中的"淫秽"的实质属性是，通过具体描绘性行为或者露骨宣扬色情等无端挑起人们的性欲和损害普通人的正常性观念；"物品"是指书刊、影片、录像带、录音带、图片等实物以及视频文件、音频文件、电子刊物、图片、文章、短信息等互联网、移动通讯终端电子信息和声讯台语音信息。[1]

淫秽物品的具体内容，是淫秽的实质属性的具体化。《关于认定淫秽及色情出版物的暂行规定》（［88］新出办字第 1512 号）第 2 条规定，具有下列内容之一，挑动人们的性欲，足以导致普通人腐化堕落，而又没有艺术价值或者科学价值的，属于淫秽出版物：①淫秽性地具体描写性行为、性交及其心理感受；②公然宣扬色情淫荡形象；③淫秽性地描述或者传授性技巧；④具体描写乱伦、强奸或者其他性犯罪的手段、过程或者细节，足以诱发犯罪的；⑤具体描写少年儿童的性行为；⑥淫秽性地具体描写同性恋的性行为或者其他性变态行为，或者具体描写与性变态有关的暴力、虐待、侮辱行为；⑦其他令普通人不能容忍的对性行为的淫秽性描写。

客观行为表现为制作、复制、出版、贩卖、传播。所谓制作，是指制造和创作，如生产、录制、摄取、编著、绘画、印刷等制造淫秽物品的行为；所谓复制，是指重复制作淫秽物品的行为，如复印、拓印、翻印、洗印、翻拍、拷贝、抄写等行为；所谓出版，是指以出版单位的名义实施制作、复印淫秽物品的行为；所谓贩卖，是指有偿转让淫秽物品等行为；[2] 所谓传播，是指陈列、播放、出租、出借、运输、携带淫秽物品等一切能让不特定人感知到的行为。利用聊天室、论坛、即时通信软件、电子邮件等方式，实施上述行为的，成立本罪。只要行为人以牟利为目的实施上述五种行为中的一种，便符合本罪客观方面的构成要件；同时实施上述多种行为的，也只认定为一罪，不实行数罪并罚。由于淫秽物品（包括淫秽电子信息）种类

---

〔1〕　对于可否将"物品"扩大为电子信息或语音信息或许存在疑问。《全国人民代表大会常务委员会关于维护互联网安全的决定》第 3 条第 5 项规定，在互联网上建立淫秽网站、网页，提供淫秽站点链接服务，或者传播淫秽书刊、影片、音像、图片的，依照《刑法》的有关规定追究刑事责任。由于这里的"有关规定"指的是本罪以及《刑法》第 364 条的传播淫秽物品罪，因此相当于为扩大解释"物品"提供了依据。

〔2〕　以出售为目的的购买行为是贩卖的预备行为，以传播为目的的购买行为是传播的预备行为，以供自己使用为目的的购买行为不属于本罪中的任何行为。

繁多，数额、数量、情节都十分复杂，在司法实践中，必须按照《最高人民法院关于审理非法出版物刑事案件具体应用法律若干问题的解释》（法释〔1998〕30 号，以下简称《非法出版物案件解释》）第 8 条的规定、《淫秽电子信息案件解释（一）》第 1、2、4~7 条以及《最高人民法院、最高人民检察院关于办理利用互联网、移动通讯终端、声讯台制作、复制、出版、贩卖、传播淫秽电子信息刑事案件具体应用法律若干问题的解释（二）》〔法释〔2010〕3 号，以下简称《淫秽电子信息案件解释（二）》〕第 1、2、4、6、7、10 条等规定的定罪标准处罚，对于达不到司法解释规定的定罪的数量、数额标准的，由公安机关依照《治安管理处罚法》的有关规定处罚。

本罪的主体，既可以是自然人，也可以是单位。

责任要素除故意外，还必须具有牟利目的。只要行为人以牟利为目的实施本罪规定的行为，不论盈亏均能构成本罪。牟利目的不限于通过淫秽物品的对价实现，通过广告、流量、会员费等获利的，也属于以牟利为目的。

（二）制作、复制、出版、贩卖、传播淫秽物品牟利罪的认定

划清是否属于淫秽物品的界限，是区分罪与非罪的关键。《刑法》第 367 条第 2、3 款规定，有关人体生理、医学知识的科学著作不是淫秽物品；包含有色情内容的有艺术价值的文学、艺术作品不视为淫秽物品。《淫秽电子信息案件解释（一）》第 9 条第 2 款规定，有关人体生理、医学知识的电子信息和声讯台语音信息不是淫秽物品。包含色情内容的有艺术价值的电子文学、艺术作品不视为淫秽物品。这就是说，有关人体生理解剖、婚姻生育、疾病防治知识和其他有关性卫生学、性道德观、性社会学等自然科学和社会科学的作品，不是淫秽物品。因为这些科学作品是对公民进行正当的性知识、性道德教育以及优生优育、防病治病宣传教育的必要材料，对于提高全民族身体素质和文化素质具有重要的意义，所以，制作、复制、出版、贩卖、传播人体生理、医学知识的科学作品的行为，不能认为是犯罪。制作、复制、出版、贩卖、传播包含某些色情内容，但具有一定艺术价值的文学、艺术作品的行为，不能认为是犯罪。

问题是，当有些作品既有淫秽性描写，又具有科学或艺术价值时，应该如何处理？对此，应当从作品的整体出发，统计性的描写在整部作品中所占的比重，判断性的描写与作品表现的科学性、艺术性的关联程度，以及有关性的描写本身是否露骨、详细等，基于普通人的正常性观念，判断作品是否属于淫秽物品。如果作品中性的描写所占的比重不高，且都是为表现作品的科学性、艺术性所必需，描写本身也不露骨，则不能将该作品认定为是淫秽物品。不能把刑法上的淫秽物品、淫秽电子信息视为一般的"黄色物品"或"色情物品"。

根据《淫秽电子信息案件解释（二）》第 4、6、7 条的规定，对下列行为以本罪论处：①以牟利为目的，网站建立者、直接负责的管理者明知他人制作、复制、出版、贩卖、传播的是淫秽电子信息，允许或者放任他人在自己所有、管理的网站或者网页上发布的；②电信业务经营者、互联网信息服务提供者明知是淫秽网站，为其提供互联网接入、服务器托管、网络存储空间、通讯传输通道、代收费等服务，并收取服务费的；③明知是淫秽网站，以牟利为目的，通过投放广告等方式向其直接或者间接提供资金，或者提供费用结算服务的。

这些行为不仅涉及帮助行为，也涉及正犯行为。例如，为他人上传的淫秽影片提供带缓存服务的播放器的，就不仅是他人传播淫秽物品的帮助犯，将淫秽影片在播放器内缓存的行为，本身就是陈列淫秽物品的行为，是传播淫秽物品的正犯。在实施帮助性质的行为时，行为人必须明知正犯实施本罪。根据《淫秽电子信息案件解释（二）》第 8 条的规定，除非有证据证明确实不知道，具有下列情形之一的，应当认定行为人"明知"：①行政主管机关书面告知后

仍然实施上述行为的；②接到举报后不履行法定管理职责的；③为淫秽网站提供互联网接入、服务器托管、网络存储空间、通讯传输通道、代收费、费用结算等服务，收取服务费明显高于市场价格的；④向淫秽网站投放广告，广告点击率明显异常的；⑤其他能够认定行为人明知的情形。

（三）制作、复制、出版、贩卖、传播淫秽物品牟利罪的处罚

根据《刑法》第363条第1款的规定，犯本罪的，处3年以下有期徒刑、拘役或者管制，并处罚金；情节严重的，处3年以上10年以下有期徒刑，并处罚金；情节特别严重的，处10年以上有期徒刑或者无期徒刑，并处罚金或者没收财产。[1]

根据《刑法》第366条的规定，单位犯本罪的，对单位判处罚金，并对其直接负责的主管人员和其他直接责任人员，按个人犯本罪的规定追究刑事责任。

二、为他人提供书号出版淫秽书刊罪

为他人提供书号出版淫秽书刊罪，是指违反国家书号管理规定，向他人提供书号，造成淫秽书刊得以出版的行为。

所谓书号，是指依照国家新闻出版行政法规的规定，对全国出版物统一按类别、科目、顺序进行登记而产生的图书编号。书号是国家许可特定书刊印刷、出版和发行的标志，没有书号的书刊就是非法出版物。书号只能由核定的出版单位自己使用，除按规定协作出版外，不得提供给他人。所谓协作出版，是指根据国家有关规定，对一些具有学术、科学和技术价值且达到出版要求的书稿，由于读者范围较窄，发行量有限，在经济上可能亏损，出版社无力负担，而采取由出版单位提供书号并由作者单位承担经济风险的一种出版发行方式。但是，有的出版单位为了片面追求经济效益，轻信作者和图书出版发行商，放弃终审、终校权，轻率搞协作出版，致使一些淫秽书刊获得书号，印刷出版，从而造成严重的社会后果。造成淫秽书刊出版，是构成本罪的法定条件，虽然为他人提了书号，但未造成淫秽书刊出版的，不构成犯罪。根据《非法出版物案件解释》第9条的规定，这里的"书号"包括书号、刊号和版号。为他人提供书刊号，出版淫秽刊物的，或者为他人提供版号，出版淫秽音像制品的，都以本罪定罪处罚。本罪的主体既可以是自然人，也可以是单位。本罪的责任形式为过失。如果明知他人用于出版淫秽书刊而提供书号、刊号、版号的，应当以出版淫秽物品牟利罪论处。

根据《刑法》第363条第2款的规定，个人犯本罪的，处3年以下有期徒刑、拘役或者管制，并处或者单处罚金。根据《刑法》第366条的规定，单位犯本罪的，对单位判处罚金，并对其直接负责的主管人员和其他直接责任人员，依照个人犯本罪的规定追究刑事责任。

三、传播淫秽物品罪

传播淫秽物品罪，是指在社会上传播淫秽书刊、影片、音像、图片或者其他淫秽物品，情节严重的行为。

本罪中的传播，表现为在社会上向不特定的人传播。如果只在个别亲友中私下借阅、传看淫秽物品，一般不以犯罪论处。传播行为必须情节严重才构成本罪。[2] 本罪主体既可以是单位，也可以是自然人。本罪的责任形式为故意，不要求具有牟利目的。如果确实查明行为人具有牟利目的的，则构成传播淫秽物品牟利罪。

---

〔1〕具体量刑标准参见《非法出版物案件解释》第8条以及《淫秽电子信息案件解释（一）》《淫秽电子信息案件解释（二）》的相关规定。

〔2〕关于情节严重的认定，参见《淫秽电子信息案件解释（一）》《淫秽电子信息案件解释（二）》的相关规定。

根据《刑法》第 364 条第 1、4 款的规定，个人犯本罪的，处 2 年以下有期徒刑、拘役或者管制；向不满 18 周岁的未成年人传播淫秽物品的，从重处罚。根据《刑法》第 366 条的规定，单位犯本罪的，对单位判处罚金，并对其直接负责的主管人员和其他直接责任人员，依照个人犯本罪的规定追究刑事责任。

四、组织播放淫秽音像制品罪

（一）组织播放淫秽音像制品罪的概念和犯罪构成

组织播放淫秽音像制品罪，是指组织播放淫秽的电影、录像等音像制品的行为。

所谓组织播放，是指安排、筹划、指挥他人播放或聚集多人收看、收听淫秽音像制品的行为。播放的方式为利用闭路电视、超短波发射、有线或无线电收播或直接用电视机、电影机、电子计算机系统、幻灯机等设备播放淫秽音像制品，即将音像制品的内容展示出来的行为。无论用何种方式组织播放，不影响本罪的构成。根据《非法出版物案件解释》第 10 条第 2 款规定，组织播放淫秽的电影、录像等音像制品达 15 至 30 场次以上或者造成恶劣社会影响的，以本罪定罪处罚。本罪的主体既可以是单位，也可以是自然人。本罪的责任形式为故意，不要求具有牟利目的。如果行为人以牟利为目的组织播放淫秽音像制品的，构成传播淫秽物品牟利罪。

行为人没有展现淫秽音像制品内容，只是将淫秽音像制品载体散布、流传给他人的，成立传播淫秽物品罪。行为人既制作、复制淫秽音像制品又组织播放的，如果具有牟利目的，则成立制作、复制、传播淫秽物品牟利罪；如果无牟利目的，则成立本罪。

（二）组织播放淫秽音像制品罪的处罚

根据《刑法》第 364 条第 2~4 款的规定，犯本罪的，处 3 年以下有期徒刑、拘役或者管制，并处罚金；情节严重的，处 3 年以上 10 年以下有期徒刑，并处罚金。制作、复制淫秽的电影、录像等音像制品组织播放的，或者向不满 18 周岁的未成年人播放的，从重处罚。根据《刑法》第 366 条的规定，单位犯本罪的，对单位判处罚金，并对其直接负责的主管人员和其他直接责任人员，依照个人犯本罪的规定追究刑事责任。

五、组织淫秽表演罪

组织淫秽表演罪，是指组织进行淫秽表演的行为。

客观行为表现为组织进行淫秽表演。《刑法》没有规定本罪必须为组织"他人"进行淫秽表演，因此组织者本人进行淫秽表演的，或者组织人与动物、组织动物进行淫秽表演的，都成立本罪。所谓组织，是指策划、指挥、安排进行淫秽表演的行为，例如，招募、雇用、诱骗甚至胁迫演艺人员在观众面前进行淫秽表演；引诱、煽动、召集、招待多人观看淫秽演出等。所谓淫秽演出，是指通过表演者的语言和形体，来具体描绘性行为或露骨地宣扬色情的诲淫性演出，例如展示人体的性器官、展示人与人、人与动物、动物与动物的性交、交配等。至于展示人体健美的裸露身体表演和在表演中含有某些色情内容，但没有猥亵淫荡和下流无耻的语言和动作，一般不以本罪论处。本罪的主体既可以是单位，也可以是自然人。本罪的责任形式为故意。行为人通常以牟利为目的，但也不排除具有其他目的，如促销产品、招揽顾客，甚至满足特定关系人的要求以谋取某种不正当利益等，不论出于何种动机，都不影响本罪的成立。

根据《刑法》第 365 条的规定，犯本罪的，处 3 年以下有期徒刑、拘役或者管制，并处罚金；情节严重的，处 3 年以上 10 年以下有期徒刑，并处罚金。根据《刑法》第 366 条的规定，单位犯本罪的，对单位判处罚金，并对其直接负责的主管人员和其他直接责任人员，依照个人犯本罪的规定追究刑事责任。

■思考题

1. 怎样认定妨害公务罪的客观构成要件？

2. 怎样认定招摇撞骗罪与诈骗罪的竞合关系？

3. 试析三种聚众犯罪（聚众扰乱社会秩序罪，聚众冲击国家机关罪，聚众扰乱公共场所秩序、交通秩序罪）的联系与区别。

4. 试析投放虚假危险物质罪及编造、故意传播虚假恐怖信息罪的立法意图及两罪的联系与区别。

5. 对聚众斗殴中致人重伤、死亡的转化犯，如何认定和适用法律？

6. 如何理解黑社会性质组织的基本特征？如何区别黑社会性质组织与恶势力犯罪团伙？

7. 试析伪证罪与诬告陷害罪的界限。

8. 盗窃古文化遗址、古墓葬罪中，应注意的问题有哪些？

9. 试析盗伐林木罪与盗窃罪的联系与区别。

10. 走私、贩卖、运输、制造毒品罪的选择性罪名如何适用？

11. 非法持有毒品罪与刑法上其他持有型犯罪相比，具有哪些特点？

12. 试析毒品犯罪案件特殊情况的适用与定罪量刑的关系。

13. 试析组织、强迫、协助组织、引诱、容留、介绍卖淫行为之间的联系与区别。

14. 如何确定淫秽物品与非淫秽物品的界限？

15. 利用互联网、移动通讯终端、声讯台制作、复制、贩卖、出版、传播淫秽物品犯罪中，应注意的问题有哪些？

■参考书目

1. 冯卫国主编：《危害公共卫生罪立案追诉标准与司法认定实务》，中国人民公安大学出版社 2010 年版。

2. 王秀梅：《破坏环境资源保护罪》，中国人民公安大学出版社 2003 年版。

3. 刘建宏主编：《中国毒品犯罪及反制》，人民出版社 2014 年版。

4. 时延安：《妨害风化犯罪立案追诉标准与司法认定实务》，中国人民公安大学出版社 2010 年版。

第二十六章　危害国防利益罪

■ **学习目的和要求**

　　了解危害国防利益罪的概念、特征以及主要罪名。注意本章犯罪中，部分罪名以"战时"为犯罪成立要件。另外，注意掌握本章部分罪名与刑法中的其他罪名具有的法条竞合关系。

第一节　危害国防利益罪概述

一、危害国防利益罪的概念和法益

　　危害国防利益罪，是指违反国防法律法规，故意或过失地侵害国家的国防利益的行为。

　　本罪的保护法益是国家的国防利益。国防利益，是指国家为防备和抵抗侵略，制止武装颠覆和分裂，保卫国家主权、统一、领土完整、安全和发展所具有的军事利益，以及与军事有关的政治、经济、外交、科技、教育等方面的利益。为了更好地维护国防利益，我国先后出台了《兵役法》《军事设施保护法》《预备役军官法》《国防法》《国防动员法》《武器装备质量管理条例》等法律法规，根据这些法律法规的规定，国防利益涉及的主要内容有：武装力量建设，边防、海防、空防和其他重大安全领域防卫建设，国防科研生产，武器装备质量，军事设施安全，国防教育，国防动员等。有国必有防，国防是国家生存与发展的安全保障，依法惩处危害国防利益的犯罪行为，对于建设和巩固国防、维护国家安全具有重要意义。

二、危害国防利益罪的犯罪构成

（一）构成要件

　　构成要件的内容为行为主体实施的危害国防利益的行为。行为方式多数是作为，如阻碍军人执行职务罪、阻碍军事行动罪、破坏军事设施罪等；也有的犯罪是不作为，如战时拒绝军事订货罪，战时拒绝军事征收、征用罪等；还有一些犯罪既有作为，也有不作为，如战时拒绝、逃避征召、军事训练罪，战时拒绝、逃避服役罪等。犯罪的时间、地点对于本章犯罪的定罪量刑十分重要。一些犯罪的构成要件中，法律明确规定有特定的时间和地点，如"战时""军事禁区""军事管理区"等，不具备这种特定的时间或地点要件，就不能构成犯罪。在另外一些犯罪中，特定的时间或地点不是犯罪的构成要件，但对刑罚轻重具有一定影响。

　　本章犯罪的行为主体多数是自然人一般主体，也有一些犯罪为特殊主体，如接受不合格兵员罪的主体是征兵工作人员，拒绝、逃避征召、军事训练罪的主体是预备役人员。一些犯罪的主体既可以是自然人，也可以是单位，如故意提供不合格武器装备、军事设施罪，非法提供、非法使用武装部队专用标志罪等；还有的犯罪的主体只能是单位，如战时拒绝、故意延误军事订货罪等。

（二）责任要素

本章多数犯罪属于故意，也有个别犯罪属于过失，如过失损坏武器装备、军事设施、军事通信罪和过失提供不合格武器装备、军事设施罪，就属出于过失的危害国防利益罪。

三、危害国防利益罪的类型

本章共有 14 个条文，23 个罪名。依据"战时"是否被作为某种具体的危害国防利益罪的构成要件，可以把这类罪分为以下两个方面：

（一）平时危害国防利益的犯罪

这类犯罪包括阻碍军人执行职务罪，阻碍军事行动罪，破坏武器装备、军事设施、军事通信罪，过失损坏武器装备、军事设施、军事通信罪，故意提供不合格武器装备、军事设施罪，过失提供不合格武器装备、军事设施罪，聚众冲击军事禁区罪，聚众扰乱军事管理区秩序罪，冒充军人招摇撞骗罪，煽动军人逃离部队罪，雇用逃离部队军人罪，接送不合格兵员罪，伪造、变造、买卖武装部队公文、证件、印章罪，盗窃、抢夺武装部队公文、证件、印章罪，非法生产、买卖武装部队制式服装罪，伪造、盗窃、买卖、非法提供、非法使用武装部队专用标志罪。

（二）战时危害国防利益的犯罪

这类犯罪包括战时拒绝、逃避征召、军事训练罪，战时拒绝、逃避服役罪，战时故意提供虚假敌情罪，战时造谣扰乱军心罪，战时窝藏逃离部队军人罪，战时拒绝、故意延误军事订货罪，战时拒绝军事征收、征用罪。

第二节 平时危害国防利益的犯罪

一、阻碍军人执行职务罪

本罪是指以暴力、威胁方法，阻挠、妨碍军人依法执行职务的行为。

本罪的行为对象是依法执行职务的军人，包括中国人民解放军和中国人民武装警察部队的现役军官（警官）、文职干部、士兵及具有军籍的学员；执行军事任务的预备役人员和其他人员，以军人论。依法执行职务，是指军人依法执行值勤、守卫、巡逻、押运、作战等职务。本罪行为表现为以暴力、威胁方法阻碍军人依法执行职务的行为。这里的"暴力"，是指对依法执行职务的军人实行殴打、捆绑、拘禁、伤害等形式的人身强制或打击。这里的"威胁"，是指以杀害、伤害、殴打或者毁损财产、损害名誉、加害亲属等进行威吓。如果行为人只是对依法正在执行职务的军人进行顶撞、吵骂，不服从其命令和指挥，而并未使用暴力、威胁的，则不构成本罪。本罪的行为方式虽然包括暴力方法，但一般认为，本罪的暴力程度以造成轻伤为限。如果行为人使用暴力方法阻碍军人执行职务，并造成军人重伤、死亡结果的，构成本罪与故意伤害、故意杀人罪的想象竞合犯，应依照处罚较重的故意伤害罪或故意杀人罪定罪处罚。

本罪属于抽象危险犯，只要行为人实施以暴力、威胁方法，阻挠、妨碍军人依法执行职务的行为，即可认定为犯罪既遂，不要求造成实际后果。

本罪主体限于非军职人员。如果是军人使用暴力、威胁方法阻碍军人依法执行职务的，应依《刑法》第 426 条规定的阻碍执行军事职务罪定罪处罚。

本罪的责任形式为故意。

在司法实践中，应注意本罪与妨害公务罪的区分。这两种犯罪在对象范围、行为方式等方面有所不同，但性质相近，可以说阻碍军人依法执行职务是一种特殊的妨害公务行为，两个罪名具有法条竞合关系。由于本罪为特别规定，故对阻碍军人依法执行职务的行为，应以本罪论处。

根据《刑法》第368条第1款的规定，犯本罪的，处3年以下有期徒刑、拘役、管制或者罚金。

二、阻碍军事行动罪

本罪是指故意阻碍武装部队的军事行动，造成严重后果的行为。

武装部队，是指中国人民解放军和中国人民解放军武装警察部队编制序列内的成建制的单位。军事行动，是指为达到一定的政治目的而有组织地使用武装力量的行动，例如和平时期的战争防御、准备活动，战时的战争、战役和战斗的实施等。在某些特殊时期和状态下军队或军人执行戒严任务或处置突发性暴力事件，也可视为"军事行动"。阻碍军事行动，是指通过各种手段，拖延、阻挠、妨碍、破坏武装部队执行军事命令等。具体表现为故意设置障碍，制造困难，煽动不明真相的群众围困部队等。构成本罪要求必须造成严重后果，如果行为没有造成严重后果，则不构成本罪。这里的"造成严重后果"主要指：因阻碍武装部队的军事行为而贻误战机；致使战役、战斗失利；严重影响部队重大军事任务的完成；造成作战人员严重伤亡；造成装备严重受损或者其他严重后果。

本罪的责任形式为故意，即明知是武装部队的军事行动仍有意阻碍。如果行为人主观上没有故意，虽然客观上有妨碍武装部队的军事行动的行为，也不构成本罪。如果武装部队在和平时期的军事演练中，因侵犯地方群众合法利益、群众要求妥善处理而延误军事行动的，也不宜认定为犯罪。

根据《刑法》第368条第2款的规定，犯本罪的，处5年以下有期徒刑或者拘役。

三、破坏武器装备、军事设施、军事通信罪

本罪是指故意破坏武器装备、军事设施、军事通信的行为。

行为对象包括武器装备、军事设施及军事通信。"武器装备"，是指武装部队用于实施和保障作战行动的武器、武器系统、军事技术器材以及备用武器装备的重要零部件。"军事设施"，根据我国《军事设施保护法》第2条的规定，是指国家直接用于军事目的的建筑、场地、设备等，具体包括：①指挥机关，地上和地下的指挥工程、作战工程；②军用机场、港口、码头；③营区、训练场、试验场；④军用洞库、仓库；⑤军用信息基础设施，军用侦察、导航、观测台站，军用测量、导航、助航标志；⑥军用公路、铁路专用线，军用输电线路，军用输油、输水、输气管道；⑦边防、海防管控设施；⑧国务院和中央军事委员会规定的其他军事设施；⑨军队为执行任务处需设置的临时设施。"军事通信"，是指军队运用各种通信手段，为实施指挥和武器控制而进行的信息传递。

本罪的破坏行为包括一切使武器装备、军事设施、军事通信的效用丧失或减弱的行为，而不限于物理上的损毁。例如，故意损毁军事通信线路、设备，破坏军事通信计算机信息系统，干扰、侵占军事通信电磁频谱等行为，都可以构成本罪。破坏行为可以表现为作为，如砸毁、炸毁等；也可以表现为不作为，如不履行保管、维修义务而使部队的武器装备、军事设施、军事通信的效用发生损耗等。

建设、施工单位直接负责的主管人员、施工管理人员，明知是军事通信线路、设备而指使、强令、纵容他人予以损毁的，或者不听管护人员劝阻，指使、强令、纵容他人违章作业，

674 刑 法 学

造成军事通信线路、设备损毁的，以破坏军事通信罪定罪处罚。[1]

本罪的责任形式为故意。如果行为人出于过失，如对武器装备性能缺乏了解或者因使用、维护不当而造成武器装备损坏时，不构成本罪。

根据《刑法》第 369 条第 1、3 款的规定，犯本罪的，处 3 年以下有期徒刑、拘役或者管制；破坏重要武器装备、军事设施、军事通信的，处 3 年以上 10 年以下有期徒刑；情节特别严重的，处 10 年以上有期徒刑、无期徒刑或者死刑。战时犯本罪的，从重处罚。

四、过失损坏武器装备、军事设施、军事通信罪[2]

本罪是指过失毁坏、损坏武器装备、军事设施、军事通信，造成严重后果的行为。本罪以造成严重后果为必要要件。根据有关司法解释，过失损坏军事通信，造成重要军事通信中断或者严重障碍的，属于"造成严重后果"，应以本罪论处。[3] 本罪的责任形式为过失。

根据《刑法》第 369 条第 2、3 款的规定，犯本罪的，处 3 年以下有期徒刑或者拘役；造成特别严重后果的，处 3 年以上 7 年以下有期徒刑。战时犯本罪的，从重处罚。

五、故意提供不合格武器装备、军事设施罪

本罪是指明知是不合格的武器装备或军事设施而提供给武装部队的行为。根据《国防法》第 38 条第 4 款规定，国家对供应武装力量的武器装备和物资、工程、服务，依法实行质量责任追究制度。武器装备、军事设施属于特殊的产品，其质量存在问题，较之一般的产品质量危害尤甚。根据我国《产品质量法》第 73 条规定，军工产品质量监督管理办法，由国务院、中央军事委员会另行制定。单位可成为本罪的主体。本罪的责任形式为过失。如果由于工艺的落后导致生产的武器装备、军事设施不合格的，因其缺乏故意，不构成本罪。

本罪同《刑法》第 140 条规定的生产、销售伪劣产品罪存在法条竞合关系，由于本罪为特别规定，因此对故意提供不合格武器装备、军事设施的行为应以本罪论处。

根据《刑法》第 370 条第 1、3 款的规定，犯本罪的，处 5 年以下有期徒刑或者拘役；情节严重的，处 5 年以上 10 年以下有期徒刑；情节特别严重的，处 10 年以上有期徒刑、无期徒刑或者死刑。单位犯本罪的，对单位判处罚金，并对其直接负责的主管人员和其他直接责任人员，依照上述规定处罚。

六、过失提供不合格武器装备、军事设施罪

本罪是指过失将不合格的武器装备、军事设施提供给武装部队，造成严重后果的行为。本罪主体是自然人，不包括单位。造成严重后果是本罪成立的前提。这里的"造成严重后果"，主要指造成人员重伤、死亡的，或者严重影响部队军事任务完成的，或者造成战役、战斗失利或其他严重后果的。

根据《刑法》第 370 条第 2 款的规定，犯本罪的，处 3 年以下有期徒刑或者拘役；造成特别严重后果的，处 3 年以上 7 年以下有期徒刑。

七、聚众冲击军事禁区罪

本罪是指聚众冲击军事禁区，严重扰乱军事禁区秩序的行为。"聚众冲击军事禁区"，即在首要分子的组织、策划、指挥下，纠集多人，未经许可或不听劝告，强行进入军事禁区。强

---

〔1〕 参见 2007 年发布的《最高人民法院关于审理危害军事通信刑事案件具体应用法律若干问题的解释》第 5 条第 1 款。

〔2〕 本罪是《刑法修正案（五）》第 3 条增设的罪名。

〔3〕 参见 2007 年发布的《最高人民法院关于审理危害军事通信刑事案件具体应用法律若干问题的解释》第 3 条。

行进入的手段，可以是徒步进入，也可以是驾驶交通工具或采取其他方式进入。根据《军事设施保护法》第 9 条第 2 款规定，"军事禁区"是指设有重要军事设施或者军事设施安全保密要求高、具有重大危险因素，需要国家采取特殊措施加以重点保护，依照法定程序和标准划定的军事区域，包括陆域、水域和空域。本罪要求行为造成"严重扰乱军事禁区秩序"的结果，即致使军事禁区的训练、教学、科研、指挥等工作无法正常进行。

本罪主体限于首要分子和其他积极参加者。首要分子是指在聚众冲击军事禁区中起组织、策划和指挥作用的人；其他积极参加者，是指除首要分子以外的对于挑起事端、扩大事态、造成严重后果起到重要作用的人。

本罪的责任形式为故意。行为人的动机可能是满足某种私利或实现某些无理要求，以及发泄不满情绪等。出于何种动机并不影响犯罪的成立。

本罪和聚众扰乱社会秩序罪、聚众冲击国家机关罪形成法条竞合关系。由于本罪为特别规定，故对聚众冲击军事禁区的行为，应以本罪论处。

根据《刑法》第 371 条第 1 款的规定，犯本罪的，对首要分子，处 5 年以上 10 年以下有期徒刑；对其他积极参加的，处 5 年以下有期徒刑、拘役、管制或者剥夺政治权利。

八、聚众扰乱军事管理区秩序罪

本罪是指聚众扰乱军事管理区秩序，情节严重，致使军事管理区工作无法进行，造成严重损失的行为。根据《军事设施保护法》第 9 条第 3 款规定，"军事管理区"是指设有较重要军事设施或者军事设施安全保密要求较高、具有较大危险因素，需要国家采取特殊措施加以保护，依照法定程序和标准划定的军事区域。"聚众"，是指在首要分子的组织、策划和指挥下，纠集多人。聚众扰乱军事管理区秩序的行为，只有情节严重、致使军事管理区工作无法进行、造成严重损失的，才构成犯罪。本罪主体限于首要分子和其他积极参加者。本罪的责任形式为故意。

根据《刑法》第 371 条第 2 款的规定，犯本罪的，对首要分子，处 3 年以上 7 年以下有期徒刑；其他积极参加的，处 3 年以下有期徒刑、拘役、管制或者剥夺政治权利。

九、冒充军人招摇撞骗罪

本罪是指非军职人员为谋取非法利益，冒充武装部队的现役军人进行招摇撞骗的行为。

冒充军人，是指非军职人员冒充现役军人，不含冒充无军籍的军内在编职工、预备役人员和其他人员。招摇撞骗，是指假冒军人身份或职务，借以骗取各种非法利益。这里的"非法利益"既包括物质利益，也包括非物质利益，如骗取工作、职务、政治待遇和荣誉及玩弄异性等。冒充军人招摇撞骗的手段多种多样，有的打着部队的旗号摆摊设点、行医售药、兜售伪劣商品；有的假冒、盗用军办企业的名义进行经济诈骗活动等。

本罪与《刑法》第 279 条规定的招摇撞骗罪是法条竞合关系，由于本罪属于特别规定，对于冒充军人招摇撞骗的行为，应以本罪论处。

根据《刑法》第 372 条的规定，犯本罪的，处 3 年以下有期徒刑、拘役、管制或者剥夺政治权利；情节严重的，处 3 年以上 10 年以下有期徒刑。

十、煽动军人逃离部队罪

本罪是指唆使、鼓动服役的军职人员逃离部队，情节严重的行为。如以发表演讲、广播宣传、邮寄材料或通过许诺条件、资助钱财等形式，鼓动正在服役的军人擅自离开服役的部队。煽动军人逃离部队的行为，只有"情节严重的"，才能构成犯罪，如多次煽动军人逃离部队；战时煽动军人逃离部队；煽动军人逃离部队人数多、时间长，影响极坏的；煽动在重要岗位或者指挥、值班、值勤人员逃离部队，影响部队正常工作和战备任务完成的。

根据《刑法》第 373 条的规定，犯本罪的，处 3 年以下有期徒刑、拘役或者管制。

十一、雇用逃离部队军人罪

本罪是指明知是逃离部队的军人而对其予以接收、聘用，情节严重的行为。构成本罪，要求行为人必须明知对方是逃离部队的军人，确因不知对方是逃离部队的军人而予以收留、聘用的，不构成本罪。另外，构成本罪还要求达到"情节严重"的程度，如拒绝部队将逃离部队的军人带回的；雇用逃离部队的军人影响军队重要任务的完成或造成严重后果的；等等。

根据《刑法》第 373 条的规定，明知是逃离部队的军人而雇用，情节严重的，处 3 年以下有期徒刑、拘役或者管制。

十二、接送不合格兵员罪

本罪是指征兵工作人员在征兵工作中违反有关规定，徇私舞弊，将不符合条件的应征公民接收或输送进部队，情节严重的行为。

本罪主体属于特殊主体，即征兵工作人员，既包括地方兵役征集工作人员，也包括接收部队派出的接兵工作人员。本罪只能发生在征兵工作过程中。根据我国《兵役法》的规定，征兵就是征集应征公民到军队服兵役。国家工作人员在办理兵员征集工作时，应当严格执行国家有关征兵的法律、法规和征兵命令，确保兵员质量。征兵工作中的徇私舞弊行为，即以权谋私，在兵役登记、身体检查、政治审查、接收等环节上弄虚作假。"不合格兵员"，是指不符合身体、政治、年龄、文化程度等条件的应征公民。本罪的成立以"情节严重"为前提。本罪的责任形式为故意，且要求具备徇私的动机，即行为人实施犯罪行为的心理动因是为了私情或谋求个人利益。

根据《刑法》第 374 条的规定，犯本罪的，处 3 年以下有期徒刑或者拘役；造成特别严重后果的，处 3 年以上 7 年以下有期徒刑。

十三、伪造、变造、买卖武装部队公文、证件、印章罪

本罪是指伪造、变造、买卖武装部队公文、证件、印章的行为。如果行为人将伪造、变造、买卖武装部队公文、证件、印章作为手段，用于其他犯罪活动，则应构成刑法理论上的牵连犯，择重处之。例如用于进行诈骗犯罪的，应按《刑法》第 266 条规定的诈骗罪定罪处罚；用于进行冒充军人招摇撞骗犯罪的，则应按《刑法》第 372 条的规定定罪处罚。另外，本罪同《刑法》第 280 条第 1 款规定的伪造、变造、买卖国家机关公文、证件、印章罪存在法条竞合关系，由于本罪为特殊规定，对上述行为应优先适用本罪规定。

根据《刑法》第 375 条第 1 款的规定，犯本罪的，处 3 年以下有期徒刑、拘役、管制或者剥夺政治权利；情节严重的，处 3 年以上 10 年以下有期徒刑。

十四、盗窃、抢夺武装部队公文、证件、印章罪

本罪是指以非法占有为目的，秘密窃取或乘人不备公然夺取武装部队公文、证件、印章的行为。实践中，如果行为人为进行其他犯罪活动（如诈骗罪、冒充军人招摇撞骗罪）而盗窃、抢夺武装部队的公文、证件、印章的，应择一重罪处断。此外，本罪同《刑法》第 280 条第 1 款规定的盗窃、抢夺国家机关公文、证件、印章罪存在法条竞合关系，但本罪作为特殊规定，应优先适用。

根据《刑法》第 375 条第 1 款的规定，犯本罪的，处 3 年以下有期徒刑、拘役、管制或者剥夺政治权利；情节严重的，处 3 年以上 10 年以下有期徒刑。

十五、非法生产、买卖武装部队制式服装罪

本罪是指非法生产、买卖武装部队制式服装，情节严重的行为。本罪属于情节犯，"情节严重"是构成犯罪的必备条件。[1] 行为主体包括自然人和单位。根据《刑法》第375条第2、4款的规定,犯本罪的,处3年以下有期徒刑、拘役或者管制,并处或者单处罚金。单位犯本罪的,对单位判处罚金,并对其直接负责的主管人员和其他直接责任人员,依照上述规定处罚。

十六、伪造、盗窃、买卖、非法提供、非法使用武装部队专用标志罪

本罪是指伪造、盗窃、买卖、非法提供、非法使用武装部队车辆号牌等专用标志,情节严重的行为。本罪主体包括自然人和单位。行为对象是武装部队的车辆号牌等专用标志。车辆号牌等专用标志,主要是指武装部队专用的各种标志,如军衔、军车牌、军徽及某些部队专用的特别标志等。构成本罪要求行为达到"情节严重"的程度,[2] 否则只能作为一般违法行为进行行政处罚。

根据《刑法》第375条第3、4款的规定,犯本罪的,处3年以下有期徒刑、拘役或者管制,并处或者单处罚金;情节特别严重的,处3年以上7年以下有期徒刑,并处罚金。单位犯本罪的,对单位判处罚金,并对其直接负责的主管人员和其他直接责任人员,依照上述规定处罚。

第三节 战时危害国防利益的犯罪

一、战时拒绝、逃避征召、军事训练罪

本罪是指预备役人员战时拒绝、逃避兵役机关依法征召,情节严重的行为。本罪主体是特殊主体,即预备役人员。根据《兵役法》第6条的规定,预编到现役部队或者编入预备役部队服预备役的,称"预备役人员",具体分为预备役军官和预备役士兵。征召,是指兵役机关依《兵役法》向预备役人员发出通知,要求其按规定的时间和地点报到,准备转服现役。军事训练,是指对预备役人员进行军事知识教育和作战技能的训练。本罪的构成以"战时"为前提,在平时实施上述行为的,不构成本罪。本罪的行为方式是不作为。所谓"拒绝、逃避"是指拒不接受或采取多种手段有意躲避。本罪还要求达到情节严重的程度,才构成犯罪。本罪的责任形式为故意,行为人的动机可能是贪生怕死或为了其他个人利益。如果预备役人员因重病或家中严重困难难以接受征召、参加军事训练,不能按本罪处理。

根据《刑法》第376条第1款的规定,犯本罪的,处3年以下有期徒刑或者拘役。

二、战时拒绝、逃避服役罪

本罪是指公民战时拒绝、逃避服役,情节严重的行为。本罪主体限于中国公民,且是符合我国《兵役法》规定的应征公民。行为表现为不作为的形式。"战时"是构成本罪的前提,如果公民在平时拒绝、逃避服役,不构成本罪。本罪的成立还要求达到"情节严重"的程度。

根据《刑法》第376条第2款的规定,犯本罪的,处2年以下有期徒刑或者拘役。

三、战时故意提供虚假敌情罪

本罪是指战时故意向武装部队提供虚假敌情,造成严重后果的行为。本罪主体应是非军职人员,如果是军人谎报军情的,依《刑法》第422条隐瞒、谎报军情罪处理。"战时"是构成

---

〔1〕 关于"情节严重"的认定,参见2011年发布的《最高人民法院、最高人民检察院关于办理妨害武装部队制式服装、车辆号牌管理秩序等刑事案件具体应用法律若干问题的解释》第2条。

〔2〕 关于"情节严重"的认定,参见2011年发布的《最高人民法院、最高人民检察院关于办理妨害武装部队制式服装、车辆号牌管理秩序等刑事案件具体应用法律若干问题的解释》第3条。

本罪的前提条件，如果行为发生在平时，则不构成本罪。所谓"敌情"，是指敌方军事、政治、经济、科技、地理等方面的情况。本罪的成立还要求"造成严重后果"，例如，由于行为人提供虚假敌情的行为，扰乱军队作战部署和军事行动，贻误战机，致使战役、战斗遭受较大损失，造成人员伤亡等。

责任形式为故意。如果行为人因为对敌情不甚了解或道听途说，或紧张恐慌而夸大或缩小真实情况，确无主观故意的，不应按本罪处理；如果行为人在暴力、威胁强制下提供不真实敌情，未造成严重后果的，也不构成本罪。

根据《刑法》第 377 条的规定，犯本罪的，处 3 年以上 10 年以下有期徒刑；造成特别严重后果的，处 10 年以上有期徒刑或者无期徒刑。

四、战时造谣扰乱军心罪

本罪是指战时造谣惑众，扰乱军心的行为。本罪主体为除军人以外的一般主体。对于军人实施的此类行为，应依照《刑罚》第 433 条规定的战时造谣惑众罪论处。构成本罪以"战时"为前提条件。所谓"造谣惑众，动摇军心"，是指编造并散布怯战、厌战或恐怖情绪，或麻痹松懈斗志，扰乱官兵心理，动摇士气军心。造谣惑众的行为，不管是否造成扰乱军心的实际结果，均不影响本罪成立。本罪的责任形式为故意，即行为人明知散布的是虚假信息，会扰乱军心，仍加以宣扬扩散。

根据《刑法》第 378 条的规定，犯本罪的，处 3 年以下有期徒刑、拘役或者管制；情节严重的，处 3 年以上 10 年以下有期徒刑。

五、战时窝藏逃离部队军人罪

本罪是指战时明知是逃离部队的军人而为其提供隐蔽处所、财物，情节严重的行为。构成本罪的前提条件是"战时"。行为对象是战时逃离部队的军人。窝藏的具体行为方式包括为其提供隐蔽处所、财物，帮助其隐匿，以逃避部队或有关部门查找，或资助其钱物，帮助其拒不归队等。上述行为只有"情节严重"的，才构成本罪。本罪的责任形式为故意。如果行为人确实不知情而对逃离部队的军人予以收留、资助的，不应以犯罪论处。

根据《刑法》第 379 条的规定，犯本罪的，处 3 年以下有期徒刑或者拘役。

六、战时拒绝、故意延误军事订货罪

战时拒绝、故意延误军事订货罪，是指战时有关生产、销售单位拒绝或故意延误军事订货，情节严重的行为。

本罪主体是单位，即负有军事订货义务的生产、销售单位。构成本罪以"战时"为前提。拒绝军事订货表现为不作为，即有能力接受军事订货（生产、供货）而拒不接受，或不履行订货合同等。故意延误军事订货的行为，即违反合同规定，故意延误交付军事订货。上述行为，只有情节严重的，才能构成本罪。本罪的责任形式为故意。如果行为人由于客观条件或不可抗力的原因无法订立或履行军事订货合同，因此延误军事订货的，因其缺乏故意，不能构成本罪。

根据《刑法》第 380 条的规定，犯本罪的，对单位判处罚金，并对其直接负责的主管人员和其他直接责任人员，处 5 年以下有期徒刑或者拘役；造成严重后果的，处 5 年以上有期徒刑。

七、战时拒绝军事征收、征用罪

本罪是指战时拒绝军事征收、征用，情节严重的行为。根据《国防法》第 51 条的规定，国家根据国防需要，可以依法征收、征用组织和个人的设备设施、交通工具、场所和其他财产。构成本罪以"战时"为限。行为方式表现为不作为，即行为人有条件、有能力提供给部

队所需征用的物资、设施、交通工具等而拒不向国家、政府和武装力量提供。本罪的成立还应达到"情节严重"的程度。

根据《刑法》第 381 条的规定,犯本罪的,处 3 年以下有期徒刑或者拘役。

■思考题

1. 试述危害国防利益罪的概念及一般特征。
2. 如何区分阻碍军人执行职务罪与妨害公务罪?
3. 简述破坏武器装备、军事设施、军事通信罪的概念和特征。
4. 冒充军人招摇撞骗罪与诈骗罪有何异同?
5. 请列举本章犯罪中以"战时"为构成要件的犯罪。

■参考书目

1. 黄林异主编:《危害国防利益罪》,中国人民公安大学出版社 2003 年版。
2. 叶希善主编:《危害国防利益罪办案一本通》,中国长安出版社 2007 年版。
3. 夏勇、袁剑湘:"危害国防利益罪适用中的竞合问题",载《中南大学学报(社会科学版)》2003 年第 4 期。
4. 万春:"保持对危害国防利益犯罪的高压态势",载《解放军报》2017 年 3 月 16 日,第 10 版。

第二十七章　贪污贿赂罪

■ 学习目的和要求

了解贪污贿赂罪的非重点犯罪的概念和特征；掌握贪污贿赂罪中的重点犯罪的概念、特征与处罚；把握认定贪污贿赂罪应当区别的界限和应当注意的问题。

第一节　贪污贿赂罪概述

一、贪污贿赂罪的概念和法益

1979 年《刑法》中，贪污贿赂犯罪是分别规定在"侵犯财产罪"和"渎职罪"中的。其中，第 155 条规定："国家工作人员利用职务上的便利，贪污公共财物的，处 5 年以下有期徒刑或者拘役；数额巨大、情节严重的，处 5 年以上有期徒刑；情节特别严重的，处无期徒刑或者死刑。犯前款罪的，并处没收财产，或者判令退赔。受国家机关、企业、事业单位、人民团体委托从事公务的人员犯第一款罪的，依照前两款的规定处罚。"第 185 条规定："国家工作人员利用职务上的便利，收受贿赂的，处 5 年以下有期徒刑或者拘役。赃款、赃物没收，公款、公物追还。犯前款罪，致使国家或者公民利益遭受严重损失的，处 5 年以上有期徒刑。向国家工作人员行贿或者介绍贿赂的，处 3 年以下有期徒刑或者拘役。"1997 年《刑法》将"贪污贿赂罪"单列为一章，整合吸收了 1988 年 1 月 21 日通过的《全国人民代表大会常务委员会关于惩治贪污罪贿赂罪的补充规定》中的内容，罪名增加到 13 个。全国人大常委会分别于 2009 年 2 月 28 日通过的《刑法修正案（七）》和 2015 年 8 月 29 日通过的《刑法修正案（九）》又增设了"利用影响力受贿罪"和"对有影响力的人行贿罪"，至此，我国刑法形成了相对完备的惩治贪污贿赂罪的罪名体系。

总体上来说，贪污贿赂罪，是指国家工作人员利用职务上的便利实施贪污、挪用、私分公共财物以及行贿、受贿等，严重侵犯国家公职人员职务行为的廉洁性的行为。贪污贿赂罪侵犯的法益是多元的，既包括财产法益，也包括职务行为的廉洁性。

二、贪污贿赂罪的犯罪构成

（一）构成要件

构成要件的内容为行为主体利用职务上的便利实施侵犯国家公职人员职务行为廉洁性以及财产法益的行为。行为主体既包括自然人，也包括单位。就自然人而言，一般表现为国家工作人员，少数主体是一般主体或者与国家工作人员关系密切的人，例如行贿罪和利用影响力受贿罪等。行为具体可能表现为利用职务上的便利窃取、骗取、侵吞、挪用、私分、索取、收受、介绍等。就行为表现形式而言，主要表现为作为犯罪，有少数表现为不作为犯罪，例如隐瞒境外存款罪、巨额财产来源不明罪等。一般来说，具备贪污贿赂罪构成要件的行为，就具备了违法性。

（二）责任要素

贪污贿赂罪的责任形式为故意，有的犯罪还要求行为主体具备特定的犯罪目的，例如贪污罪的成立，就要求行为人对公共财物必须具备非法占有的目的。

三、贪污贿赂罪的类型

根据《刑法》分则第八章的规定，贪污贿赂罪包括贪污罪、挪用公款罪、巨额财产来源不明罪、隐瞒境外存款罪、私分国有资产罪、私分罚没财产罪、受贿罪、单位受贿罪、利用影响力受贿罪、行贿罪、对有影响力的人行贿罪、对单位行贿罪、介绍贿赂罪、单位行贿罪。依据不同的标准可以将贪污贿赂罪分为不同种类，例如，根据犯罪主体，可以分为自然人犯罪和单位犯罪；根据犯罪主体身份，可以分为国家工作人员和一般主体以及与国家工作人员关系密切的人等。本书根据保护法益，将本章的犯罪分为贪污犯罪和受贿犯罪。

第二节　贪污犯罪

一、贪污罪

（一）贪污罪的概念和法益

贪污罪，是指国家工作人员利用职务上的便利，侵吞、窃取、骗取或者以其他手段非法占有公共财物的行为。根据《刑法》第382条第2款的规定，受国家机关、国有公司、企业、事业单位、人民团体委托管理、经营国有财产的人员，利用职务上的便利，侵吞、窃取、骗取或者以其他手段非法占有国有财物的，以贪污论。

本罪保护的法益是公共财产的所有权和国家工作人员职务行为的廉洁性。就本质上而言，国家工作人员的职权来自于法律的授权，其应当坚定维护职务行为的廉洁性，正当用权，为人民服务。行为人违背恪尽职守、秉公用权的原则，利用职权将公共财物据为己有，侵害了公共财产所有权以及公职人员职务行为的廉洁性。

（二）贪污罪的犯罪构成

1. 贪污罪的构成要件。贪污罪的构成要件内容为国家工作人员利用职务上的便利，侵吞、窃取、骗取或者以其他手段非法占有公共财物。

（1）行为主体为国家工作人员。《刑法》第93条规定，国家工作人员，是指国家机关中从事公务的人员。国有公司、企业、事业单位、人民团体中从事公务的人员和国家机关、国有公司、企业、事业单位委派到非国有公司、企业、事业单位、社会团体从事公务的人员，以及其他依照法律从事公务的人员，以国家工作人员论。根据上述规定，国家工作人员包括以下三类：

第一，在国家机关中从事公务的人员。国家机关包括各级权力机关、行政机关、司法机关以及军事机关，还应当包括中国共产党各级委员会和人民政协机关。《全国人民代表大会常务委员会关于〈中华人民共和国刑法〉第九章渎职罪主体适用问题的解释》中规定，在依照法律、法规规定行使国家行政管理职权的组织中从事公务的人员，或者在受国家机关委托代表国家机关行使职权的组织中从事公务的人员，或者虽未列入国家机关人员编制但在国家机关中从事公务的人员，在代表国家机关行使职权时，都视为国家机关工作人员。

第二，国有公司、企业、事业单位、人民团体中从事公务的人员和国家机关、国有公司、企业、事业单位委派到非国有公司、企业、事业单位、社会团体从事公务的人员。根据2003年11月13日最高人民法院发布的《全国法院审理经济犯罪案件工作座谈会纪要》规定，所谓委派，即委任、派遣，其形式多种多样，如任命、指派、提名、批准等。不论被委派的人身份如何，只要是接受国家机关、国有公司、企业、事业单位委派，代表国家机关、国有公司、企业、事业单位在非国有公司、企业、事业单位、社会团体中从事组织、领导、监督、管理等工作，都可以认定为国家机关、国有公司、企业、事业单位委派到非国有公司、企业、事业单位、社会团体从事公务的人员。如国家机关、国有公司、企业、事业单位委派在国有控股或者参股的股份有限公司从事组织、领导、监督、管理等工作的人员，应当以国家工作人员论。国有公司、企业改制为股份有限公司后，原国有公司、企业的工作人员和股份有限公司新任命的人员中，除代表国有投资主体行使监督、管理职权的人外，不以国家工作人员论。

第三，其他依照法律从事公务的人员。这里应当具有两个特征：一是在特定条件下行使国家管理职能；二是依照法律规定从事公务。根据《全国人民代表大会常务委员会关于〈中华人民共和国刑法〉第九十三条第二款的解释》规定，村民委员会等村基层组织人员协助人民政府从事下列行政管理工作，属于《刑法》第 93 条第 2 款规定的"其他依照法律从事公务的人员"：①救灾、抢险、防汛、优抚、扶贫、移民、救济款物的管理；②社会捐助公益事业款物的管理；③国有土地的经营和管理；④土地征收、征用补偿费用的管理；⑤代征、代缴税款；⑥有关计划生育、户籍、征兵工作；⑦协助人民政府从事的其他行政管理工作。此外，依法履行职责的各级人民代表大会代表；依法履行审判职责的人民陪审员等，均可以视为国家工作人员。

上述三类人员都要求依法从事公务，何为从事公务？根据《全国法院审理经济犯罪案件工作座谈会纪要》规定，是指代表国家机关、国有公司、企业、事业单位、人民团体等履行组织、领导、监督、管理等职责。公务主要表现为与职权相联系的公共事务以及监督、管理国有财产的职务活动。如国家机关工作人员依法履行职责，国有公司的董事、经理、监事、会计、出纳人员等管理、监督国有财产等活动，属于从事公务。那些不具备职权内容的劳务活动、技术服务工作，如售货员、售票员等所从事的工作，一般不认为是公务。

此外，2010 年《最高人民法院、最高人民检察院关于办理国家出资企业中职务犯罪案件具体应用法律若干问题的意见》第 7 条规定，"国家出资企业"，包括国家出资的国有独资公司、国有独资企业，以及国有资本控股公司、国有资本参股公司。是否属于国家出资企业不清楚的，应遵循"谁投资、谁拥有产权"的原则进行界定。企业注册登记中的资金来源与实际出资不符的，应根据实际出资情况确定企业的性质。企业实际出资情况不清楚的，可以综合工商注册、分配形式、经营管理等因素确定企业的性质。第 6 条规定了国家出资企业中国家工作人员的认定，具体是指，经国家机关、国有公司、企业、事业单位提名、推荐、任命、批准等，在国有控股、参股公司及其分支机构中从事公务的人员，应当认定为国家工作人员。具体的任命机构和程序，不影响国家工作人员的认定。经国家出资企业中负有管理、监督国有资产职责的组织批准或者研究决定，代表其在国有控股、参股公司及其分支机构中从事组织、领导、监督、经营、管理工作的人员，应当认定为国家工作人员。国家出资企业中的国家工作人员，在国家出资企业中持有个人股份或者同时接受非国有股东委托的，不影响其国家工作人员身份的认定。

最后，受国家机关、国有公司、企业、事业单位、人民团体委托管理、经营国有财产的人员在一定条件下也可以认定为国家工作人员。具体条件包括如下三点：①接受国家机关、国有公司、企业、事业单位、人民团体委托；②其所管理和经营的是国有财产；且③行为对象也仅仅限于国有财物的。

（2）行为内容和行为结果为利用职务上的便利，侵吞、窃取、骗取或者以其他手段非法占有公共财物。行为包括在国内公务活动或者对外交往中接受礼物，依照国家规定应当交公而不交公。

第一，对利用职务上的便利的理解。"利用职务上的便利"是指利用职务上主管、管理、经手公共财物的权力及方便条件。主管，是指对公共财物的调拨、处置、调配等具有支配地位或者决定性作用的职务行为；管理，是指对公共财物具有保管、管理权限的职务行为；经手，是指对公共财物的流转、流通、变更等必经程序进行办理、承办的职务行为。职务上便利，既包括利用本人职务上主管、管理公共财物的便利，也包括利用职务上有隶属关系的其他国家工作人员的职务便利。

第二，对侵吞、窃取、骗取或者以其他手段的理解。所谓侵吞，是指行为人基于职务上的便利，将自己管理、占有、使用的公共财物非法据为己有，包括截留公共财物不入账或者将经手的公共财物加以隐匿等。所谓窃取，是指行为人利用职务上的便利，将自己管理、经手或者经营的公共财物窃为己有。所谓骗取，是指行为人通过编造、伪造各种虚假材料等各种虚假手段，利用职务上的便利，将公共财物非法占为己有。所谓其他手段，是指行为人利用职务上的便利，通过"侵吞、窃取、骗取"等以外的手段，将公共财物据非法为己有的行为。

（3）行为对象为公共财物。《刑法》第91条规定，公共财产，是指下列财产：①国有财产；②劳动群众集体所有的财产；③用于扶贫和其他公益事业的社会捐助或者专项基金的财产。在国家机关、国有公司、企业、集体企业和人民团体管理、使用或者运输中的私人财产，以公共财产论。土地使用权具有财产性利益，也属于公共财物，可以成为贪污罪的对象。《刑法》第382条第2款规定的"受……委托管理、经营国有财产"，是指因承包、租赁、临时聘用等管理、经营国有财产。

（4）行为结果为行为人利用职务上的便利将数额较大（3万元以上）的公共财物占为己有。贪污罪是一种以非法占有为目的的财产性职务犯罪，与盗窃、诈骗、抢夺等侵犯财产罪一样，应当以行为人是否实际控制财物作为区分贪污罪既遂与未遂的标准。对于行为人利用职务上的便利，实施了虚假平帐等贪污行为，但公共财物尚未实际转移，或者尚未被行为人控制就被查获的，应当认定为贪污未遂。行为人控制公共财物后，是否将财物据为己有，不影响贪污罪既遂的认定。

2. 贪污罪的责任要素。本罪的责任形式为故意，且行为人具有非法占有公共财物的目的。

（三）贪污罪的认定

1. 贪污罪的共犯认定。《刑法》第382条第3款规定，与第382条第1、2款所列人员勾结，伙同贪污的，以共犯论处。该款规定，属于注意性规定，不具有规范意义和价值，仅仅具有提示性作用。根据身份犯共同犯罪的基本原理，非国家工作人员与国家工作人员勾结，利用国家工作人员职务上的便利，侵吞、窃取或者骗取公共财物的，应按贪污罪的共同犯罪处理。需要注意的是，自2000年7月8日起施行的《最高人民法院关于审理贪污、职务侵占案件如何认定共同犯罪几个问题的解释》第3条规定，公司、企业或者其他单位中，不具有国家工作人员身份的人与国家工作人员勾结，分别利用各自的职务便利，共同将本单位财物非法占为己有的，按照主犯的犯罪性质定罪。该解释在定罪逻辑上不无疑问。主犯的概念存在于共同犯罪中，在逻辑上应先确定共同犯罪的性质，即是什么罪的共同犯罪，然后再依照行为人在共同犯罪中的作用确定主犯、从犯、胁从犯等。而解释中则先确定主犯，再按照主犯的性质对共犯性质进行认定，这在逻辑上似乎存在本末倒置的嫌疑。笔者认为，应从刑法竞合的角度分析，即行为人各自利用职务便利，实际上就各自行为同时也是共同犯罪的帮助行为，成立贪污罪和职务侵占罪共犯的想象竞合关系，反之亦然（职务侵占罪和贪污罪共犯的想象竞合关系），按照想象竞合犯的处断原则（从一重罪从重处罚，以实现罪刑均衡）。

2. 贪污罪与盗窃罪或诈骗罪的关系。贪污罪的行为要素中包含了"窃取、骗取"，考虑到贪污罪入罪标准（3万元）远远高于盗窃罪（1000元～3000元）和诈骗罪（3000元～10000元）（各省、自治区、直辖市高级人民法院、人民检察院可以结合本地区经济社会发展状况，在规定的数额幅度内，共同研究确定本地区执行的具体数额标准），国家工作人员利用职务上的便利窃取、骗取公共财物时，主观上打算（包括概括故意等情形）、客观上也足以窃取、骗取数额较大甚至巨大的财物，但由于意志以外的原因未得逞的，宜以贪污罪的未遂犯定罪处罚。例如，国家工作人员打算利用职务上的便利骗取100万元现金，并实施了相应的诈骗行为，但没有得逞。对此，宜以贪污罪的未遂犯定罪处罚。而且，《贪污贿赂案件解释》大幅度提高了贪污、受贿等罪的数额标准之后，应当全面处罚贪污、受贿等罪的未遂犯。国家工作人员利用职务上的便利实施诈骗行为时，主观上没有打算骗取贪污罪所要求的数额较大的财物，客观上所骗取的财产数额没有达到贪污罪的定罪标准，但达到了普通诈骗罪的数额标准的，应认定为普通诈骗罪。[1]

本文认为，上述观点和分析具有一定合理性和逻辑性，但仍需要具体案件具体分析。事实上，贪污罪中的"窃取、骗取"和盗窃罪中的"窃取、骗取"仍然存在一定差异性，主要表现在行为人实施贪污罪中的这些行为需要与职务行为相关联，换句话说，在贪污案件中，如果没有行为人的"职务上的便利"，行为人是无法完成"窃取或者骗取"的。首先，行为人将自己管理、经手的财物非法据为己有的"窃取"行为的分析。贪污罪中"窃取"的可以是处于自己"占有"下的财物，而盗窃则不可以。例如，某国有公司的仓库保管员甲（国家工作人员）客观上将自己看管的公共财物私下带回家，就不宜认定为盗窃罪中的"窃取"。行为人正是基于职务上的便利，才实现对公共财物的管理（占有），所以，这里就只能认定为是贪污罪中的"窃取"，而不能认定为是和盗窃罪中的"窃取"形成的竞合关系。盗窃罪中的"窃取"对象只能是"他人占有的财物"。其次，贪污罪中的"骗取"和诈骗罪中的"骗取"也不尽相同，其核心还是在于是否基于职务上的便利，改变了公共财物的所有权或者占有关系，例如，某国有公司董事长甲通过编造虚假出差单据，多列行程，将个人家庭旅游的发票提交给本单位办公室工作人员制单后提交给本单位的财务人员，然后自己再最后签字，将本单位财物占为己有。行为人确实使用虚假手段，欺骗了本单位的办公室工作人员和财务人员，也最终占有了公共财物。但是，具有最终财产处分权的仍然是行为人本人，因为财务人员如果看不到单位的董事长甲的最终签字，是不可能将财物转出去的，因此，财物所有权的改变，是基于董事长甲的权力（签字权），不能认为财务人员的交付（转出财物）行为是最终具有财产处分权的人的处分行为。因此，在这里，同样不能认为贪污罪和诈骗罪之间具有竞合关系。基于以上分析，本文的结论是，不宜将贪污罪中"利用职务上便利"和"骗取、窃取"割裂开来理解，而应当将其作一体化（整体）理解，也就是说贪污罪中的"骗取、窃取"应基于对应的行为人"利用职务上便利"的行为。

3. 国家工作人员在国内公务活动或者对外交往中接受礼物，依照国家规定应当交公而不交公，数额较大的，应认定为贪污罪。"个人贪污数额"，在共同贪污犯罪案件中应理解为个人所参与或者组织、指挥共同贪污的数额，不能只按个人实际分得的赃款数额来认定。

（四）贪污罪的处罚

对犯贪污罪的，根据情节轻重，分别依照下列规定处罚：①贪污数额较大或者有其他较重

---

〔1〕　参见张明楷："贪污贿赂罪的司法与立法发展方向"，载《政法论坛》2017年第1期。

情节的，处 3 年以下有期徒刑或者拘役，并处罚金；②贪污数额巨大或者有其他严重情节的，处 3 年以上 10 年以下有期徒刑，并处罚金或者没收财产；③贪污数额特别巨大或者有其他特别严重情节的，处 10 年以上有期徒刑或者无期徒刑，并处罚金或者没收财产；数额特别巨大，并使国家和人民利益遭受特别重大损失的，处无期徒刑或者死刑，并处没收财产。对多次贪污未经处理的，按照累计贪污数额处罚。犯贪污罪，在提起公诉前如实供述自己罪行、真诚悔罪、积极退赃、避免、减少损害结果的发生，有第①种情形的，可以从轻、减轻或者免除处罚；有第②、③种情形的，可以从轻处罚。犯贪污罪，有第③种情形被判处死刑缓期执行的，人民法院根据犯罪情节等情况可以同时决定在其死刑缓期执行 2 年期满依法减为无期徒刑后，终身监禁，不得减刑、假释。

就数额标准而言，其一，贪污数额在 3 万元以上不满 20 万元的，应当认定为《刑法》第 383 条第 1 款规定的"数额较大"。贪污数额在 1 万元以上不满 3 万元，具有下列情形之一的，应当认定为《刑法》第 383 条第 1 款规定的"其他较重情节"：①贪污救灾、抢险、防汛、优抚、扶贫、移民、救济、防疫、社会捐助等特定款物的；②曾因贪污、受贿、挪用公款受过党纪、行政处分的；③曾因故意犯罪受过刑事追究的；④赃款赃物用于非法活动的；⑤拒不交待赃款赃物去向或者拒不配合追缴工作，致使无法追缴的；⑥造成恶劣影响或者其他严重后果的。其二，贪污数额在 20 万元以上不满 300 万元的，应当认定为《刑法》第 383 条第 1 款规定的"数额巨大"；贪污数额在 10 万元以上不满 20 万元，具有上述六种情形之一的，应当认定为《刑法》第 383 条第 1 款规定的"其他严重情节"。其三，贪污数额在 300 万元以上的，应当认定为《刑法》第 383 条第 1 款规定的"数额特别巨大"，贪污数额在 150 万元以上不满 300 万元，具有上述六种情形之一的，应当认定为《刑法》第 383 条第 1 款规定的"其他特别严重情节"。

对贪污罪判处 3 年以下有期徒刑或者拘役的，应当并处 10 万元以上 50 万元以下的罚金；判处 3 年以上 10 年以下有期徒刑的，应当并处 20 万元以上犯罪数额 2 倍以下的罚金或者没收财产；判处 10 年以上有期徒刑或者无期徒刑的，应当并处 50 万元以上犯罪数额 2 倍以下的罚金或者没收财产。

二、挪用公款罪

（一）挪用公款罪的概念和法益

挪用公款罪，是指国家工作人员利用职务上的便利，挪用公款归个人使用，进行非法活动的，或者挪用公款数额较大、进行营利活动的，或者挪用公款数额较大、超过 3 个月未还的行为。本罪侵犯的法益是国家工作人员职务行为的廉洁性和公款的占有、使用和收益权。

（二）挪用公款罪的犯罪构成

1. 挪用公款罪的构成要件。

（1）行为主体为国家工作人员。是指在国家机关中从事公务的人员、包括在各级国家权力机关、行政机关、司法机关和军事机关中从事公务的人员。根据有关规定，在依照法律、法规规定行使国家行政管理职权的组织中从事公务的人员，或者在受国家机关委托代表国家行使职权的组织中从事公务的人员、或者虽未列入国家机关人员编制但在国家机关中从事公务的人员，视为国家机关工作人员。在乡（镇）以上中国共产党机关、人民政协机关中从事公务的人员，司法实践中也应当视为国家机关工作人员。关于国家机关、国有公司、企业、事业单位委派到非国有公司、企业、事业单位、社会团体从事公务的人员的认定，所谓委派，即委任、派遣，其形式多种多样，如任命、指派、提名、批准等。不论被委派的人身份如何，只要是接受国家机关、国有公司、企业、事业单位委派，代表国家机关、国有公司、企业、事业单位在非国有公司、企业、事业单位、社会团体中从事组织、领导、监督、管理等工作，都可以认定为国家机关、国有公司、企业、事业单位委派到非国有公司、企业、事业单位、社会团体从事公务的人员，如国家机关、国有公司、企业、事业单位委派在国有控股或者参股的股份有限公司从事组织、领导、监督、管理等工作的人员，应当以国家工作人员论，国有公司、企业改制为股份有限公司后原国有公司、企业的工作人员和股份有限公司新任命的人员中，除代表国有投资主体行使监督、管理职权的人外，不以国家工作人员论。对于"其他依照法律从事公务的人员"的认定，《刑法》第 93 条第 2 款规定的"其他依照法律从事公务的人员"应当具有两个特征：一是在特定条件下行使国家管理职能；二是依照法律规定从事公务。具体包括：①依法履行职责的各级人民代表大会代表；②依法履行审判职责的人民陪审员；③协助乡镇人民政府、街道办事处从事行政管理工作的村民委员会、居民委员会等农村和城市基层组织人员；④其他由法律授权从事公务的人员。关于从事公务，是指代表国家机关、国有公司、企业事业单位、人民团体等履行组织、领导、监督、管理等职责。公务主要表现为与职权相联系的公共事务以及监督、管理国有财产的职务活动。如国家机关工作人员依法履行职责，国有公司的董事、经理、监事、会计、出纳人员等管理、监督国有财产等活动，属于从事公务。那些不具备职权内容的劳务活动、技术服务工作，如售货员、售票员等所从事的工作，一般不认为是公务。

（2）行为内容为利用职务上的便利，挪用公款归个人使用。利用职务上的便利，是指利用本人职权和地位形成的主管、管理、经手公款的有利条件或者方便条件。挪用，是指未经合法程序，改变公款的用途。行为人使公款脱离单位管理，即使未投入使用，也不影响挪用的认定。在司法实践中出现的"挪"而未"用"，只要使公款脱离单位控制，就应当认定为挪用。但是在处罚上，可以酌情从轻处罚。挪用公款的行为类型包括以下三种情况：①进行非法活动的。②挪用公款数额较大、进行营利活动的，挪用公款归个人用于公司、企业注册资本验资证明的，应当认定为挪用公款进行营利活动。③挪用公款数额较大、超过 3 个月未还的。其中，挪用公款归个人使用，包括挪用者本人使用或者给他人使用。挪用公款给私有公司、私有企业使用的，属于挪用公款归个人使用。"归个人使用"的情形包括：①将公款供本人、亲友或者其他自然人使用的；②以个人名义将公款供其他单位使用的；③个人决定以单位名义将公款供其他单位使用，谋取个人利益的。经单位领导集体研究决定将公款给个人使用，或者单位负责人为了单位的利益，决定将公款给个人使用的，不以挪用公款罪定罪处罚。上述行为致使单位遭受重大损失，构成其他犯罪的，依照刑法的有关规定对责任人员定罪处罚。

（3）行为对象为公款、公有或本单位的国库券，也包括失业保险金和下岗职工基本生活保障金，不包括非特定公物。挪用金融凭证、有价证券用于质押，使公款处于风险之中，与挪用公款为他人提供担保没有实质性的区别，符合刑法关于挪用公款罪之处罚规定的，以挪用公款罪定罪处罚。挪用公款的数额，以实际或者可能承担的风险数额认定。

2. 挪用公款罪的责任要素。本罪的责任形式为故意。

（三）挪用公款罪的认定

1. 挪用公款归个人使用，进行非法活动，数额在 3 万元以上的，应当追究刑事责任；数额在 300 万元以上的，应当认定为"数额巨大"。具有下列情形之一的，应当认定为的"情节严重"：①挪用公款数额在 100 万元以上的；②挪用救灾、抢险、防汛、优抚、扶贫、移民、救济特定款物，数额在 50 万元以上不满 100 万元的；③挪用公款不退还，数额在 50 万元以上不满 100 万元的；④其他严重的情节。挪用公款归个人使用，进行营利活动或者超过 3 个月未还，数额在 5 万元以上的，应当认定为"数额较大"；数额在 500 万元以上的，应当认定为

"数额巨大"。具有下列情形之一的，应当认定为"情节严重"：①挪用公款数额在 200 万元以上的；②挪用救灾、抢险、防汛、优抚、扶贫、移民、救济特定款物，数额在 100 万元以上不满 200 万元的；③挪用公款不退还，数额在 100 万元以上不满 200 万元的；④其他严重的情节。

2. 多次挪用公款不还，挪用公款数额累计计算；多次挪用公款，并以后次挪用的公款归还前次挪用的公款，挪用公款数额以案发时未还的实际数额认定。因挪用公款索取、收受贿赂构成犯罪的，依照数罪并罚的规定处罚。挪用公款进行非法活动构成其他犯罪的，依照数罪并罚的规定处罚。挪用公款给他人使用，使用人与挪用人共谋，指使或者参与策划取得挪用款的，以挪用公款罪的共犯定罪处罚。挪用公款数额巨大不退还的，是指挪用公款数额巨大，因客观原因在一审宣判前不能退还的。挪用公款归还个人欠款的，应当根据产生欠款的原因分别认定属于挪用公款的何种情形。归还个人进行非法活动或者营利活动产生的欠款，应当认定为挪用公款进行非法活动或者营利活动。

3. 挪用公款转化为贪污的认定。挪用公款罪与贪污罪的主要区别在于行为人主观上是否具有非法占有公款的目的：挪用公款是否转化为贪污，应当按照主客观相一致的原则，具体判断和认定行为人主观上是否具有非法占有公款的目的——在司法实践中，具有以下情形之一的可以认定行为人具有非法占有公款的目的：①行为人"携带挪用的公款潜逃的"，对其携带挪用的公款部分，以贪污罪定罪处罚。②行为人挪用公款后采取虚假发票平帐、销毁有关账目等手段，使所挪用的公款已难以在单位财务账目上反映出来，且没有归还行为的，应当以贪污罪定罪处罚。③行为人截取单位收入不入账，非法占有，使所占有的公款难以在单位财务账目上反映出来，且没有归还行为的，应当以贪污罪定罪处罚。④有证据证明行为人有能力归还所挪用的公款而拒不归还，并隐瞒挪用的公款去向的，应当以贪污罪定罪处罚。

4. 挪用公款供其他单位使用行为的认定。根据《全国人民代表大会常务委员会关于〈中华人民共和国刑法〉第三百八十四条第一款的解释》的规定，"将公款供本人、亲友或者其他自然人使用的""以个人名义将公款供其他单位使用的""个人决定以单位名义将公款供其他单位使用，谋取个人利益的"，属于挪用公款"归个人使用"。在司法实践中，对于将公款供其他单位使用的，认定是否属于"以个人名义"，不能只看形式，要从实质上把握。对于行为人逃避财务监管，或者与使用人约定以个人名义进行，或者借款、还款都以个人名义进行，将公款给其他单位使用的，应认定为"以个人名义"。"个人决定"既包括行为人在职权范围内决定，也包括超越职权范围决定。"谋取个人利益"，既包括行为人与使用人事先约定谋取个人利益实际尚未获取的情况，也包括虽未事先约定但实际已获取了个人利益的情况。其中的"个人利益"，既包括不正当利益，也包括正当利益；既包括财产性利益，也包括非财产性利益，但这种非财产性利益应当是具体的实际利益，如升学、就业等。国有单位领导利用职务上的便利指令具有法人资格的下级单位将公款供个人使用的，属于挪用公款行为，构成犯罪的，应以挪用公款罪定罪处罚。

（四）挪用公款罪的处罚

《刑法》第 384 条规定，犯挪用公款罪，处 5 年以下有期徒刑或者拘役；情节严重的，处 5 年以上有期徒刑。挪用公款数额巨大不退还的，处 10 年以上有期徒刑或者无期徒刑。挪用于救灾、抢险、防汛、优抚、扶贫、移民、救济款物归个人使用的，从重处罚。

三、巨额财产来源不明罪

（一）巨额财产来源不明罪的概念和法益

巨额财产来源不明罪，是指国家工作人员的财产或者支出明显超出合法收入，差额巨大，而本人又不能说明其来源的行为。本罪侵犯的法益是国家工作人员职务行为的廉洁性。

（二）巨额财产来源不明罪的犯罪构成

1. 巨额财产来源不明罪的构成要件。

（1）行为主体为国家工作人员。对于已经辞职的或者退休的国家工作人员，由于其不具备国家工作人员的身份，是否可以认定为本罪？有学者认为，由于发现其有巨额财产时，行为人已不具备国家工作人员身份，所以不宜认定为本罪的主体。但是，对于原来没有国家工作人员身份，在具备国家工作人员身份后被发现其有巨额财产，其不能说明来源的，则应考虑认定为本罪。我们认为，对此不可一概而论。财产支出明显超过合法收入，差额巨大，是本罪的前提条件，作为国家工作人员，对巨大差异的财产来源应该有一个合理的解释或者说明来源的正当性，因此，财产状况取决于国家工作人员身份的时间段，对于退休或者辞职的国家工作人员，如果其支出明显超过合法收入，也可以推定其此前收入来源正当性存疑，本罪侵犯的法益仍然是国家工作人员职务行为的廉洁性，而不是国家工作人员的忠诚度（说明或者不说明），因此仍然可以要求其说明财产来源。相反，如果是刚刚入职的国家工作人员，其支出和收入存在巨大差异，其财产来源系入职前的收入，不宜要求其说明财产收入的来源状况。因此，要求说明财产来源状况不能仅仅以行为时国家工作人员身份作为唯一的根据，而应当综合判断财产来源的时间段内行为人是否为国家工作人员身份。

（2）行为内容为财产或者支出明显超出合法收入，差额巨大，不能说明来源。关于本罪的实行行为是否采用"持有说"，理论上存在争议。我们认为，不宜采用"持有说"，刑法中将"持有行为"作为犯罪来处理的，通常是因为持有的对象为违禁品之类，例如非法持有枪支罪、非法持有毒品罪等。本罪中的"差额巨大财产"不能认为是违禁品，不宜认定为非法持有的对象，本罪的核心要素应该是"不能说明来源的"。本罪经历了《刑法修正案（七）》的修订，修订的变化主要是将原来"本人不能说明其来源是合法的"修改为"不能说明来源的"。修订的最大变化是不再强调说明财产来源的"合法性"，而着重强调说明来源就可以了。修订后的"不能说明"，根据有关司法解释，应当包括以下情况：①行为人拒不说明财产来源；②行为人无法说明财产的具体来源；③行为人所说的财产来源经司法机关查证并不属实；④行为人所说的财产来源因线索不具体等原因，司法机关无法查实，但能排除存在来源合法的可能性和合理性的。其中的第④项值得讨论，如果行为人说明了来源，但是来源是非法的（违法但未构成犯罪），司法机关无法查证，例如，行为人说明其财产来源是在国（境）外与他人合伙赌博所得，但是合伙赌博的人无法联系到了，也不能一概认定为本罪。但是第④项情况又回到了对财产来源"合法性"的判断，有悖于立法修订，合理性值得讨论。再例如，行为人说明其来源系参与商业经营获利所得的，后经查明确实是行为人参与某种商业经营而获得巨额钱财，尽管国家禁止国家工作人员参与商业行为，但是也则不宜认定为本罪。同时，本罪中的说明财产来源状况，并不是强调财产收入和支出要完全一一对应，也不是要达到刑事诉讼法证明要求上的"排除合理怀疑"的程度。

此外，关于"差额巨大"的判断，1999年《最高人民检察院关于人民检察院直接受理立案侦查案件立案标准的规定（试行）》规定为30万元。但是，2015年《刑法修正案（九）》对贪污贿赂犯罪进行了修订，2016年《贪污贿赂案件解释》，将贪污受贿罪的入罪门槛由2000元提升到3万元，在处刑上是3年以下有期徒刑或者拘役，提高了15倍；同时将10万以上可以判处10年以上有期徒刑、无期徒刑或者死刑的规定调整为300万元，提高了30倍。巨额财产来源不明罪的入罪门槛处刑是5年以下有期徒刑。据此，相应的差额巨大的标准应提高超过原来设定标准的15倍至30倍，即在450万至900万之间确定数额较为合理。同时考虑到巨额财产来源不明罪入罪的5年以下有期徒刑法定刑和贪污受贿罪入罪3年以下有期徒刑法定刑的差异，我们认为将巨额财产来源不明罪的入罪（巨大差额）标准确定为 600 万元左右较为合适。

2. 巨额财产来源不明罪的责任要素。本罪的责任形式为故意。特别需要说明的是，并不是本罪中的巨额财产只要不能说明来源就当然认定为非法收入。司法实践中，确实有的时候存在行为人因为时间长等原因而忘记财产来源的情况，对此不能认定为本罪。并且，在来源的说明上，不要求每一笔都存在完全清晰的路径。

（三）巨额财产来源不明罪的认定

巨额财产来源不明罪中的"非法所得"，一般是指行为人的全部财产与能够认定的所有支出的总和减去能够证实的有真实来源的所得。在具体计算时，应注意以下问题：①应把国家工作人员个人财产和与其共同生活的家庭成员的财产、支出等一并计算，而且一并减去他们所有的合法收入以及确属与其共同生活的家庭成员个人的非法收入；②行为人所有的财产包括房产、家具、生活用品、学习用品及股票、债券、存款等动产和不动产；行为人的支出包括合法支出和不合法的支出，包括日常生活、工作、学习费用、罚款及向他人行贿的财物等；行为人的合法收入包括工资、奖金、稿酬、继承等法律和政策允许的各种收入；③为了便于计算犯罪数额，对于行为人的财产和合法收入，一般可以从行为人有比较确定的收入和财产时开始计算。

（四）巨额财产来源不明罪的处罚

《刑法》第 395 条第 1 款规定，犯本罪的，差额部分以非法所得论，处 5 年以下有期徒刑或者拘役；差额特别巨大的，处 5 年以上 10 年以下有期徒刑。财产的差额部分予以追缴。

四、隐瞒境外存款罪

隐瞒境外存款罪是指国家工作人员违反国家规定，故意隐瞒不报在境外的存款，数额较大的行为。本罪侵犯的法益是国家工作人员职务行为的廉洁性。

本罪的行为主体为国家工作人员。行为内容为违反国家规定，隐瞒不报在境外的存款。国家工作人员在境外的存款，应当依照国家规定申报。本罪责任形式为故意，即行为人明知国家工作人员在境外的存款应当申报而故意隐瞒不申报。根据相关司法解释，涉嫌隐瞒境外存款，折合人民币数额在 30 万元以上的，应予立案。但是，这个数额标准应该根据修订后的《刑法》及司法解释予以相应修改，也应该确定为 600 万较为合理。《刑法》第 395 条第 2 款规定，犯本罪的，处 2 年以下有期徒刑或者拘役；情节较轻的，由其所在单位或者上级主管机关酌情给予行政处分。

五、私分国有资产罪

（一）私分国有资产罪的概念和法益

私分国有资产罪，是指国家机关、国有公司、企业、事业单位、人民团体，违反国家规定，以单位名义将国有资产集体私分给个人，数额较大的行为。本罪侵犯的法益是国有资产的所有权。

（二）私分国有资产罪的犯罪构成

本罪是自原来贪污罪中分解出来的罪名。本罪的行为主体为国家机关、国有公司、企业、事业单位、人民团体。行为内容为违反国家规定，以单位名义将国有资产集体私分给个人。以单位名义私分，是指经单位集体研究决定，以单位的名义，按照一定的分配办法或者依据，将国有资产私下分给本单位的成员，既可以是全部单位成员，也可以是部分单位成员。这里的私分，是相对于国有资产管理部门而言，即国有资产的主管部门不知道，并不是指分配成员之间的相互不知晓。国有资产，是指属于国家所有的一切财产和财产权利的总和，事业单位国有资

690 刑 法 学

产，是指事业单位占有、使用的，依法确认为国家所有，能以货币计量的各种经济资源的总称，事业单位国有资产包括国家拨给事业单位的资产，事业单位按照国家规定运用国有资产组织收入形成的资产，以及接受捐赠和其他经法律确认为国家所有的资产，其表现形式为流动资产、固定资产、无形资产和对外投资等。本罪责任形式为故意。根据相关司法解释，涉嫌私分国有资产，累计数额在 10 万元以上的，应予立案。但问题是，私分国有资产给国家造成的损失与贪污罪给国家造成的损失完全相同，但是我国刑法为二者设置了差异较大的入罪门槛数额和法定刑。我们认为，这主要是基于本罪行为人（单位直接负责的主管人员和其他直接责任人员）在主观上与贪污罪虽然都是故意，但是私分国有资产罪的故意内容中"非法占为己有"的动机相对于贪污罪而言则较弱。例如，行为人基于相对公平的原则，违反规定，将本单位国有资产以加班费、绩效等名义等在单位内部全体成员之间进行分配，加班时间长的，分配的就多，行为人本人虽然也加班，但是也是按照基本的分配原则进行，则可能认定为私分国有资产，行为人主观动机上非法占有的成分相对较弱，甚至在某种程度上可能认为是一种"损公肥私（单位所有成员，而非行为人本人）"。相较而言，贪污罪的行为人在主观上将财物非法占为己有的动机更为强烈，其行为就是为了本人侵占公共财物。因此，如果国有单位的领导人将本单位的财物仅仅"私分"给自己，则应该认定为贪污罪而非私分国有资产罪。

（三）私分国有资产罪的处罚

《刑法》第 396 条第 1 款规定，犯本罪的，对其直接负责的主管人员和其他直接责任人员，处 3 年以下有期徒刑或者拘役，并处或者单处罚金；数额巨大的，处 3 年以上 7 年以下有期徒刑，并处罚金。

六、私分罚没财物罪

私分罚没财物罪，是指司法机关、行政执法机关违反国家规定，将应当上缴国家的罚没财物，以单位名义集体私分给个人的行为。本罪侵害的法益是罚没财物的所有权。

本罪的行为主体为司法机关、行政执法机关。司法机关，是指行使司法权的国家机关，在中国具体为审判机关和检察机关。行政执法机关，是指行政执法活动的承担者。行政执法活动是行使国家行政权的活动，承担行政执法活动的机关或组织，要具备相应的条件或资格并经国家有关机关的合法许可。行政机关依照法律、法规或者规章的规定，可以在其法定权限内委托符合条件的组织实施行政处罚。[1] 行为内容为违反国家规定，将应当上缴国家的罚没财物，以单位名义集体私分给个人。本罪的责任形式为故意。根据相关司法解释，涉嫌私分罚没财物，累计数额在 10 万元以上的，应予立案。《刑法》第 396 条第 2 款规定，犯本罪的，对其直接负责的主管人员和其他直接责任人员，处 3 年以下有期徒刑或者拘役，并处或者单处罚金；数额巨大的，处 3 年以上 7 年以下有期徒刑，并处罚金。

---

〔1〕 受委托组织在委托范围内，以委托行政机关名义实施行政处罚；受委托组织不得再委托其他任何组织或者个人实施行政处罚。受委托组织必须符合以下条件：①依法成立的管理公共事务的事业组织；②具有熟悉有关法律、法规、规章和业务的工作人员；③对违法行为需要进行技术检查或者技术鉴定的，应当有条件组织进行相应的技术检查或者技术鉴定。

第三节　贿赂犯罪

一、受贿罪

(一) 受贿罪的概念和法益

国家工作人员利用职务上的便利，索取他人财物的，或者非法收受他人财物，为他人谋取利益的，构成受贿罪。国家工作人员在经济往来中，违反国家规定，收受各种名义的回扣、手续费，归个人所有的，以受贿论处。国家工作人员利用本人职权或者地位形成的便利条件，通过其他国家工作人员职务上的行为，为请托人谋取不正当利益，索取请托人财物或者收受请托人财物的，以受贿论处。本罪侵犯的法益是国家工作人员职务行为的不可买卖性。[1]

(二) 受贿罪的犯罪构成

1. 受贿罪的构成要件。

(1) 行为主体为国家工作人员。我国《刑法》第93条规定了国家工作人员的范围，具体可参见本书挪用公款罪中关于国家工作人员身份的认定。

(2) 行为内容为利用职务上的便利，①索取他人财物；②收受他人财物，为他人谋取利益；③利用本人职权或者地位形成的便利条件，通过其他国家工作人员职务上的行为，为请托人谋取不正当利益，索取请托人财物或者收受请托人财物。

"利用职务上的便利"，既包括利用本人职务上主管、负责、承办某项公共事务的职权，也包括利用职务上有隶属、制约关系的其他国家工作人员的职权。担任单位领导职务的国家工作人员通过不属于自己主管的下级部门的国家工作人员的职务为他人谋取利益的，应当认定为"利用职务上的便利"为他人谋取利益。

"利用本人职权或者地位形成的便利条件"，是指行为人与被其利用的国家工作人员之间在职务上虽然没有隶属、制约关系，但是行为人利用了本人职权或者地位产生的影响和一定的工作联系，如单位内不同部门的国家工作人员之间，上下级单位没有职务上隶属、制约关系的国家工作人员之间，有工作联系的不同单位的国家工作人员之间等。

"索取他人财物的"，是指行为人主动向对方索要财物，不论是否"为他人谋取利益"，均可构成受贿罪。"非法收受他人财物的"，是指行为人被动接受他人给予的财物的，必须同时具备"为他人谋取利益"的条件，才能构成受贿罪。但是为他人谋取的利益是否正当，为他人谋取的利益是否实现，不影响受贿罪的认定。

"为他人谋取利益"，包括承诺、实施和实现三个阶段的行为。只要具有其中一个阶段的行为，如国家工作人员收受他人财物时，根据他人提出的具体请托事项，承诺为他人谋取利益的，就具备了为他人谋取利益的要件。明知他人有具体请托事项而收受其财物的，视为承诺为他人谋取利益。"他人"，不限于请托人或者行贿人，也包括请托人或者行贿人指定的第三人。

(3) 行为对象为财物。贿赂犯罪中的"财物"，包括货币、物品和财产性利益。财产性利益包括可以折算为货币的物质利益，如房屋装修、债务免除等，以及需要支付货币的其他利

---

[1]　关于受贿罪的法益问题，在刑法理论上存在多种学说。在国外分别是：职务行为的不可收买性；职务行为的纯洁性或者公正性、职务行为的不可侵犯性；国民对职务行为的公正性的信赖（不包括职务行为公正性本身）；职务行为公正性以及国民对职务行为的公正性的信赖；职务行为的不可收买性以及职务行为的公正性。我国关于受贿罪的法益也存在较多观点，分别是：国家机关的正常管理活动；国家机关正常管理活动和公私财产所有权；国家机关集体经济组织和其他社会组织公务活动的正常进行以及公务人员的声誉、社会经济管理秩序和公私财产所有权；国家工作人员职务行为的廉洁性。

692 刑 法 学

益，如会员服务、旅游等。后者的犯罪数额，以实际支付或者应当支付的数额计算。

2. 受贿罪的责任要素。本罪的责任形式为故意。这里的故意既包括索取、收受他人财物的故意，还包括为他人谋取利益的故意，在"斡旋受贿"中，还包括"为他人谋取不正当利益"的故意。受贿罪不限于行为人将财物非法占为己有，也包括让请托人将财物交给第三人占有。特定关系人索取、收受他人财物，国家工作人员知道后未退还或者上交的，应当认定国家工作人员具有受贿故意。国家工作人员出于受贿的故意，非法占有公共财物、收受他人财物之后，将赃款赃物用于单位公务支出或者社会捐赠的，不影响受贿罪的认定，但量刑时可以酌情考虑。行为人收受他人财物及时上交或者退还的，应认定行为人不具有受贿故意。特定关系人索取、收受他人财物，国家工作人员知道后未退还或者上交的，应当认定国家工作人员具有受贿故意。

（三）受贿罪的认定

1. 为他人谋取利益，是指①实际或者承诺为他人谋取利益的；②明知他人有具体请托事项的；③履职时未被请托，但事后基于该履职事由收受他人财物的。国家工作人员索取、收受具有上下级关系的下属或者具有行政管理关系的被管理人员的财物价值3万元以上，可能影响职权行使的，视为承诺为他人谋取利益。

2. 受贿类型。①关于以交易形式收受贿赂问题。国家工作人员利用职务上的便利为请托人谋取利益，以下列交易形式收受请托人财物的，以受贿论处：以明显低于市场的价格向请托人购买房屋、汽车等物品的；以明显高于市场的价格向请托人出售房屋、汽车等物品的；以其他交易形式非法收受请托人财物的。②关于收受干股问题。干股是指未出资而获得的股份。国家工作人员利用职务上的便利为请托人谋取利益，收受请托人提供的干股的，以受贿论处。③关于以开办公司等合作投资名义收受贿赂问题。国家工作人员利用职务上的便利为请托人谋取利益，由请托人出资，"合作"开办公司或者进行其他"合作"投资的，以受贿论处。国家工作人员利用职务上的便利为请托人谋取利益，以合作开办公司或者其他合作投资的名义获取"利润"，没有实际出资和参与管理、经营的，以受贿论处。④关于以委托请托人投资证券、期货或者其他委托理财的名义收受贿赂问题。国家工作人员利用职务上的便利为请托人谋取利益，以委托请托人投资证券、期货或者其他委托理财的名义，未实际出资而获取"收益"，或者虽然实际出资，但获取"收益"明显高于出资应得收益的，以受贿论处。⑤关于以赌博形式收受贿赂的认定问题。国家工作人员利用职务上的便利为请托人谋取利益，通过赌博方式收受请托人财物的，构成受贿。⑥关于特定关系人"挂名"领取薪酬问题。国家工作人员利用职务上的便利为请托人谋取利益，要求或者接受请托人以给特定关系人安排工作为名，使特定关系人不实际工作却获取所谓薪酬的，以受贿论处。⑦关于由特定关系人收受贿赂问题。国家工作人员利用职务上的便利为请托人谋取利益，授意请托人以上述所列形式，将有关财物给予特定关系人的，以受贿论处。特定关系人与国家工作人员通谋，共同实施上述行为的，对特定关系人以受贿罪的共犯论处。特定关系人以外的其他人与国家工作人员通谋，由国家工作人员利用职务上的便利为请托人谋取利益，收受请托人财物后双方共同占有的，以受贿罪的共犯论处。

3. 根据刑法关于共同犯罪的规定，非国家工作人员与国家工作人员勾结伙同受贿的，应当以受贿罪的共犯追究刑事责任。非国家工作人员是否构成受贿罪共犯，取决于双方有无共同受贿的故意和行为，国家工作人员的近亲属向国家工作人员代为转达请托事项，收受请托人财物并告知该国家工作人员，或者国家工作人员明知其近亲属收受了他人财物，仍按照近亲属的要求利用职权为他人谋取利益的，对该国家工作人员应认定为受贿罪，并对其近亲属以受贿罪共犯论处。近亲属以外的其他人与国家工作人员通谋，由国家工作人员利用职务上的便利为请托人谋取利益，收受请托人财物后双方共同占有的，构成受贿罪共犯。国家工作人员利用职务上的便利为他人谋取利益，并指定他人将财物送给其他人，构成犯罪的，应以受贿罪定罪处罚。

4. 受贿罪中的其他认定问题。国家工作人员利用职务上的便利为请托人谋取利益，收受请托人房屋、汽车等物品，未变更权属登记或者借用他人名义办理权属变更登记的，不影响受贿的认定。国家工作人员收受请托人财物后及时退还或者上交的，不是受贿。国家工作人员受贿后，因自身或者与其受贿有关联的人、事被查处，为掩饰犯罪而退还或者上交财物的，不影响受贿罪的认定。国家工作人员利用职务上的便利为请托人谋取利益之前或者之后，约定在其离职后收受请托人财物，并在离职后收受的，以受贿论处。"特定关系人"，是指与国家工作人员有近亲属、情妇（夫）以及其他共同利益关系的人。

5. 既遂与未遂认定及罪数问题。受贿罪的既遂，应当以行为人取得财物为标准。[1] 国家工作人员利用职务上的便利，收受他人财物，为他人谋取利益，同时构成受贿罪和《刑法》分则第三章第三节、第九章规定的渎职犯罪的，除《刑法》另有规定外，以受贿罪和渎职犯罪数罪并罚。

（四）受贿罪的处罚

受贿数额在 3 万元以上不满 20 万元的，应当认定为《刑法》第 383 条第 1 款规定的"数额较大"，依法判处 3 年以下有期徒刑或者拘役，并处罚金。受贿数额在 1 万元以上不满 3 万元，具有下列情形之一的，应当认定为《刑法》第 383 条第 1 款规定的"其他较重情节"：①多次索贿的；②为他人谋取不正当利益，致使公共财产、国家和人民利益遭受损失的；③为他人谋取职务提拔、调整的；④曾因贪污、受贿、挪用公款受过党纪、行政处分的；⑤曾因故意犯罪受过刑事追究的；⑥赃款赃物用于非法活动的；⑦拒不交待赃款赃物去向或者拒不配合追缴工作，致使无法追缴的；⑧造成恶劣影响或者其他严重后果的。

受贿数额在 20 万元以上不满 300 万元的，应当认定为《刑法》第 381 条第 1 款规定的"数额巨大"，依法判处 3 年以上 10 年以下有期徒刑，并处罚金或者没收财产。受贿数额在 300 万元以上的，应当认定为《刑法》第 383 条第 1 款规定的"数额特别巨大"，依法判处 10 年以上有期徒刑、无期徒刑或者死刑，并处罚金或者没收财产。

受贿数额特别巨大，犯罪情节特别严重、社会影响特别恶劣、给国家和人民利益造成特别重大损失的，可以判处死刑。但具有自首，立功，如实供述自己罪行、真诚悔罪、积极退赃，或者避免、减少损害结果的发生等情节，不是必须立即执行的，可以判处死刑缓期 2 年执行。根据犯罪情节等情况可以判处死刑缓期 2 年执行，同时裁判决定在其死刑缓期执行 2 年期满依法减为无期徒刑后，终身监禁，不得减刑、假释。

对受贿罪判处 3 年以下有期徒刑或者拘役的，应当并处 10 万元以上 50 万元以下的罚金；判处 3 年以上 10 年以下有期徒刑的，应当并处 20 万元以上犯罪数额 2 倍以下的罚金或者没收财产；判处 10 年以上有期徒刑或者无期徒刑的，应当并处 50 万元以上犯罪数额 2 倍以下的罚金或者没收财产。

对于多次受贿未经处理的，按照累计受贿数额处罚。国家工作人员利用职务上的便利为请

---

〔1〕　有学者认为，在索贿的情况下，应当以只要行为人实施了索贿行为，就认定为既遂。参见张明楷：《刑法学》，法律出版社 2021 年版，第 1608 页。我们认为，该种观点值得进一步讨论。索贿，尽管不需要以"为他人谋取利益"为要素，但这只是犯罪成立的条件，而不是犯罪既遂的条件。

694 刑 法 学

托人谋取利益前后多次收受请托人财物，受请托之前收受的财物数额在 1 万元以上的，应当一并计入受贿数额。

二、单位受贿罪

单位受贿罪，是指国家机关、国有公司、企业、事业单位、人民团体，索取、非法收受他人财物，为他人谋取利益，情节严重的行为。在经济往来中，在帐外暗中收受各种名义的回扣、手续费的，以受贿论。

单位受贿罪的行为主体为国家机关、国有公司、企业、事业单位、人民团体。行为内容为索取、非法收受他人财物，为他人谋取利益。特别需要说明的是，单位受贿罪与受贿罪不同的是，无论索取还是收受他人财物，都以为他人谋取利益为要件。本罪为情节犯，构成本罪需要达到情节严重的程度。涉嫌下列情形之一的，应予立案：①单位受贿数额在 10 万元以上的；②单位受贿数额不满 10 万元，但具有下列情形之一的：故意刁难、要挟有关单位、个人，造成恶劣影响的；强行索取财物的；致使国家或者社会利益遭受重大损失的。本罪的责任形式是故意，索取或者非法收受的财物（利益）归属于单位。

办理贿赂犯罪（自然人或者单位）案件，要注意区分贿赂与馈赠的界限。主要应当结合以下因素全面分析、综合判断：①发生财物往来的背景，如双方是否存在亲友关系及此前交往的情形和程度；②往来财物的价值；③财物往来的缘由、时机和方式，提供财物方对于接受方有无职务上的请托；④接受方是否利用职务上的便利为提供方谋取利益。《刑法》第 387 条第1 款规定，构成本罪的，对单位判处罚金，并对其直接负责的主管人员和其他直接责任人员，处 3 年以下有期徒刑或者拘役；情节特别严重的，处 3 年以上 10 年以下有期徒刑。

三、利用影响力受贿罪

（一）利用影响力受贿罪的概念和法益

利用影响力受贿罪，是指国家工作人员的近亲属或者其他与该国家工作人员关系密切的人，通过该国家工作人员职务上的行为，或者利用该国家工作人员职权或者地位形成的便利条件，通过其他国家工作人员职务上的行为，为请托人谋取不正当利益，索取请托人财物或者收受请托人财物，数额较大或者有其他较重情节的行为。离职的国家工作人员或者其近亲属以及其他与其关系密切的人，利用该离职的国家工作人员原职权或者地位形成的便利条件实施上述行为的，也构成本罪。

（二）利用影响力受贿罪的犯罪构成

1. 利用影响力受贿罪的构成要件。

（1）行为主体：第一类是国家工作人员的近亲属或者其他与该国家工作人员关系密切的人；第二类是离职的国家工作人员；第三类是离职的国家工作人员近亲属以及其他与离职国家工作人员关系密切的人。近亲属，根据《刑事诉讼法》第 108 条第 6 项之规定，是指夫、妻、父、母、子、女、同胞兄弟姊妹。关系密切的人，通常是指与国家工作人员或者离职的国家工作人员具有共同利益关系的人。共同利益关系，既包括物质上的共同利益关系，也包括情感上的共同利益关系。例如，情人关系、恋人关系、前夫前妻关系、其他亲属关系（含女婿、儿媳、公婆、岳父母、祖父母、外祖父母、孙子女、外孙子女）以及在工作上比较亲近的关系，例如，司机、秘书、上下级、保姆等，在某种程度上表现为了解他人相对隐私的生活状况的人。

（2）行为内容为通过国家工作人员职务上的行为，或者利用国家工作人员职权或者地位形成的便利条件，通过其他国家工作人员职务上的行为，为请托人谋取不正当利益，索取请托人财物或者收受请托人财物。①对于第一类主体，表现为利用国家工作人员职务上的行为为请托人谋取不正当利益，或者利用该国家工作人员职权或者地位形成的便利条件，通过其他国家工作人员职务上的行为，为请托人谋取不正当利益。对于第二、第三类主体，表现为利用离职国家工作人员在离职前的原职权或者地位形成的便利条件为请托人谋取不正当利益。②行为人索取请托人数额较大的财物或者收受请托人数额较大的财物，或者情节较重。其中，数额较大的标准是 3 万元以上不满 20 万元；较重情节为受贿数额在 1 万以上不满 3 万元；其中的特殊情节，参见受贿罪的标准。③为请托人谋取不正当利益。不正当利益，是指为他人谋取违反法律、法规、国家政策和国务院各部门规章规定的利益，以及提供违反法律、法规、国家政策和国务院各部门规章规定的帮助或者方便条件。

2. 利用影响力受贿罪的责任要素。本罪的责任形式为故意。

（三）利用影响力受贿罪的处罚

《刑法》第 388 条之一第 1 款规定，犯本罪的，处 3 年以下有期徒刑或者拘役，并处罚金；数额巨大或者有其他严重情节的，处 3 年以上 7 年以下有期徒刑，并处罚金；数额特别巨大或者有其他特别严重情节的，处 7 年以上有期徒刑，并处罚金或者没收财产。

四、行贿罪

（一）行贿罪的概念和法益

为谋取不正当利益，给予国家工作人员以财物的，构成行贿罪。在经济往来中，违反国家规定，给予国家工作人员以财物，数额较大的，或者违反国家规定，给予国家工作人员以各种名义的回扣、手续费的，以行贿论处。本罪侵犯的法益是国家工作人员职务行为的廉洁性。

（二）行贿罪的犯罪构成

1. 行贿罪的构成要件。本罪的行为主体为一般主体。行为内容为给予国家工作人员以财物。具体表现为了利用国家工作人员职务上的行为获取不正当利益，主动给予国家工作人员财物，或者是在获得了某种不正当利益后，作为回报，给予国家工作人员财物。也包括在获取某种不正当利益后，经国家工作人员索要而被动给予其财物。给予国家工作人员财物既可以是直接给予国家工作人员，也可以是根据该国家工作人员的指示将财物给予第三人。多次行贿未经处理的，按照累计行贿数额处罚。行贿人谋取不正当利益的行为构成犯罪的，应当与行贿犯罪数罪并罚。

并非所有给予国家工作人员财物的行为都应当被认定为行贿罪。因被勒索给予国家工作人员以财物，没有获得不正当利益的，不是行贿。这里的"勒索"，就是指国家工作人员主动索取的情况，不应把这里的"勒索"与敲诈勒索罪中的"勒索"相等同。没有获得不正当利益，不是指没有获取利益。实践中存在这样一种情况，行为人本来符合获得相关利益的条件，没有向国家工作人员请托相关事项，但是，国家工作人员主动找到行为人，提出财产要求，行为人为了息事宁人，给予了该国家工作人员财物。例如，某大学教师在评职称的过程中，其自身条件完全符合职称评审的要求，没有向任何人提出请托事项，但是该大学职称评审委员会主任（该大学的书记或者校长）主动找到该大学教师，要求其给予 30 万元，否则在职称评审时就不予通过，该教师向评审委员会主任提供了 30 万元，自己顺利获得高级职称。该大学教师在给予 30 万元后，获得了高级职称，不能说其没有获得利益，但是，不能认定为其获取了不正当利益。相反，如果行为人因为被勒索而给予国家工作人员以财物，但是获得了不正当利益，仍然应当认定为行贿罪。例如，某机关副处长原本不符合提拔正处长的条件，但是该单位主要领导向其索要 50 万元后，仍然将其提拔为正处长，尽管行为人是被索要财物的，但是因为其获得了不正当利益，所以，仍然构成行贿罪。

2. 行贿罪的责任要素。本罪的责任形式为故意，且具有谋取不正当利益的目的。"谋取不正当利益"，是指行贿人谋取的利益违反法律、法规、规章、政策规定，或者要求国家工作人员违反法律、法规、规章、政策、行业规范的规定，为自己提供帮助或者方便条件。违背公平、公正原则，在经济、组织、人事、管理等活动中，谋取竞争优势的，应当认定为"谋取不正当利益"。本罪要求行为人主观上"为谋取不正当利益"，据此应当认为，行为人在行贿前或者行贿时认识到所谋取利益的不正当性，同时不要求行为人实际上谋取到了不正当利益。但是，这里利益的不正当性，包括行为人原本就符合利益主体条件，但是想优于其他人或者所谓"为了保险起见"，确保自己的利益归属。例如，某大学分配住房，按照分配方案，正教授或者正处级行政管理人员均可以分到 120m² 的房子，但是，某处长为了确保自己拿到房子，仍然给分管后勤的副校长拿了 50 万元，按照规定，作为处长，他是符合分房的资格条件的，但是他"为了保险起见"而给予分管校领导一定数额的财物，也应当认为行为人是为了谋取不正当利益。由于本罪的法益是国家工作人员职务行为的廉洁性，只要所给予的财物能够被评价为是某种职务行为的对价，就应该可以认定为本罪。

（三）行贿罪的认定

行贿数额在 3 万元以上的，或者行贿数额在 1 万元以上不满 3 万元，具有下列情形之一的，以行贿罪追究刑事责任：①向 3 人以上行贿的；②将违法所得用于行贿的；③通过行贿谋取职务提拔、调整的；④向负有食品、药品、安全生产、环境保护等监督管理职责的国家工作人员行贿，实施非法活动的；⑤向司法工作人员行贿，影响司法公正的；⑥造成经济损失数额在 50 万元以上不满 100 万元的。

"情节严重"包括：①行贿数额在 100 万元以上不满 500 万元；②行贿数额在 50 万元以上不满 100 万元，并具有上文第①至⑤规定的情形之一的；③其他严重的情节。行贿造成经济损失数额在 100 万元以上不满 500 万元的，应当认定为"使国家利益遭受重大损失"。

"情节特别严重"包括：①行贿数额在 500 万元以上的；②行贿数额在 250 万元以上不满 500 万元，并具有上文第①至⑤规定的情形之一的；③其他特别严重的情节。行贿造成经济损失数额在 500 万元以上的，应当认定为"使国家利益遭受特别重大损失"。

（四）行贿罪的处罚

《刑法》第 390 条规定，犯行贿罪的，处 3 年以下有期徒刑或者拘役，并处罚金；因行贿谋取不正当利益，情节严重的，或者使国家利益遭受重大损失的，处 3 年以上 10 年以下有期徒刑，并处罚金；情节特别严重的，或者使国家利益遭受特别重大损失的，处 10 年以上有期徒刑或者无期徒刑，并处罚金或者没收财产。有下列情形之一的，从重处罚：①多次行贿或者向多人行贿的；②国家工作人员行贿的；③在国家重点工程、重大项目中行贿的；④为谋取职务、职级晋升、调整行贿的；⑤对监察、行政执法、司法工作人员行贿的；⑥在生态环境、财政金融、安全生产、食品药品、防灾救灾、社会保障、教育、医疗等领域行贿，实施违法犯罪活动的；⑦将违法所得用于行贿的。

行贿人在被追诉前主动交待行贿行为的，可以从轻或者减轻处罚。其中，犯罪较轻的，对调查突破、侦破重大案件起关键作用的，或者有重大立功表现的，可以减轻或者免除处罚。被追诉前，是指调查部门对行贿人的行贿行为立案前。"犯罪较轻"，是指根据行贿犯罪的事实、情节，可能被判处 3 年有期徒刑以下刑罚的。"重大案件"，是指根据犯罪的事实、情节，已经或者可能被判处 10 年有期徒刑以上刑罚的，或者案件在本省、自治区、直辖市或者全国范围内有较大影响的。"对调查突破、侦破重大案件起关键作用"，包括下列情形之一：①主动交待办案机关未掌握的重大案件线索的；②主动交待的犯罪线索不属于重大案件的线索，但该线索对于重大案件侦破有重要作用的；③主动交待行贿事实，对于重大案件的证据收集有重要作用的；④主动交待行贿事实，对于重大案件的追逃、追赃有重要作用的。

五、对有影响力的人行贿罪

对有影响力的人行贿罪，是指为谋取不正当利益，向国家工作人员的近亲属或者其他与该国家工作人员关系密切的人，或者向离职的国家工作人员或者其近亲属以及其他与其关系密切的人行贿的行为。本罪侵犯的法益是国家工作人员职权行为的正向影响力。

本罪行为内容为向国家工作人员的近亲属或者其他与该国家工作人员关系密切的人，或者向离职的国家工作人员或者其近亲属以及其他与其关系密切的人行贿。对有影响力的人行贿罪的定罪量刑适用标准，参照本书关于行贿罪的标准。单位对有影响力的人行贿数额在20万元以上的，应当以对有影响力的人行贿罪追究刑事责任。本罪的责任形式为故意，且具有谋取不正当利益的目的。这里的"为谋取不正当利益"的内涵和外延应完全等同于行贿罪中的"为谋取不正当利益"。《刑法》第390条之一规定，犯本罪的，处3年以下有期徒刑或者拘役，并处罚金；情节严重的，或者使国家利益遭受重大损失的，处3年以上7年以下有期徒刑，并处罚金；情节特别严重的，或者使国家利益遭受特别重大损失的，处7年以上10年以下有期徒刑，并处罚金。单位犯本罪的，对单位判处罚金，并对其直接负责的主管人员和其他直接责任人员，处3年以下有期徒刑或者拘役，并处罚金。但是，对于行贿罪中"特别从轻处罚条款"[1]能否适用于本罪，学界存在不同看法，我们倾向于应可以通过当然解释的原理将此条款适用于本罪。

六、对单位行贿罪

对单位行贿罪，是指个人或者单位为谋取不正当利益，给予国家机关、国有公司、企业、事业单位、人民团体以财物的行为，或者在经济往来中，违反国家规定，给予各种名义的回扣、手续费的行为。本罪侵犯的法益为国家机关、国有公司、企业、事业单位、人民团体行为的廉洁性。

本罪的行为主体为一般主体，包括自然人和单位。行为内容为给予国家机关、国有公司、企业、事业单位、人民团体以财物，或者在经济往来中，违反国家规定，给予各种名义的回扣、手续费。对于单位行贿罪，涉嫌下列情形之一的，应予立案：①个人行贿数额在10万元以上、单位行贿数额在20万元以上的；②个人行贿数额不满10万元、单位行贿数额在10万元以上不满20万元，但具有下列情形之一的：为谋取非法利益而行贿的；向3个以上单位行贿的；向党政机关、司法机关、行政执法机关行贿的；致使国家或者社会利益遭受重大损失的。本罪的责任形式为故意，且要求行为主体具有谋取不正当利益的目的。《刑法》第391条规定，犯本罪的，处3年以下有期徒刑或者拘役，并处罚金；情节严重的，处3年以上7年以下有期徒刑，并处罚金。单位犯本罪的，对单位判处罚金，并对其直接负责的主管人员和其他直接责任人员，依照上述规定处罚。

七、单位行贿罪

单位行贿罪是指公司、企业、事业单位、机关、团体为谋取不正当利益给予国家工作人员以财物的行为，或者违反国家规定，给予国家工作人员以回扣、手续费，情节严重的行为。

本罪的行为主体为单位，即公司、企业、事业单位、机关、团体，行为内容为给予国家工作人员财物，或者违反国家规定，给予国家工作人员以回扣、手续费。本罪是情节犯，需要达到情节严重的程度。根据相关的司法解释，涉嫌下列情形之一的，应予立案：①单位行贿数额

---

〔1〕　行贿人在被追诉前主动交待行贿行为的，可以从轻或者减轻处罚。其中，犯罪较轻的，对侦破重大案件起关键作用的，或者有重大立功表现的，可以减轻或者免除处罚。

在 20 万元以上的；②单位为谋取不正当利益而行贿，数额在 10 万元以上不满 20 万元，但具有下列情形之一的：为谋取非法利益而行贿的；向 3 人以上行贿的；向党政领导、司法工作人员、行政执法人员行贿的；致使国家或者社会利益遭受重大损失的。《刑法》第 393 条规定，犯本罪的，对单位判处罚金，并对其直接负责的主管人员和其他直接责任人员，处 3 年以下有期徒刑或者拘役，并处罚金；情节特别严重的，处 3 年以上 10 年以下有期徒刑，并处罚金。因行贿取得的违法所得归个人所有的，依照《刑法》第 389 条、第 390 条规定的行贿罪定罪处罚。单位行贿的，在被追诉前，单位集体决定或者单位负责人决定主动交待单位行贿行为的，依照《刑法》第 390 条第 2 款的规定，对单位及相关责任人员可以减轻处罚或者免除处罚；受委托直接办理单位行贿事项的直接责任人员在被追诉前主动交待自己知道的单位行贿行为的，对该直接责任人员可以依照《刑法》第 390 条第 2 款的规定，减轻处罚或者免除处罚。

八、介绍贿赂罪

(一) 介绍贿赂罪的概念和法益

介绍贿赂罪，是指向国家工作人员介绍贿赂，情节严重的行为。本罪侵犯的法益为国家工作人员职务行为的不可买卖性。

(二) 介绍贿赂罪的犯罪构成及处罚

本罪的行为主体为一般主体，即年满 16 周岁且精神正常的自然人。行为内容为向国家工作人员介绍贿赂。介绍对象是将行贿人向国家工作人员介绍，而不包括为国家工作人员受贿（索贿）介绍行贿人的情形。"介绍贿赂"是指在行贿人与受贿人之间沟通关系、介绍认识、撮合条件，使贿赂行为得以实现的行为。具体表现为，受行贿人委托，或者行为人知道行贿人的意图后，主动承担介绍任务，寻找、引荐受贿人或者提供受贿人信息等。这便需要进一步分析行贿罪共犯、受贿罪共犯和介绍贿赂罪之间的关系。具体区分的标准在理论上存有一定争议，在司法实践上做法也不尽相同。[1] 从法定刑的设置上来看，介绍贿赂罪的法定刑远远低于行贿罪和受贿罪，这便说明，至少在立法者看来，介绍贿赂罪的社会危害性远远低于行贿罪和受贿罪，因此，不能简单地认为介绍贿赂罪要么是行贿罪共犯要么是受贿罪共犯，继而认为介绍贿赂罪与行贿罪共犯或者介绍贿赂罪与受贿罪共犯之间形成竞合关系，从而按照从一重处断原则处理。我们认为，如果按照该种观点，由于行贿罪和受贿罪的处罚都远远超过介绍贿赂罪，则结论要么是行贿罪共犯，要么是受贿罪共犯，则使介绍贿赂罪失去存在的意义和价值。成立行贿罪共犯，需要共犯人也具有"为谋取不正当利益"的主观故意，尽管介绍贿赂人主观上或许具有通过介绍贿赂获取某种利益的目的，但是，介绍贿赂的行为人所获取的"利益"不是通过国家工作人员职务便利谋取的利益，而是实现行贿人和受贿人之间行受贿事实后可能获得的行贿人或者受贿人给予的利益。因此，介绍贿赂不是行贿罪的共犯，也不是受贿罪的共犯，而是居间独立行为。

本罪是情节犯，即犯罪成立要求达到情节严重的程度，根据相关司法解释，涉嫌下列情形之一的，应予立案：①介绍个人向国家工作人员行贿，数额在 2 万元以上的；介绍单位向国家工作人员行贿，数额在 20 万元以上的；②介绍贿赂数额不满上述标准，但具有下列情形之一的：为使行贿人获取非法利益而介绍贿赂的；3 次以上或者为 3 人以上介绍贿赂的；向党政领导、司法工作人员、行政执法人员介绍贿赂的；致使国家或者社会利益遭受重大损失的。需要说明的是，上述入罪（数额）是在行贿罪标准 1 万元，受贿罪标准 5000 元的情况下设置的，

---

〔1〕 参见张明楷：《刑法学》，法律出版社 2016 年版，第 1236~1237 页；苏惠渔主编：《刑法学》，中国政法大学出版社 2016 年版，第 583 页。

而在目前行贿罪和受贿罪入罪数额标准均已经调整为 3 万元的情况下，上述介绍个人向国家工作人员行贿的数额标准应该相应提高。参照比例，本书认为调整为 6 万元为宜。本罪责任形式为故意，要求介绍人在主观上必须认识到是为了介绍贿赂，在行贿人和受贿人之间进行撮合的目标是使贿赂得以实现，而不是单纯地介绍认识、引荐等。

《刑法》第 392 条规定，犯本罪的，处 3 年以下有期徒刑或者拘役，并处罚金。介绍贿赂人在被追诉前主动交待介绍贿赂行为的，可以减轻处罚或者免除处罚。

■思考题

1. "从事公务"具体应如何理解？
2. 贪污罪中的"窃取、骗取"与盗窃罪、诈骗罪中的"窃取""骗取"有何区别？
3. 挪用公款供其他单位使用行为中，"谋取个人利益"应如何判断？
4. 巨额财产来历不明罪的实行行为是什么？
5. 试述受贿罪的犯罪构成。
6. 行贿罪中"谋取不正当利益"应如何认定？

■参考书目

1. 赵长青：《经济犯罪研究》，四川大学出版社 1997 年版。
2. 张明楷：《贪污贿赂罪的司法与立法发展方向》，载《政法论坛》2017 年第 1 期。

第二十八章　渎职罪

　　了解以滥用职权与玩忽职守为代表的渎职行为的本质特征，划清一般的滥用职权、玩忽职守犯罪与特别部门的滥用职权、玩忽职守犯罪的界限；重点掌握滥用职权，玩忽职守，徇私枉法，民事、行政枉法裁判，私放在押人员，放纵走私，非法批准征用、占用土地，帮助犯罪分子逃避处罚等犯罪的概念和特征；注意对本章中一些犯罪的罪过形式与《刑法》分则其他各章罪名之间牵连、竞合关系等问题的探讨。

第一节　渎职罪概述

一、渎职罪的概念和犯罪构成

（一）渎职罪的概念与法益

渎职罪，是指国家机关工作人员在履行职责活动中，滥用职权、玩忽职守，或者徇私舞弊，妨害国家机关公务的合法、公正、有效执行，损害国民对国家机关公务的客观、公正、有效执行的信赖，致使公共财产或者国家与人民的利益遭受重大损失的行为。

国家机关工作人员代表国家履行职务，手中握有国家权力，其一举一动直接影响国家的形象与声誉，其职务是否得到正确履行，是涉及国家职能能否正确发挥以及能否实现社会公正和构建和谐社会的大事。为了确保国家机关工作人员忠于职守、奉公守法、勤勤恳恳地履行公职，真正成为人民公仆，国家立法机关把那些严重的滥用职权、玩忽职守、徇私舞弊、妨害国家机关正常活动的行为，作为犯罪严加惩处是非常必要的。

渎职罪的保护法益为国家机关公务的合法、公正、有效执行以及国民对此的信赖。国家机关的公务，表现为各级国家机关依法行使国家管理职权的正常活动。国家机关工作人员代表国家行使国家管理职权，就要求他们在履行职责中具有勤政性、正当性、公正廉明性。渎职罪是国家机关工作人员在行使职权中违反了勤政、正当、公正廉明要求的严重失职行为。国家工作人员一旦严重失职，国家机关公务的合法、公正、有效执行必然无法保障，国民对此的信赖也必将受到影响。

（二）渎职罪的犯罪构成

1. 客观行为表现为渎职行为。渎职行为包括滥用职权、玩忽职守、徇私舞弊等。渎职行为在不同的部门、不同的岗位，可以表现为多种多样的形式，但代表性的渎职行为是滥用职权、玩忽职守、徇私舞弊三种。所谓滥用职权，是指国家机关工作人员超越职权，违法决定、处理其无权决定、处理的事项，或者违反规定处理公务；所谓玩忽职守，是指国家机关工作人员严重不负责任，不履行或者不认真履行职责；所谓徇私舞弊，是指国家机关工作人员利用职务之便徇私情、私利，故意违背事实和法律而徇私枉法。国家机关负责人员违法决定，或者指使、授意、强令其他国家机关工作人员违法履行职务或者不履行职务，也属于渎职行为。[1]

2. 渎职罪的结果，是造成公共财产、国家和人民利益的重大损失。该结果是对国家机关公务的合法、公正、有效执行以及国民对此的信赖这一法益遭受侵害的体现。重大损失包括生命、身体、财产、经济损失等各种损失。渎职罪中的"经济损失"，是指渎职犯罪或者与渎职犯罪相关联的犯罪立案时已经实际造成的财产损失，包括为挽回渎职犯罪所造成损失而支付的各种开支、费用等。立案后至提起公诉前持续发生的经济损失，应一并计入渎职犯罪造成的经济损失。债务人经法定程序被宣告破产，债务人潜逃、去向不明，或者因行为人的责任超过诉讼时效等，致使债权已经无法实现的，无法实现的债权部分应当认定为渎职犯罪的经济损失。渎职犯罪或者与渎职犯罪相关联的犯罪立案后，犯罪分子及其亲友自行挽回的经济损失，司法机关或者犯罪分子所在单位及其上级主管部门挽回的经济损失，或者因客观原因减少的经济损失，不予扣减，但可以作为酌定从轻处罚的情节。[2]

3. 渎职罪的结果归属为缓和的结果归属。即在承认结果与行为具有条件关系的基础上，只要国家机关工作人员有义务监督直接造成结果的第三者介入行为，原则上就应当将介入行为造成的结果归属于国家机关工作人员的渎职行为。也就是说，如果负有监管职责的国家机关工作人员没有认真履行其监管职责，从而未能有效防止危害结果发生，那么，这些对危害结果具有"原因力"的渎职行为，应认定为与危害结果之间具有刑法意义上的因果关系。[3] 由于渎职行为造成结果时，通常并不以相应的犯罪处理，例如由于渎职行为造成死亡结果时，通常并不以故意杀人罪论处，因此渎职罪的结果归属可以比一般犯罪的结果归属更缓和。[4]

4. 渎职罪的主体为特殊主体，或者说本罪为身份犯，即只有那些具有国家机关工作人员特定身份的人，才能成为本罪的主体。[5]

国家机关工作人员的具体范围，根据《宪法》和《刑法》的规定，主要是指国家各级权力机关、行政机关、司法机关、军事机关中从事公务的人员，不包括在这些机关从事劳务性或者服务性工作的人员。根据我国《宪法》规定，在中国共产党的各级机关、政协各级机关中从事公务的人员，理应属于国家机关工作人员。随着国家机关的机构改革，出现了一些虽不属于国家机关编制，但却行使着国家管理职能或者代行国家管理职能的一些单位，如中国证监会、银监会等。为此，全国人大常委会专门就本章渎职罪主体适用问题作出立法解释。《全国人民代表大会常务委员会关于〈中华人民共和国刑法〉第九章渎职罪主体适用问题的解释》对《刑法》第九章渎职罪主体的适用问题作出如下解释，在依照法律、法规规定行使国家行政管理职权的组织中从事公务的人员，或者在受国家机关委托代表国家机关行使职权的组织中从事公务的人员，或者虽未列入国家机关人员编制但在国家机关中从事公务的人员，在代表国家机关行使职权时，有渎职行为，构成犯罪的，依照《刑法》关于渎职罪的规定追究刑事责任。《渎职案件解释（一）》第7条规定，依法或者受委托行使国家行政管理职权的公司、企

---

〔1〕 参见《最高人民法院、最高人民检察院关于办理渎职刑事案件适用法律若干问题的解释（一）》〔法释〔2012〕18号），以下简称《渎职案件解释（一）》〕第5条第1款的规定。

〔2〕 参见《渎职案件解释（一）》第8条的规定。

〔3〕 参见《最高人民检察院关于印发第二批指导性案例的通知》（高检发研字〔2012〕5号）检例第8号，杨某玩忽职守、徇私枉法、受贿案。

〔4〕 参见张明楷：《刑法学》，法律出版社2016年版，第1240页；张明楷："论缓和的结果归属"，载《中国法学》2019年第3期。

〔5〕 故意泄露国家秘密罪、过失泄露国家秘密罪的主体可以是非国家机关工作人员。

业、事业单位的工作人员，在行使行政管理职权时滥用职权或者玩忽职守，构成犯罪的，应当依照《全国人民代表大会常务委员会关于〈中华人民共和国刑法〉第九章渎职罪主体适用问题的解释》的规定，适用渎职罪的规定追究刑事责任。可见，行为人是否属于国家机关工作人员，不在于其具体隶属，而在于其是否"从事公务""行使行政管理职权"。例如，合同制民警在依法执行公务期间，属其他依照法律从事公务的人员，应以国家机关工作人员论；经人事部门任命，但为工人编制的乡（镇）工商所所长，依法履行工商行政管理职责时，属其他依照法律从事公务的人员，应以国家机关工作人员论。

实践中，一些国有公司、企业和事业单位经合法授权从事具体的管理市场经济和社会生活的工作，拥有一定管理公共事务和社会事务的职权，这些实际行使国家行政管理职权的公司、企业和事业单位工作人员，符合渎职罪主体要求；其实施渎职行为构成犯罪的，应当依照刑法关于渎职罪的规定追究刑事责任。[1] 例如，对于属行政执法事业单位的镇财政所中按国家机关在编干部管理的工作人员，在履行政府行政公务活动中，滥用职权或玩忽职守构成犯罪的，应以国家机关工作人员论。企业事业单位的公安机构在机构改革过程中虽尚未列入公安机关建制，其工作人员在行使侦查职责时，实施渎职侵权行为的，可以成为渎职侵权犯罪的主体。此外，村民委员会、居民委员会等基层组织人员协助人民政府从事行政管理工作时，也符合渎职罪的主体要求，其滥用职权、玩忽职守的，应当依照刑法关于渎职罪的规定追究刑事责任。[2]

以"集体研究"形式实施的渎职犯罪，应当依照《刑法》分则第九章的规定追究国家机关负有责任的人员的刑事责任。对于具体执行人员，应当在综合认定其行为性质、是否提出反对意见、危害结果大小等情节的基础上决定是否追究刑事责任和应当判处的刑罚。[3]

5. 在主观方面，有的渎职罪是故意，有的渎职罪是过失；有的渎职罪既可以是故意，也可以是过失。

二、渎职罪的种类

《刑法》第九章有 23 个条文，原有 33 个罪名，加上《刑法修正案（四）》《刑法修正案（六）》以及《刑法修正案（八）》增加的 4 个罪名，共为 37 个罪名。依据犯罪主体的具体身份，本章犯罪大体可分为如下三类：

（一）一般国家机关工作人员的渎职罪

此类犯罪有：滥用职权罪，玩忽职守罪，故意泄露国家秘密罪，过失泄露国家秘密罪，国家机关工作人员签订、履行合同失职被骗罪，非法批准征收、征用、占用土地罪，非法低价出让国有土地使用权罪，招收公务员、学生徇私舞弊罪，失职造成珍贵文物损毁、流失罪。相对而言，这一类犯罪的主体较之于其他渎职罪的主体并不十分特定，一般的国家机关工作人员都能成为该类犯罪的主体。

（二）司法人员的渎职罪

此类犯罪是以司法人员为主体的渎职罪，包括徇私枉法罪，民事、行政枉法裁判罪，执行判决、裁定失职罪，执行判决、裁定滥用职权罪，私放在押人员罪，失职致使在押人员脱逃罪，徇私舞弊减刑、假释、暂予监外执行罪。

---

〔1〕 参见《最高人民检察院关于印发第二批指导性案例的通知》（高检发研字〔2012〕5 号）检例第 4 号，崔某环境监管失职案。

〔2〕 参见《最高人民检察院关于印发第二批指导性案例的通知》（高检发研字〔2012〕5 号）检例第 5 号，陈某、林某、李甲滥用职权案。

〔3〕 参见《渎职案件解释（一）》第 5 条第 2 款的规定。

（三）特殊渎职罪

此类犯罪是指以司法人员以外的特定国家机关工作人员为主体的渎职罪。具体包括枉法仲裁罪，徇私舞弊不移交刑事案件罪，滥用管理公司、证券职权罪，徇私舞弊不征、少征税款罪，徇私舞弊发售发票、抵扣税款、出口退税罪，违法提供出口退税证罪，违法发放林木采伐许可证罪，环境监管失职罪，食品、药品监管渎职罪，传染病防治失职罪，放纵走私罪，商检徇私舞弊罪，商检失职罪，动植物检疫徇私舞弊罪，动植物检疫失职罪，放纵制售伪劣商品犯罪行为罪，办理偷越国（边）境人员出入境证件罪，放行偷越国（边）境人员罪，不解救被拐卖、绑架妇女、儿童罪，阻碍解救被拐卖、绑架妇女、儿童罪，帮助犯罪分子逃避处罚罪。

第二节　一般渎职罪

一、滥用职权罪

（一）滥用职权罪的概念和犯罪构成

滥用职权罪，是指国家机关工作人员超越职权，违法决定、处理其无权决定、处理的事项，或者违反规定处理公务，致使公共财产、国家和人民利益遭受重大损失的行为。

本罪的行为与结果表现为行为人实施了滥用职权的行为，并导致了公共财产、国家和人民利益遭受重大损失。滥用职权的行为既可以是作为，也可以是不作为。

1. 行为人实施了滥用职权的行为。滥用职权行为在不同的岗位上，可以表现为不同的内容，但抽象概括起来，大致是三种情形：①越权，即超越职权，违法决定、处理自己无具体权限决定、处理的事项。也就是行为人手中本来没有此项具体权力，却滥施淫威，擅自行使某种权力，违法作出某项处理决定。②擅权，即违反规定处理公务，也就是不正确行使职权，利用手中权力胡作非为，不依法办事，而是自己想怎么做就怎样做，随心所欲地违法处理公务。③弃权，即故意不履行应当履行的职责。滥用职权要求行为人所实施的行为与一般职务权限有关，外观上抽象看是在行使职权，实质上具体考察则是在实施不当行为。在一般职权范围内，擅自处理自己没有具体处理权限的事项的，属于超越职权；对自己有具体处理权限的事项，故意不履行或不正确履行职责，属于不正确使用职权、违法处理公务。

2. 行为人滥用职权的行为造成了公共财产、国家和人民利益的重大损失。也就是说，并不是一切滥用职权的行为都构成犯罪，只有那些给公共财产、国家和人民利益造成重大损失的行为才构成犯罪，而对于一般的滥用职权行为不宜按犯罪论处，可根据具体情况给予行政或纪律处分。《渎职案件解释（一）》第1条规定，国家机关工作人员滥用职权或者玩忽职守，具有下列情形之一的，应当认定为《刑法》第397条规定的"致使公共财产、国家和人民利益遭受重大损失"：①造成死亡1人以上，或者重伤3人以上，或者轻伤9人以上，或者重伤2人、轻伤3人以上，或者重伤1人、轻伤6人以上的；②造成经济损失30万元以上的；③造成恶劣社会影响的；④其他致使公共财产、国家和人民利益遭受重大损失的情形。根据《全国人民代表大会常务委员会关于惩治骗购外汇、逃汇和非法买卖外汇犯罪的决定》第6条的规定，海关、外汇管理部门的工作人员严重不负责任，造成大量外汇被骗购或者逃汇，致使国家利益遭受重大损失的，依照《刑法》第397条的规定定罪处罚。

实践中，对滥用职权"造成恶劣社会影响"进行认定时，在正确认识渎职犯罪侵犯的是国家机关公务的合法、公正、有效执行以及人民群众对此的信赖这一法益的基础上，一般可从以下方面予以把握：①渎职行为严重损害国家机关形象，致使政府公信力下降的；②渎职行为引发新闻媒体广泛关注，引起强烈社会反响的；③渎职行为造成大规模上访、暴力冲突等事件，影响国家机关正常职能活动的；④渎职行为诱发民族矛盾纠纷，严重影响民族团结、社会稳定的；⑤渎职行为造成其他恶劣社会影响的。[1]

本罪的主体为特殊主体，即只有国家机关工作人员才能成为本罪的主体。

关于本罪的责任形式，学术界有以下几种观点：①本罪只能由过失构成；②本罪只能由间接故意构成；③本罪只能由故意构成，既可以是直接故意，也可以是间接故意；④本罪既可以由直接故意和间接故意构成，也可以由过于自信的过失构成，疏忽大意的过失不能构成本罪。

首先，不能说本罪只能由过失构成，因为这会导致没有故意的滥用职权罪，显然不符合事实，也无法将本罪与玩忽职守罪相区分；其次，不能认为本罪只能由间接故意构成，因为间接故意都能构成的犯罪，直接故意一定能构成；最后，不宜认为本罪既包含故意也包含过失，因为这种观点主张以作为与不作为区分滥用职权罪与玩忽职守罪，但这种方式既有悖于生活事实，也不符合法律规定。

我们认为，滥用职权的责任形式为故意，包括直接故意和间接故意。由于滥用职权罪的直接结果是，侵害国家机关公务的合法、公正、有效执行以及国民对此的信赖；在此基础上更进一步的结果是，公共财产、国家和人民利益的重大损失。对于直接结果，行为人应当有认识和希望或放任；对于进一步的结果，可将其理解为客观处罚条件，行为人只需对其有认识可能性即可。

（二）滥用职权罪的认定

1. 本罪与其他滥用职权犯罪的关系。在《刑法》第九章所规定的渎职罪中，还有其他一些滥用职权的犯罪行为。各类渎职罪的具体适用上，根据《渎职案件解释（一）》第 2 条的规定，国家机关工作人员实施滥用职权或者玩忽职守犯罪行为，触犯《刑法》分则第九章第398 条至第 419 条规定的，依照该规定定罪处罚。国家机关工作人员滥用职权或者玩忽职守，因不具备徇私舞弊等情形，不符合《刑法》分则第九章第 398 条至第 419 条的规定，但依法构成第 397 条规定的犯罪的，以滥用职权罪或者玩忽职守罪定罪处罚。

由于《刑法》第 397 条明文规定了 "本法另有规定的，依照规定"，因此，对第 397 条以外的滥用职权的犯罪行为不应定滥用职权罪，而应按其触犯的具体规定定罪。事实上，《刑法》第 397 条关于滥用职权罪的规定属于普通法条，《刑法》第九章还有一些条文规定了特殊的滥用职权的犯罪，这些条文就是特别法条，按照特别法优于普通法的原则，当行为人之行为同时触犯第 397 条和其他法条时，就应该按其他法条即特别法条所规定的犯罪论处。例如，《刑法》第 399 条规定的徇私枉法罪，也是一种滥用职权的行为，行为人之行为在触犯《刑法》第 399 条的同时也触犯了第 397 条的，司法机关在追究行为人之刑事责任时，应当按《刑法》第 399 条定罪量刑，而不能按第 397 条之规定定罪量刑。

如果某种行为没有达到特殊的滥用职权犯罪的成立标准，却达到了普通滥用职权罪的成立标准，这就意味着在《刑法》第 397 条之外，没有另外的定罪量刑规定，此时应当按照《刑法》第 397 条的规定处理。例如，林业主管部门工作人员违法发放林木采伐许可证，致使森林遭受严重破坏的，依照《刑法》第 407 条的规定，以违法发放林木采伐许可证罪追究刑事责任；以其他方式滥用职权或者玩忽职守，致使森林遭受严重破坏的，依照《刑法》第 397 条的规定，以滥用职权罪或者玩忽职守罪追究刑事责任。

2. 本罪与其他犯罪的关系。滥用职权同时触犯故意伤害、故意杀人、侵犯财产、窝藏、

---

[1] 参见中华人民共和国最高人民法院刑事审判第一、二、三、四、五庭主办：《刑事审判参考》（总第 103集），法律出版社 2016 年版，第 56 页。

报复陷害等犯罪时，按照想象竞合，从一重罪处理。例如，卫生行政部门工作人员滥用职权，拒绝执行传染病预防、控制措施，同时成立滥用职权罪与妨害传染病防治罪的，从一重罪处罚。国家机关工作人员与他人合谋，既利用职务行为帮助他人实施犯罪，又以非职务行为与他人共同实施该犯罪的，同时构成滥用职权罪和其他犯罪，应当数罪并罚。

（三）滥用职权罪的处罚

根据《刑法》第397条的规定，犯本罪的，处3年以下有期徒刑或者拘役；情节特别严重的，处3年以上7年以下有期徒刑。国家机关工作人员徇私舞弊，犯滥用职权罪的，处5年以下有期徒刑或者拘役；情节特别严重的，处5年以上10年以下有期徒刑。[1]《刑法》另有规定的，依照规定。

二、玩忽职守罪

（一）玩忽职守罪的概念和犯罪构成

玩忽职守罪，是指国家机关工作人员严重不负责任，不履行或者不认真履行职责，致使公共财产、国家和人民利益遭受重大损失的行为。

本罪的行为与结果表现为行为人实施了玩忽职守的行为，并使公共财产、国家和人民利益遭受了重大损失。所谓玩忽职守，是指行为人严重不负责任，工作中草率马虎，不履行或者不认真履行职责。所谓不履行职责，是指根据职责要求，应该作而不作，或者放弃职责，擅离职守；所谓不认真履行职责，是指虽然履行了责任，但马虎草率，粗心大意，敷衍塞责。所谓"致使公共财产、国家和人民利益遭受重大损失"，根据《渎职案件解释（一）》第1条的规定，是指具有以下情形之一：①造成死亡1人以上，或者重伤3人以上，或者轻伤9人以上，或者重伤2人、轻伤3人以上，或者重伤1人、轻伤6人以上的；②造成经济损失30万元以上的；③造成恶劣社会影响的；④其他致使公共财产、国家和人民利益遭受重大损失的情形。

本罪主体为特殊主体，即只有国家机关工作人员才能成为本罪的主体。

本罪的责任形式为过失。多数为监督过失，即应当监督直接责任者，却因为疏忽大意或过于自信而没有监督；或者应当确立完备的安全管理体制却没有确立。

（二）玩忽职守罪的认定

1. 本罪与非罪的界限。①要分清工作失败与玩忽职守犯罪。在现实生活中，特别是在科学研究领域，由于人类对自然规律认识的有限性，常有试验失败的情况，而一次大型科学试验的失败，往往会造成重大损失。对于这一类情况，由于行为人主观上并无过失，因而不能以玩忽职守罪论处。②要分清工作失误与玩忽职守犯罪。工作失误，是指行为人因为业务水平和工作能力不足，从而决策不当，导致了公共财产、国家和人民利益的损失，就主观心态而言，行为人并无玩忽职守的心理意识，而常常是力求把事情做好，只是在善意的心境下因力不从心而出现工作失误。我们认为，此种情况下行为人的工作失误虽然造成了一定损失，但不宜按犯罪论处。③要分清一般的玩忽职守行为与玩忽职守罪。二者的区别在于是否给公共财产、国家和人民利益造成了"重大损失"。如果行为人虽然有玩忽职守的行为，但所引起的损失尚未达到"重大损失"的标准的，对行为人就不能定罪处罚。

---

〔1〕《渎职案件解释（一）》第1条第2款规定，具有下列情形之一的，应当认定为"情节特别严重"：①造成伤亡达到成立犯罪标准的人数3倍以上的；②造成经济损失150万元以上的；③造成达到成立犯罪标准的损失后果，不报、迟报、谎报或者授意、指使、强令他人不报、迟报、谎报事故情况，致使损失后果持续、扩大或者抢救工作延误的；④造成特别恶劣社会影响的；⑤其他特别严重的情节。

2. 玩忽职守罪与近似犯罪的关系。

（1）要分清玩忽职守罪与危害公共安全罪中的有关责任事故罪的关系。《刑法》第二章所规定的一些因过失而引起的责任事故罪，如第 134 条规定的重大责任事故罪、第 135 条规定的重大劳动安全事故罪、第 137 条规定的工程重大安全事故罪等，由于这些犯罪的主体也可能是国家机关工作人员，且行为人主观上都是过失，客观上有失职行为，故可能与玩忽职守罪产生竞合。在一行为既符合玩忽职守罪，也符合上述有关责任事故罪时，按照想象竞合，从一重罪论处。

（2）要正确处理本罪与本章中的玩忽职守行为构成的其他罪名的特殊与一般的关系，因玩忽职守行为而构成本章中其他犯罪的，如环境监管失职罪、动植物检疫失职罪等，应按特别条文定罪，而不定一般的玩忽职守罪。

3. 玩忽职守罪与滥用职权罪的关系。有人认为，滥用职权罪与玩忽职守罪的责任形式都包括故意与过失，二者的唯一区别在于滥用职权罪是作为形式，玩忽职守罪是不作为形式。但这显然违背客观事实：完全可能存在相关国家机关工作人员负有某项义务却故意不履行的不作为形式的滥用职权，也完全可能存在相关国家机关工作人员严重不负责任、错误履行职权的作为形式的玩忽职守。我们认为，滥用职权罪与玩忽职守罪的区别在责任形式上。故意实施违背职责的行为的，是滥用职权罪；过失实施违背职责的行为的，是玩忽职守罪。两罪在客观方面不存在差别，主观方面故意与过失存在位阶关系。因此，既滥用职权又玩忽职守的，如果每次行为造成的损失均未达到司法解释规定的数额要求，但数额累加达到要求的，数次行为的数额可以累加，并将故意评价为过失，认定为玩忽职守罪。

（三）玩忽职守罪的处罚

根据《刑法》第 397 条第 1 款的规定，犯本罪的，处 3 年以下有期徒刑或者拘役；情节特别严重的，处 3 年以上 7 年以下有期徒刑。国家机关工作人员徇私舞弊，犯玩忽职守罪，处 5 年以下有期徒刑或者拘役；情节特别严重的，处 5 年以上 10 年以下有期徒刑。[1]

三、故意泄露国家秘密罪

（一）故意泄露国家秘密罪的概念和犯罪构成

故意泄露国家秘密罪，是指国家机关工作人员或非国家机关工作人员违反保守国家秘密法的规定，故意泄露国家秘密，情节严重的行为。

本罪的客观行为表现为行为人实施了违反保守国家秘密法的规定，泄露国家秘密。所谓违反保守国家秘密法的规定，是指行为人违反了《保守国家秘密法》和《保守国家秘密法实施条例》等法律、法规关于保守国家秘密的规定，故意将国家秘密泄露出去。国家秘密是指国家法律、法规所规定的禁止泄露的有关国家安全、政治、经济、军事等各种利益的信息，这些信息在一定时间内严格限定于一定空间，即只允许特定范围的人员知悉。《保守国家秘密法》第 2 条把国家秘密概括为："国家秘密是关系国家安全和利益，依照法定程序确定，在一定时间内只限一定范围的人员知悉的事项。"该法第 9 条明确把以下事项规定为国家秘密：①国家事务重大决策中的秘密事项；②国防建设和武装力量活动中的秘密事项；③外交和外事活动中的秘密事项以及对外承担保密义务的秘密事项；④国民经济和社会发展中的秘密事项；⑤科学技

---

〔1〕《渎职案件解释（一）》第 1 条第 2 款规定，具有下列情形之一的，应当认定为"情节特别严重"：①造成伤亡达到成立犯罪标准的人数 3 倍以上的；②造成经济损失 150 万元以上的；③造成达到成立犯罪标准的损失后果，不报、迟报、谎报或者授意、指使、强令他人不报、迟报、谎报事故情况，致使损失后果持续、扩大或者抢救工作延误的；④造成特别恶劣社会影响的；⑤其他特别严重的情节。

术中的秘密事项；⑥维护国家安全活动和追查刑事犯罪中的秘密事项；⑦经国家保密行政管理部门确定的其他秘密事项。政党的秘密事项符合上述规定的，也属于国家秘密。根据《保守国家秘密法》第10条的规定，国家秘密分为绝密、机密和秘密三个等级：绝密是国家的最高级机密，只允许极少数人员知悉；机密是仅次于绝密的国家重要信息，只允许特定的专门工作人员知悉；秘密是国家的不宜在社会上大范围传播而限于一定范围人员知悉的重要信息。故意泄露国家秘密罪中的"国家秘密"，是对绝密、机密和秘密的总称。所谓泄露，是指知悉国家秘密的有关人员不顾法律的禁止性规定，把国家秘密传递给无权知悉者，或者违反保密法规，使国家秘密被不被允许接触的人员接触。至于泄露的具体方法，则多种多样，既可以用言辞，也可以用文字，还可以通过录音录像、复制等技术手段泄露。根据《最高人民检察院关于渎职侵权犯罪案件立案标准的规定》（高检发释字〔2006〕2号，以下简称《渎职侵权案件立案规定》），情节严重包括：①泄露绝密级国家秘密1项（件）以上的；②泄露机密级国家秘密2项（件）以上的；③泄露秘密级国家秘密3项（件）以上的；④向非境外机构、组织、人员泄露国家秘密，造成或者可能造成危害社会稳定、经济发展、国防安全或者其他严重危害后果的；⑤通过口头、书面或者网络等方式向公众散布、传播国家秘密的；⑥利用职权指使或者强迫他人违反国家保守秘密法的规定泄露国家秘密的；⑦以牟取私利为目的泄露国家秘密的；⑧其他情节严重的情形。

本罪的主体既可以是国家机关工作人员，也可以是非国家机关工作人员。非国家机关工作人员是指一切知悉或了解国家秘密的非国家机关工作人员。

本罪的责任形式为故意，即行为人明知自己的行为会导致国家秘密泄露，仍然希望或者放任结果的发生。至于行为人出于何种目的和动机，并不影响本罪的成立。

（二）故意泄露国家秘密罪的认定

国家机关工作人员，明知对方为境外的机构、组织、人员，而向其非法提供国家秘密的，成立为境外机构、组织、人员非法提供国家秘密罪。故意非法披露商业秘密，如果该商业秘密也属于国家秘密的，属于本罪与侵犯商业秘密罪的想象竞合，从一重罪论处；单纯获取国家秘密的，不成立本罪，但可能成立《刑法》第282条第1款规定的非法获取国家秘密罪。非法获取国家秘密后又泄露的，属于非法获取国家秘密罪与本罪的吸收犯，从一重罪处理。

（三）故意泄露国家秘密罪的处罚

根据《刑法》第398条的规定，犯本罪的，处3年以下有期徒刑或者拘役；情节特别严重的，处3年以上7年以下有期徒刑。非国家机关工作人员犯故意泄露国家秘密罪的，依照前述规定酌情处罚。所谓酌情处罚，是指应当轻于国家机关工作人员犯该罪的刑事责任。

四、过失泄露国家秘密罪

过失泄露国家秘密罪，是指国家机关工作人员或者非国家机关工作人员，违反国家保密法规，过失泄露国家秘密，情节严重的行为。

本罪的客观要件与故意泄露国家秘密罪的客观要件是相同的。至于对"情节严重"的认定，《渎职侵权案件立案规定》中规定：①泄露绝密级国家秘密1项（件）以上的；②泄露机密级国家秘密3项（件）以上的；③泄露秘密级国家秘密4项（件）以上的；④违反保密规定，将涉及国家秘密的计算机或者计算机信息系统与互联网相连接，泄露国家秘密的；⑤泄露国家秘密或者遗失国家秘密载体，隐瞒不报、不如实提供有关情况或者不采取补救措施的；⑥其他情节严重的情形。

本罪主体是国家机关工作人员及知悉和掌握国家秘密的非国家机关工作人员。

本罪的责任形式为过失，包括疏忽大意的过失和过于自信的过失。

根据《刑法》第 398 条的规定，犯本罪的，处 3 年以下有期徒刑或者拘役；情节特别严重的，处 3 年以上 7 年以下有期徒刑。非国家机关工作人员犯过失泄露国家秘密罪的，依照前述规定酌情处罚。

应当指出的是，虽然《刑法》第 398 条对故意与过失泄露国家秘密罪的行为，规定了相同的刑事责任，但过失犯的可谴责程度显然低于故意犯。因此，在司法实践中，对过失泄露国家秘密罪的处刑应当轻于故意泄露国家秘密罪。

五、国家机关工作人员签订、履行合同失职被骗罪

国家机关工作人员签订、履行合同失职被骗罪，是指国家机关工作人员在签订、履行合同的过程中，因严重不负责任而被诈骗，致使国家利益遭受重大损失的行为。本罪的成立，需要满足有失职行为，失职行为给国家利益造成重大损失之现实后果，以及造成重大损失后果之直接原因系合同对方的诈骗行为三个条件。失职行为包含当为、能为、不为三个层面，即负有法定或者职务上的避免国家利益遭受损失的义务，正常履行职务本可避免损失，仍不履行或者不正确履行义务。损失后果指的是现实的、具体的经济损失。可能的、间接的、潜在的或者非经济性的损失一般不能视为这里的损失后果。但不得将由合同对方的诈骗行为直接造成的损失，或者直接的损失对象是第三方，但最终责任将落到该国有单位的损失理解为间接损失。诈骗行为应足以构成犯罪，不能将一般的民事欺诈行为理解为这里的诈骗行为，但无需以合同对方已经被人民法院判决构成诈骗犯罪作为认定本案当事人构成签订、履行合同失职被骗罪的前提，在程序上仅需认定对方当事人的行为已经涉嫌构成诈骗犯罪即可。[1] 根据《渎职侵权案件立案规定》，重大损失是：造成直接经济损失 30 万元以上，或者直接经济损失不满 30 万元，但间接经济损失 150 万元以上的；其他致使国家利益遭受重大损失的情形。本罪的主体为国家机关工作人员。本罪的责任形式为过失。

事实上，国家机关工作人员签订、履行合同失职被骗罪也是一种玩忽职守的行为。由于《刑法》第 397 条第 1 款明确规定"本法另有规定的，依照规定"，因此，对于国家机关工作人员签订、履行合同失职被骗的行为，应当按《刑法》第 406 条之规定论处，而不适用《刑法》第 397 条规定的一般玩忽职守罪。

根据《刑法》第 406 条的规定，犯本罪的，处 3 年以下有期徒刑或者拘役；致使国家利益遭受特别重大损失的，处 3 年以上 7 年以下有期徒刑。

六、非法批准征收、征用、占用土地罪

非法批准征收、征用、占用土地罪，是指国家机关工作人员徇私舞弊，违反土地管理法规，滥用职权，非法批准征收、征用、占用耕地、林地等农用地以及其他土地，情节严重的行为。

根据相关解释的规定，本罪的行为对象是耕地、林地等农用地及其他土地。"违反土地管理法规"，是指违反土地管理法、森林法、草原法等法律以及有关行政法规中关于土地管理的规定。[2] 本罪实际上也是一种滥用职权的犯罪，但由于《刑法》第 397 条第 1 款规定了"本法另有规定的，依照规定"，故对国家机关工作人员徇私舞弊，违反土地管理法规，滥用职权，非法批准征收、征用、占用土地的行为，不定滥用职权罪，而应按《刑法》第 410 条之规定论

---

〔1〕 参见中华人民共和国最高人民法院刑事审判第一庭、第二庭编：《刑事审判参考》（总第 35 集），法律出版社 2004 年版，第 34 页。

〔2〕 参见《全国人民代表大会常务委员会关于〈中华人民共和国刑法〉第二百二十八条、第三百四十二条、第四百一十条的解释》。

处。在认定本罪的"情节严重"和"致使国家或者集体利益遭受特别重大损失"时，应按照《渎职侵权案件立案规定》《最高人民法院关于审理破坏土地资源刑事案件具体应用法律若干问题的解释》《最高人民法院关于审理破坏林地资源刑事案件具体应用法律若干问题的解释》《最高人民法院关于审理破坏草原资源刑事案件应用法律若干问题的解释》的相关规定执行。

本罪的主体为特殊主体，即只有有土地审批权限的国家机关工作人员才能成为本罪的主体。本罪的责任形式为故意。

根据《刑法》第410条的规定，犯本罪的，处3年以下有期徒刑或者拘役；致使国家或者集体利益遭受特别重大损失的，处3年以上7年以下有期徒刑。

七、非法低价出让国有土地使用权罪

非法低价出让国有土地使用权罪，是指国家机关工作人员徇私舞弊，违反土地管理法规，滥用职权，非法低价出让国有土地使用权，情节严重的行为。

本罪在客观方面表现为违反土地管理法规，滥用职权，非法低价出让国有土地使用权，情节严重的行为。所谓情节严重，应按照《渎职侵权案件立案规定》《破坏土地资源案件解释》《破坏林地资源案件解释》《破坏草原资源案件解释》的相关规定执行。本罪的主体为国家机关工作人员，即有权审批、出售国有土地的人员。本罪的责任形式为故意。

根据《刑法》第410条的规定，犯非法低价出让国有土地使用权罪的，处3年以下有期徒刑或者拘役；致使国家或者集体利益遭受特别重大损失的，处3年以上7年以下有期徒刑。

八、招收公务员、学生徇私舞弊罪

招收公务员、学生徇私舞弊罪，是指国家机关工作人员在招收公务员、学生工作中徇私舞弊，情节严重的行为。根据《渎职侵权案件立案规定》，"情节严重"主要是指：①徇私舞弊，利用职务便利，伪造、变造人事、户口档案、考试成绩或者其他影响招收工作的有关资料，或者明知是伪造、变造的上述材料而予以认可的；②徇私舞弊，利用职务便利，帮助5名以上考生作弊的；③徇私舞弊招收不合格的公务员、学生3人次以上的；④因徇私舞弊招收不合格的公务员、学生，导致被排挤的合格人员或者其近亲属自杀、自残造成重伤、死亡，或者精神失常的；⑤因徇私舞弊招收公务员、学生，导致该项招收工作重新进行的；⑥其他情节严重的情形。本罪的主体为国家机关工作人员。具体来说，一般是政府职能部门具有招录公务员与学生职权的工作人员，如政府部门主管公务员招录命题、考试、录用的工作人员；教育行政部门主管学生入学命题、考试、招生的工作人员；等等。本罪的责任形式为故意。

根据《刑法》第418条的规定，犯本罪的，处3年以下有期徒刑或者拘役。

九、失职造成珍贵文物损毁、流失罪

失职造成珍贵文物损毁、流失罪，是指国家机关工作人员严重不负责任，造成珍贵文物损毁或者流失，后果严重的行为。

具体言之，本罪客观方面有三个要件：①行为人工作中严重不负责任。所谓严重不负责任，是指行为人不履行法定的或者其职务所要求的文物管理职责，在文物管理工作中草率马虎、敷衍塞责、不尽职守。②行为人之行为造成珍贵文物损毁或者流失。所谓文物，根据《文物保护法》第2条之规定，是指具有重要的历史、艺术、科学价值的历史遗留物，包括与建筑、文化、艺术、革命历史等有关的各类实物。根据文化部颁布的《文物藏品定级标准》的规定，我国的文物分为一、二、三级，其中一、二级文物是珍贵文物。损毁，是指行为人的失职行为使珍贵文物破坏或毁灭；流失，则是指行为人的失职行为使珍贵文物流落于国家控制之外。③后果严重。所谓后果严重，根据《渎职侵权案件立案规定》，主要是指：①导致国家一、二、三级文物损毁或者流失的；②导致全国重点文物保护单位或者省、自治区、直辖市文

物保护单位损毁的；③其他后果严重的情形。本罪的主体是国家机关工作人员，通常是各级文化行政管理部门主管文物的工作人员。本罪的责任形式为过失。如果行为人故意损毁文物，则应按《刑法》第 324 条第 1、2 款规定的故意损毁文物罪、故意损毁名胜古迹罪定罪处罚。

根据《刑法》第 419 条的规定，犯本罪的，处 3 年以下有期徒刑或者拘役。

第三节 司法人员渎职罪

一、徇私枉法罪

（一）徇私枉法罪的概念和犯罪构成

徇私枉法罪，是指司法工作人员徇私枉法、徇情枉法，对明知是无罪的人而使他受追诉、对明知是有罪的人而故意包庇不使他受追诉，或者在刑事审判活动中故意违背事实和法律作枉法裁判的行为。

本罪在客观方面表现为如下三种行为：①使无罪之人受刑事追诉。所谓无罪之人，既包括没有实施任何违法行为之人，也包括实施了违法行为但因为不具备违法或责任要件，尚不构成犯罪之人。使无罪之人受刑事追诉，是指行为人明知是无罪之人而故意将其纳入刑事诉讼程序，即对无罪之人立案侦查、提起公诉、进行审判等。不要求完成追诉的全部过程，只要进入追诉阶段即可，因此，本罪既可以发生在刑事侦查阶段、审查起诉阶段，也可以发生在审判阶段。不要求程序上合法，只要事实上追诉即可。例如，行为人明知他人无罪，为让他人"招供"，不立案也不报捕而将他人先行关押，待"招供"后再立案报捕的，成立本罪。②包庇明知有罪之人而使其不受追诉。这里的"有罪的人"，是指有证据证明其实施了犯罪行为的人。追诉，指法定的追诉过程与追诉结果，即立案、侦查、起诉、审判的各个阶段及其结果。所谓包庇，指为了让有罪之人逃避刑事制裁所采取的一切有碍刑事追诉程序启动或进行的行为，包括不立案、不侦查、不起诉、不审判、裁定无罪。例如，伪造、隐匿、毁灭有罪之人的犯罪证据，篡改有罪之人的有罪供述，威逼证人改变证词，为即将受到刑事追究的有罪之人通风报信使其逃逸，对犯罪嫌疑人违法变更或取消强制措施而使犯罪嫌疑人逃避刑事制裁，故意不及时收集证据让证明有罪的证据消失，让他人为犯罪之人抵罪等。③违背事实和法律作枉法裁判。这是指在审判刑事案件中故意违背事实和法律枉法进行判决、裁定，即对有罪者作无罪判决，对无罪者作有罪判决，或者重罪轻判，轻罪重判。其中的"对有罪者作无罪判决"，其实是"明知是有罪的人而故意包庇不使他受追诉"；"对无罪者作有罪判决"，其实是"明知是无罪的人而使他受追诉"。侦查起诉人员通过伪造证据等方式故意使罪重的人受到较轻的追诉，或者故意使罪轻的人受到较重的追诉，导致无过错的法官重罪轻判或轻罪重判的，侦查起诉人员成立该种类型的徇私枉法罪的间接正犯。

本罪的主体为司法工作人员。所谓司法工作人员，是指依法行使刑事执法权的特定机关，包括公安机关、国家安全机关、检察机关和审判机关中具有侦查、检察、审判职能的工作人员。但从本罪的罪状看，只有负有刑事追诉职责的司法工作人员，才能成为本罪的正犯。

本罪的责任形式为故意，包括直接故意与间接故意。动机是徇私、徇情。将本罪的动机限制为徇私、殉情，旨在排除因法律水平不高、事实掌握不全而过失造成错判的情况。

过失导致无罪的人受追诉、有罪的人未被追诉或轻罪重判、重罪轻判的，不成立本罪；符合玩忽职守罪成立条件的，以玩忽职守罪论处。

（二）徇私枉法罪的认定

1. 本罪与《刑法》第 307 条规定的妨害作证罪和帮助毁灭、伪造证据罪及《刑法》第 310

条规定的窝藏、包庇罪的界限。徇私枉法罪中的包庇行为也可能表现为用威胁、贿买等方法阻止证人提供证明犯罪分子有罪的证据、帮助犯罪分子逃匿等行为，这就与妨害作证罪，帮助毁灭、伪造证据罪及窝藏、包庇罪有相似之处。但它们之间是有区别的：本罪是行为人利用职权实施的，与行为人职务有关，而其余几种行为与行为人职务并无关系。如果司法机关的工作人员在职活动以外实施帮助毁灭、伪造证据及窝藏、包庇行为的，则应按《刑法》第 307、310 条的规定论处；如果在本职活动之中实施帮助毁灭、伪造证据及窝藏、包庇行为的，则属于一行为触犯数罪的情况，应从一重罪处断。

2. 徇私枉法所造成的结果或者徇私枉法过程中所采取的手段可能触犯其他罪名，从而与本罪发生想象竞合。例如，徇私枉法使不应当被判处死刑的人被判处死刑立即执行的，是徇私枉法罪与故意杀人罪的想象竞合，从一重罪论处；再如，使无罪的人受追诉而被非法拘禁的，是徇私枉法罪与非法拘禁罪的想象竞合，从一重罪论处。

3. 徇私枉法罪与受贿罪的关系应当分情况区别处理。根据《刑法》第 399 条第 4 款的规定，司法工作人员收受贿赂后徇私枉法的，从一重罪论处。由于一般情况下收受贿赂后又实施其他犯罪的，应当数罪并罚，因此本款是将数罪拟制为一罪的特别规定，主要考虑到这种情况下收受贿赂是司法人员徇私枉法的重大诱因，因此认定为一罪，适当从轻处罚。该条款既然是特别规定，就不能扩展适用。司法工作人员徇私枉法后，基于自己这一职务行为事后受贿的，由于不存在上述特别从轻的理由，因此应当数罪并罚。司法工作人员索贿后徇私枉法的，由于索贿后徇私枉法的违法性和有责性高于受贿后徇私枉法，因此这种情况下，应当将受贿罪与徇私枉法罪数罪并罚。

（三）徇私枉法罪的处罚

根据《刑法》第 399 条第 1 款的规定，犯本罪的，处 5 年以下有期徒刑或者拘役；情节严重的，处 5 年以上 10 年以下有期徒刑；情节特别严重的，处 10 年以上有期徒刑。

二、民事、行政枉法裁判罪

（一）民事、行政枉法裁判罪的概念和犯罪构成

民事、行政枉法裁判罪，是指司法工作人员在民事、行政审判活动中，故意违背事实和法律作枉法裁判，情节严重的行为。

本罪在客观方面表现为行为人在民事、行政审判活动中故意违背事实和法律作枉法裁判。由此可见，本罪客观方面有三个特点：

（1）枉法裁判的行为须发生在民事、行政审判活动中。这里的民事审判，是指按《民事诉讼法》进行的审判活动，因此，经济审判也视为民事审判活动。审判活动不限于狭义的审判阶段，而是指诉讼的整个过程。因此，对诉前财产保全申请的裁定，也属于审判活动。审判活动也包括虚构的审判活动，例如虚构当事人故意枉法裁判的，也可能成立本罪。

（2）故意违背事实和法律作枉法裁判。所谓违背事实和法律，是指违背事实真相和法律规定；所谓枉法裁判，是指依照事实和法律本应判决当事人胜诉或败诉的，行为人却故意颠倒黑白地判决该当事人败诉或胜诉；或者对本应承担较重民事、行政责任的当事人违法判定减轻其责任，对本应承担较轻民事、行政责任的当事人违法判定加重其责任；等等。

（3）情节严重。根据《渎职侵权案件立案规定》，下列情形属于"情节严重"：①枉法裁判，致使当事人或者其近亲属自杀、自残造成重伤、死亡，或者精神失常的；②枉法裁判，造成个人财产直接经济损失 10 万元以上，或者直接经济损失不满 10 万元，但间接经济损失 50 万元以上的；③枉法裁判，造成法人或者其他组织财产直接经济损失 20 万元以上，或者直接经济损失不满 20 万元，但间接经济损失 100 万元以上的；④伪造、变造有关材料、证据，制

造假案枉法裁判的；⑤串通当事人制造伪证，毁灭证据或者篡改庭审笔录而枉法裁判的；⑥徇私情、私利，明知是伪造、变造的证据予以采信，或者故意对应当采信的证据不予采信，或者故意违反法定程序，或者故意错误适用法律而枉法裁判的；⑦其他情节严重的情形。

本罪主体为司法工作人员，一般为司法机关的民事、行政审判人员及其主管人员。司法机关的其他工作人员可能成为本罪的间接正犯或共同正犯。

本罪的责任形式为故意。如果行为人过失地作出不公正判决，或者因为业务水平低而作出错误判决，均不成立本罪。

（二）民事、行政枉法裁判罪的认定

1. 本罪与徇私枉法罪的界限。二者的主要区别在于：本罪只能发生在人民法院的审判活动中；后者则既可能发生在人民法院的审判活动中，也可能发生在立案侦查、审查起诉阶段。本罪针对民事、行政诉讼的当事人；后者则针对一般公民与刑事案件的犯罪嫌疑人或被告人。

2. 要正确处理本罪与受贿罪的关系。司法工作人员收受贿赂后枉法裁判的，从一重罪论处。司法工作人员枉法裁判后，基于自己这一职务行为事后受贿的，或者司法工作人员索贿后枉法裁判的，应当将受贿罪与本罪数罪并罚。

（三）民事、行政枉法裁判罪的处罚

根据《刑法》第 399 条第 2 款的规定，犯本罪的，处 5 年以下有期徒刑或者拘役；情节特别严重的，处 5 年以上 10 年以下有期徒刑。

三、执行判决、裁定失职罪

执行判决、裁定失职罪，是指司法工作人员在执行判决、裁定活动中，严重不负责任，不依法采取诉讼保全措施、不履行法定执行职责，致使当事人或者其他人的利益遭受重大损失的行为。

构成本罪，必须具有严重不负责任的玩忽职守行为，表现为不依法采取诉讼保全措施、不履行法定执行职责。严重不负责任的玩忽职守行为，必须发生在执行判决、裁定的活动中，而不是其他领域中。这里的判决、裁决，既包括刑事判决、裁定，也包括民事、行政判决、裁定。这种严重不负责任的行为必须给当事人或者其他人的利益造成了重大损失。根据《渎职侵权案件立案规定》，重大损失是指具有下列情形之一：①致使当事人或者其近亲属自杀、自残造成重伤、死亡，或者精神失常的；②造成个人财产直接经济损失 15 万元以上，或者直接经济损失不满 15 万元，但间接经济损失 75 万元以上的；③造成法人或者其他组织财产直接经济损失 30 万元以上，或者直接经济损失不满 30 万元，但间接经济损失 150 万元以上的；④造成公司、企业等单位停业、停产 1 年以上，或者破产的；⑤其他致使当事人或者其他人的利益遭受重大损失的情形。

本罪的主体为司法工作人员。

本罪的责任形式为过失，既可以是疏忽大意的过失，也可以是过于自信的过失。

根据《刑法》第 399 条第 3、4 款的规定，犯本罪的，处 5 年以下有期徒刑或者拘役；致使当事人或者其他人的利益遭受特别重大损失的，处 5 年以上 10 年以下有期徒刑。同时构成受贿罪的，从一重罪处罚。

四、执行判决、裁定滥用职权罪

执行判决、裁定滥用职权罪，是指司法工作人员在执行判决、裁定活动中，滥用职权，违法采取诉讼保全措施、强制执行措施，致使当事人或其他人的利益遭受重大损失的行为。

所谓滥用职权，就是超越职权，不正当使用职权，违法决定处理事项。这里的滥用职权，主要表现在执行判决、裁定中违法采取诉讼保全、强制执行措施，如查封、冻结当事人的财产等。本罪主体是司法工作人员。本罪的责任形式为故意。

根据《刑法》第 399 条第 3 款的规定，犯本罪的，处 5 年以下有期徒刑或者拘役；致使当事人或者其他人的利益遭受特别重大损失的，处 5 年以上 10 年以下有期徒刑。

根据《刑法》第 399 条第 4 款的规定，司法工作人员因收受贿赂构成《刑法》第 385 条规定的受贿罪，同时又构成本罪的，从一重罪处罚。

五、私放在押人员罪

（一）私放在押人员罪的概念和犯罪构成

私放在押人员罪，是指司法工作人员私自将在押的犯罪嫌疑人、被告人或者罪犯非法释放的行为。

本罪的构成要件内容为司法工作人员私放依法在押（包括在羁押场所和押解途中）的犯罪嫌疑人、被告人或者罪犯。所谓私放，是指行为人利用职务便利，非法将犯罪嫌疑人、被告人或者罪犯释放。其表现形式可以是作为，也可以是不作为，如监所看守人员故意打开监所门或窗让在押的犯罪嫌疑人、被告人、罪犯逃走，或者眼见在押的犯罪嫌疑人、被告人、罪犯从监所或押解途中逃走，而故意不去追捕致其逃脱等。"私放"不一定是永久性的，私自将在押人员带离监管场所一段时间后又带回的，也属于"私放"。所谓在押的犯罪嫌疑人、被告人或者罪犯，是指已经缉拿归案并被羁押于监所的犯罪嫌疑人、被提起公诉的被告人以及已经审判终结的犯罪分子。这里的监所应作广义理解，既指监狱、看守所，也指一切关押犯罪嫌疑人、被告人或者罪犯的地方，还包括押解犯罪嫌疑人、被告人或者罪犯的途中与对犯罪分子行刑的场所。如果私放的是劳教人员或被行政拘留、司法拘留的人员，则不成立本罪。

本罪的主体为司法工作人员。所谓司法工作人员，是指公安机关、国家安全机关、检察机关、审判机关、狱政管理机关的工作人员，还包括执行监所看守任务的武警人员。非司法工作人员不能成为本罪主体，但对于依照法律、法规规定行使国家行政管理职权的组织中从事公务的人员，或者在受国家机关委托代表国家机关行使职权的组织中从事公务的人员，或者虽未列入国家机关人员编制但在国家机关中从事公务的人员，在代表国家机关行使职权时，有渎职行为，构成犯罪的，均可成为本罪的主体。[1] 例如，工人等非监管机关在编监管人员，在被监管机关聘用受委托履行监管职责的过程中私放在押人员的，可构成本罪主体。[2]

责任形式为故意，即行为人明知私放行为会使犯罪嫌疑人、被告人、罪犯逃避监管，破坏国家的羁押机能，仍希望或放任该结果的发生。

（二）私放在押人员罪的认定

1. 本罪与脱逃罪的关系。本罪的成立，要求行为人利用了职务便利或职权。如果司法工作人员没有利用职务便利或职权，而是利用自己熟悉监所地理环境等条件，帮助前述在押人员脱逃的，应以脱逃罪的共犯论处，而不应定私放在押人员罪。如果司法工作人员在在押人员脱逃时故意不制止、不追捕的，以及在押人员与司法工作人员相勾结，导致在押人员脱离监管的，司法工作人员同时触犯本罪与脱逃罪，按照想象竞合从一重罪论处。

2. 本罪与徇私枉法罪的界限。二者都是司法工作人员的渎职行为，而且都发生在司法活动过程中。从广义上来讲，私放在押人员也是一种徇私枉法的行为。特别是徇私枉法罪中行为人对明知有罪的人而故意包庇不使他受追诉，从而将在押的犯罪嫌疑人、被告人放走，或者对

---

〔1〕 参见《全国人民代表大会常务委员会关于〈中华人民共和国刑法〉第九章渎职罪主体适用问题的解释》。

〔2〕 参见《最高人民检察院关于工人等非监管机关在编监管人员私放在押人员行为和失职致使在押人员脱逃行为适用法律问题的解释》。

有罪的人作无罪宣告而使在押的犯罪嫌疑人、被告人被释放的情形，十分近似于私放在押人员罪。一般情况下，侦查、起诉、审判人员利用职务便利，徇私枉法，对明知有罪的人而故意包庇不使他受追诉或者对有罪的人作无罪宣告而使在押的犯罪嫌疑人、被告人被释放，成立徇私枉法罪；监管人员通过伪造司法文书等释放在押人员的，成立私放在押人员罪。

（三）私放在押人员罪的处罚

根据《刑法》第 400 条第 1 款的规定，犯本罪的，处 5 年以下有期徒刑或者拘役；情节严重的，处 5 年以上 10 年以下有期徒刑；情节特别严重的，处 10 年以上有期徒刑。

六、失职致使在押人员脱逃罪

失职致使在押人员脱逃罪，是指司法工作人员由于严重不负责任，致使在押的犯罪嫌疑人、被告人或者罪犯脱逃，造成严重后果的行为。

所谓严重不负责任的失职行为，是指行为人在监管在押的犯罪嫌疑人、被告人或者罪犯的工作中草率马虎、掉以轻心，不依法认真履行监管在押人员的职责。所谓造成严重后果，按照《渎职侵权案件立案规定》，是指：①致使依法可能判处或者已经判处 10 年以上有期徒刑、无期徒刑、死刑的犯罪嫌疑人、被告人、罪犯脱逃的；②致使犯罪嫌疑人、被告人、罪犯脱逃 3 人次以上的；③犯罪嫌疑人、被告人、罪犯脱逃以后，打击报复报案人、控告人、举报人、被害人、证人和司法工作人员等，或者继续犯罪的；④其他致使在押的犯罪嫌疑人、被告人、罪犯脱逃，造成严重后果的情形。

本罪的主体为特殊主体，即司法工作人员。非司法工作人员不能成为本罪主体，但对于依照法律、法规规定行使国家行政管理职权的组织中从事公务的人员，或者在受国家机关委托代表国家机关行使职权的组织中从事公务的人员，或者虽未列入国家机关人员编制但在国家机关中从事公务的人员，在代表国家机关行使职权时，有渎职行为，构成犯罪的，均可成为本罪的主体。[1] 例如，工人等非监管机关在编监管人员，在被监管机关聘用受委托履行监管职责的过程中私放在押人员的，可构成本罪主体。[2]

本罪的责任形式为过失。因为不可抗力造成在押的犯罪嫌疑人、被告人或者罪犯脱逃的，不构成本罪。

根据《刑法》第 400 条第 2 款的规定，犯本罪的，处 3 年以下有期徒刑或者拘役；造成特别严重后果的，处 3 年以上 10 年以下有期徒刑。

七、徇私舞弊减刑、假释、暂予监外执行罪

徇私舞弊减刑、假释、暂予监外执行罪，是指司法工作人员徇私舞弊，对不符合减刑、假释、暂予监外执行条件的罪犯，予以减刑、假释或者暂予监外执行的行为。

根据我国《刑法》规定，减刑、假释或者暂予监外执行必须符合法定条件。其中，减刑必须符合《刑法》第 78 条规定的条件；假释必须符合《刑法》第 81 条规定的条件；暂予监外执行，则必须符合《刑事诉讼法》第 265 条之规定。人民法院、公安机关、监狱管理机关、刑罚执行机关的司法工作人员违反这些法律规定，对不符合减刑、假释、暂予监外执行条件的罪犯，捏造事实、伪造材料，利用职权违法报请或者违法裁定、决定、批准减刑、假释、暂予监外执行的，不具有报请、裁定、决定或者批准减刑、假释、暂予监外执行权的司法工作人员利用职务上的便利，伪造有关材料，导致不符合减刑、假释、暂予监外执行条件的罪犯被减

---

〔1〕 参见《全国人民代表大会常务委员会关于〈中华人民共和国刑法〉第九章渎职罪主体适用问题的解释》。

〔2〕 参见《最高人民检察院关于工人等非监管机关在编监管人员私放在押人员行为和失职致使在押人员脱逃行为适用法律问题的解释》。

刑、假释、暂予监外执行的，应当追诉。例如，对没有认真遵守监规的罪犯予以减刑；超过减刑幅度予以减刑；对累犯予以假释等。由于基层人民法院无权裁定减刑与假释，因此基层人民法院工作人员裁定减刑、假释的，以本罪论处。

本罪主体为特殊主体，即行为人必须是司法工作人员。从司法实践来看，本罪的行为人多为法院与监所负责刑罚执行工作的人员。

责任形式为故意，且出于徇私动机。将本罪动机限制为徇私，旨在排除因法律水平不高、事实掌握不全而过失造成本罪结果的情况。

根据《刑法》第 401 条的规定，犯本罪的，处 3 年以下有期徒刑或者拘役；情节严重的，处 3 年以上 7 年以下有期徒刑。

第四节 特殊渎职罪

一、枉法仲裁罪

枉法仲裁罪，是指依法承担仲裁职责的人员，在仲裁活动中故意违背事实和法律作枉法裁决，情节严重的行为。本罪的主体是特殊主体，即依法承担仲裁职责的人员。本罪的责任形式为故意。

根据《刑法》第 399 条之一的规定，犯本罪的，处 3 年以下有期徒刑或者拘役；情节特别严重的，处 3 年以上 7 年以下有期徒刑。

二、徇私舞弊不移交刑事案件罪

（一）徇私舞弊不移交刑事案件罪的概念和犯罪构成

徇私舞弊不移交刑事案件罪，是指行政执法人员徇私舞弊，对依法应当移交司法机关追究刑事责任的刑事案件，不移交司法机关处理，情节严重的行为。

本罪的行为表现为徇私舞弊而不移交刑事案件。不移交刑事案件，是指行为人明知行为构成犯罪、应当进行刑事追诉，却不依法将案件移交司法机关处理。舞弊，是"对依法应当移交司法机关追究刑事责任的不移交"的同位语，即只要"对依法应当移交司法机关追究刑事责任的不移交"，就属于舞弊。必须是"情节严重的"才构成本罪。根据《渎职侵权案件立案规定》，所谓情节严重，主要是指：①对依法可能判处 3 年以上有期徒刑、无期徒刑、死刑的犯罪案件不移交的；②不移交刑事案件涉及 3 人次以上的；③司法机关提出意见后，无正当理由仍然不予移交的；④以罚代刑，放纵犯罪嫌疑人，致使犯罪嫌疑人继续进行违法犯罪活动的；⑤行政执法部门主管领导阻止移交的；⑥隐瞒、毁灭证据，伪造材料，改变刑事案件性质的；⑦直接负责的主管人员和其他直接责任人员为牟取本单位私利而不移交刑事案件，情节严重的；⑧其他情节严重的情形。

本罪的主体为行政执法人员，即依法具有执行行政法职权的行政机关工作人员。例如，公安机关、国家安全机关的工作人员，工商、税务、海关等机关的执法人员等。

责任形式为故意，且出于徇私动机。一般情况下，只要不是因为业务水平低，对案件性质认识不清而过失不移交的，都可以认定为具有"徇私"动机。

本罪与徇私枉法罪中的"明知是有罪的人而故意包庇不使他受追诉"有类似之处，二者的主要区别在于主体不同：本罪主体是行政执法人员，徇私枉法罪的主体是司法工作人员。公安人员负责对犯罪进行侦查时，属于司法工作人员；负责行政法实施时，属于行政执法人员。

（二）徇私舞弊不移交刑事案件罪的处罚

根据《刑法》第 402 条的规定，犯徇私舞弊不移交刑事案件罪的，处 3 年以下有期徒刑或者拘役；造成严重后果的，处 3 年以上 7 年以下有期徒刑。

三、滥用管理公司、证券职权罪

滥用管理公司、证券职权罪，是指国家有关主管部门的国家机关工作人员徇私舞弊，滥用职权，对不符合法律规定条件的公司设立、登记申请或者股票、债券发行、上市申请，予以批准或者登记，致使公共财产、国家和人民利益遭受重大损失的行为。具体而言，就是工商行政管理部门的工作人员对不符合法律规定条件的公司设立、登记申请，违法予以批准、登记；金融证券管理机构的工作人员，对不符合法律规定条件的股票、债券发行、上市申请，违法予以批准；上级部门强令登记机关及其工作人员，对不符合法律规定条件的公司登记、股票、债券发行、上市申请予以批准等。这些违法行为，都必须使公共财产、国家或者人民利益遭受重大损失，才构成犯罪。根据《渎职侵权案件立案规定》，具有下列情形之一的，属于"致使公共财产、国家和人民利益遭受重大损失"：①造成直接经济损失 50 万元以上的；②工商行政管理部门的工作人员对不符合法律规定条件的公司设立、登记申请，违法予以批准、登记，严重扰乱市场秩序的；③金融证券管理机构的工作人员对不符合法律规定条件的股票、债券发行、上市申请，违法予以批准，严重损害公众利益，或者严重扰乱金融秩序的；④工商行政管理部门、金融证券管理机构的工作人员对不符合法律规定条件的公司设立、登记申请或者股票、债券发行、上市申请违法予以批准或者登记，致使犯罪行为得逞的；⑤上级部门、当地政府直接负责的主管人员强令登记机关及其工作人员，对不符合法律规定条件的公司设立、登记申请或者股票、债券发行、上市申请予以批准或者登记，致使公共财产、国家或者人民利益遭受重大损失的；⑥其他致使公共财产、国家和人民利益遭受重大损失的情形。

本罪的主体为特殊主体，即只有国家有关主管部门的国家机关工作人员，才能成为本罪的主体。所谓有关主管部门的国家机关工作人员，是指工商行政管理部门、人民银行、证券管理部门等机构中具有管理职权的工作人员。

本罪的责任形式为故意。

根据《刑法》第 403 条第 1 款的规定，犯本罪的，处 5 年以下有期徒刑或者拘役。依据该条第 2 款规定，上级部门强令登记机关及其工作人员实施上述行为的，对直接负责的主管人员，依照上述规定处罚。

四、徇私舞弊不征、少征税款罪

徇私舞弊不征、少征税款罪，是指税务机关的工作人员徇私舞弊，不征或者少征应征税款，致使国家税收遭受重大损失的行为。

本罪构成要件内容为不征或者少征应征税款，致使国家税收遭受重大损失的行为。应征税款，是指依据国家税法有关规定，纳税人按照法定税种、税率应当向国家缴纳的税款数额；不征或者少征，前者是指行为人违反法律规定，对不应免征税款的纳税人，豁免其应征税款或放弃职守不对纳税人征收应征税款；后者是指行为人违反法律规定，擅自减少纳税人应征税款额。不征或少征应征税款的行为，就是舞弊行为。本罪行为人之行为必须"致使国家税收遭受重大损失"，才构成犯罪。依照《渎职侵权案件立案规定》，"致使国家税收遭受重大损失"的情形包括：①徇私舞弊不征、少征应征税款，致使国家税收损失累计达 10 万元以上的；②上级主管部门工作人员指使税务机关工作人员徇私舞弊不征、少征应征税款，致使国家税收损失累计达 10 万元以上的；③徇私舞弊不征、少征应征税款不满 10 万元，但具有索取或者收受贿赂或者其他恶劣情节的；④其他致使国家税收遭受重大损失的情形。

本罪的主体为特殊主体，即只有税务机关的工作人员才能成为本罪的主体。

本罪的责任形式为故意，且出于徇私动机，过失不构成本罪。因为税务机关工作人员业务水平低或者工作疏忽而未征、少征纳税人应征税款的，不应以本罪论处。如果行为人在征税工作中不认真负责、计算有误，没有征收或者少征了应征税款，致使国家税收遭受重大损失，符合玩忽职守罪成立条件的，以玩忽职守罪追究责任。

行为人与纳税人相勾结，帮助纳税人偷税，之后不征或少征其应缴税款的，应认定为逃税罪的共犯与本罪的想象竞合，从一重罪论处。

根据《刑法》第404条的规定，犯本罪的，处5年以下有期徒刑或者拘役；造成特别重大损失的，处5年以上有期徒刑。

五、徇私舞弊发售发票、抵扣税款、出口退税罪

徇私舞弊发售发票、抵扣税款、出口退税罪，是指税务机关的工作人员违反法律、行政法规的规定，在办理发售发票、抵扣税款、出口退税的工作中，徇私舞弊，致使国家利益遭受重大损失的行为。

本罪的构成要件为行为人违反法律、行政法规，在办理发售发票、抵扣税款、出口退税的工作中徇私舞弊，致使国家利益遭受重大损失。违反经行政法规授权制定的有关一般纳税人资格的文件的，属于违反"法律、行政法规"。在我国，针对发售发票、抵扣税款、出口退税，法律和行政法规明确规定了法定条件和程序，税务机关的工作人员必须严格依法办理发售发票、抵扣税款、出口退税事宜。如果行为人为一己之私而弄虚作假，滥售发票，或者对不符合抵扣税款、出口退税条件的纳税人给予抵扣税款、出口退税的待遇，这就严重地损害了国家的税收利益。在办理发售发票、抵扣税款、出口退税的工作中徇私舞弊，致使国家利益遭受重大损失的行为，才构成犯罪。所谓重大损失，根据《渎职侵权案件立案规定》，主要指如下情形之一：①徇私舞弊，致使国家税收损失累计达10万元以上的；②徇私舞弊，致使国家税收损失累计不满10万元，但发售增值税专用发票25份以上或者其他发票50份以上或者增值税专用发票与其他发票合计50份以上，或者具有索取、收受贿赂或者其他恶劣情节的；③其他致使国家利益遭受重大损失的情形。

本罪的主体为特殊主体，即只有税务机关的工作人员才能成为本罪的主体。本罪的责任形式为故意。

根据《刑法》第405条第1款的规定，犯本罪的，处5年以下有期徒刑或者拘役；致使国家利益遭受特别重大损失的，处5年以上有期徒刑。

六、违法提供出口退税凭证罪

违法提供出口退税凭证罪，是指非税务机关的国家机关工作人员违反国家规定，在提供出口货物报关单、出口收汇核销单等出口退税凭证的工作中，徇私舞弊，致使国家利益遭受重大损失的行为。

具体来说，本罪客观方面有两个必备要件：①行为人有徇私舞弊的行为；②行为人徇私舞弊的行为使国家利益遭受了重大损失。根据《渎职侵权案件立案规定》，重大损失是指：①徇私舞弊，致使国家税收损失累计达10万元以上的；②徇私舞弊，致使国家税收损失累计不满10万元，但具有索取、收受贿赂或者其他恶劣情节的；③其他致使国家利益遭受重大损失的情形。

本罪的主体是除税务机关以外的其他国家机关工作人员。从司法实践的情况来看，所谓其他国家机关工作人员，通常是指负有办理出口货物报关单、出口收汇核销单等出口退税凭证责任的行政机关工作人员，如海关工作人员等。

本罪的责任形式为故意，过失不构成本罪。

根据《刑法》第405条第2款的规定，犯本罪的，处5年以下有期徒刑或者拘役；致使国家利益遭受特别重大损失的，处5年以上有期徒刑。

七、违法发放林木采伐许可证罪

违法发放林木采伐许可证罪，是指林业主管部门的工作人员违反森林法的规定，超过批准的年采伐限额发放林木采伐许可证或者违反规定滥发林木采伐许可证，情节严重，致使森林遭受严重破坏的行为。

根据《最高人民法院关于审理破坏森林资源刑事案件具体应用法律若干问题的解释》第12条的规定，具有下列情形之一的，属于"情节严重，致使森林遭受严重破坏"：①发放林木采伐许可证允许采伐数量累计超过批准的年采伐限额，导致林木被采伐数量在10立方米以上的；②滥发林木采伐许可证，导致林木被滥伐20立方米以上的；③滥发林木采伐许可证，导致珍贵树木被滥伐的；④批准采伐国家禁止采伐的林木，情节恶劣的；⑤其他情节严重的情形。

本罪的主体为特殊主体，即只能是林业主管部门的工作人员。林业主管部门工作人员之外的国家机关工作人员，违反森林法的规定，滥用职权或者玩忽职守，致使林木被滥伐40立方米以上或者幼树被滥伐2000株以上，或者致使防护林、特种用途林被滥伐10立方米以上或者幼树被滥伐400株以上，或者致使珍贵树木被采伐、毁坏4立方米或者4株以上，或者致使国家重点保护的其他植物被采伐、毁坏后果严重的，或者致使国家严禁采伐的林木被采伐、毁坏情节恶劣的，按照《刑法》第397条的规定以滥用职权罪或者玩忽职守罪追究刑事责任。

本罪的责任形式为故意，过失不构成本罪。

根据《刑法》第407条的规定，犯本罪的，处3年以下有期徒刑或者拘役。

八、环境监管失职罪

环境监管失职罪，是指负有环境保护监督管理职责的国家机关工作人员严重不负责任，导致发生重大环境污染事故，致使公私财产遭受重大损失或者造成人身伤亡的严重后果的行为。本罪的主体为特殊主体，即只有负有环境保护监督管理职责的国家机关工作人员才能成为本罪的主体。本罪的责任形式为过失。值得注意的是，本罪实际上也是一种玩忽职守的犯罪，但根据《刑法》第397条第1款"本法另有规定的，依照规定"的精神，对负有环境保护监督管理职责的国家机关工作人员，在环境保护监督管理工作中严重不负责任，疏于职守，从而引发了重大环境污染事故，致使公私财产遭受了重大损失或者造成了人身伤亡的行为，应按《刑法》第408条定罪处罚。

根据《刑法》第408条的规定，犯本罪的，处3年以下有期徒刑或者拘役。

九、食品、药品监管渎职罪

（一）食品、药品监管渎职罪的概念和犯罪构成

食品、药品监管渎职罪，是指负有食品、药品安全监督管理职责的国家机关工作人员，滥用职权或者玩忽职守，造成严重后果或者有其他严重情节的行为。本罪其实包含两个罪名：食品、药品监管滥用职权罪与食品、药品监管玩忽职守罪。在《刑法修正案（十一）》发布之前，法条只是概括性陈述了本罪的行为为滥用职权或玩忽职守。《刑法修正案（十一）》第45条将本罪中滥用职权或玩忽职守的行为进一步具体化，列举了以下几种情形：①瞒报、谎报食品安全事故、药品安全事件的；②对发现的严重食品药品安全违法行为未按规定查处的；③在药品和特殊食品审批审评过程中，对不符合条件的申请准予许可的；④依法应当移交司法机关追究刑事责任不移交的；⑤有其他滥用职权或者玩忽职守行为的。成立本罪，需要造成严重后果或者有其他严重情节。本罪的主体为特殊主体，即只有负有食品、药品监督管理职责的国家机关工作人员才能成为本罪的主体。

食品、药品监管滥用职权罪的责任形式为故意，食品、药品监管玩忽职守罪的责任形式为过失。

《最高人民法院、最高人民检察院关于办理危害食品安全刑事案件适用法律若干问题的解释》（法释〔2021〕24号）第20条规定，负有食品安全监督管理职责的国家机关工作人员，滥用职权或者玩忽职守，构成食品监管渎职罪，同时构成徇私舞弊不移交刑事案件罪、商检徇私舞弊罪、动植物检疫徇私舞弊罪、放纵制售伪劣商品犯罪行为罪等其他渎职犯罪的，依照处罚较重的规定定罪处罚。负有食品安全监督管理职责的国家机关工作人员滥用职权或者玩忽职守，不构成食品监管渎职罪，但构成上述其他渎职犯罪的，依照其他犯罪定罪从重处罚。负有食品安全监督管理职责的国家机关工作人员与他人共谋，利用其职务行为帮助他人实施危害食品安全犯罪行为，同时构成渎职犯罪和危害食品安全犯罪共犯的，依照处罚较重的规定定罪处罚。负有食品安全监督管理职责的国家机关工作人员，滥用职权，向生产、销售有毒、有害食品的犯罪分子通风报信，帮助逃避处罚的，应当认定为食品监管渎职罪。[1] 负有食品安全监督管理职责的国家机关工作人员，滥用职权或玩忽职守，导致发生重大食品安全事故或者造成其他严重后果的，应当认定为食品监管渎职罪。在渎职过程中受贿的，应当以食品监管渎职罪和受贿罪实行数罪并罚。[2]

根据《刑法》第408条之一的规定，犯本罪的，处5年以下有期徒刑或者拘役；造成特别严重后果或者有其他特别严重情节的，处5年以上10年以下有期徒刑。徇私舞弊犯本罪的，从重处罚。

十、传染病防治失职罪

传染病防治失职罪，是指从事传染病防治的政府卫生行政部门的工作人员严重不负责任，导致传染病传播或者流行，情节严重的行为。

具体来说，本罪客观方面有三个要件：①行为人对传染病防治工作严重不负责任。②导致了传染病传播或者流行。这里要求行为人对传染病防治工作严重不负责任，与传染病传播或者流行有直接的因果关系。③情节严重。所谓情节严重，根据《渎职侵权案件立案规定》，包括以下八种情形：一是导致甲类传染病传播的；二是导致乙类、丙类传染病流行的；三是因传染病传播或者流行，造成人员重伤或者死亡的；四是因传染病传播或者流行，严重影响正常的生产、生活秩序的；五是在国家对突发传染病疫情等灾害采取预防、控制措施后，对发生突发传染病疫情等灾害的地区或者突发传染病病人、病原携带者、疑似突发传染病病人，未按照预防、控制突发传染病疫情等灾害工作规范的要求做好防疫、检疫、隔离、防护、救治等工作，或者采取的预防、控制措施不当，造成传染范围扩大或者疫情、灾情加重的；六是在国家对突发传染病疫情等灾害采取预防、控制措施后，隐瞒、缓报、谎报或者授意、指使、强令他人隐瞒、缓报、谎报疫情、灾情，造成传染范围扩大或者疫情、灾情加重的；七是在国家对突发传染病疫情等灾害采取预防、控制措施后，拒不执行突发传染病疫情等灾害应急处理指挥机构的决定、命令，造成传染范围扩大或者疫情、灾情加重的；八是其他情节严重的情形。

本罪的主体为特殊主体，即只有从事传染病防治的政府卫生行政部门的工作人员才能成为

---

〔1〕《最高人民检察院关于印发第四批指导性案例的通知》（高检发研字〔2014〕2号）检例第15号，胡某等人生产、销售有毒、有害食品，行贿；骆某等人销售伪劣产品；朱某等人生产、销售伪劣产品；黎某等人受贿，食品监管渎职案。

〔2〕《关于印发第四批指导性案例的通知》高检发研字〔2014〕2号）检例第16号，赛某、韩某受贿、食品监管渎职案。

本罪的主体。本罪的责任形式为过失。

根据《刑法》第 409 条的规定，犯本罪的，处 3 年以下有期徒刑或者拘役。

十一、放纵走私罪

（一）放纵走私罪的概念和犯罪构成

放纵走私罪，是指海关工作人员徇私舞弊，放纵走私，情节严重的行为。

放纵走私，就是指行为人明知是走私行为而放任不管。放纵走私的表现形式多种多样，可以是作为，也可以是不作为，如海关工作人员在过关检查中发现走私物品而佯装不知，或者放弃职守，对过关人员与物品不作验关检查，致使走私物品出入境，等等。"舞弊"与"放纵走私"是同位语，只要能够认定为"放纵走私"，就不必另行认定舞弊行为。所谓情节严重，根据《渎职侵权案件立案规定》，是指：①放纵走私犯罪的；②因放纵走私致使国家应收税额损失累计达 10 万元以上的；③放纵走私行为 3 起次以上的；④放纵走私行为，具有索取或者收受贿赂情节的；⑤其他情节严重的情形。本罪的主体为特殊主体，即只有海关工作人员才能成为本罪的主体。本罪的责任形式为故意，且出于徇私动机。只要不是因为事实不清、政策界限不明等因素而过失放纵走私的，就应认定为有徇私动机。

（二）放纵走私罪的认定

1. 本罪与滥用职权罪的法律适用。放纵走私罪也是一种滥用职权的行为，其犯罪构成特征与滥用职权罪是一致的，但由于《刑法》第 397 条明文规定"本法另有规定的，依照规定"，因此，对海关工作人员放纵走私的滥用职权行为，应按《刑法》第 411 条规定的放纵走私罪定罪处罚，而不能按《刑法》第 397 条规定的滥用职权罪定罪处罚。

2. 本罪与走私罪共犯的适用。行为人与走私犯罪分子没有共同犯罪故意，只是利用职权放纵走私的，应按放纵走私罪定罪处罚。如果海关工作人员事前与走私犯罪分子共谋走私，而在海关监管工作中放纵走私的，行为人同时触犯本罪与走私罪，应按照想象竞合从一重罪论处。

3. 本罪与徇私舞弊不移交刑事案件罪的关系。海关工作人员在海关监管工作中，如果明知有走私行为，且可能构成走私罪，而加以放纵，不作任何处理的，应定放纵走私罪；如果行为人明知有走私行为，且可能构成走私罪，但不移交刑事司法机关处理而自行按《海关法》处理的，应按徇私舞弊不移交刑事案件罪论处。

（三）放纵走私罪的处罚

根据《刑法》第 411 条的规定，犯本罪的，处 5 年以下有期徒刑或者拘役；情节特别严重的，处 5 年以上有期徒刑。

十二、商检徇私舞弊罪

商检徇私舞弊罪，是指国家商检部门、商检机构的工作人员徇私舞弊，伪造检验结果的行为。具体表现为在商品检验过程中，对报检的商品采取伪造、变造的手段，对商检的单证、印章、标志、封识、质量认证标志等作虚假的证明或者出具不真实的结论，既可以是为不合格的商品出具合格检验证明，也可以是将合格商品的检验结果写成不合格。根据《渎职侵权案件立案规定》，具有下列情形之一的，应当追诉：①采取伪造、变造的手段对报检的商品的单证、印章、标志、封识、质量认证标志等作虚假的证明或者出具不真实的证明结论的；②将送检的合格商品检验为不合格，或者将不合格商品检验为合格的；③对明知是不合格的商品，不检验而出具合格检验结果的；④其他伪造检验结果应予追究刑事责任的情形。本罪的主体为特殊主体，即只有国家商检部门、商检机构的工作人员才能成为本罪的主体。本罪的责任形式为故意。

根据《刑法》第412条第1款的规定，犯本罪的，处5年以下有期徒刑或者拘役；造成严重后果的，处5年以上10年以下有期徒刑。

十三、商检失职罪

商检失职罪，是指国家商检机构的工作人员严重不负责任，对应当检验的物品不检验，或者延误检验出证、错误出证，致使国家利益遭受重大损失的行为。本罪在客观方面表现为在商检工作中严重不负责任，对应当检验的物品不检验，或者延误检验出证、错误出证，致使国家利益遭受重大损失的行为。"致使国家利益遭受重大损失"是本罪成立的必要条件。根据《渎职侵权案件立案规定》，重大损失是指：①致使不合格的食品、药品、医疗器械等商品出入境，严重危害生命健康的；②造成个人财产直接经济损失15万元以上，或者直接经济损失不满15万元，但间接经济损失75万元以上的；③造成公共财产、法人或者其他组织财产直接经济损失30万元以上，或者直接经济损失不满30万元，但间接经济损失150万元以上的；④未经检验，出具合格检验结果，致使国家禁止进口的固体废物、液态废物和气态废物等进入境内的；⑤不检验或者延误检验出证、错误出证，引起国际经济贸易纠纷，严重影响国家对外经贸关系，或者严重损害国家声誉的；⑥其他致使国家利益遭受重大损失的情形。本罪的主体为特殊主体，只有国家商检部门、商检机构的人员才能构成本罪。本罪的责任形式为过失。

根据《刑法》第412条第2款的规定，犯本罪的，处3年以下有期徒刑或者拘役。

十四、动植物检疫徇私舞弊罪

动植物检疫徇私舞弊罪，是指动植物检疫机关的检疫人员徇私舞弊，伪造检疫结果的行为。具体表现为检疫工作人员在动植物检疫过程中，采取伪造、变造的手段，对检疫的单证、印章、标志、封识等作虚假的证明或出具不真实的结论，包括将合格检为不合格，或者将不合格检为合格等。根据《渎职侵权案件立案规定》，具有下列情形之一的，应当追诉：①采取伪造、变造的手段对检疫的单证、印章、标志、封识等作虚假的证明或者出具不真实的结论的；②将送检的合格动植物检疫为不合格，或者将不合格动植物检疫为合格的；③对明知是不合格的动植物，不检疫而出具合格检疫结果的；④其他伪造检疫结果应予追究刑事责任的情形。本罪的主体为特殊主体，即只有动植物检疫机关的检疫人员才能成为本罪的主体。本罪的责任形式为故意。

根据《刑法》第413条第1款的规定，犯动植物检疫徇私舞弊罪的，处5年以下有期徒刑或者拘役；造成严重后果的，处5年以上10年以下有期徒刑。

十五、动植物检疫失职罪

动植物检疫失职罪，是指动植物检疫机关的检疫人员严重不负责任，对应当检疫的检疫物不检疫，或者延误检疫出证、错误出证，致使国家利益遭受重大损失的行为。

"致使国家利益遭受重大损失"是构成本罪必不可少的一个客观要件。根据《渎职侵权案件立案规定》，重大损失是指：①导致疫情发生，造成人员重伤或者死亡的；②导致重大疫情发生、传播或者流行的；③造成个人财产直接经济损失15万元以上，或者直接经济损失不满15万元，但间接经济损失75万元以上的；④造成公共财产或者法人、其他组织财产直接经济损失30万元以上，或者直接经济损失不满30万元，但间接经济损失150万元以上的；⑤不检疫或者延误检疫出证、错误出证，引起国际经济贸易纠纷，严重影响国家对外经贸关系，或者严重损害国家声誉的；⑥其他致使国家利益遭受重大损失的情形。本罪主体为特殊主体，只有国家动植物检疫机构的检疫人员才能构成本罪。本罪的责任形式为过失。

根据《刑法》第413条第2款的规定，犯本罪的，处3年以下有期徒刑或者拘役。

十六、放纵制售伪劣商品犯罪行为罪

（一）放纵制售伪劣商品犯罪行为罪的概念和犯罪构成

放纵制售伪劣商品犯罪行为罪，是指对生产、销售伪劣商品犯罪行为负有追究责任的国家机关工作人员，徇私舞弊，不履行法律规定的追究职责，情节严重的行为。

从行为表现形式来看，本罪是一种不作为的犯罪，即那些对生产、销售伪劣商品犯罪负有行为追究法律责任的国家机关工作人员，本该依法履行查处犯罪的职责，但行为人却放弃职守。《最高人民法院、最高人民检察院关于办理生产、销售伪劣商品刑事案件具体应用法律若干问题的解释》（法释〔2001〕10号），对本罪的"情节严重"作出了规定，主要是指：放纵生产、销售假药或者有毒、有害食品犯罪行为的；放纵依法可能判处2年有期徒刑以上刑罚的生产、销售伪劣商品犯罪行为的；对3个以上有生产、销售伪劣商品犯罪行为的单位或个人不履行追究职责的；其他致使国家和人民利益遭受重大损失或者造成恶劣影响的。本罪的主体为特殊主体，即只有那些对生产、销售伪劣商品犯罪行为负有追究责任的国家机关工作人员，才能成为本罪的主体。从司法实践来看，本罪的主体多为工商管理、质量监督、司法机关等部门的工作人员。本罪的责任形式为故意。

（二）放纵制售伪劣商品犯罪行为罪的认定

1. 本罪与滥用职权罪的界限。从本质上讲，放纵制售伪劣商品犯罪行为罪也是一种滥用职权的行为。二者的犯罪构成有诸多相似。但由于《刑法》第397条规定"本法另有规定的，依照规定"，因此，对放纵制售伪劣商品犯罪的行为不应按《刑法》第397条规定的滥用职权罪定罪处罚，而应按《刑法》第414条规定的放纵制售伪劣商品犯罪行为罪定罪处罚。

2. 本罪与徇私枉法罪的界限。放纵制售伪劣商品犯罪行为也可能发生在刑事诉讼过程中，此种情况下，《刑法》第399条第1款与第414条属于想象竞合，从一重罪处断。比较《刑法》第399条第1款与第414条的法定刑，前条最高法定刑为"10年以上有期徒刑"，后条最高法定刑为"5年有期徒刑"，因此，对发生在刑事诉讼过程中的放纵制售伪劣商品犯罪行为，应按《刑法》第399条第1款规定的徇私枉法罪论处。

3. 本罪与徇私舞弊不移交刑事案件罪的界限。由于徇私舞弊不移交刑事案件罪发生在行政执法过程中，这就可能与发生在工商管理、质量监督管理等行政执法中的放纵制售伪劣商品犯罪行为发生竞合，应按从一重罪处断的原则处理。比较《刑法》第402条与第414条的法定刑，前者规定了两个处罚幅度：①犯徇私舞弊不移交刑事案件罪的，处3年以下有期徒刑或者拘役。②犯徇私舞弊不移交刑事案件罪，且造成严重后果的，处3年以上7年以下有期徒刑。后者只规定了一个处罚幅度，即对犯放纵制售伪劣商品犯罪行为罪的，处5年以下有期徒刑或者拘役。不难看出，就犯罪成立的一般情况而言，放纵制售伪劣商品犯罪行为罪的刑事责任重于徇私舞弊不移交刑事案件罪。因此，对发生在工商管理、质量监督管理等行政执法过程中的放纵制售伪劣商品犯罪行为，应按《刑法》第414条规定的放纵制售伪劣商品犯罪行为罪论处；《刑法》第414条没有对"造成严重后果的"处罚规定，而《刑法》第402条却有明确规定，且高于第414条规定的法定刑，因此，对于发生在工商管理、质量监督管理等行政执法过程中的放纵制售伪劣商品犯罪行为（应移交刑事司法机关而不移交），且造成严重后果的，可按《刑法》第402条规定的徇私舞弊不移交刑事案件罪论处。

（三）放纵制售伪劣商品犯罪行为罪的处罚

根据《刑法》第414条的规定，犯本罪的，处5年以下有期徒刑或者拘役。

十七、办理偷越国（边）境人员出入境证件罪

办理偷越国（边）境人员出入境证件罪，是指负责办理护照、签证以及其他出入境证件

的国家机关工作人员，对明知是企图偷越国（边）境的人员，予以办理出入境证件的行为。

本罪的主体为特殊主体，即只有负责办理护照、签证以及其他出入境证件的国家机关工作人员，才能成为本罪的主体。从我国司法实践来看，所谓"负责办理护照、签证以及其他出入境证件的国家机关工作人员"，通常是指公安、外交、外事等部门的有关工作人员。本罪的责任形式为故意。

根据《刑法》第415条的规定，犯本罪的，处3年以下有期徒刑或者拘役；情节严重的，处3年以上7年以下有期徒刑。所谓"情节严重"，是指：多次办理偷越国（边）境人员出入境证件；为涉案人员或犯罪分子办理偷越国（边）境出入境证件；给依法不得出入境的人员办理出入境证件，造成不良社会影响或国际影响的；等等。

十八、放行偷越国（边）境人员罪

放行偷越国（边）境人员罪，是指边防、海关等国家机关工作人员，对明知是偷越国（边）境的人员予以放行的行为。只要持有有效护照、签证出国（边）境，即便是试图在国外非法就业，国家机关工作人员明知该情况将其放行的，也不可能成立本罪。因为此时该公民的行为不属于偷越国（边）境。本罪的主体为边防、海关等国家机关工作人员。本罪的责任形式为故意。

根据《刑法》第415条的规定，犯本罪的，处3年以下有期徒刑或者拘役；情节严重的，处3年以上7年以下有期徒刑。

十九、不解救被拐卖、绑架妇女、儿童罪

不解救被拐卖、绑架妇女、儿童罪，是指对被拐卖、绑架的妇女、儿童负有解救职责的国家机关工作人员，接到被拐卖、绑架的妇女、儿童及其家属的要求或者其他人的举报，而对被拐卖、绑架的妇女、儿童不进行解救，造成严重后果的行为。本罪是典型的真正不作为犯。

成立本罪应具备三个客观要件：①行为人接到了被拐卖、绑架的妇女、儿童及其家属的要求或者其他人的举报。这就意味着行为人已经获悉有拐卖、绑架妇女、儿童的案情发生，说明行为人已经"明知"。②行为人在"明知"的前提下对被拐卖、绑架的妇女、儿童不进行解救。这说明行为人有放弃职守的不作为违法行为。③行为人"不解救"的行为造成了严重后果。所谓严重后果，根据《渎职侵权案件立案规定》，主要是指：①导致被拐卖、绑架的妇女、儿童或者其家属重伤、死亡或者精神失常的；②导致被拐卖、绑架的妇女、儿童被转移、隐匿、转卖，不能及时进行解救的；③对被拐卖、绑架的妇女、儿童不进行解救3人次以上的；④对被拐卖、绑架的妇女、儿童不进行解救，造成恶劣社会影响的；⑤其他造成严重后果的情形。

本条中的"绑架"，不包括《刑法》第239条规定的绑架，仅指《刑法》第240条第1款第5项中的绑架。负有解救职责的国家机关工作人员，不解决《刑法》第239条规定的被绑架人的，视行为性质与责任形式，以其他犯罪论处。"被拐卖的妇女、儿童"，既包括被拐卖但尚未出卖的妇女、儿童，也包括处于拐卖过程中以及拐卖后被他人收买的妇女、儿童。如果国家机关工作人员与拐卖妇女、儿童的犯罪分子通谋，为后者拐卖妇女、儿童提供各种便利条件的，应认定为拐卖妇女、儿童罪的共犯。单纯不解救的行为，宜认定为本罪。如果行为同时触犯拐卖妇女、儿童罪与本罪，则应当认定为想象竞合，从一重罪处罚。

本罪的主体为特殊主体，即只有那些负有解救职责的国家机关工作人员，才能成为本罪的主体。例如各级人民政府的工作人员、公安人员等。责任形式为故意。

根据《刑法》第416条第1款的规定，犯不解救被拐卖、绑架妇女、儿童罪的，处5年以下有期徒刑或者拘役。

二十、阻碍解救被拐卖、绑架妇女、儿童罪

阻碍解救被拐卖、绑架妇女、儿童罪，是指负有解救被拐卖、绑架妇女、儿童职责的国家机关工作人员利用职务，阻碍解救被拐卖、绑架的妇女、儿童的行为。

所谓"利用职务阻碍"，是指行为人不但自己不解救，而且利用自己的职权为其他人解救被拐卖、绑架的妇女、儿童设置障碍，如组织群众围攻解救人员；利用自己掌握的信息为拐卖、绑架妇女、儿童者通风报信，使其逃逸或转移被拐卖、绑架的妇女、儿童的藏匿地点；等等。本罪主体为特殊主体，即只有那些负有解救职责的国家机关工作人员才能构成本罪。本罪的责任形式为故意。

根据《刑法》第 416 条第 2 款的规定，犯本罪的，处 2 年以上 7 年以下有期徒刑；情节较轻的，处 2 年以下有期徒刑或者拘役。

二十一、帮助犯罪分子逃避处罚罪

帮助犯罪分子逃避处罚罪，是指有查禁犯罪活动职责的国家机关工作人员，向犯罪分子通风报信、提供便利，帮助犯罪分子逃避处罚的行为。

"通风报信、提供便利"是行为人帮助犯罪分子逃避处罚的两种形式。所谓通风报信，是指行为人以任何形式向犯罪分子传递其将受到刑事追究的信息，如查禁犯罪部署、行动措施、时间和地点等，可以是通过电讯方式告知，也可以通过口头或书信等形式告知。所谓提供便利，是指行为人为犯罪分子提供交通工具、藏匿处所、出逃经费等。所谓逃避处罚，主要是指逃避侦查、不被起诉、免予定罪、免予刑事处罚或只受到行政处罚、逃避应受的重刑罚、逃避刑罚执行等。通风报信、提供便利只是对客观行为的例示性规定，只要是帮助犯罪分子逃避处罚的行为，都属于本罪的构成要件行为。帮助逃避处罚的行为，应与职责有关，否则只能认定为窝藏、包庇罪。"犯罪分子"不仅包括已经被人民法院判处刑罚的犯罪分子，也包括有证据证明确实实施了犯罪行为的人。

本罪的主体为特殊主体，即负有查禁犯罪活动职责的国家机关工作人员，主要指有查禁犯罪活动职责的公安机关、国家安全机关、检察机关、审判机关中的司法工作人员。具有刑事追诉职权的司法工作人员，在刑事追诉过程中，对明知是有罪的人而故意使其不受追诉的，应当认定为徇私枉法罪。司法工作人员利用职务便利，帮助犯罪分子逃避处罚，不构成徇私枉法的，以本罪论处。司法工作人员以外的国家机关工作人员，利用职务便利帮助犯罪分子逃避刑事处罚的，以本罪论处。

责任形式为故意，过失不构成本罪。行为人无意泄露有关情况，或者在不知情的情况下为犯罪分子提供了便利的，不成立本罪。

根据《刑法》第 417 条的规定，犯本罪的，处 3 年以下有期徒刑或者拘役；情节严重的，处 3 年以上 10 年以下有期徒刑。

■思考题

1. 怎样理解滥用职权罪的客观要件？
2. 学术界对滥用职权罪的主观要件认识存在分歧，究竟怎样理解更符合实际？
3. 玩忽职守罪和滥用职权罪的联系与区别有哪些？
4. 如何掌握徇私枉法罪的客观要件？
5. 试析徇私枉法罪与受贿罪的联系与法律适用。
6. 试述私放在押人员罪与脱逃罪的界限。
7. 试述非法批准征收、征用、占用土地罪的概念和特征。

8. 如何掌握徇私舞弊不移交刑事案件罪的客观要件？

9. 试述放纵走私罪与走私罪的异同。

10. 怎样理解放纵制售伪劣商品犯罪行为罪的客观要件？

11. 如何掌握招收公务员、学生徇私舞弊罪的客观要件？其与受贿罪有什么关系？

12. 如何理解与处理本章中的滥用职权罪、玩忽职守罪与其他各部门的滥用职权罪、玩忽职守罪的关系？

■参考书目

1. 曾斌、肖琼：《职务犯罪案件立案、定罪、量刑标准解读与适用》，法律出版社 2020 年版。

2. 王晓东：《贪污贿赂、渎职犯罪司法实务疑难问题解析》，人民法院出版社 2020 年版。

3. 李伟东等：《职务犯罪典型案例精解》，法律出版社 2020 年版。

第二十九章 军人违反职责罪

■ 学习目的和要求

了解军人违反职责罪的概念和特征，研究军人违反职责罪的基本理论，全面理解各种具体犯罪的构成要件，特别注重掌握军人违反职责罪中部分罪名与《刑法》分则其他各章犯罪中的某些罪名的法条竞合关系。

第一节 军人违反职责罪概述

一、军人违反职责罪的概念和犯罪构成

（一）军人违反职责罪的概念

根据《刑法》第 420 条的规定，军人违反职责罪是指军人违反职责，[1] 危害国家军事利益，依照法律应受刑罚处罚的行为。[2]

在 1979 年制定我国第一部《刑法》的时候，国家立法机关曾经考虑将惩治军人违反职责犯罪的内容一并规定在其中。但由于历史条件的限制，当时对这方面的内容来不及进行系统研究，故决定另行制定单行条例。1979 年《刑法》颁布施行后，国家立法机关会同有关军事部门起草了《中华人民共和国惩治军人违反职责罪暂行条例》（以下简称《军职罪条例》），作为对 1979 年《刑法》的补充和续编。1997 年修订《刑法》时，国家立法机关从健全和完善社会主义法制建设的大局出发，专门增设了危害国防利益罪和军人违反职责罪，将其纳入《刑法》分则中，以便制定一部统一的、比较完备的新《刑法》。这对于健全和完善我国刑事立法，提高刑法的统一性、完整性和权威性，具有重要的意义。

由于军人违反职责罪，是违反军人职责的特定犯罪，因此实质上属于特别刑法。如果同一行为既触犯了军人违反职责罪的规定，又触犯了《刑法》分则其他章节的规定，则应根据特别法（条）优于普通法（条）的原则，适用军人违反职责罪的规定。

本章的结构具有一定的特殊性，而且内容具有相对独立性。除了有 28 个定罪处罚的条文外，另有 4 个条文，分别对军人违反职责罪的定义、战时的定义、本章适用的主体范围、军人犯罪的特殊缓刑制度等重要概念作出了规定，以便于对本章规定的理解和适用。

（二）军人违反职责罪的犯罪构成

军人违反职责罪在犯罪构成上具有以下几个区别于其他犯罪的显著特征：

---

〔1〕 实际上表述为"违反军人职责"更加贴切。

〔2〕 2013 年 2 月 26 日印发的《军人违反职责罪案件立案标准的规定》涉及本章 28 种罪名的概念、立案标准、法律适用若干问题的解释，本书对各罪的立案标准等未单列脚注，具体可参考该规定。

1. 犯罪的保护法益是国家的军事利益。国家军事利益是指与军事活动有直接关系的国家利益。维护国家军事利益是维护国家主权、领土完整与安全，防备和抵抗武装侵略，制止武装颠覆和分裂，巩固政权的需要。国家军事利益体现在国防和武装力量建设、战争的准备与实施等一系列的军事活动之中，如作战行动、设防部署、战备值勤、演习训练、设施建设、武器装备管理、物资保障、军事科研、军工生产、部门管理等。军人违反职责的行为，必然造成危害国家军事利益的后果。

2. 犯罪的客观行为表现为违反军人职责。"违反职责"，是指违反国家法律、法规，军事法规、军事规章所规定的军人职责，包括军人的共同职责，士兵、军官和首长的一般职责，各类主管人员和其他从事专门工作的军人的专业职责等。军人职责是每一名军人根据国家的法律、法规，军队的条令、条例和自己的职务所必须担负的责任和应当履行的义务，可分为一般职责、具体职责和专业职责。如《中国人民解放军内务条令（试行）》（以下简称《内务条令》）规定，军人必须以宣誓的方式对自己肩负的神圣职责和光荣使命作出承诺和保证，第13条规定其誓言内容为："服从中国共产党的领导，全心全意为人民服务，服从命令，忠于职守，严守纪律，保守秘密，英勇顽强，不怕牺牲，苦练杀敌本领，时刻准备战斗，绝不判离军队，誓死保卫祖国"。这些都属于军人的一般职责。此外还分别规定了士兵、军官、首长和主管人员的具体职责。同时《内务条令》和其他一些专业条令、条例和规章制度对担任专门工作的军人规定了专业职责，如《内务条令》规定了值班、值勤人员的职责，各种战斗条令规定了参战人员的职责，飞行条令规定了飞行员的职责，舰艇条令规定了舰长的职责等。军人违反职责罪客观方面的行为必须是违反上述军人职责的行为，即违职行为。如果行为人所实施的行为没有违反军人职责，即使对国防利益和军事利益造成危害，也不构成军人违反职责罪，这是军人违反职责罪与《刑法》其他犯罪的本质区别。

3. 犯罪的主体是军人。根据《刑法》第450条的规定，军人违反职责罪的犯罪主体包括中国人民解放军和中国人民武装警察部队的现役军官（警官）、文职干部、士兵和具有军籍的学员（及文职人员），以及执行军事任务的预备役人员和其他人员。根据《兵役法》第6条的规定，预备役人员是指预编到现役部队或者编入预备役部队服预备役的人员。其他人员是指在军队（含武警部队）机关、院校、科研机构、医院、基地、仓库等单位工作的正式职员、工人，以及临时征用或者受委托执行军事任务的地方人员等。执行军事任务是指从事与军事活动有直接关系的具体工作，如参战、参训、随同部队执行任务、保障部队正常工作等。军人违反职责罪的犯罪主体，有的是正在部队服役的现役军人，有的是与部队有正式劳动关系并长期在部队服务的职工，也有的虽是地方人员身份，但是正在执行军事任务，所以他们都负有与军事有关的职责，属于军职人员，简称军人。军人违反职责罪的犯罪主体相对于《刑法》其他犯罪主体来说，属于特殊主体。对军人违反职责罪的犯罪主体作进一步划分，也有一般和特殊之分。一般主体是指军队中的所有军人，特殊主体特指军队中的指挥人员、值班和值勤人员、医务人员等。军人违反职责罪中的某些犯罪只能由特殊主体构成，而其他犯罪则可以由一般主体构成。

军人违反职责罪的犯罪主体与军队司法机关的刑事案件管辖范围是两个不同的概念。前者说明的是哪些人员因负有军人职责，可以成为军人违反职责罪的犯罪主体，应适用军人违反职责罪的相关规定；后者解决的是军队司法机关和地方司法机关在受理刑事案件范围上的分工问题。因此，那种认为审理军人违反职责犯罪的案件是军队司法机关的事情，与地方司法机关无关的看法是不正确的。地方司法机关在审理预备役人员执行军事任务期间违反军人职责的犯罪案件和由其管辖的其他人员执行军事任务期间违反军人职责的犯罪案件时，应适用军人违反职责罪的相关规定，以军人违反职责罪论处。相反，军队司法机关在审理由军队管理的离退休人员犯罪的案件时，因其已退出现役，不具有军人职责，所以不再适用军人违反职责罪的相关规定，不能以军人违反职责罪论处。

4. 责任形式多为故意，仅有少数犯罪，如武器装备肇事罪等，出于过失。

二、军人违反职责罪的种类

《刑法》第十章"军人违反职责罪"共32个条文，其中定罪处罚条文28条，包括31个罪名。[1] 按照军人违反职责罪侵犯国家军事利益的不同方面，可将其从理论上分为以下五类：[2]

1. 危害作战利益的犯罪，包括战时违抗命令罪，隐瞒、谎报军情罪，拒传、假传军令罪，投降罪，战时临阵脱逃罪，违令作战消极罪，拒不救援友邻部队罪，战时造谣惑众罪，战时自伤罪。

2. 违反部队管理规定的犯罪，包括擅离、玩忽军事职守罪，阻碍执行军事职务罪，指使部属违反职责罪，军人叛逃罪，逃离部队罪，私放俘虏罪。

3. 危害军事秘密的犯罪，包括非法获取军事秘密罪，为境外窃取、刺探、收买、非法提供军事秘密罪，故意泄露军事秘密罪，过失泄露军事秘密罪。

4. 危害部队物资保障的犯罪，包括武器装备肇事罪，擅自改变武器装备编配用途罪，盗窃、抢夺武器装备、军用物资罪，非法出卖、转让武器装备罪，遗弃武器装备罪，遗失武器装备罪，擅自出卖、转让军队房地产罪。

5. 侵害部属、伤病军人、平民、俘虏利益的犯罪，包括虐待部属罪，遗弃伤病军人罪，战时拒不救治伤病军人罪，战时残害居民、掠夺居民财物罪，虐待俘虏罪。

第二节 危害作战利益的犯罪

一、战时违抗命令罪

（一）战时违抗命令罪的概念和犯罪构成

战时违抗命令罪，是指战时故意违背并抗拒执行上级的命令，对作战造成危害的行为。

本罪构成要件内容为，在战时违背并抗拒执行命令，对作战造成危害的行为。违抗命令的行为必须发生在战时，才能构成犯罪。根据《刑法》第451条的规定，战时，是指国家宣布进入战争状态、部队受领作战任务或者遭敌突然袭击时。部队执行戒严任务或者处置突发性暴力事件时，以战时论。违抗命令，是指主观上出于故意，客观上违背、抗拒首长、上级职权范围内的命令，包括拒绝接受命令、拒不执行命令，或者不按照命令的具体要求行动等。例如，不服从调遣，拒不接受上级部署的任务，该前进不前进，该撤退不撤退；执行潜伏任务时主动攻击敌人，进攻敌人时有意改变攻击目标。命令通常由首长以口头、书面等部属能够接受的方式下达，其内容是首长在职权范围内向部属提出的要求。对作战造成危害，泛指一切可能对作战造成不利影响的结果，如扰乱了作战部署，贻误了战机，造成了作战任务不能完成或迟缓完成，造成我方人员死亡1人以上，或者重伤2人以上，或者轻伤3人以上，造成武器装备、军事设施、军用物资损毁，直接影响作战任务完成等。

---

〔1〕《刑法》第438条第2款规定了盗窃、抢夺枪支、弹药、爆炸物、危险物质罪，但由于前文已介绍，不再计入本章罪名。

〔2〕 有些犯罪同时侵犯多种军事利益，存在交叉的情况，此处为方便后文论述进行大致分类，仅供读者参考。

根据《内务条令》第 37 条的规定，首长有权对部属下达命令。因此，在违抗命令的行为人与该命令的发布人之间，必须有行政职务上的隶属关系，行为人有职责上的义务执行该命令。

本罪的责任形式为故意，即行为人明知违抗命令的行为会对作战造成危害，并且希望或放任该结果的发生。不执行命令的动机，有的是贪生怕死、畏敌怯战，有的是对上级部署不满，也有的是居功自傲、不服从指挥。不论具体动机如何，都不影响行为人形成违抗命令的主观故意。

（二）战时违抗命令罪的认定

1. 罪与非罪的界限。如违抗命令的行为不是发生在战时而是在平时的；虽在战时违抗命令，对作战危害显著轻微的；在作战中因军情发生变化，在上级总的作战意图的指导下，采取了灵活机动的战术行为等，都不构成战时违抗命令罪。

2. 本罪与违令作战消极罪的界限。本罪与违令作战消极罪在违抗命令方面是相似的。两罪的主要区别有：①主体的范围不同。本罪的主体是一般主体，包括所有军人；违令作战消极罪的主体，是特殊主体，是军人中的指挥人员。②构成要件的要求不同。本罪要求"对作战造成危害的"才构成犯罪；违令作战消极罪则要求"造成严重后果的"才构成犯罪。两罪都是实害犯，但对所造成危害后果的范围、程度是有不同要求的。

3. 本罪与阻碍执行军事职务罪的界限。本罪是战时违抗命令，后罪可以是阻碍执行各种军事勤务；本罪的犯罪对象是上级首长的作战命令，后罪侵犯的是指挥人员、值班人员、值勤人员执行的军事职务。

（三）战时违抗命令罪的处罚

根据《刑法》第 421 条的规定，犯本罪的，处 3 年以上 10 年以下有期徒刑；致使战斗、战役遭受重大损失的，如造成我军人员重大伤亡，武器装备和物资严重损失直至战斗、战役失利等，处 10 年以上有期徒刑、无期徒刑或者死刑。

二、隐瞒、谎报军情罪

隐瞒、谎报军情罪，是指故意将应该向上级报告的军情隐而不报，或者将编造、篡改的军情向上级报告，对作战造成危害的行为。

准确及时地掌握军情是我军各级领导机关和首长全面了解敌我双方情况，制订作战计划，指挥作战行动的重要保证。隐瞒、谎报军情的行为，扰乱作战指挥秩序，将导致上级决策失误，指挥不当，给作战造成严重危害。

本罪的客观行为表现为将按规定应该向上级报告的军情隐而不报，掩盖事实真相，或者违背客观事实，将编造或者篡改的军情向上级报告，欺骗上级。隐瞒是不作为的行为方式，谎报是作为的行为方式。军情是指与军事特别是与作战有关的情况，如敌军的兵力、装备、部署等情况；我军部队的兵员、装备、作战准备、战斗进展等情况；战区的地形、地貌、水文、气象等自然情况；与军事有关的政治、经济、科学等方面的情况；等等。军事情报机关搜集的情报，不论其内容与军事活动有无直接关系，都属军情。隐瞒或者谎报军情对作战造成危害，表现为造成首长、上级决策失误；造成作战任务不能完成或者迟缓完成；造成我方人员死亡 1 人以上，或者重伤 2 人以上，或者轻伤 3 人以上；造成武器装备、军事设施、军用物资损毁，直接影响作战任务完成；等等。本罪没有限定为战时犯罪，因为部队平时的战备工作本身就是一种作战准备活动，隐瞒或者谎报军情都可能导致上级在作战及其准备上决策失误，最终对作战造成危害。

本罪的主体是军人。通常是各级指挥人员和情报工作人员，但在特殊情况下，其他军人也可成为本罪的主体。本罪的责任形式为故意。

根据《刑法》第422条的规定，犯本罪的，处3年以上10年以下有期徒刑；致使战斗、战役遭受重大损失的，如造成我军人员重大伤亡，武器装备和物资严重损失直至战斗、战役失利等，处10年以上有期徒刑、无期徒刑或者死刑。

三、拒传、假传军令罪

拒传、假传军令罪，包括拒传军令罪与假传军令罪。拒传军令罪是指负有传递军令职责的军人，明知是军令而故意拒绝传递或者拖延传递，对作战造成危害的行为。假传军令罪是指故意伪造、篡改军令，或者明知是伪造、篡改的军令而予以传达或者发布，对作战造成危害的行为。

军令是部队执行军事任务的依据，保证准确、及时地传递军令，是争取作战胜利的必要条件。拒传、假传军令的行为，严重妨害了各级首长对部队的指挥，破坏作战指挥秩序，将对作战造成严重危害。

本罪的行为表现为拒传军令或假传军令。拒传是不作为的行为方式，假传是作为的行为方式。如果因受客观条件的限制无法传递，如联络中断等，不能认为是拒传。假传的军令既可以是行为人自己编造的，也可以是别人编造的。军令是指与部队军事行动有关的命令，如平时部队的设防，担负的战备任务，进入或者解除等级战备，受领作战任务，战时部队开进、集结，兵力部署，火力配置，战斗梯队编成，协同计划，保障方案等涉及作战准备和实施的内容。拒传或者假传军令对作战造成的危害，表现为有关部队可能在作战或作战准备活动中无法执行上级的命令，或者执行了违背上级意图的错误指令，最终对作战造成危害。例如，造成首长、上级决策失误；造成作战任务不能完成或者迟缓完成；造成我方人员死亡1人以上，或者重伤2人以上，或者轻伤3人以上的；造成武器装备、军事设施、军用物资损毁，直接影响作战任务完成；等等。所以本罪也没有限定为战时犯罪。

拒传命令的犯罪主体是负有传递军令职责的军人，如通信、机要人员等。假传命令的犯罪主体除了负有传递军令职责的军人外，还包括其他军人。本罪的责任形式为故意。

根据《刑法》第422条的规定，犯本罪的，处3年以上10年以下有期徒刑；致使战斗、战役遭受重大损失的，如造成我军人员重大伤亡，武器装备和物资严重损失直至战斗、战役失利等，处10年以上有期徒刑、无期徒刑或者死刑。

四、投降罪

投降罪，是指军人在战场上贪生怕死，自动放下武器，投降敌人的行为。

军队是我国人民民主专政的坚强柱石，每一名军人都肩负着保卫祖国的神圣使命。在战场上英勇杀敌，不怕牺牲，是军人职责的要求，而投降敌人不仅破坏了参战秩序，而且背弃军人的政治使命，屈从于敌人，危及国防安全。

本罪的客观行为表现为在战场上自动放下武器，向敌人投降。"在战场上"限定了本罪只能发生在敌我双方直接交战的场合，实践中较多发生在敌众我寡、敌强我弱、被敌人包围或者追击的情况下。自动放下武器是本罪的主要行为特征，对此应作广义的理解，即行为人当时能够使用武器杀伤敌人，而不使用武器，自行放弃抵抗，不能仅仅理解为将武器从手中放下。向敌人投降，主要是指向战争或者武装冲突中的敌对一方表示屈从。本罪的主体是军人。本罪的责任形式为故意。在战场上，敌我双方你死我活，投降敌人是迫于敌人的武装压力，为了保全自己的性命而背弃军人的政治使命，屈服于敌人，所以投降的动机通常是贪生怕死。

根据《刑法》第423条第1款的规定，犯本罪的，处3年以上10年以下有期徒刑；情节严重的，如指挥人员或者其他负有重要职责的人员投降的；在紧要关头或者危急时刻投降的；

率领部队或部属投降的；胁迫他人投降的；策动多人或者策动指挥人员和其他负有重要职责的人员投降的；携带重要武器装备投降的；因投降导致战斗、战役遭受重大损失的；等等，处10年以上有期徒刑或者无期徒刑。第423条第2款规定，投降后为敌人效劳的，处10年以上有期徒刑、无期徒刑或者死刑。

五、战时临阵脱逃罪

（一）战时临阵脱逃罪的概念和犯罪构成

战时临阵脱逃罪，是指在战斗中或者在接受作战任务后，逃离战斗岗位的行为。

英勇战斗，不怕牺牲，是对每一名参战军人最基本的职责要求。军人临阵脱逃的行为，造成部队减员，军心动摇，斗志涣散，扰乱了军人参战秩序，削弱了部队战斗力，将对作战造成严重危害。

本罪的客观行为表现为在战斗中或者在接受作战任务后脱离战斗岗位。所谓"临阵"，是指在战场上或者在临战或战斗状态下；所谓"脱逃"，是指擅自脱离岗位、逃避战斗的行为。具体而言，面临的战斗任务包括两种情况：①正在进行战斗，如进攻敌方阵地，坚守我方阵地，与敌机、舰艇正在交战，遭敌突然袭击被迫应战等；②已受领了具体的战斗任务，正在准备实施，如待命出击，即将进入阵地换防等。不论哪种情况，面临的战斗任务都应该是具体的、明确的。因此，部队奉命向战区开进、集结，在战区休整待命等，不应视为已面临战斗任务。脱离战斗岗位是逃避参加战斗的具体表现，泛指脱离正在进行战斗的特定区域或者准备参加战斗的部队，如与敌交战中擅自撤出战斗，从遭敌攻击的阵地上退下来，有意不随部队进入阵地等。脱离战斗只是为了逃避参加战斗，并不一定要逃离部队。

本罪的责任形式为故意。临阵脱逃的动机，主要是贪生怕死、畏惧战斗，也有可能是不顾大局、消极保存实力。

（二）战时临阵脱逃罪的认定

1. 本罪与投降罪的界限。这两种犯罪一个发生在"临阵"，一个发生在"战场上"，两者是有区别的，但在具体案件中，可能发生竞合现象。如果军人在战场脱逃，向敌人投降，就会在"脱逃"行为上发生竞合。但由于战时临阵脱逃罪不以投降为要件，而投降罪又必须以脱逃为前提，因而凡投降的一般应定投降罪。如果投降后虽没有为敌人效劳，但因脱逃致使战斗、战役遭受重大损失的，则应以战时临阵脱逃罪论处。

2. 本罪与战时违抗命令罪的界限。这两种犯罪在客观行为上的表现不同：战时违抗命令罪是公然抗拒执行上级的命令，但并不一定脱离战斗岗位，而战时临阵脱逃罪虽然也可能是不执行上级的命令，但必须脱离战斗岗位，逃避参加战斗。如果在具体案件中出现了竞合现象，如在遭到敌人进攻时，抗拒执行上级坚守阵地的命令而逃离阵地，应按想象竞合从一重罪论处。

（三）战时临阵脱逃罪的处罚

根据《刑法》第424条的规定，犯本罪的，处3年以下有期徒刑；情节严重的，处3年以上10年以下有期徒刑；致使战斗、战役遭受重大损失的，处10年以上有期徒刑、无期徒刑或者死刑。

具有如下情形之一，通常可认定为"情节严重"：指挥人员或者其他负有重要职责的人员临阵脱逃的，在紧要关头或者危急时刻临阵脱逃的，率领部队或部属临阵脱逃的，胁迫他人临阵脱逃的，策动多人或策动指挥人员和其他负有重要职责的人员临阵脱逃的，等等；"致使战斗、战役遭受重大损失的"，一般指造成我军人员重大伤亡，武器装备和物资严重损失直至战斗、战役失利等情形。

六、违令作战消极罪

违令作战消极罪，是指指挥人员违抗命令，临阵畏缩，作战消极，造成严重后果的行为。

在战场上英勇战斗、不怕牺牲，是对每一名参战军人最基本的职责要求。指挥人员临阵畏缩、作战消极的行为，挫伤士气，涣散斗志，破坏军人参战秩序，影响其完成作战任务，将对作战造成严重危害。

本罪的行为表现为违抗命令，临阵畏缩，作战消极。本罪只能发生在作战过程中。违抗命令，临阵畏缩，作战消极，是指在作战中故意违背、抗拒执行首长、上级的命令，面临战斗任务而畏难怕险，怯战怠战，行动消极。如果尚未造成严重后果，应给予批评教育或军纪处分；如果造成了严重后果，则应依法追究刑事责任。严重后果主要是指：①扰乱作战部署或者贻误战机的；②造成作战任务不能完成或者迟缓完成的；③造成我方人员死亡1人以上，或者重伤2人以上，或者轻伤3人以上的；④造成武器装备、军事设施、军用物资或者其他财产损毁，直接经济损失20万元以上，或者直接经济损失、间接经济损失合计100万元以上的；⑤造成其他严重后果的。如果行为人主观上积极努力，创造条件争取完成任务，但由于客观条件的限制，无法达到预期目的，以致造成严重后果的，不能认定行为人有作战消极的行为。

本罪的主体是各级指挥人员，即对部队和部属负有领导、管理职责的军人，属于军人违反职责罪中的特殊主体。

责任形式为故意。行为人在战场上临阵畏缩，作战消极往往是出于贪生怕死、不顾大局或者对上级不满等动机。

根据《刑法》第428条的规定，犯本罪的，处5年以下有期徒刑；致使战斗、战役遭受重大损失或者有其他特别严重情节的，处5年以上有期徒刑。"致使战斗、战役遭受重大损失"，指的是造成我军人员重大伤亡，武器装备和物资严重损失直至战斗、战役失利等；"特别严重情节"通常包括造成特别严重后果的，执行重要作战任务行动消极的，在紧要关头或者危急时刻作战消极的，煽动、串通其他部队和人员消极怠战的等。

七、拒不救援友邻部队罪

拒不救援友邻部队罪，是指指挥人员在战场上，明知友邻部队面临被敌人包围、追击或者阵地将被攻陷等危急情况并请求救援，能救援而不救援，致使友邻部队遭受重大损失的行为。

我军是高度集中统一的武装集团，各部队在战场上虽然所执行的任务有所不同，但根本目标一致，应该在上级的统一指挥下，团结协作，积极配合，密切协同，主动支援，共同完成作战任务。见危不救而不顾大局，使友邻部队遭受重大损失，破坏了我军在战场上的友邻关系，削弱了我军的战斗力，将对作战造成严重危害。

本罪的行为与结果表现为行为人明知友邻部队处境危急请求救援，自己有条件组织部队前去救援而没有救援，致使友邻部队遭受重大损失。友邻部队是指由于驻地、配置地域或者执行任务而相邻的没有隶属关系的部队。处境危急是指被敌人包围、追击或者阵地将被攻陷等紧急情况。能救援而不救援，表明本罪是典型的不作为犯，即在负有率部队救援友邻部队义务情况下，根据当时自己部队所处的环境、作战能力及所担负的任务，完全有条件组织救援，却没有组织救援，致使友邻部队遭受重大损失，如战斗失利、阵地失陷、进攻突围严重受挫、人员伤亡、装备毁损等。虽发现友邻部队处境有危险，但友邻部队没有请求救援，行为人此时没有及时组织救援的，不能认为是见危不救。

本罪的主体是部队的各级指挥人员，即对部队和部属负有领导、管理职责的军人，属于军人违反职责罪中的特殊主体。本罪的责任形式为故意。

根据《刑法》第429条的规定，犯本罪的，处5年以下有期徒刑。

八、战时造谣惑众罪

战时造谣惑众罪，是指军人在战时制造谣言、迷惑群众、动摇军心的行为。

本罪只能发生在战时。造谣惑众、动摇军心，是指编造虚假的情况，在部队中散布、煽动怯战、厌战或者恐怖情绪，蛊惑官兵，造成部队情绪恐慌、士气不振、军心涣散。行为人所散布的内容必须是虚假的，而且是与作战有直接关系的，如夸大敌人的兵力和装备优势，虚构敌方的战绩和我方不利的战况等。如果行为人所散布的内容确属实情，即使对我军不利，也不宜认定为造谣，如涉及泄露军事秘密，可依法以故意泄露军事秘密罪论处。行为人散布谣言的方式，可以是在公开场合散布，也可以是私下传播；可以是口头散布，也可以通过文字、图像或其他途径散布，只要使谣言为他人所得知，均属散布谣言。

本罪的责任形式为故意。行为人造谣惑众的动机、目的不影响本罪的成立，但如果是勾结敌人造谣惑众的，即直接受敌人指使或暗中与敌人串通，为了配合敌人对我军的军事行动而造谣惑众的，应属于本罪的加重处罚情节。

根据《刑法》第433条规定，犯本罪的，处3年以下有期徒刑；情节严重的，例如指挥人员造谣惑众的，谣言散布范围广的，谣言内容煽动性大的，在紧要关头或者危急时刻造谣惑众的，引起部队混乱、指挥失控、人员逃亡等严重后果的等，处3年以上10年以下有期徒刑。情节特别严重的，例如勾结敌人造谣惑众，造成部队军心涣散，部队怯战、厌战或者引起其他严重后果等，处10年以上有期徒刑或者无期徒刑。

九、战时自伤罪

战时自伤罪，是指在战时为了逃避军事义务，故意伤害自己身体的行为。

在战争时期，军人应当随时准备参加作战，履行保卫祖国的神圣使命。为了逃避履行军事义务，军人在战时自伤身体，造成部队非战斗减员，影响官兵士气，削弱部队战斗力，对作战有严重危害。

本罪只能发生在战时。自伤身体是指有意识地伤害自己的身体，包括加重已有的伤情。对自伤的部位、方法和伤害的程度，应从广义上理解，不论是伤害哪一部位，是造成轻伤还是重伤，是利用枪击、刀砍还是其他方法，是自己伤害自己的身体还是利用他人的故意或者过失行为伤害自己的身体，均属自伤身体的行为。本罪的责任形式为故意。本罪是目的犯，行为人伤害自己的身体必须具有逃避军事义务的目的。逃避军事义务，是指逃避临战准备、作战行动、战场勤务和其他作战保障任务等与作战有关的义务。

根据《刑法》第434条的规定，犯本罪的，处3年以下有期徒刑；情节严重的，例如指挥人员或者其他负有重要职责的人员自伤的，在紧要关头或者危急时刻自伤的，煽动他人相互自伤的，因自伤造成严重后果的等，处3年以上7年以下有期徒刑。

第三节　违反部队管理规定的犯罪

一、擅离、玩忽军事职守罪

擅离、玩忽军事职守罪，是指指挥人员和值班、值勤人员擅自离开正在履行职责的岗位，或者在履行职责的岗位上，严重不负责任，不履行或者不正确履行职责，造成严重后果的行为。

军队的指挥工作和值班、值勤制度是维护安全，高度集中统一，充分发挥军队职能，保障自身安全的必要条件。指挥人员和值班、值勤人员疏于职守，将直接破坏指挥和值班、值勤秩序，造成严重的危害。

本罪的行为表现为擅离职守或者玩忽职守。擅离职守是指行为人擅自离开正在履行职责的岗位，如哨兵擅自离开哨位等。玩忽职守是指行为人在履行职责的岗位上，严重不负责任，不履行或者不正确履行职责，如值班人员酗酒，哨兵睡觉等。从广义上看，擅离职守的行为也具有玩忽职守性质。擅离职守或者玩忽职守所造成的严重后果，通常是指贻误战机，发生重大事故，造成部队人员伤亡、武器装备或者其他财产重大损失等。例如，造成重大任务不能完成或者迟缓完成；造成死亡 1 人以上，或者重伤 3 人以上，或者重伤 2 人、轻伤 4 人以上，或者重伤 1 人、轻伤 7 人以上，或者轻伤 10 人以上；造成枪支、手榴弹、爆炸装置或者子弹 10 发、雷管 30 枚、导火索或者导爆索 30 米、炸药 1 千克以上丢失、被盗，或者不满规定数量，但后果严重的，或者造成其他重要武器装备、器材丢失、被盗；造成武器装备、军事设施、军用物资或者其他财产损毁，直接经济损失 30 万元以上，或者直接经济损失、间接经济损失合计 150 万元以上；[1] 等等。这些严重后果应和指挥人员和值班、值勤人员违反特殊职责的行为具有内在的因果关系。换言之，这些危害后果本应是指挥人员和值班、值勤人员正确履行职责可以避免的。如担任警戒勤务的哨兵应保证警卫目标的安全，如果不认真履行哨兵职责，导致警卫目标遭到破坏，则属于擅离职守或者玩忽职守。

本罪的主体是军队中的指挥人员和值班、值勤人员，属于军人违反职责罪中的特殊主体。指挥人员，是指对部队或者部属负有组织、领导、管理职责的人员。专业主管人员在其业务管理范围内，视为指挥人员。值班人员，是指军队各单位、各部门为保持指挥或者履行职责不间断而设立的，负责处理本单位、本部门特定事务的人员。如各级值班首长，作战、通信、机要部门的值班员，各单位节假日的值班员等。值勤人员，是指正在担任警卫、巡逻、观察、纠察、押运等勤务，或者作战勤务工作的人员。

责任形式为过失。擅离职守的行为人对违反指挥和值班、值勤规章制度，擅离岗位的行为都是明知的，但对可能造成危害后果缺乏认识，所以属于过于自信的过失。而玩忽职守则是因疏忽大意没有预见可能造成的危害后果，或者虽然已经预见但轻信能够避免，主观上存在疏忽大意或者过于自信的心理状态。

根据《刑法》第 425 条第 1 款的规定，犯本罪的，处 3 年以下有期徒刑或者拘役；造成特别严重后果的，处 3 年以上 7 年以下有期徒刑。本条第 2 款规定，战时犯本罪的，处 5 年以上有期徒刑。

二、阻碍执行军事职务罪

阻碍执行军事职务罪，是指以暴力、威胁方法阻碍指挥人员或者值班、值勤人员执行职务的行为。

指挥人员和值班、值勤人员执行职务时，担负着特殊的职责，责任重大，应保证其正常履行职责。以暴力、威胁方法阻碍指挥人员或者值班、值勤人员执行职务的行为，严重破坏了指挥和值班、值勤秩序，将造成严重的危害后果。

本罪的行为表现为对指挥人员或者值班、值勤人员施以暴力、威胁，阻碍其执行职务。以暴力、威胁方法阻碍其他军人执行职务的，成立《刑法》第 368 条第 1 款规定的阻碍军人执行职务罪。侵害的方法是施以暴力、威胁。暴力泛指实施暴力袭击，如捆绑、殴打、伤害等危害人身安全和人身自由的行为。而威胁是指以暴力相胁迫。如果行为人仅以打击报复、揭发隐私

---

〔1〕 "直接经济损失"，是指与行为有直接因果关系的财产损毁、减少的实际价值；"间接经济损失"，是指由直接经济损失引起和牵连的其他损失，包括失去在正常情况下可能获得的利益和为恢复正常管理活动或者为挽回已经造成的损失所支付的各种费用等。

等非暴力方法对被害人进行要挟，则不属于本罪的威胁方法。阻碍其执行职务，包括干扰他人执行职务，迫使他人停止或者放弃执行职务，强迫他人变更执行职务的内容等。

本罪的责任形式为故意。

根据《刑法》第426条的规定，犯本罪的，处5年以下有期徒刑或者拘役；情节严重的，处5年以上10年以下有期徒刑；情节特别严重的，处10年以上有期徒刑或者无期徒刑。战时犯本罪的，从重处罚。

有如下情形之一的，可认定为"情节严重"：聚众阻碍执行职务的首要分子，使用武器阻碍执行职务的，在紧要关头或者危急时刻阻碍执行职务的，阻碍担负重要职责的指挥人员或者值班、值勤人员执行职务的，阻碍执行职务造成严重后果的，等等；有如下情形之一的，可认定为"情节特别严重"：聚众使用武器阻碍执行职务的，在紧要关头或者危急时刻阻碍担负重要职责的指挥人员或者值班、值勤人员执行职务的，阻碍执行职务造成特别严重后果的，等等。

三、指使部属违反职责罪

指使部属违反职责罪，是指指挥人员滥用职权，指使部属进行违反职责的活动，造成严重后果的行为。

指挥部属必须建立在正当行使职权的基础上，这样才有利于部属服从命令、听从指挥。如果滥用职权，指使部属进行违反军人职责的活动，不仅妨碍部属正确履行职责，而且破坏了正当行使指挥权的秩序，严重危害部队的高度集中统一。

本罪的行为表现为滥用职权，指使部属进行违反军人职责的活动。滥用职权即超越职责范围，不正当地使用职务上的权力。指使部属进行违反职责的活动，是指指使部属实施军队条令、条例和国家法律、法规所禁止的行为。从所进行的违反职责活动的严重程度看，包括违纪行为、违法行为和犯罪行为。指使部署进行犯罪行为的，行为人同时构成本罪和相应犯罪的教唆犯，应从一重罪论处。造成严重后果是构成本罪的必要条件，具有下列情形之一的，属于"造成严重后果"：①造成重大任务不能完成或者迟缓完成；②造成死亡1人以上，或者重伤2人以上，或者重伤1人、轻伤3人以上，或者轻伤5人以上；③造成武器装备、军事设施、军用物资或者其他财产损毁，直接经济损失20万元以上，或者直接经济损失、间接经济损失合计100万元以上；④造成其他严重后果。

本罪的主体是军队中的各级首长和其他有权指挥他人的人员，属于军人违反职责罪中的特殊主体。根据《内务条令》第36条的规定，军人在行政职务上有隶属关系时，行政职务高的是首长，行政职务低的是部属，首长有权对部属下达命令，部属必须服从首长。因此，本罪的犯罪主体与侵害对象之间必须有指挥与被指挥的隶属关系，既包括军官与士兵，也包括上级军官与下级军官，甚至士兵与士兵。如部队中的班长也是士兵，但有权指挥本班其他士兵，对全班的工作负完全责任，因此班长属于本罪的犯罪主体之一。

本罪的责任形式为故意。

根据《刑法》第427条的规定，犯本罪的，处5年以下有期徒刑或者拘役；情节特别严重的，例如造成的后果特别严重的，指使建制部队（分队）违反职责的，不顾部属的反对意见强迫部属违反职责的，等等，处5年以上10年以下有期徒刑。

四、军人叛逃罪

军人叛逃罪，是指军人在履行公务期间，擅离岗位，叛逃境外或者在境外叛逃，危害国家军事利益的行为。

军人不同于普通公民，担负着保卫祖国的神圣使命。军人叛逃的行为，背弃了军人的政治使命，背叛国家，直接危害国防安全。《军职罪条例》第7条规定的偷越国（边）境外逃罪，限定为"偷越国（边）境"外逃，这不能反映军人叛逃的本质特征及危害，况且仅限于从境内逃到境外，没有包括合法出境后逃亡不归的情形。修订《刑法》时，从叛逃的角度对《军职罪条例》的规定作了修改，删除了偷越国（边）境的限制，将本罪的主要内容表述为"叛逃境外或者在境外叛逃"，从而将偷越国（边）境外逃罪修改为军人叛逃罪。

本罪的行为表现为在履行公务期间，擅离岗位，叛逃境外或者在境外叛逃。"叛逃境外"是指行为人从境内逃往境外，包括通过合法手续出境和采取非法手段出境；"在境外叛逃"是指在境外履行公务期间擅自离队或者与派出单位和有关部门脱离关系，并滞留境外不归。履行公务期间，是构成本罪的时间要求，如果不是在履行公务期间，而是因私合法出境后与派出单位和有关部门脱离关系，并滞留境外不归的，属于出走，不应认定为在境外叛逃。涉嫌下列情形之一的，应予立案：①因反对国家政权和社会主义制度而出逃的；②掌握、携带军事秘密出境后滞留不归的；③申请政治避难的；④公开发表叛国言论的；⑤投靠境外反动机构或者组织的；⑥出逃至交战对方区域的；⑦进行其他危害国家军事利益活动的。

本罪的主体是军人。《刑法》第109条叛逃罪的主体为国家机关工作人员。本条相对于《刑法》第109条而言，属于特别法条。如军人叛逃，应按特殊条款优于一般条款的原则，优先适用本罪的规定，以军人叛逃罪论处。本罪的责任形式为故意。

根据《刑法》第430条第1款的规定，犯本罪的，处5年以下有期徒刑或者拘役；情节严重的，处5年以上有期徒刑。本条第2款规定，驾驶航空器、舰船叛逃的，或者有其他特别严重情节的，处10年以上有期徒刑、无期徒刑或者死刑。

本条中的"情节严重"，一般包括担负重要职责的人员叛逃的，策动他人叛逃的，携带军事秘密叛逃的，等等；"特别严重情节"，一般包括胁迫他人叛逃的，策动多人或者策动指挥人员和其他负有重要职责的人员叛逃的，携带重要或者大量军事秘密叛逃的，叛逃后积极从事危害国家安全和国防利益活动的，等等。

五、逃离部队罪

（一）逃离部队罪的概念和犯罪构成

逃离部队罪，是指违反兵役法规，逃离部队，情节严重的行为。

依法服兵役是每一名公民应尽的光荣义务和神圣职责。军人逃离部队的行为，造成部队减员缺编，影响部队的战斗力，削弱国防实力。

违反兵役法规，是指违反国防法、兵役法和军队条令条例以及其他有关兵役方面的法律规定。我国《宪法》和《兵役法》都规定公民有义务依法服兵役。《兵役法》第8条还明确规定，现役军人必须遵守军队的条令和条例，忠于职守，随时为保卫祖国而战斗。军人逃离部队的行为违反了上述法律规定。逃离部队，是指擅自离开部队或者经批准外出，逾期拒不归队。

逃离部队的行为，必须是"情节严重"的才构成犯罪。具有下列情形之一的，应当认定为"情节严重"：①逃离部队持续时间达3个月以上或者3次以上或者累计时间达6个月以上的；②担负重要职责的人员逃离部队的；③策动3人以上或者胁迫他人逃离部队的；④在执行重大任务期间逃离部队的；⑤携带武器装备逃离部队的；⑥有其他情节严重行为的。本罪的主体是具有服兵役义务的现役军人，包括现役军官（警官）、文职干部、士兵和具有军籍的学员以及文职人员。部队的正式职工不构成履行兵役义务，因此不能成为本罪的主体。鉴于《刑法》第376条第1款已专门规定了预备役人员战时拒绝、逃避征召、军事训练罪，因此预备役人员在战时执行军事任务期间擅自离队，拒绝执行军事任务的，可直接依据《刑法》第376条第1款的规定追究刑事责任，也不必列为本罪的犯罪主体。

责任形式为故意。在司法实践中，对擅自离队或者逾假不归的军人，如果经教育仍不返回部队，或者有意脱离与部队的联系的，应认定其具有逃避服兵役的故意。如果行为人确属家庭有实际困难或者有其他特殊原因，能主动向部队说明情况，或者经教育后及时归队的，不应认定其有逃避服兵役的故意。

（二）逃离部队罪的认定

1. 本罪与军人叛逃罪的关系。军人叛逃时，必然同时有逃离部队的行为。在适用法律上，应根据想象竞合从一重罪原则，以军人叛逃罪论处。

2. 本罪与战时临阵脱逃罪的界限。犯这两种罪可能出于相似的犯罪动机，如害怕打仗，客观上又都可能在一定程度上脱离部队，二者的区别在于犯罪时是否面临战斗任务。战时临阵脱逃罪必须是面临具体的、明确的战斗任务，因此只发生在战时和战场上；逃离部队罪主要发生在平时，即使发生在战时，也无需面临具体、明确的战斗任务。

3. 本罪与擅离军事职守罪的界限。这两种犯罪都有擅自离职的表现，二者的主要区别除了前者是故意犯罪，后者是过失犯罪外，还包括：擅离军事职守罪的犯罪主体限定为指挥人员和值班、值勤人员，其行为发生在承担指挥和值班、值勤任务时，所违反的是指挥和值班、值勤人员的职责要求，行为人只需离开特定的岗位，不要求必须离开部队，而且必须已造成严重后果；而逃离部队罪的犯罪主体是一般现役军人，其行为所违反的是现役军人依法服兵役的职责要求，行为人必须已离开部队，客观上并不要求造成严重后果。

4. 正确处理军人逃离部队又实施其他犯罪行为的定罪问题。对军人逃离部队时或者逃离部队后又实施其他犯罪行为的定罪问题，应根据实际情况区分处理。如果军人逃离部队的行为本身已达到情节严重的标准，构成逃离部队罪的，应与其又实施的其他犯罪行为进行数罪并罚；如果军人逃离部队的行为本身没有严重的情节，而又实施的犯罪比较严重的，应将逃离部队作为该犯罪行为从重处罚的情节，不能再定逃离部队罪。

（三）逃离部队罪的处罚

根据《刑法》第435条的规定，平时犯本罪的，处3年以下有期徒刑或者拘役；战时犯本罪的，处3年以上7年以下有期徒刑。

六、私放俘虏罪

私放俘虏罪，是指擅自将俘虏放走的行为。

俘虏是我军消灭敌人有生力量的成果。私放俘虏破坏战时俘虏管理的正常秩序，抵消我军的作战成果，增强敌人的实力，将对作战造成严重危害。俘虏是指在作战中被我方俘获的敌方武装人员及其他为敌对武装部队服务的人员。我军对俘虏的处理，要经过甄别、审讯、教育后，据实确定。未经批准，不得私自放走俘虏。私放俘虏的行为既可以发生在战时，也可以发生在战后，所以本罪没有限定为战时犯罪。本罪的责任形式为故意。

根据《刑法》第447条的规定，犯本罪的，处5年以下有期徒刑。私放重要俘虏的，如俘虏中的中、高级军官，掌握重要秘密的人员，专为了解敌情抓获的俘虏等；私放俘虏多人的；或者有其他严重情节的，如暴露我军秘密的，收受俘虏钱财的，造成严重后果的，处5年以上有期徒刑。

第四节　危害军事秘密的犯罪

一、非法获取军事秘密罪

非法获取军事秘密罪，是指违反国家和军队的保密规定，采取窃取、刺探、收买方法，非法获取军事秘密的行为。

军事秘密事关国防和军队的安全与利益，只限有关人员知悉，任何采取非法手段获取军事秘密的行为，都将造成军事秘密的泄露和扩散，严重危害国防和军队的安全和利益。

本罪的行为是以窃取、刺探、收买的方法非法获取军事秘密。窃取，是指暗中获取；刺探，是指四处打听、观察；收买，是指以财物交换。采取上述任何一种手段的，都构成本罪；同时采取多种手段的，一般也不数罪并罚。军事秘密，是关系国防安全和军事利益，依照规定的权限和程序确定，在一定时间内只限一定范围的人员知悉的事项。内容包括：①国防和武装力量建设规划及其实施情况；②军事部署，作战、训练以及处置突发事件等军事行动中需要控制知悉范围的事项；③军事情报及其来源，军事通信、信息对抗以及其他特种业务的手段、能力，密码以及有关资料；④武装力量的组织编制，部队的任务、实力、状态等情况中需要控制知悉范围的事项，特殊单位以及师级以下部队的番号；⑤国防动员计划及其实施情况；⑥武器装备的研制、生产、配备情况和补充、维修能力，特种军事装备的战术技术性能；⑦军事学术和国防科学技术研究的重要项目、成果及其应用情况中需要控制知悉范围的事项；⑧军队政治工作中不宜公开的事项；⑨国防费分配和使用的具体事项，军事物资的筹措、生产、供应和储备等情况中需要控制知悉范围的事项；⑩军事设施及其保护情况中不宜公开的事项；⑪对外军事交流与合作中不宜公开的事项；⑫其他需要保密的事项。军事秘密是国家秘密的重要组成部分，按重要程度分为绝密、机密、秘密三级，行为人采取前述不正当方法，不论获取哪一密级的军事秘密，都构成本罪。本罪与《刑法》第282条规定的非法获取国家秘密罪存在法条竞合关系，军人非法获取军事秘密的，应优先适用本条规定，以非法获取军事秘密罪论处。

本罪的责任形式为故意。

根据《刑法》第431条第1款的规定，犯本罪的，处5年以下有期徒刑；情节严重的，处5年以上10年以下有期徒刑；情节特别严重的，处10年以上有期徒刑。

本条中的"情节严重"通常指如下情形：利用职权非法获取军事秘密的，从作战、机要、保密等重要部门非法获取军事秘密的，非法获取重要或者大量军事秘密的，非法获取军事秘密的手段特别恶劣的，将非法获取的军事秘密又泄露的，非法获取军事秘密造成严重后果的，等等；"情节特别严重"通常包括利用职权非法获取军事绝密或者大量军事秘密的，将非法获取的绝密或者大量军事秘密泄露的，非法获取军事秘密造成特别严重后果的等。

二、为境外窃取、刺探、收买、非法提供军事秘密罪

为境外窃取、刺探、收买、非法提供军事秘密罪，是指违反国家和军队的保密规定，为境外的机构、组织、人员窃取、刺探、收买、非法提供军事秘密的行为。

军事秘密是国家秘密的重要组成部分，必须严加保守，特别是不能让境外机构、组织、人员非法知悉，否则不仅严重危害军事秘密的安全，而且危害国防安全。

本罪的行为表现为为境外的机构、组织、人员窃取、刺探、收买、非法提供军事秘密。境外的机构、组织、人员是指外国的或者境外地区的机构、组织、人员。窃取、刺探、收买属于非法获取军事秘密的方法，其含义与非法获取军事秘密罪中的内容相同。非法提供是指在对外交往与合作中，违反《保守国家秘密法》第21条第2款的规定，未经事先批准，而向境外的

机构、组织、人员提供军事秘密。在这里，要注意正确处理为境外窃取、刺探、收买、非法提供军事秘密罪与《刑法》第111条规定的为境外窃取、刺探、收买、非法提供国家秘密、情报罪的法条竞合问题。军人为境外的机构、组织、人员非法获取、提供军事秘密的，应优先适用本条的规定，以为境外窃取、刺探、收买、非法提供军事秘密罪论处。

本罪的责任形式为故意。行为人的犯罪动机不论是为了危害国防还是为了达到个人目的，都不影响本罪的成立。

根据《刑法》第431条第2款的规定，犯本罪的，处5年以上10年以下有期徒刑；情节严重的，处10年以上有期徒刑、无期徒刑或者死刑。

三、故意泄露军事秘密罪

（一）故意泄露军事秘密罪的概念和犯罪构成

故意泄露军事秘密罪，是指违反国家和军队的保密规定，故意使军事秘密被不应知悉者知悉或者超出了限定的接触范围，情节严重的行为。

军事保密制度是确保国家军事秘密安全，维护军队利益的重要保证。1988年9月国家颁布了《保守国家秘密法》（2010年修订）、1996年3月中央军委颁布了《中国人民解放军保密条例》（2011年修订）等保密法规，同时在其他一些法律、法规中也规定有保守军事秘密的内容，如《内务条令》等就明确规定了军人必须严格遵守"保密守则"等内容。本罪侵犯的对象是"军事秘密"，是指在一定时间内只限一定范围的人员知悉，不能对外公开并直接关系到国防和军队安全与利益的事项，主要包括与国防、军事行动有关的战略方针、部署，军队建设和规划及组织编制、番号、作战计划、方案，部队的调动、实力、装备、后勤保障能力等。

本罪的行为表现为违反保守国家秘密法规，泄露军事秘密。泄露军事秘密的行为与违反保密法规联系在一起，只有违反了保密法规，才可能出现泄露军事秘密的结果。泄露军事秘密的行为表现方式是多种多样的，从最简单的口头陈述泄密，到高技术条件下的计算机网络泄密，不论哪种形式，只要能让无关人员知悉军事秘密的内容，均属泄露军事秘密的行为。在故意泄露军事秘密时，泄密行为往往是由行为人直接实施的，如将军事秘密的内容告诉他人，将涉及军事秘密的文件交给他人阅看等。

故意泄露军事秘密的行为，只有"情节严重"的才构成犯罪。具有下列情形之一的，属于"情节严重"：①泄露绝密级或者机密级军事秘密1项（件）以上的；②泄露秘密级军事秘密3项（件）以上的；③向公众散布、传播军事秘密的；④泄露军事秘密造成严重危害后果的；⑤利用职权指使或者强迫他人泄露军事秘密的；⑥负有特殊保密义务的人员泄密的；⑦以牟取私利为目的泄露军事秘密的；⑧执行重大任务时泄密的；⑨有其他情节严重行为的。

本罪的主体是军人。既包括对军事秘密负有特殊保密义务的军人，如机要、通信、保密人员等，也包括了解军事秘密的普通军人。本罪的责任形式为故意。泄露的动机是多种多样的，有的是为了谋取财物或者其他某种利益；有的是为了炫耀自己消息灵通；有的是以此作为拉关系、交朋友、谈恋爱、搞腐化的手段。

（二）故意泄露军事秘密罪的认定

1. 本罪与《刑法》第398条规定的故意泄露国家秘密罪的关系。军事秘密是国家秘密的组成部分，但鉴于军事秘密的特殊性，刑法单独设置了泄露军事秘密罪的罪名，两者之间是一般与特殊的关系，在具体适用中应按特殊优于一般的原则处理。即军人泄露了军事秘密的，应适用本罪；军人泄露了军事秘密之外的国家秘密的，则应按故意泄露国家秘密罪定罪处罚。

2. 本罪与《刑法》第431条第2款规定的为境外窃取、刺探、收买、非法提供军事秘密罪中的"非法提供"行为的关系。故意泄露军事秘密的方法是多样的，也可能是把手中的军事秘密非法提供给他人，在这种情况下，两罪之间存在竞合关系。在处理这种关系时，为境外非法提供军事秘密罪是特别规定，凡故意非法向境外机构、组织、人员提供军事秘密的，不能以故意泄露军事秘密罪处罚，而应适用为境外非法提供军事秘密罪；只有为国内人员非法提供军事秘密的，才以本罪处罚。

（三）故意泄露军事秘密罪的处罚

根据《刑法》第 432 条第 1 款的规定，平时犯故意泄露军事秘密罪的，处 5 年以下有期徒刑或者拘役；情节特别严重的，处 5 年以上 10 年以下有期徒刑。本条第 2 款规定，战时犯故意泄露军事秘密罪的，处 5 年以上 10 年以下有期徒刑；情节特别严重的，处 10 年以上有期徒刑或者无期徒刑。

本条中规定的"情节特别严重"，一般指机要、保密人员或者其他负有特殊保密职责的人员泄露重要或者大量军事秘密的；出卖重要或者大量军事秘密的；因泄密造成特别严重后果的；等等。

四、过失泄露军事秘密罪

过失泄露军事秘密罪，是指违反国家和军队的保密规定，过失泄露军事秘密，致使军事秘密被不应知悉者知悉或者超出了限定的接触范围，情节严重的行为。

过失泄露军事秘密的行为多种多样，既可以由行为人直接实施，如因疏忽大意误用明码拍发密码电文；也可以由他人直接实施，如行为人违反保密法规，将秘密文件带到公共场所，文件丢失或者被盗而导致军事秘密泄露的，仍属于泄露军事秘密的行为。过失泄露军事秘密的行为，只有"情节严重"的，才构成犯罪。具有下列情形之一的，应认定为情节严重：①泄露绝密级军事秘密 1 项（件）以上的；②泄露机密级军事秘密 3 项（件）以上的；③泄露秘密级军事秘密 4 项（件）以上的；④负有特殊保密义务的人员泄密的；⑤泄露军事秘密或者遗失军事秘密载体，不按照规定报告，或者不如实提供有关情况，或者未及时采取补救措施的；⑥有其他情节严重行为的。

本罪的主体是军人，既包括负有特殊保守军事秘密义务的军人，也包括其他了解军事秘密的普通军人。至于是通过什么渠道了解的军事秘密，对构成犯罪主体没有影响。

责任形式为过失。《军职罪条例》原来虽有遗失国家重要军事机密的规定，但主要是指遗失军事秘密的载体，如文件、照片、图纸等，是否包括过失泄露军事秘密并不明确。修订后的《刑法》明确规定了过失泄露军事秘密的，也构成犯罪。

根据《刑法》第 432 条第 1 款规定，平时犯过失泄露军事秘密罪的，处 5 年以下有期徒刑或者拘役；情节特别严重的，处 5 年以上 10 年以下有期徒刑。该条第 2 款规定，战时犯过失泄露军事秘密罪的，处 5 年以上 10 年以下有期徒刑；情节特别严重的，处 10 年以上有期徒刑或者无期徒刑。应当指出，虽然立法上对故意和过失犯泄露军事秘密罪规定了同样的法定刑，但在量刑时，应当注意故意与过失犯罪的区别，对故意泄密应当相对从严，对过失泄密应当相对从宽。

第五节　危害部队物资保障的犯罪

一、武器装备肇事罪

（一）武器装备肇事罪的概念和犯罪构成

武器装备肇事罪，是指违反武器装备使用规定，情节严重，因而发生责任事故，致人重伤、死亡或者造成其他严重后果的行为。

本罪的行为表现为违反武器装备使用规定。武器装备是指部队用于实施和保障作战行动的武器、武器系统和军事技术装备，通常包括冷兵器、枪械、火炮、导弹、弹药、爆破器材、坦克及其他装甲战斗车辆、作战飞机、战斗舰艇、鱼雷、水雷、核武器、通信指挥器材、侦察探测器材、军用测绘器材、气象保障器材、雷达、电子对抗装备、情报处理设备、军用电子计算机、野战工程机械、渡河器材、伪装器材、"三防"装备、辅助飞机、勤务舰船、军用车辆等。使用规定，泛指中央军委、各总部、各军、兵种根据各种武器装备的用途和技术性能制定和颁发的，关于武器装备的日常维护保养、保管、检查及使用的规定，以及各种武器装备的操作规程和安全规范等。这些规定是保障武器装备经常处于良好的技术状态，正确地使用武器装备，防止发生事故的重要规章制度。武器装备肇事罪首先表现为行为人的行为违反了这些规章制度，即具有违章行为。

武器装备肇事罪中的违章行为不是一般情节的违章行为，而是情节严重的违章行为，如故意违反武器装备的使用规定，或者在使用过程中严重不负责任。违章行为的表现方式多种多样，如有的明知违章而冒险蛮干，有的不懂装懂、随意摆弄，也有的有章不循、自行其是。对于入伍不久的士兵或者部队新换用的武器装备，由于尚未熟练掌握武器装备的使用规定而出现的违章行为，不宜认定为情节严重。

情节严重的违章行为一旦发生责任事故，致人重伤、死亡或者造成其他严重后果的，即构成武器装备肇事罪。具有下列情形之一的，属于造成了"严重后果"：①影响重大任务完成的；②造成死亡1人以上，或者重伤2人以上，或者轻伤3人以上的；③造成武器装备、军事设施、军用物资或者其他财产损毁，直接经济损失30万元以上，或者直接经济损失、间接经济损失合计150万元以上的；④严重损害国家和军队声誉，造成恶劣影响的；⑤造成其他严重后果的。责任事故是指因行为人违反规章制度的失职行为而造成的事故。由于不能预见和不能控制的自然条件发生变化而引起的自然事故，或者由于技术条件限制或者武器装备条件不良造成的技术事故，不属于责任事故，因而不具备武器装备肇事罪的构成要件。

本罪的主体是军人。从司法实践看，主要是武器装备的操作使用人员。

责任形式为过失。至于对违章行为本身，行为人往往明知故犯。

（二）武器装备肇事罪的认定

1. 本罪与危害公共安全罪中的过失犯罪的界限。危害公共安全罪中的过失犯罪，如失火罪、过失爆炸罪、过失损坏易燃易爆设备罪、过失损坏交通工具罪、交通肇事罪、重大责任事故罪等，与武器装备肇事罪有许多相似之处。除了在侵害法益和犯罪主体上有所不同外，其区别主要有以下两点：①看犯罪对象是否属于武器装备。只有犯罪对象属于武器装备，才能构成武器装备肇事罪；如果不属于武器装备，则应根据不同的犯罪构成要件确定相应的罪名。②看是否因违反了武器装备使用规定而发生责任事故。如果主要是因违反了武器装备使用规定，就应定武器装备肇事罪；如果主要是因违反了其他维护公共安全的法规和规章制度，应根据不同犯罪构成要件确定相应的罪名。如果行为人既违反了武器装备使用规定，又违反了其他维护公共安全的法规和规章制度，应优先适用本罪的规定，以武器装备肇事罪论处。

2. 正确处理武器装备肇事致人重伤、死亡的定罪问题。枪支走火致人伤亡在部队中是比较常见的。这种情况从广义上来说，也属于过失致人死亡或者重伤。在《军职罪条例》施行以前，对这一行为是按过失杀人或者过失重伤定罪的。《军职罪条例》规定了武器装备肇事罪后，对这一行为均以武器装备肇事罪论处。现《军职罪条例》已编入《刑法》，并仍保留了武器装备肇事罪。因此根据《刑法》第233、235条对过失致人死亡罪和过失致人重伤罪所规定的"本法另有规定的，依照规定"，武器装备肇事致人重伤、死亡的，应以武器装备肇事罪论处。

（三）武器装备肇事罪的处罚

根据《刑法》第436条的规定，犯本罪的，处3年以下有期徒刑或者拘役；后果特别严重的，例如毁损重要武器装备的，造成多人伤亡的，致使国家财产遭受特别重大损失的，等等，处3年以上7年以下有期徒刑。

二、擅自改变武器装备编配用途罪

擅自改变武器装备编配用途罪，是指违反武器装备管理规定，未经有权机关批准，擅自将编配的武器装备改作其他用途，造成严重后果的行为。

部队的武器装备必须按照使用权限和编配用途进行严格管理，才能确保正常使用，使武器装备既充分发挥效能，又经常处于良好的技术状态，为部队随时完成各项任务提供有力保障。

本罪的行为表现为违反武器装备管理规定，擅自改变武器装备的编配用途。武器装备的管理规定是相对于武器装备的操作规程、安全规范等使用规定而言的，主要是指涉及武器装备的动用权限、编配用途、使用范围等管理内容的规定。擅自改变武器装备的编配用途，是指未经上级批准而自行将用于某一用途的武器装备改作其他用途，如随意启封使用作战储备的武器装备，将火炮牵引车改作运输用、随意将武器装备出租、出借等。本罪的成立，须造成严重后果。具有下列情形之一的，属于"造成严重后果"：①造成重大任务不能完成或者迟缓完成的；②造成死亡1人以上，或者重伤3人以上，或者重伤2人、轻伤4人以上，或者重伤1人、轻伤7人以上，或者轻伤10人以上的；③造成武器装备、军事设施、军用物资或者其他财产损毁，直接经济损失30万元以上，或者直接经济损失、间接经济损失合计150万元以上的；④造成其他严重后果的。

本罪的主体是军人。从司法实践看，主要是各级指挥人员和武器装备的管理人员。本罪的责任形式为过失。

根据《刑法》第437条的规定，犯本罪的，处3年以下有期徒刑或者拘役。造成特别严重后果的，例如毁损重要武器装备的；伤亡多人的；严重影响部队执行作战任务的，处3年以上7年以下有期徒刑。

三、盗窃、抢夺武器装备、军用物资罪

（一）盗窃、抢夺武器装备、军用物资罪的概念和犯罪构成

盗窃、抢夺武器装备、军用物资罪，是指军人以非法占有为目的，窃取或者夺取部队的武器装备或者军用物资的行为。

部队的武器装备和军用物资是战斗力的主要物质基础，保证其不受非法侵占，是巩固部队战斗力的客观需要。本罪的客观方面分别表现为盗窃或者抢夺部队武器装备、军用物资的行为。盗窃、抢夺的对象是部队在编的、正在使用的以及储存备用的武器装备或者军用物资，不包括已确定退役报废的武器装备、军用物资，因为退役报废的武器装备、军用物资不能直接形成部队的战斗力。武器装备的重要零件、部件应以武器装备论。盗窃、抢夺武器装备、军用物资不受部队隶属关系的限制，即一个部队的人盗窃、抢夺另一个部队的武器装备、军用物资，现役军人盗窃、抢夺预备役部队的武器装备、军用物资的，均属盗窃、抢夺部队的武器装备、军用物资。军用物资是指武器装备以外，供军事上使用的其他物资，如军用被服、粮秣、油料、建材、药材等。凡涉嫌盗窃、抢夺军用物资价值2000元以上，或者不满规定数额，但后果严重的，应予追诉。

本罪的责任要素除故意外，还要求具有非法占有目的。

（二）盗窃、抢夺武器装备、军用物资罪的认定

1. 正确处理采取破坏性方法盗窃武器装备、军用物资的定罪问题。在具体案件中，采取破坏性方法盗窃武器装备、军用物资的，可能出现与《刑法》第369条第1款规定的破坏武器装备、军事设施、军事通信罪竞合的现象。对此应按照想象竞合从一重处罚。

2. 正确处理军人盗窃、抢夺部队的枪支、弹药、爆炸物的法律适用问题。为了保障公共安全，《刑法》第127条规定了盗窃、抢夺枪支、弹药、爆炸物罪，并对盗窃、抢夺军警人员的枪支、弹药、爆炸物作了加重处罚的规定，规定了比盗窃或者抢夺武器装备、军用物资罪更重的法定刑。部队的武器装备、军用物资种类繁多，其中包括枪支、弹药、爆炸物。所以根据罪责刑相适应的原则，军人盗窃或者抢夺部队的枪支、弹药、爆炸物的，不能再定盗窃、抢夺武器装备、军用物资罪，而应依照《刑法》第127条第2款的规定，以盗窃、抢夺枪支、弹药、爆炸物罪论处。

3. 正确处理军人携带武器逃离部队的定罪问题。在过去的司法实践中，对军人携带武器逃离部队的，作为情节严重的逃离部队行为，只认定为逃离部队罪。但这样处理忽略了军人非法占有武器特别是枪支、弹药、爆炸物的严重危害性。配发给军人个人使用的武器，所有权属于部队，个人无权据为己有。军人携带武器逃离部队，不仅逃避服兵役，而且将部队的武器盗走，应按照想象竞合从一重罪处理。因此应依照武器的不同种类，分别以盗窃武器装备罪或者盗窃枪支、弹药、爆炸物罪论处。

（三）盗窃、抢夺武器装备、军用物资罪的处罚

根据《刑法》第438条第1款的规定，犯本罪的，处5年以下有期徒刑或者拘役。情节严重的，例如盗窃、抢夺重要或者多件武器装备及数量巨大的军用物资，影响部队完成重要任务的；采取破坏性方法盗窃造成严重损失的，处5年以上10年以下有期徒刑。情节特别严重的，例如盗窃、抢夺多件重要武器装备或者数量特别巨大的军用物资的；影响部队完成作战任务的；采取破坏性方法盗窃造成特别严重损失的，处10年以上有期徒刑、无期徒刑或者死刑。本条第2款规定，盗窃、抢夺枪支、弹药、爆炸物的，依照《刑法》第127条的规定处罚。

四、非法出卖、转让武器装备罪

非法出卖、转让武器装备罪，是指非法出卖、转让武器装备的行为。

部队的武器装备是部队战斗力的主要物质基础，非法将其出卖或者转让，破坏了部队武器装备的管理秩序，削弱了部队的战斗力，还可能给公共安全带来严重危害。

出卖、转让，是指违反武器装备管理规定，未经有权机关批准，擅自用武器装备换取金钱、财物或者其他利益，或者将武器装备馈赠他人的行为。非法出卖、转让的对象是部队在编的、使用的以及储存备用的武器装备，武器装备的重要零件、部件应以武器装备论。非法出卖、转让的武器装备既可以是配发给行为人个人使用的，也可以是依照职权由其管理的，还可以是行为人通过非法手段占有的。具有下列情形之一的，应当追诉：①非法出卖、转让枪支、手榴弹、爆炸装置的；②非法出卖、转让子弹10发、雷管30枚、导火索或者导爆索30米、炸药1千克以上，或者不满规定数量，但后果严重的；③非法出卖、转让武器装备零部件或者维修器材、设备，致使武器装备报废或者直接经济损失30万元以上的；④非法出卖、转让其他重要武器装备的。

本罪的责任形式为故意。

根据《刑法》第439条的规定，犯本罪的，处3年以上10年以下有期徒刑。出卖、转让大量武器装备的，或者有其他特别严重情节的，例如出卖、转让重要武器装备的；致使武器装备流散社会造成严重后果的；影响部队执行重要任务的；出卖、转让武器装备给境外的机构、

组织、人员的，处 10 年以上有期徒刑、无期徒刑或者死刑。

五、遗弃武器装备罪

（一）遗弃武器装备罪的概念和特征

遗弃武器装备罪，是指负有保管、使用武器装备义务的军人，违抗命令，故意遗弃武器装备的行为。

武器装备被视为军人的第二生命，随意将武器装备遗弃，违背军人职责，危及武器装备的安全，将造成削弱部队战斗力的严重后果。加强对武器装备的管理，制止各种危害武器装备安全的违法犯罪行为，是巩固部队战斗力的客观需要。

本罪的行为表现为违抗命令，遗弃武器装备。违抗命令是指违反并拒不执行上级的命令；遗弃是指故意丢掉或弃置不顾。例如，将有用的武器当作废品抛弃，或者应将在野外用于训练的武器运回军营却不运回，导致武器丧失性能。关于遗弃的场所，法律没有限制，一般是在战场、军事行动地区和野外训练场等。遗弃的对象是行为人依法持有或有权管理的、能够供部队使用的武器装备，包括暂时损坏但能够修复的武器装备。在战场上，行为人自行将损坏而无法及时修复的武器装备丢弃，不属于遗弃武器装备。根据作战的需要，有组织、有计划地丢弃一些武器装备，以达到轻装或者迷惑敌人等战术目的，或者因战事紧急，来不及妥善处理武器装备，不得已而丢弃的，以及在紧急情况下为了避免造成严重危害结果而采取的舰艇人员弃舰求生、飞行员弃机跳伞等行为的，不属于遗弃武器装备。将盗窃、抢夺的武器装备又遗弃的，应作为盗窃、抢夺武器装备罪的从重处罚情节。

本罪的责任形式为故意。

（二）遗弃武器装备罪的认定

1. 犯本罪兼犯其他军行的定罪问题。军人遗弃武器装备如果是在战时临阵脱逃时发生的，或者是在逃离部队时发生的，如果明显存在数个行为，则通常应将本罪与相应的犯罪数罪并罚。如果可以评价为一个整体行为，则按照想象竞合从一重罪论处。

2. 本罪与战时违抗命令罪的关系。这两种犯罪中虽然都有违抗命令的构成要件，但其含义有所不同。在战时违抗命令罪中，违抗命令的行为本身就是犯罪客观方面的主要内容，是追究刑事责任的基本依据，不需要再有其他具体的危害行为。而在遗弃武器装备罪中，犯罪客观方面的主要内容是遗弃武器装备，违抗命令仅仅是限制条件，说明行为人违反并抗拒执行上级命令，但其严重程度尚未达到违抗命令罪那样可以单独成罪的程度。因此，在遗弃武器装备罪中，仅对其违抗命令的行为本身，一般是不能追究刑事责任的。当然，如果行为人在遗弃武器装备罪中违抗命令的行为本身性质恶劣，危害严重，符合战时违抗命令罪的构成条件的，应按处理想象竞合犯的原则，从一重罪论处。

3. 本罪与破坏武器装备罪的关系。遗弃武器装备罪与《刑法》第 369 条第 1 款规定的破坏武器装备罪犯罪对象相同，客观上都可能造成武器装备毁损的后果，一行为同时触犯两罪名的，应从一重罪论处。

（三）遗弃武器装备罪的处罚

根据《刑法》第 440 条的规定，犯本罪的，处 5 年以下有期徒刑或者拘役；遗弃重要或者大量武器装备的，或者有其他严重情节的，处 5 年以上有期徒刑。重要武器装备是指部队的主要武器装备和其他在作战中急需或者必不可少的武器装备。根据军队有关武器装备管理规定，主要武器装备指的是各种导弹、飞机、作战舰艇、登陆舰和 1000 吨以上的辅助船、坦克、装甲车辆、85 毫米以上口径的地面火炮、岸炮、高炮，雷达、声呐、指挥仪、15 瓦以上的电台和电子对抗装备、舟桥、60 千瓦以上的工程机械、汽车、陆军船艇等。

本条规定的"其他严重情节",通常指指挥人员带头遗弃的;煽动他人遗弃的;严重影响部队完成重要任务的;造成严重后果的;等等。

六、遗失武器装备罪

遗失武器装备罪,是指遗失武器装备,不及时报告或者有其他严重情节的行为。

爱护武器装备是军人的基本职责,遗失武器装备的行为,造成部队武器装备的损失,危害部队战斗力和公共安全。加强武器装备的管理,制止各种危害武器装备安全的违法犯罪行为,是巩固部队战斗力的客观需要。

遗失包括丢失或被盗。遗失的武器装备是行为人依法持有和使用的。不及时报告包括故意隐瞒情况不报告或者没有按规定立即报告。武器装备一时找不到,正在积极设法寻找,不能确认已遗失而未向上级报告的,不能认为是不及时报告。其他严重情节,是指遗失武器装备严重影响重大任务完成的;给人民群众生命财产安全造成严重危害的;遗失的武器装备被敌人或者境外的机构、组织和人员或者国内恐怖组织和人员利用,造成严重后果或者恶劣影响的;遗失的武器装备数量多、价值高的;战时遗失的;等等。

本罪的责任形式为过失。

根据《刑法》第441条的规定,犯本罪的,处3年以下有期徒刑或者拘役。

七、擅自出卖、转让军队房地产罪

擅自出卖、转让军队房地产罪,是指违反军队房地产管理和使用规定,未经有权机关批准,擅自出卖、转让军队房地产,情节严重的行为。军队房地产,是指依法由军队使用和管理的土地及其地上、地下用于营房保障的建筑物、构筑物、附属设施设备,以及其他附着物。军队房地产是国有资产的重要组成部分。军队房地产权由国家依法授予中央军委总部持有,任何人员、组织和部队不得擅自出卖、转让。

《内务条令》《中国人民解放军房地产管理条例》及其他有关军队房地产管理和使用的规定,确定了军队房地产管理、使用的基本原则和具体制度,其中包括处理军队房地产的审批权限及其程序。未经有权机关依法审批,任何单位和个人都不得随意处理军队房地产,违者即属擅自处理军队房地产。具有下列情形之一的,属于"情节严重":①擅自出卖、转让军队房地产价值30万元以上的;②擅自出卖、转让军队房地产给境外的机构、组织、人员的;③擅自出卖、转让军队房地产严重影响部队正常战备、训练、工作、生活和完成军事任务的;④擅自出卖、转让军队房地产给军事设施安全造成严重危害的;⑤有其他情节严重行为的。本罪的主体是军队各单位的主管人员和有房地产管理职责的人员,属于军人违反职责罪中的特殊主体。本罪的责任形式为故意。

根据《刑法》第442条的规定,犯本罪的,对直接责任人员,处3年以下有期徒刑或者拘役。情节特别严重的,例如出卖、转让数量巨大的;出卖、转让军事禁区的房地产或者其他重要房地产的;出卖、转让给境外的机构、组织、人员的;造成不可挽回的严重损失的;导致部队不能正常训练、工作和生活的,处3年以上10年以下有期徒刑。

第六节 侵害部属、伤病军人、平民、俘虏利益的犯罪

一、虐待部属罪

(一)虐待部属罪的概念和犯罪构成

虐待部属罪,是指滥用职权,虐待部属,情节恶劣,致人重伤、死亡或者造成其他严重后

果的行为。

我军历来有尊干爱兵的优良传统，坚决反对打骂、体罚、虐待士兵的军阀作风。虐待部属的行为违反了我军的宗旨，严重破坏了官兵关系和上下级关系，侵害部属的人身权利，损害部队的内部团结。

本罪的客观方面表现为滥用职权，虐待部属，致人重伤或者造成其他严重后果的行为。滥用职权是指超越职责范围，不正当地使用职权；虐待部属，是指采取殴打、体罚、冻饿或者其他有损身心健康的手段，折磨、摧残部属的行为。对部属管理上的简单粗暴或者在训练、施工及其他体力活动上提出过高要求，不应认定为虐待行为。情节恶劣，是指虐待手段残酷的；虐待3人以上的；虐待部属3次以上的；虐待伤病残部属的；等等。致人重伤或者造成其他严重后果是构成本罪的必要条件，而致人死亡则是本罪加重处罚的条件。致人重伤或者死亡既包括因虐待行为直接导致被害人伤亡，如殴打致伤、致死，也包括被害人为躲避虐待而伤亡。其他严重后果，是指部属不堪忍受虐待而自杀、自残造成重伤或者精神失常的；诱发其他案件、事故的；导致部属1人逃离部队3次以上，或者2人以上逃离部队的；造成恶劣影响的；等等。

本罪的主体是部队中的各级首长和其他有权指挥他人的人员。根据《内务条令》的规定，军人在行政职务上有隶属关系时，首长有权对部属下达命令，部属必须服从首长。因此，本罪的犯罪主体与侵害对象之间，必须有指挥与被指挥的隶属关系，既包括军官与士兵，也包括上级军官与下级军官，甚至士兵与士兵，如部队中的班长也是士兵，但有权指挥本班其他士兵，对全班的工作负完全责任，因此班长也属于本罪的主体之一。没有隶属关系的军人之间，一方凭借资历或其他有利条件，对另一方实施虐待，如老兵虐待新兵的，不能以本罪论处。

责任形式为故意。虐待动机是多种多样的，但不影响本罪的成立。

虐待部署同时触犯故意杀人、故意伤害等罪的，如果为一个行为，则按照想象竞合，从一重罪处罚；如果为多个行为，则数罪并罚。

（二）虐待部属罪的处罚

根据《刑法》第443条规定，犯本罪的，处5年以下有期徒刑或者拘役；致人死亡的，处5年以上有期徒刑。

二、遗弃伤病军人罪

遗弃伤病军人罪，是指在战场上故意遗弃我方伤病军人，情节恶劣的行为。

我军是人民军队，官兵政治上一律平等，彼此应相互关心和爱护，救护伤病军人是这一要求在战场上的具体表现。在战场上遗弃伤病军人的行为，违背战场救护的要求，伤害广大官兵的感情，影响部队士气，将对部队作战造成严重危害。

遗弃是指对有条件救护的伤病军人弃置不顾，一般表现为不作为的形式。遗弃行为必须发生在战场上，遗弃的对象应是我军因负伤、生病需要他人给予救护的人员，不包括受伤、生病的俘虏。在紧急情况下，为了执行更重要的作战任务，或者确实无条件带走伤病军人，不得已而放弃的，不成立本罪。遗弃伤病军人必须达到情节恶劣的程度，才能构成犯罪。所谓"情节恶劣"，一般指为挟嫌报复而遗弃伤病军人的；遗弃伤病军人3人以上的；导致伤病军人死亡、失踪、被俘的；有其他恶劣情节的。

本罪的责任形式为故意。

根据《刑法》第444条的规定，犯本罪的，对直接责任人员，处5年以下有期徒刑。

三、战时拒不救治伤病军人罪

战时拒不救治伤病军人罪，是指战时在救护治疗职位上，有条件救治而拒不救治危重伤病军人的行为。救治伤病员是医务工作者的神圣使命，战时及时救治伤病军人，是稳定官兵情绪、鼓舞士气、激励部队英勇作战的需要。战时拒不救治伤病军人，违背医务人员的职责，挫伤士气，削弱了我军的战斗力，将给作战带来严重危害。

本罪限于战时才能构成。拒不救治的对象是我军的危重伤病军人。"危重伤病"，是指伤情、病情危险、紧急、严重，如不及时给予救治，将可能危及生命安全或者造成终生严重残疾。有条件救治而拒不救治，是指根据伤病军人的伤情或者病情，结合救护人员的技术水平、医疗单位的医疗条件及当时的客观环境等因素，能够给予救治而拒绝抢救、治疗。拒不救治表现为拒绝提供必要的抢救、治疗，以控制、缓解伤情、病情，挽救伤病军人的性命或者避免造成更大伤害。拒不救治的行为可以发生在医疗救护的各个环节上，如值班护士拒不接诊，医生拒不检诊和进行抢救，检验人员拒不进行检验等。

本罪的主体是正在履行救护治疗职责的医务工作人员，属于军人违反职责罪中的特殊主体。如果医务工作人员正在休假或者从事其他工作，不是正在履行救护治疗职责的，则不能成为本罪的犯罪主体。

本罪的责任形式为故意。

根据《刑法》第445条的规定，犯本罪的，处5年以下有期徒刑或者拘役；造成伤病军人重残、死亡的，或者有其他严重情节的，例如挟嫌报复拒不救治的；拒不救治重要伤病军人的；煽动其他医务人员共同拒不救治的；引起官兵强烈义愤造成严重事件的，处5年以上10年以下有期徒刑。

四、战时残害居民、掠夺居民财物罪

战时残害居民、掠夺居民财物罪，包括战时残害居民罪和掠夺居民财物罪。战时残害居民罪，是指战时在军事行动地区残害无辜居民的行为。战时掠夺居民财物罪是指战时在军事行动地区抢劫、抢夺无辜居民财物的行为。

我军历来有严格的群众纪律，任何时候都要保护群众的正当利益。残害居民、掠夺居民财物罪是严重违反战时群众纪律的行为，败坏我军的声誉，损害我军与群众的关系，增加我军作战的困难，将对作战造成严重危害。

本罪的行为都只能发生在战时，而且是在军事行动地区，即战区，包括国内战区和境外的战区。受侵害的对象都是战区无辜居民，即对我军没有采取敌对行动的平民。残害不是一种具体的犯罪行为表现，而是一个集合的犯罪行为概念，往往包括一系列违法犯罪行为，如殴打、体罚、虐待、监禁、焚烧、奸淫、杀伤等。掠夺财物也是一个集合的犯罪行为概念，包括抢劫、抢夺等。战时涉嫌下列情形之一的，应以战时残害居民罪追诉：①故意造成无辜居民死亡、重伤或者轻伤3人以上的；②强奸无辜居民的；③故意损毁无辜居民财物价值5000元以上，或者不满规定数额，但手段恶劣、后果严重的。战时涉嫌下列情形之一的，应以掠夺居民财物罪追诉：①抢劫无辜居民财物的；②抢夺无辜居民财物价值2000元以上，或者不满规定数额，但手段恶劣、后果严重的。

本罪的责任形式为故意。

根据《刑法》第446条的规定，犯本罪的，处5年以下有期徒刑。情节严重的，例如聚众残害居民财物的首要分子；残害居民多人的；掠夺居民大量财物的；残害居民手段恶劣的；影响我军军事行动的，处5年以上10年以下有期徒刑。情节特别严重的，例如残害大批居民的；残害居民手段特别恶劣的；洗劫居民财物的；导致我军军事行动受阻造成严重后果的，处10年以上有期徒刑、无期徒刑或者死刑。

五、虐待俘虏罪

虐待俘虏罪，是指虐待俘虏，情节恶劣的行为。

对放下武器的敌军官兵，实行宽待政策，给予人道待遇，这是我军瓦解敌军的政治工作原则的要求和具体体现。虐待俘虏的行为直接侵害我军的俘虏管理秩序，削弱我军俘虏政策的威力，损害我军的声誉，使敌人的反动宣传有机可乘，导致敌人顽抗到底，增加我军夺取胜利的困难。

虐待的对象必须是俘虏，即在作战中被我方俘获的敌方武装人员及其他为敌方武装部队服务的人员。虐待行为一般表现为不人道的生活待遇，打骂、体罚、折磨以及其他酷刑，强迫从事危险性和屈辱的工作，摧残其身体等。随意杀死俘虏的行为属于剥夺俘虏生命权的犯罪，应以故意杀人罪论处。虐待俘虏的行为既可以发生在战时，也可以发生在战后，所以本罪没有限定为战时犯罪。虐待俘虏必须情节恶劣的，才能构成犯罪。"情节恶劣"，通常是指下列情形之一：①指挥人员虐待俘虏的；②虐待俘虏3人以上，或者虐待俘虏3次以上的；③虐待俘虏手段特别残忍的；④虐待伤病俘虏的；⑤导致俘虏自杀、逃跑等严重后果的；⑥造成恶劣影响的；⑦有其他恶劣情节的。本罪的责任形式为故意。

根据《刑法》第448条的规定，犯虐待俘虏罪的，处3年以下有期徒刑。

■ 思考题

1. 试析战时违抗命令罪的概念和特征。

2. 怎样区分战时临阵脱逃罪与逃离部队罪？

3. 阻碍执行军事职务罪与妨害公务罪的联系与区别有哪些？

4. 如何划分军人叛逃罪与投敌叛变罪、叛逃罪的界限？

5. 试析为境外窃取、刺探、收买、非法提供军事秘密罪与为境外窃取、刺探、收买、非法提供国家秘密、情报罪的界限。

6. 武器装备肇事罪与危害公共安全罪中的重大责任事故罪等犯罪的联系与区别有哪些？

7. 对军人盗窃、抢夺部队的枪支、弹药、爆炸物的犯罪，应如何定罪？

8. 如何处理军人携带武器逃离部队与盗窃武器装备和遗弃武器装备三种行为的关系？应当如何定罪？

9. 试述擅自出卖、转让军队房地产罪的特征及其与非法转让、倒卖土地使用权罪的界限。

10. 虐待部属致人重伤、死亡的，该如何定罪处罚？

■ 参考书目

1. 黄林异、王小鸣：《军人违反职责罪》，中国人民公安大学出版社1998年版。

2. 周道鸾、张军主编：《刑法罪名精释——对最高人民法院最高人民检察院关于罪名司法解释的理解和适用》（下），人民法院出版社2013年版。

3. 刘家琛主编：《新刑法定罪量刑图解》（下），人民法院出版社2004年版。